CONWY, GWYNEDD
YNYS MÔN

COFRESTR O DIRLUNIAU, PARCIAU A GERDDI O DDIDDORDEB HANESYDDOL ARBENNIG YNG NGHYMRU

RHAN 1: PARCIAU A GERDDI

CYNGOR
CEFN GWLAD
CYMRU

COUNTRYSIDE
COUNCIL
FOR WALES

CADW
WELSH HISTORIC MONUMENTS

ICOMOS UK

Mae Cadw: Welsh Historic Monuments yn Asiantaeth
Weithredol o fewn y Swyddfa Gymreig sy'n gyfrifol am gyflawni
cyfrifoldebau statudol Ysgrifennydd Gwladol Cymru dros
gofnodi, gwarchod a chynorthwyo i gadw adeiladau hanesyddol
a henebion trwy Gymru. Mae ganddo hefyd gyfrifoldeb dros
ofalu am, cyflwyno a marchnata safleoedd hanesyddol sydd
yng ngofal uniongyrchol yr Ysgrifennydd Gwladol mewn modd
llawn dychymyg a llawn gwybodaeth. Gellir cysylltu â Cadw
yn Adeilad y Goron, Parc Cathays, Caerdydd CF1 3NQ,
ffôn 01222 500200.

Mae'r Cyngor Rhyngwladol ar Henebion a Safleoedd (ICOMOS)
yn gorff an-llywodraethol o arbenigwyr sy'n ymwneud yn
broffesiynol â chadwraeth, o 58 o genhedloedd sy'n aelodau.
Mae ICOMOS wedi sefydlu nifer o bwyllgorau arbenigol
sy'n ymwybodol o'r datblygiadau technolegol diweddaraf
a thrwyddynt hwy y mae ICOMOS yn darparu gwybodaeth
arbenigol i lywodraethau a sefydliadau dros y byd.

CADW
WELSH HISTORIC MONUMENTS

Cadw: Welsh Historic Monuments
Adeilad y Goron, Parc Cathays
Caerdydd CF1 3NQ

Rhif ffôn 01222 500200

Cyhoeddwyd gyntaf gan Cadw 1998.
ISBN 185760 138 6

Mapiau gan y Swyddfa Ddarlunio, Y Swyddfa Gymreig, drwy ddefnyddio'r
data digidol a gyflenwir gan Lovell Johns, Rhydychen.

Llun ar y clawr: Pafiliwn arfaethedig Humphrey Repton ar gyfer Plas Newydd, Ynys Môn, 1799
(British Architectural Library, RIBA, Llundain).
Manylyn o fap Speed o Ynys Môn, 1610 (Llyfrgell Genedlaethol Cymru).

CYNNWYS

Enw'r Safle	Dalen Map AO	CGG	Gradd	Rhif Cyf	Rhif tudalen
Gwynedd					
Abergwynant	124	SH 678 175	II	PGW(Gd)32(GWY)	144
Y Bermo: Panorama Walk	124	SH 626 164	II	PGW(Gd)26(GWY)	148
Boduan	123	SH 327 381	II	PGW(Gd)17(GWY)	152
Broom Hall	123	SH 412 372	II	PGW(Gd)22(GWY)	156
Castell Bryn Bras	115	SH 544 626	II	PGW(Gd)41(GWY)	160
Bryn Gwynant	115	SH 641 514	II	PGW(Gd)20(GWY)	166
Caernarfon: Parc Comin Morfa	115	SH 485 615	II	PGW(Gd)38(GWY)	170
Cefnamwlch	123	SH 234 353	II	PGW(Gd)23(GWY)	174
Cors-y-Gedol	124	SH 600 230	II	PGW(Gd)27(GWY)	180
Craflwyn	115	SH 601 491	II	PGW(Gd)21(GWY)	186
Dolmelynllyn	124	SH 725 240	II	PGW(Gd)33(GWY)	190
Glan-y-Mawddach	124	SH 630 166	II*	PGW(Gd)62(GWY)	196
Glasfryn	123	SH 402 426	II	PGW(Gd)24(GWY)	200
Glynllifon	123	SH 457 554	I	PGW(Gd)39(GWY)	206
Glyn Cywarch	124	SH 608 343	II*	PGW(Gd)28(GWY)	218
Nannau	124	SH 743 208	II*	PGW(Gd)34(GWY)	224
Parc	124	SH 627 439	II*	PGW(Gd)35(GWY)	230
Peniarth	124	SH 612 054	II*	PGW(Gd)36(GWY)	236
Penmaenuchaf	124	SH 699 184	II	PGW(Gd)37(GWY)	244
Castell Penrhyn	115	SH 602 719	II*	PGW(Gd)40(GWY)	250
Plas Bodegroes	123	SH 355 353	II	PGW(Gd)15(GWY)	258
Plas Brondanw	124	SH 616 423	I	PGW(Gd)30(GWY)	262
Plas Gwynant	115	SH 631 505	II	PGW(Gd)16(GWY)	268
Plas Tan-y-bwlch	124	SH 655 406	II*	PGW(Gd)31(GWY)	274
Plas-yn-Rhiw	123	SH 237 282	II	PGW(Gd)14(GWY)	282
Portmeirion	124	SH 589 372	II*	PGW(Gd)29(GWY)	286
Rhiwlas	125	SH 924 371	II	PGW(Gd)25(GWY)	292
Tan-yr-allt	124	SH 566 405	II	PGW(Gd)18(GWY)	296
Y Faenol	115	SH 537 695	I	PGW(Gd)52(GWY)	300
Y Wern	124	SH 543 399	II	PGW(Gd)19(GWY)	308

RHAGYMADRODD I'R GYFRES

Gelwir y gyfres hon o gyhoeddiadau, gyda holl wyleidd-dra morwyn Gymreig, yn Gofrestr o Dirluniau, Parciau a Gerddi o Ddiddordeb Hanesyddol Arbennig yng Nghymru. Mewn gwirionedd trysorfa odidog ydyw o olud Cymru. Yma, o'n blaenau, y mae cyfoeth tirlun cenedl. I unrhyw un a fu'n amau a oedd cyfoeth o'r fath yma yng Nghymru dyma gyfres sy'n llwyr ddymchwel unrhyw amheuon.

Mae'r gyfres yn deyrnged i ffydd ac ymdrechion ar y cyd rhwng nifer fawr o bobl a sefydliadau. Ymhlith y rhain y mae Cadw, Cyngor Cefn Gwlad Cymru, awdurdodau lleol Cymru, rhanbarthau De a Gogledd Cymru yr Ymddiriedolaeth Genedlaethol, Dŵr Cymru, Trydan De Cymru, Ymddiriedolaeth Elusennol J Paul Getty Jr, Robin J Geldard, Y Comisiwn Cefn Gwlad, Susan Muir, Lawrence Banks ac Ymddiriedolaeth Gerddi Hanesyddol Cymru yn haeddu sylw arbennig. Bu ICOMOS UK (y Cyngor Rhyngwladol ar Henebion a Safleoedd) yn chwarae rhan fel y llais a fu'n sibrwd yn y clustiau hyn, gan siarad am y cyfoeth chwedlonol hwn a phwyntio bys tuag at dirluniau glas hanesyddol Cymru.

Mae dwy ran i'r Gofrestr. Mae Rhan 1 yn ymwneud â pharciau a gerddi hanesyddol Cymru, boed mewn trefi a dinasoedd – a daeth y rhain mor bwysig wrth i boblogaethau trefol chwyddo yn y bedwaredd ganrif ar bymtheg – neu mewn ystadau gwledig a fu'n benthyg golygfeydd ysblennydd Cymru i greu ymdeimlad o le oedd yn synhwyrol foddhaol mor aml nes eu bod yn nodwedd gyffredin bron.

Mae Rhan 2 yn ymwneud â thirluniau hanesyddol Cymru ac maent yn cael eu cofnodi gan Cadw a Chyngor Cefn Gwlad Cymru. Nid oes gan unrhyw wlad arall yn y Deyrnas Gyfunol, nac unrhyw wlad arall yn y byd hyd y gwn i, gofrestr o'r fath. Dyma'r tirluniau a greodd genedl a'i phobl. Dyma'r tirluniau sy'n dwyn tystiolaeth faterol o'r oesoedd gynt gan ddechrau o dirluniau amaethyddol Oes yr Haearn i dirluniau diwydiannol y bedwaredd ganrif ar bymtheg, ac, oherwydd mai ddoe y dechreuodd hanes, tirluniau technolegol yr ugeinfed ganrif. Yma hefyd y mae'r tirluniau a gysylltir â digwyddiadau pwysig, arlunwyr, awduron a beirdd. Mae rhai ohonynt yn dirluniau prydferth ond nid prydferthwch yw hanfod y tirluniau hyn. Mae rhai yn wir yn hyll, yn finiog ac yn llawn atgofion poenus ond serch hynny byddai colli'r tirluniau hynny yn golygu gwaredu rhan o'n diwylliant.

Oherwydd nad yw'n rhestr gynhwysfawr o dirluniau ond yn hytrach yn ddechrau ar daith cenedl i geisio adnabod ei hun, mae'r fethodoleg fu'n gyfrwng i chwilio am ddewis cynnwys y rhestr yn hynod bwysig. Defnyddir y fethodoleg honno i ddechrau casgliad o dirluniau o bwys cenedlaethol – gan ddechrau o'r pen i lawr – a bydd eraill y dylid eu cynnwys. Ond y gobaith yw y bydd y cofrestrau hyn yn ysbarduno awdurdodau lleol, cynghorau plwyf a chyrff gwirfoddol i ddefnyddio'r fethodoleg er mwyn penderfynu ar dirluniau o bwys lleol a rhanbarthol a gaiff fod yn rhan o ymdeimlad lleol o berthyn; tirluniau y dylid eu hystyried hyd yn oed i fod o bwys cenedlaethol a'u cynnwys yn y cofrestrau cenedlaethol hyn pan gânt eu hadolygu'n achlysurol.

Gwnaethpwyd y gyfres hon o gofrestrau gan gredu bod y gorffennol yn bwysig i'r presennol ac i'r dyfodol. Dyma dirluniau sy'n bwysig i'r genedl Gymreig. Nid ydynt wedi'u gwarchod yn statudol ond maent yn dod ag ymwybyddiaeth o'r hyn a etifeddwyd gan y gorffennol a'r awgrym efallai na fydd Cymru am dorri'r cyswllt brau â'i hanes wrth lunio'i dyfodol, gan fod cenedl sy'n colli ei hanes yn colli ei hun.

Dyma'r goreuon o atgofion Cymreig. Da chi gofalwch amdanynt.

Syr Bernard Feilden
CBE D. UNIV AA *Dipl (Hons)* FRIBA FSA FRSA,
Llywydd ICOMOS UK

RHAGYMADRODD I'R GOFRESTR AR GYFER CONWY, GWYNEDD AC YNYS MÔN

Rwyf yn falch iawn o groesawu cyhoeddi'r Gofrestr o Barciau a Gerddi Hanesyddol ymgynghorol hon yn awdurdodau unedol Conwy, Gwynedd ac Ynys Môn. Y drydedd mewn cyfres arloesol yw hon sy'n cael ei chynhyrchu gan Cadw mewn partneriaeth ag ICOMOS UK. Amlygodd Cadw eisoes ei ymrwymiad i'r ddealltwriaeth o barciau a gerddi hanesyddol trwy gyhoeddi ym 1992 ein *Gerddi Hanesyddol Cymru*, a ysgrifennwyd gan Elisabeth Whittle. Casglwyd y rhan fwyaf o'r deunydd ar gyfer y gyfrol hon o'r Gofrestr gan Margaret Mason.

Mae cornel gogledd-orllewin Cymru, sy'n cynnwys Conwy, Gwynedd ac Ynys Môn (hen siroedd Gwynedd a rhan o Glwyd) yn un llawn golygfeydd rhagorol a phrydferth, gyda mynyddoedd, dyffrynnoedd afon ac arfordir hir ac amrywiol. Dyma'r rhan o Gymru lle cafodd y dirwedd naturiol ei hymgorffori mewn modd trawiadol dros ben yn y parciau a'r gerddi, gyda phwyslais arbennig ar y dirwedd a'r golygfeydd o amgylch a geir ohonynt. Mae mynyddoedd Eryri yn gefndir gwych i rai o barciau a gerddi hanesyddol mwyaf yr ardal – Plas Newydd, Bodnant, Castell Penrhyn a Phlas Brondanw, lle bu un o athrylithoedd yr ardal, Clough Williams-Ellis, yn gosod echelau'r ardd ar gopaon y mynyddoedd cyfagos. O ardd Peniarth gwelir Cader Idris yn wych, tra bod Plas Tan-y-Bwlch yn wynebu golygfa hynod ddymunol o Ddyffryn Ffestiniog. Mae'r môr a'r forlin yn ffurfio'r cefndir ar gyfer safleoedd hyfryd eraill, er enghraifft Portmeirion theatraidd, Cestyll cudd, Plas-yn-Rhiw, Plas Rhianfa a Condover House.

Mae'r parciau a'r gerddi hanesyddol yn y rhan hon o Gymru yn adlewyrchu hanes ei chymdeithasau a'i chymunedau. Adlewyrchir pwysigrwydd y rhanbarth yng nghyfnodau'r Tuduriaid a'r Stiwartiaid gan rai gerddi rhagorol, yn arbennig yng Ngwydir, Gloddaeth a Bodysgallen, ond hefyd yng Nglyn Cywarch, Plas Berw a Pharc. Ni wnaeth y ffasiwn yn y ddeunawfed ganrif am barciau tirlunio fynd heibio i'r ardal hon: gweithiodd Humphry Repton ym Mhlas Newydd a William Emes yn Rhiwlas. Dynodir y bedwaredd ganrif ar bymtheg gan ffrwydrad o wneud parciau a gerddi wrth i berchnogion o'r ardal yn wreiddiol a pherchnogion o bell greu hafanau diarffordd a hynod ddymunol. Dyma oes aur lleoedd megis Glynllifon, Castell Penrhyn, Plas Tan-y-Bwlch, Parc Kinmel, Castell Gwrych a'r Faenol. Crëwyd nifer o barciau cyhoeddus hefyd, gyda'r rhan fwyaf ohonynt yn nhref glan môr Llandudno. Yn ystod y cyfnod Edwardaidd crëwyd rhai gerddi gwych, yn enwedig Bodnant a champweithiau Clough Williams-Ellis Plas Brondanw a Phortmeirion. Creodd y cynllunydd tirluniau enwog Thomas Mawson erddi yn y Wern a'r Flagstaff. Cynhwysir gerddi planwyr a phlanwragedd pwysig, ym Mhlas-yn-Rhiw ac Oak Bank/Bulkeley Mill, yn y Gofrestr, ynghyd â thair gardd o'r adeg rhwng y ddau ryfel ag arddulliau cyferbyniol, Wern Isaf, Condover House a Cotswold.

Rwyf wedi fy synnu gan natur eang y 62 o safleoedd yn y gofrestr hon a chan eu nifer. Ymddengys bod yr ardal hon yn gyfoethog o ran pob math o barciau a gerddi hanesyddol. Roedd rhai o'r safleoedd hyn yn anhysbys ac nid oedd llawer o ddealltwriaeth ynglŷn â'r rhan fwyaf ohonynt cyn ymgymryd â'r astudiaeth fanwl hon. Bydd y gofrestr yn helpu i godi ymwybyddiaeth a chynyddu dealltwriaeth hanesyddol o'r safleoedd sydd ynddi. Rwyf yn sicr y bydd y cyd-fenter hon gan Cadw a ICOMOS UK yn fuddiol wrth warchod y rhan gyfoethog hon o etifeddiaeth adeiledig Cymru a oedd cyn hyn yn gymharol anhysbys.

Tom Cassidy
Prif Weithredwr Cadw

CYFLWYNIAD

Mae'r gyfrol hon yn rhan o'r Gofrestr o Dirluniau, Parciau a Gerddi o Ddiddordeb Hanesyddol Arbennig yng Nghymru sef cyd-fenter rhwng Cadw/ICOMOS UK/Cyngor Cefn Gwlad Cymru. Mae adran parciau a gerddi y Gofrestr (Rhan I) yn cael ei chofnodi ar gyfer Cadw a ICOMOS UK gan haneswyr gerddi arbenigol, fesul sir. Ers cyhoeddi'r ddwy gyfrol gyntaf (Gwent a Chlwyd) aildrefnwyd llywodraeth leol yn awdurdodau unedol. Cyhoeddir y gyfrol hon a'r rhai dilynol mewn cyfrolau sy'n cyfateb i'r siroedd blaenorol ond cânt eu trefnu yn rhai newydd.

Deunydd ymgynghorol sydd i'r Gofrestr yn unig ac nid oes ganddi bwerau statudol. Nod Cadw/ICOMOS UK wrth ei chynhyrchu yw darparu gwybodaeth am barciau a gerddi hanesyddol er mwyn cynorthwyo i'w gwarchod a'u cadw. Gobeithir y bydd y wybodaeth hon yn helpu perchnogion, awdurdodau cynllunio lleol, datblygwyr, cyrff statudol, a phawb sy'n ymwneud â gwarchod y rhan annatod hon o'r dreftadaeth genedlaethol, i wneud penderfyniadau cytbwys am y safleoedd ar y Gofrestr.

Nid yw'r Gofrestr yn golygu unrhyw reolaeth cynllunio ychwanegol ond bydd ymgynghori statudol yn cael ei gyflwyno ar gyfer ceisiadau cynllunio sy'n effeithio ar safleoedd ar y Gofrestr. Nodir y dull yn Cydgyfnerthu Gorchymyn Datblygu Cyffredinol 1995, Cylchlythyr y Swyddfa Gymreig 29/95 (ac, yn fwy diweddar, yng nghylchlythyr y Swyddfa Gymreig 1/98). Mae hyn yn datgan pan fydd y Gofrestr wedi'i chwblhau cyflwynir ymgynghori statudol ar gyfer ceisiadau cynllunio yn ymwneud â safleoedd ar y Gofrestr yng Nghymru, er mwyn gweithredu yn yr un modd ag yn Lloegr; hynny yw, cyfeirir pob cais i'r Gymdeithas Hanes Gerddi a bydd y rheiny sydd â gradd I neu II* hefyd yn cael eu cyfeirio at Cadw. Yn

y cyfamser, anogir awdurdodau cynllunio lleol i gadw pwysigrwydd parciau a gerddi hanesyddol Cymru mewn golwg. Wrth i Gofrestrau ar gyfer Siroedd Cymru gael eu cynhyrchu, gofynnir i awdurdodau gysylltu â Cadw: Welsh Historic Monuments ynglŷn â cheisiadau cynllunio ynghylch safleoedd Gradd I a Gradd II* a Chymdeithas Hanes Gerddi ar bob un o'r tair gradd.'

Mae rhai o'r parciau a'r gerddi yn cynnwys adeiladau sydd ar y rhestr statudol o adeiladau o ddiddordeb pensaernïol neu hanesyddol arbennig neu'n gysylltiedig â hwy. Gallant hefyd gynnwys Henebion Cofrestredig neu fod yn gysylltiedig â hwy. Ni effeithir ar statws statudol yr adeiladau a'r henebion hyn na'r rheolau cynllunio sy'n berthnasol iddynt gan y ffaith iddynt gael eu crybwyll yn y Gofrestr hon. Nid oes unrhyw ragdybiaeth bod safleoedd ar y Gofrestr yn agored i'r cyhoedd.

Rhoddir y meini prawf ar gyfer dethol y safleoedd ar dudalen xi.

Nid yw'r Gofrestr yn rhestr orffenedig a rhagwelir y bydd angen adolygu'r cynnwys a'r graddau yn y dyfodol. Efallai y daw safleoedd y gellir eu cynnwys i'r fei, mae'n bosibl y bydd y meini prawf ar gyfer cynnwys yn newid ac efallai y caiff safleoedd sydd eisoes ar y Gofrestr eu newid. Y bwriad felly yw diweddaru'r Gofrestr cyn amled ag y bo modd gan ychwanegu, newid, a dileu o bryd i'w gilydd.

Dymuna Cadw a ICOMOS UK ddiolch i bawb a fu'n ddigon hael i roi eu cymorth a'u cyngor wrth lunio'r gyfrol hon. Maent yn ddiolchgar i'r awdurdodau cynllunio lleol, cymdeithasau amwynderau cenedlaethol a lleol, yn enwedig Ymddiriedolaeth Gerddi Hanesyddol Cymru, a phob perchennog a deiliad unigol y parciau a'r gerddi, a fu'n gefnogol, yn llawn gwybodaeth ac yn hael gyda'u hamser.

MEINI PRAWF DEWIS SAFLEOEDD AR GYFER Y GOFRESTR: DIFFINIAD FFURFIOL O ERDDI A PHARCIAU O DDIDDORDEB HANESYDDOL ARBENNIG

1. Mae gerddi, parciau, gerddi wedi'u cynllunio, tirluniau addurniadol wedi'u cynllunio a lleoedd hamdden o ddiddordeb hanesyddol.

a. Os byddant yn arddangos rhyw agwedd arbennig ar hanes gerddi, parciau, gerddi wedi'u cynllunio, tirluniau addurniadol wedi'u cynllunio a lleoedd hamdden, neu hanes garddio, tirlunio addurniadol neu arddwriaeth. (Er enghraifft, efallai eu bod yn dangos enghreifftiau o waith cynllunydd penodol, ynteu mae ganddynt nodweddion o gyfnod arbennig neu mae arddull arbennig iddynt. Mae'n bosibl bod ganddynt eitemau o ddiddordeb i haneswyr cynllunio neu arddwriaeth neu i haneswyr cymdeithasol.)

b. Os bydd ganddynt gysylltiadau hanesyddol arwyddocaol (er enghraifft â pherson neu ddigwyddiad arbennig).

c. Os bydd gwerth grŵp ganddynt mewn cysylltiad ag adeiladau neu dir arall ac mae'r gwerth grŵp o ddiddordeb hanesyddol; er enghraifft efallai eu bod yn darparu safle hanesyddol ar gyfer adeilad o ddiddordeb hanesyddol.

Cynhwysir safleoedd sy'n cydymffurfio â thraddodiadau gerddi, parciau, gerddi wedi'u cynllunio, tirluniau addurniadol wedi'u cynllunio a lleoedd hamdden o fewn y diffiniad.

2. At ddibenion cyffredinol mae'n gyfleus defnyddio'r termau 'gerddi a pharciau o ddiddordeb hanesyddol' a 'safle' fel talfyriad am 'gerddi, parciau, gerddi wedi'u cynllunio, tirluniau addurniadol wedi'u cynllunio a lleoedd hamdden o ddiddordeb hanesyddol.'

3. At ddibenion y diffiniad hwn, rhagdybir nad oes dyddiad pendant, neu gyfnod o flynyddoedd yn ôl o'r presennol, y gellir dweud bod hanes yn dechrau. Er y gall fod yn ddefnyddiol, at ddibenion cyffredinol, i feddwl bod hanes yn dechrau rhyw 30 mlynedd yn ôl o'r presennol, bydd arwyddocâd hanesyddol rhai safleoedd yn amlwg cyn i'r cyfnod hwn ddarfod.
[Diffiniad gan Adran Archeoleg Prifysgol Caerefrog (Tirluniau a Gerddi]

GRADDIO

Defnyddir system raddio sy'n debyg i'r hyn a ddefnyddir ar gyfer Adeiladau Rhestredig (I, II*, II) ac ar gyfer safleoedd yng Nghofrestr Parciau a Gerddi Lloegr ar gyfer parciau a gerddi ar Gofrestr Cymru. Mae'r graddau yn nodi'r nodweddion canlynol:

I   Parciau a gerddi sydd o ddiddordeb eithriadol, o ystyried eu cynllun hanesyddol, nodweddion ac addurniadau pensaernïol fel cyfanwaith.

II*   Parciau a gerddi sydd o ansawdd eithriadol, o ystyried eu cynllun hanesyddol, nodweddion ac addurniadau pensaernïol fel cyfanwaith.

II   Parciau a gerddi sydd o ddiddordeb arbennig, o ystyried eu cynllun hanesyddol, nodweddion ac addurniadau pensaernïol fel cyfanwaith.

Adlewyrcha'r graddau hyn bwysigrwydd yr ardd neu'r parc dan sylw, o'u cymharu ag eraill yng Nghymru. Cadwyd safonau er mwyn eu cymharu â'r rheiny yn Lloegr hyd y gellir.

Ffeil Safle

Ar gyfer pob safle mae gan Cadw ddisgrifiad safle neu Ffeil Safle fanwl. Yn ogystal â gwybodaeth sylfaenol am y safle mae'r ffeil yn cynnwys gwybodaeth hanesyddol a chofnod manwl a dadansoddiad o'r gweddillion presennol. Ynghyd â phob Ffeil Safle mae ffotograffau print lliw (ceir un set yng Nghofnod Henebion Cenedlaethol Comisiwn Brenhinol Henebion Cymru yn Aberystwyth) ac unrhyw ddeunydd ychwanegol, megis erthyglau a deunydd archif, sy'n berthnasol i'r safle.

Cofnod ar y Gofrestr

Tynnir hwn o'r Ffeil Safle ac mae'n cynnwys disgrifiad cyffredinol a hanes byr am y safle, ynghyd â map o'r safle.

Rhif Cyfeirnod

Mae gan bob safle rif adnabod unigryw. Mae'r tair llythyren gyntaf – PGW – yn cynrychioli 'Parks and Gardens of Wales'. Mae'r ddau rif mewn cromfachau yn dynodi'r sir flaenorol. Y rhif yw'r rhif adnabod yn y gyfrol ac mae'r tair llythyren olaf yn cyfeirio at y sir bresennol neu'r awdurdod unedol.

Crynodeb

Mae 62 o barciau a gerddi wedi'u cynnwys yn y Gofrestr ar gyfer Conwy (23), Gwynedd (30) ac Ynys Môn (9). Roedd naw safle sydd nawr yng Nghonwy (Coed Coch, Cotswold (Bae Colwyn), The Flagstaff (Bae Colwyn), Garthewin, Castell Gwrych, Hafodunos, Parc Kinmel, Plas Uchaf a Voelas) gynt yng Nghlwyd a chawsant eu harolygu a'u cynnwys gyntaf yng Nghofrestr Clwyd. Mae 8 yn Radd I (Bodnant, Bodysgallen, Gloddaeth, Glynllifon, Gwydir, Plas Brondanw, Plas Newydd a'r Faenol). Mae un ar bymtheg yn Radd II* (Bodorgan, Bryn Eisteddfod, Carreglwyd, Condover House, (Llandudno), Glyn Cywarch, Castell Gwrych, Parc Kinmel, Llanidan, Nannau, Parc, Peniarth, Castell Penrhyn, Plas Berw, Plas Tan-y-Bwlch, Portmeirion a Voelas). Mae'r gweddill yn radd II.

Mae saith o barciau a gerddi heb eu cynnwys yn y Gofrestr ar gais eu perchnogion.

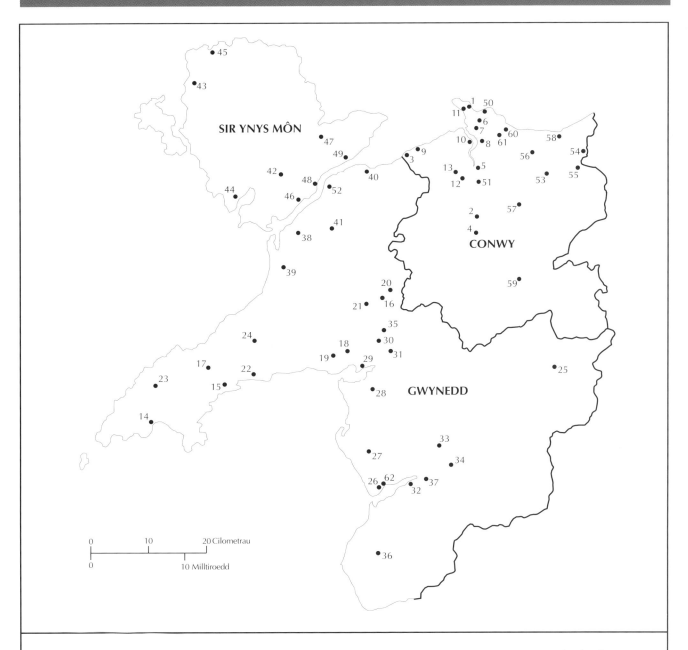

1 Y Fach	17 Boduan	33 Neuadd Dolmelynllyn	49 Plas Rhianfa
2 Plas Madog	18 Tan-yr-allt	34 Nannau	50 Ty Condover
3 Brynyneuadd	19 Y Wern	35 Parc	51 Plas-yn-llan
4 Gwydir	20 Bryn Gwynant	36 Peniarth	52 Faenol
5 Bodnant	21 Craflwyn	37 Penmaenuchaf	53 Garthewin
6 Gloddaith (Coleg Dewi Sant)	22 Broom Hall	38 Y Morfa	54 Parc Cinmel
7 Bodysgallen	23 Cefnamlwch	39 Glynllifon	55 Plas Uchaf
8 Bryn Eisteddfod	24 Glasfryn	40 Castell Penrhyn	56 Coed-coch
9 Y Wern Isaf	25 Rhiwlas	41 Castell Bryn-bras	57 Hafodunos
10 Neuadd Benarth	26 Llwybr Panorama	42 Plas Berw	58 Castell-y-Gwrych
11 Gerddi Heulfre	27 Corsygedol	43 Carreg-lwyd	59 Foel-las
12 Neuadd Caerhun	28 Glyn Cywarch	44 Bodorgan	60 Bae Colwyn:Cotswold
13 Oak Bank/Melin Castell	29 Porthmeirion	45 Cestyll, Wylfa	61 Bae Colwyn: Y Flagstaff
14 Plas-yn-Rhiw	30 Plas Brondanw	46 Llanidan	62 Glan-y-Mawddach
15 Plas Bodegroes	31 Plas Tan-y-bwlch	47 Plas-gwyn	
16 Plas Gwynant	32 Abergwynant	48 Plasnewydd	

1

CADW

BODORGAN

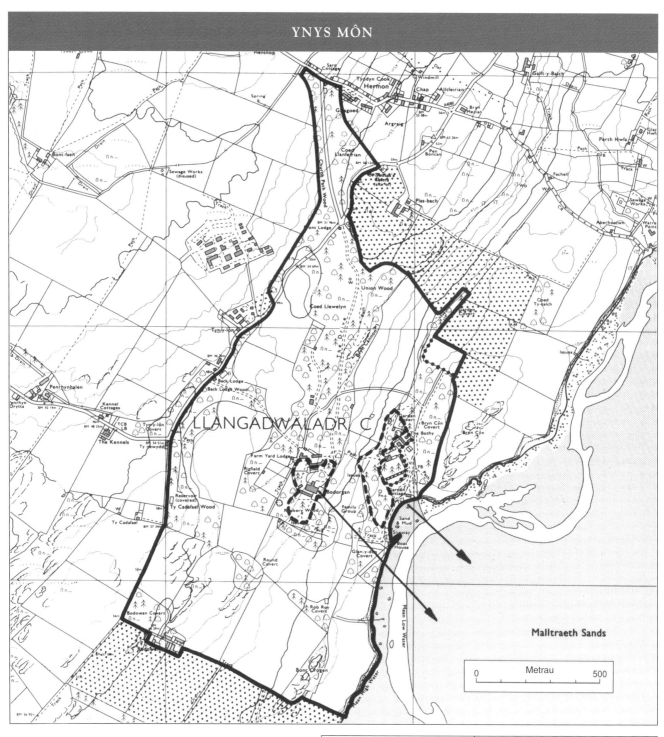

YNYS MÔN

Mailtraeth Sands

Ffin y Parc	————————
Gardd	– – – – – – – –
Gardd Lysiau	•••••••••••••••
Lleoliad Hanfodol	
Golygfa Arwyddocaol	———————→

Rhif ar y Gofrestr	PGW (Gd) 44 (ANG)
Rhif Blaenorol ar y Gofrestr	
Rhif Taflen A.O.	SH 36 NE
Cymuned	BODORGAN

2

CRYNODEB

Rhif cyf	PGW (Gd) 44 (ANG)
Map AO	114
Cyf Grid	SH 386 674
Sir flaenorol	Gwynedd
Awdurdod unedol	Ynys Môn
Cyngor cymuned	Bodorgan
Disgrifiadau	Adeiladau rhestredig (tŷ Gradd II; colomendy Gradd II; ysgubor Gradd II). Ardal o Harddwch Naturiol Eithriadol. Ardal Amgylchedd Arbennig
Asesiad safle	Gradd II*
Prif resymau dros y graddio	Safle mewn lleoliad arfordirol gwych, sydd wedi cadw nifer o'i nodweddion gwreiddiol, gyda therasau ffurfiol mewn cyflwr da; parc ceirw sy'n dal i gael ei ddefnyddio; olion sylweddol o erddi llysiau helaeth, fu unwaith yn adnabyddus, â waliau o'u cwmpas; gerddi eraill wedi'u cynllunio sy'n llai ffurfiol ac sydd wedi goroesi'n rhannol, gan gynnwys peth o'r planhigion; coetir a chuddfannau hela; colomendy crwn mawr o frics ac adeiladau eraill o ddiddordeb.
Math o safle	Gardd derasog ffurfiol, parc ceirw, gerddi llysiau â waliau o'u cwmpas, mannau anffurfiol o lawnt/llwyni, coetir.
Prif gyfnodau o adeiladu	1779–82; canol y bedwaredd ganrif ar bymtheg.

Disgrifiad o'r safle

Lleolir Bodorgan yn ne-orllewin Ynys Môn, ar ddarn o dir sy'n codi i'r gogledd-orllewin o gilfach Malltraeth ac yn wynebu tuag at y de-ddwyrain drosti. O'r safle gwelir golygfeydd bendigedig tuag at Eryri, ac mae agosrwydd y môr yn sicrhau hinsawdd fwyn, er bod y safle'n agored i brif wyntoedd y de-orllewin. Mae prif floc y tŷ yn blasty neo-glasurol cain wedi'i godi o adeiladwaith ashlar llyfn o garreg lwyd-felynaidd, gyda tho llechi. Mae gan y prif wyneb dwyreiniol naw bae, y tri yn y canol ar fwa hanner cylch gyda chromen ar y to. Mae'r fynedfa ar yr wyneb gogleddol, gyda phortico yn y canol.

Bob ochr i'r tŷ i'r gogledd a'r de, mae dwy adain unllawr ar dro, wedi eu hadeiladu o garreg o ansawdd wael ac wedi treulio'n wael gan dywydd. Mae'r un ogleddol yn ffinio blaen-gwrt y fynedfa yn y gorllewin ac yn wreiddiol orendy oedd yno. Mae iddi ffasâd addurnedig, gan gynnwys hanner-golofnau a bas gerfluniau uwchben y ddau ddrws. Hefyd mae pedair cilfach i'r wal, yn ôl pob tebyg ar gyfer cerfluniau, ond sydd bellach yn wag. Mae gan yr estyniad deheuol ddau logia agored. Defnyddiwyd un ohonynt fel adardy ar un adeg. Fe'u cysylltir â'r tŷ gan waliau, ac mae arcedau gwag cyfatebol yn rhedeg ar hyd rhan flaen (ochr ddwyreiniol) yr adain ddeheuol wreiddiol, nad oedd yn bargodi i'r un graddau â'r llall. Yn cuddio y tu ôl i'r ffasâd eang hwn mae rhes hir o swyddfeydd y cartref sy'n rhedeg o'r dwyrain i'r gorllewin.

Mae hanes hynafol i Fodorgan. Yn y cyfnod canoloesol roedd yn ystâd i esgobion Bangor. Yn yr unfed ganrif ar bymtheg, fwy na thebyg pan oedd Rowland Meyrick yn Esgob Bangor (1559–66), daeth yn dir demên i'r teulu Meyrick, a chwaraeodd ran amlwg ym materion Ynys Môn, a bu ym meddiant y teulu hwn ers hynny. Roedd tŷ Tuduraidd mawr ar safle'r un presennol. Portreadir hwn, ar fap ystâd 1724 gan Lewis Morris, ynghyd â gerddi ffurfiol eang. Adeiladwyd y tŷ presennol ym 1779–82 gan y pensaer John Cooper ar gyfer Owen Putland Meyrick. Etifeddwyd gan Owen Putland Meyrick pan yn blentyn ym 1770. Daeth Cooper i Ynys

Môn ym 1776 fel cynorthwy-ydd a chlerc gwaith i Samuel Wyatt, a oedd wedi ei gyflogi i ailfodelu Baron Hill i'r Arglwydd Bulkeley. Bodorgan oedd comisiwn annibynnol cyntaf Cooper fel pensaer ac mae'n debyg i Baron Hill, er ei fod ar raddfa lai a heb yr un adenydd wyth onglog a'r uchder. Dymchwelwyd yr hen Neuadd Bodorgan ym 1779, a defnyddiwyd peth o'r cerrig i adeiladu'r golchdy ar wahân a'r bragdy y tu ôl i'r tŷ. Agorwyd chwarel yn ymyl y môr ar gyfer yr adeilad newydd a darganfuwyd bod y garreg o ansawdd arbennig o dda. Adeiladwyd amryw o dai allan, gan gynnwys cwrt ieir, ar yr un adeg.

Mae'r tŷ yn cadw ei wedd sy'n nodweddiadol o ddiwedd y ddeunawfed ganrif, er i beth newidiadau gael eu gwneud ganol y bedwaredd ganrif ar bymtheg gan Owen Fuller Meyrick (a fu farw 1876), ŵyr Owen Putland Meyrick. Etifeddodd yr ystâd yn 1825 gan aildrefnu'r ffordd at y tŷ a'r gerddi. Symudodd y brif fynedfa o ganol yr wyneb dwyreiniol i dalcen gogleddol y tŷ, lle adeiladwyd y cyntedd a'r blaen-gwrt. Ychwanegwyd y ddwy adain sydd ar dro a'r gerddi terasog.

I'r gogledd o'r tŷ mae iard stablau sydd o siâp hirsgwar bras, ond bellach yn laswellt yn bennaf gyda llwybr graean llydan ar hyd yr hyn a arferai fod yn lôn ar yr ochr ogleddol. Hefyd mae mannau coblog bychain yn y gornel ogledd-ddwyreiniol, a bric galed (wedi'i osod ar yr ymyl) o flaen y cerbyty yn y dwyrain. Ar hyd ochr orllewinol yr iard mae ysgubor sydd wedi cael ei hail-doi a'i thrawsnewid yn swyddfa fodern i'r ystâd; i'r gogledd mae rhes o dai cerbydau/siediau certi; i'r dwyrain mae cerbyty hŷn gyda bwa yn y gornel sy'n arwain at ystafelloedd harneisiau ac ystafelloedd y marchweision; ac i'r de mae rhes o stablau. Yn y gornel ogledd-ddwyreiniol mae'r fynedfa lle'r arferai'r lôn oedd yn arwain at y tŷ gyrraedd, gan wyro o'r tŷ. Lle mae'r lôn o'r iard-stablau a'r brif lôn at y tŷ yn cyfarfod, mae coeden leim anferth, gyda phinwydden o faint tebyg gyferbyn, ar ddiwedd y ffos glawdd.

Yr adeilad hynaf yn y grŵp yw'r ysgubor a adeiladwyd o rwbel, rhan o welliannau 1779–82. Erbyn 1841 ychwanegwyd y rhes o stablau cerrig a'r cerbyty i'r dwyrain. Codwyd y rhes ogleddol mewn dull gwahanol. Codwyd y pen gorllewinol o garreg gydag ochr o frics a'r gweddill yn waith cain o'r un garreg â'r tŷ; adeiladwyd hwn erbyn canol y 1840au pan luniwyd map y degwm er nad yw'n ymddangos ar fap 1840–41. Felly gellir ei ddyddio'n weddol bendant. Mae'r gwahaniaeth o ran arddull yn awgrymu bod y cerbyty a'r stablau wedi cael eu hadeiladu ychydig ynghynt.

I'r gogledd-orllewin o'r iard stablau mae nifer o adeiladau mewn rhes o gwmpas iard raean drionglog. Ni ddefnyddir y brif res o adeiladau i'r de; mae dwy ysgubor fach ar yr ochr orllewinol ac ym mhen gogleddol yr ochr ogledd ddwyreiniol, a defnyddir y rhain yn awr fel modurdai; mae cytiau cŵn ar hyd yr ochr ogledd ddwyreiniol a mwy o adeiladau yn y gornel ddwyreiniol. Arferai'r cytiau fod ynghlwm wrth gefn rhes ogleddol yr iard stablau, ond mae rhan ohono wedi ei ddymchwel erbyn hyn, gan adael bwlch ar ei ôl. Adeiladau o'r bedwaredd ganrif ar bymtheg yw'r rhain. Nid ydynt yn ymddangos yn argraffiad cyntaf 1 fodfedd o fap Arolwg Ordnans 1840–41, ond erbyn adeg map y degwm ychydig flynyddoedd yn ddiweddarach roedd rhai wedi ymddangos, ac roedd y cynllun wedi'i orffen erbyn 1850. Mae cytiau'r cŵn yn dyddio o 1891–1922, ac maent yn cymryd lle cytiau cynharach oedd i'r gorllewin. Ar ochr orllewinol y lôn sy'n arwain at y tŷ, saif bwthyn sydd â'i ardd fechan ei hun. Mae'r lôn yn pasio pen gorllewinol y grŵp o dai allan ac yn arwain i gefn y tŷ. Nid yw'n ymddangos ar fap 1840–41 nac ar fap y degwm, ond ymddangosodd erbyn 1891.

Yng nghornel dde-orllewinol bellaf y tŷ (rhan o ychwanegiadau'r bedwaredd ganrif ar bymtheg) gwelir pantri hela chwech onglog a godwyd o'r un garreg â'r tŷ, gyda tho llechi pigfain. I'r de o'r tŷ saif rhes gul, hir o swyddfeydd domestig, gan gynnwys golchdy, popty a bragdy. Addaswyd rhai ohonynt bellach ar gyfer byw ynddynt. Fe'u hadeiladwyd o garreg lwyd sy'n wahanol i garreg lwyd y tŷ, ac mae iddynt doi llechi. I'r gogledd-orllewin, ar ongl i'r rhes hon, saif sied garreg neu ysgubor, ar draws iard raean fechan sydd ar oleddf.

Saif colomendy brics cain o'r ddeunawfed ganrif ar ddarn bychan hirsgwar o dir i'r de o'r iard stablau a fu hwyrach yn iard arall. Gwelir adfeilion yn erbyn y wal ogleddol, sef wal gefn rhes ddeheuol yr iard stablau. Mae ffos wedi ei leinio â theils ar ochr ddeheuol yr ardal hon, a thanc bach o frics wedi'i suddo yn ymyl y gornel i'r de-ddwyrain.

Wal gerrig o forter yw ffin orllewinol yr ardal hon, ac mae iddi ddrws pensgwar â chapan newydd concrit. I'r gorllewin mae iard fechan arall gyda thai allan.

Wal isel o forter yw ffin ddeheuol yr ardal hon, ac mae giât fechan yn fynedfa i ardal goediog gyda llwybr yn arwain at gefn y tŷ.

Lleolir y felin lifio yn y coed i'r gogledd o'r tŷ, ac mae modd mynd ati ar hyd llwybr oddi ar y brif lôn i'r tŷ. Adeilad mawr o gerrig ydyw ac mae iddo amrywiol ychwanegiadau ar wahanol onglau; llechi yw'r toi, ac mae ffenestri yn y toi. Codwyd y felin lifio rhwng 1845 a 1891.

Saif y parc ar ddarn o dir sydd fwy neu lai'n hirsgwar ac ar oleddf i'r de-ddwyrain lawr tuag at aber Malltraeth. O'i gwmpas mae isffyrdd a wal gae gerrig ar y ffin i'r de-orllewin. Mae'r tŷ ynghanol y parc, yn ymyl pen deheuol y llain ganolog o goetir ar gefnen isel. Mae golygfeydd bendigedig o'r tŷ a'r ardd allan dros y parc tuag at yr aber ac Eryri a tu hwnt. Ond mae'n fan agored ac mae'r llain fwyaf gorllewinol o goetir, sydd hefyd yn gwyro tua'r de, yn llain gysgodi hollol angenrheidiol. Mae coed y llain ganolog hefyd yn amgylchynu'r tŷ, a choed y llain ddwyreiniol yn amgylchynu'r ardd lysiau.

Darn o dir cul a hir yw'r parc ceirw sydd wedi ei leoli mewn stribyn agored rhwng y llain ganolog a'r llain ddwyreiniol o goed, ac yn gorwedd felly rhwng y tŷ ac ardal yr ardd i'r dwyrain. Dim ond hanner deheuol y parc ceirw, o flaen y tŷ, sy'n cynnwys coed y parcdir, yn bennaf coed deri a sycamorwydd. Arferai'r cae mawr i'r de, y tu hwnt i ddiwedd y llain ganolog o goed ond sydd â dwy ardal o goetir arall ar ei ymyl deheuol, fod yn rhan o'r parc ceirw, ond erbyn hyn mae'n dir pori agored, yn union fel pen deheuol y parc y tu hwnt, nad oedd yn rhan o'r parc ceirw. Mae'r un peth yn wir am yr ardal i'r gogledd; gallai hwnnw hefyd fod wedi bod yn rhan o'r parc ceirw ar un adeg.

Erbyn hyn tir ffermio yw'r darnau agored o barcdir ar wahân i'r parc ceirw (stribyn o dir i'r gorllewin o'r tŷ yn bennaf); mae'r parc ceirw yn dal i gael ei ddefnyddio. O argraffiad 1af y map Arolwg Ordnans 1 fodfedd, ymddengys bod plannu yn y parcdir yn arfer ymestyn ymhellach i'r gogledd, ond erbyn 1891 ychydig o goed oedd y tu allan i'r ardal lle maen nhw nawr wedi'u canoli. Galwyd un clwstwr o goed yn yr ardal hon yn 'Grŵp y Teulu'.

Mae'r brif ardal o goetir ar hyd y gefnen ganolog, lle saif y tŷ, ac mae'n ymestyn tua'r gogledd mor bell â phentref bach Hermon, a saif y coed bob ochr i'r ffordd rhwng y Porthordy Isaf a'r Porthordy Blaen. Sythwyd y ffordd hon rhwng 1841 a 1891 (a does dim amheuaeth i'r coed gael eu plannu ar y naill ochr a'r llall ar yr un adeg). Mae yma gymysgedd o goed o bob oedran, gan gynnwys rhai sbesimenau gwych. Mae gan yr ardal i'r dwyrain o'r

ardd sydd â wal o'i chwmpas esiamplau o goed megis yr ywen, y leim, y sycamorwydden, y ffawydden a'r dderwen anwyw, a rhododendrons oddi tanynt. Ymhellach i'r dwyrain ceir clystyrau o'r ffawydd a chonifferau, a'r sycamorwydd a llawer o goed pîn mawr (*Pinus radiata*) i'r dwyrain ohonynt hwy. I'r de o'r ardd mae mwy o goetir agored gyda choed ffawydd aeddfed a choed eraill, gan gynnwys conifferau. Ar hyd y lan gwelir rhagor o *Pinus radiata* mawr iawn ac un hen gypreswydden Monterey (*Cupressus macrocarpa*). Plannwyd y coed aeddfed yn bennaf yng nghanol y bedwaredd ganrif ar bymtheg.

Heddiw defnyddir y llain ddwyreiniol o dir coediog fel cuddfannau hela. Ar ddechrau'r bedwaredd ganrif ar bymtheg, adeiladwyd teras mewn hanner cylch ar frigiad creigiog, a gosodwyd canon Napoleonaidd arno. Daeth y brigiad yn adnabyddus fel Bryn Canon, fel y mae o hyd, a rhoddwyd yr enw 'Magnelfa' (the 'Battery') i'r teras.

Saif tri phorthordy. Yn ôl pob tebyg, codwyd y Porthordy Isaf yr un pryd â'r Porthordy Cefn, gan bod eu harddull yn debyg i'w gilydd, gyda ffenestri bae a'r fynedfa mewn darn ar ongl. Gwnaed y to o lechi 'cennau pysgod', ac mae'r to dros y drws yn cael ei gynnal gan bedwar piler main. Mae iddo simnai driphlyg ganolog sy'n dal ac wedi'i hadeiladu o frics. Fe'i gelwir yn awr yn Borthordy Sarn ('Sarn Lodge'). Wedi 1922 am gyfnod roedd giât yn y Porthordy Isaf, ond mae hwn wedi mynd erbyn hyn ac mae'r ffordd bellach wedi'i mabwysiadu fel un gyhoeddus. Sythwyd y ffordd rywbryd rhwng 1840/41 a 1891.

Mae'r brif lôn at y tŷ yn parhau ar hyd trywydd y ffordd hon gan redeg bron yn union i'r de, ond yn gwyro'n araf o'r Porthordy Blaen am tua 1 cilomedr. Y Porthordy Blaen yw'r porthordy hynaf ac ymddengys ar fap 1818. O ran arddull mae'n debyg ei fod yn perthyn i gyfnod cynnar y bedwaredd ganrif ar bymtheg. Adeilad sgwâr, isel, unllawr ydyw, gyda dau gorn simnai o gerrig yn y canol a tho llechi ar oleddf isel, sy'n ymestyn ymhell dros yr adeilad ac yn cael ei gynnal gan bileri i roi feranda ar dair ochr. Yn ddiau, mae pyst y porth yn perthyn i'r un cyfnod, gydag unedau sgwâr iddynt ac wedi'u hadeiladu o garreg nadd gyda chapiau pyramidaidd isel iawn. Mae wal fechan o garreg nadd debyg a dau biler fel pyst bob ochr i'r fynedfa, rheiliau o haearn ar ei ben, a'r giatiau hefyd o haearn, gyda thop y giât yn grwn. Mae'r lôn at y tŷ yn mynd drwy'r coed yr holl ffordd, gyda phlanhigion addurnol, gan gynnwys llwyni rhododendron (*R. ponticum*), ar hyd yr ymyl, yn arbennig tua'r pen deheuol. Mae'r goedwig yn cynnwys enghreifftiau o goed aeddfed hardd, gan gynnwys y ffawydd, y leim, y sycamorwydd, yr ywen a chonifferau eraill sy'n cynnwys pinwydd Chile. Yn y pen deheuol, ar ochr ddwyreiniol y lôn, mae ffos glawdd o gerrig yn ffinio'r parc ceirw. Daw'r lôn i fyny at y tŷ gan ddilyn trofa lyfn, ac yma mae'n llydan a phorfa ar yr ochrau yn arwain i ymyl y ffos glawdd, ac mae gynnau bychain bob hyn a hyn.

Ar ôl mynd ar hyd rhyw ddwy ran o dair o'r ffordd at y tŷ, mae'r brif lôn yn croesi lôn arall sy'n arwain o'r tai allan, gan ddilyn trofa i'r gogledd a'r dwyrain, ar draws y parc ceirw i'r stribyn dwyreiniol o goetir a'r ardd sydd â wal o'i chwmpas. Roedd hwn yn bodoli ym 1840–41 ond nid ym 1818. Yn y coed i'r gogledd o'r ardd mae'r lôn hon yn cyfarfod â llwybr arall ar gyffordd 'T'; i'r gogledd mae'r llwybr hwn yn arwain at yr hen berllan ac allan i'r tir ffermio y tu hwnt, ac i'r de mae'n pasio'r ardd, Bwthyn yr Ardd (Garden Cottage) a'r tŷ cychod a'r baddon dy i gysylltu â'r Rhodfa Leim (Lime Walk), ac yna mae'n troi tua'r gorllewin gan ddilyn llwybr newydd sy'n gyfochrog â'r Rhodfa Leim. Ym 1818 roedd rhan o'r llwybr hwn sy'n dilyn yr arfordir yn bodoli fel llwybr o dŷ o'r enw Bryn Cyn (a ddiflannodd erbyn hyn) i'r ffordd ddeheuol allan o'r parc, ac ym 1840–41 ychwanegwyd gweddill y llwybr, ond âi ar drywydd gwahanol i'r un presennol (a ddangoswyd am y tro cyntaf ym 1891) a daw i gyfarfod â'r llwybr sy'n croesi'r parc ceirw ymhellach i'r de.

Mae'r Rhodfa Leim yn arwain o fan sydd bron gyferbyn â'r baddon dy i gyrion y parc ceirw, lle saif giât; o'r blaen byddai'r llwybr yn ymestyn ar draws y parc a thrwy'r Llwyni Brain yn ôl tuag at y tŷ, ond bellach mae'n segur. Ym 1818 ymrannai'r llwybr yn ymyl y tŷ; roedd y fforch i'r cefn eisoes wedi diflannu erbyn 1840–41. Ymddengys yr enw 'Lime Walk Covert' ar fap 1891, ond erbyn 1922 gelwir yr ardal yn 'Glan-y-Don Covert'. Ym 1818 roedd porthordy i'r giât ar gyrion y parc ceirw (sy'n edrych fel petai'n fras ar safle'r baddon dy), a rhedai llwybr yn ei flaen tua'r de i Borth-y-Felin.

Mae'r lôn gefn yn rhedeg i'r de-ddwyrain o'r Porthordy Cefn i ardal y fferm, ac yna i'r de i fynd i fyny tuag at gefn y tŷ. Adeilad unllawr yw'r Porthordy Cefn gyda tho llechi ac un simnai yn y canol a dwy simnai arall. Fel y Porthordy Blaen, paentiwyd y Porthordy Cefn yn ddu a gwyn, ond fe'i hadeiladwyd mewn arddull sy'n perthyn i gyfnod diweddarach o'r bedwaredd ganrif ar bymtheg. Ymddengys ar fap 1891 ond nid ar fapiau'r 1840au. Wrth y fynedfa saif giât lydan o haearn ar byst bychain, pigfain, syml o gerrig, ac mae giât i gerddwyr ar ochr y porthordy. Gwelir y lôn hon ar fap 1840–41 ond ni fodolai ym 1818.

Ychydig o adeiladau sydd yn y parc, â'u pwrpas yn wreiddiol at wasanaeth cyffredin. Ar y glannau, yn ymyl y llithrfa, mae adeilad o'r bedwaredd ganrif ar bymtheg, Bwthyn yr Ardd, oedd yn gwasanaethu fel tŷ i'r pen-garddwr. Tŷ unllawr ydyw; gwyngalchwyd y wal sy'n wynebu'r ardd a chwipiwyd gro ar y wal sy'n wynebu'r môr. Mae pedwar llwyfan ar gyfer gynnau ar wal yr ardd sy'n wynebu tua'r môr, sy'n dyddio yn ôl pob sôn o gyfnod rhyfeloedd Napoleon. Yn ymyl y morglawdd, i'r de o'r ardd lysiau, mae adeilad sy'n dyddio o 1825, adeilad gwag, bach a gafodd ei chwipio â gro yn ddiweddar. Arferwyd ei ddefnyddio fel baddon dy. Gerllaw, i'r de o Fwthyn yr Ardd, saif tŷ cychod o'r ugeinfed ganrif.

Ar gyrion gogleddol cuddfan fwyaf deheuol y parc, mae adeilad brics heb do a elwir yn 'Rob Roy'. Saif mewn chwarter erw o dir â wal uchel o'i gwmpas, a chredir iddo gael ei ddefnyddio i gadw carw a 'gertiwyd' yno cyn ei ryddhau i'w hela. Ar ôl ei ddal byddai'n cael ei gymryd yn ôl i 'Rob Roy'.

Gellir olrhain hanes y parc ym Modorgan o ddechrau'r ddeunawfed ganrif gynnar. Yn gynnar yn y ddeunawfed ganrif, pan oedd Owen Meyrick yn berchen ar yr ystâd, tyfodd tiroedd yr ystâd ar Ynys Môn yn aruthrol drwy etifeddiaeth. Yna parhaodd Owen Meyrick i ychwanegu at y tir drwy brynu rhagor. Fodd bynnag, dengys map 1724 yr ystâd mai ychydig o dystiolaeth o barc oedd, er bod gerddi ffurfiol ysblennydd gan yr hen Neuadd yn y cyfnod hwn. Y tu allan i'r ardd, y prif dirlunio oedd rhes o goed i'r gorllewin a rhodfa ymhellach i'r de. Safai adeilad ar lan y môr, ond nid oes sicrwydd ai tŷ cychod neu faddon dy ydoedd.

Gwelir y dystiolaeth nesaf yn natblygiad y parc mewn map sy'n dyddio o 1776, ac a ludwyd i mewn i gyfrol rwymedig 1724 Lewis Morris. Mae'r map hwn yn darlunio cyfnod o drawsnewid, gan ddangos nodweddion sydd eisoes yn bodoli a hefyd nodweddion sydd ar y gweill. Dengys fuarth a stablau newydd ac amlinelliad y tŷ, gyda throfa o'i flaen. Yn ddiweddarach newidiwyd y map i ddangos y lôn newydd i fyny at y tŷ. Mae llun o'r tŷ, sy'n dyddio cyn 1840, yn dangos y drofa o flaen ochr ddwyreiniol y tŷ, gyda'r parc a cheirw ynddo o'i flaen. Hefyd, i'r gogledd o'r tŷ, dengys dŷ gwydr, a ddiflannodd ers hynny. Mae map o'r ystâd (1840–50) gan J.R. Haslam yn dangos y parc ac yn cynnwys y baddon dy, 'Rob

Roy', y 'Fagnelfa', ac adeilad i'r dwyrain o'r tŷ yn ymyl 'ffynnon' sydd wedi diflannu ers hynny.

Mae argraffiad cyntaf y map Arolwg Ordnans 1 fodfedd, er ei fod ar raddfa fechan, yn dangos cynllun y lonydd ym 1840–41, y tŷ cyn iddo gael ei ymestyn, y tai allan a fodolai ar y pryd, yr ardd lysiau, cynllun y coed ar y pryd, y parc ceirw, ac mae'n enwi un porthordy (y Blaen), y 'Fagnelfa', y baddon dy a stordy (lle saif Bwthyn yr Ardd yn awr). Mae'r map llawysgrif 2 fodfedd, y lluniwyd y map hwn oddi wrtho, sy'n dyddio o 1818, yn dangos llai o goetir a llai o lonydd, ac ymddengys nad yw'r ardd lysiau yno. Yn y cyfnod hwn 'roedd 'porthordy' ar safle'r baddon dy. Nid oes dyddiad i fap y degwm ond fe'i lluniwyd ychydig flynyddoedd yn unig ar ôl yr argraffiad cyntaf un fodfedd, ac er nad yw'n cynnwys cymaint o wybodaeth mae'n dangos rhai adeiladau ychwanegol.

Dengys map 6 modfedd 1891 y newidiadau a wnaeth Owen Fuller Meyrick cyn 1876. Yn agos i ddiwedd ei oes ymestynnwyd yr ystâd eto pan brynodd dir ym 1865 a 1871 oddi wrth y teulu Hughes o Ginmel a brynodd ystâd Bodowen oddi wrth yr Oweniaid ym 1815. Gorweddai'r tir ym mhlwyfi Llangadwaladr ac Aberffraw ac roedd yn cynnwys Bodowen ei hun, sydd bellach yn adfail, i'r de o Fodorgan. Roedd hyn yn galluogi'r parc i ymestyn i'r de i gynnwys tir Bodowen. Plannwyd mwy o goed erbyn 1891, yn enwedig i'r gogledd a'r de-orllewin; adeiladwyd at y tŷ ac ymddangosodd mwy o adeiladau, gan gynnwys y porthdai Cefn ac Isaf; ehangwyd y gerddi a newidiwyd cynllun y ffyrdd a'r lonydd. Adeiladwyd neu ymestynnwyd Bwthyn yr Ardd a galwyd y baddon dy yn Glan-y-Don. Roedd perllan yno ac roedd hyd yn oed gan yr ystâd ei waith nwy ei hunan.

Dim ond ychydig iawn o newidiadau ers 1891 a welir ar fap 25 modfedd 1922, er bod y gwaith nwy wedi diflannu, a dim ond ychydig o newidiadau ers 1922 a welir ar y map modern 6 modfedd, ar wahân i ychwanegiad y tŷ cychod ger Glan-y-Don a diflaniad y berllan a'r blanhigfa a llawer o'r gwydr o'r gerddi llysiau.

Mae'r gerddi'n anarferol am eu bod mewn dwy ran, ac nid ydynt o gwmpas y tŷ. O flaen y tŷ mae cyfres o dri theras ffurfiol isel, ac oddi yma mae golygfa wych o'r parc ac Eryri. Mae balwstradau cerrig o'u cwmpas, sydd, gyda'r waliau cynhaliol, yn rhannu'r terasau oddi wrth y parc ceirw i'r gogledd a'r dwyrain a'r lawnt i'r de. Mae'r teras uchaf wedi ei raeanu, ac mae ardal fechan balmentog wedi'i chodi o flaen y ffenestri Ffrengig yng nghanol y tŷ, a gellir cyrraedd yno drwy fynd i fyny grisiau cerrig o bob ochr. Mae balwstrad ar hyd blaen yr ardal balmentog hon, dros y pwll ffurfiol ar y teras nesaf i lawr.

Mae grisiau o gerrig nadd yn arwain lawr i'r teras canol yn y ddau ben, ac ar bob ochr i'r pwll, ac mae balwstradau gan y rhai ar ochr y pwll. Mae ardal wedi ei graeanu o flaen y pwll, ac oddeutu hon mae ardal o borfa sydd ar oleddf gydag ochr y grisiau ac yn wastad ar y gwaelod. Rhennir y gwahanol ardaloedd gan ymylwaith o garreg nadd. Mae gan yr ymylwaith a'r balwstradau wadnau sgwâr bob hyn a hyn, ac mae'n bosibl i rai ohonynt fod wedi dal yrnau neu gerfluniau.

Bychan a hirsgwar yw'r pwll ac mae iddo ymylwaith o garreg nadd. Wedi'i osod yn y wal yn y cefn mae cragen wedi'i cherfio'n gywrain â phistyll o ben dolffin yn y canol. Mae parapet isel o garreg solet ar hyd y blaen, a gwely sgwâr ar bob ochr sy'n cynnwys llwyn llawryf.

Dim ond dau ris isel sydd lawr i'r teras isaf, ond mae'r grisiau hyn yn ymestyn ar draws holl led y terasau. Mae llwybr llydan wedi ei raeanu yr holl ffordd o gwmpas ymyl y teras, gan gynnwys y cefn, a phorfa yn y canol. Mae'r balwstradau ar hyd y llwybr blaen yn troi tuag allan ar bob pen ac yn y canol, ac ym mhob un o'r cilfachau hyn mae mainc garreg grom. Mae lefel y llwybr ychydig dros fedr yn uwch na'r parc ceirw.

Mae'r un balwstradau o gwmpas yr ardd gaeëdig i'r de ac mae'n perthyn i'r un cyfnod, er bod ei gymeriad yn wahanol yn awr. Mae llwybr o raean yn rhedeg yr holl ffordd o'i gwmpas ac yn y canol mae darn hirsgwar o borfa sydd wedi'i suddo rywfaint, ond o gwmpas yr ymyl mae borderi ar oleddf, yn llawn llwyni a blodau.

Ar ochr orllewinol yr ardd hon mae dau logia blaen-agored sy'n debyg i'w gilydd, yn dyddio o'r bedwaredd ganrif ar bymtheg, ag arddull glasurol iddynt, ac fe'i defnyddiwyd fel hafdy a chyn hynny, adardy. Mae golygfa wych i'w gweld o'r hafdy. Mae giât bren fach solet yn arwain o'r ardd hon i'r borfa, sy'n debyg i'r un ar y blaen gwrt i'r gogledd.

Tu hwnt i'r terasau, i'r de, mae ardal o borfa gyda choed, a oedd unwaith yn rhan o goedwig, ac mae lawnt arall gyda choed enghreifftiol i'r gogledd-orllewin o'r tŷ, i'r gorllewin o'r iard stablau. Rhwng y ddwy ardal hon, ar wahân i'r colomendy a rhai adeiladau eraill, mae llecyn a ddylai, o ystyried ei safle, fod yn rhan o'r ardd ond sydd mewn gwirionedd yn goetir tebyg iawn i fannau coediog y parc.

I'r dwyrain, ar ochr arall y parc ceirw, mae'r gerddi llysiau eang gyda waliau o'u hamgylch, ac ymddengys iddynt gael eu cynllunio rhwng 1818 a 1840–41. Mae dau estyniad diweddarach sy'n perthyn o bosibl i tua chanol i ddiwedd y bedwaredd ganrif ar bymtheg. Yn ymyl y rhain ar un adeg safai gwaith nwy'r ystâd, ac ymddengys fod yr ardal hon wedi'i chymryd i mewn fel rhan o'r ardd yn ddiweddarach.

Adwaenir ardal fawr i'r gorllewin o'r ardd lysiau, yn y llain ddwyreiniol o goetir, fel yr ardd Americanaidd (American garden). Ymddengys i hon fod yn rhan o'r parcdir ym 1840–41, ond erbyn 1891 roedd wedi cymryd ei chynllun presennol. Porfa sydd yma, wedi'i phlannu â choed enghreifftiol, gan gynnwys pinwydden Chile, y ffeuen Indiaidd (*Catalpa bignoniodes*), y gastan, pinwydd a chonifferau eraill, gan gynnwys *Cupressus macrocarpa* a grwpiau o rododendron hybrid aeddfed. Mae pwll bychan crwn gydag ymylwaith o garreg nadd, ochrau coblog ar oleddf a phistyll sy'n codi o bentwr o greigiau yn y canol. Mae'n bosibl fod tri o wadnau sgwâr carreg, wedi'u gosod yn gyfartal o gwmpas y pwll, wedi dal cerfluniau neu waith dŵr arall. Tyfir amrywiaeth eang o goed drwy'r ardd; er gwaetha'r gwynt, mae Bodorgan wedi profi ei fod mewn safle rhagorol i dyfu coed; mae rhai o'r coed aeddfed wedi gwneud sbesimenau ardderchog.

I'r gogledd o'r ardd Americanaidd mae ardal o goetir agored llawn prysglwyn trwchus, sy'n llaith iawn ac yn cynnwys dau bwll a gysylltir â'i gilydd gan sianel ddofn sydd â llwybr uwch ar hyd ochr y pwll mwyaf; bellach nid yw'r pyllau yn dal fawr o ddŵr os o gwbl. Mae hi fwy neu lai'n bosibl i ddilyn y llwybr drwy'r fan hyn, ond mae wedi tyfu mor wyllt fel na ellir gwneud na phen na chynffon o'r cynllun, er bod simnai ar ei phen ei hun yn awr y tu allan i estyniad yr ail ardd lysiau, sydd yn ôl pob tebyg yn perthyn i'r boelerdy a arferai ar un adeg wresogi'r tŷ gwydr o fewn yr estyniad. Hefyd saif murddun, sy'n rhannol o garreg nadd, ynghlwm wrth wal gerrig sy'n gwyro ar ochr ogleddol estyniad yr ail ardd lysiau. Mae sianeli dŵr eraill yn bodoli, a dengys map 1922 danc dŵr yma. Ym 1891 roedd gwaith nwy yr ystâd rywle yn yr ardal hon, felly mae'n bosibl bod y nodweddion i gyd neu rai ohonynt yn gysylltiedig â hyn.

Datblygwyd y gerddi mewn tri phrif gyfnod. Yn y lle cyntaf, roedd gerddi ffurfiol eang, a ddangosir ar fap ystâd 1724 Lewis Morris. O ran cymeriad ymddengys bod y rhain yn dyddio o'r ail

ganrif ar bymtheg ond mae'n bosibl eu bod yn gynharach hyd yn oed na hynny. Ymestynnent o'r tŷ i lawr at y môr ac i'r de o'r tŷ. Yn union o flaen y tŷ roedd teras, gyda grisiau mewn hanner cylch ar yr echel ganol i lawr i groes 'Llwybr Teras' (Terras Walk'), gyda rhagor o risiau ar y brif echel isod. Trefnwyd y gerddi'n adrannau ffurfiol, y rhai o flaen y tŷ gyda llwybrau o'u hamgylch a choed wedi'u tocio neu gonifferau bob hyn a hyn. O boptu'r llwybr canolog, o'r dwyrain i'r gorllewin, roedd llwyni ffurfiol, ac ar waelod y llethr, ger y môr, roedd lawnt fowlio hirgrwn ganolog. I'r de o'r tŷ roedd gardd ffurfiol arall a pherllan. I'r gogledd ddwyrain o'r tŷ roedd adeilad wedi'i amgáu i'r gorllewin iddo, at bwrpas gwasanaeth fwy na thebyg. Gyda'i gilydd, mae'n rhaid fod y gerddi hyn wedi bod ymhlith y mwyaf cain o holl erddi Cymru yn yr ail ganrif ar bymtheg.

Daeth y cyfnod nesaf o ddatblygiad gydag adeiladu'r tŷ newydd ym 1779–82. Dengys map 1776, sy'n cynnwys cynlluniau yn ogystal â nodweddion sydd eisoes yn bodoli, y gerddi ffurfiol wedi'u dileu yn gyfan gwbl a'r cynllun anffurfiol newydd, gyda throfa raean i'r dwyrain o'r tŷ newydd, sy'n ymddangos wedi'i fraslunio'n unig am nad oedd wedi'i adeiladu eto. Mae'r adeilad i'r gogledd ddwyrain o'r tŷ, a welir ar fap 1724, wedi'i ddotio i mewn, sydd fwy na thebyg wedi'i ddymchwel neu ar fin cael ei ddymchwel, ac fe'i labelir yn 'hen stablau' ('old stables'). Mae'n glir o'r map hwn, o fap 1840–50 J.R. Haslam ac o'r darlun o'r tŷ sy'n dyddio o gyfnod cyn 1840, nad oedd unrhyw derasau o flaen y tŷ hyd at ganol y bedwaredd ganrif ar bymtheg, dim ond trofa raean ac yna borfa ar oleddf.

Adeiladwyd y terasau yng nghanol y bedwaredd ganrif ar bymtheg, gan Owen Fuller Meyrick ar ôl canol y 1840au (nid ydynt i'w gweld ar fap Arolwg Ordnans 1840–41 nac ar fap y degwm). Maent yn perthyn i'r un cyfnod â'r newidiadau i'r tŷ a symud y drws ffrynt i'r talcen gogleddol. Datblygwyd yr ardd Americanaidd ar yr un pryd ac mae llawer o'r coed yn y gerddi a'r tir o amgylch yn perthyn i'r cyfnod hwn. Ychydig iawn o newidiadau a fu i'r gerddi ers y cyfnod hwnnw.

Mae'r gerddi llysiau sydd â waliau o'u cwmpas yn eang. Y brif adran yw darn is-sgwâr o tua dwy erw o dir, ar draws y parc ceirw o'r tŷ, yn agos iawn i aber Malltraeth ac wedi'i guddio yn y coed. Mae'r corneli i'r de a'r dwyrain yn grwn, ac mae'r gornel orllewinol yn siâp rhyfedd, gyda thro siâp S yn y wal. Dangosir yr ardal hon yn argraffiad cyntaf map Arolwg Ordnans 1 fodfedd 1840–41.

Erbyn 1891 ychwanegwyd dwy ardal arall, i'r gogledd a'r gogledd ddwyrain, a chynyddodd y gwydr yn enfawr o un ym 1840–41 i chwech neu saith tŷ gwydr, yn cynnwys fframiau, ym 1891. Erbyn 1922 roedd tŷ garddwr, ac roedd holl ardal y gerddi llysiau yn ymestyn dros dair erw a hanner. Mae'n debyg i gynllun y brif ardal aros yr un fath drwy gydol yr amser.

Gellir gweld llawer o hyn oll o hyd. Mae'r waliau brics a wnaed â llaw, yn y brif ardal tua 3 medr o uchder ar y de, yn codi i tua 4 medr ar bob ochr yn bellach i'r gogledd; mae iddynt gerrig copa gwastad. Mae bwtresi bric gwastad ar y tu allan ar y gorllewin. Mae waliau'r ardal ychwanegol i'r gogledd yn amlwg yn fwy diweddar, gyda llechi copa a wnaed gan beiriant, ac mae wal wreiddiol arall yn torri stribyn oddi ar ben de ddwyreiniol yr ardd (yr un fricsen sydd i'r prif waliau, a gwelir y rhaniad ar fap 1840–41).

Mae mynedfeydd, â drysau pren iddynt, i mewn i'r ardd ychydig i'r de o'r gwahanfur hwn yn ymyl y gornel ddwyreiniol, ac i'r gogledd ohono ar y gorllewin, ychydig i'r de o'r gornel orllewinol. Roedd yr ail fynedfa fwy na thebyg ar ddiwedd y llwybr croes a welir yn y mapiau i gyd, ond nid oes olion ohoni'n aros; llenwyd mynedfa gyferbyn yn y wal ogledd ddwyreiniol â brics. Rhedai llwybr byrrach ar ongl sgwâr o'r tŷ gwydr gwreiddiol yng nghanol y wal ogleddol cyn belled â'r wal groes i'r de, ond eto nid oes olion ohono yn aros.

Mae mynedfa lydan gyda drysau pren dwbl drwy'r wal fwy diweddar ychydig i'r gogledd o gornel ogleddol prif ran yr ardd. Mae hon yn agor ar lwybr graean sy'n arwain i'r tŷ gwydr gwreiddiol. I'r dwyrain, dymchwelwyd yr hen wal ogleddol, ac yn ei lle codwyd ffrâm frics hir; ceir mynediad i brif ran yr ardd drwy fwlch rhwng y pen hwn a'r gornel ogleddol wreiddiol. Hefyd mae pyrth bwaog llydan drwy'r gwahanfur de ddwyreiniol ar bob ochr.

Yn yr estyniadau gogleddol mwyaf diweddar, y ceid y mwyafrif o'r gwydr, gan gynnwys fwy na thebyg y waliau gwydr y cyfeirir atynt mewn erthyglau garddio o 1854 ymlaen. Awgryma hyn fod yr estyniad cyntaf beth bynnag wedi'i greu ymhell cyn 1891. Wal frics sydd gan yr ail estyniad hefyd ond ymddengys ychydig yn wahanol i'r cyntaf, felly mae'n bosibl eu bod o gyfnodau gwahanol, er bod y cerrig copa a wnaed gan beiriant yn debyg. Daw drws yn wal ogleddol yr estyniad cyntaf i mewn i'r ail estyniad tua hanner ffordd ar hyd yr ochr dde orllewinol, lle mae'r wal yn troelli o gwmpas cornel yr estyniad cyntaf. Hefyd mae drws mawr a drws bach yn wal dde ddwyreiniol yr ail estyniad.

Mae gwadnau a pheth o rannau uchaf nifer helaeth o'r tai gwydr a'r fframiau yn goroesi o hyd. Mae rhai ohonynt yn amlwg yn fodern ond mae eraill yn hŷn o lawer. Yn erbyn y gwahanfur sydd ar draws rhan dde ddwyreiniol yr ardd, y gellir mynd ato drwy ddrws yn y wal, saif tŷ gwydr cul, hir iawn, sy'n weddol fodern, ond sy'n cymryd lle un a ddisgrifir yn 'Cottage Gardener' (1854), a oedd yn cael ei ddefnyddio fel tŷ eirin gwlanog.

Y tŷ gwydr hynaf yw'r tŷ gwinwydd yng nghanol y wal ogleddol wreiddiol, ac mae'n dal i gynnwys gwinwydd sy'n tyfu mewn border uchel ar hyd y wal gefn a wyngalchwyd, ac mae ynddo ffyn a gwyntyllwyr. I'r cefn mae rhes o siedau gyda storfa ffrwythau a ystafell gyda lle tân i'r garddwyr; mae porth bwaog drwy'r rhes hon sy'n rhoi mynediad i'r tŷ gwydr.

I'r gogledd orllewin o'r llwybr sy'n rhedeg y tu ôl i'r siedau, yn yr estyniad cyntaf, mae dau dŷ gwydr hir, cul, suddedig, wedi'u gwresogi, gyda gwydr wedi ei adael a'r rhannau uchaf o bren yn dal yn eu lle. Ymhellach draw mae dau dŷ gwydr arall sy'n fyrrach ac yn fwy llydan ac mewn cyflwr gwell, ac mae gwydr diweddarach ynddynt. Mae systemau gwyntyllu ganddynt, ac yn un ohonynt mae mainc waith gain o lechi. I'r gogledd orllewin o'r rhain roedd y tŷ gwydr mwyaf, sydd wedi mynd erbyn hyn. Roedd wedi ei leoli ar ddarn o dir uchel gyda grisiau o garreg nadd yn arwain iddo ar bob ochr, ac ymddengys ar fapiau 1891 a 1922, gyda bwa yn y canol a hefyd estyniad drwy lwybr y wal i'r cefn. Roedd tŷ gwydr gan yr ail estyniad i'r gogledd ddwyrain ar hyd y wal ogledd orllewinol gyda phum rhes o fframiau a thai gwydr isel o'i flaen, ac mae'r ddwy res flaen yn fodern.

Roedd y gerddi â waliau o'u cwmpas yn adnabyddus yn oes Fictoria ac yn nodedig yn arbennig am eu waliau gwydr. Dyfeisiwyd y rhain gan Mr Ewing, y pen-garddwr yn 1850au. Lleoliad mwyaf tebygol y waliau gwydr yma yw'r estyniad cyntaf, ychydig i'r de o'r tai gwydr suddedig. Gwelir disgrifiad manwl a sylwadau canmoladwy o'r waliau hyn yn erthygl y *Cottage Gardener* ym 1854. Roedd dwy wal wydr unionsyth iddynt, a oedd yn unarddeg troedfedd o uchder, â phileri'n eu cynnal, a thua ugain modfedd yn eu gwahanu, a tho gwydr iddynt. Sicrhawyd y gellid agor pob ffenestr arall drwy droi ffon â chranciau ynghlwm wrthi. Fe'u defnyddiwyd ar gyfer tyfu eirin gwlanog, nectarinau, bricyll a ffigys.

Mae erthygl arall, yn y *Gardener's Chronicle* (1882), hefyd yn crybwyll y waliau gwydr, ond Mr Ellam oedd y garddwr erbyn

hynny, ac mae'n amlwg nad oedd yn meddwl llawer o ddyfais ei ragflaenydd, gan ddweud eu bod 'mor oer a drafftiog fel nad oedd y pren yn aeddfedu cystal ar y coed yno ag yr oeddynt y tu allan'. Mae erthygl arall yn yr un cyhoeddiad, dyddiedig Ionawr 1892, yn gwneud rhywun yn ymwybodol iawn o broblemau hinsawdd yr ardal:…..'gwynt yn chwythu'n wyllt o'r môr, gyda glaw yn disgyn yn ysbeidiol…..diogelwyd ffenestri'r fframiau pwll rhag y gwynt drwy eu dal i lawr neu drwy osod pwysau arnynt. Erbyn hynny roedd y garddwr wedi newid eto a Mr Gray oedd wrthi; defnyddiai ef y waliau gwydr o hyd ond cychwynnodd ar welliannau i un ohonynt.

Safai nifer o adeiladau eraill yn yr ardd ac o'i chwmpas, yn ogystal â'r tai gwydr. Yn yr estyniad cyntaf mae simnai dal y boelerdy tanddaearol yn amlwg. Mae simnai hefyd ychydig o ffordd ar hyd wal ogledd ddwyreiniol yr ail estyniad, ond nid yw'n edrych yn debyg y bu adeilad yn perthyn iddo ar yr ochr hon o'r wal. Ar ochr arall y wal, o gwmpas tŷ'r garddwr, mae darn caeëdig o dir sgwâr gyda wal gerrig o'i gwmpas. Tŷ deulawr gweddol fawr yw tŷ'r garddwr, wedi'i adeiladu o waith maen wedi'i naddu, gyda tho llechi â'i ardd breifat ei hun gyda wal o'i chwmpas o fewn y wal gaeëdig. Hefyd mae nifer o dai allan, sy'n cynnwys rhes o siedau brics ar hyd y wal gyffredin, a allai fod wedi cynnwys boelerdy arall, ac a adeiladwyd cyn tŷ'r garddwr; ymddengys eu bod yn perthyn i'r ail estyniad yn yr un modd ag y mae'r rhes debyg o siedau, mewn lleoliad tebyg, yn perthyn i'r brif ardd. Dymchwelwyd rhai o'r adeiladau yn y rhes hon, ac mae'r fan lle safai un adeilad yn y pen de-ddwyreiniol yn awr yn gartref i ddau danc dŵr llechi mawr. Mae stribyn coblog cul yn rhedeg o flaen rhan o'r rhes.

Ar hyd y wal dde-ddwyreiniol mae sgubor gerrig ac adeilad arall, sydd erbyn hyn yn fodurdy. Tu allan i wal ogledd-ddwyreiniol y brif ardd saif rhes arall o adeiladau, y rhan ddeheuol o garreg a'r rhan ogleddol o frics. Yn wreiddiol, mae'n debyg mai siedau storio a chytiau potiau oeddynt. Yn y pen gogleddol, mewn estyniad bychan o'r estyniad cyntaf, y tu allan i'r gornel o'r brif ardd sy'n gwyro, mae iard drionglog fechan gyda waliau uchel â mwy o adeiladau ynddo, ac mae modd mynd i mewn iddo o'r tu allan drwy borth bwaog llydan gyda drysau dwbl iddo. Hefyd mae drws wedi'i lenwi â brics yn wal ogleddol y rhan hon. Ymddengys y rhes o adeiladau ar hyd ochr ogledd-ddwyreiniol yr ardd ar fap 1840–41.

Erbyn hyn anodd yw dod o hyd i fanylion o'r cynllun mewnol gwreiddiol. Ym 1922 perllan oedd yr ardal i'r de-ddwyrain o'r gwahanfur, ac ym 1891 o leiaf roedd ffrwythau'n tyfu ar y waliau, ond erbyn hyn porfa garw a pheth coed sydd yno. Mae rhai *Cryptomeria japonica* hŷn a chonifferau'n gyfochrog â'r wal ogledd-ddwyreiniol. Hefyd mae gweddillion o wrychoedd *Lonicera nitida*, a ddefnyddiwyd, mae'n debyg, yn lle bocs.

Yn ardal yr estyniad cyntaf mae rhai cwteri cwsg, ac ymddengys bod rhan fwyaf gogleddol y darn hwn, o gwmpas y tŷ gwydr mawr sydd wedi diflannu, wedi'i bwriadu ar gyfer ei harddangos – ceir ymylwaith o garreg nadd i rai o'r borderi uchel a'r llwybrau a chopaon tebyg ar y waliau, a gwnaed y grisiau o garreg nadd neu lechi. Mae'r planhigion a oroesodd yma'n cynnwys rhagor o wyddfid a pheth myrtwydd, ond mae'r ardal hon a'r ail estyniad wedi tyfu'n wyllt.

I'r de-ddwyrain o dŷ'r garddwr mae ardal fechan arall â wal o'i chwmpas, wedi'i rhannu'n dair; yr adran fwyaf ogledd-ddwyreiniol o'r tair adran yw'r mwyaf ac fe'i hychwanegwyd ar ôl 1891. Mae iddi hefyd byst giât ac roedd iddi giât ar un adeg, ond does dim tystiolaeth ohoni yn y mynedfeydd i'r ddwy adran arall. Mae'r waliau cerrig morter tua 2 fedr o uchder ac mae'r mynedfeydd yn llydan. Mae'n bosibl mai cyrtiau ar gyfer storio neu wrtaith oedd y rhain.

Mae'r berllan beth ffordd i'r gogledd o'r ardd lysiau, ar ben gogleddol y llain ddwyreiniol o goetir, ac mae iddo fraich gysgodol sy'n ymestyn heibio'r berllan ar yr ochr orllewinol. Felly mae'n agored yn y gogledd a'r dwyrain yn unig; mae gwynt o'r cyfeiriadau hyn yn weddol brin ym Modorgan. Mae'r wal amgáu, sy'n adfail, o garreg forter a'i huchder i fyny at 2 fedr. Porfa arw sydd ar y tu mewn ac nid oes dim manylion o'r cynllun yn goroesi. Mae'r fynedfa lydan tuag at ben dwyreiniol yr ochr ddeheuol, ac mae ganddi byst giât sgwâr o garreg nadd.

Ym 1891 rhannwyd y tu mewn yn stribedi'n rhedeg o'r gogledd i'r de gan waliau ffrwythau yn ôl pob tebyg, ond ymddengys mai dim ond yr ail stribyn o'r dwyrain oedd wedi ei blannu. Ym 1922, ar wahân i ychwanegu dau danc dŵr ar hyd y llinell ganolog, ymddengys y sefyllfa'n union yr un fath. Oherwydd graddfa fwy y map hwn gellir gweld y bylchau yn y waliau ar gyfer y llwybr canolog, ond nid oed unrhyw blannu wedi'i nodi ar wahân i goed ffrwythau yn yr un stribyn ag ym 1891. Awgryma hyn efallai na chafodd y berllan a gynlluniwyd fyth ei phlannu'n llawn mewn gwirionedd. Erbyn hyn symudwyd y gwahanfuriau. Roedd adeiladau bach y tu allan i ganol yr ochr ddeheuol ac yn ymyl y gornel ogledd-ddwyreiniol. Gellir gweld olion yr adeilad cyntaf.

Ym 1922 roedd hefyd ardal fechan o berllan ym mhen gogledd-ddwyreiniol y blanhigfa yn llain ganolog y coetir, i'r gogledd o'r felin lifio. Mae'n anodd dweud o fap 1891 a oedd yr ardal hon bryd hynny'n cynnwys unrhyw beth yn wahanol i weddill yr ardal; mewn gwirionedd mae'n bosibl fod yr holl ardal wedi bod yn berllan yn y cyfnod hwn, ond bod y rhan ogledd-ddwyreiniol ar wahân.

Ffynonellau

Sylfaenol

'A map of part of the demesne called Bodorgan.......' 1724 gan Lewis Morris. Casgliad personol.

Cynllun y tŷ a'r ardal o gwmpas, 1776, a ludwyd i gyfrol Lewis Morris, 1724. Casgliad personol.

Arolwg o ystâd Bodorgan gan J.R. Haslam, (1840–50). Casgliad personol.

Darlun o Fodorgan, tua 1825. Casgliad personol.

Map degwm, heb ddyddiad ond fwy na thebyg 1845–46, Archifdy Gwynedd, Caernarfon.

Map llawysgrif 2 fodfedd ar gyfer argraffiad 1af Arolwg Ordnans 1 fodfedd, 1818, Archifdy Coleg Prifysgol Gogledd Cymru, Bangor.

Eilradd

Cottage Gardener, 26 Ionawr 1854, tud. 320–22.

Gardener's Chronicle, ii 1882, tud. 331.

Gardener's Chronicle, 16 Ionawr 1892, tud. 75–76.

J.C. Loudon, *An encyclopaedia of gardening* (1822), tud. 1248.

V.E. Mapp, 'The rebuilding of Bodorgan Hall', *Trans Anglesey Antiquarian Society* (1983) tud. 41–85.

A. Mitchell, *The Complete Guide to Trees of Britain and Northern Europe*, 1985.

G. Meyrick, a T. Roberts, 'The Meyrick family of Bodorgan', *Trans Anglesey Antiquarian Society* (1989), tud. 15–23.

CARREGLWYD

CADW

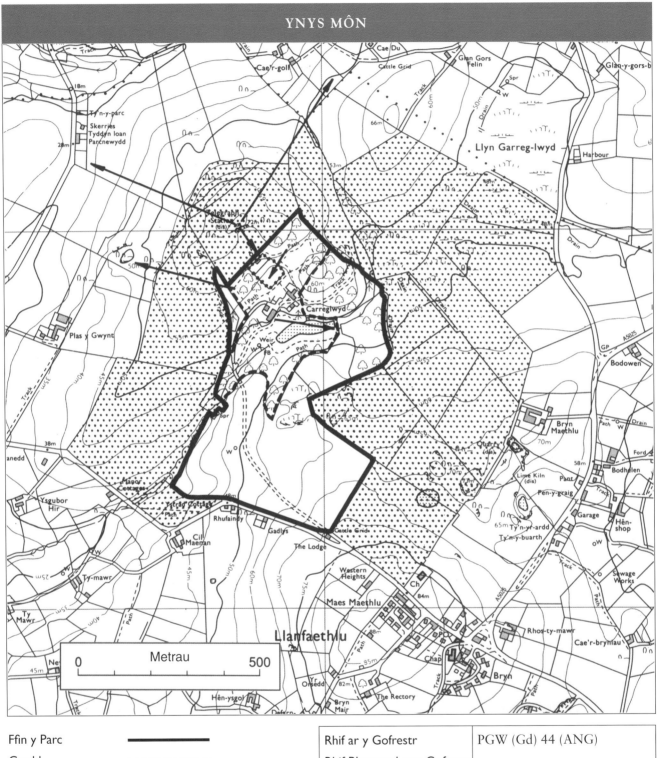

Ffin y Parc	————————
Gardd	– – – – – – –
Gardd Lysiau	•••••••••••
Lleoliad Hanfodol	⸪⸪⸪⸪⸪
Golygfa Arwyddocaol	———→

Rhif ar y Gofrestr	PGW (Gd) 44 (ANG)
Rhif Blaenorol ar y Gofrestr	
Rhif Taflen A.O.	SH 36 NE
Cymuned	BODORGAN

CRYNODEB

Rhif cyf	PGW (Gd) 43 (ANG)
Map AO	114
Cyf Grid	SH 309 878
Sir flaenorol	Gwynedd
Awdurdod unedol	Ynys Môn
Cyngor cymuned	Llanfaethlu
Disgrifiadau	Adeiladau Rhestredig: tŷ Gradd II*, golchdy, stablau, wal yr ardd a hen orsaf delegraff Gradd II; Ardal o Harddwch Naturiol Eithriadol; Safle o Ddiddordeb Gwyddonol Arbennig (Llyn Garreg-lwyd). Ardal Amgylchedd Arbennig
Asesiad safle	Gradd II*
Prif resymau dros y graddio	Cynllun o'r bedwaredd ganrif ar bymtheg sydd wedi goroesi'n dda, bron yn ddigyfnewid, o dir coediog addurnol wedi'i ganolbwyntio ar lyn anffurfiol, sy'n cynnwys elfennau cynharach; plannu da o goetir am resymau ymarferol ac esthetig.
Math o safle	Lawnt a llyn a amgylchynwyd gan goetir, ag adeiladau gardd diddorol; gardd lysiau â wal o'i chwmpas; peth parcdir gan gynnwys llyn lleidiog.
Prif gyfnodau o adeiladu	Y ddeunawfed ganrif; y bedwaredd ganrif ar bymtheg.

Disgrifiad o'r safle

Plasty Sioraidd a leolwyd mewn tir coediog ger arfordir gogledd-orllewinol Sir Fôn yw Carreglwyd. Mae'r tŷ wedi'i blastro, â tho llechi a chyrn simnai briciau, ac mae ganddo brif ffasâd cymesurol (de-ddwyreiniol) â drws canolog a thair ffenestr codi uchel bob ochr iddo; mae saith ffenestr debyg, llai o faint, ar y llawr cyntaf a cheir pum dormer atig. Mae dau estyniad bychan, y naill yn dilyn y llall, yn y pen gogledd-ddwyreiniol â dormer arall a ffenestr ar bob lefel o'r estyniad cyntaf, a ffenestr dan y bondo hanner ffordd rhwng y llawr cyntaf a'r llawr mynediad yn yr ail estyniad. Mae'r ffasâd de-orllewinol yn debyg ond yn gulach. Mae'r ail estyniad yn y pen gogleddol-ddwyreiniol yn cynnwys tai allan (cerbyty/modurdai).

Bu Carreglwyd yn eiddo i'r un teulu ers o leiaf yr ail ganrif ar bymtheg. Roedd tŷ yma yn yr unfed ganrif ar bymtheg ond fe'i disodlwyd gan ail dŷ, a adeiladwyd ym 1634 gan Dr William Griffiths. Roedd teulu'r Dr Griffiths eisoes yn preswylio yn Llanfaethlu yn y ganrif flaenorol, ac unwyd yr ystâd ag ystadau'r Trygarniaid a'r Hollandiaid o Blas Berw ym 1755, pan briododd John Griffiths â Mary Trygarn, etifeddes Trygarn a Berw. Gellir gweld eu llythrennau blaen ar danc dŵr yng nghefn y tŷ, â'r dyddiad 1763 arno.

Bu Mary fyw am ugain mlynedd ar ôl i'w gŵr farw, a pharhâi i fyw yng Ngharreglwyd, gan wneud gwaith atgyweirio mawr i'r lle. Mae golwg presennol y tŷ yn ganlyniad i'w hailfodelu hi. Yn dilyn ei marwolaeth aeth yr eiddo i'w mab, Holland Griffiths, a'i hŵyr, Richard Trygarn Griffiths, ond yna pasiodd drwy'r Fonesig Reade ddi-blant, Maria Griffiths gynt a merch Richard, i'w cefndryd y Carpenteriaid, a'u pedwaredd genhedlaeth nhw sydd bellach yn berchen arno.

Lleolir y golchdy cerrig yn agos iawn i'r tŷ, yn union ar draws yr iard goncrid i'r cefn. Mae dau adeilad bach yn erbyn y cefn, un ohonynt o leiaf bellach yn adfail. Ymddengys bod y golchdy'n cydoesi â'r tŷ, ac iddo ffasâd cymesurol tebyg a ffenestri codi. Mae iddo do llechi ar oleddf isel â chromen bren ddellt fychan. Roedd y llawr uchaf yn lle i fyw i'r gweision ac

roedd ganddo ffenestri codi hefyd, er bod rhai ohonynt wedi'u llenwi â gwaith cerrig.

Mae'r bloc stablau, i'r gogledd-ddwyrain o'r tŷ, ar ffurf T, ac yn ddiamau ychwanegwyd 'coes' y T yn ddiweddarach am ei fod yn rhannol lenwi bwa canolog y brif ochr. Mae'r toi hefyd ar wahân. Mae'r rhan hon yn unllawr, ag un pâr o ddrysau dwbl mawr ac o leiaf un drws llai (mae'n bosibl bod iorwg yn cuddio'r gweddill), ac ychydig o ffenestri ar wahân i rai paenau o wydr a osodwyd yn y to llechi.

Adeiladwyd y brif res, fel y llall, o gerrig, â bwâu briciau dros y ffenestri a'r prif borth bwaog. Mae to llechi gan hwn hefyd, a gafodd ei adnewyddu, mae'n amlwg, a gosodwyd dalennau gwrymiog yng nghefn y rhan ogledd-orllewinol. Adeilad unllawr ydyw, ag atig; mae talcen dros y bwa canolog â ffenestr, a drws bach (heb risiau) yn y pen de-ddwyreiniol. Mae ymylon bondo addurnol i'r talcen, a chromen uwch ei ben. Mae'r ddaear o dan y porth bwaog yn goblog, ond bellach mae porfa'n tyfu dros yr iard sydd yn ongl y T i'r dwyrain. Ceir mynediad iddo drwy ddrws yng nghefn y bwa, a cheir drws arall i'r rhes o adeiladau ar ongl sgwâr. Mae drysau stabl dan y bwa ar bob ochr.

Mae nifer o dai allan bychain eraill o gwmpas y tŷ a'r bloc stablau, sydd bellach yn adfeilion ac/neu yn segur. Ym mhen de-orllewinol y golchdy mae sied fach â'r drws ar goll; ar un adeg mae'n bosibl mai cwt glo neu dŷ bach oedd yma. Ar ochr arall y lôn gefn o'r golchdy ceir dau neu dri o ddarnau o dir amgaeëdig a oedd yn wreiddiol yn adeiladau, ond erbyn 1900 yn adfeilion. Y tu hwnt i'r wal yn ne-ddwyrain yr ardal rhwng y tŷ a'r stablau mae rhagor o adfeilion a darnau bach o dir amgaeëdig, yn ôl pob tebyg cytiau moch, cytiau cŵn a siedau.

O gwmpas y gerddi coediog a'r tir o amgylch y tŷ ceir darnau amgaeëdig o dir pori agored y parc. I'r gogledd-ddwyrain mae Llyn Garreg-lwyd, hen lyn gynt sydd wedi bod yn llenwi â llaid ers tro ac sydd bellach yn gorstir a ddynodir yn Ardal o Ddiddordeb Gwyddonol Arbennig. Mae'n anodd rhannu'r safle'n ardd, parc a thir ffermio. Mae wal o gwmpas y coetir o amgylch y tŷ a'r ardd, ac mae peth ohono, yn arbennig y llecyn i'r gogledd-orllewin, ar bob ochr i'r ardd lysiau, yn cynnwys nodweddion gardd, megis gweddillion hafdy. Mae llecynnau eraill y tu fewn i'r wal â mwy o gymeriad coetir parc. Mae'n amlwg mai cuddfan saethu oedd Bryn Covert, i'r dwyrain o'r tŷ, ac mae Mount Pleasant, i'r gogledd-ddwyrain o'r tŷ, y tu mewn i'r wal ond hefyd â wal rhyngddo â'r coetir drws nesaf, ac ac mae'n gweddu mewn modd mwy addas i'r parc.

Daw'r brif lôn o'r de ar draws y darn mwyaf o dir amgaeëdig sydd yn ddiamau yn barcdir, er mai ychydig o goed sydd yno; mae cymeriad tebyg gan y rhannau eraill i'r gogledd a'r gogledd-orllewin. Fodd bynnag, ymddengys mai caeau pori cyffredin yw'r darnau eraill o dir amgaeëdig, ac mae'n edrych yn debyg na chynlluniwyd byth parc mawr oddi amgylch, neu iddo gael ei chwalu'n dir ffermio ers amser maith. Yn sicr nid oes dim ar fapiau sy'n dyddio o'r ganrif ddiwethaf sy'n nodi bod y cynllun yn wahanol iawn i gynllun heddiw.

Gan bod Mary Trygarn Griffiths wedi gwneud addasiadau sylweddol i'r tŷ ar ddiwedd y ddeunawfed ganrif mae'n eithaf tebygol mai hi oedd yn gyfrifol hefyd am waith arall o bwys, gan gynnwys adeiladu'r stablau a'r golchdy a'r ardd â waliau o'i chwmpas, y cyfan sy'n dyddio o'r ddeunawfed ganrif. Gellir priodoli iddi hi hefyd ddau bâr o byst giatiau cerrig nadd syml ar y brif lôn, y naill yn agos i'r tŷ i'r gogledd-ddwyrain a'r llall ymhellach i ffwrdd tua'r de-orllewin.

11

Fodd bynnag, mae'n anodd dyddio cynllun yr ardd yn fwy na hyn; mae'n bosibl bod datblygiad y llyn i'r de-ddwyrain, a oedd yn ôl pob tebyg yn ddatblygiad o nodwedd naturiol, yn dyddio o'r ddeunawfed ganrif hefyd; ac mae cynllun y coetir o gwmpas yr ardd lysiau, â'r hafdy a'r tŵr gwylio, yn dyddio yn ôl pob tebyg o'r bedwaredd ganrif ar bymtheg. Yn ddiamau, mae'r coetir wedi bod yn ymestyn ac yn cael ei adnewyddu ers i dŷ fod ar y safle (plannwyd y coed cynharaf yn sicr i gysgodi'r tŷ, gan bod y safle'n agored ac yn wyntog; mae'r coed digysgod ar ogwydd nodweddiadol o ganlyniad i wyntoedd cryfion cyson), er bod y wal amgylchynol yn ei ffurf bresennol yn debygol o berthyn i'r bedwaredd ganrif ar bymtheg.

Bellach mae coetir yn amgylchynu'r tŷ, ac mae'r mannau a elwir yn Mount Pleasant i'r gogledd-ddwyrain a Bryn Covert i'r dwyrain yn perthyn i'r parc mewn gwirionedd. Mae iddynt gymeriadau hollol wahanol i'w gilydd. Saif Mount Pleasant ar fryncyn creigiog ac fe'i gwelir ar fapiau tan 1924 fel tir agored yn bennaf, â pheth tyfiant prysglog; heddiw mae sycamorwydd yn y coetir yn bennaf, ac yn ôl pob tebyg buont yn hunanhadu ar ôl i bori'r ardal ddod i ben. Fodd bynnag mae rhai coed ffawydd hynafol ar odre'r bryncyn sydd o bosibl yn mynd yn ôl i gyfnod Mary Trygarn Griffiths. Bellach hefyd mae llecyn a arferai fod yn agored ar ochr ddeheuol y llwybr llai sy'n mynd o gwmpas godre Mount Pleasant wedi'i orchuddio'n bennaf â choed hunanheuedig.

Coetir a blannwyd yw Bryn Covert, a welir ar fapiau 1900 a 1924 fel coetir cymysg, er bod y coed conifferau bellach wedi diflannu i raddau helaeth. Wedi'i blannu yn ôl pob tebyg fel cuddfan saethu, mae tŷ ffesantod yno o hyd.

Mae'r brif ardal o barcdir agored lle mae'r lôn yn croesi o'r de bron yn glir o goed (mae un neu ddwy yn agos iawn i wal yr ardd) ac mae defaid yn pori arni. Mae'r coed o'i gwmpas yn cuddio'r tŷ ar hyd y lôn i gyd, ond ceir golygfeydd dros y tir agored o amgylch o'r lôn. Mae cefnen greigiog mewn ardal arall o'r parcdir i'r gogledd-orllewin o'r tŷ â hen orsaf delegraff ar ei rhan uchaf, sydd bellach yn adfail gweddol ddymunol; o'r gefnen hon ceir golygfa wych i bob cyfeiriad. Gellir cyrraedd y gwylfan yn hawdd drwy giât o'r ardd, er nad oes yno lwybr.

Mae ardal arall o barcdir â brigiadau creigiog i'r gogledd o Mount Pleasant, sy'n cynnwys tŷ ffesantod gweddol ddiweddar yn agos i gornel ogleddol wal yr ardd a Llyn Garreg-lwyd i'r gogledd-ddwyrain; yn ddiamau datblygwyd yr ardal unwaith ar gyfer saethu hwyaid ond bellach fe'i gwarchodir fel Safle o Ddiddordeb Gwyddonol Arbennig. Nid oes dŵr clir yno ar hyn o bryd, ar wahân i rai pyllau a agorwyd yn ddiweddar gan Gyngor Cefn Gwlad Cymru, ond mae'n bosibl bod y llyn wedi bod yn ddŵr agored tan ganol y bedwaredd ganrif ar bymtheg. Rhan o'r un system yw'r llyn addurnol yn yr ardd, â'r nant yn llifo tua'r de-orllewin, ac mae'n anodd dweud a yw'n hollol artiffisial neu i ba raddau yr addaswyd y system fel rhan o gynllun y parc a'r ardd. Fodd bynnag mae'n amlwg mai Llyn Garreg-lwyd yw ffynhonnell y dŵr.

Yn gyffredinol mae cynllun yr ardd yn anffurfiol ac yn weddol syml, gan gynnwys lawnt yn sylfaenol, ag enghreifftiau o goed leim, derw a sycamorwydd ar bob ochr iddi, gan arwain at y llyn, â choed a llwyni o gwmpas, a gardd lysiau â wal o'i chwmpas i'r gogledd-orllewin, â rhagor o goetir o'i hamgylch sy'n cynnwys rhai nodweddion gardd. Cysylltir y cyfan gan system o lwybrau sy'n cynnig llwybr cylch o gwmpas yr ardd gyfan, neu amrywiaeth o ddewisiadau o lefydd i fynd am dro iddynt yn y coetir neu ger y llyn.

Ni chynhelir diddordeb y llygad drwy elfennau cymhleth neu ffurfiol, neu gan blanhigion rhyfeddol neu anarferol, ond drwy ddefnyddio'r lle a'r dŵr yn dda a thrwy'r amrywiol siapiau a lliwiau a gynigir gan gefndir o goed, y gellir eu harchwilio'n fanylach o'r llwybrau sy'n crwydro drwyddynt. Mae'r hafdy a'r tŵr gwylio, sydd yn ôl pob tebyg yn ychwanegiadau gweddol ddiweddar i'r cynllun, yn cyflwyno dimensiwn gwahanol ond eto i gyd yn gweddu'n dda i weddill yr ardd. Mae'r coed o gwmpas yn atal unrhyw olygfa bosibl, ond ceir awyrgylch clyd sy'n weddol annisgwyl mewn lleoliad mor foel ac agored.

Mae'r llyn yn rhan mor ganolog o'r ardd ei bod hi'n demtasiwn i ystyried iddo gael ei fabwysiadu'n nodwedd ardd yn weddol gynnar, gan ddyddio o'r ddeunawfed ganrif pan grëwyd yr ardd lysiau. Gwelir y llyn ar fap llawysgrif 2 fodfedd yr Arolwg Ordnans ar gyfer yr argraffiad cyntaf un fodfedd, a arolygwyd ym 1818, lle ymddengys iddo fod yn estyniad o'r llyn mwy, Llyn Garreg-lwyd, a oedd yn ddŵr agored ar y pryd; ond nid yw'n bosibl gweld o'r map hwn a oedd y llyn yn naturiol o hyd ar yr adeg hon neu a oedd eisoes yn cael ei ddatblygu fel rhan o'r ardd. Nid oedd unrhyw goetir wedi'i blannu o'i gwmpas erbyn hynny.

Mae'n rhaid mai cysgod i'r tŷ oedd y coed yn y lle cyntaf, ond yn sicr ychwanegwyd atynt ers hynny er mwyn gwneud yn fawr o brydferthwch y safle yn ogystal â'i wneud yn lle cysurus. Ymddengys mai ambell i goeden ffawydd ar odre Mount Pleasant yw'r coed hynaf i oroesi; maent o bosibl tua dau gan mlwydd oed. Saif coeden diwlip braf aeddfed (*Liriodendron tulipifera*) yn ymyl y tŷ cychod.

Ychwanegwyd y coetir sy'n amgylchynu'r ardd lysiau yn ddiweddarach o bosibl, gan ei fod yn ôl pob tebyg yn cynnwys nodweddion o'r bedwaredd ganrif ar bymtheg, ac mae'n debyg mai planhigion o'r bedwaredd ganrif ar bymtheg yw'r coed hynaf yn yr ardal hon. Roedd cynllun llwybrau'r bedwaredd ganrif ar bymtheg yn y coetir hwn yn cysylltu â'r rhodfa o gwmpas y llyn, ac ymddengys bod y bont haearn i'r gorllewin o'r llyn yn cydoesi â hwn; ond os yw'r llyn yn hŷn, yna mae'n debyg bod y rhodfa o gwmpas y llyn i'r gogledd o leiaf yn bodoli cyn y cyfnod hwn, ac wedi'i gynnwys yn y cynllun newydd.

Ers y bedwaredd ganrif ar bymtheg ymddengys nad yw'r cynllun wedi newid braidd dim; ar wahân i golli rhai llwybrau am fod llwyni wedi tyfu yno ac ychwanegu un neu ddau arall, yn sylfaenol mae'n aros heb ei newid er 1891 o leiaf. Felly mae'n cynrychioli parhad gwerthfawr o gynllun gardd dros ganrif oed mewn cyflwr gweddol dda.

Y tu mewn i wal yr ardd, mae'r lonydd, heb wyneb arnynt yn bennaf (ychwanegwyd peth graean), â waliau mewn rhai mannau a heb ffensys mewn mannau eraill. Yn union y tu mewn i'r pyst giatiau, gan eu cysylltu â'r pâr mewnol cyntaf o byst giatiau, ceir wal isel ar bob ochr, sy'n parhau, mewn arddull wahanol, cyn belled â'r ail bâr o byst giatiau mewnol ar y brif lôn.

Y tu hwnt i'r fan hon mae'r lôn heb ei ffensio hyd nes iddi ddod at berth yr ardd fach amgaeëdig i'r de-orllewin o'r tŷ sy'n ffin iddi ar yr ochr ogleddol. Saif rhes o goed ar hyd yr ochr ogleddol, o tua dwy ran o dair o'r ffordd ar hyd y darn hwn tan ddiwedd y berth.

Mae waliau gwahanol eto i'r lôn gefn, sy'n fforchio o'r brif lôn tua'r gogledd ar ochr y tŷ i'r bont; maent yn uwch ac yn gallu bod yn gynhaliol gan bod y ddaear yn codi ar y gorllewin. Y tu hwnt i'r pyst giatiau mewnol ar y fforch hon o'r lôn, ceir waliau sychion ar bob ochr. Mae mynedfa i gae ar y gorllewin drwy'r wal ar yr ochr hon, â giât fochyn yn llwybr troed yn ei ymyl. Yn y llecyn agored o lawnt rhwng y tŷ a'r stablau mae'r dwy fforch yn y lôn yn cyfarfod eto, ac mae'r dwy heb ei ffensio.

Ceir system o lwybrau yr holl ffordd o gwmpas yr ardd a'r coetir oedd yn ôl pob tebyg, gan iddi gael ei chynllunio'n rhannol gan gadw nodweddion o'r bedwaredd ganrif ar bymtheg mewn cof, yn perthyn i'r dyddiad hwn, er ei bod o bosibl yn ymgorffori elfennau cynharach. Gellir gweld olion y rhan fwyaf o'r llwybrau, er bod rhai ar goll neu wedi tyfu'n wyllt; ar hyn o bryd nid yw wyneb y rhan fwyaf o'r llwybrau'n cael eu cynnal. Mae cynlluniau wrth law i adfer y rhan fwyaf o'r system hon.

Saif nifer o adeiladau o fewn y gerddi. Ar ochr ogleddol y llyn mae tŷ cychod a adeiladwyd o bren a dalennau gwrymiog, â tho llechi. Saif colomendy gerllaw, ar frigiad creigiog ychydig i'r gogledd-orllewin ohono, ac mae wal gerrig bron yn eu cysylltu. Er nad oes to i'r colomendy a'i fod eisoes yn ymddangos yn adfail ar fap 1924, mae mewn cyflwr gweddol dda fel arall. Mae'n sgwâr, â thalcen ar bob wal, o rwbel â cherrig mawr yn gonglfeini, a ffrâm y drws yn dal yn ei le ar yr ochr ogledd-ddwyreiniol. Ceir tyllau nythod â chlwydi'n bargodi o'r waliau i gyd.

Lleolir yr hafdy, sydd â'r wal gerrig gefn yn aros yn unig, ar frigiad i'r gogledd o'r tŷ, ac mae ganddo olygfa dros yr ardd lysiau. Mae'n grwn, tua 3 medr ar ei draws, ac mae rhes o risiau yn arwain ato o'r blaen rhwng dwy ardd gerrig fechan, a addurnwyd â chwarts, neu â llwybrau ag ymylon iddynt o bob ochr; mae hyn oll wedi tyfu'n wyllt iawn bellach. Mae'r perchennog presennol yn ei hystyried hi'n debygol mai'r Foneddiges Reade a'i hadeiladodd yn y 1870au, ac fe'i gwelir ar fap 6 modfedd yr Arolwg Ordnans 1891 a map 25 modfedd 1900, er mai sgwâr bach ydyw ar yr ail fap ac nid adeiladwaith crwn fel ym 1924. Cedwir llun o'r hafdy crwn yn ei gyflwr gwreiddiol yn y tŷ. Roedd iddo do llechi ac roedd gan y blaen agored fwâu pren addurnol. Mae'r llun hefyd yn dangos y grisiau, â phileri bychain, o'i flaen.

Mae'r tŵr gwylio yng nghornel orllewinol y coetir i'r de-orllewin o'r ardd lysiau, ac mae ganddo olygfa allan dros y caeau, a mwy na thebyg allan dros y môr unwaith, ond bellach mae coed sy'n tyfu i'r gorllewin yn y ffordd. Adeilad bychan ydyw, 2.5–3 medr o uchder, o gerrig morter, â grisiau'n arwain i fyny o'r llwybr sy'n arwain ato i wylfan ar y brig. Mae wal gastellog o'i gwmpas, ac o bosibl weddillion eiseddle cerrig, ond mae wedi tyfu'n wyllt iawn.

Yn union tu mewn i'r brif fynedfa i'r coetir o amgylch y tŷ mae pont o gerrig yn croesi dyffryn bach dwfn. Mae iddi waliau canllaw tebyg i'r rhai sydd bob ochr i'r lôn.

Mae rhaeadr risiog neu gwymp bach dŵr wrth yr all-lif o'r llyn yno o hyd ac mewn cyflwr da, er nad yw'n gweithio bellach. Fe'i hadeiladwyd o gerrig, yn risiau rheolaidd, ac nid yw'n llenwi holl led y sianel ddŵr, ac mae'r dŵr ar hyn o bryd yn llifo ar un ochr ohoni.

Lleolir yr ardd lysiau â wal o'i chwmpas mewn coetir i'r gogledd o'r tŷ, wedi'i chyfeirio i'r gogledd-orllewin/de-ddwyrain. Mae prif ran yr ardd yn sgwâr, â waliau cerrig tua 3.5 medr o uchder, a cheir estyniad hirsgwar â waliau is ar yr ochr ogledd-orllewinol. Nid yw'r darn sgwâr yn cynnwys unrhyw adeiladau ar wahân i dŷ gwydr bach modern, sy'n cynnwys gwinwydd yn erbyn y wal ogledd-ddwyreiniol, ac fe'i rhennir yn bedwar gan lwybrau graean. Mae llwybrau graean hefyd yn mynd yr holl ffordd o amgylch yr ardd, gan gadw lled border o'r waliau.

Codwyd waliau'r brif ardd yn y ddeunawfed ganrif. Yn ôl pob tebyg mae ei gynllun yn perthyn i'r un cyfnod. Mae'n debyg bod yr estyniad ar yr ochr ogledd-orllewinol yn ddiweddarach ond fe'i hadeiladwyd erbyn 1891.

Mae perthi bocs wrth ymylon yr holl lwybrau, ac maent yn gyfan ar wahân i rai bylchau yn ymyl y corneli deheuol a gorllewinol. Mae ansawdd yr wyneb graean yn amrywio, yn well yn y rhannau hynny o'r ardd sy'n cael eu defnyddio ar hyn o bryd. Mae olion rendro ar du mewn y waliau a chopa llechi garw, ac mae

bwâu briciau dros y drysau. Mae'r rhain yng nghanol y pedair ochr, â drysau pren. Ym mhennau allanol y llwybrau croes mae pyrth bwaog rhosod haearn, un ohonynt yn cynnal hen wisteria fawr. Yn y canol mae deial haul ar, ond heb fod yn sownd wrth, blinth cerrig chweonglog cul, syml sydd o bosibl yn cydoesi â'r ardd. Nid oes dyddiad nac enw'r gwneuthurwr ar y deial.

Defnyddir y rhan fwyaf o'r ardd ar hyn o bryd ar gyfer tyfu blodau a llysiau. Mae sawl coeden ddelltog yn dal yno ar hyd ymyl y llwybrau, er nad ydynt bellach yn cael eu cyfeirio felly, ac mae peth ffrwyth yn dal i oroesi ar y waliau.

Tyfodd yr estyniad gogleddol yn hollol wyllt ac nid oes dim manylion o'r cynllun mewnol ar ôl. Gall y perchennog presennol gofio coed ffrwythau'n tyfu yno pan oedd yn blentyn. Mae'r wal gerrig o amgylch yn arw ac o forter, yn llai na medr o uchder lle mae i'w gweld yn y gogledd-ddwyrain, ar wahân i'r man o gwmpas y fynedfa fach ger y gornel ogleddol. A barnu o'r hen gynllun o lwybrau ar y tu allan, mae'n rhaid bod mynedfa wedi bod hefyd yn ymyl cornel ddeheuol yr estyniad hwn, ond bellach ni ellir mynd ati.

Gellir gweld olion adeiladau o fewn yr ardal hon. Ar y mapiau 25 modfedd gwelir tŷ gwydr yn erbyn yr ochr ogledd-orllewinol, a rhai ardaloedd llai o wydr a oedd yn ôl pob tebyg yn fframiau. Gellir gweld sylfaen o leiaf un o'r rhain, a cheir olion gweddol sylweddol o'r tŷ gwydr, y boelerdy ac adeilad bach arall i'r de-orllewin. Adeiladwyd y tŷ gwydr fel un sy'n pwyso yn erbyn y wal ond safai ar ei ben ei hun, gan bod y wal o amgylch yn isel.

Y tu allan i'r ardd saif bwthyn deulawr y garddwr, ac adeiladwyd ei dalcen yn sownd wrth wal yr ardd ac felly yn ôl pob tebyg mae'n cydoesi â hi. Mae to llechi i'r bwthyn a drws yng nghanol yr ochr dde-ddwyreiniol; fe'i lleolir yn agos i ddrws yr ardd yn y wal ogledd-ddwyreiniol.

Ar hyd ochr allanol wal dde-ddwyreiniol yr ardd mae border sydd wedi tyfu braidd yn wyllt ond mae'n dal i gynnwys rhai llwyni, planhigion blodeuol a rhedyn, gan lenwi'r bwlch rhwng y wal a'r llwybr sy'n rhedeg ar hyd ei ymyl ar y tu allan. Mae'n debygol bod borderi tebyg ar yr ochrau de-orllewinol a gogledd-ddwyreiniol, ond diflannodd y rhain ynghyd â'r llwybrau ar hyd yr ochrau hyn.

Ffynonellau

Sylfaenol

Gwybodaeth gan Mr T.S.H. Carpenter

Map llawysgrif 2 fodfedd yr Arolwg Ordnans ar gyfer argraffiad 1af 1 fodfedd, a arolygwyd ym 1818.

Eilradd

Comisiwn Brenhinol Henebion, *Inventory*, Ynys Môn (1937)

CADW

CESTYLL

ICOMOS UK

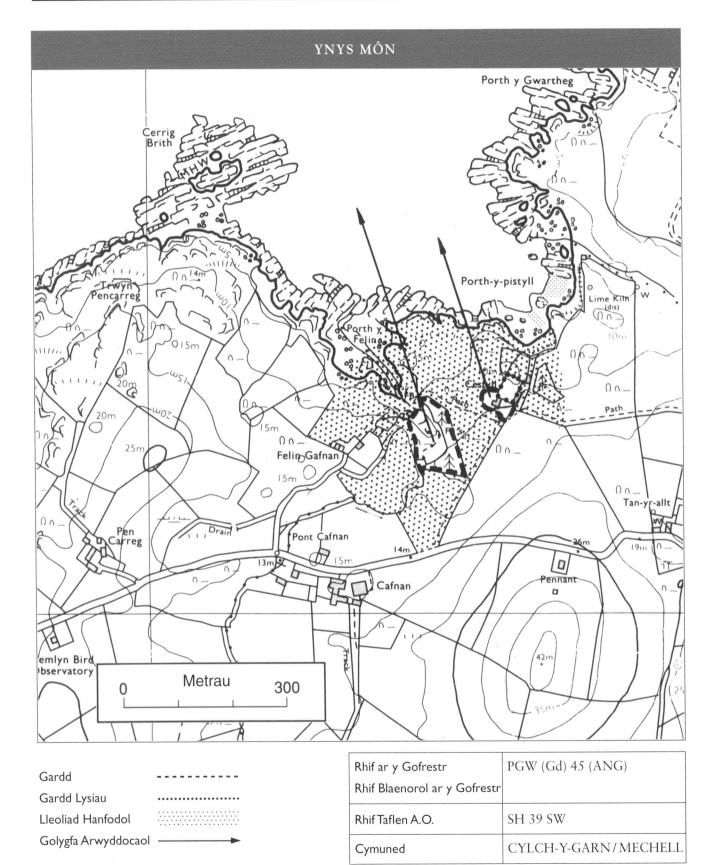

YNYS MÔN

Gardd	----------
Gardd Lysiau	....
Lleoliad Hanfodol	::::::::::::
Golygfa Arwyddocaol	———————▶

Rhif ar y Gofrestr	PGW (Gd) 45 (ANG)
Rhif Blaenorol ar y Gofrestr	
Rhif Taflen A.O.	SH 39 SW
Cymuned	CYLCH-Y-GARN / MECHELL

CRYNODEB

Rhif cyf	PGW (Gd) 45 (ANG)
Map AO	114
Cyf Grid	SH 345 933
Sir flaenorol	Gwynedd
Awdurdod unedol	Ynys Môn
Cyngor cymuned	Cylch-y-Garn/Mechell
Disgrifiadau	Arfordir treftadaeth
Asesiad safle	Gradd II
Prif resymau dros y graddio	Mae hon yn ardd fechan, bersonol anarferol o'r 1920au wedi'i phlannu â phlanhigion tyner, ac yn gweddu i'w safle creigiog ar lan y môr, o harddwch naturiol eithriadol; y planhigion gwreiddiol wedi goroesi'n dda. Cynlluniwyd rhan o'r ardd gan y Dywysoges Fictoria, ffrind agos i berchennog yr ardd a phrif gynllunydd yr ardd, Violet Vivian.
Math o safle	Gardd fechan sy'n manteisio ar safle arbennig – dyffryn cysgodol nant fechan sy'n arwain lawr at y môr – gyda phlanhigion diddorol ac awyrgylch personol.
Prif gyfnodau o adeiladu	1920au

Disgrifiad o'r safle

Mae Cestyll yn ardd anarferol, wedi'i lleoli mewn dyffryn bychan sy'n rhedeg tua'r gogledd i'r môr, ar arfordir gogleddol Ynys Môn, i'r gorllewin o Drwyn yr Wylfa. Yn wreiddiol roedd Cestyll yn ffurfio rhan o ystad Carreg lwyd, ond ym 1918 chwalwyd yr ystad a phrynwyd Cestyll gan yr Anrh. William Walter Vivian yn anrheg i'w hoff nith, Violet. Roedd yr Anrh. Violet Vivian yn ferch i'r Arglwydd Vivian o Bodmin ac yn un o forwynion y Frenhines Alexandra; pan nad oedd yn gweini ar y Frenhines roedd yn byw gyda'i hewyrth yng Nglyn Bangor, a pharhâi i fyw yno yn gyntaf, gan ddefnyddio Cestyll ar gyfer gwyliau'n unig, er iddi ei wneud yn gartref parhaol iddi ei hun yn ddiweddarach.

Nid yw'r tŷ'n sefyll bellach, ond arferai sefyll yn eithaf agos i ymyl y clogwyn, gan edrych allan tua'r môr. Fe'i dymchwelwyd ym 1991 gan nad oedd yn ddiogel. Ers i'r Bwrdd Cynhyrchu Trydan Canolog (fel yr oedd bryd hynny) brynu'r eiddo ym 1983, fel rhan o dir Gorsaf Bŵer Wylfa, nid oedd neb wedi byw yno na'i gynnal.

Mae bwthyn a modurdy'r garddwr yn ffurfio rhes ddi-dor ar hyd y rhan fwyaf o ochr dde-ddwyreiniol yr ardd lysiau. Mae'r modurdy, gyda'i bwll archwilio, i'r de, ac ymddengys yn weddol fodern, ond gan fod pen bwa dros y drysau yn y pen deheuol wedi ei lenwi â brics mae'n debyg iddo gael ei addasu o adeilad (stabl/cerbyty?) a welir ar fap Arolwg Ordnans 25 modfedd 1900. Ni ddangosir y bwthyn ar y map hwn, ond mae'n ymddangos yn fersiwn 1924, felly yn ôl pob tebyg fe'i hadeiladwyd ac addaswyd y modurdy wedyn gan Violet Vivian ar ôl i'r tŷ ddod i'w meddiant hi ym 1918.

Adeiladwyd y ddau adeilad o gerrig, ac mae brics yn amgylchynu ffenestri'r bwthyn; mae llechi ar do y ddau ac ymddengys eu bod wedi'u hadnewyddu'n weddol ddiweddar. Mae simnai frics gan y bwthyn, a sied yn erbyn y wal yn y pen gogleddol.

Ar fap Arolwg Ordnans 1924 gwelir tair sied fechan yn erbyn wal yr ardd lysiau yn y gornel orllewinol, yn ymyl y tŷ; mae un o'r rhain hefyd yn ymddangos ar fap 1900. Mae olion y sied hon, a'r cyfan o'r sied nesaf sy'n dal i sefyll, yn goroesi, ac mae mynedfa i'r ardd rhyngddynt; cliriwyd y drydedd sied ac mae bwlch mawr yn wal yr ardd. Mae sied ddiweddarach, wedi'i hadeiladu o gerrig, y tu allan i'r ardd ar y gornel ogleddol.

Ar fap graddfa eang 1924, gwelir tri adeilad arall wedi eu nodi, un ohonynt yn grwn, yn yr ardal i'r gogledd o'r ardd lysiau. Yn anffodus mae'r ardal hon erbyn hyn wedi tyfu mor wyllt fel na ellir mynd yno, ac nid oes dim adeiladau i'w gweld, ond mae seiliau concrid yr adeilad hynaf, ar yr ochr ddwyreiniol, i'w gweld. Mae'n bosibl mai'r tŷ cychod oedd yma; er nad oes llithrfa ar y traeth, gwyddys bod tŷ cychod wedi bod yno ar un adeg.

Cynlluniwyd yr ardd o 1922 ymlaen, a hynny mewn dyffryn bach i'r gorllewin o safle'r tŷ, wedi ei rhannu oddi wrtho gan gae, er mwyn cymryd mantais o'r safle arbennig hwn, o ran ei leoliad – dyffryn bach creigiog â nant sy'n llifo'n gyflym gan arwain lawr i draeth bychan – ac o ran ei gysgodfeydd, a ganiatâi i rywogaethau o blanhigion lled galed a thyner dyfu. Y canlyniad yw gardd anffurfiol i'r sawl sy'n hoffi planhigion, â llawer o rannau bychain ar wahân ond cysylltiedig â'i gilydd; yn aml pennir terfynau'r rhannau hyn gan droadau a dolenni'r afonig, ac mae hyn yn rhoi awyrgylch clyd iddynt.

Er bod ganddi ymrwymiadau eraill, cychwynnodd Violet Vivian weithio ar yr ardd yn gynnar, gan gychwyn datblygu dyffryn y Cafnan o 1922 ymlaen. Mae map Arolwg Ordnans 25 modfedd 1924 yn dangos ardal sy'n cyfateb i tua thrydedd ran ganolog yr ardd derfynol yn rhan amgaeëdig a blannwyd gan lwyni, ac mae pompren newydd yn croesi'r nant.

Roedd Violet (a'i gefeilles Dorothy, oedd hefyd yn un o forwynion y frenhines) yn hoff iawn gan y Frenhines, ac yn ystod ei hamser yn y Llys daeth yn gyfeillgar â nifer o aelodau o'r teulu brenhinol. Yn ddiweddarach daethant i ymweld â hi yng Nghestyll, a'r Dywysoges Victoria, cyfeilles arbennig a oedd wrth reswm yn ymddiddori mewn garddio hefyd, oedd yn gyfrifol am gynllunio un ran fechan o ardd y dyffryn. Cynlluniodd Violet y gweddill.

Gwnaed y gwaith plannu cyntaf heb fantais unrhyw gysgod ond yr hyn a gynigid gan siâp naturiol y tir, ond yn ddiweddarach ychwanegwyd llain gysgodi o gonifferau. Mae'r rhain yn bennaf ar ochr ddwyreiniol yr ardd, ac o'r cyfeiriad hwn y daw'r rhan fwyaf o'r gwyntoedd oer cryfion a niweidiol. Maent yn parhau ar hyd yr ochr ddeheuol lle mae cwrt bychan â ffynnon a thŷ pwmpio. Mae'r llain gysgodi yn cynnwys coed pinwydd yn bennaf, lawer ohonynt yn ychwanegiadau diweddar. Mae rhai o'r coed mawr ar hyd y ffin orllewinol yn help i dorri'r gwynt cynhesach o'r cyfeiriad hwn.

Ceir ystod eang iawn o blanhigion yn yr ardd, y nifer helaeth yn llwyni a phlanhigion glan dŵr . Hefyd mae nifer o goed addurnol, mathau llai gan fwyaf sy'n medru ffynnu yn y dyffryn cysgodol. Mae llawer o asaleâu a rhododendronau yma, ond nid y rhain o bell ffordd yw'r prif blanhigion o ddiddordeb yn yr ardd, sy'n nodedig am ei hamrywiaeth.

Taenwyd pridd, a gariwyd yno â llaw, dros frigiad mawr o greigiau ar oleddf ar ochr orllewinol yr ardd, ac yn flynyddol gorchuddiwyd y rhan hon â phlanhigion gwely – o gwmpas 3,000 ohonynt. Parhâi hyn tan ar ôl yr Ail Ryfel Byd. Yn yr haf rhaid bod y gorchudd hwn o liwiau llachar wedi ychwanegu dimensiwn hollol wahanol i fyd oedd fel arall yn wyrdd, deiliog a dyfrllyd yn yr ardd ddyffryn.

Roedd Violet Vivian yn gymeriad lleol adnabyddus a bu fyw hyd nes iddi gyrraedd 83 oed, gan farw ym 1962. Fe'i cofir yn gyrru o gwmpas y lonydd mewn cyfres o geir oren a du. Wedi iddi farw, gwasgarwyd ei llwch yn yr ardd, fel ag y gwnaed i lwch ei hewyrth, a cheir coflechau i'r ddau ohonynt yno.

Trosglwyddwyd y tŷ a'r ardd, ym 1962, i chwaer Violet, merch Dorothy, sef y Fonesig Astor. Ym 1983 fe'u gwerthwyd i'r Bwrdd

Cynhyrchu Trydan Canolog, fel yr oedd bryd hynny, ar yr amod bod yr ardd ddyffryn i'w chynnal a'i chadw, er cof am y ddau aelod o'r teulu Vivian a oedd yn gyfrifol am ei chreu. Tra bu fyw, dechreuasai Violet yr arfer o agor yr ardd i'r cyhoedd ddwy waith y flwyddyn, ac adferwyd yr arfer hwn, a ballodd ar ôl ei marwolaeth, ym 1985.

Heddiw mae'r ardd yn edrych fel ag yr oedd yn oes Violet yn ôl pob tebyg. Mae'r dyffryn yn gul, yn serth ac yn greigiog, â brigiadau mewn sawl man, ac mae'r pridd yn denau ac yn dywodlyd, a'r creigwely'n agos iawn i'r wyneb lle nad yw'n brigio. Er gwaethaf y ffaith bod yr ardd yn fach iawn, ceir llawer o amrywiaeth o ran y dirwedd a berthyn iddi, gan gynnwys llethr heulgras serth iawn, cilfachau cysgodol dan greigiau bargodol, mannau llaith yn ymyl y nant, ac lleiniau ehangach o dir sydd ar oleddf mwy graddol.

Mae'r dyffryn i gyd yn gyforiog o dyfiant, o goed o gryn faint ac amrywiaeth eang o lwyni i blanhigion parhaol glan dŵr toreithiog; ac mae nifer o lwybrau cul yn troelli rhwng y llwyni, ar draws lawntiau bychain ac ar hyd y nant. Mae sawl rhan wahanol, wedi eu cysylltu oll bron â'r nant, ac nid oes yr un sydd ag unrhyw adeiladwaith yn gefndir iddi ar wahân i'r creigiau sy'n brigio'n naturiol. Mae'r nant yn cael ei chroesi a'i hail-groesi; ceir sawl cipolwg gwahanol o'r olygfa tuag at y môr yma ac acw; lle bynnag y trowch, mae rhyw blanhigyn diddorol o'ch blaen.

A hithau wedi'i hamgáu o fewn y dyffryn, mae'r ardd yn ei hanfod yn hunan gynhwysol, ond mae'r olygfa lawr tuag at y môr yn agwedd bwysig ar y cynllun, ac mae'r hen felin yn y tu blaen yn ychwanegu naws ramantaidd er ei bod y tu allan i'r ardd. Mae'r rhamant yn cael ei dwysáu gan fod yr ardd yn guddiedig, ac am ei bod ychydig bellter o safle'r tŷ a'r ardd lysiau, ar draws cae gwag. Does dim cysylltiad daearyddol â safle'r tŷ, a chamfa dros wal yr ardd o gwmpas y tŷ yw'r unig dystiolaeth sy'n aros o lwybr yn mynd i gyfeiriad yr ardd.

Mae rhan uchaf yr ardd yn y pen deheuol, ac yma mae llecyn o raean lle gellir eistedd i werthfawrogi'r olygfa. O boptu'r man hwn mae darn o frigiad creigiog gwastad; defnyddiwyd y darn i'r dwyrain fel gardd gerrig a phlannwyd llwyni mân yno; gadawyd y darn i'r gorllewin yn foel. Mae'r nant yn llifo'n ddwfn i'r gorllewin ohono.

O flaen y llecyn graean, sydd â'i gefn i'r clawdd terfyn, mae lawnt fechan. Palmantwyd y rhan uchaf gyda slabiau cerrig â digon o le rhyngddynt a phlannwyd coed sbesimen. O'r fan hon, mae grisiau cerrig yn arwain lawr drwy giât haearn fechan addurnedig tuag at y nant, sy'n agor allan tua dwyrain yr ardd dan y brigiad. Dan y giât mae gardd gerrig naturiol, y tro hwn ar wyneb creigiau serth a dorrwyd gan y nant ac a blannwyd gan lwyni mwy o faint. Mae'r grisiau'n arwain lawr drwy'r ardd gerrig hon at lawnt fechan gysgodol yn ymyl y nant, lle mae dwy goeden mwy o faint. Gyferbyn â hyn, ar ochr arall y nant, mae clogwyn bychan serth.

Mae ffordd arall tua'r gorllewin, sy'n mynd dros bont bren fodern ac sy'n croesi'r nant, yn arwain at lawnt gysgodol arall yn y llecyn bychan a gynlluniwyd gan y Dywysoges Victoria. Mae un postyn giât ar y ffin orllewinol yn awgrymu bod mynedfa wedi bod yno ar un adeg. Hen ffens wifren yw'r ffin ddeheuol, gyda rhwyll haearn ar draws y nant i ddal ysbwriel. Mae'n debyg bod gardd y Dywysoges Victoria braidd yn fwy cysgodol yn awr nac yr oedd pan gynlluniwyd hi, ac o ganlyniad collwyd rhai planhigion gan roddi iddi ryw olwg foel braidd heddiw.

Gan ddilyn y nant draw i'r dwyrain, diflanna'r llwybr i dwnnel a grëwyd gan y clogwyn ar y naill ochr a llwyni mawr iawn sy'n tyfu ar ymyl y nant ar y llall. Y tu draw i'r nant, mae'r ardd greigiog â llwyni mawr i'r gogledd o'r lawnt yn parhau i gyfeiriad y dwyrain.

Ar ddiwedd y twnnel mae lawnt fechan arall, wrth i'r nant wneud tro crwm tua'r gorllewin. Mae llwyni bob ochr i'r nant, ac felly maent yn amgylchynu'r lawnt, ac yn nyddiau Violet Vivian arferent fynd yno i gael picnic neu byddai triawd neu bedwarawd yn chwarae'n achlysurol ar y lawnt hon.

Ar ochr ddwyreiniol yr afon, wrth y tro, mae llethr serth sydd bellach braidd yn foel ac sydd, fwy na thebyg, wedi'i glirio'n ddiweddar. Mae wal derasu tua 1 medr o uchder ac sydd wedi tyfu'n wyllt gan iorwg yn croesi'r llethr. Mae pont bren yn croesi'r nant i'r gogledd, ac yn union y tu draw mae pont arall, wrth i'r nant droi'n sydyn yn ôl i'r dwyrain eto. Rhwng y ddwy bont mae brigiad gweddol wastad gyda phlanhigion a llwyni mân yn tyfu rhwng yr holltau ac o gwmpas yr ymylon. O'r fan hon mae golygfa agored tua'r môr. Y tu hwnt i'r ail bont mae brigiad gwastad arall, ac mae'r nant yn llifo drosto'n rhannol.

Yn union dan y bont bellaf, ar yr ochr ddwyreiniol, mae rhaeadr fechan, ac yn union ar ôl hon mae'r nant yn troi tua'r gogledd ac yna'n llifo fwy neu lai yn syth, wrth droed llethr uchel serth yr ochr ddwyreiniol tuag at y môr. Ar ochr orllewinol y nant mae rhan agored fwyaf yr ardd, gan gynnwys lawnt yn bennaf, sy'n rhedeg ar oleddf yn weddol raddol lawr o'r gorllewin.

Ar ochr uchaf dde-orllewinol y rhan hon mae darn mawr o frigiad a arferai gael ei orchuddio gan blanhigion gwely bob haf. Yn ymyl hwn mae teras bychan sy'n gwyro, ac a gynhelir gan ddarn bach o wal sych; awgryma hyn ei bod yn bosibl bod terasau tebyg eraill wedi cael eu defnyddio i gynnal y pridd ar gyfer planhigion gwely. I'r dwyrain ac i'r gogledd o'r brigiad mae darn o lawnt, a thu hwnt, i'r gogledd, mae melin ddŵr, sef Felin Cafnan. Mae ffos sy'n gysylltiedig â'r felin, sydd bellach yn sych, yn rhedeg i lawr y llethr o'r gorllewin ar draws y lawnt hon, i ymuno â'r nant. Arferai'r ffos hon gael ei thrin fel rhan o'r ardd a phlannwyd yr ochrau. Hefyd mae gwelyau yn y lawnt, sy'n cynnwys planhigion mawr a blannwyd er mwyn cydweddu â'r bensaernïaeth. Mae yma frigiadau creigiog llai a gwelyau llai gyda llwyni ynddynt. Yn ymyl y nant, ar hyd ochr ddwyreiniol y lawnt, mae llawer o blanhigion sy'n hoffi gwlybaniaeth. Mae cafn y felin, sydd hefyd yn sych, ac sy'n rhedeg yn gyfochrog â'r ffos, i'r gogledd, yn ffurfio ffin yr ardd yma.

Mae glan ddwyreiniol y nant yn serth iawn ac yn heulgras, ac o ganlyniad, collwyd nifer o blanhigion yn ystod haf sych a phoeth iawn 1995. Ail-blannwyd rhai rhannau bychain erbyn hyn. Tyfiant gwyllt fwy neu lai sydd i'w weld yn y rhannau eraill, a byddai cael gwared arnynt yn creu problem oherwydd ongl y llethr. Mae pinwydden fawr yn edrych dros y llethr, a gellir ei gweld o bob rhan o'r ardd bron, ac mae sawl llwybr cul iawn yn mynd ar draws y llethr; mae'r rhain o anghenraid â waliau cynnal o'u cwmpas ac mae slabiau cerrig ar eu hymyl ar yr ochr uchaf, gan awgrymu eu bod yn cael eu defnyddio fel seddau hefyd.

Yng nghornel gogledd-ddwyreiniol yr ardd mae lawnt fechan anwastad ag ychydig o goed arni, ac mae golygfa oddi yma allan dros hen wal sych i lawr tua'r traeth. Mae llwybr serth gyda grisiau yn mynd i fyny yma ac yn parhau i fyny i'r de-ddwyrain, gan redeg wedyn y tu mewn i ffin ddwyreiniol yr ardd. Mae yma ffordd allan i'r llain gysgodol, neu gellir cario ymlaen ar hyd ymyl dwyreiniol yr ardd, gyda golygfeydd da i lawr iddo, gan ddisgyn ychydig tua'r gorllewin a mynd ar hyd llwybrau neu risiau serth. Ar wyneb brigiad uwch ben y nant, gyferbyn â'r lawnt fechan a ddefnyddiwyd ar gyfer picnics a cherddoriaeth, mae plac i gofio am Violet Vivian a William Walter Vivian. Coflech blaen â llythrennau efydd ydyw, wedi ei gosod ar wyneb brigiad o graig. Taenwyd llwch y Vivianiaid yn yr ardd gyfagos. Mae tri o feddau bach i gŵn yn y rhan hon hefyd.

Ar un adeg yn amlwg roedd gardd fechan o gwmpas y tŷ, wedi'i lleoli yn bennaf mewn hanner cylch bras i'r gorllewin a'r gogledd (yn agored i'r olygfa, sy'n fendigedig) ond sy'n cynnwys ardal drionglog â wal uchel o'i chwmpas yng nghefn y tŷ, ar yr ochr ddwyreiniol. Nid oes dim yn aros o'r man hanner cylch ar wahân i'r ffens haearn a'r clawdd o gwmpas, â chamfa drosto ar ochr yr ardd ddyffryn; nid oes dim arwydd o lwybr yn croesi o'r fan hon tuag at yr ardd, ond mae'n bosibl i'r tir yma gael ei droi. Ychydig ar wahân i borfa arw oedd y tu mewn iddo, gan awgrymu efallai mai lawnt oedd yno gan fwyaf.

Wal dde-orllewinol yr ardd lysiau sydd gan y darn trionglog yn ffin ogledd-ddwyreiniol, ac mae wal arall sy'n debyg o ran uchder yn rhedeg oddi ar gornel ddeheuol yr ardd lysiau, gan ffurfio'r wal ddeheuol. Gwyrai hon ychydig tua'r gogledd ar ôl peth o'r ffordd, gan gyrraedd cefn y tŷ, ond dinistriwyd y rhan hon o'r wal pan gafodd y tŷ ei ddymchwel yn ôl pob tebyg. Braidd yn gul oedd y lle o fewn y waliau hyn ac mae'n rhaid bod y waliau'n ei gysgodi, ond fe fyddai'n glyd iawn yno. Mae'r planhigion sy'n goroesi yn rhai addurnol.

Mae'n rhaid bod yr ardal i'r gogledd o'r ardd lysiau, sy'n cymryd y rhan fwyaf o'r lle gwastad sy'n weddill rhwng y wal ac ochr y clogwyn, wedi bod yn rhan o'r ardd ar un adeg. Nid yw map Arolwg Ordnans 25 modfedd 1900 yn dangos dim i'r gogledd o'r ardd lysiau ond adeilad bach ym mhen dwyreiniol y wal ogledd-ddwyreiniol. Ond gwelir o fap 1924 bod yr adeilad hwn wedi diflannu a tri arall yn ei le (dau i'r dwyrain ac un crwn i'r gogledd), ac mae'r ardal yn rhannol amgaeëdig. Mae'r dyddiadau hyn yn awgrymu'n gryf bod y newidiadau wedi cael eu gwneud gan Violet Vivian.

Ar hyn o bryd mae'r lle wedi tyfu'n hollol wyllt a dyrys, ac mae'n llwyr amgaeëdig gan waliau cerrig ar bob ochr. Ar yr ochr ddwyreiniol, mae gan y fynedfa giât faes haearn yn hongian o byst cerrig silindrig, ac i'r gogledd o hyn gwelir seiliau concrid y mwyaf o'r tri adeilad, ond nid oes dim i'w weld y tu mewn ar wahân i goed a phrysglwyn.

Gwelir yr ardd lysiau ar fap Arolwg Ordnans 1900, ac mae'n perthyn i'r un cyfnod â'r tŷ (a fodolai erbyn dechrau'r bedwaredd ganrif ar bymtheg o leiaf). Mae'n mesur tua 50 medr gan 35 medr, gyda wal o'i hamgylch. Saif yr ardd i'r gogledd o safle'r tŷ; mae'n hirsgwar, gyda wal gerrig forter i fyny at 2 fedr o uchder. Mae wedi'i rendro'n fras ar y tu mewn. Mae lefel y tir o fewn yr ardd yn is na'r tu allan. Mae mynedfeydd â drysau wedi'u paentio'n felyn yn dal yn eu lle yn y gornel orllewinol ac yn ymyl y gornel ddwyreiniol, yn union y tu hwnt i fwthyn y garddwr. Ceir hefyd ddrws sy'n arwain i fyny rhediad o risiau, yn syth i'r modurdy. Yn gyffredinol ymddengys bod y wal mewn cyflwr da, ond mae bwlch mawr bwriadol ar yr ochr dde-orllewinol, yn ymyl safle'r tŷ. O bosibl fe'i crëwyd yn ystod dymchwel y tŷ, ac mae'n debygol ei fod wedi gwneud mynedfa oedd yn bodoli yno'n barod yn fwy.

Mae tu mewn i'r ardd wedi tyfu'n hollol wyllt bellach ac ychydig o fanylion y cynllun sy'n weladwy. Fodd bynnag, mae rhes o goed ffrwythau sy'n rhedeg o'r de-orllewin i'r gogledd-ddwyrain, a lle mae bonion y rhain yn weddol glir o brysglwyn, yn y pen de-orllewinol, mae eu lleoliad yn awgrymu bod llwybr ar un adeg wedi rhedeg rhwng rhes ddwbl ohonynt. Ymddengys bod dim ffrwythau yn erbyn y waliau. Ar fap Arolwg Ordnans 1900 gwelir llinell ar draws yr ardd o'r gogledd-orllewin i'r de-ddwyrain sy'n awgrymu rhaniad mewnol, ond roedd hwn wedi diflannu erbyn 1924 yn ôl pob tebyg. Mae peth plannu addurnol yn goroesi yn ymyl y wal dde-orllewinol, gan gynnwys coed lelog a llwyni rhosynnau.

Ffynonellau

Sylfaenol

Gwybodaeth gan y garddwr.

Map llawysgrif 2 fodfedd ar gyfer argraffiad cyntaf 1 fodfedd Arolwg Ordans.

Eilradd

Dwy daflen ymwelwyr Nuclear Electric.

LLANIDAN

CADW

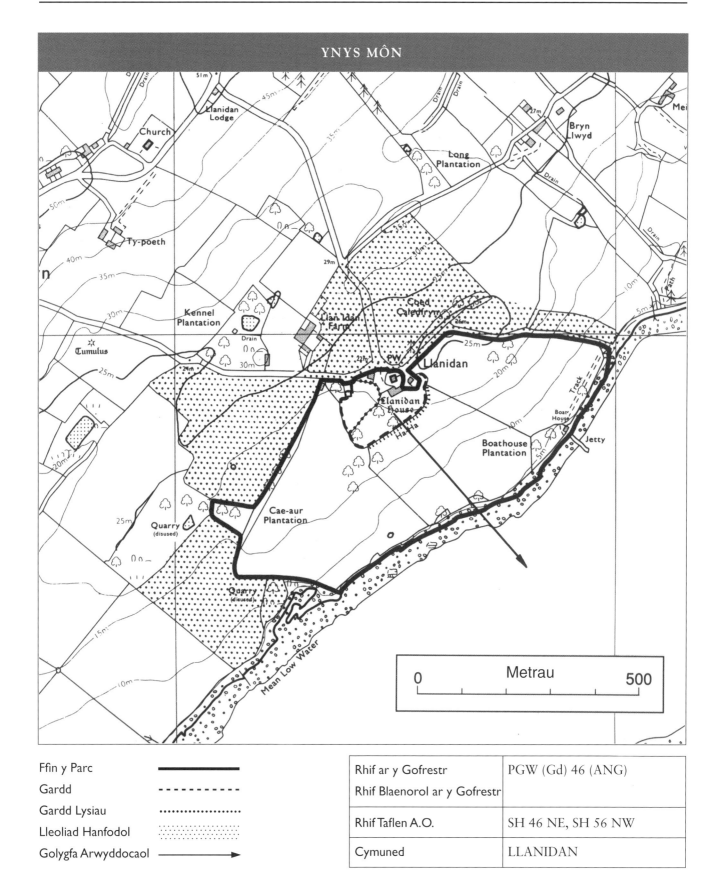

Ffin y Parc	———————	Rhif ar y Gofrestr	PGW (Gd) 46 (ANG)
Gardd	- - - - - - - - - -	Rhif Blaenorol ar y Gofrestr	
Gardd Lysiau	••••••••••••••••••••	Rhif Taflen A.O.	SH 46 NE, SH 56 NW
Lleoliad Hanfodol	(shaded)		
Golygfa Arwyddocaol	————————▶	Cymuned	LLANIDAN

CRYNODEB

Rhif cyf	PGW (Gd) 46 (ANG)
Map AO	114
Cyf Grid	SH 495 669
Sir flaenorol	Gwynedd
Awdurdod unedol	Ynys Môn
Cyngor cymuned	Llanidan
Disgrifiadau	Adeiladau rhestredig: tŷ Gradd II*, waliau'r ardd Gradd II, wal y ffosglawdd Gradd II, porthordy a'r hen dŷ Gradd II; eglwys Sant Nidan Gradd I; Ardal o Harddwch Naturiol Eithriadol
Asesiad safle	Gradd II*
Prif resymau dros y graddio	Safle hynafol â mynwent mewn cylch â choed yw a ffynnon gysegredig. Ymhlith nodweddion sy'n aros o ddechrau'r ail ganrif ar bymtheg y mae waliau'r ardd ac olion parc ffurfiol. Mae gan Lanidan barc bach wedi'i ddirlunio, sy'n perthyn i ddiwedd y ddeunawfed ganrif, ond sydd wedi'i gadw mewn cyflwr da, ac mae mewn safle hynod ar lan y Fenai lle ceir golygfeydd gwych o Eryri. Mae natur soffistigedig y lle, gyda llethr ar lan y môr a ffosglawdd gwych iawn yn awgrymu o bosibl bod tirluniwr proffesiynol wedi cynghori ar y cynllunio.
Math o safle	Parc wedi'i ddirlunio, tir i'w ddefnyddio at ddibenion hamdden, gardd â wal o'i chwmpas, mynwent eglwys â choed yw.
Prif gyfnodau o adeiladu	1606–52; 1772–1802; 1802–82, tua. 1937; 1984 ymlaen

Disgrifiad o'r safle

Lleolir Neuadd Llanidan yn union drws nesaf i weddillion eglwys Llanidan, ym mhegwn deheuol Ynys Môn ar lan y Fenai, gyda golygfeydd bendigedig dros yr afon at fynyddoedd Eryri. Mae'r tŷ wedi'i rendro, ac mae iddo do llechi a ffenestr fae o faint llawn yn wynebu'r ardd (y de-ddwyrain). Mae tri llawr i'r prif floc honglaid dwbl, a'r drws ffrynt ar y pen gogleddol. I'r dwyrain mae adain ddwylawr. Yn ddiweddar gwnaed archwiliad llwyr o'r tŷ ac fe'i hadnewyddwyd. Datblygodd Neuadd Llanidan yn naturiol o safle hynafol ac ni chafodd ei dymchwel yn gyfan gwbl a'i hailadeiladu ond fe'i newidiwyd a'i haddasu gan y naill berchennog ar ôl y llall.

Sefydliad hynafol yw eglwys Sant Nidan, a saif mewn mynwent grwn i'r gogledd o'r tŷ; dywedir mai cyffeswr priordy Penmon oedd Nidan. Erbyn y bedwaredd ganrif ar ddeg roedd yr eglwys wedi dod yn eiddo i briordy Awstinaidd Beddgelert ac ymddengys i blasty gael ei sefydlu yno. Erbyn yr unfed ganrif ar bymtheg roedd eglwys Sant Nidan wedi ehangu gryn dipyn a hi oedd un o'r eglwysi mwyaf ar yr ynys.

Ymddengys y cyfeiriad cynharaf at Lanidan mewn dogfen yng nghasgliad Baron Hill (Coleg y Brifysgol, Bangor), dyddiedig 1342. Cyfeiria dogfen sy'n dyddio o 1360, 'Siarter Tre'r Beirdd', at fynachdy yn Llanidan. Mae'r seleri o dan Neuadd Llanidan yn dyddio o'r cyfnod hwn ac yn ffurfio'r seiliau ar gyfer adeiladu diweddarach. Ni thorrwyd fyth y cysylltiad agos rhwng yr eglwys a'r tŷ ac mae cornel o'r tŷ yn gorwedd yn erbyn wal y fynwent, gan ffurfio cwrt anarferol sydd hefyd o fewn terfynau'r ardd â wal o'i chwmpas.

Ym 1537 daeth Llanidan yn eiddo i'r Goron ac fe'i prynwyd ym 1606 gan Richard Prydderch (ganed 1576) o Myfrian, ac yn ôl pob sôn addasodd adeiladau'r mynachdy yn 'blasty'. Roedd hwn yn fras ar leoliad y prif floc fel ag y mae yn awr, gydag adain i'r

gorllewin. Mae carreg yn y wal ogleddol, wedi'i cherfio â'r dyddiad 1631 arni, yn ôl pob tebyg yn nodi dyddiad cwblhau'r gwaith.

Bu farw Richard Prydderch ym 1652, gan adael y rhan fwyaf o'i eiddo i'w fab Godfrey, a bu ei ferch a'i gŵr, Pierce Lloyd V o Ligwy, yn byw yn Llanidan. Ym 1690 priododd eu mab, Pierce Lloyd VI, â Mary Jones o Sir Ddinbych ac ef oedd perchennog Llanidan pan ddisgrifiodd Henry Rowlands ef ym 1710 yn 'blasty pendefigaidd Pierce Lloyd Ysw....sydd wrthi o hyd yn ehangu ac yn addurno ei drigfan ar gost enbyd.' Ychwanegwyd adain newydd yn ystod y cyfnod hwn, i'r dwyrain o'r prif floc, a phennwyd ei safle gan siâp y fynwent. Mae darlun o'r wyneb gogleddol sy'n dyddio o'r cyfnod hwn yn dangos tŷ deulawr, â dwy ffenestri bae'n ymwthio allan a tho ar oleddf serth â simneiau uchel. Nesaf at y ffenestr fae ddwyreiniol saif twr trillawr â chwt clychau ac i'r gorllewin mae adain unllawr. Roedd gan ffenestri'r prif floc byst a chroeslathau yn wreiddiol, ond fe'u disodlwyd gan ffenestri codi.

Ar ôl iddo gael ei wella a'i ehangu etifeddwyd y plasty gan Thomas Lloyd, yr unig fab a oedd yn dal yn fyw. Wedi iddo briodi ym 1728 bu'n byw yn Sir Amwythig ac roedd ei asiant Francis Dorsett yn byw yn Llanidan. Wedi marwolaeth Thomas Lloyd ym 1740, gwerthwyd yr ystad i Henry Paget, Arglwydd 1af Uxbridge, a adawodd yr ystad i'w nai, Syr William Irby, Arglwydd 1af Boston. Daeth y cyfnod nesaf o ddatblygiad ar ddiwedd y ddeunawfed ganrif. Erbyn 1772 tenant Llanidan oedd Thomas Williams, asiant yr Arglwydd Boston a phartner yng ngweithfeydd copr mynydd Parys, lle wnaeth ei ffortiwn a dod yn adnabyddus fel y 'Brenin Copr'. Llanidan oedd ei brif gartref am flynyddoedd lawer a gwariai lawer o arian ar welliannau yno. Ychwanegodd Williams y ffenestr fae sy'n ymwthio allan ar wyneb blaen y tŷ a'r bwa ar yr adain orllewinol. Cafodd y tŷ ei rendro fwy na thebyg yn ystod y cyfnod hwn. Gwnaethpwyd y gwaith, yn ôl pob tebyg, gan John Cooper, a oedd yn oruchwyliwr ar y gwaith a oedd yn digwydd ar yr un pryd yn Baron Hill. Fel pensaer annibynnol gweithiai hefyd ar nifer o blastai lleol eraill, gan gynnwys Bodorgan a Phlas Newydd.

Yn dilyn marwolaeth Thomas Williams ym 1802 bu'r teulu Boston yn byw yn Llanidan a gwnaed rhagor o welliannau, gan gynnwys codi to'r prif floc a'r adain orllewinol. Ym 1844 dymchwelwyd rhan ddwyreiniol yr eglwys, gan adael y baeau gorllewinol yn unig yn gapel angladdol. Dengys llun o 1897 yr adain orllewinol sy'n cynnwys ystafell filiards ac ystafelloedd gwely. Gwelir hyn hefyd ar fap Arolwg Ordnans 25 modfedd 1900, ond fe'i dymchwelwyd erbyn 1918, gan adael bloc canolog honglaid dwbl ac adain ddwyreiniol ddeullawr, fwy neu lai y tŷ fel y saif heddiw. Wedi 1882 gosodwyd y tŷ allan i denantiaid hyd nes iddo gael ei werthu ym 1958. Pan fu'r eiddo, heb gynnwys y parc, ar brydles i Alfred Clegg YH, o sir Amwythig, gwnaed newidiadau ym 1937 a oedd yn cynnwys symud rhan o deras uchel i greu ystafell fwyta newydd, a dymchwel tai allan ar ochr ddwyreiniol wal mynwent yr eglwys. Adeiladwyd bwthyn newydd i'r gyrrwr i'r gogledd-ddwyrain.

Saif yr 'Hen Dŷ' ychydig i'r gorllewin o'r tŷ presennol; mae dau lawr ac atig iddo ac adeiladwyd ef o gerrig patrymog ac mae iddo do llechi; yn y pen gorllewinol mae grisiau ar y tu allan. Mae gan y ffenestri, oedd unwaith â physt a chroeslathau, gerrig diddos ar y llawr isaf. Mae estyniadau diweddarach i'r gogledd. Credir i'r 'Hen Dŷ' gael ei godi gan Richard Prydderch ar ddechrau'r ail ganrif ar bymtheg. Nid oes sicrwydd ai tŷ neu stablau oedd yno i gychwyn. Os mai tŷ oedd yno, yna dim ond dros dro y'i defnyddiwyd felly. Mae'n fwy tebygol efallai iddo gael ei fwriadu i fod yn stablau o'r cychwyn, gyda lle uwchben ar gyfer gweision.

Mae iard raean fawr ar ffurf anarferol rhwng yr 'hen dŷ' a'r modurdy newydd, a saif hwn ar ran o dir lle tŷf llwyni. Mae'r iard yn ymestyn tua'r de-ddwyrain, gyda'r ardd â wal o'i chwmpas yn ffinio ar y de-orllewin a mynwent yr eglwys ar y gogledd-ddwyrain, i ffurfio cwrt mynedfa blaen y tŷ. Mae lawnt hirsgwar yn y canol. Mae adeilad hir unllawr yn erbyn ochr allan wal orllewinol yr ardd, yn ymyl y gornel ogledd-orllewinol, ger pwll y 'ffynnon gysegredig' a gysylltir â Sant Nidan, a welir ar fap 1900 ond nid yw ar fap y degwm sy'n perthyn i oddeutu 1845. Mae'r llawr coblog gwreiddiol yn dal yn ei le a gwydr yw rhan o'r to. Nid yw hwn wedi newid ac yn awgrymu iddo gael ei ddefnyddio'n wreiddiol fel tŷ gwydr.

Anarferol yw cynllun y parc yn Llanidan; ceir ardal fwaog o hen barcdir i dde-ddwyrain y tŷ a'r ardd, gan ddisgyn yn raddol i lawr hyd ymyl yr afon Menai. Mae'r tŷ yn ei dro yn ymyl ffin ogleddol yr ardd, ac mae ffordd gyhoeddus i'r gogledd. Hyd y 1930au lôn breifat oedd hon a arweiniai at ffordd Brynsiencyn (A4080) tua 0.75 cilomedr i'r gogledd, ac ar bob ochr iddi saif pileri cerrig o hyd a hen borthordy unllawr ar yr ochr orllewinol. Mae hen lôn arall, sy'n mynd yn syth i Frynsiencyn i'r gorllewin, yn ffordd gyhoeddus bellach hefyd. Er nad yw o fewn y parc mae planhigfeydd i'r gogledd-ddwyrain, cytiau cŵn mewn planhigfa arall i'r gogledd-orllewin, ac olion planhigion ar ochr y lôn, a ffos glawdd yn eu hamddiffyn, ar hyd rhan ddeheuol sydd bellach yn ffordd gyhoeddus yn arwain o'r porthordy.

Saif y parc mewn tri darn o dir amgaeëdig, ac arferai'r ddau yn y gogledd-ddwyrain fod yn un ardal. Mae'r nant fechan a borthir gan ddŵr o ffynnon Sant Nidan yn rhedeg i lawr y rhaniad mewnol parhaol. Mae'r parc yn disgyn yn raddol tua'r môr, ac mae'r rhan sy'n union o flaen y tŷ ac i'r de yn gorffen gyda llethr isel ffug sy'n cuddio blaen lleidiog y traeth o'r golwg. Mae wal gerrig isel yn ffinio â'r pen gogleddol. Mae ffosglawdd cain iawn ar ffin yr ardd â'r parc. Adeiladwyd y ffosglawdd o gerrig ac mae ei gyflwr yn dda, gan ymestyn yr holl ffordd o gwmpas ochr yr ardd sy'n wynebu'r parc. Mae effaith cyfuniad y ffosglawdd a'r llethr ar ymyl y traeth yn cynnig golygfa berffaith o'r tŷ a'r ardd ar draws y parc tuag at y Fenai ac Eryri y tu draw. Ar lan y môr, mewn planhigfa, saif adeilad rwbel, sef y tŷ cychod.

O gwmpas ochrau'r parc mae nifer o blanhigfeydd bach â waliau o'u cwmpas yn goroesi, gyda choed collddail cymysg yn tyfu ynddynt. Ar adenydd gogleddol a deheuol y parc bwaog ceir ffin o blanhigfeydd â waliau o'u cwmpas, sy'n ffurfio rhes ddi-dor o goed cymysg collddail. Tuag at y môr mae dwy blanhigfa ar y lan bob ochr i'r echel ganolog sy'n dal golygfa o'r Fenai ac Eryri o'r tŷ a'r ardd. Mae'r blanhigfa fwyaf ar lan o gwmpas y tŷ cychod. Mae nifer o grwpiau llai eraill ac ychydig o goed yma ac acw hefyd. I'r gorllewin o'r ardd â wal o'i chwmpas mae hefyd ardal fechan drionglog o goetir â wal o'i chwmpas, ychydig y tu hwnt i ardal y 'ffynnon gysegredig'. Ym 1900 a 1918 plannwyd yr holl ardaloedd amgaeëdig gyda nifer o goed unigol, ond bellach mae'r rhain wedi diflannu, gan gynnwys rhes ohonynt ar hyd ochr allanol wal orllewinol yr ardd â wal o'i chwmpas. Pan fo'r haul yn isel gwelir y twmpau a'r gwrymiau ar draws y parcdir yn glir iawn; mae'n debyg mai olion yw'r rhain o ddarnau llai, cynharach o dir amgaeëdig.

Mae ffynnon Sant Nidan ychydig i'r gorllewin o'r ardd â wal o'i chwmpas, yn union y tu allan i'r wal. Mae'n ymddangos nad oes unrhyw waith saernïo cynnar sy'n gysylltiedig â'r ffynnon hon wedi goroesi, ac ers cyn 1900 cronnwyd y dŵr mewn pwll a ddefnyddiwyd ar un adeg ar gyfer golchi cartiau. Mae'n amlwg bod y ffynnon bob amser wedi cyflenwi'r tŷ a'r ardd â dŵr, ac yn dal i wneud.

Richard Prydderch, ar ddechrau'r ail ganrif ar bymtheg, oedd yn gyfrifol fwy na thebyg am y gwaith tirlunio cyntaf yn Llanidan. Disgrifiwyd ef gan Henry Rowlands fel 'plannwr coed a llwyni enwocaf ei gyfnod o bell ffordd', a 'osododd a chynllunio ar gyfer yr oesoedd i ddod goed ffawydd cysgodol, pinwydd, castan, ynn a sycamorwydd i gyfeiriad y môr gyda rhodfeydd prydferth a dymunol…..addurno yr ardal tua'r de â gerddi, perllannau a thir amgaeëdig bytholwyrdd hyfryd, a chodi waliau o gerrig cywrain o'u cwmpas.' Roedd cynllun ffurfiol i barc Prydderch, a chafwyd gwared ar lawer ohono gan waith tirlunio diweddarach. Fodd bynnag, mae un o'r prif nodweddion, yr echel ganolog o'r tŷ i lawr i'r Fenai, a welir ar fap ystad 1783 fel un cae hir, Cae Newydd, wedi ei gynnal ar hyd yr amser.

Daeth y prif gyfnod nesaf o ddatblygu'r tirlun yn ystod tenantiaeth Thomas Williams ar ddiwedd y ddeunawfed ganrif. Roedd Williams yn adnabyddus am wella'r tir ac am fod yn gefnogwr o ddulliau ffermio newydd. Dengys map ystad 1783 fod peth tirlunio wedi ei wneud, yn ffurfiol ac yn anffurfiol, y gwaith ffurfiol gan Richard Prydderch yn ôl pob tebyg. Dengys y map y tŷ, yr eglwys a'r stablau ynghanol ystad gryno. Gellir mynd at y tŷ i'r gogledd a'r gorllewin ar hyd lonydd coediog, a dywedir i Williams adeiladu'r lôn i'r gogledd. Adeiladwyd y wal ar hyd ochr y lôn yn ddiweddarach, pan brydleswyd rhan ogleddol a rhan ddeheuol yr ystad ar wahân. Dengys y map gae hir, Cae Newydd, rhwng wyneb deheuol y tŷ a'r Fenai, gyda rhaniad rhwng y parc a'r ardd. Mae'n bosibl mai ffosglawdd oedd hon ac mae'n fyrrach na'r un presennol. Ar ochr orllewinol Cae Newydd mae rhes o goed yn arwain lawr at y dŵr; ar yr ochr ddwyreiniol mae clwstwr o goed tua hanner y ffordd i lawr. Nodir y tŷ cychod yn ei safle presennol ond nid oes coed i'w gweld o'i gwmpas ac mae llwybr yn arwain ar draws y parc at efail i'r dwyrain o'r tŷ, ond dymchwelwyd yr efail tua 1937.

Rhwng 1783 a 1816 (map llawysgrif 2 fodfedd Arolwg Ordnans) ffurfiwyd y parc tirlun sy'n bodoli i raddau helaeth hyd heddiw. Symudwyd ffiniau'r cae i'r de o'r tŷ i greu parcdir agored, gyda chlystyrau o goed, rai ohonynt newydd eu plannu yma ac acw. Nid oedd y ddau gae ar lan y môr, sy'n dal yr olygfa, yno ym 1783 ond roeddynt yno erbyn 1816. Mae'r banc uchel ar yr arfordir yn elfen soffistigedig mewn tirlunio sy'n awgrymu naill ai gwaith neu ddylanwad cryf tirluniwr proffesiynol. Gan fod William Emes yn gweithio ar Baron Hill yr adeg hon mae'n bosibl iddo roddi cyngor ar dirlunio Llanidan, ond nid oes tystiolaeth uniongyrchol o'i gysylltiad. Mae'r ffosglawdd presennol hefyd yn perthyn i'r cyfnod tirlunio hwn yn chwarter olaf y ddeunawfed ganrif. Ar un adeg roedd dwy bont gerrig fechan ar draws y ffos ac mae'r un orllewinol yno o hyd. I'r gogledd o'r tŷ codwyd ffosglawdd i wahanu'r lôn oddi wrth y parc. Mae hwn yn dal yn gyfan, a cheir rhodfa o goed castan a leim aeddfed ar hyd ei hochrau.

Ychydig o newidiadau fu i'r parc ers dyddiau Thomas Williams ar wahân i golli peth o goed y parcdir. Mae map sy'n mynd gyda phrydlesu'r tŷ a'r ardd, ond nid y parc, ym 1937, gan George, Arglwydd Boston i A. Rowland Clegg, yn dangos y parc â'r un cynllun â heddiw.

Mae'r tir hamdden yn cynnwys ardal wastad fwaog tua thair gwaith yn hirach nag ydyw ar draws sy'n rhedeg o'r de-orllewin i'r gogledd-ddwyrain rhwng wyneb deheuol y tŷ a'r parc. Ar y de-orllewin mae'r ardd yn cael ei ffinio â'r hyn a arferai fod yn ardd lysiau â wal o'i chwmpas ac ar y de-ddwyrain â'r ffosglawdd, sy'n gwyro ar y ddau ben.

Datblygwyd y tir, ynghyd â'r tŷ a'r parc, yn raddol mewn sawl cam. Nid oes dim gwybodaeth ar gael am unrhyw ardd yn ymyl y mynachdy. Dywed Henry Rowlands i Richard Prydderch, ar ddechrau'r ail ganrif ar bymtheg, greu gerddi, perllannau a thir amgaeëdig bytholwyrdd i'r de o'r tŷ ac iddo godi waliau cerrig o'u cwmpas. Cyfeirio at yr ardd â wal o'i chwmpas y mae yma yn ôl pob tebyg, ac yn y dechrau ymestynnai ymhellach i'r de na heddiw. Dengys map ystad 1783 ardd lai o flaen y tŷ na'r ardd sydd yno heddiw; ac mae'r ardd ehangach sydd â wal o'i chwmpas yn cymryd drosodd yn y pen gorllewinol. Rhwng 1783 a 1816 cafwyd gwared ar bron hanner pen deheuol yr ardd â wal o'i chwmpas, gan greu yr ardd fwaog bresennol. Dengys llun o ddechrau'r bedwaredd ganrif ar bymtheg fod yr ardd hon yn anffurfiol gan gynnwys lawnt yn bennaf a choeden ar ei hochr ddwyreiniol. Mae'r ffawydden hon yn dal i sefyll. Yn hwyrach yn y bedwaredd ganrif ar bymtheg plannwyd clystyrau mawr o goed llawryf o flaen y tŷ, a thyfodd yn y diwedd i guddio'r olygfa ar draws y parc tua'r mynyddoedd. Ym 1900 roedd yr ardd yn cynnwys lawnt yn bennaf, â choed sbesimen, llwybrau a llwyni. Gwelir y llwyni mewn llun a dynnwyd ym 1897 ac erbyn 1980 roeddynt wedi tyfu'n hollol wyllt.

Yn rhaglen adnewyddu ac ail-gynllunio Adam Hodge o Oxford Botanica yn y 1980au, symudwyd y llwyni, gan adael dau glwstwr o'r coed bytholwyrdd a oedd yn dal yr olygfa ganolog a dau glwstwr arall i'r dwyrain a'r gorllewin. I'r gorllewin adnewyddwyd y pwll bach gan ychwanegu pistyll a rhaeadr. Mae'r gwelyau uchel sydd ag ymylon o gerrig iddynt o boptu'r rhaeadr yn ôl pob tebyg yn dyddio o oes Edward. I'r de o'r pwll, codwyd pergola wedi'i orchuddio â rhosod, sy'n arwain i lecyn bach amgaeëdig ar ymyl y ffosglawdd, lle ceir golygfa braf dros y parc. Mae gardd hirsgwar â pherth camelia o'i chwmpas yn awr yn lle'r hen lawnt denis, ar hyd ymyl y ffosglawdd. Yn y canol mae pwll hir gyda dau ben crwn iddo, a lawntiau o'i gwmpas. Ar ei ochr orllewinol crëwyd rhodfa fagnolia, sy'n dilyn trywydd llwybr, drwy giât leuad sy'n ymddangos ar gynllun o'r bedwaredd ganrif ar bymtheg. Gwnaed lawnt denis newydd i'r gogledd. Yn union i'r gorllewin o'r tŷ, ar ben yr hen seler, gwnaed gardd addurnol ar ffurf croes Geltaidd (thema gyson), gan ddefnyddio *Lonicera nitida* melyn a'r llwyn cotymog.

O bosibl y planhigion hynaf yn yr ardd yw'r ffawydd a blannwyd mewn rhes ar hyd ochr allanol wal dde-ddwyreiniol yr ardd lysiau. Fe'u plannwyd fwy na thebyg ar ddiwedd y ddeunawfed ganrif, ar hyd yr hyn a arferai fod yn ochr parc y wal; yn sicr yn nes ymlaen roedd rhes gyffelyb ar hyd ochr allanol y wal orllewinol yn ddiweddarach ac fe'u plannwyd ar yr un adeg fwy na thebyg, ond nid ydynt yno bellach. Bellach o dan y coed mae llwybr porfa a blannwyd â chennin Pedr ac a elwir yn Daffodil Avenue.

Prynwyd yr eglwys ym 1994 ac adferwyd y ddau fae oedd yno o hyd. Ni ddatgysegrwyd yr eglwys byth a bellach capel preifat sydd yno. Mae hen lwybr gydag ymyl cerrig o gwmpas y fynwent, sydd â'i wal rwbel o hyd, a phlannwyd coed yw hynafol yno. Y garreg fedd ddiweddaraf yn y fynwent yw carreg fedd perchennog blaenorol Plas Llanidan, dyddiedig 1902; mae'r rhan helaethaf o'r cerrig beddi, a lefelwyd ym 1903–04, yn perthyn i'r ddeunawfed ganrif.

Mae siâp rhyfedd i'r ardd â wal o'i chwmpas, sy'n gorwedd i'r gorllewin o'r tŷ, sef yn fras driongl ag un pwynt wedi'i wthio i mewn yn lle allan (ar y gogledd-orllewin). Fwy na thebyg perthyn yr ardd yn wreiddiol i'r ail ganrif ar bymtheg, i'r un cyfnod â thŷ Richard Prytherch, sef 1631. Byddai hyn yn cytuno â disgrifiad Henry Rowland o 'erddi, perllannau a thir amgaeëdig bytholwyrdd............wedi'u hamgylchynu....... â waliau o gerrig cain'. Ar fap ystad 1783 mae'r ardd fwy neu lai'n hirsgwar a bron yn dair erw o ran maint. Rhwng y dyddiad hwnnw a 1816

lleihawyd hi i'w ffurf a maint presennol o un erw a thri chwarter; cafwyd gwared â'r pen deheuol a daeth yn rhan o'r gerddi. Ym 1783 disgrifiwyd yr ardd yn 'berllan a gardd'. Ym 1900 roedd mwy na hanner yr arwynebedd yn berllan, ond yn rhyfedd iawn doedd dim gwydr, a hyd yn oed ym 1918 dim ond un tŷ gwydr bach oedd yno ac mae bellach wedi mynd. Yn y 1980au ailgynlluniwyd y tu mewn i'r ardd yn helaeth, i fod yn addurnol ac yn ddefnyddiol. Yn dilyn yr Ail Ryfel Byd difodwyd y cynllun cynharach fwy neu lai yn llwyr, pan gafodd yr ardd ei haredig. Erbyn y 1980au roedd yr ardd wedi tyfu'n hollol wyllt. Mae'r nodweddion newydd yn cyd-fynd yn gyffredinol â'r rhannau o'r ardd a fodolai ym 1918. Mae'r ardd lysiau wedi cymryd lle un llwybr a'r gamlas wedi cymryd lle darn o'r llwybr o'i chwmpas, ond mae'r llwybrau eraill a'r mynedfeydd fel y buont yn wreiddiol.

Amgylchynir yr ardd gan wal rwbel tua 3 medr o uchder, â chopa gwastad o goncrid. Mae hon yn dyddio yn ôl pob tebyg o ddechrau'r ail ganrif ar bymtheg. Ceir mynedfeydd o'r gogledd, o'r iard ger yr 'hen dŷ', sydd â mynedfa ben-sgwâr o garreg nadd fel yr un ar yr 'hen dŷ', efallai yn wreiddiol y brif fynedfa; o'r gogledd-orllewin, o'r ardal fechan o goetir ger y 'ffynnon gysegredig', lle mae mynedfa ben-sgwâr arall; ac o'r brif lawnt, lle mae porth bwaog carreg anferth. Buasai'r porth hwn yn brif fynedfa, yn ôl pob tebyg, os yw'r ardd yn perthyn i'r un cyfnod â'r tŷ, sef 1631.

Newidiodd cynllun y llwybr rhwng 1900 a 1918; roedd saith rhaniad i'r ardd ar ôl y dyddiad diweddarach o'i gymharu â phedwar rhaniad gynt (mor bell yn ôl â 1891 o leiaf). Fodd bynnag, cadwai'r llwybr sy'n mynd yr holl ffordd o gwmpas yr ardd, o fewn y wal, y cynllun sydd ganddo o hyd oni bai am y gorllewin. Mae gweddill y llwybrau presennol yn dilyn cynllun 1918 fwy neu lai, er iddynt gael eu lledu, ac mae llwybr byr syth ychydig i'r dwyrain yn cymryd lle llwybr tro hirach yn y triongl deheuol. Lle mae'r ddau brif lwybr yn croesi, bellach mae pwll modern crwn, â phistyll Haddonstone yn y canol a breichiau ar ffurf croes Geltaidd â phyllau bychain, tua'u terfyn yn rhedeg i lawr canol y llwybrau.

Mae dwy ardal ffurfiol hirsgwar yn rhan ogleddol yr ardd; mewn un ardal gosodwyd 32 o welyau llawn llysiau pêr gydag ymylon pren a thri thwb terracotta, ac o gwmpas y cyfan mae pergola â physt pren a chadwyni'n eu cysylltu. Gardd berlysiau yw'r ardal arall ac mae iddi ddau wely crwn gyda gwelyau mwy o faint mewn ffurfiau geometrig o'u cwmpas. Mae pergola tebyg yma hefyd a cheir tybiau mawr ynghanol y gwelyau crwn. Plannwyd hen goed rhosod yn y darn o gwmpas y ddwy ardal hirsgwar. Ar hyd ochr ogleddol y llwybr rhwng y ddwy ardal ceir rhai hen goed afalau gwyntyllaidd. Ar ochr allanol y llwybr o'i gwmpas, mae border blodau unflwydd ar hyd y wal ogleddol, a border blodau parhaol ar hyd rhan ogleddol y wal orllewinol.

I'r de-orllewin o'r gerddi perlysiau mae ardal lysiau ffurfiol, a gynlluniwyd hefyd yn ddiweddar ac a seiliwyd ar adran o'r ardd lysiau yn Villandry, yn nyffryn y Loire yn Ffrainc. Gosodwyd y cynllun ar y system lwybrau gynharach. Yn y canol mae twb tebyg i'r hyn a geir yn yr ardd berlysiau, sy'n dal dŵr a phistyll bychan. Gan redeg ochr yn ochr â'r wal orllewinol sy'n troi mae camlas, ar safle a oedd bob amser yn gorsiog. Daw'r dŵr o'r 'ffynnon gysegredig' yn union y tu allan i wal yr ardd, ac mae'n diferu allan o fwgwd llew ar y wal i mewn i bwll, ac oddi yno'n llifo ar hyd llwybr byr dan y ddaear i'r gamlas. Yn y pen pellaf mae gorlifiad bach gyda cherrig o'i gwmpas i gymryd y dŵr o'r ardd.

Y tu hwnt i'r ardd lysiau i'r de mae perllan anffurfiol, lle y goroesai nifer o'r hen goed ffrwythau ynghyd â rhai newydd a ychwanegwyd. Gwelir bod y rhan hon yn berllan ar fap 1900, ond nid yw'n berllan ar fap 1918. Yng nghornel ogledd-orllewinol yr ardd mae orendy newydd ar gyfer coed sitrws a phlanhigion eraill o ardal Môr y Canoldir. Adferwyd cwt potiau â tho gwydr i'r gorllewin iddo.

Ffynonellau

Sylfaenol

Gwybodaeth gan Ms V.E. Marchant-Mapp.

Gwybodaeth gan y pen-garddwr.

Casgliadau o lawysgrifau yn archifau Coleg Prifysgol Cymru, Bangor, gan gynnwys map ystad 1783 (Lligwy 1410).

Map y degwm *(tua* 1845), Archifdy Ynys Môn, Llangefni.

Map Llawysgrif 2 fodfedd ar gyfer argraffiad 1af Arolwg Ordnans 1 fodfedd (1818), Archifau Coleg Prifysgol Gogledd Cymru, Bangor.

Prydles, 1937, rhwng George, Arglwydd Boston ac A. Rowland Clegg.

Gwybodaeth heb ei hargraffu o ffeiliau'r Comisiwn Brenhinol Henebion Cymru, Aberystwyth.

Lluniau o'r awyr, Ymddiriedolaeth Archeolegol Gwynedd, Bangor.

Eilradd

H. Rowlands, Mona antiqua restaurata (1723, ail argraffiad 1766).

'Antiquitates Parochiales VIII', Archaeologia Cambrensis III (1848), tud. 55–57.

R. Evans, 'Llanidan and its inhabitants', Transitions of the Anglesey Antiquarian Society (1921), tud. 65–100.

Comisiwn Brenhinol ar Henebion, Inventory, Ynys Môn (1937).

R.A. Lewis a J. C. Davies, Records of the Courts of Augmentation relating to Wales and Monmouth (1954).

Dugdale, Monasticon Anglicanum 4 (1961).

H. Ramage, Portraits of an Island (1987).

PLAS BERW

CADW

ICOMOS UK

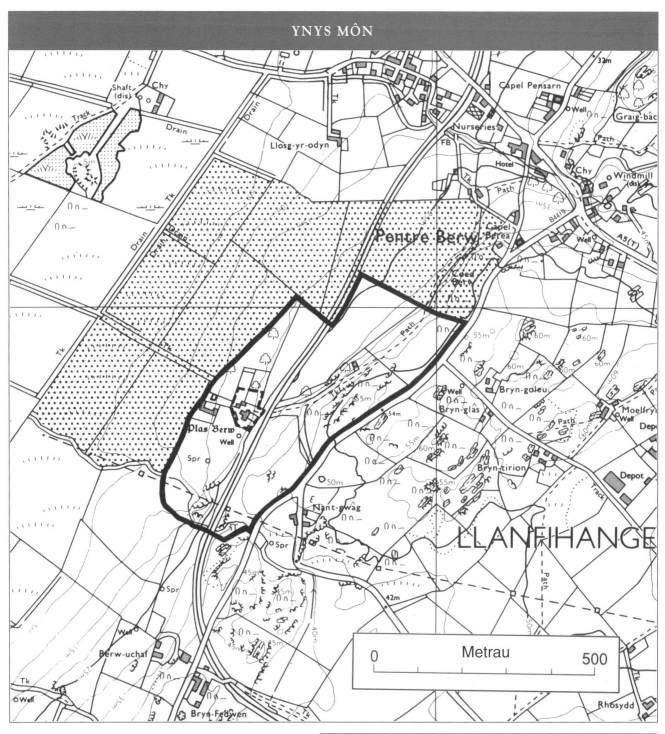

YNYS MÔN

Ffin y Parc	——————
Gardd	- - - - - - - - - -
Lleoliad Hanfodol	::::::::::::::::

Rhif ar y Gofrestr	PGW (Gd) 42 (ANG)
Rhif Blaenorol ar y Gofrestr	
Rhif Taflen A.O.	SH 47 SE
Cymuned	LLANFIHANGEL YSGEIFIOG

CRYNODEB

Rhif cyf	*PGW (Gd) 42 (ANG)*
Map AO	*114*
Cyf Grid	*SH 465 718*
Sir flaenorol	*Gwynedd*
Awdurdod unedol	*Ynys Môn*
Cyngor cymuned	*Llanidan; Llanfihangel Esceifiog*
Disgrifiadau	*Adeiladau rhestredig: Tŷ gyda iard a waliau ac ysgubor (aneglur pa ysgubor) Gradd II*, olion tŷ hŷn Gradd II; Heneb Restredig (adfail tŷ a gardd iard). Ardal o Amgylchedd Arbennig.*
Asesiad safle	*Gradd II**
Prif resymau dros y graddio	*Cyfadeilad o dŷ â gardd iard mewn cyflwr da o ddechrau'r ail ganrif ar bymtheg, sy'n cyffinio ag adfeilion y tŷ hŷn. Mae nodweddion eraill yn perthyn i'r un cyfnod neu bron i'r un cyfnod. Parc ceirw o'r bymthegfed ganrif o leiaf gyda llawer o'r wal wreiddiol yn dal i sefyll.*
Math o safle	*Parc ceirw; parciau eraill; gardd iard fechan; gerddi eraill o gwmpas y tŷ.*
Prif gyfnodau o adeiladu	*Yr ail ganrif ar bymtheg, dechrau'r bedwaredd ganrif ar bymtheg.*

Disgrifiad o'r safle

Saif Plas Berw ar lethr sy'n wynebu tua'r gogledd-orllewin ger Pentre Berw, gan wynebu mewn tuag at y llethr, â'i ardd iard ar y tu blaen, ac ehangder Cors Malltraeth y tu ôl iddo. Mae'n safle hynafol ac yn amlwg ni ddewiswyd ef oherwydd rhesymau esthetig, ond byddai'r ardal o flaen y tŷ yn y cysgod ar bob ochr. Mae'r parc ceirw yn rhannol ar dir uchel ar ben y gwrym, gan ymestyn lawr y llethr serth i'r tir isel ar ymyl y gors. Mae rheilffordd nas defnyddir bellach yn mynd heibio'n agos iawn i'r tŷ ac yn rhannu'r parc yn ddau.

Mae'r Plas yn enghraifft o'r tŷ 'system uned' ac mae llawer ohonynt ar gael yng ngogledd-orllewin Cymru. Yn y system hon, pan fydd angen rhagor o le, yn lle ehangu neu ddymchwel y tŷ sy'n bodoli a chodi plasty mwy o faint yn ei le, bydd ail dŷ'n cael ei adeiladu ynghlwm i'r tŷ cyntaf neu'n agos iawn iddo. Ym Mhlas Berw, yn ystod yr unfed ganrif ar bymtheg, ymestynnwyd rhyw ychydig ar y tŷ o'r bymthegfed ganrif, sydd bellach yn adfail, ond ym 1615 codwyd tŷ hollol newydd o faint cyffelyb ar ongl sgwâr, gan uno â'r tŷ gwreiddiol yn y pegwn gogleddol gwreiddiol ac yn cysylltu â'i gilydd ar lefel y llawr cyntaf yn unig. Ers y cyfnod hwn cafwyd ychwanegiadau eraill, ond y tŷ o 1615 yw'r prif adeilad ar y safle heddiw.

Tŷ hir o gyfnod cynnar y Dadeni ydyw, gyda dau lawr a dormerau yn yr atig, ac fe'i hadeiladwyd o gerrig lliw golau o ansawdd gynnes. Mae'r ffenestri'n fyliynog, ac mae grisiau-tyred mawr yn y talcen gogledd-orllewinol a simnai ymhob pen. Mae'r to wedi'i wneud o lechi. Mae'r brif fynedfa i'r de-ddwyrain yn y ffasâd ond heb fod yn y canol, a chyferbyn â'r fynedfa i'r grisiau-tyred. Mae llythrennau cyntaf enw Thomas Holland ar garreg uwch ben y drws, gydag arfbais ac arwyddair y teulu a'r dyddiad 1615. Mae adfeilion yr hen dŷ o gerrig tebyg, ac mae ganddyn nhw hefyd ddŵr, a oedd yn yr achos hwn yn rhan o'r ardal lle y trigai'r teulu.

Gwelir y tŷ cerbydau, a addaswyd bellach yn breswylfa, ar fap degwm 1841, ond nid yw ar fap ystad diwedd y ddeunawfed ganrif neu ddechrau'r bedwaredd ganrif ar bymtheg nac ar fap llawysgrifol yr Arolwg Ordnans 2 fodfedd 1818–1823. Fe'i codwyd, felly, yn y 1820au neu'r 30au. Cafodd ei ailbwyntio a'i foderneiddio yn

ddiweddar ac mae'n anodd dweud beth sy'n hollol newydd, er bod y to llechi'n amlwg yn newydd. Mae'r bwâu o friciau uwch ben y drysau mawr (sydd heb eu blocio ond bellach â ffenestri a drysau gwydr yn eu lle) yn cyd-fynd â'r gwaith briciau o gwmpas y ffenestri crwn a'r capanau briciau uwch ben y drysau a'r ffenestri sgwâr sy'n perthyn i'r adeilad ar draws yr iard, yng nghefn y prif dŷ, a all fod yn perthyn i'r un cyfnod felly.

Nid ymddengys adeiladau'r fferm ar fapiau'r ystad a'r mapiau llawysgrifol y soniwyd amdanynt uchod, ond maent i'w gweld ar y map degwm, felly gellid tybio eu bod yn perthyn i'r un cyfnod â'r cerbyty. Ceir ysgubor sy'n rhan o res a newidiwyd yn breswylfa ym 1991, ynghyd ag adeiladau eraill, hwy oll wedi'u gwneud o gerrig, a gafodd eu hatgyweirio a'u hail-doi, gan ffurfio tair ochr i sgwâr. Saif y cyfadeilad i'r gorllewin o'r tai, ar y ffin rhwng y parc ceirw a'r 'Parc Newydd' i'r gogledd.

Mae'n bosibl mai stablau oedd adeilad o gerrig, sy'n edrych yn debyg i ysgubor, yn agos i gefn y tŷ, er mai un drws canolog sydd iddo. Bob ochr i'r drws mae ffenestri hirsgwar, tair ffenestr fach grwn ar lefel yr atig, a tho llechi. Mae'r briciau o gwmpas y ffenestri fel y bwâu o friciau uwch ben drws y cerbyty, ond er bod yr adeilad hwn i'w weld ar fap degwm 1841 (ac nid ar y rhai cynharaf), ymddengys ei fod yn llai o lawer nag ydyw erbyn hyn. Gerllaw saif adeilad bach arall – sied gerrig – ar ongl sgwâr, ac ymddengys hwn ar y map degwm hefyd.

Ychydig o bellter i ffwrdd tua'r gogledd-ddwyrain saif ysgubor a ymddengys yn hynafol iawn, ac mae iddo ddrysau â bwâu cerrig a bylchau mân iawn yn y gwaith maen yn hytrach nag yn y ffenestri, ac fe'i gwelir ar fap diwedd y ddeunawfed ganrif/dechrau'r bedwaredd ganrif ar bymtheg ac ar fap llawysgrifol yr Arolwg Ordnans 1818–23. Mae'n bosibl ei bod yn perthyn i'r un cyfnod â'r tŷ, sef 1615. Gwelir ar fapiau diweddarach ei fod heb do, ond fe'i hailddefnyddiwyd yn ystod yr Ail Ryfel Byd, at ddibenion militaraidd, a rhoddwyd to newydd arni yn rhannol bryd hynny gan ei newid y tu mewn ac ychwanegu llawer o goncrid. Mae bellach eto'n segur, ond erys mewn cyflwr gweddol. Yn ei hymyl, ar fapiau o'r bedwaredd ganrif ar bymtheg, gwelir adeilad arall sydd bellach wedi diflannu.

Mae'r parc yn llenwi rhan o'r gefnen ar hyd ymyl de-ddwyreiniol Cors Malltraeth a rhan o'r tir gwastad bron wrth ei throed sydd ychydig yn uwch na lefel y gors. Mae'r golygfeydd, fel ag y maent, i'w gweld ar draws y gors tua'r gogledd-orllewin.

Mae'r safle'n un hynafol; nid yn unig fod olion tŷ o'r bymthegfed ganrif yn bodoli ond ceir cyfeiriadau at yr enw yn ôl yng nghyfnod y tywysogion Cymreig yn y cyfnod canoloesol cynnar. Nid oedd tŷ ar y safle cyn y tŷ y mae ei olion yn goroesi, fel y dengys gwaith cloddio diweddar, ond yn sicr mae'n bosibl fod tŷ cynharach yn ymyl a bod gwreiddiau canoloesol i'r parc ceirw.

Aeth yr ystad i ddwylo cangen o deulu'r Hollandiaid, teulu a'i wreiddiau yn Lloegr ond a ymgartrefasai eisoes yng Nghymru drwy briodas Elinor, etifeddes Plas Berw, â John Holland, a ddigwyddodd tua diwedd y bymthegfed ganrif yn ôl pob tebyg. Mae'n bosibl bod y ddau wedi codi'r tŷ hwn sy'n dyddio o'r bymthegfed ganrif, neu, yn fwy tebygol, fe'i codwyd gan dad Elinor, Ithel ap Hywel. Eu mab nhw, Owen Holland oedd perchennog yr ystad erbyn 1515 ond nid ymddengys iddo fyw yno; erbyn 1529 roedd wedi marw. Fodd bynnag gadawodd etifeddion, a pharhâi'r teulu yn berchnogion ar Blas Berw drwy gydol yr unfed ganrif ar bymtheg, gan briodi ag aelodau o'r rhan fwyaf o deuluoedd nodedig Gogledd Cymru a gwasanaethu fel Uchel Siryf Sir Fôn ar brydiau (bu Owen ei hun yn Uchel Siryf am oes). Bu iddynt hefyd gynyddu eu deiliadaethau a dod yn berchen ar faes glo'r Berw.

Rhwng 1597 a 1603 etifeddwyd Plas Berw gan Thomas Holland, y mab hynaf oedd yn dal i fyw mewn teulu mawr. Ym 1610 gwnaed ef yn Siryf yn ei dro, ac yn yr un flwyddyn prynodd dŷ ym Miwmares, lle bu'n byw yn ôl pob golwg. Fodd bynnag, ym 1615 adeiladodd y tŷ newydd ym Mhlas Berw, ffaith a gofnodwyd ar garreg â dyddiad arni ynghyd ag arfbais y teulu uwch ben y drws. Ni phriododd ef byth a'i nai, Owen Holland arall, oedd ei etifedd; bu farw mab hynaf ac ŵyr Owen yn ifanc ac fe'i holynwyd ym 1708 gan Thomas arall, ŵyr Owen drwy fab iau, na fu'n byw ym Mhlas Berw ond a osododd y tŷ, er iddo ei gadw mewn cyflwr da ei hunan a chadwai hefyd geirw yn y parc. Y Thomas hwn oedd yr olaf o'r Hollandiaid i fod yn berchen ar Berw, gan i'w ddau fab farw o'i flaen, ac aeth yr ystad i'w nith ac yna i'w merch hi, a briododd â John Griffiths o Garreglwyd ym 1755. Disgynnodd y ddwy ystad, Berw a Charreglwyd, i fab y briodas hon, sef Holland Griffith, ar ôl i John Griffith farw ym 1776 a'i wraig Mary ym 1799.

Dioddefodd Plas Berw gryn dipyn yn nwylo adeiladwyr ffyrdd a rheilffyrdd. Saif y parc ceirw â wal o'i gwmpas i'r de-orllewin o'r tŷ, ac fe'i rhennir yn ddau gan y rheilffordd, a adeiladwyd o gwmpas 1841, sydd hefyd yn mynd heibio'n anghyfforddus o agos hefyd i'r tŷ, ar orglawdd sy'n cyfyngu ar yr olygfa hyd yn oed yn fwy na'r gefnen naturiol. Mae'n mynd dros bont yn groes i'r lôn ac yn mynd yn ei blaen tua'r gogledd drwy ganol gweddill y parc. Mae gwelliannau i'r B4419 i'r dwyrain hefyd wedi achosi niwed, gan ysgubo ymaith wal y parc ceirw ar ei hyd yn y de-ddwyrain.

I'r gogledd-ddwyrain o'r tŷ mae'r berllan a'r ardd lysiau, ac o'u cwmpas roedd coetir y ceir olion ohono heddiw, a thu hwnt ceir cwningar, rhagor o goed a pharcdir, un ohonynt bellach â phwll diweddar. Nid ymddengys cofnod o ba bryd yr ychwanegwyd y parciau hyn, ond nid ymddengys bod waliau wedi bod o'u cwmpas erioed; mae'n amlwg o'r cyfeiriad at 'Parc Newydd' ym 1754 eu bod yn dyddio o gyfnod ar ôl y parc ceirw. Yn ddiddorol 'Gwinllan coed' yw'r enw ar y mannau amgaeëdig o goetir o gwmpas yr ardd, ar fap ystad o'r ddeunawfed ganrif neu o ddechrau'r bedwaredd ganrif ar bymtheg: ond nid yw'r map yn dangos gwinllan, felly mae'n bosibl bod yr enw'n cyfeirio at ddefnydd cynharach o'r berllan. Parhaodd rhan o'r ardal hon i gael ei dangos fel coetir ar fapiau hyd yr ugeinfed ganrif, ac felly yn weddol ddiweddar y cafodd ei chlirio a'i haredig.

Yn y parc ceirw ceir olion rhai nodweddion a ychwanegwyd yn amlwg at ddibenion addurnol, ac mae'n bosibl bod ymgais wedi bod yn y bedwaredd ganrif ar bymtheg i ddiweddaru'r tirlun drwy ychwanegu rhai nodweddion addurnol a rhamantaidd. Gan yr ymddengys bod peth adeiladu wedi digwydd ar ddechrau'r ganrif, gellir yn rhesymol briodoli'r datblygiadau yn y parc i'r un cyfnod, a'u priodoli efallai i fab Holland Griffith gan ddiweddaru ei eiddo wrth iddo ei etifeddu. Mae'n bosibl bod y nodweddion a ychwanegwyd i'r parc ceirw wedi cynnwys ffug-gastell a chell meudwy, yn ogystal â gwelliannau i'r nant naturiol sy'n rhedeg ar hyd ochr ddeheuol y parc. Efallai fod olion rhodfa o goed ffawydd ar hyd y lôn, sy'n agored i'r gwynt ond yn urddasol serch hynny, yn dyddio o'r cyfnod hwn hefyd.

Mae wal y parc ceirw yn ffurfio'r ffin ar y de a'r de-orllewin, a wal y ffordd fodern a godwyd yn ei lle yn ffin ar y de-ddwyrain; mae'r wal hon ynghyd â'r ffens, yn parhau i fynd ar hyd ochr dde-ddwyreiniol ardal y 'Parc Newydd'. Ffensys modern yw gweddill y ffiniau.

Mae wal y parc yn weddol uchel, ar gyfartaledd efallai yn rhyw 1.5 medr, er ei bod wedi dymchwel mewn mannau. Mae rhai rhannau ohoni dros 2 fedr o uchder; yn ôl pob tebyg dyna'r uchder yn wreiddiol. Codwyd hi'n wal sych ac mae'n deneuach ar y top na'r gwaelod. Amhosibl yw ei dyddio o ran arddull, ond yn rhesymegol

dylai berthyn i'r un cyfnod â thŷ 1615 o leiaf, ac o bosibl tŷ'r bymthegfed ganrif.

Mae'r brif lôn garegog, sy'n dod o gyfeiriad y B4419 i'r dwyrain, yn cychwyn drwy anelu am y gogledd ac yna'n troi'n sydyn i'r gorllewin, gan ddod ar hyd ochr ogledd-ddwyreiniol yr ardd iard a'r tŷ cyn gwyro i'r cefn. Mae pont rheilffordd bellach yn ei chroesi yn union cyn iddi gyrraedd y tŷ. Mae'r lôn yn mynd yn ei blaen i adeiladau'r fferm i'r gorllewin o'r tŷ, a chynt arweiniai llwybr i gyfeiriad y gogledd-orllewin, i mewn i'r gors. Nid yw'n cael ei ddefnyddio bellach ac ni ellir mynd hyd-ddo, ac ymddengys fel llinell o brysgwydd ar draws y gors.

Yn y man lle mae'r brif lôn yn troi'n sydyn, mae llwybr arall yn mynd i gyfeiriad y gogledd-ddwyrain, tuag at 'Parc Newydd'. Nid oes wyneb na ffens iddo, ond mae wedi'i wneud yn dda ac yn weddol lefel, gan arwain at yr hen ysgubor gerrig sy'n ymddangos ar y mapiau cynharaf sy'n goroesi. Y tu hwnt i hwn, â llwybr troed yn ei flaen i'r pentref, Pentre Berw, i gyfeiriad y gogledd-ddwyrain.

Rhed nant ar draws pen de-orllewinol y parc ceirw, gan ddisgyn i lawr llethr serth y gefnen mewn cyfres o raeadrau bach. Er bod y llethr yn naturiol serth, mae gwely'r nant yn dangos olion ei bod wedi ei newid er mwyn creu un rhaeadr fwy yn y man mwyaf serth, a cheir pyllau a rhaeadrau mân uwch i fyny ac oddi tano a all hefyd fod yn rhai gwneud. Mae'r ardal bellach wedi tyfu'n wyllt ond yma y ceir yr unig blannu addurnol (diweddar) yn y parc.

Crëwyd pwll ar waelod y llethr gan berchennog blaenorol Plas Berw, yn weddol ddiweddar felly, ond holltodd yr argae a phant corsog yw'r pwll bellach sy'n graddol lenwi â choed. Yn ymyl cornel orllewinol y parc roedd pont fechan, sydd wedi diflannu ers tro byd. Mae pwll newydd yn un o'r caeau i'r gogledd o'r tŷ yno at ddibenion amaethyddol yn gyfan gwbl.

Ar ddarn bach gwastad o dir ychydig o ffordd i lawr llethr y gefnen, i'r de-orllewin o'r tŷ (o gwmpas SH 465716), gwelir yr hyn a ymddengys yn seiliau adeilad bach sgwâr bron sydd wedi tyfu'n wyllt. Mae traddodiad lleol yn adrodd am Elinor, etifeddes gyntaf Berw, a adeiladodd dŵr. Gall y straeon hyn fod â'u gwreiddiau yn y tŵr sydd ynghlwm wrth y tŷ gwreiddiol; ond mae'n bosibl bod y seiliau hyn yn ymgais yn y bedwaredd ganrif ar bymtheg i ddiweddaru'r chwedl a chynnig peth rhamant i'r parc ceirw oedd hyd y cyfnod hwnnw'n gweithredu'n gyfan gwbl fel parc ceirw. Fodd bynnag, mae John Williams ym 1861 yn crybwyll tŵr yn y cyswllt hwn lle mae'n ei ddisgrifio'n weddol fanwl yn dŵr crwn a hynafol (fel y crybwyllwyd mewn dogfen o 1503) ac yn ei ddarlunio; mae'n ei osod 'near Berw Uchaf'. Mae'r seiliau gweladwy tuag at ben Berw Uchaf y parc, er eu bod yn llawer agosach i Blas Berw ei hunan. Gwelir hefyd adeilad bach a ymddengys yn grwn ar fap 1818–23 yn y man cywir, ond nid yw i'w weld ar y fersiwn graddfa lai a chywasgedig braidd a gyhoeddwyd (1840–41). Os nad yw'r seiliau hyn yn perthyn i'r tŵr a grybwyllwyd gan John Williams, mae'n amlwg fod yr adeilad yr oeddynt yn seiliau iddo wedi diflannu erbyn ei oes ef, neu ei fod erbyn hynny yn gweithredu fel adeilad fferm yn unig nad oedd yn deilwng o'i sylw.

Ym mhen uchaf y parc ceirw, mae 'cell meudwy' a adeiladwyd yn ymyl brigiad creigiog ger y nant (tua SH 465 715), ac mae'n amlwg ar un adeg fod iddo ddrws a ffenestr a tho o bosibl. Ffug-gastell rhamantaidd ydoedd fwy na thebyg.

Heddiw mae'r ardd yn fach iawn, ac er bod y rhan ddefnyddid ar gyfer tyfu wedi bod o faint gweddol ar un adeg, nid yw'n debygol i'r ardd addurnol fod yn eang iawn erioed. Y rhan bwysicaf o'r ardd sydd ar ôl yw'r ardd iard fechan o'r ail ganrif ar bymtheg â wal o'i chwmpas o flaen y prif dŷ: ar wahân i hon, mae gardd â wal o'i chwmpas yn rhannol i'r de-orllewin o'r tŷ, ac mae hon yn rhan a oedd yn ôl pob tebyg yn iard yn wreiddiol, a bellach defnyddir yr union fan lle safai'r tŷ gwag o'r bymthegfed ganrif fel gardd.

Yn ddiweddar ychwanegwyd at yr ardd yng nghefn y prif dŷ ac o gwmpas y cerbyty, sydd bellach yn annedd. Ar fap dyddiedig 1920 gwelir rhywbeth crwn, yn ôl pob tebyg gardd fechan ffurfiol, yn ongl pen gogleddol y prif dŷ a'r adain ogledd-orllewinol a ychwanegwyd; bellach mae gardd gerrig fechan anffurfiol wedi cymryd ei lle. Gwnaed y berllan flaenorol a'r ardd lysiau yn llai o lawer o ran maint a bellach maent yn cael eu defnyddio'n gyffredinol fel gerddi, er bod rhai coed ffrwythau ifanc yn dal yn ardal y berllan gynt. Gellir mynd at yr ardal hon drwy fynedfa urddasol, sydd o bosibl yn dyddio o'r un cyfnod â'r prif dŷ, ond efallai nid yw yn ei safle gwreiddiol. Diflannodd y deial haul a oedd gerllaw cornel y berllan ac a nodwyd ar fap 1920.

Mae'r ardd iard yn ddiddorol iawn gan ei bod yn perthyn i'r un cyfnod â'r tŷ a godwyd ym 1615. Mae ei chyflwr yn dda a chloddiwyd yno'n ddiweddar. Mae canlyniadau'r cloddio'n cadarnhau'r dyddiad, ac yn awgrymu iddi gael ei chreu dros iard balmantog ar ochr ogleddol y neuadd-dy o'r bymthegfed ganrif, sydd bellach yn adfail, gan fewnforio pridd yn arbennig i'r ardd. Cyfoes yw'r planhigion presennol i gyd, yn ôl y disgwyl, ond gwreiddiol yw'r rhan fwyaf o'r adeiladwaith, er bod y lefel ddaear ychydig yn is nag ydoedd gynt wedi gwaith draenio – efallai yn ôl i'w lefel wreiddiol.

Mae'r tŷ yn ffurfio ochr ogledd-orllewinol yr ardd, a cheir gris i fyny at y drws â llwybr onn ar un adeg yn arwain oddi yno ar draws yr ardd. Wal y neuadd-dy adfeiliedig yw'r ochr dde-orllewinol, ac roedd drws yma hefyd a oedd yn agor i'r ardd; ers hynny mae'r drws hwn wedi bod yn ffordd drwy'r adfeilion i fynedfa gefn yr estyniad a adeiladwyd at dŷ 1615, a'r ardd bellach a'r iard y tu hwnt.

Mae'r wal ogledd-ddwyreiniol yn wal ardd a godwyd i'r pwrpas, a cheir mynedfa drwyddi sef y brif fynedfa i'r tŷ. Mae'r wal yn mynd i fyny dros y fynedfa fwaog, sydd â llechen ag arfau bonedd arni. Ceir grisiau i lawr o'r fynedfa hon, ond ni ddarganfuwyd llwybr a arweiniai'n uniongyrchol o'r grisiau hyn yn ystod y cloddio, felly mae'n bosibl mai ar hyd ochr fewnol y wal ac o flaen y tŷ y bu'r fynedfa bob amser fel ag y mae heddiw. Dymchwelwyd y wal dde-ddwyreiniol, fwy na thebyg pan godwyd y gorglawdd ar gyfer y rheilffordd, a bellach mae border uchel yn cael ei gynnal gan wal sych a adeiladwyd gan gerrig y gorglawdd, a cheir tri gris yn dod i fyny yn y canol. Anodd dyddio'r rhain, ac er nad ydynt yn union yr un rhai â'r grisiau i lawr o'r brif fynedfa (y gallent fod wedi eu hailadeiladu beth bynnag), mae tebygrwydd, ac mae'n bosibl mai'r rhai gwreiddiol yw'r tri gris yma a'u bod ar un adeg yn arwain at ddrws yn y wal dde-ddwyreiniol.

Bu problemau o hyd gyda'r draeniau yn yr ardd iard, oherwydd ei safle ar waelod llethr weddol serth mae'n siwr, ac wedi'r gwaith cloddio, a fu'n angenrheidiol er mwyn ceisio draenio'r ardal yn effeithiol, cafwyd tystiolaeth o nifer o ymdrechion tebyg i'r un perwyl. Felly tarfwyd cryn dipyn ar yr wyneb, ond yr unig dystiolaeth o balmantu cyson a gafwyd oedd yr wyneb sy'n dyddio cyn adeiladu tŷ 1615. Roedd y pridd heb gerrig ynddo sy'n cael ei esbonio fel pridd a fewnforiwyd yn cronni ar hyd wal y neuadd-dy, sy'n awgrymu cynllun tebyg i gynllun heddiw, gyda borderi o gwmpas yr ymylon a darn agored yn y canol. Mae'n amlwg nad palmant oedd wyneb y darn agored hwn, a gallai fod wedi bod yn raean, yn borfa neu yn fath arall o wyneb caled, er na chafwyd tystiolaeth uniongyrchol o hyn.

Yn wreiddiol roedd cilgant o gerrig crynion o flaen y rhiniog, ond yn ddiweddarach gorchuddiwyd hwn â briciau, yn gydwastad â'r rhiniog, a'i fod yn angenrheidiol gellid tybio gan bridd o'r ardd yn pentyrru ac yn creu llaid dros y cerrig crynion. Yr unig lwybr a

ddaethpwyd ar ei draws oedd y llwybr onn, a oedd yn perthyn i gyfnod cyn yr wyneb briciau. Mae'r llwybr newydd, sy'n dilyn y wal (â border rhyngddynt) o'r fynedfa fwaog i'r tŷ, ac yna'n rhedeg o'i flaen, wedi ei raeanu. Ceir giatiau pren newydd yn y fynedfa.

Yn amlwg bu ardal ar dalcen de-orllewinol y neuadd-dy gwag yn iard ar un adeg, ac ymddengys ar nifer o fapiau ei bod yn cynnwys siedau a thai allan bychain, rhai ohonynt yn eglur yn dylciau moch. Mae iddi wal ar ddwy ochr, yn ogystal â wal y tŷ adfeiliedig, a all fod yn hynafol.

Mae'r tai allan bellach wedi mynd, ar wahân i un adeilad bychan ar y wal dde-orllewinol, a lawnt sydd yma ac fe'i trinnir fel gardd. Mae llawr y tŷ adfeiliedig hefyd â phorfa yn tyfu drosodd ac yn cael ei drin fel gardd, ac mae'n rhedeg i fyny i waelod gorglawdd y rheilffordd lle mae wal dde-ddwyreiniol y tŷ wedi dymchwel.

Gwelir yr ardd lysiau a'r berllan flaenorol yn amlwg ar yr holl fapiau sydd ar gael, er eu bod yn cael eu dangos ar fap llawysgrifol Arolwg Ordnans a map ystad diwedd y ddeunawfed neu ddechrau'r bedwaredd ganrif ar bymtheg fel darn hirsgwar ar ei ben ei hun, a elwir ar y map ystad yn 'Gardd'. Yn ddiweddar maent wedi eu cwtogi cryn dipyn ac mae'r rhan fwyaf o'r arwynebedd yn dir pori; os oedd waliau o'u cwmpas unwaith, fel sy'n bosibl, maent bellach wedi diflannu. Dim ond darn yn unig o wal sych sy'n aros ar hyd yr ochr agosaf i'r tŷ, y de-orllewin. Rhai blynyddoedd yn ôl, gellid gweld rhannau uchel, efallai gwelyau uchel blaenorol, yn yr ardd lysiau, ond bellach mae'r tir hwn wedi'i aredig, ond gellir gweld rhai nodweddion aneglur mewn lluniau a dynnwyd o'r awyr. Gellir gweld hyd a lled flaenorol yr ardd a'r berllan yn glir o'r lluniau hyn.

Mae'r rhan o'r berllan a'r ardd flaenorol a ddefnyddir o hyd fel tir garddio yn cael ei defnyddio at ddibenion cyffredinol yn hytrach nag at ddibenion tyfu, er bod rhai coed ffrwythau ifanc yn y berllan flaenorol. Gellir mynd at y rhan hon drwy bâr o bileri cerrig, sydd heb giatiau bellach, a all berthyn i'r un cyfnod â thŷ 1615, ond mae'n bosibl nad ydynt yn eu safle gwreiddiol, ac yn sicr nid ydynt yn perthyn i'r un cyfnod â'r darnau o wal ar bob ochr. Roedd y pyst giât hyn yn ddigon mawreddog i fod yn byst mynedfa'r lôn at y tŷ, ond os felly mae'n rhaid eu bod wedi eu lleoli yn bellach oddi wrth ei gilydd nag y maent ar hyn o bryd.

Ffynonellau

Sylfaenol

Gwybodaeth oddi wrth Mrs P. Beckmann.

Gwybodaeth oddi wrth Mr E.P. Beckmann.

Map ystad heb ddyddiad, archifau Coleg Prifysgol Gogledd Cymru, Bangor (7043).

Adroddiad Cofnodi Henebion Cenedlaethol am y neuadd-dy.

Lluniau a dynnwyd o'r awyr, adran Henebion Cadw.

Atodlen ystad Carreglwyd (1754), archifau Coleg Prifysgol Gogledd Cymru, Bangor.

Map Arolwg Ordnans llawysgrif 2 fodfedd ar gyfer map argraffiad cyntaf un fodfedd (1818–23).

Eilradd

Comisiwn Brenhinol Henebion, *Inventory*, Sir Fôn (1937).

D.M.T. Longley, *Archaeolgia Cambrensis*, Excavations at Plas Berw, Anglesey, 1983–4.

J. Williams, *The History of Berw* (1861), ailargraffwyd fel atodiad i Transactions of the Anglesey Antiquarian Society and Field Club (1915).

CADW

PLAS GWYN

ICOMOS UK

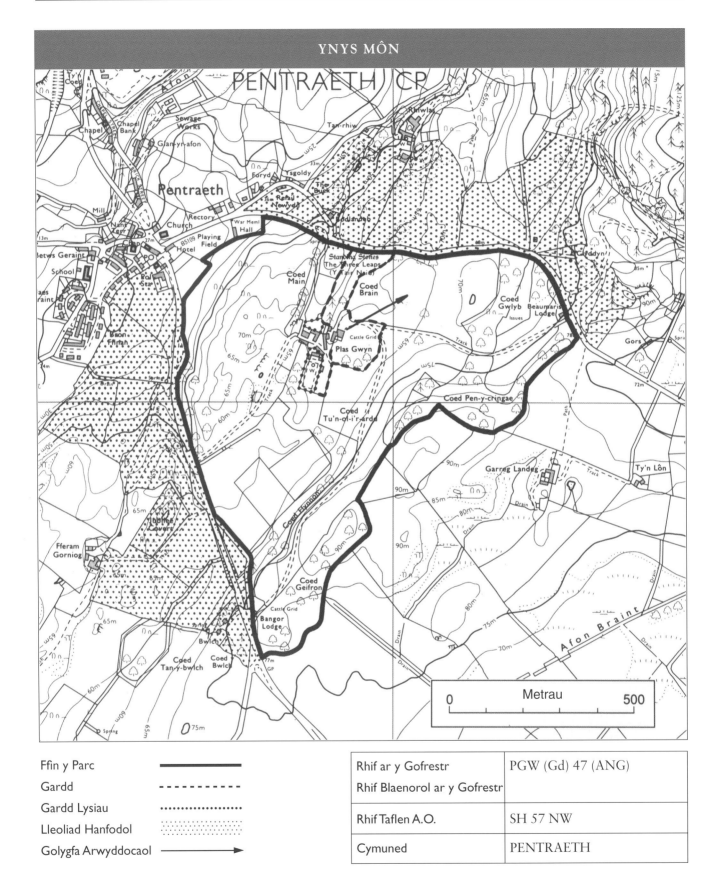

Ffin y Parc	———————
Gardd	- - - - - - - - - -
Gardd Lysiau	••••••••••••••••
Lleoliad Hanfodol	⫶⫶⫶⫶⫶⫶
Golygfa Arwyddocaol	——————→

Rhif ar y Gofrestr	PGW (Gd) 47 (ANG)
Rhif Blaenorol ar y Gofrestr	
Rhif Taflen A.O.	SH 57 NW
Cymuned	PENTRAETH

CRYNODEB

Rhif cyf	PGW (Gd) 47 (ANG)
Map AO	114
Cyf Grid	SH 529 782
Sir flaenorol	Gwynedd
Awdurdod unedol	Ynys Môn
Cyngor cymuned	Pentraeth
Disgrifiadau	Adeiladau rhestredig: Tŷ Gradd II*. Adain gefn II. Ardal amgylchedd arbennig.
Asesiad safle	Gradd II
Prif resymau dros y graddio	Safle o'r ddeunawfed ganrif gydag addasiadau o'r bedwaredd ganrif ar bymtheg sy'n cadw llawer o'i arddull a'i awyrgylch gwreiddiol.
Math o safle	Teras a lawnt â phrysglwyni, llwybr coetir, gardd â wal o'i chwmpas, wedi ei osod o fewn parcdir â choedwigoedd.
Prif gyfnodau o adeiladu	Y ddeunawfed ganrif, y bedwaredd ganrif ar bymtheg.

Disgrifiad o'r safle

Tŷ briciau coch tri llawr â tho llechi isel ar oleddf yw Plas Gwyn a saif yn y parc sy'n eiddo iddo yn yr ongl a grëir gan ffyrdd Bangor a Biwmares ym Mhentraeth. O'r gogledd mae'n lled wynebu'r dwyrain, ac yn meddu ar ffasâd nodweddiadol Sioraidd, sy'n gymesur â drws canolog â cholofnau clasurol o boptu iddo, a phediment; hefyd mae yno bediment briciau plaen ar lefel y to. Mae trydedd ran ganolog y ffasâd yn bargodi ychydig, ac mae un ffenestr ar y naill ochr i'r drws ar y lefel isaf yn y rhan hon gyda dwy ffenestr arall y tu draw iddynt ar bob ochr; mae gan y ddau lawr arall saith o ffenestri yr un a'r rhai ar y llawr uchaf yn ddim ond hanner maint y lleill. Mae'r holl ffenestri yn rhai codi wedi eu paentio'n wyn. Mae yno garreg-ddyddiad o 1742, ac fe adeiladwyd y tŷ ar gyfer William Jones.

Mae gan yr wyneb dwyreiniol, neu flaen yr ardd, fae canolog teirochrog sy'n gwyro allan a saith ffenestr uchder llawn ar y lefel isaf; mae'r ffenestri ar y lloriau eraill fel y maent ar y blaen gogleddol. Daw'r adeilad yn amlwg o un cyfnod penodol, ac mae'n ymddangos mai hwn yw'r tŷ cyntaf ar y safle, er bod dau dŷ allan oedd yn eiddo i fferm gynharach efallai yn dyddio o'r 1730au. Mae Comisiwn Brenhinol Henebion Cymru yn disgrifio'r tŷ fel 'enghraifft unigryw ar Ynys Môn o blasty Sioraidd Seisnig wedi ei adeiladu o friciau'.

Yng nghefn (deheuol) y tŷ mae iard sgwâr goblog sydd wedi ei hadfer â choncrid, â'i hochr orllewinol wedi ei ffurfio gan dŷ allan hir a chul sy'n gysylltiedig ag ochr ogleddol y tŷ. Mae grisiau (wedi eu gwneud o garreg, llechi a choncrid) yn arwain i lawr o'r de tuag at yr iard, ac mae'r prysglwyni sydd i'r dwyrain ohonynt ar lefel uwch na'r iard y tu ôl i fur cynhaliol â rheiliau haearn; yn amlwg mae'n rhaid bod safle'r tŷ a'r iard wedi ei lefelu, gan dorri i mewn i'r gefnen y tu ôl iddo. Saif adeilad briciau bychan yng nghornel yr iard a chwt glo mawr wrth y grisiau â llithren yn dod i lawr oddi uchod.

Mae'r holl adeiladau eraill, gan gynnwys adeiladau'r fferm, yn agos iawn i'r tŷ tua'r gorllewin. Mae'r adeiladau nad ydynt yn rhai amaethyddol, ac eithrio'r stablau, yn rhedeg mewn rhes hir o'r gogledd i'r de bron, ac maent wedi eu gwahanu oddi wrth ochr orllewinol y tŷ gan iard gul siâp afreolaidd, sydd bellach o goncrid a graean garw yn bennaf ond â chreigwely'n dod drwodd mewn

mannau tra mae rhai mannau yn parhau i fod yn goblog. Ar yr ochr arall i'r rhes hon ceir iard drionglog ar lethr rhyngddi hi ac adeiladau'r fferm, a chraig foel yw'r arwyneb. Mae'r adeilad wedi ei lyfnu ar ochr y de-orllewin i'r rhes, fel na fyddai'n ymwthio i'r lôn at y tŷ.

Yn y fynedfa i'r iard gul hir o gyfeiriad y de, i'r man lle yr arferai'r lôn ymestyn, saif un postyn giât mawr o garreg nadd â gosodiadau'r clwydi wedi eu cysylltu o hyd. Mae'n ymddangos bod y fynedfa hon eisoes wedi ei thynnu oddi yno erbyn 1919.

Mae'r bloc stablau yn adeilad hirsgwar ar wahân ac wedi ei adeiladu o gerrig â tho llechi isel ar oleddf a ffenestri codi sy'n dyddio o 1777. Mae dau lawr iddo ac mae'r arddull yn debyg iawn i arddull y tŷ; mae'n amlwg bod y stablau wedi'u cynllunio'n fwriadol i gyd-fynd ag ef. Mae bwa canolog llydan uwch ben porth cilfachog â drysau o boptu iddo sy'n arwain at yr ystafell harneisio a'r stablau. Mae ystafell ganolog yn y cefn sef ystafell y marchwas yn ôl pob tebyg a thrigfan i fyny'r grisiau. Saif y stablau yn y pen gogleddol, ar ochr orllewinol yr iard hir i'r gorllewin o'r tŷ, i'r man lle'r ymestynnai'r lôn wreiddiol.

Gwelir plac uwch ben y drws yn dwyn yr arysgrifen 'Paul Panton 1731–1797 Hynafiaethydd', a ychwanegwyd yn ddiweddarach, mae'n rhaid; serch hynny, Paul Panton (mab yng nghyfraith William Jones, a adeiladodd y tŷ) oedd adeiladwr y stablau. Mae esgynfaen y tu allan ar droed y grisiau i'r llawr uchaf, sydd ym mhen deheuol yr adeilad.

Mae'r cytiau cŵn ym mhen gogleddol y brif res o dai, wedi eu gwahanu oddi wrth y stablau gan lwybr cul. Mae yno iard fach o fewn wal gerrig â rheiliau haearn ar ei phen wedi ei chysylltu ag adeilad bach cerrig â tho llechi gyda ffenestri to arno. Rhennir yr iard hefyd gan reiliau, a thrwy hynny ceir mynedfeydd bychain heb ddrysau rhwng yr adeilad a'r llociau. Mae gwaith briciau o gwmpas y mynedfeydd hyn, ac addasiad yw'r cytiau cŵn yn ôl pob tebyg yn hytrach nag adeilad a godwyd i'r pwrpas. Maent yn cael eu defnyddio o hyd. Mae gweddill y rhes hon, i'r de o'r cytiau cŵn, yn cynnwys bythynnod yn gyntaf ac yna gerty neu gerbyty â dau ddrws dwbl ac adeilad ar oleddf yn y pen â drws dwbl arall. Mae'r bythynnod wedi eu rendro ac maent yn rheolaidd iawn, ond efallai iddynt gael eu haddasu o adeiladau fferm. Mae gan y cerbyty a oedd gynt yn stablau briciau dros y drysau a rhyngddynt, sy'n agos iawn at ei gilydd, ond cerrig uwch ben hwnnw. Mae'r adeilad ar oleddf, wedi ei chwipio â gro ac, yn null y bythynnod a'r cytiau cŵn, wedi ei baentio'n wyn; mae'r holl doeau wedi eu gwneud o lechi. O flaen y cerbyty a'r estyniad ar oleddf, erys arwyneb coblog da ar yr iard. Ceir estyniadau ychwanegol ar gefn y rhes hon sy'n dyddio yn ôl i 1734 (mae'r ychwanegiad ar oleddf yn y pen yn dyddio o ddechrau'r bedwaredd ganrif ar bymtheg).

Mae llwybr cul rhwng y cytiau cŵn a'r stablau yn arwain at iard fach ddyrchafedig y tu cefn iddynt, lle gellir gweld i lawr i ardd fach sy'n eiddo i'r bythynnod. Yn hon saif bwa rhosod haearn troellog y daethai, mae'n rhaid, o'r ardd â wal o'i chwmpas.

Mae ysgubor o'r ddeunawfed ganrif sy'n hir, wedi ei adeiladu o gerrig â tho llechi a ffenestri meinion ac mewn cyflwr da iawn, rhwng y tŷ a'r ardd â wal o'i chwmpas, i gyfeiriad y de-ddwyrain o weddill adeiladau'r fferm, ac fe'i cysylltir â'r rhes o dai ynghlwm wrth yr ardd â wal o'i chwmpas. Mae'n debyg nad yw'r lleoliad anarferol braidd hwn yn awgrymu dim byd ond defnydd amaethyddol cyffredin, er y gallai'r ysgubor fod yn hŷn na gweddill yr adeiladau amaethyddol; ond mae'n ei osod mewn perthynas â'r tŷ, yr ardd a'r tai allan eraill sy'n wahanol i adeiladau fferm eraill. Mae'n edrych fel petai'r map degwm (nad yw'n ddyddiedig, ond sydd yn ôl pob tebyg yn dyddio o'r 1840au) yn dangos yr ardd â wal o'i chwmpas a'r ysgubor hon, ond nid y rhes bresennol o adeiladau gardd, er y cerfiwyd y dyddiad 1737 ar drawstiau un o'r rhain.

Yn fras, mae'r parc yn drionglog a saif y tŷ yn agos i'w ganol gan wynebu'r gogledd. Mae daearyddiaeth y safle yn ymdebygu i gefnen risiog â phant neu ddyffryn bas yn y canol; yn y gorllewin mae ardal sydd â llethr go serth â brigiadau a llystyfiant gan gynnwys eithin a rhywogaethau grugog eraill, ac sy'n gorffen wrth bentref Pentraeth, rhwng ffyrdd Bangor a Biwmares. Er gwaethaf y tir gweddol ddigynnig, gwnaethpwyd hwn yn barcdir go lwyddiannus, â choed collddail cymysg wedi eu plannu mewn grwpiau yn y mannau isaf, mwy cysgodol, a'u gwasgaru hyd yn oed ar ben y gefnen. Fodd bynnag, mae wedi ei ysgaru braidd oddi wrth y tŷ a'r ardd, gan ei fod yn cael ei guddio gan stribyn o goed ar hyd ochr orllewinol cefn y lôn, sy'n rhedeg ar hyd y pant neu'r dyffryn bach.

Mae dwy brif lôn, y naill o'r de (y ffordd o Fangor i Amlwch) ar llall o'r dwyrain (ffordd Biwmares), a lôn gefn i'r fferm o gyfeiriad pellach y gorllewin ar hyd ffordd Biwmares. Y lôn ddeheuol yw'r hynaf o'r ddwy brif lôn, ac yn wreiddiol rhedai mewn llinell syth am bellter byr i gyfeiriad y gogledd-ddwyrain, ac yna rhedai'n igam ogam o gwmpas ffiniau mewnol o fewn y parc i gyrraedd y tŷ o'r cefn. Yn ystod yr 1840au newidiwyd hon am lôn newydd oedd yn troi'n llyfn a bron â 1 cilomedr o hyd, a gwyrai o gwmpas y lawnt yn y dwyrain i gyrraedd blaen y tŷ; yn raddol gadawyd yr hen lôn nes iddi beidio â chael ei defnyddio o gwbl.

Tua'r un pryd gadawyd y lôn wreiddiol o ffordd Biwmares a redai, yn fras, ochr yn ochr â lôn y fferm ond ymhellach i'r dwyrain, a dymchwelwyd y porthordy a gwnaethpwyd lôn hirach newydd â phorthordy a chlwydi mwy cywrain, o fan cyfagos i gornel ogledd-ddwyreiniol y parc. Cyfarfyddai hon â'r lôn ddeheuol ar ymyl gogleddol y lawnt. Gwnaethpwyd lôn ddolen i'r gogledd o'r tŷ a ddefnyddiai ddiwedd y lôn ogleddol flaenorol, er mwyn caniatáu mynediad i'r stablau a gadwai yn eu safle gwreiddiol ar ochr orllewinol yr iard hir lle daethai y ddwy hen lôn i ben.

Nid yw'r lôn o borthordy Biwmares yn cael ei defnyddio bellach, ac nid yw'n hawdd gweld lle fforchiai ym mhen pellaf y tŷ, hyd yn oed. Arwyneb tarmac sydd ganddi o'r pen arall i ardd y porthordy, yna saif giât ar ei thraws a thu draw i hon croesa'r parc fel llwybr glaswellt. Ni ellir gweld yr hen lôn ogleddol oherwydd y glaswellt, ond mae'r mynedfeydd ym mhob pen iddi yno o hyd. Mae'r lôn ddeheuol yn cael ei defnyddio o hyd, ac mae wedi ei gorchuddio â tharmac o'r fynedfa i'r ardal raeanog o gwmpas y tŷ.

Mae'r porthordai'n wahanol o ran arddull, er bod y ddau'n unllawr ac yn adeiladau wedi eu rendro â thoi llechi a simneiau canolog, wedi eu paentio'n wyn. Adeiladwyd y porthordy deheuol sef yr hynaf, a adwaenir fel Porthordy Bangor, cyn 1818 ac mae ganddo dalcenni plaen ag ymylon bondo addurnol a phorth bach. Mae gan Borthordy Biwmares dalcenni dolennog 'Iseldiraidd' ac mae'r porth ynghanol yr ochr gyferbyn â'r ffordd.

Saif waliau isel o bob tu i'r ddwy fynedfa â rheiliau haearn wedi eu paentio'n wyn ar eu pen a physt giât syml a sgwâr o garreg nadd â chapiau pyramidaidd isel. Nid oes gan y fynedfa i'r lôn gefn giât bellach, ond erys ei physt giât, plaen – y ddwy wedi eu torri o'r un maen. Mae gan fynedfa flaenorol y lôn ogleddol byst tebyg, a giât haearn debyg i'r un ar ben arall y lôn flaenorol, sy'n arwain at y parc tua'r gogledd o'r tŷ. Mae yno hefyd giât sy'n cysylltu'r ardd â'r parc yn y man lle arferai'r hen lôn o'r de ymestyn. Mae'r tair ohonynt yn byst haearn deniadol o ddau fath gwahanol, wedi eu paentio'n ddu, ond yn weddol fodern yn ôl pob tebyg.

Saif dau gae bach i gyfeiriad y dwyrain o lôn y fferm sy'n llenwi gweddill y pant ac ar y pen deheuol mae'r berllan (gardd lysiau bellach) yn union tua'r gogledd o adeiladau'r fferm. Ni ellir gweld y ddau gae hwn o'r tŷ oherwydd y dirwedd a'r goedwig tua'r gogledd, ac ymddengys nad ydynt erioed wedi cael eu trin fel rhan o'r parc; mae eu perthynas agos ag adeiladau'r fferm yn ei gwneud hi'n debygol mai padogau y buont erioed.

Ceir cefnen gweddol serth arall i'r dwyrain o'r pant sydd wedyn yn troi'n llethr raddol, ond â brigiadau achlysurol o hyd yn y rhan ogleddol. Adeiladwyd y tŷ ar ben hon a thua'r dwyrain, saif lawnt gron fawr wedi ei hamgylchynu â phrysglwyni, sy'n cyffwrdd â'r lôn o gyfeiriad de; ymestynnai'r lôn o'r dwyrain i ochr ogleddol y lawnt hon. Coetir collddail sydd ym mhen uchaf y pant i'r gogledd o'r tŷ ac arferai'r hen lôn ogleddol ymestyn ar hyd ymyl dwyreiniol y goedwig hon.

Saif parcdir a choedwig fwynach a mwy gwyrdd i'r dwyrain o'r tŷ. Mae'r tŷ yn edrych dros yr ardal hon i'r gogledd-ddwyrain ond i gyfeiriad y de, lle na ellir ei gweld, mae rhan ohoni wedi troi'n gaeau cyffredin. Mae defaid yn pori o hyd ar yr holl barcdir ac mae cyfradd oroesi'r coed sbesimen yn dda, gellid tybio, am fod coed newydd wedi dod yn gyson, ac felly mae'r parc yn cadw'i olwg wreiddiol. Mae'r parcdir yn codi tua'r dwyrain ac fel y daw'r llethr yn fwy serth fe'i coronir gan fwy o goed.

Roedd William Jones, a adeiladodd y tŷ, yn ddisgynnydd i deulu Cymreig lleol a hynafol. Sefydlogwyd y cyfenw Jones erbyn yr ail ganrif ar bymtheg, pryd y cofnodir yr enw Rowland Jones. Aeth tŷ newydd William i eiddo gŵr ei ferch Jane, sef Paul Panton o Bagillt, ym 1755, ac yna i Jones Panton eu hail fab, wedi marwolaeth Paul, ei frawd hŷn. Roedd gan Jones Panton lawer o feibion a merched ond methodd y llinach yn y genhedlaeth nesaf, ac yn y diwedd aeth Plas Gwyn yn eiddo i wyres a briododd Capten Thomas Webb, ac i'w disgynyddion.

Mae cyfres o fapiau sy'n dyddio o 1822 hyd heddiw yn dangos cyn lleied y newidiodd y safle yn ystod y cyfnod hwnnw. Yn ystod yr 1840au addaswyd llwybr y lôn ddeheuol er mwyn cael gwared â rhai o'r corneli sydyn ac felly ymdroelli tu'r tŷ mewn modd mwy pleserus, gan wyro o gwmpas y lawnt i flaen y tŷ. Ni ddefnyddir y llwybr gwreiddiol bellach ond mae ei derfyn, a ddaethai at gefn y tŷ, yn arwain at y parc o hyd. Ar yr un pryd codwyd y lôn ddwyreiniol ac adeiladwyd Porthordy Biwmares, gan gymryd lle lôn fyrrach o'r gogledd. Plannwyd peth o'r coetir tua'r adeg hon hefyd yn ôl pob tebyg.

Erbyn 1891 roedd y rhes o adeiladau a oedd yn gysylltiedig â'r ardd â wal o'i chwmpas wedi ei hadeiladu, ac efallai mai rhwng yr 1840au ac 1891 y datblygwyd ardal orllewinol y parc, oherwydd i rai o ffiniau'r caeau gael eu symud yn yr ardal hon. Yn bendant, parcdir ydoedd erbyn 1891. Dynodir fod tŷ ffesantod ar ochr bellaf y ffordd fawr o Borthordy Bangor ar yr adeg hon, ond ymddengys iddo ddiflannu erbyn 1900. Erbyn 1914 ychwanegwyd mwy o brysglwyni o gwmpas y lawnt a daeth cae bychan i'r gogledd o adeiladau'r fferm yn berllan. Aethpwyd â rhan fechan o'r parc i'r dwyrain o'r ardd â wal o'i chwmpas i mewn i'r ardd, a roedd llwybr ar ei hyd â deial haul. Adeiladwyd nifer o dai gwydr yn yr ardd â wal o'i chwmpas.

Heddiw mae'r tai gwydr wedi diflannu eto, a chodwyd cwrt tenis ar y stribyn o ardd ar y dwyrain, sydd hefyd yn ei dro wedi cael ei adael yn segur. Mae'r berllan yn ardd lysiau a'r ardd â wal o'i chwmpas yn blanhigfa, ac fe gollwyd llawer o'i phatrwm mewnol. Serch hynny, mae ffiniau'r safle a phrif elfennau'r patrwm oddi mewn iddynt wedi aros yr un fath.

Mae'n bosibl i'r coetir sydd i'r gogledd o'r tŷ (fe'i gwelir ar fap 1822) gael ei blannu yn gysgod ar gyfer y lôn yn wreiddiol, a oedd ar un adeg yn ymestyn tuag at y tŷ ar hyd ei ymyl dwyreiniol, gan ddilyn y gefnen y saif y tŷ arni. Ar ôl i'r lôn gael ei symud ymhellach i'r dwyrain, cadwyd y coetir yn rhan o'r ardd, gyda llwybr yn cynnig tro o amgylch y goedwig, ac un arall yn arwain tua'r gogledd. Nid yw'r llwybrau hyn yn ymddangos ar fap Arolwg Ordnans 25 modfedd 1919, ond heddiw gellir dod o hyd i lwybr sydd yn dilyn y ffordd yn rhannol o leiaf. Hefyd, mae rhewdy a adeiladwyd yn ochr y gefnen yn y goedwig.

Mae'r lawnt i'r dwyrain o'r tŷ wedi ei hamgylchynu gan brysglwyni ar hyd yr adeg, â llwybr cylch o gwmpas y lawnt. Ar ddiwedd y bedwaredd ganrif ar bymtheg neu ddechrau'r ugeinfed ganrif ychwanegwyd stribedi pellach o brysglwyni y tu allan, er na wnaethpwyd dim llwybrau newydd. Mae'r llwybr o gwmpas y lawnt wedi diflannu bron yn gyfan gwbl bellach, er bod y ffordd ato o gyfeiriad yr ardd lysiau'n cael ei defnyddio o hyd. Mae'r prysglwyni yn drwchus iawn, yn fytholwyrdd gan fwyaf, a bellach maent yn cynnwys coed hunanheuedig, ond ni chaniatawyd iddynt fynd yn wyllt ac felly mae'n debyg eu bod o hyd yn edrych fel y bwriadwyd iddynt edrych. Mae rhai coed coniffer o hyd yn rhan ddeheuol yr ardal hon.

Ar draws y lawnt, gyferbyn â'r tŷ, ceir coed addurnol â rhododendronau islaw. O'r teras o flaen y tŷ mae'r rhain yn llenwi tipyn go dda o'r olygfa, ac mae gweddill yr olygfa dros y parcdir i'r gogledd-ddwyrain. Mae'r teras yn un syml o laswellt, â grisiau isel yn arwain i fyny ei lethr laswelltog a llwybr canolog yn croesi ar draws o'r tŷ.

Bellach mae'r darn o dir i'r dwyrain o'r ardd â wal o'i chwmpas, a gafodd ei wahanu oddi wrth y parc â ffens rhwng 1891 a 1919, wedi'i esgeuluso braidd, ac mae cwrt tenis segur yn llenwi tua hanner y darn o dir. Ceir hefyd rhai llwyni ac ychydig o goed, ond diflannodd y llwybr a arferai redeg ar hyd ochr allan yr ardd â wal o'i chwmpas.

Mae'r rhewdy, sydd mewn cyflwr da, wedi'i gloddio yn ochr y gefnen i'r gogledd o'r tŷ ac mae'n wynebu'r gogledd. Mae ganddo fynedfa dwnnel o friciau â tho bwaog, â phridd wedi'i bentyrru dros y rhan ohoni a gafodd ei hadeiladu uwchben y ddaear. Yn wreiddiol roedd gan y llwybr dri drws, ac mae'r siambr yn grwn neu'n hirgrwn. Er ei fod dan ddaear yn bennaf, ceir man crwn wedi'i godi ar ochr y gefnen, sy'n nodi ei safle'n glir. Mae iddo blaengwrt hirsgwar bychan â dau neu dri o risiau llechi i lawr i'r fynedfa.

Ar un adeg mae'n amlwg bod yr ardd â wal o'i chwmpas i'r de-orllewin o'r tŷ, ag arwynebedd o dros erw, yn rhan bwysig o'r ardd, ac roedd ei swyddogaeth addurnol bron cyn bwysiced â'i swyddogaeth ymarferol. Bellach fe'i defnyddir fel planhigfa ac mae darn o dir llai a arferai fod yn berllan i'r gogledd o adeiladau'r fferm wedi cymryd drosodd ei swyddogaeth fel gardd lysiau.

Mae hyd yr ardd â wal o'i chwmpas tua dwywaith ei lled, ac mae'r ardd wedi'i chyfeirio o'r gogledd i'r de bron yn union. Mae'r waliau briciau a wnaed â llaw yn y ddeunawfed ganrif yn dal i sefyll a'u huchder yn 3.5 m, â chopa llechi gwastad iddynt. Fe'u hatgyweiriwyd yma ac acw yn y pen gogleddol, ond mae'r waliau mewn cyflwr rhyfeddol o dda.

Ceir mynedfeydd yng nghanol y wal ddeheuol, heb fod yn union yn y canol yn y wal orllewinol ac yn ymyl pen gogleddol y wal ddwyreiniol; drysau pren sydd iddynt oll, ac ymddengys eu bod i gyd wedi cael eu mewnosod neu eu hatgyweirio.

Saif rhes o adeiladau ar hyd pen gogleddol yr ardd, ac erys y wal wreiddiol ar ochr ddwyreiniol yr adeiladau yn unig. Mae'r rhes yn cynnwys bwthyn y garddwr ac ysgubor fechan a thai allan eraill, a defnyddiwyd wal ddeheuol y rhes i gynnal y tai gwydr; mae hyn yn amlwg o fap 1919 ac o gynllun y wal ei hunan. Fodd bynnag, ar fap 6 modfedd Arolwg Ordnans 1861 mae'r rhes o adeiladau i'w gweld ond dim gwydr, felly mae'n debygol bod waliau cefn (deheuol) yr adeiladau wedi'u newid rhwng y dyddiad hwn a 1919 er mwyn cynnwys y gwydr. Mae dyddiad 1737 wedi'i osod ar drawst yr ysgubor fach i'r gorllewin o'r bwthyn, ond gan nad ymddengys ei fod i'w weld ar fap y degwm yn y 1840au, mae'n bosibl nad yw'r trawst yn ei safle gwreiddiol. Roedd y boelerdy ym mhen gorllewinol y tai gwydr, ac mae ei wal bellaf a'i simnai'n dal yno. Mae'r wal hon, fel waliau'r ardd, o friciau a wnaed â llaw, ond gan ei bod yn ddiweddarach o lawer efallai fod y briciau o'r wal ogleddol wedi'u hailddefnyddio.

Mae drws drwy'r wal i'r dwyrain o'r rhes hon yn arwain at efail fach â siâp rhyfedd iddi, sydd â'i iard fechan ei hunan yn y pen gogleddol; i'r gorllewin o'r rhes mae bwlch, a lenwir yn rhannol gan dŷ gwydr. Mae ei do yn hollol gyfoes ond mae'r gwaelod, â borderi uchel o friciau ar y tu mewn, yn hŷn o lawer, ac yn ôl pob tebyg mae'n perthyn i'r tŷ gwydr a welir yn y safle hwn ar fap 1919.

Yn ddiweddarach llenwyd y bwlch a adawyd gan y brif res o dai gwydr ar hyd y wal ogleddol gan dai gwydr modern y gellid eu llithro ar hyd rheiliau, felly ychydig o'r sylfeini gwreiddiol a erys, a bellach mae'r tai gwydr hyn hefyd wedi mynd. Defnyddir y rhan hon o'r ardd yn rhannol ar gyfer storio planhigion ac mae yno hefyd lwybrau a phlanhigion wedi'u plannu.

I'r de o'r rhan hon saif sylfaen ffrâm fawr wedi'i gwneud o friciau, a'r briciau yn wahanol ac yn fwy diweddar na rhai waliau'r ardd; gwelir hyn ar fap 1919. Mae'r ffenestri bellach ar goll. Ar yr un map gwelir rhes hir o dai gwydr sy'n llenwi bron hanner y wal orllewinol a thŷ gwydr sgwâr gweddol fawr i'r gogledd ohonynt; mae gwyngalch ar y waliau a sylfeini ar y ddaear yn cadarnhau safle pob un. Mae pwll dŵr a wnaethpwyd yn ddiweddar â ffrâm â'i ffenestri'n dal ynddo bellach yn y man lle'r arferai'r tŷ gwydr sgwâr sefyll, a newidiwyd rhan o'r rhes hir yn dŷ gwydr modern tua 30 mlynedd yn ôl, ond bellach nid oes llawer o wydr yn hwn chwaith.

Mae'r cynllun gwreiddiol, a welir ar fap 1891, mewn cyflwr eithaf da gan berthi bocs sy'n goroesi â llwybrau croes a llwybrau'n mynd o gwmpas y ffin. Bellach mae porfa'n tyfu dros y llwybrau ond mae'n bosibl iddynt gael eu graeanu, ac mae'r perthi bocs wedi goroesi'n dda – roedd perthi ar bob ochr i'r llwybrau ac ar hyd yr ymyl gogleddol, i'r de o'r rhes o dai gwydr (o bosibl wedi'u plannu'n ddiweddarach, ar ôl i'r rhes hon gael ei chodi). Mae'n rhaid bod rhan ogleddol perth allanol y llwybr ar hyd yr ymyl gorllewinol wedi'i symud pan godwyd y tai gwydr yno, ac nid oes dim perthi bocs ar hyd ymyl deheuol yr ardd.

Lle mae'r llwybrau canolog yn croesi ceir croesffordd syml, ond mae dau hen borth bwaog troellog o haearn sy'n dal rhosod, gydag un ohonynt wedi plygu'n arw, ar fraich orllewinol y llwybr croes. Mae porth bwaog arall wedi'i leoli lle mae'r llwybr canolog sy'n rhedeg o'r gogledd i'r de yn cyfarfod â'r berth ar hyd y pen gogleddol, ac mae pedwerydd porth mewn gardd fechan sy'n perthyn i'r bythynnod i'r gorllewin o'r tŷ; mae'n bosibl bod y pedwar yn wreiddiol wrth y groesfan hon, un ar gyfer pob mynedfa i bob llwybr.

Nid yw'r perthi bocs sy'n ffinio â rhan ogleddol y llwybr canolog sy'n rhedeg o'r gogledd i'r de wedi goroesi cystal, ond mae'r hyn a erys yma yn awgrymu iddo wyro allan o amgylch y ffynnon wedi ei leinio â briciau sydd tua hanner ffordd rhwng y groes ganolog ac ymyl safle'r tŷ gwydr. Mae'r ffynnon yn dal dŵr o hyd, ac mae tanc dŵr llechi yn rhannol uwch ei phen. Mae briciau y leinin yr un fath â briciau waliau'r ardd.

Ar wahân i'r bocs, ymddengys mai ychydig o'r hen blannu neu blannu gwreiddiol a erys. Mae un goeden ffrwythau weddol hen yn y berllan o hyd, ond nid oes dim wrth y waliau, er bod collen Ffrengig uchel yn bargodi drosodd o'r tu allan – mae ardal o goetir y tu hwnt i'r ardd ac nid ymddengys bod yno lwybrau troed o gwbl. Defnyddiwyd yr ardd yn dŷ ffesantod cyn iddo fod yn blanhigfa, a byddai hynny wedi bod yn niweidiol i unrhyw blanhigion a oroesai.

I'r gogledd o'r rhes o adeiladau mae gardd fach arall wedi'i hamgáu o fewn wal gerrig sy'n gwyro ac yn rhedeg tua'r gorllewin o ben yr ysgubor hir ac yn cyfarfod â wal friciau yr ardd, gan droi tua'r dwyrain. Mae tŷ gwydr arall yn erbyn y wal hon, a'i sylfeini eto i'w gweld ar fap 1919, ac mae llwybr ag ymyl o gerrig yn arwain ato. I'r dwyrain ohono mae giât y brif fynedfa, o haearn gyr dan fwa briciau yn y wal gerrig; mae llwybr graean llydan yn arwain oddi yma i lecyn graean o amgylch bwthyn y garddwr, â lawnt fechan i'r dwyrain lle mae plinth y deial haul yn awr. Y tu draw i hon mae wal gerrig arall â thyllau i ddringwyr sy'n gwahanu'r ardd fechan hon oddi wrth yr iard raean o flaen yr efail, i'r dwyrain; mae mynedfa drwyddi.

Deulawr yw'r bwthyn, o friciau, wedi'i rendro ac yn wyngalchog â tho llechi a feranda ar hyd yr ochrau gogleddol a gorllewinol sy'n cael ei chynnal gan bileri cain. Mae palmant llechi a choncrid oddi tani. Unllawr yw'r ysgubor i'r gorllewin a'r siedau a'r efail i'r dwyrain, ac maent hefyd yn wyngalchog.

Mae siâp afreolaidd i'r hen berllan gynt, i'r gogledd o adeiladau'r fferm, ac ymddengys fel perllan ar fap 1919 ond nid oes dim yno ar fap 1891. Mae wal wedi dymchwel yng ngogledd y berllan, rhyngddi a'r cae bach drws nesaf, ond mae wal tua 2.5m o uchder ar ochr y buarth, a wal is gyda drws drwyddi sy'n arwain allan at lôn y fferm i'r gorllewin (bellach yn segur). Mae modd mynd yno bellach drwy ddrws pren cyfoes o'r buarth, ac mae'r cynllun gardd lysiau yn fodern, â llwybrau graean cul. Nid oes dim coed o'r berllan ar ôl oni bai am un gypreswydden aeddfed. Yn y gornel ogledd-ddwyreiniol ceir adeilad bach segur a thrwyddo gellir cyrraedd iard segur a rhagor o adfeilion; mae'n bosibl mai storfa ffrwythau oedd un o'r rhain. O fewn yr ardd mae hefyd sylfeini adeilad briciau, ond nid i'w weld ar fap 1919.

Ffynonellau

Sylfaenol

Gwybodaeth oddi wrth Ms M. Prendiville.

Map Arolwg Ordnans llawysgrif 2 fodfedd ar gyfer map argraffiad cyntaf un fodfedd.

Map y Degwm (1840au), Archifau Ynys Môn, Llangefni.

Cardiau Cofnodi Archeolegol Cenedlaethol yr Arolwg Ordnans, Ymddiriedolaeth Archeolegol Gwynedd.

Papurau Panton yn Archifdy Sir y Fflint, Penarlâg.

Eilradd

Comisiwn Brenhinol Henebion, *Inventory*, Sir Fôn (1937).

CADW

PLAS NEWYDD

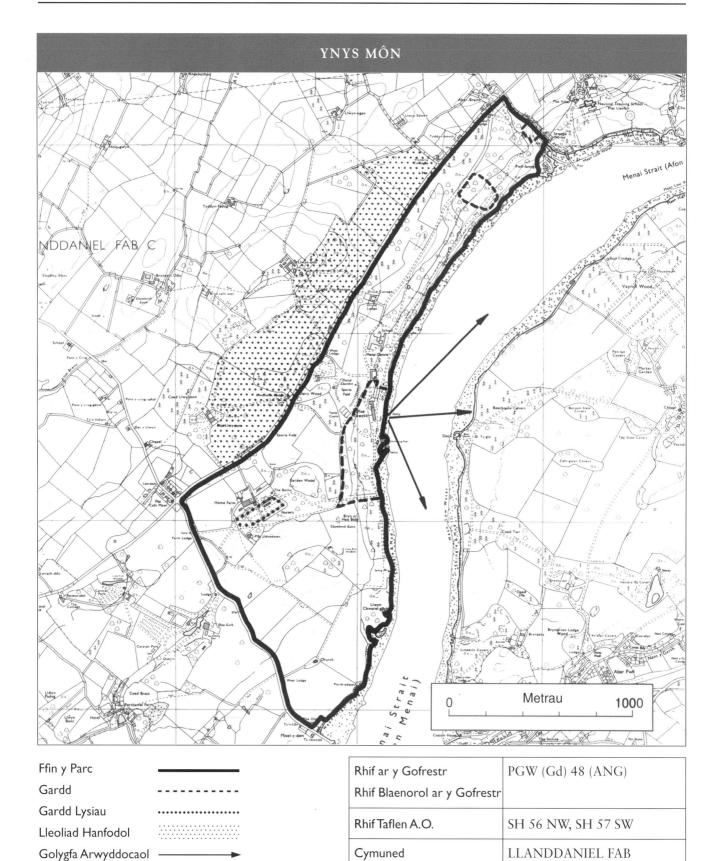

Ffin y Parc	——————
Gardd	- - - - - - - - -
Gardd Lysiau	••••••••••••••
Lleoliad Hanfodol	(dotted)
Golygfa Arwyddocaol	————▶

Rhif ar y Gofrestr	PGW (Gd) 48 (ANG)
Rhif Blaenorol ar y Gofrestr	
Rhif Taflen A.O.	SH 56 NW, SH 57 SW
Cymuned	LLANDDANIEL FAB

CRYNODEB

Rhif cyf	PGW (Gd) 48 (ANG)
Map AO	114
Cyf Grid	SH 521 696
Sir flaenorol	Gwynedd
Awdurdod unedol	Ynys Môn
Cyngor cymuned	Llanfairpwllgwyngyll
Disgrifiadau	Adeiladau rhestredig; Tŷ Gradd I, bloc stablau Gradd II*, llaethdy, tŷ cychod, adeiladau fferm, prif borthordy a phorth bwaog, waliau gerddi a stordy afalau i gyd yn Radd II; Henebion Rhestredig: siambr gladdu Plas Newydd AN 005 a siambr gladdu Bryn yr Hen Bobl AN 006; Ardal o Harddwch Naturiol Eithriadol; Ardal Amgylchedd Arbennig.
Asesiad safle	Gradd I
Prif resymau dros y graddio	Parc neilltuol a dirluniwyd ar droad y ddeunawfed a'r bedwaredd ganrif ar bymtheg gyda chymorth gan Humphry Repton (ceir sôn amdano yn y Red Book), safle eang wrth lannau'r dŵr mewn lleoliad gwych â golygfeydd panoramig.
Math o safle	Parc a dirluniwyd, coetir, nodweddion glannau'r dŵr, gardd derasog, gardd lysiau helaeth.
Prif gyfnodau o adeiladu	1798–1810; dechrau'r ugeinfed ganrif.

Disgrifiad o'r safle

Lleolir Plas Newydd mewn safle hyfryd ar lannau gorllewinol y Fenai, a cheir golygfa dros y dŵr i gyfeiriad Parc Faenol a thu hwnt i fynyddoedd Eryri. Gellir gweld y ffasâd hir o gerrig golau yn erbyn y lawntiau gwyrdd o nifer o fannau ar y tir mawr ac o Bont Britannia, ac mae'n dirnod lleol o bwys. Mae'n dŷ mawr o waith cerrig nadd, mewn dull Gothig a addaswyd, ac mae iddo dri llawr a ffenestri codi mawr bron o'r un maint, a'r to'n cuddio y tu ôl i ganllaw. Mae dwy ffenestr fae amlochrog, un ar y gornel dde-ddwyreiniol a'r llall tuag at ben deheuol y prif ffasâd dwyreiniol.

Ailadeiladwyd ac adnewyddwyd y tŷ'n aml. Neuadd-dy o'r unfed ganrif ar bymtheg yw cnewyllyn gwreiddiol y tŷ. Yng nghanol y ddeunawfed ganrif ychwanegwyd tyred hanner crwn yng nghanol y talcen dwyreiniol a thŵr wyth onglog at y gornel dde-ddwyreiniol; yn 1780au gwnaed y ffasâd yn gymesurol drwy ychwanegu twˆr i gyfateb yn y gornel gogledd-ddwyreiniol. Gwnaed rhai newidiadau y tu mewn hefyd. Tua diwedd y ganrif cyflogwyd James Wyatt a Joseph Potter i ymgymryd â gwaith ailfodelu mwy trwyadl yn y dull Gothig, a pharhaodd y gwaith hwn ymhell i mewn i'r bedwaredd ganrif ar bymtheg, gan gynnwys tai allan newydd ac ailgynllunio'r parc a'r gerddi. Roedd y prif welliannau i'r tŷ yn cynnwys talcen gorllewinol newydd, gwaith addurno y tu mewn, a chapel a swyddfeydd yn y pen gogleddol, a gymerai le'r stablau; adeiladwyd bloc newydd o stablau ychydig i ffwrdd.

Arhosai'r tŷ yr un fath fwy neu lai wedi hyn tan y 1930au (ar wahân i droi'r capel yn theatr tua 1900), pan gyflogwyd H.S. Goodhart-Rendel i foderneiddio'r tu allan ac ailfodelu'r adain ogleddol. Cafodd wared ar y murganllawiau a chwtogi'r ddau dyred tal ar yr wyneb dwyreiniol; newid y ffenestri i gyd (yn bennaf o'r dull Gothig i ffenestri agor) a thrawsnewid yr adain ogleddol, gan chwalu'r capel/theatr ond creu ystafell fwyta hir a addurnwyd gan Rex Whistler gyda'i furlun mwyaf adnabyddus o bosibl. Whistler hefyd a gynlluniodd y wal sgrîn ar ongl sgwâr i'r talcen gorllewinol gyda'r bwriad o gysgodi'r fynedfa.

Y brif garreg a ddefnyddiwyd i adeiladu'r tŷ yw marmor llwyd o chwareli cyfagos Moelfre ger Y Traeth Coch. Mae hyn yn rhoi lliw golau i'r tŷ sy'n ei wneud yn amlwg o'r ochr draw i'r Fenai er gwaethaf ei safle yn isel i lawr wrth ymyl y dŵr. Mae hefyd yn darparu'r cefndir perffaith i liwiau bywiog hydrefol y winwydden Virginia nodweddiadol sy'n gorchuddio'r tŷ bellach.

Yn wreiddiol roedd y stablau ynghlwm wrth ben gogleddol y tŷ, ond fe'u dymchwelwyd i wneud lle i'r capel newydd a rhes o swyddfeydd a godwyd yno rhwng 1799 a 1809. Cynlluniwyd y bloc newydd, ychydig i'r gogledd, ym 1797 gan Joseph Potter, yn seiliedig fwy na thebyg ar syniadau James Wyatt. Yn y dull mawreddog Gothig, ac o'r un gwaith cerrig calch nadd â'r tŷ, mae gan y bloc stablau deulawr fwa canolog a phafiliynau â thyrau; cynigiai lety i 14 o geffylau i gynnwys cerbyty i ddau gerbyd. Ar hyn o bryd mae'n cael ei osod gan Gyngor Sir Gaer ac yn cael ei ddefnyddio gan Ganolfan Conwy, ysgol weithgareddau awyr agored, a adeiladwyd i gymryd lle'r llong hyfforddi HMS Conway, a oedd yn arfer cael ei hangori yn y Fenai gerllaw Plas Newydd, ac a suddodd yn y 1950au.

Mae cefn yr adeilad, lle mae'r tir yn gwyro lawr allt, yn cael ei gynnal gan fwtresi sylweddol, ac mae siedau storio yn gorwedd yn erbyn y wal rhwng y bwtresi. Swyddfa a chwt i'r garddwyr yw'r sied fwy sylweddol o gerrig a llechi yn y pen gogleddol, ac mae tŷ gwydr bach modern yn ei ymyl.

Adeiladwyd y llaethdy, ychydig bellter o'r tŷ i'r gorllewin, fel rhan o'r cynllun mawr o welliannau a wnaed tua diwedd y ddeunawfed a dechrau'r bedwaredd ganrif ar bymtheg. Yn ôl pob tebyg fe'i cynlluniwyd gan Joseph Potter a'i adeiladu tua 1810; ni chafodd cynllun wythonglog gan yr un pensaer dyddiedig 1794 ei adeiladu byth. Adeilad unllawr yw'r llaethdy, wedi'i godi o gerrig â tho llechi, ac mae ganddo dair adain o gwmpas iard ganolog, ac roedd ganddo dŷ godro wedi'i deilio â dwy gromen castellog yn dyllau awyr. Mae'r ffenestri dellt o haearn bwrw yn Gothig o ran steil. Bellach mae'n cael ei ddefnyddio fel ystafelloedd te, tai bach a siop i ymwelwyr yr Ymddiriedolaeth Genedlaethol.

Adeiladwyd y tŷ cyntaf ar y safle gan y Griffithsiaid o Benrhyn, a oedd yn berchnogion ar Blas Newydd ers tua 1470. O'r Griffithsiaid daeth yr ystad i lawr drwy briodas i deuluoedd y Bagenal a Bayly, a Syr Nicholas Bayly, Barwnig, a wnaeth yr estyniad i'r tŷ gwreiddiol yn y 1750au cynnar. Roedd Henry, mab Syr Nicholas, hefyd drwy ei fam yn Arglwydd Paget o Beaudesert, ac ym 1784 fe'i gwnaed yn Arglwydd Uxbridge. Cychwynnai ar y gwaith adeiladu ym Mhlas Newydd, gan ddefnyddio pensaer gweddol anhysbys, John Cooper o Fiwmares, yn fuan iawn ar ôl iddo ei etifeddu ym 1783. Pan gynyddodd ei gyfoeth yn fawr iawn oherwydd incwm o'r gweithfeydd cloddio copr ar Fynydd Parys yn ogystal â'r incwm o'i weithfeydd glo yn Swydd Stafford, cychwynnodd raglen o welliannau eang a oedd yn cynnwys y parc yn ogystal â'r tŷ. Cyflogodd ddau bensaer, y gwˆr lleol adnabyddus James Wyatt a Joseph Potter o Gaerlwytgoed, a rhyngddynt adnewyddwyd y tŷ yn drwyadl y tu mewn a'r tu allan, ac adeiladwyd llaethdy, prif borthordy a stablau newydd.

Roedd yr Arglwydd Uxbridge wedi bod yn dibynnu ar ei ffrind a'i gymydog, y Cyrnol Peacocke o Blas Llanfair, am gyngor ar y parc a'r ardd, ac yn sicr plannodd rai coed (adroddodd y Cyrnol Peacocke ym 1792 fod y 'blanhigfa newydd' wedi'i gorffen), ond yna cyflogodd Humphry Repton, heb amheuaeth y tirluniwr mwyaf blaenllaw yn ei ddydd. Cynhyrchodd Repton ei 'Lyfr Coch' ar gyfer Plas Newydd ym 1799, ac er bod y platiau ar goll gellir gweld o'r testun bod llawer o'i awgrymiadau ef wedi cael eu gwireddu, er nad y cyfan.

Y newid pwysicaf a gyflawnwyd gan Repton oedd ailgynllunio'r lôn at y tŷ a phlannu mwy o goed rhwng y tŷ a'r stablau, fel nad oedd hi'n bosibl wrth fynd tuag at y tŷ i weld y ddau adeilad gyda'i gilydd, rhag ofn i'r stablau ysblennydd newydd fwrw'r tŷ i'r cysgod. Cychwynnai hefyd y gwaith plannu yr holl ffordd ar hyd yr ochr orllewinol, gan guddio'r parc cyfan bron o'r ffordd. Yn dilyn ei awgrym, symudwyd y fferm ymhellach o'r tŷ i'r de-orllewin, gerllaw'r berllan a'r hyn a arferai fod y brif ardd lysiau; fe ymddengys bod Repton yn wreiddiol wedi bwriadu cadw'r ardd lai â wal o'i chwmpas i'r gogledd o'r tŷ yn ei hen safle ac addurno bwthyn y garddwr, a oedd i'w weld o'r lôn, gydag ychwanegiadau Gothig a thŵr yn y gornel, yn ogystal â phlanhigion dringol, ond fe'i symudwyd i'r un lle yn y pendraw hefyd. Fodd bynnag, gwnaed y gwelliannau i fwthyn y garddwr gan Potter ym 1819 a gelwid ef yn Druid Lodge.

Un o'r awgrymiadau na chafodd ei wireddu yn anffodus oedd codi ystafell wydr chwechonglog ag ochrau symudol iddi ym mhen deheuol y tŷ; fe'i gwelir ar yr unig ddarlun y gwyddys amdano o'r 'Llyfr Coch', ac yn ffodus fe'i hatgynhyrchwyd mewn man arall.

Mae rhai o'r coed a blannwyd ar anogaeth Repton rhwng 1799 a 1804 yn goroesi, gan gynnwys y ffawydd, y sycamorwydd, y deri a'r leim; mae rhai deri hŷn yn goroesi o'r coetir naturiol gwreiddiol. Plannwyd y mwyafrif o'r coed aeddfed eraill gan yr Ardalydd 1af ar ôl 1815.

Parhâi'r Cyrnol Peacocke i gynghori ac arolygu'r gwaith amrywiol ym Mhlas Newydd, ac ni fennwyd arno'n ormodol, mae'n rhaid, gan sylwadau Repton ar y gwaith hyd y pwynt hwnnw, sef eu bod wedi 'rhuthro gormod………wrth dyrchu perthi a dymchwel bythynnod…lle dylid annog gwaith plannu i dyneru tir llwm a chysgodi'r ddaear rhag gwyntoedd nerthol.'

Ym 1812 etifeddwyd Plas Newydd gan fab yr Arglwydd Uxbridge, sef Henry William, a pharhâi â'r gwelliannau arfaethedig. Dair blynedd yn ddiweddarach collodd ei goes ym Mrwydr Waterloo, pan enillodd y teitl Ardalydd Ynys Môn am ei arwriaeth fel dirprwy i Wellington. Ymddengys iddo fyw ym Mhlas Newydd am gyfnod a phlannodd nifer o goed yn y parc, ond yn ddiweddarach bu'n byw'n bennaf yn ei dŷ yn Swydd Stafford, Beaudesert, a chadwau Blas Newydd ar gau neu ar osod.

Erbyn 1845 roedd Plas Newydd wedi cael ei esgeuluso am dros 20 mlynedd. Yna fe'i gosodwyd ar brydles i Thomas Assheton Smith o Faenol am saith mlynedd, ac ar ddiwedd y cyfnod hwn ni adnewyddodd y brydles oherwydd, fel y dywedodd, nid oedd ei wraig 'byth yn iach yr ochr yma o'r dŵr'. Cymerwyd y tŷ gan y weddw y Fonesig Willoughby de Broke yn ei le.

Bu'r Ardalydd cyntaf fyw hyd nes iddo gyrraedd wyth deg chwech oed, a bu iddo ddeunaw o blant o'i ddwy briodas. Pan fu farw ym 1854 daeth ei fab hynaf, Henry, yn ail Ardalydd, ac olynwyd ef eto gan ei fab ei hun, Henry. Bu farw ef yn ddietifedd, a'r pedwerydd Ardalydd oedd ei hanner brawd, a oedd yn ŵr hynod iawn ac roedd ei fab yntau, y 5ed Ardalydd, yn fwy hynod byth. Olynnodd y 5ed Ardalydd, ym 1898, pan oedd ond yn 23 oed, ac roedd wedi marw erbyn 1905; ond o leiaf treuliasai amser ym Mhlas Newydd. Yr oedd ei ragflaenwyr wedi parhau i'w osod gan ei bod yn well ganddynt fyw yn Beaudesert neu yn Llundain. Roedd y 5ed Ardalydd yn frwdfrydig am y theatr amatur, a gwnaeth yr unig newid mawr i Blas Newydd ers blynyddoedd pan newidiodd y capel yn theatr breifat. Er ei fod yn gyfoethog iawn, roedd hefyd yn afradlon a bu farw gyda dyledion enfawr, er gwaethaf gwerthu 17,000 o eitemau o'i eiddo y flwyddyn flaenorol.

Roedd y 6ed Ardalydd yn gefnder i'r 5ed; roedd yntau ddeng mlynedd yn iau a hefyd yn ŵr ifanc yn etifeddu'r ystad. Ar ôl i Beaudesert losgi yn y 1930au, daeth Plas Newydd yn brif gartref i'r teulu, a chychwynnodd y 5ed Ardalydd ar y gwelliannau cyntaf i'r tŷ ers canrif bron. Creodd y gerddi hefyd – cyn ei amser ef roedd yr unig ardd ar safle'r ardd derasog ffurfiol bresennol.

Etifeddodd yr Ardalydd presennol, y 7fed, ym 1947, a bu'n rhaid iddo gychwyn drwy ymdrin ag esgeulustod blynyddoedd y rhyfel. Gan dderbyn cymorth ac anogaeth gan ffrindiau â diddordeb mewn garddio (yn dilyn ei briodas ym 1948, fel anrheg priodas, anfonodd yr ail Arglwydd Aberconwy lorïau'n llawn rhododendronau ato o Bodnant, yn ogystal â garddwyr i'w plannu, bob gwanwyn am dair blynedd), atgyweiriodd y difrod ac aeth ati i wella'r parc a'r gerddi. Ym 1976 cyflwynodd Plas Newydd i'r Ymddiriedolaeth Genedlaethol yn ogystal â'r gerddi, y coetir a'r parcdir, 169 erw i gyd. Bellach cyflogir y garddwyr sy'n gweithio ym Mhlas Newydd gan yr Ymddiriedolaeth, ond mae Arglwydd Ynys Môn, sy'n dal i fyw yn y tŷ, yn parhau i gymryd diddordeb brwd ac yn weithgar yng ngwaith yr Ymddiriedolaeth wrth reoli, cynllunio a thirlunio'r parc a'r ardd sydd yn nwylo'r Ymddiriedolaeth.

Saif y parc mewn llain gul hir o dir ar hyd ochr orllewinol y Fenai, a lleolir y tŷ'n ganolog yn fras, ond lawr ar lan y dŵr i fanteisio ar yr olygfa a'r cysgod sydd yno, gan ei fod yn fan agored iawn. Fodd bynnag, golyga agosrwydd y Fenai fod y gaeafau'n dyner iawn; ceir hefyd ystod o wahanol fathau o bridd, er gwaethaf y cerrig calch sy'n gorwedd oddi tano, gan gynnwys clymfeini asid ym mhen gogleddol yr ardd, clai llwydlas i dywod asid llaith yn y pen deheuol, ac felly gyda chysgod rhag y gwynt gellir tyfu amrywiaeth o blanhigion, gan gynnwys planhigion calchgas.

Yn wreiddiol y lôn ogleddol, sydd bellach wedi'i tharmacio, oedd y brif ffordd tuag at y tŷ, ac felly derbyniodd fwy o sylw yn ystod gwelliannau'r Arglwydd Uxbridge nag unrhyw beth arall. Symudwyd y fynedfa i gornel gogleddol bellaf y parc, o fan ychydig i'r de-orllewin ; daeth yr hen borthordy (ar ochr arall y ffordd) wrth y fynedfa hon yn ysgol ac yna'n Victoria Cottages, fel y'i gelwir o hyd. Mae gan y fynedfa newydd sgrîn giât Gothig, a gynlluniwyd gan Joseph Potter tua 1804 neu 1805. Mae hon yn borth bwaog murfylchog a thyredog, ond fel arall yn weddol syml o ran cynllun, gyda bwâu llai uwchben mynedfeydd i'r cyhoedd ar bob ochr, ac mae o'r un garreg lwyd â'r porthordy. Nid yw'r giatiau uchel yno bellach. Mae dau lawr i'r porthordy a'r muriau'n furfylchog, ac mae'r prif floc yn lled-wythonglog, sy'n adleisio ffurf tyrau'r tŷ ac yn debyg i West Lodge (11).

Ail-luniwyd y lôn gan Repton fel ei bod yn gwyro ymhellach i'r gorllewin, mewn cylch llydan, ac yn dod i gyfeiriad y tŷ o'r de-orllewin; roedd hyn, yn ogystal â phlannu coed ychwanegol rhwng y tŷ a'r stablau, yn rhoi cipolwg o'r stablau'n gyntaf, a âi o'r golwg eto cyn i'r tŷ ddod i'r golwg. Gan fod y bloc stablau newydd yn grand iawn ac nad oedd y tŷ i'w weld ar ei orau o'r lôn, syniad Repton oedd ei fod yn well peidio gadael i'r olygfa o'r stablau ragori ar yr olygfa o'r tŷ drwy allu gweld y ddau ar yr un pryd. Yn anffodus mae ystyriaethau ymarferol yn golygu nad yw'r ffordd hamddenol hon yn cael ei defnyddio bellach, a chodwyd rhan o gylch y lôn a defnyddir y llwybr byrrach hŷn yn ei lle. Saif y stablau ac adeilad yr ysgol, nad oedd yn bresennol wrth gwrs pan osodwyd y llwybr hŷn yma yn wreiddiol, yn union yn ei ymyl.

Mae rhan fwyaf gogleddol y lôn yn mynd drwy goetir, a dim ond y coed oedd yn agos iawn i'r giât oedd wedi'u plannu erbyn 1804; ond erbyn y 1840au roedd mwy o goed yno, ac ym 1898 disgrifiwyd y coed yn aeddfed, ag isdyfiant naturiol, gan swnio'n debyg iawn i'r hyn sydd yno heddiw. Felly yn ôl pob tebyg gellir priodoli'r gwaith plannu hwn i'r Ardalydd cyntaf yn ystod y gwelliannau a wnaeth ar ôl dychwelyd o Waterloo.

Mae'r rhan fwyaf o weddill y llwybr presennol yn mynd drwy barcdir agored, ac ymddengys mai dyna sut y bu erioed, ar wahân i'r ardal sy'n union i'r gogledd o'r stablau a oedd yn goetir ers 1798 o leiaf; erbyn 1918, a barnu yn ôl y map, roedd yn ymdebygu i barcdir llawn coed a bellach mae wedi'i glirio'n bennaf i wneud lle ar gyfer yr ysgol a'r caeau chwarae.

Yn y pen deheuol ymranna'r lôn yn ddwy, gydag un lôn yn mynd yn uniongyrchol i gyfeiriad pen gogleddol y tŷ, a'r llall yn gwyro'n raddol ac i gyfeiriad talcen gorllewinol y tŷ. Ymddengys bod y rhaniad hwn yn dyddio o rhwng tua 1845 a 1889.

Mae lôn darmac gweddol fer yn dod o gyfeiriad y gorllewin, ac fe'i defnyddir yn awr gan Ganolfan Conwy. Wrth y fynedfa saif porthordy, West Lodge (II), ac ymddengys mai 'Lodge' yw'r enw arno ar fap Arolwg Ordnans 1 fodfedd 1840–41, ond gan nad yw'n ymddangos ar y map degwm sy'n perthyn i ddyddiad mymryn yn ddiweddarach mae'n bosibl fod y gair wedi'i gamleoli a'i fod yn cyfeirio mewn gwirionedd at Llwynon Lodge. Erbyn 1889, fodd bynnag, roedd y porthordy wedi ymddangos yn bendant. Adeilad deulawr o gerrig yw'r porthordy sy'n debyg o ran arddull i borthdy'r gogledd. Mae'r wal oddeutu'r fynedfa gyferbyn yn gastellog, â phileri tyredog. Nid ymddengys bod giatiau wedi bod yno erioed. Mae'r lôn yn dod yn uniongyrchol i gyfeiriad y bloc stablau, ac mae'n cwrdd ar ongl sgwâr â llwybr y lôn o'r gogledd a ddefnyddir ar hyn o bryd. Roedd hwn eisoes yn bodoli ym 1798, ond ymddengys i nifer o newidiadau ddod i'w ran. Hyd at o leiaf 1845 âi ar hyd llwybr tebyg i'r un presennol, ond ychydig i'r gogledd ohono, gan groesi cylch y lôn ogleddol a ailgynlluniwyd gan Repton pan adeiladwyd hi; erbyn 1889 roedd wedi'i gysylltu â'r cylch, er mwyn i'r ffordd o'r gorllewin fanteisio hefyd ar gynllun Repton, a chafwyd gwared ar y darn o'r lôn a oedd yn croesi'r fan rhwng hen linell a llinell newydd y lôn ogleddol. Roedd llwybr culach, llwybr troed fwy na thebyg, yn croesi ar ongl wahanol, gan basio'n agos i'r siambr gladdu.

Ym 1918 roedd yn aros yr un fath, felly mae'r cynllun presennol yn ôl pob tebyg yn perthyn i gyfnod wedi'r rhyfel, yn dilyn adeiladu Canolfan Conwy. I'r de iddi mae'r fynedfa a'r maes parcio diweddar ar gyfer ymwelwyr yr Ymddiriedolaeth Genedlaethol.

Mae lôn darmac syth fer yn mynd i gyfeiriad y fferm o'r gogledd-orllewin, sy'n cael ei rannu gan y blanhigfa yn yr ardd lysiau. Ymddengys bod hwn yn ddatblygiad gweddol ddiweddar, o leiaf wedi 1891, ond mae'n perthyn i gyfnod cyn mynedfa newydd yr Ymddiriedolaeth Genedlaethol i'r gogledd.

Mae'r lôn gefn wreiddiol, a welir ar fap ystad 1798, sy'n mynd i gyfeiriad y tŷ o Farm Lodge drwy'r fferm, yn dal i gael ei ddefnyddio gan drafnidiaeth yr ystad a'r fferm, ac mae iddo wyneb caregog; mae hefyd yn gwasanaethu Plas Llanedwen. Gwelir Farm Lodge ar fap ystad 1804, ac mae'n bosibl ei fod yn perthyn i gyfnod cyn porthordy presennol y gogledd am ei fod mewn arddull hollol wahanol, yn adeilad unllawr, sgwâr, syml. Pyst sgwâr o gerrig yw pyst giât y fynedfa, â pheli carreg uwchben a cheir pâr o ddrysau pren modern. Mae ffenestr grwn â rhwyll yn y wal bob ochr i'r fynedfa, ac mae'r wal yn is o flaen ffenestr y porthordy, a rheil o haearn ar ei phen. Mae'r lôn yn dal i ddilyn yr un llwybr, ond rhwng y fferm a'r ardd estynnwyd y coetir i fyny at ei ochr ogleddol a chyfyngwyd y parcdir agored i'r de; hyd ddiwedd y bedwaredd ganrif ar bymtheg rhedai drwy ran o'r parcdir.

Mae'r lôn yn rhedeg ar hyd yr hyn sydd erbyn hyn yn ymyl orllewinol yr ardd ac yn uno â'r lôn ogleddol bresennol ychydig i'r gogledd o'r tŷ. O'r blaen croesai gylch Repton ychydig ar ôl croesi'r ffosglawdd; bellach codwyd y rhan o'r cylch i'r gogledd a'r gorllewin o'r gyffordd hon, ond mae'r rhan dde-ddwyreiniol yn llwybr tarmac i ymwelwyr o hyd, fel y rhan o'r lôn i'r fferm o fewn y ffosglawdd.

O West Lodge (I), neu Church Lodge, mae lôn syth fer sy'n arwain at yr eglwys, sydd wedi bod yr un fath ers o leiaf 1804; ym 1798, fodd bynnag, ychwanegwyd gwyriadau i'r ffordd er mwyn osgoi perllan ac ambell i gae bach, ac roedd modd mynd yno o gyfeiriad arall bron yn union i'r gorllewin. Dyma'r porthordy sydd fwyaf i'r de mewn gwirionedd, ac mae'n gwarchod y lôn i'r eglwys. Mae'n perthyn i gyfnod cyn yr ail West Lodge, ac fe'i codwyd yn union yn yr un arddull â phorthordy'r fferm, er nad yw i'w weld ar fap 1804. Felly, naill ai codwyd ef ar ôl y dyddiad hwn gan ddilyn arddull y porthordy cynharach, neu codwyd y ddau oddeutu 1804, mewn arddull syml a ystyrid yn addas ar gyfer porthordai llai. Mae'r fynedfa yn union yr un fath â'r un i Borthordy'r Fferm, oni bai nad oes giatiau iddi.

Yn wreiddiol tybir y bwriadwyd Lady Uxbridge's Walk, a grybwyllir yn Red Book Repton fel un 'a gychwynnwyd yn ddiweddar gan ddilyn chwaeth y Fonesig Uxbridge' ac a elwid wrth ei henw byth ers hynny, i arwain i'r gogledd o'r tŷ i'r ardd lysiau, ond ail-leolwyd yr ardd lysiau yn fuan wedyn i'r de-orllewin. Dengys map ystad 1798 y Rhodfa'n arwain tua'r gogledd i fan sydd ar yr un lefel â'r hen ardd lysiau, ond i'r dwyrain ohoni, lle mae llwybr croes llai yn arwain at y gorllewin i'r ardd ac yn mynd igam ogam i'r dwyrain lawr i lan y môr. Erbyn 1804 roedd y rhodfa wedi ymestyn ychydig ymhellach i'r gogledd i blanhigfa fach newydd lle gosodwyd llwybrau eraill. Ni ddangosir hi o gwbl ar fap degwm tua 1845, er bod rhai llwybrau eraill i'w gweld, ac ymddengys bod map Arolwg Ordnans 1840-41 yn nodi un prif lwybr, sy'n troi tua'r dwyrain i ddilyn y llwybr igam ogam lawr i'r môr.

Erbyn 1889, pan gyhoeddwyd argraffiad cyntaf y map Arolwg Ordnans 25 modfedd, mae'n amlwg bod y gorau wedi ei roi i gynllun llwybrau 1804, ac ymddengys i'r llwybr gael ei sefydlu fwy neu lai fel ag y mae heddiw, gyda throad i'r dwyrain o'r llwybr syth i'r de o'r man aros gwreiddiol, sy'n croesi'r llwybr igam ogam lawr at y môr ac yn parhau i lle mae'r ardd rododendronau heddiw a thu hwnt. Roedd y llwybr i safle'r hen ardd lysiau yn troi i ffwrdd i'r gorllewin ymhellach i'r de nag oedd ym 1798. Dengys y map linell dwbl o goed, fel rhodfa, gan barhau llinell syth rhan gyntaf y llwybr, ac erbyn 1900 estynnwyd y llwybr ychydig bellter tuag ati, a newidiwyd y llwybrau i Druid's Lodge (hen dŷ'r garddwr, ger yr hen ardd lysiau) unwaith eto. Erbyn 1918 roedd y llwybr syth yn parhau rhwng y coed i ymuno â'r lôn ogleddol ac roedd y llwybrau i Druid's Lodge wedi dychwelyd i gynllun 1889, ar wahân i un newydd a gadwyd. Caewyd y rhan fwyaf o'r llwybrau tua'r gorllewin erbyn hyn gan adeilad yr ysgol.

Mae'n anodd gwybod yn union pa un o'r llwybrau sy'n goroesi ddylai gael ei alw'n Lady Uxbridge's Walk, a'r enw ar y darn cyntaf syth o'r llwybr ydyw mewn gwirionedd, fwy na thebyg; ond fe ddaeth ynghlwm wrth y llwybr i'r ardd rododendronau, a gynlluniwyd fwy na thebyg ymhell ar ôl amser y Fonesig Uxbridge dan sylw.

I'r de, mae'r llwybr yn mynd yn ei flaen mewn llinell syth ar draws talcen dwyreiniol y tŷ. Yma, a heibio'r ardd derasog, mae tarmac ar yr wyneb, ond mae'n gwaethygu'n raddol fel yr aiff yn ei flaen tua'r gogledd ac mae porfa'n tyfu dros y llwybr llai i fyny i'r lôn ac mae'n garegog gyda pheth graean ar y llwybr i'r ardd rododendronau.

Mae'r llwybr i'r ardd rododendronau bellach yn troi i ffwrdd rywfaint ymhellach i'r gogledd nag o'r blaen, gan fod y tanc carthion ar gyfer Canolfan Conwy yn dod ar ei draws. Mae'n mynd yn ei flaen drwy'r coed yn ymyl y Fenai, wedi'i lefelu i'r llethr yn ôl yr angen ac mewn rhai mannau mae wyneb wedi'i roi arno neu wal neu gerrig ar hyd yr ochr; mae mewn cyflwr da, ac mae'n mynd cyn belled â'r ardd rododendronau. Fodd bynnag, gellir ei ddilyn ymhellach, ac yn y pen draw mae'n gwyro yn ôl heibio'r ardd gerrig gan ddod allan wrth North Lodge. Mae'n debygol fod y waliau a wyneb y llwybr yn perthyn i gyfnod o atgyweirio a gwelliannau rhwng 1900 a 1918, gan fod y mapiau'n ei gwneud hi'n amlwg fod y ddwy res o risiau i fyny o'r traeth a'r pwll bach sy'n bwydo'r rhaeadr wedi eu hadeiladu yn ystod y cyfnod hwn, yn ôl pob tebyg gan y 6ed Ardalydd.

Mae nifer o lwybrau croes yn arwain lawr tuag at y traeth ac i fyny i ymuno â'r lôn; mae'r rhan fwyaf ohonynt yn hen, a dim ond un i'r gorllewin sydd yn amlwg yn newydd.

Yn annhebyg i Faenol ar yr ochr arall i'r Fenai, nid oes morglawdd ar wahân i'r un yn ymyl y tŷ. Fodd bynnag, mae llwybr uwch yn arwain tuag at y gogledd o'r tŷ, at yr un pwrpas. Mae wedi'i wneud o sarn gerrig uchel sy'n cadw gyda'r lan, ac o'r blaen roedd llwybr graean arno. Mae'r sarn yn amddiffyn y clogwyn isel y cafodd ei hadeiladu yn ei erbyn rhag erydiad gan ddŵr, ond pan fo'r llanw'n uchel fel arfer bydd y llwybr yn mynd dan y dŵr, ac felly ychydig o'r wyneb graean sydd wedi goroesi. Adferwyd y llwybr erbyn hyn.

Nodir y llwybr ar bob hen fap o 1840 ymlaen, ond nid ymddengys ar fap ystad 1804, felly mae'n dyddio yn ôl pob tebyg o ddechrau'r bedwaredd ganrif ar bymtheg. Ym 1840 cychwynnai ar ddiwedd y llwybr igam ogam i'r traeth a oedd yn ymddangos ar yr adeg honno fel yr unig barhad o Lady Uxbridge's Walk, gan redeg i'r gogledd; erbyn 1889 roedd yn mynd yn ei flaen tua'r de, ac yn cysylltu drwy risiau â'r llwybr ar ymyl y dŵr ar hyd pen wal y môr ger y tŷ. Nid yw pen gogleddol y llwybr yn glir o fap graddfa fechan 1840, ond gwelir o fap 1889 y llwybr yn dod i ben wrth glogwyn creigiog, a oedd yn ôl pob tebyg yn rhwystr na ellid ei groesi; dyma lle daw i ben heddiw, ac mae grisiau (a ychwanegwyd at lwybr a oedd yn bodoli rywbryd rhwng 1900 a 1918) o fan ychydig i'r de yn mynd i fyny i ailymuno â'r prif lwybr i'r ardd rododendronau. Cafodd rhan ddeheuol y llwybr ei hadfer a'i hailagor yn ystod 1997, ac o ganlyniad mae holl lwybr 1889 bellach wedi'i ailagor. O'r llwybr gellir gweld Pont Britannia (ar un adeg wrth gwrs Pont Tiwb enwog Stephenson), a cheir golygfa ar draws tua Faenol yr holl ffordd.

Mae'r prif lwybr i'r de o'r tŷ yn rhedeg, megis Lady Uxbridge's Walk i'r gogledd, ar hyd ymyl y Fenai. Mae'r rhan gyntaf o fewn yr ardd, ac ar ôl croesi'r ffosglawdd mae'n mynd yn ei flaen drwy goetir ac allan i'r parc, gan droi ychydig i'r tir o gwmpas safle coediog chwarel leim segur i arwain yn y pen draw at yr eglwys, a saif o fewn y parc yn ymyl y pen deheuol. Mae'r llwybr i'w weld yn dilyn y trywydd hwn am y tro cyntaf ar fap Ordnans 25 modfedd 1889. Cyn hynny roedd yn gwyro i fyny drwy'r ardd i dde-orllewin y tŷ, gan ymuno â'r hen lôn gefn o Farm Lodge, a llwybr marchogaeth neu dramwyfa oedd, yn ôl pob tebyg, yn hytrach na llwybr troed. Rhaid bod y llwybr presennol wedi'i gynllunio'n fwriadol, yn rhannol at ddibenion hamdden ac yn rhannol i gael llwybr at yr eglwys, rhwng tua 1845 a 1889.

Ceir llwybrau eraill nad ydynt yn cael eu defnyddio ryw lawer bellach ac maent oll yn perthyn i tua'r un cyfnod â'r prif lwybr, gan gysylltu'r prif lwybr hwn â'r fferm, Plas Llanedwen a llwybr llai Farm Lodge.

Dengys map ystad 1798 ychydig iawn o goed yn rhan ogleddol y parc. Roedd dau grŵp bach ychydig i'r de o'r ffin ogleddol, a llain o goed anghyson ar hyd y dwyrain uwchben y Fenai am tua dwy ran o dair o'r pellter rhwng y tŷ a ffin ogleddol y parc. Gan fod safonau gwahanol yn cael eu defnyddio ar gyfer yr ardal hon i'r hyn a ddefnyddiwyd ar gyfer y planhigfeydd yn ymyl y tŷ, gallai fod wedi bod fwy neu lai yn dyfiant prysglog neu'n goed ifanc.

Erbyn 1804, ar ôl derbyn cyngor Repton ac ar ôl iddo aildrefnu'r lôn, cafwyd llawer mwy o goetir. Rhedai llain oedd yn lledu dipyn tuag at y canol ar hyd ymyl ffordd y parc (gorllewinol), a rhedai llain debyg ar hyd y ffin ogleddol. Roedd y grwpiau o goed yn fwy a chafwyd mwy o goed yma ac acw yn y parcdir; lluniwyd planhigfa lled-ffurfiol â llwybrau yn ymyl terfyn Lady Uxbridge's Walk.

Ar hyd ymyl y Fenai ac o gwmpas Lady Uxbridge's Walk, mae'r coed hŷn yn cynnwys y leim, ffawydd, sycamorwydd, derw, castanwydd y meirch ac o leiaf un dderwen fytholwyrdd (*Quercus ilex*), a ffawydd Albanaidd ifancach ac eraill. Heb amheuaeth plannodd Repton rai o'r coed leim a'r ffawydd; mae eraill yn dyddio o gyfnod yr Ardalydd 1af, wedi Brwydr Waterloo. Cyn yr Ail Ryfel Byd ac ar ei ôl cyfoethogwyd y coetir â choed bytholwyrdd yn bennaf a blannwyd gan y 6ed a'r 7fed Ardalydd, gan gynnwys ffawydd Albanaidd, ffynidwydd Douglas a *Cupressus macrocarpa*.

Mae'n amlwg fod y plannu wedi parhau, ac erbyn 1889 roedd holl ardal ogleddol y parc, tua thrydedd ran y ffordd at y tŷ, yn goediog, ar wahân i'r blanhigfa ger yr Ardd Rododendronau bresennol a darn bach o dir hirsgwar corsog i'r gorllewin o'r lôn. Erbyn 1918 roedd y rhain hefyd wedi'u llyncu gan y coetir. Mae erthygl yn y *Journal of Horticulture and Cottage Gardener* ym 1878 yn crybwyll creu golygfa drwy'r coed er mwyn gweld colofn Ardalydd Ynys Sir Fôn, ond nid oes sôn am ei leoliad ac nid yw'n amlwg bellach. Yn yr erthygl hefyd ceir disgrifiad o'r coed sydd oddeutu'r lôn ogleddol fel 'large and lofty trees' sy'n cynnwys bedw a llwyfenni, ac isdyfiant naturiol.

Bellach ymestynnodd y coetir yn fwy byth, gan adael llain weddol gul yn unig o barcdir agored ar bob ochr i'r lôn, a hynny ar draul rhai o linellau crymion Repton.

I'r gogledd o'r ardd rododendronau ceir coed castanwydd melys, nad ydynt yn tyfu yn un man arall yn y blanhigfa. Ceir hefyd coed pinwydd mawr ar ymyl y môr yn y rhan hon, sy'n hŷn na'r ffawydd Albanaidd, ac isdyfiant naturiol sydd yma yn sylfaenol, er bod yma ychydig o rododendronau sydd wedi gwthio'u ffordd yno o fannau eraill. Yn ymyl yr ardd greigiog y pen gogleddol mae corblanhigion bambŵ wedi cymryd drosodd yn y blanhigfa, ac mae yno hefyd gefnau llai o fath uwch gwahanol o fambŵ.

Mae'r planhigfeydd deheuol yn cynnwys coed collddail yn bennaf, yn arbennig ffawydd, derw a sycamorwydd. Yn yr ardal agosaf i'r ardd, ar hyd ymyl y Fenai, ceir rhai hen goed derw a ffawydd mawr, ac mae rhai o'r derw'n dyddio i gyfnod cyn creu'r parc; ceir yno hefyd rai planhigion diweddar, sy'n cynnwys derw cochion (*Quercus rubra*). Dengys yr hen fapiau 25 modfedd fod conifferau'n arfer bod yn yr ardal hon hefyd, ond nid ydynt yno bellach.

Newidiodd Repton lai ar gynllun y planhigfeydd deheuol, gan fod llain o goetir yn barod ym 1798 ar hyd ochr ffordd y parc, a cheid rhai ardaloedd gweddol fawr o goetir yno a ddarparai llain gysgodol â pharcdir agored o'u cwmpas. Roedd y llain ar ymyl y ffordd yn gul, ond cynlluniwyd ardaloedd eraill â ffiniau crymion iddynt, a hynny o bosibl ar gyngor y Cyrnol Peacock o Blas Llanfair.

Ychydig o newidiadau a wnaed ers amser Repton hefyd, a dim ond ychydig o ychwanegiadau a cholledion a gafwyd i'r coetir. I'r gorllewin o lôn y fferm ychwanegwyd bloc o goed pren meddal masnachol, yn ymyl man croesi'r llwybr llai sy'n arwain o gwmpas i flaen yr ardd lysiau, a diflannodd rhai grwpiau bach o goed o'r ardal yn ymyl pen deheuol y parc. Rywbryd rhwng 1889 a 1900 daethpwyd â'r coetir i fyny'n nes at ymyl ogleddol lôn y fferm rhwng Plas Llanedwen a'r man lle mae'n troi tua'r gogledd. Mae presenoldeb y fferm yn y rhan hon o'r parc wedi cyfyngu ar bosibiliadau ehangu'r coetir ryw lawer yn fwy.

Mae map ystad 1798 yn awgrymu mai ychydig yn llai na hanner y tir agored o fewn waliau'r parc oedd yn dir ffermio ac ychydig yn rhagor oedd yn barcdir agored go iawn, ac roedd y parcdir agored hwn yn ymestyn yn weddol lydan i'r gogledd ac i'r de o'r tŷ. Amgylchynai'r tir ffermio o gwmpas y fferm mewn llain lydan ar hyd yr ymyl ddeheuol. Ym mhen pellaf y parcdir roedd y darn o dir â'r siambr gladdu arall, Bryn yr Hen Bobl, a heb amheuaeth gwnaeth y fferm yn fawr ohono fel tir pori, ond roedd llawer o goed wedi'u plannu yma hyd yn oed ym 1798 ac yn amlwg yn rhan o'r tirlun a gynlluniwyd.

Ers yr adeg honno aeth y rhan o'r parcdir i'r gogledd o'r tŷ yn llai ac yn llai, a llyncwyd y tir i'r de yn dir ffermio. Mae ehangu'r coetir i'r gogledd wedi lleihau'r parcdir yn llain o dir yn y canol, ac erbyn hyn daeth peth ohono'n feysydd chwarae; er hynny mae'r gweddill yn dal gafael ar ei gymeriad fel parcdir. Mae cae criced, cyrtiau tenis a maes parcio'r Ymddiriedolaeth Genedlaethol wedi cymryd drosodd y tir sy'n union i'r gorllewin o'r tŷ yn rhannol, a lawnt fwy neu lai sydd yno yn awr; i'r de-ddwyrain cymerwyd peth o'r tir i mewn i'r ardd, ac i'r de-orllewin mae'n amlwg bellach yn dir ffermio.

Gwnaed y cae criced, a'r pafiliwn pren, i'r gorllewin o'r tŷ gan y 6ed Ardalydd, ar ôl 1905 a chyn 1916. Plannwyd y rhes o *Cupressus macrocarpa* i'r gorllewin yn y 1930au i roi cefndir tywyll. Ychwanegwyd y cyrtiau tenis yn ddiweddarach ac mae perthi uchel o'u cwmpas. Mae cyrtiau tenis segur i'r gogledd o'r bloc stablau.

Mae'r ffosglawdd yn hir ac yn hynod braidd, am ei fod yn cymryd llwybr rhyfedd a does dim pwrpas pendant iddo. Mae'n weddol bell o'r tŷ ac nid oes golygfa ohono o unman, ac nid yw ar yr ochr gywir i gadw anifeiliaid sy'n pori yn y parc allan o'r coetir. Rheda o ochr y Fenai ar hyd llinell y rhodfa ym mhen deheuol yr ardd, gan droi ar ongl sgwâr tua'r gogledd ac yn rhedeg dan yr ardd goed (cafodd ei symud yma pan wnaed yr ardd goed); yna rheda ar hyd ymyl y cae criced a Choed y Llaethdy, gan droi a chrychu yma ac acw. Oherwydd safle'r hen ffermdy nid yw'n debygol bod y ffosglawdd yn dyddio cyn newidiadau Repton, ac nid ymddengys iddo fod yn rhan o'i gynllun. Rhaid felly ei fod yn hwyrach, ac mae'n bosibl hyd yn oed mai'r 6ed Ardalydd yn y ganrif hon gododd neu adnewyddodd y ffosglawdd, gan ei fod yn ymddangos ei fod yn amgylchynu'r ardd a gynlluniwyd ganddo ef.

Ceir dwy siambr gladdu Neolithig o fewn y parc. Collwyd tomen un ohonynt, ar y lawnt i'r gorllewin o'r tŷ, yn gyfan gwbl, ac ymddengys fel casgliad lliwgar o gerrig; fel y cyfryw roedd yn atyniad mawr i ymwelwyr yn y ddeunawfed ganrif, ac mae'n atyniad i raddau heddiw, ond mae yn y rhan nad yw'n agored i ymwelwyr, er bod modd ei gweld o lawer cyfeiriad.

Ar yr adeg y bu Repton yn gweithio ar y parc, dymchwelodd un o'r cilbyst (mae sylwadau a wnaed gan Repton ar y pryd yn awgrymu fandaliaeth), ac awgrymodd y dylai lletem o farmor gymryd ei le, ag ysgrifen arni i'w wneud yn hollol glir i hynafiaethwyr y dyfodol nad oedd yn rhan wreiddiol o'r beddrod.

Ni fabwysiadwyd yr awgrym. Mewn llun gan Moses Griffith mae'r gromlech i'w gweld fel yr oedd cyn i ran ohoni ddymchwel.

Mae tomen laswelltog y beddrod arall yno o hyd yn bellach o'r tŷ, i'r de. Cychwynnodd Syr Henry Bayly ar y gwaith o lefelu'r domen, heb ystyried ei gwir natur, ond peidiodd y gwaith pan ddaeth ar draws esgyrn dynol. Gellir gweld mynedfa ar ochr ddwyreiniol y domen.

Ceir nifer o adeiladau o fewn muriau'r parc nad ydynt yn gysylltiedig yn uniongyrchol â'r tŷ, gan gynnwys eglwys Llanedwen a Phlas Llanedwen, y ddau'n dyddio o gyfnod cynharach na'r parc o'u cwmpas. Ymddengys mai tŷ'r garddwr oedd Plas Llanedwen ym 1878, pan ddisgrifiwyd ef fel 'hen dŷ godidog', ac o bosibl yn breswylfa i Morus Gruffydd, cynrychiolydd Biwmares yn y Senedd yn ystod teyrnasiad Edward VI; hynny yw, tŷ gwreiddiol y Griffithsiaid. Adeiladwyd fferm y plas o friciau ym 1804; symudwyd hi gan Repton o safle nepell o leoliad y cyrtiau tenis heddiw, gan ei fod yn ei ystyried yn rhy agos i'r tŷ. Ar fapiau ystad 1798 a 1804 gwelir adeilad ar safle presennol y fferm eisoes, ac mae'n rhaid ei fod wedi'i ddymchwel neu'i gyfuno gan yr ystad.

Bwthyn y garddwr oedd Druid Lodge pan oedd rhan o'r ardd lysiau i'r gogledd o'r tŷ, ac argymhellwyd gan Repton y dylai'r bwthyn gymryd arddull mwy gothig a chael tŵr yn y gornel, a gwnaed hyn gan Potter ym 1819. Saif y tŷ ar deras wedi'i lefelu a dorrwyd i mewn i'r llethr ar ymyl y Fenai, â lawntiau'n gwyro ac yn arwain lawr at lwybr ar hyd ymyl y Fenai. Saif yr ardd ar stribyn llydan ar lan y dŵr i'r de o'r tŷ, â'r ardd derasog ffurfiol yn union i'r gogledd; ymhellach i'r gogledd ceir yr ardd rododendronau a'r ardd garreg bellach i ffwrdd.

Mewn erthygl yn y *Journal of Horticulture and Cottage Gardener* ym 1878 disgrifiwyd gwelyau blodau ger y tŷ fel rhai 'niferus a chymhleth'. O'u cwmpas, fel ymylon, ceid llwyni bocs gwastad, llydan iawn yn yr 'hen ddull'. Roedd ystafell wydr yno, ac, yn ôl pob sôn, er ei bod yn fach o ran maint roedd yn llythrennol yn gyforiog o blanhigion; roedd hefyd dŷ gwydr bach yno. Cedwir lluniau yn y tŷ sy'n dangos y gwelyau blodau a'r ystafell wydr yn y cyfnod hwn.

Yn ddiweddarach gwnaed yr ardal o welyau blodau, a saif ychydig i'r gogledd o'r tŷ, yn derasog, a dyma'r unig ran o'r ardd sy'n ffurfiol o hyd. Ailgynllunio'r rhan hon oedd un o'r prosiectau yr ymgymerwyd ag ef gan y 6ed Ardalydd, a oedd hefyd yn gyfrifol am gynllunio'r rhan fwyaf o'r ardd ddechrau'r ganrif hon. Mae hyn yn cynnwys 'West Indies' i'r de; 'camellia dell' mewn chwarel segur; rhodfa ar draws pen deheuol yr ardd; ardaloedd bychain â lawntiau a llwyni i'r de-orllewin ac i'r gorllewin o'r tŷ; yr ardd rododendronau a'r ardd gerrig i'r gogledd. Yr ychwanegiad diweddaraf yw gardd goed i'r gorllewin o 'West Indies' â choed hemisffer y De (mathau o eucalyptus a nothofagus) wedi'u plannu mewn patrwm grid, â chae'n llawn blodau gwyllt oddi tani.

Ar hyd ymyl y dŵr ceir amrywiaeth o nodweddion. Yn union dan dalcen deheuol y tŷ mae llwybr graean â chanllaw, a welir yn y darlun o'r tŷ a dynnwyd gan Moses Griffith ym 1776, ac felly yn ôl pob tebyg fe'i codwyd gan Syr Nicholas Bayly, o bosibl yn ystod y 1750au pan ymestynnodd ef y tŷ. Mae'n rhaid bod y brif wal forol, sy'n cynnal y llwybr hwn, yn perthyn i'r un dyddiad, ond mae'n bosibl iddi gael ei hailadeiladu yn ddiweddarach pan ychwanegwyd y bont lanio. Mae'n wal gerrig sylweddol â thŷ cychod wedi'i osod ym mhen deheuol y wal. Ymhellach i'r de mae harbwr bach, a welir yn glir ar fap ystad 1798; gwnaed newidiadau iddo yn y 1890au, ac ers hynny ychwanegwyd pwll nofio ar yr ochr ogleddol. Mae'n bosibl hefyd fod y doc tanddaearol, sydd â grisiau'n arwain ato ger pen deheuol y llwybr môr, yn perthyn i'r 1890au, neu i gyfnod cynharach. Byddai gwelliannau tua diwedd y bedwaredd ganrif ar bymtheg wedi cael eu gwneud gan y 4ydd Ardalydd hynod, a orfoleddai yn y ffug-deitl Is-lyngesydd Gogledd Cymru ac a gadwai ei gwch hwylio wedi'i angori wrth Blas Newydd.

Mae tri phrif lwybr o fewn yr ardd. Un ohonynt yw'r llwybr môr ar hyd ymyl y dŵr yn union i'r dwyrain o'r tŷ, islaw'r lawnt sy'n gwyro, ac sy'n dyddio o'r 1750au yn ôl pob tebyg; un arall yw'r llwybr sy'n arwain tua'r de ac yn y pen draw allan o'r ardd ac i mewn i'r parc, ar y ffordd i'r eglwys; a'r llall yw'r llwybr sy'n arwain o'r dwyrain i'r gorllewin ym mhen deheuol yr ardd o fewn y llain gysgodi. Mae'r trydydd llwybr hwn yn weddol ddiweddar, ac mae llwybr hŷn yn arwain oddi ar y brif lwybr tua'r de tuag at yr ardd lysiau, sydd bellach yn croesi'r rhodfa yn y pen gorllewinol. Mae wyneb tarmac i bob un o'r llwybrau hyn, ar wahân i'r llwybr môr a raeanwyd.

Mae llwybr graean bach yn arwain lawr i'r ardd derasog ffurfiol rhwng y tŷ a'r stablau, gan gymryd lle llwybr hŷn a oedd yn mynd ar hyd ymyl ddeheuol y stablau. Hefyd ceir rhwydwaith o lwybrau graean cul yn y glyn camelïau.

Ar fap Arolwg Ordnans 25 modfedd 1889 gwelir llwybrau ar y lawnt i'r dwyrain o'r tŷ nad ydynt i'w gweld mewn lluniau cynharach a sydd bellach wedi diflannu. Ym mhen gogleddol y lawnt mae llwybr syth â grisiau yn awr yn lle llwybr gwyro 1889, ac mae hwn yn cysylltu'r ardd derasog â'r llwybr môr a llwybrau'r traeth.

Dywedwyd bod y gwelyau blodau a ddisgrifiwyd yn yr erthygl ym 1878 yn y *Journal of Horticulture and Cottage Gardener* ar y lawnt sydd 'ar oleddf o'r teras o flaen wyneb y plasty', ond mae'r engrafiad sy'n eu darlunio yn dangos y fan sydd bellach yn ardd ffurfiol derasog, i'r gogledd o'r tŷ. Roedd yr ystafell wydr, a welir yn yr engrafiad, ar deras uchel ar ochr orllewinol y fan yn uchel, ac fe'i hadeiladwyd gan y 5ed Ardalydd, neu o bosibl y 4ydd, ar ddiwedd y bedwaredd ganrif ar bymtheg. Ystafell fach oedd hi ond roedd ynddi dau danc â lilïau'r dŵr ynddynt, coed palmwydd a nifer o blanhigion eraill. Fe'i symudwyd pan gynlluniwyd y terasau, a bellach mae deildy delltog â phlanhigion dringol a phwll bach ar y safle.

Dyma unig ran ffurfiol yr ardd o hyd, a gwnaed hi'n derasog gan y 6ed Ardalydd, yn y 1920au yn ôl y sôn, er bod rhai newidiadau wedi'u gwneud i'r cynllun yn barod erbyn 1916. Mae'r terasau ar dair lefel, ac yn wreiddiol gosodwyd gwelyau mawr hirsgwar o rosod te yno; cychwynnwyd arddull Môr y Canoldir gan y 6ed Ardalydd ac mae'n cael ei gynnal heddiw drwy blannu cypreswydd main uchel o gwmpas pen ffynnon Eidalaidd o garreg a llawryfoedd a dociwyd ar hyd y teras uchaf. Hefyd gosododd lwybrau pafin clytiog, a defnyddio tybiau pren â llawryfoedd a dociwyd. Mae albwm ffotograffau o'r ardd yn ystod y cyfnod hwn ym meddiant y Fonesig Anglesey.

Ar ôl cael ei hesgeuluso yn ystod yr Ail Ryfel Byd, adferwyd yr ardd gan y 7fed Ardalydd, gan leihau nifer y gwelyau rhosod a chyflwyno dau fforder cymysg yn y 1950au. Cymerwyd lle'r borderi blodau gan lwyni, a'r bwriad oedd gardd ag iddi arddull benodol Eidalaidd. Bellach mae newidiadau ychwanegol yn cael eu gwneud i'r ardd, wedi'u hysgogi gan waith ymarferol angenrheidiol i wella'r draenio, ac mae mwy o naws dwyrain Môr y Canoldir i'r ardd, er bod rhai nodweddion yn cael eu cadw, gan gynnwys y cerflun o Fercher a'r meinciau cerrig Eidalaidd hynafol. Ychwanegwyd pedwar wrn plwm a gopïwyd o Knole a rhai pithoi Groegaidd.

Mae'r deildy delltog ar safle'r hen ystafell wydr wedi'i leoli ar ddarn o wal gerrig gastellog, gan ymestyn allan i'r lawnt yn y cefn yn y canol. Ceir lwmp yno o dwffa a blannwyd â rhedyn mewn pwll bach ag ochrau coblog, ac mae planhigion dringol yn

gorchuddio'r deildy. Rhoddwyd graean ar weddill y llecyn uchel lle safai'r ystafell wydr ac mae bwâu diaddurn yn erbyn y wal, dau o boptu'r deildy, a phorth bwaog allan i lwybr graean i'r gogledd. Mae'r llwybr hwn yn arwain allan o gornel ogledd-orllewinol yr ardd, i lawr y tu allan i'r berth, ac i mewn eto ar lefel is.

Ceir seddi ymhob pen i'r llecyn graean, a chafn mawr ar blinth carreg yn y canol. Mae canllaw isel yn rhedeg ar hyd y blaen, â mynedfa yn y canol; y tu allan iddo mae llecyn bach palmentog â grisiau'n arwain lawr i'r teras uchaf i'r gogledd a'r de.

Ar y teras uchaf, o boptu'r llecyn uchel canolog lle saif y pafiliwn, ceir borderi llydain ar oleddf, ag ymylon bocs iddynt, ac mae dwy o feinciau cerrig Eidalaidd mewn cilfachau ar bob ochr. Mae'r llwybr sy'n arwain at gornel ogledd-orllewinol yr ardd yn rhedeg ar hyd pen y ffin ogleddol. Lawnt yw prif ran y teras, a cheir mur canllaw isel â deg pithoi.

Eto mae llecyn bach palmentog ar ymyl ddwyreiniol y teras, â grisiau'n arwain lawr ar y gogledd a'r de i'r teras canol. Ar wal gynhaliol y llecyn hwn mae alcof â phistyll mwgwd panther a borderi bychain newydd ar bob ochr. Mae borderi llydain gan y teras canol hefyd yn erbyn y wal gefn, sy'n cael eu hailblannu ar hyn o bryd; lawnt sydd yno gan fwyaf, gyda phwll canolog cromfannol ag ochrau o garreg iddo, sydd hefyd yn ddiweddar iawn. Mae'r dŵr o'r mwgwd panther yn llifo ar hyd ffrwd fechan ag iddi ochrau o garreg i'r pwll, sydd â phistyll chwistrellu syml.

Ym mhen deheuol y teras hwn mae cerflun o Fercher, y tu draw i berth gromfannol a rhes o berthi tywyll yn gefn iddi. Mae perthi ar hyd ymyl y teras hefyd, a borderi ar y tu mewn. Eto mae llecyn canolog wedi'i balmantu â cherrig ar yr ochr ddwyreiniol, gyda grisiau i'r gogledd a'r de; saif y pedwar wrn plwm yng nghorneli'r llecyn hwn. Mae rheiliau haearn ger y grisiau.

Mae man cychwyn Lady Uxbridge's Walk yn croesi'r teras isaf, ac wyneb graean sydd iddo yma. Yn y pen dwyreiniol mae'n llain o borfa ac yna berth fuchsia, â choed y tu hwnt, ac mae'r rhain bellach yn amharu ar yr olygfa o'r Fenai o'r lefel uchaf. I'r gorllewin o'r llwybr mae borderi llydain o lwyni â phorfa o'u cwmpas.

Yn y 1930au cychwynnwyd ar yr ardd rododendronau, a saif dros gilomedr i'r gogledd o'r tŷ, a hynny ar safle o goetir o tua phum erw, sy'n rhannol ar leoliad hen blanhigfa a welir ar fap 1889. Mae'r rhychau sy'n amlwg yn y coetir ychydig i'r de o'r ardd rododendronau'n ymwneud â'r defnydd blaenorol hwn ohono yn ôl pob tebyg. Cliriwyd y coetir, gan adael ychydig o'r coed gorau i gynnig cysgod a bod yn fframwaith i'r ardd. Gadawyd rhai coed, yn bennaf y ffawydd Albanaidd, ond hefyd bedw, ffinwydd Douglas, derw, *Sequoiadendron giganteum* a chonifferau dethol eraill, i gynnig cysgod. Yna dan y coed hyn plannwyd cymysgedd o rywogaethau prin.

Cychwynnwyd ar yr ardd hon ar ddechrau'r ugeinfed ganrif, ar anogaeth yr 11eg Arglwydd Digby, cydnabod i'r 6ed Ardalydd, a oedd yn noddwr o deithiau casglu planhigion i Tsieina a Himalaia. Cymeradwyodd blannu rhywogaethau tyner o rododendronau; gwelai y byddai'r rhain yn ffynnu mewn lleoliad naturiol, heb waliau i'w hamddiffyn, yn arbennig yn y safle arbennig hwn, lle mae pridd asid a llawer o gysgod, yn wahanol i fannau eraill yn yr ardd.

Cafodd yr ardd ei hesgeuluso yn ystod yr Ail Ryfel Byd, a'i hadfer gan yr Ardalydd presennol wedi hynny, o 1948 ymlaen, gydag anogaeth ail Arglwydd Aberconwy, a roddai gymorth ymarferol yn ogystal â chynnig cyngor drwy anfon rhoddion o rododendronau o Bodnant. Mae'r cynllun yn anffurfiol, gyda llawer o lwybrau porfa bychain a, gan ei fod yn fan llaith, â ffosydd a sianeli dŵr bychain, mae pontydd bychain o blanciau pren yn ei groesi. Mae man agored yn rhannu'r ardd rododendronau oddi wrth y lôn ogleddol.

Crëwyd 'West Indies', sy'n seiliedig ar lecyn mawr o lawnt, o ran o'r parc i'r de o'r tŷ gan y 6ed Ardalydd, yn y 1920au neu'r 30au. Anghofiwyd y rheswm dros yr enw anarferol hwn ers tro, ond mae'r enw wedi aros. Cadwyd rhai coed parcdir mawr, ac ymhlith y rhain gosododd y 6ed Ardalydd welyau ynys mawr o lwyni blodeuol a phlannu coed blodeuol. Daeth y camelïau cyntaf o ystafelloedd gwydr Beaudesert cyn 1914, ond gwnaethpwyd y gwaith plannu mwyaf yn y 1920au a'r 30au. Adferwyd y rhain o esgeulustod gan y 7fed Ardalydd a ychwanegodd atynt ar ôl yr Ail Ryfel Byd.

Hen chwarel lasdywod yw'r glyn camelïau, gan gynnig cysgod a phridd addas. Mae'n fach o ran maint, ond ymddengys yn fwy nag ydyw oherwydd y llwybrau cul troellog a'r grisiau sy'n cael eu cuddio oddi wrth ei gilydd gan berthi. Ar ei ymyl, i'r de, mae derwen, â sedd o gwmpas ei bôn, sy'n 350 i 400 mlwydd oed, yn ôl pob sôn; mae wedi'i hollti ond yn dal i ffynnu. I'r gogledd mae grŵp o goed leim, a all fod yn weddill o waith plannu Repton.

Yn ymyl cornel dde-ddwyreiniol y llecyn ceir gwylfan bychan mewn hanner cylch ar ymyl y Fenai, sy'n cael ei gynnal gan wal a phorfa ar ei hwyneb. Hefyd, ymhellach i'r gogledd-orllewin, ceir tŷ mawr a adeiladwyd mewn coeden yn y 1970au i ferch ieuengaf y 7fed Ardalydd.

Plannwyd y rhodfa tua 1930 ar gyfer cysgod. Yn wreiddiol roedd hon yn rhodfa tair rhes o goed, â choed lelog a thresi aur bob yn ail o fewn Chamaecyparis pisifera 'Squarrosa', a choed yw ar y tu allan. Symudwyd y coed lelog a'r tresi aur yn y 1950au pan dyfodd y conifferau talaf yn ddigon uchel i'w hamddifadu o olau, gan adael ochrau llydan o laswellt ar bob ochr i'r llwybr. Mae'r llwybr tarmac yn rhedeg o fan lle mae'r llwybrau a'r llwybrau bychain yn cwrdd â'i gilydd yn ei ben gorllewinol tua'r Fenai mewn llinell syth.

Saif lawnt drionglog rhwng y stablau, y lôn sy'n arwain at ben gogleddol y tŷ a'r berth sy'n cefnu ar y wal derasog. Mae ganddi goed a llwyni yma ac acw, ond ar un adeg roedd wedi ei phlannu'n fwy trwchus â choed fel rhan o gynllun Repton i wahanu golygfa'r tŷ a'r stablau o'r lôn. Roedd y coed hyn yn dal yno ym 1916 ond ers hynny maent wedi marw neu wedi'u torri.

Gwelir y lawnt i'r dwyrain o'r tŷ, sy'n gwyro ar lethr i lawr i'r llwybr môr, ar lun o 1776 gan Moses Griffiths; a phryd hynny, fel yn awr, nid oedd unrhyw lwybrau na phlanhigion yn torri ar ei thraws, er bod llwybrau i'w gweld ar fap 1889. Mae'r lawnt sy'n union i'r de o'r tŷ, sef parhad o'r lawnt ddwyreiniol mewn gwirionedd, a dim ond llwybr yn eu gwahanu, hefyd heb blanhigion yno ac felly y bu erioed yn ôl pob tebyg, er bod y rhan fwyaf deheuol o'r lawnt wedi'i throi'n llwyni rhywbryd rhwng 1889 a 1916. Dengys cynllun Repton o'r ystafell wydr arfaethedig ym mhen deheuol y tŷ ran o'r lawnt hon wedi'i phlannu â choed a llwyni, ond nid oes tystiolaeth bod y rhain wedi'u plannu mewn gwirionedd, ac ni chodwyd yr ystafell wydr.

Mae'r darnau mwy o lawnt i'r gorllewin o'r tŷ yn ymdoddi'n berffaith i'r parcdir. O'r blaen ceid nifer o goed ar y lawntiau hyn, fel sydd i'w gweld ar yr hen fapiau, llun Griffiths o'r gromlech, ac yn y blaen, ond diflannodd y rhain yn raddol ac maent wedi datblygu'n fwy fel lawnt ac yn llai fel parcdir. Dengys llun gan Rex Whistler ym 1939 y llecyn i'r de o'r gromlech yn edrych bron yn union fel ag y mae heddiw, heb goed, â'r lôn yn ei groesi i'r brif fynedfa a llwybr, a rhan o'r llecyn i'r de-orllewin wedi'i gwahanu gan berthi. Mae'r rhan hon yn bennaf yn lawnt o hyd, ond ceir rhai llwyni a llwybr palmentog â grisiau isel sy'n arwain yn ôl tua'r gorllewin.

Saif yr ardd gerrig ym mhen mwyaf gogleddol y parc. Datblygodd y syniad yn dilyn dymchwel argae ym 1911; doedd dim angen atgyweirio'r argae gan ei fod yn gysylltiedig â rhyw waith llechi segur, ac roedd y bwlch yn creu rhaeadr a chreigiau yma ac acw o gwmpas gwely'r nant. Adeiladodd y 6ed Ardalydd ddwy bont bren (sydd bellach wedi diflannu), llwybrau a grisiau, gan blannu planhigion cerrig, llwyni tyner a choed egsotig.

Fel gweddill y parc a'r ardd, yn ddiamau dioddefodd yr ardd gerrig o esgeulustod yn ystod yr Ail Ryfel Byd; roedd wedi tyfu mor wyllt erbyn 1948 fel penderfynwyd peidio â cheisio ei hadfer, a gadawyd hi i ddychwelyd yn goetir. Bellach mae'r Ymddiriedolaeth Genedlaethol yn ystyried ei hadfer. Mae rhai llwybrau, ag ymylon o gerrig iddynt mewn mannau, a grisiau yno o hyd, yn ogystal â'r adfeilion o adeiladweithiau a gysylltir â'r hen weithfeydd llechi, sydd bellach yn eithaf rhamantaidd, a gweddillion rhai planhigion; mae'r rhaeadr yn dal yn drawiadol ac mae'r creigiau yn fwsoglyd gan feithrin golwg naturiol gyda threigl amser.

Yr ardd goed yw'r ychwanegiad mwyaf diweddar i'r ardd; penderfynwyd ar hyn ym 1977 a'i phlannu ym 1981. Mae'n disodli perllan a blannwyd yn ystod yr Ail Ryfel Byd ar lain o barcdir rhwng lôn y fferm a'r ffosglawdd a bennai ffin 'West Indies'. Symudwyd y ffosglawdd a llenwyd y ffos pan grëwyd yr ardd goed, felly nid oes bwlch rhyngddo a 'West Indies'.

Mae tua 500 o goed yn yr ardd goed, gan fwyaf yn esiamplau o eucalyptus (yn arbennig E. gunnii a E. urnigera) a nothofagus, a ddewiswyd ar gyngor y diweddar Iarll Bradford. Plannwyd y coed, sydd oll yn sbesimenau hemisffer y de, ar grid, ac ar wahân i rai llwyni a blannwyd yn ddiweddar oddi tanynt, gadawyd y ddaear yn weirglodd blodau gwyllt.

Gellir darganfod rhai o'r coed a blannwyd gan Repton, sydd bellach bron yn 200 mlwydd oed ac sy'n agosáu i ddiwedd eu hoes, o hyd yn yr ardd. Saif un ffawydden tuag at ffin ddeheuol 'West Indies'; mae grŵp o dair ffawydden yn ymyl y cyrtiau tenis, ar ben y llwybr grisiau i lawr at y tŷ, yn dyddio o gyfnod Repton yn ôl pob tebyg. Mae'n bosibl fod y gastanwydden y meirch ger y stablau, yn ymyl y giât fechan sy'n arwain lawr i'r ardd derasog a Lady Uxbridge's Walk, hefyd yn dyddio o'r cyfnod hwn, a'r sycamorwydden rhwng y tŷ a'r ardd derasog.

Plannwyd y llethr y tu ôl i'r twll, sy'n codi o'r wal gynhaliol, â ffawydd, leim a chonifferau; nid oes un o'r rhain yn ymddangos yn eithriadol o hen, ond ymddengys y llecyn yn goediog ar y mapiau cynharaf. Mae derwen sydd o bosibl yn gant oed yn tyfu fwy neu lai allan o'r wal gynhaliol o dan yr wylfan mwyaf deheuol ar y llwybr môr. Hefyd yn y fan hon, o boptu'r fynedfa i'r twll, mae coniffferau wedi'u plannu, gan gynnwys y cypreswydd Monterey (Cupressus macrocarpa) a phinwydd, gyda rhododendronau a rhai coed ewcalyptws ifanc.

Mae'r gerddi â waliau o'u cwmpas yn gorwedd beth pellter i'r de-orllewin o'r tŷ ac yn gorchuddio tua 4 erw a hanner ar y cyfan, 2 erw a hanner oedd yr hen ardd lysiau a 2 erw oedd yr hen berllan â wal o'i chwmpas. Fe'u symudwyd i'w lleoliad presennol o safle llai o safle agosach i'r tŷ gynnar yn y bedwaredd ganrif ar bymtheg, ar yr un adeg ag yr ailadeiladwyd y fferm hon. Fodd bynnag, roedd gardd â wal o'i chwmpas yno yn barod a thu allan i'r wal roedd perllan ar y safle, a oedd yn perthyn i Blas Llanedwen, yn ôl pob tebyg, ac a ddaeth yn dŷ i'r garddwr. Ar fap ystad 1804 ymddengys y berllan wreiddiol yn goetir, ond ar fap Arolwg Ordnans I fodfedd 1840–41, ac ar fapiau diweddarach, gwelir perllan, ac mae ychydig o goed ffrwythau yno bellach. Roedd yr ardd wreiddiol â wal o'i chwmpas yn berllan erbyn 1891, ond ni ddaeth yn berllan tan ar ôl 1840–41. Ychwanegwyd yr ardd newydd at ei phen gogledd-ddwyreiniol. Bellach padog yw'r ardd wreiddiol â wal o'i chwmpas, ac mae'r rhan fwyaf newydd a mwy o faint yn cael ei gosod fel planhigfa fasnachol. Bellach mae gan Blas Llanedwen ardd arall ei hunan, gan ddefnyddio'r ochr allanol o wal dde-ddwyreiniol rhan hŷn yr ardd, a rhai rhannau ar ochr arall y llwybr bach sy'n arwain at Farm Lodge.

Disgrifiwyd y gerddi ym 1898 fel rhai 'productive, vigorous and well cultivated', ond roedd y gwynt yn achosi problemau. Coed afalau oedd yn y berllan yn bennaf, gydag eirin, gellyg a cheirios ar waliau'r ardd lysiau, yn ogystal â rhagor o afalau. Roedd yno forder cul addurnol.

Rhannwyd y berllan â wal o'i chwmpas (hynny yw, rhan hynaf yr ardd, a oedd o bosibl yn dyddio o'r ail ganrif ar bymtheg) yn bedrannau gan lwybrau (ers 1798 o leiaf), a'r rhan fwyaf newydd i wythfedau; am nad yw un o'r rhannau'n hollol gymesurol, roeddynt ychydig yn afreolaidd. Ychydig o ôl y cynllun hwn sydd yno bellach, er bod twmpau llinellol yn y borfa o fewn y berllan yn dynodi llwybrau.

Mae waliau'r berllan hŷn o gerrig â leinin briciau, mewn cyflwr da ar wahân i'r copa teils, tua 2.5 medr o uchder. Mae bwtresi ar du mewn y wal dde-orllewinol. Mae mynedfeydd yng nghanol y wal dde-ddwyreiniol; yn ymyl y gornel orllewinol yn y wal ogledd-orllewinol (sy'n ddigon llydan i gerbyd, heb giatiau, a heb fod yn wreiddiol); yng nghanol y wal dde-orllewinol, ac yn ymyl y gornel ddwyreiniol yn y wal ogledd-ddwyreiniol, gyda drws pren sy'n arwain at ardd fwy. Mae'r drws yng nghanol y wal ogledd-ddwyreiniol yn arwain at adeilad bach sgwâr deulawr â tho llechi pyramidaidd â cheiliog y gwynt ar ei ben. Mae wedi'i adeiladu o gerrig, ond mae wyneb o friciau gan yr ochr sy'n wynebu'r ardd hŷn, ac ymddengys ei fod yn cyfoesi â'r ardd hon; fe'i nodir ar fap ystad 1789. Bellach mae drws yn y wal gefn sy'n arwain i'r ardd fwy.

Y tu allan i gornel ddwyreiniol y darn hwn o dir amgaeëdig â wal o'i gwmpas mae adeilad deulawr hirsgwar gweddol fawr â tho llechi; mae ffenestri ar ei lawr uchaf a bwâu islaw, ac mae'r pen sy'n wynebu'r ardd eto â wyneb o friciau er bod yr adeilad o gerrig. Gwelir hwn hefyd ar fap 1798 ac ymddengys ei fod yn adeilad gwreiddiol yn yr ardd, yn ôl pob tebyg o'r ail ganrif ar bymtheg ond a newidiwyd yn y ddeunawfed ganrif. Storfa ffrwythau oedd y llawr uchaf, a'r isaf yn storfa offer/cert fwy na thebyg. Mae drws yn arwain ati drwy wal dde-ddwyreiniol yr ardd.

Nid oes wal o gwmpas y berllan wreiddiol i'r de-orllewin, ond mae iddi ffens byst a gwifrau a giât haearn fechan. Bellach mae'n dir pori ynghyd â'r padog o fewn y waliau, ond mae ychydig o goed ffrwythau yno o hyd.

Mae waliau'r ardd fwy i'r gogledd-ddwyrain yn uwch, tua 3 medr, ac yn friciau drwyddynt, â chopa llechi. Mae'r gornel ddwyreiniol, sy'n llai na 90 gradd, yn grwn. Bellach ceir mynedfa yn y wal ogledd-orllewinol, tuag at y gornel orllewinol, ond yn wreiddiol roedd y fynedfa o'r ochr hon drwy gwt potiau yn erbyn y tu allan i'r wal. Ehangwyd y fynedfa wreiddiol yng nghanol y wal ogledd-ddwyreiniol gan y 7fed Ardalydd. Ceir mynedfa drwy ganol y wal dde-ddwyreiniol, ac ar un adeg tyfid coed ffrwythau y tu allan iddi.

Ar hyd tu allan y wal ogledd-orllewinol ceir rhes o adeiladau cerrig yn bennaf, gan gynnwys cytiau potiau, ystafell ginio'r dynion (â lle tân), boelerdy, swyddfa, gweithdy, amrywiol stordai ac adeilad briciau sy'n cynnal tanc cerrig croes 5,000 o alwyni ar gyfer dyfrio'r ardd. Ceir hefyd tanciau tanddaearol mwy o faint, a gyflenwyd gan gronfa ddŵr Llwyn Onn, ar ochr arall ffordd

Brynsiencyn. Gwelir y rhain i gyd ar fapiau o 1891 ymlaen, er nad ydynt ar fap 1804 sy'n dangos estyniad yr ardd. Roedd hefyd adeilad o fewn yr ardd sydd bellach wedi diflannu. Mae'n bosibl mai cwt oedd a chymerwyd ei le gan adeilad cerrig unllawr siâp L diweddarach y tu allan i'r ardd yn ymyl y gornel ogleddol.

Yn yr ardd, y tu mewn i'r wal ogledd-orllewinol, ceid nifer o dai gwydr. Y rhes yn erbyn y wal yw'r rhai hynaf, ond erbyn 1918 ychwanegwyd pob un ar wahân i un o'r tai gwydr sy'n sefyll ar eu pennau eu hunain, yn ogystal â nifer o fframiau. Mae'r adeiladweithiau hyn bellach yn amrywio o ran eu cyflwr – chwalwyd rhai bron yn llwyr tra bod eraill wedi'u hatgyweirio a'u haildoi â deunydd diweddar. Fodd bynnag, mae'r sylfeini i gyd yn goroesi.

Ffynonellau

Sylfaenol

Gwybodaeth oddi wrth y Gwir Anrh. Ardalydd Ynys Môn, Mr John Dennis (Pen-Garddwr yr Ymddiriedolaeth Genedlaethol), Mr David Eastman (tenant yr ardd â wal o'i chwmpas).

Map Llawysgrif 2 fodfedd ar gyfer argraffiad Arolwg Ordnans 1 fodfedd (tua 1820): Archifau Coleg Prifysgol Gogledd Cymru, Bangor.

Engrafiad o Blas Newydd (diddyddiad): Archifdy'r Sir, Caernarfon, cyf. CHS 1163/18.

Ymddiriedolaeth Archeolegol Gwynedd, lluniau a dynnwyd o'r awyr (diddyddiad, diweddar).

Eilradd

Arweinlyfr Ymwelwyr yr Ymddiriedolaeth Genedlaethol.

Taflen ardd yr Ymddiriedolaeth Genedlaethol.

Engrafiadau gan Moses Griffith yn llyfr T. Pennant, *A Tour in Wales* (ailargraffiad 1991 o arg. 1784).

'Plas Newydd', *Horticulture and Cottage Gardener Journal*, 18 a 25 Medi 1878.

Comisiwn Brenhinol Henebion, *Inventory*, Anglesey (1937).

C. Hussey, 'Plas Newydd, Anglesey', *Country Life*, 24 Tachwedd 1955.

G. Jackson-Stopps, 'Exotics in a Repton landscape', *Country Life*, 16 Medi 1976.

H. Ramage, *Portraits of an island* (1987).

Anglesey, Marquess of, 'The gardens at Plas Newydd', *Trans Anglesey Antiquarian Society and Field Club* (1991).

PLAS RHIANFA

CADW

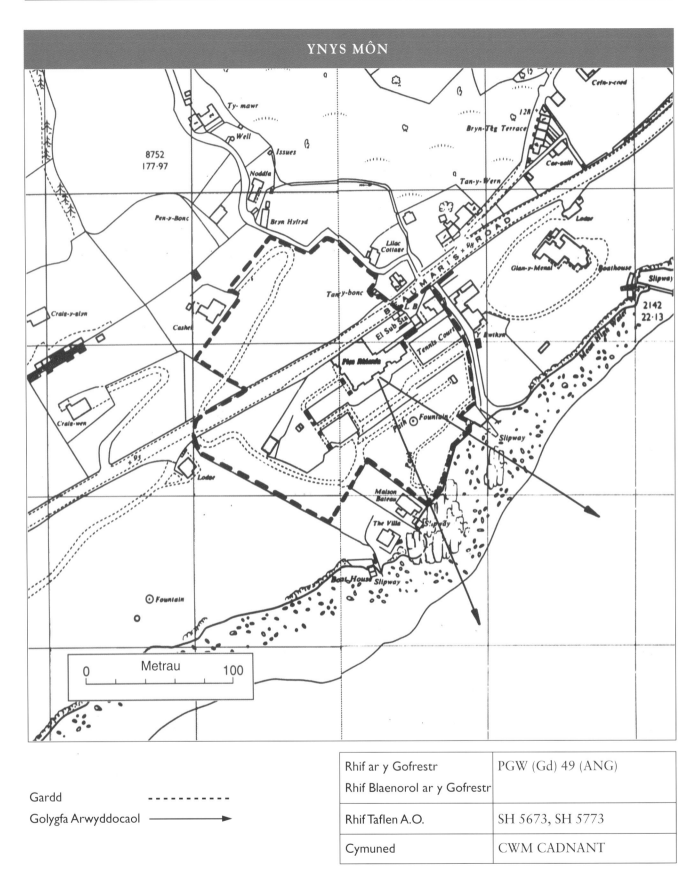

Rhif ar y Gofrestr	PGW (Gd) 49 (ANG)
Rhif Blaenorol ar y Gofrestr	
Rhif Taflen A.O.	SH 5673, SH 5773
Cymuned	CWM CADNANT

Gardd   - - - - - - - - - -

Golygfa Arwyddocaol   ⟶

CRYNODEB

Rhif cyf	PGW (Gd) 49 (ANG)
Map AO	114
Cyf Grid	SH 560 734
Sir flaenorol	Gwynedd
Awdurdod unedol	Ynys Môn
Cyngor cymuned	Porthaethwy
Disgrifiadau	Ardal o Harddwch Naturiol Eithriadol. Ardal Amgylchedd Arbennig.
Asesiad safle	Gradd II
Prif resymau dros y graddio	Gardd derasog FicToraidd yr ysgrifennwyd cryn dipyn amdani, sy'n edrych dros y Fenai, gyda golygfeydd gwych i gyfeiriad Eryri y tu hwnt, ac mae'r darn ohoni sy'n aros heb newid ryw lawer; adeiladau diddorol; mae digon o blanhigion yn goroesi i roi syniad o'r arddull wreiddiol doreithiog, arddull a oedd yn arloesol yn ei dydd.
Math o safle	Gardd derasog Fictoraidd ar lan y môr sy'n cynnig amgylchedd cysgodol a golygfeydd; planhigion, sydd wedi goroesi i raddau, wedi'u plannu mewn arddull foethus â naws môr y Canoldir iddynt.
Prif gyfnodau o adeiladu	1850au

Disgrifiad o'r safle

Ystad fawreddog, Fictoraidd, ar lan y Fenai yw Plas Rhianfa. Fe'i hadeiladwyd gan Syr John Hay Williams o Fodelwyddan yn arbennig fel tŷ agweddi i fod yn gartref i'w wraig a'i ferched ar ôl iddo farw, am mai ei frawd iau fyddai'n etifeddu Bodelwyddan gan nad oedd ganddo etifedd. Gweithiai Syr John a'r Fonesig Sarah Hay Williams ar y tŷ gyda'i gilydd, gyda chymorth pensaer proffesiynol (Charles Reed o Lerpwl) pan oedd hynny ond yn hollol angenrheidiol, ac roedd yr adeiladwaith yn drwm dan ddylanwad cestyll y Loire, lle buasent ar daith yn ddiweddar. Lleolwyd y tŷ yn fwriadol i fanteisio ar y golygfeydd gorau o'r Fenai, Eryri a'r Gogarth, ac o'r herwydd saif uwch ben y brif ardd serth, yn agos iawn i'r ffordd rhwng Porthaethwy a Biwmares. Adeiladwyd Plas Rhianfa rhwng 1848 (mae bil o eiddo Reed o'r dyddiad hwn ar gael a chadw yn y tŷ, er na chychwynnodd y gwaith adeiladu tan 1849 mewn gwirionedd) a 1851.

Yn sylfaenol bloc hirsgwar yw'r tŷ; mae iddo dri llawr ac atig, ac mae llawer o'r prif ystafelloedd ar yr ail lawr lle gellir edmygu'r golygfeydd ar eu gorau. Fe'i codwyd o gerrig lleol a'r arwyneb o gerrig calch o Benmon, ac mae'r lliw golau, yn ogystal â'r simneiau uchel niferus a'r tyredau bychain, yn rhoi golwg gosgeiddig ac ysgafn i'r tŷ er gwaethaf ei faint a'i gynllun afraddlon. Mae'r to o lechi cennau pysgod, ar wahân i'r tyredau, ac mae'r ffenestri ar yr ochr dde-ddwyreiniol, gan wynebu'r olygfa, yn fawr iawn, gyda balconïau'r holl ffordd ar hyd blaen y tŷ ar lefel yr ail lawr. Mae'r brif fynedfa ar yr ochr ogledd-ddwyreiniol, bron yn syth o'r ffordd.

Mae'r porthordy yn yr un arddull â'r tŷ, â'i dyredau a'i lechi cennau pysgod, a chawsant eu hadeiladu yr un pryd. Saif y porthordy ger y brif giât, ar y de-ddwyrain, wrth y fynedfa o'r ffordd, ac er bod iddo fwa a lôn oddi tano, mae hwn yn arwain at yr hen stablau a gellir mynd yno o'r iard drws nesaf i'r tŷ yn unig; mae'r brif lôn sy'n fyr iawn yn arwain yn union at yr iard (sydd bellach yn faes parcio).

Ceir estyniad wrth gefn y porthordy ar bileri o haearn (wedi'i orchuddio â delltwaith modern), ac oddi tano mae darn byr o falwstrad wedi'i gerfio â dail acanthws, nad yw fwy na thebyg yn ei safle gwreiddiol. Daw'r tarmac ar y lôn i ben wrth y porth bwaog, ac oddi tano mae gan y lôn balmant llechi modern, ond mae mannau coblog bob ochr iddo, mewn baeau bychain hirsgwar â bwâu drosto.

Roedd y stablau a'r cerbyty (modurdai yn ddiweddarach), yr ystafell daclau, fflat ar gyfer y staff ac ystafelloedd angenrheidiol eraill oll mewn un bloc tri llawr o dai allan, a adeiladwyd yn y llethr. Roedd y fflat ar y llawr uchaf, y cerbyty a'r ystafell daclau ar lefel y llawr cyntaf (y llawr isaf ar yr ochr dde-orllewinol) ac ystafell yr injan a'r bocsys rhydd yn y seler.

Bellach hefyd newidiwyd y bloc hwn, a adeiladwyd mewn arddull debyg i'r tŷ ond heb fod mor addurnol, yn fflatiau, gyda phatio bach uchel ar y tu blaen a grisiau'n arwain yno o lwybr ar hyd y teras uwchben y cwrt tenis. Mae grisiau cerrig llydan yn arwain i fyny ochr ddwyreiniol yr adeilad i iard balmantog yn y cefn, a gellir mynd ati hefyd ar hyd ale gul dan yr iard yn y pen gorllewinol, lle mae giât haearn gyr yn cau yn y pen deheuol. Mae'r iard ar sawl lefel ac mae wal gynhaliol y ffordd yn y cefn tua 7 neu 8 medr o uchder. Mae llwybr wedi'i balmantu â llechi yn arwain o gwmpas y gogledd-orllewin at yr iard wedi'i phalmantu â llechi ar lefel y llawr cyntaf yn y pen gorllewinol. Mae copa tebyg gan y mur canllaw isel i'r de o'r llwybr i ganllaw y maes parcio, a golygfa o'r cwrt tenis sydd i'w weld drosto. Mae arwyneb modern i'r ierdydd a'r llwybrau.

Ym mhen gogledd-ddwyreiniol y tŷ mae'r ystafell chwaraeon, sydd ar yr un lefel â'r llawr cyntaf gyda seler oddi tano, ac mae'n ymestyn tua hanner y ffordd i'r gogledd-orllewin yn unig â'r tŷ. Mae'r maes parcio yn ymyl y tŷ y tu ôl iddi, ar lefel uwch. Cysylltir y bloc a'r tŷ gan ale wedi'i gorchuddio, ac ar y llawr cyntaf maae ystafell tua 13 medr x 7 medr a arferai gael ei defnyddio nid yn unig fel ystafell chwaraeon ond hefyd fel neuadd ddawns ar gyfer cyngherddau ac yn y blaen. Yn y seler roedd cytiau offer a gweithdai.

Nid yw'r adeilad hwn mor debyg i'r tŷ o safbwynt arddull â'r tai allan eraill, a gall fod yn ychwanegiad diweddarach. Mae wedi'i godi o gerrig, ac mae iddo ddrws o gerrig tywod a fframiau ffenestri nadd a tho plwm plaen â balwstrad ar hyd y tu blaen; mae iddo beipiau glaw haearn o doriad sgwâr, ond does dim capanau dal dŵr glaw i'w gweld. Ar yr ochr dde-ddwyreiniol mae porth o flaen drysau dwbl ar y lefel isaf, a llawr teils du a gwyn iddo; ac mae rhes o risiau cerrig yn arwain drosto at y lefel uwch ar yr ochr orllewinol.

Rhoddwyd bron cymaint o sylw i'r gerddi a'r tir o gwmpas ag i'r tŷ ei hun gan deulu'r Hay Williamsiaid. Roedd eu chwaeth yn anarferol i'w cyfnod, o ran dodrefnu'r tŷ, a oedd dan ddylanwad Ffrengig cryf, a'r garddio. Nhw adeiladodd y terasau ffurfiol oedd yn angenrheidiol oherwydd y safle ar oleddf serth; ond fe'u plannwyd a'u cynlluniwyd mewn dull llawer mwy penrhydd a moethus nag oedd yn arferol yn y cyfnod hwnnw, gyda'r pwyslais ar blanhigion o ardal Môr y Canoldir, a dyfai'n dda wrth gwrs dan yr amgylchiadau cysgodol ffafriol ar lan y Fenai.

Bu farw Syr John ym 1859, ac ar yr adeg honno doedd y prosiect ddim yn hollol gyflawn ond roedd hi'n bosibl i'r teulu symud yno i fyw. Bu'r Fonesig Sarah yn byw yn Plas Rhianfa hyd nes iddi farw ym 1876, ac etifeddwyd yr eiddo gan ei merch hynaf, y Fonesig Margaret Verney. Nid aeth y Fonesig Margaret i fyw yn y tŷ; ymgartrefodd yn nhŷ ei gŵr, ond treuliai lawer o'i hamser yno gan ymddiddori llawer mewn materion lleol, yn arbennig addysg i wragedd, mater y bu hi'n frwdfrydig yn ei gylch drwy gydol ei hoes. Ar ôl marwolaeth ei gŵr ym 1910 a phriodas ei mab ym 1911, symudodd yn barhaol i Blas Rhianfa, ac yno y bu hyd iddi farw ym 1930, ond mae'n rhaid ei bod wedi ystyried symud ar un adeg gan i'r tŷ gael ei roi ar y farchnad ym 1922.

Ar ôl marwolaeth y Fonesig Margaret rhoddwyd Plas Rhianfa yn anrheg priodas i'r Dr a Mrs Andrew Verney, a buont hwy'n byw yno hyd nes y gwerthwyd y tŷ ym 1957. Yna fe'i newidiwyd yn fflatiau, a chafodd y tir, oedd yn cynnwys 12 erw ym 1957, ei werthu'n raddol, ac erbyn heddiw dim ond tua thair erw sy'n aros dan yr un berchnogaeth â'r tŷ.

Mae'r darn hwn yn cynnwys y rhan fwyaf o'r brif ardd derasog, ond yn anffodus heb gynnwys y pyllau addurnol a oedd yn nodwedd o'r cynllun. Maent yn dal i fodoli, ond fe'u gwahanwyd oddi wrth y rhesi o risiau a arweiniai i lawr atynt gan berth. Adeiladwyd tŷ mewn rhan o'r Ardd Uchaf, sydd ar ochr ogleddol y ffordd rhwng Porthaethwy a Biwmares, ond gadawyd y gweddill i dyfu'n wyllt. Erbyn tua 1955 gwerthwyd y gerddi llysiau eisoes, a oedd hefyd yn yr ochr ogleddol hon. Roedd gwydr mewn un rhan ac ychwanegwyd yn helaeth ati rhwng 1890 a 1900.

Safai'r cwrt sboncen, a adeiladwyd wedi 1918 ond cyn gwerthu'r tŷ yn y 1950au, ar ddarn o dir i'r de-orllewin o'r tŷ lle safai tŷ gwydr mawr neu ystafell wydr gynt. Ers hynny gwerthwyd y darn hwn o dir hefyd ac adeiladwyd arno, ac mae'r tŷ a saif yno yn awr bellach yn berchen ar y pyllau addurnol a hanner y teras mawr uwchben. Cafodd y darn islaw hefyd, i lawr at ymyl y Fenai lle safai'r cwt ymdrochi a'r tŷ cychod, ei werthu ar wahân a chodwyd nifer o dai haf yno, un ohonynt â'i sylfeini ar safle'r tŷ cychod.

Nid oes lonydd o fewn yr ardd, ar wahân i'r ddwy lôn fach fer wedi'u tarmacio sy'n arwain at y maes parcio a'r stablau, a hynny gan fod y fynedfa yn mynd yn union o'r ffordd i'r gogledd-ddwyrain. Mae'r maes parcio ar deras uchel i'r gogledd-ddwyrain o'r tŷ, nad yw ond ychydig yn is na lefel y ffordd. Yn ôl pob tebyg dyma oedd y fynedfa wreiddiol i'r iard a'r brif fynedfa i'r tŷ yn y pen gorllewinol.

Mae'r brif ran o'r ardd fel ag y mae heddiw yn cynnwys teras graeanog, â mur canllaw isel, o flaen y tŷ, a theras lletach o borfa mewn hanner cylch ac ar lethr yn is i lawr gyda hafdy. Fe'i gelwir yn 'Dŷ Té'; adeilad bach pren blaen-agored ar sylfaen o friciau ydyw, yn hirsgwar gyda phennau cromfannol lled chweonglog. Mae gan y llawr deils bach sgwâr coch a gwyn, a cheir sedd bren wedi'i gosod yn y wal ac yn gorffwys yn rhannol ar y sylfaen o frics yr holl ffordd o gwmpas y tu mewn. Mae cefn yr hafdy at wal derasog y tŷ, ac yn wynebu i'r de-ddwyrain tuag at y Fenai, er bod yr olygfa yn awr yn cael ei chuddio gan goed a pherthi. Fe'i codwyd ym 1873–74. Yn i fynedfa mae slab o goncrid sy'n dwyn y llythrennau J.S.H.W. a E.M.V. sy'n awgrymu i'r arysgrif gael ei gosod gan y Fonesig Margaret Verney.

Yn is i lawr gorwedd rhagor o derasau cul o lwybrau â borderi ar bob ochr, ac mae perth o goed yw yn eu rhannu oddi wrth y rhai uwchben. Mae'r llwybr isaf ar hyd y terasau yn dod i ben yn y pen gogledd-ddwyreiniol yn ymyl adeilad gardd sy'n cyfuno i fod yn golomendy a hafdy. Gellir mynd at yr adeilad o'r llwybr drwy fynd i fyny un gris drwy fynedfa fach; nid yw'r giât yno bellach ond erys y pyst cerrig gyda balwstradau ar bob ochr. Pren yw'r adeilad gyda sylfaen o gerrig, mewn arddull yr ymddengys iddi gyfuno ffug-gastell Gothig â phagoda Tsieineaidd. Cofnodwyd gan y Fonesig Sarah Hay Williams bod y gweddlun 'wedi ei lunio ar ôl darllen hen lyfr hynod a brynais….' ac fe'i codwyd ym 1860. Mae'r darn canol sydd mewn cylch bron (mae'r wal gefn yn syth) yn hafdy blaen-agored, â tho pigfain o lechi cennau pysgod a ffenestri dormer bach i'r colomennod ddod i mewn drwyddynt. Mae'r waliau ochr crymion wedi'u gwneud o bren ar y gwaelod a gwydr uwchben yn

yr un modd â'r hafdy ar y lawnt islaw'r tŷ; uwchben y gwydr ceir yr un llechi o gennau pysgod mewn porffor a gwyrdd â'r llechi ar y to. Ceir sedd bren ar y tu mewn ar hyd y wal gefn. Ar bob ochr i'r adran ganolog hon ceir feranda, a gaewyd i mewn yn rhannol gan ddrws yn y ffrynt (ar goll yn y de), ar bileri pren a blychau nythu o'r llawr i'r nenfwd yn y cefn. Waliau crymion yr hafdy sy'n ffurfio pen pellaf y rhesi o flychau nythu, ac mae gan y rhai uchaf ochrau gwydr gan ganiatáu i unrhyw un sy'n eistedd yn yr hafdy wylio'r adar yn nythu.

I'r gogledd-ddwyrain mae cwrt tenis (a adeiladwyd ar ôl 1918) yn llenwi'r rhan fwyaf o'r darn uwchben y ddau deras isaf. I'r gorllewin mae dau deras lletach o borfa ac yn is law, i'r de-orllewin, mae'r prif deras, a gellir mynd ato oddi uchod ar hyd tair rhes o risiau. Torrwyd ef yn ei hanner gan ffin newydd orllewinol yr ardd. Mae'r terasau i gyd yn rhedeg o'r de-orllewin i'r gogledd-ddwyrain, ochr yn ochr â thu blaen y tŷ. Er mai gweddol fach yw'r ardd mae yno ddigonedd o lwybrau, ar hyd yr holl derasau, ar hyd y morglawdd a chan droelli o gwmpas yr ardd isaf.

Cynlluniwyd y prif deras yn wreiddiol gyda gwelyau mewn ffurf fleurs-de-lys a phatrymau eraill, a blannwyd ar y cyd â phlanhigion gwely mewn lliwiau llachar i roi effaith gemwaith-ysbrydolwyd y cynllun gan dlysau'r Goron yng ngwlad Pwyl a arddangosid yn Llundain. Mae'r gwelyau a dau bwll bach uchel yn dal yn gyfan ar hanner y teras sy'n eiddo i Blas Rhianfa, ond cafwyd gwared ohonynt ac yn eu lle mae porfa yn yr hanner arall. Ceir y dyddiad 1915 wrth un o'r pyllau gyda llythrennau blaen y Fonesig Margaret Verney, ac mae'n bosibl iddynt gael eu hatgyweirio neu eu troi yn byllau yr adeg honno; ond mae un i'w weld yn amlwg iawn, gyda'i ochrau cerrig ffug tyllog, mewn engrafiad o 1879, gan gynnwys beth sy'n edrych yn debyg iawn i flodyn seithliw mawr. Gellir gweld ochrau cerrig y gwelyau o gwmpas hefyd yn yr engrafiad hwn, ond erbyn yr adeg honno gadawyd y planhigion hynny ac ailblannwyd yr hyn sy'n ymddangos yn flodau parhaol gan fwyaf, gyda rhai llwyni mân.

Ymddengys fod cynllun y pyllau wedi newid rhwng 1890, pan welir dau bwll bach crwn ar y map Arolwg Ordnans 25 modfedd, gyda thrydydd o bosibl ymhellach i lawr, ger y tŷ cychod, a 1900, pan oedd y cynllun yn cynnwys pwll bach crwn uchaf â nant neu sianel yn arwain at drefniant a ymddengys yn siâp gellygen hirfain. Roedd y pwll isaf yno o hyd. Ymddangosai'r trefniant yn debyg ym 1918, a heddiw mae yno bwll bach crwn uchaf sydd ond rhyw 1 medr ar draws gyda sianel gul yn arwain at bwll hirsgwar is, sy'n cael gwared ar y dŵr drwy sianel fer letach i bwll tebycach i siâp gellygen. Mae'n debyg bod y nant wedi'i sianelu dan ddaear pan gynlluniwyd yr ardd yn wreiddiol.

Mae teils o gwmpas y ddau bwll uchaf islaw'r prif deras, gydag ymylon o gerrig, ac mae ardaloedd wedi'u plannu ar y tu allan hefyd gydag ymylon o gerrig iddynt. Mae'r pwll mwyaf, isaf â phlanhigion yn tyfu at ymyl y dŵr, ond mae'r *Rhododendron ponticum* a phrysgwydd eraill wedi tyfu'n wyllt yma ac maent yn cael eu clirio ar hyn o bryd, ac anodd yw gweld y cynllun yn bendant. Amgylchynir yr holl drefniant gan lwybrau newydd eu graeanu nad ydynt yn cyfateb i'r rhai a welir ar fap 1890; ni nodir unrhyw lwybrau ar y ddau fap diweddarach.

Ers iddi gael ei wahanu o'r pyllau collwyd yn llwyr y rhan o'r hanner cylch ffurfiol a amgylchynai'r pyllau sydd ar eiddo Plas Rhianfa o hyd; er bod un hen lwybr ar hyd ei ochr uchaf (a orffennodd wrth y ffens) yn aros, mae llwybrau a llwyni newydd yng ngweddill yr ardal, ac mae rhai rhododendronau hŷn yn goroesi.

Mae rhan isaf yr ardd, sy'n rhedeg i lawr at forglawdd sydd â thyredau arno yn ymyl y dŵr, ar lethr mwy graddol ac yn llai ffurfiol o ran arddull, â llwybrau troellog, lawntiau, coed a llwyni. Ym mhen mwyaf gogledd-ddwyreiniol y rhan hon saif hafdy/colomendy anarferol hynod sy'n un o fannau mwyaf diddorol yr ardd. Cafodd ei adeiladu mewn arddull oedd yn gweddu i'r tŷ, ac mae iddo flychau nythu â gwydr ar y tu blaen ar bob ochr i'r lle eistedd yn rhan ganolog yr hafdy.

Mae hanes diweddar amryliw Rhianfa wedi niweidio'r gwaith plannu yn yr ardd, ond gellir cael syniad o'r effaith wreiddiol o hyd. Dengys engrafiad o 1879 dyfiant moethus ac anffurfiol yn gorlifo i bob man, a rhai coed eisoes o faint sylweddol; bellach mae'r coed yn fwy, a llawer o'r planhigion mewn tybiau er mwyn eu gwneud yn haws i'w cynnal, ond mae'r perthi fuchsia, y goeden gorc (ar y teras uchaf o borfa), yr iorwg a'r planhigion dringol a grybwyllir mewn adroddiadau cyfredol i'w gweld o hyd. Planhigion nodweddiadol yw'r palmwydd, cordylines, iwcâu, ffiwsia, acanthws a'r myrtwydd, yn ogystal â'r rhododendronau, y blodau seithliw, y llawryf a'r yw.

Gwelir y tŷ a'r gerddi yn eu llawnder mewn albwm ffotograffau personol, o'r enw 'Rhianva', dyddiedig 1915. Ceir lluniau o'r fynedfa i'r ardd, grisiau cerrig â photiau ar bob ochr, y Tŷ Té, y Cottage a'i du fewn, yr ardd flodau, teras yr adardy, y cwt ymdrochi a'r morglawdd â thyredau arno, ynghyd â'r pyllau a golygfeydd ar draws y Fenai o'r ardd.

Ffynonellau

Sylfaenol

Casgliad o ddogfennau a gedwir yn y tŷ.
Albwm ffotograffau 'Rhianva' (1915): casgliad personol.
Nodiadau arolwg gan Dr K Ratcliffe.
Manylion am werthiannau 1922 a 1957, a gedwir yn y tŷ.
Gwybodaeth gan J. Stanley, Ysw., Prifysgol De Montfort.

Eilradd

The Garden, 24 Ebrill 1880.

CADW

NEUADD BENARTH

ICOMOS UK

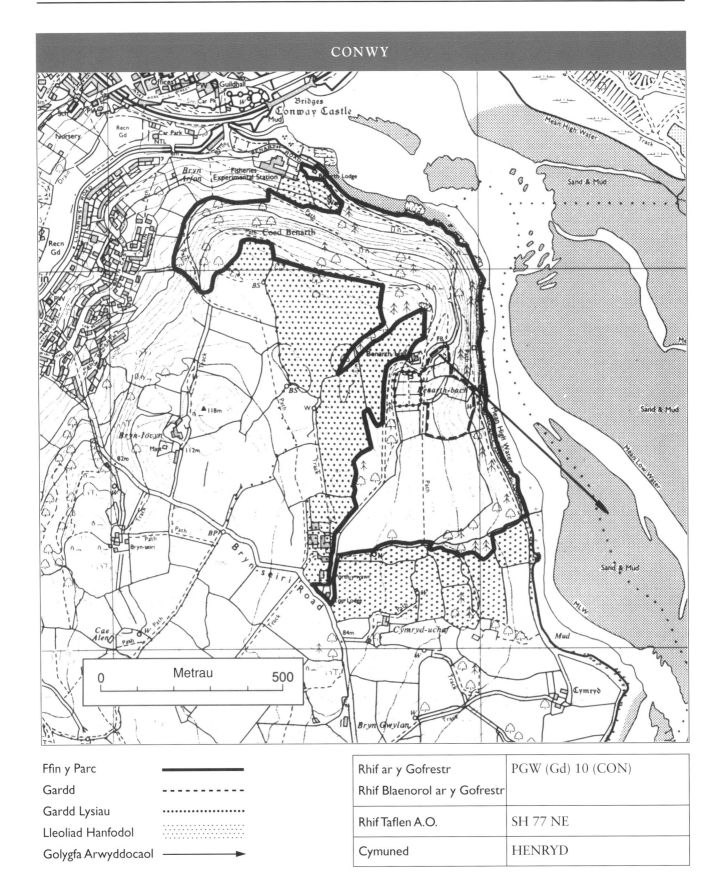

Ffin y Parc	————————
Gardd	– – – – – – – –
Gardd Lysiau	• • • • • • • • •
Lleoliad Hanfodol	::::::::::
Golygfa Arwyddocaol	———→

Rhif ar y Gofrestr	PGW (Gd) 10 (CON)
Rhif Blaenorol ar y Gofrestr	
Rhif Taflen A.O.	SH 77 NE
Cymuned	HENRYD

CRYNODEB

Rhif cyf	PGW (Gd) 10 (CON)
Map AO	115
Cyf Grid	SH 789 768
Sir flaenorol	Gwynedd
Awdurdod unedol	Conwy
Cyngor cymuned	Henryd
Disgrifiadau	Adeiladau rhestredig: tŷ a theras Gradd II, hafdy Gradd II, rhewdy Gradd II; Safle o Ddiddordeb Gwyddonol Arbennig (coetir); Gorchymyn Cadw Coed cyffredinol.
Asesiad safle	Gradd II
Prif resymau dros y graddio	Enghraifft ddiddorol o gynllun dechrau'r ugeinfed ganrif mewn hen goedwig a pharcdir; gerddi llysiau eang â waliau o'u cwmpas o ddiwedd y ddeunawfed ganrif neu ddechrau'r bedwaredd ganrif ar bymtheg; golygfeydd.
Math o safle	Coetir, parc bach, gerddi â waliau o'u cwmpas, gardd gerrig, 'gardd wyllt' a gardd fach ffurfiol, gyda golygfeydd dros ddyffryn Conwy.
Prif gyfnodau o adeiladu	Rhwng 1790 ac 1810; ar ôl 1916.

Disgrifiad o'r safle

Mae Benarth ar safle ar lethr ar ochr orllewinol aber yr afon Conwy, ar ymyl y dref. Ceir golygfeydd hyfryd dros yr aber, mae'r hinsawdd yn fwyn ac yn addas iawn ar gyfer ffermio a garddio, ac mae'r dref, â'i chastell a'i phont, yn hwylus o fewn cyrraedd. Awgryma'r holl elfennau hyn y bu tŷ yma ers cyfnod cynnar, a dengys yr enw, sy'n deillio o bob tebyg o 'pen' a 'gardd', bod y safle wedi ei ystyried yn addas i'w drin am gyhyd ag y mae'r enw wedi bod (ceir sôn mewn dogfen o'r ail ganrif ar bymtheg, ond gallai fod yn hŷn na hyn).

Ar wahân i rai mân newidiadau a wnaed ym 1916, erys y tŷ yn debyg iawn i fel ag yr oedd pan gafodd ei adeiladu ym 1790. Mae bloc canolog â thri llawr iddo. Gyferbyn â wyneb yr ardd ceir cilfachau hanner chweonglog y naill ochr i gyntedd mewn feranda hanner-cylch â balconi â balwstrad drosto; a phafiliwn unllawr boptu iddo. Ceir ffenestri Ffrengig yng nghanol y llawr gwaelod a'r llawr cyntaf (gyda'r olaf yn ymagor ar y balconi uwchben y cyntedd). Wyneb yr ardd, sy'n wynebu'r de-ddwyrain, yw'r prif wyneb, gan fod y tŷ ar safle gwastad wedi'i dorri allan o'r llethr, â wal gerrig gweddol uchel y tu ôl iddi; ond mae'r brif fynedfa, â chyntedd, yn y cefn, ac mae ganddi ffenestr Diocletaidd fawr. Yng nghefn y ddwy adain ceir estyniadau cylchog a chromennog, y naill yn cynnwys yr ystafell gerddoriaeth a'r gegin yn y llall. Gwnaethpwyd gwaith stwco i'r tŷ ac mae iddo do llechi ar oleddf isel.

Mae'r cyntedd cefn presennol a'r feranda flaen yn dyddio o 1916, y cyntaf yn cymryd lle cyntedd feranda ar hyd y ffasâd cefn i gyd. Mae yna ardal ehangach gyferbyn â'r cyntedd sydd yn safle adeilad blaen agored a welir yn y lluniau a dynnwyd ym 1931, ond nad yw ar gynllun 1916; ymddengys bod hon yn rhyw fath o fan cadw ceir. Ymhlith newidiadau eraill tua 1916 oedd llenwi'r mannau bach (mae un ohonynt yn wydrog) a adawyd yn wreiddiol rhwng y prif dŷ ar bafiliynau (a oedd ynghlwm wrth y tŷ yn y cefn yn unig), ynghyd ag addasiadau i'r cromennau.

Adeiladwyd y tŷ ym 1790 ar gyfer Samuel Price o Lincoln's Inn Fields, perchennog newydd, a olynai perchennog blaenorol yr ystad sef Owen Jones. Bu Price farw tua throad y ddeunawfed ganrif a'r bedwaredd ganrif ar bymtheg, ac wedi hyn ymddengys y bu rhyw broblem ynglŷn â'r ystâd, a allai fod yn gysylltiedig â'r ffaith y bu

Price farw mewn dyled, felly ni werthwyd y tŷ am gryn amser, ond fe'i gosodwyd ar rent am o leiaf ran o'r cyfnod hwn. Un tenant neu ymwelydd oedd Syr George Beaumont, a dynnodd fraslun o'r tŷ tua 1801, a dengys hwn fod y tŷ heb newid fawr ddim drwy gydol y rhan fwyaf o'r bedwaredd ganrif ar bymtheg, o'i gymharu â ffotograff yn dyddio o'r 1880au neu 1890au ym meddiant y perchennog.

Gwerthwyd y tŷ i ddyn o'r enw Mr Burroughs tua 1805, ar ôl iddo fod ar y farchnad gynt ym 1803 (cedwir manylion o'r ddau ddyddiad yn y Llyfrgell Genedlaethol). Rhai blynyddoedd yn ddiweddarach, daeth Edmund Hyde Hall i ymweld â'r tŷ, ac mae'n amlwg bod y gerddi, y tai gwydr ac ati a oedd newydd gael eu hadeiladu, wedi gwneud argraff arno, heb sôn am y coetir; ond nid yw'n sôn am unrhyw dir hamdden.

Yn ddiweddarach yn y bedwaredd ganrif ar bymtheg ymddengys bod yr ystâd wedi ei osod am y rhan fwyaf o'r amser, ac yn eu plith roedd y Parchedig Henry Rees, a fu farw yno ym 1869, a dyn o'r enw Wood, a adeiladodd Bodlondeb ar ochr arall Conwy. Daeth Dr James Edwards, a symudodd yno ym 1871 pan oedd mewn cyflwr dirywiedig, i'w rentu a'i brynu yn y pendraw, a'i deulu oedd y perchnogion tan 1914. Un ffaith ddiddorol y dylid ei nodi ynglŷn â'u perchenogaeth oedd fod Lionel Dalhousie Robertson, a ddarluniodd argraffiad gwreiddiol *Black Beauty* gan Anna Sewell, yn aelod o'r teulu hwn, ac mae'n amlwg i'w atgofion o Benarth ddylanwadu ar ei ddarluniau. Mae rhannau o'r tir sy'n dangos y stablau a golygfeydd o'r tŷ o bell yn ymddangos yn y darluniau. Nid ydynt wedi'u darlunio'n hollol gywir a dônt o'r cof yn amlwg, ond gellir eu hadnabod.

Prynodd teulu Tattersall Sir Gaer y tŷ ym 1914, a nhw fu'n gyfrifol am yr addasiadau ym 1916. Mae'n rhaid mai nhw hefyd oedd yn gyfrifol am ran helaeth cynllun y prif erddi sy'n agos i'r cartref. Daeth y tŷ yn ôl ar y farchnad ym 1931 a'i werthu ym 1933 i Syr Joseph Kay, a fu'n berchennog arno tan 1960, pan brynodd syndicet y tŷ gan fod yn berchen arno am gyfnod byr. Ers y 1960au gadawyd y tŷ a'r gerddi i ddirywio, ond mae'r perchennog presennol yn gobeithio'u hadfer.

Mae'r Cerbyty bellach wedi ei droi yn annedd â'i ardd fach ei hun ac wedi gweld newidiadau yn ôl pob tebyg ar adegau gwahanol, ond mae'n debyg mai cerbyty yw'r cnewyllyn ynghyd â stablau sy'n cyfoesi â'r tŷ. Ar ddiwedd y bedwaredd ganrif ar bymtheg roedd ganddo'r un arwynebedd sydd ganddo heddiw, ac yn y 1930au roedd modurdai, golchdy, stabl fach a *shippon* yno, â fflat i'r staff ar y llawr cyntaf. Mae teras gwastad â graean arno o flaen y Cerbyty â wal gerrig gynhaliol fawr hyd at 3m o uchder, sydd bellach â bwtresi.

Ceir hefyd fwthyn, ynghyd â thŷ cychod o haearn sinc a adeiladwyd rhwng 1913 a 1931, ym Mhenarth Bach, ar lan yr afon i'r dwyrain. Bellach mae ganddynt berchnogion gwahanol.

Mae'n hynod debyg bod y parc wedi ei gynllunio pan adeiladwyd y tŷ ym 1790, ond efallai fod y dyddiad cyn hynny. Canmolodd Hyde Hall y coedwigoedd yn ei sylwadau tua 1810, ac er ei bod yn amlwg mai newydd eu cynllunio oedd y gerddi llysiau ar y pryd, ymddengys bod y coedwigoedd wedi hen ymsefydlu bryd hynny; gallai rhai o leiaf fod yn hŷn ac yn dyddio'n ôl cyn tŷ 1790.

Mae'r safle presennol yn mynd ar hyd ardal ffurf 'L', gyda braich yr 'L' ar hyd ymyl yr afon (a ellir morio arni wrth y lan yma). Mae'r tŷ ychydig i'r de o gornel yr 'L', gan wynebu'r de-ddwyrain dros ei erddi tuag at yr aber. Mae'r ffermdy, sef 'fferm fodel' gerrig o'r bedwaredd ganrif ar bymtheg (ag addurniadau bric) yn agos i'r fynedfa i'r lôn ddeheuol, yn eiddo i rywun arall ac mae'n gorwedd y tu allan i ffin y parc, ond mae'n dal i ffermio ardal agored y parcdir i'r de o'r tŷ a'r gerddi.

Mae'r ardal i'r gogledd o'r tŷ yn goetir i gyd bron, ac aiff y lôn drwyddo. Mae'r lôn ddeheuol hefyd yn goediog dros ran o'r ffordd, ond mae'n dechrau wrth ochr parcdir agored yn agos i fferm y plas, a cheir rhagor o goed ar hyd ymyl yr aber. Lleolir prif ardal y gerddi i'r de a de-ddwyrain o'r tŷ ond mae hon bellach wedi tyfu'n wyllt i raddau helaeth iawn.

Ceir dwy lôn sy'n cyrraedd o'r gogledd ac o'r de, ac mae hyd y ddwy dros 1.25km. Ni ddefnyddir y lôn ddeheuol bellach, ac un eilradd oedd hi yn ôl pob tebyg. Mae'r lôn ogleddol wedi'i gorchuddio â tharmac ac mae wal ar yr ochr uchaf am y rhan helaethaf o'i hyd, ynghyd â ffens y parc ar hyd yr ochr isaf. Ceir wal ar yr un ochr â'r môr yn agos i'r giât, lle mae yn union uwchben y lan. Ni ellir gweld y tŷ wrth gyrraedd o'r cyfeiriad hwn, ond ceir ambell olygfa a chipolwg dros aber yr afon Conwy lle nad oes coed; ac wrth barhau i gyfeiriad Conwy gan gyrraedd y giât ceir golygfeydd gwych o'r castell. Yn agos at y tŷ mae'r lôn wedi ei hailsythu, er mwyn iddi gyrraedd cefn y Cerbyty (sydd bellach yn annedd ar wahân) yn uniongyrchol, er yr oedd yn wreiddiol yn croesi yn union y tu ôl i'r tŷ ac yna'n troi tua'r de a'r gorllewin, gan fynd heibio i'r Cerbyty gan barhau tuag at y giât ddeheuol. Mae llwybr newydd y lôn mewn cloddiad dwfn. Mae hefyd lwybr diweddar i'r de-ddwyrain i Benarth Bach, ar hyd llwybr troed blaenorol. Wrth fan penodol mae nant fach yn croesi'r lôn, ac ymddengys bod gwaith cerrig gwneud ar ei gwely, er mai gwaith gweddol ddiweddar yw hyn yn ôl pob tebyg.

Mae gan y lôn ddeheuol wyneb tarmac yn gyntaf, o ochr y tŷ, gyda cherrig diweddar yn ymyl iddi, ond yn fuan mae'r arwyneb yn diflannu er ei fod yn weddol garegog. Mae'n mynd trwy lain gul o goetir i'r gorllewin o'r ardd lle nad oes gan y lôn ffens, ond pan fo'n cyrraedd y parcdir agored i'r de ceir ffens haearn ar yr un ochr â'r parc, ac ar y ddwy ochr ymhellach ymlaen pan ddaw'r coed i ben ar yr ochr orllewinol.

Mae porthordai ger y ddwy fynedfa, er bod yr un deheuol bellach mewn lleoliad y tu allan i ffin y parc ac roedd wedi cael ei werthu erbyn 1931. Arferai trydydd porthordy fod ychydig i'r gogledd o'r tŷ, gyferbyn â'r man lle'r oedd y llwybr i Benarth Fawr yn gadael y lôn, ond bellach mae hwn wedi ei ddymchwel, gan adael man mynd heibio neu droi; roedd yn amlwg wedi mynd erbyn 1931.

Mae'r porthordy gogleddol yn unllawr, wedi ei foderneiddio ac wedi ei ymestyn i gyfeiriad y gogledd ers 1931, pan oedd wedi ei 'ailadeiladu'n ddiweddar' yn ôl manylion y gwerthiant. Mae wedi'i leoli ar lethr gweddol serth uwchben y fynedfa, ac ym 1931 roedd ganddo wyneb â thalcen dwbl gyda mynedfa yn y canol. Nid oes golwg o'r giatiau, a dim ond y pyst giatiau uchel o garreg nadd arw â thoriadau sgwâr sy'n weddill gyda gorchudd o blanhigion dringol. Gwelir ar lun sy'n dangos manylion y gwerthiant ym 1931 y rhain gyda lampau â globau gwydr ar eu pennau. Mae yna bâr allanol arall nad ydynt mor uchel; mae wal yn llenwi'r bwlch rhwng y ddau bâr ar yr un ochr â'r môr a cheir giât bren fodern i gerddwyr ar ochr y porthordy. I'r gogledd o'r fferm mae giât haearn ar draws y lôn ddeheuol, wedi'i baentio'n wyn ac yn crogi ar byst haearn.

Ym 1890 roedd nifer o lwybrau yn y parc a'r coetir; defnyddiwyd rhai ohonynt yn ôl pob tebyg ar gyfer gwaith ac eraill ar gyfer marchogaeth neu fynd am dro. Erbyn 1913 roedd nifer ohonynt wedi diflannu, a heddiw dim ond ychydig ohonynt y gellir eu defnyddio. Mae un ohonynt, a groesai'r lôn ogleddol wreiddiol yn agos i'r tŷ bellach wedi ei adeiladu drosto yn rhannol gan y lôn newydd at y Cerbyty; mae'r llwybr i Benarth Bach bellach yn lôn; ac mae rhai eraill wedi tyfu'n wyllt. Ar fapiau 1890 a 1913 gwelir llwybr bach yn rhedeg ar hyd pen uchaf y traeth, o gyfyl y mynediad gogleddol yr holl ffordd ar hyd ymyl y traeth at y llithrfa ger Benarth

Bach, ond er y gellir gweld cychwyn y llwybr bach hwn ni ellir ei weld ar y map modern ac ymddengys nad yw'n cael ei ddefnyddio.

Mae'r rhan fwyaf o'r coetir, o dderw, sycamorwydd a ffawydd yn bennaf, ag isdyfiant naturiol, i'r gogledd o'r tŷ, er bod yna fannau coediog i'r de-ddwyrain a'r de-orllewin, ar hyd ymyl y traeth ac ar asgell y lôn ddeheuol. Caiff hyn oll, ac eithrio'r coetir ger y lôn ddeheuol, ond gan gynnwys rhan o'r ardd, ei gynnwys bellach yn Safle o Ddiddordeb Gwyddonol Arbennig Coed Benarth. Er ei bod yn bosibl bod y coetir yn rhannol seiliedig ar hen goetir derw naturiol, mae'n amlwg y cafodd ei ychwanegu ato a'i wella gan mai coetir cymysg oedd yno erbyn 1890; mae'n darparu rhywfaint o gysgod o'r gogledd ond mae'r safle hwn yn gyffredinol wedi'i gysgodi a phrif bwrpas y coetir yn ddiamau oedd i edrych yn brydferth, a darparu pren efallai. Erbyn tua 1910, pan gyfeiriwyd ato gan Hyde Hall, roedd yn amlwg bod y coed wedi ymsefydlu i raddau helaeth, ond ni chawn unrhyw awgrym ganddo a blannwyd y cyfan yn weddol ddiweddar neu a oedd rhai yn hŷn na'r lleill. Mae'n debyg y bu rhywfaint o waith plannu newydd ar adeg adeiladu'r tŷ ym 1790, ond efallai y gwnaethpwyd hyn er mwyn ychwanegu at y coetir presennol neu ei ehangu.

Plannwyd rhododendronau a llwyni addurnol eraill, ynghyd â nifer o berthi, ar hyd y ddwy lôn, ond maent bellach yn cael eu hesgeuluso ac yng nghysgod coed uwch.

Mae coed llawryf a rhododendronau yn rhedeg ar hyd y rhan fwyaf o'r lôn ogleddol, gan gynnwys R. ponticum a hefyd rhai amrywiadau eraill, a cheir rhes o goed ffawydd sydd wedi'i chysgodi braidd rhwng pen ffens y parc a'r wal ar ochr y môr tua'r pen gogleddol. Mae planhigion mwy diddorol ar hyd y lôn ddeheuol, gan gynnwys coed leim, derw a choeden binwydd fawr, amrywiadau addurnol o gelyn, gwifwrnwydden fawr, a nifer o wahanol rododendronau, a rhai coed ffawydd bach a allai unwaith wedi bod yn ran o res o berthi.

Mae'r parcdir agored i'r de o'r tŷ. Mae bellach yn cynnwys un darn o dir mawr caeëdig ac un llai i'r gogledd, wedi'u ffinio gan dir ffermio i'r de, yr ardd i'r gogledd a choetir i'r dwyrain a'r gorllewin. Mae fferm y plas yn y gornel dde-orllewinol ac i'r fferm hon y mae'r parcdir yn perthyn. Roedd y darn bach o dir caeëdig yn y gogledd yn fwy ym 1890, gan gynnwys perllan, ynghyd â mwy o goed sbesimen na'r prif ardal. Erbyn 1913 datblygodd yn dir garwach â rhywfaint o brysgwydd, oherwydd nad oedd anifeiliaid bellach yn pori yma yn ôl pob tebyg, ac roedd y berllan wedi cilio, ond yn ddiweddarach daeth rhan o'r ardal yn rhan o'r ardd fel sy'n amlwg o luniau o'r awyr, gan adael y darn llai o dir caeëdig sydd yno heddiw.

Ar ben y bryn y tu ôl i'r tŷ, i'r gogledd-orllewin, ymddengys y bu unwaith wylfan. Mae'n safle lle y byddai golygfa banoramig fendigedig i'w gweld cyn i'r coed ei rwystro, a gellir gweld bod y coed i'r gorllewin a'r de-orllewin, sydd o'r golwg, yn fwy o lawer na'r rhai i'r dwyrain a'r gogledd. Mae'r safle yn wastad, a hynny'n naturiol yn ôl pob tebyg, â goleddf serth i'r gogledd-ddwyrain, ond er na ellir gweld y llwybrau nac unrhyw gysgodfan neu adeilad, ceir rhai llwyni addurnol fel y goeden brifet euraidd, y rhododendron a'r creigafal, y goeden brifet sydd yn weddillion y perthi, o bosibl, tra bod gweddill yr isdyfiant yn yr ardal yn naturiol. Mae yna hefyd fedd diweddar i gi wedi'i amgylchynu gan gerrig.

Roedd cwrt tenis, nad yw'n cael ei ddefnyddio bellach, yn y cae i'r gorllewin o'r tŷ; gwelir hon ar fap 1913, ond nid ar fap 1890. Ni sonnir amdano ym manylion 1931 felly gallai fod ei ddefnydd wedi dod i ben eisoes.

Ni ddangosir y rhewdy ar fap 25 modfedd 1890, a leolir ar y llethr yn y coetir ar y bryn y tu ôl i'r tŷ, ond fe'i gwelir ar fersiwn 1913 a sonnir amdano ym manylion gwerthiant 1805. Gallai felly gyfoesi â'r tŷ. Mae'n adeilad o friciau â chromen iddo, tua 3 metr ar ei draws a sail bigfain tua 4.5m o ddyfnder. Ceir rabed ar gyfer llawr neu glawr yr holl ffordd o amgylch y siambr, ac roedd drws yn y fynedfa ac un arall yn y dramwyfa â waliau cerrig iddi, sydd ag ongl sgwâr yn y canol ac wedi'i naddu i'r graig solet ar y tu allan iddo.

Lluniwyd y gerddi mawr â waliau ar ddechrau'r bedwaredd ganrif ar bymtheg, ond efallai fod y teras â lawnt o flaen y tŷ yn hŷn na hynny ac yn gyfoes, yn ôl pob tebyg, â'r tŷ 1790. Dyddia'r gweddill yn fwy na thebyg o 1914 ac wedi hynny, er y gallai fod yma ardal wyllt fechan cyn hyn.

Mae gan y gerddi, ar wahân i'r gerddi eang â waliau i'r gorllewin, deras gwastad o flaen y tŷ a fyddai'n ddiamau â golygfeydd gwych dros aber afon Conwy; gardd rosod a gardd gerrig, gyda phwll oddi tano ynghyd ag ardal wedi tyfu'n wyllt iawn ar lethr i'r de. Erys y lawnt, yr arferid ei gynnal a'i gadw fel lawnt ffurfiol, yn agored, er bod coed bellach wedi tyfu i guddio'r olygfa, ond bellach mae gweddill y gerddi yn goed fwy neu lai, heblaw am y mannau lle maent wedi cael eu clirio'n ddiweddar. Erys llawer ohono, fodd bynnag, nid o'r adeiladwaith yn unig ond hyd yn oed o'r planhigion.

Mae'n debyg mai Samuel Price, sef adeiladwr y tŷ, oedd yn gyfrifol am greu'r teras o flaen y tŷ, sydd yn hollol angenrheidiol er mwyn harddu'r adeilad ac mae'n gwneud y gorau o'r safle gan ei fod yn annog pobl i werthfawrogi'r olygfa, a fyddai'n ddi-os yn ffactor pwysig wrth ddewis safle. Mae'n ymddangos bod Price wedi plannu coed o fewn yr hyn a oedd wedi aros yn ardd coetir tan ar ôl 1913 (mae manylion gwerthiant 1805 yn nodi bod 'forest trees' a'r 'choicest evergreens' o fewn y gerddi hamdden) ac mae'n bosibl iddo greu anialdir bychan neu brysgwydd ar ochr ddeheuol y tŷ a ymestynnai i'r gorllewin dros yr ardal rhwng y tŷ a'r Cerbyty, er y gallai hwn fod yn ychwanegiad diweddarach. Gan bod y manylion yn crybwyll poethdai, pyllau melonau, gwinwydd-dy ac eirindy mae'n rhaid bod ganddo ardd lysiau hefyd.

Nid yw'n hysbys a fwriadai Price gynllunio rhagor o erddi a bu farw cyn iddo dreulio deng mlynedd ym Mhenarth. Mae'n debyg mai Mr Burroughs, ei olynydd a estynnodd y gerddi â waliau o'u cwmpas a'u gwella gan bod Hyde Hall yn sôn amdanynt tua 1810 yn y fath fodd sy'n awgrymu eu bod yn iau na 15 neu 20 mlwydd oed. Roedd yr ardd â wal o'i chwmpas ym 1931 bron yn dair erw o ran arwynebedd, ond nid yw'n ymddangos bod yr erw fwyaf deheuol wedi bod yn rhan o'r cynllun gwreiddiol. Mae'n amlwg bod Burroughs â diddordeb yn yr ardd lysiau yn bennaf ac ymddengys nad oedd wedi ychwanegu rhyw lawer at yr ardd addurnol, heblaw am ragor o goed efallai.

Mae'n debyg bod y setyllfa hon wedi parhau drwy gydol y bedwaredd ganrif ar bymtheg, a dim ond teras y tŷ a'r anialdir bychan a welir ar fapiau Arolwg Ordnans 25 modfedd 1890 ac 1913. Roedd y teras yn hirgrwn â llwybr yr holl ffordd o'i amgylch, gydag un yn arwain tuag at y gogledd gan groesi'r lôn ar bompren; ymddengys bod yr anialdir ym 1890 ar yr hyn sy'n edrych fel chwarel fach, ond erbyn 1913 ni welir y nodwedd hon ac mae cynllun y llwybr wedi ei symleiddio. Dengys cynlluniau a luniwyd mewn perthynas â'r gwelliannau i'r tŷ ym 1916 ardd gerrig fach â grisiau sy'n cysylltu'r teras â'r anialdir. Roedd yr ardd hon yn ôl pob tebyg eisoes yn ei lle yn hytrach na bod yn rhan o'r gwelliannau i'r ardd a wnaethpwyd ar yr un pryd â'r gwaith i'r tŷ neu yn fuan wedi hynny.

Ar hyn o bryd yr un yw'r teras, er bod y llwybr wedi tyfu'n wyllt, ac mae'r bompren yno o hyd, ond mae hafdy a'r adardy wedi eu hychwanegu. Mae'r anialdir wedi ei lefelu a'i droi'n ardd rosod ac mae gardd gerrig fawr â phwll ar ei waelod wedi ei hychwanegu i'r dwyrain, ar lethr serth islaw'r teras. Mae rhan o'r parc a'r berllan

wedi eu hymgorffori yn yr ardd, ond bellach mae wedi tyfu'n wyllt gymaint y byddai'n amhosibl gwybod a fu erioed yn rhan o'r ardd oni bai am y planhigion sydd wedi goroesi.

Gwnaed y gwelliannau hyn ar ôl 1913 a chyn 1931, fel y gwelir yn amlwg ar fapiau a ffotograffau, ac felly gellir eu priodoli i'r Tattersalliaid, gan mai nhw oedd perchnogion y tŷ rhwng 1914 a 1933. Mae'r balwstrad o amgylch y gwylfan wylio a ychwanegwyd at y teras yn debyg i'r un ar y balconi dros y feranda flaen, a adeiladwyd erbyn 1916 y dechreuwyd ei lunio ar yr un adeg yn fwy na thebyg; mae'r ardd rosod a'r brif ardd gerrig yn ôl pob tebyg hefyd yn ddatblygiadau gweddol gynnar yn ystod y cyfnod gwelliannau hwn. Byddai'r ardd gerrig wedi cael ei hamharu arni yn ystod adeiladu'r gwylfan uwchlaw, ac ymddengys y gwaith plannu'n weddol aeddfed ar ffotograff o'r awyr, a gyhoeddwyd fel cerdyn post ac a dynnwyd yn ôl pob tebyg ynghanol y 1930au. Ni welir, fodd bynnag, unrhyw un o'r gwelliannau i'r ardd felly ar gynllun 1916 ac efallai eu bod yn hwyrach na'r gwelliannau i'r tŷ; efallai y dechreuwyd arnynt ar ôl i'r Rhyfel Byd Cyntaf ddod i ben ym 1918.

Mae'n bosibl i'r ardal ddeheuol gael ei hychwanegu yn hwyrach byth, gan ei bod yn ymddangos yn weddol ddiweddar o'r ffotograff o'r awyr. Roedd yn cael ei hadnabod fel y 'wild garden', ond ymddengys y cynllun yn llawer mwy ffurfiol nag y byddai hyn yn ei awgrymu, â llwybr canolog i lawr canol border dwbl o flodau a llwyni a choed wedi'u lleoli yn gyson o amgylch gweddill yr ardd laswelltog. Gwelir o ffotograff o'r awyr ym manylion gwerthiant 1931 ei bod wedi'i chreu erbyn hynny ond gan y gwelir y borderi blodau'n unig, nid yw o gymorth wrth ganfod yr oedran. Mae'r ffotograff o'r awyr yn awgrymu y cafodd yr ardal uwchben ac y tu ôl i'r tŷ, sydd bellach wedi cael ei disodli gan y lôn newydd, ei datblygu tua'r un adeg â'r ardal ddeheuol.

Gellir dyddio'r planhigion sydd wedi goroesi, ar wahân i'r coed hŷn, yn ôl i ddechrau i ganol yr ugeinfed ganrif, ynghyd ag amrywiaeth llawer ehangach o lwyni blodau nag a oedd yn arferol yn y ganrif flaenorol. Gellir gweld y rhain o'r ffotograff o'r awyr wedi eu lleoli o amgylch y safle yn unigol ac mewn grwpiau bach, gydag ystod eang o amrywiadau o goed coniffer, ac mae rhai o'r coed coniffer hyn wedi goroesi gan dyfu yn goed mawr.

Mae'r ffotograffau ym manylion 1931 yn ddiddorol gan bod nifer ohonynt o'r gerddi. Ymddengys bod yr ardd rosod ar y pryd yn cynnwys gwelyau ynys â bylbiau a phlanhigion gwelyau, yn ogystal â gwelyau â rhosod, ac roedd yr ardd gerrig yn cynnwys planhigion a dyfai'n isel a llwybrau â wyneb iddynt, ac nid oedd coed yn gorchuddio'r olygfa o'r teras (er bod rhai sydd bellach yn gwneud hyn i'w gweld, ac yn ddigon bychan i beidio â bod yn y ffordd) Gwelir o'r ffotograffau a cheir disgrifiadau o blanhigion dringol ar waliau'r tŷ, a oedd yn cynnwys forsythia, wistaria a rhosod – enwir 'Gloire de Dijon' a R. banksiae-ac mewn mannau eraill yn yr ardd ceid palmwydd, mimosa a 'the rarer varieties of rhododendron'. Tynnwyd y llun o'r awyr a wnaed yn gerdyn post ychydig flynyddoedd yn ddiweddarach, mae'n amlwg, fel y gellir olrhain o dyfiant rhai coed.

Mae'r lonydd yn croesi'r ardd, gan redeg rhwng y tŷ a'r Cerbyty. Nid yw'n amlwg o'r hen fapiau sut roedd modd mynd at y stablau, ond dengys cynllun 1916 drofa sydyn yn ôl tuag at ochr ddwyreiniol y Cerbyty, a dyma'r trefniant presennol, sydd bellach yn parhau tua'r gogledd i gysylltu â fforch newydd y lôn.

Dau lwybr hir syth yw'r prif lwybrau sy'n rhedeg ar bob ochr i'r ardd â wal o'i chwmpas, y ddau bellach wedi tyfu'n wyllt ac ni ellir mynd atynt. Gellir dilyn y llwybr dwyreiniol i lawr yn rhannol ac mae rhai coed yn ei ymyl, gan gynnwys hen dderwen sy'n hŷn na'r ardd, ambell i goniffer ac aethnen ddu tua 35 oed. Ceir llwybr llai diweddarach rhwng y llwybr gorllewinol a'r lôn ddeheuol, ond mae hwn hefyd yn diflannu'n fuan i ganol y drysni.

Ychydig o lwybrau llai oedd yn yr ardd cyn y gwelliannau ar ôl 1916, ond un hen lwybr llai yw'r llwybr ag ymyl iddo ar draws y man rhwng y tŷ a'r Cerbyty, yn nhrofa'r lôn. Gwelir hwn ar gynllun 1916, er nad yw ar un o'r mapiau 25 modfedd, fel grisiau, ond bellach diflannodd y rhain. Mae'r llwybr llai na ellir ei weld bellach o amgylch y teras, a'r llwybr byrrach sy'n mynd ar draws y bompren, hefyd yn hŷn na'r rhan fwyaf.

Ailosodwyd y rhwydwaith o lwybrau yn y llwyni i'r de o'r tŷ yn dilyn newidiadau mawr i'r ardal hon, ac erbyn 1913 eisoes diflanasai un llwybr a redai o'r dwyrain i'r gorllewin ar hyd pen uchaf y rhan ddeheuol a ddaeth yn rhan o'r ardd yn ddiweddarach. Gellir dilyn trywydd llwybrau diweddarach a grëwyd pan gynlluniwyd yr ardd gerrig a'r 'wild garden' i raddau, ond diflannodd unrhyw wyneb oedd iddynt; mae ffotograffau'n awgrymu bod wyneb aro leiaf rai o'r llwybrau troed yn yr ardd gerrig, a phorfa oedd ar y llwybr a redai lawr y border dwbl. Mae rhai llwybrau cliriach ym mhen de-orllewinol y teras, lle mae parhad o'r llwybr sy'n croesi'r man o fewn trofa'r lôn; mae hon hefyd ag ymylon cerrig a wyneb wedi'i darmacio bellach, gan arwain at y lawnt; mae llwybr arall ag ymylon cerrig sy'n fforchio i'r de yn rhedeg trwy glwstwr o goed lawr i'r ardd rosod. Ceir hefyd lwybr ag ymylon iddo, ag ychydig o risiau cerrig, yn arwain i fyny o'r 'wild garden' ddeheuol tuag at yr ardd â wal o'i chwmpas.

Mae'r teras yn hirgrwn, ac fe'i cynhelir yn rhannol gan glogwyn creigiog naturiol ac yn rhannol gan wal gerrig. Roedd lawnt yno ar un adeg yn amlwg – er bod y borfa bellach yn uchel iawn, nid oes coed na llwyni yno. O'i gwmpas ceir perth ywen euraidd. Ar ochr y tŷ mae teras cul ar lefel uwch, a balmantwyd â cherrig Efrog, a grisiau o'r un deunydd (y rhai isaf yn grwn) yn disgyn o'r man hwn ar bob ochr i'r ardal ganolog o flaen feranda'r tŷ.

Gyferbyn â'r feranda ganolog, ar y lefel is, ceir gwylfan neu falconi a ychwanegwyd at y teras yn fuan ar ôl i'r feranda gael ei hychwanegu at y tŷ. Mae'r balwstradau cerrig adluniedig o'i gwmpas yn yr arddull ag a welir ar y balconi dros y feranda, a phalmantwyd y llawr. Roedd yno lwybr, â pherth, yr holl ffordd o gwmpas ymyl allanol y teras, ond nid oes modd dilyn ei drywydd bellach er bod y berth yno o hyd. Yn y pen de-orllewinol mae llwybrau a grisiau yn arwain oddi yno i lecynnau is yn yr ardd, ac ym mhen gogledd-ddwyreiniol y teras saif hafdy ac adardy, â grisiau'n disgyn gerllaw, a ychwanegwyd yn ôl pob tebyg yr un pryd â'r gwylfan. Yn ymyl y man hwn ceir pont friciau a cherrig dros y lôn, a welir ar fapiau o 1890 ymlaen. Ar bob ochr i'r bont mae parau o bileri addurnol, un ohonynt â giât rhyngddynt.

Mae'r hafdy'n grwn, wedi'i adeiladu o friciau â tho llechi pigfain, ac mae adardy i adar bychain ynghlwm wrth ei ochr ogleddol. Ceir pedair set o ffenestri Ffrengig, a ffenestr ddwbl yn agor at yr adardy. Yn y ffotograff o'r hafdy gyda manylion 1931, gellir gweld hafdy neu gysgodfan pren llai yn union i'r gogledd o'r adardy. Diflannodd hwn bellach.

Mae'r brif ardd gerrig islaw teras y tŷ a'r gwylfan, ond i'r gorllewin mae'n mynd yn ei flaen rhwng y teras a'r ardd rosod, llecyn a oedd yn ardd gerrig yn ôl pob tebyg cyn i'r brif ardd gerrig gael ei hadeiladu. Oherwydd bod y llethr mor serth, mae'r ardd gerrig yn derasog, â waliau sych anffurfiol sy'n amrywio o ran uchder; mae'r terasau'n bennaf yn weddol gul ac ar oleddf. Roedd llwybrau ar rai ohonynt, mae'n amlwg, â grisiau anffurfiol rhyngddynt, er na ellir dilyn trywydd y rhan fwyaf ohonynt bellach; o'r ffotograffau ym manylion gwerthiant 1931 gellir gweld bod rhai ohonynt o leiaf â wyneb ac ymylon iddynt.

Dim ond mewn un teras yn unig, o gwmpas canol y llethr, y gosodwyd cerrig, ond mae serthrwydd yr holl ardd a'r waliau teras yn rhoi iddo gymeriad gardd gerrig. Ychydig o'r plannu gwreiddiol sy'n aros, ac eithrio'r coed uchel sydd bellach yn cuddio'r olygfa o deras y tŷ.

Ar waelod yr ardd gerrig, ar deras lletach, ceir pwll hirgrwn a leinin concrid, tua 3 medr wrth 5 medr, a oedd yn cael ei weithio gan ddŵr glaw a gasglwyd mewn sianel fach ag ymyl gerrig sy'n croesi'r terasau. Mae gan y sianel hon raeadrau gwneud mân, ac er nad yw'n dal dŵr bellach roedd yn amlwg yn nodwedd o'r ardd gerrig. Ar un lefel mae'n diflannu i danc, gan ymddangos eto ar y lefel islaw, lle ceir pwll bach, basn a mwgwd llew.

Mae pwll silffoedd plannu ag ymylon cerrig ar yr ochrau a sedd a adeiladwyd o gerrig a llechi uwch ei ben ar un ochr. Mae'n bosibl bod gwelyau ag ymylon cerrig a/neu lwybrau o'i gwmpas, ac mae'n amlwg ei fod yn llecyn agored, er ei fod bellach wedi tyfu mor wyllt yno fel ei fod yn anodd dychmygu hynny. Mae giât fechan haearn ar ymyl teras y pwll ac roedd bwa ywen yn mynd drosti gynt; mae'r fframwaith haearn yno o hyd a'r yw yn dal yn fyw. Mae'n rhoi golygfa o'r 'wild garden' ar oleddf islaw.

Llecyn gwastad terasog i'r de o'r tŷ yw'r ardd rosod, islaw pen de-ddwyreiniol y prif deras. Fe'i cliriwyd o isdyfiant yn ddiweddar, ond nid oes dim manylion o'r cynllun i'w weld; mae ffotograffau'n awgrymu bod patrwm afreolaidd o welyau ynys mewn porfa, heb lwybrau ffurfiol. Mae grisiau'n arwain i lawr iddi oddi uchod, ac allan ohono at y 'wild garden' islaw. Ym 1931 plannwyd nifer o blanhigion eraill ar wahân i rosod yn yr ardd, ond bellach, ac eithrio rhesi o sgimiâu ar hyd yr ymyl ddeheuol, dim ond hen blanhigion rhosod sydd yno.

Ceir deial haul yno, a welir yn y llun a dynnwyd o'r awyr yng nghanol gwely mawr crwn; nid yw i'w weld ar y mapiau cynharach. Ceir hefyd bwll crwn bach iawn ag ymylon cerrig (a lenwir o dap dŵr) yn ymyl pen deheuol y teras, ag wrn carreg ffug agored yn ei ymyl sydd bellach wedi syrthio oddi ar ei wadn.

Ychydig o adeiladwaith ffurfiol oedd i'r llecyn ar y llethr i'r de, a elwid gynt yn 'wild garden', ac roedd yn ddibynnol ar blannu yn bennaf, felly nid yw wedi goroesi'n dda. Fodd bynnag, gellir gweld y border dwbl a'r llwybr sy'n rhedeg lawr y canol fel twmp triphlyg mewn mannau. Mae perth ffawydd yn rhedeg ar hyd y ffin ddeheuol. Mae nifer o lwyni addurnol yn goroesi yn y llecyn o hyd, gan gynnwys masaren Siapaneaidd braf.

Y tu ôl i'r Cerbyty mae llecyn bach gwastad ag ychydig o goed sbesimen mawr, a ailheuwyd fel lawnt yn ddiweddar. Yn y gornel dde-orllewinol mae ffynnon fach â leinin cerrig, sydd bellach yn sych, ond yn safle pwmp ar un adeg. Mae'n bosibl mai darn o borfa ar gyfer sychu dillad oedd yma ar un adeg, gan fod y golchdy wedi'i leoli lle mae'r Cerbyty bellach.

Mae waliau sychion o gymeriad anffurfiol, y rhan fwyaf o dan 1 medr o uchder, yn cynnal y terasau o fewn yr ardd gerrig. Islaw'r man hwn a'r ardd rosod mae wal, sef y wal gynhaliol olaf, hyd at bron 2 fedr o uchder ym mhen yr ardd rosod, ac islaw ceir llethr naturiol. Mae'r wal hon hefyd yn sych, ond cafodd ei hadeiladu mewn modd cymen i roi wyneb llyfn, ac felly mae'n llai anffurfiol na'r waliau teras yn yr ardd gerrig. Uwchlaw'r ardd rosod ceir wal yn y pen de-orllewinol, ond llethr o ardd gerrig i'r dwyrain ohoni, â grisiau drwyddi, yn hytrach na wal deras.

Ymddengys mai anffurfiol iawn oedd y grisiau yn y brif ardd gerrig yn bennaf, ac yn eu cyflwr presennol mae'n anodd eu gweld. Mae'r rhes serth o risiau i lawr o deras y tŷ yn y pen gogledd-ddwyreiniol yn goncrid, ond mae wedi'i malu ac ni ellir mynd heibio iddi ar hyn o bryd. Ceir grisiau i lawr at deras y pwll ymhob pen, y rhai ar y gorllewin o'r ardd rosod; er nad oes modd eu defnyddio ar hyn o bryd gellir gweld eu bod yn risiau cerrig anffurfiol.

Ceir rhes gweddol lydan o risiau cerrig i lawr drwy'r wal gynhaliol islaw'r ardd rosod, ar ongl, gan ddod at lethr y 'wild garden' islaw. Gellir gweld y rhain yn glir yn y llun a dynnwyd o'r awyr, fel y gellir gweld rhes hirach sy'n gwyro i fyny drwy ochr orllewinol yr ardd gerrig at deras y tŷ, ond briciau yw'r grisiau hyn, ag ymylon cerrig. Tua'r gwaelod mae *Lonicera nitida* wedi tyfu'n wyllt drostynt, ac ymddengys iddynt ffurfio perth bob ochr, ond nid yw hyn i'w weld yn amlwg yn y llun a dynnwyd o'r awyr nac yn y ffotograff o'r grisiau hyn ym manylion 1931. Yn y ffotograff hwn ymddengys bod pergola dros ran uchaf y grisiau, ond yn sicr ni welir hyn yn y llun a dynnwyd o'r awyr. Ceir hefyd ychydig o risiau cerrig yn disgyn i deras y tŷ o'r llwybr sy'n arwain ato o'r de-orllewin.

Gorwedda'r gerddi eang â waliau o'u cwmpas i'r de-orllewin o'r tŷ, gan gynnwys bron tair erw. Ym manylion gwerthiant 1805 crybwyllir y tai gwydr a'r poethdai gweddol helaeth, felly mae'n debygol bod gardd lysiau mewn bodolaeth cyn y dyddiad hwn. Ymddengys bod yr ardd deiran bresennol â wal o'i chwmpas yn bodoli erbyn tua 1810, pan ymwelodd Edmund Hyde Hall â hi gan ei disgrifio fel un a godwyd yn ddiweddar, felly gall fod yn estyniad a adeiladwyd gan y perchennog wedi 1805. Mae'r darn amgaeëdig mwyaf deheuol yn ychwanegiad diweddarach gan mai padog â choed parcdir oedd yno ym 1890. Mae'n annhebygol bod unrhyw ran o'r ardd bresennol yn perthyn i gyfnod cyn tŷ 1790.

Ym 1890 roedd gan y tri darn amgaeëdig mwyaf gogleddol gynllun o lwybrau a'u rhannai yn chwe rhan gyfartal yn fras, er bod y ddwy ran yn y gogledd eithaf yn llai o faint mewn gwirionedd gan fod corneli gogledd-ddwyreiniol a gogledd-orllewinol yr ardd wedi'u llyfnu. Nid oedd y wal fewnol fwyaf gogleddol, a adeiladwyd yn ôl pob tebyg fel wal ffrwythau, yn cyrraedd waliau allanol yr ardd i'r dwyrain a'r gorllewin, ond roedd llwybrau'n mynd heibio i bob pen. Mae'n rhaid bod y llwybr canolog wedi mynd trwy ddrws yn y wal hon a'r un i'r de ohono, gan na welir unrhyw fylchau. Roedd tŷ gwydr mawr ar hyd y wal ogleddol, â mynedfa ganolog drwyddo a rhes o adeiladau yn y cefn, y tu allan i'r ardd. Ar fap 1890 gwelir y storfa afalau y tu allan i'r wal ddwyreiniol a'r stabl ar gyfer ceffyl yr ardd yng nghornel ogledd-ddwyreiniol y padog a ddaethai'n rhan o'r ardd yn ddiweddarach. Hefyd roedd ffrâm oer yn ymyl cornel dde-ddwyreiniol y tŷ gwydr.

Erbyn 1913 nid oedd unrhyw newidiadau amlwg i'r cynllun hwn, er bod coed ffrwythau i'w gweld ar fap o'r dyddiad hwnnw o amgylch waliau'r rhan ganolog. Mae'n bosibl bod y rhain wedi'u gadael allan o'r map cynharach, neu efallai iddynt gael eu plannu rhwng y ddau ddyddiad o ganlyniad i'r lleihad ym maint y berllan i'r dwyrain yn ystod yr un cyfnod (yn ddiweddarach daeth safle'r berllan hon yn 'wild garden'). Mae'n bosibl erbyn yr adeg hon bod y padog i'r de wedi dod yn rhan o'r ardd.

Ym 1931 roedd gwinwydd-dy ac eirindy gwlanog a thŷ gwydr tridarn modern, a dengys y llun a dynnwyd o'r awyr ychydig flynyddoedd yn ddiweddarach fod hanner yr hen dŷ gwydr wedi'i ddymchwel erbyn hynny. Mae'r tŷ gwydr 'modern' yn gorgyffwrdd â'i safle, felly mae'n rhaid ei fod wedi mynd erbyn 1931. Hefyd gwnaed bwlch llydan trwy ganol y wal fewnol fwyaf gogleddol erbyn yr amser y tynnwyd y llun o'r awyr. Gellir gweld ffrwythau wal a nifer o rychau trefnus o lysiau yn glir, yn ogystal â'r hyn sy'n edrych fel pergola rhosod i'r gorllewin o'r llwybr canolog sy'n rhedeg o'r gogledd i'r de.

Bellach mae'r ardd wedi tyfu'n hollol wyllt, ac mae modd cyrraedd y rhan fwyaf gogleddol yn unig, er ei bod yn ymddangos i'r

rhan fwyaf o'r waliau oroesi. Ni wyddys beth yw cyflwr y ddwy ran ddeheuol gan nad oes modd mynd atynt o gwbl. Mae'r holl ardal ar oleddf o'r gorllewin i'r dwyrain, a hefyd, yn llai amlwg, o'r gogledd i'r de. Ceir ychydig o risiau briciau a llechi i ymdopi â'r newidiadau yn y lefel o gwmpas y tai gwydr yn y rhan fwyaf gogleddol. Crëwyd teras â wal gerrig i ddarparu safle gwastad ar gyfer y tŷ gwydr diweddarach.

Mae'r waliau o gerrig morter wedi'u leinio â briciau a wnaed â llaw, y waliau mewnol yn friciau drwyddi draw, ac mae'r tŷ gwydr a gwadnau'r fframiau hefyd o friciau. Mae'r waliau ar gyfartaledd rhwng tri a phedwar medr o uchder, i fyny at bum medr ar yr ochr fewnol yn y pen gogleddol. Ceir bwlch canolog yn y ddwy wal fewnol y gellir eu gweld, ac mae bylchau ymhob pen gan y wal fwyaf gogleddol o hyd. Mae mynedfeydd i'w gweld trwy ganol y wal ogleddol (gynt trwy'r tŷ gwydr) ac i mewn i'r ail ran trwy'r wal ddwyreiniol, a'r drysau yn eu lle o hyd; mae'n rhaid bod mwy o fynedfeydd na ellir eu gweld ar hyn o bryd.

Mae'r rhes o adeiladau y tu allan i'r wal ogleddol yno o hyd, gan gynnwys y boelerdy, sy'n dal i gynnwys y boeler, a chytiau potiau, ac fe'u hadeiladwyd o gerrig; bellach nid oes to i'r storfa afalau y tu allan i'r wal ddwyreiniol. Ychwanegwyd gwadn ffrâm arall er 1913, gerllaw'r cyntaf, a cheir dau bydew fforsio briciau, yn rhannol suddedig ac yn rhannol derasog (sydd bellach wedi'u llenwi) yn erbyn y wal ogleddol ychydig i'r dwyrain o ben gwreiddiol yr hen dŷ gwydr.

Mae angen atgyweirio'r rhan sy'n aros o'r tŷ gwydr hŷn a'r tŷ gwydr diweddarach, ond mae'r ddau â'u cyfarpar mewnol o hyd, megis pibelli gwresogi, gwyntyllwyr a ffyn gwinwydd. Ymddengys bod rhan ganolog y tŷ gwydr diweddarach wedi'i chynllunio'n benodol ar gyfer gwres agerog, gan fod llawer o bibelli poeth ar hyd yr ochrau â thanciau dal dŵr oddi tanynt. Mae'r rhan uchaf (symudwyd y rhan fwyaf o'r gwydr a'i storio) o bren a baentiwyd yn wyn, â bracedau haearn addurnol, ac mae fframwaith yr estyll yno o hyd, ac eithrio'r rhan ogleddol lle mae gwelyau uchel. Cyflenwyd y tŷ gwydr gan Foster a Pearson o Beeston, swydd Nottingham.

Mae rhai coed ffrwythau yn erbyn y wal o hyd, ond fel arall ceir ychydig o olion y plannu, ac mae rhai coed hadblanhigion gweddol o faint. Mae'r gwifrau a oedd yn eu cynnal ar y waliau o hyd. Mae'r hen dŷ gwydr yn dal i gynnwys gwinwydd.

Ffynonellau

Sylfaenol
Gwybodaeth gan Mr M. Herman.
Gwybodaeth gan Mr P. Welford.
Lluniau a gedwir yn y Cerbyty.
Manylion gwerthiant 1805 a 1931 (Llyfrgell Genedlaethol).

Eilradd
E. Hyde Hall, *A Description of Caernarvonshire* (1809–1811).

CADW

BODNANT

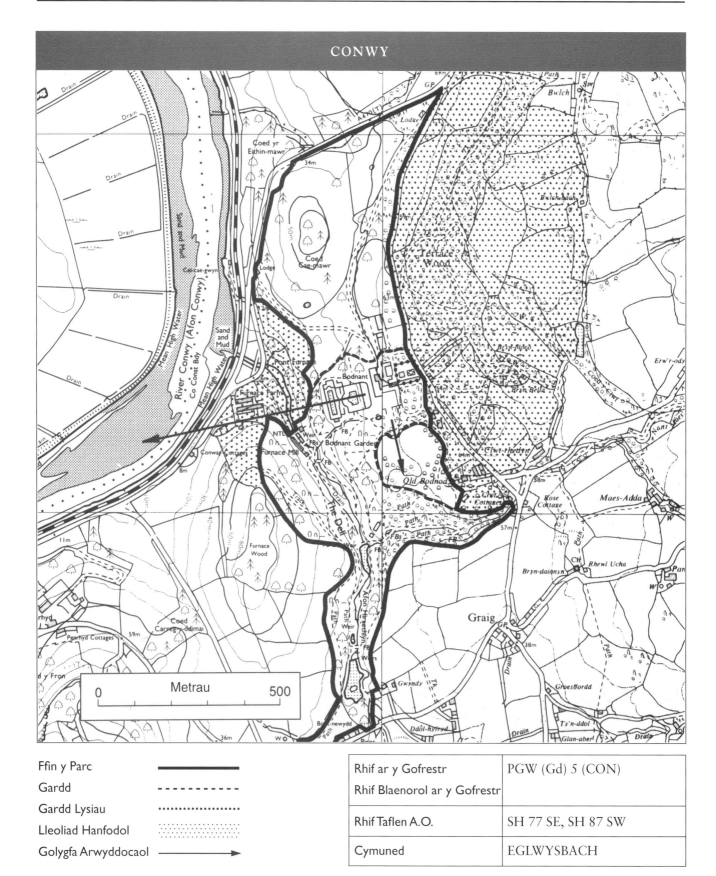

Ffin y Parc	———————
Gardd	- - - - - - - - - -
Gardd Lysiau	• • • • • • • • • • • •
Lleoliad Hanfodol	∷∷∷∷∷
Golygfa Arwyddocaol	——————▶

Rhif ar y Gofrestr	PGW (Gd) 5 (CON)
Rhif Blaenorol ar y Gofrestr	
Rhif Taflen A.O.	SH 77 SE, SH 87 SW
Cymuned	EGLWYSBACH

Atgynhyrchwyd o fapiau'r Arolwg Ordnans gyda chaniatâd Rheolwr Llyfrfa Ei Mawrhydi.
© Hawlfraint y Goron. CADW Rhif trwydded GD272221/01/98

CRYNODEB

Rhif cyf	PGW (Gd) 5 (CON)
Map AO	116
Cyf Grid	SH 799 722
Sir flaenorol	Gwynedd
Awdurdod unedol	Conwy
Cyngor cymuned	Eglwysbach
Disgrifiadau	Adeiladau: Pin Mill Gradd II*, waliau a grisiau teras, beddrod a Melin Ffwrnais i gyd yn Radd II.
Asesiad safle	Gradd I
Prif resymau dros y graddio	Gardd eithriadol mewn safle hynod ddeniadol a'r ardd fwyaf adnabyddus yng Ngogledd Cymru. Cychwynnwyd hi gan Henry Pochin a'i datblygu gan 2il Arglwydd Aberconwy, a gynlluniodd y terasau ffurfiol a'u gosod allan yn 1905–14; prif elfen arall yr ardd yw'r Glyn (Dell) sydd wedi ei seilio ar waith plannu gwreiddiol Pochin o amgylch nant a phyllau gwneud. Mae dau brif adeilad gardd, nifer o nodweddion eraill a chasgliadau pwysig o blanhigion, gan gynnwys nifer o hybridau, yn enwedig rhododendronau a fagwyd ym Modnant.
Math o safle	Gerddi teras ffurfiol, golygfeydd; coedwig a gardd ddŵr; gerddi cerrig; ardal fechan o dir parc; cynllun manwl, nifer o nodweddion, ac ystod enfawr o blanhigion gan gynnwys nifer o amrywiadau egsotig a lled galed.
Prif gyfnodau o adeiladu	Diwedd y ddeunawfed ganrif; y bedwaredd ganrif ar bymtheg; 1905–14.

Disgrifiad safle

Mae Bodnant wedi ei leoli ar ochr ddwyreiniol dyffryn Conwy, â golygfeydd arbennig i'r gorllewin o'r tŷ a'i ardd dros y dyffryn a thu draw i gyfeiriad Eryri. Adeiladwyd y tŷ, sydd yn rhan ogledd-ddwyreiniol yr ardd ac yn edrych allan dros y terasau i'r gorllewin a rhan fwyaf o'r ardd i'r de, yn wreiddiol gan Cyrnol Forbes ym 1792, ychydig bellter o'r tŷ gwreiddiol (Old Bodnod) oherwydd yr olygfa well. Prynwyd y tŷ gan Henry Pochin, fferyllydd diwydiannol cyfoethog, ym 1874. Yn dilyn hyn fe'i ymestynnwyd, gan roi wyneb newydd, gwenithfaen glas arno, a newidiwyd y ffenestri codi i ffenestri casment â physt tywodfaen. Newidiodd Pochin hefyd y brif lôn i'r tŷ o'r de i'r gogledd. Ar wahân i dyfiant y planhigion dringo sy'n gorchuddio'r waliau, nifer ohonynt wedi eu plannu gan Pochin, nid oes llawer wedi newid.

Adeiladwyd yr ystafell wydr, sydd wedi ei chysylltu ag ochr dde-ddwyreiniol y tŷ, ar gyfer Pochin gan Messenger & Co. ym 1882. Roedd yr ardal redynogydd gyfagos yn ei lle ac wedi ei phlannu erbyn 1883 ac felly mae'n debyg iddi gael ei hadeiladu ar yr un pryd. Mae'r ystafell wydr o gynllun Fictorianaidd nodweddiadol, o bren wedi ei beintio'n wyn ynghyd â gwaith haearn gyr addurnol ar hyd y gefnen, sydd hefyd wedi ei beintio'n wyn. Mae engrafiad o 1883 yn dangos fod gan yr ystafell wydr gyntedd ar yr ochr ddeheuol a drysau dwbl gan yr ardal redynogydd, ond mae'r ddwy nodwedd wedi diflannu bellach.

Mae'r parc yn llawer llai pwysig na'r ardd bellach, gan fod peth ohono wedi ei droi yn ardd dros y blynyddoedd. Mae gan y gweddill i'r de (the Old Park) rai coed a blannwyd hwyrach tua 1792. Mae'r mwyafrif o'r rhain yn goed derw ac wedi eu plannu gan fwyaf lle mae'r tir yn codi'n fryncynnau. Mae nifer helaeth o narsisi wedi eu plannu yno, a'i bwrpas nawr yw rhoi golygfa ddymunol y tu draw i'r ardd i'r de. Caiff ei drin fel rhan o'r ardd.

Mae gan ardaloedd eraill i'r gogledd o'r tŷ, rhwng y ddwy lôn, gymeriad parcdir hefyd â choed pren caled yma ac acw, y rhan fwyaf yn goed derw, a pherthlys o goed collddail a choed coniffer cymysg ar ben codiad tir. Mae golygfeydd ar draws hyn o rai rhannau o'r ardd, ond bellach caiff ei drin fel tir ffermio. Nid yw mannau tebyg sy'n agos i'r ystad i'w gweld o'r ardd.

Mae dwy lôn at y tŷ, y naill ar gyffordd y brif ffordd rhwng Betws-y-coed a Chonwy a ffordd Eglwysbach i'r gogledd, a'r llall oddi ar y brif ffordd ymhellach ymlaen, gan ddynesu at y tŷ o'r gogledd-orllewin. Mae'r ddwy yn rhedeg trwy blanhigfeydd o goed collddail a choniffer cymysg, gyda llwyni oddi-tanynt, sydd mae'n debyg yn cyfoesi â'r lonydd. Ceir llwybr mynediad byr hefyd o ffordd Eglwysbach yn ymyl yr ardd lysiau.

Mae'r lonydd at y tŷ yn dyddio i gyfnod wedi ailgyfeirio prif ffordd Betws-y Coed i Gonwy. Gwelir yr hen lwybr ar fapiau Arolwg Ordnans 1840–41 a 1890 (a arolygwyd rhai blynyddoedd ynghynt), ond gwelir y llwybr newydd ar fap 1913. Roedd yr hen ffordd yn troi'n igam-ogam yn sydyn, gan ddod yn agos iawn i'r tŷ, ac roedd y brif fynedfa i'r tŷ o'r de-ddwyrain. Yr hyn sydd bellach yn fwthyn y garddwr nawr oedd y porthordy.

Pan sythwyd y ffordd, cafwyd gwared â'r igam-ogam, a chafodd ei ddefnyddio yn rhannol i wneud y lonydd newydd a'i symud yn rhannol. Mae'r lôn o'r gogledd-orllewin yn dilyn rhan gyntaf yr igam-ogam i ddechrau, ond yna mae'n gwyro'n esmwyth yn hytrach na pharhau yn syth. Mae'r hen ffordd rhwng y man hwn a'r gornel fain wedi ei defnyddio, ond mae'r rhan gyntaf y rhan sy'n dod yn ôl ar ôl y troad yn goroesi fel llwybr bach. I'r gogledd-ddwyrain o'r lôn ogleddol hollol newydd mae wedi ei symud hefyd.

Mae'r lôn i'r gogledd yn cymryd y llwybr hiraf bosibl allan i 'r ffordd, a megis y lôn i'r gogledd-orllewin, gwyra'n esmwyth. Mae'r porthordy ger y giât ogleddol o garreg a gwaith coed du a gwyn, a'r porthordy ger y giât orllewinol yn garreg. Mae piler giât dywodfaen o hyd ger y porthordy gogleddol, ond mae i'r lôn ogledd-orllewinol fynedfa gywrain â phileri giât ddwbl, ynghyd â wal dywodfaen â phileri, rheiliau a giatiau haearn wedi eu peintio'n ddu sy'n ymestyn am dipyn. Plannwyd coed a llwyni cymysg ar boptu'r ddwy lôn ar eu hyd, ac mae porthordy i'r ddwy. Mae'r lôn fer i'r dwyrain wedi ei newid hefyd, a bellach mae'n gwyro o gwmpas yr ardd lysiau newydd yn hytrach na rhedeg yn syth ar ei thraws. Mae gan y fynedfa bostiau giât tywodfaen â giatiau o haearn gyrru; ar ben y pyst ceir yrnau tebyg i'r rhai ar y deildy yn y Rose Terrace, a gopïwyd o Westy'r Ritz yn Llundain. Ceir arwyneb o darmac ar bob lôn. Cafodd y lôn o'r de-ddwyrain ei symud erbyn cyfnod engrafiad o flaen deheuol y tŷ ym 1883, felly yn ôl pob tebyg roedd y lonydd newydd wedi eu gwneud erbyn y cyfnod hwn.

Mae ffosglawdd cerrig yn ffin rhwng yr Old Park a'r Front Lawn, gan barhau tua'r dwyrain a'r de, ond gan ddod i ben yn y gorllewin wrth ffens haearn ger yr Round Garden. Mae'n amlwg iddo gael ei adeiladu rhyw bryd ar ôl 1883 gan fod yr engrafiad o'r dyddiad hwnnw yn dangos ffens bren yn ei le.

Er mai tua diwedd y bedwaredd ganrif ar bymtheg a dechrau'r ugeinfed ganrif y gwnaethpwyd y prif ddatblygiadau i'r ardd ni allai fod wedi datblygu yn yr un modd heb y fframwaith a oedd yno eisoes. Roedd coed a blannwyd gan adeiladwr y tŷ, Cyrnol Forbes, o 1792 ymlaen, eisoes yn aeddfed pan brynodd Henry Pochin y tŷ ym 1874. Roedd rhain yn goed derw, castanwydd melys ac, yn enwedig, ffawydd, na phlannwyd ond ychydig ohonynt yng Ngogledd Cymru cyn y cyfnod hwn. Gallai Pochin ymroi i'w ddiddordeb mewn conifferau egsotig â'r ychydig o gysgod a oedd yno eisoes, ac nid oedd angen plannu coed ar y lawntiau o gwmpas y tŷ. Er hynny, tra iddo ganolbwyntio ar blannu y

Binwyddlan yn y Glyn (fel y gelwir dyffryn serth nant Hiraethlyn), cyflogodd gwmni Edward Milner i osod allan y tir o amgylch y tŷ. Plannodd hefyd y ddwy gedrwydden sydd bellach ar Lilly Terrace, ym 1875.

Roedd cynllun Milner yn syml â therasau ar ochr ddeheuol a gorllewinol y tŷ, lle disgyn llethr laswelltog serth i'r lawntiau, gan beri anhwylustod heb risiau. Roedd gwelyau ffurfiol a llwyni anffurfiol ar y lawnt ar lethr i'r gorllewin. Mae'n debygol bod y wal dyllog sy'n rhedeg i'r de o ychydig i'r dwyrain o'r ystafell wydr yn rhan o'r cynllun; dilyna hon linell wal ddwyreiniol yr hen ardd lysiau, a symudwyd mae'n debyg yn y 1880au cynnar. Mewn engrafiad o 1883, gwelir gardd gron tu draw i ddiwedd hon, i fyny ychydig o risiau ac mae'n rhaid ei bod ar safle y Round Garden bresennol neu'n agos iawn iddi.

Gwnaed y newidiadau hyn oll ar ddiwedd y 1870au a dechrau'r 1880au yn ôl pob tebyg. Adeiladwyd y tai gwinoedd tua 1876, naill ai ar wall ogleddol yr hen ardd lysiau neu ar wal newydd a osodwyd yn ei lle – wal ddeheuol yr ardd lysiau newydd. Mae'n debyg bod gweddill yr adeiladau wedi'u hadeiladu tua'r un amser, a'r ystafell wydr, a adeiladwyd ym 1882, oedd un o'r prif ddatblygiadau olaf yn y gwelliannau mae'n debyg. Unwaith i'r ardd lysiau gael ei symud, gellid codi'r wal dyllog ar hyd llinell y wal orllewinol. Mae'n rhaid bod y lôn o'r de-ddwyrain wedi ei symud erbyn cyfnod gwneud y round garden, felly mae'n debyg fod y lonydd newydd o'r gogledd a'r gogledd-orllewin yn barod cyn 1883. Mae'n amlwg bod sythu ffordd Betws-Conwy yn hanfodol yn yr holl gynllun.

Yn y cyfamser, ym 1876, roedd Pochin wedi plannu'r conifferau cyntaf ar lethr ddwyreiniol y nant yn y Glyn. Ymhlith y rhain roedd *Cedrus atlantica* 'Glauca', *Cryptomeria japonica* 'Lobbii' ac (ym 1877) *Tsuga heterophylla*. Plannwyd y coed ar y llethr orllewinol yn bennaf ym 1886 (e.e. *Sequoia sempervirens*, *Tsuga mertensiana*, *Sequoiadendron giganteum* 'Pendulum'), ond cofnodwyd hefyd y dyddiadau plannu yn ystod y ddegawd yn y canol (*Abies veitchii* 1879, *Cedrus deodora* 1881, ac ati). Erbyn 1883 roedd y laburnum arcade wedi gorffen, ceid 'small geometric flower garden' (o bosibl y Round Garden), crewyd gerddi cerrig yn y Glyn ac roedd y beddrod (o'r enw 'The Poem') newydd ei adeiladu. Plannwyd llawer o lwyni a grug yn y Glyn, a chroesa pont bren gywrain Mill Pool uwchben y rhaeadr, yn yr un safle â'r un gyfoes. Ym 1888 ceir sôn am lyn arall ag ynys gwneud ar ochr ddeheuol y Glyn, ac roedd border blodau dwbl ger The Poem, a deildy rhosod 100 troedfedd a gardd rosod â nifer o welyau mawr. Erbyn 1892 roedd yr ardd eisoes yn derbyn llawer o ymwelwyr.

Bu farw Pochin ym 1895 gan adael yr ystad i'w ferch, Arglwyddes Aberconwy. Nid oedd gan Arglwydd Aberconwy lawer o ddiddordeb mewn garddio ac aeth Arglwyddes Aberconwy i bartneriaeth gyda'i mab, Henry Duncan McLaren. Felly, hi oedd yn darparu'r gweithwyr, yr arian a'r cyngor, ac yntau, er yn ifanc iawn ar y pryd, yn llunio syniadau, gwneud cynlluniau, ac yn gwneud y gwaith.

Prif brosiect McLaren oedd creu pum teras godidog i'r gorllewin o'r tŷ, sydd nid yn unig yn creu nodwedd ddiddorol a phrydferth o lethr eithaf serth, ond sydd hefyd yn manteisio ar yr olygfa a'r amgylchiadau cysgodol ar gyfer tyfu llawer o blanhigion braidd yn frau. Lluniwyd y cynllun hwn ym 1903, ei weithredu rhwng 1905 a 1914 (heb ddifrod i'r ddwy gedrwydden a blannwyd ar y llethr ym 1875), a'i wella'n ddiweddarach gan ychwanegu pistyll arddull baroc i'r Corquet Terrace a'r Pin Mill i'r Canal Terrace.

Parhâi'r Glyn i gael ei blannu gan ddatblygu cymeriad mwy coediog fel y tyfai'r coed; newidiwyd y planhigion i gyfateb â hyn. O tua 1909 ymlaen datblygwyd y Glyn fel gardd goedwig yn dilyn y cynllun a hyrwyddwyd gan William Robinson.

Cyfraniad mawr arall Henry Duncan McLaren i'r ardd oedd cyflwyno rhododendronau iddi. Cyn 1908 ychydig iawn oedd wedi eu tyfu, ond yn y flwyddyn honno daeth rhai amrywiadau Tseineaidd newydd o had a gesglid ym 1900 ar gael, a phenderfynodd wneud defnydd ohonynt. Plannwyd rhai o'r rhai cyntaf, gydag amrywiadau o Fynyddoedd Himalaia, yn y Quarry Garden, llecyn ar ben uchaf y dyffryn a oedd yn isnant i'r Hiraethlyn, lle bu chwarel fechan gynt. Gwnaethant waith da yno, a dechreuodd McLaren groesi rhywogaethau, gan blannu niferoedd mawr o'r rhywogaethau a'r hybridau y tybiai eu bod yn llwyddo orau. Parhâi i ddatblygu a phlannu amrywiadau newydd drwy gydol ei oes.

Dwy brif ran yr ardd felly yw'r Glyn, pinwyddlan mewn lleoliad naturiol hyfryd â dŵr, gerddi cerrig, a chymysgedd anferth o goed a llwyni, a grëwyd gan fwyaf gan Henry Pochin; a'r terasau ffurfiol, sy'n dod â'r olygfa hyfryd o ddyffryn Conwy i mewn i'r ardd ac yn darparu cartref cysgodol ar gyfer ystod eang o lwyni a dringwyr a grewyd gan ei ŵyr. Er bod y ddwy ran hon yn hollol wahanol o ran cymeriad, maent wedi eu cyfuno'n llwyddiannus gan yr ardal o lawntiau ganolog, y borderi llwyni a'r coed yma ac acw, hwy oll â nifer o nodweddion mân ar wahân (y Round Garden, Rosemary Garden, beddrod, dau bwll ac yn y blaen), gan gyfuno elfennau ffurfiol â fframwaith llai strwythuredig.

Mae'r pum teras a grëwyd rhwng 1905–14 yn disgyn o deras Milner ar ochr orllewinol y tŷ. Caiff rhain eu ffinio gan waliau o wenithfaen llwyd. Roedd y grisiau gwreiddiol o'r pen gyferbyn ag ochr dde-orllewinol y tŷ gan ddod i lawr yn syth ar draws y teras uchaf newydd, y Rose Terrace, i'r Croquet Terrace islaw. Diwygiwyd y rhain yn ddiweddarach, fodd bynnag, pan gafodd McLaren afael ar bistyll baroc sydd (wedi ei erydu i raddau helaeth) bellach wedi ei osod ynghanol wal y Croquet Terrace. Mae'r rhes gyntaf yn arwain bellach at y Rose Terrace yn unig, ac mae dwy res newydd yn ymestyn o boptu'r pistyll i lawr i Croquet Terrace.

Mae'r Rose Terrace wedi ei balmantu â gwelyau ynys hirsgwar pob un wedi ei blannu ag un math o rosyn. Mae'r olygfa ar hyd y llwybr canolog yn dod i ben ar ochr y de gyda cherflun o Priapus. Mae gan y Croquet Terrace wal gefn grom llawer uwch â phistyll yn y canol, ac mae ganddo lawnt; mae hefyd wedi ei alw yn Bowling Green Terrace.

Mae'r grisiau i lawr o'r teras hwn yn troi ar ongl sgwâr ym mhob pen i lawnt Lilly Terrace. Yma mae pwll hirsgwar mawr ag estyniad hanner cylch i'r gorllewin yn meddiannu'r rhan fwyaf o'r lle rhwng y ddwy gedrwydden 120 mlwydd oed. Mae ochr y pwll wedi ei balmantu, fel yn achos camlas gul sy'n cario dŵr iddo o ail bwll bychan ynghanol y wal gefn. Mae bwtresi ysbeidiol i'r wal hon sy'n darparu cysgod ychwanegol i lwyni arbennig o fregus. Mae llwybr briciau ar boptu iddi, a phorth bwaog i bob llwybr, o'r ochr ogleddol a deheuol fel ei gilydd.

Mae perth ywen sy'n gwyro ar hyd blaen y teras â ffurf debyg i'r pwll, a thu draw ceir llwybr glaswelltog. Mae dau ben syth y llwybr wedi eu palmantu â charreg, gan arwain i ddwy res o risiau, ac yn gwyro ar boptu i estyniad hanner cylch y teras gan ddisgyn i'r Lower Rose Terrace islaw. Dros y grisiau ac yn rhedeg o'r dwyrain i'r gorllewin ar ddau ben y teras hwn, mae pergolâu delltog, wedi eu haddurno ag yrnau. Gwelir wrth lun a dynnwyd ym 1928 nad oedd y pergolâu o'r dwyrain i'r gorllewin wedi eu codi eisoes, na chwaith unrhyw yrnau ar lefel uwch y pergola canolog.

Mae llwybrau'r Lower Rose Terrace o friciau, ac unwaith eto mae gwelyau rhosynnau hirsgwar ag amrywiadau unigol o rosynnau. Ar bob ochr, wedi ei gosod ger estyniad hanner cylch y teras uwchben, mae lawnt fechan â borderi, i fyny ychydig o risiau. Mae'r rhan ogleddol â choed paeonig, ac mae'r rhan ddeheuol yn llawn blodau gwyn.

Yng nghanol y Lower Rose Terrace mae ei led wedi ei gyfyngu i faint y prif lwybr o'r de i'r gogledd bron; o'r Canal Terrace mae hanner cylch sy'n wynebu tuag ato yn gwyro yn ôl tuag at estyniad y Lilly Terrace uwchben. Yng nghanol hwn ceir rhes isel o risiau i lawr i'r Canal Terrace, ac mae grisiau hefyd ar boptu i'r Lower Rose Terrace.

Y Canal Terrace yw'r hiraf, mae ganddo lawnt â chamlas (a elwir yn bwll nofio hefyd, ac a ddefnyddiwyd gan Syr Bernard Fryberg i ymarfer ar gyfer nofio'r Sianel), i lawr y canol. Perth ywen wedi ei thocio yw'r ffin orllewinol, ac o fewn hon mae border blodau hir. Ar yr ochr ddeheuol mae'r Pin Mill, adeilad o ddechrau'r ddeunawfed ganrif a fwriadwyd yn wreiddiol mae'n debyg fel tŷ gardd neu borthordy, ond a achubwyd gan McLaren rhag mynd i'w cholli a'i ddefnyddio fel storfa grwyn mewn tanerdy yn Swydd Gaerloyw. Ar yr ochr ogleddol mae theatr o yw wedi eu tocio â llwyfan, esgyll ac ystafelloedd newid â cherfluniau ar yr ochrau. Cynlluniwyd y rhain ar gyfer effaith yn fwy nag ar gyfer defnydd, er bod dramâu'n cael eu llwyfannu yn achlysurol iawn.

Mae cyfres gyfan y terasau'n gyforiog o blanhigion, yn enwedig dringwyr a llwyni sy'n mwynhau cynhesrwydd a chysgod y waliau. Caiff planhigion dringo eu plannu yn aml ar ben waliau gan gyfeirio tuag i lawr, ac mae gan nifer o'r waliau dyllau plannu ar gyfer planhigion wal bychain. Mae hyd yn oed y casgliad o blanhigion ar y terasau'n arbennig.

Mae dau bwll ffurfiol mewn mannau eraill o'r gerddi, yn ychwanegol at y rhai ar y terasau. Mae un, ar y Top Lawn neu'r East Lawn, yn bwll crwn syml ag ochrau palmentog iddo, a borderi crwn o lwyni bychain. Mae'n ymddangos ei fod yn yr un safle yn union â nodwedd gron a welir ar hen fapiau yn yr hen ardd lysiau, a oedd efallai yn bwll trochi, ac efallai ei fod wedi goroesi o'r cynllun gwreiddiol ac wedi ei addasu i asio â'r un newydd.

Mae'r pwll arall, i'r de o'r tŷ, wedi ei derasu'n ddwfn i'r llethr yn y cefn ac felly ychydig yn gysgodol. Mae'n hirgrwn, efallai yn 12m o hyd â theils teracota addurnol yn ochrau iddo a llwybr briciau yn ei amgylchynu. Rhwng y llwybr a'r dŵr mae border wedi ei blannu â *rhododendron williamsianum*, a gafodd eu hailblannu yn ddiweddar. Mae alaw Canada, *Aponogeton distachyus*, yn ffynnu yn y pwll cysgodol, a chafwyd sôn gan rai o'r bedwaredd ganrif ar bymtheg am ei arogl a'r ffaith ei fod yn blodeuo am naw mis o'r flwyddyn. Mae'n debyg felly fod y pwll hwn yn ddatblygiad cynnar, er bod F. C. Puddle, y pen garddwr blaenorol, tra'n ysgrifennu yn 1950, yn ei alw 'an old bathing-pool'. Gwelir pwll ychydig yn is i lawr ar fap Arolwg Ordnans 1889 (a arolygwyd ynghynt), ac mae'n bosib mai hwn oedd cartref gwreiddiol y dyfrlys wrth gwrs; ond ym 1892 crybwyllwyd *dau* ddarn o ddŵr, sy'n adleisio'r cynllun modern, gan fod pwll anffurfiol ychydig islaw.

Mae mwy nag un rhan o'r ardd wedi ei disgrifio'n ardd gerrig ar adegau gwahanol, ac yn bendant mae trefniadau llac o greigiau o blith llawer o'r planhigion, yn enwedig y rhododendronau. O gwmpas y beddrod mae grug a llwyni eraill wedi eu plannu ar y creigiau naturiol a'r rhai a ychwanegwyd i gynnal y beddrod ac maent yn ychwanegu at 'lliwgarwch' yr ardal o amgylch. Fodd bynnag, erbyn hyn mae'r planhigion wedi tyfu'n wyllt yn y mannau

hyn gan fwrw'r creigiau i'r cysgod, ac mae'r hyn a adwaenir bellach fel yr ardd gerrig yn meddiannu dyffryn y nant fach sy'n bwydo'r pwll a grybwyllir uchod. Mae argaeau gwneud yn rhannu'r dŵr yn byllau, gan greu rhaeadrau bychain iawn ac yn rhedeg i lawr wyneb y creigiau. Mae rhododendronau llai ac asaleâu ar y creigiau, gyda bresych drewllyd, briallu'r gerddi a phlanhigion glan y dŵr eraill ger yr afon.

Ceir mynediad i'r beddrod oddi isod drwy'r ardd gerrig o amgylch y soniwyd amdani uchod a thrwy'r weirglodd uchod trwy drefniant ffurfiol cwbl gyferbyniol. Mae llwybr glaswelltog yn arwain at res o risiau â waliau isel ag yrnau ar bob ochr iddi, sydd yn ei thro yn arwain at ardd, a amgylchynir gan yr un waliau isel, sy'n amgylchynu croesiad y llwybr hwn a'r un sy'n dod i fyny oddi isod gan anelu'n ôl tua'r tŷ. Y tu draw i hwn mae tair rhes arall o risiau, oll â waliau isel ar yr ochrau, gan adael yr ardd fechan ac yn mynd i lawr i fynedfa'r beddrod. Mae'r ardal gyfan wedi ei phlannu â llwyni.

Y Round Garden o bosib yw un o nodweddion cynharaf yr ardd, yn dyddio o bosib o tua 1880. Yr adeg honno nid oedd ganddi bistyll, dim pwll yn ôl pob tebyg, ac fe ymddengys o engrafiad iddi gael ei phlannu gyda phlanhigion carpedu a chorgonifferau. Nawr mae planhigion amrywiol gan gynnwys llwyni bychain, a nifer o fiwlys. Mae cameliâu mawr ar bob ochr i'r fynedfa i bob un o'r pedwar llwybr llechfaen cul sy'n chwarteru'r ardd (mae dau, fodd bynnag, ar goll), ac mae'r cyfan wedi ei amgylchynu â gwelyau llwyni. Mae'r pistyll carreg â dolffiniaid, yn fawr a mawreddog o'i gymharu â'r ardd. Mae wedi ei osod mewn pwll â charreg o amgylch.

Mae gan ardd gron fechan ychydig uwchben y bwlch yn y gefnen ar ben y Glyn, a elwir yn "Rosemary Garden", olygfa â pherth gamelia a sedd ar ei hochr orllewinol. Mae llwybr yn croesi'r canol, o'r dwyrain i'r gorllewin. Caiff y cylch ei amlinellu gan berth rosmari, ac mae wedi ei blannu ag amrywiaeth o blanhigion coetir. Gellir dod ato oddi uchod ar hyd grisiau â waliau pen gwastad isel nodweddiadol ar bob ochr. Plannwyd y berth rosmari yn ddiweddar, gan gymryd lle perth ywen, ac mae'r enw wedi newid i gyd fynd â hyn.

Mae'r South Lawn neu'r Front Lawn yn ymestyn o'r teras ger y tŷ yn syth i'r ffosglawdd gan amgylchynu'r Old Park, yn mynd yn gul rhwng y pwll hirgrwn terasog a'r gwelyau a borderi sy'n amgylchynu'r Round Garden. Mae ganddi forderi blodau yn gefn i'r teras, ar hyd yr ochr ddwyreiniol ac ar hyd balwstrad y wal deras uwchben y pwll. Mae rhes lydan o risiau carreg sy'n arwain i lawr o deras y tŷ yn dyddio o gyfnod ar ôl 1883, fel yn achos y wal deras ei hun a'r seddau carreg ger y grisiau.

Mae arwyneb y lawnt yn anwastad iawn yn agos i'r tŷ, oherwydd yn rhannol i goed gael eu symud oddi yno o bosib; ond ni ddangosir dim yma ar engrafiad 1883. Achoswyd peth o'r gwaith anwastad mae'n debyg gan godi yr hen lôn o'r de-ddwyrain, a fyddai'n croesi'r ardal hon. Mae'r lawnt yn arwain i lawr i'r gorllewin trwy grŵp o ffawydd Cyrnol Forbes i gyfeiriad yr ardd gerrig a'r glyn, ac mae'r cerflun Priapus yn sefyll arni, o flaen y fynedfa i'r Rose Terrace. Mae hon felly yn ardal allweddol sy'n cysylltu elfennau ffurfiol a 'gwyllt' yr ardd.

Mae gan yr ardd lawer o lwybrau. Mae'r llwybrau ar y terasau yn amlwg yn hanfodol i'r cynllun, ac mae'r ddau lwybr ar y naill ochr i'r afon yn y Glyn wedi bod yno ers cyfnod Pochin, fel yn achos yr un sy'n dringo i fyny ger y beddrod ac yn dod yn ôl uwchben y Glyn tuag at y tŷ. Ychwanegwyd llawer mwy yn ystod y blynyddoedd diweddar ar gyfer hwylusdod ymwelwyr, y rhan fwyaf wedi'u graeanu, ond yn y mannau gweirglodd, mae'r glaswellt wedi ei dorri. Ar y cyfan maent yn ffurfio system gymhleth sy'n cyrraedd pob cornel o'r ardd bron.

Atgyfnerthodd Pochin wely yr Hiraethlyn cyn gwneud dim arall yn y Glyn, oherwydd yn y gaeaf gall gario cryn dipyn o ddŵr garw a bod yn ddinistriol dros ben. Mae nifer o newidiadau addurnol wedi eu gwneud i'w gwrs naturiol. Y mwyaf arwyddocaol yw'r pistyll mawr, unionsyth yn yr all-lifiad o'r Mill Pool, sy'n nodwedd bwysig a welir oddi uchod, a thrwy edrych yn ôl i fyny'r Glyn. Mae dwy gored hefyd yn uwch i fyny'r Glyn, ger y pwll mwy ar yr ochr ddeheuol, a nifer o raeadrau, cerrig camu a phontydd gwledig. Ychydig iawn o gwrs yr afon sydd yn ei gyflwr naturiol, ac eto mae'r effaith gyfan yn un naturiol iawn.

Mae'r isafonydd wedi cael triniaeth debyg, gydag effaith debyg. Nodwyd yr un yn yr Ardd Gerrig, ac mae gwely'r llall, yn y Quarry Garden a'r Yew Dell, sy'n rhedeg yn ôl i'r dwyrain o safle agos i'r beddrod, wedi ei atgyfnerthu gan ychwanegu ychydig o greigiau i wneud sgydau a rhaeadrau bychain. Mae llawer o bontydd yn ei chroesi hefyd.

Mae'r Mill Pool yn dyddio o gyfnod cyn yr ardd, gan ddatblygu'n gafn melin a wasanaethai ffwrnais chwyth yn gyntaf ar lannau Afon Conwy, ac yna y felin flawd ar ochr ogleddol y Glyn, ac yn fwy diweddar felin lifio yr ystad y tu draw i hon. Mae'r pwll, fodd bynnag, wedi ei ehangu. Gwnaethpwyd pwll arall ar ochr ddeheuol y Glyn mae'n debyg fel atyniad yn yr ardd. Mae'n cynnwys ynys gwneud ac mae ganddo dŷ cychod.

I'r gogledd o'r Lower Rose Terrace ceir teras anffurfiol a borderi uchel â waliau sych rwbel. Fe'u plennir â phalmwydd, hylithr a phlanhigion â dail cul pigog, gan roi argraff o sychder.

Ceir nifer o olygfeydd mewnol ac allanol ar draws yr ardd i gyd, ond mae dau wylfan wedi eu hadeiladu'n arbennig ar y llwybr uchaf uwchben y Glyn. Mae'r naill yn agos i'r beddrod, i'r gogledd, ag ardal gron sy'n amgylchynu sedd o gwmpas coeden dderw, gyda wal garreg anffurfiol isel o'i chwmpas. Mae'r llall ar ochr orllewinol y Rosemary Garden, gan gymryd ffurf llecyn graeanog â sedd y tu ôl i wal isel ffurf 'C' wedi ei gorchuddio â chameliâu tociedig. Ychydig oddi tani, ar lethr serth y Glyn, gellir cyrraedd dwy sedd arall ar hyd llwybrau ochrau byrion o'r grisiau.

Pan brynodd Henry Pochin Bodnant ym 1874 roedd yr ardd lysiau ar ochr ddeheuol yr hyn sydd bellach yn wal ddeheuol iddi, a dangoswyd yr ardd lysiau yn y safle hwnnw ar fap Arolwg Ordnans 25 modfedd a gyhoeddwyd ym 1889. Arolygwyd y map hwn ym 1875 ac ym 1888 ac mae'n amlwg fod Bodnant yn ardal a arolygwyd ar y dyddiad cynharach. Mae'r map yn dangos gardd hirsgwar wedi ei rhannu gan lwybrau i chwe ardal, wedi eu plannu â choed ffrwythau a dau dŷ gwydr bychan a sied. Ar y llecyn lle cyfarfyddai'r ddau brif lwybr roedd nodwedd gron fechan ac mae'n debygol mai pwll trochi oedd, a chan ymddengys ei fod ar union safle'r pwll bychan ar y lawnt uchaf, mae'n eithaf posibl ei fod wedi datblygu ohono.

Roedd llawer ar y map hwn, ym Modnant, wedi dyddio eisoes erbyn ei gyhoeddi, ac mae'n debygol i'r ardd lysiau newydd y tu ôl i'r tŷ gael ei hadeiladu ar ddechrau'r 1880au. Mae cofnod ym 1884 yn crybwyll y nifer fawr o dai gwydr a adeiladwyd o 1876 ymlaen, ac ymddengys ei fod yn dangos bod yr ardd lysiau lle y mae heddiw yr adeg honno, hynny yw, ar ochr arall y wal, i'r gogledd. Gellir gweld y dystiolaeth bod waliau wedi eu codi yn ddiweddarach, ac mae cofnod 1884 yn crybwyll 'peach wall' 9 troedfedd (llai na 3 m) o uchder, tra bod y waliau yn uwch heddiw, hyd at 5.5m. Yr un gwenithfaen glaslwyd â'r tŷ yw'r garreg.

Mae disgrifiadau o ddiwedd y bedwaredd ganrif ar bymtheg yn rhestru'r holl ffrwythau a dyfid mewn manylder; diddorol i'w nodi

yw'r ffaith bod afalau wedi eu tyfu'n llwyddiannus ar goed wedi eu cyfeirio ar hyd toeau adeiladau, gyda'r boncyffion weithiau yn tyfu o flaen ffenestri.

Mae'r man gwerthu planhigion sy'n cynnwys, gan fwyaf, dŷ gwydr a siop anferth a newydd iawn ar y cyd ar safle'r ardd lysiau bellach. Mae'n bosib bod rhannau o leiaf o res o adeiladau yn erbyn ochr fewnol y wal ddeheuol yn dyddio o'r ganrif ddiwethaf, ac mae'n bosib bod un binwydden yn dyddio o gyfnod cyn adeiladu'r waliau. Mae porth llydan yn y wal orllewinol yn arwain i'r buarth y tu ôl i'r tŷ, dwy giât trwy'r wal ddeheuol (un trwy'r rhes o adeiladau) a dwy fynedfa yn uniongyrchol i mewn i'r ardd o ffordd Eglwysbach. Gwnaed un o'r rhain yn ddiweddar ar gyfer ymwelwyr i'r ardd mae'n debyg.

Ymhen amser daeth y rhes o dai gwydr y tu allan i'r wal ddeheuol yn beryglus a bu'n rhaid eu dymchwel, tua 1980. Mae border blodau llydan ar y safle heddiw.

Y Pen-garddwr presennol yw trydedd cenhedlaeth teulu Puddle i ddal y swydd hon, ac nid oes amheuaeth bod y teulu wedi bod o gryn bwysigrwydd i Bodnant, nid yn unig am eu cyfraniad i gynllun a chadwraeth yr ardd, ond yn arbennig wrth feithrin a datblygu hybridau newydd 'Bodnant', proses sy'n parhau o hyd.

Ffynonellau

Sylfaenol

Gwybodaeth gan y Gwir Anrh Arglwydd Aberconwy.

Map llawysgrif 2 fodfedd Arolwg Ordnans ar gyfer argraffiad 1af 1 modfedd, tua 1820: archifau Coleg Prifysgol Gogledd Cymru, Bangor.

Eilradd

The Garden, 15 Rhagfyr 1888, tud. 551–52; 27 Tachwedd 1915, t. 583.

Gardeners' Chronicle, 16 Chwefror 1884, tud. 207–09, Ffigyrau 38 a 39; 17 Medi 1892, tud. 331–32; 3 Mawrth 1928, tud. 156–58, Ffigyrau 79–82; 24 Awst 1940, Ffigyrau 35 a 38.

Country Life, 17 Gorffennaf 1920, tud. 84–90; Medi 1931, tud. 330–36; 9 Rhagfyr 1949, tud. 1732–35; 25 Awst 1950, tud. 613–16; 14 Medi 1961, tud. 554–56.

Journal of the Royal Horticultural Society Dwy erthygl, y naill yn y 1940au, a'r llall ym 1950 neu 51.

C. A. Thacker, *History of Gardens* (1979) t. 275.

A. J. Hellyer, *Gardens of Genius*, tud. 200–04 (1980).

E. Whittle, *Historic Gardens of Wales* (1992).

Garden at Bodnant, Arweinlyfr (1994).

C. Thacker, *The Genius of Gardening* (1994).

CADW

BODYSGALLEN

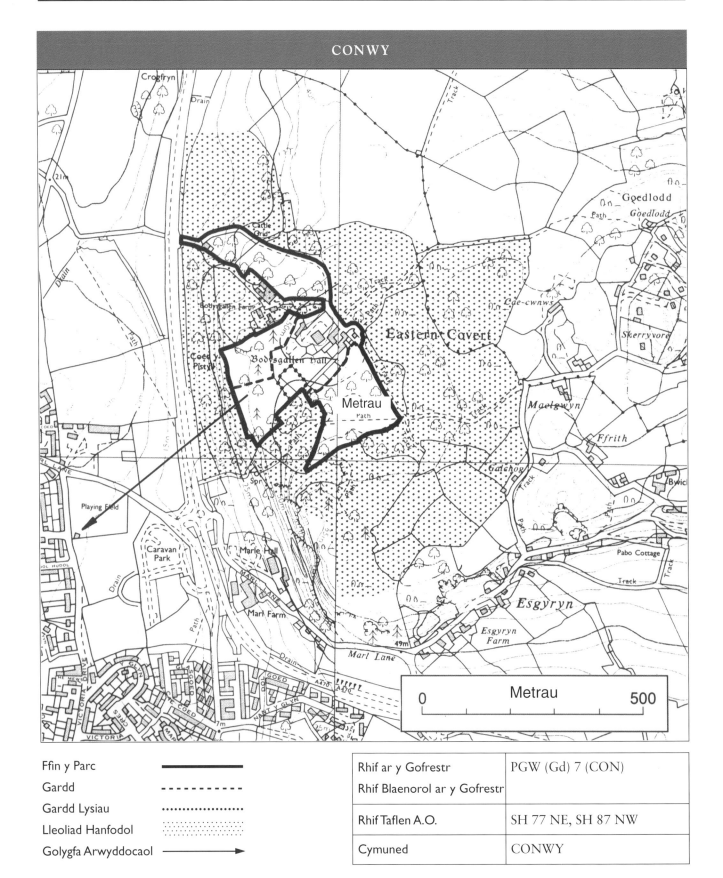

Ffin y Parc	————————
Gardd	– – – – – – –
Gardd Lysiau	·················
Lleoliad Hanfodol	⁝⁝⁝⁝⁝
Golygfa Arwyddocaol	————▶

Rhif ar y Gofrestr	PGW (Gd) 7 (CON)
Rhif Blaenorol ar y Gofrestr	
Rhif Taflen A.O.	SH 77 NE, SH 87 NW
Cymuned	CONWY

CRYNODEB

Rhif cyf	PGW (Gd) 7 (CON)
Map AO	116
Cyf Grid	SH 798 793
Sir flaenorol	Gwynedd
Awdurdod unedol	Conwy
Cyngor cymuned	Eglwys-yn-Rhos
Disgrifiadau	Adeiladau Rhestredig: Neuadd Bodysgallen, Gradd I; Bloc stablau, Gradd II; Bwthyn a cholomendy, Gradd II; Waliau a mynedfeydd i'r Gogledd Orllewin a Gogledd Ddwyrain o'r iard, Gradd II; Wal deras i'r Gogledd Orllewin a'r Gogledd Ddwyrain, Gradd II; tŷ allan, Gradd II; waliau gerddi Gogledd Orllewinol a De-Orllewinol, Gradd II; waliau a waliau teras yr ardd ddŵr, Gradd II; waliau'r ardd rosod, Gradd II; waliau'r ardd Iseldiraidd, Gradd II. Safle o Ddiddordeb Gwyddonol Arbennig: rhannau o'r coetir.
Asesiad safle	Gradd I
Prif resymau dros y graddio	Gerddi â waliau o'u cwmpas a gerddi terasog eithriadol ar sawl lefel, â gweiddiau cynnar; llwybr teras hir sy'n rhoi golygfa wych; gerddi rhosod a gerddi llysiau eang sy'n dal i fod fwy neu lai yr un fath, gan ddyddio'n rhannol o'r ddeunawfed ganrif; gweddillion parc wedi'i dirlunio ac ardaloedd eang o goetir derw.
Math o safle	Gerddi terasog ffurfiol; gerddi rhosod a gerddi llysiau â waliau o'u cwmpas; parciau â choed; rhodfa goetir a rhodfa deras.
Prif gyfnodau o adeiladu	tua 1620; y ddeunawfed ganrif; diwedd y bedwaredd ganrif ar bymtheg a dechrau'r ugeinfed ganrif.

Disgrifiad o'r safle

Mae Bodysgallen, sydd bellach yn westy, wedi'i leoli ar safle dyrchafedig â golygfeydd da ar ochr ddwyreiniol aber yr afon Conwy, ger Llandudno. Adeiladwyd y tŷ ar safle blaenllaw ar ben bryn creigiog, gan wynebu'r gogledd-orllewin i gyfeiriad Conwy, ac yn ddiamau dyma ran o'r rheswm pam yr ystyrid bod y twr cynnar yng nghnewyllyn y tŷ wedi bod yn wylfa ar un adeg i Gastell Conwy. Mae prif ran wreiddiol y tŷ yn dyddio o 1620, a'r twr yn gynharach, efallai o'r unfed ganrif ar bymtheg. Ceir llawer o addasiadau ac ychwanegiadau diweddarach, yn enwedig yn y ddeunawfed ganrif, ar ddiwedd y bedwaredd ganrif ar bymtheg ac ar ddechrau'r ugeinfed ganrif, pan wnaed addasiadau helaeth ac ymestyn y tŷ ar ôl iddo gael ei brynu gan y Foneddiges Augusta Mostyn fel anrheg priodas i'w hail fab. Cafodd y gwaith hwn wared ar fanylder anaddas y ddeunawfed a'r bedwaredd ganrif ar bymtheg, gan ddilyn yn fras arddull ail ganrif ar bymtheg yr adeilad gwreiddiol â'i ffenestri mylinyog a phlwm. Mae'r prif wyneb deulawr, i'r gogledd-orllewin, yn ddeniadol, â drws y brif fynedfa yn fawr ac heb fod yn y canol. Adeiladwyd y tŷ o gerrig gwritgoch unwedd ac mae'r gwaith newydd yn gweddu'n ofalus i'r hen waith. Saif y chwarel a ddefnyddiwyd yn y parc, i'r gogledd-orllewin o'r tŷ.

Bu'r tŷ'n eiddo i deulu'r Mostyn er yr unfed ganrif ar bymtheg o leiaf, gan basio i feddiant y Wynneiaid drwy briodas ar ddiwedd y ganrif. Daeth yn ôl i feddiant y Mostyniaid, eto drwy briodas, ym 1776. Ni fu erioed yn brif blasty'r naill deulu na'r llall, a bu'n gartref yn gyffredinol i gyfres o feibion iau, merched di-briod a gweddwon, a chawsai ei osod ar adegau. Gwariwyd llawer arno pan brynwyd ef yn ei ôl gan y Fonesig Augusta Mostyn ym 1881.

Mae'r stablau, a saif ychydig islaw'r tŷ i'r gorllewin, wedi'u codi o gerrig tebyg i'r tŷ ac fe'u trawsnewidiwyd at ddefnydd y gwesty.

Nid oes sicrwydd ynghylch eu dyddiad; mae'n bosibl eu bod yn gyfoes â'r tŷ sy'n perthyn i'r ail ganrif ar bymtheg neu eu bod yn dyddio o ddiwedd y ddeunawfed hyd ganol y bedwaredd ganrif ar bymtheg.

Mae tŷ'r beili a dau fwthyn sydd ynghlwm wrtho yn rhan o sgwâr o adeiladau sy'n amgylchynu iard i'r dwyrain o'r prif dŷ. Mae'r tŷ'n perthyn i ddechrau hyd ganol y bedwaredd ganrif ar bymtheg; mae'r ddau fwthyn sydd ynghlwm wrtho heb ddyddiad, er eu bod oll yn ymddangos ar fap Arolwg Ordnans 1889 a cheir adeiladau ar yr un safle ar fap degwm 1846. Adnewyddwyd y bythynnod yn ddiweddar, fodd bynnag, ac ailadeiladwyd y bwthyn yn y canol, sy'n cysylltu'r ddau arall, ym 1982. Mae colomendy ynghlwm wrth gefn tŷ'r beili. Mae'r adeiladau oll o gerrig, â thoi llechi iddynt.

Mae Bwthyn yr Ardd (Garden Cottage) yn fwthyn bach yn ymyl y stablau, i'r gorllewin o'r tŷ. Ymddengys hwn hefyd ar yr holl fapiau cynnar ac mae'n dyddio o'r un cyfnod â'r stablau. Cafodd ei ailadeiladu o fewn y pymtheg mlynedd diwethaf.

Nid yw bwthyn y felin na'r hen feudy, ill dau yn fythynnod cerrig sy'n cyffinio â'r iard tua'r dwyrain, ar y mapiau cynharaf ond ymddangosant erbyn 1889. Roedd y bwthyn mwyaf gogleddol yn hen felin lifio gynt, a'r llall yn feudy. Mae'r ddau wedi'u hadnewyddu.

Saif dau dŷ gwydr yn ymyl y tŷ, gan gymryd lle adeiladau tebyg cynharach. Ailgodwyd hwy yma ym 1982, ar ôl iddynt gael eu symud o Gorddinog, Llanfairfechan. Mae un ohonynt yn fath sy'n pwyso yn erbyn y wal gan wynebu tua'r de-ddwyrain. Mae'n cynnwys gwinwydd, ac mae dwy ffrâm fawr yn yr iard o'i flaen. Mae'r tŷ gwydr arall, sydd hefyd yn pwyso'n erbyn y wal ac yn wynebu tua'r de-orllewin, wedi'i ychwanegu ar ongl sgwâr, gan gyffinio â phen gogleddol y llall.

Credir bellach mai capel yw'r adeilad sydd wrth gefn tŷ'r beili, er ei fod yn cael ei ddisgrifio fel pantri anifeiliaid hela o'r blaen. Fodd bynnag, bellach credir mai adeilad bach i'r de-orllewin oedd y pantri anifeiliaid hela. Mae gan yr adeilad cyntaf ffenestr drionglog.

Mae'r tai allan i'r de ac i'r dwyrain o'r tŷ yn cynnwys rhesi di-dor o gwmpas yr iard a rhai adeiladau pellach i ffwrdd, a cheir nifer o adeiladau bach eraill yn ogystal â'r rhai y cyfeiriwyd atynt yn unigol uchod, stordai a siedau yn bennaf ac yn wreiddiol fwy na thebyg o'r bedwaredd ganrif ar bymtheg, er bod rhai newidiadau i'w gweld ar fapiau'r ugeinfed ganrif. Y rhai mwyaf diddorol yw'r pantri anifeiliaid hela, y cyfeiriwyd ato uchod, adeilad pellach i ffwrdd yng nghornel orllewinol â llawr bocs, ac adeilad cyfagos o dan ddaear, yng ngogledd-orllewin yr ardd ddŵr. Mae hwn yn ffurfio wal ogledd-orllewinol yr ardd hon, â ffenestri main, ac mae'r teras sydd yn cyffinio â'r tŷ uwch ben yn parhau dros ei do. Gan bod teras yr ardd ddŵr wedi'i hadeiladu ar ddechrau'r ugeinfed ganrif, yn ôl pob tebyg mae'n perthyn i'r dyddiad hwn, ond gall fod yn hŷn.

Mae'r prif rannau o barcdir, sy'n bwysig i'r tŷ a'r ardd ar hyn o bryd, yn y de-ddwyrain, lle mae rhan fach o barcdir wedi'i hamgáu gan wal a choed o'i chwmpas, ac yn y gogledd a'r gogledd-orllewin, lle mae'r lôn ddi-ffens yn croesi caeau pori a blannwyd gyda chlystyrau o goed, deri yn bennaf. Mae'r rhan gyntaf, y soniwyd amdani uchod, yn rhan annatod o'r tir cyfagos; nid felly'r ail ran, ond yn amlwg fe'i bwriadwyd i wella'r ffordd tuag at y tŷ, a phlannwyd rhai o'r coed o leiaf pan wnaed y lôn, efallai yn y 1830au neu'r 1840au. Yn ôl pob tebyg, roedd y caeau a ymestynnai ymhellach tua'r gogledd yn rhan o'r parc ar un adeg, gan gadw'r coed sydd ar y ffin a rhai coed derw yma ac acw.

Ychydig iawn o wybodaeth sydd ar gael am y parc, ond mae'n debyg iddo gael ei ddatblygu yn y ddeunawfed ac ar ddechrau'r bedwaredd ganrif ar bymtheg, ond mae iddo wreiddiau cynharach. Ym 1810 dywedodd Fenton fod y tŷ yn 'embosomed in Woods of Noble growth, which are suffered to luxuriate their own way'. Mae'r ffermdy'n agos iawn i'r tŷ, ac mae'n debyg bod y parcdir bob amser wedi bod yn dir ffermio yn anad dim, er bod coed pren caled aeddfed yma ac acw a blannwyd fwy na thebyg yn wreiddiol i wella'r tir o gwmpas y tŷ a'r ardd. Plannwyd llawer o'r rhan o'r ystad sydd agosaf i'r tŷ gan goetir, ar gyfer hela yn bennaf yn ôl pob tebyg, fel yr awgryma'r enw 'Eastern Covert'.

Roedd y lôn wreiddiol yn mynd tua'r tŷ drwy'r fferm, ond ystyriwyd hyn yn anaddas gyda threigl amser, a gwnaed lôn newydd, gan wyro o gwmpas tua'r gogledd ac yn cyfarfod â'r lôn wreiddiol yn union i'r gogledd o'r tŷ. Mae dyddiad pendant ar gyfer hyn yn broblem, er ei bod yn amlwg iddo gael ei wneud yn y bedwaredd ganrif ar bymtheg. Nid yw i'w weld ar y map arolwg llawysgrifol, a ddyddiwyd tua 1820, ac a wnaethpwyd ar gyfer argraffiad cyntaf y map Arolwg Ordnans un fodfedd i'r filltir, ond erbyn adeg ei gyhoeddi ym 1840–41, roedd wedi ymddangos. Mae dau fap diweddarach yn ei ddangos mewn lle gwahanol, ac ymddengys bod map y degwm 1846, tra'n nodi llwybr bach a ffin caeau ar ei linell, yn nodi lôn y fferm fel y brif lôn tuag at y tŷ. Fodd bynnag, mae copi diweddarach ohono yn dangos y llwybr bach yn orffenedig. Erbyn 1889 mae i'w weld yn amlwg yn dilyn ei lwybr presennol. Mae'r ddwy lôn yno o hyd, a'r lôn 'newydd' yn dal i gael ei defnyddio fel y brif lôn tuag at y tŷ.

Mae'r porthordy gwritgoch, yn y man lle mae'r ddwy lôn yn ymrannu, yn fodern, ac nid i'w weld ar fapiau hyd at a chan gynnwys 1937. Bellach mae'r giatiau wrth y fynedfa yn fodern hefyd. Lle mae'r hen lôn a'r lôn 'newydd' yn cyfarfod eto, i'r gogledd o'r tŷ, mae pâr o byst giât cerrig ag yrnau bychain ar eu pennau, heb giatiau.

Mae lleoliad Bodysgallen, lle mae'r tir yn disgyn yn sydyn oddi tano tua'r de a'r dwyrain, wedi dylanwadu ar gynllun ac arddull y gerddi, gan nad oes tir gwastad naturiol yn uniongyrchol o gwmpas y tŷ. Lleolwyd y gerddi llysiau allan tua'r de-orllewin, ar droed y llethr, a cherfiwyd y bryn garw yn gyfres o derasau.

Er gwaethaf hanes Bodysgallen fel tŷ eilradd, hyd ddiwedd y bedwaredd ganrif ar bymtheg nid ymddengys fod y tŷ na'r ardd wedi'u hesgeuluso. Mae'n debyg bod y gerddi'n perthyn yn wreiddiol i ddechrau'r ail ganrif ar bymtheg, gan gydoesi ag adeiladu'r tŷ. Ceir cyfeiriadau drwy gydol y ddeunawfed ganrif at arddwyr, hadau, coed ffrwythau, gwinwydd, yr ardd flodau ac yn y blaen – tyfid 'raisons' ar gyfer gwin ym 1755. Ar ddiwedd y ganrif honno ac ar ddechrau'r nesaf, sylwyd ar y llwybr teras a edrychai dros ddyffryn Conwy gan deithwyr y cyfnod (Pennant, Fenton), a dywedwyd ei fod 'in disuse' erbyn yr amser hwnnw – sy'n awgrymu nad oedd yn nodwedd ddiweddar; ond nid oes dim i awgrymu nad oedd ardaloedd yn agosach i'r tŷ'n derbyn gofal (mae Fenton yn sôn am 'good gardens'), a chanmolwyd y coedwigoedd. Ni soniwyd am yr ardd lysiau eang, ond nid dyma'r fath o nodwedd a fyddai o ddiddordeb i deithwyr a oedd yn chwilio am bethau darluniadwy.

Aeth yr ystad i drafferthion ariannol a gosodwyd y tŷ ym 1861; yn y diwedd fe'i achubwyd rhag y morgeiswyr gan y Foneddiges Augusta Mostyn ym 1881. Rhoddodd ef i'w hail fab, Cyrnol Henry Mostyn, wrth briodi â'r Fonesig Pamela Douglas-Pennant ym 1883, ac yn y cyfnod hwnnw gwnaethpwyd nifer o newidiadau a gwelliannau i'r tŷ a'r ardd. Dywedwyd mai'r Fonesig Pamela oedd yn gyfrifol am greu'r ardd yn ei chyfanrwydd, a

chredai ei mab hynny; ond mae'n amlwg nad felly y bu, gan fod y rhan fwyaf o'r elfennau i'w gweld ar fapiau cyn y dyddiad hwn. Fodd bynnag, mae'n debygol bod yr ardd fel ag yr oedd wedi tyfu'n wyllt i raddau ar ôl deuddeng mlynedd o gael ei hesgeuluso, gan fynnu adfer helaeth a llawer o blannu newydd. Felly os oedd hi ei hun wedi honni iddi wneud yr ardd, nid oedd yn honiad afresymol, er yn gamarweiniol.

Mae pen y bryn, o gwmpas y tŷ, yn ffurfio un teras mawr, sydd bellach yn lawnt yn bennaf; mae hwn yn gorwedd o'r de-orllewin, lle mae llethr naturiol sy'n mynd draw yn weddol raddol at y 'Spring Garden', tuag at y gogledd-ddwyrain, lle ceir muriau cynhaliol. Mae'r tai allan agosaf i'r dwyrain o'r tŷ yn bennaf, ac i'r de-ddwyrain mae dwy wal deras anferth. Mae'r terasau sy'n cael eu cynnal ganddynt yn weddol gul. Wrth droed y wal isaf mae teras bychan â llawr bocs cywrain. Mae hwn, sydd â waliau ar bob ochr, yn rhoi'r argraff ei fod yn suddedig, er bod y llawr ar yr un lefel â'r ddaear i'r de-ddwyrain, ar y tu allan.

Ceir teras ychwanegol, â phwll hirsgwar, a ychwanegwyd ar ddechrau'r ugeinfed ganrif i'r de o'r tŷ. Cyn hynny roedd tai gwydr yn y fan hon, ac mae'n rhaid felly bod terasau wedi bod yno ar ryw ffurf, gan fod y llethr naturiol yn eithriadol o serth. Islaw mae'r ardd rosod â wal o'i chwmpas a'r ardd lysiau bresennol, sy'n ymestyn draw tua'r de-orllewin. Darn o dir mawr amgaeëdig o ryw ddwy erw yw'r ardd â wal o'i chwmpas, yr hen ardd lysiau gynt, sydd bellach yn lawnt yn bennaf, â gwelyau rhosod ffurfiol a pherthi bocs; adferwyd y darn pellaf o dir yn ddiweddar, ar ôl blynyddoedd o esgeulusdod. Ceir llwybrau yr holl ffordd o gwmpas y tu allan ac maent yn croesi yn y canol, gan ei rannu'n bedwar rhan. Ceir rhodfa ag ymylon bocs y tu allan i'r wal dde-ddwyreiniol, lle roedd wal ffrwythau allanol ar un adeg. Mae mynedfeydd yn y corneli gogleddol a dwyreiniol, ymhob pen i'r llwybr croes sy'n rhedeg o'r gogledd-orllewin i'r de-ddwyrain, ac yng nghanol y wal dde-orllewinol. Yn ddiweddar gosodwyd pyst giâtiau cerrig y tu hwnt i'r drysau yn y waliau de-ddwyreiniol a gogledd-orllewinol er mwyn bod yn ganolbwynt wrth edrych drwy'r pyrth bwaog.

Mae darn o dir sydd fwy neu lai yn hirsgwar y tu hwnt i wal dde-ddwyreiniol yr ardd rosod nad oedd yn amlwg wedi ei gynnwys yng nghynllun gwreiddiol yr ardd. Bellach mae'n cynnwys nifer o lecynnau ar wahân, gan gynnwys cwrt tenis, llecyn â dau forder ffurfiol, ardal o lwyni a pherth ffurfiol arbrofol o lwyn collddail. Perth yw â bwa canolog sy'n ffurfio dwy ffin rhwng y gwahanol rannau hyn, a pherth o lwyni cymysg sy'n ffurfio'r ffin dde-ddwyreiniol. Ceir cyfeiriadau at ddefnydd o'r fan hon fel storfeydd ffrwythau ar droad y ganrif, ond cynlluniwyd y drefn bresennol ym 1982/83.

Mae'r ardd gerrig, a blannwyd â llwyni, planhigion blodeuol a bylbiau, yn weddol fach, gan lenwi cornel rhwng y lôn sy'n mynd at y tŷ o'r de-orllewin a'r ardd rosod. Mae grisiau anffurfiol iddi, mainc ar y pen a rhaeadr wneud yn rhedeg i lawr yr ochr ogledd-orllewinol.

Yn sicr y rhodfa deras yw un o'r elfennau hynaf sy'n goroesi yn yr ardd a grybwyllir gan Pennant a Fenton. Fe'i lleolir ychydig bellter i ffwrdd tua'r de-orllewin, i fanteisio ar yr olygfa dros Gonwy ac aber yr afon. Yn y cyfnod pan ysgrifennai Pennant (1782) gellid gwerthfawrogi'r olygfa hon 'over the tops of trees'; bellach mae'n rhaid craffu rhwng y canghennau. Teras porfa yw'r rhodfa, dros 100 medr o hyd, â wal ganllaw gerrig o forter tua 1 medr o uchder. Ail-adeiladwyd hon yn ddiweddar ar sylfeini'r wal wreiddiol. Pennir cefn y teras gan lethr a ffos sych; ar y llethr mae rhai coed o oedran weddol aeddfed yn tyfu. Ym 1810, cyfeiriodd

Fenton at y 'fine grassy terrace', ac ar un pen o'r teras roedd mainc wedi'i gorchuddio 'formed out of an old bed of Oak, inlaid with other wood, in a compartment of which I observe the date of 1581, with the initials, R.W.'. Does dim o ôl y fainc hon bellach. I'r de o'r prif deras mae 'estyniad' bach, a allai mewn gwirionedd fod yn deras byrrach, cynharach. Yn y fan hon ceir dwy fainc gerrig wladaidd fawr.

Mae'r darn o dir rhwng y teras a'r ardd iawn yn rhannol goediog, ac mae maint y darn coediog yn amrywio ar fapiau o wahanol ddyddiadau. Fe'i blannwyd â choed yn ystod yr Ail Ryfel Byd, a bellach mae'n rhannol glir eto er mwyn ailagor yr olygfa o Gastell Conwy o'r tŷ a'r teras uchaf. Yn sicr mae rhai o'r coed hyn yn dyddio o gyfnod cyn y plannu hwn.

Bellach plannwyd y llecyn i'r gorllewin o'r gerddi â waliau o'u cwmpas, i'r de-orllewin o'r tŷ, yn helaeth gan fylbiau ac fe'i gelwir yn Ardd Wanwyn ('Spring Garden'). Erbyn hyn mae'n eithaf anffurfiol, ond ar un adeg mae'n bosibl iddi fod yn fwy ffurfiol. Yn y gorffennol fe'i plannwyd â choed coniffer a chollddail cymysg, ond fe'u symudwyd yn ddiweddar. Ceir llecyn gwastad yn y pen uchaf, ag wrn carreg mawr; mae'r tir yn disgyn yn weddol sydyn i'r de-orllewin, â llwybrau porfa'n arwain i lawr a, tua'r gogledd, rhes o risiau cerrig. Fe'u hadeiladwyd ym 1983.

Ychydig iawn o goed aeddfed sydd yn yr ardd iawn bellach. Mae un neu ddwy ywen, gan gynnwys pâr o yw Gwyddelig (*Taxus baccata* 'Fastigiata'), yn goroesi ar lethr y tu draw i'r ardd lysiau, ac mae ywen fawr ym mhen uchaf yr ardd gerrig. Mae pinwydden aeddfed deg iawn ar y teras i'r gogledd-ddwyrain o'r tŷ.

Gwelir amlinelliad o'r teras uchaf o gwmpas y tŷ a'r ardd sy'n cynnwys y llawr bocs ar fap y degwm 1846. Gwelir y rhodfa deras hefyd, a thair gardd arall, un ohonynt, i'r de eithaf, nad yw bellach yn rhan o'r ardd. Mae'r ddau ddarn arall o dir amgaeëdig ar safle'r ardd â wal o'i chwmpas (ni welir yr ardd lysiau bresennol), ond nid ydynt ond hanner lled y darn presennol â wal o'i gwmpas.

Ceir map ardderchog yng nghatalog gwerthiant 1870 (methodd y tŷ gyrraedd ei bris o £25,000) a disgrifiad o'r ardd. Erbyn y cyfnod hwn rhoddwyd y gorau i'r ardd fwyaf deheuol a chrewyd yr ardd lysiau bresennol, llecyn sy'n cael ei alw bellach yn Ardd Wanwyn ('Spring Garden') i'r de-orllewin o'r tŷ (i'r gogledd-orllewin o'r ardd â wal o'i chwmpas) ac a blannwyd â choed a llwyni, gyda rhodfeydd, a'r ardd â wal o'i chwmpas wedi'i hymestyn i'w maint presennol. Gwelir gwelyau ynys, yn ôl pob tebyg ar gyfer planhigion, ar y teras uchaf, yn ymyl y tŷ. Mân newidiadau yn unig i'r cynllun hwn a welir ar fapiau Arolwg Ordnans diweddarach.

Felly os oes modd dibynnu ar fapiau 1846 a 1870, mae'n amlwg mai'r rhannau cynharaf o'r ardd sy'n goroesi o hyd yw'r terasau o amgylch y tŷ o'r de-orllewin i'r gogledd-ddwyrain, yr ardd 'suddedig' sydd bellach yn cynnwys y llawr bocs, y rhodfa deras, a wal dde-ddwyreiniol yr ardd â wal o'i chwmpas. Wal gerrig yw hon, tra bod waliau eraill yr ardd o friciau, ac ymddengys yn ddi-fwlch o'r man lle mae'n ffurfio wal allanol yr ardd 'suddedig' hyd at gornel ddeheuol yr ardd â wal o'i chwmpas. Mae'r nodweddion hyn yn debygol o gyfoesi â'r tŷ, gan ddyddio o ddechrau'r ail ganrif ar bymtheg.

Rhwng y ddau ddyddiad y cyfeiriwyd atynt uchod, mae'n rhaid bod y nodweddion canlynol wedi'u hadeiladu: y waliau briciau ar ogledd-orllewin a de-orllewin yr ardd â wal o'i chwmpas, yr ardd lysiau bresennol, â groto, y llwyni â rhodfeydd yn y man lle saif yr Ardd Wanwyn ('Spring Garden'), a'r tai gwydr cyntaf, ar safle'r ardd ddŵr bresennol. Mae'n rhaid bod ffiniau'r hen erddi llai â waliau o'u cwmpas, waliau cerrig yn ôl pob tebyg, wedi'u dymchwel (ar wahân i'r wal dde-ddwyreiniol), ac mae'n debygol

bod y wal ffrwythau a arferai redeg yn gyfochrog â'r wal hon, y tu allan iddi, wedi'i hadeiladu. Gwelir hon yn bendant ar fap 1870, ond mae'n amhosibl dweud oddi wrth fap y degwm, sydd ar raddfa llawer llai, a oedd hi yn ei lle ym 1846.

Gellir cyfyngu ar amseru'r gwelliannau hyn ymhellach eto, gan i'r eiddo gael ei osod ym 1861, ac ar ôl hyn bu'n dirywio tan 1881. Mae'n annhebygol y byddai tenant wedi gwneud gwelliannau mawr, ac mae cytundeb rhentu 1861 yn sôn am y gerddi a'r tir hamdden, ynghyd â chyfarwyddiadau ynglyn â sut i'w defnyddio a'u cynnal. Mae'n debyg felly fod y gwaith wedi'i wneud cyn 1861. Mae rhestr faith o offer ym 1856 yn dangos yn glir bod nifer o arddwyr wedi eu cyflogi, ac roedd ystafell i'r garddwyr a 'pharlwr gardd'.

Ar ôl 1881 cofnodir llawer o'r addasiadau mewn dogfennau, mapiau a lluniau. Gwelir mewn llun o tua 1890 fod y wal ffrwythau allanol yn ei lle o hyd, a hefyd y tai gwydr i'r de o'r tŷ. Nid ymddengys bod rhan ddwyreiniol yr ardd â wal o'i chwmpas o leiaf wedi bod yn ardd lysiau ar yr adeg hon, ond roedd gwelliannau ac ychwanegiadau i'r tŷ ym 1894 yn golygu iddi gael ei gweld o'r prif ystafelloedd, ac yn sicr fe'i newidiwyd i bwrpas addurnol wedi hynny, a defnyddiwyd rhan arall yn ei lle ymhellach i'r de-ddwyrain ar gyfer ffrwythau a llysiau. Dymchwelwyd y tai gwydr a chodwyd y grisiau i lawr at deras yr ardd ddŵr ar yr adeg hon, gan wneud yr addasiadau angenrheidiol i'r teras fwy na thebyg ar yr un pryd hefyd. Adeiladwyd y grisiau yn yr Ardd Wanwyn ym 1983.

Mae lluniau o tua 1900 yn dangos y llawr bocs yn yr ardd 'suddedig' yn amlwg newydd ei blannu; gwelir yr ardd lysiau ychwanegol i'r de-ddwyrain, a lleihawyd y wal ffrwythau allanol i fod yn wal fach isel (roedd hon yn dal yno tua 15 mlynedd yn ôl). Gwelir tŷ gwydr bach yng nghornel orllewinol yr ardd 'suddedig', ac mae pergola â gwinwydd yn cymryd lle'r tŷ gwydr yng nghornel ddwyreiniol yr ardd hon a welir ar fap 25 modfedd Arolwg Ordnans 1889. Ym 1904 a 1905 lluniwyd cynlluniau newydd ar gyfer yr ardd (y cynllun cyntaf o leiaf gan William Goldring, tirluniwr a arferai weithio yn Kew o'r blaen ac a fu'n olygydd *Kew Gardener* a *The Garden*), ond ymddengys na weithredwyd yr un ohonynt yn llawn, er bod elfennau o'r ddau gynllun wedi'u defnyddio. Adeiladwyd y rhaeadr a'r ardd gerrig ym 1913, ac mae'n bosibl bod gwaith ychwanegol wedi'i wneud ar yr ardd ddŵr ar yr adeg hon; fodd bynnag nid yw'r pwll i'w weld ar fap 25 modfedd Arolwg Ordnans 1937, felly mae'n bosibl mae ychwanegiad diweddar oedd. Gwelir tŷ gwydr ar fap Arolwg Ordnans 1913 ychydig i'r gogledd-ddwyrain o'r ardd 'suddedig', lle saif o hyd; fe'i hadeiladwyd fwy na thebyg pan ddymchwelwyd yr un a safai yng nghornel ddwyreiniol yr ardd hon tua 1889 neu 1900.

Ym 1933 codwyd Giât y Jiwbili ('Jubilee Gate'), giât haearn gyr ar y grisiau blaen, i goffáu priodas aur Henry Mostyn a'i wraig. Yn ôl pob tebyg roedd y gerddi yn eu hanterth yn y cyfnod hwn, â staff o 13 o arddwyr, ond ar ôl marwolaeth y cwpwl oedrannus cychwynnodd y dirywiad. Hen lanc braidd yn ecsentrig oedd eu mab Ieuan ac ni ymdrechai i gynnal y gerddi ar eu gorau. Yn ystod yr Ail Ryfel Byd un garddwr yn unig a gyflogwyd, a phlannwyd coed yn y llecyn y tu ôl i'r rhodfa deras. Bu farw Ieuan Mostyn ym 1965 gan adael yr eiddo i nith a werthodd ef ym 1969, ac yna y cychwynwyd ei gyrfa fel gwesty. Fe'i gwerthwyd i'r perchnogion presennol ym 1980.

Ers y cyfnod hwnnw ymdrechwyd yn galed i adfer ac adnewyddu'r gerddi, gyda chryn dipyn o lwyddiant. Lle roedd hynny'n bosibl achubwyd y plannu gwreiddiol a'u cadw, ac mewn mannau eraill cafwyd planhigion newydd a oedd i raddau helaeth o'r un math â'r rhai a gollwyd. Nid yw'r gwaith adnewyddu wedi'i orffen yn gyfangwbl, ond adferwyd y terasau a'r gerddi â waliau o'u cwmpas, a dim ond y mannau llai ffurfiol sy'n aros i'w cwblhau.

Yn ddiamau estyniad o'r brif ardd â wal o'i chwmpas yw'r ardd lysiau bresennol, ond fe'i gwelir ar fapiau sy'n mynd yn ôl i 1870 ac ni all fod yn llawer diweddarach na'r rhan o'r brif ardd sy'n perthyn i'r bedwaredd ganrif ar bymtheg. Mae'r wal sy'n mynd o gwmpas yr ochrau de-ddwyreiniol a de-orllewinol yn wal sych, rhwng 1.5 a 2 fedr o uchder, ac mae wal yr ochr ogledd-orllewinol, hefyd o gerrig, yn uwch ac o forter. Y wal ogledd-ddwyreiniol yw wal friciau dde-orllewinol y brif ardd. Ceir mynedfeydd yng nghanol y wal hon ac ar y gornel ddeheuol (sy'n arwain i'r rhodfa deras), y gornel ddwyreiniol a'r gornel ogleddol, yr olaf wedi'i gosod mewn bwlch a arferai fod yn llawer lletach. Mae dau ddrws i'r gornel ddwyreiniol, y naill yn arwain allan at y rhodfa y tu allan i wal dde-ddwyreiniol y brif ardd, a'r llall yn dod at lecyn bychan agored nad yw'n ymddangos ei fod wedi bod yn rhan o'r ardd byth. Fodd bynnag, mae map y degwm 1846 yn dangos gardd ychwanegol tu hwnt i hwn i'r de, ac mae'n bosibl bod llwybr yn arwain tuag ati ar un adeg. Peidiodd y llecyn hwn â bod yn rhan o'r ardd erbyn 1870, felly mae presenoldeb y drws olaf yma o bosibl yn gadarnhad pellach o ddyddiad cynnar y wal dde-ddwyreiniol, ac ymddengys ei bod yn mynd yn ei blaen at fan sydd ychydig ymhellach na'r drws hwn at wal sych, a thu hwnt i'r drws ceir newid cymeriad yn gyfangwbl.

O fewn yr ardd lysiau mae dwy ran ar wahân. Mae'r rhan ogledd-ddwyreiniol fwyaf yn hirsgwar ac yn wastad bron, ac yn cael ei rhannu'n ddwy gan lwybr ag ymylon bocs sy'n rhedeg o'r gogledd-ddwyrain i'r de-orllewin. Hefyd mae llwybrau ag ymylon bocs yr holl ffordd o gwmpas y tu allan a llwybr newydd, heb focs, sy'n croesi ar draws y canol ar ei hyd, o'r gogledd-orllewin i'r de-ddwyrain. Mae graean ar bob un ohonynt. Gwelir ar fap 25 modfedd Arolwg Ordnans 1889 bod y rhan hon wedi'i phlannu o gwmpas yr ymylon â choed ffrwythau, fel ag y mae heddiw, ac yn ddiamau defnyddiwyd y llecyn yn y canol hefyd, fel heddiw, i dyfu llysiau.

Mae'r rhan dde-orllewinol yn afreolaidd o ran siâp, ac mae ar oleddf gweddol serth, gan ei bod wedi'i lleoli ar frigiad creigiog. Mae gan y llwybr ar hyd yr ochr dde-ddwyreiniol, sy'n mynd i fyny at y drws yn y gornel ddeheuol, dwy res o risiau i fynd i fyny'r llethr hon. Fe'i plannwyd yn wreiddiol â choed a llwyni, gan gynnwys llawer o yw, a fwriadwyd yn wreiddiol o bosibl i gynnig cysgod yn ogystal â bod yn addurnol, ond mae'n amlwg ei bod wedi bod yn rhan o'r ardd hamdden erioed. Bellach torrwyd y rhan fwyaf o'r coed mawr a phlannwyd y llethr â llwyni, ond erys un neu ddwy o goed yw, gan gynnwys dwy ywen Wyddelig sy'n gwarchod y fynedfa i groto bach. O amgylch pen uchaf y rhan hon mae llwybr sy'n cynnig golygfa wych o'r tŷ a'r terasau; yn amlwg bwriadwyd cysgodfan â mainc yma i fanteisio ar yr olygfa hon, ond bellach mae ywen fawr yn y ffordd. Rheda llwybr ar draws hefyd o'r gornel ddeheuol i gyfarfod â phen de-orllewinol y llwybr croes canolog; mae wyneb i'r llwybr hwn ac mae iddo waliau isel ar bob ochr a grisiau cerrig isel bob hyn a hyn. Mae graean ar y llwybrau.

Lleolir yr hen berllan gynt gryn bellter i dde-ddwyrain y tŷ. Gwelir darn amgaeëdig o dir o'r un ffurf ar fap 25 modfedd 1889, ac ar fersiwn 1913 gwelir ei bod wedi'i phlannu'n rhannol. Ar bob map wedi hynny, hyd at a chan gynnwys yr Arolwg Ordnans 6 modfedd presennol, perllan ydyw, ond mewn gwirionedd nid oes dim yno bellach ond cae, sy'n cadw'r un ffurf o hyd. Mae tir garw'n dangos yn glir lle cafwyd gwared â'r coed.

Mae dyddiad y berllan yn awgrymu iddi gael ei phlannu i gymryd lle peth o'r tir a gollwyd ar gyfer tyfu ffrwythau pan ddaeth y rhan helaethaf o'r ardd â wal o'i chwmpas yn addurnol ar ôl ymestyn y tŷ ar ddiwedd y bedwaredd ganrif ar bymtheg.

Oherwydd y pellter o'r prif safle ac am nad yw'r coed yno bellach, nid yw'r hen berllan yn cael ei chynnwys o fewn ffiniau'r ardd, ond fel rhan o'r lleoliad hanfodol.

Ffynonellau

Sylfaenol

Gwybodaeth oddi wrth Mr R. Broyd a Mr R. Owen.

Map y Degwm, Eglwys-yn-Rhos (1846) Archifdy'r Sir, Caernarfon.

Map Llawysgrif 2 fodfedd Arolwg Ordnans ar gyfer argraffiad cyntaf map un fodfedd (1820) archifau Coleg Prifysgol Gogledd Cymru, Bangor.

Ymgynghorwyr Adeiladau Hanesyddol Bodysgallen Hall (1990).

Map o gatalog gwerthiant 1870, Archifdy Clwyd D/GA/83.

Llythyrau oddi wrth Mr Hiller, Swyddfa Ystad Mostyn (1980).

Lluniau yn nerbynfa'r gwesty.

Eilradd

T. Pennant, *A Tour in Wales*, Cyf II (1782).

R. Fenton, *Tours in Wales* 1804–13, atodiad i *Archaeologia Cambrensis* (1917), tud. 199–200.

Comisiwn Brenhinol Henebion Cymru, *Inventory*, Sir Gaernarfon Cyf.I (1956).

Country Life, 14 Rhagfyr 1978, tud. 2066–69.

E. Whittle, *Historic Gardens of Wales* (1992).

CADW

BRYN EISTEDDFOD

ICOMOS UK

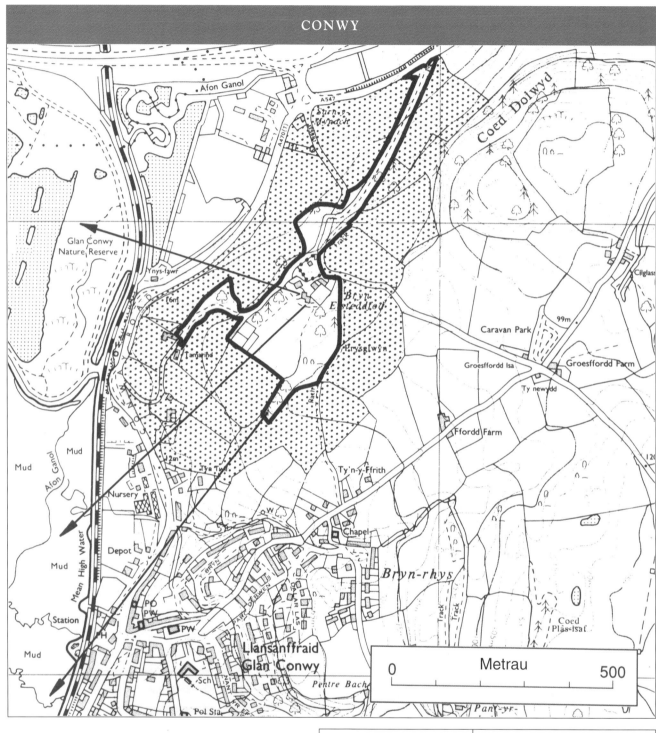

Gardd	———————
Gardd Lysiau	- - - - - - - - - -
Lleoliad Hanfodol	::::::::::::::::
Golygfa Arwyddocaol	——————➤

Rhif ar y Gofrestr	PGW (Gd) 8 (CON)
Rhif Blaenorol ar y Gofrestr	
Rhif Taflen A.O.	SH 87 NW
Cymuned	LLANSANFFRAID GLAN CONWY

CRYNODEB

Rhif cyf	PGW (Gd) 8 (CON)
Map AO	116
Cyf Grid	SH 808 769
Sir flaenorol	Gwynedd
Awdurdod unedol	Conwy
Cyngor cymuned	Llansantffraid
Disgrifiadau	Adeiladau rhestredig (i gyd yn Radd II): tŷ, bwthyn a waliau gardd, rhes o stablau, siedau geirt o gerrig a briciau, waliau gardd lysiau a thai gwydr, porthordai, Bwthyn-y-Bryn a modurdai, pont sy'n mynd â'r lôn dros y ffordd; Gorchymyn cadwraeth coed: sy'n cynnwys coed ar hyd y lôn ogleddol ac yn ymyl y porthordy (a choed ar y bryn uwch law).
Asesiad safle	Gradd II*
Prif resymau dros y graddio	Gardd ffurfiol o'r ddeunawfed ganrif a gardd lysiau â wal o'i chwmpas o'r bedwaredd ganrif ar bymtheg, ill dwy mewn cyflwr da, â choetir a golygfeydd eithriadol; lôn gerbydau hir rhwng y ddau borthordy.
Math o safle	Gardd ffurfiol, gardd lysiau, rhodfa goetir.
Prif gyfnodau o adeiladu	1760–76; 1830–41.

Disgrifiad o'r safle

Lleolir Bryn Eisteddfod ar safle uchel ar ochr ddwyreiniol dyffryn Conwy, gan edrych dros aber yr afon Conwy a thref a chastell Conwy. Mae'r enw, a fabwysiadwyd yn y ddeunawfed ganrif, yn deillio o gysylltiadau tybiedig y derwyddon â'r safle. Mae rhan o'r tŷ o'r ail ganrif ar bymtheg a fu'n eiddo i deulu'r Robertiaid yn dal i oroesi gerllaw, ychydig i'r gogledd o'r tŷ presennol.

Yn wreiddiol bloc hirsgwar a safai ar ei ben ei hun oedd y prif dŷ, a godwyd yn y 1760au gan y Canon John Jones, cefnder i deulu'r Robertiaid, a gymerodd yr ystad ar brydles 99 mlynedd. Lleolwyd y tŷ i gael y gorau o'r olygfa ac mae ganddo fae mawr yn y pen gorllewinol er mwyn gwerthfawrogi'r olygfa hon. Yn y 1830au cafodd ei ddyblu mewn maint a'i wneud ar ffurf L gan yr Hybarch Hugh Chambres Jones, ŵyr John Jones a phrynwr yr ystad yn y pen draw, gan ychwanegu adain newydd o'r un maint ar ongl sgwâr i'r tŷ gwreiddiol. Mae'r adain hon yn wynebu'r olygfa lawr dyffryn Conwy, gan ddod â dwy brif olygfa'r safle i mewn i'r tŷ felly. Yr ongl sgwâr rhwng y ddwy adain yw'r brif fynedfa a chanolbwynt y tŷ bellach.

Plastrwyd ac ailfodelwyd y tŷ hefyd yn y 1830au mewn arddull blaen â dylanwadau Tuduraidd; y pensaer oedd Richard Cash o Lerpwl, ac mae ei gynlluniau a'i weddluniau yn goroesi. Yn yr ongl rhwng y ddwy adain mae porth o'r 1920au gan S. Colwyn Ffoulkes o Fae Colwyn, ac ychwanegiadau pellach yn y cefn, rhai ohonynt hefyd gan Ffoulkes a rhai o tua 1890. Mae gan y tŷ lwybr tanddaearol sy'n arwain ar draws y wyneb blaen, o gornel yr ardd ffurfiol at gornel yr adain orllewinol (wreiddiol), sy'n gwyntyllu'r seleri. Mae rhan hynaf y tŷ o friciau a'r adain ddiweddarach o gerrig, â thoi llechi. Ceir dau lawr ac atigau, ac islawr yn y cefn. Mae'r ffenestri'n codi a cheir ymylon addurnol i'r bondoi. Mae'r porth yn wydr yn bennaf.

Mae rhan o'r hen dŷ o gyfnod canol hyd ddiwedd yr ail ganrif ar bymtheg yn goroesi i'r gogledd o'r prif dŷ, a bellach fe'i gelwir yn Bwthyn-y-Bryn; Pen-y-Bryn oedd ei enw nes yr adeiladwyd y tŷ presennol. Mae'n bosibl ei fod ar safle tŷ cynharach (canoloesol). Roedd rhywun yn byw ynddo nes i'r tŷ diweddarach gael ei

adeiladu, ac yna daeth yn swyddfeydd domestig; pan ymestynnwyd y prif dŷ yn y 1830au gan yr Hybarch Chambres Jones gwnaeth newidiadau allanol mewn arddull debyg i Fwthyn-y-Bryn hefyd. Ym 1912 ychwanegwyd estyniad modurdy dwbl, a bellach mae'r hen dŷ unwaith eto'n annedd ddomestig.

Tŷ a godwyd o gerrig yw Bwthyn-y-Bryn â tho llechi a simneiau briciau. Mae gan y llawr uchaf rai ffenestri myliynog o hyd, sydd yn ôl pob tebyg yn perthyn i addasiadau'r 1830au, er bod llawer o newidiadau wedi'u gwneud i'r llawr isaf a'r rhan fwyaf o'r ffenestri'n rhai modern. Mae adain y modurdy hefyd o gerrig a llechi, â dwy fynedfa fawr â drysau pren dwbl.

Mae Mews Cottage, adeilad cerrig, a arferai fod yn ysgubor, ynghlwm wrth yr ardd ffurfiol, â'i dalcen yn rhan o wal yr ardd. Nid oes man amlwg yn eu cysylltu ac felly mae'n debyg ei fod yn cydoesi â'r ysgubor, sef yn ôl pob tebyg yr adeilad a welir ynghlwm wrth yr ardd ar fap ystad 1776. Mae'r fynedfa o'r iard i'r ardd ffurfiol yn union y drws nesaf i'r bwthyn, a thu ôl iddo mae iard fechan goblog â thai allan.

Saif dau adeilad cerrig â tho llechi mewn padog bach rhwng y tŷ a'r ffordd. Mae gan yr adeilad sydd agosaf i'r tŷ sydd ar ffurf L, fwa mawr yn ei wal gefn, a drysau stabl; dyma'r cerbyty a'r stablau, a thu mewn mae rhai stalau yno o hyd. Mae gan yr adeilad arall fynedfa lydan ar y blaen, a sied geirt oedd hwn yn ôl pob tebyg. Ni welir y naill adeilad na'r llall ar fapiau ystad 1776 neu 1792, ac mae'n debyg eu bod yn dyddio o gyfnod y gwelliannau yn y 1830au. Ceir adeiladau bychain eraill, rhai diweddarach mae'n debyg, yn y padog, gan gynnwys adeilad o friciau sy'n pwyso yn erbyn ochr allanol wal ogledd-ddwyreiniol yr ardd.

Mae drws mawr gan adeilad briciau ag estyniad cerrig a tho llechi, i'r gogledd o'r tŷ gwreiddiol (Bwthyn-y-Bryn), ar ochr bellaf y fforch o'r lôn sy'n arwain i'r dwyrain i mewn i'r iard a tu ôl i'r prif dŷ, ac yn ôl pob tebyg sied geirt ydoedd. Fe'i hadeiladwyd rhwng 1776 a 1792, er bod yr estyniad cerrig yn ddiweddarach. Dyddiad hwn yw 1872, ac fe'i defnyddir fel sied dractorau.

Mae'r ardd ar safle sydd ar oleddf ar ochr ddwyreiniol dyffryn Conwy, â golygfeydd eang i'r de a'r gorllewin. Saif y tŷ ym mhen gogledd-ddwyreiniol y safle, â'r ardd lysiau a'r ardd ffurfiol y tu cefn iddo, a'r lawnt a'r coetir yn ymestyn tua'r de-orllewin, i'r olygfa, a fu'n ganllaw wrth gynllunio'r tir, ar yr adeg honno ac yn ddiweddarach. Yn ôl cynllun o'r ystâd o 1776 gwelir y prif elfennau yn yr ardd yn debyg iawn i'r hyn ydynt heddiw, â darn eang o dir i'r de-orllewin o'r tŷ wedi'i blannu'n rhannol â choed ond gellir gweld yr olygfa'n rhannol (gan ddod i ben lle mae'n ffosglawdd bellach), gardd â wal o'i chwmpas i'r dwyrain o'r tŷ, a choetir (llai o faint nad ydyw heddiw) i'r de ac i'r gorllewin ohoni. Ni welir yr ardd lysiau na'r lonydd arno.

Ymddengys yr ardd sgwâr â wal o'i chwmpas yn fwy ar y map hwn nag ydyw heddiw, gan ymestyn ymhellach i'r gogledd-ddwyrain, ond mae'n debyg mai dim ond gwall ar ran gwneuthurwr y map oedd hwn. Mae'n debygol bod waliau'r ardd yn dyddio o'r ddeunawfed ganrif, ac fe godwyd y waliau a chynlluniwyd yr ardd gan y Canon John Jones, adeiladwr tŷ'r 1760au. Bellach nid oes dim arwydd o unrhyw ardd gynharach a oedd yn gysylltiedig â'r tŷ o'r ail ganrif ar bymtheg yn aros, fodd bynnag, felly mae'n bosibl bod gwreiddiau'r ardd â wal o'i chwmpas yn mynd yn ôl ymhellach.

Mae cynllun presennol yr ardd â wal o'i chwmpas, â lloriau a llwyni bocs, yn dyddio yn ôl pob tebyg o ddechrau'r ugeinfed ganrif yn hytrach na'r ddeunawfed ganrif, ac fe'i hadferwyd yn ddiweddar; er y gellid disgwyl newid o ran defnydd yn dilyn codi'r ardd lysiau fawr i'r gogledd yn hanner cyntaf y bedwaredd ganrif ar bymtheg, roedd cynllun y llwybrau'n wahanol ym 1890 i'r hyn ydyw heddiw ac nid yw'n bosibl felly fod cynllun y lloriau wedi bod yr un peth yr adeg honno.

Mae'r ardd â wal o'i chwmpas yn gwyro i fyny tua'r de-ddwyrain; mae waliau cerrig ar bob ochr, a rennir yn chwarteri gan lwybr allanol a'r llwybrau croes graean ac mae borderi o amgylch yr ochr allan. Ceir mynedfeydd yn y gornel ddeheuol, drwy'r wal ogledd-ddwyreiniol ac yng nghanol y wal ogledd-orllewinol (lle mae'r llwybr croes yn gyfunion), â drysau i bob un. Ceir gwelyau rhosod a phergolau ar bob ochr i'r llwybr canolog sy'n rhedeg o'r gogledd-orllewin i'r de-ddwyrain ac ar ran ogleddol y llwybr sy'n rhedeg o'r gogledd-ddwyrain i'r de-orllewin. Mae ffynnon yn y cwadrant deheuol, a hon oedd yr unig ffynhonnell ddŵr i'r tŷ a'r ardd ar un adeg. Ychwanegwyd hafdy a seddau modern.

Ymddengys mai ychydig o welliannau a wnaeth mab John Jones, John Chambres Jones, i'r eiddo (a oedd ar brydles o hyd), ond gwnaethpwyd llawer o welliannau gan ei fab yntau, yr Hybarch Hugh Chambres Jones, a brynodd y rhyddfraint yn y pen draw, pan gymerwyd yr ystâd drosodd ganddo yn y 1830au, er na ddaeth yn berchennog ar y lle am dri deg o flynyddoedd eraill. Mae'r ardd lysiau fawr â wal o'i chwmpas yn dyddio o tua 1841, ac yn ôl pob tebyg yr ardd hon a oedd yn symbyliad i'r ardd â wal o'i chwmpas newid o fod yn ymarferol i fod yn addurnol.

I'r de-orllewin o'r tŷ mae'r brif lawnt, sy'n dod i ben â ffosglawdd. Mae'r lawnt groce, a oedd yn lawnt fowlio gynt ac a lefelwyd ryw ychydig, yn rhan o'r lawnt, heb unrhyw wahaniaethu ffurfiol rhyngddynt. Ceir cwrt tenis gynt yng nghornel dde-orllewinol y lawnt, a lefelwyd, gan greu terasau porfa isel. Mae'r ffosglawdd, wal syth heb ffos, yn ffurfio ffin dde-orllewinol yr ardd. Mae'n ymestyn o ymyl y coetir i'r dwyrain at y fforch oddi ar y lôn ddeheuol, sy'n rhedeg ar hyd ymyl ogledd-orllewinol y blanhigfa, darn hirsgwar o dir â pherth uchel yn ffin iddo. Yn y pen gogledd-orllewinol mae'r ffosglawdd yn ffurfio ffin dde-orllewinol yr ardd hon, ond fel wal a saif ar ei phen ei hun. Ymddengys bod cornel dde-orllewinol y lawnt ar rywfaint o lethr i gadw'n lefel â chopa'r wal, ond mae'n disgyn i'r cwrt tenis.

Diddorol yw nodi y cyfeirir ar fap 1776 at ddarn bach o dir amgaeëdig ar safle'r blanhigfa bresennol fel 'part of Cae Glas', ond fe welir ei fod wedi'i dorri i ffwrdd oddi wrth Cae Glas, y cae y tu hwnt i'r ffosglawdd, gan linell syth i gyfeiriad y ffosglawdd presennol. Gall hyn awgrymu mai nodwedd gynnar yw'r ffosglawdd, sy'n wreiddiol i'r ardd o'r ddeunawfed ganrif; ond os nad yw hynny'n wir, mae'n debyg mai yn ystod y 1830au y codwyd ef, pan adeiladwyd adain newydd y tŷ a edrychai allan drosto.

Adeiladwyd y lonydd newydd, mae'n debyg, o ganlyniad i'r newid a fu o ddefnyddio cerbydau ysgafn a dynnid gan ddau geffyl i gerbydau mawr a dynnid gan bedwar. Ni allai'r cerbydau mwy lletchwith hyn gymryd y tro sydyn i mewn i'r lôn wreiddiol o'r lôn fach yn y gogledd-ddwyrain (bellach unwaith eto y brif fynedfa), a chrëwyd mynedfa arall a oedd yn haws iddynt fynd trwyddi. Fodd bynnag, mae'n amlwg hefyd eu bod yn dymuno gwneud y siwrnai at y tŷ yn brofiad pleserus, ac i wneud argraff.

Mewn gwirionedd adeiladwyd dwy lôn newydd, un i'r gogledd-ddwyrain ac un arall i'r de-orllewin, gan gyfarfod â'i gilydd cyn mynd i mewn i'r ystâd ychydig i'r gogledd-orllewin o'r tŷ. Mae map o tua 1820 yn dangos llwybr llai sy'n arwain i ffwrdd tua'r de-orllewin ac yna'n troi yn ôl ar ei hunan ac yn ymuno â'r brif ffordd bron yn union i'r gorllewin o'r tŷ. Nid oedd llwybr llai yn y fan hon yn y ddeunawfed ganrif, ond erbyn 1840-41, pan gyhoeddwyd argraffiad cyntaf 1 fodfedd o fap yr Arolwg Ordnans, roedd wedi'i ailgyfeirio ac wedi'i wneud yn lôn ddeheuol, er nad

yw'r porthordy i'w weld ar y dyddiad hwn, na'r lôn ogleddol. Gwnaed map 1820 o'r arolwg gwreiddiol ar gyfer map 1840, ac mae'n rhaid bod y diwygiad olaf wedi'i gwblhau cyn 1833 pan adeiladwyd y porthordai.

Mae gan y lôn ogleddol rodfa o goed caled cymysg, sydd bellach yn creu tipyn o argraff er bod rhai o'r coed (llwyfenni) wedi'u colli, ac mae'r rhodfa yn y pen draw yn ymdoddi i'r coetir lle â'r llethr yn fwy serth. Mae'r lôn yn croesi'r lôn fach dros bont gerrig fawr, a godwyd ym 1841, ac mae'n mynd heibio'r ardd lysiau, sydd yn ôl pob tebyg yn cydoesi'n fras â'r bont.

Ar wahân i ddefnyddiau a ailddefnyddiwyd nid oes dim yn aros o borthordy a safai gynt ger yr ardd lysiau. Byr iawn fu ei oes, o bosibl, gan ei fod yn perthyn yn ôl pob tebyg i gyfnod o lai na deng mlynedd pan groesai'r lôn ogleddol y ffordd a mynd i mewn i'r ystâd yn y fan hon, cyn adeiladu'r bont sydd bellach yn mynd â hi dros y ffordd. Mae'r porthordai gogleddol a deheuol, a adeiladwyd ym 1833, yn dal yno. Maent yn adeiladau unllawr, ar ffurf L, a adeiladwyd o gerrig cymysg a fframiau'r ffenestri a'r drysau o gerrig nadd, a thoi llechi, mewn arddull ffug-Duduraidd â ffenestri myliynog, simneiau uchel a thalcenni pigfain. Mae pyst giatiau cerrig undarn syml â chopâu pigfain iddynt, tebyg i'r rhai wrth y fynedfa i'r ardd o'r lôn, gan y ddau borthordy o hyd, ond mae'r giatiau yn fodern. Nid oes giât wrth y fynedfa i'r ardd.

Lle mae'r lôn yn mynd heibio i wyneb blaen y tŷ, mae wal gynhaliol ar ochr yr ardd yn creu'r un math o effaith â'r ffosglawdd – nid yw'r lôn na'r ffens oddi tani yn amharu dim ar yr olygfa tuag at Gonwy o'r tŷ. Hyd yn ddiweddar roedd coeden ffawydd fawr yn yr ardd yn amharu ar yr olygfa hon, ond syrthiodd y goeden a bellach mae'r olygfa'n ymestyn yn hollol agored.

Pan fu farw'r Hybarch Hugh Chambres Jones ym 1869 gadawodd Fryn Eisteddfod i Hugh Maurice Jones, nai chwaer ei wraig drwy briodas, a oedd hefyd yn or-nai i'r fam. Fodd bynnag gadawodd berchnogaeth am oes i'w hanner chwaer, Margaret Grace Jones, a fu fyw tan gan mlwydd oed bron, gan amddifadu Hugh Maurice o'i etifeddiaeth am iddo farw o'i blaen hi. Felly mab Hugh Maurice, Wilson Cuthbert Bevan Jones-Mortimer, etifeddodd pan fu hi farw yn ei thro ym 1902. Yn ddiweddarach gwerthwyd Bryn Eisteddfod gan y Jones-Mortimeriaid ac yn y 1920au bu'n eiddo i ddyn o'r enw Edward Blackburn a wnaeth rhai addasiadau i'r tŷ gan gychwyn gardd goed; mae'r perchennog presennol yn parhau'r traddodiad o wella'r ardd.

O adain ddeheuol y tŷ mae'r olygfa ar draws y lawnt groce a'r ffosglawdd o ddyffryn Conwy a'r mynyddoedd y tu hwnt yn eithriadol, ac mae'n cael ei thynnu i mewn i'r ardd gan fframwaith y planhigfeydd i'r dde a'r chwith. Plannwyd y ddwy ardal hon erbyn 1776, ond ers hynny ychwanegwyd atynt a chawsant eu teneuo a'u haddasu. Ym 1776 rhan o gae oedd darn bach o dir amgaeëdig i'r de-orllewin, sydd yn blanhigfa bellach, ond fe'i torrwyd i ffwrdd gan y ffosglawdd ac yn y pen draw ychwanegwyd perth uchel o goed ffawydd ato ynghyd ag ambell i lwybr ffurfiol ag ymylon bocs. Fwy neu lai yn union i'r de o'r tŷ cliriwyd rhan o'r blanhigfa ddwyreiniol ac fe'i cynhelir bellach fel gweirglodd blodau gwyllt. Mae clwstwr o goed derw o blannu'r ddeunawfed ganrif yn dal yma yn ôl pob tebyg. Symudodd ffin ddwyreiniol y blanhigfa ddwyreiniol ymhellach i fyny'r bryn, a gwnaethpwyd fista hir yn ddiweddar ychydig y tu mewn i'r ffin hon, gan gynnwys bwa o dresi aur ifanc. Yn y 1920au datblygwyd rhan ogleddol yr ardal hon fel yr ardd goed, gan blannu mwy nag ugain o fathau o gonifferau egsotig a thynnu'r rhan fwyaf o'r coed caled a oedd yno. Fodd bynnag, goroesodd castanwydden y meirch fawr a sycamorwydden, a bellach mae'r sycamorwydden hon yn un o'r mwyaf o'i bath ym Mhrydain.

Mae gan yr ardd lysiau sydd fwy neu lai yn sgwâr, ac sy'n gorwedd bron yn union i'r gogledd o'r tŷ, y tu hwnt i'r iard gefn, ddwy wal gerrig, y naill yn gyfan gwbl o friciau a wnaed â llaw, a'r llall o gerrig â leinin o friciau. Mae'r rhain ar y de-ddwyrain a'r de-orllewin, y wal friciau i'r gogledd-ddwyrain a'r wal â leinin o friciau i'r gogledd-orllewin. Mae'n bosibl bod y wal dde-ddwyreiniol, sydd â mynedfa yn y canol, yn dyddio o'r ddeunawfed ganrif gan ei bod yn rhedeg ar hyd ymyl lôn yr hen fynedfa, er iddi gael ei newid, os nad ei hailadeiladu, pan wnaed yr ardd. Mae'r wal friciau ar ochr y lôn fach yn uwch na'r waliau cerrig (hyd at 4 medr) â chopa llechi. Mae'r wal ogledd-orllewinol, â leiniwyd â briciau, ar hyd ochr y lôn 'newydd' yn newid ei huchder yn y canol; mae'r hanner de-orllewinol yr un uchder â'r wal gerrig dde-orllewinol (tua 3 medr), a'r gweddill yn debyg i'r wal friciau. Mae gan y drws sy'n mynd trwy'r wal hon gerrig nadd o'i amgylch ar yr ochr allan, ac o gwmpas y gornel, ar ochr y lôn fach (mae'r ochr gerrig allanol yn parhau am ryw ychydig o gwmpas y gornel hon), ceir ffenestr agennog â'r un math o gerrig nadd o'i hamgylch.

Dyma'r man, yn ymyl y gornel ogleddol, lle unwaith safai'r porthordy a ddymchwelwyd, ac ymddengys bod y cerrig o'r porthordy, gan gynnwys y cerrig nadd o gwmpas y drws, wedi'u defnyddio ar gyfer pen gogleddol y wal ogledd-orllewinol, ac yna fe'i leiniwyd gan y briciau mwy cynnes. Awgryma hyn fod yr ardd wedi'i hadeiladu tua'r un adeg ag yr adeiladwyd y bont ac felly aeth y porthordy'n segur, ym 1841. Yr unig ddarnau o dir amgaeëdig a welir yn y man hwn ar fap ystâd 1776 oedd darn sgwâr bychan iawn, a oedd, mae'n amlwg, yn rhy fach i fod yn ardd, yn ymyl cornel ddeheuol yr ardd bresennol ac yn agos i dŷ'r ail ganrif ar bymtheg, a dau ddarn o dir ychydig yn fwy i'r gogledd-ddwyrain. Roedd coed yn un o'r rhain ac efallai mai perllan oedd yno; mae wedi'i leoli o fewn yr ardd bresennol, ond roedd y llall yn rhannol y tu mewn ac yn rhannol y tu allan i'r ardd. Nid yw'n ymddangos bod yr un ohonynt yn perthyn yn uniongyrchol i'r darn presennol o dir amgaeëdig.

Nid oes drysau yn y waliau de-orllewinol a gogledd-ddwyreiniol. Nid yw'r ardd yn wastad, er bod peth lefelu yn sicr wedi digwydd; mae brigiad o greigiau yn y gornel ddeheuol na ellid, mae'n amlwg, ei lefelu na'i wneud yn gynhyrchiol, ac felly fe'i torrwyd i ffwrdd o gornel i gornel gan wal gerrig gynhaliol. Aflwyddiannus fu pob ymgais i droi'r darn hwn yn ardd gerrig, a bellach casglwyd y cerrig a chodi darn o wal arw ar y pen uchaf. Ceir rhai llwyni a choed addurnol, gan gynnwys coed yw a arferai gael eu tocio. Yng nghanol y tyfiant mwyaf trwchus saif hen adfail a arferai gynhyrchu trydan.

Rheda border uchel wrth odre'r wal sy'n mynd ar draws, â thanc dŵr llechi yn ei ganol (sydd bellach yn addurnol). Drws nesaf i'r border rheda llwybr â phorfa drosto, a gellir ei weld yn y borfa yn y berllan gan droi tua'r gogledd-orllewin i gyfarfod â'r llwybr sy'n rhedeg yn ei flaen ar hyd y tu mewn i'r wal ogledd-orllewinol. Ni ellir gweld llwybr a redai'n gyfochrog ag ef, a nodir ar fap 1890, mor hawdd. Mae'r llwybrau eraill, o gwmpas yr ymylon ac yn croesi ei gilydd yng nghanol yr ardd, yn cael eu defnyddio o hyd, ac maent wedi'u graeanu yn bennaf. Mae nifer ohonynt ag ymylon gorberthi bocs.

Yn rhan orllewinol yr ardd ceir coed ffrwythau bach nad ydynt yn hen iawn, a defnyddir gweddill y rhan hon ar gyfer cadw ffrwythau a thyfu llysiau. Mae gellyg delltog yn tyfu ar y wal ogledd-orllewinol, rhai ohonynt mae'n bosibl yn wreiddiol, gan gynnwys nifer o hen amrywiadau. Mae rhan ddwyreiniol y wal ogledd-ddwyreiniol yn cynnal rhagor o ellyg a rhai ceirios.

Saif y tai gwydr a'r siedau yn y gornel ogleddol. Maent yn

wynebu tua'r de-ddwyrain ac fe'u gwelir ar fap 1890. Mae yno nifer o adeiladau sy'n sefyll ar eu pennau eu hunain, a'u cyflwr yn amrywio. Tŷ gwydr oedd yr adeilad mwyaf deheuol â boelerdy y tu ôl iddo, ond fe'i chwythwyd i lawr (mae'r sylfeini briciau, y wal gefn a'r boelerdy yno o hyd). Ailadeiladwyd hanner ohono bellach gan ddefnyddio gorchudd polythen. Mae'r pibelli gwresogi'n dal yn eu lle. Mae gan dŷ melonau y drws nesaf iddo welyau uchel a phibelli gwresogi y gellir eu gweld; o'i flaen ceir fframiau â phibelli gwresogi'n rhedeg ar hyd y wal gefn. Mae tŷ gwinwydd eang â chytiau potiau a tu ôl iddo yn dal i gynnwys gwinwydd, un ohonynt o leiaf o bosibl yn wreiddiol, ac mae'r ffyn a'r dyfeisiadau agor ffenestri yno o hyd, wedi'u hailbaentio yn eu lliw gwyrdd canolig gwreiddiol, ac yn dal i gael eu defnyddio. Adferwyd y tŷ hwn, er nad oes gwresogi yno bellach – mae'r hen bibelli yn eu lle o hyd, fodd bynnag. Adferwyd y cytiau potiau, a saif yn erbyn y wal yn y gornel ogleddol, o'u cyflwr adfeiliedig yn ddiweddar iawn. Ceir tanc dŵr llechi mawr y tu allan i'r gwinwydd-dy.

Ychwanegwyd tŷ eirin gwlanog ers 1890, gan wynebu'r de-orllewin ar hyd wal y lôn fach gan adael bwlch cul yn unig ar gyfer mynd i mewn i'r cwt potiau rhwng y rhan ogledd-orllewinol a phen pellaf y gwinwydd-dy. Mae mewn cyflwr gweddol dda ac mae'n cynnwys coed eirin gwlanog a nectarinau sy'n tyfu'n erbyn y wal, ac yn ôl pob tebyg mae rhai o'r coed eirin gwlanog yn wreiddiol.

Ffynonellau

Sylfaenol

Gwybodaeth, gan gynnwys taflen o nodiadau diwrnod agored yr ardd, oddi wrth y Dr Michael Senior.

Gwybodaeth oddi wrth Mr R. Idloes Owen a Mr M. Jones-Mortimer.

R. Wood, map ystâd (1776), casgliad Dr Senior.

Map ystâd tua 1792, casgliad Dr Senior.

Map llawysgrif 2 fodfedd ar gyfer argraffiad cyntaf 1 fodfedd map Arolwg Ordnans (tua 1820), archifau Coleg Prifysgol Gogledd Cymru, Bangor.

Llun a dynnwyd o'r awyr, Ymddiriedolaeth Archeolegol Gwynedd.

Eilradd

W. MacArthur., *The River Conway* (1952).

CADW

BRYN·Y·NEUADD

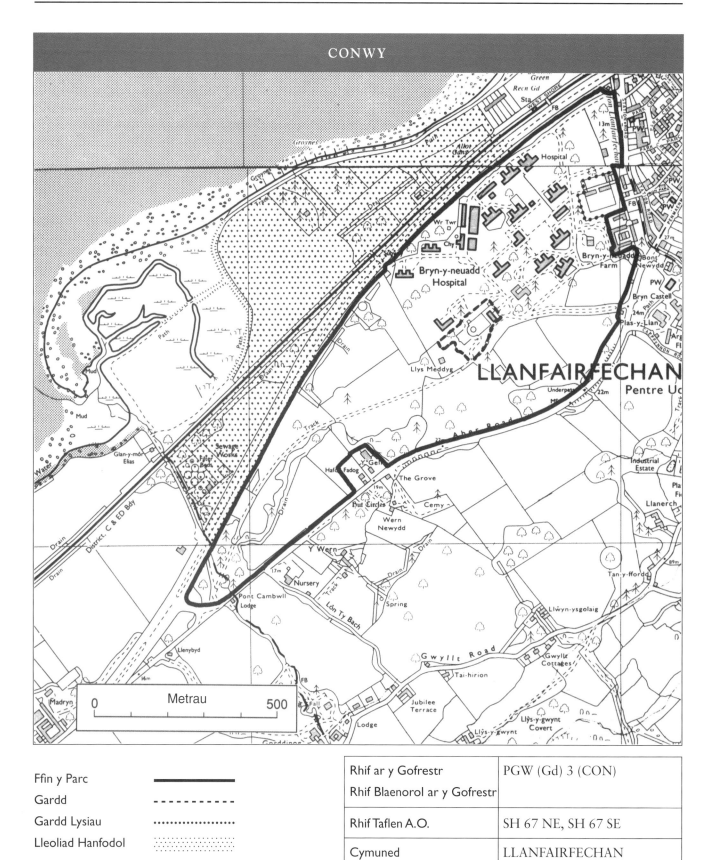

Ffin y Parc	————————
Gardd	- - - - - - - - - -
Gardd Lysiau	····················
Lleoliad Hanfodol	::::::::::::::::::

Rhif ar y Gofrestr	PGW (Gd) 3 (CON)
Rhif Blaenorol ar y Gofrestr	
Rhif Taflen A.O.	SH 67 NE, SH 67 SE
Cymuned	LLANFAIRFECHAN

Atgynhyrchwyd o fapiau'r Arolwg Ordnans gyda chaniatâd Rheolwr Llyfrfa Ei Mawrhydi.
© Hawlfraint y Goron. CADW Rhif trwydded GD272221/01/98

CRYNODEB

Rhif cyf	PGW (Gd) 3 (CON)
Map AO	115
Cyf Grid	SH 677 747
Sir flaenorol	Gwynedd
Awdurdod unedol	Conwy
Cyngor cymuned	Llanfairfechan
Disgrifiadau	Adeiladau Rhestredig: Bloc stablau, Gradd II; ffynnon Gradd II; Bronrardd (bwthyn y garddwr), Gradd II; fferm Bryn-y-Neuadd, Gradd II*; ac adeiladau'r fferm, Gradd II.
Asesiad safle	Gradd II
Prif resymau dros y graddio	Parc a gardd a gynlluniwyd gan y cynllunydd gerddi Fictorianaidd enwog Edward Milner; gardd Eidalaidd â ffynnon haearn bwrw Ffrengig gan Barbezat & Cie; nant ger y Grand Lodge gynt wedi'i chynllunio â gardd gerrig, pyllau a rhaeadrau gwneud gan Pulham & Son; gardd lysiau â wal o'i chwmpas ag olion tai gwydr.
Math o safle	Parc tirlun o ganol y bedwaredd ganrif ar bymtheg â gardd Eidalaidd ffurfiol a gardd lysiau eang.
Prif gyfnodau o adeiladu	1850au a 1860au

Disgrifiad o'r safle

Lleolir Bryn-y-Neuadd, sydd bellach yn ysbyty, ar dir sy'n gwyro'n raddol tua'r môr, ar ochr orllewinol pentref Llanfairfechan. Adeiladwyd y tŷ, a safai yng nghanol y parc, yn y 1850au a chafodd ei ddisgrifio yn y *Journal of Horticulture and Cottage Gardener* ym 1864 fel 'Gothic-Italian' o ran arddull. Fe'i dymchwelwyd yn y 1960au, a chodwyd adeilad ysbyty diaddurn yn ei le.

Mae'r bloc stablau'n cydoesi â'r tŷ, a adeiladwyd gan John Platt ym 1858. Mae porth bwaog canolog yn arwain drwy'r rhes flaen i mewn i iard â dau fwthyn. Fel holl adeiladau'r ystad sy'n goroesi, fe'i hadeiladwyd o wenithfaen llwyd tywyll â cherrig nadd goleuach. Gwnaed addasiadau iddo ar ôl i'r tŷ gael ei droi'n ysbyty yn y 1890au, ac fe'i defnyddir o hyd fel rhan o'r ysbyty modern.

Yn y ddeunawfed ganrif roedd Bryn-y-Neuadd yn eiddo i Humphrey Roberts, ac yn ddiweddarach aeth yn eiddo i'w ŵyr, ac roedd ei dad yntau wedi bod yn un o Wynneiaid Sir Ddinbych. Fe'i prynwyd yn y 1850au gan John Platt, peiriannydd gwehyddu cefnog, a adeiladodd dŷ newydd, fferm enghreifftiol, nifer o adeiladau eraill yr ystad, gorsaf reilffordd, eglwys, a llawer o bentref Llanfairfechan. Yn argraffiad cyntaf un fodfedd i'r filltir map Arolwg Ordnans 1840–41, gwelir tŷ a darn bach o dir amgaeëdig â choed, ac adeilad ar safle'r fferm (a'r rheilffordd), ond ymddengys nad oedd dim arall yno cyn cyfnod Platt. Cyflogwyd Edward Milner, a oedd erbyn hynny yn gynllunydd gerddi adnabyddus a fu'n brentis i Joseph Paxton gan weithio gydag ef ar erddi Crystal Palace, gan Platt i gynllunio'r parc.

Mae Bryn-y-Neuadd yn enghraifft wych a nodweddiadol iawn o arddull gardd ffurfiol Milner, wedi'i gysylltu â pharcdir ag iddo siâp llyfn, coed sbesimen a llwyni. Mae llawer o'r cynllun wedi'i gadw, a gellir ei werthfawrogi, ond ceir cofnod cyfredol hefyd gan John Gould yn y *Journal of Horticulture and Cottage Gardener* (1864), sy'n nodi bod llawer ohono wedi diflannu.

Roedd y llethr islaw'r tŷ yn derasog, a gosodwyd gardd ffurfiol i'r de-orllewin. Y tu hwnt i'r man hwn plannwyd y parc gan glystyrau a rhesi o goed, â llwyni wedi'u plannu oddi tanynt (rhododendronau a llawryfoedd yn bennaf, a oedd yn hoff iawn

gan Milner), ac arweiniai lonydd ar gyfer cerbydau tua'r de-orllewin, y de-ddwyrain a'r gogledd-ddwyrain, a phlannwyd lôn y de-ddwyrain â rhodfa o goed sycamorwydd. Gorweddai rhagor o dir a oedd yn berchen i'r ystad ar ochr arall y rheilffordd, yn agos i'r môr, a chodwyd planhigfa ar bob ochr i lwybr i lawr at y traeth. Safai cytiau ymdrochi ar y traeth, a losgwyd yn weddol ddiweddar, ond nid yw'r rhain i'w gweld ar fapiau 1889 na 1914.

Er bod yr ysbyty modern yn cynnwys llawer o adeiladau diweddar yma ac acw yn nwyrain y parc, fe'u lleolir mewn modd sy'n golygu bod yr holl berthlysiau, coetir a'r clystyrau o goed a gynlluniwyd gan Milner wedi goroesi i gyd bron. Mae'r rhain yn gymysgedd o goed coniffer a chollwyrdd yn bennaf, â rhododendronau a llawryfoedd yn tyfu oddi tanynt. Ceir rhai coed unigol, derw a sycamorwydd yn bennaf, yn y mannau agored. Mae'r llecynnau rhwng y planhigfeydd nad ydynt yn cael eu cadw fel lawnt wedi troi'n dir diffaith; ond mae cynllun gwreiddiol y parc yn aros. Plannwyd rhai clystyrau o goed ifanc hefyd, ger ffordd gyflym newydd yr A55 yn bennaf, a gafodd wared ar y rhan fwyaf o'r rhes wreiddiol o goed a dyfai ar hyd ymyl y rheilffordd ac a wahanodd gornel orllewinol y parc oddi wrth y gweddill.

Ar un adeg roedd cornel dde-orllewinol y parc yn ganolbwynt diddordeb ynddi ei hun. Safai 'Grand Lodge', a ddymchwelwyd yn y 1960au, yn ymyl y lôn gerbydau orllewinol hir, yn fuan ar ôl iddo ddod i mewn i'r parc. Roedd hwn yn adeilad gothig mawreddog â thyredau, tŵr wrth yr ochr a phorth bwaog yn y canol. Cronnwyd y nant sy'n llifo ar draws y gornel yn byllau dŵr, eu harddu gan ardd gerrig a'i haddurno gan ynysoedd a rhaeadrau gwneud gan gwmni Pulham & Sons. Mae'n bosibl bod y cerrig gwneud 'Pulhamite' wedi'u defnyddio ar gyfer peth o'r gwaith hwn gan iddynt gael eu defnyddio'n helaeth yng Ngorddinog, tŷ arall o eiddo'r teulu Platt ar ochr arall yr hen A55. Roedd y bont ar draws y nant yn union o flaen Grand Lodge, a phlannwyd yr holl fan yn helaeth gan gymysgedd o goed coniffer a chollwyrdd â llwyni oddi tanynt, rhododendronau a llawryfoedd yn bennaf. Byddai wedi creu mynedfa drawiadol, â'r lôn hir ar draws y parc yn ei dilyn, â rhes droellog o goed ar un ochr iddi a golygfeydd i gyfeiriad y môr ar yr ochr arall. Dioddefodd yr ardal yn enbyd yn ystod gwaith adeiladu diweddar yr A55 newydd; diflannodd popeth i'r gogledd-orllewin o'r Grand Lodge ar wahân i olion o'r blanhigfa. Gellir gweld rhaeadr ac ynys wneud o hyd yn y nant i'r de-ddwyrain o'r lôn, er bod y llwyni wedi tyfu'n wyllt iawn bellach.

Disgrifiodd John Gould y parc mewn termau cyffredinol yn unig, ond mae'n enwi'r arddull fel un 'Picturesque', ac mae'n nodi bod y tir yn 'recently formed and planted' ac mai bach yw'r coed o hyd. Felly mae'n amlwg o hyn bod cynllunio'r parc yn cydoesi â chodi adeiladau'r ystâd, ar ddiwedd y 1850au a dechrau'r 1860au.

Mae'n rhaid bod y rhan o'r ystâd i'r gogledd o'r rheilffordd, rhyngddi a'r môr, wedi dod yn amherthnasol braidd ar ôl adeiladu'r rheilffordd, ac nid yw'n cael ei chynnwys yng nghynllun Milner, ar wahân i'r blanhigfa ar bob ochr i'r llwybr tua'r traeth. Gwerthwyd rhannau ohoni yn barod erbyn 1914, a bellach mae'n eiddo i fwy nag un, er bod yr ysbyty'n dal ei gafael ar hawl mynediad i'r traeth trwy isdramwyfa fodern i'r ffordd ychydig i'r de o isdramwyfa wreiddiol y rheilffordd.

Mae'r lonydd wedi dioddef yn fwy na'r gwahanol rannau a blannwyd oherwydd y defnydd cyfoes o'r parc, ac mae'n anodd dod o hyd i olion rhai ohonynt. Mae map Arolwg Ordnans 25 modfedd 1889 yn dangos: lôn o'r Grand Lodge yn y gornel dde-orllewinol at dalcen deheuol y tŷ; lôn, â rhodfa, sydd fwy neu lai yn barhad at y porthordy de-ddwyreiniol; tri llwybr o gefn y bloc stablau, un llwybr i'r porthordy gogledd-ddwyreiniol, un llwybr sy'n cyfarfod â hwn ger y fferm ond sy'n gwyro'n sydyn ger yr ardd lysiau cyn hynny, ac un llwybr sy'n arwain at yr orsaf i'r gogledd; llwybr sy'n arwain o dalcen gogleddol y tŷ i lawr at y traeth; ac ail lwybr at y traeth sy'n fforchio cyn y Grand Lodge yn y gornel dde-orllewinol.

O'r rhain, mae'r lôn o'r gornel dde-orllewinol yn aros; mae'n mynd ar draws y rhan fwyaf o'r parc fel llwybr fferm llai heb wyneb iddo, ond fe'i tarmaciwyd o'r fan lle deuir at yr adeilad cyntaf sy'n perthyn i'r ysbyty. Bellach defnyddir y lôn o'r porthordy de-ddwyreiniol fel y brif fynedfa. Mae'r porthordy, sy'n dyddio o 1861, mewn arddull sy'n debyg i weddill adeiladau'r ystâd. Adeiladwyd priffordd arall yn gyfochrog â'r lôn wreiddiol, yn y 1960au, i alluogi trafnidiaeth i deithio yn y ddau gyfeiriad ar yr un pryd. Y lôn wreiddiol, yn ôl a ddynodir gan y rhodfa sycamorwydd, yw'r briffordd ddeheuol. Mae'r ddwy wedi'u tarmacio. Mae llwybr tarmac sy'n cyfarfod â phen mewnol y lôn hon ychydig i'r de o'r stablau bellach yn rhedeg tua'r porthordy gogledd-ddwyreiniol yn gyfochrog yn fras â llwybr yr hen lôn o gefn y stablau, ac mae'n ymuno ag ef yng nghornel dde-orllewinol y darn o dir amgaeëdig lle saif y tŷ Cerrig-llwyd bellach; yma mae'r llwybr tarmac yn gwyro tua'r gogledd ac mae'r lôn yn mynd yn ei blaen tua'r porthordy fel llwybr troed heb wyneb. Mae'r porthordy'n debyg o ran arddull i'r porthordy de-ddwyreiniol ac mae'r pileri giatiau yn aros, ond nid yw'r giatiau yno. Gellir hefyd weld olion y lôn yn ôl tua'r stablau yn y borfa. Yn yr un modd cymerodd ffordd darmac le'r ffordd ganol o'r stablau, ac mae'n debyg ei bod yn dilyn yr un llwybr ar y cychwyn; ar ôl mynd rhwng rhai adeiladau cyfoes mae hwn yn anelu am y gogledd ac mae'r hen lwybr, heb wyneb arno ond a ddefnyddir gan gerbydau, yn fforchio i gyfeiriad y dwyrain, gan ailymuno â'r llwybr cyntaf ger y fferm. Collwyd y llwybr gogleddol tua'r orsaf yn gyfan gwbl ymhlith y datblygiadau modern.

Mae'r llwybrau niferus o amgylch y tŷ oll â wyneb arnynt bellach, yn rhannol ddilyn llwybrau gwreiddiol ac yn rhannol newydd. Collwyd yr hen lwybr at y traeth ac ni ellir dilyn ei drywydd hyd yn oed pan fydd yn rhannu perthlys yn ddau, er bod modd dilyn ôl y llwybr sy'n ymuno ag ef o'r gerddi hamdden yn y borfa i'r gogledd o'r ardd ffurfiol. Mae'r llwybr arall at y traeth, yn y gornel dde-orllewinol, yn dal yno am ychydig bellter ond yna fe'i cwtogir gan y ffordd newydd.

Ceir ffosglawdd crwm i'r de-ddwyrain o safle'r tŷ ar hyd ochr fewnol y lonydd dwyreiniol a de-orllewinol a'r man o flaen safle'r tŷ lle maent yn cwrdd. Crëwyd hyn yn ystod adeiladu'r ysbyty modern. O'r blaen ceid llethr raddol lawr at y cae criced a orweddai yn y rhan o'r parcdir â siâp afreolaidd iddi sydd â ffens rhyngddi a'r gweddill; yn wreiddiol roedd y ffens yn parhau o'r un a amgylchynai'r ardd.

Cynlluniwyd yr ardd ffurfiol yr un adeg â gweddill y tir, ac fe'i disgrifiwyd gan Gould ym 1864. Roedd terasau i dde-orllewin a gogledd-ddwyrain y tŷ. Mae'r teras i'r de-orllewin yn cael ei gynnal gan wal isel a rhes o risiau isel yn y canol yn arwain lawr at yr ardd ffurfiol. Mae'r teras i'r gogledd-ddwyrain yn edrych yn rhannol dros y llethr laswelltog ar ochr ogledd-orllewinol yr ardd ffurfiol, ac mae rhes hir o risiau, eto'n fras yng nghanol y teras, yn disgyn ar draws y llethr hon. Yn wreiddiol ymagorai ar drofa sydyn ar hyd lôn gerbydau, lle deuai'r llwybr i'r traeth yn llwybr arall a gysylltai'r lôn o'r tu ôl i'r stablau â'r orsaf, ond bellach mae'n cyfarfod â'r llwybr slabiau concrid newydd, sy'n gorchuddio pibell gyswllt, ar draws gwaelod y llethr porfa islaw'r ardd ffurfiol.

O'r teras de-orllewinol mae rhes o risiau'n arwain lawr at yr ardd ffurfiol Eidalaidd, raeanog, hirsgwar i'r de-orllewin, â phen cromfannol lle ceir ffynnon haearn bwrw gron, fawr, gymhleth yn

arddull Eidalaidd y Dadeni, sydd bellach yn gweithio'n berffaith. Yn y llecyn sydd agosaf at y tŷ ceir dau lawr bocs cymhleth a gwreiddiol, ac mae'r cyfan wedi'i amgáu o fewn wal gerrig addurnol â pheli cerrig ar y pileri ar bob ochr i'r mynedfeydd a'r grisiau. Mae'r ddaear yn syrthio tua'r gogledd-orllewin ac mae'r ffordd allan ar yr ochr hon i lawr rhes o risiau, ond i'r de-ddwyrain mae'n mynd ar hyd llwybr gwastad ac i'r de-orllewin mae dau ris yn mynd i fyny.

Mae'r ffynnon yn cynnwys basn cerrig mawr crwn, ac ynddo gwelir pediment cerrig sy'n cynnal yr adeiladwaith uchel o haearn bwrw. Ceir pedwar ceriwb ar gefn dolffiniaid gan chwythu cyrn, â basn uwch eu pennau; yna basn llai; ac yn olaf ceriwb arall yn dal coronbleth am ei ben, o'r lle mae dŵr yn codi ohono.

Gosodwyd y stamp 'VAL D'OSNE' ar y ffynnon, sy'n nodi iddi gael ei gwneud gan y cwmni Ffrengig Barbezat & Cie, y prif gwmni Ffrengig a gynhyrchai celfi ac addurniadau gardd haearn bwrw ar yr adeg y cynlluniwyd yr ardd ym Mryn-y-Neuadd. Daeth ffatri Val d'Osne i'w meddiant oddi wrth gwmni André ym 1855, a chynhyrchwyd catalog ym 1858 a ddangosai ffynnon a gynlluniwyd gan Lienard ac a wnaethpwyd gan Andre a gafodd ei harddangos yn Arddangosfa Fawr 1851. Roedd hon yn debyg, er nad yn union yr un fath, i ffynnon Bryn-y-Neuadd, ac mae'n dra phosibl bod y ffynnon hon wedi'i harchebu o'r catalog hwn drwy asiant Barbezat yn Llundain.

Y tu hwnt i'r pen cromfannol ceir darn bach o dir gwastad, fwy neu lai yn hirsgwar, â gardd gerrig ar yr ymylon, a ddefnyddiwyd fel lawnt fowlio yn ddiweddar. Mae perth ar dair ochr, â llethr o ardd gerrig wrth waelod dwy ochr; ceir cilfachau palmentog yng nghanol y llethrau hyn, ar gyfer seddau mae'n debyg. Ar un adeg safai hafdy bychan yn y gilfach fwyaf ar yr ochr dde-orllewinol, ond nid dyma'r un y soniodd Gould amdani, a dymchwelodd yn ddiweddar. Nid yw Gould yn sôn am y lawnt fowlio ond ceir disgrifiad ganddo o dŷ gwydr hir, cul a safai ar draws pen yr ardd ffurfiol. Fe'i gwelir ar fap Arolwg Ordnans 1889, ond diflannodd erbyn 1914. Ceir groto y drws nesaf i'r man hwn. Nid yw Gould yn sôn amdano, felly mae'n ychwanegiad diweddarach o bosibl. Mae'n fawr o ran maint, â siambr danddaearol (sydd â wal friciau yn y cefn, yn gysylltiedig o bosibl â system gwresogi'r tŷ gwydr gynt gan fod ffwrn haearn wedi'i gosod yn y wal) a thramwyfa droellog. Nid welwyd tystiolaeth o unrhyw waith addurno i'r nenfwd na'r llawr, er y defnyddiwyd peth craig â gwythiennau o garreg wen yn rhedeg trwyddynt.

I'r de o'r ardd ffurfiol ceir clystyrau o goed a llwyni â llwybr, cymaint ag y gwelir ar fap 1889. I'r gogledd-orllewin, mae'r ddaear ar oleddf, a cheir rhes o risiau i lawr i'r ardd ffurfiol, a rhes arall, i'r gogledd-ddwyrain, o'r teras ar draws safle'r tŷ yn y gogledd-orllewin. Rhwng y ddwy res hon o risiau ceir llethr porfa derasog, a welir hefyd ar fap 1889, er bod yma bellach lwybr slabiau concrid newydd, sy'n gorchuddio pibell gyswllt, ar hyd y gwaelod. Edrychai i lawr dros lawntiau â chlystyrau o goed, ac mae maes parcio yno'n rhannol bellach.

Plannwyd yr ardal i'r de-orllewin gan goed a llwyni ac mae bellach wedi tyfu'n wyllt iawn. Dyma lle'r oedd yr hafdy, a dderbyniodd ganmoliaeth gan Gould am ei olygfa o'r Fenai. Nid oes dim olion ohono ar ôl bellach ar wahân i ddarn o dir gwastad o fewn y llwyni, ac ni ellir dilyn trywydd y llwybrau chwaith.

Mae Gould yn nodi bod 25,000 o blanhigion gwelyau wedi'u defnyddio yn yr ardd yn ystod haf 1864; mae hyn yn esbonio'n rhannol pam y cyflogwyd 11 o arddwyr ar y pryd i ofalu am bum erw o ardd a phedair erw o ardd lysiau.

Gorwedda'r ardd lysiau ar ymyl ogledd-ddwyreiniol yr ystâd, drws nesaf i'r fferm enghreifftiol, ac roedd ganddi lawer iawn o dai gwydr, yn ogystal â dwy wal gonsentrig i ddarparu digonedd o le ar gyfer tyfu ffrwythau ar y waliau. Mae waliau'r ardd yn aros yn eu cyfanrwydd, o'r cerrig llwyd arferol, â chopâu cerrig golau; mae'r wal allanol yn codi i uchder o 6 medr a'r wal fewnol tua 3 medr. Mae hanner y rhes o dai gwydr sy'n pwyso yn erbyn y wal yn dal i sefyll, er mai ychydig o wydr sydd ar ôl, ac mae'r tŷ gwydr mwyaf de-orllewinol â gwinwydd a ffyn o hyd. Diflannodd hanner arall y rhes, ond dengys y wal wyngalchog lle'r arferai sefyll. Mae rhes o dai gwydr hir, isel yn rhan ogledol yr ardd yn dal yno, â borderi uchel a llwybr canolog suddedig; yn ddiweddar yn unig y symudwyd y pibelli gwresogi o dan y borderi, ac mae peth gwydr yno o hyd. Mae siedau a chytiau moch yn yr iard yn y tu cefn o hyd, ond diflannodd tŷ gwydr bach a safai yma. Mae'r ddau foelerdy, caban a siedau y tu allan i brif wal yr ardd wedi mynd â'u pennau iddynt ond yn dal yn eu lle.

Bellach defnyddir y rhimyn allanol, rhwng y ddwy wal gonsentrig, yn dir pori, fel y darn bach o dir amgaeëdig i'r gogledd-orllewin (lle mae llinell y llwybr canolog i'w gweld o hyd). Gadawyd y brif ardd heb ei thrin ond mae'n cynnwys rhai coed ffrwythau ac fe'i defnyddir ar gyfer tyfu llysiau; mae llwybrau porfa, a ddefnyddir heddiw, yn dilyn llinell y llwybrau gwreiddiol. Mae'r hen reiliau haearn yn yr adardy i'r de-ddwyrain yn dal yn eu lle, bron yn 2 fedr o uchder ond yn fain iawn.

Ym 1864, disgrifiodd Gould yr ardd yn fanwl, gan grybwyll 270 troedfedd o dai poeth a bwysai yn erbyn y wal 'fitted up very completely', lle gwelai eirin gwlanog a phinafalau a chasgliad gwych o blanhigion â dail addurnol ganddynt. Mae hefyd yn disgrifio tŷ rhedyn, y gellid mynd ato trwy ddrws yn y wal gefn yn un pen o'r rhes. Ceid pedwar tŷ gwydr â thoi cribog a safai ar eu pennau eu hunain 'on the Paxtonian principle', bob un ohonynt yn 105 troedfedd o hyd, ag eirin gwlanog a nectarinau a dau fath o rawnwin, y ddau â thŷ iddo'i hunan. Plannwyd y gwinwydd ym 1862. Yng nghefn y rhes o dai gwydr yn erbyn y wal roedd 'a complete range of sheds', gan gynnwys dau foelerdy (gwresogwyd yr holl dai gwydr gan un boeler, ond roedd boeler arall wrth gefn i'w ddefnyddio mewn argyfwng) a chaban.

Mae Gould hefyd yn crybwyll 'quarters' ar gyfer tyfu llysiau, 'systematically arranged', ond yr unig le ar gael i wneud hyn fyddai rhwng y ddwy wal ardd (sydd tua 10 medr ar wahân), gan bod y pedwar tŷ gwydr mawr yn cymryd drosodd y rhan fwyaf o'r rhan ganolog. Felly nid yw'n debygol mai pedwar rhaniad arferol llain o dir hirsgwar oedd y 'quarters'.

Mae map 25 modfedd 1889 yn dangos yr ardd yn ei manylder. Erbyn y cyfnod hwn roedd dau o'r tai gwydr mawr a safai ar eu pennau eu hunain eisoes wedi diflannu, ond roedd popeth arall y soniodd Gould amdano yn dal yn ei le. Roedd hefyd estyniad i ogledd-orllewin yr ardd, â mwy o goed ffrwythau a rhes arall o dai gwydr yn erbyn y wal a wynebai tua'r de-orllewin. Roedd rhes o siedau yn cefnu ar y rhain hefyd, a safai tŷ gwydr bach arall yn erbyn wal iard neu ddarn bach o dir amgaeëdig y tu ôl iddo a wynebai tua'r de-ddwyrain. Roedd hefyd fan a nodwyd fel 'Aviary' i'r de-ddwyrain o'r ardd. Erbyn 1914 roedd y ddau dŷ gwydr arall a safai ar eu pennau eu hunain wedi diflannu, ac ymddangosodd rhai cytiau moch yn yr iard fechan. Daethai'r adardy yn rhan o fuarth y fferm, ag ysgubor fawr yn ei ganol.

Saif Bronrardd, bwthyn gwreiddiol y pen-garddwr, ychydig y tu allan i'r ardd â wal o'i chwmpas, rhyngddi ac Afon Llanfairfechan. Mae ganddo ei ardd fechan ei hunan â wal o'i chwmpas, â mynedfa gweddol fawreddog, sy'n adleisio arddull y drysau sy'n arwain i

mewn i'r brif ardd lysiau. Mae'r rhan fwyaf o'r drysau pren hyn yn dal yn eu lle, ond nid ydynt yn cael eu defnyddio.

Ffynonellau

Gwybodaeth gan Mr Stephen Hardie, rheolwr yr ysbyty; Mrs Bettina Harden, Ymddiriedolaeth Gerddi Hanesyddol Cymru.

Eilradd

T. Pennant, *A Tour in Wales* (ailargraffiad 1991 o argraffiad 1784).

J. Gould, 'Bryn-y-Neuadd', *Journal of Horticulture and Cottage Gardener*, 11 Hydref 1864, tud. 294.

A. Hodges, 'A Victorian gardener: Edward Milner (1819–1884), *Garden History* 3 (1977), tud. 67–77.

S. Festing, 'Recent discoveries and restoration of Pulham sites', *Garden History* 25.2 (1997), tud. 235–37.

CADW

NEUADD CAER RHUN

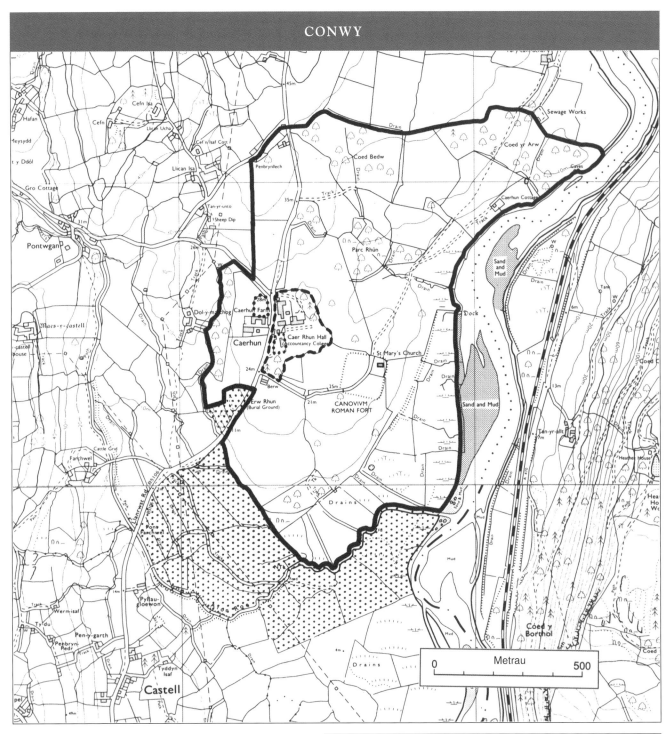

Ffin y Parc	————
Gardd	- - - - - - -
Gardd Lysiau & Orchard	··················
Lleoliad Hanfodol	⋰⋰⋰⋰⋰

Rhif ar y Gofrestr	PGW (Gd) 12 (CON)
Rhif Blaenorol ar y Gofrestr	
Rhif Taflen A.O.	SH 76 NE, SH 77 SE
Cymuned	CAERHUN

CRYNODEB

Rhif cyf	PGW (Gd) 12 (CON)
Map AO	115
Cyf Grid	SH 774 705
Sir flaenorol	Gwynedd
Awdurdod unedol	Conwy
Cyngor cymuned	Caerhun
Disgrifiadau	Adeilad rhestredig: tŷ Gradd II; SoDdGA ar ymyl ddwyreiniol y parc (morfaoedd) lle mae Ytbys Gleision prin yn tyfu.
Asesiad safle	Gradd II
Prif resymau dros y graddio	Cynllun gardd o'r 1890au mewn cyflwr da a leolir mewn parcdir eang hŷn, mewn safle deniadol ger yr Afon Conwy.
Math o safle	Gerddi terasog ffurfiol, parc mawr, gweddillion gardd â wal o'i chwmpas.
Prif gyfnodau o adeiladu	1890au, y parc yn gynharach yn y bedwaredd ganrif ar bymtheg neu cyn hynny.

Disgrifiad o'r safle

Lleolir Neuadd Caer Rhun ychydig i'r dwyrain o ffordd y B5106 rhwng Conwy a Betws y Coed, tua 7 cilomedr i'r de o Gonwy. Amgylchynir y tŷ gan erddi, er ei fod ar ymyl y ffordd, ac mae'n wynebu tua'r de dros ei derasau llydan isel. Mae'r Afon Conwy tua 0.75 cilomedr i ffwrdd tua'r dwyrain. Mae fferm y faenor a'r ardd lysiau â wal o'i chwmpas ar ochr arall y B5106, yn union gyferbyn â'r tŷ.

Mae'r tŷ, sy'n goleg cyfrifyddiaeth bellach, yn blasty mawr trillawr o ddiwedd cyfnod Fictoria ac mae ei arddull yn dangos dylanwad oes Elisabeth. Fe'i hadeiladwyd o gerrig calch nadd, garw, patrymog o liw llwyd golau â cherrig tywod coch o amgylch y ffenestri a'r simneiau. Mae iddo dalcenni grisiau brain dros y baeau a rhai ffenestri, a tho llechi. Mae'r llinell doeau yn addurnol iawn, ac mae iddi bennau uchaf colofnog, cul â pheli cerrig ar y brig yn ogystal â thalcenni addurnol a llawer o simneiau uchel. Hefyd ceir tyrau yn y gornel dde-ddwyreiniol ac yn yr ongl ogledd-ddwyreiniol. Mae'r ffenestri mawr yn fyliynog ac yn groeslathog, â gwydr plwm. Fe'i hadeiladwyd ar safle Plas Caerhun, tŷ o'r ail ganrif ar bymtheg â'i wreiddiau o bosibl yn ganoloesol gan y Cadfridog Hugh Gough.

Ymddengys mai ychydig o addasiadau a wnaed i'r tŷ ei hunan ar y tu allan ac mae'n debyg ei fod yn edrych yn union fel yr oedd yn newydd. Mae waliau gardd yn cuddio'r addasiadau i'r tai allan ac adeiladau newydd y coleg, ac ar wahân i fân newidiadau i'r gerddi llwyddwyd i gadw golwg a chynllun degawd olaf y bedwaredd ganrif ar bymtheg yn rhyfeddol o dda.

Disgynnai teulu'r Daviesiaid, a oedd yn berchen ar ystad Caerhun yn yr ail ganrif ar bymtheg, o Syr Gruffydd Llwyd, arglwydd Dinorwig a Tregarnedd. Ymddengys i'r ystad aros yn nwylo'r un teulu hyd ddiwedd y bedwaredd ganrif ar bymtheg, er iddi gael ei hetifeddu lawer gwaith gan fenywod, a olygodd newid enw sawl tro.

Y tro cyntaf i hyn ddigwydd, ar ddechrau'r ddeunawfed ganrif, newidiodd Hugh Jones, gŵr Grace Davies, ei enw i Jones Davies. Yn y genhedlaeth nesaf, gadawodd eu mab yr ystad i'w chwaer, a oedd yn briod â dyn o'r enw Ralph Griffith. Yna newidiodd enw'r teulu yn Davies Griffith. Pan oedd Edmund Hyde Hall yn teithio o gwmpas Sir Gaernarfon tua 1810, plentyn oedd Hugh Davies

Griffith, y perchennog; mae'n rhaid ei fod yn ŵyr i'r cwpwl uchod. Yn nes ymlaen yn y bedwaredd ganrif ar bymtheg, etifeddwyd yr ystad gan Catherine Hester Davies Griffith, a briododd Richard Hemming, ac am mai merched oedd ei phlant bob un ar wahân i'r cyntaf, a fu farw yn ddietifedd, mae'n debyg mai priodas y ferch hynaf ddaeth â'r ystad i ddwylo'r Cadfridog Gough. Fodd bynnag, roedd Catherine Hester yn dal yn fyw ym 1892 pan adeiladwyd y tŷ newydd, er y bu farw y flwyddyn ganlynol; gall hyn awgrymu fod yr ystad eisoes wedi'i gwerthu.

Roedd y Cadfridog Gough yn filwr nodedig; bu'n Gyrnol y Marchlu Brenhinol, yn Bengyrnol y 60fed Reifflwyr, yn Bencadfridog yn India yn ystod rhyfeloedd y Siciaid, a hefyd yn Llywodraethwr Jersey. Gwerthodd y tŷ i'r Dr G.H.B. Kenrick, bargyfreithiwr a oedd hefyd â chysylltiadau ag India, gan iddo fod ar gyngor y Rhaglaw. Daeth portreadau militaraidd y Cadfridog Gough yn rhan o'r tŷ, gan nad oedd lle iddynt yn ei dŷ newydd, llai. Bu'r tŷ a'r gerddi yn nwylo'r perchnogion presennol er 1953.

Yn rhyfedd ddigon, ni ymddengys Caer Rhun o gwbl ar fap llawysgrif 2 fodfedd Arolwg Ordnans a wnaed tua 1820, er ei bod yn sicr bod tŷ yno yr adeg honno; ond mae cofnod dda iawn o'i hanes gweddol ddiweddar ar fapiau Arolwg Ordnans 25 modfedd 1889 a 1913.

Mae'r bloc stablau, sy'n dyddio o tua'r un cyfnod â'r tŷ, yn cynnwys dwy res a gysylltir ar ongl sgwâr â'i gilydd, â chilfach fer ar bob pen, er bod y ddwy wedi'u hailadeiladu (mae sied yn lle cilfach yn y rhes ogleddol). Ceir porth bwaog drwy'r rhes ddwyreiniol, sy'n cysylltu'r iard â'r gorllewin (y gellir mynd ato o'r ffordd) ac â'r iard i'r dwyrain (y gellir mynd ato o'r iard ger y tŷ). Mae'r adeiladau o gerrig â thoeau llechi, a thalcenni grisiau brain, fel y tŷ; mae'r rhes ddwyreiniol yn unllawr a'r rhes ogleddol yn ddeulawr, gan gynnwys lle i fyw ar gyfer y gweision stabl a'r coetsmon. Addaswyd llawer ar adeiladau'r stablau ac ychwanegwyd adeiladau coleg newydd yn yr iard ddwyreiniol, a chaban ffôn dan y bwa. Mae wyneb tarmac i'r ddwy iard, ond dan y porth bwaog mae'r hen wyneb coblog yn dal yno.

Mae'r bloc stablau presennol yn cymryd lle bloc cynharach a adeiladwyd, yn ôl map 1889, fel rhes hir a wyrai i'r gogledd ac i'r gorllewin o'r hen dŷ. Roedd dwy iard yn dal yno, y naill i'r gogledd (â wal ogleddol a wyrai ac sy'n dal i sefyll) a'r llall i'r de-orllewin, sydd bellach yn rhannol o dan y bloc stablau newydd.

I'r de o'r stablau, yn ogystal â'r tai gwydr, roedd dwy res fer o adeiladau yn wynebu ei gilydd. Roedd y naill ar hyd pen gorllewinol y tai gwydr a'r llall yn erbyn wal y ffordd. Mae'r olaf, a adeiladwyd o gerrig ond sydd â tho gwrymiog bellach, yn dal yno. Ychwanegwyd amrywiol adeiladau newydd.

Lleolir tŷ'r garddwr, adeilad gweddol fawr, i'r de-orllewin o'r Neuadd, yn eithaf agos i wal y ffordd. Mae wedi goroesi o gyfnod cyn ailadeiladu'r prif dŷ, fel yr ymddengys ar fap 1889, yn union yr un fath o ran cynllun ac yn yr un lleoliad. Hefyd nid oes ganddo'r talcenni grisiau brain sy'n nodweddiadol o adeiladau'r 1890au. Yn wreiddiol gorweddai'r ardd lysiau yn union i'r de-ddwyrain, ond ar ôl ei symud i ochr arall y ffordd parhâi y tai gwydr i fod yn ymyl tŷ'r garddwr, yn union i'r gogledd. Adeiladwyd y tŷ o gerrig nadd garw llwyd, yn debyg i'r prif dŷ ac yn ôl pob tebyg o'r un ffynhonnell. Cafodd ei ailbwyntio'n ddiweddar ac mae ganddo do llechi newydd a ffenestri modern, ond â siliau a chapanau drws o dywodfaen. Mae'n dŷ deullawr o faint da, ar ffurf L, â chyntedd i'r gorllewin.

Amgylchynir y gerddi gan y parc a arferai fod yn eang iawn, sy'n mynd i lawr at yr afon i'r dwyrain a hefyd yn ymestyn peth ffordd i'r gogledd a'r de, o boptu'r B5106. Mae'n cynnwys eglwys fach Santes Fair a chaer Rufeinig Canovium lle saif yr eglwys a'r fynwent. Er bod y rhan fwyaf o'r parc bellach dan berchnogaeth wahanol a'r tir yn cael ei droi'n rheolaidd, mae digon o'r coed a blannwyd yma ac acw yn dal yno i ymdebygu'n barcdir o hyd, er na fydd hyn yn parhau am lawer o flynyddoedd eto gan fod nifer o'r coed yn agosáu at derfyn eu hoes, ac nid oes coed yn cael eu plannu i gymryd eu lle.

Mae'r parc yn dyddio o gyfnod cyn y tŷ presennol a daliai'r cynllun yn ddigyfnewid i raddau helaeth pan ailadeiladwyd y tŷ ac ailgynllunio'r ardd ym 1892. Yn ei ffurf bresennol mae'n debygol o ddyddio i ddechrau'r bedwaredd ganrif ar bymtheg. Mae map Arolwg Ordnans 1889 yn cofnodi cynllun y tir fel yr oedd cyn ailadeiladu'r tŷ, ac wrth ei gymharu â map 1913 mae'n bosibl gweld pa mor gynhwysfawr oedd ailgynllunio'r ardd gyfan. Fodd bynnag, ni addaswyd llawer ar y parc, ac eithrio ymestyn yr ardd rywfaint i'r gogledd a'r gorllewin, gan ddod â'r lôn i mewn i'r ardd a pheri ailgyfeirio'r llwybr troed at yr eglwys. Adeiladwyd y ffermdy newydd a'r ardd â wal o'i chwmpas yn un o ddarnau amgaeëdig y parc, ar ochr orllewinol y B5106.

Yr un rhan fechan o'r parc sydd yn nwylo'r un perchnogion â'r tŷ o hyd yw darn o dir amgaeëdig i'r de o'r ardd, sy'n mynd i lawr at y rhes o goed ar hyd y lôn at yr eglwys. Torrir y borfa yno ac fe'i defnyddir fel cwrs golff bach 5 twll, heb ei dirlunio. Mae rhai mathau o goed yn dal yno.

Mae gweddill y parc yn nwylo gwahanol berchnogion ac yn cael ei ffermio, lawer ohono'n cael ei aredig yn rheolaidd a nifer o'r coed a welir ar yr hen fapiau wedi diflannu. Fodd bynnag, hyd yma mae'n dal i edrych fel parcdir, gan ddisgyn yn raddol tuag at yr afon, a hen goed derw yma ac acw.

Yn wreiddiol gadawai'r lôn y ffordd yn yr un man ag y gwna heddiw, ond âi ar hyd ymyl ochr ogleddol a gogledd-orllewinol yr ardd gan ddod i mewn drwy giât o'r parc i'r dwyrain o'r tŷ. Mae'n amlwg mai ar yr wyneb dwyreiniol yr oedd mynedfa'r tŷ cyn 1892. Ar ôl adeiladu'r tŷ newydd, â'r brif fynedfa ar y talcen gogleddol, estynnwyd yr ardd dros hen lwybr y lôn, ac adeiladwyd lôn newydd y tu mewn i'r ardd.

Mae'r lôn at yr eglwys yn rhedeg ychydig i'r de o'r ardd ac yn torri ar draws yr hen gaer Rufeinig, lle saif yr eglwys, gan fynd yn ei blaen fel llwybr heb wyneb. Mae dwy ffordd gyhoeddus, y B5106 a'r isffordd i'r Rowen sy'n troi oddi arni gyferbyn â mynedfa'r lôn, yn torri drwy'r parc hefyd. Ceir nifer o lwybrau troed o fewn rhan ddwyreiniol y parc, rhwng yr ardd a'r afon.

Roedd coed y parcdir, sy'n golldddail yn bennaf, yno'n barod ym 1889, fel y ddwy ardal o goetir i'r gogledd a'r de. Ymddengys mai coed collddail oedd yn y ddwy ardal hon bron yn gyfan gwbl yr adeg honno ac yn ddiweddarach. Fodd bynnag, ar ôl 1889 a chyn 1913, yn ddiamau tua'r un adeg ag y gwnaed yr holl newidiadau eraill, gosodwyd rhai planhigfeydd cymysg mewn stribedi ar hyd ochr ddwyreiniol y B5106 ac ar hyd ochr ogleddol y lôn at yr eglwys, yn ôl pob tebyg i gael mwy o breifatrwydd. Ehangwyd ardal a oedd fwy na thebyg yn goetir naturiol, yn nyffryn y nant fach i'r gorllewin o'r fferm newydd a'r ardd â wal o'i chwmpas, ac ychwanegwyd conifferau ati. Plannwyd rhesi o gonifferau ar hyd ochrau'r ffyrdd ac yn y cae i'r gorllewin, gan amgylchynu'r ardd â wal o'i chwmpas. Dim ond rhannau ohonynt sydd yno bellach, ac ymddangosodd nifer o goed collddail hunanheuedig.

Mae'r ffosglawdd yn ffurfio ffin ddeheuol yr ardd, a gall ddyddio o gyfnod cyn yr ailgynllunio yn y 1890au, gan fod y ffin ar fap 1889 yn dilyn yr union linell grom am y rhan fwyaf o'i hyd, er nad oes unrhyw arwydd o ffos. Wal sych tua 1.5 medr o uchder sydd i'r ffosglawdd, â ffos serth ar yr ochr allan.

Lleolir rhewdy yn rhan ogleddol y parc, ar ymyl planhigfa i'r gogledd-ddwyrain o'r tŷ, o dan dwmpath o waith dyn. Mae modd mynd ato drwy gyntedd 6 medr o hyd ar ongl sgwâr lle'r oedd o leiaf ddau ddrws. Mae'r siambr yn bigfain ac yn gromennog.

Yn rhan ddeheuol y parc mae caer Rufeinig Canovium. Gellir gweld y gaer yn amlwg o hyd fel llethr, ac mae rhai darnau ohono wedi'i aredig yn amlach na darnau eraill. Yma y lleolir eglwys fach y Santes Fair, ac mae ei fynwent â'i waliau cerrig yn llenwi'r rhan fwyaf o chwarter gogledd-ddwyreiniol y gaer; mae gwaith maen Rhufeinig i'w weld yn waliau'r eglwys.

Bellach ffordd gyhoeddus yw'r lôn sy'n arwain at yr eglwys, ond yn y bedwaredd ganrif ar bymtheg ar droed yn unig y gellid mynd at yr eglwys o'r cyfeiriad hwn. Roedd giât wrth y fynedfa i'r lôn, ac mae'r giât haearn yno o hyd, ar bileri haearn a ailadeiladwyd. Yn ymyl safle'r cei Rhufeinig, i'r dwyrain o'r tŷ, a gysylltir â'r gaer Rufeinig, mae tŷ cychod, sydd bellach yn adfail ac wedi tyfu'n wyllt, ond ar un adeg mae'n debyg iddo wneud defnydd o'r cei. Fe'i gwelir ar fap 1889.

Bellach mae'r gerddi, tua 10 erw ohonynt, â mân addasiadau, yn cadw cynllun tua'r cyfnod 1892–97, sy'n cydoesi ag adeiladu'r tŷ presennol. Cafwyd gwared ar y cynllun blaenorol, a gofnodwyd yn fanwl ar fap Arolwg Ordnans 25 modfedd 1889, yn gyfan gwbl ac ailgynlluniwyd y gerddi ar raddfa eang.

Cyn 1892 roedd y tŷ ychydig ymhellach i'r gogledd, â llwyni anffurfiol a llecynnau o goetir i'r tu draw iddo; i'r de-orllewin ohono roedd padog 1.5 erw, â phlanhigfa fach ymhellach eto i'r de; ac eithrio lawnt yn union i'r de o'r tŷ, gardd lysiau â wal o'i chwmpas oedd gweddill yr ardal. Roedd i'r ardd hon gynllun a ffurf afreolaidd ac roedd yno dai gwydr a choed ffrwythau (yn erbyn y wal ac yn sefyll ar eu pennau eu hunain), ac fel y tŷ, roedd wedi'i leoli ychydig i'r dwyrain o'r de.

Er ei fod yn cael ei rannu'n debyg yn fras i wahanol ardaloedd o hyd, mae'r cynllun newydd yn hollol wahanol o ran manylder; mae terasau'n lle'r ardd â wal o'i chwmpas, perllan ar safle'r padog (sydd bellach yn faes parcio), y tŷ ymhellach i'r de â'r tai gwydr i'r gorllewin iddo, a'r ardal anffurfiol ar hyd ymyl y lôn (a symudodd i'r ochr arall ohoni) wedi'i lledu a'i hymestyn tua'r de. Nid oes yr un o'r waliau neu raniadau'r ardd ar yr union linell ag o'r blaen ac eithrio un wal iard sy'n gwyro i'r gogledd; mae'r cyfliniad yn dal ychydig i'r dwyrain o'r de, ond yn agosach i gyfeiriad y de. Gosodwyd gardd lysiau hollol newydd â wal o'i chwmpas, sy'n llai na'r hen ardd ond heb gynnwys gwydr, ar ochr orllewinol y B5106.

Ar yr olwg gyntaf ymddengys yn syndod nad oedd wedi mabwysiadu'r hen gynllun yn hytrach na chreu cynllun hollol newydd, ond o safbwynt maint a chynllun y plasty mae'n amlwg bod yr adeiladwr, y Cadfridog Gough, yn ŵr â chanddo syniadau mawreddog a'r gallu i'w gwireddu. Crëwyd safle ffurfiol yn ymyl y tŷ yn hytrach na'r ardd lysiau, ond ymddengys bod gan y Cadfridog ddiddordeb yn y tai gwydr gan iddo eu cadw hwy yn agos i'r tŷ, gan adeiladu wal arbennig i'w cynnal. Roedd yr ardal newydd o ddim ond gwydr yn debyg i'r hyn a gliriwyd, ac mae'n bosibl i'r defnyddiau gael eu hailddefnyddio cyn belled â phosibl; ymddengys bod y wal gynhaliol wedi'i chodi o friciau a ailddefnyddiwyd, yn ddiamau o waliau'r hen ardd. Dymchwelwyd y tai gwydr bellach, ac yn lle'r rhan fwyaf codwyd adeiladau newydd a ddefnyddir gan y coleg.

Ymestynnwyd yr ardd i'r gogledd a'r dwyrain, gan gynnwys y lôn gynt a llain o barcdir; roedd hyn yn galluogi i fwy o goed gael eu plannu, ond eto cefnwyd ar hen lwybr y lôn yn gyfan gwbl ac adeiladwyd lôn a ddilynai lwybr ychydig yn wahanol. Roedd yr estyniad byr hwn hefyd yn golygu ailgyfeirio llwybr troed drwy'r parc. Mae nifer o sbesimenau teg yn y rhes letach o goed, ond mae'n lleihau'r olygfa tua'r afon, er bod modd cael cipolwg deniadol o'r olygfa hon rhwng y coed.

Mae pwll bach ffurfiol a phergola ym mhen gorllewinol y terasau hefyd yn debygol o fod yn waith y Cadfridog Gough; mae'n bosibl bod deildy yw yn y pen arall yn perthyn i gyfnod ychydig yn ddiweddarach, ond mae'n cynnig canolbwynt o'r pwll, felly yn ôl pob tebyg roedd yn rhan o'r un cynllun. Gosodwyd y rhodfa i lawr ochr orllewinol y terasau i ganoli ar gedrwydden a oedd yno o'r blaen, ond mae'r border dwbl ar hyd y llwybr hwn yn perthyn i gyfnod diweddarach, wedi'i osod gan y perchnogion presennol. Mae'n bosibl mai ychwanegiad diweddarach gan y Cadfridog Gough yw'r llawr bocs ar y teras uchaf, neu gellir ei briodoli i berchennog diweddarach, Dr Kenrick efallai. Yn ôl pob tebyg mae ehangu'r blanhigfa fach yn y gornel dde-orllewinol yn dir gwyllt, neu'n llwyni â rhodfeydd, yn cydoesi â'r prif gynllun.

Mae'r tai allan a'r ierddydd, sy'n cydoesi â'r tŷ (ac eithrio tŷ'r garddwr, sy'n hŷn), wedi'u gorgyffwrdd gan ddatblygiadau newydd sy'n gysylltiedig â defnydd y tŷ fel coleg, ond mae'r rhan fwyaf o'r ardal hon allan o olwg prif ran y gerddi, fel y maes parcio yn y berllan gynt. Mae'r porthordy, â'i ardd fach ag ymylon bocs, hefyd yn cydoesi â'r tŷ, ac mae'n dal i edrych fel yr oedd yn wreiddiol.

Daw'r lôn darmac o gyfeiriad y gogledd-orllewin gan ddilyn trofa. Mae'n cael ei chynnwys yn ei chyfanrwydd o fewn y gerddi, fel y porthordy. Unllawr yw'r porthordy ac mae iddo atig, ac mae wedi'i adeiladu o gerrig llwyd. Ceir drws yn y canol â chyntedd a ffenestr bob ochr iddo; o dan bob ffenestr mae llecyn bach ffurfiol â pherth bocs. Gwelir y rhain yn glir ar fap 1913 ac yn ddiamau maent yn cydoesi â'r porthordy, a gafodd ei ailadeiladu yr un pryd â'r tŷ yn ôl pob tebyg. Roedd porthordy ar yr un safle pan arolygwyd map 1889, ond roedd yn llai ac nid oedd iddo gyntedd na gardd.

Mae'r giatiau wrth y fynedfa yn haearn, ar bileri murfylchog cerrig tenau, â giât i gerddwyr ar un ochr. Ymddengys pileri'r giatiau yn ddiweddarach na'r wal lle y'u gosodwyd, ac mae'n bosibl eu bod yn dyddio o'r ailgynllunio, a'r wal yn goroesi o gyfnod cynharach o bosibl. Yr un cerrig sydd i'r pileri â'r cerrig a ddefnyddiwyd i adeiladu'r porthordy.

Ceir dwy fynedfa arall o'r ffordd i'r ardd. Mae'r nesaf, ychydig i'r de o'r brif fynedfa, yn arwain i mewn i'r iard stablau, ac mae iddi iatiau a physt tebyg, ond nid yw'r pyst mor uchel. Mae'r drydedd fynedfa yn agoriad modern yn y wal ac nid oes iddi iatiau na physt; ailadeiladwyd ychydig o'r wal ar bob ochr iddi. Mae'r fynedfa'n arwain i mewn i'r maes parcio ar safle'r berllan gynt.

Ar hyd ymyl y lôn, ar bob ochr iddi ond yn arbennig ar yr ochr allanol (gogleddol a dwyreiniol) mae coed a llwyni wedi'u plannu yn y borfa. Ymhlith y coed mae rhai yw ger y giât, pinwydd ac yw Canada a choed collddail aeddfed. Mae nifer o fonion mawr yn nodi safleoedd hen goed. Mae'r rhan fwyaf o'r coed collddail aeddfed yn goed ffawydd, sydd yn ôl pob tebyg yn dyddio o gyfnod cyn y tŷ presennol. Mae rhai coed derw llawer hŷn yno. Ymhlith llwyni hŷn mae rhododendronau a llawryfoedd. Yn ymyl yr iard â wal o'i chwmpas ym mhen deheuol y lôn mae pinwydd ac yw hŷn, a chedrwydden yn agos i gornel y tŷ. Ymhlith y planhigion diweddaraf mae ceirios blodeuol, ffawydd coprog, cypreswydd, sgimiâu, bambŵ a gwahanol fathau o rododendronau, a rhai planhigion egsotig megis iwcâu.

O flaen y brif fynedfa i'r tŷ mae iard sgwâr â wyneb tarmac a wal o'i chwmpas lle mae'r lôn yn dod i ben. Ar yr ochr ddwyreiniol mae'r wal yn rhannol gynhaliol, gan fod y lawnt y tu draw iddi ar lefel uwch. Mae borderi cul yr holl ffordd o gwmpas ochr fewnol

yr iard, sy'n dyddio o gyfnod cyn yr wyneb presennol gan bod yr ymylon o gerrig garw wedi'u claddu'n rhannol gan y tarmac. Mae ymylon o ddeiliau trwchus mawr i'r borderi ar hyd waliau'r tŷ. Mae border hefyd ar hyd ochr allanol wal yr iard ar yr ochr ogleddol.

Mae'r tair mynedfa i'r iard o'r lôn, o'r iard stablau i'r gorllewin, ac o'r lawnt, ger y gornel dde-ddwyreiniol. Yn ymyl y fynedfa hon mae sedd yn erbyn y wal, ar y tu allan. Gwelir yr iard ar fap 1913, ac mae'n cydoesi â'r tŷ a'r ardd a ailgynlluniwyd yn amlwg. Mae'r iard hon yn gorwedd dros lecyn a arferai fod yn lawnt ac yn dramwyfa.

Lleolir y terasau i'r de o'r tŷ, yn gyflin â blaen yr ardd, yn llydan ac yn isel, gan mai ychydig o lethr sydd yno. Mae'r teras uchaf yn rhedeg ar hyd wyneb blaen y tŷ, ac mae ganddo lwybr graean llydan â stribedi porfa llydan ar bob ochr iddo. I'r gogledd ohono, yn y pen dwyreiniol, mae border llydan i fyny at waliau'r tŷ; i'r gorllewin o lwybr briciau croes sy'n arwain o'r drws at y teras, lleolir ffasâd y tŷ ychydig ymhellach yn ôl, ac o'i flaen mae lawnt fechan, er bod border cul ar hyd ei ymyl ddeheuol yn parhau llinell y prif forder i'r dwyrain. Ymhellach i'r gorllewin eto, y tu draw i'r tŷ, mae llawr bocs. Dau sgwâr o batrymau bocs gwahanol sydd iddo, ac er ei fod bellach wedi tyfu'n wyllt mae'n amlwg bod rhosod a phlanhigion eraill wedi tyfu yn rhai o'r llecynnau o leiaf.

Nid yw'r lawnt na'r llawr yn wreiddiol, gan nad ydynt i'w gweld ar fap 1913, sy'n nodi dau lecyn o lwyni â lle agored rhyngddynt a oedd yn balmentog neu'n raeanog yn ôl pob tebyg.

I'r gogledd o'r llawr ceir wal, sy'n rhedeg o gornel y tŷ tua'r gorllewin, ac yna'n gwyro tua'r de a bwthyn y garddwr. Nid yw hon yn hollol gyflin ag un o hen waliau'r ardd, ond mae'n bosibl iddi gael ei hailadeiladu yn agos i'w safle gwreiddiol; ar ochr y teras mae borderi ag ymylon bocs o'i blaen, ac mae porth bwaog yn arwain drwyddi i'r iard wasanaeth rhwng y tŷ a'r stablau. Ar ochr y teras mae hen fwa haearn ar gyfer planhigion dringol dros y llwybr sy'n arwain at y porth bwaog; dyma'r llwybr sy'n rhannu'r ddau sgwâr bocs.

Mae'r rhodfa raean ar hyd y teras uchaf yn dod i ben yn y dwyrain lle mae deildy yw â sedd (fodern). Mae'n bosibl nad yw hon yn nodwedd wreiddiol, gan nad yw wedi ei nodi ar fap 1913. Y tu hwnt, i'r dwyrain o'r terasau, ceir cefndir o borfa â choed a llwyni sbesimen, a thrwyddynt gellir cael cipolwg o'r afon dros y parcdir.

Lawnt yw'r ail deras, ac nid oes yno blanhigion ac eithrio rhai conifferau ger y grisiau ac ar hyd yr ymyl ddeheuol. Nid oes olion amlwg o hen welyau yn y borfa, ond fe ellir gweld y llwybr coll sy'n rhedeg o'r gogledd i'r de ar draws y canol, gan gysylltu'r grisiau i lawr o'r teras uchaf â'r rhai ar y lawnt islaw'r teras isaf, fel gwrym wedi'i lefelu. Gellir hefyd weld ei ôl ar draws y teras uchaf, yn ôl tuag at y tŷ, gan gyfarfod â'r llwybr briciau newydd. Mae'n fwy anodd gweld y llwybr sy'n mynd lawr yr ochr ddwyreiniol, lle ceir rhagor o risiau, ond cynhelir y llwybr ar yr ochr orllewinol, sydd â grisiau o'r pergola ar y brig yn unig, ac ar bob ochr iddo mae border dwbl â'i wreiddiau'n weddol ddiweddar. Mae gan y llwybr hwn yr ymylon gwastad sydd hefyd yn bresennol ar y llwybr ar draws y teras uchaf, ac mae cedrwydden fawr yn ganolbwynt yn y pen pellaf. Mae'r llwybr a welir ar fap 1913 sy'n rhedeg o'r dwyrain i'r gorllewin islaw'r teras isaf ar goll.

Llethrau glaswelltog byr, nid waliau, yw ochrau deheuol y terasau, ac mae'r grisiau drwy'r llethrau mewn rhesi isel o bedwar. Islaw'r teras isaf mae lawnt fawr, a ddefnyddir bellach fel cae pêl-droed; daw i ben wrth y ffosglawdd i'r de. Ar y lawnt hon mae ychydig o goed a llwyni, gan gynnwys y gedrwydden ar ben y llwybr i lawr ochr orllewinol y terasau, ac un arall tua chanol y lawnt i'r de. Mae trydedd cedrwydden debyg ym mhen dwyreiniol y terasau, ac mae'r tair hyn yn sicr yn goroesi o gyfnod cyn 1892. Hefyd ceir dwy gedrwydden lasach iau, *Cedrus atlantica glauca* yn ôl pob tebyg, y naill ar y lawnt isaf a'r llall ger y tŷ.

Mae llecyn trionglog fwy neu lai wrth gornel ogledd orllewinol y terasau, o fewn y tro yn y wal sy'n estyn o amgylch at dŷ'r garddwr. Bellach mae hwn braidd yn wyllt, ond mae yno nodwedd fach hirsgwâr ag ymyl cerrig â chromfan ar yr ochr orllewinol, a oedd yn bwll yn wreiddiol yn ôl pob tebyg. Mae'n bosibl bod cerrig sydd wedi cwympo o fewn y gromfan wedi bod o amgylch gwaelod ffynnon ar un adeg. Mae'r ardal hon ychydig yn uwch na lefel y teras uwch a gellir mynd ati i fyny dau ris isel, y gris uchaf yn rhan o ymyl y pwll. Mae hyn yn awgrymu y gellir sefyll yma i edrych ar y pwll, ond ni fwriadwyd iddo fod yn fodd i fynd at y llecyn, gan nad yw ymyl y pwll yn ddigon llydan i gerdded arni. Mae planhigion ar hyd y wal gefn yn debyg i'r planhigion ymhellach i'r dwyrain, ac mae darn o wely uchel, dwy gypreswydden las ger y pwll a pheth ymyl bocs, ond ychydig arall, ac roedd lawnt yno yn ôl pob tebyg.

Ar hyd ymyl ddeheuol y triongl hwn mae pergola â phileri cerrig ar bob ochr i lwybr palmentog. Diflannodd rhan uchaf y pileri, a oedd yn bren yn ôl pob tebyg, ond mae waliau isel yn ymuno â'r pileri ar y gwaelod. Mae'n debyg bod hwn a'r pwll yn nodweddion gwreiddiol o gynllun ar ôl 1892, gan fod y pwll i'w weld yn glir ar fap 1913 a cheir awgrymiad o'r pergola oherwydd fe welir bod y llwybr naill â wal o'i gwmpas neu wedi'i ffensio ar bob ochr.

Mae'r berthynas rhwng y pergola a'r prif lwybr ar hyd y teras braidd yn lletchwith, ond mae'r pwll ar linell y llwybr graean ac yn wynebu'r deildy yw yn y pen arall.

Yng nghornel dde-orllewinol yr ardd, y tu draw i safle'r berllan, ceir llecyn bychan a welid fel planhigfa hirsgwar ar fap 1889. Erbyn 1913 fe'i hymestynnwyd a rhoddwyd iddo ochrau a oedd yn gwyro, ac roedd ganddo lwybr o amgylch o fewn y ffin ac un ar draws y canol. Gwnaed rhagor o blannu hefyd, gan fod conifferau yn cael eu nodi ar y map hwn, yn wahanol i'r map cynharaf. Gwnaed plannu mwy diweddar hefyd.

Yn dilyn ailgynllunio'r gerddi ar ddiwedd y bedwaredd ganrif ar bymtheg, cafwyd sefyllfa anarferol; er bod yr ardd lysiau wedi ei symud i ochr arall y ffordd, arhosai'r tai gwydr ar ochr y tŷ, wedi'u gosod mewn llecyn â siâp rhyfedd iddo rhwng tŷ'r garddwr a'r bloc stablau, rhai ohonynt yn pwyso yn erbyn wal friciau a safai ar wahân; roedd un hyd yn oed yn erbyn un o waliau'r iard. Mae addasiadau diweddarach ynghlwm wrth droi'r tŷ yn goleg wedi creu amrywiol erddi bychain yn yr ierdydd, yn ogystal â rhoi ystafelloedd dosbarth yn lle'r tai gwydr.

I'r de o'r wal a arferai gynnal y tai gwydr ceir stribyn o ardd â siâp rhyfedd iddo sy'n rhedeg o ben gorllewinol y tŷ at wal y ffordd. Porfa sydd yno'n bennaf, â rhai llwyni a.y.b.; mae'n debyg bod peth bocs ger tŷ'r garddwr yn goroesi o gyfnod cynharach. Mae llwybrau'n mynd yn groesymgroes drwy'r ierdydd i'r gorllewin o'r tŷ, lawer ohonynt â llwyni neu forderi wrth eu hymyl, a phorfa rhyngddynt.

Mae gardd lysiau'r 1890au i'r ochr orllewinol o'r B5106, i'r gogledd o adeiladau'r fferm, ac mae un rhes ohonynt yn ffurfio wal ddeheuol yr ardd. Er bod y waliau wedi goroesi i raddau helaeth cliriwyd y tu mewn yn gyfan gwbl a bellach fe'i defnyddir fel maes carafanau teithiol. Ni welir cynllun y llwybr ar fap 1914, ond mae'r perchnogion presennol yn cofio bod y safle wedi'i rannu'n chwe llain, ei fod ychydig yn derasog, a bod y llwybrau o friciau. Ceid delltwaith ar wifrau a physt ar hyd y terasau, ac mae peth

ffrwythau'n dal ar ôl ar y waliau.

Mae'r waliau o friciau yn gyfan gwbl, yn dair bricsen o ddyfnder a thua 3 medr o uchder, â chopâu llechi. Ymddengys eu bod wedi'u codi o bosib, yn enwedig ar hyd ochr y ffordd. Mae'r briciau wedi'u treulio'n arw gan y tywydd mewn mannau, lle maent yn agored iawn, ac mae angen eu cryfhau. Ceir peth difrod gan eiddew hefyd.

Roedd pedwar porth bwaog; mae tri yno o hyd a gwnaed y llall yn fwy o faint i greu mynedfa i'r cae yn y gorllewin. Toriad modern yw'r prif fynedfa, a gellir hefyd fynd yno drwy adeiladau'r fferm ar yr ochr ddeheuol.

Mae dwy nodwedd fewnol yno o hyd – ychydig i'r de o'r canol mae pwll crwn a ffynnon o friciau tywyll, tua 3.5 medr ar draws a thros 0.5 medr o ddyfnder, ac yn y gromfan i'r gogledd mae nodwedd gron lai (1.5 medr), sy'n edrych fel pwll bach wedi'i lenwi. Mae'r perchnogion yn ei disgrifio fel pwll â'i ran uchaf o wydr ar un adeg, yn weddol ddwfn ag ochrau llyfn a gwaelod crwn. Fe'i llenwasant er diogelwch. Yn ei hymyl mae tair llarwydden. Ar wahân i'r ffrwythau wal, nid oes yno blanhigion eraill ac eithrio glaswellt.

Ymddengys bod perllan wedi'i chreu yn ystod addasiadau diwedd y bedwaredd ganrif ar bymtheg allan o ran o gae bach neu badog i'r de o'r tŷ, ar hyd ymyl y ffordd. Yn ddiweddar fe'i cliriwyd a'i graeanu. Byddai wedi bod yn berllan fawr o bron dri chwarter erw. Nid oes dim coed ar ôl yno, ond mae'r berllan i'w gweld ar fap 25 modfedd 1913, a'r map cyfredol 1:10,000. Gwnaed y clirio'n weddol ddiweddar, i baratoi maes parcio mawr newydd, gan fod mannau parcio eraill braidd yn brin. Gwnaed y fynedfa o'r ffordd, ger y gornel dde-orllewinol, yn weddol ddiweddar, ac adeiladwyd neu ailadeiladwyd wal y ffordd yn ddiweddar – ceir brisblociau ar y tu mewn, er mai cerrig sydd ar y tu allan, ac yn debyg o ran arddull i weddill o wal y ffordd, ond yn is.

Ceir hefyd adeiladau newydd o gwmpas cornel ogledd-ddwyreiniol yr ardal, a rhai gwelyau rhosod modern yn ymyl y rhain. Plannwyd *Cupressus leylandii* yn helaeth at ddibenion cuddio a chysgodi, ond mae rhes o goed leim ar ymyl y ffordd yno o hyd. Roedd wal neu ffens o amgylch y berllan; os mai wal oedd yno mae'n bosibl bod y wal ddwyreiniol yno o hyd, ond os felly, mae wedi'i chuddio gan goed.

Ffynonellau

Sylfaenol

Gwybodaeth oddi wrth Mrs Anderson a Mr a Mrs Roberts.
Gwybodaeth oddi wrth Mr P Welford.
Map llawysgrif 2 fodfedd ar gyfer argraffiad cyntaf Arolwg Ordnans 1 fodfedd, tua 1820.

Eilradd

S.P. Beamon, a S. Roaf, *The Ice-Houses of Britain* (1990).
E.A. Hyde Hall, *Description of Caernarvonshire* 1901–1911.
W. MacArthur, *The River Conway* (1952).

CADW

COED COCH

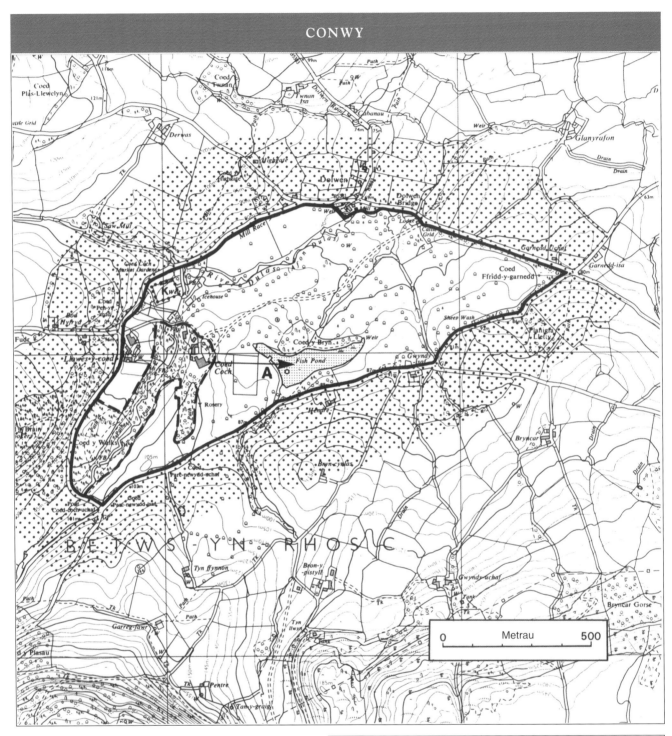

Ffin y Parc	———————	Rhif ar y Gofrestr	PGW (Gd) 56 (CON)
Gardd a	- - - - - - - - - -	Rhif Blaenorol ar y Gofrestr	PGW (C) 10
Gerddi Hamdden			
Gardd Lysiau	· · · · · · · · · · ·	Rhif Taflen A.O.	SH 87 SE
Lleoliad Hanfodol		Cymuned	BETWS YN RHOS
Golygfa Arwyddocaol	——————▶		

CRYNODEB

Rhif cyf	PGW (Gd) 56 (CON)
Rhif Cyf Blaenorol	PGW (C) 10
Map AO	116
Cyf grid	SH 885 743
Sir flaenorol	Clwyd
Awdurdod unedol	Conwy
Cyngor cymuned	Betws-yn-Rhos
Disgrifiadau	Adeilad Rhestredig: Coed Coch Gradd II* cyn gerbyty a Stablau Gradd II, rhes amaethyddol Gradd II. Safle Treftadaeth Tirwedd, Polisi RL10
Asesiad safle	Gradd II
Prif resymau dros y graddio	Parc tirwedd bach braf o'r ddeunawfed ganrif a'r bedwaredd ganrif ar bymtheg, â llyn gwneud, yn ei gyfanrwydd o hyd. Tir hamdden â choed wedi'u plannu ers y bedwaredd ganrif ar bymtheg.
Math o safle	Parc tirwedd; tir hamdden anffurfiol.
Prif gyfnodau o adeiladu	Y ddeunawfed ganrif a'r bedwaredd ganrif ar bymtheg.

Disgrifiad o'r safle

Yn ôl pob golwg, adeilad o'r ddeunawfed ganrif a'r bedwaredd ganrif ar bymtheg yw Coed Coch, gyda charreg sylfaen yn y seler ers 1804 a'r arysgrifen 'Johannes et Maria Wynne, 30 die Maii A.D. 1804'. Fodd bynnag mae Edward Llwyd, ym 1699, yn sôn am Goed Coch fel un o brif dai yr ardal: 'Y Koed Koch Ycha', cartref 'John Wynne, gŵr bonheddig'. Nid yw'n sicr a yw Ycha yn cyfeirio at y safle hwn neu safle arall, er bod y safle ychydig yn uwch na'r cefn gwlad o amgylch.

O'r cefn, mae prif floc y tŷ presennol fel tŷ carreg saith bae o dan do llechi talcennog bas. Credir i'r rhan hon ddyddio o tua 1790. Credir mai Henry Hakewill oedd y prif bensaer. Awgryma rhai adroddiadau y cychwynnwyd yr adeilad presennol ym 1713, gydag estyniadau iddo ym 1814 ac 1848. Yn wreiddiol gosodwyd portico Dorig Groegaidd yn lletraws yng nghornel y tŷ. Cafwyd gwared ar hwn yn ôl pob golwg yn yr ugeinfed ganrif a llenwyd y gornel gan greu cyntedd crwn. Gellir gweld hwn yn glir o'r tu allan lle ceir cerrig nad ydynt yn gweddu. Ychwanegwyd porth tywodfaen â cholofnau a tho gwastad â balwstradau ar yr un pryd, efallai gan ddefnyddio colofnau o'r fynedfa wreiddiol i'r tŷ. Ychwanegiad yr ugeinfed ganrif yw ystafell fawr unllawr ar yr ochr orllewinol yn ôl pob golwg. Mae ganddi ffenestr fae hanner-crwn â tho ar oleddf.

Adeiladwyd yr iard stabl o gerrig o gwmpas iard goblog. Lleolwyd y brif fynedfa yn y pen dwyreiniol gyda thri phorth bwaog a mae'n ymddangos eu bod wedi'u llenwi yn ddiweddarach. Ceir tŵr cloc uwchben y brif fynedfa. Mae'r fynedfa bellach i'r ochr orllewinol. Gwnaed rhan o adeiladau'r cerbyty yn gapel gan Gerald R. Beech a J. Quentin Hughes ym 1962 pan oedd Coed Coch yn Ysgol Heronwater. I gefn y tŷ ceir tŷ allan bach unllawr â ffenestri Gothig a feranda wledig. Ceir hefyd bantri hela carreg sgwâr.

Parc tirlun bach wedi'i leoli i ochr ddeheuol y B5381 yw'r parc yng Nghoed Coch, a fe'i amgylchynir ar bob ochr gan lonydd. Ceir tir sy'n ymdonio'n raddol yng nghilfachau'r bryniau o amgylch. Mae'r tir yn codi'n raddol tuag at y gorllewin lle lleolir y tŷ ar fryncyn bach. Mae'r Afon Dulas yn llifo drwy ran ogleddol y parc a'r tir hamdden. I dde-ddwyrain y tŷ ceir llyn gwneud, ag ynys bwrpasol a thŷ cychod briciau plaen ar lan y gogledd. Mae'r lôn yn ymestyn yn raddol drwy'r parc o ffin y gogledd-ddwyrain. Mae gan y fynedfa giatiau haearn gyr wedi'u hamgylchynu gan bileri giât carreg a adeiladwyd ar ddechrau'r ugeinfed ganrif. Ceir porthordy bach unllawr. I ochr ogleddol y tŷ, ceir tŷ iâ briciau wedi'i orchuddio gan laswellt, sydd wedi'i adeiladu i mewn i lethr. Saif twr deulawr chweochrog, gynt yn fwthyn i'r cenelwr, sydd bellach yn adfail, mewn perthlys i ochr ogleddol y tŷ iâ, ger ffin ogleddol y parc. Gallai fod wedi bod yn dŵr ffug-gastell a drawsnewidiwyd, neu ei fod wedi ateb dau ddiben. Mae'r parc wedi'i wahanu oddi wrth y tir hamdden i orllewin y tŷ gan ffosglawdd.

Mae planhigion y parcdir yn dyddio yn ôl i ganol neu ddiwedd y ddeunawfed ganrif yn ôl pob tebyg, yn ystod adeg John Wynne o Drofarth a Choed Coch, a briododd â Dorothy Wynne o Blas Ucha, Llanefydd ym 1754. Mae'n cynnwys derw gwasgaredig ar wahân yn bennaf, ac ychydig grwpiau o ffawydd. Yn y bedwaredd ganrif ar bymtheg plannwyd pinwydd yr Alban, sycamorwydd, derw, llarwydd, ffawydd, coed cyll a masarn ar draws y ffin ddwyreiniol.

Mae'r ardd hamdden yn disgyn i ddwy ardal benodol. Yn gyntaf ceir y rhan o gwmpas y tŷ sy'n ymwthio i'r gorllewin i mewn i'r parc ac sydd wedi'i gwahanu oddi wrth y parc gan y ffosglawdd. Mae'r rhan hon wedi'i phlannu'n anffurfiol â choed collddail ac mae llwybr cylchynol iddi. Yn y pen gogleddol mae llwybr i'r ardd lysiau â wal o'i chwmpas yn mynd o dan dwnnel o dan ffordd y fferm. Yn ail i'r de-orllewin ceir rhan o'r ardd sydd wedi'i phlannu'n ffurfiol sy'n dilyn yr Afon Dulas, gyda llwybrau anffurfiol yn ymdroelli drwyddi. Mae wedi'i phlannu â choed coniffer sbesimen ac yn eu plith ceir coed yw, celyn, llawryf a rhododendron. Mae'r rhan fwyaf o'r plannu ac yn ddiamau gynllun y ddwy ran yn dyddio o'r bedwaredd ganrif ar bymtheg ac eithrio rhywfaint o'r gwaith plannu collddail aeddfed sy'n dyddio o'r ddeunawfed ganrif. Gosodwyd gwelyau rhosod ffurfiol yn yr ardal gerllaw y tŷ ond nid yw'r rhain bellach yn bodoli. Rhan o'r cynllun hwn oedd man eistedd palmantog, yn ôl pob tebyg gyda sylfeini adeilad bach, a border blodau bach sy'n gefn i wal ffordd y fferm.

Ceir gardd â wal o'i chwmpas i ogledd y gerddi. Mae'n gymharol fach, gyda waliau briciau tua 4m o uchder sydd mewn cyflwr da. Mae rhes fach o dai gwydr wrth y wal sy'n wynebu'r de. Defnyddir yr ardd bellach ar gyfer magu ffesantod.

Ffynonellau

Sylfaenol

Llyfrgell Genedlaethol Cymru: Llun pensel dienw o'r tŷ o ben arall y llyn, 1854 (lluniau cyfrol 141, rhif 14).

Ffotograffau o Goed Coch ddiwedd y bedwaredd ganrif ar bymtheg.

Eilradd

Erthygl am Goed Coch a baratowyd gan Llandudno and Colwyn Bay District Field Club Cyfrol 24–27 (1951–56), tud. 16–21.

E. Hubbard, Clwyd (1986), tud. 206–07.

CADW

BAE COLWYN:
COTSWOLD, BRACKLEY AVENUE

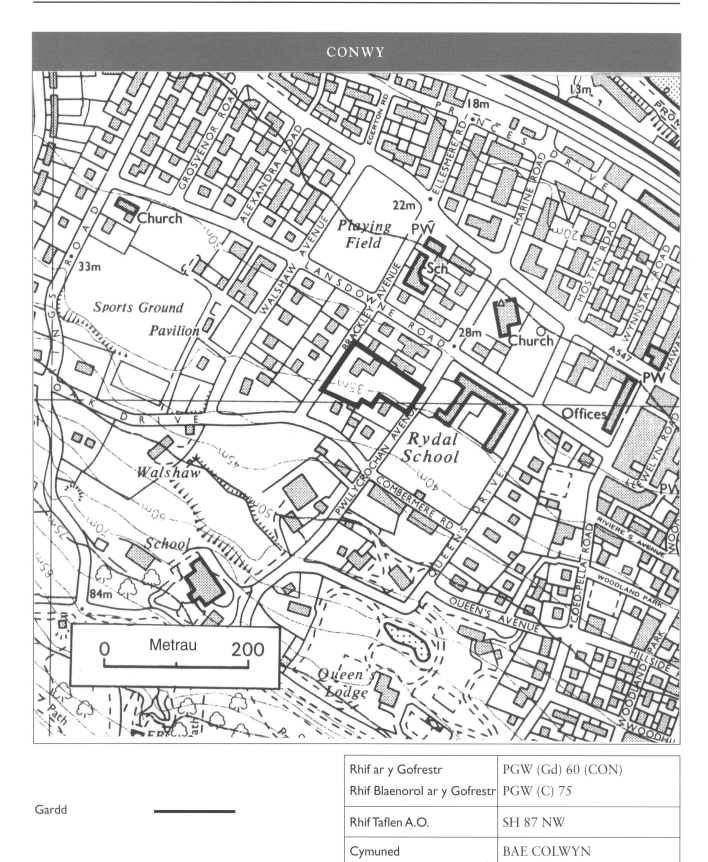

CONWY

Gardd ⎯⎯⎯⎯

Rhif ar y Gofrestr	PGW (Gd) 60 (CON)
Rhif Blaenorol ar y Gofrestr	PGW (C) 75
Rhif Taflen A.O.	SH 87 NW
Cymuned	BAE COLWYN

CRYNODEB

Rhif cyf	PGW (Gd) 60 (CON)
Rhif Cyf Blaenorol	PGW (C) 75
Map AO	116
Cyf Grid	SH 845 790
Sir flaenorol	Clwyd
Awdurdod unedol	Conwy
Cyngor cymuned	Bae Colwyn
Disgrifiadau	Adeilad rhestredig: Cotswold Gradd II Ardal Gadwraeth: Bae Colwyn
Gwerthusiad safle	Gradd II
Prif resymau dros y graddio	Gweddillion gardd dref eang Edwardaidd ag elfennau o Gelf a Chrefft sy'n cydoesi â'r tŷ, a gardd Siapaneaidd gywrain a berthyn i gyfnod ychydig yn ddiweddarach sy'n goroesi yn ei chyfanrwydd a llawer o'i choed gwreiddiol a fewnforiwyd o Siapan yn dal yno.
Math o safle	Gardd dref Gelf a Chrefft; gardd Siapaneaidd.
Prif gyfnodau o adeiladu	1911 – tua 1920.

Disgrifiad o'r safle

Tŷ tref ar wahân sylweddol ar ochr ddwyreiniol Brackley Avenue yw Cotswold, mewn ardal lewyrchus a gweddol dawel yng nghanol Bae Colwyn. Mae'r ardal yn rhwydwaith o ffyrdd llydan a cheir yno dai sylweddol â digon o le rhyngddynt wedi'u lleoli mewn gerddi mawr, deiliog, gan roi awyrgylch debyg i'r hyn a geir yng ngogledd Rhydychen. Mae'r ddaear yn gwyro'n raddol tua'r môr i'r gogledd, ac mae llethr mwy serth Coed Pwllycrochan i'r de. Saif Cotswold rhwng Brackley Avenue a Pwllycrochan Avenue i'r dwyrain, ac mae Ysgol Rydal wedi'i lleoli yn y bloc nesaf i'r dwyrain.

Adeiladwyd y tŷ ym 1911 gan y pensaer o Fanceinion Alfred Steinthal ar gyfer Mrs Bengers, gweddw i ddiwydiannwr cefnog. Tŷ deulawr talcennog, wedi'i rendro, â ffrâm bren yn rhannol iddo ydyw, mewn arddull Celf a Chrefft, â chyntedd ar y talcen gogledd-orllewinol a logia agored ar y talcen deheuol.

Mae adeilad unllawr yn cydoesi â'r tŷ ac yn wreiddiol dyma lle cedwid y cerbydau modur a'r boelerdy. Fe'i newidiwyd yn fwthyn dwy ystafell wely ar ddechrau'r 1950au. Yn wreiddiol gweithdy oedd y tŷ allan unllawr bychan i'r dwyrain â'r colomendy ynghlwm wrtho. Mae hwn yn dal i sefyll a bellach fe'i defnyddir fel sied i'r garddwr.

Mae gardd Cotswold wedi'i lleoli yn bennaf i'r de ac i'r dwyrain o'r tŷ, gan lenwi holl led y bloc rhwng Brackley Avenue a Pwllycrochan Avenue i'r dwyrain. Cynlluniwyd yr ardd yn gyntaf ym 1911, yr un pryd ag yr adeiladwyd y tŷ, ac mae llawer o'r cynllun hwn yn goroesi. Mewn cyfnod ychydig yn ddiweddarach, rhwng 1911 a thua 1920, cynlluniodd Mr Taylor, mab-yng-nghyfraith y perchennog cyntaf Mrs Bengers, yr ardd Siapaneaidd yn y rhan dde-orllewinol o'r ardd. Ychydig o newidiadau a wnaed i'r ardd ers hynny; y prif newidiadau fu symud lôn Pwllycrochan Avenue, adeiladu byngalo a'i ardd ar safle'r ardd rosod a'r pwll, a symud rhai o'r grisiau ar y teras.

Mae'r ardd ar dir gwastad ac eithrio yn y pen deheuol lle mae'n codi'n raddol. Mae waliau cerrig yn ffinio â Brackley Avenue a Pwllycrochan Avenue, ac mae pileri sgwâr wrth y mynedfeydd. Roedd y fynedfa wreiddiol, â phileri gyda chopâu castellog bob ochr iddi, yn Pwllycrochan Avenue, ac roedd lôn droellog yn arwain at y modurdy. Bellach nid yw'r fynedfa hon yn cael ei defnyddio ac

mae'r lôn bellach yn llwybr. Mae'r fynedfa bresennol ar Brackley Avenue, a cheir mynedfa ddwbl â phileri gyda pheli cerrig ar y top, sy'n arwain at flaengwrt bychan a chyntedd y tŷ.

Lawnt fawr sydd yng nghanol yr ardd, i'r de ac i'r dwyrain o'r tŷ. I'r dwyrain o'r lawnt ceir coed ffawydd aeddfed mawr mewn porfa garw, ac mae coed derw a leim ar hyd y ffin ddwyreiniol. Mae pergola o barau o golofnau cerrig crwn sy'n cynnal rhan uchaf o bren yn rhedeg o'r de-ddwyrain i'r gogledd-orllewin o ddiwedd y llwybr sy'n arwain o'r fynedfa wreiddiol at ochr ddwyreiniol y tŷ. Mae'n debyg fod y pergola hwn yn perthyn i'r un cyfnod ag adeiladu'r tŷ, ac mae rhosynnau yn tyfu i fyny drosto. Mae'r llwybr oddi tano o wenithfaen a osodwyd ar hap, gydag ymylon o slabiau llechi. Mae'r ardd rosod yn gorwedd i'r gogledd o'r tŷ.

Yn union o flaen talcen deheuol y tŷ mae ardal fechan o gerrig a osodwyd ar hap, ac i'r de ohoni mae llawr sgwâr o welyau bychain ag ymylon bocs iddynt wedi'u gosod mewn graean. Yn y canol mae deial haul o garreg. Y tu ôl iddo, i'r de, mae wal gerrig isel a lawnt uwch law. Mae grisiau ar yr ochr ddwyreiniol yn arwain i lawr at y brif lawnt, ac mae ochrau deheuol a gorllewinol y lawnt hon wedi'u ffinio â waliau cynnal isel o gerrig ag iddynt gerrig copa gwastad, ac mae pileri cerrig sgwâr bob hyn a hyn. Hyd yn ddiweddar roedd grisiau cerrig llydan yn mynd i fyny drwy ganol yr ochr ddeheuol. Uwch law, ar hyd yr ochr ddeheuol, mae rhodfa o gerrig a osodwyd ar hap â ffiniau o waliau cerrig isel tebyg. Credir bod y nodweddion hyn yn rhan o gynllun gwreiddiol yr ardd ym 1911. Uwch law'r rhodfa mae llecyn o goed a llwyni sy'n ffinio â'r ardd yn y pen deheuol. Mae'r rhain yn cynnwys rhai coed collddail mawr, a choeden anarferol o'r Dwyrain, *Zelkova serrata*.

Lleolir yr ardd Siapaneaidd i'r de o'r tŷ, ar hyd ochr dde-orllewinol yr ardd. Mae nant fechan yn troelli drwyddi, gan ddod i mewn i'r ardd drwy ffos yn y gornel dde-orllewinol ac yn gadael drwy ffos dan Brackley Avenue ym mhen gogleddol yr ardd Siapaneaidd. Adeiladwyd yr ardd o feini calchfaen lleol a dreuliwyd gan ddŵr, gan greu nifer o 'ynysoedd' o erddi cerrig rhwng llwybrau cul troellog o gerrig calch lleol a osodwyd ar hap, grisiau cerrig, a'r nant droellog. Felly er bod yr ardd ar raddfa weddol fechan mae ei chywreinrwydd a'i hansawdd dri dimensiwn yn cuddio ei gwir faint. Arweinir y nant drwy sianeli o erddi cerrig at byllau bach a thros raeadrau bas, gan roi i'r ardd ddimensiwn deniadol arall, sef sain. Yn ymyl y pen gogleddol mae cerrig stepiau dros y nant, sy'n arwain y llwybr o'r naill ochr i'r llall. Yn y pen deheuol mae llwybr yn arwain at risiau i fyny at bont gerrig fwaog syml â chanllaw isel dros y nant. Daw'r dŵr i'r golwg o ffos is law gardd gerrig ychydig uwch ben y bont. Ym mhen gogleddol yr ardd, ceir pont debyg ond llai sy'n croesi'r nant. Yn y pen dwyreiniol mae llwybr yn arwain at risiau cerrig i fyny at y lawnt sy'n gwyro, sy'n ffinio â'r ardd Siapaneaidd gydag ymyl donnog ar yr ochr hon.

Mae planhigion yr ardd Siapaneaidd yn rhannol wreiddiol ac yn rhannol yn perthyn i gyfnod diweddarach. Ymhlith y planhigion gwreiddiol, ynghyd â choed a ddygodd Mr Taylor o Siapan, mae sawl math o acer aeddfed Siapaneaidd a blannwyd o'r naill ben i'r llall. Ym mhen gogleddol yr ardd mae helygen wylofus fawr, ac yn ymyl y pen deheuol, islaw'r bont, mae helygen gorc. Yn ôl pob sôn roedd llawer o redyn ymhlith y planhigion gwreiddiol, ac mae digonedd o redyn yn yr ardd o hyd. Ar hyd ymyl orllewinol yr ardd mae perth brifet ar y ffin, â pherth yw ymhellach i mewn tua'r pen deheuol, yn ymyl llwybr.

Ffynonellau

Eilradd

E. Hubbard, *Clwyd* (1986), tud. 140.

CADW

BAE COLWYN: THE FLAGSTAFF
(SŴ FYNYDD BAE COLWYN)

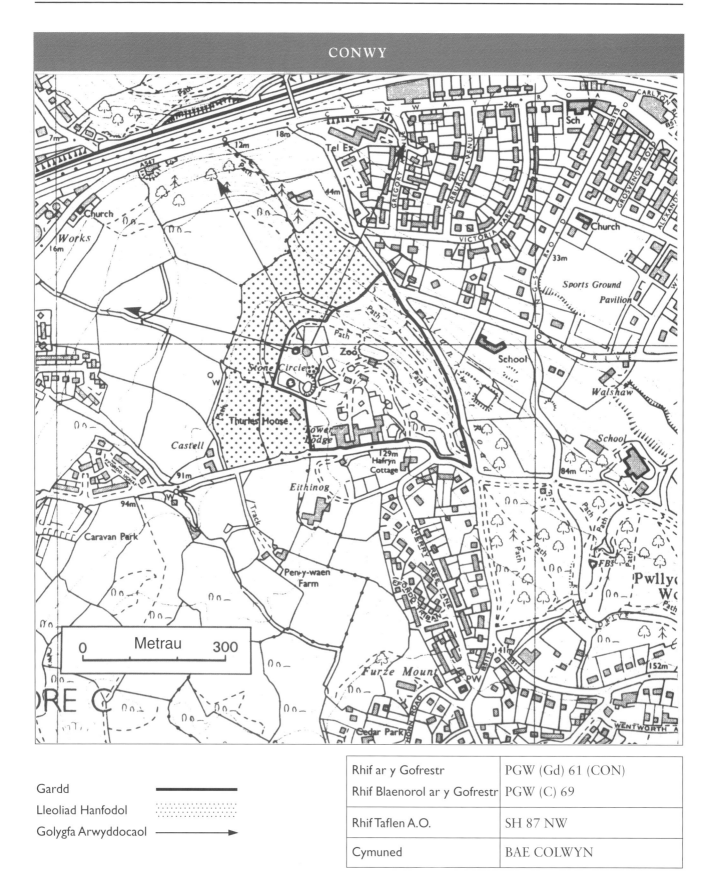

Gardd ————————

Lleoliad Hanfodol ·····················

Golygfa Arwyddocaol ————————→

Rhif ar y Gofrestr	PGW (Gd) 61 (CON)
Rhif Blaenorol ar y Gofrestr	PGW (C) 69
Rhif Taflen A.O.	SH 87 NW
Cymuned	BAE COLWYN

CRYNODEB

Rhif cyf	PGW (Gd) 61 (CON)
Rhif Cyf Blaenorol	PGW (C) 69
Map AO	116
Cyf grid	SH 837 788
Sir flaenorol	Clwyd
Awdurdod unedol	Conwy
Cyngor cymuned	Bae Colwyn
Disgrifiadau	Dim
Gwerthusiad safle	Gradd II
Prif resymau dros y graddio	Rhan o weddillion gerddi ffurfiol ac anffurfiol a gynlluniwyd gan T.H. Mawson ym 1898–99 ar safle gwych sy'n edrych dros Fae Colwyn.
Math o safle	Gardd derasog ffurfiol; gardd goetir anffurfiol.
Prif gyfnodau o adeiladu	1898–99

Disgrifiad o'r safle

Mae'r Flagstaff, sydd bellach yn lleoliad i'r Sŵ Fynydd Gymreig, yn ystad 37 erw (15.4ha) ar dir uchel uwch Bae Colwyn. Ar ddiwedd y bedwaredd ganrif ar bymtheg prynwyd y tir gan lawfeddyg o Fanceinion, Dr Walter Whitehead, a chomisiynodd y pensaer Dan Gibson i gynllunio tŷ a'r pensaer tirlunio Thomas Mawson i gynllunio'r gerddi. Gwnaethpwyd y gerddi ym 1898–99, ynghyd â'r porthdy, tai allan a thai gwydr. Ond nid adeiladwyd y plasty mawreddog arfaethedig byth, a bu Whitehead yn byw yn y porthdy wedi iddo ymddeol. Lleolir y porthdy ar ochr ddeheuol y gerddi, yn ymyl ffordd Mochdre. Adeilad deulawr ydyw, wedi'i rendro, â ffrâm bren yn rhannol iddo, mewn arddull gyffredin, â phorth bwaog canolog a ffenestri myliynog. Fe'i defnyddir bellach fel swyddfeydd ar gyfer y sŵ. Bwriadwyd y tŷ i sefyll rhwng y rhes ddwyreiniol o dai allan a phyllau'r gerddi cerrig presennol i'r gogledd.

Ar bob ochr i hen lôn raean ganolog mae rhesi o dai allan cerrig a ierdydd, sy'n rhedeg tua'r gogledd o'r porthdy. Saif y tai gwydr ar ochr ddwyreiniol y rhes ddwyreiniol. Mae waliau'r ierdydd yn uchel, â chopâu a pheli trwm dros byrth bwaog.

Lleolir y gerddi mewn safle ysblennydd ar dir uchel ar ochr ddeheuol tref Bae Colwyn, â golygfeydd eang o'r rhan uchaf yn y gorllewin dros Fae Colwyn a thua'r gorllewin. Mae'r porthdy, tai allan a gerddi ffurfiol wedi'u lleoli ar fan uchel gwastad yn rhan dde-orllewinol yr ardd. I'r dwyrain a'r gogledd mae'r tir yn disgyn yn sydyn, ac yn y fan hon ceir coetir eang o goed collddail a choniffer cymysg. I'r gogledd-orllewin o'r gerddi ffurfiol mae man uchaf yr ystad, bryncyn glaswelltog, ac yma bellach y lleolir bistro a bar y Flagstaff. Ers 1963 bu'r gerddi'n gartref i'r Sŵ Fynydd Gymreig, ac mae adeiladau sy'n perthyn i'r sŵ wedi cymryd drosodd, yn enwedig yn y rhan ffurfiol uchaf, lle adeiladwyd nifer o gewyll anifeiliaid ac adar a gwnaed maes parcio ar yr ochr orllewinol. Fodd bynnag, mae digon yn aros i allu gweld y cynllun cyffredinol.

Mae darlun o gynllun arfaethedig y gerddi gan Thomas Mawson yn dangos adrannau ffurfiol i'r de a'r dwyrain o'r tŷ, lle mae gwelyau syml, waliau a rhesi o dai gwydr uniongyn wedi'u gosod. Mae rhai o'r llwybrau, terasau, waliau a phob tŷ gwydr yno o hyd. Ychwanegwyd llwybrau at y coetir, ac mae'r tri phrif lwybr sydd yno wedi'u cynllunio gan Mawson. Newidiwyd y gerddi ar ôl

cyfnod Walter Whitehead, yn enwedig yn y 1930au, pan grëwyd yr ardd gerrig a'r ardd ddŵr ac adeiladwyd pwll yn ymyl y brif fynedfa bresennol (sydd bellach wedi diflannu). Un nodwedd o gyfnod Dr Whitehead a ddiflannodd yn gyfan gwbl, ac y mae ei leoliad yn anhysbys, yw adeilad gardd a elwid yn 'shanty', a welir mewn llun o'r cyfnod.

Roedd y fynedfa wreiddiol (sydd bellach yn allanfa), ger y porthdy, yng nghornel dde-ddwyreiniol yr ystad, ar y ffordd a arweiniai lawr at y dref. Ar ochr ogleddol y fynedfa mae porthordy bach, syml, wedi'i rendro, â simneiau uchel sy'n debyg i rai'r porthdy. Gosodwyd pileri cerrig sgwâr â hemisfferau cerrig ar eu copâu yn y wal derfyn gerrig. Y tu mewn i'r fynedfa mae'r lôn wedi'i naddu o graig ar ei hochr orllewinol. Mae'n ymdroelli i fyny drwy'r coetir at borth â giatiau haearn â phileri a hemisfferau ar bob ochr sy'n debyg i rai'r fynedfa. Yna mae'n mynd yn ei blaen i fyny drwy'r coetir, gan wyro o gwmpas y llethr at y maes parcio presennol a'r tai allan a'r porthdy. Mae'r brif fynedfa bresennol oddi ar ffordd Mochdre, i'r dwyrain o'r porthdy, a chafodd ei gwneud ar gyfer y sŵ ym 1963. Mae'n rhedeg tua'r gogledd at y brif lôn.

Mae'r brif ardal o erddi ffurfiol yn gorwedd i'r dwyrain a'r gogledd-ddwyrain o'r tai allan. Saif y tŷ gwydr gwreiddiol ar ochr ddwyreiniol y rhes ddwyreiniol o dai allan. Mae'n dŷ gwydr sy'n pwyso yn erbyn wal â dau estyniad bach sy'n bargodi tua'r dwyrain. Yn wreiddiol roedd tai gwinwydd a chistiau cadw eirin gwlanog yn ymestyn tua'r dwyrain lle mae'r tŷ ymlusgiaid a'r traeth aligatoriaid bellach. I'r dwyrain o'r tŷ gwydr mae adran hirsgwar o ardd wedi'i ffinio ar y de gan y wal derfyn gerrig gastellog sylweddol. Bellach mae hon wedi'i chynllunio â lawnt a llecyn graean crwn yn y canol (crwbanod), yn ôl pob tebyg nid y cynllun gwreiddiol. Yn y gornel dde-ddwyreiniol saif pafiliwn cerrig bach â tho ar oleddf a mynedfa fwaog wedi'i gosod yn y wal derfyn. I'r dwyrain mae mynedfa ochr â phileri castellog.

Ym mhen dwyreiniol y tŷ ymlusgiaid saif porth cain â phileri cerrig sgwâr â chopâu peli cerrig mawr. Mae'r llwybr sy'n rhedeg tua'r gogledd oddi yma yn echel wreiddiol o'r ardd. Mae'n disgyn i lawr dwy res o risiau cerrig at ben gogleddol yr ardd ffurfiol. I'r gorllewin ceir gardd gerrig, â llwybrau anffurfiol sy'n mynd drwy goetir pinwydd, a grëwyd yn y 1930au. I'r dwyrain mae cyfres o derasau ar echel sy'n rhedeg o'r gogledd i'r de. Yn y pen deheuol mae teras bach (mwncïod) â wal gerrig y tu ôl iddo. Mae grisiau cerrig canolog, â llwyni celyn tociedig ar bob ochr, yn arwain i lawr at y prif deras a gynlluniwyd yn wreiddiol ar gyfer cyrtiau tenis lawnt. Mae hwn yn hirsgwar, bellach yn lawnt â'r ochrau yn raean a llwybrau yn y canol yn rhedeg o'r dwyrain i'r gorllewin. Ym mhen gorllewinol y llwybr canolog mae grisiau cerrig yn arwain i fyny at y prif lwybr echelinol sy'n rhedeg o'r gogledd i'r de. Adeiladwyd y teras dros y llethr, â wal gynhaliol uchel, gan fargodi i fyny fel wal ganllaw isel, ar hyd yr ochr ddwyreiniol. Ar ganol yr ochr hon ceir bargodiad cromfannol (oddi tano mae'r pwll eirth). Yn y pen gogleddol mae grisiau cerrig â llwyni celyn tociedig ar bob ochr sy'n arwain at deras bach sydd ychydig yn uwch, sef yr ardd deial haul. Gardd hirsgwar yw hon â wal isel o'i chwmpas, wedi'i chynllunio â llwybrau llawrlechi mewn patrwm diemwnt o fewn sgwariau. O'i chwmpas mae perthi bocs aur tociedig, ac yn y gwelyau blodau mae planhigion sy'n blodeuo'n lliw haul. Yn y canol saif deial haul balwstrad ffasedog. I'r gogledd mae coed pinwydd.

Mae'r ardd gerrig i'r gorllewin yn eang, wedi'i chodi yn y 1930au ar fryncyn bach a'i llethr tua'r gorllewin. Coed coniffer sydd yma'n bennaf, yn enwedig pinwydd. Yn ymyl y pen gogleddol, mae gardd ddŵr â nant fechan wneud sy'n diferu drwy gyfres o byllau. Mae iddi lawer o waith carreg galch, â phont gerrig fechan yn agos i'r pen uchaf.

I'r gorllewin o'r ardd ddŵr, ger y maes parcio, mae pergola'n sefyll ar ei ben ei hun ag iddo bedwar o bileri cerrig crwn ar sylfaen o lawrlechi sydd wedi'i chodi rywfaint, a thrawstiau pren ar draws y top. Oddi tano mae mainc gerrig â chefn iddi, ac ochrau nadd ar ffurf griffoniaid. Cymerodd y maes parcio, a wnaed ar gyfer y sŵ yn y 1960au, le estyniad o'r lôn, llecyn o goed pinwydd, a chae.

Ym mhen gogleddol y maes parcio, i'r gogledd-orllewin o'r pergola, mae llwybr llawrlechi sy'n gwyro ac yn arwain i gyfeiriad y de-orllewin at nodwedd hirgrwn suddedig, a oedd yn lawnt fowlio yn wreiddiol (bellach morloi). Ar lawnt fechan drionglog i'r de o'r llwybr mae ffynnon, nodwedd wreiddiol o'r gerddi. Mae cylch o gerrig o'i chwmpas a saif ar sylfaen garreg wythonglog, â'r rhan uchaf yn haearn. Mae carreg yn y borfa ag arni'r arysgrifen 'Ye Olde Wishing Well/Rest awhile and wish awhile'. Mae'r llwybr yn arwain at risiau cerrig cain â waliau canllaw ar bob ochr iddynt, â thri o beli cerrig (un ar goll ar y brig), ac mae'r grisiau'n disgyn lawr at y lawnt fowlio gynt, sydd bellach yn bwll bas â leinin concrid iddo ar gyfer y morloi. Ychydig i'r gogledd mae cylch Gorsedd bychan ar fryncyn, a godwyd ym 1909, ac oddi yma ceir golygfeydd bendigedig i gyfeiriad y gorllewin a'r gogledd. Mae hwn hefyd yn nodwedd wreiddiol a osodwyd yno gan Walter Whitehead. Adeiladau'r sŵ sydd bellach ar y tir uchel i'r gogledd a cheir golygfeydd hyfryd iawn oddi yno hefyd. Islaw pwll y morloi mae pwll llai, sydd bellach yn bwll fflamingos. Yn wreiddiol roedd pwll nofio yma.

Mae'r coetir anffurfiol yn llenwi hanner dwyreiniol yr ardd, ar dir sy'n gwyro'n serth tua'r gogledd-ddwyrain. Mae'r coetir yn gymysgedd o goed collddail a choniffer, gyda rhai pinwydd uchel, ac nid yw adeiladau'r sŵ wedi aflonyddu fawr ddim ar lawer ohono. Ceir nifer o lwybrau troellog gwreiddiol drwy'r ardal, ac mae modd mynd yno o'r ddwy lôn. (Gwnaed rhai o'r llwybrau natur gan y sŵ). Mae un llwybr yn arwain o ben deheuol y prif deras i mewn i'r coetir islaw.

Ffynonellau

Eilradd

T.H. Mawson, *The Art and Craft of Garden Making* (1907, 3ydd argraffiad), tud. 120, 129.

E. Hubbard, *Clwyd* (1986), tud. 141.

D. Ottewill, *The Edwardian Garden* (1989), tud. 171.

Sŵ Fynydd Gymreig (Arweinlyfr).

87

CADW

GARTHEWIN

ICOMOS UK

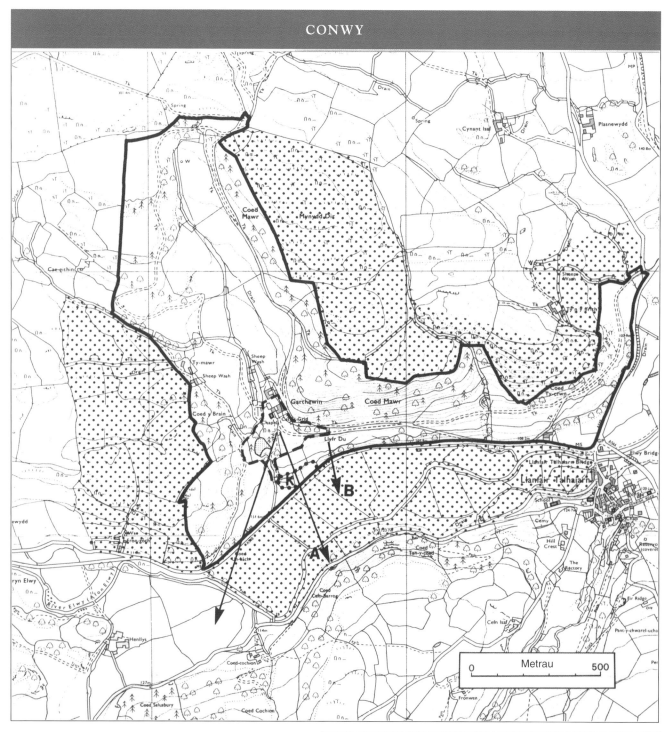

CONWY

Ffin y Parc	———————
Gardd	- - - - - - - - - -
Gardd Lysiau	••••••••••••••••
Lleoliad Hanfodol	⫶⫶⫶⫶⫶⫶⫶⫶
Golygfa Arwyddocaol	——————→

Rhif ar y Gofrestr	PGW (Gd) 53 (CON)
Rhif Blaenorol ar y Gofrestr	PGW (C) 1
Rhif Taflen A.O.	SH 96 NW, SH 97 SW
Cymuned	LLANFAIR TALHAEARN

CRYNODEB

Rhif cyf	PGW (Gd) 53 (CON)
Rhif Cyf Blaenorol	PGW (C) I
Map AO	116
Cyf grid	SH 915 705
Sir flaenorol	Clwyd
Awdurdod unedol	Conwy
Cyngor cymuned	Llanfair T.H.
Disgrifiadau	Adeiladau Rhestredig: Garthewin Gradd II*; cyfadeilad amaethyddol siâp C Gradd II*; Capel i'r gorllewin o Arthewin Gradd II; Bwthyn i'r dwyrain o dŷ allan Garthewin Gradd II; waliau teras, grisiau a gwylfa Gradd II; Tŷ bach ar lôn Garthewin (The Book Room) Gradd II, colomendy Gradd II.
Gwerthusiad safle	Gradd II.
Prif resymau dros y graddio	Mae rhan o gynllun yr ail ganrif ar bymtheg yn goroesi a'r rhan fwyaf o gynllun diwedd y ddeunawfed ganrif wedi'i gadw. Mae rhannau iwtilitaraidd yr ardd yn goroesi yn eu cyfanrwydd. Mae lleoliad y tŷ yn eithriadol o ran golygfa.
Math o safle	Parc tirlun; gardd anffurfiol â theras a llwybr at wledd-dy.
Prif gyfnodau o adeiladu	Tua 1600 – 1710; 1767–72; 1920

Disgrifiad o'r safle

Saif Garthewin ar lawr y cwm â llethrau coediog serth yn esgyn i fryniau Mynydd-dir i'r dwyrain a Moelfre Uchaf i'r gogledd-orllewin. Mae'r olygfa tua'r de ar draws dyffryn yr Afon Elwy gyda Moel Unben a Moel Emwnt fel golygfeydd. Fel y saif heddiw, mae Garthewin yn ffrwyth cryn ailfodelu ac ailadeiladu rhwng tua'r flwyddyn 1710 tan 1930. Gwnaed y rhan fwyaf o'r ailfodelu rhwng 1767–1772 gan y pensaer lleol Joseph Turner. Canlyniad hyn oedd tŷ naw bae â chonglfeini a phediment tri bae. Mae tri llawr i'r tŷ; ychwanegwyd y trydydd llawr yn ystod y cyfnod 1767–1772. Yr adeg honno ychwanegwyd parlwr unllawr i ochr orllewinol y tŷ a'i osod ymhellach ymlaen na'r prif wyneb. Mae llusern do ar ben y tŷ. Mae'r cyfan wedi'i blastro a'i galchu'n lliw hufen. Ym 1870 ychwanegwyd tŵr i gefn y parlwr i gynnwys ystafell ymolchi. Ym 1930 gwnaed peth gwaith ailfodelu gan y pensaer lleol Clough Williams-Ellis. Fel rhan o hyn gwnaed llawer o addasiadau mewnol yn ogystal ag ychwanegu to mwy dymunol ei olwg i'r tŵr. Ychwanegwyd logia arall ar yr ochr ddwyreiniol i gyfateb i un Joseph Turner yn y gorllewin. Un o'r prif addasiadau eraill oedd addasu'r fynedfa. Daethpwyd â'r brif fynedfa o gwmpas i dalcen y tŷ a oedd o dan y tŵr. Gwnaethpwyd yr wyneb deheuol yn deras gardd uchel â gwelyau rhosod sgwâr syml.

I'r gorllewin o'r tŷ, ynghlwm wrth grŵp o dai allan wedi'u haddasu, saif capel a addaswyd o siop saer ac a gynlluniwyd gan Mr R. Wynne.

I'r gogledd-orllewin o'r tŷ saif yr iard stablau ac ysguboriau a adeiladwyd o'r garreg leol. Ceir porth bwaog yn fynedfa yn y canol â thŵr uwch ei ben. Mae'r dyddiad 1722 i'w weld ar y garreg glo a'r arwyddair 'Duw a Digon'. Uwch ei ben mae cloc sydd â bys yr awr yn unig ac yn y pediment arfbais y Wynneiaid a gerfiwyd mewn carreg ag arno'r arwyddair 'Janua Pateat, Cor Magis' (Bydded dy ddrws yn agored, a'th galon yn agored byth). Yn y cefn ac yn gyfochrog ag ochr yr wyneb saif y brif ysgubor, a

ddefnyddiwyd yn ddiweddarach fel theatr. Mae dau fwa briciau yn rhychwantu'r tu mewn â dau fwa siâp cilgant am eu pennau.

I'r gogledd-orllewin o'r stablau saif y cytiau cŵn sydd bellach wrthi'n cael eu haddasu'n dŷ.

Mae'r parc yng Ngarthewin o faint canolig ac yn gorwedd i'r gogledd, de a de-ddwyrain o'r tŷ, ac i'r gogledd o'r A548, fel y gwelir ar argraffiad cyntaf y map Arolwg Ordnans. Fodd bynnag mae'r ardal â ffensys o'i hamgylch rywfaint yn fwy na hyn ac mae darn mawr o Fynydd-dir i'r gogledd-ddwyrain a llethrau isaf Moelfre Uchaf i'r gogledd-orllewin yn rhan ohoni. Ni welir parc ar fap ystad 1784, ac felly credir i'r ardal hon gael ei chynllunio rywbryd wedi hyn, yn sicr erbyn 1844 oherwydd ceir sôn gan Syr John Hay Williams o Fodelwyddan am rodd o chwe ewig o Garthewin yn ei ddyddiadur am y flwyddyn honno. Mae'r holl ardal wedi'i hamgáu gan reiliau parc haearn sydd mewn ambell i fan yn 12 o fariau o uchder, sy'n dynodi parc a'i wreiddiau yn y bedwaredd ganrif ar bymtheg. Ceir peth plannu ar hyd y terfynau allanol, coed derw a ffawydd yn bennaf ar ochr orllewinol y tŷ.

Nid ymddengys bod llawer o blannu ar gyfer hamdden, ac nid ymddengys bod llawer o osod planhigion yn fwriadol mewn grwpiau chwaith ar wahân i'r ddeunawfed ganrif pan blannwyd grwpiau o goed leim yn y cae i'r de o'r Book Room. Gwelir y rhain ar gynllun 1784, ond dwy leim yn unig sydd ar ôl.

Adeiladwyd yr A548 ym 1858, ac ar ôl y dyddiad hwn y gosodwyd y system ehangach o lonydd a phorthordai, gan ddefnyddio llwybrau fferm bychain a oedd eisoes yn bodoli yn aml. Roedd creu'r lonydd hyn yn ei gwneud hi'n bosibl i gael mynedfa o sawl cyfeiriad, sef Betws yn Rhos, y Porthordy Uchaf, o'r gogledd, y Porthordy Isa', ac o Lanfair Talhaearn (hen ffordd Betws, dymchwelwyd y porthordy tua 15 mlynedd yn ôl), a Llanrwst (sydd yno o hyd ac yn cael ei rhannu â fferm Tŷ Mawr).

Mae gerddi hamdden Garthewin wedi'u lleoli mewn ardal fechan i'r de o'r tŷ ac maent yn perthyn i'r un cyfnod â'r tŷ, â phlannu ychwanegol o'r bedwaredd ganrif ar bymtheg ac addasiadau'r ugeinfed ganrif i'r cynllun. Ger yr wyneb deheuol lle'r oedd trofa gerbydau ar un adeg, bellach ceir teras cerrig â chynllun syml o welyau rhosod a phorfa wastad. Codwyd y rhan hon yn uwch na lefel y tir agored cyfagos a cheir wal gerrig bob ochr iddi. Fe'i cynlluniwyd gan Clough Williams-Ellis yn y 1930au. Y tu hwnt i'r ardal hon, gan ddisgyn tua'r ffosglawdd mae darn agored o barcdir a blannwyd ag ychydig o goed, yn arbennig tair 'Abies alba', derwen anwyw a phinwydden Albanaidd. Gan groesi'r lôn o'r tŷ i'r de-orllewin ac yn disgyn i'r capel â rhododendronau wedi'u plannu o'i gwmpas, mae llwybr yn arwain oddi yma at yr ardd â wal o'i chwmpas sydd â phwll pysgod yn union i'r gorllewin. Ar ben pellaf y pwll pysgod mae'r colomendy y gellid mynd ato ar un adeg ar hyd pompren dros y nant, sydd bellach wedi diflannu. Mae rhododendronau, chamaecyparis ac yw ar hyd y llwybr at yr ardd â wal o'i chwmpas. Nant yw ffin orllewinol y llwybr. I'r dwyrain o'r tŷ ac ar lethr uwchlaw ceir wal ffrwythau 3 medr o uchder sy'n mynd igam ogam i'r Book Room. O'r fan hon roedd llwybr i'r Book Room. Mae'r teras yn mynd yn ei flaen at wyneb gogleddol y tŷ, gan ddod i ben wrth gysgodfan gerrig yn yr ardd â mynedfa fwaog agored iddi. Mae hwn yn cydoesi â rhan gynnar y tŷ.

Lleolir yr ardd â wal o'i chwmpas yn union i'r de o'r tŷ gan ffurfio rhan o ffin ddeheuol y parc. Mae'r tir yno bron i gyd ar oleddf, â darn o dir gwastad yn y pen deheuol. Ffurf aren sydd i'r ardd ei hunan ac adeiladwyd y waliau o gerrig; mae briciau ar hyd y wal uchaf ar y tu mewn ar gyfer tyfu ffrwythau. Mae copâu cerrig i'r waliau. Yn ddiamau roedd hon yn rhan o'r ardd hamdden. Nodir ffynnon ar argraffiad cyntaf y map Arolwg Ordnans, ond nid yw yno bellach. Fodd bynnag mae rhes o risiau cerrig, â dwy goeden yw Wyddelig ar wyliadwriaeth ar bob ochr, yn dal yno, ac mae'n amlwg bod y grisiau'n arwain at y ffynnon yng nghanol yr ardd â wal o'i chwmpas. Ni chodwyd y tai gwydr yn erbyn y wal gefn ond fe'u gosodwyd yn y llethr tua hanner ffordd lawr yr ardd â wal o'i chwmpas. Un tŷ gwydr a fframiau oer sydd yno. Gosodwyd pibelli gwresogi ar gyfer ffrwythau yn wal gefn y tŷ gwydr. I'r dwyrain mae'r boelerdy. Mae'r adeiladau hyn yn dyddio o'r bedwaredd ganrif ar bymtheg. Ceir tŷ gwydr diweddar â ffrâm alwminiwm iddo. Gellir mynd i mewn i'r ardd â wal o'i chwmpas ar hyd llwybr drwy'r ardd hamdden yn y pen gorllewinol, a hefyd ceir giât, sy'n agor allan i'r ffordd, sy'n fwy diweddar. Mae'r ardd â wal o'i chwmpas yn ffinio â'r A548.

Ffynonellau

Sylfaenol

'Survey of Estates of Robert Wynne Esq Finished by Slater and Bage', 1784:Archifau Prifysgol Gogledd Cymru, Bangor.

Map ystad sy'n seiliedig ar argraffiad 1af y map Arolwg Ordnans: archifau Prifysgol Gogledd Cymru, Bangor.

Manylion Gwerthiant, 1911/12.

Eilradd

C. Hussey, 'Garthewin, Denbighshire'., *Country Life* 13 Chwefror 1958.

D. Pratt, a A.G. Veysey, *A Handlist of the Topographical Prints of Clwyd* (1977), rhif. 143.

E. Hubbard, *Clwyd* (1986), tud. 210.

CADW

GLODDAETH
(COLEG DEWI SANT)

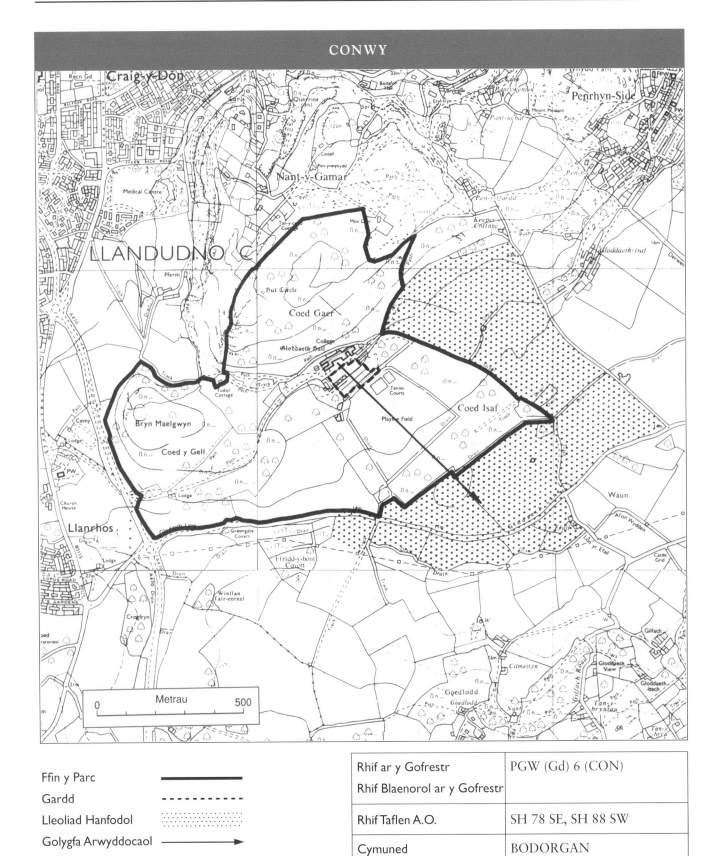

Ffin y Parc	———————
Gardd	- - - - - - - - -
Lleoliad Hanfodol	··········
Golygfa Arwyddocaol	————▶

Rhif ar y Gofrestr	PGW (Gd) 6 (CON)
Rhif Blaenorol ar y Gofrestr	
Rhif Taflen A.O.	SH 78 SE, SH 88 SW
Cymuned	BODORGAN

CRYNODEB

Rhif cyf	PGW (Gd) 6 (CON)
Map AO	115
Cyf grid	SH 805 805
Sir flaenorol	Gwynedd
Awdurdod unedol	Conwy
Cyngor cymuned	Llandudno
Disgrifiadau	Adeiladau rhestredig: Neuadd, Gradd I; adenydd o'r ddeunawfed a'r bedwaredd ganrif ar bymtheg, Gradd II; porthordai (dau bellach wedi'u gwahanu) Gradd II; bloc stablau Gradd II; bwthyn gardd Gradd II; colomendy Gradd II*; caban Gradd II; waliau gardd Gradd II; cerflun o Hercules Gradd II.
Gwerthusiad safle	Gradd I
Prif resymau dros y graddio	Gerddi terasog mewn cyflwr da a chamlas ffurfiol o'r ail ganrif ar bymtheg ymlaen; planhigfeydd a pharcdir helaeth o'r ddeunawfed ganrif, gan gynnwys safle posib drysle mawr. Mae planhigfa o'r ddeunawfed ganrif sydd yn goroesi o hyd a gynlluniwyd â llwybrau meirch yn ymledu o gerflun canolog o ddiddordeb neilltuol.
Math o safle	Gerddi terasog ffurfiol â chamlas; gardd gerrig anffurfiol â groto; nifer o lecynnau sy'n cynnwys llwybrau coetir, â drysle posib, cerflun, gwylfannau ac yn y blaen; parcdir a phyllau pysgod.
Prif gyfnodau o adeiladu	Diwedd yr ail ganrif ar bymtheg; dechrau'r ddeunawfed ganrif; y bedwaredd ganrif ar bymtheg.

Disgrifiad o'r safle

Lleolir Gloddaeth, sydd bellach yn ysgol, ar safle gwych ar gefnen ar lethr gweddol serth sy'n wynebu tua'r de-ddwyrain, ar gyrion Llandudno. Mae ganddo olygfeydd eang ar draws y cefn gwlad o'i gwmpas ac mae'n cael ei gysgodi o'r gogledd-orllewin gan lechwedd goediog y tu ôl iddo. Mae rhan hynaf y tŷ yn perthyn i gychwyn neu ganol yr unfed ganrif ar bymtheg, enghraifft berffaith o neuadd-dy, â tho trawstiau gordd a balconi i gerddorion; ymhlith yr hongliad o estyniadau mae adain o ddiwedd yr ail ganrif ar bymtheg neu ddechrau'r ddeunawfed ganrif i'r gogledd-ddwyrain, ychwanegiadau ar gyfer swyddfeydd domestig o'r ddeunawfed ganrif, a dau estyniad o'r bedwaredd ganrif ar bymtheg, y naill gan W.E. Nesfield a'r llall gan J. Douglas, i'r de-orllewin. Yn ddiweddar cwblhawyd estyniad modern i'r de-orllewin o'r rhain.

Dau lawr sydd i'r tŷ yn gyffredinol, ac mae gan yr adenydd diweddarach atigau; mae wedi'i adeiladu o gerrig, â thoeau llechi. Mae gan y neuadd-dy gwreiddiol furluniau mewn cyflwr eithriadol o dda a phaneli derw anarferol, ac mae gan adain Nesfield risiau tro cam cain, a efelychwyd ym Modysgallen yn ddiweddarach.

Daeth Gloddaeth yn eiddo i deulu'r Mostyniaid trwy briodas ym 1460 rhwng Margaret o Gloddaeth, etifeddes Gruffydd ap Rhys, a Hywel ap Ieuan Fychan o Mostyn. Credir bod y neuadd bresennol wedi'i hadeiladu gan yr un wraig yn ystod ei hail gyfnod o weddwdod, yn negawdau cynnar yr unfed ganrif ar bymtheg. Wedi hynny bu cenedlaethau o'r teulu'n byw yng Ngloddaeth, ond yn aml ail dŷ oedd, â'r pen teulu'n byw yn Neuadd Mostyn.

Mae Hyde Hall, a ysgrifennai ar ddechrau'r bedwaredd ganrif ar bymtheg, yn sôn am y tai allan yn arbennig – 'a collection of old-fashioned buildings' – gan awgrymu eu bod yn ychwanegu at atyniad y lleoliad. Mae map Arolwg Ordnans 25 modfedd 1889 yn enwi pwll llif, sydd bellach wedi diflannu, ac mae'n bosibl bod adeiladau ystâd eraill wedi bodoli i'r gogledd-ddwyrain o'r tŷ nad

ydynt yno bellach neu nad oes ôl eu defnyddio yn amlwg. Bellach addaswyd y rhan fwyaf o'r adeiladau eraill at ddefnydd yr ysgol, ac mae pob adeilad ac eithrio bwthyn yr ardd yn sefyll yn gyfadeilad gorlawn yn union i'r gogledd-ddwyrain o'r tŷ.

Mae'r stablau wedi'u hadeiladu o gerrig â tho llechi ac mae ganddynt ffenestr Ddiocletaidd yng nghanol y prif ffasâd. Maent yn dyddio o tua 1830, ac fe'u defnyddir bellach fel ystafelloedd newid, er bod rhai o'r corau yn dal yn eu lle. Ailfodelwyd yr ysgubor gerrig, a adeiladwyd yn ôl pob tebyg yn yr ail ganrif ar bymtheg, a'i droi yn fodurdy gan y Fonesig Augusta Mostyn ar ddiwedd y bedwaredd ganrif ar bymtheg.

Mae bwthyn yr ardd, a saif i'r de orllewin o'r gerddi terasog, yn dyddio o 1881 ac mae'n debyg i'r porthordai o'r un cyfnod, gan Douglas efallai; maent o gerrig â llawr uchaf o ddu a gwyn ffug-Dud006aidd â gwaith plastro addurnol. Fodd bynnag, ymddengys bod adeilad ar yr un safle i'w weld ar fap Arolwg Ordnans un fodfedd 1840, felly mae'n bosibl fod yr adeilad presennol yn cymryd lle adeilad hŷn neu'n fodel arall ohono. Cynllun hirsgwar sydd i'r colomendy ac mae'n dyddio o ddiwedd yr ail ganrif ar bymtheg – fe'i hadeiladwyd o gerrig â thalcenni grisiau brain. Bellach mae'n cael ei ddefnyddio fel campfa.

Mae'r tŵr dŵr, ar fryncyn ychydig yn uwch na gweddill yr adeiladau, yn debyg o ran golwg i'r colomendy, â thalcenni grisiog; mae'n bosibl ei fod yn perthyn i'r un dyddiad. Mae'n dal tanciau dŵr o hyd. Gelwir adeilad bach hirsgwar ger wal y llwybr llai y tu ôl i'r tŷ yn 'Beehive', ond mae'n debyg mai stordy ffrwythau oedd yn wreiddiol.

Saif ysgubor weddol fawr ar gornel ddeheuol y terasau, yn ymyl y pyllau. Mae ei dalcen yn rhan o wal y llecyn amgaeëdig i'r de-orllewin o'r gamlas, ac mae'r adeilad, a saif y tu allan i'r llecyn amgaeëdig, yn hŷn na gweddill y wal. Fe'i gwelir ar fap Arolwg Ordnans 25 modfedd 1889, sydd hefyd yn dangos y llecyn amgaeëdig, ond nid ydynt i'w gweld ar unrhyw fap cynharach. Mae rhai cytiau moch yn agor ar yr un padog bach o flaen yr ysgubor. Mae rhai bythynnod modern ar safle tai gwydr gynt i'r de-orllewin o'r gerddi terasog, a saif ystafell ddosbarth barod ym mhen gogledd-ddwyreiniol y teras uchaf.

Saif y tŷ'n fras yng nghanol ei barc, sy'n codi'n fryncyn coediog y tu ôl iddo gan ymestyn islaw â darn o dir agored gweddol sgwâr, sydd bron yn lawnt, ac a amgylchynir yn rhannol gan blanhigfeydd a darnau amgaeëdig ychwanegol o barcdir y tu hwnt, gan ymdoddi i mewn i'r tir amaethyddol o'i gwmpas. Gwahanwyd i ffwrdd llawer o'r parcdir i'r gorllewin a'r de-orllewin, a dau o'r porthordai, gan yr A470 newydd.

Ychydig a wyddys am y parc a'r ardd sy'n perthyn i'r tŷ gwreiddiol, er bod yr iard fach yn union o flaen yr hen ran o'r tŷ o bosibl ar safle'r ardd wreiddiol, a'r safle mwyaf tebygol ar gyfer gardd fwy yw'r man a ddefnyddir bellach i barcio ceir, uwchlaw'r terasau, er y byddai ar oleddf y pryd hwnnw. Syr Roger Mostyn, y trydydd barwnig (cafodd Roger Mostyn arall o gyfnod cynharach ei wneud yn farwnig ym 1660 am ei ymdrechion dros yr achos Brenhinol yn ystod y Rhyfel Cartref) oedd yn gyfrifol am blannu'r coetir, ar ddechrau'r ddeunawfed ganrif.

Mae'n rhaid bod tirwedd y safle wedi bod yn gyfrifol am gynllun gweddol anarferol y parc a'r gerddi. Dim ond trwy blannu coed y gellid gwella ar y bryncyn garw o garreg galch a oedd ar oleddf serth; dim ond gerddi terasog y gallai'r gerddi a oedd yn union oddi tano fod, a hyd yn oed wedyn roedd y lefelau isaf yn dal ar oleddf serth. Fodd bynnag, ar waelod y rhiw mae'r ddaear yn lefelu'n sydyn, ac adeiladwyd camlas yma, a thu draw, llain o barcdir sydd bron yn hirsgwar – lawnt fawr bron – ar y tir gwastad, â phlanhigfeydd o'i chwmpas ar y tair ochr nad ydynt yn wynebu'r tŷ. Mae'r fan hon ar flaen yr olygfa o'r tŷ, ac mae'n rhaid iddi gael ei chynllunio i fod yn addurnol yn bennaf. Fe'i gwahenir o'r planhigfeydd i'r gogledd ddwyrain a'r de ddwyrain, a'r caeau i'r de-orllewin, gan ffosglawdd; ffos syml yw hon ag ymyl sy'n gwyro tua'r parcdir. Ceir rhagor o barcdir pellach y tu hwnt i'r gogledd ddwyrain a'r de-orllewin. Mae'n rhaid na ellid ei weld o'r tŷ unwaith yr aeddfedai'r planhigfeydd, ond darparai'r ardal i'r de a'r gorllewin leoliad ar gyfer yr amrywiol lonydd ar adegau gwahanol.

Yn ôl Thomas Pennant ar ddiwedd y ddeunawfed ganrif, plannwyd y coetir gan Syr Roger Mostyn ar ddechrau'r ganrif honno, a chynlluniwyd rhodfeydd a llwybrau meirch yno. Erbyn y 1780au gellid eu disgrifio fel 'successful', ond yn amlwg nid oeddynt yn amharu ar y golygfeydd o Gonwy a'r wlad o gwmpas o'r bryn y tu ôl i'r tŷ, gan fod Pennant yn rhoi tipyn o sylw i'r golygfeydd hyn. Erbyn heddiw mae'r coed wedi tyfu mor uchel, a llenwyd unrhyw fylchau bwriadol gymaint nad oes llawer o olygfeydd i'w gweld o'r rhodfeydd o fewn y coetir. Bellach ni ellir mynd ar hyd nifer o'r rhodfeydd, ond mae rhannau o'r llwybrau i'w gweld yn glir am fod coed wedi'u plannu ar bob ochr iddynt, a thorrwyd rhai ohonynt i mewn i ochr y bryn a rhoddwyd wyneb iddynt er mwyn eu gwastadu; mae'r prif lwybrau yn weddol lydan. Mae ffotograffau o ddiwedd y bedwaredd ganrif ar bymtheg a dechrau'r ugeinfed ganrif yn dangos bod rhai o'r prif lwybrau yn cael eu graeanu a'u cynnal o hyd. Bellach nid oes wyneb i'r rhan fwyaf o'r llwybrau, ond mae wyneb caled ar rai ohonynt oherwydd brigio naturiol y creigiau.

Mae'r ddau brif lecyn o goetir, ar y bryn y tu ôl i'r tŷ ac ar y gwastatir o'i flaen, â'u rhodfeydd syth ac igam-ogam, yn rhan bwysig o'r tirlun a gynlluniwyd ac mae'r rhan fwyaf yno o hyd. Maent yn cynnwys coed ffawydd, leim, yw, castanwydd a derw yn bennaf, ac efallai fod rhai o'r coed presennol, megis yr yw, leim ac efallai rhai o'r derw hŷn yn goroesi o'r plannu gwreiddiol. Mae coed ar bob ochr i'r rhodfeydd, yn arbennig yw a ffawydd. Disgrifir y ddau lecyn yn weddol fanwl gan Pennant, ac yn amlwg nid ydynt wedi newid llawer ers hynny, ac eithrio colli'r blanhigfa i'r de-orllewin o'r llain o barcdir ar waelod y terasau (yn ystod y bedwaredd ganrif ar bymtheg) a thyfiant coed ac isdyfiant yn tagu rhai llwybrau ac yn amharu ar olygfeydd. Mae Pennant yn ysgrifennu am '……straight walks, intersecting each other, or radiating from a center, distinguished by a statue.' Mae'r cerflun (o Hercules) yn ei le o hyd, a gellir gweld patrwm y rhodfeydd ymledol, a welir ar nifer o fapiau, ar y tir o hyd. Cerflun o blwm o faint mwy na'r naturiol yw Hercules, wedi'i osod ar blinth uchel, hirsgwar o dywodfaen nadd. Mae'r llythrennau blaen (JN FLR) a gerfiwyd ar ben y plinth yn nodi bod y cerflun wedi'i wneud gan y cerflunydd enwog o ddechrau'r ddeunawfed ganrif John van Nost (a fu fawr 1729). Er 1851 mae cerflun tebyg o Hercules gan van Nost, a oedd yn wreiddiol yn Condover Hall, sir Amwythig, wedi sefyll yn The Quarry, yr Amwythig.

Ar ben y bryn y tu ôl i'r tŷ mae llecyn mawr gweddol wastad a all fod yn safle drysle. Mae dyddio'r nodwedd hon yn creu anhawster. Ceir un cyfeiriad cyfoes at ddrysle o'r ail ganrif ar bymtheg. Mae dau fap o'r bedwaredd ganrif ar bymtheg (un fwy na thebyg yn deillio o'r llall) sy'n dangos drysle, â'i rodfeydd igam-ogam, ond nid yw mapiau eraill, sy'n gynharach ac yn ddiweddarach, yn eu dangos, ac nid oes bwlch i'w weld yn y coetir ar y bryn yn yr engrafiad o 1792 gan Moses Griffith. Cyfeiria Pennant at y rhodfeydd ond nid at y drysle. Bellach nid oes dim i'w weld ar y safle, a blannwyd gan gonifferau masnachol ac a dorrwyd i lawr yn glir o goed, ac eithrio carreg fawr a allai o

bosibl fod wedi dynodi canol y drysle. Mae oedran y coed ffawydd sy'n amlinellu, fe ymddengys, un ochr o'r safle yn awgrymu dyddiad o ganol hyd ddiwedd y bedwaredd ganrif ar bymtheg.

Heb fod nepell o safle'r drysle posibl, mae cylch cerrig 'Derwyddon', darn nodweddiadol o fympwy Fictorianaidd a godwyd gan y Fonesig Augusta Mostyn yn ôl pob tebyg. Mae iddo ddau gylch o gerrig, a cherrig calch mawr naturiol wrth yr ochrau, a thua 1 medr rhyngddynt; mae'r cyfan yn mesur tua 11 medr ar draws. Ceir dwy fynedfa, heb fod yn union gyferbyn â'i gilydd, â cherrig uwch ar bob ochr.

Ar yr holl fapiau cynharaf gwelir lonydd i'r gogledd-orllewin a'r de-orllewin; yr ail lôn oedd y brif lôn yn ôl pob tebyg gan fod y lôn gyntaf yn mynd heibio'r fferm. Ni welir unrhyw borthordai. Ar y map llawysgrif 2 fodfedd ar gyfer argraffiad cyntaf y map Arolwg Ordnans 1 fodfedd, a wnaed o arolwg tua 1820, gwelir lôn dde-ddwyreiniol yn dilyn y coetir i'r gogledd-ddwyrain o ran ganolog hirsgwar y parcdir, ac erbyn cyhoeddi'r argraffiad cyntaf ym 1840-41, ymddengys bod y blanhigfa wedi ymestyn i'w hamgáu. Mae mapiau diweddarach yn awgrymu i'r lôn hon beidio â chael ei defnyddio fel lôn ac iddi fynd yn un o'r llwybrau trwy'r coetir. Bellach mae'n llwybr troed cyhoeddus.

Gwnaeth y Fonesig Augusta Mostyn, a ddaeth i fyw yng Ngloddaeth fel gweddw ifanc ym 1861, nifer o welliannau; un ohonynt oedd creu lôn newydd i'r gorllewin. Adeiladwyd hon rhwng y ddwy lôn a oedd yno'n barod, a fforchiai i'r gogledd a'r de tu hwnt i borthordy a adeiladwyd tua dwy ran o dair o'r tŷ i'r ffordd. Ar fap Arolwg Ordnans 25 modfedd 1889, fe'i gwelir yn orffenedig, â phorthordy (a ddyddir 1881) wrth y fynedfa i'r ffordd ogleddol a'r un a ymestynnai ran o'r ffordd i fyny'r lôn (1884); mae'n bosibl bod y porthordy ar ddiwedd y fforch ddeheuol wedi'i gynllunio neu'n cael ei adeiladu yn ystod yr arolwg, gan fod sgwâr agored i'w weld. 1894 yw'r dyddiad arno. Bellach gwahanwyd porthordai 1881 a 1894 gan ffordd gyswllt yr A470.

Bwriadwyd y lôn newydd i gymryd lle'r ddwy lôn a fodolai eisoes; aeth y lôn dde-orllewinol, i Gloddaeth Lane, yn segur, a bellach dim ond clawdd sydd yno, ac ar bob ochr mae'r coed sy'n goroesi o'i rhodfeydd. Mae'n bosibl bod pileri a giatiau cerrig y lôn hon wedi'u codi tua 1830, pan adeiladwyd y bloc stablau a gwnaethpwyd gwelliannau eraill. Ceir pâr tebyg o bileri giât yn arwain at dir ffermio i'r gogledd-ddwyrain o'r tŷ.

Parhaodd y lôn ogledd-orllewinol i gael ei defnyddio ar gyfer mynd a dod o'r fferm yn ôl pob tebyg, ac efallai fel mynedfa i grefftwyr; mae cerbydau'n dal i'w defnyddio. Erbyn 1937 roedd fforch ddeheuol y lôn newydd wedi mynd yn segur hefyd, a gwahanwyd ei fforch ogleddol gan yr A470 newydd, gan ddod â'r fynedfa yn agos i'r porthordy a arferai fod un rhan o dair o'r ffordd at y tŷ. Fe'i hadeiladwyd o gerrig a phren du a gwyn, ac mae'n bosibl iddo gael ei adeiladu gan J. Douglas, pensaer adain ddiweddarach y tŷ a adeiladwyd yn y bedwaredd ganrif ar bymtheg. Mae'r fynedfa yn union oddi tano yn newydd, yn dilyn adeiladu'r A470, ac mae ganddo bileri giatiau cerrig a giatiau haearn. Mae gan y porth sy'n agosach i'r tŷ, a osodwyd i mewn i wal hŷn, giât haearn bwrw sengl a baentiwyd yn wyn a llewod terracotta ar ei bileri cerrig o doriad sgwâr (ychwanegwyd y llewod yn weddol ddiweddar), ac fe'i gelwir bellach yn Lion Gate.

Mae olion o amaethu cefnen a rhych i'w gweld mewn rhai mannau o'r parcdir i'r de-orllewin, yn enwedig y cae bach sydd yn cyffinio ag ymyl dde-orllewinol y darn hirsgwar o flaen y tŷ. Roedd y cae yn blanhigfa ym 1792, gan adlewyrchu'r llall ar yr ochr arall, ond erbyn canol y bedwaredd ganrif ar bymtheg roedd yn dir agored. Yn ôl pob tebyg mae rhai o'r pethau afreolaidd eraill a nodwyd yn y cae hwn yn ganlyniad i symud y coed. Dengys ffotograffau a mapiau fod amrywiol rannau o'r parc a'r ardd wedi'u defnyddio i dyfu llysiau a chnydau âr ar wahanol adegau. Gall nodweddion cynharach gynnwys y pyllau pysgod yn ymyl cornel ddeheuol yr ardd derasog, ac yn ôl pob tebyg rhaeadrau twr yr ail ganrif ar bymtheg sydd ychydig y tu mewn i'r parc, yn y blanhigfa y tu ôl i'r tŷ.

Ar hyn o bryd mae'r coetir a'r gerddi'n cael eu cadw'n ddiogel; meysydd chwarae'r ysgol yw'r darn gwastad yn union o flaen y tŷ, ychwanegwyd cyrtiau tenis caled yn y gornel ogleddol, a thir pori yw gweddill y parc.

Terasau ffurfiol o gyfnodau gwahanol, a'r cynharaf ohonynt wedi'i chynllunio fwy na thebyg cyn plannu'r coed yw'r gerddi, ar y llethr serth islaw'r tŷ, â chamlas ar y gwaelod. Ceir pedwar prif deras; mae'r teras uchaf, a grëwyd ar ddiwedd y bedwaredd ganrif ar bymtheg, bellach wedi'i darmacio ac yn cael ei ddefnyddio i barcio ceir. Rhennir yr ail deras yn dri theras bach glaswelltog yn y pen de-orllewinol, ond yn y gogledd-ddwyrain mae'n lletach ac mewn dwy ran yn unig. Mae maint y rhan hon o'r teras yn gwneud wal gynhaliol uchel iawn yn angenrheidiol yma. Roedd y terasau uchaf hyn i gyd yn un, heb fod yn wastad, hyd nes iddynt gael eu rhannu gan y wal gynhaliol gweddol isel o'r bedwaredd ganrif ar bymtheg, ond roedd y brif wal uchel yn sicrhau bod y teras cyfunol yn llawer llai serth na'r ddau deras isaf. Mae'n rhaid bod y rhain, yn enwedig yr un isaf, wedi bod yn serth iawn, fel ag y maent o hyd, wedi'u rhannu gan wal isel yn unig heb wal gynhaliol ar y gwaelod.

Ceir rhodfeydd gwastad ar hyd yr holl derasau, a'r un oddi tan y wal uchaf oedd y lletaf, yn enwedig yn y pen de-orllewinol. Mae borderi sy'n cynnwys llwyni o flaen waliau'r terasau uchaf, a lawntiau sydd yn y canol (y borfa braidd yn arw ar y ddau deras isaf ar oleddf). Ceir ambell i wely ynys ar y terasau porfa bach ym mhen de-orllewinol y teras uchaf, a grëwyd ar ôl 1875 yn ôl pob tebyg am nad ydynt yn ymddangos mewn paentiad sy'n perthyn i'r dyddiad hwnnw.

Bellach mae'r llecyn a elwir yn Ardd Rosod (Rose Garden), yn union y tu hwnt i ben gogledd-ddwyreiniol y prif deras, wedi'i balmantu a saif adeiladau dros dro yno yn rhannol. Nid yw i'w weld ar fap 1889 ond ymddangosodd erbyn 1937. Mae'n hirsgwar â phen cromfannol ar y gogledd-ddwyrain, ac mae grisiau â thri tro ar ongl sgwâr yn disgyn ohono, gan arwain at y rhodfeydd coetir. Symudwyd y deial haul a arferai sefyll ar un o'r terasau porfa i leoliad yng nghanol yr Ardd Rosod, ac fe'i gwelwyd yno ar fap 1937, ond bellach mae wedi diflannu. Palmantwyd yr ardd yn y 1970au.

Mae'n amlwg o fapiau a lluniau bod union gynllun y terasau wedi newid, ac mae'n debyg bod y terasau isaf sydd ar oleddf wedi'u hychwanegu'n ddiweddarach a chrëwyd y teras uchaf yn olaf, ond mae'r dyddiad 1680 i'w weld ar y drws rhwng y prif deras presennol a'r Ardd Rosod gynt (â'r llythrennau blaen T.B.M. – sef llythrennau cyntaf Syr Thomas, rhagflaenydd Syr Roger Mostyn). Gall drws cynnar arall, ym mhen arall y teras gydoesi â'r dyddiad hwnnw neu fod ychydig yn ddiweddarach. Erbyn diwedd y ddeunawfed ganrif roedd y terasau wedi'u cwblhau ac eithrio'r rhan uchaf, er na chawsant eu gosod yn union fel ag y maent heddiw, fel y gellid gweld o engrafiad o 1792.

Ar ddechrau'r bedwaredd ganrif ar bymtheg sonia Fenton fod waliau'r terasau'n rhai uchel iawn, ond dengys engrafiad 1792 fod y waliau'n ddi-dor o'r de-orllewin i'r gogledd-ddwyrain, a heb eu rhannu fel heddiw â theras llydan â wal anferth i'r gogledd-

ddwyrain a mwy o derasau is i'r de-orllewin. Dengys map y degwm 1846 raniad gwahanol, â'r rhan ogledd-ddwyreiniol wedi'i rhannu yn ddarn amgaeëdig ar ei ben ei hun yr holl ffordd lawr at y gamlas, ond mae'n bosibl nad yw hwn yn gywir a bod y cynllun presennol wedi'i greu rhwng y ddau ddyddiad hyn – efallai cyn i Fenton ei ddisgrifio, am mai wal y teras lletach i'r gogledd-ddwyrain yw'r uchaf o ddigon. Dengys map Arolwg Ordnans 25 modfedd 1889 bron yn union yr un drefn â heddiw, sy'n dangos bod y teras uchaf wedi'i greu erbyn yr amser hwn. Mae lluniau a braslluniau cyn hyn yn dangos teras uchaf lletach sy'n gwyro'n raddol ac yn gyson lawr at y brif wal, ond bellach mae wal gynhaliol yn ei rannu'n ddau ar draws, â grisiau yn arwain lawr yn y canol ac ymhob pen, ac mae'r terasau uchod ac isod ill dau yn wastad, er bod gan y teras isaf rai sgarpiau ychwanegol i wneud hyn yn bosibl. Gwaith y Fonesig Augusta Mostyn yw hyn, bron yn sicr, ond dim ond y rhes ganolog o risiau a welir ar fap 1889.

Rywbryd ar ôl adeiladu'r brif wal deras uchaf, crëwyd llwyfannau magnel ar y teras a chanonau ffug wedi'u pwyntio drwy fylchau a grëwyd yng nghanllawiau'r wal. Mae'n debyg mai'r Fonesig Augusta a wnaeth hyn hefyd, a chopïwyd y gynnau o ganon llong go iawn a osodwyd yn yr un modd yn y blaengwrt bychan yn union o flaen y tŷ, ac mae'n bosibl ei fod wedi bod yno am fwy o amser o lawer na'r copïau. Mae'n debyg bod y polyn fflag ar y teras yn cydoesi â'r gynnau ffug.

Yn ôl pob tebyg bu'r terasau uchaf bob amser yn rhai addurnol, â phorfa'n tyfu arnynt, â grisiau a rhodfeydd graeanog; gwelir o baentiadau, darluniau a ffotograffau drwy gydol y bedwaredd ganrif ar bymtheg mai dyna felly yr oedd yr adeg honno, er bod llawer o'r teras uchaf un wedi dod yn flaengwrt ar ôl iddo gael ei wahanu oddi wrth y prif deras a'i lefelu. Fodd bynnag, yn ddiamau defnyddiwyd y terasau isaf fel gerddi llysiau ar un adeg – dengys map 1889 goed ffrwythau ar hyd y waliau (mae un goeden afalau yno o hyd), a thai gwydr ar ddarn o dir i'r de-orllewin o'r terasau (sydd bellach ag adeiladau arno); yn engrafiad 1792 maent yn amlwg wedi'u rhannu'n lleiniau llai. Yn ddiweddarach mae'n bosibl iddynt gael eu cynnwys yn yr ardd addurnol, am fod mapiau diweddarach yn dangos rhagor o lecynnau amgaeëdig ar waelod y llethr (mae un ar ôl), gan awgrymu bod yr ardd lysiau wedi'i hymestyn i'r parcdir. Gwelir ar fap ystâd heb ddyddiad arno, sy'n dangos llwybrau a llecynnau amgaeëdig wedi'u trefnu yn yr ardd ac sy'n anodd i'w hesbonio yng ngoleuni'r waliau teras presennol, lecyn i'r de-orllewin o'r ardd (sydd bellach yn dir pori, ar hyd ymyl ffin dde-orllewinol rhan ganolog y parcdir) wedi'i blannu â chnydau llysiau.

Mae'r gamlas, wrth odre'r terasau, heb fod yn ganolog iddynt hwy nag ymyl ogledd-orllewinol y parcdir hirsgwar lle mae'n gorwedd, yn elfen bwysig o gynllun yr ardd, ond roedd ei safle yn ôl pob tebyg yn dibynnu ar ystyriaethau ymarferol. Mae gweddill ymyl ogledd-orllewinol y darn hirsgwar o barcdir yn cael ei amgáu gan wal, ond mae'r gamlas yn ffurfio gwahanfur llai ymwthiol ond un sy'n atal anifeiliaid yr un mor effeithiol. Mae iddo ddau ben cromfannol ac ochrau unionsyth ac mae'n dal dŵr o hyd. Ar un adeg safai tŷ cychod bach yn ymyl y pen de-orllewinol, ac mae grisiau lawr at y dŵr i'w weld o hyd. Nid ymddengys bod y gamlas yn bresennol ar engrafiad 1792, er mai prin y gellid ei gweld beth bynnag, ond fe'i gwelir ar fapiau o'r 1840au ymlaen.

Ceir rhai ychwanegiadau ac addasiadau amlwg Fictorianaidd i'r tir hamdden, y rhan fwyaf ohonynt yn waith y Fonesig Augusta Mostyn yn ôl pob tebyg. Yn y llecyn rhwng ei lôn newydd a'i hen lôn i'r gogledd-orllewin, ar ochr y tŷ, mae gardd gerrig Fictorianaidd wych, â'i groto a'i nodwedd ddŵr, a gliriwyd gan yr ysgol yn ddiweddar ac erbyn diwedd 1996 yn agored i'r cyhoedd. Fe'i hadeiladwyd o flociau mawr o gerrig calch dŵr-dreuliedig naturiol, â llwybrau cul troellog, sianeli dŵr a sedd. Mae'n debyg bod y ffynnon fach a baentiwyd yn wyn, ar yr ail deras glaswelltog, yn fwy diweddar na 1875, gan nad yw i'w gweld yn y paentiad o'r dyddiad hwnnw. Fodd bynnag, mae'n ymddangos mewn ffotograffau o gyfnod tua diwedd y bedwaredd ganrif ar bymtheg. Mae'n debygol bod yr Ardd Rosod, y tu hwnt i ben gogledd-ddwyreiniol y prif deras, yn perthyn hefyd i ddiwedd y bedwaredd ganrif ar bymtheg neu ddechrau'r ugeinfed ganrif; ar ôl 1889, gan nad yw'n ymddangos ar fap o'r dyddiad hwnnw.

Yn yr iard fach uchel dan ffenestri'r neuadd, mae llawr bocs ffurfiol, sydd yn sicr yn perthyn i'r bedwaredd ganrif ar bymtheg o leiaf gan ei fod yn ymddangos mewn nifer o ffotograffau a brasluniau, a gall fod yn gynharach.

Islaw'r terasau mae darn arall o dir amgaeëdig cul a hir, a welir yn gyntaf ar fap 1889, sy'n llenwi'r bwlch rhwng ysgubor a phen de-orllewinol y gamlas. Mae iddo waliau cerrig ar bob ochr a mynedfeydd ar y de-orllewin a'r gogledd-ddwyrain; hefyd mae tanc â leinin cerrig yn y ddaear ar ochr y gamlas a gafodd ei gynllunio, mae'n amlwg, i lenwi o'r gamlas gan ddarparu dŵr at ddibenion amaethyddol neu arddwriaethol. Mae rhagor o ddarnau o dir amgaeëdig i'r de a'r dwyrain o'r fan hon i'w gweld ar fapiau diweddarach, ond nid ydynt yno bellach. O bosibl defnyddiwyd yr holl ddarnau amgaeëdig hyn yn erddi llysiau os bu i'r gerddi llysiau gwreiddiol ar y terasau isaf fynd yn rhan o'r gerddi addurnol; gwelir coed ffrwythau yn y darn amgaeëdig â wal o'i gwmpas ac yn yr un i'r de o'r gamlas ar fap Arolwg Ordnans 25 modfedd 1937, ond nid oes dim ohonynt ar ôl bellach.

Y tu ôl i'r tŷ ceir rhai terasau, heb waliau cynhaliol, a wnaed yn bennaf yn ôl pob tebyg i lefelu'r safle ar gyfer adeiladu yno ond mae'n bosibl iddynt gael eu plannu ar un adeg. I'r gogledd o'r fan hon mae'r wal ar hyd y llwybr llai y tu ôl i'r tŷ, ac mae rhes o risiau cerrig yn arwain i fyny at agoriad caeëdig yn y wal hon.

Ffynonellau

Sylfaenol

Gwybodaeth oddi wrth Mr Colin Williams a Mr Kevin Crowdy, Ysgol Dewi Sant (St David's School).

Map Llawysgrif 2 fodfedd ar gyfer argraffiad cyntaf (1820) Arolwg Ordnans 1 fodfedd, archifau Coleg Prifysgol Gogledd Cymru, Bangor.

Map ystâd (diddyddiad), archifau Coleg Prifysgol Gogledd Cymru, Bangor (Mostyn MSS 8506).

Map ystâd (diddyddiad), Archifdy'r Sir, Caernarfon.

Map degwm Eglwys-yn-Rhos (1846), Archifdy'r Sir, Caernarfon.

Ffotogopïau o fap ystad, tua 1849, a map a dynnwyd â llaw o ardal Llandudno, gan Williams (1860au), a gopïwyd yn rhannol o'r uchod, yn ôl pob tebyg, casgliad Coleg Dewi Sant (St David's College).

Casgliad o nifer o gardiau post, ffotograffau, engrafiadau, a.y.b. yn Archifdy'r Sir, Caernarfon.

Llun a dynnwyd o'r awyr, Ymddiriedolaeth Archeolegol Gwynedd (1995).

Eilradd

T. Pennant, *A Tour in Wales* (1782).

M. Griffiths, 'Gloddaeth', Plat 12 yn *Number 1. of a Collection of Select Views in North Wales* (1792).

E. Hyde Hall, *A Description of Caernarvonshire, 1809–11* a olygwyd o lawysgrif wreiddiol gan Jones, E. Gwynne (1952).

R. Fenton, *Tours in Wales 1804–13*, atodiad i *Archaeologia Cambrensis* (1917), tud. 200–01.

Ffotograff o baentiad gan Henry Sykes, 1875, o gatalog gwerthiant, a darluniau eraill, casgliad Coleg Dewi Sant (St David's College).

'Gloddaeth Hall', *Proceedings of Llandudno and District Field Club* (1907–08).

Comisiwn Brenhinol Henebion Cymru, *Inventory*, Sir Gaernarfon Cyfrol I (1956).

R. Haslam, 'Gloddaeth, Gwynedd', *Country Life*, Rhagfyr 1978.

S. Briggs, 'William Latham in North Wales', *The Bulletin* (Ymddiriedolaeth Gerddi Hanesyddol Cymru) (Gwanwyn 1997).

CADW

CASTELL GWRYCH

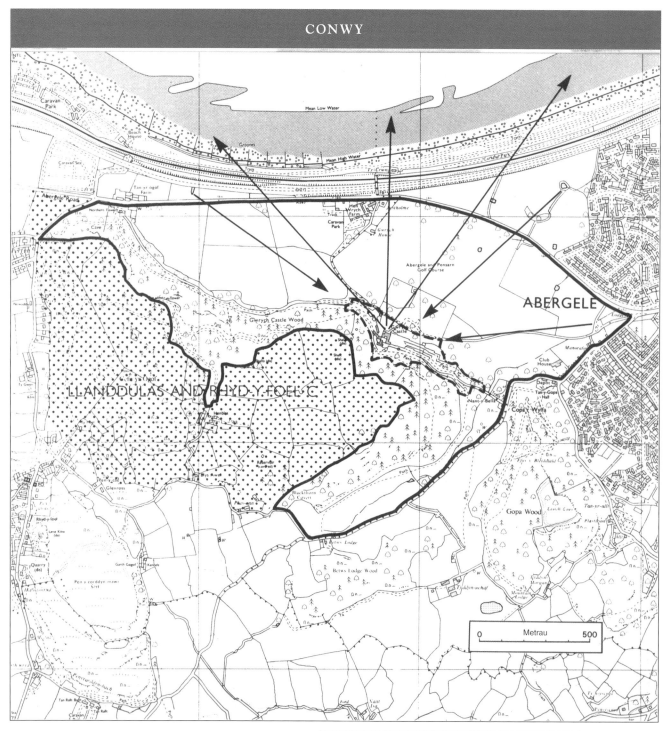

Ffin y Parc	![solid line]
Gardd	![dashed line]
Lleoliad Hanfodol	![dotted line]
Golygfa Arwyddocaol	![arrow]

Rhif ar y Gofrestr	PGW (Gd) 58 (CON)
Rhif Blaenorol ar y Gofrestr	PGW (C) 30
Rhif Taflen A.O.	SH 97 NW
Cymuned	LLANDDULAS A RHYD-Y-FOEL

CRYNODEB

Rhif cyf	PGW (Gd) 58 (CON)
Rhif Cyf Blaenorol	PGW (C) 30
Map AO	116
Cyf grid	SH 928 775
Sir flaenorol	Clwyd
Awdurdod unedol	Conwy
Cyngor cymuned	Llanddulas a Rhyd-y-foel
Disgrifiadau	Adeilad rhestredig Castell Gwrych Gradd II
Gwerthusiad safle	Gradd II*
Prif resymau dros y graddio	Ehediad ysblennydd a rhamantaidd o ddychymyg Gothig, â phorthordai, tyrau a waliau parc Gothig dymunol, o gwmpas tirnod amlwg a dymunol Castell Gwrych, gyda gardd derasog ar raddfa eang â thyredau a wal o'i chwmpas.
Math o safle	Waliau parc, porthordai ac adeiladau ystad hynod o ddymunol; gardd derasog hynod o ddymunol
Prif gyfnodau o adeiladu	1819–1830au

Disgrifiad y safle

Mae Castell Gwrych a'i dai allan, tyrau, terasau a waliau parc yn ymestyn ar hyd llechwedd goediog i'r gorllewin o Abergele. Gellir meddwl amdano yn ei gyfanrwydd fel rhyw ffug-gastell anferth, ac mae'n ffurfio tirnod amlwg a hynod ddymunol y gellir ei weld o Abergele a ffordd yr A55.

Rhan gymharol fechan o holl gyfadeiladau Gwrych yw'r plasty Gothig castellog o'r bedwaredd ganrif ar bymtheg. Fe'i lleolir ar lethr sy'n wynebu tua'r gogledd i'r gorllewin o Abergele, ac oddi yno ceir golygfa banoramig tua'r môr. Bloc sgwâr o gerrig llwyd yw'r plasty, a gychwynnwyd ym 1819 ar ôl i Lloyd Bamford Hesketh etifeddu'r ystad ym 1816. Gweithredwyd ar y cynllun gan Thomas Rickman wedi ymgynghori â Hesketh. Mae'n debyg i'r plasty gael ei orffen erbyn 1822, gan fod y dyddiad hwn i'w weld ar ddŵr Hesketh ychydig i'r dde o'r fynedfa fwaog. Ni roddwyd dyddiad gorffen pendant ar gyfer gweddill yr adeiladau, ond parhâi Hesketh ei hun i gynhyrchu darluniau hyfryd o adeiladau castellog tan 1853. Mae bron pob un o ffenestri tŷ a'r adeiladau atodol o haearn bwrw ar batrwm rhwyllog Gothig gan Thomas Rickman.

Saif y stablau i'r gorllewin a thu ôl i'r prif adeilad. Mae ganddynt eu mynedfa fwaog eu hunain. Bloc syml ydynt a adeiladwyd o'r un garreg â'r castell. Maent yn cynnwys y cyflenwad arferol o lefydd sefyll ar gyfer ceffylau a staliau rhyddion.

Gorwedd y parc i'r gogledd ac islaw'r castell, a'i ffin i'r gogledd yw'r hen A55. Bellach Clwb Golff Abergele a Phensarn yw pen dwyreiniol y parc, tra bod pen gorllewinol y parc yn dir pori. Mae'r parc yn fach o ran maint ac yn gorwedd ar dir sy'n gwyro'n raddol tua'r môr. Ni cheir tystiolaeth o barc cynharach na pharc y bedwaredd ganrif ar bymtheg, ar wahân i goeden leim unig, sy'n awgrymu plannu cynharach. Roedd plannu'r bedwaredd ganrif ar bymtheg wedi'i wneud yn bennaf mewn lleiniau cysgodol a redai o'r dwyrain i'r gorllewin ar draws y parc, â phlannu mwy trwchus ar ochr ddeheuol y parc yn agosach i'r castell. Ymddengys mai ychydig o blannu a wnaethpwyd ar yr ochr orllewinol, y tu draw i'r gerddi â waliau o'u cwmpas a Hen Wrych (SH 927780).

Mae wal gerrig yn rhannol gwmpasu Gwrych a'i dir cysylltiedig. Y rhan fwyaf trawiadol yw'r wal derfyn ogleddol ar hyd y B5443. Nid yw'r wal o'r un saernïaeth, a bob hyn a hyn ceir nifer o byrth bwaog, sydd bellach wedi'u cau.

Mae'r prif dramwyfeydd yn torri ar draws y parc o'r dwyrain i'r gorllewin, gan gadw at ochr ddeheuol y parc. Yr unig lôn a ddefnyddir ar hyn o bryd yw'r un o Borthordy Abergele ym mhen mwyaf dwyreiniol y parc. Mae'n arwain at y blaengwrt ar ochr orllewinol y castell. Mae lôn wasanaeth fer yn arwain tua'r de o Hen Wrych, gan ymuno â'r brif lôn i'r gorllewin o'r castell. Mae lôn o Dan-yr-Ogof, i'r gorllewin o'r castell, yn dilyn llinell derfyn ogleddol Coed Castell Gwrych, ychydig y tu mewn i'r coed, ac mae hefyd yn ymuno â'r brif lôn i'r gorllewin o'r blaengwrt. Ceir hefyd dwy lôn ychwanegol, un o'r de, ym Mhorthordy Betws, a'r llall o'r de-ddwyrain, ym Mhorthordy Nant-y-bella.

Mae'r chwe phorthordy yn dyddio o'r 1830au, ac fe'u hadeiladwyd yn yr un arddull theatraidd, gastellog â'r castell, ac fe'u cynlluniwyd yn ôl pob tebyg gan Hesketh. Saif y tri phrif borthordy ar hyd y wal derfyn sy'n rhedeg ar hyd yr hen A55. Yn y pen dwyreiniol saif Porthordy Abergele, y brif fynedfa, sy'n cynnwys porthdy â dau dŵr crwn a darn barbican mewnol amgaeëdig. I'r gogledd o'r castell saif Porthordy Hen Wrych, sy'n gastellog, â thyrau sgwâr a llenfuriau rhyngdyllog ffug ar ochr y ffordd. Ym mhen gorllewinol y parc mae mynedfa Tan-yr-Ogof, â llenfuriau ar bob ochr iddi ac yn sefyll ychydig yn ôl rhwng tyrau crwn. Yn ymyl mae rhagor o adeiladau castellog yr ystad. Bloc sgwâr castellog yw Porthordy Nant-y-bella â thyred crwn yn y gornel. Mae tŵr castellog i'r fynedfa yma. Saif hen borthordy gynt, Porthordy'r Mynydd, (Mountain Lodge), ar isffordd i'r de. Mae gan Borthordy Betws i'r gogledd-orllewin dyredau a waliau sgrîn. I'r gorllewin o'r castell saif Tŵr y Fonesig Eleanor (Lady Eleanor's Tower), tŵr ffug-gastell castellog sgwâr syml, ar fryn sy'n edrych dros Fôr Iwerddon.

Adeiladwyd gardd Gwrych yn y 1820au, ar yr un adeg â'r castell. Mae'n cynnwys dwy ardd hamdden â waliau o'u cwmpas sydd ynghlwm wrth ochr ddwyreiniol y castell. Yn debyg i weddill y cynllun mae'r waliau yn gastellog â thyredau rhyngdyllog bob hyn a hyn. Ar ben y tyrau yn y darn amgaeëdig i'r gorllewin mae llwyfannau a ddefnyddir fel gwylfannau. Mae wal sgrîn gastellog â ffenestr fawr gothig i'r darn amgaeëdig i'r dwyrain. I'r dwyrain o'r ardd â wal o'i chwmpas mae'r ardd yn mynd yn fwy gwyllt ac mae grisiau'n disgyn i gyrraedd cyfres o derasau. Mae wyneb cerrig i'r teras isaf uwchben y gerddi â waliau o'u cwmpas. Plannwyd y llethrau rhwng y terasau yn drwchus gan lwyni.

Ceir cyfres o erddi llysiau a pherllannau â waliau o'u cwmpas o'r bedwaredd ganrif ar ddeg ychydig i'r gorllewin o Borthordy Hen Wrych ac ar hyd ymyl yr hen A55. Mae iddynt wal gerrig gastellog allanol â bastiynau castellog yn y corneli â phedwar porth bwaog yn y canol, a ffenestri paen bychain o haearn bwrw. O fewn y wal gerrig allanol hon mae dwy ardd â waliau briciau o'u cwmpas. Mae'r ardd leiaf ar ochr orllewinol y cyfadeilad ynghlwm wrth y wal gerrig allanol. I'r de mae gardd arall â wal o'i chwmpas, y tro hwn o gerrig, ac mae'r waliau mewnol yn gastellog. Lleolir y brif ardd â wal o'i chwmpas yn afreolaidd o fewn y waliau cerrig allanol, ac yn amlwg fe'u trefnwyd i wynebu tua'r de. Ar un adeg roedd rhes o dai gwydr yn pwyso yn erbyn y wal ogleddol ond bellach diflannodd y rhain. Gadawodd trefniant y gerddi hyn ddarnau mawr o dir o siâp rhyfedd rhyngddynt, ac yn y gorffennol plannwyd y rhain fel perllannau.

Mae dwy ardd fechan â waliau castellog o'u cwmpas gyferbyn â thŷ rheolwr yr ystad yn Nhan-yr-ogof, a adeiladwyd at ddefnydd y rheolwr. Mae ffynnon ac adeilad bach a gweddillion fframiau oer yn yr ardd allanol. Yn yr ardd gefn mae cytiau moch a thŵr ffug yn y gornel dde-orllewinol.

Ffynonellau

Eilradd

D. Pratt, a A.G. Veysey, *A Handlist of the Topographical Prints of Clwyd* (1977), rhifau 156–62.

E. Hubbard, *Clwyd* (1986), tud. 175–78.

CADW

GWYDIR

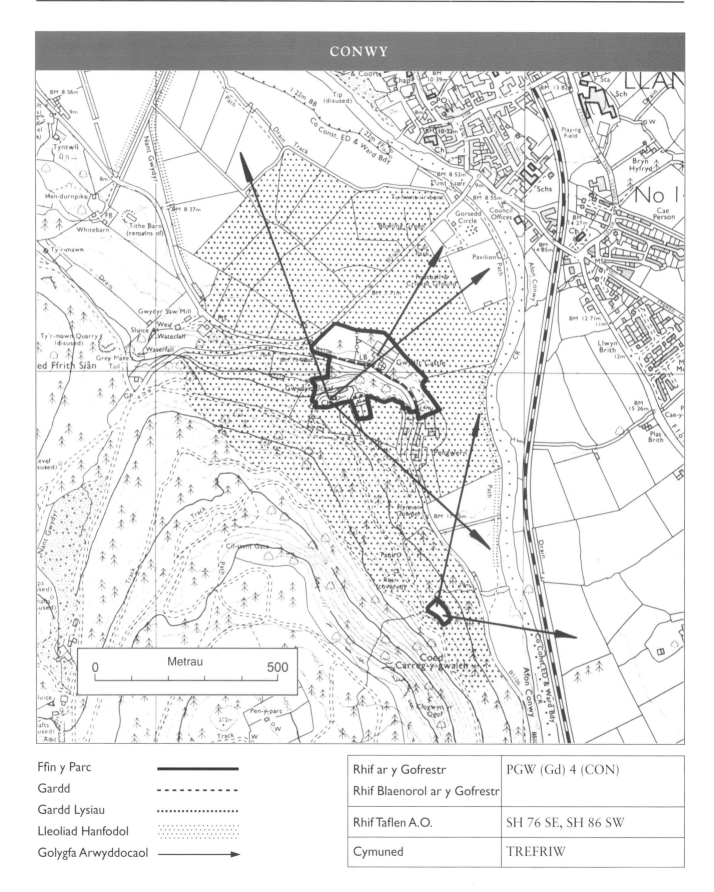

Ffin y Parc	———————
Gardd	– – – – – – –
Gardd Lysiau	··················
Lleoliad Hanfodol	▨
Golygfa Arwyddocaol	———————▶

Rhif ar y Gofrestr	PGW (Gd) 4 (CON)
Rhif Blaenorol ar y Gofrestr	
Rhif Taflen A.O.	SH 76 SE, SH 86 SW
Cymuned	TREFRIW

CRYNODEB

Rhif cyf	PGW (Gd) 4 (CON)
Map AO	115
Cyf grid	SH 796 610
Sir flaenorol	Gwynedd
Awdurdod unedol	Conwy
Cyngor cymuned	Trefriw
Disgrifiadau	Adeiladau rhestredig: Castell Gwydir, gan gynnwys porthdy, Gradd I; porth bwaog teras a waliau gardd, Gradd I; rhodfa uchel (sarn), Gradd II*; cerbyty, wal a mynedfa fwaog, Gradd II; porth bwaog gardd addurnol a waliau'r iard, Gradd II; capel Gwydir Uchaf Gradd I; tŷ Gwydir Uchaf Gradd II. Heneb Gofrestredig: capel Gwydir Uchaf. Gorchymyn cadw coed: sawl un yn effeithio ar ardd y castell.
Gwerthusiad safle	Gradd I
Prif resymau dros y graddio	Gardd o'r unfed ganrif ar bymtheg yn goroesi'n rhannol gan gynnwys waliau a mynedfeydd, o amgylch tŷ system unedol cyfoes; ymhlith nodweddion diweddarach o ddiddordeb mae pwll â ffynnon, rhodfa yw a llawr bocs; cyfuniad eithriadol, o bosibl o ddechrau'r ail ganrif ar bymtheg, o hafdy, llwyfan gwylio a lawnt fowlio yng Ngwydir Uchaf.
Math o safle	Gerddi a thir hamdden ffurfiol ac anffurfiol; nodweddion ar wahân a gardd lysiau â wal o'i chwmpas yng Ngwydir Uchaf.
Prif gyfnodau o adeiladu	Yr unfed ganrif ar bymtheg; dechrau'r ail ganrif ar bymtheg; diwedd yr ail ganrif ar bymtheg; y bedwaredd ganrif ar bymtheg.

Disgrifiad o'r safle

Lleolir Castell Gwydir ar ymyl gorlifdir Afon Conwy, wrth droed clogwyn creigiog, ar draws yr afon o Lanrwst. Mae ar dir isel ac yn agored i lifogydd, â bryn serth, wedi'i orchuddio â choed uwchlaw. Safai tŷ yma'n barod pan brynwyd y safle gan Maredudd ap Ieuan tua 1500. Maredudd oedd sylfaenydd teulu'r Wynniaid, a fu'n berchen ar yr eiddo wedi hynny tan 1678, pan briododd yr etifeddes Mary Wynn â Dug cyntaf Ancaster. Parhâi'r ystâd yn nwylo eu disgynyddion nes 1921.

Mae'r tŷ cerrig, a adeiladwyd yn unol â'r 'system unedol' sy'n digwydd mewn mannau eraill yng ngogledd-orllewin Cymru (er enghraifft Parc, Meirionnydd, a Phlas Berw, Ynys Môn), yn cynnwys nifer o flociau ar wahân; adeiladwyd y cyntaf gan Maredudd a'i fab John yn gynnar yn yr unfed ganrif ar bymtheg, a'r ddau arall gan eu disgynyddion yng nghanol yr unfed ganrif ar bymtheg ac o gwmpas 1600. Adeiladwyd y porthdy cysylltiedig hefyd yng nghanol yr unfed ganrif ar bymtheg, ond addaswyd llawer arno ers hynny. Hefyd ceir ychwanegiadau yn y bedwaredd ganrif ar bymtheg ac yn ddiweddarach, ond defnyddiwyd cerrig tebyg (gan gynnwys peth cerrig o'r abaty a ddymchwelwyd ym Maenan) drwyddi draw a chopïwyd yr arddull yn ffyddlon fel bod y tŷ yn ei gyfanrwydd yn ymddangos yn unffurf. Codwyd rhes o adeiladau o'r unfed ganrif ar bymtheg o bosibl ynghlwm wrth ben de-ddwyreiniol y prif floc. Diflannodd rhan o'r cwadrangl yn y 1720au–30au a dymchwelwyd y gweddill ym 1816–20, fel yn achos y rhes o swyddfeydd i'r gweision a oedd ynghlwm wrth gornel dde-orllewinol y bloc deheuol. Cafwyd dau dân difrifol ar ddechrau'r ugeinfed ganrif, ond adferwyd yr adeiladau ers hynny.

Llunnir y blociau ar ffurf J bron, â'r fraich yn rhedeg o'r gogledd-ddwyrain i'r de-orllewin, a bloc ychwanegol ar ochr ogledd-orllewinol y droed; mae'n dyddio o'r bedwaredd ganrif ar bymtheg ac fe'i hadeiladwyd (yn rhannol ar safle'r rhes o adeiladau ar gyfer y gweision a ddymchwelwyd) i gyfateb i ochr ogledd-orllewinol pen blaen y T, gan ffurfio wyneb cymesurol ag adain ym mhob pen i'r ochr hon. Mae'r porthdy ar ochr dde-ddwyreiniol troed y T, gan ymagor ar iard amgaeëdig, ac ar y gogledd-ddwyrain mae rhodfa derasog yn mynd ar hyd pen uchaf y T. Deulawr yw'r rhan fwyaf o'r blociau ond mae trillawr ac atig gan y prif floc, â chyntedd sy'n ddeulawr a hanner; mae toeau llechi ar bob un. Mae'r rhan fwyaf o'r ffenestri yn fyliynog, rhai ohonynt yn groeslathog hefyd, ac mae'r cyrn simnai yn uchel ac wedi'u hadeiladu o gerrig. Ar y ffasâd de-ddwyreiniol mae rhes o bennau uchaf teirdalennog mewn llechfaen lleol yn addurno'r llinell doeau, a gwelir y rhain hefyd ar waliau'r iard. Copïau yw rhai ohonynt, ac mae'n amlwg o ffotograffau'r 1890au iddynt gael eu hychwanegu at y tŷ yn weddol ddiweddar, ond mae'n bosibl bod yr enghreifftiau gwreiddiol wedi eu defnyddio i addurno waliau gardd yr unfed ganrif ar bymtheg.

Ceir o leiaf un hen engrafiad sy'n dangos adeiladwaith a gariwyd ar draws y ffordd o'r bryn yr ochr draw i'r castell, ger y porthdy; mae'n edrych yn debyg i bompren gul neu ddyfrbont. Efallai mai'r ail sydd fwy tebygol gan fod y ddau lwybr troed hysbys sy'n mynd i fyny'r bryn yn cychwyn yn ôl eu trefn ychydig bellter i'r dwyrain a'r gorllewin o'r man hwn. Ar y llaw arall daw nant i lawr gerllaw, ac mae'n bosibl ei bod wedi darparu cyflenwad o ddŵr rhedegog. Ymddengys bod yr adeiladwaith wedi diflannu erbyn dyddiad gweddol gynnar yn y bedwaredd ganrif ar bymtheg.

Adeiladwyd Gwydir Uchaf fel tŷ haf ym 1604, a dewiswyd y safle, ar ben y clogwyn uwchlaw'r prif dŷ, am ei olygfeydd. Yn ddiweddarach yn yr ail ganrif ar bymtheg canfuwyd ei fod yn fwy cyfleus na'r castell fel y prif gartref a rhywbryd fe'i hymestynnwyd tua'r gorllewin, ond yn y ddeunawfed ganrif daeth y castell yn brif dŷ eto ac yn y pen draw aeth Gwydir Uchaf yn adfail drwy gael ei esgeuluso, ac fe'i dymchwelwyd yn rhannol – dywed Thomas Pennant, a oedd yn ysgrifennu yn y 1780au, i hyn ddigwydd 'yn ddiweddar'. Sonia Pennant hefyd am arysgrifen a arferai fod uwch y drws, fel a ganlyn:

> Bryn Gwedir gwelir goleu adeilad
> Uwch dolydd a chaurau
> Bryn gwiech adail yn ail ne;
> Bron wen Henllys bren hinlle.

Ei gyfieithiad o hyn oedd 'A conspicuous edifice on Gwedir hill, towering over the adjacent land; a well-chosen situation, a second paradise, a fair bank, a palace of royalty'; efallai nad yw'n hollol gywir ond mae'n ffyddlon i ysbryd y gwreiddiol.

Ym 1808 roedd 'pobl dlawd' yn byw yn adfeilion Gwydir Uchaf, ond yn ddiweddarach yn y bedwaredd ganrif ar bymtheg adferwyd y tŷ, ac ers hynny daeth yn bencadlys Rhanbarth Llanrwst y Fenter Goedwigoedd. Mae'n adeilad cerrig deulawr â chyntedd canolog yn y prif floc, a tho llechi.

Adeiladwyd capel Gwydir Uchaf ar y clogwyn ger Gwydir Uchaf fel capel preifat ar gyfer y Wynniaid ym 1673 (ar yr adeg hon mae'n debyg bod y teulu yn byw yn Gwydir Uchaf). Nid ymddengys bod y capel wedi ei drwyddedu byth. Cyflogai'r teulu gaplan, ac yng nghyfnod Pennant cynhelid pedwar gwasanaeth yno'n flynyddol o hyd. Mae'n adeilad bach, syml o dywodfaen nadd â tho llechi, ac mae'r nenfwd paentiedig gwreiddiol yno o hyd, wedi'i wneud yn ddi-chwaeth ond yn lliwgar ar fowt faril estyllog.

Saif y cerbyty a'r bloc stablau yn erbyn wal y ffordd yn union i'r de-orllewin o'r tŷ, ac mae'n floc cerrig deulawr, sgwâr ag estyniad is wedi'i adeiladu yr un pryd. Stablau yw'r darn deulawr â lle i fyw uwchben; mae iddo do gwastad, a'r cerbyty yw'r estyniad. Mae'r adeilad yn hŷn na wal y ffordd, y mae ei wal allanol yn ffurfio rhan ohono, ac fe'i hadeiladwyd yn y 1820au yn ôl pob tebyg, gan ddefnyddio rhai o ddefnyddiau estyniadau'r unfed a'r ail ganrif ar bymtheg i'r castell a ddymchwelwyd ychydig cyn hynny. Mae stordai yn erbyn y wal a rhagor o dai allan llai yn parhau'r rhes i'r gogledd-orllewin.

Mae dwy ran i dir hamdden Gwydir; gerddi'r castell, â choed, rhodfeydd, teras, rhodfa o yw tociedig a ffynnon, i gyd yn ymestyn tua'r gogledd, gorllewin a de-ddwyrain o'r castell, sydd yn ymyl y B5106 i'r de, ac ardal yng Ngwydir Uchaf, ar ben y bryn tu ôl iddo, â'r hafdy, llwyfan gwylio a lawnt fowlio (yn y pellter). Cysylltir y ddwy ran gan lwybr igam ogam i fyny'r bryn a elwir yn Lady Mary's Walk.

Mae'r teras, a elwir yn Great Terrace, sy'n rhedeg ar ymyl ochr ogledd-ddwyreiniol y tŷ, yn hir ond yn weddol isel, ac am y rhan fwyaf o'i hyd nid yw lawer lletach na'r rhodfa raean lydan sy'n rhedeg ar ei hyd. Fodd bynnag, yn y pen gogledd-orllewinol mae gardd fach yn ymyl y tŷ, â phorfa ac ychydig o lwyni, wedi'i gwahanu oddi wrth y rhodfa gan berth bocs. Daw'r teras i ben yn y pen gogledd-orllewinol ychydig y tu draw i'r tŷ â bwa Clasurol ar bediment wedi'i osod mewn wal groes gerrig llechi â chopa llechi gwastad. Mae'r wal hon yn mynd yn ei blaen tua'r gogledd-ddwyrain am ychydig bellter ac i'r de-orllewin mae'n ymuno â wal sy'n ymestyn i'r gogledd-orllewin o ddiwedd y tŷ i amgáu'r rhan hon o'r ardd. Mae'r porth bwaog wedi'i addurno gan gerfiadau herodrol a llythrennau blaen ar yr wyneb teras a phennau uchaf ar ffurf obelisg arno, sydd bellach yn llai o faint. Islaw mae rhes fer o risiau. Ar un adeg roedd rhodfa syth yn mynd yn ei blaen o ben hwn y teras at gornel ogleddol yr ardd, lle mae giât, ond bellach ni ddefnyddir y llwybr o bellter byr tu hwnt i'r teras, er bod modd ei weld o hyd fel llethr isel yn y borfa.

Ar hyd ochr ogledd-ddwyreiniol y teras gellir ymdopi â lefel y ddaear yn disgyn rywfaint drwy fynd lawr llethr fer weddol raddol a lenwir yn bennaf gan berth lawryf llydan, sydd i'w gweld mewn ffotograffau a dynnwyd ym 1896 a 1901. Mae rhes isel o risiau cerrig yn arwain i lawr at lecyn sydd fwy neu lai'n hirsgwar lle'r arferai bod patrwm o welyau a borderi a ddefnyddid ar gyfer planhigion gwelyau. Ar echel y grisiau mae hen goeden ywen anferth a all fod mor hen â'r ardd neu'n hŷn na hi ac a arferai gael ei thocio. Mae'n bosibl mai'r llecyn hirsgwar hwn islaw rhodfa'r teras (i'r gogledd-ddwyrain ohoni) oedd yr ardd amgaeëdig wreiddiol o'r unfed ganrif ar bymtheg. Yn ôl pob tebyg nodweddion o'r unfed ganrif ar bymtheg sy'n ffurfio dwy o ochrau'r ardd: yn ogystal â rhodfa'r teras ar y de-orllewin, amgaeëir y pen de-ddwyreiniol gan brif rediad wal ardd gynnar. Arferai perth redeg ar hyd yr ymyl dde-ddwyreiniol, yn gyfochrog â'r wal hon, ac o bosibl yn nodi safle wal gynnar arall. Mae'n bosibl bod y bedwaredd ochr, yr un ogledd-ddwyreiniol, wedi bod yn agored i'r olygfa erioed.

Gall yr iard fawr â wal o'i chwmpas i'r de-ddwyrain o'r tŷ, sydd fwy neu lai yn sgwâr, gynrychioli estyniad o iard fynedfa lai, wreiddiol. Mae'r porthdy yn ymagor arni o hyd yn y gornel orllewinol. Mae'r wal o amgylch yr iard tua 1.5 medr o uchder, â chopa slabiau llechi gwastad a phennau uchaf teirdalennog yma ac acw, y rhain heb fod yn eu safleoedd gwreiddiol yn ôl pob tebyg –

mae'n bosibl iddynt ddod o'r ardd hŷn yn y lle cyntaf. Ni all y cyfan o'r wal hon fod yn wreiddiol gan fod rhannau ohoni'n cymryd lle rhesi o adeiladau a arferai amgylchynu'r iard, ac mae'n debygol i'r wal gyfan gael ei hailadeiladu yn y bedwaredd ganrif ar bymtheg, ar ôl i'r adeiladau gael eu dymchwel. Mae'r fynedfa dde-ddwyreiniol yn Duduraidd o ran dyddiad ac arddull ond fe'i symudwyd yma yn y 1820au yn ôl pob tebyg. Mae'r fynedfa yn y wal ogledd-ddwyreiniol, sy'n ymagor ar y teras, yn syml, â chapan drws llechi a phen uchaf teirdalennog.

Yn yr iard mae llawr bocs mawr crwn sy'n cynrychioli rhosyn y Tuduriaid, â borderi llwyni yn llenwi'r corneli dwyreiniol a deheuol; mae tŷ allan bychan yn erbyn y gornel ddwyreiniol. Hyd ddechrau'r bedwaredd ganrif ar bymtheg roedd rhesi eraill o adeiladau o amgylch yr iard, a heb wybod yn union faint ohonyn nhw oedd yno mae'n amhosibl dweud a gafodd yr iard ei hymestyn ac i ba raddau, ond ymddengys yn debygol iddi gael ei hymestyn ar yr ochr dde-ddwyreiniol. Os felly, gwnaethpwyd hyn yn fuan wedi dymchwel y tai allan, yn y 1820au. Yn ôl disgrifiad Pennant o'r tŷ cafodd ei adeiladu o gwmpas iard 'fwy' a iard 'lai', ond gan fod cymaint o newidiadau wedi bod ers diwedd y ddeunawfed ganrif ni ellir ond dyfalu mai dyma'r iard 'fwy'.

Graeanwyd y rhan o'r iard nas plannwyd â cherrig crymion ychydig ddyfnder islaw. Trefnir y llawr mewn wyth darn agored syml, ac yn wreiddiol fe'i hamgylchynwyd gan lwybr crwn â pherth bocs fylchog ar yr ymyl allanol. Dim ond un neu ddau ddarn byr ohono sydd ar ôl; goresgynnwyd y gweddill gan lwyni ym morderi y corneli, ac ar yr ochr agosaf at y tŷ fe'u symudwyd yn fwriadol, mae'n debyg, er mwyn gwneud yr iard yn fwy agored.

I'r gogledd-orllewin o'r tŷ mae lawnt fawr sy'n gwyro'n raddol, a'i phrif nodwedd yw rhodfa hir o goed yw sy'n gyfunion ag wyneb y tŷ. Mae sedd gerrig anferth ar draws pen gogledd-orllewinol y rhodfa yw, wedi'i gwneud o un slabyn anferth o lechen. Ceir llecyn o balmant o'i blaen ac ychydig o lwyni bocs y tu ôl a all fod yn weddillion perth. Yn ôl pob tebyg mae'n dyddio o gyfnod gwelliannau dechrau'r bedwaredd ganrif ar bymtheg.

Draean y ffordd i lawr y rhodfa mae pwll wythonglog, ag ymylon o gerrig cwarts mawr, ac ynys o greigiau tebyg sy'n cuddio pibelli ar gyfer ffynnon. Mae'r arddull yn rhamantaidd a'i gymeriad yn nodweddiadol Fictorianaidd. Fodd bynnag, o dan y creigiau cwarts o amgylch y pwll mae ymyl gerrig, heb gopâu, a all olygu dyddiad cynharach i gyfnod gwreiddiol adeiladu'r pwll, o bosibl i ddiwedd yr unfed neu'r ail ganrif ar bymtheg hyd yn oed. Llifa'r dŵr i mewn i'r afon drwy ffos o dan y ffordd o nant fach a sianelir yr holl ffordd o gwmpas y bryn gyferbyn; yn ôl cysylltiad y ffos â Lady Mary's Walk ymddengys eu bod o bosibl yn cydoesi â'i gilydd, ac felly mae'n bosibl bod y nant yn wreiddiol yn nodwedd ddŵr gynnar. Ar fapiau cynharach gwelir pwll mwy, afreolaidd ei ffurf gerllaw, ac ar fap ystâd o tua 1785 gwelir pwll ar ffurf deilen, y 'Pwll Ddu', yn y cae tu hwnt, ond mae'n debyg y defnyddiwyd y rhain yn hytrach na'u bod yn addurnol.

Ar fapiau cynharach gwelir cylchdaith gyfan o rodfeydd o amgylch yr ardd, â llwybrau yn eu cysylltu â'i gilydd; bellach ni ddefnyddir llawer ohonynt a thyfodd porfa drostynt, ond gan mwyaf gellir eu gweld o hyd, neu gellir teimlo eu hwyneb caletach. Symudwyd rhai ohonynt yn eu cyfanrwydd wrth agor y man parcio eang i'r de-ddwyrain o'r tŷ. Mae llwybrau ag wyneb graeanog ym mhen de-ddwyreiniol eithaf yr ardd o hyd, ac yn arwain yn ôl o'r man parcio ceir ar draws y lawnt tua'r tŷ.

Ar hyd ymyl llwybr sy'n arwain oddi ar y gylchdaith wreiddiol allanol tuag at y tai allan i'r gorllewin o'r tŷ ceir cerrig cwarts mawr tebyg i'r rhai o amgylch y ffynnon. Ymddengys bod y rhodfa wedi'i phlannu yn wreiddiol â pherthi, llawryfoedd i'r de a chypreswydd i'r gogledd, ond tyfodd y rhain yn goed o lawn faint, gan guddio'r ardd gerrig. Yn yr un ardal mae rhai mannau lle trefnwyd cerrig cwarts mawr tebyg o gwmpas bonion coed, gan greu gwelyau bach ar lefel uwch crwn. Ymddengys i'r syniad hwn gael ei gopïo, heb fod mor llwyddiannus, yn ddiweddarach, a cheir nifer o fân nodweddion creigiog anffurfiol o'r math hwn yma ac acw.

I'r de o'r tŷ mae'r ardd yn anffurfiol, wedi'i phlannu â choed a llwyni sbesimen. Yn y pen deheuol eithaf mae ardal o goed a blannwyd yn anffurfiol, derw yn bennaf, a elwir yn Erddi 'Royal' a 'Statesmen's' gan fod y coed wedi'u plannu mewn seremonïau ar ddiwedd y bedwaredd ganrif ar bymtheg a dechrau'r ugeinfed gan wŷr pwysig ar ymweliad. Mae sycamorwydden fawr iawn, un o ddwy goeden fawr sy'n goroesi, y llall yn dderwen, yn y man parcio ceir i'r de-ddwyrain o'r tŷ, a chastanwydden felys yn y gornel ddeheuol eithaf. Roedd hon hefyd yn un o ddwy, ac mae bonyn y llall, er ei fod wedi pydru'n rhannol, yn awgrymu ei bod oddeutu 300 mlwydd oed drwy gyfrif y cylchoedd.

Mae ffosglawdd yn ffinio'r ardd ar y gogledd-ddwyrain, ac mae'n rhedeg o ffordd Llanrwst yr holl ffordd o gwmpas yn ôl at ffordd Betws-y-Coed (B5106) i'r de o'r tŷ, gan gynnwys ardal sydd bellach yn eiddo i'r fferm drws nesaf. Gwelir yr holl ardal rhwng y ffosglawdd a'r afon fel parcdir ar fapiau cynharach, ac mae'n amlwg y byddai wedi ffurfio'r brif olygfa o'r tŷ a'r ardd; byddai unrhyw olygfa arall wedi'i chuddio gan fryn Gwydir Uchaf. Mae'n debyg bod y ffosglawdd yn dyddio o ddechrau'r bedwaredd ganrif ar bymtheg, gan fod cyfnod o adeiladu yr adeg honno, ond erys llinell y ffin hon yn ddigyfnewid ers o leiaf arolwg 1785 a gall fod yn gynharach.

Nid yw'r waliau ar hyd ffin y ffordd wedi'u hadeiladu cystal â waliau'r ardd, ac maent yn wreiddiol o'r bedwaredd ganrif ar bymtheg, a chawsant eu hailadeiladu tua 1950. Y darn uchaf o wal a'r un a adeiladwyd orau yw'r darn rhwng y brif fynedfa i ffordd Betws a chornel orllewinol yr ardd; yng nghefn y tŷ, ac i'r gorllewin, lle mae'r tai allan yn ei herbyn, mae copa gwastad i'r wal hon ac fe'i haddurnir gan bennau uchaf teirdalennog nodweddiadol. Mae nifer o fynedfeydd drwy waliau'r ffordd, ac mae un (nas defnyddir) sy'n ymagor ar ffordd Llanrwst, yn ymyl cornel ogleddol yr ardd, yn cyfateb i fynedfa debyg urddasol braidd sy'n arwain at gae gyferbyn, er nad yw'r ardal hon yn cael ei chynnwys yn y parcdir a welir ar fapiau cynnar. Mae gan ddwy fynedfa, â drysau i bob un, i ffordd Betws, y naill i fyny rhes o risiau llechi o'r drws cefn a'r llall, nad yw'n cael ei ddefnyddio bellach, yn ymyl y brif fynedfa i gerbydau, yr un capanau llechi gwastad â'r fynedfa rhwng y teras a'r iard; mae gan y ddau ben uchaf teirdalennog. Mae'r fynedfa i Lady Mary's Walk yr ochr arall i'r ffordd, drwy'r wal sy'n cynnal llethr serth y bryn, drwy ddrws tebyg, â grisiau ond heb bennau uchaf. Mae'r ddwy fynedfa i gerbydau (y naill i'r man parcio a'r llall ar ddiwedd y rhes o dai allan i'r gorllewin) yn llydan. Mae'r man parcio ceir a'r fynedfa iddo yn dyddio o tua 1977. Mae gan y fynedfa orllewinol bileri giât sydd o adeiladwaith gwahanol i'r wal, wedi'i haddurno ar y copa â cherrig naturiol, gan gynnwys peth cwarts, a osodwyd mewn concrid. Mae'r pileri'n dyddio o'r bedwaredd ganrif ar bymtheg ond fe'u hailadeiladwyd tua 1950. Mae'r pennau uchaf yn dyddio o'r dyddiad hwnnw.

Nodwedd ddiddorol y tu draw i'r ardd yw'r sarn gerrig sy'n croesi'r hen barcdir gwastad gynt rhwng y gerddi ac Afon Conwy, gan arwain o'r man sy'n fan parcio bellach at ddwyrain y tŷ. Mae'n weddol gul, tua 1 medr yn unig ar led, ac wedi'i hadeiladu o slabiau llechi wedi'u pentyrru, tua 2 medr o uchder. Ar ymyl yr afon trôi tua'r gogledd gan ddilyn glan yr afon; bellach dinistriwyd y darn hwn bron yn gyfan gwbl ond mae olion yr hyn a oedd o bosibl yn gei yn dal yno ar y diwedd. Tybir iddo gael ei ddefnyddio ar gyfer dod â nwyddau i fyny o'r afon, a chan mai'r Syr John Wynne diflino a'i gwnaeth yn bosibl dod â llongau ar hyd Conwy mor belled â'r man hwn, gall ddyddio o'i gyfnod ef. Syr John hefyd a wnaeth y parc yn amgaeëdig am y tro cyntaf, ac mae'n bosibl mai diben arall y sarn o'r cychwyn oedd bod yn ffin ddeheuol i'r parc.

Ymddengys y wal sy'n ffurfio ffin yr ardd ac sy'n arwain oddi wrthi tua'r de, mewn tro ar ffurf S, yn ddiweddarach na'r sarn (sydd o bosibl yn cydoesi â'r ffosglawdd), ond y tu draw i'r darn byr hwn, rhyngddo a dechrau'r ffosglawdd ar yr ochr hon, mae darn o wal hŷn yn ôl pob tebyg a all fod o'r un cyfnod â'r sarn. Mae grisiau cerrig yn arwain i lawr o ddiwedd y sarn at yr hyn sydd bellach yn fan parcio. Mae dyfrlun gan Colt Hoare o ddiwedd y ddeunawfed ganrif yn dangos hafdy â tho pyramidaidd, y credir ei fod yn dyddio o 1592, ym mhen Gwydir o'r sarn, gan awgrymu bod y sarn yn cael ei ddefnyddio fel rhodfa hamdden erbyn y cyfnod hwnnw; bob ochr iddi roedd rhodfa o goed aeddfed, ac mae un goeden, sycamorwydden hynafol, yno o hyd. Yn y bedwaredd ganrif ar bymtheg gelwid y sarn yn 'Chinese Walk'.

Mae'n bosibl i'r sarn gael ei ddefnyddio at bwrpasau eraill hefyd. Mae'n amlwg bod ganddi ran i'w chwarae i atal llifogydd o bosibl, gan fod yr ardd a'r parc gwastad yn dueddol iawn o gael eu gorlifo, ac mae'n debyg bod ei uchder yn ddigon i'w wneud yn atalfa effeithiol i anifeiliaid.

Ar un adeg roedd dau lwybr yn arwain i fyny at Gwydir Uchaf, y naill o fan i'r gorllewin o'r tŷ a'r llall i'r de-ddwyrain ohono. Gellir gweld yr ail lwybr ond ymddengys mai ychydig o ddefnydd ohono a wneir, ond y llwybr cyntaf, a elwir yn Lady Mary's Walk, yw'r un y cyfeirir ato yn yr ail ganrif ar bymtheg fel 'low, melancholy walk' yn ôl pob tebyg (disgrifiad sy'n dal yn addas), ac mae wedi'i wneud a'i gadw'n dda, ag wyneb graean, ymylon llechi, sy'n gynhaliol lle bo angen, a grisiau yn y mannau mwyaf serth. Daw allan rhwng tŷ Gwydir Uchaf a'r capel, ac mae llwybr arall yn arwain oddi wrtho tuag at y llwyfan gwylio. Mae wal y llwybr hwn at y llwyfan gwylio, yn y man lle mae'n mynd heibio'r capel, yn dangos arwyddion clir iddi gael ei rendro unwaith.

Mae ffordd bantiog, wedi'i phalmantu â cherrig garw'n rhannol, yn disgyn o fan eithaf agos i'r lawnt fowlio i ymuno â'r ffordd ychydig i'r de o'r castell. Mae'n debyg y byddai ceffylau wedi gallu mynd ar hyd-ddi, a dyma'r ffordd o bosibl y byddid wedi trosglwyddo cyfarpar a bwydydd i fyny at y lawnt fowlio.

Ceir peth olion o ardd gynnar o'r ail ganrif ar bymtheg mae'n debyg yn union o amgylch tŷ Gwydir Uchaf. Y cyntaf yw llwyfan gwylio a gynhelir gan rwbel ym mhen dwyreiniol y tŷ. Bellach fe'i defnyddir fel maes parcio, a byddai wedi rhoi golygfeydd gwych lawr y dyffryn ac o Wydir a'i erddi. Ar ei ochr orllewinol mae coeden ywen hynafol a bonyn un arall, y ddwy wedi'u plannu yn yr ail ganrif ar bymtheg yn ôl pob tebyg. Mae'r llwyfan gwylio mawr yng Ngwydir Uchaf yn union y tu ôl i'r capel; mae tua 50 medr ar draws â llwybr troellog sy'n ei amgylchynu dair gwaith cyn cyrraedd y brig. Oni bai am y coed sy'n tyfu yno byddai golygfeydd panoramig yno, nid yn unig dros Wydir Uchaf, y castell, y gerddi a'r parc, ond hefyd dros Lanrwst a darn o ddyffryn Conwy. Mae celyn ar ymyl y llwybr ac yn ddiweddar fe'i cliriwyd a'i raeanu. Nid yw'r coed sydd ar y llwyfan ar hyn o bryd yn hen iawn ac maent yn hunanheuedig yn ôl pob tebyg, ond mae bonion rhai coed llawer mwy, i fyny at 1.5 medr ar draws, sy'n cadarnhau'r llwyfan fel nodwedd gynnar. Roedd llwyfannau yn nodwedd gyffredin mewn gerddi mawreddog yn ystod oes y Tuduriaid a'r Stiwartiaid.

Soniwyd am y lawnt fowlio, a enwir ar fap o tua 1820, mewn erthygl ym 1901 ac fe'i defnyddiwyd gan y bobl leol fel llecyn ar gyfer picnic a chanu carolau nes y 1930au. Yna fe'i trowyd yn fforest ac aeth ar goll nes iddi gael ei darganfod eto yn ddiweddar a thorri'r coed i lawr i gyd gan Y Fenter Goedwigoedd. Mae wedi'i lleoli mewn safle bendigedig ar ymyl y brigiad, â golygfeydd i fyny ac i lawr y dyffryn, ond mae'n rhyfeddol o bell o Gastell Gwydir a Gwydir Uchaf – tua 750 medr o Wydir Uchaf.

Cynhelir y lawnt fowlio gan wal sych i'w lefelu, ar ochr y clogwyn. Nid oes unrhyw waliau na seddi ffurfiol, ond gorwedd rhai slabiau mawr sy'n edrych fel pe baent wedi eu defnyddio fel seddi ar y ddaear ar un pen. O bosibl maent yn ymwneud â'r defnydd diweddarach o'r lawnt fel llecyn ar gyfer picnic (ni ddefnyddid y lawnt fowlio i'w bwrpas priodol ym 1901). Mae hefyd ychydig o wal gerrig y tu hwnt i'r lawnt fowlio i'r de, ond dim ond ychydig o haenau sydd ar ôl ac mae wedi tyfu'n wyllt iawn, ac felly mae'n anodd ei dehongli. Ni ddaeth unrhyw fap i law sy'n dangos adeiladwaith yma.

Mae Syr John Wynne, adeiladydd tŷ Gwydir Uchaf ym 1604, yn sôn am chwarae bowliau mewn llythyr i'w gaplan. Efallai fod hyn yn cefnogi'r awgrym fod y lawnt fowlio a'r llwyfan wylio yn cydoesi â 'thŷ haf' Gwydir Uchaf. Yn ôl hanesion lleol roedd dwy lawnt fowlio yng Ngwydir, a'r un sy'n bodoli yno yn awr yw'r cynharaf. Nid oes olion o'r ail lawnt fowlio yn ôl pob tebyg.

Mae seiliau cryf i awgrymu bod y ddwy ran o'r ardd yn dyddio o gyfnod cynnar. Mae rhan hŷn y castell yn dyddio o'r unfed ganrif ar bymtheg, a gan fod waliau'r ardd a rhodfa'r teras wedi'u hintegreiddio i'r tŷ o ran adeiladwaith, mae'n bur debyg bod yr ardd gyntaf yn dyddio o ganol yr unfed ganrif ar bymtheg. Y fynedfa fwaog Duduraidd ar ochr dde-ddwyreiniol yr iard (a symudwyd yma o bosibl ar ddechrau'r bedwaredd ganrif ar bymtheg) yw un o weddillion cynharaf yr ardd, sy'n dyddio o ganol yr unfed ganrif ar bymtheg. Fe'i haddurnwyd â llythrennau cyntaf enw John Wynn ap Meredudd (a fu farw ym 1559) yn gerfiedig, â cherfiadau herodrol o lewod ac eryrod yn y sbandreli. Mae'n bosibl bod y Great Terrace, ar ochr ogledd-ddwyreiniol y tŷ, yn cydoesi â hi.

Yn ôl pob tebyg Syr John Wynn (1553–1627) a ddatblygodd y gerddi ymhellach, â'i natur soffistigedig yn weddol hysbys yn ei gyfnod. Roedd lle blaenllaw i 'alleys and walks', labrinth, lawntiau bowlio, colomendy (1597) a 'thŷ hamdden'('pleasure house') (1592), y ddau bellach wedi diflannu, er tua 1785 roedd gasebo yn rhan dde-ddwyreiniol yr ardd ac adeilad ar ffurf L yn y gorllewin. Tyfid orenau, lemonau a llawryfoedd. Ym mhen gogledd-orllewinol y Great Terrace mae bwa sy'n dyddio o gyfnod Syr John Wynn. Mae'r wal a'r grisiau cyfagos yn cydoesi ag ef yn ôl pob tebyg.

Adeiladwyd y tŷ yng Ngwydir Uchaf fel tŷ haf gan Syr John Wynn, a chofnododd ef ei hun iddo chwarae bowliau a mwynhau'r olygfa yno. Felly mae'n hollol bosibl ei fod hefyd yn gyfrifol am adeiladu'r lawnt fowlio a'r llwyfan gwylio, a'r llwybrau atynt o'r tŷ a rhyngddynt. Mae'r llwybr a elwir yn Lady Mary's Walk o bosibl yn cyfeirio at Mary Wynn, yr etifeddes, a briododd y darpar Ddug Ancaster ym 1678, ond mae'n bosibl bod y llwybr yn dyddio o gyfnod cyn ei hamser hi hyd yn oed gan fod cysylltiad uniongyrchol yn debygol o fod rhwng y prif dŷ a Gwydir Uchaf o 1604 ymlaen. Byddai hyn yn ategu'r awgrym mai'r Fonesig Mary Mostyn (1585–1653), merch Syr John Wynn, oedd 'Lady Mary'.

Ym 1670 gwnaed 'gardd newydd' gan y pedwerydd barwnig, Syr Richard Wynn, ac mae'n bosibl mai yn yr ardal i'r gogledd-orllewin o'r tŷ oedd hon, a elwid yn 'Old Dutch Garden' yn y bedwaredd ganrif ar bymtheg. Mae'n bosibl bod terasau o'r cyfnod

hwn wedi bod ar draws wyneb gogledd-orllewinol y tŷ, ac fe'u symudwyd yn ddiweddarach, yn ôl pob tebyg yn y 1820au, a'u troi'n llethr laswelltog fel sydd yno yn awr; ychydig sydd i'w weld, ond wrth gerdded i lawr y llethr yn araf gellir teimlo tri gwrym a phant amlwg, er mai bach ydynt. Yn gydoesol, neu'n gynharach o bosibl, mae teras sy'n rhedeg ar hyd ffin orllewinol yr ardd ac sydd bellach wedi'i orchuddio'n rhannol gan blannu a thai allan diweddarach. Mae wal gerrig rwbel gynhaliol iddo, wedi'i rendro'n wreiddiol o bosibl, ac mae'n rhedeg o'r tŷ i safle, ychydig y tu hwnt i bâr o bileri giât o'r bedwaredd ganrif ar bymtheg yn y wal derfyn, gyferbyn â man cychwyn Lady Mary's Walk. Y tu hwnt, i gyfeiriad y gogledd, ceir awgrym o ragor o derasau, sydd bellach wedi diflannu, yn y llethr borfa. Gallai'r rhodfa yw, a dociwyd yn ffurfiol yn wreiddiol, sy'n arwain i lawr at ffynnon wythonglog o'r tŷ, berthyn i'r cyfnod hwn o ddiwedd yr ail ganrif ar bymtheg, er bod rhai o'r yw wedi'u gosod yno yn y bedwaredd ganrif ar bymtheg. I'r dwyrain o'r tŷ saif pedair cedrwydden hynafol o Lebanon (a gyflwynwyd ym Mhrydain tua 1638), sydd hefyd yn ôl pob tebyg yn dyddio o'r cyfnod hwn.

Er tua 1730, pan fu farw Dug a Duges cyntaf Ancaster, hyd at ddechrau'r bedwaredd ganrif ar bymtheg ymddengys mai ychydig a wnaethpwyd yng Ngwydir, yn ôl pob tebyg am nad dyma brif gartref teulu Ancaster, ond yn nau ail ddegawd y bedwaredd ganrif ar bymtheg bu cyfnod arall o welliannau i'r tŷ a'r tir o'i amgylch. Yn y 1820au, ar ôl dymchwel rhai o'r ychwanegiadau i'r tŷ a wnaed yn oes Elisabeth, gwnaed addasiadau i'r ardd gan yr Arglwydd Willoughby de Eresby. Cynlluniwyd adain i'r gegin gan y pensaer enwog Syr Charles Barry a lluniwyd gardd addurnol gan Lewis Kennedy yn yr iard i'r de-ddwyrain o'r tŷ, ar ffurf rhosyn y Tuduriaid. Mae'r cynllun i'w weld o hyd mewn llyfr darluniau. Diflannodd borderi llysieuol, lloriau o blanhigion gwelyau a grisiau mawn (i gyd wedi'u cofnodi mewn ffotograffau), ar ochr ddwyreiniol y tŷ.

Ar ddiwedd y bedwaredd ganrif ar bymtheg a dechrau'r ugeinfed ganrif gwnaethpwyd rhai mân ychwanegiadau gan yr Iarll Carrington, gan gynnwys gerddi'r 'Royal' a'r 'Statesmen's' ym mhen deheuol y safle. Ym 1899 a 1911 plannwyd coed yn yr ardal hon gan aelodau o'r teulu brenhinol, uwch wladweinwyr a thramorwyr pwysig ac mae'r placiau coffa plwm yn dal ar rai o'r coed.

Bellach nid yw'r parcdir gynt i'r gogledd-ddwyrain o'r ardd (a amgaewyd yn wreiddiol gan Syr John Wynn ym 1597) yn perthyn i'r castell ac mae iddo gymeriad amaethyddol yn ei hanfod, gan iddo golli'r rhan fwyaf o'i goed sbesimen. Fodd bynnag, mae hen goed yn dal ar ffiniau'r cae, yn enwedig i'r gogledd o ffordd Llanrwst, ardal nad oedd yn cael ei chynnwys yn y parc, yn ôl yr hen fapiau. Mae Parc Mawr, y parc ceirw, ar y bryn coediog i'r de, yn cadw llawer o'i wal sych amgylchynol, sy'n dyddio yn ôl pob tebyg i tua 1597. Yng Ngwydir Uchaf bu nifer o newidiadau gyda threigl amser o ganlyniad i'w hanes brith. Daeth yn brif gartref am gyfnod ar ddiwedd yr ail ganrif ar bymtheg, ac mae'n debyg iddo gael ei ardd ei hun yn ystod y cyfnod hwn, ac mae'n bosibl bod y gwylfan, perllan amgaeëdig a gardd â wal o'i chwmpas yn weddillion ohono; ond wedyn aeth â'i ben iddo ac yn y diwedd fe'i dymchwelwyd yn rhannol. Ar ôl ei adfer yn y bedwaredd ganrif ar bymtheg, daeth pobl i fyw yno unwaith eto ac ail ddefnyddiwyd nodweddion yr ardd. Fodd bynnag, mae'n debyg yr anghofiwyd am y gwylfan a thyfodd yn wyllt, ac esgeuluswyd y lawnt fowlio, ac, yn ddiweddarach, troes yn fforest yn ystod yr Ail Ryfel Byd ac wedi hynny. Yn y pendraw aeth y tŷ i ddwylo y Fenter Goedwigoedd, a bellach hwn yw pencadlys lleol y fenter, ac ailddarganfuwyd y lawnt fowlio a'r gwylfan a'u clirio.

Mae gardd lysiau Gwydir Uchaf yn ardd o hanner erw â wal o'i chwmpas, sydd bellach wedi'i rhannu'n ddwy ar ei hyd, â dau dŷ modern wedi'u hadeiladu yno. Felly ychydig ohoni sydd ar ôl ac eithrio'r waliau, ond ym 1928 gardd lysiau oedd yno â thŷ gwydr bach a sied offer yn y gornel ogledd-ddwyreiniol, ac estyll ar y waliau ar gyfer delltwaith o goed ffrwythau. Gwelir y tŷ gwydr ar fap Arolwg Ordnans 25 modfedd 1913 hefyd. Mae'n fwyaf tebygol bod yr ardd yn dyddio o gyfnod ar ôl i Wydir Uchaf gael ei adfer yn y bedwaredd ganrif ar bymtheg, ond mae'n weddol bosibl ei bod yn goroesi o gyfnod cynharach, neu'n nodi safle gardd gynharach, gan fod cyfnod yn yr ail ganrif ar bymtheg pan ddefnyddid Gwydir Uchaf fel y prif gartref. Hefyd ceir cyfeiriad o'r ail ganrif ar bymtheg at win Gwydir, ac yn sicr byddai cysgod yn angenrheidiol ar gyfer tyfu gwinwydd.

Ceir cyfeiriad at hen berllan hefyd ym 1928; roedd hon i'r de o'r gwylfan gwylio, lle mae darn siâp rhyfedd o dir amgaeëdig i'w weld o hyd. Ym 1928 fe'i defnyddiwyd fel meithrinfa ac roedd eisoes yn dwyn yr enw hwnnw ar fap 1913. Eto, mae'n weddol bosibl mai nodwedd sy'n perthyn i gyfnod cynharach na'r bedwaredd ganrif ar bymtheg ydoedd, er bod map ystad o tua 1785 yn enwi llecyn yn ymyl troed y bryn, fwy neu lai gyferbyn â'r fynedfa i faes parcio'r castell, fel perllan Gwydir Uchaf.

Nid oes unrhyw ardd lysiau yn goroesi yn y castell, ond ar fap 1913 gwelir ardal fach o wydr mewn darn amgaeëdig o dir i'r de o'r ardd, sydd bellach yn rhan o'r fferm. Hefyd roedd ychydig o goed ffrwythau yn yr ardal hon. Yng nghornel ogleddol yr hen barc gynt, ger pont Llanrwst, roedd meithrinfa'r castell, sy'n cyfateb yn fras i'r man a ddefnyddir bellach fel tir hamdden a maes parcio. Mae'n bosibl bod y mannau o amgylch, a elwir 'garden' ar fap ystad 1785, wedi cael eu defnyddio fel gerddi llysiau yr adeg honno.

Ffynonellau

Sylfaenol

Gwybodaeth oddi wrth Mr P. Welford a Mr D. Whitmarsh.

Llun o Wydir Uchaf fel yr oedd ym 1684 (llun-gopi o gasgliad Y Fenter Coedwigoedd).

Arolwg ystad tua 1785, Archifdy'r Sir, Caernarfon (XM/MAPS/5663).

Map llawysgrif 2 fodfedd Arolwg Ordnans ar gyfer yr argraffiad cyntaf 1 fodfedd (1820), Archifau Coleg Prifysgol Gogledd Cymru, Bangor.

Arolwg ystad 1928 (llun-gopi yng nghasgliad Y Fenter Coedwigoedd).

Nifer o ffotograffau a lluniau yn Archifdy'r Sir, Caernarfon (e.e. CHS/1024/70-74, XS/1625/37).

Eilradd

T. Pennant, *A Tour in Wales* (ailargraffiad 1991 o argraffiad 1784).

Country Life, 15 Mehefin 1901, tud 772–79.

Arweinlyfr y Castell (1920au).

Comisiwn Brenhinol Henebion Cymru, *Inventory*, Sir Gaernarfon Cyf. 1 (1956).

P. Smith, *Houses of the Welsh countryside* (1988).

HAFODUNOS

CADW

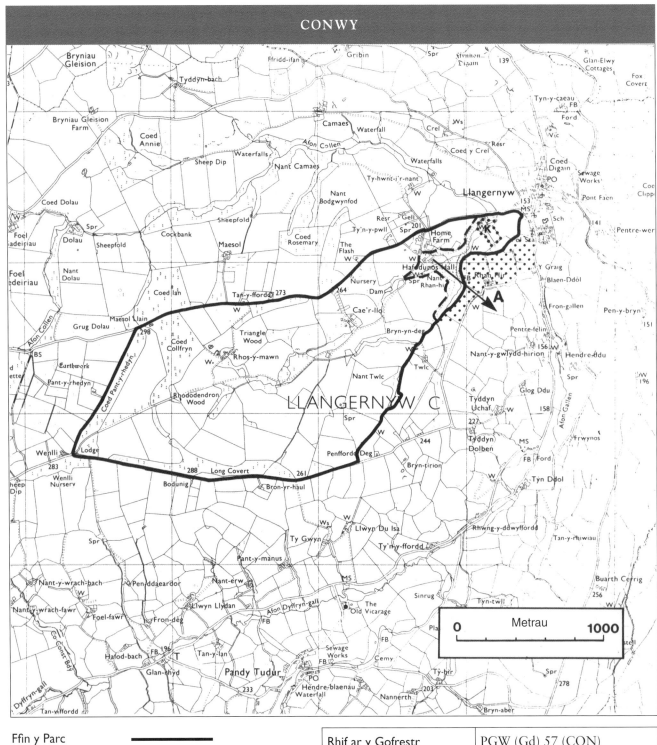

Ffin y Parc	——————	Rhif ar y Gofrestr	PGW (Gd) 57 (CON)
Gardd a	- - - - - - - - -	Rhif Blaenorol ar y Gofrestr	PGW (C) 9
Gerddi Hamdden			
Gardd Lysiau	··················	Rhif Taflen A.O.	SH 86
Lleoliad Hanfodol	░░░░░░░░	Cymuned	LLANGERNYW
Golygfa Arwyddocaol	——————▶		

Atgynhyrchwyd o fapiau'r Arolwg Ordnans gyda chaniatâd Rheolwr Llyfrfa Ei Mawrhydi.
© Hawlfraint y Goron. CADW Rhif trwydded GD272221/01/98

CRYNODEB

Rhif cyf	PGW (Gd) 57 (CON)
Rhif Cyf Blaenorol	PGW (C) 9
Map AO	116
Cyf grid	SH 867 670
Sir flaenorol	Clwyd
Awdurdod unedol	Conwy
Cyngor cymuned	Llangernyw
Disgrifiadau	Adeilad rhestredig: Neuadd Hafodunos Gradd II*; Porthordy Hafodunos Gradd II Safle Treftadaeth Tirweddau
Gwerthusiad safle	Gradd II
Prif resymau dros y graddio	Enghraifft dda o ardd a chasgliad o goed a llwyni o'r bedwaredd ganrif ar bymtheg, â llwybrau coetir dymunol mewn dyffrynnoedd cyfagos.
Math o safle	Gardd derasog; gardd anffurfiol â chasgliad o goed a llwyni coniffer a cholldail; llwybrau dymunol.
Prif gyfnodau o adeiladu	1861 ymlaen

Disgrifiad o'r safle

Plasty mawr Fictorianaidd yw Hafodunos wedi'i leoli ar lethr sy'n wynebu'r de-ddwyrain mewn ardal wledig fryniog i'r de-orllewin o Langernyw. Ceir sôn am blasty a thai allan yn Hafodunos mewn rhodd sy'n dyddio o 1615, ond ychydig a wyddys am y cyfnod cynharach yma. Fodd bynnag gwyddys bod rhyw fath o dŷ crefyddol yma ac erys rhan ohono. Credir mai gorffwysfan ydoedd, fel sy'n hysbys o'r enw.

Prynwyd y tŷ ym 1861 gan Samuel Sandbach ac fe'i hailadeiladwyd ar gyfer ei fab Henry Sandbach ym 1861–66 gan Syr Gilbert Scott. Mae o friciau patrymog mewn arddull 'Fenisaidd', â phum bae, dau brif lawr ac atig, a tho llechi ar oleddf serth. Ar wyneb deheuol y tŷ mae bae'n bargodi ar y dde, ac mae ffenestr oriel ar y chwith. Mae llawer o gerrig nadd i'r tŷ. Nodwedd arbennig yw'r pileri cerrig â dail arnynt ar y ffenestri. Ar y dde mae ystafell filiards wythochrog wedi'i goleuo oddi fry. Yng nghornel ogledd-ddwyreiniol y tŷ mae twr cloc. Tynnwyd y rhan uchaf oddi yno ond mae'n gorwedd ar ymyl y lôn.

Ym mhen gorllewinol y tŷ mae ystafell wydr eang a ychwanegwyd ym 1883 gan Messenger a'i Gwmni dan gyfarwyddyd J. Oldrid Scott. Mae gan y brif ran do baril talcennog ac yn arwain oddi yma ar ongl sgwâr mae talcen mewn pedair rhan. Ceir defnydd helaeth o fframiau ffenestri patrymog a gwydr lliw.

Mae'r iard stablau yn yr un dull â'r tŷ sydd ynghlwm wrth ben gorllewinol y tŷ. Fodd bynnag codwyd adeilad pren o'i flaen sy'n ymwthio allan i deras yr wyneb blaen deheuol. Bellach defnyddir y cerbyty fel cegin. Cerrig sets sydd ar lawr yr iard a draen yn y canol.

Nid yw'r tir o amgylch Hafodunos wedi'i gynllunio fel parc yn hollol. Ceir rhai coed derw aeddfed yn y cae i'r gogledd-ddwyrain o'r tŷ, ond fel arall ymddengys mai ychydig o blannu ar gyfer parcdir a wnaethpwyd. Ymddengys mai ar y mannau o goetir y rhoddwyd y pwyslais ac maent yn rhannu'r llain hirfain hon o dir sy'n gorwedd i'r de-orllewin o'r tŷ. Lleolir y lôn ar ymyl y darn hwn o dir, ac mae coed pinwydd Chile yn tyfu ar hyd rhannau

ohoni. Ni ddefnyddir y lôn o'r gorllewin bellach ac mae'r fynedfa i'r ystâd drwy'r porthordy yn y gogledd-ddwyrain.

Gwyddys bod gardd hŷn ynghlwm wrth y tŷ blaenorol, ond mae cynllun yr ardd heddiw, ar wahân i'r ardd â wal o'i chwmpas, yn dyddio o'r bedwaredd ganrif ar bymtheg. Mae'r plannu addurnol yn dyddio o'r bedwaredd ganrif ar bymtheg yn bennaf ac yn perthyn i'r cyfnod pan ddaeth Hafodunos yn eiddo i deulu'r Sandbach ym 1831, a pharhâi'r plannu tan droad y ganrif. Henry Robertson Sandbach wnaeth lawer o'r plannu yn ail hanner y bedwaredd ganrif ar bymtheg gyda chymorth J.D. Hooker, a chredir mai ef awgrymai lawer o'r planhigion newydd.

Dwy ran ar wahân sydd i'r ardd hamdden yn Hafodunos. Y rhan gyntaf yw'r terasau a'r borderi yn union i'r de o'r tŷ, a'r ail ran yw llwybrau coetir Nant Rhan-hir i'r de-ddwyrain o'r tŷ.

Wrth edrych tua'r de o deras y tŷ mae'r ddaear yn disgyn yn raddol i un o isafonydd yr Elwy ac yna'n codi i lethr ar y de-orllewin sydd â llwybr ar hyd y pen uchaf lle gwelir y tŷ os edrychir yn ôl. Ar wahân i'r teras a'r borderi plannwyd yr holl ardal yn foethus gan rododendronau a llwyni eraill yn ogystal â chasgliad o gonifferau ecsotig.

Gellir cyrraedd y nant a'r llwybrau coetir sydd yn ne-ddwyrain y rhan hon ar hyd llwybrau anffurfiol, sydd bellach wedi tyfu'n wyllt, o'r ardd derasog. Mae dwy bont gerrig yn croesi Nant Rhan-hir, gan ffurfio llwybr bach mewn cylch. Mae llwybr yn arwain tua'r gogledd-ddwyrain ar hyd ochr y dyffryn o'r ardd â wal o'i chwmpas. Plannwyd y coetir hwn hefyd â sbesimenau ecsotig.

Mae'r ardd â wal o'i chwmpas, sy'n dyddio o ddiwedd y ddeunawfed neu'r bedwaredd ganrif ar bymtheg, wedi'i lleoli ar linell ogledd-orllewinol/dde-ddwyreiniol ac mae ar safle dwy lethr sy'n disgyn lawr i nant sy'n llifo drwy ganol yr ardd â wal o'i chwmpas ac yna'n mynd yn ei blaen i'r ardd hamdden. Ceir pontydd o slabiau cerrig ar draws y nant mewn dau fan. Ar ochr ddeheuol y nant mae wal yn rhannu'r ardd yn ddwy. Mae nifer dda o goed ffrwythau ar ochr ddeheuol yr ardd o hyd. Ceir rhes o dai gwydr a chytiau potiau yn adfeilion yn erbyn y wal sy'n wynebu tua'r de. Rhennir y pen o'r ardd sy'n wynebu tua'r de gan stribedi o berthi yw sy'n rhedeg o'r gogledd-orllewin i'r de-ddwyrain.

Ffynonellau

Sylfaenol

Llyfrgell Genedlaethol Cymru: Dyfrlun gan Moses Griffith, tua 1805, o'r tŷ yn ei leoliad (lluniau gwreiddiol cyf. 27, rhif 57).

Eilradd

Journal of Horticulture and Cottage Gardener N.S. 38, 19 Ionawr 1899, tud. 45–46.

R. Dixon, a S. Muthesius, *Victorian Architecture* (1978), tud. 266.

W.J. Bean, *Trees and Shrubs Hardy in the British Isles*.

E. Hubbard, *Clwyd* (1986), tud. 217–18.

107

CADW

PARC KINMEL

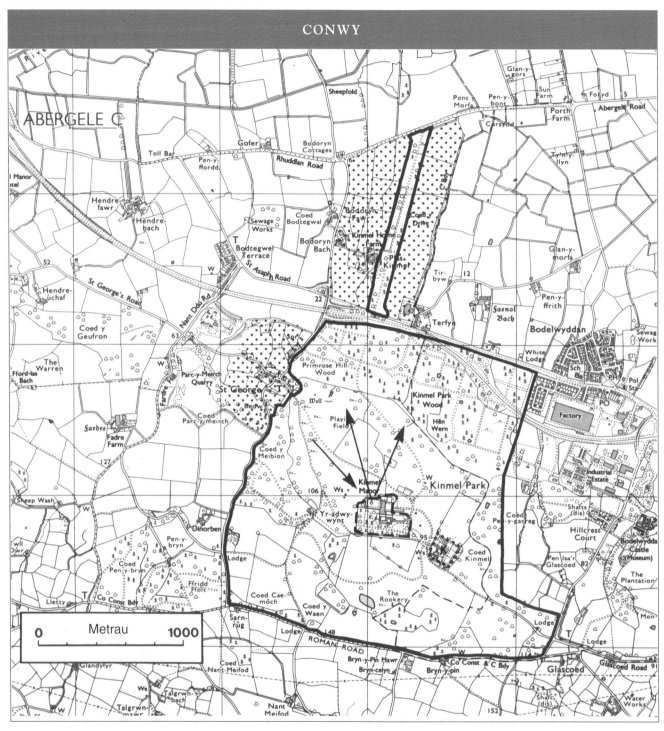

Ffin y Parc	———————		Rhif ar y Gofrestr	PGW (Gd) 54 (CON)
Gardd	— — — — —		Rhif Blaenorol ar y Gofrestr	PGW (C) 5
Gardd Lysiau	··············			
Lleoliad Hanfodol			Rhif Taflen A.O.	SH 97
Golygfa Arwyddocaol	——————>		Cymuned	ABERGELE

CRYNODEB

Rhif cyf	*PGW (Gd) 54 (CON)*
Rhif Cyf Blaenorol	*PGW (C) 5*
Map AO	*116*
Cyf Grid	*SH 982 748*
Sir flaenorol	*Clwyd*
Awdurdod unedol	*Conwy*
Cyngor cymuned	*Abergele*
Disgrifiadau	*Adeilad rhestredig: Neuadd Kinmel Gradd I; Cerbyty a Stablau Gradd II*; Sgrîn fynedfa i'r brif fynedfa Hen Kinmel Gradd II; Plas Kinmel Gradd II; Morfa Lodge Gradd II*; Golden Lodge (Llwyni Lodge) Gradd I; Rhestru helaeth pellach yn y parc a'r ardd Gradd II.*
Gwerthusiad safle	*Gradd II**
Prif resymau dros y graddio	*Tŷ mewn lleoliad amlwg mewn parc tirlun; gardd ffurfiol mewn cyflwr da gan W.E. Nesfield yn ôl pob tebyg, gan ddyddio o ddiwedd y bedwaredd ganrif ar bymtheg.*
Math o safle	*Parc tirlun o faint canolig; gardd derasog ffurfiol; llwyni; gardd â wal o'i chwmpas.*
Prif gyfnodau o adeiladu	*Yr ail ganrif ar bymtheg, 1791–1802, 1843, 1871–1874*

Disgrifiad o'r safle

Plasty oedd Kinmel a oedd yn eiddo i deulu'r Hughesiaid; daeth eu cyfoeth nhw yn wreiddiol o'r gweithfeydd copr ar Fynydd Parys ar Ynys Môn. Comisiynwyd y plasty presennol gan Hugh Robert Hughes, ŵyr y deiliad cyntaf. Mae'r perchennog presennol yn ddisgynnydd drwy'r llinach fenywaidd. Lleolir y tŷ ar lethr sy'n wynebu tua'r gogledd gan edrych allan dros Fôr Iwerddon, â'r prif ffenestri yn wynebu'r dwyrain tua'r fynedfa a'r blaengwrt a'r gorllewin tua'r ardd Fenisaidd.

Saif y Kinmel presennol ar sylfeini dau dŷ blaenorol; cynlluniwyd y cyntaf gan Samuel Wyatt tua 1791–1802, ac yna yn ei le ym 1841 cynlluniwyd tŷ gan Thomas Hopper. Dilynwyd hwn gan y Kinmel presennol a gynlluniwyd gan William Eden Nesfield tua 1871–1874. Saif olion tŷ cynharach byth yn yr ardd â wal o'i chwmpas i'r dwyrain, sef tŷ cerrig trillawr bychan o'r ail ganrif ar bymtheg, a elwid yn 'Old Kinmel'. Deulawr yw'r plasty presennol, ag ystafelloedd yn yr atig a ffenestri dormer. Mae simnai onglog gan y bloc yn y canol, dyfais a ddefnyddiwyd gan W.E. Nesfield. Mae i'r adeilad do llechi ar oleddf â'r rhan fwyaf ohono yn ddormerau â llawer o waith pren wedi'i baentio'n wyn. Fe'i hadeiladwyd o friciau coch â gwaith maen manwl a chywrain gan James Forsyth. Yn ôl pob sôn mae cynllun y tŷ yn rhannol seiliedig ar Hampton Court (ymwelodd y pensaer a'r teulu â'r adeilad hwn), ac yn rhannol ar Fontainbleau (gellir gweld y tebygrwydd i Fontainbleau yn glir). Addurnwyd y tŷ yn hael gan fotiffau blodau'r haul a phiod sy'n arwydd o'i deyrngarwch i'r mudiad esthetig, gan fod y piod o Siapan yn wreiddiol ac yn cael eu defnyddio'n aml i addurno llestri Siapaneaidd. Mae'r cynlluniau hyn hefyd wedi'u hymgorffori yn y sêl blwm ar wyneb gorllewinol y tŷ. 'It was a kink of architectural cocktail with a little genuine Queen Anne in it, a little Dutch, a little Flemish, a squeeze of Robert Adam, a generous dash of Wren, and a touch of Francis I' (Mark Girouard, *Sweetness and Light*).

Lleolir capel â tho ar oleddf a chlochdwr ar yr wyneb gorllewinol. Mae adain y gweision yn mynd yn ei blaen tua'r de o brif floc y tŷ ac yn ymuno â'r iard stablau ac mae ganddi ei gwrt ei hun.

Adeiladwyd yr iard stablau, a gynlluniwyd gan naill ai William Burn neu J. Crickmay, tua 1855, ar gynllun cwrt â cherrig nadd a manylder creigwaith. Mae gan yr wyneb gogleddol gloc cromen blaenllaw ag adlais o gyfnod Baroc. Ymhob pen yr wyneb gogleddol ceir pafiliynau â phedimentau. Mae ffenestri dormer gan y to. 'As a Victorian essay in Palladianism (with touches of Vanbrugh) it is a remarkable achievement.' (Mark Girouard, *Country Life*).

Mae'r parc yn barc tirlun o faint canolig sy'n amgylchynu Kinmel ar bob ochr ac mae wedi'i leoli i'r de o'r A55. Mae'r parc yn codi i'r de tua'r plasty, ac mae rhan ddeheuol y parc yn uwch na'r plasty ei hunan. Yn sicr ceid parc yma a gysylltid â'r adeiladau cynharach, a'r 'hen' barc i'r dwyrain yn cael ei gysylltu â Old Kinmel. Rhoddodd Syr Owen Wynne o Gwydir 'a herd of deer for Sir John's new park'. Syr John Carter yw 'Sir John', y daeth Kinmel i'w feddiant drwy ei briodas ag etifeddes yr ystad, sef Elizabeth Holland. Bu farw ym 1676. Ni wyddys beth yn union yw ffiniau'r parc hwn ond gellir mesur hyd a lled yr ardal yn fras gan y coed leim a derw i'r gorllewin, i'r dwyrain ac i'r de o Old Kinmel. Byddai'r plannu o gwmpas y plasty newydd ac i'r gorllewin wedi digwydd ar yr un pryd ag adeilad Wyatt ym 1791 gan barhau gydag adeiladu'r plastai dilynol gan Hopper a Nesfield. Coed derw a ffawydd yw'r rhain yn bennaf. Plannwyd pinwydd Albanaidd hefyd, ond ychydig sy'n goroesi. Plannwyd hefyd *Acer pseudoplatanus* a phlanwydd Llundain. Ceir ardaloedd bach o goetir cymysg yn rhan ddeheuol y parc, a choedwig fawr o ffawydd ar y ffin dde-orllewinol. Mae adeiladu ffyrdd wedi rheoli ffiniau'r parc i raddau helaeth a dylanwadodd hyn hefyd ar adeiladu'r lôn. Rhedai ffordd wreiddiol y goetsh fawr rhwng Abergele a Llanelwy heibio i ffin ddeheuol y tir hamdden tuag at Lascoed yn y dwyrain. Y ffordd hon fyddai ffin ddeheuol y parc tan y 1860au pan ymestynnwyd ffiniau'r parc oherwydd ailgyfeirio'r ffordd. Gellir gweld ffurf ddyrchafedig y ffordd hon yn y parc heddiw.

Mae olion rhodfa gastanau, sef dwy goeden, yn rhedeg ar hyd ymyl hen ffordd a goetsh fawr o Lan San Siôr i Ginmel. Dyddiad y map yw 1856 ond mae'n rhaid bod y lôn hon yn perthyn i Wyatt House. Ym 1863 ailgyfeiriwyd ffordd y goetsh fawr oddi wrth Ginmel i ffurfio'r hyn yw'r A55 heddiw. Saif y parc ei hun yn y canol rhwng yr A55 i'r gogledd a'r ffordd Rufeinig i Betws-yn-Rhos yn y de. Codwyd ffordd breifat o'r enw Coed y Drive, a leolir i'r dwyrain o Blas Kinmel (Home Farm ar y pryd), i gysylltu'r Golden Lodge ar yr A55 â ffordd Abergele i Ruddlan i'r gogledd. Adeiladwyd Morfa Lodge ym mhen gogleddol Coed y Drive ym 1688. Mae lledaenu'r A55 i wneud ffordd ddeuol wedi gwahanu'r Golden Lodge oddi wrth y parc gan ei adael ar ei ben ei hun rhwng y ffyrdd. Lleolir y brif fynedfa bellach i'r de-orllewin o Golden Lodge ar waelod Primrose Hill, y lôn sy'n arwain at bentref Llan San Siôr. Fodd bynnag mae rhan o lôn Golden Lodge yn aros ar ochr Kinmel i'r A55, fel llwybr bychan ym mhlanhigfeydd y Comisiwn Coedwigoedd.

Lleolir y gerddi yn union o amgylch y tŷ, y rhan fwyaf i'r de a'r gorllewin, ond hefyd rhyw faint ar y dwyrain. Oherwydd bod y ddaear ar oleddf, mae'r ardd yn derasog ac mae'n cynnig gwylfan delfrydol ar gyfer gwylio'r dirwedd o gwmpas. Ni wyddys ryw lawer am yr ardd a oedd yma cyn yr un bresennol, ond yn ddiamau roedd gardd ar safle'r ardd ffurfiol i'r gorllewin o'r tŷ. O frasluniau a wnaed gan y Fonesig Florentia Hughes, gwraig Hugh Robert Hughes, mae tystiolaeth o falwstradu ers cyfnod tŷ Hopper dyddiedig 1843. Mae dyfrlun cynnar gan Helen Allingham, a lofnodwyd H. Paterson 1865 yn dangos rhan o'r ardd ffurfiol.

Mae'r ardd ffurfiol bresennol yn y gorllewin yn perthyn i tua 1875 (ni wyddys yr union ddyddiad), o tua'r adeg y cwblhawyd y tŷ presennol. Credir mai cynllunydd yr ardd ffurfiol hon, a adwaenir fel y 'Venetian garden', yw W.A. Nesfield, tad W.E. Nesfield, pensaer y tŷ. O ran ysbryd mae'n ymdebygu i'r gerddi yn Witley Court a gynlluniwyd gan W.A. Nesfield, sy'n cynrychioli ei gynlluniau symlach mwy diweddar o'u cymharu â gerddi Eidalaidd tra chymhleth a phensaernïol ei ddyddiau cynnar. Fodd bynnag mae'n sicr bod y tad a'r mab wedi cydweithio ar gynlluniau gerddi.

Mae cynllun yr ardd ffurfiol, â'i docwaith, yn tueddu i ddilyn y ffasiwn Fictorianaidd mwy diweddar ar gyfer gerddi 'hen ffasiwn'. Symudwyd oddi wrth erddi Eidalaidd tra ffurfiol Charles Barry (1795–1860) ac yn wir oddi wrth gynlluniau cynharach W.A. Nesfield, er enghraifft Gardd y Gymdeithas Arddwriaethol Frenhinol yn Chiswick. Nid 'hen ffasiwn' ond Fictorianaidd oedd y plannu a wnaed mewn gwelyau ffurfiol. O ran cymesuredd, mae'r ffynnon gerrig ganolog yn rhy fawr i'w chamddehongli'n 'hen ffasiwn'. Ond mae'r llwyni celyn cyffredin tociedig yn atgoffa rhywun yn fawr o ddarluniau Kate Greenaway, ac yn ddiamau roedd yr ardd 'hen ffasiwn' yn atodiad perffaith i dŷ 'Queen Anne'. Heddiw mae'r ardd yn ymdebygu fwyfwy i'r delfryd o ardd 'hen ffasiwn'.

Mae cynllun yr Ardd Fenisaidd yn Kinmel yn canolbwyntio ar ffynnon gerrig fawr gron â darn o farmor yn ei chanol (heb fod yn wreiddiol). Rhannwyd y darn o dir yn bedwar â gwelyau ffurfiol wedi'u hamgylchynu gan yw tociedig yn y pen dwyreiniol a'r pen gorllewinol â dau biler Rhufeinig a oedd ar un adeg wedi'u hamgylchynu'n rhannol gan yw tociedig a oedd yn ymdebygu o ran ffurf i'r llythyren Roeg omega. Mae'r ardal yn suddedig a cheir llwybr graean mewn cylch. Bellach mae gan flaen yr ardd, a oedd yn derasog, ddarn eang o darmacadam ar oleddf yn hytrach na graean. Oherwydd bod y safle ar oleddf mae'r rhan hon o'r ardd yn ffurfio teras. Mae wal friciau o gwmpas yr holl ardal, â thŷ gardd a grisiau i'r lefel ddeheuol yn y gornel dde-orllewinol.

I'r de, i'r gorllewin ac i'r dwyrain o'r tŷ a'r rhes o stablau, ac i'r gogledd o'r stablau, ceir llwyni ar lefel uwch, sy'n tyfu ar hyd yr Ardd Fenisaidd a'r tŷ, gan ffurfio rhan ddeheuol yr ardd hamdden. Mae i'r rhan hon lwybr graean llydan (3m), â phorfa'n tyfu drosodd bellach, sy'n rhedeg ar ei hyd â giatiau ym mhob pen sy'n arwain ymhellach at y parc. Mae'r ardal yn cynnwys coed a llwyni anffurfiol sydd wedi'u rhannu gan lwybrau naturiolaidd.

Lleolir yr ardd â wal o'i chwmpas i'r dwyrain o'r tŷ ac fe'i hadeiladwyd o gwmpas tŷ Old Kinmel. Fe'i gwelir ar fap Arolwg Ordnans cynnar o 1856, yng nghyfnod tŷ Hopper. Ar yr adeg honno roedd nifer o adeiladau eraill o hyd yng nghyffiniau Old Kinmel, ac nid amgaëwyd yr ardd yn y gornel orllewinol hon, ac mae'n debyg iddi gael ei chynnwys yn yr ardd â wal o'i chwmpas pan ailgyfeiriwyd y lôn o ogledd yr ardd â wal o'i chwmpas i'r de.

Mae'r waliau yn mesur tua 5 medr o uchder, ac fe'u hadeiladwyd o friciau a cherrig ac nid ydynt o'r un saernïaeth. Mae'n bosibl bod peth o'r wal gerrig yn perthyn i ddechrau'r ail ganrif ar bymtheg ac yn gysylltiedig â thŷ Old Kinmel, tra bod y briciau yn ôl pob tebyg yn wreiddiol o'r ddeunawfed a'r bedwaredd ganrif ar bymtheg. Roedd y brif fynedfa o'r tŷ ar yr ochr orllewinol drwy borth bwaog cerrig â grisiau brain. Mae'r porth yn dal yno ond diflannodd y bwa. Rhennir yr ardd yn bedair rhan, tri chwarter ohoni ar gyfer cynnyrch tra bod tŷ Old Kinmel yn cymryd y chwarter arall drosodd. Mae wal yn gwahanu rhan ogledd-orllewinol yr ardd yn gyfan gwbl oddi wrth weddill yr ardd. I'r dwyrain o'r rhan honno mae'r ardd ar ffurf siâp L, sy'n cynnwys gweddillion y tai gwydr yn erbyn y wal sy'n wynebu tua'r de. I'r de

o'r tai gwydr mae'r pwll a'r cytiau cnau. Ar un adeg roedd helygen wylofus a dyfai o goeden ger bedd Napoleon ar Elba wrth y pwll. I'r de o'r pwll mae ffynnon a gweddillion y cytiau potiau. Ar y wal ogleddol ceir gweddillion y tai gwydr a'r boelerdy.

Yn y bedwaredd ganrif ar bymtheg estyniad o'r ardd hamdden oedd yr ardd hon i raddau helaeth. Rhannwyd rhan ogledd-ddwyreiniol a pheth o ran ddeheuol yr ardd â wal o'i chwmpas yn bedair adran gan forderi blodau, â llwyni ffrwythau y tu cefn iddynt; roedd ymylon o lwyni bocs i'r borderi sy'n dal i oroesi. Roedd teras uchel i'r pen deheuol a redai o'r dwyrain i'r gorllewin, ag yw Gwyddelig ar bob ochr iddo. Mewn gwirionedd rhodfa ydyw sy'n arwain at Garden House, a leolir yng nghornel dde-ddwyreiniol bellaf yr ardd â wal o'i chwmpas. Ym mhen gorllewinol y teras saif dau biler giât cerrig â pheli pellaf am eu pennau. Ym mhen dwyreiniol y teras ceir mynedfa i'r parc â giât haearn a phileri giât cerrig.

Mae chwarter de-orllewinol yr ardd â wal o'i chwmpas yn llawn fframiau oer a chasgen ddŵr o lechi. I'r dwyrain o'r ardal hon ac yn union y tu ôl i Old Kinmel mae hen adfail o winwydd-dy a redai o'r gogledd tua'r de.

Ffynonellau

Sylfaenol
Archifau Cinmel, Swyddfa'r Ystâd, Cinmel.
Archifau Cinmel, Coleg Prifysgol Cymru, Bangor.

Eilradd
E. Boxall, *Kinmel Characters, A History of Kinmel Hall.*
M. Girouard, 'Kinmel I and II' *Country Life* Medi 1969.
E. Gwyne Jones, 'The Kinmel Papers', *Denbighshire Historical Society* 4 (1955), tud. 39–50.
J. Beckett, 'Long Ago Garden', *Country Quest* (Ion 1967).
E. Aslin, *The Aesthetic Movement, Prelude to Art Nouveau* (1969).
M. Girouard, *Sweetness and Light (1977).*
D. Pratt, a A.G. Veysey, *A Handlist of the Topographical Prints of Clwyd* (1977), rhif. 175.
E. Hubbard, *Clwyd* (1986), tud. 280–83.
R.F. Roberts., 'The Development of the Kinmel Estate', *Denbighshire Historical Society* 36 (1987).

CADW

CONDOVER HOUSE
(VILLA MARINA gynt)

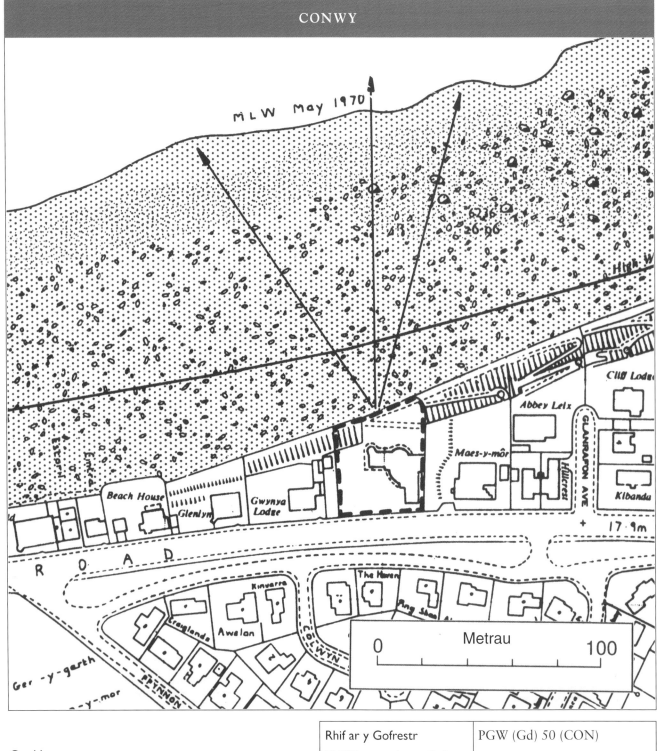

Gardd	- - - - - - - - - -
Lleoliad Hanfodol	::::::::::::::::::::::::::
Golygfa Arwyddocaol	——————▶

Rhif ar y Gofrestr	PGW (Gd) 50 (CON)
Rhif Blaenorol ar y Gofrestr	
Rhif Taflen A.O.	SH 8082
Cymuned	LLANDUDNO

CRYNODEB

Rhif cyf	PGW (Gd) 50 (CON)
Map AO	116
Cyf grid	SH 806 823
Sir flaenorol	Gwynedd
Awdurdod unedol	Conwy
Cyngor cymuned	Llandudno
Disgrifiadau	Adeiladau rhestredig: Condover House Gradd II*; Gasebo a morglawdd yn Condover House Gradd II
Gwerthusiad safle	Gradd II*
Prif resymau dros y graddio	Gardd anarferol o'r 1930au mewn cyflwr da iawn mewn arddull fodern sy'n gweddu i'r tŷ presennol. Mae'r defnydd o ddeunyddiau cyferbyniol ac ansawdd dda cynllun Harry Weedon wedi llunio gardd dra chymhleth sydd, fel y tŷ, yn adleisio llongau'r cefnfor ac yn cynnwys pafiliwn cain ar lan y môr.
Math o safle	Gerddi ffurfiol a therasog ag arddull fodern; pafiliwn.
Prif gyfnodau o adeiladu	Tua 1936

Disgrifiad o'r safle

Mae Condover House, a elwid gynt yn Villa Marina, yn adeilad modern trawiadol mewn rhes o filâu ar lan y môr ym mhen pellaf dwyreiniol Llandudno, ychydig i'r gorllewin o ben Trwyn y Fuwch. Mae'r traeth hir, sy'n gwyro'n araf, yn ymestyn allan tua'r dwyrain a'r gorllewin islaw'r tŷ, ac oddi yno ceir golygfa banoramig, lyfn o'r traeth a'r môr.

Adeiladwyd y tŷ yn yr arddull fodern ryngwladol â naws gref pensaernïaeth llongau'r cefnfor. Mae'n cynnwys cyrn simneiau uchel a rheiliau tiwbaidd o amgylch balconïau crwm. Mae'n dŷ deulawr, a adeiladwyd o goncrid dur wedi'i orchuddio gan haenen wen lyfn. Rhoddir pwyslais llorweddol cryf i'r adeilad cyfan gan ei do gwastad, bandin bric a faience tywyll a chan y canopïau cantilifrog bargodol ar lefel y llawr gwaelod/llawr cyntaf a lefel y to o amgylch yr ochr ogleddol a thros y cyntedd ar yr ochr ddeheuol. Mae'r brif fynedfa, ar yr ochr ddeheuol sy'n wynebu'r blaengwrt ar Heol Colwyn, yn gyntedd gwydr amgrwm â ffenestr wydr debyg uwch ei ben a thrydydd llawr ar ffurf drwm yn codi uwch ben lefel gyffredinol y to. Fe'i lleolir yn y gornel rhwng dwy adain, i'r gorllewin a'r de. Mae ystafelloedd crwm ym mhob pen i'r wyneb deheuol, ag adain ddwyreiniol symlach y tu ôl iddynt.

Adeiladwyd Villa Marina fel tŷ preifat i Harry Scribbans gan y pensaer Harry W. Weedon tua 1936. Roedd Weedon yn adnabyddus fel cynllunydd sinemâu. Yn ddiweddarach addaswyd y tŷ'n westy, pan osodwyd rhagor o ystafelloedd yn lle modurdai yn yr adain ddeheuol. Bellach mae'n gartref ymadfer a ddefnyddir yn ystod misoedd yr haf yn bennaf.

Mae gerddi Condover House yn gorwedd i'r gogledd ac i'r gorllewin o'r tŷ. I'r gogledd mae'r ardd yn fodern o ran arddull ac mae'n disgyn yn derasau i'r traeth, a ceir pafiliwn cain ar flaen y traeth a golygfeydd eang tua'r traeth a'r môr. Mewn gwrthgyferbyniad, tua'r gorllewin mae'r gerddi'n llai modern, llai ffurfiol ac yn fwy amgaeëdig, â lawnt suddedig a phwll wedi'u hamgylchynu gan waliau cerrig. Llwyni bytholwyrdd sy'n gynefin â halen, megis hebes a griselinïau yw'r planhigion yn bennaf ac nid oes coed yma. Un o nodweddion y gerddi yw rhoi planhigion mewn tyllau a stribedi ar ben pileri drymiau a waliau.

Mae'r fynedfa ar dalcen deheuol y tŷ, ar Heol Colwyn. O amgylch yr eiddo mae ffin o waliau o flociau cerrig patrymog garw, anghyson o ran maint, â chopâu gwastad. Mae mynedfeydd ar bob ochr i'r adran ganolog, o flaen y blaengwrt, ac mae giât isel gan yr un orllewinol. Mae'r wal mewn adrannau sy'n gwyro'n raddol â silindrau bob hyn a hyn â thyllau ar gyfer planhigion ar eu pennau. I'r dwyrain mae dau biler crwn uwch â chopâu cromennog a giât bren rhyngddynt. Cerfiwyd 'Villa Marina' ar y pileri. Yn wreiddiol arweiniai'r rhain at fodurdai ond bellach mae'n arwain at fan gwasanaethau bychain. Mae hefyd wal uwch i'r gorllewin, sy'n ffinio'r ardd, ac yn debyg i wal y blaengwrt, â phedwar o bileri crwn â chopâu cromennog.

Mae'r blaengwrt wedi'i darmacio, ac mae wal isel o flociau cerrig mawr yn ei rannu oddi wrth yr ardd i'r gorllewin. Ar hyd yr ochr ogleddol, o flaen y lolfa, mae gwely blodau bach ag ymylon cerrig o'r traeth. Mae gan y brif fynedfa ddau ris isel ar dro sy'n perthyn i deraso lliw hufen â bandiau siecrog tywyllach o gwmpas yr ymylon. Mae esgynfa goncrid fodern yn gorchuddio'r canol, i fyny at y drws. Mae'r grisiau yn dod i ben mewn sgroliau o friciau tywyll, du bron, a osodwyd yn unionsyth ac yna ar draws, â darnau o deraso lliw hufen ar eu pennau. Ynghanol pob un ceir twll crwn ar gyfer planhigion.

Mae balconi â wal ganllaw isel o gerrig cymysg a llawr teraso hufen yn gwyro o amgylch y lolfa yng nghornel gogledd-orllewinol y tŷ ac yna mae'n rhedeg ar hyd yr wyneb gogleddol, ac yma mae rheiliau tiwbaidd o'i flaen. Mae ganddo ddau fand tywyll siecrog, tebyg i rai'r grisiau blaen, ar hyd ei ochr allanol. Mae dau ris yng nghanol yr ochr ogleddol yn arwain lawr at deras ychydig yn is a balmantwyd â cherrig cymysg. Bob ochr i res ganolog o risiau cerrig garw, â rheiliau tiwbaidd i lawr y canol, mae waliau isel o flociau a dorrwyd yn fras, â cherrig copa gwastad. Mae'r grisiau yn arwain lawr at deras lawnt. Lawnt ar oleddf yw rhan uchaf y llethr oddeutu'r grisiau, a llethr gardd gerrig yw'r rhan isaf. Mae rhes arall o risiau yn arwain lawr at y lawnt ym mhen dwyreiniol yr ardd. Ffin yr ardd ar yr ochr ddwyreiniol yw wal gerrig rwbel uchel â chopa gwastad a darn sy'n troi am i lawr yn ei phen gogleddol, ac oddi tani mae piler drwm llechi arall â chopa faience â thwll yn y canol ar gyfer planhigion. I'r gogledd mae darn o wal isel â chopa faience du sy'n arwain at risiau rhwng y pafiliwn a'r wal lawr i'r traeth.

Ffin ymyl ogleddol y lawnt isaf sy'n wynebu tua'r môr, yw wal goncrid isel sy'n troi am allan â chopa gwastad faience o wydr du, â llain blanhigion yn y canol gyda llwyni bytholwyrdd a chollwyrdd isel a phlanhigion blodeuol. Ar ben y wal ceir rheiliau tiwbaidd 'llong'. Y wal yw canllaw'r morglawdd sy'n ffinio'r ardd. Mae hon yn wal goncrid sylweddol, uchel, a tholciog â wyneb o gerrig rwbel cymysg. Fe'i haddurnwyd gan bedwar band llorweddol a osodwyd yn agos at ei gilydd ac oddi tanynt dau ddarn culach o gerrig tywyllach. Ar bob pen o'r wal ceir pileri ar ffurf drymiau o gerrig, â chopâu o fandiau llechi llorweddol cul iawn wedi'u gosod mewn concrid, â bandiau faience du o gwmpas y gwadnau a'r copâu. Yng nghanol y copâu mae tyllau plannu crwn canolog sy'n cynnwys llwyni mawr hebe. Ymddengys patrwm y pileri drosodd a thro drwy'r ardd i'r gogledd o'r tŷ. I'r dwyrain o'r piler dwyreiniol ceir darn byr o wal gerrig ganllaw â chopa faience a wal goncrid fer dyllog rhwng y piler a'r pafiliwn.

Ym mhen gogledd-ddwyreiniol y lawnt saif pafiliwn crwn a adeiladwyd ar bastiwn cerrig rwbel ar ffurf drwm sy'n ymestyn allan dros y lan. Tua hanner ffordd i lawr y pastiwn mae band llorweddol o wydr bric, â drws yn y pen gorllewinol sy'n rhoi mynediad i'r ystafell y tu mewn. Mae'r pafiliwn yn nodwedd flaenllaw yn yr ardd a gellir ei gweld o bell o'r lan. Yr un yw'r arddull a'r tŷ, wedi'i adeiladu o goncrid, wedi'i baentio mewn lliw hufen, â tho gwastad yn cael ei gynnal ar chwe cholofn gwrymiog. Saif y ddwy golofn sy'n wynebu'r tir ar blinth cerrig crwn, ac ar y tu allan iddo ceir gris isel i lawr at stribed crwn llydan o balmant cerrig â band o gerrig lliw glas o gwmpas yr ymyl. Saif y colofnau sy'n wynebu'r môr ar wal gerrig ganllaw isel â chopa o faience du. Ceir golygfeydd panoramig o'r lan a'r môr o'r ffenestri rhwng y colofnau. Ar y tu mewn ceir tair rhes o risiau teraso isel rhwng y colofnau sy'n wynebu'r tir, y grisiau isaf yn amgrwm, yr uchaf yn geugrwm, pob un wedi'i gylchu â stribed siecrog du a gwyn tebyg i'r rhai ar risiau'r cyntedd a'r teras uchaf. Mae gan lawr y teraso fosäig crwn yn y canol sy'n dangos dolffin uwch ben tonnau glas, ag awyr felen ac ymyl werdd. O'i gwmpas mae band ar ffurf sêr o gerrig tywyll.

Mae grisiau concrid sy'n gwyro yn arwain lawr o amgylch y bastiwn islaw'r pafiliwn at lwybr concrid sydd ar oleddf graddol ac yn rhedeg tua'r gorllewin ar hyd rhan isaf wal gynhaliol y teras lawnt lawr at giât haearn syml ar flaen y traeth. Ffin i llwybr ar ochr y lan yw wal gerrig ganllaw isel â chopa faience du â rheiliau tiwbaidd ar ei phen. Bob ochr i'r giât mae dau ddrwm llechi â chopa faience du a thyllau plannu canolog ar eu pennau a bandiau faience du o gwmpas y gwaelod. I'r gorllewin, mae grisiau concrid serth yn arwain tua'r de i fyny'r llethr rhwng waliau cerrig cynhaliol. Mae'r bandiau ar y morglawdd yn parhau i fyny'r wal ar ochr ddwyreiniol y grisiau.

O'r grisiau ceir bwlch tua'r gorllewin sy'n agor ar deras bach â lawnt. Mae'n gorwedd yng nghornel ogledd-orllewinol yr ardd a'r ffin i'r gogledd a'r gorllewin yw wal gerrig rwbel uchel, sylweddol sy'n ymestyn dros y lawnt fel wal ganllaw isel â chopa cerrig gwastad. Mae llwybr concrid ar hyd ochr ddeheuol y lawnt, ac uwch ei ben mae llethr sgarp yn cael ei chynnal gan ddelltwaith o groeslathau concrid llorweddol ac ar oleddf. Mae murwyll yn ymwthio allan o'r tu ôl iddynt. Uwchlaw mae lawnt fach ar oleddf serth ac ar ben y lawnt mae wal gerrig gynhaliol gymysg isel â wal ganllaw o lechi diforter wedi'u bandio'n llorweddol ar ei phen. Dyma ffin yr ardd i'r gorllewin o'r tŷ. Yn y pen gogleddol mae wal derfyn yr ardd yn isel, gan godi'n uwch drwy risiau i fyny'r llethr.

Mae gan yr ardd i'r gorllewin o'r tŷ gymeriad ychydig yn fwy traddodiadol, ag adlais o Lutyens. Mae'n ffurfiol, ag echel ganolog o'r gogledd i'r de wedi'i chanoli ar bwll hir, â bwa mewn wal gerrig grom yn y pen gogleddol. I'r gorllewin o'r blaengwrt mae lawnt suddedig hirsgwar â pherimedr cul a llwybrau cerrig cymysg croes. Yn y canol mae pwll cul, â rhan ganolog grwn ac ochrau'n gwyro. Mae leinin concrid i'r pwll, â phalmant concrid llyfn o gwmpas yr ymylon. Mae gellesg yn tyfu ym mhen gogleddol y pwll ac mae'n gartref i lawer o bysgod aur. O gwmpas y lawnt mae gwelyau uchel, sy'n cael eu cynnal gan waliau cerrig a'u plannu â hebes a llwyni eraill sy'n tyfu'n isel. Yng nghanol yr ochrau dwyreiniol a gorllewinol mae cilfachau crymion. Yng nghanol y pen deheuol mae cilfach mewn hanner cylch â llawr o gerrig mân gwyn â gris llyfn a balmantwyd â choncrid y tu ôl iddo sy'n mynd i fyny at stribed cerrig cymysg a balmantwyd ochr yn ochr â chylchigau cerrig mân trilliw â wal gerrig llechi gynhaliol isel y tu ôl iddi. Ar hyd yr ochr ddeheuol mae border llwyni yn erbyn y wal derfyn, wedi'i blannu'n bennaf â brachyglottis (senecio). Ffin ddwyreiniol yr ardd yw wal isel â'r ffin orllewinol yn wal uchel, y ddwy o gerrig rwbel. Mae gan yr un ddwyreiniol lain blannu yn y canol â sempervivum, a llwyni griselinia ymhob pen. I'r gogledd ffin y lawnt yw wal gerrig llechi isel â chopa concrid, â bwlch yn ei chanol ar gyfer cilfach o gerrig mân mewn hanner cylch, tebyg i'r un yn y

pen deheuol, â dwy o risiau a balmantwyd i fyny i'r adran nesaf i'r gogledd. Oddeutu'r bwlch ceir dau lwyn griselinia. Saif deial haul bach ar y cerrig mân a cheir plac yn cofnodi iddo gael ei gyflwyno gan Mr E.G. Miller ym 1961.

I'r de ceir adran hirsgwar fach â rhes o risiau cerrig i lawr ati o'r teras ar ochr orllewinol y tŷ. Fe'i palmantwyd â cherrig cymysg, â gwely uchel crwn yn y canol â ffin o wal lechi isel â chopa concrid llyfn. Yng nghanol y gwely, a blannwyd ar wasgar, mae pwll bach hirsgwar. O amgylch ymyl yr adran ceir waliau isel tebyg sy'n cynnal gwelyau uchel a blannwyd â llwyni sy'n tyfu'n isel.

Mae llwybr o balmant cerrig cymysg ym mhen gogleddol yr adran yn arwain at agoriad canolog â bwa crwn mewn wal uchel ar dro sy'n cwblhau'r fista ym mhen gogleddol yr ardd i'r gorllewin o'r tŷ. Mae copa gwastad gan y wal gerrig rwbel cymysg, â thair cromen garreg a choncrid ar ei phen. Mae'r wal ar oleddf ar bob pen ac mae'n geugrwm wrth edrych arni o gyfeiriad y de. Mae iddi agoriad yn y canol â dwy ffenestr gron bob ochr iddi; fe'u haddurnwyd oll â bandiau o bum llechen sy'n mynd yn feinach tua'r blaen ac yn lledu allan o'r agoriadau. Mae gan y ffenestri bedair llechen, wedi'u gosod ar draws ac ar i fyny, a'r fynedfa dair llechen sydd ychydig yn fwy, o gwmpas y pen. Mae gan y ffenestr ddwyreiniol fariau croes plwm cul mewn ffrâm bren a osodwyd ynddi. Mae'r ddau ar goll o'r ffenestr orllewinol.

Ar ochr ogleddol y wal mae llwybr cerrig cymysg â gwelyau uchel sy'n cynnwys hebes ar bob ochr iddo. Mae waliau cynhaliol y gwelyau yn debyg i'r gweddill yn y rhan hon o'r ardd. Ym mhen dwyreiniol y llwybr mae mynedfa â philer sgwâr ar bob ochr â chromen goncrid ar y copa yn arwain at y grisiau lawr i'r ardd islaw.

Lluniwyd y gerddi yr un pryd ag yr adeiladwyd y tŷ tua 1936. Mae eu harddull, yn enwedig ar yr ochr ogleddol, yn awgrymu mai pensaer y tŷ, Harry Weedon, oedd eu cynllunydd. Mae nifer o elfennau a manylion y cynllun yn gyffredin i'r tŷ a'r ardd, er enghraifft y rheiliau, y bandiau faience du a'r palmantu teraso a'i addurniadau. Mae'r pafiliwn yn arbennig yn rhannu arddull y tŷ ac mae'r olygfa o'i 'ffenestri' yn atgoffa rhywun o'r olygfa a geir o bont lywio llong. Mae ansawdd uchel y manylion, yn rhan ogleddol yr ardd yn arbennig, yn rhoi pwyslais llorweddol cryf i'r ardd a hefyd, drwy gyfosod gwahanol ddeunyddiau, yn ei gwneud yn llawn gwrthgyferbyniadau o'r garw a'r llyfn, y gwledig a'r soffistigedig, yr ardd a'r dref. Y canlyniad yw gardd hyfryd, soffistigedig ar lan y môr o ansawdd uchel iawn.

Ffynonellau

Eilradd

Design and Construction, Chwefror 1937.

CADW

LLANDUDNO: HAPPY VALLEY

ICOMOS UK

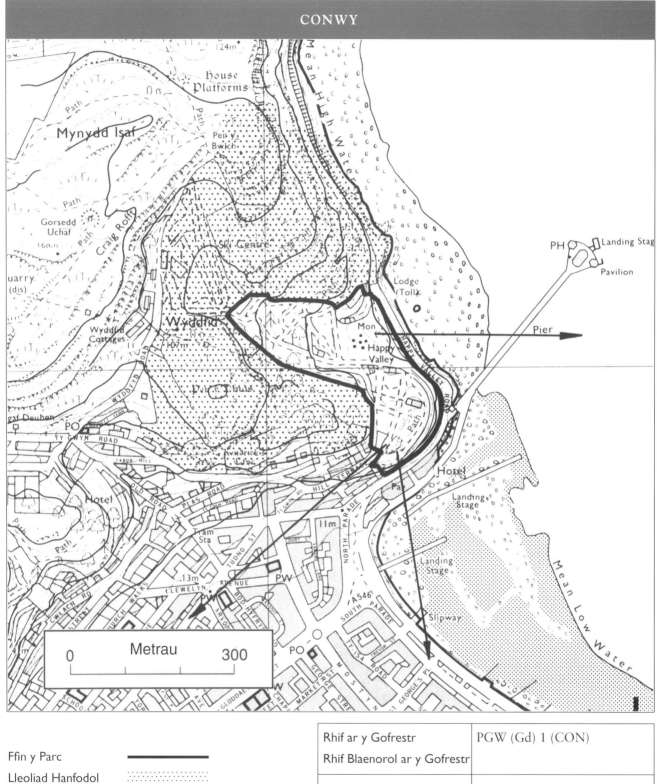

CONWY

Ffin y Parc	—————
Lleoliad Hanfodol	··········
Golygfa Arwyddocaol	————→

Rhif ar y Gofrestr	PGW (Gd) 1 (CON)
Rhif Blaenorol ar y Gofrestr	
Rhif Taflen A.O.	SH 782 831
Cymuned	LLANDUDNO

CRYNODEB

Rhif cyf	PGW (Gd) I (CON)
Map AO	115
Cyf grid	SH 782 831
Sir flaenorol	Gwynedd
Awdurdod unedol	Conwy
Cyngor cymuned	Llandudno
Disgrifiadau	Adeilad rhestredig: Ffynnon bistyll (Jiwbilî Aur Brenhines Fictoria) Gradd II
Gwerthusiad safle	Gradd II
Prif resymau dros y graddio	Gerddi cyhoeddus o'r bedwaredd ganrif ar bymtheg ag ychwanegiadau diweddarach ar safle Penygogarth â golygfeydd bendigedig; ymhlith y nodweddion diddorol mae gardd gerrig fawr, camera obscura a rhodfa golofnog.
Math o safle	Trefol, cyhoeddus, gerddi o ddiwedd y bedwaredd ganrif ar bymtheg a'r ugeinfed ganrif.
Prif gyfnodau o adeiladu	1887–90; 1930au.

Disgrifiad o'r safle

Mae'r gerddi, sy'n barc cyhoeddus, ar safle hen chwarel yn ne-ddwyrain Y Gogarth, ychydig i'r gogledd o Landudno. Rhoddwyd y tir i'r dref gan yr Arglwydd Mostyn, wedi cau'r chwarel, i ddathlu jiwbilî aur Brenhines Fictoria, ac yn y gorffennol gelwid y gerddi yn Jubilee Gardens. Mae ffurf afreolaidd i'r safle, gan gynnwys clogwyn creigiog a dyffryn bach sych, serth i'r gogledd ohono, â dim ond Ffordd Happy Valley rhyngddo â'r môr i'r dwyrain. Dylanwadai'r dirwedd ar y defnydd o'r safle, gan rannu'r ardd yn dair adran ar wahân.

Rhan ogledd-ddwyreiniol yr ardd yw'r canolbwynt, sy'n cynnwys planhigfa o binwydd a choed caled cynhenid, â llwybrau igam ogam, ar y llethr serth i'r gogledd, a lawnt lle gosodwyd ffynnon bistyll adeg dathlu Jiwbilî Fictoria a chylch yr Orsedd. Saif y ffynnon bistyll ger ymyl ddwyreiniol yr ardd, gan wynebu allan tuag at y môr. Mae'n adeiladwaith mawr, sgwâr o farmor a thywodfaen, â phenddelw efydd o'r Frenhines o dan ganopi a gynhelir gan bedair colofn farmor. Ceir basnau marmor wrth y sylfaen, y tu blaen a'r tu ôl, â rheiliau haearn addurnol yn cyfateb i'r un safleoedd wrth yr ochrau. Roedd rheiliau bach haearn ar ben y sylfaen ar y pedair ochr, ond maent bellach ar goll yn y cefn.

Mae cylch yr Orsedd yn llenwi rhan fawr o'r borfa y tu cefn i'r ffynnon bistyll, i'r gorllewin. Rheda llwybr tarmac ar hyd ymyl ddwyreiniol y rhan hon, â rhes o seddau modern, ag arnynt blaciau coffa, yn wynebu'r môr ar hyd ei ochr fewnol. Islaw mae'r tir yn disgyn yn sydyn fel llethr laswelltog ac mae llwybrau a grisiau sy'n esgyn o'r ffordd islaw yn mynd ar ei thraws. Cliriwyd y coed a'r llwyni a blannwyd yn wreiddiol ar y llethr hon i alluogi gosod y gair 'Llandudno' ar y glaswellt, yn ôl pob tebyg fel gwelyau ar gyfer planhigion yn hytrach na llythrennau a dorrwyd â sialc, ond bellach gadawyd hwn i droi yn ôl yn laswellt, er bod modd ei weld o hyd. Cynlluniwyd y nodwedd hon i dynnu sylw teithwyr ar agerlongau.

Mae lle chwarae'r plant yng nghornel ogledd-ddwyreiniol y rhan hon o'r ardd, yn ymyl lle mae nifer o lwybrau'n cyfarfod wrth y fynedfa ger Happy Valley Lodge (nad yw'n rhan o'r ardd, er bod y darnau bach amgaeëdig o erddi a deraswyd yn fras ar y bryn y tu ôl iddi bellach yn gynwysiedig). Mae'r rhan fwyaf o weddill y cyfleusterau i ymwelwyr (caffi a siop, toiledau a safle theatr Happy

Valley) yn union i'r de o'r borfa. Ar hyd ochr ddeheuol y borfa, yn ymyl y rhain, ceir rhes o lwyfenni Camperdown, sy'n ymestyn o amgylch yr ochr ddwyreiniol at y ffynnon bistyll.

Yr ardd gerrig neu'r ardd derasog yw'r ail brif ran o'r ardd, gan lenwi blaen y dyffryn bach sy'n arwain i fyny at y gorllewin. Mae ffens rhyngddi a gweddill yr ardd, sy'n dir pori, er mwyn cau'r defaid allan, ond gellir cael mynediad trwy nifer o iatiau. Mae'r adeiladwaith yn waliau cerrig garw yn bennaf, â llawer o risiau, rhai llecynnau gwastad, a nifer o lwybrau'n mynd yn groesymgroes drwyddi. Mae'n fwy serth tuag at y brig, a'r waliau cynhaliol yn uwch byth; ceir rhes gysgodol o binwydd yn y pen gorllewinol, â chysgodfa fawr yn y pen uchaf oll. Plannwyd casgliad o bwys o flodau alpaidd a phlanhigion eraill ar y terasau, ac mae rhai rhannau ohonynt yno o hyd.

Rhennir y ddwy ran yma o'r ardd oddi wrth y drydedd ran gan ffordd sy'n arwain i fyny at y llethr sgïo wneud, sydd uwch ben uchel gorllewinol yr ardd gerrig. Drwy groesi'r rhan uchaf o'r ffordd hon, gellir mynd at ran o'r hen chwarel a adawyd yn wyllt, ac mae wyneb y chwarel yn gartref i adar sy'n nythu, murwyll gwyllt ac yn y blaen. Tyfodd prysgwydd dros y rhan hon i raddau helaeth, ond mae un neu ddwy o lennyrch glaswelltog agored. Islaw'r ardal wyllt hon, mae llwybr tarmac sy'n rhedeg yn gyfochrog â'r ffordd, ar ei hochr ddeheuol, yn arwain at y drydedd ran o'r gerddi yn y pen mwyaf deheuol. Plannwyd coed cynefin ac addurnol, ychydig o lwyni a bylbiau ar y llethr rhwng y llwybr a'r ffordd, ac mae porfa arwach a rhedyn ar y llethr serth uwchlaw. Plannwyd peth coed a llwyni sy'n agor ar goetir prysglog naturiol.

Mae clogwyn creigiog yn rhan ddeheuol yr ardd sy'n edrych dros y dref, gan gynnig golygfeydd eang tua'r de, y dwyrain a'r gorllewin. I'r gogledd ohono ceir ardal a gafodd ei lefelu ar gyfer llain bytio, gan aberthu rhai o'r coed cynefin a blannwyd yno o'r blaen. Ym mhen pellaf de-orllewinol yr ardd ceir darn arall o borfa wastad sy'n edrych fel lawnt fowlio, ond ni chyfeirir ati felly mewn unrhyw fap y cyfeiriwyd ato.

Gorchuddir y clogwyn gan laswellt naturiol, â lleiniau o brysgwydd, yn enwedig ar y llethr serth yn y de-ddwyrain. Mae llwybr tarmac cul yn arwain yr holl ffordd o amgylch y llethr hon, ac mae un arall yn fforchio oddi arno yn ôl i lawr at y ffordd. Ar ben y clogwyn, ar y man uchaf mwyaf deheuol yn y gerddi, mae'r camera obscura; un diweddar sy'n cymryd lle'r un gwreiddiol o'r bedwaredd ganrif ar bymtheg. Ym mhen arall y clogwyn mae gorsaf y caban codi, lle gellir teithio i Orsaf Copa'r Gogarth.

Caewyd y chwarel ym 1887 a chyflwynwyd y safle i'r dref gan y Gwir Anrh. Llewellyn, 3ydd Barwn Mostyn; dadorchuddiwyd y ffynnon bistyll gan y Fonesig Augusta Mostyn ym 1890. Gwnaed peth plannu a mân dirlunio erbyn y cyfnod hwn. Ymddengys bod rhan ddeheuol yr ardal wedi bod yn dir ar agor i'r cyhoedd ers peth amser yn barod, fodd bynnag, gan fod y camera obscura gwreiddiol wedi'i adeiladu ar y clogwyn ym 1860 a cheir cofnodion o 'nigger minstrels' yn perfformio yn yr arena a safai yno cyn y theatr ym 1873. Mae albwm lluniau â ffotograffau o'r cerddorion yn ddyddiedig 1886. Gwelir o ffotograffau diweddarach eu bod yn dal i berfformio yn y gerddi yn ystod dau ddegawd cyntaf yr ugeinfed ganrif. Ym 1896 cynhaliwyd yr Eisteddfod yn Llandudno, ac adeiladwyd cylch yr Orsedd yn y gerddi; aeth y faner sy'n dal i gael ei defnyddio gan yr Orsedd heddiw allan am y tro cyntaf ar yr achlysur hwn. Codwyd cylch newydd pan ddychwelodd yr Eisteddfod ym 1962; cafodd cerrig yr hen gylch eu cynnwys yn yr ardd gerrig ar yr adeg hon, yn ôl pob tebyg.

Agorwyd y rhodfa golofnog a esgynnai yn ymyl y ffordd ym 1932 a'r theatr ym 1933, i gymryd lle adeilad cynharach a losgwyd.

Dymchwelwyd theatr 1933 o fewn y deng mlynedd diwethaf, yn dilyn diffyg defnydd a mynd â'i phen iddi. Ymddengys bod y 1930au wedi bod yn gyfnod o brysurdeb yn y gerddi ac mae'n rhesymol i briodoli adeiladu'r ardd gerrig (na welir ar fap Arolwg Ordnans 25 modfedd 1913 ond a welir yn argraffiad 1951) i'r un cyfnod. Adeiladwyd y llain bytio hefyd erbyn 1951.

Ffynonellau

Sylfaenol
Gwybodaeth oddi wrth Fwrdeistref Aberconwy gynt.
Llawer o gardiau post a ffotograffau yn Archifau'r Sir, Caernarfon, yn arbennig XS/1877/2 (1886), albwm lluniau â ffotograffau o'r cerddorion; XS/1401/14, ffotograffau diweddarach o'r cerddorion; XS/1775/7 a XS/1948/12/68–70, gerddi cerrig.

Eilradd
1. Wynne Jones, *Llandudno, Queen of Welsh Resorts* (1975), tud. 43.

118

LLANDUDNO: GERDDI HAULFRE

CADW

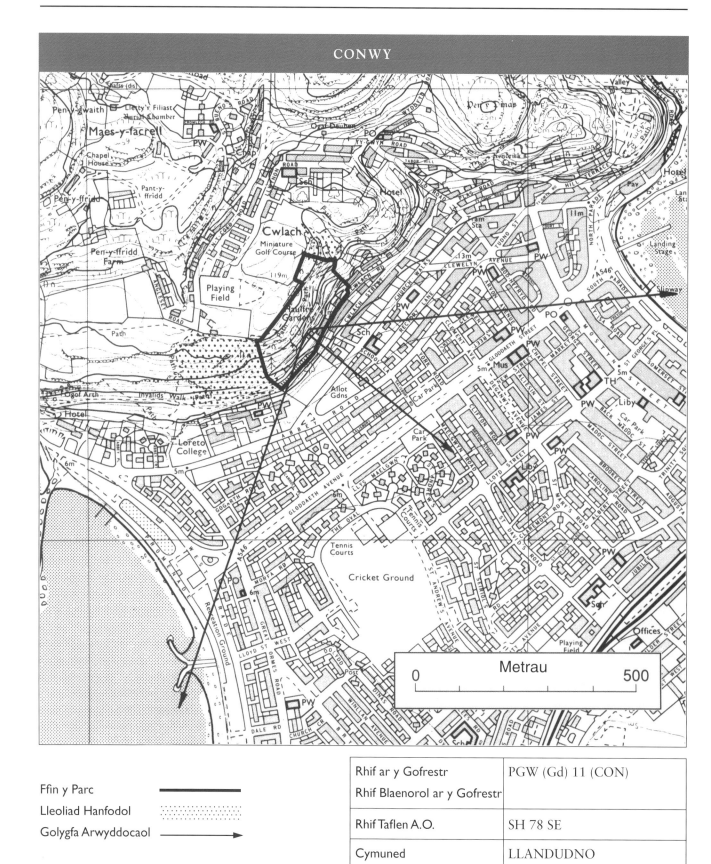

Ffin y Parc	———————
Lleoliad Hanfodol	::::::::::::::
Golygfa Arwyddocaol	————→

Rhif ar y Gofrestr	PGW (Gd) 11 (CON)
Rhif Blaenorol ar y Gofrestr	
Rhif Taflen A.O.	SH 78 SE
Cymuned	LLANDUDNO

CRYNODEB

Rhif cyf	PGW (Gd) 11 (CON)
Map AO	115
Cyf grid	SH 775 826
Sir Flaenorol	Gwynedd
Awdurdod unedol	Conwy
Disgrifiadau Gwerthusiad safle	Rhan ohono yn SoDdGA Pen y Gogarth a Gwarchodfa Natur Leol.
	Gradd II
Prif resymau dros y graddio	Gweddillion gardd derasog ar safle serth a gynlluniwyd yn wreiddiol yn y 1870au gan Henry Pochin, â golygfeydd panoramig.
Math o safle	Gardd derasog ar lethr serth iawn â golygfeydd; coetir a llecynnau lled-ffurfiol, â nifer o lwybrau; bellach mae'n eiddo i'r cyhoedd ac yn barc cyhoeddus.
Prif gyfnodau o adeiladu	1871 – 1876; ar droad y bedwaredd ganrif ar bymtheg a'r ugeinfed ganrif.

Disgrifiad o'r safle

Lleolir Gerddi Haulfre ar lethr serth iawn ym mhen pellaf mwyaf gogledd-orllewinol tref Llandudno. Mae'r tŷ, Sunny Hill, ar waelod y gerddi, sy'n dringo i fyny ochr y bryn y tu ôl iddo, ar lethr ar Y Gogarth sy'n wynebu tua'r de-ddwyrain. Fila mawr o'r bedwaredd ganrif ar bymtheg yw'r tŷ o fath sy'n gyffredin iawn yn Llandudno, wedi'i adeiladu ar lwyfan a dorrwyd i mewn i'r clogwyn – ceir wal greigiog serth yn agos iawn i'r cefn. Adeiladwyd bythynnod y gweithwyr ym 1865, yn ôl pob tebyg, felly mae'n debyg bod y tŷ yn perthyn i tua'r un cyfnod. Mae talcen dwbl ar wyneb blaen y tŷ ag ymylon addurnol i'r bondo ac mae wedi'i rendro a'i baentio'n wyn; llechi yw'r to. Mae iddo ddau lawr ac atig. Fe'i defnyddir fel caffi bellach, a'r llecyn bach palmentog yn ei ymyl, a fu'n lawnt ar un adeg yn ôl pob tebyg, fel gardd de. Mae'r lôn darmac yn fer ac yn syth, o gornel ddwyreiniol yr ardd ar hyd blaen y tŷ at y bythynnod. Un piler giât yn unig, o garreg nadd â chopa sgwâr wedi'i fowldio, sy'n aros wrth y fynedfa.

Ar fapiau'r bedwaredd ganrif ar bymtheg gwelir pâr o fythynnod â siedau yn eu cysylltu ychydig i'r de-orllewin o'r tŷ. Mae 'Gardener's House etc' wedi'i ysgrifennu â llaw ar gopi o fap Arolwg Ordnans 1911 a gedwir yn Archifau Gwynedd. Ym 1995 roedd gwaith adeiladu'n mynd rhagddo ac ymddangosai mai ychydig iawn oedd ar ôl ar safle un o'r bythynnod, ond bellach mae'n ymddangos bod dau dŷ hollol newydd ar y safle honno, ag arwydd yn nodi 'Haulfre Gardens Cottages 1865 – 1995'. Felly gellir tybio'n rhesymol yr adeiladwyd y bythynnod ym 1865 yn wreiddiol, a'u dymchwel a'u hailadeiladu'n gyfan gwbl ar yr un safle ym 1995.

Ar fap 1913 gwelir tai gwydr yr holl ffordd ar hyd cefn y bythynnod ac i'r de-orllewin, ond nid ydynt i'w gweld ar fap 1889 ac nid ydynt yno bellach. Gan fod y bythynnod, fel y tŷ wedi'u hadeiladu ar lwyfan a chwythwyd o'r graig, ymddengys mai ychydig o le sydd i'r tai gwydr yn y cefn, a hefyd mae'n rhaid bod y safle'n gysgodol; ond tyfai'r perchennog ym 1903 nifer o fathau o blanhigion ar gyfer ystafell wydr, gan gynnwys tegeiriannau, ac efallai mai rhyw fath o ystafell wydr oedd y tai gwydr, a oedd yn defnyddio'r wal graig naturiol yn y cefn. Bellach mae'r wal hon yn ymddangos yn newydd, fel petai wedi'i thorri ymhellach yn ôl, ac mae wal cynhaliol fodern wedi'i rendro ar ei phen.

Mae safle'r gerddi yn hirsgwar yn fras, â'r echel hir yn rhedeg o'r gogledd-ddwyrain i'r de-orllewin, a saif y tŷ ger y gornel ddwyreiniol, â'r brif ardal derasog uwch ei phen, i'r gogledd, a choetir a mwy o derasau i'r de a'r gorllewin. Ceir golygfa wych o Landudno o'r tŷ sy'n mynd yn ehangach byth wrth fynd yn uwch i fyny'r ardd; bellach mae coed yn cuddio'r golygfeydd o'r lefelau uchaf ond mae'n rhaid eu bod wedi bod yn banoramig unwaith.

Yn wreiddiol cynlluniwyd ac adeiladwyd y gerddi gan Henry Pochin, cychwynnwr yr ardd ym Modnant, rhwng 1871 a 1876. Er bod Pochin wedi prynu Bodnant ym 1874 ac wedi cychwyn ar welliannau i'r ardd yno yn fuan ar ôl hynny, roedd hefyd yn ailadeiladu'r tŷ ac ymddengys na symudodd o Sunny Hill tan 1876. Mae'r safle yn hollol wahanol i unrhyw beth a welir ym Modnant; mae'n serth, yn greigiog, yn agored i'r haul a'r gwynt ac ar dir uchel, yn ogystal â bod yn llai o lawer, ac felly mae'n ddiddorol dros ben sylwi ar ymateb Pochin i ddau safle sy'n gwahaniaethu'n fawr.

Erbyn 1900 roedd yr eiddo yn nwylo Joseph Broome a oedd, yn ôl erthygl ym 1903 yn y *Gardeners' Chronicle*, yn arbenigo mewn tyfu tegeiriannau a gwrthrychau eraill ar gyfer y tŷ gwydr. Ym 1889 roedd tŷ gwydr mawr eisoes ar y terasau uwch law'r tŷ, ond erbyn 1911 roedd yr ardal wydr wedi ehangu mwy na dwywaith ei maint, yn ôl pob tebyg gan Broome. Nodir hyn ac addasiadau eraill yn glir ar fapiau, gan fod cynllun Arolwg Ordnans 1:500 hynod fanwl o 1889 yn bodoli yn ogystal â mapiau 25 modfedd a chynlluniau ar raddfa fwy o 1911, 1913 a dyddiadau eraill.

Gan dderbyn bod map 1889 yn dangos cynllun gwreiddiol Pochin fwy neu lai, roedd y cynllun ar y cychwyn yn cynnwys llwybrau igam-ogam i fyny ochr ogledd-ddwyrain yr ardd, â hafdy ar ôl mynd peth o'r ffordd i fyny ac un arall yn y gornel ogleddol, a oedd yn ôl pob tebyg yn cynnig yr olygfa orau; i'r de-orllewin o hyn, yn union uwchlaw'r tŷ roedd teras hir, syth â thŷ gwydr mawr a hafdy arall, a llethr a blannwyd â llwyni yn arwain at deras crwm uwchlaw. Roedd adardy'n torri ar draws y teras crwm, â rhai darnau amgaeëdig o dir terasog i'r gogledd a'r de, a allai fod wedi eu defnyddio fel gardd lysiau. Rhedai llwybrau terasog ar hyd y llethr drwy goed a llwyni i'r de-orllewin. Ar yr adeg hon nid oedd y tir i'r gorllewin, sydd bellach yn goetir, yn perthyn i'r eiddo, neu nid oedd wedi'i ddatblygu, ac roedd yn rhostir agored.

Erbyn 1911 roedd Broome wedi ymestyn y tŷ gwydr ac wedi ychwanegu rhagor, ger y bythynnod. Roedd wedi ychwanegu mwy o derasau ar y llethr goediog uwch law'r prif dŷ gwydr, symud yr adardy a chwblhau'r teras crwm, gan ychwanegu mwy o derasau i'r gogledd ac i'r de o safle'r adardy. Hefyd creodd lwybrau yn y rhostir i'r gorllewin, ac ychwanegodd fwy o lwybrau a therasau yn y rhan dde-orllewinol. Erbyn hynny, roedd darn o dir hir, cul, amgaeëdig yng nghornel ogleddol yr ardd hefyd, y tu allan i'r ffin wreiddiol, ac mae'n bosibl iddo gael ei ddefnyddio fel gardd lysiau.

Mae disgrifiad yn y *Gardeners' Chronicle* ym 1903 yn crybwyll rhosod, llwyni blodeuol, liliau a charnasiynau, sawl gardd gerrig ag alpinau a stribedi o welyau, ar wahân i'r nifer o blanhigion egsotig a dyfid dan wydr. Nodir bod yr ardd wedi'i rhannu gan berthi ar gyfer cysgod, gan fod gwynt yn broblem.

Yn ddiweddarach daeth yr ardd yn eiddo'r dref, ac fe'i hagorwyd yn ardd gyhoeddus gan Lloyd George ym 1929. Bellach mae gan 'Invalids' Walk', llwybr troed sy'n mynd ar oleddf i lawr at West Shore ac sy'n mynd yn ei blaen dan wal derfyn dde-ddwyreiniol Haulfre, adran gyntaf arall sy'n mynd drwy'r gerddi ac yn dod allan yn ymyl giât ger y gornel ddeheuol.

Heddiw mae'n debyg bod rhan isaf yr ardd yn yr un cyflwr ag y byddai Broome yn ei chofio, ar wahân i ddiffyg gwydr. Mae'r rhan fwyaf o'r adeiladwaith yn aros drwy'r ardd, ond yma mae'r llwybrau yn cael eu cynnal ac fe blennir y gwelyau yn flynyddol; mae yma lwyni blodeuol a ffiwsiâu, planhigion parhaol a llwyni ar y waliau. Fodd bynnag, ymhellach i fyny'r llethr, mae'r coetir yn cymryd drosodd, ac mae rhai o'r terasau uchaf wedi tyfu'n wyllt ac mae llwybrau yn y rhan orllewinol wedi diflannu. Nid oes dim o'r hafdai ar ôl, ond gellir gweld safleoedd dau ohonynt.

Lluniwyd y gerddi'n gywrain â llawer o derasau a llwybrau. Yn rhan dde-orllewinol yr ardd, y prif lwybrau, a welir ar fapiau 1911 a 1913, yw'r llwybrau a ddefnyddir bellach fel rhan o 'Invalids' Walk', sy'n rhedeg yn ei flaen ar lefel y lôn, y rhodfa ar hyd pen uchaf y lawnt islaw hwn, llwybr tarmac, â grisiau a channllawiau polion pren garw, sy'n mynd yn igam ogam i fyny ochr dde-orllewinol yr ardd, a llwybr sy'n fforchio oddi ar hwn ac yn mynd yn ôl i ymuno â'r 'Invalids' Walk' nepell o'r bythynnod.

I'r gorllewin o'r bythynnod, nid yw cynllun y llwybrau yr un fath ag ydyw ar yr hen fapiau ac mae'n fwy cymhleth byth, â nifer o lwybrau byr a rhesi o risiau yn mynd i wahanol gyfeiriadau. Fodd bynnag, mae nifer o derasau â llwybrau arnynt, sydd heb wyneb, neu sydd â phorfa neu darmac arnynt; ar un o'r terasau hyn saif yr adardy, ac mae'r llwybr ar hyd y blaen. Mae'r canllawiau wedi torri yma. Uwchlaw'r bythynnod, i'r gogledd-orllewin, mae rhagor o derasau â llwybrau arnynt, y prif deras yn wreiddiol ac yn dyddio o gyfnod cyn 1889, â llwybr llydan ag wyneb tarmac sydd bellach yn dirywio, a ffens bolion a gwifrau ar hyd yr ymyl.

Mae llwybrau ag wyneb tarmac yn rhedeg islaw teras y tŷ gwydr, lle ceir rhai slabiau llechi mawr iawn wedi'u gosod yn y tarmac a all ddod o danc dŵr a dynnwyd yn ddarnau, ac o amgylch y teras crwm. Mae llwybr tarmac igam ogam â grisiau briciau i fyny ochr ogledd-ddwyreiniol yr ardd, sydd yn mynd yn raddol ddiwyneb, â grisiau concrid, wrth iddo ddod uwch lefel y teras crwm, gan arwain at y gornel ogleddol. Mae'n edrych fel llwybr modern ond fe'i gwelir ar fap 1889 yn arwain at hafdy yn y gornel ogleddol; mae'n bosibl bod ei lwybr wedi newid rhywfaint, ac mae'r canllawiau yn fodern.

Mae'r rhan fwyaf o'r llwybrau yn y coetir i'r gorllewin ar goll neu'n segur, ond defnyddir y prif lwybr sy'n rhedeg o'r gogledd i'r de, a arferai redeg ychydig i'r gorllewin o'r wal oedd yn gwahanu'r rhan hon, yn aml o hyd, ac mae'r wal wedi diflannu. Hefyd mae'r llwybr sy'n arwain tua'r gogledd-ddwyrain oddi ar hwn ar hyd pen uchaf yr ardd, ychydig islaw'r darn amgaeëdig a oedd yn debygol o fod yn ardd lysiau, i gyfeiriad y gornel ogleddol lle mae ffordd allan i'r tir agored uwchlaw, yn cael ei ddefnyddio o hyd.

Nid yw 'Invalids' Walk' yn rhan o'r ardd mewn gwirionedd, ond gan fod yr ardd bellach yn agored i'r cyhoedd mae ffordd mwy dymunol ar gael ar gyfer rhan gyntaf y llwybr. Mae'r llwybr gwreiddiol, sy'n dal yno â wyneb tarmac iddo, yn rhedeg islaw'r wal cynhaliol uchel ar hyd ochr dde-ddwyreiniol yr ardd, ac mae iddo ei wal gynhaliol ei hunan, a'r rhan uchaf â channllaw cerrig yn rhannol a rheiliau yn rhannol, ar yr ochr arall; i'r de-orllewin o'r ardd mae'n croesi'r llechwedd rugog agored i lawr i gyfeiriad West Shore. Mae giât sy'n arwain allan at yr un ardal rugog yn ymyl cornel ddeheuol yr ardd yn ei gwneud hi'n bosibl dechrau'r rhodfa drwy lefelau isaf yr ardd, gan gychwyn wrth y brif fynedfa, a tharo ar y llwybr gwreiddiol ar y llechwedd agored tu draw. Bellach dyma'r prif lwybr a'r un a ddefnyddir amlaf yn yr ardd, ac mae ei wyneb wedi'i darmacio.

Yng nghornel ddeheuol yr ardd, gan ymestyn yn ôl hanner ffordd bron ar hyd yr ymyl dde-ddwyreiniol, mae darn o dir amgaeëdig â lawnt hir, gul ar oleddf â borderi terasog uwchlaw a gwelyau crwn ar ffurf diemwnt ar y lawnt. Nodir yr ymyl isaf gan

ganllaw'r wal gynhaliol. Mae'n rhaid bod golygfa dda oddi yma ar un adeg ond bellach mae coed yn y ffordd.

Mae grisiau yn arwain at yr ardd yn y pen gogledd-ddwyreiniol a hanner ffordd ar hyd yr ochr ogledd-orllewinol; roedd llwybr yn amlwg yn croesi o'r grisiau olaf hyn at giât fach yn y canllaw, ond bellach caewyd hwn ac mae rhes barhaol o lwyni ar hyd ei flaen a gardd gerrig fach iawn lle'r arferai'r llwybr redeg. Yn yr ardd gerrig mae pwll adar concrid, isel, crwn ar wadn bric, a gyflwynwyd gan RSPCA Gorllewin Sir Ddinbych a Llandudno.

Mae trefn y terasau bron yr un mor gymhleth â'r llwybrau, ac i raddau yr un yw'r drefn gan fod gan bob teras bron lwybrau ar ei hyd, ac mae rhai ohonynt mor gul nad oes lle ar gyfer unrhyw beth arall. Mae gan y rhan fwyaf o'r terasau waliau cynhaliol tua medr o uchder uwchlaw ac islaw; mae rhai ohonynt bron yn wastad ond mae eraill, er eu bod yn gul o bosib, ar oleddf o hyd.

Yn rhan dde-orllewinol yr ardd mae border terasog hir y tu ôl i'r ardd amgaeëdig; oherwydd y llethr gynyddol, mae hwn ar ddwy lefel i'r de-orllewin o'r grisiau canolog. Uwchlaw'r ardd amgaeëdig ceir peth terasu newydd ond nid ymddengys bod yr un teras yn y man hwn, a welir ar yr hen fapiau, wedi goroesi. Wrth fynd i gyfeiriad y gogledd-ddwyrain, ceir terasau bychain a grëwyd rhwng 1889 a 1911, ac a addaswyd ers hynny; ychwanegwyd adardy i un o'r rhain, yn ôl pob tebyg er 1929.

I gyfeiriad y gogledd-orllewin eto ceir teras hirach, lletach, a welir ar gynllun 1889; mae'n rhaid bod golygfa wych i'w chael oddi yno ar un adeg, ond bellach mae coed yn y ffordd. Gan fynd yn gulach, mae'n mynd yn ei flaen ar yr un lefel nes cyrraedd man uwchlaw'r tŷ lle mae grisiau'n fforchio i ymuno â'r llwybr igam ogam i fyny ochr ogledd-ddwyreiniol yr ardd. Uwch ei ben yn y man hwn ceir y terasu mwyaf cymhleth oll, lle mae safle'r tŷ gwydr a rhai terasau gweddol fawr uwchlaw, gydag un yn grwm, ac uwchlaw hwnnw dwy system o derasau llai ochr yn ochr. Adeiladwyd y rhai olaf hyn rhwng 1889 a 1911, fel y terasau rhwng safle'r tŷ gwydr a'r teras crwm, ond mae'r teras tŷ gwydr a'r teras crwm eu hunain yn dyddio o gyfnod cyn 1889. Mae'r ardal hon yn weddol agored o hyd, tra bod coed ac isdyfiant wedi tyfu'n wyllt dros y terasau llai uwchlaw, gan ymestyn o'r coetir i'r gogledd, a phlannwyd rhai coed ifanc ar y terasau hefyd.

Ar y llethr serth islaw'r prif deras ac uwchlaw'r tŷ mae olion o derasau bychain, segur eraill; hefyd roedd llwybr yma sydd bellach wedi diflannu.

Mae dau deras cul islaw'r ardd lysiau debygol yn y gornel ogleddol, a rhagor uwchlaw o bosibl. Mae llwybr ar un o'r ddau deras hwn ac wyneb porfa sydd i'r ddau.

Mae waliau'r teras yn amrywio o ran uchder ac adeiladwaith, ond maent o gerrig sych neu forter yn bennaf. Mae gan rai ohonynt gilfachau ar gyfer seddi, ac ymddengys bod safleoedd rhai ohonynt yn cyfateb i lecynnau bychain hirsgwar a welir ar gynllun 1911.

Ar hyd ochr dde-ddwyreiniol y lôn, rhyngddi a channllaw y wal gynhaliol, mae border llydan ag ymylon cerrig, â choed bach, llwyni a phlanhigion gwelyau. Ar gynllun 1889 gwelir llwyni yn y stribyn hwn, ond nid oedd dim llwyni yn y darn sy'n union o flaen y tŷ er mwyn peidio â chuddio'r olygfa, ac mae'n bosibl mai porfa oedd yno. Yn y border ceir beddfaen i gath, Ginger, a oedd yn byw yn y gerddi o 1970 hyd 1982.

Hefyd o flaen y bythynnod mae dau forder bach ag ymylon cerrig yn yr un safleoedd fwy neu lai ag ym 1889. I'r dwyrain o safle'r tŷ mae border ar hyd ymyl llwybr a gynhelir gan slabiau cerrig ar eu hochrau, ond bellach mae gormod o gysgod yma ar gyfer plannu.

Mae gan yr ardd amgaeëdig forder terasog hir ar ei phen uchaf, a gwelyau ynys mewn ffurfiau cylch a diemwnt ar y lawnt. Mewn mannau eraill mae borderi'n rhedeg ar hyd y terasau wrth ymyl llwybrau, ag ymylon o gerrig yma ac acw. Ar gynllun 1889 gwelir gwely bach crwn rhwng y tŷ a'r bythynnod, yn yr hyn a arferai fod yn lawnt yn ôl pob tebyg (bellach yr ardal balmantog ger y caffi), ond nid ymddengys bod rhagor yno ar yr adeg hon. Fodd bynnag, mae erthygl 1903 yn y *Gardeners' Chronicle* yn crybwyll gwelyau ac yn rhestru gwahanol fathau o blanhigion gwelyau.

Yn ôl pob tebyg gosodwyd yr adardy, sydd mewn llecyn hollol wahanol i'r un a welir ar fap 1889, yno ar ôl agor y gerddi i'r cyhoedd, ond bellach mae'n segur. Mae'n adeilad hir, cul, a wnaethpwyd i weddu i'r teras lle saif; nid yw'n fawr iawn, fe'i paentiwyd yn wyrdd, ac mae ganddo adrannau â gwifrau ar y tu blaen. Nid oedd adardy cyn 1889 yn adeilad fel y cyfryw, ond roedd yn ddarn o dir amgaeëdig gweddol fawr. Yn ymyl y fynedfa i'r ardd amgaeëdig yn y gornel ddeheuol mae cysgodfan pren, a baentiwyd yn wyrdd, ac a adeiladwyd yn ôl pob tebyg pan agorwyd y gerddi i'r cyhoedd yn gyntaf.

Gwelir tri hafdy ar gynllun 1889. Erbyn 1911 roedd un yn y gornel ogleddol eisoes wedi diflannu. Bellach mae un arall, islaw hwn, wedi diflannu, a dim ond ei lwyfan concrid sydd ar ôl. Roedd y trydydd i'r de-orllewin o'r tŷ gwydr, ar yr un lefel, ac roedd yn grwn, â grisiau'n arwain i fyny ato ac yn mynd o'i gwmpas at y llwybr uwchlaw. Dim ond y wal gefn a'r llawr teils sydd ar ôl.

Yn oes Pochin ymddengys bod y coed mawr wedi'u cyfyngu'n bennaf i rannau canolog a de-orllewinol yr ardd, y rhan fwyaf ohonynt wedi'u canolbwyntio ar y llethr uwchlaw'r bythynnod. Yn yr ardal hon gellir gweld rhai sbesimenau mawr o hyd, gan gynnwys ffawydd, pinwydd Albanaidd a phinwydd eraill, cypreswydd ac ynn, ac yn ôl pob tebyg plannwyd rhai ohonynt gan Pochin. Hefyd mae rhai ynn a sycamorwydd llai, hunanheuedig. Ychydig ymhellach i'r gogledd-ddwyrain mae rhai castanwydd, leim a marchgastanwydd.

Yn rhan dde-orllewinol yr ardd, mae llethr serth glaswelltog, a thua'r brig mae cymaint o gerrig fel ei fod bron yn ardd gerrig naturiol. Ym 1913 plannwyd yr holl ardal â choniffer au, ac mae'n debyg bod clwstwr bach o hen binwydd cam ar yr ymyl dde-orllewinol yn dal i oroesi o'r rhain. Plannwyd conifferau ifanc eraill yn ddiweddar. Yn yr 'ardd gerrig' mae peth banadl, ac ychwanegwyd llwyni. Yn rhan ddwyreiniol yr ardd mae rhagor o hen goed, nad ydynt i'w gweld fel sbesimenau unigol ar gynllun 1889 felly mae'n bosibl iddynt gael eu plannu gan Broome. Yn eu plith mae ffawydd pinwydd Albanaidd a chonifferau eraill, ac er bod rhai llwyni oddi tanynt mae'r ardal hon yn gysgodol iawn bellach.

Mae rhes o goed wedi'u plannu o flaen yr ardd lysiau debygol i'r gogledd, ac oddi tanynt rhai sbesimenau blodeuol ac addurnol ifancach a blannwyd yn ddiweddarach ar y terasau y tu ôl i safle'r tŷ gwydr. Yn eu plith mae cedrwydden llawer hŷn.

Mae gan nifer o'r terasau forderi ar hyd ymyl y llwybrau, ac fe blannwyd y rhain yn bennaf gan gymysgedd o flodau parhaol a llwyni blodeuol. Awgryma disgrifiad o 1903 fod perthi'n nodwedd o'r ardd, ac yn cael eu defnyddio fel cysgod rhag y gwynt. Ychydig yn unig sydd yno heddiw: yn yr ardd amgaeëdig mae perth ffiwsia; plannwyd croes-berth brifet fer i'r gogledd-ddwyrain fel cysgod rhag gwynt yn ôl pob tebyg, a gerllaw mae ychydig o berth escallonia. Mae'r gwelyau yn lawnt yr ardd amgaeëdig yn cynnwys gwelyau blynyddol o amgylch coed palmwydd. Mae rhes o lwyni mawr (llawryf yn bennaf) a choed bach ar hyd yr ymyl dde-ddwyreiniol, y tu mewn i'r wal, a pherth ffiwsia y tu mewn i hyn.

Nid oes gardd lysiau yno mwyach, ond ceir sôn am un ym 1903 ac nid oes esboniad amlwg arall i'r llecyn gwastad ym mhen pellaf gogleddol yr ardd, sydd bellach wedi tyfu'n wyllt gan goed ac isdyfiant naturiol. Mae nodwedd gynhaliol yn hytrach na chysgodol i'r waliau, ond maent yn creu man gwastad ar y tu mewn sy'n un o'r mannau gwastad mwyaf yn yr ardd. Mae'r wal ddeheuol tua 3 medr o uchder, un o'r waliau uchaf yn yr ardd, ac mae iddi gwrs uchaf hir a byr. Mae'n bosibl y gwnaed ymgais i greu rhagor o derasau uwchlaw'r wal ogleddol, a dorrwyd yn rhannol o'r graig, a cheir llwybrau nas defnyddir ar hyd y brig, â chwarel fach uwchlaw.

Cyn adeiladu'r rhan hon mae'n debyg bod yr ardd lysiau wedi'i lleoli ychydig i'r gorllewin o'r prif dŷ gwydr, lle'r oedd rhai terasau amgaeëdig llydan a oedd ar oleddf gweddol serth. Ychwanegwyd mwy o derasau at y rhain yn ddiweddarach, gan eu gwneud yn gulach ond yn fwy gwastad, a gallai hyn nodi newid i ddefnydd gwahanol. Bellach mae'r ardal hon hefyd wedi tyfu bron yn hollol wyllt.

Ffynonellau

Sylfaenol

Gwybodaeth oddi wrth Safleoedd Ymddiriedolaeth Archeolegol a Chofnod Henebion Gwynedd (PRN 4457).

Nifer o ffotograffau a chardiau post yr ugeinfed ganrif yn Archifau'r Sir, Gwynedd (rhifau derbyniadau sy'n cychwyn XS/2352, /1948, /2224 ac eraill).

Eilradd

Gardener's Chronicle, 22 Rhagfyr 1900 (â darlun).

Gardener's Chronicle, 15 Awst 1903, tud. 115–15.

Cymdeithas Gwella Tref Llandudno, *Official guide to Llandudno* (1929).

I. Wynne Jones, *Llandudno, Queen of the Welsh Resorts* (1975).

Ystod o deithlyfrau ar gyfer ymwelwyr a gedwir yn Archifau Sir Gwynedd, Caernarfon.

CADW

OAKBANK A BULKELEY MILL

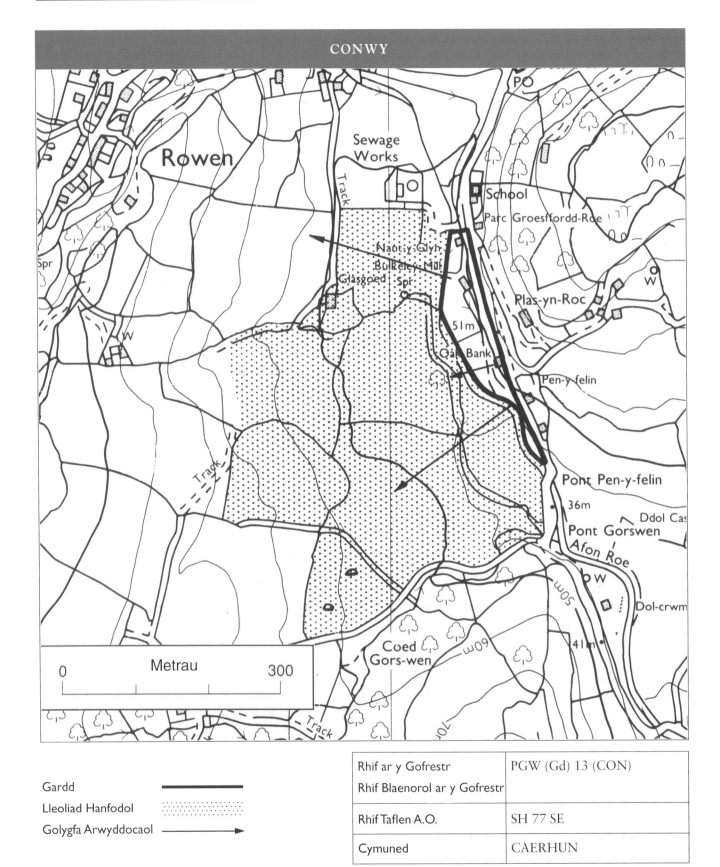

Rhif ar y Gofrestr	PGW (Gd) 13 (CON)
Rhif Blaenorol ar y Gofrestr	
Rhif Taflen A.O.	SH 77 SE
Cymuned	CAERHUN

Gardd ——————————

Lleoliad Hanfodol ⁙⁙⁙⁙⁙⁙

Golygfa Arwyddocaol ——————▶

CRYNODEB

Rhif cyf	PGW (Gd) 13 (CON)
Map AO	115
Cyf grid	SH 761 716
Sir flaenorol	Gwynedd
Awdurdod unedol	Conwy
Cyngor cymuned	Caerhun
Disgrifiadau	Adeilad rhestredig: Bulkeley Mill Gradd II
Gwerthusiad safle	Gradd II
Prif resymau dros y graddio	Cysylltiad â'r garddwr a'r awdur adnabyddus A.T. Johnson, a ddatblygodd yr ardd a'i chynllunio yn ei hoff arddull o ardd wyllt/goetir a'i defnyddio fel sylfaen ar gyfer nifer o lyfrau. Mae llawer o'i adeiladwaith a'i blannu yn aros.
Math o safle	Gardd goetir fechan ar lan yr afon sy'n cynnwys llecynnau gwastad a serth iawn; plannu anffurfiol o goed diddorol â gwrthrychau coetir llysieuol ac oddfog.
Prif gyfnodau o adeiladu	1920au i'r 1950au.

Disgrifiad o'r safle

Lleolir yr ardd a fu unwaith yn eiddo i A.T. Johnson, sy'n adnabyddus oherwydd y llyfrau yr ysgrifennodd amdani, wrth ymyl Afon Ro ger Rowen, ychydig bellter i'r gorllewin o ddyffryn Conwy. Ers cyfnod Johnson fe'i rhannwyd yn ddwy brif ran, y naill yn eiddo i Oakbank, tŷ'r Johnsoniaid, a'r llall yn eiddo i Bulkeley Mill, melin ŷd wedi'i haddasu ychydig bellter i'r gogledd.

Mae Oakbank, lle trigai'r Johnsoniaid, yn dŷ ar wahanol lefelau ar safle serth iawn, a adeiladwyd rhwng 1889 a 1900, a'r enw gwreiddiol arno oedd The Bungalow. Mae'n cefnu ar y ffordd rhwng Rowen a Chaerhun, sy'n ffurfio ffin ddwyreiniol yr ardd, ac mae'n edrych dros yr ardd o fan ffafriol ym mhen uchaf y rhan serthaf. Mae wedi'i wyngalchu, â gwaith paent du, ac mae ganddo ffenestri dormer yn y to. Nid yw arddull a tŷ'n gyson ond mae ganddo ryw waith pren ffug Duduraidd syml rhwng bodd ac anfodd ar ochrau'r talcen. Fe'i haddaswyd ar wahanol adegau, gan gynnwys gosod drysau gwydr llithro modern sy'n ymagor allan i'r teras dros yr ardd.

I'r gogledd o Oakbank mae Bulkeley Mill, adeilad hŷn o lawer gyda melin â'i olwyn yn ei lle a'r breuandy ynghlwm wrtho, ond dim ond yn ddiweddar y cafodd ei addasu'n ôl yn annedd (gan y Johnsoniaid). Bu melin ŷd ar y safle ers canol y bymthegfed ganrif o leiaf, ac ailddefnyddiwyd trawst â'r dyddiad 1689 arno yn yr adeilad presennol o'r ddeunawfed ganrif.

Adeiladwyd Bulkeley Mill o gerrig; mae'r llawr uchaf yn fodern, a bellach ymgorfforwyd y felin yn rhan o'r tŷ. Cafodd ei foderneiddio ers i'r Johnsoniaid ei ail-addasu gyntaf. Er gwaethaf hyn, mae llawer o'r nodweddion gwreiddiol yn aros, gan gynnwys yr olwyn (a adferwyd i gyflwr gweithiol gan y Johnsoniaid, ac sy'n dal i weithio) a pheth o'r peirianwaith sy'n gysylltiedig â hi.

Yn Oakbank mae modurdy a adeiladwyd o bren ar lawr caled o goncrid, sydd bellach yn segur ond a ddefnyddid yng nghyfnod A.T. Johnson yn ôl pob tebyg. Yn Bulkeley Mill mae adeilad briciau bychan ychydig i'r gorllewin o'r felin. Yn wreiddiol mae'n bosibl mai stabl syml oedd, neu shippon bach neu storfa. Mae'r llawr wedi'i deilio ar ben wyneb hŷn. Gwelir yr adeilad ar fapiau Arolwg Ordnans sy'n dyddio yn ôl i 1889.

Roedd yr ardd wreiddiol yn Oakbank yn cynnwys y llethr serth yn unig a'r tŷ'n goron arni, â llain gul iawn o dir gwastad islaw a ffrwd y felin yn ffin i'r gorllewin. Yn y 1920au bu'n bosibl i A.T. Johnson a'i wraig brynu'r darn gwastad arall rhwng ffrwd y felin a'r afon, a datblygasant eu gardd goetir yno, gan elwa i raddau helaeth ar syniadau ysgol 'wild gardening' William Robinson. Yn ddiweddarach daeth i'w meddiant lecyn bychan, mwy agored i'r de, ac yn y 1940au, ar ôl y rhyfel, Bulkeley Mill a'r tir o'i amgylch. Fe'i defnyddiwyd yn rhannol i ymestyn yr ardd goetir, ac yn rhannol i dyfu rhosod a phlanhigion eraill a werthfawrogai safle mwy heulog.

Mae'r ardd ar safle hir, cul, yn y canol rhwng yr isffordd o Rowen i Gaerhun ac Afon Ro. Mae'r afon a'r ffordd yn cyfarfod bron i'r gogledd o Bulkeley Mill ac maent yn cyfarfod wrth bont ychydig y tu hwnt i ben mwyaf deheuol yr ardd. Dim ond 60 medr ar draws yw'r ardd yn ei rhan letaf yn y canol, ac mae rhan isaf ochr serth y dyffryn yn y stribyn dwyreiniol, sy'n agosaf i'r ffordd. Mae'r gweddill ar weirglodd-dir gwastad, yn ymyl yr afon.

Mae'r ddau dŷ ar ochr ddwyreiniol y ffordd, ac mae Oakbank yn glynu wrth ochr y dyffryn yn y man mwyaf serth. Mae'r felin wrth droed y llethr, ac mae ei bresenoldeb yn gyfrifol am un o brif nodweddion yr ardd, ffrwd y felin. Mae safle ansicr Oakbank yn darparu golygfa wych dros yr ardd, ac mae'r teras o'i flaen bellach ar yr un lefel â nifer o rododendronau a chameliâu islaw. Bellach mae'r mwyafrif o'r coed, gan gynnwys bedw arian, cercidiphyllum, nothofagus, lliwefr a chonifferau yn sefyll uwchlaw to'r tŷ.

Ar yr wyneb nid yw'r safle'n un a fyddai'n apelio at y garddwr, yn enwedig pan nad oedd dim yno ond y llethr serth a oedd yn wreiddiol yn eiddo i Oakbank, ond roedd A.T. Johnson yn ŵr lleol ac yn dymuno byw lle teimlai'n gartrefol. Cychwynnodd ar yrfa fel athro yn hytrach na garddwr. Datblygodd y diddordeb mewn garddio ac ysgrifennu llyfrau garddio gyda'r ardd, yn hytrach na dewis yr ardd yn lle i weithredu ei syniadau garddio.

Yn amlwg roedd Johnson wedi'i ddylanwadu gan arddull 'wild gardening' William Robinson, ond aeth yn ei flaen i wneud yr ardd goetir yn ardd bersonol iddo'i hun. Yn blanhigwr o'r iawn ryw, roedd yn arbennig o hoff o blanhigion carped nad oedd angen llawer o ofal arnynt, a phlannai hwynt mewn grwpiau mawr; pan ddôi o hyd i rywbeth da ysgrifennai amdano a'i drosglwyddo i eraill. Mae nifer o hadblanhigion o wahanol rywogaethau o'r ardd, a gafodd eu bridio'n bwrpasol ac yn ddamweiniol, yn dwyn ei enw. Mae'r ardd ei hunan yn adnabyddus i'w edmygwyr drwy'r disgrifiadau yn ei lyfrau, er mai ychydig o ffotograffau o'r ardd sydd ynddynt yn anffodus, gan fod y rhan fwyaf o'r lluniau wedi'u neilltuo i blanhigion penodol.

Yn amlwg mae'r ardd heddiw wedi newid ers cyfnod y Johnsoniaid, ond mae'r rhan fwyaf o'r adeiladwaith a llawer o'r planhigion yno o hyd. Cymerwyd lle'r rhosod a'r gwelyau planhigion llysieuol lu ger y felin gan lawntiau, ac o ganlyniad i gysgodi cynyddol yn rhan ddeheuol yr ardd collwyd nifer o'r planhigion yno. Fodd bynnag, mae'r llwybrau sy'n mynd croesymgroes ar draws y llethr serth i'r dwyrain ac sy'n crwydro dros y mannau gwastad i'r gorllewin, ynghyd â'r amrywiol nodweddion dŵr a'r rhan fwyaf o'r coed yn dal yno.

Ceir nifer o wahanol lecynnau yng ngardd Oakbank. Yr hynaf yw'r llethr serth iawn islaw'r tŷ ac i'r de ohono, sy'n derasog ac wedi'i blannu â llwyni yn bennaf, ond sydd â chymaint o lwybrau cul a grisiau ei fod yn rhan o'r ardd sy'n hawdd iawn mynd ati. I'r de o'r fan hon daw'r afon yn agos iawn at y ffordd ond mae llecyn bach arall yn rhan o'r ardd, sydd ar hyn o bryd wrthi'n cael ei adfer; dyma'r llecyn heulog cyntaf a ddaeth i feddiant y

Johnsoniaid ac fe'i defnyddiwyd ar gyfer planhigion llysieuol, er mai dim ond y coed sydd ar ôl bellach.

Wrth droed y llethr, i'r gorllewin, rhwng ffrwd y felin a'r afon, mae prif ardal yr ardd goetir. Bellach dan gysgod trwchus a phorfa'n bennaf, cadwyd y planhigion ar hyd ffrwd y felin, a dyma lle mae'r coed mwyaf diddorol yn yr ardd.

Mae gardd Bulkeley Mill yn fwy agored, a'r llethr ar yr ochr ddwyreiniol wedi tyfu'n fwy gwyllt ac yn anos mynd ati, er bod llwybr ar ei hyd yr holl ffordd. Mae ffrwd y felin yn llifo i'r pwll pysgod, ac ymhellach i'r gogledd mae'r ffrwd ei hunan, gan wahanu'r llethr hon o'r llecyn gwastad, lle mae coed hefyd, a thri gwely mawr â llwyni ac isdyfiant. Ar y gorllewin, ar hyd ymyl yr afon, mae llethr lydan i warchod rhag llifogydd.

Adeiladwyd bwthyn ar safle hen ysgubor i'r gogledd o'r felin, ac yn ddiamau yr ardd, sydd â wal o'i chwmpas ac sydd wedi suddo rywfaint (effaith a ddwyseir gan y llethr uchel ar ochr yr afon), yw'r llecyn a elwir gan Johnson yn ei lyfrau 'the barn garden', a ddefnyddid yn bennaf, mae'n debyg, ar gyfer tyfu rhosod.

Mae'r ddau deulu sy'n byw yn Oakbank a Bulkeley Mill ar dermau cyfeillgar, ac mae ganddynt giât heb glo arni sy'n cysylltu eu gerddi. Yn y modd hwn cedwir effaith yr ardd yn ei chyfanrwydd i raddau helaeth, ac mae hyn yn fantais fawr iddi. Hefyd mae gan y perchnogion yn eu meddiant gopïau o lyfrau A.T. Johnson am yr ardd, sleidiau, rhestri o blanhigion a rhagor o wybodaeth ddefnyddiol.

Ar ben lôn Bulkeley Mill, ym mhen mwyaf gogleddol y safle, mae rhes o goed pinwydd ar hyd ffin ddwyreiniol yr ardd, ger wal y ffordd, hyd at y man lle mae ffrwd y felin yn croesi'r lôn. Y tu draw i'r man hwn plannwyd y llethr serth â rhododendronau, coed ynn a ffawydd (rhai ohonynt yn ôl pob tebyg yn hunanheuedig), conifferau megis y cypreswydd ac yw, a llwyni eraill gan gynnwys gwifwrnwydd, cameliâu, llawryf, hebe, creigafalau, asaleâu ac ysbinwydd. Ymhellach i'r de ar y llethr hon, sydd eto'n serth iawn, mae'r coed yn weddol fach ar y cyfan tuag at y pen uchaf, ag isdyfiant naturiol. Islaw'r llwybr mae rhai coed mwy, ac mae rhododendronau yn amlwg iawn ymhlith y llwyni. Ymddengys y rhain ar y llethr sy'n mynd i fyny o'r lawnt y tu hwnt i'r pwll pysgod i'r gorllewin, sef y lle gorau i'w gweld. Yn eu plith mae rhai mathau Tseineaidd â dail mawr, a cheir rhododendronau hefyd sy'n mynd yn eu blaen at yr 'ynys' rhwng ffrwd y felin a'r sianel orlif, i'r gogledd o'r pwll pysgod. Hefyd mae derwen foel fawr iawn ar yr 'ynys' hon.

Ni ellir cyrraedd man mwyaf gogleddol y llethr sy'n gorwedd o fewn gardd Oakbank ac ar hyn o bryd mae wedi'i orchuddio'n dew gan goed a llwyni, gan gynnwys peth bambŵ ger y rhaeadr dros y llifddor ym mhen deheuol pwll pysgod Bulkeley Mill. I'r de ohono, cliriwyd y rhan isaf a'i hailderasu a phlannu llwyni newydd a phlanhigion i orchuddio'r ddaear, ond gan gadw collen ystwyth sy'n ymestyn allan dros ffrwd y felin. Ar y rhan uchaf cedwir rhai llwyni hŷn.

Islaw'r tŷ yn Oakbank mae'r llethr sydd bron yn unionsyth wedi'i gorchuddio'n drwchus â llwyni a rhywogaethau sy'n gorchuddio'r ddaear, gan gynnwys tafod yr hydd, Rhosyn Saron (*Hypericum calcynium*) a iorwg. Ymhellach i'r de mae celyn llyfnddail brith euraidd, â chorgonifferau (sydd wedi tyfu braidd yn fawr), grugynnau a llwyni eraill gerllaw, yn ogystal â phlanhigion sy'n gorchuddio'r ddaear. Ar ochr y llwybr mae sedd lechi â charreg i gynnal cefn, sy'n dwyn yr arysgrif 'In the garden of happy memories it is always summer'. Mae'r rhaid ei bod yn dyddio o gyfnod Johnson am ei bod wedi'i gosod yn y terasu. Ymhellach i'r de eto mae corasaleâu ger wal y ffordd â phlanhigion mwy yn is i lawr. Lle mae'r llethr yn codi'n uniongyrchol o'r llwybr ar lan yr afon, ceir tyfiant naturiol yn bennaf, ac mae rhai sycamorwydd mawr yn bargodi dros y llwybr. Mae'r berth gelyn ar hyd ffin ogledd-orllewinol estyniad bach deheuol yr ardd i bob pwrpas yn dod â'r llethr serth i ben hefyd.

Ceir coed yma ac acw ar draws lawnt Bulkeley Mill, yn arbennig cypreswydd (gan gynnwys *Cupressus glabra*, *Chamaecyparis lawsoniana* 'Gracilis' a *Cupressus lusitanica*), yn enwedig lle mae'n ymestyn tua'r de, ar hyd yr afon. Ar ymyl y lawnt mae *Cercidiphyllum japonicum* braf. I'r de o'r modurdy mae clwstwr o rododendronau, â mwy o gypreswydd. Mae rhes o lwyni mawr, gan gynnwys rhododendronau, asaleâu a thri grugyn yn rhannu rhan orllewinol y lawnt oddi wrth y gwely llwyni cyntaf. I'r de o'r llecyn hwn o'r lawnt mae rhes o goed mawr ar ymyl yr afon, cypreswydd yn bennaf, â rhai llwyni mawr a blêr tua'r tir. Mae rhai llwyni ar ymyl mwyaf dwyreiniol y lawnt hefyd, yn ymyl ffrwd y felin a'r pwll pysgod. Ymhlith conifferau diddorol eraill sy'n tyfu yn y man hwn mae *Cryptomeria japonica*, Pinwydd Ambarél (*Sciadopitys verticillata*), Cochwydd y Wawr (*Metasequoia glyptostroboides*) a *Pinus parviflora*.

Yn y tri gwely llwyni mawr ceir amrywiaeth o goed a llwyni addurnol, llawer ohonynt wedi'u plannu gan Johnson. Mae ganddynt oll blanhigion sy'n gorchuddio'r ddaear yn tyfu oddi tanynt, a llawer o fylbiau gwanwyn. Yn y gwely mwyaf gorllewinol mae coeden fagnolia, cameliâu ac asaleâu mawr yn ogystal â rhododendronau sy'n tyfu o dwmpath cerrig yn y pen gogleddol. Mae gan y gwely canolog goniffer fawr yn y pen deheuol a chymysgedd o rododendronau mawr ac asaleâu â choed blodeuol. Yn y gwely mwyaf dwyreiniol mae rhododendronau ac asaleâu yn bennaf ond mae collen ystwyth a rhai rhosod mawr a chreigafalau yno hefyd.

Oddeutu'r ffens rhwng y ddau eiddo mae border llydan sy'n rhedeg o'r dwyrain i'r gorllewin ar draws yr ardd, yn llawn o goed a llwyni. Mae'r giât sy'n cysylltu dau hanner yr ardd tua'r pen gorllewinol. Gorchuddir y borderi hyn yn nodweddiadol gan blanhigion sy'n cofleidio'r ddaear, ac ynddynt mae amrywiol lwyni gan gynnwys rhai rhododendronau mawr. Mae ychydig o gonifferau yn y border gogleddol a nifer o goed collddail yn y border deheuol, gan gynnwys bedwen arian wylofus, *Davidia involucrata* a pheth acer.

Yn y pen gogleddol mae rhododendronau ar bob ochr i ffrwd y felin. Yn is i lawr mae'n mynd yn ei blaen rhwng rhagor o rododendronau nes cyrraedd y pwll pysgod. Y tu hwnt i'r man hwn, yn rhan Oakbank o'r ardd, mae'r lawnt yn ei ffinio i'r gorllewin, â hesg sydd yno'n naturiol yn ôl pob tebyg, a'r llwyni ar y llethr i'r dwyrain. Yn ymyl y tŷ mae'r driniaeth yn fwy ffurfiol, a cheir gwelyau ag ymylon gerllaw sy'n cynnwys rhywogaethau sy'n hoffi gwlybaniaeth, ond hefyd rai rhododendronau sydd wedi tyfu braidd yn fawr bellach.

Lawnt yw rhan ogleddol gardd Oakbank yn bennaf, â gwelyau ynys yn cynnwys coed a llwyni mawr, yn enwedig rhododendronau. Ymhellach i'r de plannwyd y coed yn fwy trwchus, ac maent yn cynnwys nothofagus bytholwyrdd enfawr ger yr afon, bedw arian, *Liquidambar styraciflua* a rhai coniferau, er bod y rhan fwyaf o'r coed yn y llecyn hwn yn gollddail. Ymysg y coed mae llawer o welyau ar ffurf afreolaidd ag ymylon cerrig sy'n cynnwys llwyni, yn enwedig rhododendronau ac asaleâu, ond hefyd coed seithliw ac eraill, â gwahanol fathau o blanhigion sy'n hoffi cysgod yn gorchuddio'r ddaear, megis epimediumau, wedi'u plannu oddi tanynt. O amgylch y pwll mae gwelyau â phlanhigion sy'n hoffi gwlybaniaeth, ac mae peth bresych drewllyd yn tyfu yno. Mae hefyd nifer o fylbiau sy'n blodeuo yn y gwanwyn.

Mae'r rhan ddeheuol yn cynnwys *Magnolia x veitchii* ardderchog a blannwyd gan y Johnsoniaid, a rhai coed eraill gan gynnwys *Gingko biloba* gain, conifferau ac eucryphia. Collwyd y rhan fwyaf o'r planhigion llysieuol, ond mae rhai llysiau'r ddidol ar ôl. Mae'r ardal bellach yn cael ei hadfer, a phlannwyd rhai coed ffrwythau ifanc. Perth gelyn yw'r ffin i'r gogledd-orllewin ac yn y pen deheuol mae rhai llawryfoedd mawr a chameliâu, a rhai sgimiâu ger giât y ffordd.

Ffynonellau

Sylfaenol
Gwybodaeth oddi wrth Mrs M.Seville.

Eilradd
A.T. Johnson, *A garden in Wales* (1927).
A.T. Johnson, *A Woodland Garden* (1934).
A.T. Johnson, *The Mill Garden* (1949).
G.S. Thomas, 'A Garden in Wales', *Hortus* rhif 24 (1992).

CADW

PLAS MADOC

ICOMOS UK

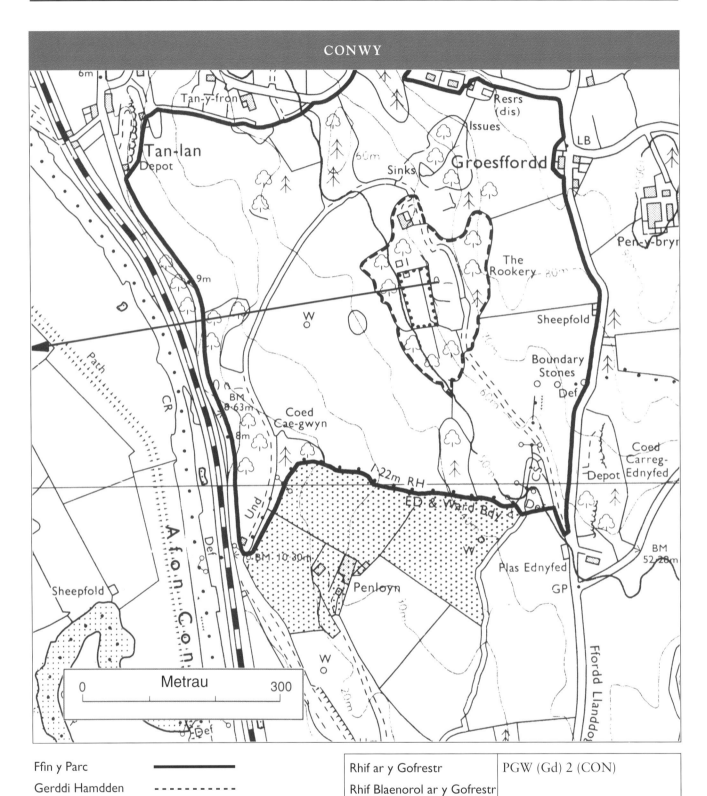

Ffin y Parc	———————
Gerddi Hamdden	– – – – – – – –
Gardd Lysiau	················
Lleoliad Hanfodol	⸬⸬⸬⸬⸬
Golygfa Arwyddocaol	————→

Rhif ar y Gofrestr	PGW (Gd) 2 (CON)
Rhif Blaenorol ar y Gofrestr	
Rhif Taflen A.O.	SH 76 SE
Cymuned	LLANDDOGED A MAENAN / LLANRWST

128

CRYNODEB

Rhif cyf	PGW (Gd) 2 (CON)
Map AO	115
Cyf grid	SH 796 633
Sir flaenorol	Gwynedd
Awdurdod unedol	Conwy
Cyngor cymuned	Llanddoged a Maenan/Llanrwst
Disgrifiadau	Gorchmynion cadw coed
Gwerthusiad safle	Gradd II
Prif resymau dros y graddio	Parcdir nas difethwyd ar safle a ddewiswyd yn dda yn nyffryn cysgodol Conwy, sy'n goroesi er gwaethaf colli'r tŷ. Golygfeydd a phlannu da.
Math o safle	Parc tirlun; gardd a gardd lysiau.
Prif gyfnodau o adeiladu	Y ddeunawfed ganrif; y bedwaredd ganrif ar bymtheg.

Disgrifiad o'r safle

Lleolir Plas Madoc ar ochr ddwyreiniol dyffryn Conwy ychydig i'r gogledd o Lanrwst, â golygfeydd hyfryd tua'r gorllewin dros Afon Conwy i gyfeiriad Eryri. Yn y man hwn nid yw ochr y dyffryn ar oleddf llyfn ond mae'n donnog, gan gynnig safle sy'n ddiddorol ac yn gynhenid hardd, ac yn sicr rhaid bod hwn yn un rheswm dros ddewis y safle.

Yn ôl y cofnodion nodir bod tŷ wedi bod ar y safle ers y bedwaredd ganrif ar ddeg. Safai'r tŷ cynharaf yng nghanol y parc bron, ar safle a gafodd ei lefelu'n rhannol drwy dorri i mewn i'r llethr ac yn rhannol drwy adeiladu ar deras. Roedd yr ardd yn amgylchynu'r tŷ ar bob ochr, gan roi golwg gonsentrig fwy neu lai. Adeiladwyd y tŷ diweddaraf yn y bedwaredd ganrif ar bymtheg ac ychwanegwyd ato wedi hynny dair gwaith; ym 1857 pan gafodd ei werthu, ym 1890 pan brynwyd y tŷ gan Mr Higson, peiriannydd mwyngloddio a hen dad-cu'r perchennog presennol, ac yn olaf ym 1910–11. Ym 1857 a 1890 roedd deg ystafell wely yno ond ymestynnwyd y tŷ ar ôl 1857 gan fod map ystâd a ddyddiwyd o ddiwedd y 1850au yn dangos tŷ mwy. Ailfodelwyd ac ymestynnwyd y tŷ yn gyfan gwbl gan Mr Higson ym 1890–93, dan oruchwyliaeth penseiri o Fanceinion. Ar ôl cwblhau'r gwaith hwn roedd i'r tŷ 22 o ystafelloedd gwely. Ailadeiladwyd y tŷ eto a'i ymestyn ymhellach ym 1910–11, gan banelu'r tu mewn yn hael. Yn ystod yr Ail Ryfel Byd cafodd ei feddiannu a'i ddefnyddio fel ffatri, ac wedi hynny fe'i gwerthwyd eto ddwy neu dair gwaith nes iddo gael ei brynu gan adeiladwr yn y pen draw a'i dymchwelodd ym 1952. Gosodwyd y paneli yng Nghastell Caernarfon. Prynwyd y parc unwaith eto gan deulu'r perchennog presennol ym 1952 ond ni lwyddwyd i atal y tŷ rhag cael ei ddymchwel, a daeth safle'r tŷ a'r ardd i'w meddiant ym 1957.

Ar dair o'u hochrau amgylchynir iard stablau fach ag wyneb caled ychydig bellter i'r gogledd-gogledd-ddwyrain o safle'r tŷ gan adeiladau cerrig â thoeau llechi, gan gynnwys stablau, cerbyty, ystafell harneisiau, ystafell ynnau a siedau. Caeir y bedwaredd ochr, ar y dwyrain, gan wal gerrig forter sy'n cyrraedd uchder bondo'r adeiladau unllawr sydd ynghlwm wrthi; mae'r rhes gyferbyn yn ddeulawr. Ceir mynedfa i'r iard drwy byst giatiau a adeiladwyd o gerrig ar yr ochr ogleddol, â giât haearn. Atgyweiriwyd rhai o'r toeau ac mae'r adeiladau mewn cyflwr da ar y cyfan. Mae gwenithfeini sets yn y llawr a pheth o'r paneli mewnol yno o hyd er gwaethaf y ffaith eu bod yn cael eu defnyddio fel adeiladau amaethyddol ar hyn o bryd.

I bob pwrpas ymddengys yr adeiladau fel pe baent wedi'u hadeiladu fel uned unigol, ond un rhes yn unig a welir ar fap ystâd y 1850au. Mae'n amlwg bod y bloc fel ag y mae ar hyn o bryd yn dyddio o gyfnod wedi hyn, ond mae'n debygol bod cnewyllyn yr adeilad gwreiddiol o leiaf ar y map. Gwelir y drefn newydd ar fap Arolwg Ordnans 25 modfedd 1889, ond byddai'n rhesymol i dybio y byddai'r bloc stablau newydd fwy neu lai'n perthyn i'r un cyfnod ag ailadeiladu'r tŷ, felly mae'n rhaid bod map y 1850au wedi'i wneud ar ôl i'r tŷ gael ei ymestyn ond cyn adeiladu'r bloc stablau.

Er bod y parc wedi'i gynllunio'n llawer cynharach yn wreiddiol yn ôl pob tebyg, pan oedd Plas Madoc yn rhan o ystâd Gwydir, ac mae'n rhaid bod rhai o'r coed sy'n dal yno yn dyddio o ddechrau'r bedwaredd ganrif ar bymtheg o leiaf, ni cheir unrhyw wybodaeth am gynllun y parc cyn canol y bedwaredd ganrif ar bymtheg. Erbyn hynny roedd yn edrych yn debyg iawn i'r hyn ydyw heddiw, fel y gwelir yn glir o'r mapiau, a cheir disgrifiad o'r parc fel 'richly timbered' ym manylion gwerthiant 1857. Ym 1890 fe'i disgrifiwyd fel 'studded with well-grown shrubs and majestic timber and ornamental trees', ac roedd ganddo 'several well-placed and thriving covers'.

Gellir cael llawer o wybodaeth drwy gymharu map ystâd yr 1850au â map Arolwg Ordnans 25 modfedd 1889. Ar fap y 1850au gwelir cynllun sydd yn y bôn yn debyg i gynllun heddiw: mae'n syml, a'i effaith yn dibynnu ar fanteision naturiol y safle; ond roedd y lôn, o'r de, oddi ar ffordd Llanddoged, yn mynd at y plasty yn union o'r de, gan fynd heibio iddo ar y dwyrain ac yn dod i ben wrth y stablau. Erbyn 1889 adeiladwyd bloc stablau newydd, ac âi'r lôn yn ei blaen gan droi'n llydan i'r gogledd-orllewin o'r tŷ, ac yn troi tua'r de eto yn y pen draw a dod allan ar y brif ffordd rhwng Llanrwst a Chonwy ar y gorllewin, lle adeiladwyd porthordy. Cafwyd gwared â dau neu dri adeilad bach yn y parc, i'r gorllewin ac i'r gogledd-orllewin o'r tŷ, ac ailgynlluniwyd amlinelliad y mannau coediog mewn arddull mwy dymunol a chromliniol.

Awgrymwyd bod Edward Milner, y tirluniwr adnabyddus, wedi bod yn ymwneud â gwaith ym Mhlas Madoc, oherwydd bod y Cyrnol John Higson, a brynodd Plas Madoc ym 1890, yn ffrind i Henry Pochin o Bodnant yr oedd Milner wedi gweithio iddo. Mae amlinellau crwm y coetir a'r cuddfannau hela yn nodweddiadol o'i arddull, ond ymddengys i'r gwaith gael ei wneud cyn 1890, ac os mai gwaith Milner ydyw mae'n rhaid bod y perchennog blaenorol wedi ei gyflogi. Bu Milner yn gweithio ym Modnant yn y 1870au ac yn Llanfairfechan yn y 1860au.

Erbyn 1900, yn ôl argraffiad nesaf y map Arolwg Ordnans 25 modfedd, gwnaethpwyd rhagor o newidiadau. Cafwyd gwared â'r hen efail yn Nhŷ Isaf, yng nghornel ogledd orllewinol y parc (mae olion y grŵp hwn o adeiladau i'w gweld o hyd), a ffensiwyd y lôn newydd, a oedd heb ei ffensio'n wreiddiol, â chilfachau crymion a chrychion mewn mannau yn hytrach nag mewn llinell syth, ac mae rhai ohonynt yno o hyd. Yn ôl pob tebyg roedd darnau bach iawn crwn o dir amgaeëdig yn cysgodi coed a oedd newydd eu plannu, a gellir gweld rhai o'r coed hyn o hyd hefyd. Plannwyd mwy o lwyni, caewyd llwybr troed ac estynnwyd yr ardd i gynnwys pwll addurnol newydd i'r gogledd o'r tŷ, â chronfa ar ymyl y parc uwchlaw. Adeiladwyd cwt ciper a dau ddarn bach o dir amgaeëdig (sydd bellach wedi diflannu) y tu allan i ymyl ddwyreiniol yr ardd. Plannwyd coetir newydd ar safle adeilad bach arall, ger mynedfa'r de ddwyrain; nid oedd yr ardal hon yn eiddo i'r parc pan luniwyd map ystâd y 1850au.

Ceir yr un darlun yn nisgrifiadau diweddarach y manylion gwerthiant. Ym 1954 roedd graean ar y lôn a choed yn tyfu ar bob ochr iddi (nid fu rhodfa yno erioed, ond plannwyd coed yma ac acw ar ei hyd), ac roedd Gorchmynion Cadw Coed eisoes yn cwmpasu'r parc. Ac eithrio ymestyn y tŷ ymhellach ac yna'i ddymchwel, ynghyd â rhai newidiadau yn yr ardd, roedd y parc ym 1900 fwy neu lai yr un fath ag ydyw heddiw. Ar un adeg creodd y Cyrnol Higson lyn yn y Back Park, i'r dwyrain o'r ardd, i gyflenwi dŵr, ond aflwyddiannus fu hyn ac ni adawyd unrhyw olion ac eithrio ambell i bibell. Collwyd peth coed, ac roedd esgeulustod diweddar wedi caniatáu i'r llwyni dyfu'n wyllt a'r coetiroedd i ddirywio rhyfaint, ond mae'r rhain bellach yn cael eu hadfer. Collwyd wyneb y lôn am nad yw'n cael ei defnyddio, ac mae rhai coed ifanc wedi'u plannu. Fel arall, mae'n rhaid bod y parcdir eang â choed yma ac acw, yn gollddail ac yn goed conifferau, y golygfeydd ar draws dyffryn Conwy tua'r mynyddoedd, a'r clystyrau o goetir â'u hamlinellau crwn yn goron ar frigiadau a bryncynnau yn edrych yn debyg iawn i'r hyn oeddynt ar droad y ganrif.

Mae'r brif lôn yn mynd drwy y parc o'r gorllewin i'r dwyrain, mewn tro llydan o gwmpas ochr ogleddol safle'r tŷ. Mewn gwirionedd mae'n rhannu'r parc yn dair rhan, Back Park (i'r dwyrain o'r lôn), Front Park (o fewn y tro) a Far Park (i'r gogledd o'r lôn). Bellach nid oes wyneb arno ar y cyfan, er bod peth o'r graean o hyd ar ran ogleddol a gorllewinol 'newydd' y lôn; rhoddwyd wyneb newydd o raean ar yr 'hen' ran dde-ddwyreiniol yn ddiweddar. Mae'r ffensio ar bob ochr i'r lôn i'r gogledd a'r gorllewin o'r tŷ yn dal yno, fel llawer o'r coed a blannwyd yn ei ymyl. Ni ffensiwyd rhan ddeheuol y lôn ar y dwyrain erioed. Y rhan ddeheuol hon yw'r lôn wreiddiol; ychwanegwyd y tro tua'r gogledd ac yn ôl tua'r gorllewin rhwng diwedd y 1850au a 1889, a'r ffensio rhwng 1889 a 1900. Mae'n amlwg i'r lôn newydd hon ddod yn brif ffordd at y tŷ, â phorthordy wrth y giât, sy'n adlewyrchu pwysigrwydd cynyddol y ffordd o Lanrwst i Gonwy efallai.

Mae'r porthordy o gerrig llwyd â tho llechi ar oleddf serth, a chonglfeini a fframiau ffenestri o dywodfaen. Mae'n unllawr â simnai ganolog, ac mae iddo gyntedd bach ag arddull feranda â phileri tywodfaen. Mae'r pyst giât yn amlwg yn perthyn i'r un cyfnod, wedi'u hadeiladu o'r un garreg; maent yn wythonglog, â chonglfeini tywodfaen, ac mae gan y wal ar bob ochr gopa tywodfaen. Nid yw'r peli cerrig mawr ar y pyst, ond yn hytrach maent yn gorwedd gerllaw.

Ni fu erioed borthordy wrth y fynedfa dde-ddwyreiniol, ond mae iddi ddau bâr o byst giatiau. Mae'n bosibl bod y pâr mewnol, a adeiladwyd o flociau cerrig gweddol denau, â chapiau pyramidaidd byrrach, a wal gysylltiol o'r un garreg, â chopa cerrig gwastad sy'n lletach na'r wal, yn perthyn i'r ddeunawfed ganrif, ac yn sicr maent yn gynharach na'r pâr allanol. Mae'r rhain, tua 3 medr ymhellach allan, yn fwy ac fe'u hadeiladwyd o flociau mwy trwchus, gan ymddangos yn llai cywrain na'r pâr hŷn.

Roedd y man disgyn teithwyr gwreiddiol, o'r hen lôn dde-ddwyreiniol, ar ochr ddeheuol y tŷ lle'r oedd y lôn yn dod i fyny ato, ond erbyn 1889 roedd wedi'i symud i'r gogledd, ac ym manylion gwerthiant 1954 fe'i disgrifir fel 'spacious forecourt'. Mae'r manylion hyn hefyd yn nodi bod y lôn yn dod i ben ('terminates') wrth y blaengwrt, sy'n awgrymu bod y lôn o'r de-ddwyrain, ar ôl iddi gael ei symud ychydig tua'r dwyrain ar gyfer rhan ogleddol ei llwybr er mwyn mynd heibio'r tŷ ar yr ochr honno, wedi'i diraddio i fod yn lôn ar gyfer y gweision.

Cynlluniwyd y coed yn y parc yn bennaf fel cuddfannau hela, ac er bod eu ffurf wedi newid ychydig a'u bod wedi tyfu dros y blynyddoedd, mae cynllun y coetir heddiw yr un fath yn sylfaenol ag yr oedd yn y 1850au. Mae'r coed yn gymysgedd o rai collddail a chonifferau. Lleolir y cuddfannau a'r perthlysiau llai ar frigiadau creigiog neu ar ben ponciau yn bennaf. Gwnaed y prif ychwanegiadau (erbyn 1889) i'r triongl yn ymyl y brif fynedfa yn y de-orllewin, â pheth cynnydd ym maint yr ardd goediog, ac (erbyn 1900) cynnydd ym maint y rhan fwyaf o'r ardaloedd yn y gogledd a'r gorllewin, yn ogystal â phlanhigfa fach o goed pinwydd ar safle trionglog yn ymyl y fynedfa dde-ddwyreiniol nad oedd yn rhan o'r parc yn wreiddiol. Mae'r rhan fwyaf o'r ardaloedd hyn wedi'u gwahanu oddi wrth y parcdir a borir gan ffens y parc, ac yma mae cymysgedd o goniferau a choed collddail, â llwyni bytholwyrdd ar gyfer cysgod. Mae'n bosibl bod eu ffurf ddolennog, fel y crybwyllwyd, yn arwydd o ddylanwad uniongyrchol neu anuniongyrchol Edward Milner.

Mae coed y parcdir wedi goroesi'n dda, ac maent yn dangos amrywiaeth anghyffredin. Mae'r rhan fwyaf ohonynt mewn clystyrau o ddwy neu dair, er bod rhai wedi'u plannu'n unigol, ac ymhlith y rhywogaethau mae derw, derw anwyw neu fytholwyrdd (Quercus ilex), cedrwydd yr India (Cedrus deodara), coed leim, cyll Ffrengig a chastanwydd melys.

Gwelir cynllun sylfaenol yr ardal o amgylch y tŷ ar fap ystâd y 1850au, a gall ddyddio o gyfnod cyn hyn; mae cynllun manwl yr ardd yn dyddio o'r bedwaredd ganrif ar bymtheg, pan gafwyd peth ehangu hefyd, a cheir ychwanegiadau o'r ugeinfed ganrif. Ac eithrio'r ardd lysiau â wal o'i chwmpas, ymddengys bod yr ardal wedi bod yn goetir a llwyni yn bennaf erioed.

Gorwedd yr ardd yng nghanol y parc bron, gan amgylchynu safle'r tŷ sydd yng nghanol yr ardd bron. Lefelwyd y safle drwy dorri i mewn i ochr y bryn ac adeiladu teras, a ymestynnwyd yn ddigon pell i greu teras ardd ar ochr orllewinol y tŷ. Er bod y brif fynedfa ar y gogledd, byddai'r talcen gorllewinol hwn wedi cael mantais y golygfeydd, a dyma brif dalcen y tŷ mae'n amlwg, fel y gellir gweld o ffotograffau. Roedd feranda yr holl ffordd ar hyd yr ochr hon. Gorweddai'r ardd lysiau islaw'r tŷ ar yr un ochr, ac roedd gweddill yr ardd, coed a llwyni'n bennaf, yn amgylchynu'r tŷ ar y tair ochr arall. Wedi blynyddoedd o'u hesgeuluso aethpwyd ati i glirio'r ardd o lawryfoedd a choed hunanheuedig a dyfodd yn wyllt. Gellir gweld y cynllun a'r adeiladwaith sylfaenol o hyd. Mae'r rhwydwaith o lwybrau wrthi'n cael eu clirio.

Bu'r ardal i'r gorllewin o safle'r tŷ, o amgylch yr ardd lysiau, yn goetir ers y 1850au o leiaf, er bod llecyn yn y de-orllewin wedi dod yn goediog yn ddiweddarach, ac wedi hynny agorwyd llecyn arall i'r de o'r man hwn, rhan o'r tir amgaeëdig yn y 1850au, i'r parc, ac yna ei ffensio eto yn gynnar yn y ganrif hon. Mae'r holl lecyn yn gwyro i lawr tua'r gorllewin, ac mae waliau terasog yn mynd ar ei draws i wneud lle i lwybrau gwastad. I'r gogledd, mae'r coetir yn ymestyn i amgáu'r bloc stablau, sydd felly'n cael ei guddio'n gyfan gwbl oddi wrth safle'r tŷ. Mae nifer o lwybrau'n arwain at y stablau ac oddi yno.

I'r dwyrain o safle'r tŷ mae'r tir yn gwyro i fyny'n eithaf serth, ac mae'r llecyn hwn hefyd, a elwir yn 'Rookery', wedi bod yn goediog ers o leiaf ganol y bedwaredd ganrif ar bymtheg. Nid ymddengys bod llwybrau ffurfiol wedi bod yma erioed, ond rhwng 1889 a 1900 adeiladwyd rhai grisiau i fynd i mewn i'r coed o ochr ddwyreiniol y lôn, ac mae'r rhain yn dal yno.

I'r gogledd o'r Rookery a safle'r tŷ, mae'r rhan o'r ardd a ychwanegwyd yn fwyaf diweddar. Erbyn 1900 crëwyd pwll addurnol yma, â wal yn argae ar yr ochr orllewinol a thri theras, rhai glaswelltog yn ôl pob tebyg, ar y llethr islaw'r wal. Plannwyd coed a llwyni newydd i'r gogledd-ddwyrain, bob ochr i'r nant sy'n arwain i lawr at y pwll o'r gronfa ddŵr newydd ei hadeiladu ar ffin y parc. Mae'r nodweddion hyn i gyd yno o hyd; cliriwyd y pwll o goed, a'i garthu ac ail-leiniwyd wal yr argae. Bydd yn cael ei ddefnyddio eto cyn bo hir.

Rhwng y pwll a'r Rookery mae'r llecyn olaf a gafodd ei amgáu fel rhan o'r ardd. Plannwyd coed i'r dwyrain, a thirluniwyd y llecyn agored rhwng y coed a'r lôn a'i lefelu ar gyfer cwrt tenis, ac yn ddiweddar cliriwyd hwn o goed a'i ail-hadu. Mae wal ar ongl sgwâr, â chornel a ymestynnwyd lle ceir yr hyn a allai fod yn wylfan neu'n nodwedd a blannwyd, yn pennu terfyn y llecyn gwastad gan gynnal y tir uwch y tu ôl iddo.

Mae'r lôn yn rhedeg drwy'r ardd o'r de-de-ddwyrain i'r gorllewin-ogledd-orllewin, gan fynd ar hyd ymyl safle'r tŷ a'r bloc stablau, â changhennau'n arwain at y rhain. I'r dwyrain o safle'r tŷ, mae'r lôn yn mynd ar lefel uwch na theras y tŷ, ar ei deras culach ei hun; ar un adeg roedd yma gysgodfan disgyn teithwyr.

I'r gogledd o safle'r tŷ mae'r brif fan disgyn teithwyr, a arferai fod yn raeanog, a gellid ei gyrraedd ar hyd cangen a oedd yn troi'n sydyn oddi ar y lôn. Ar ei ochr ddwyreiniol mae llethr i fyny at lefel y lôn, a throwyd hon yn ardd gerrig, sy'n dal mewn cyflwr da, er mai ychydig o'r planhigion sy'n goroesi. Mae gerddi cerrig bach eraill o fewn y llwyni ger safle'r tŷ.

Mae'r wal gerrig sy'n cynnal y teras i'r gorllewin o safle'r tŷ yn dal mewn cyflwr gweddol dda, ac i'r gogledd-orllewin, lle mae'r ddaear yn disgyn i lawr yn fwyaf serth, mae'n uchel iawn. Nodwedd ddiddorol o hyn yw bod derwen aeddfed a oedd yno o'r blaen wedi'i chynnwys yn y teras yn ymyl y gornel dde-orllewinol; yn hytrach na'i thorri i lawr, adeiladwyd y teras o'i hamgylch, a chanlyniad hyn yw bod ei changhennau bellach yn ymestyn yn annaturiol o agos i'r ddaear. Gwelir y goeden hon yn glir ar ffotograffau o ddechrau'r ugeinfed ganrif hefyd, ac fe'i nodir ar fap 1889.

Er gwaethaf i'r ardd ddioddef esgeulustod, mae bylbiau cennin Pedr a blannwyd drwy'r holl ardd i'r de orllewin o'r tŷ wedi goroesi, ac mae'n amlwg bod y coetir yn frith o gennin Pedr pan fyddant yn eu blodau.

Gorwedd yr ardd lysiau islaw'r tŷ i'r gorllewin, â therasau uwchlaw a choetir islaw. Mae'n hirsgwar â wal yr holl ffordd o'i chwmpas, ond nid yw'r waliau, sy'n tua 1 fedr o uchder ar gyfartaledd, yn ddigon uchel ar gyfer ffrwythau wal nac i roi llawer o gysgod, rhywbeth a gafwyd gan goed yn hytrach, fe ymddengys. Mae'r wal orllewinol yn 1.5 medr o uchder ar yr ochr allan, gan fod yr ardd lysiau, er ei bod ar oleddf, wedi'i lefelu i ryw raddau. Roedd y tai gwydr a'r adeiladau gardd eraill yn y pen gogleddol.

Bellach mae llecyn agored yr ardd yn weddol lawn gan goed hunanheuedig. Nid yw'r cynllun mewnol yn hollol amlwg, ond yn sicr fe'i haddaswyd ers i fap 1889 gael ei lunio. Roedd gwely ag ymyl gerrig ar hyd yr ochr ddwyreiniol, o fewn y wal, a llwybr croes ag ymyl cerrig yn agosach i'r pen deheuol nag i'r pen gogleddol; nid oedd ymyl i'r llwybr canolog a ymestynnai o'r gogledd i'r de ac fe'i hadeiladwyd ar ôl 1889 mae'n debyg. Mae gan lwybrau croes eraill eu teils ag ymylon siwgwr barlys o hyd. Lle mae'r ddau brif lwybr yn croesi mae tri phostyn metel, yn ôl pob tebyg olion cynhalbost ar gyfer planhigion dringol dros y groesfan.

Mae'r tŷ gwydr yn adfail, ond mae'r wal gefn yn dal i sefyll, wedi'i leinio â briciau ac yn wyngalchog. Mae wal y seiliau ar y blaen yn gerrig. Mae'r siedau yn y cefn, a oedd wedi'u hadeiladu o gerrig, yn adfeilion hefyd. Gwelir y rhain ar fap 1889, ond ni welir y tŷ gwydr nes 1900. Roedd tŷ gwydr a ffrâm yn ôl pob tebyg yn y llwyni i'r gogledd o'r ardd ym 1889, fodd bynnag, a gellir gweld seiliau yr adeiladau sy'n cynnwys briciau a cherrig yn yr ardal hon o hyd, er nad ydynt yn cyfateb yn union i'r cynllun a welir ar fap 1889 a'r ddau fap arall — ymddengys bod o leiaf ddwy ffrâm ac o

bosib ddau dŷ gwydr hefyd cyn iddynt fynd yn segur. Mae hefyd wal gynhaliol â chopa concrid i'r dwyrain ohonynt, lle torrwyd y tir i lefelu'r safle. Mae'r holl lecyn yn gyforiog o lawryfoedd anferthol, ac ymddengys eu bod yn tyfu mewn llinellau ac felly mae'n bosibl mai perthi oeddynt ar un adeg.

Dymchwelodd y rhan fwyaf o wal ogleddol yr ardd, ond mae'n ddiddorol am ei bod yn hollol wahanol i'r waliau eraill. Roedd yn uwch, yn forter, â chopa slabiau llechi, ac mae piler giât gweddol fawreddog a adeiladwyd o gerrig yn y pen dwyreiniol. Mae'n bosibl iddi oroesi o gyfnod cynharach ac iddi gael ei defnyddio pan grëwyd yr ardd lysiau.

I'r gogledd o'r wal hon roedd llecyn nad yw ei bwrpas yn hollol glir. Mae'n ymddangos fel border llydan, gan lenwi'r bwlch rhwng y wal a'r llwybr i'r tu ôl iddo sy'n rhedeg o'r dwyrain i'r gorllewin, i lawr at ddiwedd y siedau ar yr ochr orllewinol, ond mae ganddo gynhalbyst haearn ar hyd y blaen, fel pe baent ar gyfer gwifrau. Mae'n bosibl mai adardy oedd yno, er na nodir hynny ar y mapiau, neu gawell ffrwythau, er y byddai'n cael ei gysgodi braidd gan y wal.

Ymddengys i'r ardd lysiau gael ei chynllunio rhwng diwedd y 1850au a 1889, o fewn gardd a fodolai eisoes. Newidiwyd y cynllun er 1889, ac nid yw mapiau ar ôl y dyddiad hwn yn dangos cynllun y llwybrau, felly nid yw'n glir pa bryd y gwnaed yr addasiadau.

Ffynonellau

Sylfaenol
Gwybodaeth oddi wrth Dr Peter Higson.

Map ystâd diwedd y 1850au, manylion gwerthiant 1857, 1890, 1951 a 1954, a ffotograffau gan Gomisiwn Brenhinol Henebion Cymru, ynghyd â llythyr: Casgliad personol.

Eilradd
T. Lloyd, *The Lost Houses of Wales* (1986), tud. 32.

CADW

PLAS UCHAF, LLANNEFYDD

ICOMOS UK

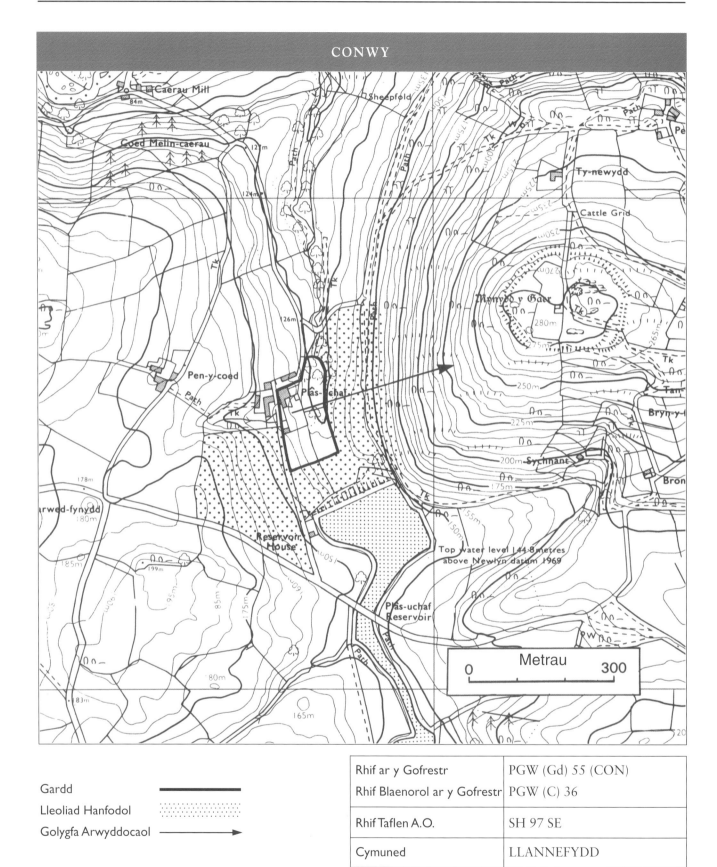

Gardd ————————

Lleoliad Hanfodol ·····················

Golygfa Arwyddocaol ————————→

Rhif ar y Gofrestr	PGW (Gd) 55 (CON)
Rhif Blaenorol ar y Gofrestr	PGW (C) 36
Rhif Taflen A.O.	SH 97 SE
Cymuned	LLANNEFYDD

CRYNODEB

Rhif cyf	*PGW (Gd) 55 (CON)*
Rhif Cyf	*PGW (C) 36*
Map AO	*116*
Cyf grid	*SH 967 716*
Sir flaenorol	*Clwyd*
Awdurdod unedol	*Conwy*
Cyngor cymuned	*Llannefydd*
Disgrifiadau	*Adeilad rhestredig: Plas Uchaf Gradd II*; rhes ysguboriau Gradd II, rhes amaethyddol siâp L Gradd II, bloc stablau gynt Gradd II.*
Gwerthusiad safle	*Gradd II*
Prif resymau dros y graddio	*Er ei bod yn goroesi, mae'r ardd ffurfiol derasog â wal o'i chwmpas wedi mynd â'i phen iddi i raddau. Mae ynghlwm wrth blasty syml, sy'n dyddio o'r ail ganrif ar bymtheg neu ddechrau'r ddeunawfed ganrif.*
Math o safle	*Gardd â wal o'i chwmpas â theras a phafiliwn.*
Prif gyfnodau o adeiladu	*Yr ail ganrif ar bymtheg neu ddechrau'r ddeunawfed ganrif*

Disgrifiad o'r safle

Saif Plas Uchaf ar ochr gysgodol bryngaer Mynydd y Gaer, sy'n cysgodi'r tŷ rhag y dwyrain. Mae'n ffermdy cerrig sylweddol â thalcenni â chopâu cerrig dan do llechi. Ceir olion ffenestri â physt cerrig, sydd bellach wedi'u llenwi. Mae'r ffenestri i gyd yn dyddio o'r bedwaredd ganrif ar bymtheg. Mae'r tŷ yn enghraifft o gynllunio unedol. Mae teulu'r Williamsiaid wedi byw yno ers y 1850au. Yn wreiddiol roeddynt yn ffermwyr-denantiaid Wynniaid Coed Coch. Am gyfnod o ddeng mlynedd nid oeddynt yn byw yma oherwydd rhyfeloedd y degwm, ond yn ddiweddarach prynasant y fferm.

I'r gogledd o'r tŷ mae'r stablau, adeilad o rwbel di-batrwm, â thalcenni â chopâu cerrig, a tho haearn gwrymiog yn lle'r to llechi gynt. Mae parwydydd pren a rheseli ar y tu mewn o hyd a lenwir o'r llofft uwchlaw. Mae dwy ffenestr gron ar y llawr uchaf â cherrig nadd o'u hamgylch. Mae grisiau cerrig yn arwain i'r llawr uchaf ar y tu allan. Dan y grisiau ceir yr hyn a ymddengys fel man corlannu anifeiliaid. Mae Mr Williams yn credu mai dyma lle y cedwid y gwyddau.

Mae iard ddeniadol gan Blas Uchaf ag ychydig iawn o adeiladau newydd ac eithrio sied wair wrymiog ac ysgubor storio sy'n ymwthio i mewn i'r ardd â wal o'i chwmpas. Ymhlith eitemau eraill o ddiddordeb mae tair gwasg gaws yn eu lle mewn tŷ allan arall. Mae colomendy a adeiladwyd i mewn i ochr ysgubor yn edrych fel ychwanegiad, o bosibl o'r bedwaredd ganrif ar bymtheg.

Mae rhai olion diddorol gan yr ardd â wal o'i chwmpas ar ochr ddeheuol y tŷ, sydd bellach wedi mynd â'i phen iddi braidd. Gellir mynd i mewn i'r ardd drwy iard ochr fechan i'r gorllewin o'r tŷ. Gorwedd teras byr yn union yr ochr arall i'r drws. Fe'i llenwyd i mewn yn rhannol yn ddiweddar am ei fod yn syrthio. Fodd bynnag ceir peth ôl wal derasog â philer cerrig ymhob pen, a wal is rhyngddynt â slabiau mawr ar y copa. Ym mhen dwyreiniol y teras a wal derfyn yr ardd mae adeilad deulawr bychan â simnai yn y gornel a lle tân o'r bedwaredd ganrif ar bymtheg. Er ei fod yn rhan annatod o'r ardd, mae pwrpas yr adeilad yn aneglur. Mae'n bosibl iddo gael ei ddefnyddio fel neuadd wledda, colomendy, neu fragdy, neu gyfuniad o'r rhain. Mae gan y llawr uchaf yr hyn sy'n edrych fel llwyfan glanio ar gyfer colomennod, ac islaw mae ffenestr sgwâr. Mae dau ddrws i'r adeilad, y naill ar y llawr isaf ar yr ochr

ddeheuol, a'r llall ar yr ochr ogleddol o'r teras. Llenwyd y ffenestri ar yr ochrau dwyreiniol a gorllewinol yn ddiweddar. Mae grisiau cerrig o lefel isaf prif ran yr ardd ar hyd ymyl yr hafdy a'r teras. Mae'r to yn haearn gwrymiog. Nesaf at yr hafdy ym mhen pellaf y teras ceir olion o dŷ bach â phum sedd.

Mae gan wal ogleddol yr ardd gerrig copa hynod fargodol dros ben llestri ar gyfer amddiffyn ffrwythau. Cafodd y wal hon ei hadeiladu'n dda iawn â cherrig mân a weithiwyd yn agos iawn at ei gilydd â morter calch. Mae'r wal ddwyreiniol wedi dymchwel fwy neu lai, a syrthiodd darn canolog y wal ddeheuol ynghyd â'r drws. Mae'r wal orllewinol, sydd â drws ynddi, wedi'i gorchuddio'n dew â iorwg amryliw.

Arferai nant fynyddig o'r gorllewin lifo i bwll ar fuarth y fferm, sydd bellach yn sych, ond llifa'r nant yn union dan yr ardd â wal o'i chwmpas, gan ddod allan ar ei hochr ddwyreiniol a llifo i'r nant islaw.

Porfa arw sydd y tu mewn i'r ardd, â slabiau ymylol ar gyfer llwybrau sy'n ymwthio allan mewn sawl man. Mae hen ferwydden y tu allan i'r ardd â wal o'i chwmpas ar yr ochr ddeheuol o hyd. Y tu hwnt i'r man hwn mae llecyn o'r enw y 'Vineyard', er nad yw'r perchennog yn meddwl bod unrhyw arwyddocâd i hyn.

Islaw wal ddwyreiniol yr ardd mae llethr serth a blannwyd fel perllan.

Mae gan yr iard fechan ar ochr ddwyreiniol y tŷ wal allanol, sef wal beudy, i'r gogledd. Mae gan ben uchaf y wal hon hefyd slabiau ar y copa sy'n bargodi. Mynedfeydd ar gyfer yr adeilad yn y cefn sydd bellach wedi'u llenwi yw'r tair cilfach ar y lefel isaf.

Ffynonellau

Eilradd

E. Hubbard, *Clwyd* (1986), tud. 201.

PLAS·YN·LLAN

CADW

ICOMOS UK

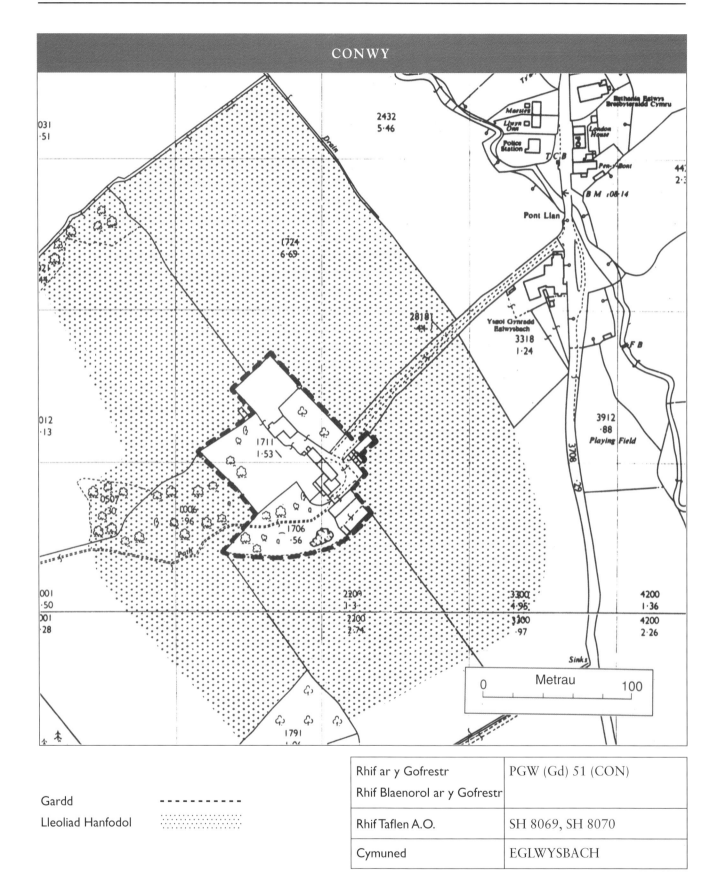

| Gardd | ----------- |
| Lleoliad Hanfodol | :::::::::::: |

Rhif ar y Gofrestr	PGW (Gd) 51 (CON)
Rhif Blaenorol ar y Gofrestr	
Rhif Taflen A.O.	SH 8069, SH 8070
Cymuned	EGLWYSBACH

CRYNODEB

Rhif cyf	PGW (Gd) 55 (CON)
Map AO	116
Cyf grid	SH 802 701
Sir flaenorol	Gwynedd
Awdurdod unedol	Conwy
Cyngor cymuned	Eglwysbach
Disgrifiadau	Adeilad rhestredig: Plas-yn-Llan Gradd II
Gwerthusiad safle	Gradd II
Prif resymau dros y graddio	Goroesiad adeiladwaith gardd derasog ddiddorol ac anarferol â wal o'i chwmpas a dorrwyd yn rhannol o greigiau sy'n perthyn i ddiwedd yr ail ganrif ar bymtheg ac a grëwyd yn ôl pob tebyg at ddefnydd Syr John Wynn o Wynnstay.
Math o safle	Gardd derasog â wal o'i chwmpas; perllan
Prif gyfnodau o adeiladu	Diwedd yr ail ganrif ar bymtheg

Disgrifiad o'r safle

Ffermdy sylweddol yw Plas-yn-Llan a'i safle ar ochr orllewinol llawr y dyffryn i'r de o bentref Eglwysbach. Yng nghefn y tŷ, i gyfeiriad y gorllewin, mae'r tir yn codi'n weddol serth. Mae'r ffordd at y fferm yn lôn heb fetlin â pherth bob ochr sy'n rhedeg i gyfeiriad y de orllewin o'r isffordd i'r de o'r pentref. Mae'n arwain at iard ysgubor gerrig sylweddol ar yr ochr ddeheuol, rhagor o dai allan cerrig i'r gorllewin a bloc sylweddol o stablau cerrig i'r gogledd. Mae'r lôn yn rhedeg o flaen y rhain at ben deheuol y tŷ.

Adeilad deulawr wedi'i rendro yw'r tŷ, â ffenestri croeslathog a myliynog, tair simnai uchel a tho llechi ar oleddf. Mae'n cynnwys prif floc ar linell yn ymestyn o'r gogledd i'r de, ag estyniad llai tua'r gorllewin yn y pen gogleddol. Mae'r brif fynedfa, drws syml â bwa crwn, ar yr ochr ddwyreiniol. Mae'r tŷ, sy'n eiddo i deulu'r Wynniaid, yn dyddio o ganol neu drydydd chwarter yr unfed ganrif ar bymtheg. Fe'i hymestynnwyd a'i addasu ar ddechrau'r ail ganrif ar bymtheg yn ôl pob tebyg. Ni wnaethpwyd unrhyw addasiadau sylweddol ers hynny. Fodd bynnag, ar ddiwedd yr ail ganrif ar bymtheg, pan adeiladwyd y bloc stablau, y digwyddodd y prif gyfnod o weithgarwch sy'n gysylltiedig â'r ardd. Cynrychiolir y cyfnod hwn yn y tŷ gan ddwy silff simnai blastr herodrol fawr sy'n dwyn arfbais a thalfyriadau teitlau Syr John Wynn, y 5ed Barwnig, o Watstay/Wynnstay, a'r dyddiad 1684.

Saif bloc stablau deulawr sylweddol i'r de o'r tŷ. Mae'n adeilad hir, uchel, ar linell yn ymestyn o'r gogledd i'r de, wedi'i adeiladu o gerrig rwbel, ac a godwyd yn erbyn y llethr i'r gorllewin. Ar yr ochr ddwyreiniol mae rhes o ddrysau uchel, â'u rhannau uchaf yn wydr, ac mae ffenestri drostynt. Yn ymyl y pen gogleddol mae drws ac o'i flaen ceir grisiau cerrig nadd hanner cylch o ansawdd uchel. Yn y pen gogleddol mae rhes o risiau i lawr at y lefel isaf. Mae'r adeilad hwn yn dyddio o ddiwedd yr ail ganrif ar bymtheg ac yn ddiamau roedd yn rhan o'r gwelliannau a gychwynnwyd ym 1684 neu o gwmpas y dyddiad hwnnw ar gyfer Syr John Wynn. Mae ei faint a'i ansawdd yn awgrymu ei fod wedi bwriadu ymweld â Phlas-yn-Llan yn achlysurol.

I'r de mae rhagor o adeiladau fferm, gan gynnwys yn bennaf ysgubor gerrig fawr a osodwyd ar ongl sgwâr i'r bloc stablau a rhes o adeiladau cerrig unllawr ar ffurf L yn union i'r de-orllewin, â phedwar agoriad llydan (mae'r un i'r de wedi'i lenwi) ar yr ochrau sy'n wynebu tua'r dwyrain a'r de.

Mae gardd Plas-yn-Llan o faint cymedrol ac yn rhannu'n ddwy brif ran: y tir gwastad o flaen y tŷ a'r tir ar oleddf serth yn y cefn. Ar y tu

blaen, i'r dwyrain o'r tŷ, mae darn hirsgwar o dir amgaeëdig â wal gerrig o'i gwmpas sy'n ymestyn o ben gogleddol y tŷ at y lôn i'r de ohono. Mae'r wal wedi'i chodi o rwbel, tua 1.2 medr o uchder, heb gopâu. Porfa sy'n tyfu ar y tu mewn ac mae da byw yn pori yno weithiau, ac mae ychydig o goed ffrwythau bach yn y pen deheuol. Mae llwybr, sydd wedi'i ffensio oddi wrth weddill y darn amgaeëdig, yn arwain at y drws ffrynt.

Mae'r ardd y tu ôl i'r tŷ â wal o'i chwmpas yn derasog a nis defnyddiwyd fel gardd ers tro byd. Bellach mae porfa'n tyfu dros y rhan helaethaf ohoni ac mae defaid yn pori yno. Yn union y tu ôl i'r tŷ torrwyd wyneb unionsyth i mewn i'r llethr er mwyn cynnig llwyfan gwastad i'r tŷ. Cynhelir yr wyneb hwn yn rhannol gan wal gerrig rwbel, a lle mae'r wal gerrig yn cyfarfod ag wyneb y graig mae rhes o risiau cerrig bregus a grisiau a dorrwyd o'r graig sy'n arwain i fyny at lain wastad o dir lle mae llwybr llai o'r iard i'r de yn arwain at lawr uchaf pen gogleddol y tŷ. Mae'r ardd go iawn yn cychwyn uwchben a lefel hon.

Mae'r ardd yn cynnwys dau ddarn amgaeëdig o dir â wal o'u cwmpas ar y llethr serth. Gorwedd y darn amgaeëdig mwyaf o dir y tu ôl i'r tŷ a'r bloc stablau; gorwedd yr ail ddarn, sy'n berllan yn ôl pob tebyg, i'r de ohono. Ar y gwaelod, gellir cyrraedd y prif ddarn amgaeëdig o dir ar hyd rhes o risiau a dorrwyd o'r graig, sydd â phorfa'n tyfu drostynt bellach, ar linell yn ymestyn o'r gogledd i'r de ac wedi'u gosod yn erbyn cornel o'r ardd sy'n bargodi'n uchel, ac fe'u cynhelir yn y dwyrain a'r gogledd gan waliau cerrig rwbel. Mae'r rhain yn creu llwyfan uchel a allai fod wedi bod yn wylfan o ryw fath. Ar wahân i'r wal hon nid oes wal amgáu ar hyd gwaelod yr ardd.

Ym mhen uchaf ochr ogleddol y darn amgaeëdig o dir mae wal gerrig rwbel gynhaliol enfawr, ag olion rendro, a'i phen gogleddol wedi'i dorri lawr gan sycamorwydden fawr sy'n tyfu ynddo. Ar hyd yr ochr ogleddol mae olion wal a adeiladwyd o flociau cerrig mawr. Islaw'r wal gynhaliol mae teras cul, llethr serth a dorrwyd o'r graig yn rhannol, ac yna deras lletach, â llethr islaw.

Yng nghanol pen uchaf yr ardd mae gris-lwyfan mawr a dorrwyd o'r graig ag olion grisiau a dorrwyd o'r graig yn dod i lawr oddi arno ar yr ochr ogleddol a rhes o risiau a dorrwyd o'r graig yn arwain tua'r dwyrain i lawr y llethr. Mae wal greigiog isel i'r de ohonynt a chlogwyn yn disgyn i'r terasau i'r gogledd ohonynt. I'r de mae tri theras gan ran uchaf yr ardd, wedi'u rhannu gan lethrau serth a dorrwyd yn rhannol o'r graig. Mae derwen fawr yn tyfu ar yr ail lethr serth. Yng nghefn y teras uchaf mae llethr serth â darn bach o wal gynhaliol yn y pen deheuol. Islaw mae llethr i lawr at y llwyfan yn y gornel a grisiau ar waelod yr ardd. Ar yr ochr ddeheuol amgaeir yr ardd â wal gerrig rwbel sydd wedi'i dinistrio'n rhannol.

Ac eithrio'r terasau a'r grisiau ni ellir gweld unrhyw gynllun mewnol gan fod porfa'n tyfu dros yr holl ddarn o dir amgaeëdig a chan fod defaid yn pori arno. Ymledodd rhai hadblanhigion, coed sycamorwydd a derw yn enwedig, ond nid oes yma unrhyw blannu gwreiddiol.

I'r de o'r prif ddarn o dir amgaeëdig mae un llai arall, a amgylchynwyd gan waliau cerrig rwbel isel. Mae'r tir yn disgyn yn serth tua'r dwyrain ac nid yw'n derasog. Mae porfa'n tyfu dros y darn o dir amgaeëdig a phlannwyd coed ceirios yno. Mae'n debyg mai perllan oedd yno erioed.

Mae hanes yr ardd yn gysylltiedig â hanes y tŷ a'r bloc stablau; mae'n debyg iddi gael ei chreu tua 1684, pan wnaed gwelliannau sylweddol i Blas-yn-Llan gan Syr John Wynn ar gyfer ei ddefnyddio'n achlysurol. Byddai arddull ffurfiol, derasog yr ardd yn cyd-fynd â'r dyddiad hwn a byddai creu gardd mor drawiadol, yn ogystal ag adeiladu'r bloc stablau ac addasu'r tŷ, wedi codi statws y tŷ o fod yn ffermdy syml i fod yn dŷ bonedd, hyd yn oed os mai'n achlysurol yn unig oedd hyn.

Ffynonellau

Sylfaenol
Gwybodaeth oddi wrth Mr P. Welford.

CADW

VOELAS

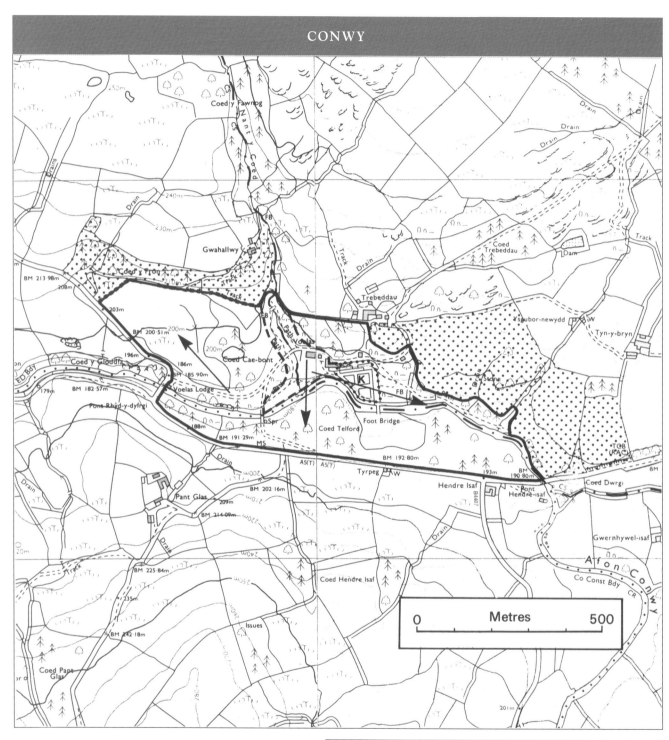

Ffin y Parc	——————————
Gardd	- - - - - - - - - -
Gardd Lysiau	••••••••••••••••
Lleoliad Hanfodol	⁝⁝⁝⁝⁝⁝⁝⁝⁝⁝⁝
Golygfa Arwyddocaol	————————▶

Rhif ar y Gofrestr	PGW (Gd) 59 (CON)
Rhif Blaenorol ar y Gofrestr	PGW (C) 61
Rhif Taflen A.O.	SH 85 SW, SH 85 SE
Cymuned	BRO GARMON

CRYNODEB

Rhif cyf	PGW (Gd) 59 (CON)
Rhif Cyf Blaenorol	PGW (C) 61
Map AO	116
Cyf grid	SH 850 515
Sir flaenorol	Clwyd
Awdurdod unedol	Conwy
Cyngor cymuned	Pentrefoelas
Disgrifiadau	Adeiladau rhestredig: Voelas Gradd II*, Hafdy Gradd II, Golchdy a stabl Gradd II, cerbyty Gradd II, Waliau gardd, terasau a thŷ eirin gwlanog Gradd II, pont lôn Gradd II. Heneb Gofrestredig: carreg Brohomalgi (De96).
Gwerthusiad safle	Gradd II*
Prif resymau dros y graddio	Tŷ, gardd a pharc mewn ardal hynod ddymunol yn nyffryn Conwy, â'r afon yn brif ganolbwynt. Mae safle'r tŷ, yr ardd, yr ardd derasog â wal o'i chwmpas a'r rhodfeydd coetir yn manteisio'n llawn ar yr olygfa hynod braf hon. Mae rhodfa'r afon i'r dwyrain o'r ardd yn arbennig o ddymunol.
Math o safle	Gardd derasog; gardd derasog â wal o'i chwmpas; parc dymunol â rhodfeydd yr afon a choetir.
Prif gyfnodau o adeiladu	1813–19; tua 1860; 1957–61.

Disgrifiad o'r safle

Tŷ sylweddol yw Voelas a blastrwyd yn wyn mewn arddull Glasurol ar lwyfan gwastad a dorrwyd allan o'r llethr serth ar ochr ogleddol afon Conwy, i'r gorllewin o bentref Pentrefoelas. Fe'i hadeiladwyd ym 1957–61 gan Syr Clough Williams-Ellis ar gyfer y Cyrnol John Wynne-Finch. Mae'n adeilad deulawr, â ffenestri codi a phediment canolog ar yr wyneb deheuol. Ar yr wyneb gogleddol mae plac herodrol â'r arwyddair 'singula in uno'.

Roedd y tŷ cyntaf ar y safle, a elwid Lima, yn fila Gothig cyfnod y Rhaglywiaeth a adeiladwyd ym 1813–19 gan yr Anrh. Charles Finch, a oedd yn briod ag etifeddes y Wynniaid. Tŷ cynharaf y Wynniaid yn yr ardal oedd Hen Voelas, i'r gogledd-orllewin o Bentrefoelas, a ddymchwelwyd yr adeg hon (1819). Ym 1856–58 adeiladodd Charles Wynne-Finch, ŵyr Finch, dŷ briciau llawer mwy ar y safle, gan amgáu'r hen dŷ o'i fewn, a newidiodd yr enw i Voelas. Gwelir tŷ cyfnod y Rhaglywiaeth yn ei le o hyd mewn albwm ffotograffau o 1861.

Mae amrywiaeth o dai allan i'r dwyrain o'r tŷ, wedi'u trefnu o amgylch iard stablau i'r gogledd o'r ardd â wal o'i chwmpas. Mae'r rhan fwyaf o gerrig, ac yn perthyn i'r un cyfnod â'r ardd â wal o'i chwmpas, sy'n dyddio o oes Fictoria. Mae'r adeilad sy'n wynebu tua'r gorllewin wedi'i rendro ac yn dalcennog. I'r de ohono mae adeilad cerrig deulawr â phen gorllewinol sy'n gwyro, ac o'i gwmpas mae'r llwybr graean i'r ardd â wal o'i chwmpas yn troi.

Mae gan Voelas barc bach, yn bennaf i'r de o'r tŷ, ar bob ochr i afon Conwy, a ffordd yr A5 yn ffin iddo ar yr ochr ddeheuol. Mae gan y parc afon yn ganolbwynt iddo, ac mae'n ymestyn o Bont Rhyd-y-dyfrgi, a elwid yn Bont Lima yn y bedwaredd ganrif ar bymtheg, yn y pen gorllewinol, i Bont Hendre Isaf yn y pen dwyreiniol. Mae'r afon yn hynod ddeniadol a dymunol yma, â chwrs troellog a gwely creigiog. Mae'n rhoi cymeriad dymunol iawn i'r parc a'r ardd, a gwnaed defnydd llawn ohoni wrth eu cynllunio. Prif nodwedd tirlunio'r parc, sy'n uno'n ddiarwybod â'r ardd, yw'r rhodfeydd syml ar hyd yr afon, ar yr ochr ogleddol yn

bennaf. Bellach diflannodd pompren y gellid mynd drosti o'r ardd i ochr ddeheuol yr afon.

Gellir cyrraedd y tŷ ar hyd dwy lôn. Mae'r lôn gyntaf yn rhedeg o borthordy Fictorianaidd (1862) ar safle dramatig ger Pont Rhyd-y-dyfrgi, sy'n dyddio o'r 1860au, ym mhen gorllewinol y parc. Ysbrydolwyd y porthordy gan ymweliad ag Awstria, ac yn ôl pob sôn mae'r arddull yn 'Awstriaidd Tyrolaidd'. Mae'r ail lôn yn rhedeg o fynedfa syml oddi ar yr A5 at ben deheuol y tŷ, dros yr afon ar bont gerrig sylweddol, a adeiladwyd ym 1788, ac yna'n ymuno â'r lôn gyntaf. Yn wreiddiol roedd ffordd gyhoeddus yn mynd dros y bont ar hyd ffin orllewinol y parc, ond dargyfeiriwyd hi tua'r gorllewin i Bont Rhyd-y-dyfrgi pan ymestynnwyd y parc yn y 1860au.

Mae llawer o'r parc yng Ngwynedd, ac mae'r afon ac isafon i'r gorllewin o'r tŷ yn ffurfio ffin y sir. Mae tir, sy'n gwyro i lawr at yr afon ar bob ochr, ag ychydig iawn o wastatir, yn goediog yn bennaf â choetir collddail lled naturiol a rhai conifferau. I'r de o'r ardd, ac yn union i'r gorllewin ohoni coed ffawydd yw'r coetir yn bennaf. Mae rhai coed addurnol, conifferau yn bennaf. Mae llethrau o rododendronau'n nodweddu'r parc, yn enwedig yn ymyl y tŷ, ar hyd y brif lôn, sydd ar ymyl y coetir i'r de o'r afon, ac yn y llecyn coediog i'r dwyrain o'r ardd â wal o'i chwmpas. Mae rhodfa afon ddymunol yn rhedeg o'r ardd tua'r dwyrain drwy goetir ar hyd yr afon. Mae'n croesi sawl nant fach sy'n treiglo'n hamddenol, ac mae ei phen dwyreiniol yn esgyn wrth ymyl grisiau isel ag ymylon cerrig at giât fach ar ffin y parc. Saif adeilad bach sy'n cynnwys y generadur (sy'n segur) yn ymyl y llwybr.

Gwnaethpwyd y rhan fwyaf o'r parc gan Charles Wynne-Finch yn y 1860au. Ar fap y degwm 1846 dim ond y tŷ, tai allan a lôn syth o isffordd i'r gorllewin a welir. Erbyn cyfnod map Arolwg Ordnans y 1870au roedd y lonydd a'r llwybrau troed presennol wedi eu gwneud. Ar yr adeg hon yr unig lecyn a oedd heb ei ddatblygu oedd y coetir i'r gogledd o'r afon, i'r dwyrain o'r ardd â wal o'i chwmpas, a'i rodfa afon. Ychwanegwyd hwn erbyn 1913, pan welir ef ar y map Arolwg Ordnans 25 modfedd. Mae peth o'r plannu, yn enwedig y rhododendronau, yn perthyn i ddiwedd y bedwaredd ganrif ar bymtheg neu ddechrau'r ugeinfed ganrif yn ôl pob tebyg.

Gorwedd yr ardd i'r de ac i'r gorllewin o'r tŷ, ar dir sy'n gwyro tua'r de i'r afon. I'r gorllewin mae'r ardd yn uno â'r parc coediog, ac i'r dwyrain y ffin yw'r iard stablau a'r ardd â wal o'i chwmpas. Mae'r rhan fwyaf o adeiladwaith yr ardd yn dyddio o ganol y bedwaredd ganrif ar bymtheg yn ôl pob tebyg, pan ailadeiladwyd y tŷ gan Charles Wynne-Finch. Nid yw map y degwm 1846 yn rhoi unrhyw fanylion am yr ardd a dim ond y lôn yn dod i mewn o'r gorllewin a welir arno. Mewn albwm ffotograffau o 1861, sy'n dangos y tŷ a'r ardd ychydig cyn i'r addasiadau helaeth ddigwydd, gwelir coed pinwydd ar y llethr islaw'r tŷ, a cholomendy, sydd bellach wedi diflannu, i'r de-ddwyrain ohono. Nodir mewn capsiynau dan y ffotograffau bod llawer o goed yn cael eu torri yn yr ardd, a bod y ceunant wedi'i glirio ym 1861. Ar fap Arolwg Ordnans y 1870au gwelir teras o flaen y tŷ, a'r rhodfeydd presennol i fyny'r rhagnant (y ceunant), ac i mewn i'r coetir i'r gorllewin. Mae peth o'r plannu addurnol, yn enwedig y rhododendronau a'r asaleâu, yn ddiweddarach yn ôl pob tebyg. Ceir tystiolaeth efallai fod y terasau wedi'u cynnal gan waliau cerrig yn wreiddiol. Yn ôl pob tebyg mae wal gynhaliol bresennol y teras gorllewinol yn dyddio o'r cyfnod o ailadeiladu ym 1957–61 gan Clough Williams-Ellis.

Yn ei hanfod mae'r cynllun presennol yn cynnwys teras a blaengwrt o amgylch y tŷ, lawnt derasog ar oleddf i lawr at yr afon, a rhodfa goetir i fyny bob ochr y rhagnant i'r gorllewin. Daw'r lôn i mewn i'r ardd i'r gorllewin o'r tŷ, gan groesi'r rhagnant ar bont gerrig, ac mae'n arwain at flaengwrt a dorrwyd o'r graig i'r gogledd o'r tŷ. Wedyn mae'n mynd yn ei blaen i'r iard stablau. Cuddir y blaengwrt o'r ardd i'r dwyrain o'r tŷ gan wal uchel wedi'i rendro ac a addurnwyd â mes ar ei phennau uchaf. Yn ei herbyn, ar ochr yr ardd, mae pafiliwn unllawr wedi'i rendro, â ffenestri bwaog. Mae hwn yn perthyn i'r un cyfnod â'r tŷ, a chanddo baneli Elisabethaidd o Hen Voelas.

Mae teras â llwybr graean llydan yn rhedeg ar hyd ochrau deheuol a gorllewinol y tŷ. I'r de, llethr laswelltog yw'r ffin, â grisiau cerrig llydan i lawr at y lefel nesaf. I'r gorllewin wal gynhaliol sych yw'r ffin, â bargod mewn hanner cylch yn ymyl ei phen gogleddol, gyferbyn â'r drws ochr. Islaw, mae'r tir yn disgyn i'r nant. Islaw'r prif deras, ar yr ochr ddeheuol, mae teras culach arall, ac islaw hwnnw mae llethr fach ac yna'r llethr naturiol at yr afon. Porfa yw hon, â blodau'r gwanwyn. Yr unig goed yw un hen dderwen ar y llethr, ac un arall ger yr afon (a syrthiodd ym 1994). Mae'r lawnt yn mynd yn ei blaen, gan gulhau, i'r gorllewin, rhwng y coetir ffawydd a'r afon. Addurnir y coed â rhai rhododendronau a chonifferau. Mae llwybr glaswelltog yn rhedeg ar hyd glan yr afon, gan groesi'r nant dros bont gerrig fach. Mae'n mynd yn ei blaen tua'r gorllewin at y bont a thua'r dwyrain ar hyd ochr allanol yr ardd â wal o'i chwmpas i'r coetir a thu hwnt. Islaw'r llwybr mae wal gynhaliol risiog i'r afon.

Ym mhen dwyreiniol yr ardd mae llwybr graean yn troi o amgylch y tai allan, â bocs cysgodol a pherth yw ar ei hochr ogleddol. Ar ddiwedd yr ardd mae perth yw a giât haearn yn rhan o wal yr ardd. Yn ymyl y rhain mae sycamorwydden fawr.

I'r gogledd-orllewin o'r tŷ mae rhan o'r ardd sydd ar wahân. Mae hon yn ardal goetir anffurfiol o goed collddail a chonifferau, â rhododendronau ac asaleâu wedi'u plannu oddi tanynt. Mae llwybr graean troellog yn arwain i fyny ochr orllewinol y ceunant, drwy'r coetir, at bompren slabiau cerrig syml dros y nant, ac yna'n ymdroelli yn ôl i lawr ochr orllewinol y dyffryn.

Gorwedd yr ardd â wal o'i chwmpas i'r dwyrain o'r ardd hamdden, i'r de o'r iard stablau a'r tai allan. Fe'i gwnaed yn y 1860au, fel rhan o welliannau Charles Wynne-Finch. O ran ffurf mae'n hirsgwar wedi'i byrhau, ag ochrau syth i'r gogledd, gorllewin a'r dwyrain, â'r ochr ddeheuol yn gwyro ac yn dilyn glan yr afon. Waliau cerrig sy'n ffinio'r ardd ar yr ochrau gogleddol, gorllewinol a dwyreiniol, a rheiliau haearn ar hyd yr afon ar yr ochr ddeheuol. Mae wedi'i lleoli o'r gogledd i'r de, â'r rhan uchaf ar y llethr serth i lawr at lefel yr afon, a'r rhan isaf ar dir gwastad ar y gorlifdir. Rhennir y rhan uchaf yn dri theras wedi'u gwahanu gan waliau cerrig cynhaliol a'u cysylltu gan risiau. Ar ymylon y terasau mae waliau canllaw isel â chopâu gwastad.

Yn gefn i'r teras uchaf mae wal gerrig uchel â drws drwyddo i'r iard, a graean yw'r wyneb i raddau helaeth. Yn y pen gorllewinol mae siedau cerrig a thŷ gwydr sy'n pwyso yn erbyn y wal, ac yn ei ymyl cefn briciau hen dŷ gwydr. Yn y pen dwyreiniol mae tŷ gwydr cul sy'n pwyso yn erbyn y wal â tho crwn ar sylfaen o friciau. Tŷ eirin gwlanog yw hwn, ac fe'i hadeiladwyd yn y 1890au. Ym hob pen mae grisiau'n arwain i lawr at y teras canol.

Mae'r teras canol yn gulach. Yn ei ben dwyreiniol mae grisiau cerrig llydan â phileri sgwâr ar bob ochr sy'n arwain i fyny at lethr greigiog. Cynlluniwyd hwn yn anffurfiol, â llwybrau cul, a grisiau cul yn arwain i fyny at giât haearn i mewn i rodfa'r coetir i'r dwyrain. I'r gogledd ffin y llethr greigiog yw perth ffawydd ar y lôn gefn i Drebeddau. Ceir darn uchel yng nghanol y teras, ac islaw mae dwy res o risiau sy'n arwain i lawr at y teras isaf ar hyd llwyfan bach ag wyneb coblog, a'i ganol wedi'i osod mewn patrwm diemwntau. Ym

mhen gorllewinol y teras mae coeden fagnolia fawr, a'r giât i mewn i'r ardd hamdden.

Mae gan y teras isaf risiau i lawr bob pen, â maen melin wedi'i osod yn y palmant o flaen y grisiau dwyreiniol.

Mae rhan isaf yr ardd yn wastad, ac wedi'i gosod allan yn lawnt, â llwybrau graean croes â pherthi ffawydd ar bob ochr. Saif coeden afalau yn y canol. Mae llwybr yn rhedeg ar hyd gwaelod y terasau, gan arwain at giât i mewn i'r coetir i'r dwyrain ac at y grisiau yn y pen gorllewinol. Mae'r wal ddwyreiniol tua 3 medr o uchder, â chopa o gerrig gwastad. Ceir bwlch gyferbyn â'r prif lwybr croes, ac yn y pen deheuol mae'r llwybr yn arwain at giât haearn yn y wal â ffrâm haearn o'i amgylch ar y tu mewn. Ffens haearn yw ffin yr ardd ar ei hochr ddeheuol, ac yn ymyl y pen gorllewinol mae giât â grisiau sy'n arwain at y rhodfa ar lan yr afon.

Ffynonellau

Sylfaenol

Map y degwm 1846: Swyddfa Gofnodion Clwyd (Rhuthun).

Albwm ffotograffau teuluol 1861 (casgliad personol).

Golygfeydd amrywiol 1870–80 (MS G.E. Wynne): Llyfrgell Genedlaethol Cymru, lluniau cyfr. 310, tud. 53, 55, 57, 61; lluniau cyfr. 311, tud. 99: lluniau cyf. 309, tud. 106, 107, 112.

Eilradd

D. Pratt, a A.G. Veysey, *A Handlist of the Topographical Prints of Clwyd* (1977), rhif. 508.

E. Hubbard, *Clwyd* (1986), tud. 259.

CADW

WERN ISAF (ROSEBRIARS)

ICOMOS UK

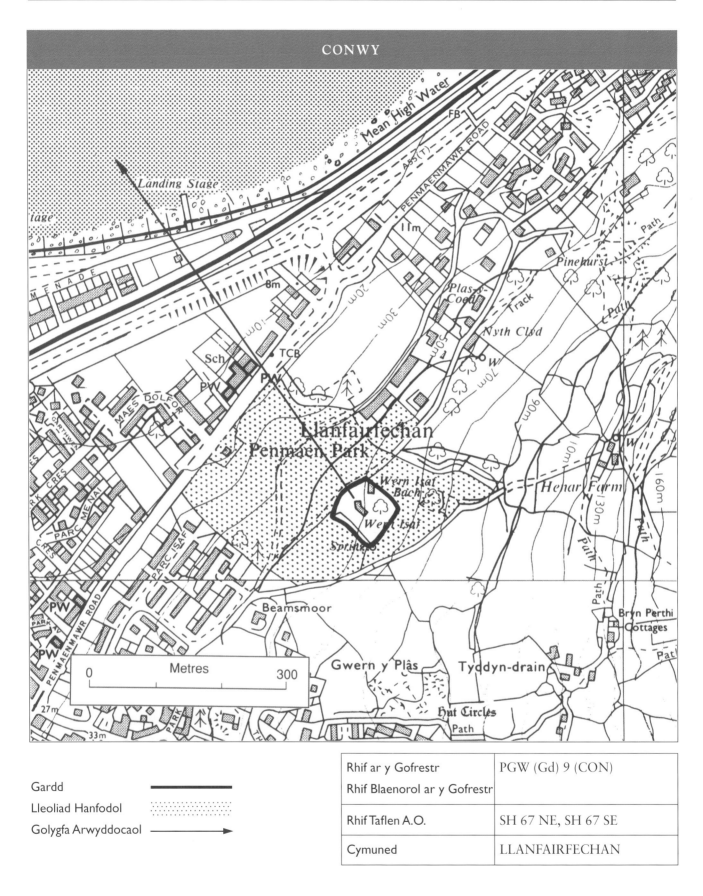

Rhif ar y Gofrestr	PGW (Gd) 9 (CON)
Rhif Blaenorol ar y Gofrestr	
Rhif Taflen A.O.	SH 67 NE, SH 67 SE
Cymuned	LLANFAIRFECHAN

Gardd ————

Lleoliad Hanfodol ·············

Golygfa Arwyddocaol ——————→

CRYNODEB

Rhif cyf	PGW (Gd) 9 (CON)
Map AO	115
Cyf grid	SH 686 751
Sir flaenorol	Gwynedd
Awdurdod unedol	Conwy
Cyngor cymuned	Llanfairfechan
Disgrifiadau	Adeilad rhestredig: Wern Isaf Gradd II*
Gwerthusiad safle	Gradd II
Prif resymau dros y graddio	Gardd Celf a Chrefft a grëwyd ac a gynlluniwyd gan bensaer y tŷ, Herbert Luck North, sy'n cydoesi â'r tŷ. Cyfunwyd cynllun y terasau â chynllun y tŷ yn ofalus, ac felly mae teimlad cryf o undod i'r cyfan.
Math o safle	Tŷ a gardd Celf a Chrefft o tua 1900 sy'n fach ond heb eu newid yn sylfaenol.
Prif gyfnodau o adeiladu	1900

Disgrifiad o'r safle

Tŷ yn ôl arddull Celf a Chrefft yw Wern Isaf, a elwid yn Rosebriers gynt, a gynlluniwyd ac a adeiladwyd ym 1900 gan Herbert Luck North iddo'i hun. Fe'i lleolir ym Mharc Penmaen ar ymyl ddwyreiniol Llanfairfechan, ar lethr sy'n wynebu tua'r gogledd-orllewin, gan edrych allan i'r môr tuag at Ynys Môn ac Ynys Seiriol.

Mae'n dŷ deulawr, wedi'i adeiladu o friciau â manylion gwenithfaen, ac wedi'i rendro, ac mae ganddo do llechi â simnai ganolog. Mae ei gynllun yn anarferol, yn seiliedig ar neuadd wythonglog ag adain ar bob ochr, a bloc unllawr ar gyfer y gweision ynghlwm wrth y de-ddwyrain. Mae'r ffenestri'n fawr ac yn niferus, ffenestri codi tal ar y llawr uchaf a ffenestri adeiniog islaw, ac mae'r drws sy'n wynebu'r ardd hefyd yn wydr, gan roi golau prydferth ar y tu mewn.

Daeth H.L. North yn wreiddiol o Lanfairfechan, ond gweithiai yn Llundain fel disgybl i Henry Wilson ac yna i Edwin Lutyens a W.A. Pite ar ddiwedd y bedwaredd ganrif ar bymtheg. Dychwelodd i Lanfairfechan gyda'i deulu ym 1901, pan oedd Rosebriers wedi'i gwblhau, a sefydlodd ei bractis ei hunan yng Nghonwy, gan weithio mewn swyddfeydd yno tan 1906, ac ar ôl hynny gweithiai o'i gartref. Ym 1926 cymerodd ei fab yng nghyfraith, P.M. Padmore, yn bartner, a'r bartneriaeth oedd yn gyfrifol am ystad dai The Close yn Llanfairfechan, yn ogystal â nifer o dai, eglwysi, capeli ac adeiladau ysgol eraill. Bu farw North yn Rosebriers ym 1941, ac mae'r tŷ yn aros yn nwylo'r teulu.

Saif Wern Isaf Bach i'r gogledd o Rosebriers, o fewn yr ardd, a bellach mae ffens haearn, a godwyd pan oedd y ddau eiddo'n cael eu gosod ar wahân, yn eu gwahanu. Fe'i cynlluniwyd gan North a'i adeiladu tua 1925. Yn yr adeilad hwn, a godwyd yn ôl arddull hafoty, yr oedd cogydd a garddwr y Northiaid a'u teulu yn byw. Ers hynny addaswyd modurdy, a oedd yn rhan o'r tŷ ar ei ben deheuol, yn gegin.

Mae'r safle uchel tua 0.5 cilomedr o'r môr ac yn agored i wyntoedd hallt cryf ar adegau. Ceir peth cysgod gan goed derw mawr, a oedd eisoes yn aeddfed pan adeiladwyd y tŷ ac sy'n weddill o'r coed a oedd ar y safle cyn i'r gwaith adeiladu gychwyn. Heb y coed derw byddai'r lleoliad yn hynod agored.

Mae'r ardd yn perthyn i'r un cyfnod â'r tŷ, ac fe'i crëwyd a'i chynllunio gan y pensaer a'r perchennog gwreiddiol, Herbert Luck

North. Mae ei chynllun yn cyd-fynd yn dda â chynllun y tŷ ac mae'r ddau yn ffurfio cyfanrwydd unedig boddhaol. Nid yw'r ardd yn fawr, ond mae'n cynnwys nifer o rannau gwahanol. Cynlluniwyd y rhan uchaf, i'r de-ddwyrain, yn ardd wyllt, o gwmpas nifer o goed derw mawr ar ôl ar y safle. Mewn cyferbyniad â hyn, gosodwyd dwy haen o derasau lled chweonglog, â ffin o waliau sychion, o amgylch y tŷ. Roedd gan y rhain welyau ffurfiol ag ymylon bocs, a lawntiau. Rhwng y ffurfiol a'r anffurfiol roedd llecynnau a blannwyd â llwyni, cwrt tenis, nant a phwll, ac, i'r gogledd-ddwyrain o'r lôn, llecyn arall o lwyni â phergola rhosod a roddodd yr enw gwreiddiol i'r tŷ.

Gosodwyd y tŷ ar rent am gyfnod hir, tra bod y teulu'n byw mewn man arall yn Llanfairfechan, ac yn ystod y cyfnod hwn dioddefodd yr ardd dipyn o esgeulustod. Ni dderbyniodd yr ardd wyllt unrhyw ofal am flynyddoedd lawer a thyfodd yn hollol wyllt. Collwyd y pergola rhosod, addaswyd y pwll a bu farw peth o'r plannu gwreiddiol neu tyfasant yn wyllt. Fodd bynnag, er gwaethaf hyn arhosodd cynllun gwreiddiol yr ardd yn glir a phan gychwynnwyd ar yr atgyweirio'n ddiweddar, llwyddwyd i ailddarganfod neu ail-greu'r rhan fwyaf o'r cynllun. Mae'r perchennog presennol yn cofio'r ardd fel yr oedd pan âi ar ymweliad yno yn blentyn, a chan ddefnyddio cynllun gwreiddiol a'i chof yn arweiniad aethpwyd ati i'w hadfer mor agos â phosibl i'w chyflwr gwreiddiol.

Daw'r lôn raeanog o gyfeiriad y gorllewin o amgylch gogledd y tŷ at y man parcio/troi i'r gogledd-ddwyrain ohono. Mae gan y brif fynedfa byst cerrig syml a giât haearn wedi'i phaentio yn wyn, a wnaed o stribedi gwastad a folltiwyd at ei gilydd yn gris-groes o fewn ffrâm hirsgwar. Hefyd mae giât haearn heb baent arni rhwng y lôn a Wern Isaf Bach. Ac eithrio hon yr unig ffordd at y safle yw dros gamfa gerrig dros y wal gerrig derfyn, ar ddiwedd y llwybr pergola. Mae giât bren fach ar gyfer cerddwyr yn arwain at Wern Isaf Bach yng nghornel ogleddol y llain.

Saif y tŷ ar lethr serth, ac mae dau deras ar yr ochr waered (de-orllewinol), sy'n gweddu i ffurf lled chweonglog y tŷ. Mae'r teras uchaf yn gul, â llwybrau a gwelyau ffurfiol ag ymylon bocs, ac mae'r teras isaf yn lletach, â phorfa. Mae waliau cynhaliol sych isel yn ffinio'r ddau deras ac maent ar eu huchaf yn y de-orllewin, gan ddiflannu'n raddol i'r gogledd a'r de-ddwyrain wrth i'r llethr gyrraedd yr un lefel.

Yn wreiddiol, fel y gwelir o gynllun y pensaer, roedd y gwelyau ar y teras uchaf yn cynnwys borderi a redai ar hyd ochr allanol y teras ac yn erbyn y tŷ, â dau wely ynys chweonglog i'r de-orllewin a'r de-ddwyrain. Rhedai'r llwybr rhwng y borderi allanol a mewnol ond amgylchynent y gwelyau ynys yn gyfan gwbl, am fod natur gul y terasau yn ymyrryd â'r borderi allanol a mewnol yn y mannau hyn. Mae drws yng nghanol wal dde-orllewinol y tŷ, ac yn hytrach na gwely ynys yn y lleoliad hwn mae'r llwybr yn lledu, gan ymagor yn llecyn bach o borfa i'w groesi cyn cyrraedd y grisiau i lawr i'r teras isaf a'r pwll.

Aeth ffurf y gwely chweonglog i'r de-orllewin yn fwy meddal gyda threigl amser a chanlyniad hyn yw ei fod yn grwn fwy neu lai, a diflannodd y gwely de-ddwyreiniol, ond fel arall mae'r cynllun hwn yn dal yn ei le. Mae canllaw wal gynhaliol y teras tua 35 centimedr o uchder ac mae ganddo gopa llechi gwastad, llydan. Llechi yw'r grisiau i lawr at y teras isaf hefyd, â chopâu tebyg ar y waliau isel bob ochr iddynt.

Mae'r teras isaf yn lletach, â phorfa, heb welyau na borderi, a cherrig stepiau'n mynd ar draws y borfa o'r grisiau i fyny at y teras uchaf at y rhai i lawr wrth y pwll. Nid oes canllaw, ac mae cerrig ffurfiedig (ond heb fod yn nadd) cwrs uchaf y wal gynhaliol yn gydwastad â'r borfa. I'r gogledd mae'r lawnt yn cyfarfod ag ymyl y lôn, ond i'r de-ddwyrain mae'r llethr ychydig yn fwy serth, ac ar ddiwedd y teras fe'i torrwyd yn ôl iddi am ychydig bellter, gan ddod i ben gyda wal sych sy'n cynnal y tir uwchlaw.

Mae tua hanner yr ardd sydd ar frig y llain ac uwchlaw'r tŷ i'r de-ddwyrain yn ffurfio'r ardal wyllt. Roedd nifer o goed mawr yma'n barod pan gynlluniwyd yr ardd a bellach mae llawer rhagor o goed hunanheuedig, felly cymeriad coediog sydd i'r ardal wyllt. Mae nifer o gyrsiau dŵr bach iawn, gan gynnwys un sy'n codi o ffynnon, yn croesi'r coetir, gan achosi i'r ddaear fod yn llaith ac yn sbyngaidd. Mae'r rhan fwyaf o'r dŵr yn cyrraedd y nant fechan sy'n rhedeg ar hyd ymyl dde-orllewinol yr ardd.

Gan fod llain safle'r tŷ wedi'i dorri i mewn i'r llethr, mae wal sych yn ffurfio ymyl isaf y coetir gan ddilyn fwy neu lai ffin allanol y tŷ a'r lle parcio. Gellir cyrraedd yr ardd wyllt drwy fynd ar hyd grisiau cerrig pren garw i fyny'r wal hon mewn dau neu dri man.

Mae'r nant yn naturiol, gan ddod i mewn i'r ardd yn y gornel ddeheuol a'i gadael yn y gorllewin. Fodd bynnag, fe'i sianelwyd yn fras â cherrig, ac mae'r sianel yn weddol ddwfn mewn mannau. Mae pwll bach crwn yn union i'r de-orllewin o ddrws de-orllewinol y tŷ a'r grisiau teras, ac ailgyfeiriwyd y nant i redeg drwyddo. Leiniwyd y pwll â choncrid ac mae ganddo ochrau syth; byddai'n ddwfn i'w faint (tua 1.5 ar draws) ond nid yw'n llawn bellach. Fe'i haddaswyd, ac yn wreiddiol roedd yn fasach a'r nant heb ei sianelu mor ddwfn. Er bod peth plannu addurnol o'i gwmpas, â'i leoliad yn amlwg yn bwysig i gynllun yr ardd, fe'i bwriadwyd at ddiben ymarferol hefyd, fel cafn golchi defaid. Yn rhyfeddach, mae iddo ddiben arall. Yn ôl y pensaer, mae ysbryd y tŷ ('Spirit of the House') yn esgyn o'r goeden dderwen yng nghanol y cylchdro ym mhen gogledd-ddwyreiniol y tŷ, yn disgleirio drwy'r crisial yn y drws blaen, yn mynd allan drwy ddrws gwydr yr ardd, ac yn suddo i mewn i ddŵr y pwll.

Diflannodd y pergola a'r rhosod, ond mae'r llwybr a redai islaw yno o hyd, gan arwain tua'r gogledd o'r lôn at gamfa dros y wal derfyn. Torrwyd y llwybr hwn i mewn i'r llethr rhywfaint ar y dwyrain, gan greu clawdd ar yr ochr honno. Gwelir o gynllun y pensaer fod chwe bwa yno ar un adeg a gwely rhosod trionglog i'r gorllewin o'r pergola.

Mae'r cwrt tenis i'r de-ddwyrain o'r tŷ, rhyngddo a'r ardd wyllt. Mae uwchlaw'r wal gynhaliol y tu cefn i'r tŷ, ond wedi'i dorri yn ôl ymhellach i mewn i'r llethr ar y de-ddwyrain a'r de-orllewin. Mae'r cloddiau a grëwyd felly yn rhai cynhaliol sych, a cheir llethr laswelltog islaw ar ei ochr isaf. Nid yw'n cael ei gadw fel cwrt tenis, ond fe'i defnyddir bellach fel gardd lysiau yn rhannol.

Rhennir gweddill yr ardd yn ddwy ran, i'r gogledd o'r lôn ac i'r de ohoni. Yn sylfaenol mae'r ddwy ran yn laswelltog â llwyni a choed yma ac acw, a'r naill a'r llall ag elfen ffurfiol yn wreiddiol – yn y rhan ogleddol, y gwely rhosod trionglog, ac yn y rhan ddeheuol, deial haul â phalmant o'i gwmpas. Bellach diflannodd y ddwy nodwedd hon.

Gardd Wern Isaf Bach

Mae gan yr hafoty ei ardd fechan iawn ei hun, a fu yn sicr yn rhan o'r ardd wyllt ar un adeg. Mae i'r dwyrain o'r bwthyn, sydd i'r gogledd-ddwyrain o'r tŷ, ac mae wal gynhaliol sych isel ar hyd ei ymyl orllewinol. O'r wal hon mae'n gwyro tuag i fyny at fan uchel, ac mae'n cynnwys lawnt fechan drionglog â borderi llwyni ar bob ochr, a darn bach palmantog yn y pen uchaf a gardd gerrig fach iawn yn y man uwchlaw. Bellach mae'n hollol ar wahân i'r brif ardd

ac yn eithaf gwahanol iddi o ran cymeriad. Ymddengys ei bod wedi'i chadw yn ystod y cyfnod yr esgeuluswyd y brif ardd.

Ffynonellau

Sylfaenol
Gwybodaeth oddi wrth Mrs P Phillips.

H.L. North, Cynllun o'r tŷ a'r ardd yn Llanfairfechan, Gogledd Cymru.

Eilradd
Taflen ymwelwyr, 'The Life of H L North'.

143

WERN ISAF (ROSEBRIARS)

CONWY

CADW

ABERGWYNANT

ICOMOS UK

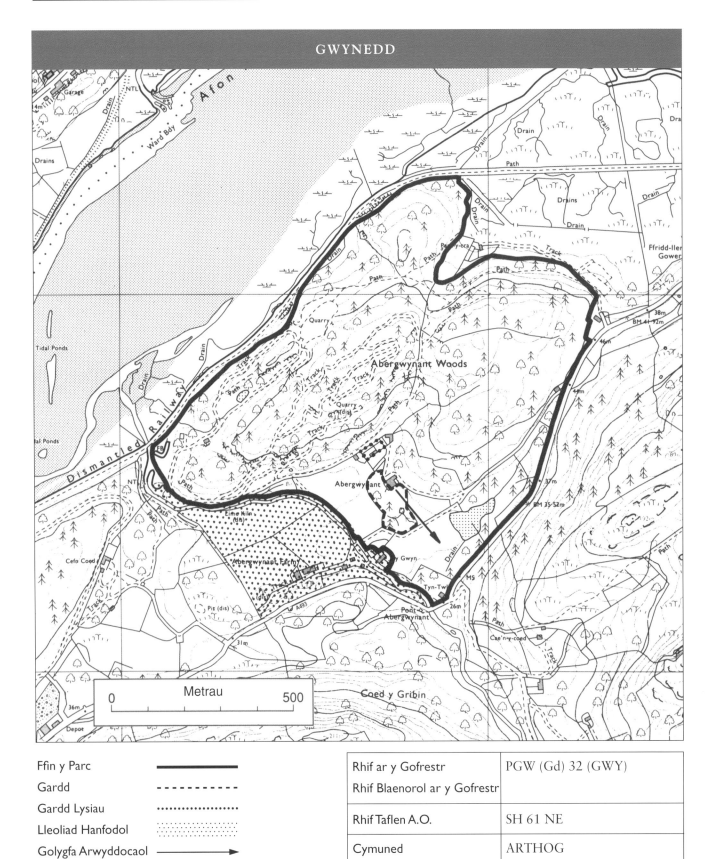

	GWYNEDD

Metrau
0 — 500

Ffin y Parc	———————
Gardd	- - - - - - - -
Gardd Lysiau	••••••••••••••
Lleoliad Hanfodol	░░░░░░░
Golygfa Arwyddocaol	————▶

Rhif ar y Gofrestr	PGW (Gd) 32 (GWY)
Rhif Blaenorol ar y Gofrestr	
Rhif Taflen A.O.	SH 61 NE
Cymuned	ARTHOG

CRYNODEB

Rhif cyf	PGW (Gd) 32 (GWY)
Map AO	124
Cyf grid	SH 678 175
Sir flaenorol	Gwynedd
Awdurdod unedol	Gwynedd
Cyngor cymuned	Arthog
Disgrifiadau	Parc Cenedlaethol Eryri, Safle o Ddiddordeb Gwyddonol Arbennig (coetir uwchlaw'r tŷ).
Gwerthusiad safle	Gradd II
Prif resymau dros y graddio	Gardd a pharc bach o'r bedwaredd ganrif ar bymtheg â gardd lysiau a thai allan yr ymddengys iddynt oll gael eu cynllunio ar yr un adeg heb fawr ddim newid ers hynny.
Math o safle	Coetir, parcdir, lawnt a thir gwyllt, gardd lysiau â wal o'i chwmpas a pherllan fach.
Prif gyfnodau o adeiladu	Canol y bedwaredd ganrif ar bymtheg yn ôl pob tebyg.

Disgrifiad o'r safle

Lleolir Abergwynant i'r gorllewin o Ddolgellau ar ochr ddeheuol dyffryn Mawddach. Yn y man hwn mae cefnen â nant yn yr adwy (y Gwynant), yn union i'r de o'r aber, a thua'r tir ardal isel i'r gogledd o brif lethr ochr y dyffryn. Mae Abergwynant a'i fferm yn llenwi'r rhan fwyaf o'r safle gweddol wastad a chysgodol hwn, ac mae'r tŷ, a saif yn ymyl gwaelod llethr y gefnen tua'r tir, yn wynebu tua'r de-ddwyrain ac mae ganddo olygfa i lawr dros yr ardd ac yna i fyny tua'r bryniau i'r de o ochr y dyffryn. Tŷ solet, talcennog, Fictorianaidd yr olwg a adeiladwyd o garreg lwyd ar gynllun sgwâr yw hwn, â chyrn simneiau mawr ac ymylon bondo wedi'u haddurno'n afradlon. Mae deulawr iddo, ag atigau, ac mae bae mawr yn ymyl y gornel ddeheuol, gan wynebu tua'r de-ddwyrain. Mae gan y brif fynedfa, yn y gogledd-orllewin, gyntedd â bwa llydan a llawr teils. Dros ben y bwa mae arfbais sy'n dangos llaw a chleddyf ac yn dwyn yr arwyddair 'Be wary'. Mae'r tŷ, sydd yn syml ar yr ochr allanol, ac eithrio'r ymylon bondo, â rhai nodweddion mewnol da, gan gynnwys nenfwd wedi'i baentio, ac mae wrthi'n cael ei adfer yn gyfan gwbl ar hyn o bryd. Yn ôl pob sôn fe'i hadeiladwyd gan Syr Hugh Bunbury ar gyfer Syr Robert Peel, a fu farw ym 1850, ond bu'n anodd dod o hyd i wybodaeth ynghylch cysylltiad Peel â'r ardal hon. Yn ddiweddarach daeth y tŷ'n eiddo i deulu'r Richards-Peel.

Gwerthwyd y tŷ a daeth yn westy ym 1951, a dyna a fu ei hanes tan 1992. Ychwanegwyd yr ystafell wydr yn y gornel ddwyreiniol yn ystod y cyfnod hwn i ymestyn yr ystafell fwyta, ond mae'n debyg bod yr un lai yn y gornel ddeheuol yn wreiddiol. Ar ôl 1992 bu'r tŷ yn wag tan yn ddiweddar. Pan fydd y gwaith adfer wedi'i gwblhau, bydd yn westy unwaith eto.

Mae'r lle parcio presennol yn cyfateb fwy neu lai i'r iard o flaen y fynedfa a welir yn ail argraffiad y map Arolwg Ordnans 25 modfedd; mae'n raeanog, â wal isel â chopâu slabiau llechi. Mae bloc carreg nadd â dolen haearn yn ymyl y wal hon, sydd wedi'i symud o fan arall yn ôl pob tebyg.

Mae adeiladau'r stablau a'r iard yn perthyn i'r un cyfnod â'r tŷ a'r ardd yn ôl pob tebyg, ond maent wedi'u cywasgu i mewn i gornel weddol fach i'r gogledd-ddwyrain o'r ardd lysiau, gan greu iard a chynllun lletchwith. Mae'r iard yn drionglog ar y cyfan, ag olion sawl wyneb cydoesol neu ddilynol – coblau, palmant llechi,

graean garw – ac yn y de-orllewin mae rhes o fythynnod, yn y dwyrain y cerbyty, ac yn y gogledd adeilad a allai fod yn stablau unwaith.

Mae'r adeiladau i gyd o gerrig â thoeau llechi, ac mae wal gerrig yn eu cysylltu i amgáu yr iard. Mae mynedfa lydan yn y de-ddwyrain, ac mae'r giatiau gwreiddiol ar goll. Ymddengys mai ychydig o addasu fu i'r cerbyty, ond bellach mae gan yr adeilad ar ochr ogleddol yr iard a allai fod wedi bod yn stablau ar un adeg ddrws yn y canol â rhes ddilynol o ffenestri ar bob ochr, deg ohonynt i gyd. Mae'n bosibl hefyd mai stablau oedd rhan o'r rhes o fythynnod ar un adeg: mae tŷ, tŷ'r garddwr yn ôl pob tebyg, ar ben de-ddwyreiniol y rhes ac yna dri bwthyn bach gwyliau sydd yr un ffunud â'i gilydd bron a allai fod wedi'u haddasu o fod yn stablau.

I'r gogledd o'r tŷ mae iard fechan, ac ymddengys ei bod wedi derbyn rhai addasiadau. Yn sylfaenol mae iard fechan, â ffurf afreolaidd sy'n cynnwys siedau bach a thai allan, y gellir eu cyrraedd o'r lôn drwy ddrysau pren dwbl mewn porth bwaog, â waliau bach isel yn ymledu bob ochr i'r ffordd. Ar yr hen fap gwelir dwy res hir o dai allan yma, ac mae un ohonynt o leiaf wedi'i dymchwel, gan adael simnai yn dod allan o wal y lôn yn ymyl drws yr ardd. Ymddengys y rhes arall fel pe bai wedi'i haddasu hefyd. Amrywiol swyddfeydd i'r gweision oedd yr adeiladau yma yn wreiddiol yn ôl pob tebyg, ond bellach ymddengys mai siedau storio achlysurol ydynt; ar hyn o bryd defnyddir yr ardal fel iard i'r adeiladwyr tra bod y tŷ'n cael ei adnewyddu.

Mae drws yr ardd drwy estyniad o wal yr iard hon, ac ymddengys nad oes pwrpas iddi ac eithrio bod yn ffrâm i'r drws, sydd â'i ben uchaf yn sgwâr ac o bren, â chapan llechfaen drosto. Mae'r wal ei hun yn forter, wedi'i hadeiladu o slabiau gweddol wastad a gymysgwyd â cherrig naturiol di-lun.

Mae'r rhan helaethaf o'r parc, i'r gogledd, ar hyd ymyl aber Mawddach, yn fryniog ac yn goediog, ar y gefnen tua'r afon. Gorwedd fferm y plas ar dir gwastad i'r de-orllewin, y tu draw i Afon Gwynant, ac i'r dwyrain o'r afon ceir darn bach o barcdir agored ar oleddf graddol. Saif y tŷ ar ei ymyl ogledd-ddwyreiniol, lle mae'n cyfarfod â'r coetir, wedi'i leoli ar lwyfan gweddol wastad wrth droed rhan fwyaf serth y gefnen goediog, â dyffryn bach ar bob ochr iddo, i'r gogledd-orllewin a'r de-ddwyrain. Yn y dyffryn gogledd-orllewinol mae'r gerddi llysiau a'r iard stablau. Ychydig y tu hwnt i ben de-orllewinol yr ardd lysiau mae adeilad cerrig a oedd, yn ôl y sôn, yn gapel ag iddo garreg â dyddiad o'r ail ganrif ar bymtheg arni. Mae ganddo gyntedd yn y pen de-ddwyreiniol ac adeilad yn pwyso yn erbyn ei ochr ogledd-ddwyreiniol, a bellach fe'i defnyddir i bwrpas amaethyddol.

Mae coed a phwll pysgod mawr yn y dyffryn de-ddwyreiniol. Mae'n amlwg nad yw hwn yn bwll naturiol, gan fod argae yn ei ddal ar draws ei ddyffryn bach. Mae'r dŵr sy'n llifo allan yn rhedeg dan ddaear at yr ardd neu'r tir gwyllt, lle gwneir defnydd da ohono, cyn iddo ddiflannu dan ddaear eto ac ymuno ag Afon Gwynant yn y pen draw. Roedd tŷ cychod yno ar un adeg, yn ogystal â llwybr yr holl ffordd o amgylch y pwll, ond cuddiwyd olion unrhyw un o'r nodweddion hyn gan y coetir a oedd yn tresmasu. Dim ond yr ochr â'r argae, sy'n wynebu'r parcdir, sydd ar agor o hyd.

Lle mae'r dyffrynnoedd yn agor allan y mae'r parcdir, â'r ardd yn y canol, yn union i'r de o'r tŷ. Amgylchynir y tŷ felly gan yr ardd a'r parc a'r coed y tu ôl iddo, ond mewn gwirionedd mae'n gorwedd tua chornel ddeheuol y parc, ac mae'r coetir mwy i gyfeiriad y gogledd, y dwyrain a'r gorllewin.

Mae gan y coetir i'r gogledd rwydwaith eang o lwybrau a ffyrdd marchogaeth, llawer ohonynt sydd bellach yn tyfu'n wyllt ond tan yn ddiweddar yn cynnig milltiroedd lawer o lwybrau hamdden yn llythrennol. Coetir derw hynafol yw'r coetir ar y llethr i fyny o ymyl aber Mawddach, ac fe'i dynodir yn Ardal o Ddiddordeb Gwyddonol Arbennig bellach. Yn ôl hen fapiau 25 modfedd, ychwanegwyd llawer llai o gonifferau ato nag at y prif goetir yn uwch i fyny'r gefnen ac ar ei ochr dde-ddwyreiniol. Bellach diflannodd y mwyafrif o'r rhai a oedd yno, fel yn achos llawer o weddill y coetir, sydd â llawer o isdyfiant o rododendronau yn dal yno fodd bynnag. Rhedai Rheilffordd y Cambrian (sydd bellach yn segur) ar hyd glan y Mawddach, ar hyd ymyl y coetir, gan dorri'r parc i ffwrdd oddi wrth yr aber, ond nid yw'r afon i'w gweld o'r tŷ ac mae'n amlwg na fu presenoldeb yr aber yn y man hwn erioed yn un o atyniadau esthetaidd y safle, er bod golygfa ddeniadol i'r gorllewin o'i ddyfroedd isaf. Mae'n bosibl bod y rheilffordd eisoes yn bodoli yno pan adeiladwyd y tŷ.

I'r de o'r coetir, gellir adnabod y parcdir yn hawdd o hyd, ac mae sawl coeden sbesimen yn yr ardal yn union i'r de-ddwyrain o'r tŷ o hyd. Mae yma frigiadau creigiog ac yn ôl pob tebyg ni chafodd y tir ei droi, er bod y gweddill wedi ei droi. Ymhellach i'r dwyrain mae pwll pysgod gwneud mawr, a oedd â cherbyty ar un adeg, ac mae mwy o goed yn y triongl hir i'r gogledd-ddwyrain o'r man hwn, rhwng y brif lôn a'r A493.

Mae un brif lôn, sef y brif ffordd at y tŷ erioed, sy'n cychwyn i'r gogledd-ddwyrain, lle saif porthordy. Mae hwn yn unllawr, wedi'i adeiladu o'r un cerrig llwyd â'r tŷ, ac yn ôl pob tebyg mae'n perthyn i'r un cyfnod. Mae pyst giatiau'r fynedfa o gerrig nadd garw ac maent yn fawr, yn solet ac mewn darnau sgwâr, â chopâu pyramidaidd mewn tri chwrs. Diflannodd y giatiau. Mae'r lôn yn gwyro wrth ddod o'r dwyrain, gan ddod yn y diwedd o amgylch gogledd-ddwyrain a gogledd-orllewin y tŷ tuag at y brif fynedfa. Yna ceir tro gweddol sydyn yn ôl tua'r gogledd ac i lawr llethr tua'r stablau.

Mae ail lôn, o'r fferm, sydd bellach yn segur ac â wyneb glaswelltog iddi ond sydd i'w gweld o hyd, yn rhedeg ar draws pont dros Afon Gwynant a thrwy'r parc, gan fynd ar hyd ymyl yr ardd ar y de, i ymuno â'r brif lôn ger y pwll pysgod. Mae cangen o'r lôn hon hefyd yn mynd ar hyd ymyl orllewinol yr ardd, gan fforchio eto yn ymyl yr ardd lysiau ac un llwybr arall yn mynd ar hyd ochr hon ar y de-orllewin i ymuno â llwybr llai yn y coetir, tra bod y llall yn rhedeg tua'r gogledd-ddwyrain yn ôl at y stablau. Y lôn hon fyddai wedi cynnig y ffordd gyflymaf at y tŷ wrth ddod o gyfeiriad y gorllewin, er ei bod yn mynd drwy fuarth y fferm fwy neu lai. Yn nhriongl y parcdir â choed i'r de-ddwyrain o'r tŷ ymddengys bod ôl lôn neu lwybr llai arall, sy'n gyfochrog â'r rhan hon o'r ail lôn, a gellir tybio ei bod yn hŷn gan nad i'w gweld ar yr hen fapiau Arolwg Ordnans.

Ymddengys bod yr ardd, y coetir a'r parcdir oll yn perthyn i'r un cyfnod, ac o ran arddull maent yn gweddu o ganol y bedwaredd ar ganrif ar bymtheg, fel yr awgrymwyd ar gyfer y tŷ. O'r mapiau mae'n amlwg bod y cynllun presennol yn agos i gynllun diwedd y bedwaredd ganrif ar bymtheg/dechrau'r ugeinfed ganrif, a chan ei fod yn Fictorianaidd o ran arddull mae'n bosibl iawn ei fod yn wreiddiol. Yn ystod ei gyfnod fel gwesty cynhaliwyd y gerddi a'r parcdir ond ychydig o addasiadau a wnaed.

Mae'r ardd yn weddol fach, ac mae'n cynnwys llwyni neu 'dir gwyllt' yn bennaf, â lawnt ar oleddf a theras o amgylch y tŷ. Wrth gwrs nid yw'r 'tir gwyllt', a ddisgrifir felly ar ail argraffiad y map Arolwg Ordnans 25 modfedd, yn wyllt mewn termau cyfoes, ac fel mater o ffaith mae iddo gynllun hynod gymhleth a manwl, wedi'i blannu'n frith o lwyni ac yn llawn o'r annisgwyl ym mhob tro. Mae yno sawl tro, gan fod cynllun y llwybr yn gymhleth, ac

mae'n dibynnu ar y planhigion i guddio llwybrau cyfagos oddi wrth ei gilydd; ceir cynllun yr un mor gymhleth i'r sianeli dŵr, a gyflenwir gan y pwll pysgod yn y parc, sy'n dyfrhau'r amrywiol nodweddion dŵr.

O deras y tŷ, lle mae ystafell wydr neu ystafell haul wreiddiol yn ôl pob tebyg yn wynebu tua'r de-ddwyrain, gellir edrych allan ar draws y lawnt at bwll addurnol bach ar ymyl y tir gwyllt, â'r parc tu hwnt i'r dwyrain a llwyni'r tir gwyllt, sy'n amrywiaethau lliwgar o rododendronau yn bennaf ar yr ochr hon, i'r de. Mae dŵr yn llifo i'r pwll o raeadr fach ar yr ochr bellaf.

Wrth archwilio'r tir gwyllt yn fwy trwyadl, drwy fynd ar hyd llwybrau sy'n arwain o'r lawnt, gwelir bod y rhaeadr hon yn cael ei chyflenwi gan ddyfrbont fwaog, gan ddod â dŵr a lifai dan ddaear o bwll pysgod y parc; ar ôl gadael y pwll addurnol, llifa'r dŵr drwy system o ffosydd a nentydd bychain, gan fwydo pwll nofio a ffynnon cyn diflannu dan ddaear eto. Mae'r ffosydd eu hunain, a groesir gan nifer o bontydd slabiau llechi, yn cyfrannu at awyrgylch y tir gwyllt, a gellir clywed sŵn hamddenol dŵr sy'n llifo ymhob man.

Cadwyd y derw mawr sy'n amlwg yn dyddio o gyfnod cyn adeiladu'r ardd mewn rhai mannau, a choed a llwyni yw'r planhigion gan mwyaf, wedi'u cynllunio i ddarparu sgrîn drwchus rhwng amrywiol lwybrau a nodweddion y tir gwyllt, ac ni ellir gweld rhyngddynt ar y cyfan. Ychydig iawn o blannu blodau oedd yno mae'n amlwg, ac nid oes dim ar ôl bron, ond mae gan lecyn ffurfiol o amgylch y ffynnon rai gwelyau ag ymylon teils tro rhaff.

Islaw'r tŷ i'r gorllewin a'r de-orllewin mae lawnt fach arall, a llecyn gwastad mewn hanner cylch a oedd yn ôl pob tebyg yn wylfan yn wreiddiol, gan roi golygfa hyfryd i lawr y dyffryn; bellach cuddir yr olygfa'n gyfan gwbl gan wal o yw, wedi'i phlannu fel perth mae'n amlwg ond a adawyd i dyfu'n rhy uchel. Tyfodd rhai o'r coed a blannwyd islaw'r gwylfan i fod yn rhan o'r olygfa hefyd, ond fe'u gosodwyd yn ddigon ar wahân i allu gwerthfawrogi'r olygfa o hyd pe bai'r berth yn cael ei hadfer.

Mae'r brif lawnt yn gwyro i lawr tua'r de-ddwyrain, ac nid oes coed na chlystyrau o lwyni yn torri ar ei thraws ond maent yn ei fframio o amgylch yr ymylon. Mae rhes o risiau ar dro yn arwain i lawr o deras y tŷ at y lawnt hon, ac mae tair rhes gysylltiol yn arwain i lawr at y de-orllewin, at y gwylfan. Ac eithrio hyn ychydig o adeiladwaith ffurfiol sydd yma, a'r tir gwyllt yw prif ddiddordeb yr ardd.

Yn ôl pob tebyg mae'r ardd lysiau yn perthyn i'r un cyfnod â'r tŷ. Gorwedd prif ran yr ardd rhwng adeilad yr hen gapel a'r iard stablau, i'r gogledd-orllewin o'r tŷ. Mae'n hirsgwar, â waliau cerrig, â chroeswal fewnol sy'n ei rhannu'n ddwy ran, nad ydynt yn hanerau. Yn hollol i'r de-ddwyrain o'r man hwn rhwng yr ardd, y berllan a'r lôn at yr iard stablau, mae estyniad sydd hefyd â wal o'i gwmpas ac sydd bron gymaint â'r brif ardd. Ceir cyfeiriadau yn y catalog pan werthwyd y tŷ ym 1951 at goed a llwyni ffrwythau, dau dŷ gwydr mawr a wresogid, un ohonynt yn cynnwys wyth gwinwydden, tŷ madarch, cytiau potiau a boelerdy.

Mae'r waliau i gyd yn gerrig ac ar gyfartaledd tua 2 fedr o uchder. Maent yn ymddangos yn weddol unffurf, ond mae waliau'r brif ardd yn forter a waliau'r estyniad yn sych, er eu bod mewn mannau yn ymddangos yn forter ar y tu mewn. Adeiladwyd y ddwy wal o flociau gweddol wastad a gafodd eu dewis a'u naddu i roi wyneb gweddol daclus. Copâu llechi gwastad sydd gan waliau'r brif ardd, ac mae cerrig cwrs uchaf waliau'r estyniad ar eu hymyl. Mae'r ychydig o wahaniaeth yn y waliau, yn ogystal â'r ffaith bod bwlch wedi'i wneud yn wal dde ddwyreiniol y brif ardd i ddarparu mynediad at yr estyniad, yn awgrymu efallai fod yr ail wal hon yn perthyn i gyfnod ychydig yn ddiweddarach na wal y brif ardd. Mae pen gogledd-ddwyreiniol y brif ardd yn cynnwys cefn rhes o fythynnod sy'n wynebu'r iard stablau; addaswyd y rhain yn unedau gwyliau ond tŷ'r garddwr oedd y tŷ ar ben de-ddwyreiniol y rhes yn ôl pob tebyg.

Yn y pen hwn gellir mynd at y brif ardd drwy fynedfa i'r estyniad ac yna drwy giât fach yn wal dde-ddwyreiniol y brif ardd. Os ychwanegwyd yr estyniad yn ddiweddarach, yn ôl pob tebyg y giât fach oedd y fynedfa wreiddiol. Mae'r giât yn un newydd, ond mae'r fynedfa yn wreiddiol. Ymddengys bod yr unig fynedfa wreiddiol arall, â drws pren yn dal yn ei le, yn y wal dde-orllewinol, gan arwain at y darn o dir amgaeëdig o amgylch adeilad y capel. Gwnaethpwyd mynedfa lydan ychwanegol i'r estyniad drwy'r wal dde-ddwyreiniol yn ymyl y gornel ddeheuol; bellach mae giât cae yn lle'r fynedfa hon.

Ac eithrio'r fynedfa a ddefnyddir bellach yn brif fynedfa, sydd â giatiau modern haearn gyr, ceir drws drwy wal dde-ddwyreiniol estyniad yr ardd, yn ymyl y gornel ddeheuol, i'r berllan. Bellach mae'r drws yn gorwedd ar y ddaear y tu allan i'r wal. Hefyd gwnaethpwyd bwlch drwy'r wal dde-orllewinol, yn ymyl cornel ddeheuol y brif ardd, sydd wedi achosi i ran o'r wal ddymchwel; fe'i hatgyweiriwyd i lefel is na gweddill y wal. Mae'r bwlch yn weddol lydan ac mae'n bosibl iddo gael ei wneud i alluogi troi tir estyniad yr ardd; mae'n bosibl bod rhan o'r brif ardd wedi'i throi hefyd gan fod y bwlch yno hefyd tua'r un lled.

Ar hyd lôn y stablau, ym mhen gogledd-ddwyreiniol yr estyniad, ceir rhes o gytiau potiau ac adeiladau mân; mae'r wal yn forter lle mae wal estyniad yr ardd yn wal gefn iddynt, a ceir ffenestr fach. Gerllaw gwelir tŷ gwydr bach ar yr hen fap 25 modfedd, ond bellach diflannodd hwn, er bod wal groes fer yno o hyd. Bellach mae ffens fodern sy'n dilyn llinell y wal hon yn rhannu'r estyniad. Ymhellach draw mae stwmpyn wal groes arall, sydd wedi dymchwel yn rhannol, ond nid yw i'w weld ar y map.

Yn y brif ardd adeiladwyd tŷ gwydr yn erbyn wal y teras isaf yn ymyl pen de-orllewinol yr ardd. Mae ei gyflwr yn wael ond fe'i gwelir ar yr hen fap ac mae'n wreiddiol yn ôl pob tebyg. Fe'i hadeiladwyd ar sylfaen o friciau fel adeilad sy'n pwyso yn erbyn wal, ond gan nad yw wal y teras uchaf yn cyrraedd llawer mwy na hanner ei huchdr, ychwanegwyd at ei ben uchaf wal gerrig sydd gyfuwch â'r tŷ gwydr. Ar y tu fewn mae borderi a llwybr canolog ag ymyl teils tro rhaff. Mae gwinwydden a thanc dŵr sinc yn y tŷ gwydr.

Saif ail dŷ gwydr diweddarach (na welir ar yr hen fapiau, ond y sonnir amdano ym manylion gwerthiant 1951) i'r de-ddwyrain, gan sefyll ar wahân yng nghanol rhan wastad yr ardd. Adeiladwyd hwn hefyd o bren ar sylfaen o friciau ac mae ei gyflwr yn weddol, gan gadw llawer o'i wydr, ei waith haearn addurnol, ei system awyru ac yn y blaen. Ar y tu mewn ceir borderi uchel a borderi ar lefel y ddaear, estyll pren, tanciau dŵr concrid suddedig a llwybr concrid canolog â rhwyllau gwresogi haearn addurnol.

I'r de-orllewin o'r tŷ gwydr hŷn mae olion adeilad bach sy'n hanner-danddaearol, o bosib y tŷ madarch, er ei bod yn bosibl mai twll melonau neu binafalau oedd am fod gwydr arno yn ôl yr hen fap. Ni cheir yno olion o'i system gwresogi, er bod darnau o bibelli yn gorwedd o gwmpas yr ardd, ac nid oes boelerdy sydd yn amlwg i'r llygad yno.

Mae'r wal groes sy'n rhannu'r brif ardd yr un mor uchel â waliau'r brif ardd ac mae wedi'i hadeiladu yn yr un arddull. Mae dau borth bwaog drwyddi (yn lletach na drysau, ac yn ôl pob tebyg heb ddrysau na giatiau erioed), y naill yn ymyl y wal dde-ddwyreiniol a'r llall wrth droed y terasau ar yr ochr ogledd-

orllewinol. Adeiladwyd waliau'r teras yn yr un arddull eto, yn forter â chopâu gwastad, ac maent tua 0.5 medr o uchder; mae tri theras, er mai dim ond dau a welir ar yr hen fapiau, sy'n awgrymu efallai fod y teras uchaf wedi'i ychwanegu'n ddiweddarach, er eu bod i gyd yn ymddangos yn gydoesol. Mae'r terasau yn rhedeg ar ymyl holl hyd yr ardd ar yr ochr ogledd-orllewinol, ar bob ochr i'r wal sy'n rhannu'r ardd, a dim ond tŷ gwydr sy'n dod ar eu traws. Mae grisiau slabiau llechfaen o amrywiol led i fyny at y terasau ar bob ochr i'r wal groes ac ar ddau ben y tŷ gwydr.

Mae'r prif lwybrau yn rhedeg o'r gogledd-ddwyrain i'r de-orllewin, dau yn y brif ardd, gan fynd drwy'r ddau borth bwaog yn y wal groes, a dau yn yr estyniad. Ceir llwybrau croes ar y ddau ben hefyd. Bellach maent i gyd yn laswelltog, ond maent yn teimlo braidd yn galed dan draed ac mae'n bosibl eu bod yn raeanog ar un adeg. Mae borderi ar y terasau, yn erbyn tu allan y tai gwydr, ac ar hyd y rhan fwyaf o waliau'r brif ardd a'r estyniad. Yn yr estyniad mae border uchel â wal gerrig gynhaliol â chopa llechi yn erbyn rhan o wal y brif ardd. Mewn mannau eraill mae gan y borderi wyneb cerrig neu ymylon o lechi, ond maent i gyd bron yn laswelltog ac ychydig o blanhigion sy'n aros, ac eithrio rhai perlysiau a llwyni ar y terasau. Ceir coeden rhosyn y mynydd ger y brif fynedfa.

Mae gan y rhan fwyaf o'r waliau wifrau ar gyfer coed ffrwythau, ac mae rhai ohonynt yno o hyd. Hefyd ceir nifer o goed ffrwythau sy'n sefyll ar eu pennau eu hunain, a bonion rhagor ohonynt, yn y ddwy ran o'r ardd ac yn yr estyniad, ac ymddengys bod rhai ohonynt wedi'u hyfforddi fel rhai delltwaith ar un adeg. Yn eu plith mae afalau a cheirios. Mae un neu ddwy goeden hunanheuedig o'r coetir y tu cefn, ond ar y cyfan ni adawyd i'r rhain sefydlu.

Yn ôl pob tebyg mae'r berllan yn perthyn i'r un cyfnod â gweddill y gerddi a'r parc fwy neu lai, ond mae'n bosibl ei bod wedi'i hychwanegu at yr ardd lysiau pan gafodd ei hymestyn, ychydig yn ddiweddarach.

Mae'r berllan yn fach ac yn drionglog yn fras, ac fe'i lleolir rhwng yr ardd lysiau, y lôn at y stablau, a'r tir gwyllt. Felly mae waliau ar ddwy ochr, sef waliau'r ardd lysiau a'r tir gwyllt, ac ar y drydedd ochr fe'i hamgaeir gan y ffens sy'n mynd ar hyd ymyl y lôn. Bellach nid oes coed yno ac fe'i defnyddir fel padog. Mae ffordd drwy'r berllan, ar hyd ymyl wal yr ardd lysiau, o'r lôn i'r parc, gan gyfarfod â'r lôn segur lle mae'n mynd heibio i ben de-orllewinol yr ardd lysiau, a than yn ddiweddar roedd wal neu ffens rhyngddi a'r berllan. Yn ôl pob tebyg roedd yn fodd i gerbydau gyrraedd y stablau.

Ffynonellau

Sylfaenol

Gwybodaeth oddi wrth Mr a Mrs B Armstrong.

Catalog o'r gwerthiant yn y Llyfrgell Genedlaethol, Aberystwyth (1951).

CADW

Y BERMO: PANORAMA WALK

ICOMOS UK

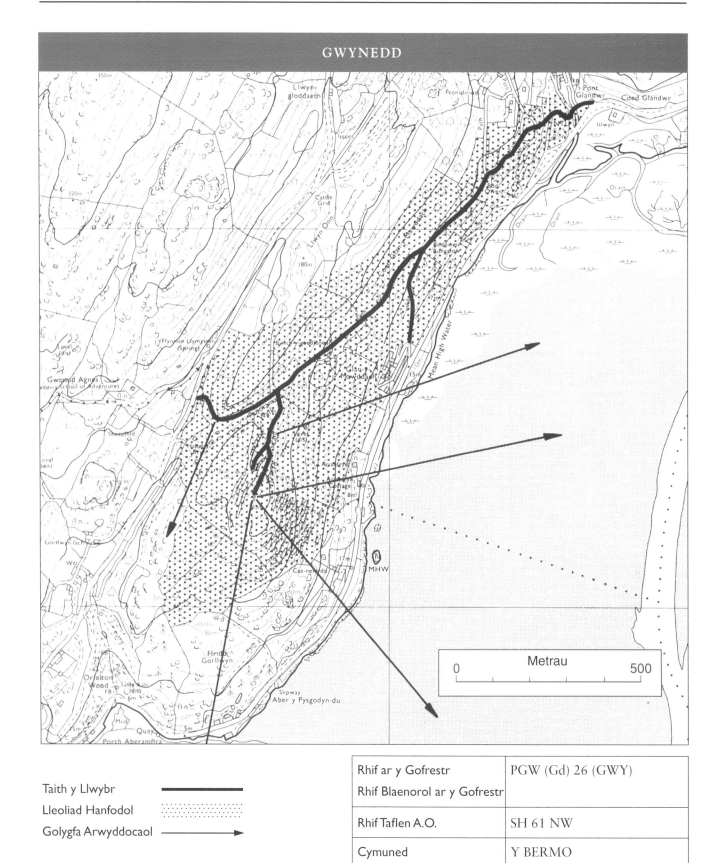

Taith y Llwybr	
Lleoliad Hanfodol	(dotted)
Golygfa Arwyddocaol	(arrow)

Rhif ar y Gofrestr	PGW (Gd) 26 (GWY)
Rhif Blaenorol ar y Gofrestr	
Rhif Taflen A.O.	SH 61 NW
Cymuned	Y BERMO

CRYNODEB

Rhif cyf	*PGW (Gd) 26 (GWY)*
Map AO	*124*
Cyf grid	*SH 626 164*
Sir flaenorol	*Gwynedd*
Awdurdod unedol	*Gwynedd*
Cyngor cymuned	Y Bermo
Disgrifiadau	*Parc Cenedlaethol Eryri (yn rhannol)*
Gwerthusiad safle	*Gradd II*
Prif resymau dros y graddio	*Llwybr troed o ddiwedd oes Fictoria wedi'i wneud a'i gadw'n dda a grëwyd i fanteisio ar yr olygfa naturiol drawiadol o gwmpas Y Bermo; golygfeydd bendigedig.*
Math o safle	*Llwybr troed, a gynlluniwyd ar gyfer gwerthfawrogi'r olygfa naturiol drawiadol, a chyn hynny'n cynnwys ystafell de a 'thir hamdden'.*
Prif gyfnodau o adeiladu	*Troad y bedwaredd ganrif ar bymtheg a'r ugeinfed ganrif.*

Disgrifiad o'r safle

Mae Panorama Walk bellach yn ddarn gweddol fyr o lwybr troed sy'n arwain at wylfan ychydig i'r dwyrain o'r Bermo, gan fforchio tua'r de oddi ar ffordd annosbarthedig (nad yw cerbydau'n gallu mynd arni) ac yn cysylltu Pont Glandwr, ar ffordd arfordir yr A496 tua'r gogledd-ddwyrain, ag isffordd o'r Bermo tua'r gorllewin. Felly gellir cyrraedd at y gwylfan o'r naill gyfeiriad neu'r llall. Bellach nid yw'r isffordd, sy'n rhedeg tua'r gogledd-ddwyrain o'r dref, ond yn arwain at ambell i fferm yn y bryniau, ond yn ôl pob tebyg mae'n hen lwybr, fel yn achos y ffordd annosbarthedig sy'n rhan o'r rhodfa. Cyngor Gwynedd sy'n cynnal y ffordd annosbarthedig, ac awdurdod Parc Cenedlaethol Eryri sy'n gofalu am y llwybr troed at y gwylfan. Mae cerddwyr yn defnyddio'r ddwy yn aml.

Mae'r llwybr troed gwreiddiol, a oedd ym ymrannu ac yn diflannu wrth gyrraedd y tir uwch i'r de, yn anodd i'w ddilyn yn yr ardal honno, ac yn amlwg nid oedd wedi'i adeiladu mor ofalus yno ag oedd yn is i lawr. Mae'n amlwg ei fod yn cael ei ddefnyddio yn yr un modd â heddiw, â phobl yn crwydro fel y mynnant dros y rhostir a'r brigiadau wrth iddynt gyrraedd y tir uchel.

Ni wyddys llawer am hanes Panorama Walk, ond yn ôl pob sôn y Parch. Fred Ricketts, a fu'n weithgar iawn wrth hyrwyddo a datblygu'r Bermo fel tref glan môr ym mlynyddoedd cyntaf y ganrif hon, a gynlluniodd y 'tir hamdden' yn ymyl y caffi, ac mae'n bosibl mai ef fu'n gyfrifol am ddatblygu'r rhodfa. Fodd bynnag, mae'r llwybr yn seiliedig ar ffyrdd a llwybrau troed hŷn. Mae'n llwybr a gafodd ei adeiladu'n dda ac a gynlluniwyd i wneud ardal ag iddi olygfeydd dymunol a godidog o fewn cyrraedd pawb.

Gwelir y ffordd annosbarthedig a'r llwybr sy'n arwain at y gwylfan ill dau ar fap llawysgrif 2 fodfedd ar gyfer argraffiad cyntaf Arolwg Ordnans 1 fodfedd, a luniwyd ym 1819. Gan fod y golygfeydd mor ddymunol, mae'n bosibl bod y llwybr wedi'i ddefnyddio yn y ddeunawfed ganrif, ond mae lefelu, wyneb a grisiau'r llwybr troed yn dyddio o ddiwedd y bedwaredd ganrif ar bymtheg yn ôl pob tebyg, fel rhan o'r gwelliannau i ehangu atyniadau'r Bermo. Mae'r newidiadau a wnaed i'r ffordd annosbarthedig yn ystod y cyfnod hwn, os gwnaed rhai o gwbl, yn anhysbys. Mae'n debyg ei fod eisoes wedi'i lefelu i mewn i'r llethr a bod iddo ryw fath o wyneb, felly o bosib ychydig iawn o newidiadau a fu.

Enwir Panorama Walk ar ail argraffiad y map Arolwg Ordnans 25 modfedd (1901), ac ar y map hwn hefyd ymddengys adeilad bach yn y man lle mae'r llwybr troed yn fforchio i gyfeiriad y gwylfan, sy'n awgrymu bod ystafell de yno'n barod. Gellir gweld safle gwastad yr adeilad hwn o hyd, a gerllaw mae seiliau adeilad arall, sy'n ddiweddarach mae'n amlwg, ar ochr arall y llwybr.

Mae pobl leol yn cofio'r adeilad diweddarach hwn yn ystafell de a siop; yn y 1920au a'r 30au, pan oedd y caffi'n cael ei gadw gan Huw Puw, cludwyd y nwyddau i fyny yno ar droed. Mae ffotograffau yn archifdy'r sir, o gyfnod cyn hyn, a barnu wrth y dillad, yn dangos yr adeilad fel caban a adeiladwyd yn wael, er bod y weinyddes yn edrych yn drwsiadus iawn yn ei ffrog ddu hir a'i ffedog wen. Roedd y caban hwn ar safle'r adeilad diweddarach, nid yr un mwy, cynharach, sy'n ymddangos felly ei fod wedi bod yn fyrhoedlog. Mae'n bosibl bod adeilad mwy parhaol wedi cymryd lle'r caban yn y pen draw, oherwydd yn ôl atgofion lleol dymchwelwyd y caffi, nad yw'n ymddangos iddo ailagor ar ôl yr Ail Ryfel Byd, yn y 1960au oherwydd fandaliaeth ac i rwystro sgwatwyr, ac mae'n anodd credu y byddai'r adeilad ansylweddol yn y ffotograffau yn dal i sefyll erbyn yr amser hwnnw.

Enw'r ardal oedd 'Panorama Pleasure Grounds', ac roedd golygfa o'r ystafell de, yn ogystal ag yn uwch i fyny, er nad oes cofnod o erddi fel y cyfryw yno. Mae'n rhaid bod unrhyw blannu wedi bod yn fyrhoedlog gan nad oes dim ar y safle heddiw nad yw'n ymddangos yn naturiol (ac eithrio rhai conifferau ar y bryncyn a tu ôl i safle'r ystafell de). Fodd bynnag, mae'n amlwg bod y coetir ifanc sydd bellach yn gorchuddio'r safle yn dyddio o gyfnod ar ôl poblogrwydd mwyaf y rhodfa, a chyn iddo dyfu byddai golygfeydd trawiadol ar draws yr aber ar hyd yr holl lwybr o'r ystafell de at y gwylfan uchel. Bellach mae'r coetir yn ymestyn dros ochr y bryn uwchlaw ac islaw safle'r ystafell de, ac er mwyn cael golygfa dda rhaid mynd ymhellach ar hyd y llwybr tuag at y gwylfan. Ceir mannau rhwng y ddau fan sy'n cynnig golygfeydd ar draws yr aber, ond mae'r panorama gorau o ben y graig arw ar ben y llwybr, lle mae'n bosibl gweld ymhellach tua'r de a'r gorllewin, ac mae'n rhaid mai y man uchel hwn oedd yn cynnig y golygfeydd gorau erioed. Bellach nid oes olion seddau ger safle'r ystafell de (mae meinciau pren i'w gweld y tu allan i'r caban yn y ffotograffau).

Ceir mynedfa i'r llwybr o'r isffordd o'r Bermo drwy giât haearn, a baentiwyd yn wyrdd tywyll, ar byst a adeiladwyd o gerrig. Mae arni arwydd ag enw'r rhodfa, a gellir mynd oddi yno at ran orllewinol y ffordd annosbarthedig. Lle mae'r llwybr troed yn gadael y ffordd annosbarthedig mae giât haearn wyrdd dywyll debyg ond yn fwy addurnol, ag arwydd unwaith eto, ond heb byst giât yn wal y ffordd, ac felly gellir mynd drwy'r fynedfa.

I'r gogledd o'r man lle mae'r llwybr at y gwylfan yn fforchio, mae waliau gan y rhan fwyaf o'r ffordd annosbarthedig ac mae ganddi wyneb caled, caregog tua 3 medr ar led; nid oes ffens gan weddill y ffordd, i'r de-orllewin, ond mae'n tua 2 fedr ar led, wedi'i lefelu i mewn i'r llethr a'i chynnal gan wal sych yn ôl yr angen. Mae'r wyneb yn laswelltog yn bennaf, â darn byr o darmac yn y pen gorllewinol a pheth olion graean mewn mannau.

Mae gan y llwybr troed at y gwylfan risiau slabiau yn y rhannau mwyaf serth, ac mewn mannau eraill mae'r wyneb yn laswelltog neu'n garegog, â graean garw ar y darn cyntaf, sydd fwy neu lai yn wastad. Mae tua 1.5–2 fedr ar led yn gyntaf, ond mae'n mynd yn gulach o lawer fel yr aiff yn uwch ac yn fwy serth. Mae gan y darn cyntaf gweddol wastad gerrig wedi'u gosod ar eu hochrau mewn llinellau croeslinol ar ei draws i helpu draeniad. Bob hyn a hyn mae'r darn hwn o'r llwybr a rhan dde-orllewinol y ffordd annosbarthedig yn torri i mewn i'r creigwely.

O'r rhes gyntaf o risiau ar y llwybr troed mae llwybr cul, heb wyneb arno sy'n arwain i ffwrdd rhyw ychydig i gyfeiriad y gorllewin, gan gynnig ffordd arall at y gwylfan i osgoi'r rhan fwyaf o'r grisiau. Er nad yw'n ymddangos bod hwn yn llwybr gwneud yn yr un modd â'r prif lwybr, fe'i gwelir ar fap 1901. Yn ei ymyl mae pentwr mawr o gerrig, mewn lle rhyfedd, nid mewn man uchel neu fan amlwg, ond mewn pant cuddiedig.

Ni ellir dod o hyd i'r grisiau ond ar y llwybr tu hwnt i safle'r ystafell de, lle mae'n mynd yn fwy serth ac yn gulach. Yn gyffredinol maent wedi'u gwneud yn weddol arw, pob gris yn slabyn sengl afreolaidd, er bod rhai wedi'u torri o'r graig, yn enwedig rhes fer i lawr oddi ar y brigiad sy'n ffurfio'r gwylfan. Er gwaethaf eu hymddangosiad garw, mae'r grisiau wedi'u hadeiladu'n dda ac mae'r rhan fwyaf wedi goroesi mewn cyflwr da.

Efallai fod ambell i gilfach fach a dorrwyd yn ôl i mewn i'r llethr ar ochr uchaf y llwybr (mae un gilfach â derwen sy'n dri deg neu'n bedwar deg oed yn ei chanol, a chilfach arall ag ychydig o wal sych yn y cefn) wedi'u gwneud i gynnwys y rhain. Ar y llaw arall, efallai mai chwareli bach oeddynt a ddefnyddiwyd i dderbyn y cerrig ar gyfer yr wyneb, neu efallai iddynt ateb y ddau ddiben. Mae rhai seddau yno o hyd, un ohonynt nepell uwchlaw safle'r ystafell de a dwy gyda'i gilydd yn uwch i fyny; maent wedi'u gwneud o slabiau cerrig a'u gosod ar y ddaear, nid yn y cilfachau.

Mae'r coetir ar bob ochr i'r llwybr at y gwylfan, o safle'r ystafell de ymlaen, yn weddol ifanc ac ymddengys ei fod yn naturiol, a'i fod wedi tyfu ers i'r 'tir hamdden' beidio â chael ei ddefnyddio. Mae'n cynnwys derw'n bennaf, â rhai cerddin a sycamorwydd. Fodd bynnag, ar y bryncyn uwchlaw safle'r ystafell de mae rhai conifferau, felly mae'n bosibl bod rhai coed eraill a blannwyd wedi'u clirio.

Ar bob ochr i ran ogleddol y ffordd annosbarthedig mae coetir collddail hŷn o goed a blannwyd, yn frith o gaeau sy'n rhan o ystâd Glan-y-Mawddach.

Mae rhan orllewinol y ffordd annosbarthedig, sy'n arwain o'r isffordd o'r Bermo, yn mynd drwy gefn gwlad agored, yn y bôn tir porfa â pheth rhedyn, coed a phrysgwydd. Ar ôl i'r llwybr troed adael y coetir a dod allan ar y tir uwch lle mae'r gwylfan mae tyfiant gweundir, ag ychydig o redyn yn gyntaf ac yna grug, eithin, llus a glaswellt.

Ffynonellau

Sylfaenol
Gwybodaeth oddi wrth Mrs Ann Williams, Mr Morris ac adrannau
    Twristiaeth a Phriffyrdd Cyngor Gwynedd.
Casgliad o ffotograffau a chardiau post yn Archifdy'r Sir,
    Caernarfon.

CADW

BODUAN

ICOMOS UK

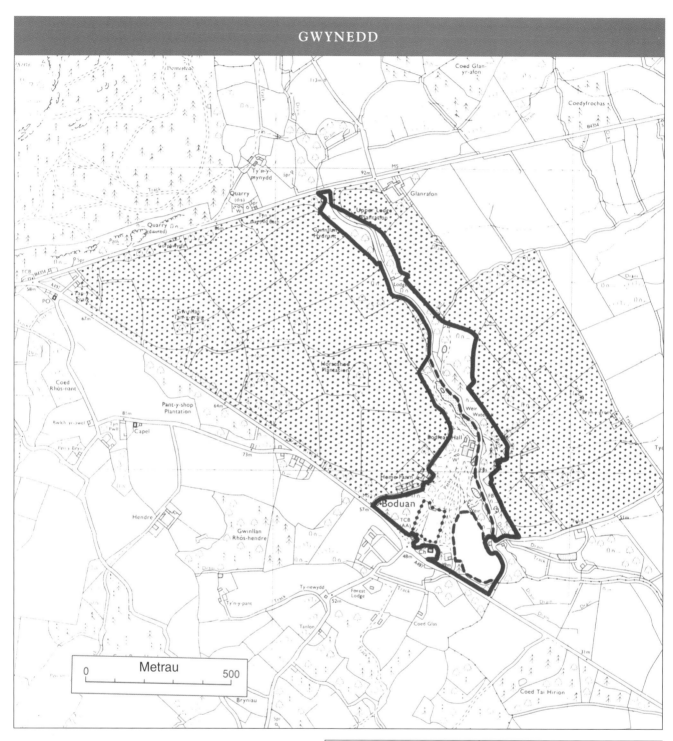

GWYNEDD

Ffin y Parc	———————
Gardd	- - - - - - - - - -
Gardd Lysiau	•••••••••••••••••
Lleoliad Hanfodol	(shaded)

Rhif ar y Gofrestr	PGW (Gd) 17 (GWY)
Rhif Blaenorol ar y Gofrestr	
Rhif Taflen A.O.	SH 33 NW
Cymuned	BUAN

CRYNODEB

Rhif cyf	PGW (Gd) 17 (GWY)
Map AO	123
Cyf grid	SH 327 381
Sir flaenorol	Gwynedd
Awdurdod unedol	Gwynedd
Cyngor cymuned	Buan
Disgrifiadau	Adeilad rhestredig: tŷ Gradd II. Ardal amgylchedd arbennig.
Gwerthusiad safle	Gradd II
Prif resymau dros y graddio	Gerddi sy'n dangos amrywiaeth o nodweddion diddorol, gan gynnwys rhodfa tŵr a wal, pyllau, rhaeadr, rhodfeydd ffurfiol a choetir; gardd lysiau fawr â wal o'i chwmpas. O fewn y ffiniau mae parc bach, a lleolir y cyfan ar weddillion ardal fawr o barcdir a choed.
Math o safle	Coetir/gardd wyllt o'r bedwaredd ganrif ar bymtheg â phyllau pysgod, mannau a rhodfeydd ffurfiol, gerddi llysiau, parc bach.
Prif gyfnodau o adeiladu	Y bedwaredd ganrif ar bymtheg; canol a diwedd yr ugeinfed ganrif.

Disgrifiad o'r safle

Mae'r tŷ yn adeilad mawr, trillawr a leolir yn agos i big ei driongl o dir. Mae'n wynebu ychydig i'r gorllewin o'r de, gan edrych dros lawntiau ac ar hyd y rhodfa goed sy'n cysgodi'r lôn. Mae'r rhan fwyaf o'r hyn sydd i'w weld yn dyddio o ddiwedd y bedwaredd ganrif ar bymtheg, ond mae cnewyllyn tŷ hŷn (1736) yno hefyd. Mae'r bloc stablau yn dyddio o 1850, ond nid yw'n glir a wnaed unrhyw addasiadau i'r tŷ ei hunan yn ystod y cyfnod hwn. Adferwyd y tŷ yn ddiweddar, ac mae wedi'i rendro a'i baentio'n wyn. Mae deial haul uwch ben y brif fynedfa, wedi'i ddyddio 1898, a dyddir y colofnau dŵr glaw, pob un â'r llythrennau blaen FGW arnynt, rhwng 1892 a 1909 (hefyd mae un â'r llythrennau blaen RS wedi'i ddyddio 1980, sydd yn ôl pob tebyg yn dyddio'r gwaith adfer diweddar).

Am y rhan fwyaf o'i hanes bu Boduan yn dŷ o bwysigrwydd eilradd, gan fod yn eiddo i'r Wynniaid o'r unfed ganrif ar bymtheg o leiaf, pan roedd Thomas, brawd iau Hugh o Fodvel cyfagos, yn berchen arno. Daeth tro dramatig ar fyd y gangen iau hon o'r teulu ar ddechrau'r ddeunawfed ganrif pan briododd Thomas Wynn, gor-gorwyr y Thomas cyntaf, â Frances Glynne, etifeddes Glynllifon, a symudodd y teulu i'w heiddo mwy ysblennydd o lawer hi. Yn ddiweddarach gwnaed Thomas yn farwnig ac arhosodd ef a'i ddisgynyddion yng Nghlynllifon, ond ef adeiladodd y tŷ ym Moduan ym 1736 (mae ei lythrennau blaen ar drawst a ddyddiwyd ar y tu mewn), a pharhâi yr eiddo i gael ei gynnal a'i addasu fel rhan o ystâd Glynllifon.

Disgrifiwyd Boduan gan Hyde Hall, a ysgrifennai ar ddechrau'r bedwaredd ganrif ar bymtheg, fel 'a building of small pretension', a dyma yn ôl pob tebyg oedd tŷ 1736. Plentyn oedd yr Arglwydd Niwbwrch ar y pryd, yn byw yng Nglynllifon, ac arhosodd yn ddibriod; mae'n rhaid bod y bloc stablau ym Moduan wedi'i adeiladu gan ei frawd, 3ydd Arglwydd Niwbwrch, ac ymgymerwyd â'r gwaith ehangu ar ddiwedd y bedwaredd ganrif ar bymtheg gan ei nai yr Anrh. F.G. Wynn, a etifeddodd Foduan a Glynllifon, er nad etifeddodd y teitl.

Mae'r bloc stablau ynghlwm wrth y tŷ yn y cefn, ac mae adeiladau ar dair ochr iard a balmantwyd â cherrig, â wal â rheiliau ar ei phen ar y bedwaredd ochr (ddwyreiniol). Yng nghanol y wal hon mae cilfach wag sy'n union yr un fath â'r un yn yr ardd rosod â cherflun. Mae'r tir yn disgyn i lawr yn serth ar yr ochr hon ac mae'r wal yn cynnal yr iard, a lenwyd i mewn i'w wneud yn wastad mae'n amlwg. Mae'r palmant cerrig yn ddiweddar yn ôl pob tebyg.

Gellir gweld y rhes ddeheuol o adeiladau, a arferai fod yn gerbytai, wrth edrych i gyfeiriad y tŷ o'r de, ac fe'u rendrwyd a'u paentio i gydweddu â'r tŷ, ac mae iddynt ffenestri tebyg. Llenwyd y pyrth bwaog mawr ar ochr yr iard a gosodwyd drysau a ffenestri cyffredin yn eu lle, ac mae'r man hwn yn amlwg yn estyniad o'r tŷ bellach. Addaswyd gweddill yr adeiladau, sy'n cadw eu cerrig naturiol ar y tu allan, at ddefnydd cyfoes hefyd; llenwyd drysau a gosodwyd ffenestri ac yn y blaen. Adeiladwyd pwll nofio yng nghanol yr iard.

Fodd bynnag, o'r tu allan mae'r bloc yn dal i gadw ei olwg wreiddiol (ond bod drysau gwydr wedi eu gosod ym mhen mewnol y fynedfa fwaog), â'r gloch yn dal i hongian yn ymyl y bwa, ac uwch ei ben mae carreg â'r llythrennau blaen SW (Spencer Wynn, 3ydd Arglwydd Niwbwrch) a'r dyddiad 1850.

Saif y capel mawr yn union gyferbyn â'r bloc stablau, i'r gorllewin, ac mae ei arddull yn debyg, er bod manylion y gwaith maen ychydig yn wahanol. Fe'i hadeiladwyd rhwng 1889 a 1918. Er ei fod bellach wedi'i addasu'n dŷ, mae ganddo ffenestri â bwâu mawr ar bob pen a rhai drysau a wnaed yn llai i fod yn ffenestri, ac fe'i hadweinir fel y capel.

Ynghlwm wrth adeilad y capel mae bwthyn, ar y gorllewin, ac mae rhywun yn byw yno o hyd. Ymddengys yr arddull yn eithaf gwahanol i'r capel a'r stablau, ond fe'i hadeiladwyd yn ystod yr un cyfnod, felly mae'n bosibl iddo gael ei addasu ers hynny. Efallai mai dyma'r 'garden cottage' y mae cynlluniau ohono'n dyddio o tua 1895 yn bodoli.

Amgaewyd yr iard gefn â waliau castellog, a thrwy'r rhain mae dwy fynedfa fwaog fawr â giatiau haearn, yn y cefn (gogledd) a'r blaen (de). Ar ochr ogleddol yr iard mae'r wal yn rhedeg tua'r gogledd-orllewin o gornel prif res y bloc stablau i fan y tu hwnt i gefn y capel, ac yma mae'r fynedfa. I'r de mae'r wal yn cysylltu cornel ogledd-orllewinol y tŷ ag wyneb agored y clogwyn i'r gorllewin, â'r fynedfa rhyngddynt. O ran arddull, mae'r waliau hyn yn debyg o berthyn i'r cyfnod ailadeiladu ar ddiwedd y bedwaredd ganrif ar bymtheg, ac nid ydynt i'w gweld ar fap Arolwg Ordnans 25 modfedd 1889.

Newidiwyd cymeriad y parc i'r fath raddau na ellir canfod ei ddyddiad na'i arddull yn hawdd. Mae'n debyg iddo gael ei gynllunio'n gyntaf pan adeiladwyd tŷ'r ddeunawfed ganrif (1736). Ar fap Arolwg Ordnans 1889 gwelir parc anferth yn ymestyn ar bob ochr i'r tŷ, â chadwynau o blanhigfeydd o'i gwmpas, coed unigol yma ac acw a rhesi o goed ar hyd ffiniau'r caeau. Erbyn y cyfnod arolygu ar gyfer map 1918, roedd llawer o hyn eisoes wedi diflannu, gan gynnwys rhai o'r planhigfeydd. Mae un blanhigfa, a elwir yn Horseshoe Plantation oherwydd ei ffurf, yn weddill o goetir llawer mwy o faint, ac mae hon yn dal yno. Er 1918 mae'n amlwg bod y parc wedi'i drin yn drylwyr, fodd bynnag, a chollodd lawer o'i gymeriad fel parcdir, er bod rhai o'r caeau ar yr ochr ddwyreiniol yn cadw'r hen goed mawr ar eu ffiniau, ac mae lleiniau o goetir a ddefnyddir fel cuddfannau hela o hyd i'w gweld dros ardal eang.

Mae un darn bach o barcdir nas difethwyd yn goroesi o fewn triongl y tir yn ymyl y tŷ, i'r de, fel cae pori ag ychydig o goed yma ac acw. Fe'i hamgylchynir gan blanhigfeydd, ac eithrio ar ochr y lôn.

Ym 1816, pan luniwyd map llawysgrif 2 fodfedd ar gyfer argraffiad 1af Arolwg Ordnans 1 fodfedd, roedd yn llawer llai, ond erbyn 1889 ailgyfeiriwyd y lôn ddwyreiniol i wneud yr ardal yn fwy.

Mae pâr o byst giât cerrig â giât haearn yn rhoi mynediad i gae y parcdir ychydig i'r de o giatiau'r fynedfa ar y brif lôn. Mae cynllun y giât a'r pyst ychydig yn wahanol i gynllun mynedfa'r lôn, ac mae gan y pyst gopâu o flociau cerrig gwastad, sgwâr, mawr, ond paentiwyd y giât â'r un lliw llwyd â'r holl brif giatiau eraill.

Ceir dwy brif ran o fewn y tir, y ddwy â'i chymeriad gwahanol ei hun: porfa â rhodfeydd a choed a blannwyd mewn clystyrau a rhesi i'r gorllewin, i'r de a'r de-orllewin, a choed, llwyni a phyllau pysgod â rhodfeydd anffurfiol i'r gogledd, i'r dwyrain a'r de-ddwyrain. Mae hefyd lecynnau llai o erddi ffurfiol yn ymyl y tŷ. Mae coetiroedd wedi'u plannu yn amgylchynu'r safle.

Anodd yw dweud pa ddarnau sy'n perthyn i'r un cyfnod neu o ba ddyddiad ydynt, ond nid oes coed yno sy'n amlwg yn hen iawn ac o bosib mae'n fwyaf tebygol bod y cynllun presennol i raddau helaeth yn perthyn i ddiwedd y bedwaredd ganrif ar bymtheg. Mae tystiolaeth bod llwybrau rhodfeydd a lonydd wedi eu newid, rhai ohonynt yn ddiweddar iawn, a cheir coed sydd ag ystod eang o ran oedran, sy'n awgrymu bod y gerddi wedi eu newid yn barhaol dros gyfnod o amser.

Mae'r safle yn weddol anhydrin, gan wyro braidd yn serth ac yn anwastad i lawr o'r gorllewin at ddyffryn cul â nant yn y dwyrain. Manteisiwyd i'r eithaf ar y nant wrth gynllunio'r gerddi, ac mae'r safle'n gysgodol, gan agor allan a dod yn fwy gwastad tua'r de a'r de-orllewin. Adeiladwyd y tŷ yn ymyl pig gogleddol y safle er mwyn manteisio ar y llecyn gweddol lydan a gwastad hwn i fynd ato, ond roedd y dewis o safle yn golygu bod rhaid lefelu'r man adeiladu pan roedd rhagor o adeiladau yn cael eu hychwanegu, ac o ganlyniad mae clogwyn serth iawn i'r gorllewin o'r tŷ.

Rhan ddwyreiniol yr ardd, sy'n cynnwys y nant, yw'r rhan isaf, ac mae yno dri phwll pysgod mawr, pob un â phontydd addurnol a llwybrau ar hyd yr ymylon. Mae tramwyfeydd yn rhannu'r ddau bwll gogleddol oddi wrth y pwll deheuol, â waliau a giatiau, gan arwain o'r lôn i'r dwyrain, sy'n dod yn agos iawn at y tŷ, ac mewn gwirionedd mae'r nant yn rhedeg ar hyd ochr arall y lôn yn y man hwn. Mae pwll mwy ffurfiol â rhaeadr, ychydig i'r gorllewin o'r brif nant lle mae'n dod yn ôl i mewn i'r ardd, yn gwneud defnydd o gwrs dŵr eilradd bach sy'n rhedeg dan ddaear ac eithrio lle mae'n llifo dros wyneb craig ac i lawr dros y rhaeadr wneud. Yn y diwedd mae'r brif nant yn diflannu i mewn i goed trwchus, i'r de o'r trydydd pwll pysgod.

Mae'r llethr i fyny o'r llecyn hwn, i gyfeiriad y gorllewin, yn serth ac fe ddelir â hi mewn amrywiol ffyrdd. I'r gogledd o'r tŷ mae'r ardd yn culhau i bwynt, ac yma mae ochr y dyffryn serth, sy'n goediog, yn ffurfio ffin orllewinol y tir. Ar hyd ymyl y tŷ a'r adeiladau mae'r ardd yn lletach, ac adeiladwyd y tŷ ar ymyl rhan fwyaf serth y llethr. Daethpwyd i ben â'r amrywiol lefelau drwy adeiladu wal gerrig gynhaliol uchel sy'n rhedeg o'r gogledd i'r de ar hyd ymyl ddwyreiniol adeiladau'r stabl, yr iard stablau a'r ardd rosod, a thu hwnt mae'r wal gynhaliol yn dod yn ôl i fyny'r llethr tua'r gorllewin, ac mae'r wal sy'n rhedeg o'r gogledd i'r de yn parhau fel nodwedd gardd, â phorth bwaog mawr y mae'r lôn ddwyreiniol gynt yn pasio oddi tano. Yn amlwg manteisiodd y lôn hon ar lecyn lle'r oedd y llethr ychydig yn llai serth, ond er hynny mae'n rhaid ei bod ar dipyn o ongl, a bellach mae grisiau yn y pen uchaf. Mae tri thŵr gan y wal sy'n rhedeg o'r gogledd i'r de; mae dau dŵr yn gweithredu fel bwtresi ac mae ganddynt gilfachau addurnol a wnaed o'r llawr uchaf, ac mae un tŵr yn sefyll ar ei ben ei hun yng nghornel dde-ddwyreiniol y wal.

I'r de o'r tŷ lefelwyd y lawnt, gan ymestyn y llethr i'r dwyrain ohono felly, a bellach plannwyd y llethr serth hon gan lwyni ac mae llwybrau igam ogam yn dod i lawr ar hyd-ddi. Yn y pen deheuol mae ochrau serth iawn hen chwarel yn cael eu torri yn ôl i mewn i'r llethr, a thu draw iddo mae'r tir yn mynd yn wastad yn y diwedd.

Ceir brigiadau o greigiau yn y llethr hon i'r gogledd ac i'r de o'r tŷ, ac mae'r rhwystr a grëwyd gan y brigiad cyntaf yn parhau fel wal sy'n rhannu'r hen lôn ddwyreiniol at y tŷ oddi wrth y lôn gefn, sy'n arwain heibio i gefn y tŷ ac o'i amgylch at y fferm. Mae tŵr yn coroni'r ail frigiad ym mhen deheuol y wal uchel sy'n rhedeg o'r gogledd i'r de, ac mae'r dŵr sy'n mynd drwy'r rhaeadr ac yn dod ar draws y pwll addurnol bach yn llifo drosto.

Mae'r brif lôn yn rhedeg o borthordy sydd bron yn union i'r de o'r tŷ ar hyd cwrs sy'n gwyro'n raddol i fyny at y tŷ i'r gorllewin. I'r gorllewin o'r lôn, yn ymyl y tŷ, mar rhagor o frigiadau o greigiau, a blannwyd yn rhannol fel gardd gerrig anffurfiol, ac i'r gorllewin o'r tŷ, fel y nodwyd, mae wyneb serth iawn o graig a grëwyd drwy dorri yn ôl i wneud yr iard orllewinol a lefelu'r safle ar gyfer adeiladau'r capel. Uwchlaw hyn, mae'r tir uwch yn ffurfio llecyn glaswelltog anffurfiol a blannwyd â choed, a cheir tŵr dŵr yn agos i'r man uchaf a wnaed i edrych fel ffug-dŵr, wedi'i osod ar wadn cerrig â chanllaw castellog ar ben y tanc. Mae'r llecyn hwn ar oleddf tua'r de a daw at lecyn glaswelltog arall a blannwyd ag amrywiaeth ehangach o goed i'r de ac i'r de-orllewin o'r tŷ, ac fe osodwyd llwybrau a rhodfa ffurfiol syth yno, sy'n rhedeg o'r gogledd i'r de bron.

Mae pen deheuol y llecyn hwn yn llenwi rhan ganolog y darn gwastad sy'n ffurfio rhan ddeheuol y tir hamdden. I'r dwyrain mae cwrt tenis modern a'r parcdir bychan a amgaeir o fewn ffiniau'r ardd â phlanhigfa tu draw, ac i'r gorllewin mae'r gerddi llysiau a phlanhigfa fwy tu draw. Yn agos i'r porthordy ac o fewn triongl y tir hamdden mae'r eglwys, ac roedd y rhodfa syth yn arwain yno ar un adeg.

Gorwedd rhagor o blanhigfeydd y tu allan i'r ardd, yn enwedig i'r gogledd a'r dwyrain, ar ochr bellaf y lôn, ac yn ymyl y rhain mae porthordy arall.

Yn amlwg nid yw'r cynllun presennol i gyd yn wreiddiol, ac mae'r mapiau sydd ar gael yn dangos proses o newid parhaol. Mae'r cynllun a welir ar fap Arolwg Ordnans 1918 yn wahanol i un 1889, ac ymddengys yn rhesymol i ddyfalu bod map 1918 yn dangos ailgynllunio sy'n perthyn i'r un cyfnod ag ailadeiladu'r tŷ ar ddiwedd y bedwaredd ganrif ar bymtheg. Fodd bynnag, ni welir rhai nodweddion ar fap 1918 ond maent yn ymddangos ar y map 1:10,000 cyfredol, tra bod eraill mor ddiweddar nad ydynt wedi'u mapio gan yr Arolwg Ordnans o gwbl.

Gwnaethpwyd y don ddiweddaraf hon o addasiadau arwyddocaol yn y 10–15 mlynedd diwethaf, gan gynnwys newidiadau i'r lonydd, adeiladu wal gynhaliol (i gymryd lle llethr borfa) ar hyd ymyl orllewinol y brif lawnt, ailgynllunio'r ardd rosod, adeiladu pwll nofio (yn yr iard stablau) a chwrt tenis, ynghyd â nifer o fân addasiadau eraill a oedd yn deillio o'r rhain.

Gellir canfod o leiaf ddau gyfnod o addasiadau cynharach drwy gyfeirio at y mapiau. Ym 1889 un pwll yn unig oedd i'r gogledd o'r tŷ, nid oedd yno ardd rosod na thŵr dŵr, ac roedd y lonydd yn wahanol i rai 1918, i'r gogledd ac i'r de o'r tŷ. Roedd y wal a redai o'r gogledd i'r de yn ei lle i'r dwyrain o'r iard stablau, ond deuai i ben yng nghornel dde-ddwyreiniol y rhes stablau. Erbyn 1918 roedd popeth i'r gogledd o'r tŷ fwy neu lai fel y mae heddiw, ond i'r de o'r tŷ roedd nifer o wahaniaethau rhwng 1889 a'r presennol. Ar y map gwelir tŷ gwydr ar wal ogleddol yr hyn sydd bellach yn ardd rosod, a ymddangosodd er 1889, a gwelir coetiroedd yn yr holl ardal i'r de-ddwyrain, ag un llwybr yn unig yn arwain i lawr o'r lôn at y pwll pysgod deheuol. Ymddengys y lonydd o amgylch y tŷ a'r rhodfeydd ffurfiol yr un fath ar y map 1:10,000 cyfredol ag ar fap 1918, ond maent wedi newid ers hynny.

Gwelir y pwll â rhaeadr yn union i'r de-ddwyrain o'r tŷ ar y map modern, fodd bynnag, felly mae'n rhaid ei fod yn dyddio o tua chanol y ganrif bresennol. Anodd dweud a yw'r rhaeadr yn perthyn i'r un cyfnod â'r pwll neu'n ddiweddarach, ond ar y map modern gwelir nant fechan o'r pwll sy'n rhedeg tua'r de i ailymuno â'r brif nant ychydig islaw pont nad yw yno bellach, ac erbyn hyn mae'r cwrs dŵr bychan hwn dan ddaear, o dan y lawnt isaf. Felly mae'n bosibl bod y lawnt isaf a'r llwybrau a'r llwyni ar y llethr i'r dwyrain o'r brif lawnt, gan arwain i lawr ati, yn perthyn i'r cyfnod mwyaf diweddar o addasiadau, er bod y blanhigfa i'r de o'r pwll ac i'r gogledd o'r pwll pysgod wedi'i chlirio'n gynharach.

Diflannodd y tai gwydr a oedd yn yr ardd rosod ac yn yr ardd orllewinol â wal o'i chwmpas erbyn adeg y map diweddarach hefyd, ac ymddangosodd y llwybr yr holl ffordd o amgylch y chwarel ger y pwll de-ddwyreiniol. Anodd dyddio pa bryd yr ymestynnwyd y pwll pysgod i'r hen chwarel; ni welir y pwll mwy ar y map modern, er gwaethaf presenoldeb y llwybr, ond bellach tyfodd y pwll yn wyllt ac nid yw'n cael ei gadw mewn cystal cyflwr â'r nodweddion diweddar iawn eraill.

Mae dwy ardd hir, hirsgwar fwy neu lai â wal o'u cwmpas, ar linell sy'n fwy neu lai yn rhedeg o'r gogledd i'r de. Nid ydynt i'w gweld ar fap llawysgrif Arolwg Ordnans 1816, ond roeddynt yn eu lle erbyn 1889. Mae'r ardd ddwyreiniol bron ddwywaith maint yr ardd orllewinol, â wal gerrig forter o'i hamgylch a oedd tua 2.8 medr o uchder yn wreiddiol ond a godwyd i tua 3.5 medr o uchder peth o'r ffordd ar hyd yr ochr ddwyreiniol. Mae copa llechi garw, ac mae'r wal yn mynd yn uwch eto (tua 4.5 medr) yn y gornel ogledd-ddwyreiniol, ac mae'n mynd yn ei blaen cyfuwch â hyn ar hyd ochr ogleddol yr ardd. Ar y gogledd a'r dwyrain leiniwyd y wal hon â briciau, ac mae'r wal orllewinol yn friciau drwyddi draw.

Ceir mynedfa yn y gornel ogledd-ddwyreiniol (drwy'r wal ogleddol), â bwa pigfain isel a giatiau haearn gyr dwbl. Gosodwyd y cyfan mewn briciau, er bod tu allan y wal yn gerrig. Llenwyd drws yn y wal ddeheuol, gyferbyn â'r giât i'r eglwys, ond mae drws pren yn y wal o hyd ychydig i'r gorllewin. Ceir drws yng nghanol y wal orllewinol, gan arwain at yr ardd orllewinol.

Nid oes dim nodweddion yn aros tu mewn i'r ardd ac fe'i defnyddir i bori defaid. Ni leiniwyd y wal ddeheuol â briciau, ond ar hyd y tair wal arall mae rhai coed ffrwythau a hyfforddwyd i dyfu yn erbyn y wal yn eu lle o hyd, ac ar y wal ddwyreiniol mae'r plannu hwn yn ddi-dor fwy neu lai. Fodd bynnag, nid ymddengys y coed yn hynafol.

Mae'r ardd orllewinol bellach yn ardd breifat sy'n eiddo i dŷ a addaswyd o rai o'r hen adeiladau gardd, ac fe'i newidiwyd felly â lawntiau, borderi, tŷ gwydr modern sy'n sefyll ar wahân a lôn raean lydan. Fodd bynnag, mae'r wal yn aros yn ei chyfanrwydd bron ac mae o gerrig, ar gyfartaledd tua 2.5 medr o uchder ac yn uwch ar yr ochr ogleddol. Ceir dwy fynedfa lydan iddi, nad ydynt yn wreiddiol, er bod y fynedfa orllewinol sydd â modurdy ar y tu allan, gyferbyn â'r drws i'r ardd ddwyreiniol, ac mae'n bosibl ei bod yn cynrychioli mynedfa wreiddiol a wnaed yn fwy. Gwelir yr adeilad croes bach ar fap 1918. Mae'r fynedfa newydd arall, sef y brif fynedfa bellach a ddefnyddir gan y lôn raean fodern yn y wal ddeheuol, yn ymyl y gornel dde-orllewinol.

Yn yr ardd hon safai pedwar tŷ gwydr ar wahân ac un tŷ gwydr â'i ochr fer yn erbyn y wal ogleddol, ac fe'u gwelir ar fap 1918. Bellach nid oes yr un o'r rhain yno, er bod y rhes o adeiladau ar hyd y gornel ogledd-ddwyreiniol a dorrwyd i ffwrdd yn dal yno, gan ffurfio rhan o'r tŷ. Adeilad wythonglog, deulawr, cerrig, bychan â tho llechi a simnai ganolog, â cheiliog y gwynt, a adeiladwyd drwy'r wal ogleddol, yn y man lle mae'r ddwy ardd yn cyfarfod yw'r mwyaf diddorol o'r adeiladau hyn, a chnewyllyn y tŷ modern. Yn ôl pob tebyg dyma oedd bwthyn y garddwr. Mae'n rhaid bod drws drwy'r wal i'r gorllewin o'r bwthyn wedi agor i mewn i'r tŷ gwydr a adeiladwyd â'i ben ynghlwm wrth y wal hon.

Y tu mewn i'r ardd, mae peth ffrwythau ar y wal ddwyreiniol o hyd, ac mae coed ffrwythau oedrannus eraill ar y lawntiau. Yn ddiweddar gofalwyd amdanynt fel llwyni ond mae olion bod rhai ohonynt o leiaf wedi'u hyfforddi fel delltwaith. Mae deial haul yma hefyd, nad yw'n perthyn yma yn ôl pob tebyg, a thanc dŵr llechi ychydig y tu mewn i'r fynedfa drwy'r wal orllewinol.

Ffynonellau

Sylfaenol

Gwybodaeth oddi wrth Mr R. Thomas.

Map llawysgrif 2 fodfedd ar gyfer argraffiad 1af Arolwg Ordnans 1 fodfedd, 1816: archifau Coleg Prifysgol Gogledd Cymru, Bangor.

Papurau sy'n cynnwys cynlluniau ar gyfer y bwthyn, tua 1895 (XD2A/157–59), cynlluniau ar gyfer y tŷ gwydr, 1913 (XD2A/163), brasluniau ar gyfer addasu twr yr ardd a manylion y tanc dŵr, 1916 (XD2A/152), brasluniau ar gyfer drysau a giatiau 1928 (XD2A/126) a diddyddiad (XD2A/213): Archifau'r Sir, Caernarfon.

Eilradd

B. Harden, 'The Park and Gardens at Glynllifon', *Ymddiriedolaeth Gerddi Hanesyddol Cymru Bulletin*, Haf/Hydref 1995.

E. Hyde Hall, *A Description of Caernarvonshire (1809–1811)*, gol. o lawysgrif wreiddiol gan Jones, E Gwynne, cyh. Cymdeithas Hanes Sir Gaernarfon 1952.

Comisiwn Brenhinol Henebion Cymru, *Inventory*, Sir Gaernarfon Cyfr. III, 1964.

CADW

BROOM HALL

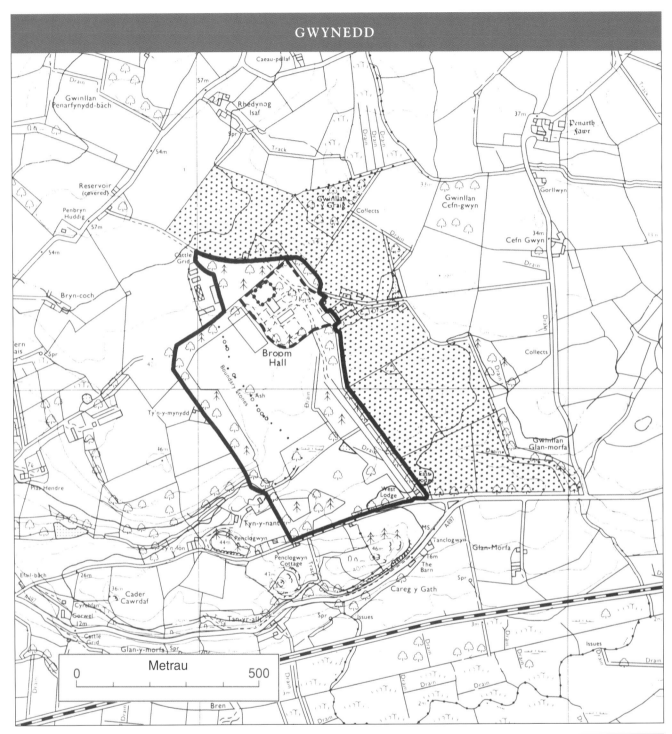

Rhif ar y Gofrestr	PGW (Gd) 22 (GWY)
Rhif Blaenorol ar y Gofrestr	
Rhif Taflen A.O.	SH 43 NW
Cymuned	LLANYSTUMDWY

Ffin y Parc ——————

Gardd - - - - - - - - - -

Gardd Lysiau ••••••••••••••••

Lleoliad Hanfodol ⸭⸭⸭⸭⸭⸭⸭⸭

CRYNODEB

Rhif cyf	PGW (Gd) 22 (GWY)
Map AO	123
Cyf grid	SH 412 372
Sir flaenorol	Gwynedd
Awdurdod unedol	Gwynedd
Cyngor cymuned	Llanystumdwy
Disgrifiadau	Adeiladau rhestredig: tŷ a thŵr cloc y stablau, y ddau yn Radd II.
Gwerthusiad safle	Gradd II
Prif resymau dros y graddio	Parc a gardd wreiddiol yn perthyn i'r un cyfnod â'r tŷ o'r 1790au, parc a ymestynnwyd yn ddiweddarach a therasu a ychwanegwyd yn yr ardd; rhai coed rhagorol a phlanhigion eraill; lôn ddwbl.
Math o safle	Parc â choetir a lôn ddwbl, gerddi terasog, llwyni, gardd lysiau.
Prif gyfnodau o adeiladu	Diwedd y ddeunawfed ganrif/dechrau'r bedwaredd ganrif ar bymtheg; dechrau'r ugeinfed ganrif.

Disgrifiad o'r safle

Lleolir Broom Hall yn agos iawn i arfordir deheuol Pen Llŷn, rhwng Pwllheli a Chriccieth, ac fe'i hadeiladwyd ar gefnen sy'n wynebu tua'r de-ddwyrain. Dim ond ychydig dros gilomedr i ffwrdd y mae'r arfordir ond nid oes golygfa o'r môr, gan nad yw'r safle'n ddigon uchel; fodd bynnag, ar un adeg roedd baner yn arfer cyhwfan o bolyn fflag mewn man uchel arbennig yn y parc i alw adref aelodau o'r teulu a oedd allan yn hwylio. Yn amlwg mae cefnen greigiog fach rhwng y parc a'r môr yn darparu peth cysgod, ac nid yw'r safle yn agored, fel sy'n amlwg wrth weld maint ac ansawdd y coed.

Broom Hall yw'r mwyaf a'r crandiaf o'r tri thŷ yn Llŷn y credir iddynt gael eu cynllunio gan y pensaer o Sir Amwythig Joseph Broomfield, ac fe'i hadeiladwyd yn y 1790au, ar ôl Plas Bodegroes ym 1780 a chyn Nanhoron ym 1803. Fel y ddau dŷ arall, mae iddo ardd flaen (dde-ddwyreiniol) gymesurol â drws canolog; mae'n blaen ac eithrio pediment crwm dros ffenestr ganol y llawr cyntaf. Hefyd, fel y ddau dŷ arall, mae feranda ar hyd yr wyneb blaen hwn, sy'n troi yn ôl ar yr ochrau, ac mae'r brif ffordd at y tŷ ar yr ochr, yn yr achos hwn y gogledd-ddwyrain, ac nid ar y blaen, lle byddai'n difetha'r berthynas rhwng y tŷ a'r ardd.

Cynhelir y feranda ar bileri haearn fel y ddau dŷ arall, ond yn Broom Hall mae'r rhain yn fawr, yn silindrig ac yn wag, gan roi golwg colofnau clasurol iddynt, yn hytrach nag yn gain ac yn addurnol fel y rhai ym Mhlas Bodegroes a Nanhoron. Mae prif floc y tŷ yn drillawr, â phum ffenestr codi ar bob llawr ar y brif wyneb de-ddwyreiniol. Gorchuddiwyd y tŷ â phlastr a baentiwyd yn hufen ac mae iddo do llechi ar oleddf isel a bondo llydan. Mae estyniadau yn y cefn.

Prynwyd trefgordd Botach gan gyfreithiwr o'r enw Rowland Jones ym 1773. Bu farw'n fuan wedyn, pan oedd ei fab, a oedd yn Rowland Jones hefyd, yn faban, ac ni chafodd dim ei wneud nes i Rowland yr iau ddod i oedran, pan gymrodd ddiddordeb yn ei eiddo ym Motach ar unwaith. Erbyn hynny dau fwthyn yn unig oedd crynswth y drefgordd a ysgubwyd i ffwrdd i greu parc, ac adeiladwyd Broom Hall, a elwid yn Werglodd yn gyntaf. Ym 1804 nododd Fenton 'modern plantations'. Arhosodd Rowland Jones yn ddi-briod ac ychwanegodd i'r ystâd drwy brynu yn hytrach na thrwy briodas; ar ôl bywyd hir gadawodd ei eiddo i fab ei gefnder,

a fu farw flwyddyn yn unig ar ôl etifeddu ac a'i gadawodd i'w fab ei hun, a ddaeth tynged debyg i'w ran yntau. Felly, yn annisgwyl, daeth Margaret, gwraig Owen Evans a chwaer y perchennog blaenorol, yn etifeddes, a hithau'n 50 oed.

Ychwanegwyd at yr ystâd gan ŵr Margaret Evans; bu fyw'n hwy na hi, gan adael yr ystâd i'w mab Cyrnol Owen Lloyd Jones Evans, a anwyd ym 1846 ac a briododd ferch John Savin o Bodegroes yn ddiweddarach. Prynodd ef ragor o eiddo eto, gan droi'r ystâd yn ystâd fwyaf yr ardal, ac roedd yn hoff iawn gan ei ddenantiaid. Etifeddwyd yr ystâd gan ei fab hynaf ond bu farw mewn damwain hedfan, ac ni fu'r mab ieuengaf yn byw yn Broom Hall o gwbl a dechreuodd werthu rhannau o'r ystâd. Yn y diwedd penderfynodd ei werthu i gyd, a dyna a wnaeth ym 1945–46, â'r rhan fwyaf o'r tir yn mynd i'r tenantiaid; prynwyd Broom Hall gan dad y perchennog diwethaf.

Mae dyddiad ar fwa tŵr y cloc, sy'n ffurfio'r fynedfa i'r iard stablau o gyfeiriad y tŷ, yn awgrymu iddo gael ei adeiladu ar gyfer Rowland Jones ym 1830, rhai blynyddoedd yn ddiweddarach na'r tŷ. Mae'r adeiladwaith yn drawiadol â thri llawr uwch ben y porth bwaog, â phâr o ffenestri pennau crwn ar bob llawr; mae'r ddwy ffenestr isaf yn ffenestri codi gwydr a'r rhai uchaf yn ffenestri dellt. Mae wyneb y cloc ychydig o dan y pâr uchaf o ffenestri. Mae'r tŵr ar wahân i bob adeilad arall, ac yn cael ei gysylltu â'r rhes o stablau a'r siedau cerbydau gan wal sy'n amgâu'r iard stablau'n unig. Fe'i hadeiladwyd o gerrig tebyg i'r adeiladau eraill ond mae iddo liw morter gwahanol, ac yn ôl pob tebyg nid yw'n perthyn i'r un cyfnod. Hyd nes i'r lôn gael ei dyblu, y brif ffordd tuag ag y tŷ oedd drwy'r porth bwaog hwn, ond bellach mae'r lôn tuag at y tŷ yn mynd heibio tua'r gorllewin.

Mae'r iard stablau'n ffinio â dwy iard y ffermdy ac fe'i cysylltir â nhw. Ceir porth bwaog drwy adeilad i'r iard ganol, sydd â phorth bwaog arall drwy adeilad sy'n dod at y lôn sy'n arwain allan at y ffordd. Rhyw lun ar fferm neu iard stablau yw'r adeilad, fe ymddengys. Mae gan yr iard stablau wal grom wedi'i hadeiladu'n daclus â chopa llechi nadd a rheiliau haearn addurnol ar ochr yr ardd. Yma mae'r adeiladau'n rhes o siedau cerbydau a stablau sy'n rhedeg o'r gogledd-orllewin i'r de-ddwyrain sy'n ffurfio ffin ogledd-ddwyreiniol yr iard stablau, â'r porth bwaog i'r iard nesaf, ac adeilad byrrach yn cyffinio â hi ar ongl sgwâr (ar ymyl ogledd-orllewinol yr iard), o bosib ystafell harneisiau. Llenwyd ffenestr a drws yn yr adeilad hirach sydd agosaf i'r estyniad hwn, ac maent yn wahanol i'r holl ddrysau a'r ffenestri eraill yn y ddau adeilad gan fod iddynt fwâu crwn yn hytrach na'r rhai gwastad a geir dros weddill yr agoriadau.

Mae'r holl adeiladau yn debyg o ran arddull ac adeiladwaith, y rhan fwyaf ohonynt wedi'u hadeiladu o flociau o garreg lwyd, ond mae rhai cerrig o liwiau gwahanol yn amlwg yn yr adeiladau fferm ac mae'n bosibl bod y rhain yn cynrychioli gwahanol gyfnodau o adeiladu. Mae toeau llechi ganddynt oll.

Gorwedd y parc, sydd tua 30 erw, i'r de a'r de-orllewin o'r tŷ. Mae yn y parc ddarn mwy o dir amgaeëdig yn y gogledd, a darn llai o dir amgaeëdig yn y de, gan wyro'n raddol tua'r gogledd a'r de yn y drefn honno; mae llecyn llaith isel rhyngddynt sydd bellach wedi tyfu'n wyllt â thyfiant prysglog, a thrwyddo mae nant fechan yn llifo. Mae llain eang o goed cymysg, ond collddail yn bennaf, ar hyd y ffin dde-orllewinol, a llain arall o goed bob ochr i'r lôn ar y gogledd-ddwyrain; mae amrywiaeth eang o goed ac isdyfiant amrywiol, yn enwedig rhododendronau yn yr ail lain hon. Cuddir y ffiniau gogledd-orllewinol a de-ddwyreiniol gan goed yn bennaf, ac yma ac acw yn y parcdir mae mwy o goed aeddfed, gan gynnwys rhai conifferau. Mae pori ysgafn yn cynnal a chadw'r ddwy ardal, ac mae gwyddau yn yr ardal fwyaf ar hyn o bryd.

Mae ffosglawdd, yn y gornel ogledd-ddwyreiniol, yn gwahanu'r ardd a'r parc. Drws nesaf iddo, i'r de-orllewin, gellir gweld llethrau isel, syth, sy'n pennu darn arall o dir hirsgwar amgaeëdig, a fu'n estyniad i'r ardd ac yn dŷ ffesantod ar wahanol adegau. Yn ôl map Arolwg Ordnans 25 modfedd 1918 gwelir dau ddarn o dir amgaeëdig a fyddai wedi bod yn rhan o'r parc diweddarach, mwy (a welir ar y map 6 modfedd modern), a byddai ffin de-ddwyreiniol un o'r ddau ddarn hwn wedi bod yn yr un lle â'r darn mwy o dir amgaeëdig; dyma lle mae'r llethr gliriaf. Bellach mae'r ardal yn barcdir unwaith eto.

Cynlluniwyd y parc pan adeiladwyd y tŷ, gan ddymchwel y ddau fwthyn a elwid Botach yn y broses. Mae ffin y plwyf rhwng Llanystumdwy a Llannor yn croesi'r parc, a nodir y llinell gan gerrig mawr naturiol a osodwyd yn ddi-drefn. Roedd y rhain yn ffurfio ffin y parc gwreiddiol, fel y gwelir o fap y degwm yr 1840au. Erbyn 1889 fe'i hymestynnwyd tua'r de-orllewin, gan gynnwys llain ychwanegol a oedd bron cymaint â'r parc gwreiddiol, â ffin syth y plannwyd y coed ar ei hyd. Symudwyd rhai o gerrig y ffin yn weddol ddiweddar i hwyluso'r aredig (ar gyfer ail-hadu) ond fe'u gosodwyd yn ôl yn eu lleoedd gwreiddiol yn fras. Gosodwyd nifer o'r coed yn y parc, o amrywiol oedran, mewn rhesi ar hyd llinell y ffin hon hefyd. Yn eu plith mae nifer o ynn mawrion, pinwydden, a sycamorwydden borffor (*Acer pseudoplanatus* 'Purpureum'). Efallai fod y coed yn dyddio o'r cyfnod pan dyma oedd ffin y parc.

· O boptu i'r ffin mae olion cloddwaith trefgordd ganoloesol Botach, sydd i'w gweld o hyd er gwaethaf dymchwel y bythynnod a phlannu a thorri perthlys yn y llecyn wedi hynny (gwelir hyn ar fap y degwm). Mae dwy lethr grwm â phant rhyngddynt, sy'n dilyn llinell ffin y plwyf, a rhagor o lethrau a phantiau i'r de-ddwyrain. Pan fo'r borfa'n fyr, gellir gweld olion amaethu cefnen a rhych posibl tu hwnt.

Mae'r lôn yn rhedeg yn agos i ffin ogledd-ddwyreiniol y parc, ac mae'n anarferol gan fod iddi ddwy lôn gyfochrog, y naill yn gwyro tua'r dwyrain, i gyfeiriad y fferm, a'r llall tua'r gorllewin, i gyfeiriad y tŷ. Mae waliau a llain o goed a llwyni yn gwahanu'r ddwy lôn, ac er eu bod yn cydredeg yn agos iawn i'w gilydd am y rhan fwyaf o'r ffordd, prin y gellir cael cipolwg ar y naill o'r llall, o leiaf yn yr haf. Ychwanegwyd yr ail lôn rywbryd rhwng 1840au a 1889, ac ymddengys mai lôn y fferm yw'r ddiweddaraf, er bod y brif lôn wedi'i hailgyfeirio wrth y tŷ. Arferai fynd tuag at y tŷ drwy borth bwaog tŵr y cloc, ond bellach mae'n mynd heibio i'r gorllewin ohono. Mae gan y brif lôn byst giatiau cerrig, silindrig, mawreddog, mawr iawn a giatiau haearn gyr, a phorthordy unllawr a adeiladwyd o gerrig ar bob ochr, tra bod gan lôn y fferm giât blaen a physt giatiau cerrig syml.

Adeiladwyd Broom Hall mewn man lle mae'r ddaear yn mynd yn fwy lefel ar ben llethr raddol, ac mae'n wynebu tua'r de-ddwyrain ar draws ei ardd derasog, â'r ardd lysiau y tu ôl iddo. Ar bob ochr mae llwyni, sydd bellach yn llawn o goed aeddfed, ac mae'r lôn yn dod i gyfeiriad y tŷ o'r ochr er mwyn peidio â lleihau ar atyniad yr ardd flaen. Mae'r iard stablau'n cael ei chuddio ynghanol y coed i'r dwyrain.

Prif nodwedd yr ardd yw'r terasau ar dair lefel i'r de-ddwyrain o'r tŷ. Maent yn isel, gan fod y safle'n gwyro'n raddol yn unig, ac mae lawntiau yno, â phlannu i lawr yr ochrau yn unig a than y waliau cynhaliol. Ar un adeg mae'n rhaid bod golygfa wedi bod ar draws y ffosglawdd i'r parc, ond bellach ni ellir ei gweld oherwydd tyfiant coed a llwyni a blannwyd ar hyd y ffosglawdd ym mhen pellach y teras gwaelod. Er hynny, mae'r olygfa dros y terasau syml i'r plannu tu draw yn braf.

Mae'n debyg bod yr ardaloedd i'r de-orllewin ac i'r gogledd-ddwyrain o'r tŷ, sydd bellach fwy neu lai yn goediog, yn llwyni yn y lle cyntaf, â rhodfeydd drwyddynt sydd yno o hyd mewn nifer o achosion. Ymddengys bod cynllun tebyg wedi bod i'r ardal lle mae'r terasau bellach, â llwyni a llwybrau crwm, er ei bod yn fwy agored yn ôl pob tebyg - lawnt ar oleddf â chlystyrau o lwyni. I'r de-orllewin, rhwng y tŷ a'r coetir, mae rhai darnau llai, mwy cymhleth o dir amgaeëdig sydd bellach wedi tyfu'n wyllt ac yn anodd i'w dehongli, ond plannwyd un, â rhosod yn arbennig, fel gardd goffa am y perchennog blaenorol a fu farw mewn damwain hedfan.

Yn ôl pob tebyg goroesodd y gerddi a gynlluniwyd tua adeg adeiladu'r tŷ i gael eu gweld ar fap y degwm o'r 1840au; roedd ynddynt ardal fawr o lwyni i'r dwyrain-de-ddwyrain o'r tŷ â lawntiau ar y de a'r de-orllewin, tra bod ardal ffurfiol fechan yn erbyn y ffosglawdd ym mhen isaf yr ardd. Roedd modd mynd at y man hwn ar lwybr anuniongyrchol a oedd yn croesi'r lawnt, ac roedd bron yn sgwâr, â thri llwybr yn mynd o'r gogledd-orllewin i'r de-ddwyrain, gan bennu'r ymylon a'i rannu yn ddau hanner. Roedd nodwedd grwn mewn un hanner. Erbyn 1889, yn lle hwn, roedd y lawnt ar oleddf â'r llwybrau crwm yn ei chroesi, ac roedd i'w gweld o hyd tan 1918 ar fapiau 25 modfedd, ond gwnaed rhai mân newidiadau erbyn y cyfnod hwn, ac mae'n bosibl i'r terasau gael eu hadeiladu'n fuan wedyn.

Yn ôl pob tebyg mae llawer o'r coed yn blanhigion gwreiddiol a blannwyd ar adeg y newid cyntaf yn y cynllun, a bellach maent wedi aeddfedu. Yn eu plith mae rhai ffawydd ardderchog a dwy goniffer anferthol ger yr iard stablau. Ymhlith rhywogaethau eraill mae derw, amrywiol binwydd a chonifferau egsotig, a choed addurnol llai megis magnolia, y masarn a'r llawryf (*Laurus nobilis*). Mae un neu ddwy o goed sbesimen braf. Ar y teras glaswelltog isel yn ymyl yr iard balmentog mae derwen gorc aeddfed, fawr. Ym mhen pellaf y teras isaf, ger y ffosglawdd, mae pinwydden Chile fendigedig (*Araucaria araucana*).

Mae'r rhan fwyaf o'r isdyfiant prysglog yn fwy diweddar na'r prif goed, ond mae'n bosibl eu bod yn dyddio o gyfnod o ailgynllunio'r ardd ar ddechrau'r ugeinfed ganrif. Yn eu plith mae nifer o wahanol asaleâu a rhododendronau yn ogystal â chameliâu, laurustinus (*Viburnum tinus*), ffiwsias, bambŵau ac escaloniâu. Yn ôl pob tebyg mae'r plannu ar waelod y terasau, sy'n amharu ar yr olygfa ar draws y ffosglawdd, yn dyddio o'r cyfnod hwn hefyd, gan mai coed gwasgaredig yn unig a welir yma ar y mapiau cynharaf.

Ni ellir pennu'r ardaloedd o lwyni a choetir ac eithrio pan fônt yn ymylu ar nodweddion eraill, megis llwybrau neu lonydd neu'r terasau. Mewn mannau eraill maent yn ymdoddi i ardaloedd cyfagos heb doriadau sydyn.

Y rhan o'r ardd a gadwyd yn y cyflwr gwaethaf yw'r ardd lysiau â wal o'i chwmpas, a gafodd ei throi yn weddol ddiweddar, ac mae wedi tyfu'n wyllt iawn hefyd. Yn ôl map Arolwg Ordnans 25 modfedd 1889 mae llwybr yr holl ffordd o amgylch yr ochr allan, y naill ychydig i'r de-ddwyrain o'r canol, sy'n rhedeg o'r de-orllewin i'r gogledd-ddwyrain, a'r llall ar ongl sgwâr iddi, gan dorri'r rhan ogledd-orllewinol, fwy o'r ardd yn ddwy. Mae'n debygol bod y llwybrau hyn i gyd ag ymylon bocs, ac mae'r perthi a dyfodd yn rhy fawr, i fyny at 3 medr o uchder, ar bob ochr i'r llwybr canolog yno o hyd, ond mae'r lleill i gyd, ac eithrio darn byr o flaen y tŷ gwydr yn y gornel ogleddol ac un llwyn ar wahân yn ymyl y gornel ddeheuol, wedi'u diwreiddio i hwyluso aredig a tir. Mae'r aredig wedi dileu'r llwybrau hefyd, ac eithrio'r llwybr canol, a oedd yn raeanog.

Yn ogystal â'r bocs, mae rhes ddwbl o goed ffrwythau (a welir ar fap 1889 ond nid yr un coed o angenrheidrwydd) ar bob ochr i'r llwybr canol wedi goroesi; afalau ydynt yn bennaf, ond mae nifer o rywogaethau, a cheir un goeden ellyg o leiaf. Mae un goeden eirin yn erbyn y wal ogledd-orllewinol o hyd, ac mae coeden ffigys yn erbyn y wal ogledd-ddwyreiniol yn ymyl y gornel ogleddol.

Mae'r wal o amgylch yr ardd yn dal i sefyll, ond mae ei chyflwr yn wael. Mae tair ochr o gerrig, tua 2.5 medr o uchder, a leiniwyd yr ochr ogledd-orllewinol â briciau a wnaed â llaw; mae'r wal ogledd-ddwyreiniol o friciau drwyddi draw. Ceir copâu llechi neu friciau mewn mannau. Dymchwelwyd y fynedfa yn y wal dde-orllewinol, gyferbyn â diwedd y llwybr canol, i wneud lle ar gyfer y tractor i droi'r tir; mae gan y fynedfa gyferbyn â hyn, yn y wal ogledd-ddwyreiniol, bâr o ddrysau pren cul. Mae mynedfa yn ymyl y gornel ddwyreiniol hefyd, drws cul ag ychydig o risiau a drws pren yn eu lle, sef yr un a ddefnyddir bellach, a drws yn ymyl y gornel ddeheuol sy'n arwain i mewn at y 'garden of remembrance'; gellir mynd ati trwy'r tŷ gwydr yn y gornel ogleddol hefyd, gan fod iddo ddrysau'n arwain i mewn i'r ardd a'r tu allan.

Ar y wal ogledd-orllewinol, yn ymyl y gornel ogleddol, mae tri thŷ gwydr segur, un ohonynt yn cynnwys gwinwydd o hyd ond sydd wedi tyfu'n hollol wyllt. Gwelir tai gwydr yn yr ardal hon ar fap 1889, ond nid yw'r cynllun yn ymddangos fel pe bai'n cyfateb yn hollol i'r adeiladau sydd yno o hyd, felly mae'n bosibl bod y rhain yn fersiynau diweddarach. Mae boelerdy, a adeiladwyd o friciau ac sy'n suddedig yn rhannol, ar ochr allan y wal ogledd-orllewinol, yn ymyl adeilad croes bach arall; mae'r ddau yn segur. Mae bwlch tua 6–8 medr o led rhwng wal ogledd-orllewinol yr ardd a wal y parc, ond nid ymddengys bod llwybr wedi mynd trwyddo na bod yno unrhyw beth arall ac eithrio'r adeiladau y cyfeiriwyd atynt.

Yn erbyn ochr allan wal ogledd-ddwyreiniol yr ardd mae dau adeilad bach arall, y naill wedi'i adeiladu o friciau ac ni eller mynd ato ond trwy ddrws o'r ardd. Mae ynddo amrywiol ddarnau o ysbwriel gan gynnwys rhai darnau arysgrifedig o waith haearn Fictorianaidd. Ni eller mynd at y llall sydd o gerrig, ond o'r tu allan i'r ardd.

Ym mhen de-ddwyreiniol yr ardd mae nifer o adeiladau eraill, â rhai darnau bach amgaeëdig o dir y tu allan i wal yr ardd. Defnyddir rhai o'r adeiladau hyn o hyd ond ni ddefnyddir rhai eraill, ac mae'n anodd dyfalu beth oedd eu swyddogaeth wreiddiol. Mae wal gefn yr hyn a ymddengys yn estyniad i'r tŷ yn rhan o wal dde-orllewinol yr ardd, ac i'r gorllewin ohono mae'r darn o dir amgaeëdig a dyfodd yn wyllt a arferai fod yn 'garden of remembrance'; mae adeilad yn erbyn tu allan wal yr ardd ar ei ymyl ogledd-orllewinol, ac un arall ar ongl sgwâr ychydig ymhellach i'r gorllewin, yn erbyn ochr fewnol wal dde-orllewinol yr ardd. Mae gan hwn redfa wifrau fach o'i flaen, sy'n awgrymu iddo gael ei ddefnyddio ar gyfer anifeiliaid yn ddiweddar, fel y 'garden of remembrance'; mae iddo lawr o friciau mawr, ac efallai mai storfa ffrwythau oedd yn wreiddiol. Mae rhaniad ar y tu mewn, ac nid yw'r ddwy ran yn cysylltu â'i gilydd, gan mai o'r tu allan y mae modd cyrraedd y ddwy ran.

Yn nwyrain estyniad y tŷ mae iard amgaeëdig sy'n debyg o ran maint i'r 'garden of remembrance', a gellir mynd ati o'r iard yn ymyl y tŷ drwy fynedfa fwaog lydan â drws pren yn ei le. Mae llwybr wedi'i balmantu â llechi ar hyd cefn y tŷ a wal gerrig gynhaliol tua 1 medr o uchder i'r gogledd-orllewin o hwn, i ymdopi â'r newid yn y lefel. Yn yr iard mae adeilad bach yn erbyn ochr allan wal yr ardd hefyd, ac mae'n bosibl mai adardy oedd. Ym mhen arall y darn amgaeëdig hwn, ychydig tu hwnt i'r drws sy'n arwain ato o'r iard, mae côr anifeiliaid bach iawn â rhastal, a thu

hwnt i hwn mae adeilad sgwâr, y gellir ei gyrraedd ar hyd grisiau llechi a llwybr o amgylch i'r dwyrain, sy'n hŷn na'r lleill o bosibl ac a ddefnyddir bellach fel siedau anifeiliaid, a rhagor o siedau croes. Mae simnai gan yr adeilad sgwâr, ac mae'n bosibl iddo fod yn gartref ar un adeg neu'n gegin moch; yn rhyfedd ddigon, mae'r wal 3 medr o uchder sy'n ffurfio ymyl dde-ddwyreiniol y cwrt bach (wal ogledd-orllewinol yr iard ger y tŷ) yn cwrdd â ffasâd yr adeilad hwn ar ongl sgwâr ychydig ffordd ar hyd-ddo, gan fynd yn llai i fynd o dan y bondo. Mae adeilad croes arall eto, sydd wedi mynd â'i ben iddo, yn erbyn y wal hon ar ochr yr iard. Ar fap 1889 gwelir pwmp yn yr iard hon a thanc dŵr yn yr ardd, ond mae'r ddau wedi diflannu.

Ffynonellau

Sylfaenol

Gwybodaeth oddi wrth y diweddar F.R. Bond, Ysw.

Adroddiad Ymddiriedolaeth Archeolegol Gwynedd rhif 2020: Broom Hall, Abererch.

Map y degwm, copi yn yr adroddiad uchod.

Eilradd

Comisiwn Brenhinol Henebion Cymru, *Inventory*, Sir Gaernarfon Cyfr. II, tud. 115 (1960).

C.A. Gresham, *Eifionydd*, tud 366–69 (1973).

CASTELL BRYN BRAS

CADW

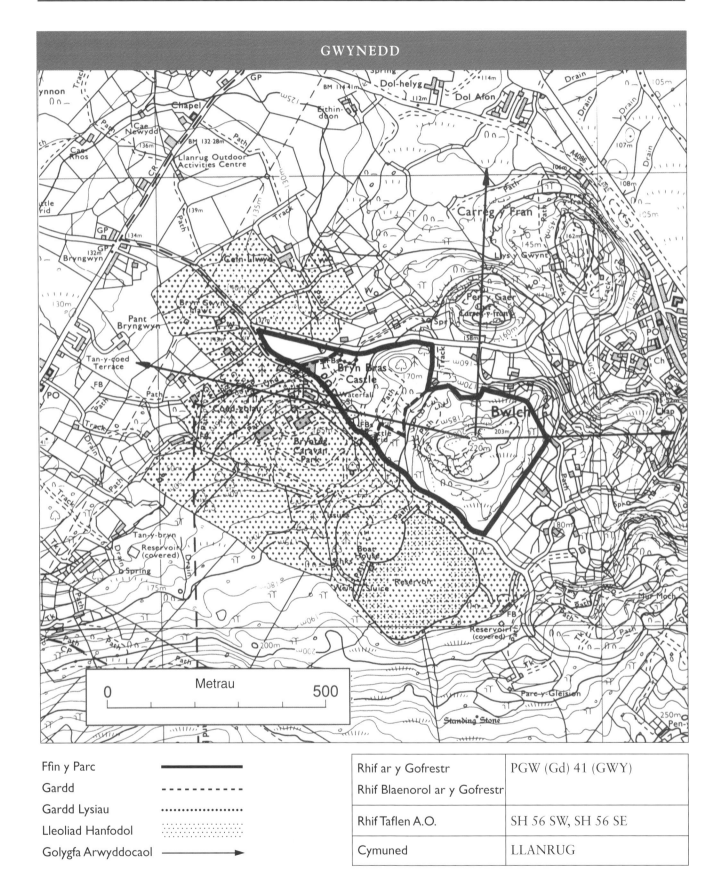

Ffin y Parc	———————
Gardd	– – – – – – –
Gardd Lysiau	••••••••••••••
Lleoliad Hanfodol	░░░░░░░
Golygfa Arwyddocaol	———————>

Rhif ar y Gofrestr	PGW (Gd) 41 (GWY)
Rhif Blaenorol ar y Gofrestr	
Rhif Taflen A.O.	SH 56 SW, SH 56 SE
Cymuned	LLANRUG

CRYNODEB

Rhif cyf	PGW (Gd) 41 (GWY)
Map AO	115
Cyf grid	SH 544 626
Sir flaenorol	Gwynedd
Awdurdod unedol	Gwynedd
Cyngor cymuned	Llanrug
Disgrifiadau	Adeiladau rhestredig: Tŷ Gradd II*; Coed Goleu/Fernlea Gradd II; Wal sgrîn a thai allan Gradd II.
Gwerthusiad safle	Gradd II
Prif resymau dros y graddio	Gardd amrywiol a gafodd ei chadw'n dda, sy'n cynnig lleoliad hyfryd a dymunol i'r ffug gastell rhamantaidd. Arhosodd cynllun yr ardd yn ddigyfnewid yn sylfaenol ers iddi gael ei chynllunio'n wreiddiol yn y 1830–40au. Mae coetir, gardd dd'wr, lawnt a llecynnau ffurfiol eraill yn ymdoddi i'w gilydd. Yn yr ardd ceir dau adeilad gardd o'r 1920au a nodweddion eraill o'r cyfnod hwnnw.
Math o safle	Gardd goetir â phyllau a nant, hen ardd lysiau gynt a addaswyd yn ardd addurnol, lawntiau â cherfluniau ger y tŷ, gardd gerrig a 'Mountain Walk'.
Prif gyfnodau o adeiladu	1829–35, 1830au–40au; 1920au; 1965 ymlaen.

Disgrifiad o'r safle

Lleolir Castell Bryn Bras ar ochr ogledd-orllewinol mynyddoedd Eryri, i'r de-ddwyrain o bentref Llanrug ac i'r gogledd-orllewin o Lyn Padarn, yn nyffryn Llanberis. Mae wedi'i osod yn daclus mewn llecyn trionglog rhwng ffordd i'r de a hen ffordd gynt, sydd bellach yn lôn ac yn lle parcio, i'r gogledd. Ffug-gastell yw'r tŷ mawr, dymunol hwn sy'n dyddio o ddechrau'r bedwaredd ganrif ar bymtheg, â chynllun cymesurol, ac eithrio'r t'wr deheuol. Mae'n adeilad murfylchog, tyredig a chanddo arddull Normanaidd, sy'n atgoffa rhywun o Gastell Penrhyn gerllaw, ond nid yw mor foel ac mae'n fwy cartrefol na Chastell Penrhyn, sy'n perthyn i'r un cyfnod. Adeiladwyd y castell o gerrig lleol, ond mae briciau'r prif wyneb wedi'u plastro, gan wynebu'r dwyrain tua'r ardd. Mae'n cynnwys bloc deulawr rhwng dau d'wr crwn. Yn y darn canol mae tri logia â bwâu crwn, gyda ffenestri Ffrengig yn ymagor ar yr ardd. Ar un adeg roedd gwydr yn safle'r pyrth bwaog i greu orendy, gwinwydd-dy ac adardy (*The Times*, 8 Awst 1860). Rhyngddynt mae tyredau cul a sgwâr yn codi uwchben llinell gyffredin a to. Mae'r t'wr deheuol yn amlwg iawn ac mae'n ymwthio tua'r dwyrain o'r wyneb. Mae anheddau'r gweision tu ôl i ddarn canol yr wyneb dwyreiniol, ym mhen gorllewinol y tŷ. Mae dwy iard â waliau o'u cwmpas ar bob ochr iddynt. Ar ochr ddeheuol y castell mae cytiau'r c'wn, sy'n fychain ond a adeiladwyd yn urddasol, yn gastellog ac yn dyredig. Mae ganddynt reiliau a giât haearn. Mae gweddill y tai allan ar ochr ddeheuol y ffordd sy'n rhedeg ar hyd ochr ddeheuol y castell. Mae pont dan do yn cysylltu'r tŷ â'r cyfadeilad hwn.

Ceir tystiolaeth o adeilad ar safle Castell Bryn Bras ers y canol oesoedd. Ceir nodweddion yn y seler sy'n dyddio o'r canol oesoedd ac mae'n bosibl bod mwy o waith canoloesol yng nghnewyllyn canolog yr adeilad presennol. Mewn cofnodion eglwysig o 1751 nodir bod ffermdy mawr ar y safle, Coed Goleu, a oedd yn eiddo i deulu Williams Cae Poeth, Llanrug, ac roedd tenantiaid yn byw yno. Gwelir yr enw Bryn Bras ar fap sirol Robert Dawson, a arolygwyd ym 1816–20. Mae ei enw yn awgrymu bod yno dir pori toreithiog.

Ym 1822 a 1827 prynodd Thomas Williams (1794–1874), Cymro Cymraeg diwylliedig a chyfreithiwr ym Mangor, y ffermdy a thir Coed Goleu oddi wrth ei frawd, y Parch Owen Gethin Williams Cae Poeth. Erbyn 1835 roedd ganddo'r holl dir (81 erw neu 32.8 ha) a fyddai'n ystâd iddo. Adeiladwyd y tŷ presennol, Castell Bryn Bras, ar gyfer Thomas Williams rhwng 1829 a 1835. Mae ei arddull yn adlewyrchu syniadau rhamantaidd, hanesyddolaidd a oedd yn gyfredol ar y pryd. Erbyn Mai 1833 roedd ef a'i weision yn byw yno, er na orffennwyd codi'r tŷ tan 1835. Credir bod y castell wedi'i gynllunio a'i adeiladu mewn dau gam. Roedd y cam cyntaf, a adeiladwyd rhwng 1830 ac 1832, yn cynnwys y bloc canol â thri bae ac ystafelloedd y gweision y tu cefn i hwn. Nid yw pensaer y darn hwn yn hysbys, ond penseiri a oedd yn weithgar yn yr ardal yr adeg honno oedd John Provis a'r partneriaid J.A. Hansom a E. Welch. Roedd yr ail gyfnod yn golygu ychwanegu'r tyrau crwn, tyred y grisiau a'r ystafelloedd a'r iardiau y tu cefn i'r rhain, gan roi i'r tŷ lawer mwy o gymeriad castell canoloesol felly. Mae cynllun a manylion mewnol y rhannau hyn yn awgrymu bron yn sicr mai Thomas Hopper, a oedd yn gweithio yng Nghastell Penrhyn ar yr un adeg, oedd y pensaer.

Y map cyntaf sy'n goroesi ac sy'n dangos y castell yw map y degwm 1839, a gwelir yr adeilad bron fel ag y mae heddiw, â'r ddau borthordy, stablau, a rhai tai allan eraill, sydd yn ôl pob tebyg yn perthyn i'r un cyfnod â'r castell felly, fel yr awgrymir gan eu cynllun. Ar fap y degwm gwelir wal sy'n rhedeg i'r de-ddwyrain o'r castell gan gysylltu'r ddwy ffordd ac yn amgáu darn bach a elwid yn 'castle yard'; mae iddi agoriad â dau d'wr bach bob ochr iddo, sy'n ymagor ar y man sy'n dir hamdden bellach. Mae engrafiad o 1841 yn dangos y tŷ yn orffenedig.

Gadawodd Thomas Williams y castell i ŵyr ei chwaer, y Parch Charles Bodvell Griffith. Nid ymddengys bod y Parch Griffith wedi byw ym Mryn Bras, ac erbyn 1878 roedd yn eiddo i William Dew, a werthodd y castell ym 1891. Y prynwr oedd Charles Davison o Sir Fflint, ac nid ymddengys iddo yntau aros yno'n hir chwaith a phrynwyd y castell ym 1897 gan y Capten Frank Stewart Barnard, a oedd yn Uchel Siryf Sir Gaernarfon rhwng 1903 ac 1904 ac yn ddyngarwr. Bu'n byw yn y castell nes iddo farw ym 1917, er iddo geisio ei werthu ym 1913, a rhedodd y lle fel stablau, gan addasu rhan o'r fferm i'w defnyddio i'r perwyl hwn.

Er i'r ystâd fynd ar werth ym 1913, ni chafodd ei gwerthu tan ar ôl y Rhyfel Byd Cyntaf, ym 1918, ac wedi hynny newidiodd ddwylo ddwywaith. Ym 1920 daeth yr ystâd yn y pen draw i feddiant perchennog cyfoethog newydd, Duncan Elliot Alves, gŵr o Seland Newydd. Bu Alves, a oedd yn feistr olew, yn Arglwydd Faer Caernarfon am chwe blynedd, ac roedd yn gyfeillgar â Lloyd George a phwysigion eraill y cyfnod. Croesawai lawer i'w dŷ yn hael iawn a gwariai lawer o arian ar y tŷ a'r tir o'i amgylch. Ymddengys ei arfbais, ysgub wenith â'r geiriau 'Deo favente', mewn sawl man yn y tŷ a hefyd ar y bont ar draws y ffordd a gododd ym 1921–22. Bu farw Alves ym 1940 a gwerthwyd yr eiddo pan fu farw ei wraig ym 1947 i Mr Tom Welch, a fu'n byw yno nes iddo farw ym 1953, ac yntau yn ddim ond 40 oed. Unwaith eto gwerthwyd y castell i ddiwydiannwr o'r enw Charles Sydney Cowap, ond gwerthodd yntau'r lle wedi tair blynedd. Fe'i prynwyd ym 1956 gan Patrick Durkin a'i addasu yn westy a chlwb gwlad, gan werthu'r fferm a bythynnod y fferm; agorwyd y tir i'r cyhoedd am y tro cyntaf ym Mehefin 1958. Bu farw Durkin ym 1964 a gwerthwyd y gweddill o fythynnod y fferm gan ei weddw. Ym 1965 prynwyd y castell a'i erddi gan y perchnogion presennol, Mr Neville a Mrs Marita Gray-Parry, sydd wedi byw yng Nghastell

Bryn Bras am gyfnod hirach nag unrhyw berchennog ers i Thomas Williams fyw yno am 52 mlynedd.

Ni chafodd y parcdir ym Mryn Bras ei gynllunio erioed ond ceir dwy ardal y tu allan i'r ardd sy'n rhan o'i dir: padog bach i'r gogledd-orllewin, nad yw'n cael ei bori ond fe dorrir y borfa, a'r bryn creigiog i'r de-ddwyrain, a oedd yn gwningar ym 1913 ac a borwyd yn ysgafn ers hynny, ond sydd bellach yn goetir ac yn rhostir. Mae llwybr a elwir yn 'Mountain Walk' yn arwain i fyny i ben y bryn, sy'n wylfan gwych.

Mae'r brif ardd a'r bryn â llwybr y 'Mountain Walk' i gyd o fewn wal amgáu, sy'n rhannol sych ac yn rhannol forter. Mae pâr o dyredau crwn wrth y fynedfa i'r lôn ddeheuol, i'r gorllewin o'r tŷ, y naill yng nghornel orllewinol bellaf wal yr ardd a'r llall ar wal y fferm i'r de. Maent i'w gweld ar fap Arolwg Ordnans 1889 ac ymddangosant ar ffotograffau cyn 1907, ond mae uniad amlwg lle mae'r darn o wal ar ochr ogleddol y ffordd, sy'n dod i ben yn y tyred, yn cyfarfod â phrif wal yr ardd. Hefyd mae uniad lle mae'r un wal (y wal forter gynhaliol ar hyd y lôn/ man parcio i'r gogledd o'r tŷ) yn cyfarfod â wal yr ardd lysiau, felly mae'n bosibl bod y waliau wedi'u codi mewn tri chyfnod, oll cyn 1889. Ymddengys mai'r wal ddiweddaraf yw'r un ar y gogledd-orllewin, gan gynnwys y tyredau ger y ffordd a'r prif bâr o bileri giatiau.

Mae tair prif ran i'r ardd. Coetir yw'r rhan fwyaf, i'r dwyrain o'r tŷ, sy'n cynnwys tŵr gwylio a nifer o lwybrau anffurfiol, y newidiwyd eu cynllun rhyw ychydig bellach wrth i'r llwybrau dyfu'n wyllt a chael eu hail-dorri, er bod nifer o'r llwybrau gwreiddiol yno o hyd. Ailblannwyd y rhan fwyaf o'r coed ar ôl iddynt gael eu torri ym 1919. Adeiladwyd y tŵr gwylio (o gerrig, wedi'i rendro) yn y 1920au i gymryd lle'r hafdy a safai yn yr un man ag o'r blaen. Mae'r tŵr yn grwn, ag un ystafell ar y llawr isaf a llwyfan gwylio ar y to â grisiau mewnol yn arwain ato. Mae'r drws ar yr ochr dde-ddwyreiniol, ag ychydig o risiau yn arwain ato. Mae bariau ar y ffenestri ond nid oes gwydr ynddynt.

Yr ail ddarn mwyaf yw'r ardd ddŵr, ar hyd ochr dde-orllewin yr ardd, â'r nant yn llifo tua'r gogledd-orllewin drwy gyfres o bedwar pwll. Y pwll uchaf yw'r mwyaf, ag argae concrid hir. Mae wal dan y dŵr yn gwahanu'r rhan ar gyfer nofio oddi wrth y rhan a blannwyd ac mae yno ynys. Mae'r pyllau eraill yn llai o lawer ac yn hollol addurnol. O amgylch y pyllau i gyd plannwyd llwyni a phlanhigion sy'n hoffi lleithder. Mae pontydd, argaeau, ffynnon segur yn y pwll uchaf, a thŵr, â nifer o raeadrau addurnol bychain yn croesi'r lawnt ychydig o flaen y tŷ. Mae'r tŵr cerrig, castellog yn uchel ac yn denau ac yn adlewyrchu ffurf pileri'r giât gerllaw, ac mae darn o wal gerrig yn cysylltu un ohonynt â'r tŵr, ac ymddengys ei fod yn bodoli'n unig i ychwanegu at yr ardd ddŵr, yn enwedig sŵn y rhaeadr sy'n dod allan o'i waelod i lenwi'r trydydd pwll yn y gyfres. Fe'i hadeiladwyd o gerrig ac mae'n gastellog, ac o bosibl fe'i codwyd o gerrig y rhan ddeheuol a ddymchwelwyd a thŵr wal yr iard wreiddiol, ac mae'n perthyn i gyfnod diweddarach. Mae'n bosibl bod cymeriad gwreiddiol yr ardd ddŵr yn fwy ffurfiol nag yr ymddengys bellach, cyn i'r planhigion dyfu i roi'r awyrgylch moethus presennol, ond mae'n amlwg o hen fapiau bod y llwybrau bob amser wedi bod yn grwm ac nad oedd y cynllun erioed yn gymesurol.

Yn y trydydd darn, yn union i'r dwyrain o'r tŷ, mae lawntiau a borderi lled-ffurfiol, â rhodfeydd graean, ac mae'n ymestyn tua'r de-ddwyrain bob ochr i'r brif rodfa o'r gogledd-orllewin i'r de-ddwyrain, â gardd gerrig a mwy o lawnt a gwelyau ar safle'r hen ardd rosod. Ger y tŷ mae rhai coed mawr yn goroesi, a blannwyd yn y cwrt blaen gwreiddiol, o bosibl. Yn eu plith mae

castanwydden y meirch, leimwydden ac onnen. Yn ôl map 1889 roedd conifferau yn y man hwn ond erbyn 1900 roeddynt wedi'u clirio fodd bynnag.

Mae'r hen ardd lysiau gynt, sydd bellach wedi'i chynllunio fel llawr bocs ac a elwir yn 'Knot Garden', wedi'i gosod yng nghornel ogledd-ddwyreiniol y darn hwn, â'i waliau bwaog yn gefndir iddi. Mae hafdy, a adeiladwyd gan Alves yn y 1920au, yn weddol agos i'r tŷ, yng nghornel ogledd-ddwyreiniol y lawnt groce ger wal yr ardd lysiau. Mae'n adeilad cerrig castellog, unllawr, lled chweonglog o ran ffurf, â'i gefn gwastad i'r gornel. Mae tri phorth bwaog mawr a oedd yn agored yn wreiddiol ond bellach mae iddynt ffenestri Ffrengig.

Defnyddir y brif rodfa lydan, sy'n rhedeg o'r gogledd-orllewin i'r de-ddwyrain, fel lôn, a hefyd y rhodfa sy'n fforchio oddi arni tua'r de-orllewin yn ymyl pen y tŷ. Mae gan y ddwy giatiau dwbl llydan sy'n arwain at y lôn dde-orllewinol, yn yr ail achos yn union gyferbyn â'r hen stablau. Mae'r giât bellach gyferbyn â'r llwybr llai sy'n arwain at y fferm gynt sydd bellach yn lôn fynedfa i'r safle carafannau.

Yn ôl pob tebyg crëwyd cynllun y lonydd o fewn yr ardd ar yr un adeg â'r ardd ddŵr, gan fod y ffordd o'r de-orllewin yn croesi rhwng dau bwll. Graean yw'r lonydd a gweddill y rhodfeydd yn ymyl y tŷ; ymddengys gweddill cynllun y llwybrau yn wreiddiol fwy neu lai, â rhai llwybrau'n segur a rhai mân newidiadau. Mae ymylon cerrig i'r llwybrau yn bennaf. Bellach wyneb concrid sydd i'r llwybr ar hyd ymyl y pwll nofio ar yr ochr ogleddol, a graean sydd i'r llwybrau yn y coed yn gyffredinol.

Mae coed aeddfed, yn eu plith leimwydd, pefrwydd, cypreswydd a chastanwydd, yn gefndir i'r lawnt a'r cwrt tenis i'r de o'r ardd â wal o'i chwmpas, a cheir rhagor o goed aeddfed, yn eu plith marchgastanwydd, ffawydd coprog a sawl leimwydden, yn yr ardd ddŵr ac ar hyd ymyl dde-orllewinol yr ardd. Yn ôl pob tebyg y tri chlwstwr hwn yw'r unig rai i oroesi pan dorrwyd coed i lawr ym 1919. Mae'r coetir yn rhan ddwyreiniol yr ardd yn goed collddail cymysg gan mwyaf.

Crëwyd y gerddi a'r tir yn y 1830au a'r 1840au gan Thomas Williams, yn fuan ar ôl iddo adeiladu'r tŷ presennol. Ar fap y degwm 1839 gwelir wal yn rhedeg i'r de-ddwyrain o'r castell ac yn cysylltu'r ddwy ffordd, gan amgáu llecyn bach a elwid yn 'castle yard'; mae iddo agoriad â dau dŵr bach bob ochr, sy'n ymagor ar yr ardal sydd bellach yn dir hamdden. Enwir darn o dir amgaeëdig ar ochr bellach y ffordd, i'r gorllewin o'r castell, yn ardd lysiau, er i'r ardd lysiau gael ei sefydlu i'r gogledd-ddwyrain o'r tŷ yn ddiweddarach. Erbyn 1835 prynodd Williams y 32 erw o erddi a thir i'r gogledd o'r lôn ddeheuol i gyd, a'r 49 (19.8ha) erw o Fferm y Plas (Coed Goleu) i'r de i gyd. Mae'r tir a'r gerddi heddiw yn llenwi'r un ardal yn union â'r 32 (13ha) erw a brynwyd a'u cynllunio gan Williams. Mewn hysbyseb yn *The Times* ar 8fed Awst 1860, sy'n cynnig yr ystâd ar werth, ceir sôn am rodfeydd a lonydd a'r golygfeydd ardderchog o 'mountain, wood, rivers, lakes, ocean in the distance'. Byddai hyn yn awgrymu bod 'Mountain Walk' eisoes wedi'i chynllunio, gan mai dim ond o ben y bryn hwn y gellir gweld y golygfeydd hyn.

Mae'n bosibl hefyd mai Williams fu'n gyfrifol am ddymchwel rhan o wal yr iard ac un o'i thyrau i greu'r ardd ddŵr a chefnu ar yr ardd lysiau gyntaf o blaid un arall yn agosach i'r tŷ; gwnaethpwyd y ddau newid hwn erbyn 1889. Yn ôl pob tebyg ni fu ei etifedd yn byw yn y castell ac felly nid yw'n debygol mai ef a'u gwnaeth, ond y posibilrwydd arall yw William Dew, a fu'n berchen ar y castell o 1880 hyd 1890. Goroesodd wal arall yr iard, â'r tŵr arall, hyd at ar ôl 1900. Mae'n bosibl y defnyddiwyd cerrig o'r tŵr a ddymchwelwyd i adeiladu'r tŵr llai sydd bellach yn rhan o'r ardd ddŵr, â rhaeadr yn tarddu o'i gwaelod.

Ychydig o newidiadau fu i'r gerddi ers i Williams eu cynllunio. Erbyn 1860 (hysbyseb yn The Times) roedd lawnt ar yr wyneb dwyreiniol. Mewn disgrifiad o 1887 ceir cyfeiriad at eu 'rural and picturesque appearance', ac 'a small stream, forming four ponds of various sizes.....rivulets and cascades, shady and timbered walks, rosary and tennis lawn'. Ceir disgrifiad tebyg o'r ardd ym manylion gwerthiant 1913 a cheir hefyd gyfeiriad at bomprenni a ffynnon. Ac eithrio'r ardd rosod, sydd bellach yn lawnt a gwelyau llwyni, mae'r disgrifiad hwn yn addas o hyd. Mewn ffotograffau ac engrafiadau gwelir pompren dros nant ychydig i'r dwyrain o brif dŵr y tŷ a phont debyg ymhellach i fyny. Mae'r pontydd yno o hyd ond diflannodd y canllawiau pren garw.

Erbyn 1890 roedd cwrt tenis lawnt i'r gorllewin o'r ardd lysiau. Yn ddiweddarach fe'i defnyddiwyd ar gyfer croce ac erbyn 1900 roedd yno adeilad bach iawn, ar safle'r hafdy presennol. Lleihawyd maint yr ardd lysiau gan Gapten Barnard, y perchennog o 1897–1917, i greu cwrt tenis gwell i'r de ohono. Mae'n rhaid bod y rhan fwyaf o wal y blaengwrt a oedd yn weddill wedi'i dymchwel, ynghyd â'i thŵr, gan Barnard rhwng 1900 a 1913, ar yr un adeg ag y lleihawyd maint yr ardd lysiau. Yn ôl pob tebyg roedd gweddill y darn o wal a gwtogwyd yn wreiddiol, gan fod y tŷ gwydr yn ei erbyn wedi'i gadw, ac mae'n bosibl bod gwaelod yr hen wal yn dal wrth droed wal fwaog Alves. Nodir llinell gweddill y wal yn fras gan y llwybrau ar draws y lawnt i'r ardd lysiau gan arwain at y giât i gyfeiriad y lôn dde-orllewinol agosaf at y tŷ. Hefyd adeiladodd Barnard y byngalo pren, sydd bellach wedi'i ddymchwel, yng nghornel ddeheuol yr ardd. Er i'r ystâd fynd ar werth ym 1913, ni chafodd ei gwerthu tan ar ôl y Rhyfel Byd Cyntaf, ym 1918. Yn ystod y ddwy flynedd nesaf newidiodd ddwylo eto, ddwy waith. Yn ystod y cyfnod hwn, ym 1919, torrwyd y rhan fwyaf o'r coed (ar gyfer adeiladu llongau, yn ôl pob sôn), er bod y coed addurnol agosaf i'r tŷ wedi'u gadael yno.

Gwnaed nifer o welliannau gan Alves, y perchennog o 1920, a gwariodd symiau enfawr o arian, ond heb newid rhyw lawer ar y cynllun sylfaenol o fewn yr ardd. Adeiladodd yr hafdy cerrig presennol, yn ymyl y castell yng nghornel wal yr ardd lysiau, ac yn lle'r hen hafdy pren yn y coed cododd dŵr gwylio o gerrig. Daeth llu o gerfluniau i'w feddiant, rai ohonynt (yn arbennig pâr o ffigyrau a elwir yn Gladiators, sy'n sefyll ar y lawnt o flaen y tŷ, a ffigwr o Pan yn yr ardd lysiau) yn yr ardd o hyd. Ailadeiladodd waliau'r ardd lysiau yn eu harddull addurnol, fwaog bresennol hefyd; ac yn ddiamau gwnaeth lawer o blannu, gan gynnwys ailblannu'r coed a dorrwyd yn fuan ar ôl y Rhyfel Byd Cyntaf.

Gwnaethpwyd rhagor o fân welliannau i'r tir gan Tom Welch, a brynodd yr eiddo ym 1947, gan gynnwys troi rhan o'r pwll uchaf, a'r mwyaf, yn yr ardd ddŵr yn bwll nofio. Wedi hynny addaswyd Bryn Bras yn westy a chlwb gwlad gan Mr Durkin ond ers hynny fe'i hadferwyd i'w ddefnyddio'n gartref teuluol. Adferwyd y gerddi a'r tir bron yn gyfan gwbl yn ofalus iawn gan y perchnogion presennol, y Gray-Parryiaid, ac maent wedi eu cadw yn dda.

Lleolwyd yr ardd lysiau wreiddiol i'r de-orllewin o'r tŷ, ar ochr bellaf y ffordd, ac yn ôl pob tebyg roedd yn cydoesi ag adeiladu'r tŷ ym 1829–35. Nid oes arwydd bod unrhyw dai gwydr yno ar unrhyw adeg. Ar ôl symud yr ardd lysiau i'w safle presennol, ymddengys bod y rhan fwyaf o'r hen safle wedi mynd yn gae, ac yna'n badog a oedd yn gysylltiedig â're a leolid yn rhan o'r fferm ym mlynyddoedd cynnar yr ugeinfed ganrif. Fodd bynnag, ar gynlluniau manylion gwerthiant 1913 gelwir llecyn ar ei hochr dde-orllewinol yn 'lower garden' a gwelir tri llwybr cyfochrog a

gysylltir â llwybr ar draws ar hyd un ymyl; yn ôl pob tebyg mae symbolau o goed yn dynodi coed ffrwythau. Codwyd tŷ newydd ar y safle bellach.

A barnu wrth ffotograffau a mapiau yn nes ymlaen yn y bedwaredd ganrif ar bymtheg, symudwyd yr ardd i'w safle presennol i'r gogledd-ddwyrain o'r tŷ tua chanol y bedwaredd ganrif ar bymtheg. Ar yr adeg honno roedd yn fwy, gan ymestyn ymhellach i'r de, a lefelwyd y safle sydd ar oleddf graddol i lawr o'r dwyrain i'r gorllewin ar ei chyfer; mae llethr gweddol serth uwchben yr ardd i'r dwyrain. Mewn hysbyseb yn The Times am yr eiddo ym 1860 cyfeirir at yr ardd lysiau â 'good sized pond'. Roedd hwn yn wreiddiol yng nghanol yr ardd, ond am i'w faint leihau mae bellach ar yr ymyl ddeheuol. Ym 1887 roedd gan yr ardd ystafell wydr a gwinwydd-dy. Erbyn 1913 lleihawyd maint yr ardd i gynnwys cwrt tenis ar y lawnt i'r de, gan adael y pwll canolog a'r ffynnon yn ymyl yr ymyl ddeheuol felly. Cymerodd rheiliau le'r wal ddeheuol.

Rhwng 1889 a 1900 bu cynnydd ym maint y gwydr yn yr ardd lysiau a chanlyniad hyn oedd rhes ddi-dor ar hyd y wal ogleddol ac un tŷ gwydr yn erbyn y wal orllewinol. Cadwyd y rhain i gyd pan leihawyd yr ardd, ond nid yw'n bosibl bod y tŷ gwydr yn erbyn y wal orllewinol wedi goroesi ailadeiladu'r waliau yn y 1920au; arhosodd y rhes ogleddol, fodd bynnag, gan fynd yn adfail yn raddol. Yn ddiweddar adferwyd un tŷ gwydr, lle tyfai gwinwydden, gan ddefnyddio deunydd traddodiadol, ac mae ei system awyru a'i ffyn gwinwydd yno o hyd. Nid yw'r gwresogi dan y llawr yn gweithio bellach ond mae'r pibelli a'r rhwyllau haearn addurnol yn dal yn eu lle.

Mae gwaelodion y tai gwydr eraill (dau i'r gorllewin ac un i'r dwyrain) yno o hyd, a gwnaed llwybrau graean a borderi arnynt ac o'u hamgylch. Mae'n amlwg mai'r tŷ eirin gwlanog oedd yr un ynghlwm wrth y tŷ gwydr presennol ar y gorllewin, a phan gafodd ei glirio daethpwyd o hyd i nifer o gerrig eirin gwlanog, bricyll a nectarinau ar y llawr. Mae'r boelerdy a'r cytiau potiau yno o hyd, tu allan i gornel ogledd-orllewinol yr ardd, y tu ôl i'r hafdy. Ymddengys iddynt fod yn ychwanegiad diweddar am mai ar fap 1913 y'u gwelir am y tro cyntaf.

Yn ystod y 1920au addaswyd yr ardd yn 'Knot Garden' addurnol gan Alves. Gosodwyd y waliau cerrig bwaog anarferol presennol yn lle'r rheiliau a'r wal orllewinol, sef olion y wal iard wreiddiol; ar yr un adeg, yn ôl pob tebyg, addaswyd y rhan fwyaf o'r ardd o fod ag iddi bwrpas ymarferol i fod yn addurnol, ond mae'r defnydd blaenorol o reiliau yn lle wal ar yr ochr ddeheuol yn awgrymu bod yr ardd eisoes yn rhannol addurnol, neu o leiaf fe'i bwriadwyd i'w gweld. Cwtogwyd uchder y wal ddwyreiniol, ond cadwyd y wal gerrig ogleddol uchel â leiniwyd â briciau, er mwyn cadw'r tai gwydr. Mae'r wal hon sy'n rhan o ffin ogleddol yr ardd yno heddiw.

Mae gan yr ardd addurnol dair mynedfa; yn y gornel ogledd-orllewinol mae drws pren yn arwain drwy'r wal at ardal y boelerdy/cytiau potiau; mae drws pren allan i'r ffordd o'r ardal hon hefyd. Yn y gornel ogledd-ddwyreiniol mae grisiau briciau a llechi yn arwain at giât haearn fechan sy'n ymagor ar lwybr i'r llwyni. Mae'r brif fynedfa tua phen gorllewinol y wal ddeheuol, drwy giatiau haearn gyr uchel a baentiwyd yn wyn a wnaed gan Brunswick Ironworks, Caernarfon; mae'r rhain, fel y waliau a'u pileri castellog uchel, yn dyddio o'r 1920au.

Mae'r waliau bwaog o gerrig llwyd tywyll, tua 3.5 medr o uchder ac yn frith o blanhigion dringol. Adeiladwyd y bwâu isel ar ben wal tua 1 medr o uchder, ac maent ychydig yn llai na'r uchder hwnnw ei hunain; maent yn cynnal gweddill y wal, sy'n furfylchog, uwchlaw. Ar ben y wal ddeheuol mae pâr o eryrod cerrig, bob ochr i ddeial haul a osodwyd yn y wal, sydd â border o ffrwythau a blodau mewn cerfwedd o'i amgylch.

Bellach gosodwyd perthi bocs a llwybrau graean yn yr ardd ar batrwm sydd fwy neu lai'n gymesurol, o ystyried ei ffurf lled-hirsgwar. Plannwyd y perthi bocs yn y 1920au, ac fe'u darganfuwyd ym 1964 dan drwch o ddanadl poethion ac fe'u hadferwyd yn llwyddiannus gan y perchnogion presennol. Mae'r pwll canolog, sydd tua 3 medr ar draws, â'i oddi amgylch a'i leinin yn goncrid, yn agos i ymyl ddeheuol bresennol yr ardd. Mae iddo ffynnon â cherflun carreg o Pan, sydd ychydig yn llai na'i faint go iawn, ar blinth sgwâr. Ar hyd yr ymyl ddeheuol gwnaed y stribyn sy'n weddill o'r ardd yn forder llydan, ac mae border tebyg ar hyd yr ymyl ddwyreiniol. Mae ynddynt lwyni a phlanhigion llysieuol, a phlanhigion dringol ar y waliau.

Ar yr ymyl orllewinol mae rhes o bedair coeden llawrwyf fawr; gan fod dwywaith yn fwy o ofod rhwng y ddwy fwyaf deheuol, mae'n debyg bod pump yno'n wreiddiol, ac mae'n bosibl iawn eu bod wedi'u tocio. Bellach maent yn hawdd ddwywaith uchder y wal.

Ffynonellau

Sylfaenol

Gwybodaeth oddi wrth Mr a Mrs N.E. Gray-Parry.

Engrafiad o Gastell Bryn Bras, 1841, gan Day a Haghe, cyhoeddwyd gan James Rees. Casgliad personol.

Hysbyseb gwerthiant yn *The Times*, 8fed Awst 1860.

Manylion gwerthiant, 25fed Hydref 1913. Llyfrgell Genedlaethol Cymru.

Ffotograffau o ddiwedd y bedwaredd ganrif ar bymtheg a dechrau'r ugeinfed ganrif. Casgliad personol.

Llun a dynnwyd o'r awyr (1994): Ymddiriedolaeth Archeolegol Gwynedd.

Eilradd

The Garden, 10 Medi 1887.

Arweinlyfr a thaflen ymwelwyr i Gastell Bryn Bras.

Arweinlyfr gardd Castell Bryn Bras.

R. Fedden, a J. Kenworthy-Browne, *The Country House Guide*, tud. 88–89.

N. & M. Gray-Parry, *The History of Bryn Bras Castle*.

CADW

BRYN GWYNANT

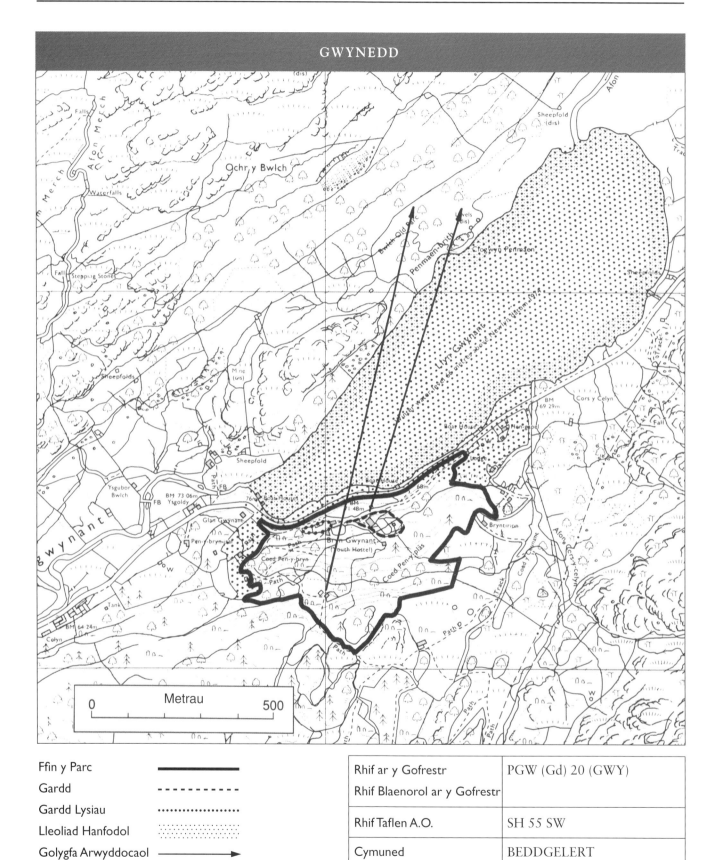

Ffin y Parc	———————
Gardd	- - - - - - - - -
Gardd Lysiau	····················
Lleoliad Hanfodol	▒▒▒▒
Golygfa Arwyddocaol	————▶

Rhif ar y Gofrestr	PGW (Gd) 20 (GWY)
Rhif Blaenorol ar y Gofrestr	
Rhif Taflen A.O.	SH 55 SW
Cymuned	BEDDGELERT

CRYNODEB

Rhif cyf	PGW (Gd) 20 (GWY)
Map AO	115
Cyf grid	SH 641 514
Sir flaenorol	Gwynedd
Awdurdod unedol	Gwynedd
Cyngor cymuned	Beddgelert
Disgrifiadau	Parc Cenedlaethol Eryri
Gwerthusiad safle	Gradd II
Prif resymau dros y graddio	Amrywiaeth diddorol o goed sydd wedi goroesi'n dda; coetir eang; olion gardd Siapaneaidd; golygfeydd bendigedig.
Math o safle	Parc a choetir ar oleddf serth â lôn hir â phlannu da; gardd addurnol fechan â nodweddion diddorol; gardd lysiau; perllan; teras â golygfeydd.
Prif gyfnodau o adeiladu	Canol y bedwaredd ganrif ar bymtheg

Disgrifiad o'r safle

Lleolir Bryn Gwynant tua 7 cilomedr i'r gogledd-ddwyrain o Feddgelert, ar ochr ddeheuol Nant Gwynant, dyffryn sy'n enwog am ei brydferthwch. Saif y tŷ ar ochr bryn gweddol serth, gan wynebu'r gogledd-orllewin tuag at Eryri dros Lyn Gwynant. Mae'r olygfa'n arw ac yn rhamantaidd, a'r tŷ mewn safle da i fanteisio arni.

Adeiladwyd y tŷ ym 1834, ychydig ar ôl i'r ystad ddod i feddiant teuluoedd y Wyattiaid a'r Vawdreyiaid. Roedd Daniel Vawdrey, a oedd yn berchen ar Blas Gwynant, yr ystad nesaf i'r de-orllewin, yn perthyn drwy briodas i'r Wyattiaid, ac ymddengys iddo ef a Benjamin Wyatt, asiant yr Arglwydd Penrhyn, brynu'r ystad. Roedd Benjamin yn fab i James, y pensaer adnabyddus, a chredir iddo gynllunio'r tŷ ei hunan i'w ddefnyddio fel tŷ haf. Mae'r tŷ yn nodweddiadol o'i gyfnod, wedi'i adeiladu o gerrig â nifer o dalcenni pigfain, ymylon bondo addurnol, ffenestri myliynog, a feranda sy'n rhedeg yn rhannol ar hyd yr ochrau gogledd-orllewinol a de-orllewinol. Mae ar blinth cerrig, â grisiau i fyny lle mae angen, i ymdopi â'r safle ar oleddf. Torrwyd i mewn i ochr y bryn yng nghefn y tŷ ac fe'i gwthiwyd i mewn yn agos i wyneb y graig a ddeilliodd o hynny.

Gwerthwyd y tŷ ym 1929 ac yna ar ddechrau'r 1950au, pan ddaeth yn hostel ieuenctid. Mr a Mrs E Hughes anogodd Gymdeithas yr Hostelau Ieuenctid i brynu'r tŷ; roeddent yn teimlo y dylai'r tŷ a'r 40 erw a oedd yn weddill gael eu cadw gyda'i gilydd a byddai'n ddelfrydol i'r pwrpas hwnnw. Wedi hynny, nhw oedd y wardeniaid cyntaf.

Yn ddiamau adeiladwyd y stablau a'r cerbyty ar yr un pryd â'r tŷ, ond bellach moderneiddiwyd yr adeilad a'i addasu'n lletty ychwanegol ar gyfer yr hostel ieuenctid. Fe'i hadeiladwyd o gerrig â tho llechi; llenwyd y drysau bwaog mawr gwreiddiol yn rhannol gan osod drysau llai yn eu lle, ac ychwanegwyd feranda, ond mae'r grisiau allanol i'r croglofftydd (a addaswyd yn llawr uchaf) yn aros a gellir gweld pwrpas yr adeilad o hyd. Adeiladwyd modurdy newydd yn y cefn.

Adeiladwyd rhes o dai allan bychain iawn yn erbyn y clogwyn tu ôl i'r tŷ, wedi'u cywasgu i mewn i'r llecyn cul yng nghefn y tŷ. Mae yno rai storfeydd neu siedau a adeiladwyd o gerrig, sydd bellach yn hanner segur. Yn union y tu allan i'r drws cefn mae tanc llechi i ddal y dŵr sy'n llifo i lawr y graig.

Ychydig i'r de o'r ardd lysiau mae clwstwr bach o adeiladau fferm, gan gynnwys sied anifeiliaid/certiau, sy'n anarferol am fod ei phen gorllewinol yn gwyro'n afreolaidd, gan weddu i'r tro sydyn yn y llwybr. Fe'i hadeiladwyd o gerrig ac mae'r to o lechi, â thwll awyr trionglog yn y cefn rhwng dau ddrws stablau, agorfa lydan iawn yn y blaen, a draeniau yn y llawr.

Gyferbyn â'r llwybr i'r adeilad uwchlaw mae rhes arall o siedau cerrig, rhai â thoeon llechi a rhai â thoeon gwrymiog. Mae gan y sied ym mhen dwyreiniol y rhes ddrysau dwbl mawr a dim ffenestri; mae gan y lleill ddrysau sengl ac awyrdyllau, un ohonynt â bariau pren ac un ohonynt wedi'i gorchuddio.

Adeilad bach yw'r stiwdio a addaswyd yn lle i fyw ynddo, ac ar un adeg trigai arlunydd yno, a dyna sy'n esbonio'r enw arno. Saif uwchlaw'r tŷ i'r de, ychydig y tu hwnt i'r ardd. Fe'i hadeiladwyd o gerrig â tho llechi ac mae ganddo ddwy ffenestr agennog ym mhen y talcen, â drws rhyngddynt. Gosodwyd ffenestr wydr ar yr ochr ddeheuol. Yn ôl pob tebyg adeilad amaethyddol oedd yn wreiddiol, a oedd yn perthyn o bosibl i gyfnod cyn y tŷ presennol.

Wedi'i gynllunio yn y bedwaredd ganrif ar bymtheg, mae'r parc yn addasu i'r safle – llechwedd sy'n anodd ei thrin. Mae rhan fawr ohono yn goetir, a reolwyd i bwrpas masnachol gynt, a'r gweddill yn arw ac yn dir pori o safon isel, yn addas ar gyfer defaid yn unig. Ar un adeg roedd rhan o'r llyn yn cael ei gynnwys; a 52 erw oedd arwynebedd yr ystad uniongyrchol (heb gynnwys y llyn) ym 1929. Bellach tua 40 erw yw'r ystad.

Ymddengys yn debygol y cynlluniwyd y parc a'r ardd i gyd tua'r un adeg gan Wyatt yn y 1830au pan adeiladwyd y tŷ. Mae'r parc ar lethr sydd ar oleddf serth ac yn wynebu'r gogledd-orllewin, â'r tŷ yn ymyl y gwaelod a llecynnau eang o goetir y tu hwnt. Yn amlwg roedd y golygfeydd o Lyn Gwynant, Nant Gwynant a mynyddoedd Eryri yn gyfrifol i ryw raddau am ddewis a chynllun y safle.

Perchennog blaenorol yr ystad, pan oedd yn fferm fawr, oedd y Parch H. Wynne Jones, a'i defnyddiodd i arbrofi dulliau ffermio newydd. Yn amlwg teimlai mai coedwigaeth oedd y ffordd ymlaen (syniad a fabwysiadwyd gan Daniel Vawdrey hefyd), ac o fewn pedair blynedd o fod yn berchen ar yr ystad (ym 1809) roedd wedi plannu 160,000 o goed. Felly gosododd sylfeini'r coetir sy'n gorchuddio llawer o'r safle o hyd, ond mae'n fwy tebygol bod yr amrywiaeth eang o gonifferau egsotig yn y gerddi wedi'u plannu gan Wyatt, a fyddai wedi cael y syniadau a'r wybodaeth arbenigol, ac yn ôl pob tebyg â stôr o blanhigion, o Gastell Penrhyn.

Mae'r parc yn goediog yn bennaf o hyd, gan fod y perchnogion a ddilynodd, yn ôl pob golwg, wedi teimlo hefyd mai dyma'r ateb gorau i'r math hwn o safle. Fodd bynnag, mae llecyn mawr agored i'r de-orllewin o'r tŷ, lle ffynnai coed y parcdir, ac oddi yno y ceir y golygfeydd gorau; ac mae'r coed eu hunain â llwybrau'n mynd yn groesymgroes drwyddynt ac mae'n amlwg iddynt gael eu trin fel rhan o'r tir hamdden, er eu bod yn cael eu rheoli ar gyfer pren.

Ceir dwy lôn, sy'n dod i gyfeiriad y tŷ o'r dwyrain a'r gorllewin. Mae'r brif fynedfa ym mhen dwyreiniol y safle, oddi ar ffordd yr A498. Mae'r porthordy wrth y fynedfa hon yn adeilad cerrig deulawr isel a'i arddull yn debyg i'r prif dŷ, ac yn ôl pob tebyg mae'n perthyn i'r un cyfnod. Bellach mae'n dŷ preifat. Ni ddefnyddir giatiau'r fynedfa, ac mae un o byst carreg y giatiau sy'n sgwâr, â chopâu pyramidaidd isel, wedi'i ddifrodi. Mae'r giatiau wrth y mynediad i'r lôn orllewinol yn haearn ac wedi'u paentio'n wyn. Mae pyst cerrig a dorrwyd yn sgwâr yn eu cynnal, un ohonynt â phen blaen rhyngdyllog braidd yn gywrain, ac unwaith eto gapan ar ffurf pyramid gwastad. Hefyd mae darn o ffens haearn wedi'i baentio'n wyn ar wal isel ar yr ochr ddeheuol y tu allan i'r giât, a darn o waith haearn gyr tebyg wedi'i osod mewn tro ar ddiwedd y wal derfyn lle mae'n cyfarfod â'r ffordd.

Mae'r ddwy lôn, sy'n dod i fyny'r llethr yn raddol ac yn cyfarfod o flaen y tŷ, wedi bod yn ganolbwynt i'r rhan fwyaf o blannu coed addurnol, sy'n cynnwys nifer o sbesimenau ardderchog o gonifferau egsotig amrywiol. Pan werthwyd yr eiddo ym 1929, cyfeiriwyd at y lonydd yn arbennig yn y catalog fel 'double carriage drive bordered by flowering trees and shrubs', ac mae'r disgrifiad hwn yn gywir o hyd. Yn amlwg bu'r effaith yn ei gyfanrwydd, â choed yn fframio'r olygfa a chlytwaith o wahanol ffurfiau a lliwiau, yn bwysig, ond mae'r amrywiaeth o rywogaethau'n awgrymu diddordeb botanegol penodol. Rhwng y lonydd a'r ffordd mae parcdir bach arall â rhagor o goed ardderchog, gan gynnwys secwoia anferth (*Sequoiadendron giganteum*).

Mae'r parc uwch, i'r de-orllewin o'r tŷ, yn fwy serth ac yn fwy garw, â brigiadau creigiog yma ac acw. Ceir rhai coed enghreifftiol gwych, ond mae *Rhododendron ponticum* yn ennill tir. Yn y pen uchaf mae hafod, lle gellir gweld olion tri thŷ mewn cyfres, y tŷ diweddaraf yn hŷn na Bryn Gwynant a phobl yn dal yn byw yno. Enw'r bwthyn hwn yw Pen-y-Bryn, enw gwreiddiol y fferm a ddaeth yn ystad Bryn Gwynant. Mae'r olygfa o'r man hwn dros y llyn a thuag at Eryri yn ysblennydd. Yn amlwg cafodd ei diogelu wrth blannu: nid yw coed mawr y parcdir yn y ffordd, ac mae'r coed uchel o amgylch Bryn Gwynant yn fframio'r llyn yn effeithiol iawn. Gellir gweld y tŷ o'r bwlch yn y llethr ychydig islaw'r hafod.

Ceir system helaeth o rodfeydd yn y coed i'r gorllewin, i'r de ac i'r dwyrain o'r tŷ, a blannwyd ar y llechwedd serth a chreigiog. Mae rhai o'r rhodfeydd gwreiddiol wedi tyfu'n wyllt ac ni ellir mynd ar hyd-ddynt, a gwnaethpwyd rhai rhodfeydd newydd, ond gellir gweld y mwyafrif o'r hen rodfeydd, hyd yn oed os nad ydynt yn cael eu defnyddio. Mae gan lawer ohonynt ymylon cerrig neu greigiau, ac ambell dro maent ar yr wyneb, ac weithiau ar ymyl y llwybrau gellir gweld chwareli bach lle cafwyd y cerrig i'r diben hwn. Nid oes wyneb ar unrhyw lwybr, ac eithrio pan wnaed rhai grisiau garw yn ôl yr angen. Yn awr ac yn y man, mae rhai draeniau cyntefig yn rhedeg yn ymyl y llwybrau.

Gorwedd cwrt tenis ychydig i'r de o'r stablau ac i'r dwyrain o'r clwstwr o adeiladau fferm. Mae'n segur ac mae draen yn torri ar ei draws, â *Rhododendron ponticum* ac isdyfiant arall yn graddol ennill tir, ond mae'n wastad ac mae'r llethrau glaswelltog o'i amgylch yn glir. Ar yr ochr ddeheuol, uwch, mae wal sych yn cynnal y llethr. Yn ôl pob tebyg codwyd hon ar ôl 1914, gan na ellir gweld amlinell ohoni ar fap o'r dyddiad hwnnw, dim ond y darn bach amgaeëdig (padog o bosibl) lle mae'n gorwedd bellach.

Bellach mae'r ardd yn cynnwys teras â lawnt o amgylch y tŷ, heb blanhigion ond yn ddelfrydol ar gyfer gwerthfawrogi'r olygfa, gardd Siapaneaidd a dwy ardd gerrig.

O amgylch y tŷ, ar dair ochr, mae teras glaswelltog ar oleddf a gynhelir â wal gerrig. Ar un adeg roedd cerfluniau ar y wal, ond diflannodd y rhain i gyd. Nid ymddengys bod y wal hon yn wreiddiol, o leiaf yn ei ffurf bresennol, gan fod map Arolwg Ordnans 25 modfedd 1914 yn dangos llwybr llydan yn croesi'r llecyn o'r gorllewin i'r dwyrain, gan basio'n syth heibio i flaen y tŷ, ac ymddengys bod y lawnt yn dod i ben ar ei ymyl. Ar y llaw arall, mae ffin sy'n awgrymu bod y pen gorllewinol yn derasog islaw'r llwybr hwn o leiaf, er nad yw'r grisiau i'w gweld.

Yn anffodus nid yw'r teras a welir yn y ffotograffau yng nghatalog gwerthiant 1929 yn glir, ond mae'r grisiau presennol yn ymddangos yn un ohonynt. Yn ôl pob tebyg felly mae'n ddiogel tybio bod y wal deras, rywbryd rhwng 1914 a 1929, wedi'i

hailadeiladu, gan ymgorffori'r rhes fer o risiau yn y pen gorllewinol, a throi yn ôl tua'r tŷ ar y dwyrain. Hefyd mae tro i mewn i gornel tua hanner ffordd ar hyd-ddi, gan roi ffurf ddymunol, afreolaidd i'r teras. Ar yr adeg hon mae'n rhaid bod y llwybr o flaen y tŷ, nad oes unrhyw arwydd ohono bellach, wedi'i symud oddi yno yn fwriadol, er bod y ffordd at y lawnt o'r lôn wasanaeth segur yno o hyd.

Sianelir nant fach dan y lawnt yn ymyl pen gorllewinol y teras. Islaw wal y teras, rhyngddi a'r lôn, mae llethr borfa a blannwyd â chonifferau gweddol ifainc a llwyni; tyfodd un goeden fwy ger y grisiau yn rhy fawr i'w safle.

I'r dwyrain o'r tŷ, y tu hwnt i'r berllan, mae'r ardd Siapaneaidd, ac mae llethr serth yn arwain i fyny ati. Gwnaethpwyd y llethr yn fwy diddorol drwy ychwanegu creigiau i'r wyneb sydd eisoes yn greigiog, gan achosi'r llwybr i groesymgroesi rhyngddynt, a thrwy blannu llwyni a choed bach, megis acerau, sy'n gweddu i'r thema Siapaneaidd. Hefyd cyfeiriwyd y gorlif o'r pwll yn yr ardd Siapaneaidd i fod yn rhaeadrau bychain.

Ar ben yr ardd gerrig deuir at y pwll, a thu hwnt iddo mae gasebo neu hafdy chweonglog, nid pagoda yn hollol, ond fe'i cynlluniwyd i ymddangos fel petai'n dod o'r Dwyrain. Yn anffodus mae bellach wedi mynd â'i ben iddo. Mae'r llecyn Siapaneaidd yn fach iawn, ond er ei fod wedi tyfu'n wyllt mae iddo awyrgylch llonydd.

Mae'r ardd gerrig arall ym mhen pellaf y man disgyn i'r gorllewin o'r tŷ, ac mae'n addurno'r ffordd tuag at y cwrt tenis uwchlaw. Mae ar raddfa fwy na'r un yn ymyl yr ardd Siapaneaidd, gan ddefnyddio creigiau mawr iawn, er mai dim ond ardal fechan mae'n ei gorchuddio o hyd, ac yn anffodus mae'r coed mawr uwchlaw yn cysgodi'r planhigion i gyd. Mae rhodfa ddymunol ar hyd y pen uchaf.

Mae'r berllan ar safle gweddol ryfedd ar lethr serth yn union y tu ôl i'r tŷ; mae'n bosibl iddi fod yn ardd lysiau yn y lle cyntaf ond iddi gael ei gwneud yn berllan pan symudwyd yr ardd i safle mwy gwastad. Mae'n is-hirsgwar, â phen blaen crwm, a wal ar dair ochr; mae sawl teras isel yn mynd ar ei thraws.

Gellir cyrraedd y berllan ar hyd rhes serth o risiau cerrig anffurfiol ond rhai a wnaed yn dda, sy'n arwain i fyny at y gornel ogleddol. Mae'r wal yn rhannol forter, rhannol sych, ac mae gan y gornel yn ymyl y grisiau fflociau anferth, ac mae ei huchder yn amrywio oherwydd y llethr, sydd dros 2 fedr ar ei huchaf. Mae wedi dymchwel mewn ambell i fan. Ar yr ochrau mae'r cyrsiau ar ongl, oherwydd bod y llethr mor serth. Lleolir y cwrs uchaf ar yr ymyl. Ac eithrio'r gornel yn ymyl y grisiau, nid oes wal i'r ochr ogledd-orllewinol; mae'r isdyfiant yn y berllan yn bargodi dros y lôn wasanaeth a thoeon y siediau yng nghefn y tŷ.

Nid oes drws na giât wrth un o'r mynedfeydd bellach, ond ceir colynnau giatiau yn wal y fynedfa ogleddol, a thri gris arall hefyd. Mae'r agoriadau eraill tuag at y pen uchaf yn y de-ddwyrain, gan ymagor i'r ardd Siapaneaidd, ac ar y pen uchaf yn y de-orllewin, gan fynd at lwybr sy'n mynd heibio yn y cefn o'r ardd Siapaneaidd yn ôl i lawr at y lôn i'r gorllewin o'r tŷ. Mae gan y fynedfa hon ddarn o fframwaith pren o hyd, yn ôl pob tebyg ar gyfer giât fach.

Mae pedair lefel o derasu a gynhelir gan waliau sych llai na medr o uchder drwyddi draw, â dau neu dri gris i fyny ar bob pen. Mae'n gwneud y llethr yn haws ei thrin, ond mae'r terasau ar oleddf eithaf serth o hyd.

Mae olion rhai o'r llwybrau yno o hyd, yn enwedig i fyny'r ochr ogledd-ddwyreiniol, lle mae rhai o'r llechi tenau ar eu hymyl a ddefnyddiwyd ar yr ymylon yn eu lle o hyd. Bellach mae'r berllan wedi tyfu'n hollol wyllt bron, â rhedyn, rhododendronau, danadl poethion, mieri a phrysgwydd, yn ogystal â rhai coed gwyllt gweddol o faint, yn arbennig helyg. Mae un goeden afalau ac un coniffer yn aros o'r plannu gwreiddiol, ac mae rhai llwyni addurnol ar hyd yr ochr ogledd-orllewinol.

Yn ôl pob tebyg mae'r ardd lysiau yn perthyn i'r un cyfnod â'r tŷ, er ei bod yn bosibl bod y llecyn sydd bellach yn berllan wedi bod yn ardd lysiau yn y lle cyntaf. Mae'n bosibl mai estyniad diweddarach yw rhan isaf yr ardd lysiau. Mae wal gerrig yr holl ffordd o gwmpas yr ardd, ac mae ei ffurf yn hirfain ac yn afreolaidd, i lenwi'r unig ddarn gweddol lefel sydd ar gael. Mae'n union i'r gorllewin o'r stablau/cerbyty, a bellach fe'i defnyddir fel maes parcio, ag wyneb graeanog yma ac acw. Mae'r darn isaf yn laswelltog. Newidiwyd y fynedfa, yn ôl pob tebyg yn lletach i ganiatáu i gerbydau fynd drwyddi; mae'n debyg bod y wal yn ymuno â chornel y bloc stablau yn wreiddiol, â drws yn mynd drwyddi.

Mae'r wal o amgylch yn gyfan fwy neu lai, o gerrig morter rhwng tua 1.5 a 2.5 medr o uchder, gan weithredu yn rhannol fel wal gynhaliol ar yr ochr ddeheuol uwch, ag ychydig iawn o ddarnau syth, gan fod ffurf y safle'n afreolaidd. Mae copa slabiau garw gan y wal. Mae wal yr estyniad gorllewinol yn debyg iawn, ac ymddengys mai ychydig o wahaniaeth sydd i'r ddwy wal o ran dyddiad, os o gwbl, er nad oes amheuaeth lle mae'r waliau'n uno yr adeiladwyd yr ardal orllewinol at y brif ardd wedyn. Mae'n llai na'r brif ardd, â'r waliau o'r un uchder o tua 2.5 medr. Mae'r fynedfa'n llawn rwbel, felly mae'r grisiau i lawr ati o'r brif ardd, os oedd rhai yno, o'r golwg.

Ar wahân i'r brif fynedfa ger y stablau, yr unig ddrws allan a geir yw drwy'r wal orllewinol bellaf, ac er ei bod hi'n bosibl cerdded uwchlaw'r lôn nid ymddengys bod llwybr go iawn wedi bod yma erioed. Mae pen sgwâr gan y drws â chapan cerrig; mae rhan o ffrâm y drws yno o hyd.

Nid oes unrhyw adeiladau yn goroesi o fewn yr ardd, er bod map 1914 yn dangos dau dŷ gwydr yn erbyn y wal yn y brif ardd a dau dŷ gwydr llai sy'n sefyll ar eu pennau eu hunain yn yr estyniad, ac adeilad yng nghornel dde-ddwyreiniol yr olaf. Bellach nid oes unrhyw olion o'r tai gwydr a safai ar eu pennau eu hunain, ond gellir sylwi ar safle'r tŷ gwydr croes gorllewinol oherwydd y marciau ar y wal. Hefyd gellir gweld sylfeini'r adeilad yn y rhan isaf.

At hyn roedd adeiladau yn erbyn ochr allanol waliau'r ardd. Ymddengys bod gan bob tŷ gwydr croes ei foelerdy ei hun y tu allan i'r wal ogleddol, ac mae'r rhain yno o hyd, yn adfeilion. Roedd drws o'r ardd i'r un gorllewinol, ond ymddengys mai dim ond o'r tu allan yr oedd modd mynd i mewn i'r llall. Yn y pen gorllewinol pellaf roedd adeilad bach yn erbyn ochr allan y wal, i'r gogledd o'r drws; mae rhan o un wal ag agoriad ffenestr ynddi yno o hyd.

Goroesodd un goeden eirin unig ym mhob rhan o'r ardd, ond nid oes unrhyw arwydd arall o'r plannu na'r cynllun. Nodir y tai gwydr croes ar y map Arolwg Ordnans 6 modfedd cyfredol o hyd, er nad oes iddynt wydr; felly mae'n rhaid iddynt gael eu dymchwel yn weddol ddiweddar.

Ffynonellau

Sylfaenol
Gwybodaeth oddi wrth staff yr hostel ieuenctid.
Catalog gwerthiant 1929 (Llyfrgell Genedlaethol, Aberystwyth).

Eilradd
Taflen llwybrau'r hostel ieuenctid.

CADW

CAERNARFON: PARC COMIN MORFA

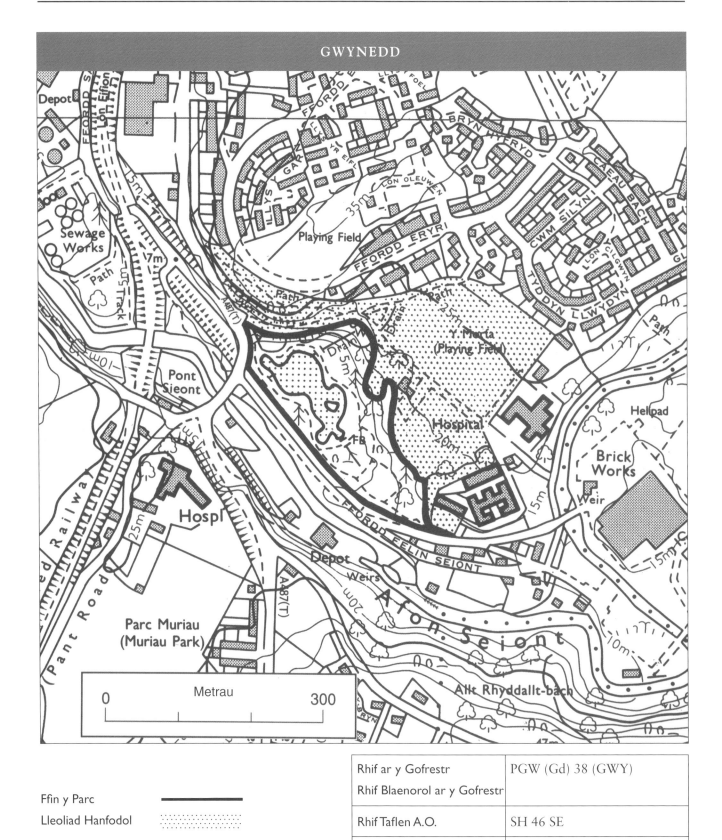

Rhif ar y Gofrestr	PGW (Gd) 38 (GWY)
Rhif Blaenorol ar y Gofrestr	
Rhif Taflen A.O.	SH 46 SE
Cymuned	CAERNARFON

Ffin y Parc ——————

Lleoliad Hanfodol ·········

CRYNODEB

Rhif cyf	PGW (Gd) 38 (GWY)
Map AO	115
Cyf grid	SH 485 615
Sir flaenorol	Gwynedd
Awdurdod unedol	Gwynedd
Cyngor cymuned	Caernarfon
Disgrifiadau	Dim
Gwerthusiad safle	Gradd II
Prif resymau dros y graddio	Parc cyhoeddus o'r bedwaredd ganrif ar bymtheg a gynlluniwyd i bwrpas, sy'n dal i gadw ei gynllun gwreiddiol i raddau helaeth; cynllun llwybrau a phlannu gwreiddiol.
Math o safle	Parc bach cyhoeddus a gynlluniwyd o amgylch llyn gwneud; coed a llwyni a blannwyd mewn llecynnau glaswelltog gwastad ac ar oleddf.
Prif gyfnodau o adeiladu	Y bedwaredd ganrif ar bymtheg.

Disgrifiad o'r safle

Lleolir y parc mewn llecyn bach ar waelod dyffryn Seiont mewn man lle mae'r ochrau'n serth ond yn llydan; mae'r afon yn agos i'r ffin dde-orllewinol ac mae rhan ogledd-ddwyreiniol y parc yn cynnwys ochr lethrog serth y dyffryn. Gorwedd y safle i'r de-ddwyrain o ganol Caernarfon, a chynlluniwyd y parc yn bwrpasol fel amwynder cyhoeddus yn ystod y bedwaredd ganrif ar bymtheg. Ymddengys ei fod yn perthyn i gyfnod diweddarach na'r rheilffordd gynt sy'n mynd heibio i'r safle, gan nad oes unrhyw olion ar unrhyw fap nac ar y tir o blannu, llwybrau nac unrhyw nodweddion eraill ar ochr bellaf y rheilffordd, rhyngddi a'r afon. Fodd bynnag, roedd y parc wedi'i gynllunio'n gyflawn erbyn 1889 ac roedd coed collddail a welir ar fap o'r dyddiad hwnnw wedi diflannu erbyn 1918, sy'n awgrymu eu bod yn ddigon aeddfed o leiaf i'w defnyddio fel pren erbyn dechrau'r ugeinfed ganrif. Mae'r parc yn agos i hen Dloty Undeb Caernarfon, a saif ychydig y tu hwnt i'r gornel dde-ddwyreiniol, a'i Glafdy, i'r gogledd-ddwyrain, sef Ysbyty Eryri bellach.

Cynlluniwyd prif ran isaf y parc o amgylch llyn gwneud, a grëwyd drwy gymryd dŵr o'r afon, a'i ddefnyddio i lenwi'r llyn bas â ffurf afreolaidd, a'i ddychwelyd i'r afon. O'i amgylch mae llawer o glystyrau o goed sydd wedi goroesi'n dda, ac a gysylltir gan lwyni trwchus eang, gan gynnwys llawryfau a rhododendronau'n bennaf. Rhennir mannau agored eang yn ddarnau gan glystyrau mwy gwasgarog o goed a llwyni. Mae rhwydwaith o lwybrau yn cynnig rhodfa gron o amgylch y llyn, ag amrywiaeth o opsiynau ychwanegol, gan gynnwys rhodfeydd ar lefel uwch â golygfeydd i lawr at y llyn.

Bu llawer o feddwl y tu ôl i'r effaith, ac am fod y parc wedi'i gynnal yn dda, mae'r gwahanol gipolygon o'r llyn ac ar ei draws o amrywiol fannau yn dal i fod fel y'u bwriadwyd i ymddangos yn ôl pob tebyg. Crëwyd y golygfeydd hyn drwy blannu clystyrau o goed a llwyni'n ofalus, drwy greu tair ynys wneud, a thrwy gyfeirio'r llwybrau i gael yr effaith orau, ac er bod golwg y parc ar y cyfan yn syml ac yn naturiolaidd (llinellau crymion, llwyni'n tyfu'n drwchus, dim ymylon llym na nodweddion gwneud), wrth fynd am dro o amgylch y parc mae'n llawn o bethau diddorol i'w gweld.

Mae giatiau mynedfa'r parc o haearn gyr addurnol, wedi'u paentio'n wyn gyda physt o gerrig ffug â chopâu addurnol yn eu

cynnal; mae'r pyst eu hunain wedi'u torri'n sgwâr ac yn rhychiog. Mae pâr o giatiau llydan a giât i gerddwyr yn yr un arddull, ar yr un ochr o'r pyst – ac mae postyn metel gwag rhwng y giatiau dwbl a sengl. Mae pyst giatiau lôn yr ysbyty yn union yr un fath. Mae ffens haearn y parc a baentiwyd yn wyn yn rhedeg ar hyd ochr ddeheuol lôn yr ysbyty ac ochr ddwyreiniol y llwybr i lawr i'r ardd.

Ychwanegiad gweddol gynnar yw ffynnon bistyll (cyn 1918). Mae'n eithaf anarferol, ar ffurf basn bach â chanopi drosto, a cheir cerrig o gwarts gwyn o'i amgylch i gyd, wedi'i osod mewn darn o wal sych â llawryfau y tu ôl iddo. Ymddengys bod y dŵr yn dod o ffynnon naturiol sy'n codi o ochr y bryn uwchlaw, yn llifo i lawr y tu ôl iddo ac yna i ffwrdd dros y borfa o flaen y ffos sy'n llifo i'r llyn. Mae dŵr yn y basn o hyd, gan ddiferu yno o gefn y canopi.

Nodwedd ddiweddar yw'r iard chwarae i blant, ac ar wahân i hon a'r ffynnon ychydig o ychwanegiadau a geir ac eithrio seddau a oedd yno erioed yn ddiamau. Fodd bynnag, mae'n bosibl bod mwy yno yn y gorffennol; gwelir adeilad bach ger y ffynnon bistyll ar y ddau hen fap (gellir gweld ei seiliau o hyd, â choncrid drosto), ac yn ne-ddwyrain y parc mae darn bach gweddol grwn a lefelwyd mae'n debyg ar lethr ochr y dyffryn, ger y giât o'r cae uwchlaw, sy'n cynnig golygfa dda yn ôl dros y parc. Fodd bynnag, nid oes tystiolaeth o unrhyw adeiladwaith parhaol yn y man hwn.

Yn ymyl cornel ogledd-orllewinol y parc, ychydig islaw'r porthordy, ffensiwyd darn bach o dir a'i rannu'r ddau ddarn amgaeëdig, ag adfail bach ymhob darn. Mae olion rhwyd wifrau yn awgrymu adardy neu gornel anifeiliaid anwes i blant, ac mae hen blanhigion (llwyni ffrwythau, rhiwbob) yn awgrymu bod y llecyn hwn wedi bod yn rhan o ardd y porthordy ar ryw adeg arall. Ymddengys bod un o'r adeiladau wedi'i ddefnyddio fel tŷ gwydr yn ogystal ag adardy. O fewn un o'r darnau amgaeëdig mae estyniad o'r llyn, a gwelir hyn ar fap 1889; gwelir y ffensiau ar fap 1918, ond heb yr adeiladau. Mae'n bosibl bod y llyn wedi'i ymestyn yn wreiddiol er mwyn i bont fynd drosto yn syml, fel rhan o gynllun y parc, ond mae'n debygol bod y darnau amgaeëdig yn cael eu defnyddio i ryw bwrpas arbennig ers i'r ffensiau gael eu codi. Ymddengys yr adeiladau'n weddol fodern. Mae giât yn mynd i mewn i un o'r darnau amgaeëdig o'r llwybr.

Mae gan y llecyn sydd ar oleddf ar ochr ddwyreiniol y parc, y tu hwnt i'r llethr fwyaf gogleddol sy'n serth iawn nifer o lwybrau, ac oddi yno mae golygfeydd dros y llyn, ac roedd hyn yn rhan bwysig o'r cynllun gwreiddiol mae'n amlwg. Ni roddwyd tarmac ar wyneb y llwybrau hyn fel yn achos rhodfeydd y lefel isel, a bellach mae'r rhan hon o'r parc yn cael ei hesgeuluso braidd o'i chymharu â'r gweddill, gan fod rhai o'r llwybrau wedi mynd ar goll bron a'r borfa wedi'i gadael i dyfu'n hir.

Bellach ychydig iawn o blannu sydd yn y parc ac eithrio'r coed a'r llwyni sydd wedi sefydlu yno, ond yn y gorffennol, byddai mannau yno â gwelyau a borderi llawn planhigion gwelyau yn ôl pob tebyg. Nid oes tystiolaeth uniongyrchol o hyn ar fapiau nac i'w gweld ar y tir, ond mae dau lecyn glaswelltog ym mhen de-ddwyreiniol y llyn sy'n safleoedd posibl, y naill yn iard chwarae i blant bellach, ac mae gan y llall wely uchel bach mewn un gornel; mae'n bosibl bod gwelyau wedi bod ar y llethr i'r gogledd-ddwyrain hefyd, o leiaf yn is i lawr, yn ymyl y llwybr.

Bellach defnyddir y llecyn o dir gwastad gweddol uchel i'r gogledd-ddwyrain o'r parc ac i'r gogledd-orllewin o'r ysbyty, a elwir yn Gomin Morfa, gan y clwb rygbi lleol ar gyfer eu caeau ac eithrio'r rhan ddeheuol, ar ben llethr y dyffryn, sy'n dir glas agored eang. Roedd y llecyn hwn yn amlwg yn rhan o'r parc ar y cychwyn, ond yn ôl pob golwg roedd yn dir agored erioed, ac efallai bod ganddo swyddogaeth fel caeau chwarae o'r cychwyn cyntaf. Nid yw'n rhan o'r ardal ddynodedig bellach gan fod caeau rygbi yno, oherwydd yr unig nodweddion a gynlluniwyd ac a nodir ar hen fapiau Arolwg Ordnans 25 modfedd yw'r rhodfa goed ar hyd y lôn at y gweithdy a rhes o goed yr holl ffordd o amgylch ochr allanol ogleddol, ogledd-ddwyreiniol a de-ddwyreiniol yr ardal, y cyfan bron wedi diflannu bellach. Fe'u gwelir ar fap 1889 ond nid ar fap 1918, felly roeddynt naill ai wedi'u torri erbyn hynny, ar gyfer pren yn hytrach nag oherwydd henaint, neu roeddynt wedi'u cynllunio ond heb eu plannu erioed, neu roeddynt wedi methu goroesi ar ôl eu plannu yn gyntaf. Fodd bynnag, yr ardal hon yw safle hanfodol y parc, oherwydd ei pherthynas â'r parc a'r tloty.

Yn ôl pob tebyg, mae mwy o gysylltiad gan y porthordy â'r hen dloty a'r clafdy gynt nag â'r parc, er ei fod wedi'i adeiladu o fewn y parc, ond fe'i lleolir mewn man lle gallai wasanaethu'r ddau, yng nghornel fwyaf gogledd-orllewinol y parc rhwng y parc a giatiau'r ysbyty/tloty. Saif yn ei ardd fechan serth ei hun. Mae'n adeilad briciau unllawr ond â llawr isaf o gerrig neu seleri ar ochr y parc, lle mae'r tir yn disgyn yn serth. Mae tarian â thair draig neu riffon ar y wal, ond heb ddyddiad. Mae giatiau'n arwain ato o lôn yr ysbyty ac o'r parc.

Ffynonellau

Sylfaenol

Hen gardiau post. Casgliad personol.

173

CADW

CEFNAMLWCH

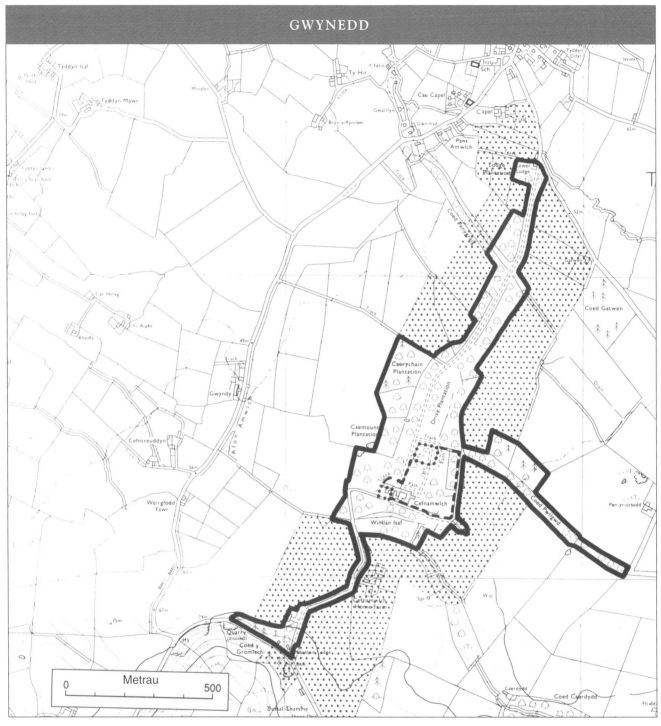

Ffin y Parc	———————
Gardd	- - - - - - - -
Gardd Lysiau	··················
Lleoliad Hanfodol	:::::::::::::::::

Rhif ar y Gofrestr	PGW (Gd) 23 (GWY)
Rhif Blaenorol ar y Gofrestr	
Rhif Taflen A.O.	SH 23 NW, SH 23 SW
Cymuned	TUDWEILIOG

CRYNODEB

Rhif cyf	PGW (Gd) 23 (GWY)
Map AO	123
Cyf grid	SH 234 353
Sir flaenorol	Gwynedd
Awdurdod unedol	Gwynedd
Cyngor cymuned	Tudweiliog
Disgrifiadau	Adeiladau rhestredig: tŷ Gradd II, porthdy Gradd II*. Ardal amgylchedd arbennig.
Gwerthusiad safle	Gradd II
Prif resymau dros y graddio	Gardd â wal o'i chwmpas wedi'i chynnal yn dda, o'r 1820au yn ôl pob tebyg, â chynllun anffurfiol; planhigfeydd da ar hyd ochr y lôn ac o amgylch y tŷ.
Math o safle	Gardd â phlanhigfeydd o'i hamgylch, gardd â wal o'i chwmpas.
Prif gyfnodau o adeiladu	Yn ôl pob tebyg yn ystod trydydd degawd y bedwaredd ganrif ar bymtheg.

Disgrifiad o'r safle

Wedi'i leoli ar lwyfandir agored rhan ogleddol Penrhyn Llŷn, mae Cefnamlwch yn swatio ymhlith ei blanhigfeydd amddiffynnol. Mae'r tŷ presennol o ddiwedd yr ail ganrif ar bymtheg hyd ddechrau'r ddeunawfed ganrif yn llenwi dwy ochr o iard sgwâr, ac mae'r gweddill yn dai allan. Mae tri llawr i brif floc y tŷ, â ffenestri codi, ac mae'r gweddill yn ddeulawr; mae'r cyrn simneiau wedi'u hadeiladu o gerrig. Mae feranda â tho llechi yn rhedeg ar hyd ymyl ogleddol y tŷ ac am ychydig bellter ar hyd y dwyrain, ond ymddengys mai ychwanegiad diweddar yw hwn. O fewn yr iard mae estyniadau modern, ond dymchwelwyd estyniad ar y tu allan, ar y dwyrain, a adeiladwyd rhwng 1820 a 1888. Mae'r tŷ wedi'i rendro a'r rhan fwyaf ohono heb ei baentio, er bod paent gwyn islaw lefel y feranda. To llechi sydd iddo.

Bu tŷ yng Nghefnamlwch ers y bymthegfed ganrif o leiaf, ac am gyfnod safai'r tŷ presennol gornel am gornel â thŷ hŷn, mewn dull a oedd yn nodweddiadol o'r 'system uned', a amlygir mewn mannau eraill yng ngogledd-orllewin Cymru. Fodd bynnag, yn ystod hanner cyntaf y bedwaredd ganrif ar bymtheg, dymchwelwyd y tŷ hŷn, a oedd yn ôl pob tebyg yn cydoesi â'r porthdy sy'n goroesi o ddechrau'r ail ganrif ar bymtheg.

Mae'r porthdy'n dyddio o 1607, ac roedd yn ochri gyda'r tŷ hŷn; saif mewn wal ar ongl sgwâr i brif ran y tŷ presennol. Fe'i hadeiladwyd o gerrig, â phorth bwaog drwyddo ac ystafell fechan uwchben, â ffenestr blwm. Gellir cyrraedd yr ystafell hon ar hyd grisiau cerrig ar y tu allan, ac mae yno simnai. Mae drysau pren dwbl â gwiced yn y coridor canolog, a rhai seddau carreg ar yr ochrau. Uwchben y porth bwaog ar y tu allan mae llechen â'r dyddiad 1607 a'r llythrennau blaen IGIO (rhai John Griffith a'i wraig Jane Owen, a briododd ym 1599).

Y tu allan i'r porthdy mae iard fechan lle daw'r brif lôn i ben; mae hwn yn raeanog, ond yn agos i'r porthdy a chornel y tŷ mae peth coblau'n aros. Yn ymyl y porthdy mae esgynfaen bach, ac un arall llawer mwy, diweddarach, o friciau, â grisiau llechi, i'r gogledd.

Mae'r stablau a'r popty yn perthyn i'r un cyfnod â'r tŷ'n fras, a chyda'i gilydd maent yn ffurfio ochr ddeheuol yr iard, y popty i'r dwyrain a'r stablau i'r gorllewin. Mae'r fynedfa i'r iard yn y gornel dde-orllewinol, yn ymyl y bwthyn ar ddiwedd y rhes o stablau. Mae llwybr graeanog yr holl ffordd o amgylch yr iard â phorfa â siglenni yn y canol, a chaewyd rhai darnau ohono i ffwrdd. Ar y ddaear ger y tŷ mae maen melin.

Saif y cerbyty, a oedd yn wreiddiol yn perthyn i'r un cyfnod ag adeiladau eraill yr iard, yn ochr orllewinol yr iard, ond fe'i newidiwyd yn fodurdai gan eu haddasu llawer – yn ôl pob tebyg ychydig o'r adeiladwaith gwreiddiol sy'n aros.

Rhwng y cerbyty a'r ysgubor mae iard gul lle daw'r lôn gefn i mewn drwy giatiau pren dwbl yn y de; mae giât i gerddwyr hefyd. Mae pyst y giatiau o gerrig ac mae'r giatiau'n weddol newydd. Mae'r ysgubor yn gyfochrog â'r cerbyty a saif gyferbyn ag ef ar draws yr iard raeanog gul y gellir mynd i mewn iddi o'r lôn gefn; yn ôl pob tebyg mae'n perthyn i'r un cyfnod â'r prif adeiladau eraill. Mae rhai o'r coblau ar ymylon yr iard o hyd.

Ar ongl sgwâr i'r ysgubor, ond heb gyffwrdd â'r gornel ogledd-orllewinol, mae tŷ allan mawr o gerrig. O ran arddull ymddengys ei fod yn cydoesi â'r ysgubor, ond nid ymddengys ei fod i'w weld ar y map llawysgrif 2 fodfedd Arolwg Ordnans o tua 1820, felly gallai berthyn i'r bedwaredd ganrif ar bymtheg. Mae rhes o siedau croes blaen agored â phileri briciau yn eu cynnal ar yr ochr ogleddol, a ddefnyddir fel storfa bren, cwt potiau ac yn y blaen.

Rhwng pen yr adeilad hwn a phen gorllewinol adeiladau'r tŷ mae iard raeanog sgwâr fechan, â wal gerrig yn ei gwahanu oddi wrth y lawnt a'r iard y tu allan i'r porthdy i'r gogledd. Roedd giatiau yn y wal hon ar un adeg ond bellach maent wedi diflannu, er bod giatiau haearn gyr rhwng y tŷ allan a'r ysgubor yn y gornel dde-orllewinol o hyd, y gellir mynd drwyddynt i lecyn lle ceir tai gwydr. Yn yr iard hon cedwid dwy garreg arysgrifedig o'r cyfnod Cristnogol Cynnar (cerrig y Senacus a'r Veracius) am flynyddoedd maith, ond bellach fe'u symudwyd i eglwys Aberdaron.

Nid oes gan Gefnamlwch barcdir yn yr ystyr gyffredinol, ac nid ymddengys bod ganddo barcdir ym 1888, pan wnaed yr arolwg ar gyfer argraffiad 1af y map Arolwg Ordnans 25 modfedd. Y flaenoriaeth yn y lleoliad agored iawn hwn oedd darparu cysgod, a fuasai'n angenrheidiol o adeg adeiladu'r tŷ cyntaf ar y safle; mae coetir o amgylch y tŷ a'r ardd, ac mae'r brif lôn yn cael ei gwarchod yn yr un modd. Roedd gan y lôn ddwyreiniol, sy'n segur bellach, ei llain gysgodol o goed hefyd. Yn ôl pob tebyg roedd yr ardal o fewn y llain gysgodol, o amgylch y tŷ, yn cyfateb yn fras i dalar tŷ'r unfed ganrif ar bymtheg a dechrau'r ail ganrif ar bymtheg, ond nid oes nodweddion pendant o'r cynllun cynnar y gellir eu hadnabod.

Cuddir y tŷ a'r ardd yng Nghefnamlwch gan blanhigfeydd, sydd yn eu tro'n cael eu hamgylchynu gan dir ffermio, â rhagor o leiniau cysgodol ar hyd ffiniau'r caeau, ochrau'r nentydd a'r lonydd. Mae'r safle, sydd ond ddau neu dri chilomedr i ffwrdd o arfordir gogleddol Penrhyn Llŷn, ychydig i'r de ac ychydig yn uwch na phentref Tudweiliog, yn agored iawn, ac mae'r rhesymau dros ei ddewis yn wreiddiol yn aneglur. Fodd bynnag, mae'n safle eithriadol o hen, a beth bynnag fo'r rhesymau hanesyddol dros ei ddewis, ni chefnwyd arno erioed gan y teulu, sy'n berchen ar y tŷ a'r ystâd o hyd, er iddo gael ei osod ar adegau gan fod ystâd y Voelas (yn Sir Ddinbych) wedi dod yn eiddo i'r un perchnogion.

Yn ôl y sôn disgynnai teulu'r Griffithiaid o Rhys ap Tewdwr Mawr, tywysog Deheubarth. Ers y bymthegfed ganrif o leiaf, ac erbyn yr amser hwnnw roedd y cyfenw Griffith (neu Gruffydd) wedi sefydlu, roedd ganddynt dŷ yng Nghefnamlwch, ac o'r cadarnle hwn roeddynt yn cystadlu am amlygrwydd mewn gwleidyddiaeth leol â Wynneiaid Gwydir. Priodwyd i mewn i deuluoedd tirfeddianwyr lleol eraill, a disgynnodd yr ystâd yn uniongyrchol drwy gydol yr unfed a'r ail ganrif ar bymtheg a'r ddeunawfed ganrif.

Fodd bynnag, ym 1794, bu farw John Griffith heb etifedd uniongyrchol, a gadawyd Cefnamwlch i'w gyfnither Jane Wynne, a oedd yn etifeddes Voelas hefyd, ac a oedd yn briod â'r Anrh. Charles Finch (a newidiodd ei enw'n Wynne er mwyn etifeddu Voelas). Eu disgynyddion nhw, a elwir yn Wynne Finch bellach, yw perchnogion y ddwy ystâd o hyd.

Yn ystod blynyddoedd cynnar yr ugeinfed ganrif, am gyfnod o leiaf, Voelas oedd prif drigfan y teulu, a rhoddwyd tŷ Cefnamwlch, a'i hawliau saethu, ar osod. Fodd bynnag, bellach mae'r teulu'n byw yno eto, ac ymddengys iddynt fyw yno am y rhan fwyaf o'r bedwaredd ganrif ar bymtheg, gan fod llawer o goed wedi'u plannu a gwelliannau eraill wedi'u gwneud i'r ardd yn ystod y cyfnod hwn.

Yn y map llawysgrif 2 fodfedd y lluniwyd argraffiad cyntaf y map Arolwg Ordnans un fodfedd ohono, ac a arolygwyd tua 1820, gwelir y planhigfeydd yn eu lle ond yn llai helaeth nag ydynt heddiw, ac nid yw'r lleiniau ar ymyl y lonydd yno. Hefyd gwelir y tŷ cynharach, o'r unfed ganrif i ddechrau'r ail ganrif ar bymtheg, yn sefyll o hyd gornel wrth gornel â'r tŷ presennol o'r ddeunawfed i ddechrau'r bedwaredd ganrif ar bymtheg, sy'n ochri gyda'r porthdy o ddechrau'r ail ganrif ar bymtheg. Erbyn arolygu argraffiad cyntaf y map 25 modfedd, ym 1888, roedd yr hen dŷ wedi diflannu a'r planhigfeydd wedi ymestyn. Rhwng 1889 a 1900 ychydig o newidiadau ychwanegol oedd yn amlwg, ond erbyn 1918 roedd y planhigfeydd i'r gorllewin o'r brif lôn yn ymestyn ymhellach byth.

Nid yw'r un o'r mapiau hyn yn rhoi unrhyw awgrym o barcdir wedi'i gynllunio, ac mae'n debyg, fel heddiw, fod y tir tu hwnt i'r planhigfeydd yn dir ffermio agored, a amddiffynnwyd gan leiniau cysgodol ychwanegol a blannwyd am resymau ymarferol yn hytrach nag esthetig. Mae awyrgylch clòs, amgaeëdig i Gefnamwlch, a'r darn gweddol fach o dir agored o amgylch y tŷ (y cyfan i'r gogledd a'r dwyrain bron) yn mwynhau microhinsawdd well a grëwyd gan y coed o amgylch, sydd hefyd yn cynnig cefnlen i'r rhododendronau a'r llwyni addurnol eraill a blannwyd ar ymylon mewnol y coetir.

Mae'r brif lôn ymhell dros 1 cilomedr o hyd, â tharmac ar ei hwyneb. Adeiladwyd y porthordy wrth y fynedfa, a elwir yn Lower Lodge, o gerrig tywyll ac ymddengys ei fod yn perthyn i'r bedwaredd ganrif ar bymtheg. Gyferbyn â'r porthordy mae wal gerrig weddol isel, â chopa nadd, yn mynd ar dro at y giât, ac mae'r pileri giatiau carreg yn isel â giât fetel fodern. Bellach mae'r fynedfa i gerddwyr ar yr ochr yn arwain i mewn i ardd fechan y porthordy â pherth o'i chwmpas. Cysgodir y lôn ar y ddwy ochr gan blanhigfeydd cymysg o amrywiol faint, sy'n cynnwys rhai coed enghreifftiol da, ac mae ychwanegu llwyni blodeuol at y rhain wedi gwneud y lôn yn un o brif nodweddion y gerddi.

Daw'r lôn o gyfeiriad y gogledd, o Dudweiliog, a daw ar hyd ymyl yr ardd ac i fyny at gornel ogledd-orllewinol y tŷ, ger y porthdy. Nid oes ffens iddi; ar ochr allanol y planhigfeydd y mae'r ffensiau. Mae llwybrau llai yn arwain oddi arni i fynd at y caeau ar bob ochr.

Daw'r lôn gefn o gyfeiriad y de, drwy fferm y plas, a daw i mewn i'r iard fach rhwng y prif gwrt o adeiladau a'r ysgubor. Wrth y fynedfa mae'r ail borthordy o'r bedwaredd ganrif ar bymtheg, a elwir yn Mountain Lodge. Mae hwn yn unllawr, wedi'i adeiladu o gerrig golau ac yn weddol annhebyg i'r Lower Lodge o ran arddull. Mae gan y fynedfa i'r lôn wal sych, â physt giatiau cerrig, isel, crwn; mae'r giatiau ar goll. Mae wyneb caled, caregog i'r lôn a gwrychoedd trwchus â choed ar bob ochr, ond ni cheir gwir blanhigfeydd nes dod at y rhai yn ymyl y tŷ, er bod *Rhododendron ponticum* yn y gwrychoedd. Mae rhai onglau sydyn i'r llwybr, yn wahanol i drofaon llyfn y brif lôn, ac yn ôl pob tebyg fe'i

bwriadwyd i fod yn swyddogaethol yn bennaf; fodd bynnag, gellir cymryd llwybr arall am yr ychydig fedrau olaf gan osgoi'r iard gefn.

Bellach ni ddefnyddir hen lôn gynt a ddeuai o gyfeiriad y de-ddwyrain, er bod y blanhigfa ar hyd yr ochr dde-orllewinol yno o hyd. Roedd troeon sydyn i'r lôn hon hefyd a deuai i mewn i'r iard gefn, ac nid oes porthordy. Fodd bynnag, yn wreiddiol rhedai ar hyd ochr ogleddol yr ardd o'r tro sydyn cyntaf, i gyfarfod â'r brif lôn, gan nad yw llwybr llai oddi ar y brif lôn hon, sy'n rhedeg ar hyd ochr allanol wal ogleddol yr ardd, bellach yn arwain i unman yn arbennig ond mae coed leim cain wrth ei ymylon ym mhen y lôn. Ar fap 1820 gwelir y lôn yn dilyn y llwybr hwn, ond erbyn 1888 roedd eisoes yn segur, a dilynai'r lôn lwybr o amgylch ochrau dwyreiniol a deheuol yr ardd. Bellach mae wal ar draws pen dwyreiniol y rhan segur.

Mae'r lôn dde-ddwyreiniol hon yn cyfarfod â lôn sy'n ymuno â'r ffordd rhwng Nefyn a Sarn wrth dro sydyn iawn arall sy'n awgrymu, gan gymryd tystiolaeth o hen fapiau hefyd, mae dim ond ffordd ystâd oedd hon yn wreiddiol, a bod y prif lwybr yn barhad o'r lôn tuag at ffordd Nefyn-Sarn, ac mae'r hyn sy'n lôn i Dudweiliog bellach yn gangen yn unig o lwybr llai a gysylltai ffermydd yr ystâd.

Mae rhan ddiweddarach y lôn, sydd agosaf at y tŷ, ac sy'n dilyn ymylon deheuol a dwyreiniol yr ardd, yn cael ei defnyddio fel llwybr fferm o hyd. Mae iddi wyneb caregog o dan yr wyneb o laid. Ar ochr ddwyreiniol yr ardd mae ffens haearn, ac yma ar ochr arall y lôn mae wal arglawdd â ffens ar ei phen uchaf; ar ochr ddeheuol yr ardd mae wal gerrig forter, ac ar ochr arall y llwybr llai wal is am ran o'r ffordd.

Ychydig sydd yn y coetir o ran rhodfeydd a llwybrau meirch. Mae un llwybr sy'n cysylltu'r brif lôn â'r lôn gefn, gan redeg i'r gogledd-orllewin o'r ysgubor a'r darnau o dir amgaeëdig i'r gorllewin o'r tŷ, i'w weld ar fapiau Arolwg Ordnans 25 modfedd 1889, 1900 a 1918, ond bu'n segur ers peth amser; fodd bynnag gellir ei weld o hyd, â chryn dipyn o raean ar yr wyneb, a bellach mae wrthi'n cael ei agor eto. Mae giât yn y man lle mae'n ymuno â'r lôn gefn; yn ôl pob tebyg dyma'r llwybr a ddefnyddid yn wreiddiol i gyrraedd y tŷ wrth ddod o'r lôn gefn, gan osgoi'r iard a'r ardaloedd ymarferol yng nghefn y tŷ. Gwelir dwy rodfa/lwybr meirch arall ar ochr ddwyreiniol y brif lôn ar fap 1918 ond nid ar fap 1889; mae un i'w weld ar fap 1900. Nid ymddengys y gellir eu gweld ar y tir. Mae llwybr graeanog yn arwain o'r brif lôn at ddrysau i mewn i'r ardd ychydig i'r de o'r ardd â wal o'i chwmpas; mae'r llwybr blaenorol at giât orllewinol yr ardd â wal o'i chwmpas yn segur.

Mae planhigfeydd y brif lôn, a gynlluniwyd rhwng tua 1820 a 1888, yn afreolaidd eu lled, a cheir peth tystiolaeth, ar ffurf llethr/wal sy'n rhedeg ar hyd y ddwy ochr am dipyn o'r ffordd, eu bod yn llawer culach yn wreiddiol, ac fe'u hymestynnwyd ar y ddwy ochr ar wahanol adegau. Ym mhen y lôn wrth y tŷ roedd planhigfa ar yr ochr ddwyreiniol eisoes erbyn 1820. Mae gan ddarn byr ychydig tu hwnt i'r porthordy ei hyd wreiddiol o hyd. Ymhlith y coed mae sycamorwydd, ffawydd, derw, derw anwyw a rhai conifferau, ac mae'r coed yn ymyl y lôn, am lawer o'i hyd, wedi'u trefnu'n rhodfa anffurfiol. Mae gan y darn olaf i fyny at y tŷ rodfa o ffawydd. Mae llawer o isdyfiant wedi'i blannu oddi tanynt, gan gynnwys llawer o *Rhododendron ponticum*, yn ogystal â llawryfoedd, *Griselinia littoralis*, ac, yn enwedig ger y tŷ a'r porthordy, amrywiaethau mwy dethol o rododendronau, yn ogystal â llwyni addurnol eraill. Nid oes gan y lôn gefn blanhigfeydd ar bob ochr fel y cyfryw ond mae rhai coed wedi'u plannu yn y gwrychoedd, ac isdyfiant bytholwyrdd. Ar y map Arolwg Ordnans 25 modfedd gwelir rhesi o goed ger y lôn mewn mannau, ond erbyn 1900 roedd y rhain wedi diflannu, a nodir stribed o lwyni. Mae'n bosibl bod y coed yn weddillion rhodfa hynafol y cymerwyd eu lle rhwng 1889 a 1900 gan y rhododendronau sydd yno heddiw, a chan y coed ifanc a blannwyd naill ai bryd hynny neu'n ddiweddarach, sydd bellach yn cyrraedd eu llawn dŵf.

Mae'r blanhigfa ar hyd yr hen lôn dde-ddwyreiniol gynt ar un ochr yn unig, yr ochr dde-orllewinol, o'r lle y daw'r gwyntoedd cryfaf, ac felly dyma'r unig lôn a fyddai'n cynnig golygfeydd dros gaeau agored ar y ffordd tua'r tŷ, ar ôl i'r planhigfeydd ymsefydlu. Mae'r coed yn gymysgedd o dderw, ffawydd a chonifferau'n bennaf. Mae rhai llwyfenni marw a dorrwyd, yn ymyl y llwybr llai, yn awgrymu elfen flaenorol arall o'r cymysgedd. Ar hyd ochrau'r lôn gefn mae ffawydd (sy'n hunanhau), sycamorwydd, rhai ynn, ychydig o gonifferau a llawer o *Rhododendron ponticum*. Hefyd mae planhigfeydd o amgylch y ddau borthordy.

Mae'r blanhigfa i'r de o'r tŷ yn gorchuddio'r llethr sy'n wynebu'r de ac sy'n arwain i lawr at nant fechan, a'r llethr i fyny'r ochr arall; mae'n gorsog iawn yn y gwaelod. Yn ddiddorol, gelwir y darn amgaeëdig hwn yn 'Winllan Isaf', sy'n awgrymu nid yn unig fod y llethr a wynebai'r de yn arfer cael ei ddefnyddio fel gwinllan o bosibl, ond hefyd bod gwinllan 'uchaf' rywle arall. Mae gwinllannau bob amser yn nodweddion cynnar yng ngogledd-orllewin Cymru, felly byddent wedi cydoesi â'r tŷ cyntaf ar y safle, yn y bymthegfed ganrif neu cyn hynny. Yn y blanhigfa ddeheuol ceir cymysgedd o dderw, ffawydd a llawer o sycamorwydd, rhai hunanheuedig yn bennaf. Hefyd ceir rhai conifferau a pheth isdyfiant *Rhododendron ponticum*.

Saif adfail bychan yn y blanhigfa ddeheuol, nepell o'r llwybr llai mewn man lle'r oedd giât yn arfer bod. Fodd bynnag, nid ymddengys ei fod yn adeilad â tho ym 1888, er ei fod yn bodoli, ac nid yw ei bwrpas yn hollol glir.

Mae'n debygol bod llawer o'r coed a'r isdyfiant a blannwyd ym mhlanhigfeydd y lonydd yn sbesimenau gwreiddiol a blannwyd yn y bedwaredd ganrif ar bymtheg – mae deunydd yn Archifdy'r Sir yn cofnodi llawer o blannu yn y cyfnod hwn. Yn sicr bron, mae'r coed leim ym mhen gorllewinol y lôn dde-ddwyreiniol segur yn hŷn, wedi'u plannu yn y ganrif flaenorol o bosibl, ond nid ymddengys bod llawer o goed hynafol yn rhannau cynharach y planhigfeydd, sy'n awgrymu iddynt gael eu tyfu ar gyfer pren erioed.

Y brif nodwedd yn y gerddi ar hyn o bryd yw'r ardd â wal o'i chwmpas o'r ddeunawfed neu ddechrau'r ail ganrif ar bymtheg, a bellach fe'i defnyddir fel llecyn addurnol yn bennaf. Mae'r gweddill i gyd fwy neu lai'n lawnt, â choed enghreifftiol a chynllun llwybrau sy'n rhannol segur ac yn perthyn i'r un cyfnod o bosibl. Ymysg gwelliannau cyfredol mae plannu addurnol helaethach a pheth adfer llwybrau; hefyd mae gardd fach amgaeëdig yn cael ei datblygu mewn rhan o'r man gwyrdd ar gyfer meithrin/sychu planhigion.

Mae'n debygol bod yr ardal o fewn y planhigfeydd cysgodol yn adlewyrchu talar wreiddiol y tŷ cynharach fwy neu lai. Roedd yr hen dŷ yn llawer mwy canolog yn y man hwn na'r adeilad presennol, ac roedd yn wynebu tua'r gorllewin – dewis mwy amlwg o safle efallai na'r tŷ presennol, yn y gornel dde-orllewinol, sy'n wynebu tua'r gogledd a'r dwyrain; ond gan nad oedd yr hen dŷ wedi'i ddymchwel pan adeiladwyd y tŷ presennol, roedd y posibiliadau'n gyfyng.

Yn ôl pob tebyg byddai perllan a gardd lysiau yn yr ardd wreiddiol â gardd addurnol ffurfiol ger y tŷ o bosibl, ond ni ellir gweld olion pendant o unrhyw nodweddion cynnar bellach. Mae'n debyg bod y cynllun presennol yn perthyn i ddechrau'r bedwaredd ganrif ar bymtheg – ymddengys ei fod i gyd yn perthyn i'r un

cyfnod fwy neu lai, gan gynnwys yr ardd â wal o'i chwmpas. Ymddengys yn debygol bod ailgynllunio'r ardd yn cyd-fynd â dymchwel y tŷ cynharach segur (yn y 1820au yn ôl pob tebyg), ond nid yw'n glir o'r map llawysgrif a luniwyd gan Arolwg Ordnans tua 1820, lle gwelir yr hen dŷ'n sefyll o hyd, a oedd yr ardd â wal o'i chwmpas yn ei ffurf bresennol ai peidio. Mae'n ymddangos bod yno ddarn o dir amgaeëdig â wal o'i gwmpas, ond mae'n ymestyn dros ran ogleddol yr ardd i gyd, ymhellach i'r dwyrain nag ydyw heddiw a chyn belled i'r de â'r hen dŷ, felly mae'n fwy tebygol ei fod yn gynllun cynharach sy'n berthnasol i'r tŷ cynharach.

Yn yr ardd â wal o'i chwmpas mae adeilad cyfoes bychan, â llawr uchaf a fwriadwyd yn ystafell ardd neu'n hafdy. Mae yno hefyd nifer o hen goed ffrwythau, a rhai bwâu bocs tociedig a all fod yn wreiddiol. Ymddengys bod cynllun y llwybrau, nad yw'n rheolaidd ond sydd â llwybrau crymion yn rhannu'r ardd yn nifer o rannau anghyfartal, yn wreiddiol, ac yn ôl pob tebyg mae'n cydoesi â'r cynllun tebyg (sydd bellach yn segur i raddau helaeth) yn rhan ogleddol yr ardd. Yr awgrym yw bod yr ardd â wal o'i chwmpas wedi bod erioed, fel heddiw, gymaint yn rhan o'r tir hamdden ag a fu'n fan ymarferol ar gyfer cynhyrchu bwyd.

Yng ngweddill yr ardd mae lawntiau'n bennaf, â llwybrau graean syth yn ymyl y tŷ, un ohonynt o leiaf (sy'n arwain o'r porthdy) yn rhannol ar linell llwybr gwreiddiol (o'r porthdy i'r hen dŷ). Mae'r trefniant anffurfiol hwn yn cyferbynnu'n hyfryd â'r ardd â wal o'i chwmpas, ond ar y llaw arall mae anffurfioldeb cymharol yr ardd â wal o'i chwmpas yn demtasiwn i weld y cyfan yn waith yr un cynllunydd – mab Jane Wynne, Charles Wynne Griffiths-Wynne efallai.

Mae'r brif lawnt i'r gogledd ac i'r dwyrain o'r tŷ mewn dwy ran, sy'n ymdoddi i'w gilydd. Mae'r llecyn agosaf i'r tŷ yn lawnt agored heb blanhigion yn bennaf, â llwybrau syth, graeanog yn ei chroesi, a thu hwnt, i'r gogledd ac i'r dwyrain, a hefyd mewn stribed culach i lawr ochr orllewinol yr ardd, mae llecynnau o borfa arwach a blannwyd â choed enghreifftiol a nifer o lwyni, sy'n mynd yn gaeëdig mewn rhai mannau bellach. Mae'r llwybrau yn y llecynnau hyn yn segur gan mwyaf, ond roeddynt yn grwm, a gellir sylwi arnynt mewn nifer o fannau fel twmpathau glaswelltog.

Ceir nifer o hen goed enghreifftiol mawr, conifferau a choed llydanddail, yn y llecynnau a blannwyd ar y lawnt, ond dim cymaint heddiw ag a welir ar yr hen fapiau 25 modfedd. Yn eu plith mae ffawydd, leim, yw, pinwydd a chastanwydd, ac er bod y mwyafrif yn rhai a blannwyd yn y bedwaredd ganrif ar bymtheg yn ôl pob tebyg, mae nifer sy'n ymddangos yn hŷn, yn enwedig ywen aml-ganghennog anferthol a chastanwydden fawr iawn ychydig i'r gogledd o'r tŷ ar ochr orllewinol yr ardd. I'r de o'r rhain, cwympodd hen binwydden fawr, ac mae cangen yn dod o'r bôn sy'n gwneud coeden newydd.

I'r gorllewin o'r iard fach sgwâr ger y tŷ, ac i'r gogledd o'r tŷ allan â chytiau potiau a storfeydd croes, mae llecyn amgaeëdig bychan y gellir mynd iddo drwy ddrws pren dwbl dan borth bwaog briciau yn wal orllewinol yr iard. Yn ôl pob tebyg roedd hon yn ardal ymarferol ar un adeg, iard a man gwyrdd ar gyfer sychu efallai, ac mae gan y darn agosaf i'r tŷ allan wyneb coblog/cerrig sets o hyd, tra bod lawnt yn cael ei defnyddio fel lawnt sychu o hyd. Ymddengys bod y waliau cerrig amgylchynol yn amrywiol a gwelir rhaniadau gwahanol ar y ddau fap 25 modfedd, sy'n awgrymu hanes cymhleth; mae'n bosibl bod rhan ohonynt yn adeilad ar un adeg. Mae'r wal ogleddol yn rhannol gynhaliol gan fod y llecyn ar y tu allan ar lefel uwch o lawer. Bellach gwnaed y rhan o'r llecyn sydd agosaf at y tŷ yn ardd flodau fach liwgar, gysgodol, â llecyn bach anffurfiol ar gyfer eistedd a nifer o botiau a thybiau wedi'u gosod ar wyneb yr iard.

I'r gogledd o'r ardd fechan amgaeëdig ac i'r de o'r ddolen gysylltiol rhwng y brif lôn a'r lôn gefn, gan fynd heibio i orllewin yr adeiladau, mae lawnt fechan a arferai fod yn rhan o'r planhigfeydd, yn ôl tystiolaeth ychydig o fonion mawr. Mae'n bosibl i'r lawnt gael ei chlirio i wneud iard y porthdy, a fyddai yn y cysgod braidd fel arall, yn fwy agored, a bellach plannwyd planhigion addurnol bychain yno. Mae rhododendron anferth ger y porthdy, sy'n uwch na'r porthdy ac yn ei guddio'n rhannol o'r golwg o ochr yr ardd; yn ei flodau mae'n creu tipyn o argraff wrth fynd i mewn i'r ardd drwy'r porthdy.

Yn ymyl cornel dde-ddwyreiniol yr ardd mae llecyn suddedig hirsgwar fwy neu lai, â llethrau o'i amgylch o ganlyniad i'r lefelu, â dim coed wedi'u plannu yno, er bod coed a llwyni ar y llethrau (ac eithrio ar ochr y tŷ). Gwelir hyn fel man agored ar yr hen fapiau i gyd, er ei bod yn bosibl bod adeilad bach yn ei ymyl pan arolygwyd y map llawysgrif 2 fodfedd; bellach fe'i trinnir fel gweirglodd blodau gwyllt. Mae'n bosibl mai cwrt tenis neu lawnt groce segur ydyw, neu o bosibl ardd suddedig a aeth â'i phen iddi.

Ar hyd ochr ddwyreiniol yr ardd mae stribed llydan o goed aeddfed wedi'u plannu, conifferau'n bennaf, â ffawydd ar hyd yr ochr allanol, gan ffurfio darn hirsgwar hir, a arferai fod â ffens rhyngddo a'r lawnt ond sydd bellach yn agored iddi. Roedd bwlch yn y blanhigfa lle gellid mynd at y llwybr llai ar hyd ymyl ddwyreiniol yr ardd, a oedd o bosibl yn ffordd i gerbydau at y tŷ pan oedd y lôn dde-ddwyreiniol yn cael ei defnyddio (efallai fod hyn wedi bod yn rheswm allweddol dros gefnu ar y rhan o'r lôn hon ar hyd pen gogleddol yr ardd, os cafodd llwybr newydd uniongyrchol at y tŷ ei wneud, gan osgoi'r llwybr cul drwy'r porthdy). Bellach ni ddefnyddir y llwybr hwn a ffensiwyd yr agoriad i'r llwybr llai.

Bellach defnyddir yr ardd is-hirsgwar â wal o'i chwmpas fel rhan o'r ardd addurnol yna bennaf (er bod llecynnau yn cael eu cadw ar gyfer tyfu ffrwythau a llysiau), ond mae'n debyg iddi gael ei chynllunio fel gardd lysiau, er bod mwy o bwyslais na'r cyffredin ar yr elfen esthetig yn ôl pob tebyg. Cynlluniwyd y llwybrau'n droellog ac yn anghymesur; gwnaed corneli'r ardd yn grwn, a'r mynedfeydd yma ac acw yn ddi-drefn. Mae adeilad gardd bach sy'n ymddangos ei fod yn cydoesi â'r ardd; mae ei safle ychydig o'r canol ond mae'n perthyn i'r system llwybrau presennol, sy'n awgrymu bod y system hon yn wreiddiol. Mae'n bosibl bod y coed ffrwythau sy'n tyfu ar ddelltwaith ar hyd ochrau rhai o'r llwybrau yn wreiddiol hefyd.

Ymddengys yn debygol bod adeiladu'r ardd â wal o'i chwmpas wedi'i gynllunio'r un pryd â'r system llwybrau yng ngweddill yr ardd, a'r cyfnod mwyaf tebygol yw adeg dymchwel yr hen dŷ, yn nhrydydd degawd y bedwaredd ganrif ar bymtheg. Mae'r waliau, o friciau a wnaed â llaw, tua 3 medr o uchder ar y ddwy ochr, yn is ar y gorllewin a'r de (ac eithrio yn y gornel), lle mae gwifrau ar ben y wal. Mewn mannau mae olion rendro ar ochr allanol y waliau. Mae bwtresi briciau bychain ar y tu allan, ac eithrio ar y gornel dde-ddwyreiniol lle defnyddiwyd bwtresi cerrig mawrion i atal y wal rhag syrthio. Mae copâu briciau, sy'n wastad yn y de-ddwyrain, lle mae'n bosibl i'r wal gael ei hailadeiladu, ac ar oleddf mewn mannau eraill mae'n debyg, ond efallai mai'r tywydd a'r eiddew sy'n gyfrifol am hyn.

Mae agoriad bach a lenwyd ychydig i'r dwyrain o'r brif fynedfa, sy'n agos i'r gornel dde-ddwyreiniol, ac o bosibl fe'i gosodwyd yno'n ddiweddarach. Yn y brif fynedfa mae giât fawr o haearn gyr mewn cynllun syml, ar bileri briciau solet, uchel ag yrnau ar y pennau uchaf. Ni wnaed y briciau a ddefnyddiwyd ar bileri'r giatiau

â llaw ac ymddengys eu bod yn perthyn i gyfnod diweddarach na briciau'r waliau. Ar glo'r giât mae enw'r gwneuthurwr, J & C McLoughlin Ltd o Ddulyn.

Mae mynedfa gyferbyn â'r brif giât yn y wal ogleddol (tu ôl i'r adeilad), â drysau pren dwbl sydd braidd yn fras. Er nad yw'n fodern, nid yw'n wreiddiol chwaith. Yn y wal orllewinol, tuag at y pen deheuol, mae mynedfa arall eto yr ymddengys iddi gael ei gosod yno'n ddiweddarach (mae'r pileri briciau yn fwy newydd na'r wal beth bynnag, er bod y fynedfa yn y man iawn mewn perthynas â'r llwybrau). Ar ben y pileri mae pinafalau carreg, ac mae'r giatiau'n bâr tenau o haearn gyr. Yn y wal ddwyreiniol, mae drws ar gyfer cerddwyr â giât addurnol o haearn gyr, sydd heb fod mewn unrhyw berthynas â chynllun y llwybrau ond heb ei osod yno'n amlwg; dylai'r fynedfa wreiddiol fod i'r gogledd o hwn, yn y gornel yn union, gan fod llwybrau sy'n dod i'r cyfeiriad hwn o'r ddwy ochr i'w gweld ar fap 1889.

Mae'r llwybrau'n raeanog, ac o'r fynedfa mae un yn arwain yn union at adeilad bach yn ymyl wal ogleddol yr ardd. Mae'r llwybr hwn yn parhau ar hyd llinell y llwybr sy'n dod i gyfeiriad yr ardd â wal o'i chwmpas ar draws y lawnt, ond ym 1889 a 1900 nid oeddynt yn union ar yr un llinell, sy'n awgrymu eto bod y fynedfa wedi symud. Gan fod map Arolwg Ordnans 1918 yn dangos bod y llwybr at yr ardd wedi'i sythu, a chan fod y fynedfa wedi symud ychydig i'r gorllewin fe ymddengys, er na welir cynllun y llwybrau o fewn yr ardd â wal o'i chwmpas, gall hyn awgrymu mai rhwng 1900 a 1918 y gwnaed y fynedfa newydd.

Nid oedd y llwybr croes byr ychydig tu mewn i'r fynedfa yn rhan o'r cynllun gwreiddiol, ond gwelir y gweddill o'r llwybrau ar y fap 1889. Bellach mae'r rhai a arweiniai at ran ddwyreiniol yr ardd yn segur, gan nad yw'r rhan hon o'r ardd wedi'i thrin, ond wedi'i chynllunio'n lawnt. Yr unig lwybrau sydd heb eu graeanu yw'r un ar hyd ochr orllewinol yr adeilad, sydd wedi'i deilio, a'r un ar hyd ochr orllewinol yr ardd, sy'n laswelltog ond a allai fod yn raeanog oddi tano.

Mae'r llwybrau'n rhannu'r ardd yn nifer o lecynnau ar ffurf afreolaidd. Mae pwynt canolog yn agos i'r canol ar ffurf deial haul, a phyrth bwaog wedi'u tocio (o focs, ac mewn rhai achosion escallonia) mewn mannau lle mae llwybrau'n croesi neu lle mae mynedfeydd i wahanol lecynnau. Nid oes dyddiad nac arysgrifen ar y deial haul wythonglog, a gorwedd ar blinth tywodfaen oddfog a gerfiwyd yn gywrain â ffrwythau a blodau. Nid oes deial haul yn yr ardd â wal o'i chwmpas ym 1889, 1900 neu 1918, ond ym 1900 a 1918 gwelir un ar y lawnt gyferbyn â'r brif fynedfa i'r tŷ. Bellach fe'i lleolir ychydig i'r gorllewin o ganol yr ardd, lle mae sawl llwybr yn cyfarfod. Mae rhai o'r llwybrau ag ymylon bocs, ac mae gan eraill friciau a osodwyd ag un gornel ar i fyny, i roi effaith dannedd ci.

Mae adeilad yr ardd yn fach ac yn sgwâr, wedi'i adeiladu o gerrig ond ag wyneb briciau a chonglfeini cerrig ar bob wal ac eithrio'r wal gefn. Mae'r to llechi'n byramidaidd, ac mae simnai friciau ar y gornel dde-ddwyreiniol. Mae dwy ystafell tua 4.5 medr sgwâr, y naill uwchben y llall; mae gan y llawr isaf ddrws yn y gornel ogledd-ddwyreiniol a ffenestr ar y gorllewin, ac ymddengys bod y llawr yn gymysgedd o friciau a cherrig sets. Bellach defnyddir yr ystafell hon fel cwt potiau/storfa offer. Gellir cyrraedd y llawr uchaf ar hyd grisiau pren yn y gornel ogledd-orllewinol, ac mae iddo lawr estyll. Mae ffenestri ar bob ochr ac eithrio'r gogledd, ac mae'n ystafell olau braf â lle tân. Mae'n bosibl iddi gael ei chynllunio fel rhyw fath o ystafell ardd neu hafdy, ond bellach fe'i defnyddir fel storfa'n unig.

Erbyn 1889 roedd tŷ gwydr neu ystafell wydr fechan ar du blaen yr adeilad, ond erbyn 1918 roedd wedi diflannu a bellach mae yno lecyn bach ag ymylon bocs a balmantwyd â cherrig sets o amgylch maen melin, ac mae sedd yno. Nid ymddengys bod unrhyw dai gwydr mawr wedi bod o fewn yr ardd â wal o'i chwmpas erioed, ond ar ôl 1900 roedd dwy ffrâm i'r de-orllewin o'r adeilad, a defnyddir seiliau'r rhain bellach fel gwelyau uchel, wedi'u plannu â blodau.

Mae rheiliau haearn ar gyfer coed ffrwythau ar ddelltwaith, tua 1.5 medr o uchder, yn rhedeg ar hyd cefnau'r borderi ger y llwybrau dros lawer o'r ardd, ac maent yn cynnal nifer o goed hen iawn ond rhai a gadwyd yn dda (afalau yn bennaf). Mewn mannau eraill defnyddiwyd y rheiliau ar gyfer rhosod dringol. Hefyd mae nifer o goed ffrwythau (gellyg yn bennaf) ar y wal ogleddol, ond er bod yr hoelion neu'r gwifrau a rhai labelau enwau yn goroesi, ychydig iawn o goed sy'n aros ar y waliau dwyreiniol a gorllewinol, er bod ffigys yn goroesi ger y gornel ogledd-ddwyreiniol. Ar y lawnt fawr i'r dwyrain saif rhai coed ffrwythau ifainc ar eu pennau eu hunain.

Mae borderi blodau ar bob ochr i'r prif lwybr gogledd-ddeheuol, a blodau moethus o amgylch yr adeilad. Ac eithrio'r llecyn mawr i'r dwyrain, mae lawntiau llai eraill yn rhannau gorllewinol a chanol yr ardd, a llecyn ar gyfer llysiau i'r gorllewin o'r adeilad a chewyll ffrwythau i'r de. Mae pergola rhosod bach ar ochr orllewinol yr ardd yn agos i lecynnau lle tyfir coed ewcalyptws ar gyfer eu torri.

Gorwedd ardal ymarferol hirsgwar i'r gorllewin o'r ysgubor. Amgaeir yr ochr ogleddol gan wal y tŷ allan mawr arall, ac mae waliau cerrig gan y ddwy ochr arall, hyd at 2 fedr o uchder yn y gorllewin. Mae dau dŷ gwydr mawr yno ac yn amlwg yr un gogleddol yw'r hynaf, ac fe'i gwelir ar fap 1900. Mae iddo baenau gwydr cennau pysgod (mae'r rhan fwyaf ohonynt wedi goroesi hyd yma) mewn fframwaith haearn gyr, llwybr canolog wedi'i lorio â theils, pibelli gwresogi a thanc dŵr llechi. Mae'r seiliau o friciau a wnaed â llaw, o bosibl wedi'u hachub o fan arall yn yr ardd. Mae boelerdy tanddaearol (mae'r simnai'n dal yno) yn y pen gorllewinol. Mae'n bosibl mai fframiau oedd y gwelyau uchel ag ymylon briciau ar hyd y tu allan yn y de (ar ôl 1918). Mae'r tŷ hwn yn segur fwy neu lai, ond defnyddir yr un mwy modern i'r de o hyd.

Mae gweddill yr ardal yn agored i'r de, lle mae sied (a ddefnyddiwyd yn flaenorol ar gyfer dofednod neu ffesantod o bosibl), ac amrywiaeth o hen offer yn gorwedd blithdraphlith. Mae mynedfeydd o'r lôn gefn, ar yr ochr ddeheuol, lle gosodwyd giât fetel fodern mewn bwlch newydd neu un a wnaed yn fwy, ac o'r blanhigfa yn y gorllewin; mewn llecyn agored yn y blanhigfa mae rhai cychod gwenyn. Mae gan yr ysgubor fynedfa gefn i'r ardal hon hefyd. Mae tanc llechi ger yr ysgubor sy'n dyddio o gyfnod cyn i'r ardal gael ei defnyddio at bwrpas garddwriaethol.

Gellir mynd i'r ardal o iard fach sgwâr i'r gorllewin o'r tŷ drwy bâr o giatiau haearn gyr ar bileri cerrig â chopâu gwastad, rhwng corneli'r ysgubor a'r tŷ allan mawr arall. Maent braidd yn gain ar gyfer yr hyn sydd bellach yn ardal a aeth â'i phen iddi, ac mae'n bosibl eu bod yn adlewyrchu pwysigrwydd blaenorol yr ardal, neu efallai iddynt gael eu symud yno o rywle arall. Er bod yr ardal hon i'w gweld ar fap 1889, ar yr adeg honno dim ond un adeilad bach oedd yno yn y gornel dde-orllewinol. Erbyn 1900 roedd un tŷ gwydr a darn sgwâr o lwybrau, ac roedd yr adeilad wedi diflannu. Mae'r ail dŷ gwydr yn amlwg yn dyddio o gyfnod diweddarach yn yr ugeinfed ganrif (ar ôl 1918, gan nad yw'n ymddangos ar fap o'r dyddiad hwnnw).

Ffynonellau

Sylfaenol

Map Llawysgrif 2 fodfedd ar gyfer Argraffiad 1af map Arolwg Ordnans 1 fodfedd (tua 1820).

Papurau ystâd Voelas a Chefnamwlch yn Archifdy Sir Gwynedd, Caernarfon, gan gynnwys arolwg ystâd o 1812 (rhif 1172).

Gwybodaeth oddi wrth Mrs C. Wynne Finch.

Eilradd

Comisiwn Brenhinol Henebion Cymru, *Inventory*, Sir Gaernarfon Cyf. III (Gorllewin) (1964).

CADW

CORS-Y-GEDOL

ICOMOS UK

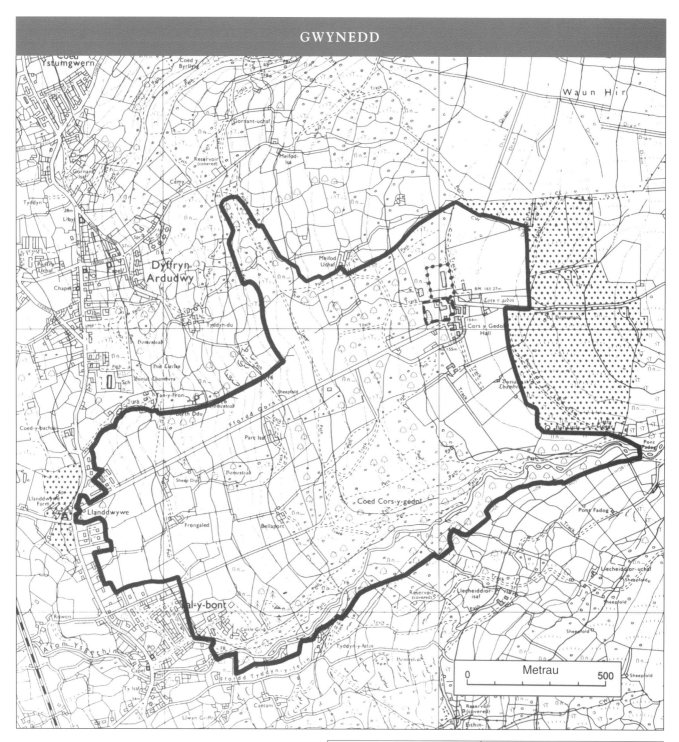

Rhif ar y Gofrestr	PGW (Gd) 27 (GWY)
Rhif Blaenorol ar y Gofrestr	
Rhif Taflen A.O.	SH 52 SE, SH 62 SW
Cymuned	DYFFRYN ARDUDWY

Key:
- Ffin y Parc
- Gardd
- Gardd Lysiau
- Lleoliad Hanfodol

CRYNODEB

Rhif cyf	PGW (Gd) 27 (GWY)
Map AO	124
Cyf grid	SH 600 230
Sir flaenorol	Gwynedd
Awdurdod unedol	Gwynedd
Cyngor cymuned	Dyffryn Ardudwy
Disgrifiadau	Adeiladau rhestredig: Tŷ Gradd II*; porthdy Gradd II*; ffermdy, ysguboriau, stablau a thai allan, a 4 pâr o bileri giatiau, ger y tŷ a'r porthordy uchaf, oll yn Radd II. SoDdGA: ardal eang (54.8 hectar) o goetir i'r de, gorllewin a de-orllewin o'r tŷ. Parc Cenedlaethol Eryri. Gorchymyn Cadw Coed (cyffredinol).
Gwerthusiad safle	Gradd II
Prif resymau dros y graddio	Olion parc a gardd o'r ddeunawfed ganrif neu'n gynharach o amgylch tŷ o'r unfed ganrif ar bymtheg; mae'n bosibl fod yr ardd lysiau yn cydoesi â'r tŷ. Rhodfa leim gyfan o tua 1735–40, a pheth plannu arall yn goroesi o'r ddeunawfed ganrif.
Math o safle	Coetir, parc, gerddi ffurfiol ac anffurfiol, gardd lysiau, gerddi blaenorol a phlanhigfeydd ffurfiol â llwybrau yn croesdorri.
Prif gyfnodau o adeiladu	Y ddeunawfed ganrif neu'n gynharach; y bedwaredd ganrif ar bymtheg.

Disgrifiad o'r safle

Lleolir Cors-y-Gedol i'r de o Ddyffryn Ardudwy, ar lethr orllewinol Eryri tua 2.5 cilomedr o'r môr. Mae'r tŷ'n faenordy cerrig, di-drefn, deulawr, mawr â tho llechi. Mae'r prif wyneb yn wynebu'r de, tuag at borthdy. Mae rhai o'r ffenestri yn fyliynog; ymddengys bod y gweddill, sydd â ffrâm bren, wedi'u hailosod. Mae pennau crwn gan y ffenestri myliynog ar lawr uchaf yr adain ddwyreiniol, a cheir dormer atig sengl ar yr adain hon. Ceir cyntedd canolog deulawr bargodol a bae deulawr i'r gorllewin ohono. Mae'r cyrn simneiau o gerrig ac mae pen uchaf ar ffurf croes dros y cyntedd.

Tŷ Elisabethaidd ydyw, ac adeiladwyd y rhan hynaf gan Richard Vaughan ym 1576, a'i ailfodelu yn ddiweddarach yn y ganrif (mae'r cyntedd yn dyddio o 1593, ac yn dwyn y llythrennau G.V., sef llythrennau blaen Griffith Vaughan, mab Richard). Ymestynnwyd y tŷ i'r gorllewin yn yr ail ganrif ar bymtheg a'r ddeunawfed ganrif (ceir y dyddiadau 1660 a 1782 ar gerrig), ac yn y diwedd yn y bedwaredd ganrif ar bymtheg fe'i dyblwyd o ran maint pan ychwanegwyd adain gyfan, gan ymgorffori neuadd ddawnsio, i'r gorllewin a rhagor o estyniadau tu cefn, i'r gogledd. O ganlyniad i'r arfer hwn o ychwanegu yn hytrach na dymchwel ac ailadeiladu, cynhaliwyd y tŷ yn rhyfeddol o dda.

Yn ôl map ystâd o 1764 gwelir adeilad ar ffurf L yng nghefn y tŷ a gafodd ei ymgorffori i'r prif floc drwy ychwanegu estyniadau i'w cysylltu erbyn 1901; cysylltwyd y ffermdy i'r prif dŷ gan adeilad yn y cyfnod hwn hefyd. Bellach dymchwelwyd yr estyniadau hyn i gyd, a'r adeilad ar ffurf L, ac mae'r ffermdy yn sefyll ar ei ben ei hun. Digwyddodd y dymchwel hwn rywbryd cyn 1951.

Adeiladwyd y porthdy cain i'r de o'r tŷ ym 1630 (mae carreg-ddyddiad uwch y bwa), ac mae'n gymesurol, â phorth bwaog canolog ag ystafell uwchben, ac uwchlaw hwn wyneb cloc a chromen; mae adain ddwylawr ar bob ochr. Fe'i hadeiladwyd o'r un math o garreg ac yn debyg i arddull y tŷ, â ffenestri myliynog, ac mae gan y tair ffenestr dros y cyntedd bennau crwn. Mae llechi ar

y to a dwy simnai gerrig ar y bloc canolog; mae blaenau bychain ar gopâu a chorneli'r talcenni pen, ac ar dalcenni'r ffenestri. Mae'n wynebu'r tŷ ar draws blaengwrt â wal o'i gwmpas, ac mae ar ongl sgwâr i'r lôn. Yn ôl y sôn cynlluniwyd y porthdy gan Inigo Jones, ond o ran arddull mae hyn yn annhebygol, ac nid oes unrhyw dystiolaeth i brofi ei gysylltiad.

I'r de-dde-ddwyrain o'r tŷ, tu hwnt i'r porthdy ac ar ochr bellaf y lôn, mae iard stablau goblog ag adeiladau ar ddwy ochr. Ffurfiwyd y drydedd ochr gan gefn adeilad arall, nad yw'n ymagor i'r iard, ac mae gan y bedwaredd ochr rywfaint o wal, â wal gerrig isel, ac roedd iddi giât, ond bellach diflannodd. Mae'r adeiladau o gerrig â thoeon llechi; roeddent yno ym 1764 ac yn cynnwys stablau a cherbyty a addaswyd yn ddiweddar yn fwthyn gwyliau a modurdy.

Saif y golchdy ychydig bellter o'r tŷ i'r de-orllewin, ac fe'i gwelir ar fap ystâd 1764; mae'n perthyn o bosibl i'r unfed ganrif ar bymtheg. Fe'i hadeiladwyd o gerrig â tho llechi a chorn simnai cerrig; mae'n ddeulawr ag estyniad unllawr yn y pen deheuol, a bwtres cerrig mawr ar yr ochr orllewinol. Fe'i haddaswyd yn fwthyn gwyliau.

Dymchwelwyd y rhan fwyaf o'r rhes eang o dai allan yng nghefn y tŷ, ond mae rhai olion yn dal yno ar ochr ddeheuol yr ardd lysiau, yn y pen gorllewinol. Cwt ci yw un ohonynt, er mae'n bosibl nad dyna oedd ei bwrpas gwreiddiol; mae simnai gan adeilad arall ac mae'n bosibl mai cegin moch oedd yno gan yr ymddengys na fu unrhyw wydr erioed yn y pen hwn o'r ardd lysiau. Ar fap 1901 un adeilad yn unig a welir yn yr ardal hon; dymchwelwyd eisoes adeilad cynharach a welir ar fap 1764. Cynlluniwyd y parc coediog yn bennaf yn agos i'r man lle mae tir amaethyddol yn ildio i rostir agored, a cheir golygfeydd o fannau penodol i'r bryniau tua'r dwyrain a'r môr tua'r gorllewin. Mae'r safle'n agored i'r gwynt, ffaith a nodwyd gan Thomas Pennant yn y 1780au, pan dynnodd sylw at y coed â'u pennau wedi'u tocio'n wastad gan wyntoedd o'r gorllewin. Yn ddiamau y safle agored sy'n cyfrif am y ffaith fod cymaint o'r parc yn goediog.

Mae'r brif ffordd at y tŷ ar ongl sgwâr i'r tŷ a'r porthdy, ar hyd lôn tua 1.5 km o hyd o'r gorllewin. Mae'n bosibl nad oedd y lôn hon yn wreiddiol ac iddi gael ei chreu, efallai gan Richard Vaughan, a wnaeth welliannau helaeth i'r tir o 1697 ymlaen. Cofnodir mai ef gychwynnodd y rhodfa; credir i'r coed leim gael eu plannu tua 1734–40. Mae'n debygol bod llawer o weddill y parc a chynllun yr ardd, fel y cofnodwyd yn fanwl ar fap ystâd sy'n dyddio o 1764, yn perthyn i'r un cyfnod o weithgaredd. Yn anffodus nid yw'r mwyafrif o'r nodweddion a welir ar y map hwn yn bodoli bellach, ond mae'r rhodfa mewn cyflwr da o hyd, ac mae peth o'r planhigion eraill yn aros ac mae'r coetir yn llenwi'r un ardal fwy neu lai.

Yn ôl y cofnodion, Richard Vaughan, a etifeddodd ym 1697, yn dilyn marwolaeth ei frawd hŷn, oedd y cyntaf i wella'r tir, ac mae'n bosibl iddo roi o'i egnïon i gyd i'r cyfeiriad hwn oherwydd, er bod sôn iddo wneud gwelliannau i'r tŷ hefyd, ychydig o'r gwaith o'r dyddiad priodol sydd bellach yn amlwg. Fodd bynnag, mewn cyferbyniad â hyn, ymddengys bod cenedlaethau diweddarach wedi canolbwyntio ar y tŷ, a gafodd ei ymestyn gryn dipyn. Erbyn 1889 ar y map Arolwg Ordnans 25 modfedd gwelir bod cynllun ffurfiol y gerddi a rhannau agosaf y parc bron wedi diflannu. Gwelir peth ailgynllunio bwriadol, yn enwedig yn y gerddi llysiau ac addurnol, ond ar y cyfan ymddengys iddo fod yn ganlyniad diffyg cynnal a chadw neu blannu coed drostynt.

Mae map llawysgrif 2 fodfedd a luniwyd ym 1819 gan yr Arolwg Ordnans ac a ddefnyddiwyd fel sail ar gyfer yr Argraffiad Cyntaf 1 fodfedd, ar raddfa rhy fach i fod yn ddefnyddiol iawn ac mae braidd yn aneglur, ond ymddengys ei fod yn dangos cyflwr o newid, â rhai darnau o'r cynllun fel y gwelwyd ym 1764 yn bodoli o hyd ac eraill nad ydynt. Nid oes amheuaeth mai yn ystod y ddeunawfed ganrif y gwelwyd y parc a'r gerddi yn eu hanterth.

Ar ddiwedd y ganrif honno aeth yr ystâd yn eiddo'r Mostyniaid drwy briodas, ac yn ddiweddarach fe'i gwerthwyd (ym 1858), ac aeth ar y farchnad eto ym 1891 a 1908. Aeth yn ysgol ac yn hostel, ac yn y diwedd fe'i prynwyd gan y perchnogion presennol ym 1951.

Ym 1764 ac yn y bedwaredd ganrif ar bymtheg, roedd y parc, fel ag y mae heddiw, yn goediog yn bennaf, â mannau agored a oedd ond ychydig yn wahanol i'r caeau o amgylch oherwydd bod y darnau amgaeëdig yn fwy o faint ac yn fwy rheolaidd o ran ffurf. Nid oes unrhyw arwydd bod coed enghreifftiol wedi'u gwasgaru o gwmpas y darnau amgaeëdig hyn erioed, er bod modd dod o hyd i goed sy'n goroesi o'r ddeunawfed a'r bedwaredd ganrif ar bymtheg ar hyd ochrau'r llwybrau, ffyrdd a llwybrau bach ac ar hyd ffiniau'r caeau. Ym 1764 cynlluniwyd nifer o lecynnau yn ymyl y tŷ yn ffurfiol, â rhodfeydd syth yn croesi ei gilydd neu mewn patrymau rheolaidd, ac roedd rhwydwaith o lwybrau meirch crwm yn y coetir pellach. Erbyn 1889 cynyddodd y rhain, er bod nifer o'r llwybrau gwreiddiol wedi'u cadw, ond ymgorfforwyd y llecynnau mwy ffurfiol i rediad cyffredinol y planhigfeydd a chollwyd nifer o'r llwybrau syth. Mae'n anos fyth i ddilyn trywydd y llwybrau hyn heddiw, er bod rhai o'r llwybrau bach a ddefnyddir o hyd ar linell y llwybrau a welir ar fap 1764.

Mae'r brif lôn, sy'n dod o gyfeiriad y gorllewin-de-orllewin, yn hir, yn berffaith syth ac yn dringo'n raddol. Mae'n cychwyn rhwng dau borthordy ar yr A496 o Harlech i'r Bermo, gyferbyn ag eglwys Sant Dwywen. Mae'r porthordai, sydd bellach wedi'u moderneiddio a'u hymestyn, wedi'u hadeiladu o gerrig, yn unllawr ag atigau, â thoeon llechi ar oleddf, cynteddau a ffenestri atig gothig-fwaog. Mae'r giatiau ychydig i'r gorllewin o'r porthordai o haearn, ar bileri cerrig a dorrwyd yn sgwâr. Mae wal fach iawn â rheiliau yn yr un arddull â'r giatiau yn gwyro tuag allan o bob piler, gan ddod i ben yn ymyl y ffordd â philer tebyg (sydd ar goll ar y de), a cheir set arall o bileri tu mewn i'r giatiau, yn ymyl y porthordai. Nid oes gan yr un ohonynt byramidiau byrrach fel y rhai sydd agosach i'r tŷ, ond mae peli cerrig ar eu copâu. Roedd planhigfeydd bychain wrth gefn pob porthordy; mae'r un ddeheuol yn goroesi, ond adeiladwyd ar yr un ogleddol.

Mae'r lôn yn croesi caeau agored, a oedd yn rhan o'r parc yn wreiddiol, nes iddi gyrraedd y coetir i'r gorllewin o'r tŷ. Bellach mae'n ffordd gyhoeddus, a'r wyneb yn darmac a waliau ar bob ochr, ag ymylon llydain o borfa arw.

Ar ochr ddwyreiniol y llain goediog, ar bob ochr i'r lôn mae waliau a phileri giatiau tebyg i rai'r porthdy, wedi'u hadeiladu o gerrig nadd â chopâu pyramidaidd byrrach (ychydig yn is) a pheli cerrig mawr. Dyma fan cychwyn y rhodfa coed leim ysblennydd, gyfan ac mae'r ffordd gyhoeddus yn gwahanu oddi wrth y lôn ac yn gwyro allan tua'r de. Saif porthordy arall, yr Upper Lodge, ar ochr ddeheuol y lôn. Ni welir y porthordy ar fap ystâd y ddeunawfed ganrif ond fe'i hadeiladwyd erbyn 1889. Mae wedi'i adeiladu o gerrig; mae'n ddeulawr â tho llechi ar oleddf serth a chorn simnai cerrig. Mae cyntedd bach yn y gorllewin, a ffenestri gothig-fwaog yn rhan ohono ac ar y llawr uchaf. Ym 1901 roedd adardy o fewn y coetir gyferbyn â'r porthordy, i'r gogledd o'r lôn, ac mae darn bach o dir amgaeëdig yno o hyd.

Mae'r rhodfa'n rhedeg cyn belled â'r golchdy, ac yn ymyl y golchdy mae dwy gastanwydden y meirch yng ngogledd y lôn a derwen a math arall o goed leim yn y de. Ym mhen y lôn mae ychydig rhagor o goed leim, rhai yw a chonifferau eraill, a llawryf

yn ymyl y porthdy. Plannwyd eirlysiau o dan y rhodfa. Daw'r lôn i ben mewn iard fechan â ffurf ryfedd o flaen y tŷ. Hyd yn oed ym 1764 mae trefn y lonydd o fewn blaengwrt y tŷ yn awgrymu bod cerbydau yn mynd o amgylch y porthdy yn hytrach na thrwyddo.

Mae'r ffordd sy'n fforchio oddi ar y lôn wrth y fynedfa isaf yn arwain heibio'r tŷ at y fferm. Ni fodolai ym 1764, pan aethpwyd at y fferm drwy fynd yn syth heibio'r tŷ. Dyna'r drefn a ddefnyddid o hyd ym 1819. Fodd bynnag, erbyn 1899 roedd y ffordd wedi'i hadeiladu, gan ddefnyddio darnau o rai llwybrau bach a oedd yn dilyn yr un llwybr, gan gynnwys un o'r rhodfeydd syth ar hyd un o'r planhigfeydd ffurfiol bach yn ymyl y tŷ.

Yn ôl y sôn roedd y llwybrau yn y coetir wedi'u palmentu â cherrig, ond nid felly'r mwyafrif bellach, er bod gan y prif lwybr sy'n arwain tua'r gorllewin o'r ardd wyneb cerrig, fel y llwybr bach tua'r gogledd i'r coed yn ymyl y giât isaf. Ychwanegwyd tarmac neu wyneb arall at rai llwybrau bach, ac ni ellir dod o hyd i lawer ohonynt bellach.

I'r gogledd a'r gorllewin o'r tŷ a'r ardd mae llecynnau o goetir sydd i ryw raddau'n dangos cyfnod pontio rhwng yr ardd a'r prif goetir. Roedd rhai o'r rhain, er nad y cyfan, yn rhan o'r cynllun ffurfiol gwreiddiol. Ar ochrau gogleddol a gorllewinol yr ardd lysiau ceir llecyn, â waliau sych o'i amgylch, ar ffurf L â'i wyneb i waered sy'n cynnwys, yn ymyl y gornel ogledd-ddwyreiniol, fonyn tŵr â ffos o'i amgylch. Gwelir yr adeiladwaith bychan hwn ar fap 1901 (fel darn amgaeëdig) ond nid yw ar fap 1764. Mae'n isel, wedi'i adeiladu'n weddol dda o gerrig sych, ag esgynfa'n arwain i fyny ato o'r de-orllewin. Rhyngddo a sarn i'r gogledd-ddwyrain, lle'r oedd llwybr troed gynt yn croesi llecyn gwlyb, mae ffos isel yn rhedeg, â pheth wal wrth ei hochrau. Mae'n bosibl iddo barhau i'r dwyrain o'r llwybr ond os felly fe'i llenwyd fwy neu lai – pant bach yn unig sydd yno bellach. Yn ymyl cornel dde-orllewinol yr ardal mae pwll sydd bron yn hirsgwar ag ynys, sydd hefyd yn ymddangos ar fap 1901 ond nid ar fap 1764. I'r de o'r pwll hwn mae'r ddaear yn anwastad gan fod deunydd a garthwyd o'r pwll mwy yn yr ardd wedi'i daenu yma.

Ym 1901 roedd y llecyn hwn yn rhan o ddarn llawer mwy o goetir, ac nid oedd ganddo ffiniau mewnol; ym 1764, fodd bynnag, roedd ffin yn rhannu rhan ogleddol y llecyn, a oedd yn dilyn llinell heb fod ymhell o'r ffin heddiw, ond heb fod mor syth; i'r gogledd o'r man hwn nid oedd coed. Hefyd roedd nant yn llifo'n syth ar draws y coetir (nad yw bellach yn dilyn yr un cwrs, er bod nifer o gyrsiau dŵr bychain o amgylch y pwll) ac yn nodwedd yn y llecyn di-goed a welir fel diemwnt o fewn sgwâr, na ellir ei gweld ar y ddaear bellach, er ymddengys bod sgwâr goleuach yn y man cywir yn fras ar lun a dynnwyd o'r awyr. Os mai adeilad oedd hwn, roedd yn weddol fawr.

Nid oedd llwybrau i'w gweld yn yr ardal ym 1764 ac eithrio rhodfa ar hyd ochr allanol wal orllewinol yr ardd lysiau, a ddaeth i ben wrth fan canolog neu adeilad bach iawn ychydig i'r gogledd-orllewin o'r ardd lysiau. Roedd y llwybr hwn yn dal i fodoli ym 1901 ond roedd yn rhan o system fwy eang o lwybrau, ac roedd yr adeilad wedi diflannu. Bellach mae'r cyfan yn segur a'r rhan fwyaf ar goll, ond mae rhes o lawryfoedd yn nodi safle'r rhodfa y soniwyd amdano, a cheir awgrym o gerrig ar yr ymylon. Gellir gweld estyniad tua'r gogledd o'r llwybr hwn at giât yn y wal derfyn ogleddol fwy diweddar fel stribyn uchel.

I'r de o'r darn hwn o dir ar ffurf L ceir llecyn arall, sydd bellach, fel ym 1764, â wal o'i gwmpas, â llwybrau bach ar hyd yr ochrau gogleddol a gorllewinol a'r lôn i'r de. Bellach mae hwn yn debyg i weddill yr ardal, ac eithrio rhai coed bytholwyrdd a blannwyd yn yr isdyfiant, ond roedd iddo gymeriad gwahanol yn y ddeunawfed ganrif. Bryd hynny roedd y llwybrau bach yn rhan o gynllun ffurfiol o rodfeydd, a amgylchynai'r ardal a'i chroesi o'r dwyrain i'r gorllewin, gan darddu o fan canolog lled-grwn a cefnai ar wal orllewinol yr ardd (a oedd bryd hynny ar linell ychydig yn wahanol i'r un mae'n ei dilyn bellach). O bosibl roedd y coed a blannwyd yn yr ardal yn wahanol i'r rhai yng ngweddill y darn o dir coediog amgaeëdig gan eu bod yn llai ac wedi'u plannu mewn llinellau syth ar fap ystâd 1764. Ym 1901 roedd y llwybrau yn bodoli ond newidiwyd wal yr ardd, ac roedd pwll anffurfiol yn y darn lled-grwn; roedd y plannu yr un peth ag yr oedd mewn llefydd eraill, mae'n debyg. Heddiw dim ond y llwybrau bach yn y gorllewin a'r gogledd sy'n goroesi, ond mae'r pwll yno o hyd.

Ar ochr ddeheuol y lôn gwelir ar fap 1764 nifer o lecynnau eraill â chynlluniau ffurfiol, ond ychydig ohonynt sydd yno bellach. Yn union gyferbyn â'r brif lawnt i'r dwyrain o'r pwll roedd darn hirsgwar â llwybrau o'i amgylch wedi'i rannu'n ddau gan lwybr canolog a redai o'r dwyrain i'r gorllewin. Ymddengys mai coed bychain neu lwyni a blannwyd, ac roedd adeilad bach iawn neu ryw nodwedd arall, hafdy efallai, ar yr ochr ddwyreiniol, ychydig oddi ar y llwybr canolog. I'r gorllewin ohono roedd darn hirsgwar mwy a rannwyd i nifer o adrannau anghyfartal gan lwybrau; ymddengys bod wal o'i gwmpas, ac mae'n edrych fel gardd. Gwelir rhai coed, mewn llinellau syth, â choed llai neu lwyni mewn mannau eraill, ond mae'n amhosibl dweud a fwriadwyd y rhain i fod yn goed neu'n llwyni ffrwythau, llwyni neu docwaith efallai. Ar fap llawysgrif 2 fodfedd 1819 mae'n ymddangos mai gardd oedd y llecyn hwn o hyd. Rhedai ffordd y bedwaredd ganrif ar bymtheg ar hyd ymylon deheuol y ddau lecyn hwn.

I'r de o'r ardd bosibl roedd darn hirsgwar arall o dir amgaeëdig, a blannwyd â choed sy'n ymddangos yn fwy ac yn uwch na'r coed yn yr ardd flaenorol. Yno roedd rhodfeydd syth o gwmpas yr ymylon ac yn mynd ar ei thraws o'r pedair cornel, ond nid oes awgrym o ganolbwynt yn y canol. I'r gorllewin o'r man hwn a'r ardd flaenorol, roedd planhigfa mwy, a oedd bron yn sgwâr, â llecyn agored yn agos i'r canol, lle safai un goeden fawr iawn. Er bod llwybrau bach ar ochrau dwyreiniol a gorllewinol y llecyn hwn, a dau lwybr bach yn ei groesi o'r dwyrain i'r gorllewin, nid oedd unrhyw lwybrau ffurfiol yn arwain at y goeden yn y canol, dim ond llinellau dotiog crwm a oedd o bosibl yn cynrychioli llwybrau troed anffurfiol.

Erbyn diwedd y bedwaredd ganrif ar bymtheg roedd y ddau lecyn cyntaf wedi troi'n badog a phlannwyd y lleill yn union yr un modd â gweddill y coetir, ag ychydig o'r rhodfeydd yn goroesi ac eraill yn cael eu codi wrth greu'r ffordd. Mae'r un sefyllfa'n bodoli heddiw, er bod rhagor o lwybrau wedi mynd ar goll. Fodd bynnag, mae'r prif lwybr bach â wal o'i gwmpas, sy'n croesi ymyl orllewinol y llecyn â'r goeden yn y canol, yn goroesi, a cheir dau lwybr arall oddi ar y ffordd, un ohonynt yn dilyn darn o'r llwybr gwreiddiol yn ôl pob tebyg.

Ceir rhai o olion cynllun gwreiddiol y padog o hyd, ar ffurf llethrau sy'n croesi o'r gogledd i'r de, sy'n awgrymu bod peth terasu wedi bod. Mae llethr amlwg iawn yn rhedeg ar linell ochr ddwyreiniol rhodfa allanol orllewinol y llecyn gyferbyn â'r brif lawnt, a llethr rhywfaint yn llai ychydig i'r gorllewin ohono; byddai'r rhodfa wedi rhedeg ar hyd y llain gwastad rhwng y ddwy lethr. Saif bwthyn y golchdy ym mhen gogleddol y teras hwn, a gwelir y rhodfa yn ystumio o'i amgylch ym 1764. Hefyd mae teras ar draws ymyl ddwyreiniol uchaf y llecyn hwn, sydd bellach yng ngorllewin y llwybr bach sy'n mynd heibio'r stablau.

Mae'r brif ardal o goetir i'r gorllewin ac i'r de-orllewin o'r tŷ, â changen tua'r gogledd-orllewin ac estyniadau i'r gorllewin-dde-

orllewin ac i'r dwyrain-ogledd-ddwyrain ar hyd Afon Ysgethin. Yn ôl pob tebyg, roedd y rhan fwyaf ohono, yn arbennig y rhan ddeheuol ger yr afon, yn goetir naturiol yn wreiddiol, â rhywogaethau ychwanegol yn cael eu hychwanegu o'r ddeunawfed ganrif o leiaf, a llwybrau meirch yn cael eu cynllunio yn ogystal â llwybrau bach at ddibenion penodol. Ychydig o goed yn unig sy'n goroesi o'r cyfnod hwn: i'r dwyrain o'r llwybr bach sy'n arwain heibio'r iard stablau mae dwy ffawydden fawr a hynafol, a choed tebyg eraill, rai ohonynt sydd bellach wedi marw neu wedi cwympo, a nifer o fonion, yn unigol neu'n glystyrau bob hyn a hyn ar hyd ymyl y lôn neu wrth ymylon y caeau. Erbyn diwedd y bedwaredd ganrif ar bymtheg plannwyd yr holl ardal yn goetir cymysg, ag ambell i glwstwr o gonifferau pur a llai o leiniau o goetir collddail. Erbyn i'r perchnogion presennol brynu'r ystâd ym 1951 roedd y mwyafrif o goed o unrhyw werth wedi'u torri, ac roedd y coetir yn aildyfu rhywogaethau cynhenid o goed collddail cymysg yn naturiol. Mae hyn yn digwydd o hyd, ac mae'r ardal gyfan bron erbyn heddiw yn Safle o Ddiddordeb Gwyddonol Arbennig. Mae defaid yn pori'r coetir yn ysgafn.

Mae darnau o dir amgaeëdig mewn grwpiau sy'n fwy o faint ac yn fwy rheolaidd na'r caeau o amgylch ar bob ochr i'r lôn ac i'r dwyrain a'r de o'r tŷ yn awgrymu maint gwreiddiol y parc. Mae coed aeddfed wrth ymylon neu ar ffiniau rhai ohonynt o hyd, a cheir rhai planhigfeydd bychain yno o hyd; ond bellach maent oll yn cael eu rheoli yn yr un modd â'r tir ffermio o amgylch. Yn ôl enw ar dŷ, ymddengys y gelwid yr ardal bob ochr i'r lôn yn 'Parc Isaf', ac yn ôl manylion gwerthiant 1908 fe'i rhennid ymhellach yn Ogledd a De. Mae'n rhesymol tybio mai 'Parc Uchaf' oedd yr ardal i'r dwyrain ac i'r de o'r tŷ.

Ar fap ystâd 1764 gwelir bod gan un darn o dir amgaeëdig yn yr ardal hon nodwedd gron fawr. Buasai hon mewn lleoliad da ar gyfer llwyfan gwylio, gan gynnig golygfeydd da dros y tŷ a'r gerddi yn sicr, ac yn ôl pob tebyg dros y môr a'r mynyddoedd hefyd; ond erbyn diwedd y bedwaredd ganrif ar bymtheg roedd wedi diflannu, ac nid oes dim ôl ohoni i'w weld heddiw, hyd yn oed ar y llun a dynnwyd o'r awyr.

Mae terasau sydd i'w gweld yn y darnau o dir amgaeëdig yn y parc yn fwy tebygol o berthyn i aneddiadau ffermio cynhanesyddol neu Frythonaidd-Rufeinig nag i unrhyw gyfnod cynllunio diweddarach, gan fod yr holl barc wedi'i osod ar dirwedd sy'n llawn nodweddion cynnar, gan gynnwys siambrau claddu, cytiau, caeau a sarnau.

Adeiladwyd Bwthyn y Ciper (Keeper's Cottage) rywbryd rhwng 1764 a 1889, yn ôl pob tebyg yr un pryd â'r porthordy uchaf. Mae'n debyg iawn i'r adeilad hwnnw o ran cynllun, â'r un to ar oleddf serth a'r ffenestri gothig-fwaog. Daeth safle tŷ'r ffesantod yn rhan o'r ardd.

Fel y parc, cynlluniwyd y gerddi yn y ddeunawfed ganrif, os nad yn gynharach. Mae'n bosibl bod yr ardd lysiau yn cynrychioli'r ardd wreiddiol â wal o'i chwmpas o ddiwedd yr unfed neu ddechrau'r ail ganrif ar bymtheg, ac mae'n rhaid bod y blaengwrt wedi'i greu ar yr hwyraf pan adeiladwyd y porthdy ym 1630.

Ac eithrio'r ardd lysiau, bychain yw'r llecynnau sy'n goroesi yn yr ardd ac maent yn agos i'r tŷ, yn y de a'r gorllewin yn bennaf. Byddai'r darn pellach o ardd i'r de o'r lôn, a oedd yn bodoli yn y ddeunawfed ganrif, wedi treblu maint yr ardd bron, ond bellach padog ydyw.

Fel y gwelir ar fap ystâd 1764, sydd o bosibl yn dangos y gerddi fel y'u cynlluniwyd gan Richard Vaughan yn gynharach yn y ganrif, roedd cymeriad ffurfiol i'r holl ardal, â nifer o rodfeydd syth, pwll ar ffurf gymhleth, ac ychydig o blannu amlwg. Erbyn diwedd y bedwaredd ganrif ar bymtheg fe'i hailgynlluniwyd yn amlwg i roi effaith fwy naturiol, â ffurfioldeb yn gyfyngedig i'r ardd lysiau. Cefnwyd ar nifer o'r llwybrau, plannwyd coed a llwyni ar y lawntiau a chrëwyd llecynnau o lwyni, ac ailffurfiwyd y pwll yn hirgrwn bras. Fodd bynnag, parhâi'r blaengwrt, â'i waliau a'i bileri giatiau, yn ffurfiol, fel ag y mae o hyd. Mae manylion gwerthiant 1858 a 1908 yn disgrifio'r ardd gyntaf fel 'laid out in the Old English style' a'r ail yn 'tastefully laid out and planted with ornamental shrubs and trees'.

Yn ddiweddarach daethai rhai elfennau mwy ffurfiol yn ôl yn raddol; yn ymyl y pwll ychwanegwyd grisiau i lawr at ymyl y dŵr a rhes o beli bocs tociedig ar y lawnt; roedd pwll crwn hefyd yng nghefn y tŷ, yn y gogledd-ddwyrain. Fodd bynnag, roedd y pwll wedi'i osod mewn gardd gerrig, â phlannu anffurfiol yno hefyd.

Mae ffurfioldeb y blaengwrt a waliau'r ardd yn tueddu i reoli yn yr ardd o hyd, a chan fod y mwyafrif o'r coed a'r llwyni wedi diflannu bellach o'r brif lawnt ychydig all leihau ar ei atyniad. Gwelir y mwyafrif o'r plannu sy'n goroesi mewn llwyni a dyfodd yn wyllt ar hyd ymyl ddwyreiniol y blaengwrt, er bod rhai llwyni a phlanhigion dringol ar waliau'r tŷ a'r ardd.

O flaen y tŷ, i'r de, mae blaengwrt, lle saif y porthdy, â wal gerrig isel o'i gwmpas. Bellach mae lawnt yn y blaengwrt hwn, ac mae tair lôn gyfochrog yn ei groesi. Ar un adeg mae'n debyg bod llawr neu welyau ar gyfer blodau yn y llecyn hwn. Ar hyn o bryd mae borderi cul ar hyd y waliau dwyreiniol a gorllewinol, ac ychydig o lwyni yn erbyn ochr fewnol y wal ddeheuol ac yn erbyn y tŷ. Mae llwybr yn rhedeg o'r grisiau i'r llwyni yn y dwyrain, yn syth ar draws blaen y tŷ (gan ddiflannu yn nhro'r lôn) ac at ben y grisiau i lawr i'r lawnt yn y gorllewin. Gellir gweld lle'r arferai'r llwybr a'i ganghennau redeg yn eu blaen yn dwmpau uchel yn y borfa am y rhan fwyaf o'u taith.

I'r gorllewin o'r blaengwrt, ac ar lefel is, mae lawnt â waliau cerrig o'i chwmpas sy'n debyg i waliau'r blaengwrt ac eithrio'r wal orllewinol sy'n wal sych rannol gynhaliol. Yn y lawnt mae pwll hirgrwn mawr â wal sych o'i gwmpas. Ym 1764 roedd y llecyn hwn yn sgwâr fwy neu lai â llwybrau graean yn ei amgylchynu, â llwybr a redai o'r gogledd i'r de yn ei groesi, a nodwedd fawr â ffurf gymhleth i'r gorllewin. O ran graddfa a safle roedd yn debyg i'r pwll presennol, ac mae'n rhaid mai nodwedd ddŵr oedd, ond roedd yn fwy ffurfiol o lawer na'r pwll sydd yno yn awr. Erbyn 1901 ailgynlluniwyd y pwll a rhoddwyd iddo ffurf anffurfiol, a newidiwyd cynllun y llwybr ar y lawnt. Cadwyd y llwybr gogleddol ac aeth y llwybr gorllewinol yn rhan o lwybr hirach ar draws ochr ddwyreiniol y pwll; cefnwyd ar y gweddill. Nid oedd y grisiau a arweiniai i lawr at y pwll o'r llwybr yn y dwyrain wedi'u hadeiladu eto, ond aildrefnwyd wal orllewinol yr ardd, a gosodwyd dolen o lwybr yr holl ffordd o amgylch y pwll, gan gysylltu â'r llwybr syth ar y dwyrain. Roedd coed enghreifftiol ac ychydig o lwyni yma ac acw ar y lawnt. Yn ddiweddarach gwnaed lawnt groce i'r gogledd o'r pwll, wedi'i lefelu gan wyneb o gerrig ar yr ochr orllewinol a llethr laswelltog yn y dwyrain. Cafodd hyn wared ar y llwybr o amgylch y pen hwn o'r pwll, ac yn ôl pob tebyg cyfrannodd at golli'r llwybr i'r gorllewin ohono. Mae'n bosibl yr adeiladwyd y grisiau llechi sydd bellach yn arwain i lawr at y dŵr yn yr ochr ddwyreiniol ar yr un pryd; roeddynt yn eu lle pan symudodd y perchnogion yma ym 1951.

Mae lawnt hefyd ar y stribed â'r wal amgáu sy'n rhedeg i'r gorllewin a'r de o adain orllewinol y tŷ, ac eithrio darn bach hirsgwar o balmantu addurnol o flaen y drws ar yr ochr ddeheuol ac 'ardal' i'r dwyrain ohono, i oleuo ystafell islawr, sydd â llawr a balmentwyd â llechi.

Bellach diflannodd y coed mawr i gyd (mae rhai bonion yno o hyd) ac eithrio rhai yn ymyl cornel ogledd-orllewinol y tŷ, ac nid oes unrhyw welyau na borderi ac eithrio un gwely ynys bach, hirsgwar ag ymylon cerrig wrth waelod y grisiau i lawr o'r blaengwrt, a wnaed yn ddiweddar o amgylch bonyn coeden.

Mae'r wal ar hyd ochr ddwyreiniol y blaengwrt, i'r gogledd o'r porthdy, yn wal gynhaliol ar gyfer stribed o dir ar oleddf graddol y tu cefn. Llwyni a blannwyd yma, ac mae'n cynnwys olion tŷ gwydr, a oedd yn bresennol ym 1901 ac a ddymchwelwyd yn ddiweddar (ar ôl 1974). Ymddengys bod boelerdy yn ei ben gogleddol, ac roedd yn dal i gael ei ddefnyddio (ond heb wres) nes ychydig cyn iddo gael ei ddymchwel. Wal gerrig uchel yw ffin ddwyreiniol yr ardal hon, ac fe'i defnyddir hefyd fel wal gefn adeiladau fferm i'r dwyrain.

I'r de o'r man hwn, y tu hwnt i'w wal ddeheuol, mae llecyn arall o goed a llwyni a blannwyd ar draws pen blaen yr iard a'r lôn a arferai arwain at y fferm cyn i'r lôn i'r de gael ei gwneud.

Mae'r ardd gerrig yng nghefn y tŷ yn weddol fodern ac mae mewn safle a oedd ym 1901 yn llawn estyniadau a thai allan yma ac acw; fe'u dymchwelwyd cyn 1951. Gellir esbonio'r newidiadau sydyn braidd yn y lefelau gan bresenoldeb adeiladau blaenorol. Mae lawnt ar yr ochr isaf, orllewinol. I'r dwyrain o'r lawnt mae gardd gerrig unionlin sy'n wal gynhaliol i stribyn arall o lawnt ar lefel uwch. I'r dwyrain o'r man hwn mae gardd gerrig arall, sy'n serth a chanddi rai creigiau anferthol, i fyny at wal y ffermdy. Perth focs a dyfodd yn wyllt yn yr ardd lysiau yw ffin ogleddol yr ardal.

Ar ymyl orllewinol y lawnt uchaf, sy'n cael ei chynnal gan ardd gerrig lai, mae pwll crwn, tua 3 medr ar draws, ag ochrau syth â choncrid o'i amgylch, sy'n dal dŵr o hyd. Ar ochr arall y lawnt, wedi'i osod yn yr ardd gerrig uchaf, mae deildy o gerrig mawr a adeiladwyd rywsut-rywsut ac sydd o'r maint iawn ar gyfer cynnal sedd, er nad oes un yno.

Mae'n bosibl iawn bod yr ardd lysiau hirsgwar fawr yn union y tu ôl i'r tŷ yn cynrychioli'r ardd amgáu wreiddiol, a gynlluniwyd pan gafodd y tŷ ei adeiladu. Yn sicr roedd yno ym 1764, wedi'i rhannu bryd hynny yn wyth rhan ar rid rheolaidd. Ers hynny fe'i hailgynlluniwyd a'i rhoi at sawl defnydd arall.

Hirsgwar yw'r ardd, a chanddi arwynebedd o tua dwy erw a hanner. Mae ganddi waliau cerrig i'r gogledd, dwyrain a'r gorllewin, ac ar y de mae ffin o berth focs, sydd bellach â ffens pyst a gwifrau. Mae'r wal ddwyreiniol yn sych, a bellach mae'n dymchwel, ac ymddengys na fu mynedfa drwyddi erioed; mae'r wal ogleddol o adeiladwaith sych ond wedi'i phwyntio ar yr ochr fewnol ac wedi'i chodi, yn ôl pob tebyg pan godwyd y tai gwydr yn ei herbyn. Mae mynedfa ganolog a pheth rwbel, o bosibl o'r tai gwydr a ddymchwelwyd, wedi'i bentyrru gerllaw. Mae'r wal orllewinol yn debyg i'r wal ogleddol, ond heb ei phwyntio, ac mae ei huchder gwreiddiol yn aros. Yn ei herbyn, ar yr ochr fewnol, mae rhodfa uchel, a elwir yn 'Ladies' Walk', sy'n rhedeg ar hyd holl hyd yr ardd. Mae mynedfa i'r ardd ar y gorllewin yn croesi'r rhodfa hon, â grisiau'n mynd i fyny ac i lawr.

Bellach ychydig iawn o olion cynllun y llwybrau sydd yn yr ardd, ond mae peth godre bocs y llwybrau allanol, a dyfodd yn wyllt, yno o hyd. Mae defaid yn pori prif ran yr ardd, ac mae ysgubor bren fawr, a ddefnyddir ar gyfer wyna yn ôl pob tebyg. Yn y gornel dde-ddwyreiniol ffensiwyd un darn a bellach mae yno berth gypreswydd; daeth y darn hwn yn ardd i'r ffermdy. Yn y gornel dde-orllewinol ffensiwyd darn o dir yn blanhigfa goed.

Mae'r 'Ladies' Walk' ar lefel o tua 0.8 medr uwchlaw tu mewn yr ardd, ac mae iddi wal ganllaw tua 1.4 medr o uchder ar yr ochr hon. Ar yr ochr arall mae'r canllaw yn is, ac mae'r cwymp yn fwy i lefel y tir ar y tu allan. Mae cyflwr y waliau yn well ym mhen gogleddol y rhodfa nag yn y de. Mae'r llecyn rhwng y waliau tua 4.5 medr ar led, ac mae iddo lwybr ag ochrau cerrig i lawr y canol sy'n teimlo'n solet dan draed; mae rhai llwyni bocs sydd wedi tyfu'n wyllt yn dal ar ôl o'r perthi isel gynt ar bob ochr. Mewn ffotograff o'r rhodfa hon yng nghatalog gwerthiant 1908 gwelir borderi blodau ar bob ochr iddi ag ymylon cor-focs, ond ac eithrio ychydig o lwyni a bylbiau, a'r bocs, nid oes dim o'r rhain ar ôl bellach. Fodd bynnag, mae nifer o goed sycamorwydd hunanheuedig yno. Yn ddiddorol, yn ffotograff 1908 ni welir y canllaw gweddol uchel ar yr ochr fewnol.

Mae'r grisiau i lawr bob ochr, sy'n creu mynediad i'r ardd o'r gorllewin, tua hanner ffordd ar hyd y rhodfa, ac maent o lechi, â phileri carreg a dorrwyd yn sgwariau â chapanau sment pigfain a waliau isel ar bob ochr. Mae olion y giatiau pren yn eu lle ar yr ochr orllewinol. Ar waelod y grisiau i'r dwyrain, o fewn yr ardd, mae pâr o yw Gwyddelig, ac i'r gorllewin mae llawryfau.

Mae map ystâd 1764 a map Arolwg Ordnans 25 modfedd 1901 yn rhoi manylion am gynllun yr ardd, gan ddangos iddi newid yn sylweddol rhwng y ddau ddyddiad hwn. Ym 1764 fe'i rhennid yn wyth adran gyfartal (roedd cornel yr adran dde-orllewinol ar goll am fod adeilad y tu allan i'r ardd, ar y gornel) gan lwybr a redai o'r gogledd i'r de a thri llwybr croes; roedd llwybrau allanol hefyd. Yn anffodus, nid oes arwydd o'r hyn a dyfid, ond yn ôl pob tebyg nid oedd yn cynnwys coed gan fod y rhain yn cael eu nodi mewn mannau eraill. Ymddengys bod wyneb y llwybrau'n wahanol i'r llwybrau o flaen y tŷ gan fod dotwaith ar y rhain, ond nid felly lwybrau'r ardd lysiau a mannau eraill. Ymddengys bod adeiladau bach, hafdai neu dai gwydr efallai, ar bob pen o'r llwybr canolog a redai o'r gogledd i'r de, a cheir nodwedd gron yn y man lle mae'r llwybrau'n croesi yng nghanol yr ardd. Ar yr adeg hon ymddengys mai'r ochr ogleddol, nid yr ochr orllewinol, oedd â llwybr ychwanegol, neu ddarn hir, cul o'i mewn, lle safai'r hafdy/tŷ gwydr gogleddol yn ei ganol.

Fodd bynnag, roedd rhodfa lydan ar hyd ochr allanol y wal orllewinol, ag adeilad bach iawn arall neu bwynt canolog yn y pen gogleddol. Tu allan i'r wal ddwyreiniol roedd darn cul, hir iawn o dir amgaeëdig, ag adeilad bach yn y pen deheuol, a oedd o bosibl yn lawnt fowlio.

Erbyn 1901 newidiwyd y cynllun; roedd y prif lwybrau croes a redai o'r gogledd i'r de ac o'r dwyrain i'r gorllewin yno o hyd, ond bellach rhannwyd pob un o'r pedwar cwadrant yn bedwar darn gan is-lwybrau. Er bod yr adeilad yn y gornel dde-orllewinol wedi diflannu, roedd cynllun di-drefn i'r cwadrant hwn o hyd, yn rhannol oherwydd bod adeilad bach a dau dŷ gwydr neu fframiau bach yn ei ran ddwyreiniol. Adeiladwyd rhagor o dai gwydr, y gellir gweld eu sylfeini o hyd, yn erbyn pen dwyreiniol y wal ogleddol (ac yng nghornel ogledd-orllewinol y cwadrant de-ddwyreiniol), ac adeiladwyd y rhodfa uchel (y 'Ladies' Walk') i'r gorllewin. Diflannodd yr 'hafdai' a'r nodwedd ganolog; felly hefyd y 'lawnt fowlio' ar yr ochr allanol. Yn ei lle'r oedd llwybr â rhes o goed ar bob ymyl, ac mae rhai ohonynt yno o hyd. Ymestynnwyd y rhodfa ar y tu allan i'r gorllewin tua'r gogledd tu hwnt i'r 'pwynt canolog', a ddiflanasai.

Ceir disgrifiad o'r ardd lysiau ym manylion gwerthiant 1908 â chanddi 'fine ancient yew hedges and grass walks', ac roedd ynddi ddigonedd o goed ffrwythau a golygfeydd hyfryd (y rhai gorau yn yr ardd o hyd, ac o bosibl dyma'r rheswm dros adeiladu'r 'Ladies Walk'). Roedd yno dŷ offer gardd, cwt potiau, sied olew, boelerdy, sied lifio, tŷ gwydr a phoethdy, gwinwydd-dy, tŷ gwydr eirin gwlanog a fframiau gwydr, tŷ rhosod a thŷ gwenyn. Gwaetha'r

modd, dim ond sylfeini'r rhain sy'n aros. Gwelir o ffotograffau fod yw o amgylch y man croesi canolog, â pherthi is o focs neu yw ar hyd y llwybrau a arweiniai ato.

Yn ôl pob tebyg, y wal ddwyreiniol yw'r unig wal wreiddiol sy'n goroesi. Mae gan y waliau gogleddol a gorllewinol arddull neilltuol sy'n wahanol i'r wal ddwyreiniol ac maent yn debyg i'w gilydd, ac mae'n debyg i'r ddwy gael eu hailadeiladu pan godwyd y rhodfa uchel; codwyd y wal ogleddol yn uwch yn ddiweddarach. Mae hyn yn awgrymu i'r newidiadau gael eu cyflawni mewn dau gyfnod o leiaf, gan ychwanegu'r gwydr ar ôl y rhodfa uchel, ond yn anffodus mae map llawysgrif Arolwg Ordnans dechrau'r bedwaredd ganrif ar bymtheg ar raddfa rhy fach i allu canfod a oedd y rhodfa uchel yn bodoli bryd hynny ai peidio.

Mae'n rhaid mai yn ddiweddarach eto yr ychwanegwyd y grisiau dros y rhodfa uchel er mwyn mynd i mewn i'r ardd i'r gorllewin, am nad ydynt i'w gweld ar fap 1901. Mae'n bosibl hefyd fod rhagor o dai gwydr wedi'u hychwanegu yn erbyn y wal ogleddol, gan fod rhan orllewinol y wal wedi'i chodi a'i phwyntio yn ogystal â'r rhan ddwyreiniol, ond os felly nid oes olion ohonynt ar ôl.

Ffynonellau

Sylfaenol

Map o ddemên Cors-y-Gedol, 1764, gan John Earl: Archifau Coleg Prifysgol Gogledd Cymru Bangor, papurau Mostyn 8598.

Catalogau gwerthiant 1858 a 1891; Archifdy Sir Gwynedd, Dolgellau (rhifau 97 a 10 yn eu trefn); hefyd ceir ffotograffau.

Map llawysgrif 2 fodfedd ar gyfer argraffiad 1af 1 fodfedd Arolwg Ordnans.

Llun o'r awyr: Ymddiriedolaeth Archeolegol Gwynedd, G100/94/28/11.

Amrywiol brintiau yn Llyfrgell Genedlaethol Cymru, Aberystwyth.

Gwybodaeth oddi wrth Mrs W.J. Bailey.

Gwybodaeth oddi wrth Mr R Williams-Ellis.

Eilradd

P. Smith, 'Corsygedol', yn *Journal of the Merionethshire Historical and Record Society*, Cyfrol 11 (1956), tud. 285–91.

W. W. E. Wynne, 'The Vaughans of Cors-y-Gedol', *Archaeologia Cambrensis*, 4edd cyfres, Cyf. VI (1875), tud. 1–17.

T. Pennant, *A Tour in Wales* (1784), tud. 119.

S. Briggs, Gardens and Parklands in the Extended National Database on Sites & Monuments in Wales, *Gerddi*, 1996–97 (Cyfr 1, Rhif 1), tud. 30–33.

CADW

CRAFLWYN

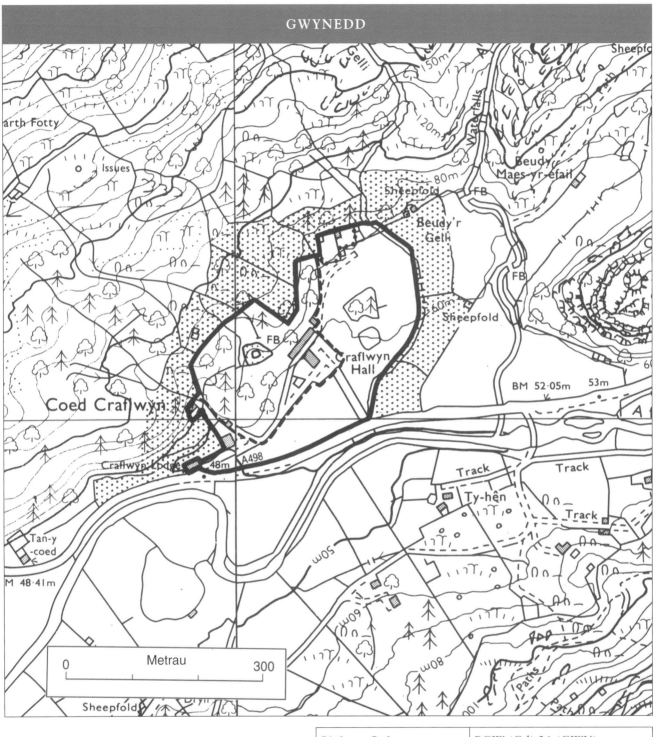

Ffin y Parc	———
Gardd	- - - - - - - -
Gardd Lysiau	•••••••••••••
Lleoliad Hanfodol	⣿⣿⣿

Rhif ar y Gofrestr	PGW (Gd) 21 (GWY)
Rhif Blaenorol ar y Gofrestr	
Rhif Taflen A.O.	SH 54 NE, SH 54 NW
Cymuned	BEDDGELERT

CRYNODEB

Rhif cyf	PGW (Gd) 21 (GWY)
Map AO	115
Cyf grid	SH 601 491
Sir flaenorol	Gwynedd
Awdurdod unedol	Gwynedd
Cyngor cymuned	Beddgelert
Disgrifiadau	Parc Cenedlaethol Eryri
Gwerthusiad safle	Gradd II
Prif resymau dros y graddio	Parc a gardd o'r bedwaredd ganrif ar bymtheg a gynlluniwyd fel cyfanwaith yn ôl pob tebyg, â nifer o'r planhigion wedi goroesi'n dda; planhigfeydd eang; defnydd da o safle ar lechwedd serth.
Math o safle	Gardd addurnol â phyllau, coed a llwyni wedi'u plannu mewn glyn cysgodol; dwy lôn a leiniwyd â choed; gardd lysiau; perllan; coedwigoedd.
Prif gyfnodau o adeiladu	Y bedwaredd ganrif ar bymtheg.

Disgrifiad o'r safle

Saif Craflwyn ym mhen isaf Nantgwynant, nepell o Feddgelert, wrth droed llechwedd serth a garw – safle rhamantus iawn. Adeiladwyd y tŷ o friciau, a'i rendro a'i baentio'n wyn, ac mae'n ddeulawr, yn sgwâr, â feranda ar yr ochrau gogledd-ddwyreiniol a de-ddwyreiniol sy'n mynd i ystafell wydr (sy'n cynnwys gwinwydd o hyd) ar y de-orllewin; mae ei gyflwr yn wael, er nad yw'n adfail.

Adeiladwyd y rhan fwyaf o'r tŷ sydd i'w weld ar hyn o bryd gan Llywelyn England Sidney Parry ym 1877–78, ychydig ar ôl iddo etifeddu'r ystad, ond mae'n bosibl bod cnewyllyn cynharach. Ymddengys bod y tŵr yn y cefn, mewn arddull gwbl wahanol, â thalcenni Iseldiraidd, yn hŷn na'r prif dŷ, a gall ddyddio'n wreiddiol cyn belled yn ôl â'r ail ganrif ar bymtheg, er na phrofwyd hyn ac mae peth amheuaeth yn ei gylch. Fferm ar osod oedd Craflwyn ar y pryd ac mae'n annhebyg y byddid wedi codi adeilad mor addurnedig. Daw'r cyfeiriad cyntaf at y tŵr o ddechrau'r ugeinfed ganrif, felly mae'n bosibl ei fod mewn gwirionedd yn ddiweddarach yn hytrach nag yn gynharach na gweddill y tŷ. Mae'r dyddiad 1411 uwchben y drws yn fympwy modern, a ychwanegwyd gan y perchennog diwethaf, gyrrwr tacsi gynt o Fanceinion a brynodd yr ystad ar ôl iddo ennill ar y pyllau pêl-droed.

Mae'r feranda, a'r balconïau haearn gyr o flaen rhai o'r ffenestri uchaf, yn rhoi rhyw naws drefedigaethol i'r tŷ nad yw'n gweddu i'r safle mynyddig, ac mae'n bosibl bod y gwrthgyferbyniad yn fwriadol.

Yn wreiddiol roedd yr eiddo'n berchen i'r Eglwys, ac ar ôl y Diddymu aeth trwy briodas i ddwylo teulu dylanwadol o'r enw Jones. Yn yr ail ganrif ar bymtheg roedd yn eiddo i'r Parryiaid, a oedd yn ddisgynyddion i'r Jonesiaid. Roedd gan deulu'r Parryiaid dŷ arall a rhoddwyd Craflwyn ar osod fel fferm, ar wahân i rai blynyddoedd ar ddechrau'r ddeunawfed ganrif, pan etifeddwyd yr ystad gan Humphrey Parry a fu'n byw yno am gyfnod byr. Yng nghwarter olaf y bedwaredd ganrif ar bymtheg yn unig y datblygwyd Craflwyn yn dŷ bonedd â fferm, parc a gerddi, er mai ar raddfa fechan oedd hynny, ond am gyfnod byr y bu yn ei anterth. Nid oedd meibion gan Ll.E.S. Parry, a gynlluniodd yr ystad ar yr adeg hon, a gadawyd yr eiddo i gefnder o bell, a werthodd y tŷ ar ddiwedd y bedwaredd ganrif ar bymtheg, ar y trydydd cynnig. Ychydig flynyddoedd yn ddiweddarach fe'i gwerthwyd eto, i

Gapten o'r enw Higson, a fu farw ym 1921 ond bu ei nith, Mrs Hinxman, yn byw yng Nghraflwyn yn y 1950au.

Milwr di-briod oedd Capten Higson a fu'n teithio lawer ac a fu'n gwasanaethu yn y rhyfeloedd yn erbyn y Boeriaid; roedd yn gasglwr mawr o bopeth o wyau adar i waywffyn, a deuai â phlanhigion adref gydag ef o'r lleoedd y bu'n teithio iddynt, er mantais i'r ardd. Fodd bynnag, yn wladgarol, fe dorrodd y rhan fwyaf o'r pren yn ystod y Rhyfel Byd Cyntaf a'i werthu, gan gynnwys y rhes o goed ar hyd y lôn orllewinol. Ar ôl iddo farw dioddefai'r ardd gyfnodau o esgeulustod ac er bod yr ardal o amgylch y tŷ'n cael ei chadw'n dda tra bu Mrs Hinxman yn byw yno, nid adferwyd bri blaenorol Craflwyn byth. Yn fwyaf diweddar gosodwyd rhan o'r tŷ a'r bythynnod i ymwelwyr, a'r parc fel maes carafanau/pebyll.

Mae dau glwstwr o dai allan – 'fferm enghreifftiol' ond heb ffermdy a chan gynnwys rhai adeiladau ystad, yn ymyl y giât dde-orllewinol, a rhes sy'n cynnwys stablau a rhai bythynnod yn union tu ôl i'r tŷ. Am fod y llethr mor serth nid oes iard, ac mae cangen gefn y lôn, gan fynd ar ei hyd o flaen y rhes, wedi'i theilio'n rhannol ac yn amlwg yn ateb y pwrpas hwn. Craflwyn Cottage yw'r adeilad cyntaf yn y rhes stablau, sydd wedi'i hadeiladu o gerrig â thoeon llechi drwyddi draw, ac ymddengys ei bod yn cydoesi â'r tŷ presennol. Tŷ deulawr bach ydyw, â drws ffrynt yn y canol â pherthi bocs ar bob ochr. Unllawr yw'r stablau, â thyred cloch (heb y gloch) a cheiliog y gwynt ar ei ben. Mae'r cefngorau mewnol yn dal yn eu lle ac mae teils ar y llawr. Mae stâl rydd ar wahân yn y pen nesaf at y tŷ.

Nesaf at y stablau mae rhes o adeiladau a addaswyd yn fythynnod gwyliau drwy ychwanegu ffenestri ar y llawr cyntaf ac addasu'r atigau'n lloriau uchaf; mae'n anodd gwybod faint o newidiadau a wnaed fel arall, ond ymddengys bod un o leiaf wedi bod yn fwthyn unllawr yn wreiddiol. Fel arall mae'n bosibl mai siediau/stordai bwyd oeddynt. Mae'r ystafell harneisiau, y nesaf yn y rhes, yn ddeulawr, â grisiau cerrig troellog cerrig i'r llawr uchaf, ac yn ôl y sôn tŷ bychan oedd yn wreiddiol, sy'n hŷn na gweddill yr adeiladau ac eithrio'r prif dŷ gwreiddiol. Mae'r llwybr llai o flaen yr adeilad hwn a'r bythynnod a'r sied gerbydau yn lledu ychydig ac fe'i palmantwyd yn rhannol â theils bychain; dyma'r unig beth sydd yma o ran iard stablau.

Bellach mae'r sied gertiau/gerbydau yn flaen agored bron – lledwyd y fynedfa a gosodwyd RSJ modern i mewn, ac nid oes drysau yno bellach. Mae drws yn nhalcen yr adeilad, i fyny rhai grisiau allanol, a fyddai wedi rhoi mynediad i'r llawr uchaf. Hefyd mae rhai pytiau o wal sy'n awgrymu bod adeilad croes wedi ei ddymchwel.

Addaswyd bwthyn unllawr arall o ysgubor fechan, â'i ben talcennog at y llwybr llai a drws yn y canol, â ffenestri bae bychain iawn bob ochr, ac fe'i defnyddiwyd yn fwthyn gwyliau yn ddiweddar.

Mae'r rhan fwyaf o adeiladau'r fferm enghreifftiol yn dal yn gyfan, er nad yw diben pob un ohonynt yn amlwg bellach. Yn eu plith mae shippon â saith côr (corau a chafnau dŵr metel yn dal yn eu lle, llawr teils â draen), melin lifio, â pheth offer yn dal yn eu lle, ysguboriau bach a mawr â thri adeilad arall, dau ohonynt â lloriau teils. Maent i gyd wedi'u hadeiladu o gerrig yn sylfaenol, ac maent wrthi'n cael eu haddasu. Ar un adeg roedd adeilad yn erbyn wyneb serth y graig gyferbyn â'r prif glwstwr o adeiladau, ond dim ond y waliau ochr sydd yno bellach.

Yn y blanhigfa i'r gogledd o'r fferm ac i'r gorllewin o'r llwybr oddi yno i fyny i'r ardd mae adeilad cerrig hir â chwrt â wal o'i gwmpas o'i flaen. Ymddengys iddo gael ei ddefnyddio'n fwyaf diweddar fel tŷ ffesantod, gan fod iddo dyllau saethu ar lefel y ddaear, ond yn ôl pob tebyg fe'i haddaswyd o hen fwthyn neu adeilad fferm o gyfnod cyn y blanhigfa, gan fod iddo hefyd fylchau cyffredin ar gyfer ffenestri a drysau, rhai ohonynt wedi'u llenwi. Bellach mae heb do, ac nid oes drws iddo.

Cynlluniwyd y parc presennol ar ddiwedd y bedwaredd ganrif ar bymtheg yr un pryd â chyfnod adeiladu'r tŷ, a chan yr ymddengys mai fferm yn unig oedd y tŷ cynharach ar y safle, mae'n annhebyg bod parc wedi bodoli cyn hynny.

Gorwedd y parc i'r de a'r dwyrain o'r tŷ yn bennaf, sydd wrth droed llethr serth, gan wynebu'r de-ddwyrain tuag Afon Glaslyn. Mae planhigfeydd helaeth ar y llechwedd tu ôl iddo hefyd. Mae'r rhain yn deillio o goetir derw naturiol yr ychwanegwyd conifferau ato. Plannwyd castanwydd melys o amgylch y ffiniau hefyd.

Mae dwy lôn, y ddwy yn dod at y tŷ o gyfeiriad y brif ffordd (A498). Daw'r lôn hiraf i mewn o'r de-orllewin ac mae iddi borthordy; nid oes un gan y lôn fyrrach a ddaw o'r de-ddwyrain. Yng ngardd y porthordy mae coeden fagnolia aeddfed braf. Mae'r lôn hir yn ymrannu i'r de-orllewin o'r tŷ; mae un gangen yn fforchio tua'r gogledd at y stablau a'r llall tua'r gogledd-ddwyrain i'r ardd, ac oddi yno i'r tŷ. Mae gan bob lôn wyneb graeanog bras neu garegog. Mae'r lôn dde-ddwyreiniol yn rhannu'r parcdir yn ddwy ardal, ac mae cymeriad y ddwy yn eithaf gwahanol. Mae'r ardal drionglog i'r de a'r gorllewin yn weirglodd wastad isel, â rhes o goed ar hyd ffin y ffordd, ond yn ddi-dor fel arall. Mae'r ardal fwy i'r gogledd ac i'r dwyrain o'r tŷ yn adlewyrchu'r llechwedd arw uwchlaw i ryw raddau; mae'n anwastad, â bryncynnau creigiog, ac ar oleddf o'r gogledd i'r de. Plannwyd clystyrau o dderw, ag isdyfiant o rododendronau a llwyni eraill, ar y bryncynnau ac mae coed mawr unigol yma ac acw, gan gynnwys pinwydden Chile yng nghanol y brif olygfa o'r tŷ. Nid yw ansawdd y tir pori cystal ag yn y darn amgaeëdig i'r gorllewin. Mae nant mewn sianel greigiog naturiol yn rhedeg i lawr y ffin ddwyreiniol.

Bellach mae coed ar bob ochr i'r ddwy lôn, pinwydd a sycamorwydd ar y lôn dde-orllewinol, coed collddail a chonifferau cymysg ar y lôn dde-ddwyreiniol, ag isdyfiant o rododendronau a chelyn. Wrth y fynedfa mae giatiau haearn cain. Ymddengys bod dwy arddull o giatiau a gwaith ffensio, o ddyddiadau gwahanol efallai; paentiwyd y gwaith haearn mwy cain yn wyn, a phaentiwyd yr enghreifftiau mwy cymhleth, ond mwy solet, yn felyn.

Rhwng y fferm a'r bloc stablau, i'r gogledd, mae brigiad mawr o greigiau a blannwyd â choed, ac mae'r lôn yn mynd ar hyd ei waelod. Mae hyn yn cyferbynnu'n uniongyrchol â'r weirglodd doreithiog gyferbyn, ac ar ôl mynd heibio iddi mae'n gryn syndod gweld y tŷ gwyn â'i arddull drefedigaethol – effaith a gynlluniwyd yn bwrpasol mae'n debyg.

Mae ffosglawdd yn ffurfio ffiniau de-a gogledd-ddwyreiniol yr ardd, gan amgylchynu'r tŷ. Mae'n croesi'r lôn dde-ddwyreiniol, ac i'r gorllewin yn ôl pob tebyg mae'n mynd yn ei flaen o amgylch nes iddo gyfarfod â'r lôn dde-orllewinol. I'r dwyrain, mae'n mynd yn ei flaen ar ongl sgwâr, gan wyro i gwrdd ag ymyl y llwybr llai i'r ardd lysiau, yn y man lle mae'n gadael yr iard stablau. Roedd y brif olygfa i'r parc o'r tŷ ar draws y ffosglawdd i'r cyfeiriad hwn, tua'r dwyrain.

Mae manylion gwerthiant 1889 yn disgrifio'r tir fel '….prettily disposed lawns, hilly park-like pastures, plantation clumps. Pleasure grounds, pastures, rocks interspersed with grassy verdure, shrubs and trees.' Mae hyn yn rhoi syniad da o olwg y tir heddiw, gan gydnabod cynnydd y *Rhododendron ponticum*.

Cynlluniwyd yr ardd tua diwedd y 1870au, i gydoesi â'r tŷ a'r parc. Mae'r pwyslais ar goed a llwyni'n tyfu'n dda ar safle a

ddewiswyd yn dda, ond roedd y pyllau yn amlwg yn bwysig, ac mae'n bosibl y bu'r pwll isaf yn ganolbwynt i ardd Siapaneaidd, a gynlluniwyd gan Gapten Higson yn ôl y sôn. Mae'n bosibl bod rhai gwelyau ffurfiol yn y llecynnau gwastad yn ymyl y tŷ.

Mae'r safle'n ddramatig, ar lechwedd arw serth, ac yng nghysgod bryngaer Dinas Emrys, ac ymddengys yn fan annhebygol i ardd lewyrchus. Fodd bynnag, am fod cilfach yn y llechwedd, mae llecyn cysgodol iawn a gweddol wastad i'r gorllewin o'r tŷ, lle gwnaethpwyd yr ardd.

Y canolbwynt yw pwll mawr ag ynys wneud, â rhodfa o'i gwmpas lle gellir mwynhau'r olygfa orau o'r plannu. Fe'i disgrifiwyd fel 'reservoir' ym manylion gwerthiant 1886, pan nad oedd llwybrau yno ac nid oedd y pwll isaf wedi'i wneud, ond erbyn 1889 roedd y ddau wedi dod yn 'two beautiful clear water ponds or lakelets with islet', sy'n awgrymu bod gwelliannau'n mynd rhagddynt yn yr ardd er gwaethaf yr ymgais i werthu'r eiddo, a osodwyd i denant hirdymor. Bellach mae'r pwll isaf wedi'i orchuddio â thyfiant.

I'r gorllewin o'r pwll uchaf ac i'r gogledd o'r pwll isaf y plannwyd y mwyafrif o'r coed a'r llwyni gorau; am iddynt gael eu hamddiffyn gan greigleoedd yn y cefn a brigiad mawr o greigiau i'r de, mae rhai o'r coed wedi tyfu i faint aruthrol. Mae sawl rhywogaeth o rododendronau a chonifferau, yn ogystal â choed blodeuol ac amrywiaethau eraill o goed llydanddail. Mae rhai o'r rododendronau yn fawr iawn, a cheir rhai amrywiaethau anarferol, gan gynnwys sbesimenau Tsieineaidd, a blannwyd ym mlynyddoedd cynnar y ganrif hon o bosibl pan ddaethant ar gael am y tro cyntaf. Roedd Capten Higson yn gasglwr planhigion, gan fewnforio planhigion ei hunan o'i deithiau, ond mae'n amlwg bod sylfaen y casgliad wedi'i gynllunio cyn ei gyfnod gan fod catalog gwerthiant 1889 yn cyfeirio at 'fine collection of rhododendrons', yn ogystal â 'forest and other trees'.

Mewn cyferbyniad llwyr â hyn, mae'r ardal o amgylch y tŷ yn berffaith wastad, ac mae yno ychydig o blanhigion sydd wedi goroesi. Mae'r isdyfiant gwyllt a dyfodd drosto yn ei gwneud hi'n anodd i weld beth allai fod wedi bod yma, ond yn y 1950au roedd lawntiau (y byddai'r geifr yn pori ynddynt) a rhai blodau yma, fel y gwelir mewn ffotograffau; dim ond 'neatly laid out lower grounds' a geir yn nisgrifiad 1886. Mae'n bosibl bod yr ardal yn union i'r gorllewin o'r tŷ yn ffurfiol, gardd rosod efallai, gan fod olion rhai llwyni rhosod a pherthi bocs a dyfodd yn rhy fawr yno.

Symudwyd wal yr ardd rhwng 1900 a 1915, gan Higson yn ôl pob tebyg, a oedd yn berchennog o 1903, i gynnwys triongl ar y llethr serth i'r gogledd o'r pwll uchaf. Mae'n anodd dweud bellach a fwriadwyd hwn o ddifrif i fod yn estyniad i'r ardd ai peidio; hyd nes iddo gael ei glirio'n ddiweddar, roedd yr holl ardal wedi tyfu'n wyllt ac yn drwchus â *Rhododendron ponticum*, a phan gafodd rhain eu clirio ni ddaethpwyd o hyd i unrhyw blanhigion diddorol. Am fod gan yr ardal greigiau mewn ffurfiannau deniadol mae'n bosibl iddi gael ei bwriadu'n ardd gerrig, a thyfodd y rododendronau dros yr ardd ers iddi gael ei hesgeuluso, ond mae'n bosibl iddi gael ei phlannu fel ardal wyllt rywbryd ar ôl 1915.

Llain o dir hirsgwar yw'r ardd lysiau, wedi'i hamgylchynu â waliau cerrig, tua 100 medr i'r gogledd o'r tŷ. Yn ôl pob tebyg mae'n perthyn i'r un cyfnod â'r tŷ presennol, a bellach fe'i hesgeulusir yn llwyr. Ymddengys safle'r ardd braidd yn ddiolwg, ond mae'n debyg iddo gael ei ddewis am mai dyma un o'r ychydig fannau gweddol wastad ar gael heb dresmasu ar yr ardd neu'r parc. Fodd bynnag, mae ganddi ychydig o lethr ddwy ffordd; y gornel dde-ddwyreiniol yw'r isaf, ac mae'r planhigfeydd i'r gogledd a'r gorllewin yn taflu cysgod drosti ar yr ochrau hyn bellach. Mae'n rhaid bod y coed hyn yn llai o lawer pan roedd yr ardd yn cael ei defnyddio.

Mae'r wal yn rhannol sych, yn rhannol forter, hyd at 3 medr o uchder, â cherrig y cwrs uchaf wedi'u gosod ar eu hochrau; ar yr ochr ogleddol lefelwyd yr ardd rywfaint i mewn i'r bryn ac mae gan y wal nodwedd gynhaliol. Er i nifer o fwtresi anferth gael eu hychwanegu ar bob ochr i'r drws (yn y wal ddeheuol), mae llawer wedi dymchwel, yn enwedig yn y waliau deheuol a dwyreiniol.

Yr unig fynedfa yw'r un yn y wal ddeheuol; mae'r ffrâm yn dal yno ond diflannodd y drws. Mae pen y drws yn wastad â chapan cerrig.

Mae sied fechan yn y gornel ogledd-orllewinol; gwelir adeilad yn y safle hwn ar fap 1901 ond nid ar argraffiad 1915, a gwelir adeilad mwy ychydig i'r dwyrain ar y ddau fap, ond mae bellach wedi diflannu. Nid oes tystiolaeth i'w gweld ar fap o'r tŷ gwydr y cyfeirir ato ym 1889, er y gwelir tŷ gwydr bach iawn ychydig i'r de o'r ardd ym 1915 (ond nid ym 1900), a gellir gweld sylfeini hwn.

Gellir gweld cynllun y llwybrau fwy neu lai oherwydd y crastir a phresenoldeb ychydig o deils ar yr ymylon. Roedd graean ar y llwybrau, ac fe'u cynlluniwyd yn ôl patrwm cyffredin llwybrau croes ac allanol, gan rannu'r ardd yn chwarteri. Rhedai'r llwybr ar hyd yr ochr ogleddol i'r de o'r adeiladau, ac felly roedd ymhellach o'r wal na'r lleill. Gwydrog melynfrown yw'r teils ymylol a phan maent yn cael eu gwthio i mewn i'r ddaear maent yn dangos ymyl gron lefn ddi-dor (nid y dull rhaff gyfrodedd).

Ar hyn o bryd mae defaid yn pori'r ardd yn ysgafn, sy'n rheoli tyfiant. Mae nifer o goed hunanheuedig o faint gweddol, gan gynnwys un helygen yn union yng nghanol y llwybr ar hyd y wal ddwyreiniol. Mae nifer o goed ffrwythau'n goroesi o'r adeg pan ddefnyddid yr ardd, gan gynnwys rhai a oedd yn amlwg yn cael eu hyfforddi ar ddelltwaith.

Disgrifir yr ardd yn 'small but productive' ym manylion gwerthiant 1886, ond erbyn 1889 roedd yn haeddu disgrifiad manylach, fel a ganlyn: '…fruit and vegetable garden enclosed by a high stone wall and well stocked with wall fruit and bush fruit. In it is a greenhouse, potting and tool house and forcing frames.' Mae hyn, a'r disgrifiad o'r berllan yn 'young' yn yr un cyfnod, yn awgrymu bod yr ardd a'r berllan wedi'u cynllunio ar y cyd â gweddill y tir ar ddiwedd y 1870au.

Yn y 1940au nid oedd Mrs Hinxman, nith Capten Higson, yn byw yn y tŷ eto, er bod Higson wedi marw ym 1921, ac roedd y tenant (gŵr o'r enw Mr Roberts y bu'n rhaid iddo 'daclo'r jyngl' ar ôl iddo gyrraedd) yn rhedeg yr ardd lysiau fel gardd farchnad, gan dyfu tatws, moron a mefus, gan gludo'r mefus i Fanceinion i'w gwerthu. Mae'n debyg nad oedd perllan yno yn y cyfnod hwn; deuai'r holl ffrwythau a gofnodwyd o'r delltwaith yn yr ardd lysiau, ac mae'n bosibl bod y tenant hwn yn gyfrifol am symud y coed yn y berllan er mwyn gwneud rhagor o le ar gyfer tyfu llysiau. Yn ddiweddarach tyfai Mrs Hinxman fwyar Logan ac afalau.

Mae'r berllan yn debyg iawn i'r ardd lysiau. Mae'n cyffinio â'r ardd lysiau, ond ychydig yn llai, ac ymddengys iddi gael ei glynu wrth ochr allanol yr ardd wedi iddi gael ei chwblhau. Fodd bynnag, mae'n rhaid ei bod yn perthyn i'r un cyfnod neu bron i'r un cyfnod. Gorwedd ychydig i'r dwyrain o'r ardd, ac mae wal yn gyffredin iddynt. Mae wal y berllan yn debyg i wal yr ardd, ond ychydig yn is ar gyfartaledd. Mae ar ddarn o dir hirsgwar eto, â'r echel hir yn cyfeirio o'r dwyrain i'r gorllewin yn hytrach nag o'r gogledd i'r de fel yr ardd, ac ar oleddf o'r gogledd i'r de.

Yn wreiddiol gadawyd mynedfa ym mhen gorllewinol y wal ddeheuol, ac roedd y wal hon yn terfynu tua medr o wal ddwyreiniol yr ardd, ond bellach llenwyd y fynedfa. Mae'r brif

fynedfa drwy'r wal ddeheuol ymhellach ymlaen; mae'n ddigon llydan i gerbydau fynd drwyddi, heb giatiau, ac wedi'i hymestyn i ganiatáu i garafanau fynd drwyddi. Hefyd mae giât fetel fechan yn arwain drwy'r wal ddwyreiniol yn ymyl y gornel dde-ddwyreiniol.

Mae gan adeilad yn y gornel ogledd-orllewinol (a welir ar hen fapiau) ddwy ystafell sy'n ymagor ar iard fechan iawn yn y blaen, ond heb gysylltu â'i gilydd. Mae'r wal o amgylch yr iard cyn uched â bondo'r adeilad, â drws drwyddi, ond nid yw'r iard wedi'i rhannu fel y disgwylid ar gyfer tylciau moch ac mae'r drysau i'r ystafelloedd o uchder llawn (bron); mae'r ystafelloedd wedi'u plastro ac mae llawr slabiau llechi gan yr ystafell ddwyreiniol. Gosodwyd cegin mewn adeilad diweddar a ychwanegwyd at y pen dwyreiniol, ac yn ôl pob tebyg mae'n gysylltiedig â defnydd diweddaraf y parc fel maes pebyll. Addaswyd adeilad arall yn floc toiledau y tu allan i wal y berllan ar y dwyrain, sydd hefyd i'w weld ar hen fapiau ac a oedd yn adeilad gardd yn wreiddiol efallai.

Nid oes coed ffrwythau o fewn y berllan, a phorfa yw'r tyfiant yno'n bennaf. Yn y canol mae nodwedd hirsgwar a ddiffinnir gan gerrig nad ymddengys fel seiliau adeilad; ni ellir ond tybio mai tanc dŵr, gwely ar gyfer blodau neu ffrwythau meddal, neu bwll addurnol hyd yn oed oedd yno. Os oedd yn dal dŵr mae'n rhaid ei fod yn weddol fas. Mae ychydig o derasu garw i'r gogledd ohono, lle mae'r llethr fwyaf serth.

Ym 1889 roedd y berllan 'young' yn cynnwys coed ffrwythau safonol, a nodir presenoldeb coed ffrwythau ar fapiau i fyny at 1915. Mae'n debyg mai yn ystod y rhyfel, pan ddefnyddid yr ardd lysiau fel gardd farchnad gan y tenant, y symudwyd y coed.

Ffynonellau

Sylfaenol

Gwybodaeth oddi wrth R Neale, Ysw. (Ymddiriedolaeth Genedlaethol).

Gwybodaeth oddi wrth Ms M Griffith, gan gynnwys cipolwg o ffotocopïau a wnaed o gatalogau gwerthiant 1886, 1889 a 1895.

Eilradd

Comisiwn Brenhinol Henebion Cymru, *Inventory*, Sir Gaernarfon Cyfr. II (1960).

A. Pierce, *Beddgelert* (cyh. Cyngor Gwynedd a Chymdeithas Hanes Beddgelert, 1996).

CADW

DOLMELYNLLYN

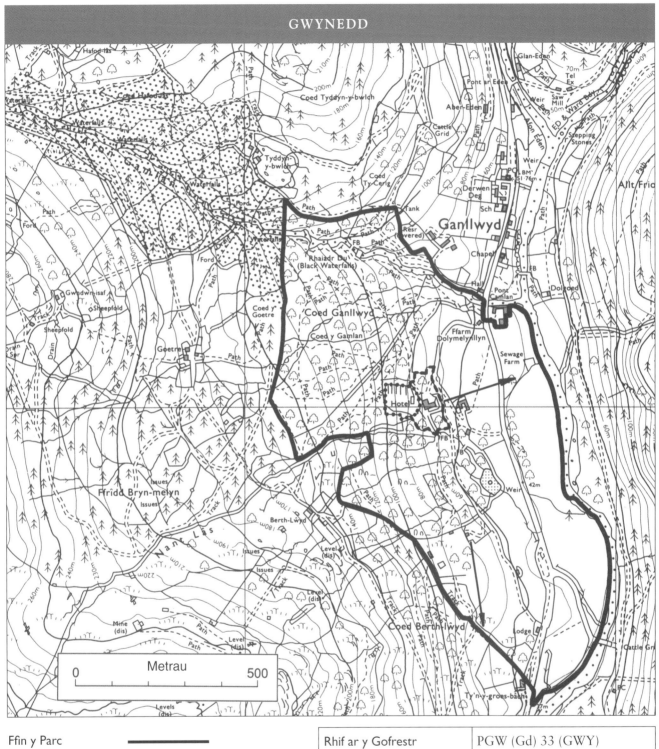

Ffin y Parc		Rhif ar y Gofrestr	PGW (Gd) 33 (GWY)
Gardd		Rhif Blaenorol ar y Gofrestr	
Gardd Lysiau		Rhif Taflen A.O.	SH 72 SW
Lleoliad Hanfodol			
Golygfa Arwyddocaol		Cymuned	GANLLWYD

CRYNODEB

Rhif cyf	PGW (Gd) 33 (GWY)
Map AO	124
Cyf grid	SH 725 240
Sir flaenorol	Gwynedd
Awdurdod unedol	Gwynedd
Cyngor cymuned	Ganllwyd
Disgrifiadau	Parc Cenedlaethol Eryri; Adeiladau rhestredig: Tŷ Gradd II, pantri hela Gradd II.
Gwerthusiad safle	Gradd II
Prif resymau dros y graddio	Gerddi ffurfiol mewn cyflwr da ac a gofnodwyd yn dda, gardd lysiau derasog, wal â bonion gwenyn; parc nas difethwyd â nodweddion diddorol gan gynnwys rhodfa ddymunol i Raeadr Du. Am gyfnod byr bu'r ystad yn eiddo i William Madocks a fu'n gymorth i boblogeiddio'r rhodfa.
Math o safle	Parc â llyn, coetir, gerddi terasog ffurfiol, gerddi llysiau segur â waliau o'u cwmpas.
Prif gyfnodau o adeiladu	Y bedwaredd ganrif ar bymtheg.

Disgrifiad o'r safle

Adeiladwyd Dolmelynllyn ar ochr orllewinol dyffryn Afon Mawddach, ar ysgafell naturiol, ar ymyl gorllewinol eithaf y parc, gan edrych allan dros ei erddi a'r parc. Adeiladwyd y tŷ o gerrig llwyd, wedi'u naddu yn anwastad; defnyddiwyd cerrig wedi'u naddu'n llyfn o amgylch y ffenestri a'r drysau yn unig. Mae'n rhannol ddeulawr ac yn rhannol drillawr, â ffenestr oriel dros y drws, tŵr castellog hirsgwar, ffenestr oriel arall a ffenestr fae fawr ar yr ochr ddeheuol, a chyrn simnai cerrig uchel. Paentiwyd fframiau'r ffenestri yn ddu a gwyn, fel rhai rhannau bach o fframiau pren ffug-Duduraidd. Mae'n hongliad o dŷ, â chymysgedd o arddulliau pensaernïol, o ganlyniad i nifer o ychwanegiadau a wnaed dros y blynyddoedd.

Mae'r rhan hynaf o'r tŷ sy'n goroesi, yn y cefn, yn perthyn i'r unfed ganrif ar bymtheg, ac mae'n gyfan fwy neu lai, ag un ychwanegiad ar ôl y llall yn y blaen. Ychwanegwyd yr ystafell fawr a ddefnyddir bellach fel ystafell fwyta gan Robert Vaughan ar adeg ei briodas ym 1645, ac yn ddiweddarach (ar ddiwedd y ddeunawfed ganrif) trawsffurfiodd W.A. Madocks yr adeilad yn 'cottage orne'. Mae'r gweddill yn Fictorianaidd yn bennaf, wedi'i adeiladu gan Charles Williams, ond ni chafodd ei ychwanegu i gyd ar yr un pryd. Mae cyfres o ffotograffau dyddiedig rhwng 1860 a 1890 yn dangos addasiadau'n flynyddol bron. Er enghraifft, ychwanegwyd y ffenestr oriel gywrain uwchben y brif fynedfa ym 1875. Ymddengys mai rhai o'r ychwanegiadau mwyaf addurniedig yw'r diweddaraf – castelliadau a wal fwaog sy'n debyg i gloestr yn yr iard. Bellach gwesty yw'r tŷ.

Yn ôl pob tebyg mae casgliad di-drefn o dai allan cysylltiedig sydd ynghlwm wrth gefn y tŷ yn perthyn i gyfnodau gwahanol. Ymhlith yr adeiladau, sydd bellach yn cael eu defnyddio fel swyddfeydd, stordai ac yn y blaen, mae hen laethdy a swyddfeydd domestig eraill yn ddiamau; ar un adeg toiled allanol oedd tŵr castellog yn ymyl cornel dde-orllewinol y tŷ ond bellach mae'n dal offer rheoli'r cyflenwad dŵr.

Gerllaw mae ysgubor gerrig ddeulawr, â grisiau i'r llawr uchaf yn y pen gogledd-orllewinol. Mae ganddi do llechi ar oleddf serth â simnai ganolog a ffenestr ddormer ar yr ochr ogledd-ddwyreiniol, sydd wedi'i haddasu yn lle i fyw. Fe'i gwelir ar fap ystad o 1860. Mae

colomendy cerrig crwn mawr sy'n sefyll yn ymyl yr ysgubor hon yn ymddangos mewn ffotograffau a dynnwyd ym 1870 a 1873, ond yn ôl pob tebyg roedd yn fyrhoedlog gan nad yw i'w gweld ar fap ystad 1860 nac ar fap Arolwg Ordnans 25 modfedd 1889.

Mae'r pantri hela yn yr ardd, ar wahân i'r tŷ a thai allan eraill, uwchlaw'r terasau ffurfiol ac wedi'i adeiladu yn erbyn gwaelod y llethr goediog i'r gorllewin. Mae'n hirsgwar, wedi'i adeiladu o gerrig â tho llechi ar oleddf, ac mae ganddo ffenestri a drysau â phennau crwn, ac eithrio drws bach uwchben lefel y ddaear ar yr ochr ddwyreiniol, sydd â chapan gwastad drosto. Mae dau ddrws ochr yn ochr yn y pen gogleddol, y naill yn y canol a'r llall i'r gorllewin ohono. Mae dwy ffenestr fach uwchben y rhain a thair ffenestr fwy yn y wal ddwyreiniol. Nid yw'r adeilad i'w weld ar fap ystad 1860, ond ymddengys ar fap Arolwg Ordnans 1889.

Mae'r bloc stablau yn gorwedd o amgylch tair ochr iard fach hirsgwar, islaw'r tŷ ac i'r dwyrain ohono. Bellach mae wyneb tarmac i'r iard ac addaswyd y rhan fwyaf o'r adeiladau yn llefydd i fyw ynddynt, gan ei gwneud hi'n anodd i adnabod eu pwrpas gwreiddiol. Fe'u hadeiladwyd o gerrig tebyg i rai'r tŷ, â thoi llechi. Torrwyd yr adeiladau yn ôl i mewn i'r llethr ar yr ochr orllewinol ac mae lôn yn arwain atynt oddi uchod o gyfeiriad y gogledd-orllewin. Gwelir ochr hirach, ddwyreiniol y rhes ar fap ystad 1860, ag adeilad sgwâr ymhellach i'r dwyrain sydd bellach wedi diflannu; ymddengys y drefn bresennol ar fap 1889. Nid yw map o tua 1819 yn ddigon clir i nodi pa adeilad a welir, ond roedd un yn bodoli ar yr adeg honno, ac iard hirsgwar o'i amgylch. Erbyn 1889 roedd ffordd tuag ato o'r lôn ddeheuol, sydd bellach yn llwybr troed, ac o'r lôn ddwyreiniol wreiddiol, sydd bellach yn segur.

Mewn darn o dir amgaeëdig i'r gogledd o'r tŷ mae adardy. Adeilad pren garw bach ar wadn carreg yw hwn, â'i ben blaen yn rhannol agored, a rhwydi gwifrau yn gorchuddio'r bylchau. Mae ganddo do ar oleddf wedi'i orchuddio gan estyll pren.

Gerllaw'r lôn ddeheuol tuag at y pen deheuol, saif ysgubor gerrig isel, â tho llechi ar oleddf ac ychydig o ffenestri neu ddrysau iddo, ar deras bach mewn hanner cylch a gynhelir gan wal sych. Gwelir y conifferau a blannwyd ar y teras (neu, yn fwy tebygol, y rhai oedd yno o'u blaenau) ar fap 25 modfedd 1889, a hefyd y teras ei hunan a'r ysgubor. Mae'r adeilad mewn rhan o'r parc nad oedd yn eiddo i Ddolmelynllyn pan gynlluniwyd map ystad 1860, ond yn ôl pob tebyg mae'n hŷn na'r rhan fwyaf o'r tai allan eraill. Bellach mae'n dŷ ystlumod dan reolaeth yr Ymddiriedolaeth Genedlaethol.

Adeilad bach hynod yw'r Observatory, a elwir felly ar fap 1889 ond mae o fewn ardal na welir ar fap 1860. Adeilad bach o gerrig a phren ydyw, wedi'i baentio'n binc yn rhannol, â simnai ac estyniad briciau, ac fe'i haddaswyd yn dŷ. Mae ganddo feranda bach ar hyd yr ochr ddwyreiniol, ac mae'n edrych allan dros ran dde-orllewinol y parc tuag at y bryniau tu hwnt.

Bu'r briffordd rhwng Porthmadog a Dolgellau yn rhedeg erioed ar hyd yr un llinell fwy neu lai ag y mae heddiw (er iddi gael ei sythu'n ddiweddar), ac felly mae'n rhannu'r parc yn ddwy, y dwyrain a'r gorllewin. Mae'r rhan ddwyreiniol yn ymestyn i lawr at Afon Mawddach a'r rhan orllewinol i fyny at gychwyn rhan fwy serth ochr y dyffryn, lle saif y tŷ. Mae'r gerddi ffurfiol i'r dwyrain ac i'r de o'r tŷ a'r ardd lysiau i'r gorllewin, y tu ôl i'r tŷ.

Gorwedd y rhan helaethaf o'r parc bellach i'r de, ond yn ôl map ystad o 1860 gwelir bod y parc ar yr adeg honno yn llai na dwy ran o dair o'i faint heddiw, ac mae'r tŷ bron yn ganolog i ymyl orllewinol y parc gwreiddiol. Erbyn 1889 ymestynnwyd y parc ar bob ochr i'r ffordd, ac adeiladwyd y llyn; gan fod Charles Williams, perchennog Dolmelynllyn ar y pryd, wedi dod yn berchen ar ystad

Berth-lwyd ym 1873, mae'n debygol bod y parc wedi'i ymestyn yn fuan wedi hyn i dir a arferai berthyn i Berth-lwyd.

Yn ystod yr ail ganrif ar bymtheg roedd Dolmelynllyn yn eiddo ategol i'r Vaughaniaid, ac ers 1704 fe'i gosodwyd mewn ymddiriedolaeth i Robert Vaughan, a oedd yn blentyn. Ymddengys na fu'n byw yno ei hunan erioed a pharhâi'r eiddo i gael ei osod am y rhan fwyaf o'r ddeunawfed ganrif. Fe'i gwerthwyd gan Robert Vaughan arall (ŵyr yr un blaenorol) a fu farw tua 1795, ond ymddengys iddo barhau i gael ei osod. Cofnodir nifer o denantiaid gwahanol, ond yr un diddorol cyntaf oedd J.E. Madocks ym 1796. Erbyn 1798 disgrifiwyd ei fab, W.A. Madocks, a adawodd gymaint o argraff ar ardal Porthmadog yn ddiweddarach, yn nhermau 'of Dolmelynllyn', ac ymddengys yn debygol iddo brynu'r ystad yn y flwyddyn honno, er mai ei dad a'i gosododd eto ym 1800, ar ôl i Madocks symud i Dremadog. Gadawyd cronfa ymddiriedolaeth i W.A. Madocks i brynu tir ac ymddengys iddo brynu Dolmelynllyn o'r gronfa hon.

Er gwaethaf ei arhosiad byr yn Nolmelynllyn, trawsffurfiodd Madocks yr adeilad hwnnw o'r unfed a'r ail ganrif ar bymtheg yn 'cottage orne' ffasiynol, ac mae'r ystafell fwyta bresennol yn cadw peth o'r arddull hon. Mae'n eithaf posibl hefyd bod rhai o'r coed hynaf yn y parc yn dyddio o adeg Madocks, ac mae'n bosibl iddo gynllunio neu newid y parc. Yn sicr yn ystod ei gyfnod ef y daeth y rhodfa i'r rhaeadr, sef Rhaeadr Du, yn boblogaidd, ac mae'n bosibl mai ef wnaeth rhai o'r lliaws o lwybrau yn y coetir i'r gogledd-orllewin o'r tŷ. Pan fu ef farw ym 1828 cymerwyd yr ystad i'r Canghellys i dalu ei ddyledion, ond cadwodd Ymddiriedolaeth Madocks fuddiannau yn yr ystad hyd nes iddi gael ei gwerthu ym 1860. Roedd gŵr o'r enw John Vaughan yn byw yn Nolmelynllyn ym 1859, felly mae'n bosibl bod y teulu gwreiddiol wedi cadw buddiannau yn yr ystad hefyd.

Y prynwr ym 1860 oedd Charles Reynolds Williams, a ddaeth yn berchen ar yr eiddo a oedd wedi mynd â'i ben iddo. Fe'i trosglwyddodd i'w fab, Romer Williams, ym 1892, ac yn y 32 blynedd cyn hynny, cafodd y tŷ a'r tir eu hailgynllunio, eu hailadeiladu a'u hadnewyddu'n gyfangwbl gan Charles Williams, yn ogystal ag ymestyn yr ystad yn sylweddol. Mae'n amlwg o'r gyfres o ffotograffau a gedwir yn y tŷ, sy'n cwmpasu'r cyfnod hwn, fod Charles Williams yn mwynhau newid ac ychwanegu at ei eiddo, a phrin y byddai blwyddyn yn mynd heibio heb ryw welliant i'r tŷ neu'r ardd, neu i'r ddau. Mae'n rhaid hefyd ei fod wedi plannu'r nifer o gonifferau egsotig mawr a choed eraill sy'n goroesi yn y parc, yn ogystal â rhodfa gonifferau golledig y lôn ogleddol a'r rhodfa o goed leim sy'n goroesi i raddau helaeth ar hyd rhan ddeheuol y lôn ddeheuol.

Yn ôl map ystad 1860 gwelir yr ardd lysiau bresennol wedi'i phlannu fel perllan, a 'garden' fechan yn unig i'r gogledd-orllewin o'r tŷ, yn y parc. Ymddengys bod y 'pleasure grounds', a oedd yn gorchuddio'r ardal ac sydd bellach yn erddi ffurfiol a choetir, gan gynnwys y llethr uwchben y bloc stablau, yn goetir a llwyni yn gyfan gwbl ar yr adeg hon.

Gwelir llun hollol wahanol ar fap Arolwg Ordnans 25 modfedd 1889, ag estyniad deheuol mawr y parc a'i lyn; gerddi ffurfiol wedi'u cynllunio i'r de ac i'r dwyrain o'r tŷ; y berllan yn derasog ac wedi'i rhannu; perllan fach arall wedi'i thorri o ran ogleddol y parc; a nifer o lwybrau a rhodfeydd coetir, yn ogystal â lôn newydd o'r de. Mae'r ffotograffau yn dyddio rhai o'r newidiadau yn fwy manwl – er enghraifft, ym 1862 un teras yn unig oedd i'r de o'r tŷ, ond erbyn 1867 roedd ail deras, â lawnt groce islaw, lle mae'r ffynnon bellach. Adeiladwyd yr ail deras erbyn 1889 ac fe'i gwelir mewn ffotograff o 1890.

Ym 1860 roedd y lôn yn dod o gyfeiriad y dwyrain, gan fynd heibio'r bloc stablau ar ei ffordd i fyny at y tŷ ac yna'n ei throi hi ar ongl tua'r gogledd-orllewin, oherwydd y llethr, â throfa tua phen gogleddol y tŷ. Roedd llwybr llai hefyd yn dilyn llinell debyg i'r lôn ogleddol bresennol, ond gan arwain cyn belled â'r ardd fach yn unig. Erbyn 1889 roedd gan hon rodfa o gonifferau ac roedd wedi dod yn lôn, a chrëwyd y lôn ddeheuol newydd, y ddwy â phorthordai; roedd y lôn ddeheuol yn defnyddio trofa pen blaen yr hen lôn ddwyreiniol a oedd wedi goroesi ond nid oedd ganddi borthordy. Bellach mae'r lôn ddwyreiniol wedi diflannu, er ei bod i'w gweld o hyd ar argraffiad cyfredol y map Arolwg Ordnans 1:10,000.

Diflannodd llwybrau llai a arweiniai i ran ddwyreiniol y parc hefyd, ynghyd â pheth o'r plannu ar hyd eu hymylon, ond gellir gweld y wal gynhaliol uwchlaw un ohonynt o hyd ar ochr y ffordd, ger y gwaith trin carthion.

Er nad oeddynt yn y parc, roedd y rhaeadrau yn Rhaeadr Du ar yr ystad ac roedd ymweld â'r rhain yn un o brif atyniadau aros yn y tŷ ar ddiwedd y ddeunawfed a'r bedwaredd ganrif ar bymtheg. Yn ôl pob tebyg felly roedd y llwybrau i fyny drwy'r coetir naturiol o dderw digoes sy'n arwain at y rhaeadrau yn bodoli eisoes ar yr adeg hon. Bellach cynhelir y llwybrau a'r coedwigoedd hyn gan yr Ymddiriedolaeth Genedlaethol ac maent yn rhan bwysig o drefniant y parc.

Gwerthwyd yr ystad gan fab Charles Williams ym 1907 i Alexander Campbell Blair. Daeth y tŷ'n westy yn y 1930au ac yn y diwedd cyflwynwyd yr ystad i'r Ymddiriedolaeth Genedlaethol gan deulu'r Campbell Blair ym 1988.

Y lôn ogleddol yw'r unig un sy'n cael ei defnyddio ar hyn o bryd. Mae porthordy wrth y fynedfa. Mae bellach yn ffermdy, wedi'i adeiladu o gerrig ac wedi'i baentio'n wyn, â tho llechi, ac fe'i hadeiladwyd rhwng 1860 a 1889. Mae ganddo gorn simnai cerrig canolog chweonglog mawr ac mae'r darn yn y canol yn ddeulawr. Ar bob ochr i'r fynedfa mae waliau cerrig crwm â balwstradau a phileri giatiau sgwâr a chopa gwastad. I gychwyn mae'r lôn yn rhedeg tua'r gorllewin, cyn gwyro tua'r de, ac mae'r llinell hon yn debyg i lwybr llai a welir ar fap ystad 1860. Fodd bynnag, nid oedd y llwybr llai hwn hyd yn oed yn bodoli tua 1819, pan arolygwyd y map llawysgrif 2 fodfedd ar gyfer argraffiad cyntaf yr Arolwg Ordnans 1 fodfedd. Mae rhodfa o goed ffawydd, â pheth derw a bedw, oddeutu'r lôn. Mae hon yn cymryd lle hen rodfa o gonifferau a welir ar fap 1889.

Bellach defnyddir y lôn ddeheuol i gael mynediad i'r Observatory a'r ail ysgubor yn unig, ond ar un adeg dyma oedd y brif ffordd at y tŷ. Mae'r porthordy deheuol yn llai na'r un gogleddol, ond mae hwn hefyd yn ddeulawr ac wedi'i baentio'n wyn, â tho llechi a simnai ganolog, yn yr achos yma yn friciau a sgwâr. Wrth y fynedfa mae wal â balwstradau, fel y porthordy gogleddol, ond dengys hon olion o gael ei hailadeiladu, ac o bosibl fe'i symudwyd yn agosach at y porthordy pan wnaed y ffordd yn lletach. Mae copa gwastad gan ran ohoni yn lle'r bwâu ar ben y balwstradau, ac mae gan ran arall ohoni fwâu briciau yn lle cerrig. Mae pileri'r giatiau wedi'u hadeiladu o gerrig, yn sgwâr ac wedi'u rendro ac mae'r giât yn fodern.

Mae'r lôn yn croesi'r rhan o'r parc a ychwanegwyd yn ôl pob tebyg ym 1873, ac felly mae'n debyg iddo gael ei ddatblygu'n fuan ar ôl y dyddiad hwn. Mae'n fwy na thri chwarter cilomedr o hyd, wedi'i lefelu i'r llethr yn ôl yr angen, gan redeg o'r porthordy deheuol drwy'r parc ac ar hyd ochr ddwyreiniol y gerddi cyn cyfarfod â'r lôn ogleddol ychydig i'r gogledd o'r tŷ, yn ymyl ffawydden gopr aeddfed fawr. Ar fap Arolwg Ordnans 1889 mae'r gyffordd hon i'w gweld fel trofa, ond bellach fe'i symleiddiwyd. Hefyd mae lôn raeanog i lawr at y stablau o'r gyffordd hon sy'n weddill o'r brif lôn wreiddiol. Roedd hon yn mynd ar draws y parc o gyfeiriad y dwyrain (mae'r rhan hon bellach yn segur) ac yn mynd heibio'r stablau, gan esgyn tua'r gogledd-orllewin, ac yn cyrraedd cefn y tŷ ar hyd y drofa lydan a ddefnyddid yn ddiweddarach gan y lôn ddeheuol. Roedd y lôn hon i'w gweld ar fap llawysgrif 1819 ac yn ôl pob tebyg hon fe'i defnyddid yng nghyfnod Madocks. Dangosir lôn neu lwybr llai arall, nad yw ei hôl i'w gweld ar y tir bellach, ar fap 1889 (ond nid ar fap 1860) a daw at y stablau o gyfeiriad y gogledd-ddwyrain, â giât ar draws y ffordd yn union i'r de o'r brif fynedfa ogleddol.

I'r de o'r giât i'r de o'r Observatory mae gan y lôn rodfa o goed leim, a welir ar fap 1889. Yn y cyfnod hwnnw fe'i ffensiwyd i amddiffyn y coed, ond bellach dau bostyn haearn yn unig o'r ffens sydd ar ôl ar yr ochr orllewinol, ac mae'r ffens ddwyreiniol yn ffens pyst a gwifrau fodern. Mae'r lôn yn cyrraedd y ffordd drwy ardd y porthordy deheuol, ac ni ddefnyddir hon bellach.

Os cymerir rhan ogleddol y lôn ddeheuol fel ffin ddwyreiniol y gerddi, mae ardal y tu draw iddo i'r dwyrain sydd bellach o fewn y parc, er ei bod yn rhan o 'pleasure grounds' 1860. Mae'n cynnwys llethr i lawr o'r lôn gan ymestyn at y llyn a'r bloc stablau, sy'n cynnwys nifer o lwybrau, rhai ohonynt o bosibl yn dyddio o gyfnod cyn 1860, er bod rhai yn amlwg yn fodern, megis yr un sy'n igam-ogamu i lawr o'r lôn ddeheuol at ben deheuol y llyn. Mae'r llwybr a welir ar fap 1889 yn yr un ardal yn syth. Fodd bynnag, cynlluniwyd y llwybr o amgylch y llyn a llwybrau eraill sy'n arwain yn ôl tuag at y stablau gan Charles Williams yn ôl pob tebyg.

Rhennir y parc yn nifer o ardaloedd gan ffyrdd a lonydd. Mae ganddynt oll gymeriad sydd ychydig yn wahanol i'w gilydd, er bod y cyfan yn debyg o ran tir pori â choed wedi'u plannu yma ac acw. Y tir amaethu gorau yw'r ardal i'r dwyrain o ffordd Porthmadog i Ddolgellau, wedi'i ffinio gan yr afon. Er ei bod yn cael ei ffermio'n ddwys, mae llawer o goed collddail y parcdir yno o hyd, wedi'u plannu mewn clystyrau a phlanhigfeydd bach. Diflannodd llwybrau llai i'r ardal hon, fel yn achos dau adeilad bach a welir ar fap 1889.

Mae prif ran y parc i'r gorllewin o'r ffordd, i'r dwyrain o'r lôn ddeheuol ac i'r de o'r lôn ogleddol, ar oleddf gweddol raddol i fyny tua'r gorllewin ac mae hefyd yn dir pori da. I gyfeiriad y gogledd-orllewin mae ychydig yn fwy garw ac yn fwy anwastad. Mae yn yr ardal ddwy secwoia anferth (*Sequoiadendron giganteum*) – un ohonynt yw'r fwyaf yng Nghymru – a cheir bonyn trydedd. Mae clwstwr o goed ffawydd o oedran cymysg yn ymyl y bloc stablau, a chastanwydden y meirch uchel gerllaw. Mae hefyd rai coniffarau a blannwyd yn ddiweddar, a rhai hŷn i'r de o'r llecyn agored i'r de o'r bloc stablau. Diflannodd y rhan fwyaf o'r coed a arferai fod ar bob ochr i ffordd Porthmadog i Ddolgellau o ganlyniad i welliannau i'r ffordd.

Mae'r llecyn bach i'r gogledd o'r lôn ogleddol ar fwy o oleddf ac yn fwy anwastad ac mae'r borfa'n fwy garw, â thyfiant gwyllt yn tresmasu. Eto, collwyd y rhan fwyaf o'r coed yno, ond mae un binwydden fawr a choniffarau yn ymyl y wal derfyn. Yr ardal dde-orllewinol yw'r un fwyaf garw o'r cyfan ac nid ymddengys bod llawer o goed wedi bod yno erioed; ychydig sydd yno ar hyn o bryd.

Roedd y llethr goediog, serth braidd uwchlaw'r llyn a'r stablau yn rhan o'r tir hamdden ar un adeg ond bellach mae'n syrthio i mewn i'r parc, ers i'r lôn ddeheuol ei thorri oddi wrth yr ardd. Mae hwn yn aros fwy neu lai yn goetir naturiol wedi'i addasu. Arferai llecyn agored i'r de o'r bloc stablau gynnwys adeiladau;

maent i'w gweld ar fap 1889 ond nid ar fap 1860, ac maent wedi diflannu bellach.

Mae'r llyn yn fychan ac yn hirgrwn yn fras o ran ffurf, ag ynys wneud. Fe'i crëwyd drwy wneud argae ar draws Nant Las, sy'n llifo drwy'r coetir i'r gorllewin ac yn croesi'r parc i ymuno â'r afon. Mae'r argae, sy'n ymdebygu i lethr bridd, â wal ar ochr y llyn, ar hyd yr ochrau deheuol a dwyreiniol. Ni welir y llyn ar fap ystad 1860, sy'n dangos y nant a lifa'n ddirwystr tua'r de-ddwyrain, fel ffin y parc fwy neu lai. Fodd bynnag, ar fap Arolwg Ordnans 1889 gwelir y llyn a'r argae yn union fel ag y mae heddiw. Yn agos i'r llyn, ar yr ochr bellaf i'r llwybr ar hyd ei ochr orllewinol, mae safle'r rhewdy, sef pant, ag ychydig o wal gerrig yno o hyd.

Nodir tŷ cychod ar fap 1889, tua hanner ffordd ar hyd ochr orllewinol y llyn. Diflannodd y rhan uchaf, ond mae'r wal (sych, gan ddefnyddio blociau ffurfiedig) a oedd yn ei gynnal yno o hyd. Yn y pen gogleddol ac ar hyd ochr ddwyreiniol y llyn mae coed collddail a choniffarau, gan gynnwys sbesimen dda o gypreswydden Monterey (*Cupressus macrocarpa*). Mae llwyfen lydanddail mewn clwstwr o goed derw yng nghornel ogledd-ddwyreiniol y llyn.

Yn y coetir i'r gogledd-orllewin o'r tŷ mae system helaeth o lwybrau troed, nifer ohonynt ar agor i'r cyhoedd (ar dir yr Ymddiriedolaeth Genedlaethol). Maent oll i'w gweld ar fap Arolwg Ordnans 1889 a rhai ar fap ystad 1860, ac yn ôl pob tebyg roeddynt oll yn wreiddiol yn llwybrau a llwybrau meirch hamdden a oedd yn eiddo i Ddolmelynllyn. Cynlluniwyd y llwybrau ar ôl 1860 yn amlwg gan Charles Williams, ond mae rhai ohonynt yn sicr yn hen lwybrau, ac yn ôl pob tebyg cynlluniwyd y prif lwybr o'r ardd sy'n cysylltu â'r system, gan roi mynediad i Afon Ganllwyd a Rhaeadr Du, gan William Madocks, a arferai ddifyrru gwesteion a oedd yn deisyfu golygfeydd dymunol. Roedd y rhodfa i fyny at y rhaeadr yn ffefryn gan ymwelwyr i Ddolmelynllyn yng nghyfnod Madocks ac ar ôl hynny.

Mae'r llwybr sy'n arwain allan o'r ardd yn mynd heibio'r ardd lysiau ac yn dilyn y llwybr llai i fyny at y bonion gwenyn, ychydig y tu hwnt i wal yr ardd. Yn union ar ôl mynd drwy'r giât mae'n rhedeg yn gyfochrog â wal y parc am ychydig bellter, ac mae'n llydan ac wedi'i lefelu i mewn i'r llethr. Mae llwybrau eraill yn arwain oddi wrtho i mewn i'r goedwig, ond nid oes un ohonynt wedi'i wneud cystal. Ymhellach, mae natur y tir yn golygu bod y llwybr yn mynd yn fwy anwastad, ond mae'n parhau i fod mor llydan a lefel â phosibl, â cherrig cynhaliol yn yr ochrau lle bo angen. Mae pont fodern yn croesi'r afon islaw'r rhaeadr, ar safle pont hŷn yn ôl pob tebyg, a thu hwnt i'r man hwn ni ellir dilyn y llwybr a wnaed yn dda.

Mae'r gerddi'n cwmpasu ardal fechan o'i chymharu â'r parc, ond er hynny maent yn ddiddorol ac yn amrywiol. Mae dau deras ffurfiol gweddol gul yn rhedeg o amgylch de a dwyrain y tŷ, â thrydydd teras mwy o lawer i'r de. Y tu hwnt iddo mae lawnt, â nant fechan yn ei chroesi, ac yna llecyn trionglog o lwyni.

Mae gan y teras uchaf i'r dwyrain wyneb rhannol goncrid a adawyd o gyfnod yr Ail Ryfel Byd, ac yn ddiweddar adeiladwyd gwelyau uchel hirsgwar arno. Ychwanegwyd amrywiol gerfluniau bychain i'r terasau uchaf hefyd, ar bob ochr, er bod y pâr o aranod ar waelod y grisiau i lawr at y teras isaf ar y de wedi bod yn y safle hwn ers diwedd y bedwaredd ganrif ar bymtheg.

Mae'n amlwg bod cynllun y gwelyau ar y teras isaf i'r dwyrain sydd bellach yn rhes o welyau rhosod crwn mewn porfa wedi newid, a gellir gweld llinell y rhodfa a arferai redeg ar hyd ochr allanol y teras hwn. Mae gan y teras isaf mawr ar y de bwll â ffynnon a oedd yn ei le erbyn diwedd y ganrif ddiwethaf, ond mae'n bosibl nad yw cynllun y gwelyau o'i amgylch yn wreiddiol.

Gwelir y lawnt a'r llwyni tu hwnt hefyd ar fap Arolwg Ordnans 1889, er nad ydynt yn ymddangos mewn unrhyw un o'r ffotograffau yn y tŷ.

I'r gorllewin mae llecyn coediog heb lwybrau ffurfiol ond mae yno ddwy neu dair nant ddeniadol naturiol. Roedd hwn yn cael ei gynnwys yn yr ardal a elwir yn 'pleasure grounds' ar fap 1860, ac erbyn hynny yn ôl pob tebyg roedd conifferau eisoes wedi'u hychwanegu at y coetir naturiol. Torrwyd y rhain i lawr, gan adael tyfiant sydd bron yn naturiol unwaith eto.

Roedd y terasau, y lawntiau a'r llwyni oll wedi'u cerfio allan o'r 'pleasure grounds' coediog hyn. Mae ffotograff a dynnwyd ym 1862 yn dangos y teras uchaf i'r de o'r tŷ, heb risiau'n arwain i lawr yno ond giât fechan. Erbyn 1867 adeiladwyd yr ail deras a'r grisiau a oedd yn arwain i lawr ato; roedd y trydydd teras wedi'i lefelu ac yn cael ei ddefnyddio fel lawnt groce. Roedd y ddau deras uchaf yn raeanog, ac roedd rhes seml weddol gul o risiau yn arwain i lawr at y lawnt groce o'r ail deras.

Ym 1870 roedd y teras uchaf ar y dwyrain wedi'i raeanu ac nid oedd ganddo wal ganllaw. Erbyn 1873 roedd y wal a'r grisiau rhwng y terasau uchaf ac isaf ar yr ochr hon wedi'u hadeiladu; ar yr ochr ddeheuol roedd ffens haearn gywrain ar hyd ymyl yr ail deras, ac ymddangosai'r lawnt groce islaw yn segur. Erbyn 1890, fodd bynnag, adeiladwyd yr ail res o risiau i lawr at y lefel hon i gyfateb i'r rhes uchaf, ac roedd y pwll a'r ffynnon, â gardd rosod o'u hamgylch, ar safle'r lawnt groce. Roedd y brif wal deras ar y dwyrain fel ag y mae heddiw, ac roedd y garanod ar waelod y grisiau i lawr at deras y ffynnon yn eu lle, un ohonynt eisoes yn ddi-ben.

Mewn ffotograffau o'r iard gefn yn y 1870au gwelir colomendy cerrig mawr sydd wedi diflannu ers hynny, ac roedd rhai coed mawr, gan gynnwys ywen, yno ym 1870 ond fe'u symudwyd erbyn 1872. Roedd wal isel yr holl ffordd ar hyd ochr ddwyreiniol yr iard, fel yr un sydd ar y gogledd-ddwyrain o hyd; cymerwyd ei le ar y dwyrain bellach gan ffens haearn gywrain (yn ôl pob tebyg y ffens a symudwyd o ymyl yr ail deras ar yr ochr ddeheuol). Nid oedd y wal a ymdebygai i gloestr wedi'i hadeiladu eto.

Ar ôl i Charles Williams drosglwyddo Dolmelynllyn i'w fab ym 1892, ymddengys bod yr addasiadau wedi dod i ben, ac mewn gwirionedd rhoddodd Romer Williams yr eiddo i'w forgeisio ym 1894, yna ei ad-brynu a'i forgeisio eto cyn ei werthu'n derfynol ym 1907, sy'n awgrymu nad oedd ganddo lawer o arian i'w wario ar welliannau. Mae'r cynllun heddiw yn debyg iawn i'r hyn a welir ar fap 1889.

Gwelir yr ardd lysiau fel perllan ar fap ystad 1860, ac mae amlinelliad ohono i'w weld ar fap llawysgrif 1819 hefyd. Mae'n dyddio o gyfnod cyn y rhan fwyaf o'r ardd addurnol felly. Fodd bynnag, nid yw'r berllan fach i'r gogledd i'w weld ar y naill fap na'r llall, ac mae'n debyg iddi gael ei chreu a bod y berllan wreiddiol wedi'i throi'n rhannol o leiaf i gynhyrchu llysiau a blodau tua'r un adeg ag yr ymgymerwyd â gweddill y gwaith sylweddol yn yr ardd. Erbyn 1889 roedd rhan ddeheuol yr ardd lysiau wedi'i phlannu fel coetir cymysg. Ar fap 1860 gwelir ffurf yr ardd yr un peth ag ydyw heddiw, ond nid yw'n nodi unrhyw gynllun mewnol.

Mae'r ardd yn gorwedd ychydig y tu ôl i'r tŷ, i'r gorllewin, ac mae'n sgwâr yn sylfaenol, ag estyniadau afreolaidd i'r de a'r dwyrain. Mae ar ogwydd serth i fyny tua'r gorllewin, a'r llethr yn peri bod angen terasu'r rhan ogleddol. Mae wal gerrig o'i amgylch, ac ym 1889 un tŷ gwydr bach oedd yno ac nid oes dim ôl ohono yno.

Ceir mynedfeydd yn y wal ogleddol yn ymyl y canol a ger y gornel ogledd-ddwyreiniol, y ddwy'n segur ac wedi'u llenwi dros dro; yn y wal ddwyreiniol yn ymyl y canol, sy'n brif fynedfa ar hyn o bryd, ac ymhellach i'r gogledd, ac mae hon wedi'i llenwi â cherrig yn barhaol; ac yn y gornel dde-ddwyreiniol, lle mae grisiau yn arwain i lawr at lwybr â wyneb arno. Mae llwybr â wyneb arno yn arwain at y fynedfa ogledd-ddwyreiniol hefyd. Gwelir y llwybrau hyn ar fap 1889, a hefyd lwybr sy'n arwain at y drws a lenwyd yn y wal ddwyreiniol; mae'n debyg bod y ddwy fynedfa arall yn ddiweddarach. Yn sicr ymddengys bod y fynedfa yng nghanol y wal ddwyreiniol wedi'i gwneud drwy'r wal, ac mae llwybr ar oleddf uwchlaw wal derasog yn arwain ati; mae trofa weddol sydyn ar y pen blaen â pheth ffens haearn am fod cwymp go fawr, ac mae lefel y tir o fewn yr ardd yn uwch o lawer nag ar y tu allan (mae'r wal ddwyreiniol yn wal gynhaliol yn rhannol). Mae wyneb caled i'r llwybr ac mae'n weddol lydan.

Mae'r waliau eu hunain yn sych, tua 1.2 medr–1.4 medr o uchder ar y gogledd ac yn uwch ar y dwyrain a'r de; ni ellir mynd at y wal orllewinol. Ffurfiwyd y garreg yn arw, fel yn y waliau sych eraill yn y parc a'r ardd.

Darn bach o'r ardd yn unig ar yr ochr ddwyreiniol sy'n cael ei ddefnyddio ar hyn o bryd, â pholydwnnel a thŷ gwydr bach modern wedi mynd â'i ben iddo i raddau helaeth iawn; mae'r gweddill wedi tyfu'n wyllt. Ar fap 1889 gwelir chwech wal derasu yn rhan ogleddol yr ardd; o'r rhain, gellir gweld y ddwy wal isaf yn glir a gellir dod o hyd i'r ddwy nesaf yn yr isdyfiant, ond mae'n amhosibl lleoli'r ddwy wal uchaf. Mae'r waliau'n sych a, lle maent i'w gweld, yn is na medr o uchder, gan amrywio gyda'r llethr. Mae gan y wal isaf ddau fan lle gellir mynd ati, un ohonynt â'r grisiau'n dal yn eu lle.

Mae'r llwybr i'r dwyrain o'r teras isaf yn glir o hyd, ac i'r de o ben gweddill y terasau mae wal deras yn mynd yn ei blaen ar hyd ei ochr uchaf (orllewinol), ychydig i'r ochr ac mewn arddull wahanol (adeiladwaith morter mwy taclus o lawer). Mae tua 0.8 medr o uchder yn y pen gogleddol, gan godi i dros 1 medr i'r de, a gall berthyn i gyfnod diweddarach – nid ymddengys ei bod i'w gweld ar fap 1889. Uwchlaw mae tanc dŵr â chyflenwad naturiol.

I'r de gellir gweld bonyn llawn tyfiant y wal sy'n rhedeg o'r dwyrain i'r gorllewin ac sy'n torri i ffwrdd ran goediog yr ardd wreiddiol. Mae'r ardal fwyaf deheuol hon yn goediog o hyd, ac mae yno un wal deras (nad yw i'w gweld ar fap 1889) tua 1.3 medr o uchder â sied haearn wrymiog wedi mynd â'i phen iddi uwchlaw. I'r gorllewin o'r wal deras ymddengys bod yr ardal ar ogwydd naturiol.

Gwelir coed ffrwythau ar fap 1889 yng nghanol ac yn ngogledd yr ardd, ond bellach nid oes dim ohonynt i'w gweld. Fodd bynnag mae rhai coed cyll, ynn a helyg yn y canol sy'n dangos arwyddion iddynt gael eu coedlannu yn y gorffennol ac ymddengys iddynt gael eu plannu mewn rhesi. Mae gweddill y coed yn nwy ardal ogleddol yr ardd wedi eu hunanhau yma ac acw, ond nid yw'r rhan fwyaf ohonynt yn hen iawn. O bosibl mae'r coedlannau yn nodi defnydd diweddarach o'r ardd cyn iddi fynd yn hollol segur bron.

Bellach mae'r berllan, i'r gogledd, yn rhan o'r cae eto a symudwyd y ffiniau, boed yn waliau neu'n ffensys, yn ofalus. Mae'n bosibl bod rhai pantiau yn y tir yn nodi safleoedd blaenorol coed. Roedd yr ardal yn rhan o gae ym 1860 a daethai'n berllan erbyn 1889. Roedd yn hirsgwar ac yn weddol fach, â'r echel hir yn rhedeg o'r gogledd i'r de bron.

Ffynonellau

Sylfaenol

Gwybodaeth oddi wrth Mr J. Barkwith, gan gynnwys gwybodaeth a roddwyd iddo gan Ms Caroline Kerkham.

Map ystad (1860), Archifau Meirionnydd, Z/DN/44.

Casgliad o ffotograffau a gwybodaeth arall a gedwir yn y tŷ.

Catalog o bapurau Dolmelynllyn; archifau Meirionnydd.

Map llawysgrif 2 fodfedd ar gyfer argraffiad cyntaf 1 fodfedd y map Arolwg Ordnans (tua 1819), Archifau Coleg Prifysgol Gogledd Cymru, Bangor.

Eilradd

S. P. Beamon, a S. Roaf, *The Ice-Houses of Britain*, 1990.

E. Beazley, Madocks and the Wonder of Wales (1967).

CADW

GLAN-Y-MAWDDACH

ICOMOS UK

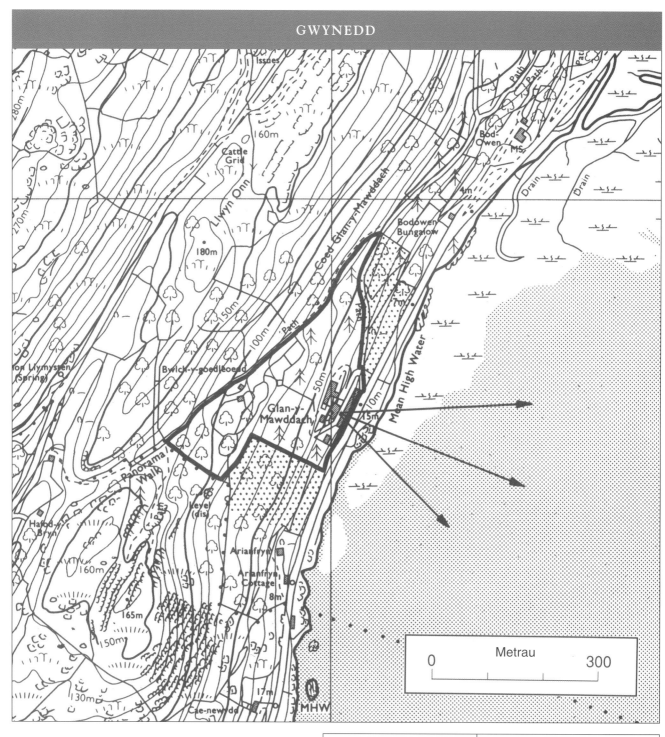

GWYNEDD

Rhif ar y Gofrestr	PGW (Gd) 62 (GWY)
Rhif Blaenorol ar y Gofrestr	
Rhif Taflen A.O.	SH 61 NW
Cymuned	Y BERMO

Gardd ──────────

Lleoliad Hanfodol ⋰⋰⋰⋰⋰⋰⋰⋰

Golygfa Arwyddocaol ───────▶

CRYNODEB

Rhif cyf	PGW (Gd) 62 (GWY)
Map AO	124
Cyf grid	SH 630 167
Sir flaenorol	Gwynedd
Awdurdod unedol	Gwynedd
Cyngor cymuned	Y Bermo
Disgrifiadau	Adeiladau rhestredig: tŷ Gradd II; teras Gradd II; cerbyty a stablau gynt Gradd II; giatiau gardd a phileri giatiau Gradd II; hafdy Gradd II. Parc Cenedlaethol Eryri.
Gwerthusiad safle	Gradd II*
Prif resymau dros y graddio	Gardd Edwardaidd ffurfiol a choetir hynod ddiddorol mewn lleoliad arbennig ar aber Mawddach. Mae yn yr ardd raniadau dirgel anarferol, pob un â'i gymeriad gwahanol ei hun, a'r cyfan wedi'i gysylltu â rhwydwaith llwybrau cymhleth. Hefyd fe'i plannwyd yn helaeth â choed, llwyni a pherthi bytholwyrdd, ac mae'r rhododendronau a'r asaleâu'n cynnig gwledd i'r llygad.
Math o safle	Gardd ffurfiol a choetir â therasau a rhaniadau.
Prif gyfnodau o adeiladu	tua 1900–1914

Disgrifiad o'r safle

Lleolir Glan-y-Mawddach ar safle eithriadol o brydferth a dymunol ar ochr serth orllewinol aber Mawddach. Mae'r golygfeydd o'r tŷ a'r ardd ar draws yr aber llanw i gyfeiriad Cader Idris yn wefreiddiol. Mae'r tŷ ar lechwedd serth, uwchlaw ffordd yr A496, â'r rhan fwyaf o'r ardd uwch ei ben. Mae lôn raeanog serth yn arwain ato, gan groesymgroesi i fyny'r llethr a chyrraedd blaengwrt bychan ar ochr ogleddol y tŷ. Saif y tŷ wrth gefn teras unionlin, wedi'i dorri yn y graig y tu ôl iddo a'r blaengwrt. Mae'n dŷ cerrig deulawr â ffenestri codi myliynog, to talcennog llechi a bondo bargodol. Mae'r brif fynedfa ar yr ochr ogleddol; ar yr ochr ddwyreiniol, mae dau fae'n ymwthio allan gan edrych dros yr aber. Mae anheddau deulawr ac unllawr ar gyfer y gweision yn ymwthio tua'r de. Ym mhen deheuol y talcen dwyreiniol mae ystafell wydr unllawr sy'n ymwthio at ymyl y teras. Fe'i hadeiladwyd o gerrig, ac mae iddi ddrysau â bwâu crwn ar hyd yr ochr ogleddol a ffenestri at y llawr i'r dwyrain, lle ceir golygfeydd bendigedig. Palmantwyd y llawr â cherrig cymysg.

Adeiladwyd Glan-y-Mawddach yn ail ddegawd y bedwaredd ganrif ar bymtheg a'i addasu a'i ymestyn ar ddiwedd y bedwaredd ganrif ar bymtheg – dechrau'r ugeinfed ganrif. Ychwanegwyd yr ystafell wydr yn y 1950au–60au. Cafwyd y prif ddatblygiad yn yr ardd yn ystod perchnogaeth Mr a Mrs Keithley ar ddechrau'r ugeinfed ganrif. Mae gan lechfaen ar wal gynhaliol y teras lawysgrif Ladin â'r llythrennau blaen AK a JK a'r dyddiad 1910. Ym 1943 prynwyd Glan-y-Mawddach gan William Clayton Russon (a urddwyd yn farchog ym 1958 ac a fu farw ym 1968) a pharhâi ei weddw i fyw yno tan y 1970au.

Lleolir yr ardd ar y llechwedd serth, gan orwedd uwchlaw'r tŷ ac i'r gogledd ohono'n bennaf. Islaw'r tŷ, ar y lefel isaf mae teras hir, â pherth gypreswydd yn ffin i'r dwyrain, lle mae dau dŷ gwydr hir segur. Yn y pen deheuol mae rhai tai allan a giât gefn. Mae'r lôn yn ymdroelli i fyny'r llethr ar wal gerrig cynhaliol uchel, ac ar yr ochr allanol mae perth o lawryf Portiwgal, llawryf a chelyn. I'r gogledd, islaw'r ardd go iawn, mae coetir a blannwyd â phinwydd Albanaidd. Ym mhen deheuol ail dro'r lôn mae mynedfa i gwrt

stabl bach, â wal ganllaw i'r dwyrain, uwchlaw wal gynhaliol. Ar yr ochrau deheuol a gorllewinol mae adeiladau cerrig deulawr ac i'r dwyrain mae adeilad unllawr ar wahân, sy'n fodurdy bellach. Ar bob ochr i'r fynedfa mae pileri giatiau cerrig uchel â blaenau pigfain, ac arnynt fe saif griffonau herodrol o garreg adluniedig sy'n dal tarianau wedi'u haddurno â'r llythyren 'K' (Keithley). Gwelir y cwrt hwn ar fap Arolwg Ordnans yr 1880au ac mae'n perthyn i'r un cyfnod â'r tŷ yn ôl pob tebyg. Ychydig i'r gogledd, islaw pen deheuol y teras, mae rhes hir gul o risiau cerrig, â chopâu concrid, i fyny at adain y gweision. Yna mae'r lôn yn rhedeg wrth droed y tŷ a theras yr ardd, lle mae wal gerrig cynhaliol uchel yn ffin. Wrth droed y wal mae border o lwyni bytholwyrdd ac yn ymyl y pen gogleddol mae dŵr yn llifo (yn ysbeidiol) o ben llew terracotta i fasn carreg.

Mae'r prif deras yn rhedeg o flaen y tŷ a thŷ ac i'r gogledd ohono, o flaen y blaengwrt, sydd â llethr serth o rododendronau y tu ôl iddo. Fe'i palmantwyd â choncrid ac mae ar ddwy brif lefel. Ar ei ochr allanol mae ffin o falwstradau terracotta â chopa concrid gwastad. Saif pum bowlen derracotta fawr ar bileri o fandiau briciau am yn ail â bandiau concrid. Stampiwyd dwy â'r gair 'FLOREAT' ac mae dwy ar goll. Ar hyd yr ymyl, islaw'r balwstradau, mae gwely cul ag ymylon concrid. Yn union o amgylch y tŷ mae teras cul a balmantwyd â cherrig â wal gerrig gynhaliol. Mae arni dair bowlen o gerrig adluniedig â gyddfau cul, ymylon ar led ac wedi'u haddurno â bandiau o ddail gwinwydd. Gellir mynd at hanner gogleddol y teras i lawr dau ris o'r blaengwrt. Rhwng y teras a balmantwyd â choncrid a'r blaengwrt mae gwely rhosod a phum llestr o gerrig adluniedig, wedi'u haddurno ag addurnblethau o rawnwin, ar blinthau hirsgwar. Mae rhai ohonynt yn dreuliedig iawn. Ym mhen gogleddol y teras mae cromfan, â border o berthi yw, lle saif llestr ffliwtiog concrid ar blinth hirsgwar. Ym mhen deheuol rhan ogleddol y teras mae pedwar gris, holl led y teras, i lawr at y rhan isaf o flaen y tŷ. Mae hon yr un peth, ac ar y de mae darn byr o berth yw yn ffin yn y pen allanol a'r ystafell wydr, a thri gris yn mynd ati. Mae rhes o chwe gris yn arwain i fyny at deras y tŷ.

Mae cymeriad prif ran yr ardd yn hollol wahanol; gardd goetir serth ydyw wedi'i phlannu'n helaeth â rhododendronau, asaleâu, coed enghreifftiol a llwyni eraill, wedi'i chynllunio â rhwydwaith o lwybrau croesymgroes, rai ohonynt yn fwy ffurfiol na'i gilydd, sy'n arwain at fannau dirgel yn yr ardd a phob un â'i gymeriad arbennig ei hun.

Mae'r brif fynedfa i'r ardd i'r gogledd o'r tŷ, ar dro uchaf y lôn. Mae giatiau uchel haearn gyr a baentiwyd yn las (mae'r glas yn digwydd blithdraphlith drwy'r ardd), â phileri carreg uchel ag yrnau ar eu pennau uchaf ar bob ochr, wedi'u gosod mewn porth bwaog yw, yn arwain at lwybr palmentog concrid syth, â wal gynhaliol sych ar ochr y llechwedd ac yna berth bocs ag asaleâu, cameliâu a rhododendronau uwchlaw. Ar yr ochr isaf (ddwyreiniol) mae perth yw â bwtresi, sy'n sefyll ar wal gynhaliol arall. Wrth ei ymyl mae rhes o goed ceirios a choed pinwydd uchel o amgylch. Mae'r berth isaf yn newid yn berth rododendronau ac mae rhes o risiau glingam, â pherth rododendronau ar bob ochr, yn arwain at lwybr ar oleddf, â pherth lawryfoedd ar bob ochr, gan arwain at risiau concrid, â waliau briciau ar bob ochr a giât las â phileri briciau ar bob ochr ar y lôn, ac ychydig i'r dwyrain mae'r fynedfa i Panorama Walk, sy'n rhedeg ar hyd ffin ddwyreiniol yr ardd yma.

Yn y pen gogleddol mae'r llwybr syth yn ymagor ar lawnt drionglog fechan, a elwir yn Fountain Garden oherwydd bod ffynnon yn ymyl ei ben deheuol. Mae ganddo fasn crwn â cherrig wedi'u mowldio o'i amgylch lle saif pedwar llestr carreg. Yn y canol mae ffynnon haearn bwrw â gwadn finfylchog, pedwar pelican a bowlen ac ar ei phen fachgen yn sefyll ar gragen fylchog. I'r de o'r lawnt mae perth lawryfoedd yn ffin, i'r dwyrain berth yw uwch â thocwaith yn y canol, i'r gogledd berth lawryfoedd ac i'r gorllewin berth focs isel â llwybr cul ar hyd-ddi. Y tu ôl i hon mae gwely uchel a blannwyd â llwyni a wal goncrid cynhaliol y tu ôl i hwnnw. Yn y pen deheuol, i'r ochr orllewinol, mae rhes o saith gris, â phileri cerrig â llestri minfylchog ar eu pennau uchaf ar bob ochr, yn arwain at bafiliwn pren bach a baentiwyd yn las, sy'n agored ar ochr yr ardd. Gothig yw'r arddull â manylion Celf a Chrefft ac fe'i hadeiladwyd ym 1909. Mae iddo do ar oleddf a llawer o gerfiadau ar y gwaith pren. Cerfiwyd y paneli cefn, y pileri a'r sbandreli â dail, ffrwythau, blodau, adar, coed a brwyn wedi'u hymglymu. Mae mainc a llawr concrid ar y tu mewn. Gosodwyd gwydr lliw yn y ffenestr drionglog yn y cefn a hefyd yn y ddwy ffenestr fach ar bob ochr. Ar yr un ddeheuol mae'r arwyddair: 'I was not disobedient unto the heavenly vision' ac ar yr un ogleddol; 'Possunt quia posse videntur'. Ar y postyn deheuol yn y cefn mae'r arysgrifen: 'A Lloyd Fecit'. Mae llwybr uchaf yn rhedeg tua'r gogledd o'r pafiliwn, gan arwain at lwybr cerrig cul ag ymylon cwarts, â pherthi llawryfoedd ar bob ochr, sy'n arwain at risiau cerrig i lawr at y lawnt. Mae llwybr arall, â wal isel ar bob ochr, yn rhedeg o ben gogleddol y lawnt, islaw wal gynhaliol uchel y Pool Garden, at ben gogleddol yr ardd. Llenwyd y pen â cherrig, ond mae grisiau cerrig y tu hwnt yn arwain lawr at Panorama Walk.

O'r llwybr uchaf mae grisiau crwm concrid, â pherth sgimia ar ei ochr uchaf, yn arwain at risiau cerrig at lanfa letach. Yma, mae grisiau crwm, sy'n lletach ar y gwaelod, yn arwain i fyny'r bryn at y Japanese Garden, tra bod grisiau culach, rhwng waliau cerrig isel, yn arwain ymlaen at y Pool Garden. Dyma'r ardd ddirgel fwyaf yn y coetir. Mae'n hirsgwar, a'i chefn wedi'i thorri i mewn i'r graig ac wedi'i hadeiladu i fyny â wal gerrig uchel. Mae lawnt hirsgwar yn cymryd y rhan fwyaf o'r lle yn yr ardd â llecyn palmentog concrid llydan o'i chwmpas, a thu ôl iddo mae gwely uchel o goed seithliw a wal ganllaw, ar yr ochr ddwyreiniol a llwybrau concrid ar y gogledd a'r de. Yng nghanol y lawnt mae pwll hirgrwn ag ymylon concrid gwastad, ac yn ei ganol mae ffynnon syml, sef bowlen garreg wythonglog adluniedig ar wadn wythonglog ychydig yn lletach. Ar yr ochr ddeheuol mae llethr greigiog o lwyni bytholwyrdd, asaleâu a rhododendronau'n bennaf, ac i'r gogledd gwely rhosod. Yng nghanol yr ochr ddeheuol mae nant fechan yn rhedeg i lawr y graig, dros raeadrau, i mewn i sianel gilfachog mewn cilfach ac yna, wrth droed y llethr, i bwll crwn â wal gerrig yn ffin iddo. Yn y gornel dde-orllewinol mae dŵr yn llifo i lawr wyneb y graig i 'ogof' neu groto a adeiladwyd o'r wal gynhaliol â thalpiau o gerrig a chwarts. Mae'r dŵr yn llifo heibio i gerrig cwarts i sianel fechan ar hyd troed y wal gefn ac i bwll ag ymylon cwarts. Mae'r microhinsawdd laith yn gyforiog o redyn a bambŵ, gan gynnwys enghreifftiau anarferol, ac yn y pen gogleddol mae clwstwr mawr o *Gunnera manicata*. Ar yr ochr ogleddol â'r wal yn ei blaen, â pherth lawryfoedd drosti, ac yna mae'n mynd yn ei blaen ymhellach am ychydig fel wal sy'n sefyll ar ei phen ei hun â phedwar porth bwaog. Yn y bwâu mae balwstradau isel ac mae giât haearn las gan yr ail o'r gorllewin. Mae'r berth lawryfoedd yn parhau i'r dwyrain am ychydig bellter. Mae'r giât yn arwain drwy gwrt bach a balmantwyd â choncrid, â wal sych yn ffin iddo ar y dwyrain. Mae grisiau, â dwy ywen Wyddelig ar bob ochr iddynt, yn arwain i lawr at bwll clir iawn, â phont o un graig fawr drosto. Daw'r dŵr i mewn i'r pwll o fwgwd terracotta ar yr ochr ddeheuol gan adael yn y pen arall. Mae coed a llwyni bytholwyrdd yn amgylchynu'r cwrt. Mae grisiau cerrig cul yn y pen, â chanllaw

haearn, yn arwain i fyny at rodfa gerrig, cynhaliol, fwsoglyd, ag asaleâu, cameliâu a rhododendronau ar yr ochr uchaf a pherth rhododendron ar yr ochr isaf. Mae'r llwybr yn arwain ar draws llethr greigiog â phinwydd a bambŵ uchel o amgylch a daw allan wrth giât las ym mhen gogleddol yr ardd, wedi'i gosod yn wal gerrig derfyn yr ardd.

Oddi yma mae llwybr yn arwain i gyfeiriad y de drwy'r ardd goetir, â changhennau'n mynd i wahanol lefelau. Mae un llwybr yn rhedeg dan y wal derfyn, a thu draw mae Panorama Walk. Mae'r llwybrau'n gul, heb wyneb neu ag wyneb cerrig, â grisiau ar y rhannau mwyaf serth. Tua'r pen deheuol, uwchlaw'r tŷ, mae rhwydwaith y llwybrau'n fwy cymhleth, ag amrywiaeth o wynebau, gan gynnwys concrid, grisiau ac amrywiaeth o ran lled. Mae llwybr lletach, ag ymylon o gerrig mawr gwastad a grisiau concrid, yn dringo igam-ogam i fyny'r llethr, â chonifferau o amgylch, ac yn arwain at lwybr mwsoglyd, â chameliâu ac asaleâu ar yr ochrau at fynedfa â bandiau o goncrid a briciau sy'n arwain at yr ardd lysiau flaenorol ar ben yr ardd.

Nesaf at ben gogleddol yr ardd lysiau mae gardd arall â'i chymeriad unigryw ei hun. Mae llwybrau cul, ag asaleâu ar bob ochr, yn arwain drwy'r coetir i'r dwyrain, ond mae llwybr ochr yn arwain at gasebo cerrig crwn ychydig tu hwnt i gornel ogledd-ddwyreiniol yr ardd lysiau. Mae grisiau syth ar ei hochr ddeheuol yn arwain i fyny at lwyfan crwn â mainc isel a wal ganllaw wastad o'i amgylch. O'r fan hon ceir golygfa banoramig neilltuol. Mae llwybr yn arwain o gwmpas gwadn y gasebo at risiau cerrig i lawr at lwyfan cerrig crwm dan wal ogleddol yr ardd lysiau. Islaw mae cyfres o derasau a gynhelir â cherrig a blannwyd â choed seithliw, ac islaw mae rhagor o lwybrau a grisiau. Mae grisiau concrid lletach yn arwain at nifer o lwybrau, un ohonynt at bwll cromfannol â llwyni bytholwyrdd o'i amgylch. Daw dŵr i mewn drwy bibell a rhennir y pwll yn ddau gan wal friciau. Mae grisiau yn arwain i lawr i'r ddwy ran, sy'n awgrymu iddo gael ei ddefnyddio at ddibenion ymdrochi. Ar yr ochr isaf mae perth yw Wyddelig.

Islaw'r llecyn hwn mae llwybr gwastad ar hyd y llechwedd, â pherth yw isel ar yr ochr dde i'r dwyrain a pherth rhododendronau i'r gorllewin, yn arwain at ardd ddirgel arall, yr 'Italian Terrace'. Teras hanner crwn concrid yw hwn wedi'i adeiladu dros y llethr ac wedi'i dorri i mewn iddi yn y cefn. Yn y canol mae gwadn ar gyfer deial haul, sydd bellach wedi diflannu. Ar yr ochr allanol mae wal gerrig isel yn ffin, yn dyllog ar y pen blaen, â chopa concrid gwastad. Mae addurniadau pyramid cerrig wrth ochrau'r adrannau isaf. Mae dwy gilfach ar gyfer seddi wedi'u torri yn y garreg yn y cefn, a thu ôl mae llethr o rododendronau tociedig. Ym mhob pen o'r wal deras mae mynedfeydd, lle be giatiau ar un adeg, gan arwain at resi serth o risiau concrid â chanllawiau haearn ar bob ochr. Oddeutu'r mynedfeydd mae plinthau a arferai ddal griffoniaid ar eu heistedd yn dal tarianau a gerfiwyd â 'K' am Keithley. Islaw'r Italian Terrace mae llwybr llorweddol arall, ag yw Gwyddelig ar hyd ei ochr allanol, sy'n ymagor mewn un man ar lwyfan hirsgwar bach, ac mae grisiau o yw tociedig yn y cefn, sy'n culhau wrth iddynt esgyn y llethr.

Islaw, mae grisiau cerrig troellog, â phileri gwadbay crwn ar bob ochr ar gyfer addurniadau a ddiflannodd, yn arwain at hafdy gwladaidd. Mae hwn yn grwn ac ymddengys iddo gael ei ailadeiladu, gan gopïo'r fersiwn gwreiddiol o bosibl. Mae'r hanner waliau o friciau a choncrid mewn bandiau, thema sy'n digwydd mewn mannau eraill yn yr ardd, ac uwchlaw mae cynalbyst o bren garw ar gyfer to ffelt pigfain. Teils terracotta sydd ar y llawr. Mae rhagor o lwybrau yn rhedeg i lawr y llethr ac ar ei hyd, un ohonynt yn arwain at ben y tŷ lle'r arferai'r gweision drigo ac un arall yn parhau tua'r de y tu hwnt i ffin yr ardd. Mae un llwybr uwchlaw'r tŷ yn ymagor ar adran â pherth fach yw â phlinth concrid sgwâr yn y canol. Gerllaw mae llecyn o goed seithliw a grug. Mae grisiau cerrig, â chanllaw, yn arwain at lwybr cerrig arall islaw, ac yna mae rhagor o lwybrau, â chanllaw eto, yn arwain i lawr at y Japanese Garden.

Mae hwn yn llecyn gwastad, â llwyfan concrid, grisiau a phergola pren. Mae ffurf L i'r pergola, ac fe'i plannwyd â wisteria, sy'n tyfu o amgylch pwll hirgrwn ag ymylon cwarts yn y teras concrid. Mae nant yn llifo i mewn ar yr ochr uchaf a phlannwyd y llethrau o'i hamgylch â bambŵ. Mae'r nant yn llifo allan, dan bont garreg a holltiwyd o graig fawr, gan ddisgyn i'r Pool Garden, y gellir mynd ati hefyd ar risiau concrid cul yn y gornel ogledd-orllewinol. Yn yr ardd yn wreiddiol roedd addurniadau o lanterni cerrig Siapaneaidd ond symudwyd y rhain. Yng nghefn yr ardd, ar ei hochr orllewinol, mae adardy neu golomendy bach wedi'i baentio. Mae ar ffurf tŷ bychan, â thyredau bychain, ceiliog y gwynt, ac agoriadau bach a mawr. I'r gogledd mae llwyfan carreg ychydig yn uwch na'r teras concrid, â wal gerrig yn y cefn a grisiau cerrig crwm at lwybr uwch. Mae grisiau cerrig a briciau i'r de yn arwain i lawr at rwydwaith o lwybrau cerrig cul a throellog. Ymhellach i'r de, mae grisiau bric a choncrid ar led, â phileri cerrig ar bob ochr, yn arwain at lwybr â llecyn lletach lle mae plinth concrid crwn ar gyfer addurn, sydd bellach wedi diflannu.

Datblygwyd yr ardd gan Mrs Keithley ym mlynyddoedd cynnar yr ugeinfed ganrif. Ar fap Arolwg Ordnans y 1880au gwelir y lôn, y teras, y blaengwrt ac roedd ychydig lwybrau yn y coetir yn y cyfnod hwnnw; roedd y lôn, y teras, y blaengwrt a rhai o'r llwybrau yn cydoesi â'r tŷ yn ôl pob tebyg, er bod y teras fwy na thebyg ond wedi ymffurfio fel y mae heddiw yn ystod ei chyfnod hi. Gwelir y llwybr syth sy'n rhedeg tua'r gogledd o fynedfa'r ardd ar y map. Felly, pan gychwynnodd Mrs Keithley gynllunio'r gerddi byddai wedi canfod bod fframwaith sylfaenol y gerddi eisoes yn bodoli. Ychwanegodd ato lawer mwy o lwybrau a'r gerddi a'r nodweddion unigol, sy'n dangos tipyn o ddylanwad yr Eidal a Siapan (yn y Japanese Garden) ac ychydig o ddylanwad Celf a Chrefft. Addurnwyd yr ardd ganddi'n helaeth ag addurniadau cerrig a therracotta; gwelir rhai ohonynt mewn ffotograffau mewn erthygl yn *Country Life* ym 1975. Cymerwyd rhai o'r addurniadau hyn o'r ardd ym 1997, yn benodol y griffoniaid a'r deial haul o'r Italian Garden a'r lanterni cerrig Siapaneaidd o'r Japanese Garden. Plannwyd yr ardd yn helaeth â choniferau a choed enghreifftiol eraill, gan gynnwys pefrwydd, ffinydwydd, pinwydd, y binwydden ambarél (*Sciadopytis verticillata*), cedrwydd, secwoias, coed arawcaria, cordyline a chypreswydd. Pinwydd Albanaidd sydd fwyaf amlwg. Islaw'r rhain plannwyd rhododendronau, asaleâu, cameliâu a masarn Siapaneaidd. Mae rhododendronau ac asaleâu yn arbennig o helaeth gan gynnig gwledd i'r llygad yn gynnar yn yr haf. Mae'r perthi'n ffurfiol, ag ywen, bocs a rhododendronau yn fwyaf amlwg. Gadawyd yr ardd gan Syr William a'r Fonesig Russon fel y cawsant hi, ond gwnaed llawer o blannu ychwanegol ganddynt.

Llecyn hirsgwar ym mhen uchaf yr ardd yw'r ardd lysiau â waliau cerrig rwbel uchel yn ei hamgylchynu. Gwelir llecyn â wal o'i gwmpas yma ar fap Arolwg Ordnans y 1880au, ond nid ymddengys ei fod yn ardd lysiau, ond yn hytrach gae. Bellach ni ddefnyddir yr ardd, a phorfa arw, coniferau a rhododendronau yn unig sydd yno. Mae agoriadau ar yr ochrau dwyreiniol a gorllewinol, yr agoriad dwyreiniol yn arwain at lwybr troellog. Y tu allan i ben gogleddol yr ardd mae llecyn agored lle mae adfail cerrig.

Ffynonellau

Sylfaenol

Gwybodaeth oddi wrth y Fonesig Sandberg.

Eilradd

A. G. L. Hellyer, 'On the edge of an estuary', *Country Life*, 18 Medi 1975, tud. 704–06.

CADW

GLASFRYN

ICOMOS UK

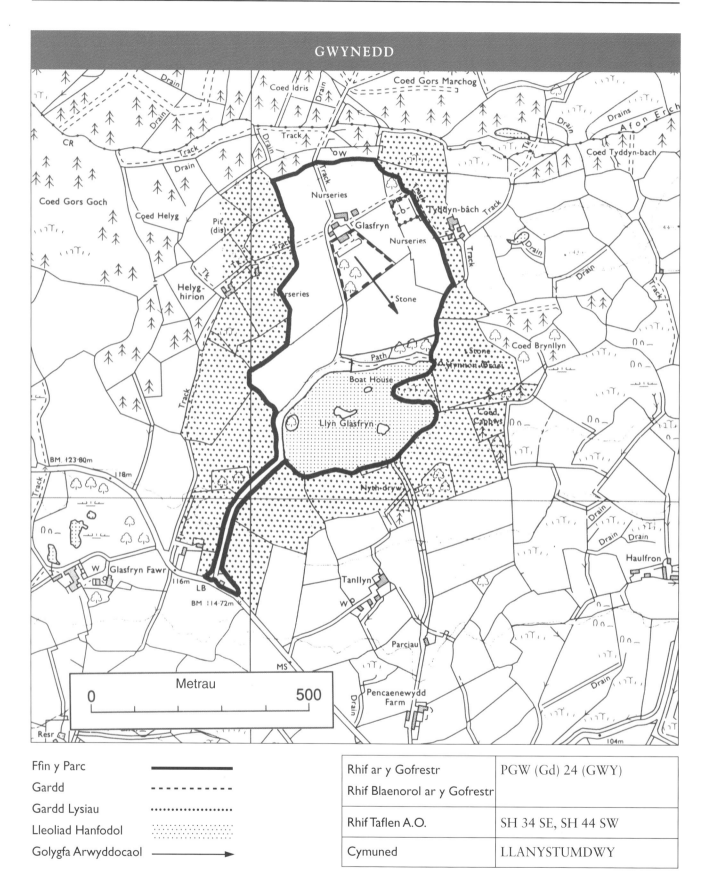

Ffin y Parc	———————
Gardd	- - - - - - - - - -
Gardd Lysiau	••••••••••••••
Lleoliad Hanfodol	⋮⋮⋮⋮⋮
Golygfa Arwyddocaol	——————→

Rhif ar y Gofrestr	PGW (Gd) 24 (GWY)
Rhif Blaenorol ar y Gofrestr	
Rhif Taflen A.O.	SH 34 SE, SH 44 SW
Cymuned	LLANYSTUMDWY

Atgynhyrchwyd o fapiau'r Arolwg Ordnans gyda chaniatâd Rheolwr Llyfrfa Ei Mawrhydi.
© Hawlfraint y Goron. CADW Rhif trwydded GD272221/01/98

CRYNODEB

Rhif cyf	PGW (Gd) 24 (GWY)
Map AO	123
Cyf grid	SH 402 426
Sir flaenorol	Gwynedd
Awdurdod unedol	Gwynedd
Cyngor cymuned	Llanystymdwy
Disgrifiadau	Adeiladau rhestredig: Tŷ a cherbyty, Gradd II; SoDdGA: Llyn Glasfryn; Henebion, maen hir & Ffynnon Grasi: Prif Gyfeirnod 1374 Cofnodion Safleoedd a Henebion Gwynedd.
Gwerthusiad safle	Gradd II
Prif resymau dros y graddio	Parc â wal o'i gwmpas o ddiwedd y ddeunawfed ganrif â phlannu ffurfiol cyfoes o goed ffawydd, rhai ohonynt yn goroesi; gardd lysiau o'r bedwaredd ganrif ar bymtheg; gardd led-ffurfiol â thocwaith a phlannu modern diddorol.
Math o safle	Parc a gardd â wal gerrig o'u cwmpas; lawnt â ffosglawdd a choed ffawydd hynafol; lonydd a llwybrau â rhodfeydd o goed; gardd lysiau; mae'n cynnwys hen blanhigfa goed.
Prif gyfnodau o adeiladu	Y ddeunawfed ganrif, diwedd y bedwaredd ganrif ar bymtheg/dechrau'r ugeinfed ganrif.

Disgrifiad o'r safle

Lleolir Glasfryn yng nghanol y parc gwreiddiol fwy neu lai, ac mae'n wynebu'r de-ddwyrain tua Llyn Glasfryn, ond nid oes modd ei weld o'r tŷ. Mae'n dy trillawr, wedi'i adeiladu o gerrig llwyd, heb ei rendro (ac eithrio'r adain ogledd-ddwyreiniol), mewn arddull Duduraidd/Elisabethaidd â ffenestri myliynog a bloc canolog sy'n bargodi dros y cyntedd o dywodfaen.

Roedd yr eiddo yn perthyn i deuluoedd Cadwaladr a Vaughan yn yr unfed a'r ail ganrif ar bymtheg, ac fe'i gwerthwyd i'r Lloydiaid ym 1728. Daeth i feddiant teulu'r perchennog presennol tua 1745, pan dderbyniodd yr Archddiacon John Ellis Glasfryn Uchaf a thua 50 erw oddi wrth ei frawd-yng-nghyfraith yn lle gwaddol ei wraig ac arian arall a oedd yn ddyledus. Yna adeiladodd Ellis yr hyn a ddisgrifiwyd fel 'a handsome mansion house with park-like grounds stretching down to the lake'. Mae'n rhaid mai'r plasty hwn sydd yn y paentiad o'r tŷ tua 1750 sy'n hongian yn y tŷ presennol.

Etifeddodd mab yr Archddiacon o'i briodas gyntaf eiddo ei fam, a daeth Glasfryn yn eiddo i fab ail briodas, y Parch. Thomas Ellis. Adeiladodd wal y parc (tua 1790) a phlannodd goed ffawydd o gwmpas ac o flaen y tŷ ac mae nifer ohonynt yno o hyd. Unwyd yr Ellisiaid â theuluoedd y Williamsiaid, y Cloughiaid a'r Greavesiaid trwy briodasau yn y genhedlaeth hon a'r rhai a'i dilynodd; ailadeiladwyd y tŷ gan ychwanegu y llawr uchaf ym 1890–91 gan y Parch. John Clough Williams-Ellis, a'i wraig Mabel oedd chwaer Richard Greaves o'r Wern, Porthmadog, a ailadeiladwyd tua'r un cyfnod. Mae'r rhan fwyaf o'r hyn a welir ar y tu allan bellach yn perthyn i'r cyfnod hwn. Dymchwelwyd honglaid o swyddfeydd i'r gweision yng nghefn y tŷ ym 1937.

Mae'r cerbyty'n perthyn i'r bedwaredd ganrif ar bymtheg; fe'i gwelir ar fap ystad 1842 ond nid yw ar fap a luniwyd yn ail ddegawd y ganrif. Mae o gerrig â tho llechi, ac fe'i hailadeiladwyd o uchder capan y drws yn y 1970au, a derbyniwyd gwobr am y gwaith. Mae'n unllawr â chroglofft ac mae ganddo ddrws llydan ar gyfer cerbydau yng nghanol y talcen sy'n wynebu'r tŷ. Bwthyn gwyliau yw rhan o'r adeilad bellach, â'i ardd fechan ei hun a

gynlluniwyd ym 1970. Mae'r pantri hela yn adeilad cerrig bach ar ochr ddwyreiniol yr iard y tu ôl i'r tŷ, a bellach fe'i defnyddir fel sied goed.

Gwelir Glasfryn Uchaf, â cholomendy ar y pen (sydd bellach wedi diflannu), mewn paentiad o'r tŷ tua 1750. Dyma'r tŷ gwreiddiol a throsglwyddwyd yr enw 'Glasfryn Uchaf' i'r tŷ a oedd yn perthyn i gyfnod cyn 1750. Yn ystod y bedwaredd ganrif ar bymtheg gelwid y prif dŷ yn Glasfryn yn syml ac adferodd yr hen dŷ ei enw. Gan fod iddo dyred gloch (â'r gloch yno o hyd), yn ôl pob tebyg roedd yn lletty i weithwyr yr ystad ar un adeg. Ers 1970 bu'n fwthyn gwyliau â'i ardd fechan ei hun, wedi'i gynllunio â llwybrau, borderi a pherthi bocs.

Mae olion ysgubor i'r gogledd o'r tŷ. Y pen gorllewinol yn unig sydd yno bellach, wal gerrig â phen blaen crwm a drws wedi'i lenwi uwchlaw lefel y ddaear. Mae'n bosibl bod ffurf pen blaen y wal wedi'i haddasu i weddu i'r to haearn gwrymiog y mae'n ei gynnal bellach. Haearn gwrymiog yw'r waliau eraill sy'n bodoli hefyd, ond mae'r pen dwyreiniol yn agored ac yn ôl pob tebyg roedd yno wal gerrig fel yr un i'r gorllewin. Nid yw'r ysgubor i'w gweld ar fap ystad 1842 ond fe'i hadeiladwyd erbyn 1900.

Mae'r stabl cerrig ar ongl sgwâr i'r ysgubor, ac ymddengys ei bod ynghlwm wrthi ar un adeg. Ychydig bellter i'r dwyrain mae dwy wal yn aros o dŷ allan mawr arall, sydd bellach yn adfail ond sydd i'w weld ar fapiau Arolwg Ordnans 1900 a 1918; nid yw hwn na'r stabl i'w gweld ar fap ystad 1842. Mae'r iard yn ymyl yr adeiladau hyn yn rhannol goncrid ac yn rhannol raean.

I'r gogledd-ddwyrain o'r tŷ saif modurdy, yn union y tu allan i'r iard, ac mae'n adeilad gweddol ddiweddar nad yw i'w weld ar hen fapiau. Yn wreiddiol roedd yn sengl, ond fe'i gwnaed yn ddwbl. Mae perthi yw a borderi ar bob ochr i'r ffordd tuag ato.

Mae parc bach o ddiwedd y ddeunawfed ganrif ar bymtheg wedi'i gynllunio a wal wedi'i gosod o'i gwmpas tua 1790 gan y Parch Thomas Ellis, a blannodd goed ffawydd hefyd yr holl ffordd o amgylch. Mae wal y parc o flaen y tŷ ar ffurf ffosglawdd, ond mae'n bosibl nad yw'n wreiddiol gan fod coed wedi'u plannu ar hyd y ffin hon fel y lleill. Bellach ymgorfforwyd rhannau o'r parc gwreiddiol yn yr ardd a defnyddiwyd rhannau eraill fel planhigfa goed, ac aeth peth o'r tir tu allan i'r wal yn barcdir. Yn ôl pob tebyg mae twf y parc yn dyddio o ganol y bedwaredd ganrif ar bymtheg.

Yn wreiddiol safai'r tŷ yn agos i ganol y parc, ond er bod y parc yn ei amgylchynu ar bob ochr, mae'r rhan fwyaf o'r parcdir sy'n goroesi yn gorwedd tua'r de, ac mae blaen y tŷ yn edrych drosto. Gellir gweld maint a chynllun gwreiddiol y parc yn glir iawn o fap llawysgrif 2 fodfedd y bedwaredd ganrif ar bymtheg a luniwyd ar gyfer argraffiad cyntaf y map Arolwg Ordnans 1 fodfedd, ac mae'n amlwg iddo gael ei newid yn ddiweddarach, ond diddorol yw nodi nad yw'r ffin sy'n rhedeg i'r de-ddwyrain o'r tŷ i'w gweld ar y map hwn. Mae'n debyg i hen wal ffosglawdd, ond uwchben y ddaear (a llethr wedi'i chodi ar ochr yr ardd), yn debyg o ran arddull ac adeiladwaith i wal 1790 y parc, wedi'i phlannu â choed ffawydd hynafol iawn, ac ymddengys y dylai gydoesi â wal y parc; yn sicr roedd yn ei lle erbyn 1842. Mae'n ddiddorol hefyd fod y ffosglawdd, neu'r wal ar hyd ei linell, yn torri ar draws yr ardal o flaen y tŷ yr arferid ei hystyried yn rhan o dir yr ystad, ac a ddisgrifiwyd yn gynharach yn y ddeunawfed ganrif ei fod yn mynd i lawr at y llyn.

Yn ôl pob tebyg gwnaed yr addasiadau i'r parc tua chanol y bedwaredd ganrif ar bymtheg. Ychydig o newidiadau a welir ar fap ystad 1842 ers llunio'r map 2 fodfedd, ond erbyn 1900 gwnaed yr ardd lysiau bresennol mewn ardal i'r dwyrain nad oedd yn rhan o'r demên ym 1842. Mae'n debyg bod twf y parc wedi cydoesi â hyn.

Ac eithrio plannu coed ffawydd ar hyd y wal derfyn, a llecyn bach o goetir yn ymyl y lôn (a welir ar y map 2 fodfedd), ymddengys mai'r unig blanhigfa wreiddiol i oroesi yw un fechan i'r gogledd o Lyn Glasfryn. Mae'n bosibl bod clwstwr bychan o goed ffawydd yn union i'r dwyrain o'r tŷ yn goroesi o blanhigfa ffurf L yn yr ardal hon a ddiflannodd fel arall. Mae'n bosibl mai'r ardd wreiddiol oedd darn sgwâr o dir o gwmpas y tŷ, ac ymddengys bod gweddill y parc yn dir agored.

Gorwedd Llyn Glasfryn, sy'n llyn naturiol, y tu allan i wal y parc, ond mae gan yr ardal rhyngddo a'r wal lawer o gymeriad parcdir ac felly o bosibl cyn adeiladu'r wal. Mae'r lôn yn mynd heibio'n agos i'r llyn ac mae'n amlwg fod ganddo bwrpas adloniadol, ar gyfer chwaraeon (saethu) a chychod pleser. Mae'r chwedl yn parhau bod y llyn wedi'i greu gan Grasi a anghofiodd roi'r caead ar y ffynnon gerllaw (Ffynnon Grasi) ar ôl mynd i nôl dŵr, gan beri iddi orlifo felly, ac mae hanesion am hyn yn y tŷ hyd heddiw. Dywedir mai Grasi yw'r maen hir ger y ffynnon, wedi'i throi'n garreg am ei diofalwch. Yn anffodus ni ellir gweld y maen hwn o'r tŷ, a chodwyd un arall mewn cae agosach y gellir ei weld. Gan nad yw hwn i'w weld ar fap Arolwg Ordnans 25 modfedd 1918 (sy'n dangos y maen gwreiddiol, fodd bynnag), fe'i codwyd ar ôl y dyddiad hwnnw yn ôl pob tebyg.

Mae porthordy unigol, a adeiladwyd ar ôl 1842, wrth fynedfa'r brif lôn, tua 1 cilomedr i'r de o'r tŷ. Mae ei gynllun yn syml, yn fach ac yn unllawr â chroglofft, wedi'i adeiladu o gerrig llwyd. Codwyd pyst a giatiau'r fynedfa ym 1901. Mae gan y pyst metel beli cerrig ar eu pennau blaen (syrthiodd un ohonynt). Mae'r giatiau yn haearn wedi'u paentio'n wyn, a symudwyd y brif giât i amgáu gardd y porthordy; mae giât cerddwyr a darn o ffens debyg ar yr ochr arall yn dal yn eu lle.

Mae'r lôn hir, o'r de-orllewin, yn mynd heibio i dir ffermio cyn cyrraedd y llyn. Mae wal yn cwrdd â'r lôn, tua hanner ffordd ar hyd ymyl orllewinol y llyn, sydd o bosibl yn nodi ffin parc estynedig diweddarach. Mae'r tri darn mawr o dir amgaeëdig rhwng y man hwn a'r tŷ a'r ardd bellach yn gaeau ar gyfer pori anifeiliaid, â choed yma ac acw, ond defnyddiwyd y tri darn llai o dir amgaeëdig i'r gogledd a'r dwyrain, a oedd yn rhan o barc gwreiddiol y ddeunawfed ganrif, yn blanhigfa goed o 1948 tan 1973. Bellach maent yn llawn coed wedi'u plannu mewn rhesi, gan gynnwys llawer o sbesimenau coniffer egsotig, rhai ohonynt bron yn aeddfed. Plannwyd ardal arall ymhellach i'r dwyrain, i'r de o'r ardd lysiau, mewn modd tebyg.

Mae wal hir syth yn croesi'r parc o'r gogledd-ddwyrain i'r de-orllewin, gan dorri'r ddau gae pellaf i ffwrdd; mae'r wal hon ar linell ffin parc y ddeunawfed ganrif, ac mae'n wal sych 1–1.5 medr o uchder. Lle mae'n ffurfio ffin dde-ddwyreiniol y lawnt, mae'r wal hon yn ffurfio ffosglawdd syth gweddol fyr, o ganlyniad i ffaith bod lefel y lawnt rywfaint yn uwch na'r tir o'i chwmpas, ac mae wedi'i adeiladu i fyny i greu ffosglawdd o bosibl yn hytrach na natur suddedig y wal. Mae ffos ar ochr y cae. Mae'r ffosglawdd wedi'i ddymchwel ryw ychydig, a cheir bonion coed gweddol fawr a gafodd eu symud.

Ychydig i'r dwyrain o'r man lle mae'r wal a'r llethr ar ymyl ogledd-ddwyreiniol y lawnt yn cwrdd â'r ffosgawdd, lle daw'n wal gyffredin yma, mae mynedfa nas defnyddir yn mynd drwyddo.

Ar ymyl orllewinol yr ardd cynhelir y lefel uwch mewnol gan wal ar hyd ochr y lôn sydd hefyd ag effaith ffosglawdd. Mae tua 1.5 medr o uchder ac fe'i hadeiladwyd yn y 1930au, o flociau cerrig mawr. Ar ochr arall y lôn mae wal debyg â llethr yn erbyn ei hochr orllewinol, i gadw'r effaith suddedig – mae lefel y cae yn is o lawer na lefel yr ardd. Gwnaed y lôn yn is yn fwriadol pan adeiladwyd y waliau hyn, ond yn ôl pob tebyg roedd eisoes yn is na'r ardd cyn hynny.

Plannwyd y coed ffawydd ar ymyl ogledd-ddwyreiniol y lawnt ar lethr sy'n codi'n raddol o'r lawnt ac a gynhelir gan wal sych ar ochr y parc. Eto, mae hwn yn debyg iawn i ffosglawdd, er bod yr effaith bellach wedi'i cholli gan fod y darn o barcdir amgaeëdig y tu hwnt yn llawn o stoc coed planhigfa sydd wedi tyfu'n rhy fawr.

Mae arwynebedd yr ardd yn ei chynllun presennol yn ôl pob tebyg yn fwy na phan wnaed y parc ar ddiwedd y ddeunawfed ganrif, gan fod map dechrau'r bedwaredd ganrif ar bymtheg yn dangos llecyn sgwâr o gwmpas y tŷ, sef yr ardd ar yr adeg honno yn ôl pob tebyg. Bellach mae'r tŷ wedi ymestyn i lenwi rhagor o'r lle hwnnw, ac mae'r ardd wedi ymestyn i'r parc gwreiddiol yn yr un modd. Mae manylion y cynllun wedi bod yn newid yn gyson fwy neu lai ers diwedd y bedwaredd ganrif ar bymtheg o leiaf. Fodd bynnag, yn ôl pob tebyg bu planhigfa i'r de erioed, a rhai ardaloedd mwy ffurfiol yn ymyl y tŷ; mae'n bosibl mai lawnt oedd y llecyn i'r de o'r tŷ, lle mae'r hen wal â'r ffawydd yn ffin ogledd-ddwyreiniol, ers i'r ardd sgwâr ddiflannu, ar yr un adeg ag yr adeiladwyd y wal efallai.

Yn amlwg cafodd yr ardal drapesoidaidd, sef yr ardd bellach, ei hailddiffinio yn rhannol o leiaf gan y Parch Thomas Ellis, gan dybio mai ef adeiladodd y wal debyg i ffosglawdd a blannwyd â choed ffawydd ar ei hyd i'r gogledd-ddwyrain o'r lawnt. Mae'r ffosglawdd sy'n diffinio ymyl dde-ddwyreiniol y lawnt yn rhan o wal wreiddiol y parc. Mae'r lôn yn rhedeg ar hyd ymyl orllewinol yr ardd, ac yn ôl pob tebyg bu yn yr un safle fwy neu lai ers adeiladu'r tŷ am y tro cyntaf.

Mae'r lôn yn arwain at iard fawr raeanog ar ochr ogledd-orllewinol y tŷ, wedi'i hamgylchynu ar bob ochr ac eithrio'r gogledd-ddwyrain gan waliau neu adeiladau. Roedd hen geginau a swyddfeydd domestig yn rhan orllewinol y llecyn hwn, ac roedd bwtsierdy i'r dwyrain o'r tŷ; dymchwelwyd y cyfan yn y 1930au, ac ar yr un pryd adeiladwyd y porth bwaog dros y ffordd o'r lôn, ar y gorllewin. Adeiladwyd porth bwaog tebyg dros y prif lwybr i'r ardd, i'r dwyrain, ym 1960.

Cysylltir y cerbyty, ar ochr ogledd-orllewinol yr iard, â thalcen tŷ Glasfryn Uchaf gan wal o'r 1930au, wedi'i gorchuddio â llwyni, ac mae'r porth bwaog dros y ffordd o'r lôn yn cysylltu'r rhain â wal yr ardd sy'n cyffioni â'r tŷ. O flaen y cerbyty mae llecyn coblog a osodwyd gan y perchnogion presennol, â borderi bach yn erbyn waliau'r adeilad. I'r dwyrain o'r cerbyty mae ffordd allan, â phâr o yw Gwyddelig ar bob ochr yn arwain at y llwybr llai i'r ardd lysiau, ac mae perth yw yn cau pen gogledd-ddwyreiniol yr iard. Ychydig y tu mewn iddo, ar lecyn bach o borfa, mae'r hen bantri hela. Mae pen de-ddwyreiniol y berth yn ffinio â wal porth bwaog 1960, sy'n cysylltu'r tŷ â'r modurdy. Mae'r modurdy y tu draw i'r iard. Mae hen ffotograffau yn dangos pwmp yn yr iard a nodir hefyd ar hen fapiau, ac mae cafnau carreg yn llawn planhigion yn erbyn wal y tŷ.

Mae'r ffordd i'r ardd drwy'r tŷ neu drwy un o'r mynedfeydd ar bob ochr iddo, ac maent i gyd yn arwain yn gyntaf at y mannau ffurfiol sydd agosaf at y tŷ. Mae rhodfa raean lydan a lawnt wedi'i thorri'n daclus yn uniongyrchol o flaen y tŷ, â mannau wedi'u plannu â llwyni, coed addurnol a phlanhigion eraill i'r dwyrain ac yn arbennig i'r gorllewin. Mae perth yn rhannu rhan ffurfiol y lawnt oddi wrth y gweddill, sy'n cael ei thrin fel gweirglodd blodau gwyllt yn yr haf, gan ddilyn carped o gennin Pedr a narsisi yn y gwanwyn. Cedwir y berth hon wedi'i thocio'n isel er mwyn peidio â tharfu ar yr olygfa ddymunol ar draws y weirglodd/lawnt a'r ffosglawdd i'r parc.

I'r de o'r tŷ mae planhigfa fechan drionglog, ar hyd ymyl orllewinol y brif lawnt. Mewn ffotograffau sy'n dyddio o'r 1920au a'r 1930au, gellir gweld hen goed ffawydd mawr a choed eraill yn y man hwn, yn ogystal â choed iau o lawer. Bellach diflannodd yr hen goed i gyd, ac mae'n bosibl bod yr hynaf o'r rhai sy'n aros wedi'u plannu tua adeg gwneud y lôn tuag at wyneb blaen y tŷ. Plannwyd eraill yn y 1940au (gan gynnwys clwstwr o goed ffawydd y tu allan i'r blanhigfa, i'r dwyrain, sy'n cymryd lle clwstwr hŷn a welir yn yr hen ffotograffau yn ôl pob tebyg). Tua 1935 plannwyd pinwydd Albanaidd uwchlaw yr hyn a arferai fod yn lôn y gweision ar hyd un ymyl y rhodfa gyfochrog. Mae'r coed ar hyd ymyl arall y rhodfa yn rhai cymysg collddail, gan gynnwys coed leim a ffawydd o tua'r un oedran.

Mewn ffotograffau a mapiau o ddiwedd y ganrif ddiwethaf a dechrau'r ganrif bresennol gwelir fforch oddi ar y lôn yng nghornel ddeheuol yr ardd, ac yn mynd yn uniongyrchol tuag at y tŷ, a daeth yr hyn sydd bellach yn brif lôn yn lôn i'r gweision y tu draw i'r man hwn. Adeiladwyd y lôn hon ar ôl 1842 a chyn 1900, ac o bosibl mae'n gysylltiedig ag ailadeiladu'r tŷ ym 1890–91. Symudwyd y lôn hon yn y 1930au a phlannwyd coed drosti fel ei bod hi'n anodd iawn olrhain y llwybr ar y ddaear.

Mewn lluniau hefyd gwelir ffens haearn yn rhedeg ar hyd ymyl y lôn hon ac ar hyd ymyl y lawnt o flaen y tŷ. Roedd llai o goed i'r de a'r gorllewin o'r lawnt nag sydd yno heddiw.

Ac eithrio derwen fytholwyrdd a blannwyd ym 1910 yn ymyl llinell y berth a rhai coed hŷn yn y blanhigfa ac ar y lawnt, gwnaed y rhan fwyaf o'r plannu yn yr ardd o fewn cof y perchennog presennol. Goroesodd y rhes o goed ffawydd i'r gogledd-ddwyrain o ddiwedd y ddeunawfed neu ddechrau'r bedwaredd ganrif ar bymtheg yn rhyfeddol o gyfan.

Plannwyd pump o yw Gwyddelig yn ymyl cornel dde-orllewinol y tŷ yn y 1930au a'u tocio i edrych yn debyg i'r cypreswydd cul sy'n nodweddiadol o erddi Eidalaidd. Bellach maent yn tyfu braidd yn fawr ac yn colli eu ffurf wreiddiol. Yn ymyl y giât mae dwy sbesimen nas tociwyd.

Mae'r perchennog presennol yn amcangyfrif bod tua milltir (dros 1.5 cilomedr) o berthi a dociwyd â llaw yn yr ardd yn ei chyfanrwydd. Mae'r perthi yn bennaf o focs ac yw; ac eithrio'r rhai yn yr ardd lysiau maent yn yr ardaloedd o amgylch y tŷ. Mae perth bocs crwn yn tyfu i fyny yn erbyn yr adeiladau ar hyd ymyl y ffordd at gefn y tŷ o'r lôn (mewn croestoriad mae'n chwarter cylch o ran ffurf), a phâr o hanner silindrau â chorberthi wrth eu gwaelod ar bob ochr i gyntedd blaen y tŷ. Mae corberthi bocs yn diffinio'r gwelyau rhosod o flaen y tŷ a'r borderi ar hyd y wal uchel i'r gogledd o'r lawnt orllewinol. Mae perth fwy yn amgáu'r man palmantog sydd â mainc gerrig yng nghornel ddeheuol y tŷ. Mae darn byr o berth â phêl bocs yn y pen yn ffinio'r llwybr o'r lawnt orllewinol at ben y grisiau i lawr at y lôn. Mae tocwaith anarferol o aderyn yn hedfan yn ymyl y lôn, ychydig i'r de-orllewin o'r tŷ. Gwnaed hwn o yw, ac mae'n dyddio o tua 1925–30.

Yn ôl pob sôn gwnaed yr ardd lysiau yn y 1840au, ond nid yw i'w gweld ar fap ystad 1842. Mae'n sgwâr yn fras, â wal ar ddwy ochr a llwybrau'n ei rhannu'n gwadrantau.

Mae gan yr ardd wal gerrig forter tua 2.8 medr o uchder ar y gogledd-orllewin, a wal sych is (tua 1.5 medr) ar y gogledd-ddwyrain. Perthi bocs tociedig yw'r ddwy ffin arall. Mae mynedfa (â hanner drws pren, nad yw'n wreiddiol) yn hanner gorllewinol y wal ogledd-orllewinol, a bwa bocs drwy'r berth ar yr ochr

dde-orllewinol. I'r gogledd-ddwyrain, nid yw'r ardd yn ymestyn yn union at y wal; mae llain o dir y tu mewn i'r wal a blannwyd â choed ffawydd aeddfed ar hyd y wal a chonifferau ifainc (a blannwyd tua 1948) ar ochr yr ardd. Mae perth ffawydd anarferol yn ei rhannu oddi wrth ardd, ac fe'i cynlluniwyd drwy blannu rhes o goed ifanc yn agos at ei gilydd, fel pe bai ar gyfer perth, ond heb eu cadw'n dociedig o'r cychwyn cyntaf er mwyn iddynt ffurfio bonion glân wrth y gwaelod. Mae bwa drwyddi yn gweddu i fwa bocs ym mhen arall y llwybr croes sy'n rhedeg o'r gogledd-ddwyrain i'r de-orllewin.

Mae gan y llwybrau wyneb llawn pridd neu raean, ac mae'r ddau lwybr croes a'r rhai ar hyd yr ochrau gogledd-ddwyreiniol, gogledd-orllewinol a de-orllewinol yn aros (mae porfa'n tyfu dros ddarn deheuol yr ochr olaf); nid yw'r un ar hyd yr ochr dde-ddwyreiniol yn cael ei chynnal bellach. Mae perthi bocs ifainc ar ymyl y rhan fwyaf o'r llwybrau, ac eithrio'r llwybr coll i'r de-ddwyrain, nad oes ganddo berth, a darn gogleddol y llwybr croes sy'n rhedeg o'r gogledd-orllewin i'r de-ddwyrain, sydd â pherth bocs aeddfed ar yr ochr dde-orllewinol. Yma ac acw ceir tocwaith bocs geometrig, yn y corneli ac mewn mannau arwyddocaol eraill.

Yn y canol mae pwll trochi a pherth bocs crwn 3 medr o uchder o'i amgylch, â 'gris' ar lefel is y tu mewn iddo. Gellir mynd at y llwybrau ym mhob cyfeiriad drwy bedwar bwa sy'n mynd drwy'r berth, ac mae gwyddfid a *Tropaeolum speciosum* yn addurno'r berth. Basn metel yw'r pwll trochi bach, tua 1.5 medr ar draws, â wal sych gron yn ei gynnal. Engrafwyd y fowlen gyda'r enw GARRON yn agos at yr ymyl. Arferid ei llenwi drwy ddod â dwr i fyny o'r llyn mewn cert. Nid yw i'w gweld ar fap 1900 (er ei bod hi'n bosibl iddi fod yno wrth gwrs) ac mae'n cael ei nodi fel ffynnon ar fap 1918.

Saif bwthyn bach yng nghornel orllewinol yr ardd a arferai fod yn gwt offer ond fe'i hestynnwyd yn y 1930au. Nid yw bwthyn arall yn erbyn ochr allanol y wal ogledd-orllewinol i'w weld ar fapiau dechrau'r ugeinfed ganrif ac mae'n dyddio o'r un cyfnod o bosibl. Roedd y tŷ gwydr, a ddymchwelwyd yn rhannol yn ddiweddar, yn erbyn y wal ogledd-orllewinol, ac roedd wedi'i wyngalchu lle'r oedd yn ffurfio cefn y tŷ gwydr. Talodd elw o dybaco yn y 1920au am yr adeilad hwn, a gymerodd le adeilad cynharach ar yr un safle fwy neu lai, ac fe'i gwelir ar fapiau Arolwg Ordnans 25 modfedd 1900 a 1918. Nid oedd boelerdy ym 1900; mae'n bosibl mai dyna oedd adeilad bach a welir ar fap 1918, ond fe'i dymchwelwyd bellach ar gyfer y bwthyn. Ar y ddau fap cynnar gwelir ardal fechan o wydr hefyd, ffrâm yn ôl pob tebyg, ychydig i'r de-orllewin o'r tŷ gwydr. Nid oes dim ôl ohoni bellach.

Lawnt yw'r cwadrant gorllewinol yn bennaf, â rhai ardaloedd o lysiau, ac mae'r cwadrant gogleddol yn debyg, ag ardal ehangach yn cael ei thrin o bosibl. Nid yw'r cwadrantau deheuol a dwyreiniol yn cael eu cynnal gystal; yno mae planhigfa ar gyfer coed ifainc a llwyni, rhai ohonynt wedi tyfu'n fawr iawn bellach, yn arbennig yn y cwadrant deheuol. Mae borderi addurnol o amgylch y nodwedd gron ganolog a'r ddau fwthyn, a border ar hyd yr ymyl dde-ddwyreiniol sy'n llawn o goed Nadolig ifainc.

Tu hwnt i'r ardd i'r de-ddwyrain mae ardal fechan, hen berllan gynt, sydd hefyd wedi'i defnyddio fel planhigfa goed, a bellach mae'r coed wedi tyfu heibio'r cyfnod meithrin. Yn union y tu allan i'r porth bwaog drwy'r berth ar yr ochr dde-orllewinol mae cypreswydden 'Monterey' fawr (*Cupressus macrocarpa*), y tociwyd ei changhennau isaf i leihau'r cysgod yn yr ardd.

Ffynonellau

Sylfaenol

Gwybodaeth oddi wrth Mr & Mrs R. Williams-Ellis.

Albymau o ffotograffau'r teulu a gedwir yng Nglasfryn, sy'n
cynnwys cofnod llawn o addasiadau i'r tŷ a'r tai allan cyn 1890.

Dau baentiad o'r tŷ tua 1750 a 1895, sy'n hongian yn y tŷ.

Map llawysgrif ar gyfer argraffiad cyntaf y map Arolwg Ordnans 1
fodfedd, rhwng 1816 a 1820: archifau Coleg Prifysgol Gogledd
Cymru, Bangor.

Map ystad Glasfryn, 1842: Archifdy'r Sir, Caernarfon,
XM/MAPS/2868.

Eilradd

E. A. Hyde Hall, *A Description of Caernarvonshire* (1809–1811), gol.
Gwynne Jones, E, 1952.

Comisiwn Brenhinol Henebion Cymru, *Inventory*, Sir Gaernarfon
Cyfr. II, 1960.

C. A. Gresham, *Eifionydd* (1973).

Cofnod Safleoedd a Henebion, Ymddiriedolaeth Archaeolegol
Gwynedd: Prif Gyfeirnod 1374.

CADW

GLYNLLIFON

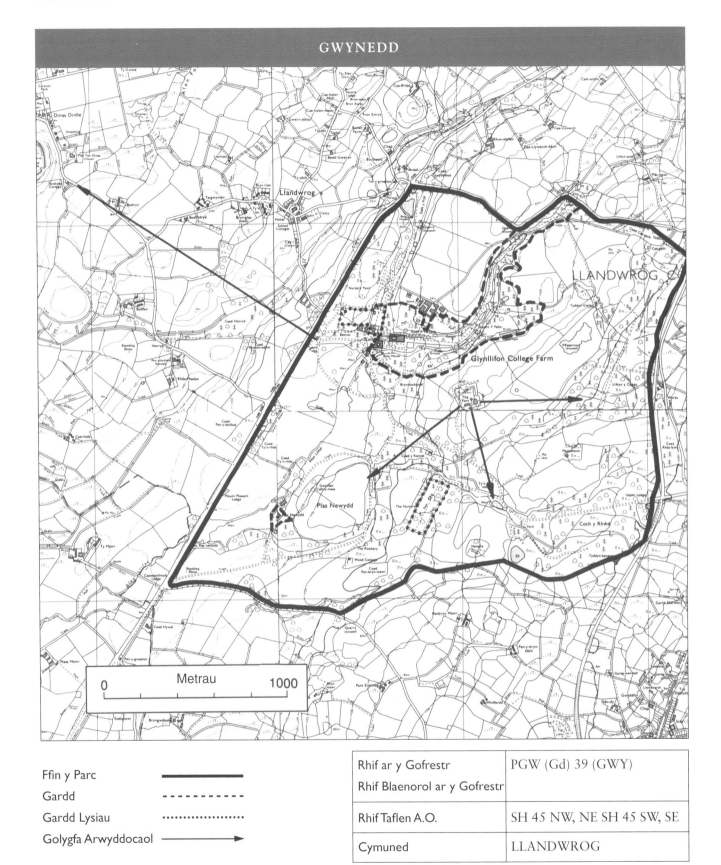

GWYNEDD

Ffin y Parc	———————
Gardd	- - - - - - - - -
Gardd Lysiau	··················
Golygfa Arwyddocaol	——————→

Rhif ar y Gofrestr	PGW (Gd) 39 (GWY)
Rhif Blaenorol ar y Gofrestr	
Rhif Taflen A.O.	SH 45 NW, NE SH 45 SW, SE
Cymuned	LLANDWROG

CRYNODEB

Rhif cyf	PGW (Gd) 39 (GWY)
Map AO	123
Cyf grid	SH 457 554
Sir flaenorol	Gwynedd
Awdurdod unedol	Gwynedd
Cyngor cymuned	Llandwrog
Disgrifiadau	Adeiladau rhestredig: Tŷ Gradd I; stablau, mynedfa fwaog a dau borthordy, Fort Williamsburg Gradd II*. Rhestru helaeth pellach yn y parc a'r ardd Gradd II.
Gwerthusiad safle	Gradd I
Prif resymau dros y graddio	Parc a thir hamdden eithriadol a helaeth o'r ddeunawfed a'r bedwaredd ganrif ar bymtheg â wal amgáu gyfan, sy'n cynnwys tirlunio, plannu a nifer o nodweddion addurnol, gan gynnwys fista â ffynhonnau wedi'u canolbwyntio ar gwymp dŵr, grotos a nodweddion dŵr cymhleth. Ymhlith yr adeiladau mae meudwydy, caer a mausoleum. Mae'r cynllun o'r bedwaredd ganrif ar bymtheg wedi'i gynnal i raddau helaeth, â rhai elfennau o'r cynllun cynharach yn goroesi, a chofnodwyd y safle'n dda.
Math o safle	Parc tirlunio â choetir ac adeiladau addurnol, tir hamdden â nodweddion dŵr ac elfennau addurnol eraill, gerddi llysiau â waliau o'u cwmpas.
Prif gyfnodau o adeiladu	Y ddeunawfed ganrif; y bedwaredd ganrif ar bymtheg.

Disgrifiad o'r safle

Mae Glynllifon yn gorwedd yn agos i arfordir gorllewinol Gwynedd, 1 cilomedr yn unig o'r môr yng nghornel dde-orllewinol y parc, ar dir sy'n esgyn yn raddol i'r dwyrain. Adeiladwyd y tŷ, a saif yn agos i ganol parc y ddeunawfed ganrif, ac yn rhan ogledd-orllewinol parc mwy y bedwaredd ganrif ar bymtheg, ym 1836–48, a dyma'r pedwerydd tŷ ar yr un safle o leiaf; cofnodwyd i ailadeiladu blaenorol ddigwydd ym 1751 a thua 1600. Mae darnau bach o dŷ 1751, a ddisgrifiwyd gan Evans ym 1812 fel 'a moderate-sized brick mansion having a colonnaded vestibule for its principal entrance', wedi'u cadw, yn arbennig y porth a grybwyllir sydd bellach yn fynedfa i'r gegin. Mae'r rhes ar ochr ogleddol iard y gegin yn goroesi hefyd o dŷ 1751, ac mae yno gafn dal glaw â'r dyddiad hwn arno. Mae llun dyfrlliw o dŷ 1751 a wnaed o gof yn fuan ar ôl ei ddifrodi yn dangos y tŷ hŷn hefyd, a oedd ynghlwm wrtho ac a ddinistriwyd gydag ef.

Llosgodd y tŷ briciau ym 1836 ac yn syth wedyn codwyd y tŷ cerrig clasurol presennol, a oedd yn sgwâr yn wreiddiol ond a estynnwyd i'r gorllewin ym 1890. Edward Haycock o'r Amwythig oedd y pensaer, ac mae rhai o'i lythyrau a'i gynlluniau ynghylch Glynllifon ar gael o hyd. Mae tri llawr gan brif ran y tŷ, a'r brif fynedfa ar yr wyneb deheuol drwy gyntedd ag arcedau, sy'n cario logia pedimentog â chwe cholofn farmor glasurol. Gellir cyrraedd y logia hwn o'r brif ystafell ar y llawr cyntaf ac mae'n ymestyn i fyny at y to. Mae canllaw ar hyd to'r tŷ ar bob ochr i'r pediment dros y logia, wedi'i addurno â cherfluniau o faintioli llawn.

Mae'r holl ffenestri yn rhai codi ag architrafau wedi'u mowldio, ac ar y prif floc mae gan ffenestri'r llawr cyntaf bedimentau, sy'n adlewyrchu'r prif bediment dros y logia. Mae'r estyniad yn ddeulawr ond yn gweddu'n dda i weddill y tŷ, ac mae'n ffurfio rhes ddeheuol iard y gegin. Mae'r wyneb gogleddol, sydd yn erbyn llethr

serth y tu ôl iddo, yn perthyn i 1890 yn bennaf hefyd. Mae ystafell wydr fawr ar lefel y llawr cyntaf yn y gornel ogledd-ddwyreiniol, a gellir mynd ati o'r tu allan i fyny rhes hir o risiau cerrig, ac mae darn o wyneb y graig agored i'r gogledd wedi'i ymgorffori i'w ddefnyddio fel man rhedynog.

Cyflwynwyd tri chynllun ar gyfer y pantri hela a'r rhewdy gan E W Townly ym 1795, ond ni ddefnyddiwyd yr un ohonynt. Mae'n bosibl na chafodd yr adeilad ei adeiladu ar yr adeg hon yn y diwedd, gan fod map ystad o hanner cyntaf y bedwaredd ganrif ar bymtheg yn dangos rhewdy yn ochr dyffryn Llifon, ychydig bellter o'r tŷ. Mae'n bosibl iddo gael ei ddisodli gan yr adeilad presennol ac iddo gael ei droi'n groto yn nes ymlaen yn y ganrif. Yn wreiddiol roedd yr adeilad presennol mewn iard yng nghefn y tŷ, ond roedd estyniadau'r 1890au yn llenwi'r iard a bellach mae modd mynd at y pantri o'r tŷ. Dinistriwyd y rhewdy, a oedd â mynedfa ar wahân ar un adeg, gan waith i'r ystafell fwyta yn yr un cyfnod.

Mae llwybr byr yn arwain at y pantri hela, sy'n adeilad cerrig crwn, wedi'i blastro ar yr ochr allanol, â chromen friciau a wyngalchwyd. Mae twll crwn yn y llawr a arweiniai at y pwll rhew gynt. Mae tair ffenestr yn y waliau trwchus, ac mae'r ystafell wedi'i leinio â silffoedd llechi, y silff uchaf â bachau haearn.

Gorwedd y bloc stablau cerrig, dyddiedig 1849 ac a adeiladwyd felly yn union ar ôl i'r tŷ gael ei gwblhau, i'r de-orllewin ac mae'n sgwâr o adeiladau deulawr o amgylch iard. Mae estyniad ar y gornel dde-orllewinol a estynnwyd ymhellach yn ddiweddar. Mae llecyn â wal o'i gwmpas i'r gogledd ac i'r gogledd-ddwyrain o'r bloc stablau sy'n ei gysylltu ag iard y gegin; mae lôn yn mynd dan borth bwaog i mewn iddo, gan fynd heibio a thrwyddo, cyn dod o dan borth bwaog arall i mewn i iard y gegin.

Mae gan y bloc stablau brif fynedfa drwy borth bwaog yng nghanol yr ochr ddwyreiniol, â chiwpola ar ei ben â chloc a cheiliog y gwynt. Mae iddo ffenestri codi tebyg i rai'r tŷ, ac mae'r adeiladau wedi'u rendro ac mae ganddynt doeau llechi. Mae'r bloc yn cymryd lle bloc stablau cynharach ar ffurf 'L' i'r de-ddwyrain o'r tŷ a adeiladwyd yn fuan ar ôl tŷ 1751, yn ôl pob tebyg, ac a gafodd ei ddinistrio yn nhân 1836, ar y cyd â'r tŷ; roedd y stablau a oedd yno cyn y bloc ar ffurf 'L' ar safle agosach i safle bloc 1849, ychydig i'r gogledd-ddwyrain ond ar yr un ochr i'r tŷ.

O amgylch iard i'r gogledd-orllewin o'r stablau, i'r de o'r ardd ganolog â wal o'i chwmpas, mae sgwâr o adeiladau a ddefnyddir bellach fel gweithdai crefftau a oedd ar un adeg yn darparu'r rhan fwyaf o'r gwasanaethau yr oedd eu hangen ar yr ystad. Roedd yno waith nwy, tanerdy, efail, siediau ceirt, melin lechi ac, ar y tu allan i'r sgwâr i'r gorllewin, felin goed. Dymchwelwyd ysgubor neu sied fawr yng nghanol yr iard yn ddiweddar. Mae'r adeiladau oll o gerrig â bwâu briciau coch a manylion eraill, ac fe'u hadferwyd yn ddiweddar.

Lleolir melin ddŵr i'r de-orllewin o'r tŷ, ac fe'i gwelir ar fapiau cynnar Arolwg Ordnans a map ystad a luniwyd yn y 1820au ac a newidiwyd yn y 1840au, ond nid ar fap cynharach, o'r 1750au yn ôl pob tebyg. Ymddengys y gweithdai yn rhy bell i ffwrdd i ddefnyddio ei hynni oddi yno. Pwll cychod y plant drws nesaf i'r stablau yw pwll y felin hefyd. Mae'r adeilad o gerrig â tho llechi, ac fe'i gwasanaethid gan system o gafnau carreg. Bellach mae'r tŷ a'r tai allan yn eiddo i Goleg Meirion-Dwyfor ac addaswyd adeilad y felin at ddefnydd y coleg.

Y parc

Mae'r parc mawr yn sgwâr yn fras o ran ffurf, er bod y gornel dde-orllewinol yn hirfain. Mae pentrefi Groeslon, Llandwrog a Phenygroes o'i amgylch; mae Llandwrog yn bentref ystad 'enghreifftiol', llai na 1 cilomedr o'r tŷ, ac mae ganddo eglwys anarferol o fawreddog â meindwr uchel (adeiladwyd ym 1860, y pensaer oedd Henry Kennedy). Mae tai yn y pentref sy'n dyddio o'r ddeunawfed ganrif, ond mae'r rhan fwyaf yn perthyn i ddechrau neu ganol y bedwaredd ganrif ar bymtheg ac mae'n rhaid mai'r trydydd Arglwydd Niwbwrch a'u hadeiladodd.

O amgylch y parc mae wal gerrig uchel ddi-dor, tua 10 cilomedr o hyd, a'i chyflwr yn dda. Mae'n llenwi'r gofod mwyaf posibl rhwng ffordd yr A499 rhwng Caernarfon a Phwllheli, y ddwy ffordd gefn sy'n cysylltu hon â ffordd Caernarfon-Porthmadog yng Nghroeslon a Phenygroes, a'r rheilffordd segur i'r gorllewin o Benygroes. Dyma un o'r rheilffyrdd cynharaf ym Mhrydain, ac mae'n perthyn i'r un cyfnod â wal y parc. Mae'n bosibl bod y ffordd o Benygroes at y briffordd yn perthyn i gyfnod diweddarach na'r wal, ac mae ei rhan orllewinol yn dilyn y parc yn agos; nid oedd yn bodoli ym 1818.

Ceir porthordai wrth fynedfeydd i'r gogledd (a elwir yn East Lodge), y gogledd-orllewin, y gorllewin, y de-orllewin a'r dwyrain (a elwir yn Upper Lodge). Mae'r olaf yn adfail ond mae'r gweddill mewn cyflwr da. Mae gan bob mynedfa fwâu yn y wal, ac ar ben y prif borth 'gorfoledd' wrth y Grand Lodge i'r gorllewin mae llew (a symudwyd o fan yn ymyl y stablau tua diwedd y bedwaredd ganrif ar bymtheg) ac eryrod, symbol teulu i'r Wynniaid.

Yn y parc mae coetir a thir fferm helaeth, yn gymysg â'i gilydd i greu nifer o ardaloedd o bob un ar wahân. Mae ystod eang o goetir ar hyd ymyl ddwyreiniol y parc, â thir fferm ar y tu mewn sy'n rhedeg i fyny at ddyffryn Llifon a'r coedwigoedd i'r de o'r tŷ; ym 1824 a 1828 roedd darn o'r tir ffermio hwn, ychydig i'r gogledd o Fort Williamsburg, yn barc ceirw ac roedd yno ysgubor ceirw. I'r gogledd o'r tŷ, yn ymyl adeiladau'r fferm, mae bloc arall o dir ffermio, â choedwigoedd y tu draw ar hyd yr ymyl orllewinol. I'r de o'r tŷ mae'r patrwm yn fwy tameidiog, ag ardaloedd llai o dir ffermio a lleiniau a blociau o goetir, a oedd yn guddfannau hela yn wreiddiol o bosibl, gan gynnwys darnau cul o dir ar hyd y rhan fwyaf o ran ddeheuol yr ymyl orllewinol. Plannwyd conifferau masnachol dros lawer o'r coetir bellach, a thorrwyd y rhan fwyaf o'r coed, er bod rhai yn dal yno. Mae llynnoedd a chronfeydd dŵr yma ac acw o gwmpas y parc hefyd, rhai at ddefnydd amaethyddol a rhai i fwydo'r nodweddion dŵr yn y tir hamdden.

Yn amlwg parcdir oedd y tir ffermio yn bennaf ar un adeg ond mae'n colli ei gymeriad gyda threigl amser – mae coed y parc yn marw a dim yn cael eu plannu yn eu lle. Fodd bynnag, mae rhai coed yno o hyd, gan gynnwys derw hynafol sy'n amlwg yn hŷn o lawer na wal y parc, a chlystyrau o ffawydd tua'r un oedran â'r wal. Roedd gan nifer o'r lonydd a'r llwybrau llai a groesai'r parc rodfeydd o goed, a gellir gweld rhai ohonynt o hyd. Mae'r coed egsotig ac addurnol wedi'u crynhoi yn nyffryn Llifon, yr ardaloedd o gwmpas y tŷ a'r blanhigfa.

Mae'r tŷ yn wynebu'r de; bellach nid oes golygfa o bwys i'r cyfeiriad hwn, ond ym 1918 roedd golygfeydd eang yn ymagor drwy'r coed ac yn ôl pob tebyg roedd golygfeydd dymunol o'r Eifl i'w gweld yn y pellter, nad oes modd eu gweld bellach ond ymhellach i'r de yn y parc. Lleolwyd y Grand Lodge i'r gorllewin ac wrth adael y parc drwyddo, mae'r bwa yn fframio bryngaer Dinas Dinlle o Oes yr Haearn ar ymyl y môr; mae golygfeydd dros fynyddoedd Eryri o fannau eraill yn y parc, gan gynnwys Fort Williamsburg a'r Mausoleum. Mae Afon Llifon yn llifo drwy'r parc o'r gogledd i'r de-orllewin, gan fynd yn union heibio i'r de o'r tŷ, lle gwnaed camlas ohoni; mae'r gamlas hon a rhan ogleddol ei thaith yn rhan o'r tir hamdden.

Ceir nifer o lonydd ac mae rhwydwaith eang o lwybrau a llwybrau llai yn croesymgroesi'r parc. Mae nifer o'r rhain yn cael eu defnyddio o hyd at bwrpas ymarferol neu gan gerddwyr, er mai'r brif lôn orllewinol yn unig sy'n mynd at y tŷ bellach. Mae'r lôn hon o fewn y tir hamdden, ond mae'r rhan fwyaf o'r lonydd eraill naill ai yn gyfan gwbl neu'n bennaf yn y parc.

Y lôn ogleddol yw'r ddiweddaraf, gan nad oedd yn bodoli ym 1900. Fodd bynnag, fe'i defnyddir bellach fel llwybr fferm/coedwig yn unig, ac mae'r rhan fwyaf gogleddol yn hollol segur. Ymddengys bod adeiladu'r lôn hon wedi bod yn rhan o gynllun ehangach o welliannau yng nghornel ogledd-orllewinol y parc, a wnaed rywbryd rhwng 1900 a 1918, ac roedd hyn yn cynnwys adeiladu'r porthordy gogleddol a chreu tri phwll dŵr hefyd. Roedd rhan ddeheuol y lôn yn defnyddio llwybr llai a oedd yn bodoli eisoes ac a arweiniai at dair chwarel fach yn ochr y bryn i'r dwyrain, ac fe'i gyrrwyd tua'r gogledd oddi wrth y rhain, drwy blanhigfa. Deuai'r lôn at gornel ogledd-ddwyreiniol y gerddi â waliau o'u cwmpas, gan droi i'r gorllewin, yna i'r de eto, gan redeg i lawr y llwybr llai a fodolai eisoes rhwng y gerddi canolog a dwyreiniol i ymuno â'r lôn orllewinol yn ymyl y stablau.

Mae'r lôn dde-orllewinol, a ddefnyddir i fynd at y fferm bellach, yn dod i mewn i'r parc yn y gornel dde-orllewinol eithaf, drwy'r giât ger Porthordy Cae-maen-llwyd. Roedd yr hen giât ychydig i'r gogledd o'r porthordy ac arweiniai'r lôn oddi ar y briffordd rhwng Caernarfon a Phwllheli, ond er 1918 gwnaed mynedfa newydd yn union yn y gornel, i'r de o'r porthordy, ac mae'r lôn bellach yn mynd drwy'r hyn a arferai fod yn ardd y porthordy, gan adael y ffordd wrth y gyffordd â'r ffordd gefn i Benygroes. Yna mae'r lôn yn rhedeg bron yn union i'r gorllewin am ychydig bellter, cyn gwyro tua'r gogledd ac yn mynd i gyfeiriad y tŷ o'r de, drwy'r planhigfeydd, ac yn y pen draw yn croesi'r bont ddwyreiniol dros Llifon yn union o flaen y tŷ.

Roedd tro oddi ar y lôn hon i'r gorllewin yn arwain at Blas Newydd, tŷ o fewn y parc, ac yna'n gwyro yn ôl tua'r dwyrain i'r gogledd o'r Plas i uno â'r brif gangen eto. Bellach disodlwyd hon gan fod gan Blas Newydd lôn breifat newydd o ganlyniad i agoriad diweddar yn wal y parc ychydig i'r gogledd o Borthordy Cae-maen-llwyd.

Daw'r lôn dde-ddwyreiniol o fynedfa'r Upper Lodge, yn ymyl cornel dde-ddwyreiniol y parc, gan redeg yn syth, ychydig i'r de o'r gorllewin, am tua 0.7 cilomedr, drwy goetir – planhigfa Coch Rhwd. Yna mae'n troi tua'r gogledd-orllewin, ac yn fuan wedyn yn fforchio. Mae'r naill gangen yn mynd yn ei blaen tua'r gorllewin fwy neu lai heibio'r blanhigfa i uno â'r lôn dde-orllewinol yn yr un man ag y mae tro Plas Newydd yn ailymuno â hi; mae'r gangen arall yn rhedeg tua'r gogledd-orllewin ac yn uno â'r lôn dde-orllewinol ymhellach i'r gogledd. Mae'r gangen ddeheuol yn rhedeg ar hyd ymyl ochr dyffryn serth, drwy goetir eto, ond mae'r gangen ogleddol yn croesi parcdir agored. Mae giât haearn, ar byst cerrig sgwâr, ar draws y gangen hon yn fuan ar ôl y fforch, lle mae'n mynd i mewn i'r parc agored.

Roedd gan y lôn rodfa goed (a oedd yn ddi-dor bron ym 1918) o'r giât at gyffordd y llwybr gogleddol â'r lôn dde-orllewinol. Nid oes dim coed ar ôl ar y llain syth yn y blanhigfa, ond mae rhai wedi goroesi ar lain y parcdir. Defnyddir y lôn o hyd, at ddibenion mynediad a thrafnidiaeth y fferm. Mae'n bosibl bod rhannau o'r llwybr yn dilyn hen ffordd gyhoeddus a gaewyd ym 1843.

Mae nifer o byllau a chronfeydd dŵr o amgylch y parc, lawer ohonynt yn gysylltiedig â'r cyflenwad dŵr i'r gwahanol weithfeydd dŵr, a phyllau eraill y fferm. Nid yw'r pwll trionglog yn ymyl y porthordy gogleddol yn un o'r rhain, ond mae ganddo dŷ cychod ac fe'i crëwyd at ddibenion chwaraeon a hamdden yn ôl pob tebyg. Fe'i gwnaed rhwng 1900 a 1918, ac mae'n perthyn i'r un cyfnod â'r porthordy a'r lôn yn ôl pob tebyg. Mae'r tŷ cychod, yn y gornel ddeheuol, wedi'i adeiladu o gerrig â tho llechi, ond bellach mae'n adfail; mae plannu addurnol o'i amgylch.

I'r de o'r fan hon mae olion dau bwll arall; fe'u gwnaed tua'r un cyfnod ond ymddengys eu bod yn fwy bas a bellach maent wedi'u llenwi â llaid ac wedi tyfu'n wyllt i ryw raddau. Mae'r lôn ogleddol flaenorol yn rhedeg i'r dwyrain o'r pwll gogleddol, yna'n croesi rhyngddynt ac yn rhedeg i'r gorllewin o'r pwll deheuol.

Codwyd argae ar draws isnant sy'n llifo ar hyd y lôn dde-ddwyreiniol a heibio'r blanhigfa i greu pwll ychydig bellter i'r dwyrain o'r blanhigfa. Gwelir y pwll ar fap ystad o 1828. Mae coetir o'i amgylch, â pheth plannu addurnol. Ychydig islaw mae rhaeadr. Mae cyfres o gronfeydd dŵr wrth y parcdir ar hyd ochr dde-ddwyreiniol dyffryn Llifon, a oedd yn rhan o'r system borthiant disgynnol gymhleth a oedd yn gweithio'r nodweddion dŵr amrywiol. Ymddengys bod y rhain yn dyddio o gyfnod cyn 1828.

Mae Afon Llifon yn nodwedd ddŵr naturiol bwysig, yn arbennig yn y tir hamdden, ond mae'n croesi'r parc hefyd, lle bu pontydd mewn sawl man. Mae rhagnant yn llifo ar hyd y lôn dde-ddwyreiniol mewn dyffryn bach tlws sydd â rhaeadrau bychain, rhai ohonynt yn rhai gwneud o bosibl, a phlannu addurnol, yn ogystal â phontydd.

Saif Fort Williamsburg, a adeiladwyd o gerrig, mewn parcdir agored i'r de-ddwyrain o'r tŷ, tua 500 medr i ffwrdd. Mae ei gynllun yn sgwâr â bastiynau yn y corneli, ac yn un o'r corneli mae tŵr wedi'i baentio'n wyn. Ym 1918 roedd fista agored drwy'r coed a fyddai wedi cynnig golygfa ohoni o'r tŷ, ag Eryri y tu ôl iddo, ond bellach tyfodd yn wyllt. Adeiladwyd y gaer ym 1761, gydag ychwanegiadau ym 1773-76; nodir ychwanegiadau pellach a wnaed rhwng 1832 a 1840 mae'n rhaid ar fap ystad. Mae ffosydd yn ei hamddiffyn ar y tu allan, ac mae giatiau ar dair ochr; mae gan yr un ogleddol borthdy addurnol, â llawr o gerrig mân wedi'i osod mewn patrymau geometrig sy'n ymgorffori medaliynau â chalonnau a blodau. Mae pont dros y ffos wrth y giât hon, fel yn achos yr un i'r dwyrain hefyd.

Yn y gornel dde-ddwyreiniol mae adeilad pencadlys sgwâr a barics, a adwaenir hefyd fel 'summer pavilion', ac ar hyd yr ochr ddeheuol mae rhes o gytiau cŵn gweddol fawreddog. Yn y gornel ogledd-orllewinol mae tŵr castellog chweonglog amlwg, ac mae modd ei gyrraedd ar hyd llwybr byr tan y ddaear.

Adeilad cerrig crwn yw'r mausoleum, ar fryncyn coediog mewn parcdir yn rhan dde-ddwyreiniol y parc, tua 1 cilomedr o'r tŷ. Fe'i cychwynwyd gan ail Arglwydd Niwbwrch ym 1825 ac nid oedd wedi'i orffen pan fu farw ym 1832. Parhâi'r trydydd Arglwydd Niwbwrch â'r gwaith, ond daeth i ben pan fu'n rhaid defnyddio'r arian i ailadeiladu'r tŷ. Nid adeiladwyd y capel a gynlluniwyd ar gyfer yr ail lawr erioed, ac ni ddefnyddiwyd yr adeilad fel mausoleum erioed. Ar fap ystad 1828 gwelir llwybr neu lwybr llai yn arwain ato o'r lôn dde-ddwyreiniol. Roedd hwn yn dal i gael ei ddefnyddio yn yr ugeinfed ganrif, ond bellach cefnwyd ar y safle.

Ar y tro yn y lôn dde-orllewinol sy'n mynd heibio i Blas Newydd, ychydig cyn iddo ailymuno â'r lôn, mae nodwedd gerrig fach a nodir fel 'ffynnon' ar fap Arolwg Ordnans 1918. Mae wedi tyfu'n wyllt iawn ond ymddengys mai adeiladwaith cerrig bach sgwâr ydyw â thro arall yn y wal ar yr ochr ddwyreiniol â sedd o gerrig. Mae yno fasn bach carreg â chwfl am ei ben, a pheth cerrig cwarts mân o gwmpas.

I'r de-orllewin o'r tŷ, nepell o Blas Newydd, mae pont gerrig sych arw anferth dros Afon Llifon sy'n dyddio o gyfnod cyn y parc yn ôl pob tebyg. Mae pont gerrig i'r de-orllewin o'r tŷ, sy'n cynnal tro o hen lôn gynt dros Afon Llifon. Nid oedd modd cael golwg agos ohoni ond ymddengys iddi gael ei hadeiladu'n dda, â chanllawiau cerrig isel. O gwmpas SH 451 547 gellir gweld olion pont gerrig arall, sydd bellach wedi'i dinistrio.

Mae'n debygol bod y parc wedi'i gynllunio yn wreiddiol tua chanol y ddeunawfed ganrif gan Syr John Wynn, pan adeiladodd ei 'moderate-sized brick mansion' ym 1751. Tŷ gwreiddiol y Glynniaid (a gymerodd eu cyfenw o'u heiddo, ond a'i collodd tua 1700 pan briododd yr etifeddes â Thomas Wynn o Foduan) yw Plas Newydd, yn ymyl cornel dde-orllewinol y parc; ond nid oedd hwn yn rhan o'r parc a oedd yn eiddo i'r tŷ ar y safle presennol tan y 1820au. Ar safle plasty presennol Glynllifon roedd tŷ a berthynai i gyfnod cyn 1600, ond nid oes unrhyw arwydd o ba dir oedd yn gysylltiedig ag ef; yn ôl pob tebyg roedd yn perthyn i gangen wahanol o'r teulu.

Yn ôl map ystad, nad oes iddo ddyddiad ond sy'n perthyn i'r degawd 1751–1761 (mae tŷ 1751 i'w weld ond nid Fort Williamsburg, a adeiladwyd ym 1761) mae'n amlwg bod y parc wedi'i blannu'n dda â choedwigoedd, ac roedd rhodfeydd ar hyd rhai o'r lonydd a'r llwybrau llai; ond roedd cynllun y tir hamdden yn ymyl y tŷ yn wahanol iawn i'r hyn a welir heddiw. Yn amlwg roedd ailgynllunio bwriadol wedi digwydd yr ymddengys iddo gael ei gychwyn gan Arglwydd 1af Niwbwrch, a'i barhau gan yr ail a'r trydydd.

Gwnaed Arglwydd 1af Niwbwrch, Thomas John Wynn, mab Syr John, yn farwn ym 1776, ac roedd ynghanol problemau ariannol, a gychwynnai gydag anawsterau mewn perthynas â thalu'r cymynroddion dan ewyllys ei dad. Ar un adeg fe'i carcharwyd am fod mewn dyled, a threuliodd rai blynyddoedd yn yr Eidal ar ôl marwolaeth ei wraig gyntaf (lle bu farw ei fab a phriododd â gwraig arall, Eidales ifanc). Fodd bynnag, cyn gadael Cymru gwnaeth welliannau i'w barc yn frwdfrydig, a chyfrannodd hyn at ei broblemau ariannol. Tua 1761 adeiladodd Fort Williamsburg, a gwnaed ychwanegiadau ym 1773–76. Roedd gan y gaer ganonau ac i bob pwrpas roedd yn sefydliad milwrol gweithredol, er bod y safle ymhell o fod yn strategol (yn wahanol i'w chwaer-gaer, Fort Belan, ar y Fenai, a adeiladwyd hefyd gan Arglwydd 1af Niwbwrch, ac a gostiodd £30,000 yn ôl pob sôn). Ym 1762 cododd Arglwydd Niwbwrch (Syr Thomas erbyn hynny) Fyddin Sir Gaernarfon, ac ym 1797, ar ôl iddo ddychwelyd o'r Eidal, y 'Loyal Newborough Volunteer Infantry'. Roedd y 'Garrison at Fort Williamsburg' a 'Sisterhood' yn gysylltiedig ag ef, a ffurfiwyd ym 1761, ac a fwriadwyd yn amlwg am hwyl yn bennaf.

Adeiladodd Arglwydd 1af Niwbwrch y Grand Lodge i'r gorllewin o'r tŷ hefyd (dau borthordy mewn gwirionedd wedi'u cysylltu â phorth gorfoledd), ond ar ôl iddo ddychwelyd i Gymru ar ddechrau'r 1790au ymddengys mai ychydig yn rhagor a wnaeth, a hynny o ganlyniad i brinder ariannol parhaus yn ôl pob tebyg, er iddo archebu gwinwydd-dy ym 1793, a cheir y dyddiad 1795 ar gynlluniau ar gyfer rhewdy cain, na chafodd ei adeiladu erioed fodd bynnag. Disgrifiwyd y parc gan y Parch. J. Evans ar ddechrau'r bedwaredd ganrif ar bymtheg fel 'spacious' ond yn arddangos ond ychydig o 'variety or artificial decoration'.

Roedd Ail Arglwydd Niwbwrch, Thomas John hefyd, yn fab i Arglwydd 1af Niwbwrch o'i ail wraig, Maria Stella Petronilla. Er mai plentyn oedd pan etifeddodd Lynllifon ac iddo farw'n ifanc ym 1832, mwynhâi fywyd lliwgar a roddodd iddo'r enw o fod yn ferchetwr a bu'n destun sgandal, a gwnâi welliannau i'r tŷ, i'r parc ac i'r ystad. Ymhlith y rhain roedd ymestyn y parc tua'r de gan adeiladu'r wal bresennol, bron saith milltir (10 cilomedr) o hyd, o'i gwmpas. Roedd wedi bod ar y 'Grand Tour' ac wedi dod â phaentiadau a hynafolion yn ôl o'r Eidal a mannau eraill, ac felly mae'n bosibl iddo fod yn gyfrifol am y nodweddion dŵr braidd yn Eidalaidd a grëwyd yn nyffryn Llifon; yn sicr adeiladodd y Meudwydy, ffug-gastell ar ochr y dyffryn, lle trigai meudwy ar un adeg ac a ddefnyddid yn ddiweddarach fel capel ar gyfer y fynwent i anifeiliaid anwes gerllaw.

Ymhlith gwelliannau eraill yr ymgymerwyd â hwy gan Ail Arglwydd Niwbwrch mae'r rhai i'r mausoleum, yn ymyl cornel dde-ddwyreiniol y parc, a gychwynnwyd ganddo ef, a dwy wal gyntaf y gerddi llysiau, a gychwynnwyd tua 1820. Nid oedd y mausoleum wedi'i orffen pan fu farw ac er bod 3ydd Arglwydd Niwbwrch wedi parhau â'r gwaith mae'n annorffenedig o hyd, gan y bu'n rhaid trosglwyddo cyllid i ailadeiladu'r tŷ ar ôl tân 1836. Cododd Ail Arglwydd Niwbwrch y Gromlech hefyd yn ôl pob tebyg, cysegrfan ffug-dderwyddol, i'r de o'r tŷ, ac yn sicr sianelodd yr afon ar draws y lawnt o flaen y tŷ; mae'n rhaid ei fod hefyd wedi newid cwrs yr afon i'r dwyrain o'r tŷ.

Roedd yn rhaid i frawd Ail Arglwydd Niwbwrch, Spencer Bulkeley, 3ydd Arglwydd Niwbwrch, fod yn fwy gofalus wrth wario ar y tir, gan fod yn rhaid iddo ymdopi â'r gost anferthol o ailadeiladu'r tŷ. Fodd bynnag, adeiladodd y grotos a'r dair ffynnon yn fista'r ddeunawfed ganrif ar ochr ddwyreiniol y tŷ. Hefyd ychwanegodd yrnau a cherfluniau i'r teras sy'n rhedeg ar hyd cefn y tŷ ac uwchlaw rhan o'r fista i'r dwyrain; yn amlwg roedd am gadw'r ardal o gwmpas i weddu i'r tŷ newydd urddasol. Roedd ganddo bump o blant hefyd yr oedd yn hoff iawn ohonynt, ac adeiladodd y Children's Mill ar eu cyfer, tŷ cychod bychan ar yr afon i'r de o'r bloc stablau. Plannodd y ddau frawd yn helaeth.

Ym 1888 etifeddwyd Glynllifon, ond nid y teitl, gan yr Anrh. F. G. Wynn, ail fab Spencer Bulkeley; roedd ei etifedd wedi marw o'i flaen, gan adael mab a oedd ond yn blentyn. Bu Freddie Wynn yn rhedeg yr ystad i'w dad, ac roedd ganddo gariad dwfn at ei gartref, felly rhannwyd eiddo'r teulu rhyngddo ef a'i nai ifanc yn y fath fodd a fyddai'n sicrhau y byddai'n dal gafael ar Lynllifon a Boduan. Roedd yn ddi-briod yn 35 oed, a disgwyliai ei dad y byddai'r ystad yn cael ei hailuno yn y pen draw, ac yn wir dyna sut y bu.

Roedd gan F.G. Wynn ddiddordeb yn y teithiau i chwilio am blanhigion a oedd yn eu hanterth ar y pryd, a phlannodd nifer o goed egsotig, rhai ohonynt yno o hyd, a llwyth o redyn, a oedd yn hoff iawn ganddo. Cadwai docwaith cywrain hefyd. Ymddiddorai'n arbennig mewn eryrod, symbol y teulu, a chadwai ddau yn y tŷ eryrod (drws nesaf i'r tŷ palmwydd, a grëodd hefyd, yn rhan ddeheuol yr ardd ddwyreiniol â wal o'i chwmpas), yn ogystal â gosod mosaig o gerrig mân yn dangos eryr ar yr ynys ar Afon Llifon.

Yn dilyn marwolaeth F. G. Wynn ym 1932 diryodd llewyrch Glynllifon, er bod wal y parc wedi'i hatgyweirio ym 1935, a gwerthwyd yr ystad i fasnachwr pren yn y diwedd ym 1948. Yn ddiamau y dyn hwn oedd yn gyfrifol am y planhigfeydd o goed meddal sy'n llenwi rhannau o'r parc bellach. Ym 1954 gwerthwyd y tŷ a'r parc i Gyngor Sir Gaernarfon. Yn ddiweddarach trosglwyddwyd yr adeiladau a'r fferm i Goleg Meirion-Dwyfor.

Ni fu llawer o newidiadau o ganlyniad i'r digwyddiadau gweddol ddiweddar hyn, er bod y rhan fwyaf o'r cerfluniau wedi diflannu (daeth rhai, fodd bynnag, o hyd i gartref newydd yn yr ardd lysiau), a diflannodd un o'r tair ffynnon yn gyfan gwbl, tra bod y pwll yn unig o'r ail ffynnon ar ôl. Bellach padogau yw dwy o'r

gerddi â waliau o'u cwmpas, er bod y drydedd yn cael ei defnyddio o hyd fel gardd lysiau gynhyrchiol. Aeth y blanhigfa yn ardd breifat ac addaswyd yr hafdy oddi mewn yn dŷ. Mae porthordai a thai yn y parc yn eiddo i wahanol bobl a gwnaed un fynedfa newydd drwy'r wal; mae'n bosibl bod yr ail fynedfa yn newydd neu'n estyniad o fynedfa lai. Fodd bynnag, mae'r mwyafrif o'r nodweddion dŵr, grotos, adeiladau a ffug-gestyll yno o hyd, mewn cyflwr da yn gyffredinol, ac mae rhan o'r rhwydwaith o lwybrau yn dal yno ac yn cael ei defnyddio o hyd.

Plas Newydd

Roedd y tŷ hwn a adeiladwyd ym 1632 gan Thomas Glynne yn adfeilion erbyn diwedd y bedwaredd ganrif ar bymtheg, ac fe'i nodwyd yn yr un cyflwr ar fap Arolwg Ordnans 25 modfedd 1918. Arolygwyd y map hwn ym 1887 a'i ddiweddaru ym 1914, ond adferwyd y tŷ gan F.G. Wynn rhwng y dyddiadau hyn, felly ymddengys bod yr Arolwg Ordnans wedi methu â nodi hyn pan ddiweddarwyd y map.

Mae'r tŷ wedi'i adeiladu o gerrig â tho llechi ac mae ganddo dri llawr a chroglofftydd, â chyntedd bargodol a simnai fargodol uchel. Ychwanegwyd ato yn ogystal â'i adfer, ac mae ganddo res o dai allan ag arddull Gothig sy'n dyddio o'r un cyfnod ag y cafodd ei adfer, er bod craidd yr adeiladau yn hŷn o bosibl. Mae yma gwt bach â chlochdwr, ac yn yr iard mae tanc dŵr cerrig.

Cafodd y tŷ ei gynnwys o fewn y parc pan ehangwyd y parc tua 1828, ac mae ganddo ei nodweddion gardd ei hun. Fe'i hamgaeir o fewn ei wal sgwâr ei hun a'i amgylchynu yn rhannol gan ffos gerrig ag ochrau syth dros 1 fedr o ddyfnder, â dwy bont (mae hyn yn perthyn i gyfnod cyn ei adfer), a cheir llethrau teras i'r de-orllewin, tu allan i'r wal sydd o bosibl yn perthyn i ardd gynharach. Uwchlaw'r rhain mae llwybr neu lwybr llai â wal o'i gwmpas, a lefelwyd i mewn i'r llethr, ac sy'n dod i ben wrth ffin cae ar ymyl y coetir sy'n perthyn i'r tŷ. Yn y wal dde-ddwyreiniol, yn ymyl y gornel ddeheuol, mae cilfach â ffynnon fechan a gyflenwai'r dŵr i'r tŷ yn wreiddiol ond a fwriadwyd i fod yn addurnol hefyd. Mae maen hir yn y coetir i'r de-ddwyrain o'r tŷ, tu allan i'r wal, sy'n ffug yn ôl pob tebyg ac a fwriadwyd yn nodwedd ardd. I'r gorllewin mae pwll diweddar mawr ag ynys, ac i'r de pwll trionglog bach, sydd bellach yn llawn llaid, â bambŵ o'i gwmpas.

Torrwyd y mwyafrif o'r coed aeddfed o amgylch y tŷ, ond mae rhai coed derw i'r gorllewin. Mae'r isdyfiant o rododendronau yn goroesi yn y llecynnau bychain o goetir o amgylch y tŷ, ac mae tresi aur yno hefyd. Fodd bynnag y nodwedd fwyaf diddorol a blannwyd yw bloc sgwâr mawr o resi o goed yw a blannwyd yn agos at ei gilydd sydd wedi'u plethu i greu bwâu ar onglau sgwâr, gan ffurfio rhwydwaith croesymgroes o lwybrau islaw. Mae gwadnau rhai cerfluniau neu ddeialau haul, a ffurfiai ganolbwyntiau mae'n rhaid, yno o hyd. Esgeuluswyd y coed yw a thyfasant yn rhy uchel uwchlaw'r bwâu, ond bellach aethpwyd ati i'w hadfer. O gofio bod coed yw yn tyfu'n araf ymddengys yn debygol bod y nodwedd hon yn perthyn i gyfnod cyn y gwaith adfer ar ddiwedd y bedwaredd ganrif ar bymtheg, ac mae hadblanhigion hunanheuedig a dorrwyd yn nodi ei bod yn gan mlwydd oed o leiaf; o bosibl mae'n llawer hŷn na hynny. Fodd bynnag, nid oes cyfeiriad ati ar unrhyw fap sy'n bodoli hyd 1918.

Ceir coed yw hefyd, a oedd ar un adeg yn beli a bellach yn cael eu tocio eto, ar hyd ymylon ffos y darn o dir sgwâr amgaeëdig, ond mae'r rhan fwyaf o'r plannu arall yn fodern. Mae'n bosibl bod rhai o'r nodweddion gardd yn gynnar iawn, o bosibl yn cydoesi ag adeiladu'r tŷ gwreiddiol (y terasau, er enghraifft), ac mae'n amlwg fod y ffos wedi ei hadfer rywfaint a bod ganddi hanes sy'n mynd yn ôl ymhellach nag y tybir.

I'r gogledd-ddwyrain o'r tŷ mae llecyn hirsgwar gwastad yn ymyl yr afon, ar ymyl coedwig ond yn glir o goed, a elwir yn 'hen berllan' yn lleol. Ar y bryn uwchlaw hwn, i'r de-ddwyrain ohono, mae coedwig a elwir yn 'Gwinllan Cefn-y-maes'. Mae'r ddau enw yma yn perthyn i nodweddion gwreiddiol a gysylltir â Phlas Newydd yn ôl pob tebyg.

Y tir hamdden

Mae'r tir hamdden yn cynnwys lawntiau yn ymyl y tŷ, ac Afon Llifon, a sianelwyd, yn eu croesi; fista i'r dwyrain â rhodfa o goed leim a ffynhonnau; teras y tu ôl i'r tŷ â llwybrau yn cysylltu â'r system lwybrau yn nyffryn Llifon, sydd ei hunan yn brif ran o'r tir hamdden; a phlanhigfeydd sy'n cynnwys nifer o lwybrau i'r gogledd, de a'r gorllewin o hyd. Mae gerddi bychain hefyd yn ymyl y bloc stablau a'r Children's Mill. Mae'r addurnwaith wedi'i ganolbwyntio yn nyffryn Afon Llifon, i'r gogledd-ddwyrain o'r tŷ, sy'n cynnwys grotos, meudwydy, a nifer o nodweddion dŵr.

Yn ddiamau ystyrid y tair gardd â waliau o'u cwmpas, a gysylltid â'i gilydd â thwnnel, a'r blanhigfa, a oedd â nodweddion addurnol gan gynnwys pwll a hafdy (ac, yn ystod yr adeg pan roedd F. G. Wynn yn berchennog, tocwaith gwych) yn rhan o'r ardd addurnol. Yn ychwanegol, mae'n amlwg wrth nifer y llwybrau a gynlluniwyd a'r nifer o nodweddion, yn ogystal ag wrth gofnodion o weithgareddau a oedd yn gysylltiedig â Fort Williamsburg bod y parc ei hun, er gwaethaf ei faint, yn cael ei ddefnyddio'n helaeth ar gyfer difyrrwch. Felly, mewn ffordd cam gwag yw gosod y 'pleasure grounds' ar wahân, ond mae gwahaniaeth yn y modd y triniwyd rhai mannau sy'n gwneud y gwahaniaethu'n bosibl.

Gwelir cynllun y tir a rhannau agosaf y parc mewn man tua chanol y ddeunawfed ganrif ar fap ystad a luniwyd rhwng 1751 a 1761. Roedd gan y llethr goediog tu ôl i'r tŷ drefn gymhleth o lwybrau syth yn cysylltu â'i gilydd uwchlaw'r teras hir yng nghefn y tŷ, a fodolai eisoes a chanddi olygfa well nag un heddiw gan fod y tŷ yn llawer llai. Roedd y fista lydan i'r dwyrain o'r tŷ eisoes i'w chael hefyd ar yr adeg hon, â'i rhodfa o goed leim. I'r de o'r tŷ, ar ochr bellaf yr afon, roedd darn mawr, yn sgwâr bron, o dir llawn coed collddail, ag wyth llwybr a ymledai o gylch agored ychydig o'r canol. Drws nesaf iddo, i'r dwyrain, roedd gardd lysiau wedi'i rhannu'n chwe sgwâr, ac i'r gogledd-ddwyrain ohoni, perllan ar ffurf afreolaidd. Cornel wrth gornel â'r ardd lysiau, i'r de-ddwyrain, roedd gwinllan.

O'r map hwn ymddengys bod yr afon wedi'i sianelu i lifo lawr drwy ganol y fista yn wreiddiol, ac fe'i symudwyd ymhellach i'r de yn ddiweddarach. Nodwedd ddiddorol arall yw yr hyn a ymddengys yn ffrwd yn dod o Afon Llifon i'r gogledd-ddwyrain o'r tŷ, gan lifo'n gyfochrog â'r afon ond yn uwch at ben y tŷ yn agosach at y fista, ac yna'n diflannu dan ddau neu dri o derasau bychan yn union i'r gogledd-ddwyrain o'r tŷ, ac yn ailymddangos ar yr ochr arall i lifo ar hyd y prif deras. Mae sianel sych hon yn goroesi ar hyd cefn rhan o'r teras.

Ar gynllun o'r ardal yn ymyl y tŷ, sydd eto heb ddyddiad arno ond yn gynharach yn ôl pob golwg na map y 1750au gan fod y stablau i'w gweld i'r gorllewin o'r tŷ, gwelir nodwedd ddiddorol iawn rhwng y teras a chefn y tŷ. Ymddengys bod rhodfa arall, sy'n gyfochrog â rhodfa'r teras, â rhan ganolog sy'n gwneud cyfres o droeon 'S' dolennog perffaith gwastad. O flaen y rhan hon ceir yr hyn a ymddengys yn berth, ac yn y cefn, mae adeilad blaen agored bach y gellir mynd ato o'r berth, sy'n cynnwys tri chylch yn y cefn a allasai fod yn gerfluniau neu'n seddau o bosibl. Ni nodir y nodwedd hon ar fapiau'r 1750au nac ar fap 1828, ac ar ôl 1836

llyncwyd yr ardal pan estynnwyd y tŷ, felly nid oes dim yn aros ar y ddaear.

Ymddengys bod Arglwydd 1af Niwbwrch wedi canolbwyntio ar y parc yn bennaf, ond gan ei fod yn amlwg yn hoffi eangderau ac anffurfioldeb mae'n bosibl iddo fod yn gyfrifol am glirio'r rhan fwyaf o'r cynllun a welir ar fap y 1750au. Fodd bynnag, mae'n bosibl na symudodd yr ardd lysiau gan nad adeiladwyd y tair gardd fawr â waliau o'u cwmpas a ddaeth yn ei lle tan nes iddo farw.

Er iddo farw'n ifanc iawn, gwnaeth Ail Arglwydd Niwbwrch welliannau helaeth i'r tir hamdden yn ogystal â'r parc, a chynlluniodd y ddwy ardd lysiau newydd gyntaf â waliau o'u cwmpas (ac yntau prin yn ei ugeiniau), a fyddai wedi galluogi iddo symud yr hen ardd a'r berllan. Sianelodd Afon Llifon a'i hailgyfeirio hefyd, fel ei bod yn llifo i'r de o'r prif fista yn hytrach nag ar hyd ei chanol, gan lifo yn syth ar draws y lawnt o flaen y tŷ; yn ôl pob golwg mae'n rhaid ei fod wedi adeiladu'r ddwy bont yr âi'r lonydd drostynt hefyd. Ef hefyd sylwodd ar botensial dyffryn Afon Llifon a chychwynnodd ar y gwaith o'i wella, gan adeiladu'r meudwydy ac yn ôl pob tebyg y nodweddion dŵr cymhleth a'r system porthiant pwysau sy'n eu cyflenwi. Ef hefyd wnaeth yr ynys lle saif y theatr bellach, ond ychwanegwyd y mwyafrif o'r pyllau ac felly y coredau a'r rhaeadrau yn y brif afon gan ei frawd. Arglwydd 1af Niwbwrch oedd yn gyfrifol am greu'r blanhigfa â wal o'i chwmpas yn rhan ddeheuol y parc, a gafodd ei hadeiladu a'i chynllunio â phwll cyn 1828.

Diweddarwyd map ystad 1828 ym 1840, a nodwyd rhai ychwanegiadau diweddarach na hyn arno hefyd. Felly mae'n gofnod defnyddiol o'r addasiadau a'r gwelliannau cynnar a wnaed gan 3ydd Arglwydd Niwbwrch, rhwng 1832 a 1840. Mewn ffaith ymgymerwyd â'r rhan fwyaf o'r rhain cyn 1836, pan losgwyd y tŷ, a'r gweddill tua 1840, ar ôl codi'r tŷ newydd i raddau helaeth. Ymhlith y rhain roedd adeiladu'r porthordy dwyreiniol, yr ardd fwyaf gorllewinol â wal o'i chwmpas, yr hafdy yn y blanhigfa, y grotos yn nyffryn Llifon a'r ffynhonnau yn y fista, er mai y gyntaf o'r rhain yn unig (yr un agosaf at y tŷ) a adeiladwyd erbyn yr adeg y peidiwyd ag ychwanegu at y map. Cofnodwyd y tair gan yr Arolwg Ordnans ym 1889. O ffynonellau eraill gwyddys fod 3ydd Arglwydd Niwbwrch wedi ychwanegu yrnau a cherfluniau at y teras hir y tu ôl i'r tŷ, a'i fod wedi adeiladu'r Children's Mill a'r tŷ cychod ar yr afon ger y stablau, gan ddefnyddio pwll y felin fel pwll cychod.

Roedd yr Anrh. F. G. Wynn, a oedd yn meddu ar yr awenau o 1888, yn arddwr brwd a chymerai ddiddordeb mawr yn y tir hamdden, yn fwy o safbwynt planhigwr. Cyfyng oedd ei ddatblygiadau o ran adeiladwaith, ond ychwanegodd at y tai gwydr a'r poethdai yn y gerddi llysiau, gan addasu adeilad yn dŷ palmwydd ac adeiladu tŷ eirin gwlanog yn ogystal ag ymestyn y tai gwydr a oedd yno'n barod. Yn ôl pob tebyg plannodd ddrysle hefyd yng nghornel ddeheuol y blanhigfa, a welir ar fap Arolwg Ordnans 1918, ond nad yw yno mwyach; mae ffotograffau sy'n perthyn i'r cyfnod yn dangos bod y blanhigfa yn cael ei hystyried yn rhan o'r tir hamdden yn rhannol o leiaf ar yr adeg hon. Cymerai F. G. Wynn bleser mewn tocwaith cymhleth ac anarferol, a gellir gweld peth ohono mewn ffotograffau, ond yn anffodus nid oes dim ohono yno bellach.

Ychydig o newid a fu i'r cynllun yn union o flaen y tŷ ers 1918, pan ddeuai'r brif ffordd o'r de drwy'r planhigfeydd, allan i'r lawnt, ar draws yr afon i gornel dde-ddwyreiniol y tŷ, ac yna'n gwyro ar draws blaen y tŷ gan fynd yn ei blaen at y stablau. Deuai'r lôn o'r gorllewin heibio i ochr ddeheuol y stablau, dros y bont arall, gan gyfarfod â'r lôn ddeheuol ychydig tu draw. Bellach y lôn orllewinol yw'r brif ffordd at y tŷ ac yn amlwg bu felly ers adeiladu'r Grand Lodge. Ceir tro yn ôl at y stablau yn ymyl yr afon; sythwyd hwn er 1918. Roedd y lôn ddwyreiniol eisoes yn segur erbyn yr amser hwnnw. Mae wyneb tarmac ar bob lôn yn yr ardal hon. Mae hefyd faes parcio tarmac modern ym mhen gorllewinol y fista, ar ochr ddwyreiniol y tŷ. Yng nghornel ogledd-orllewinol eithaf y lawnt, i'r de o'r tŷ, mae dwy fagnolia gollddail fawr.

Mae'n rhaid bod y ddwy bont gerrig gyfatebol o flaen y tŷ wedi'u hadeiladu pan sianelwyd yr afon ar draws y lawnt gan Ail Arglwydd Niwbwrch. Maent yn wastad, â bwâu isel unigol, a chanllawiau isel â gorffeniad copâu addurnol ymhob pen ar ffurf troellau.

Mae iard y tu allan i'r ardd lysiau ddwyreiniol, i'r de. Oddi yma mae lôn â wal ar bob ochr i mewn i iard gegin y tŷ, dan borth bwaog; mae'n rhedeg yn gyfochrog â'r llwybr llai â wal o'i gwmpas o'r gerddi llysiau ac i'r de ohono. Mae pompren haearn segur yn croesi'r lôn 'suddedig', a defnyddir rhan o'r ardal uchel rhwng y llwybrau llai fel gerddi bychain i'r fflatiau yn y tŷ.

Ymddengys mai gweddol fyrhoedlog oedd y lôn ddwyreiniol, neu efallai na chafodd ei defnyddio erioed ar gyfer trafnidiaeth gerbydol ond fel llwybr march yn unig. Nid oedd yn bodoli yn y 1750au, ac o bosibl fe'i hadeiladwyd yn y 1830au pan ailadeiladwyd y tŷ a'r wal derfyn; yn sicr mae'r East Lodge yn dyddio o'r cyfnod hwn. Rhedai'r lôn i lawr dyffryn Llifon ar hyd ymyl yr afon, ond nid yw'n glir i ble'r aethai yn y pen de-orllewinol. Ymhellach i fyny'r dyffryn mae'r lôn/llwybr march yn cadw ei wyneb caled ac yn amlwg fe'i lefelwyd i mewn i'r llechwedd mewn sawl man. Mae'n mynd heibio o dan bont y mae ffordd fferm yn mynd drosti yn union ger yr afon, ac mae mur canllaw yma ar hyd ymyl yr afon sydd wedi dymchwel yn rhannol. Mae darnau pellach o fur neu ragfur lle mae angen ar ochr yr afon.

Mae'r prif rwydwaith llwybrau yn nyffryn Llifon, ond roedd systemau helaeth o lwybrau yn y planhigfeydd i'r de o'r tŷ hefyd a thu ôl iddo, i'r gogledd. Mae'r mwyafrif o'r llwybrau'n goroesi; y blanhigfa ogleddol ddirywiodd waethaf.

Yn y dyffryn mae prif lwybrau bob ochr i'r afon; mae'r llwybr i'r gogledd yn mynd yn ei flaen o'r rhodfa ar hyd ochr ogleddol y fista, a'r un oedd i'r de yn wreiddiol yn croesi'r lawnt ac yn mynd dros bompren yn ymyl pwll bach a leiniwyd â briciau lle arferid cadw dyfrgi dof. Bellach diflannodd y bont ac mae'r llwybr yn mynd yn ei flaen ar hyd ochr ddeheuol yr afon i'r planhigfeydd deheuol, er ei bod hi'n bosibl croesi i'r fista dros bompren sydd yno o hyd ychydig bellter i fyny'r afon. Defnyddir y lôn/llwybr march dwyreiniol fel llwybr o hyd. Mae llwybr ar hyd ochr ddeheuol y fista, sy'n ymuno â'r un gogleddol yn y pen dwyreiniol, yn segur bellach. Mae'r ddau brif lwybr a'r llwybr march neu lôn yn cyfarfod yn y pen draw ac yn uno tua dwy ran o dair o'r ffordd i fyny'r dyffryn, ychydig cyn y bont y mae ffordd y fferm yn mynd drosti.

Ar yr ochr dde-ddwyreiniol mae llwybr ar lefel uwch hefyd, sy'n cysylltu â'r system lwybrau yn y planhigfeydd i'r de o'r tŷ, am y drydedd ran gyntaf, gan gyfarfod â'r llwybr isaf yn y pen draw. Mae'r rhain oll yn llwybrau gwastad, wedi'u gwneud yn dda, wedi'u torri i mewn i'r llethr ac mae wyneb arnynt lle bo angen, ac mae nifer o is-lwybrau a llwybrau cysylltiol hefyd, yn arbennig yn nyffrynnoedd ymyl y meudwydy a chofeb y mwynwyr i gyfeiriad gogledd-ddwyreiniol y dyffryn, rhai ohonynt ag ymylon neu wynebau hefyd.

Roedd y system lwybrau yn dal i dyfu rhwng 1900 a 1918 a cheir rhagor o lwybrau ar fap y dyddiad olaf nag ar y cyntaf. Roedd un llwybr newydd ar y llethr i'r gogledd o'r fista, uwchlaw'r prif lwybr/lôn ddwyreiniol flaenorol. Bu rhagor o newidiadau ers hynny yn yr ardal hon, lle mae llwybr igam-ogam newydd yn dringo i fyny o'r fista ychydig tu hwnt i ben dwyreiniol y teras, gan gymryd lle'r llwybr syth a dyfai'n wyllt ac a âi i lawr o safle'r cerflun, ond heb gysylltu â'r teras. Mae hwn, fodd bynnag, yn defnyddio rhannau o lwybrau hŷn a oedd yn glir am iddynt gael eu lefelu i mewn i'r llethr a diffinnir yr ymylon gan lwyni rhododendronau anferth.

Yn wreiddiol roedd tair ffynnon fawr ar hyd y fista. Dymchwelwyd y ffynnon ganolog yn gyfan gwbl a llenwyd y basn. Ymddengys o hen ffotograffau fod ganddi yrnau bychain o amgylch y canllaw isel ac nid oes ganddo ffigwr canolog, dim ond ffrwd unigol o ddŵr. Dim ond y pwll crwn o'r ffynnon orllewinol, a saif yn y maes parcio, sy'n goroesi. Mae'r pwll yn suddedig, tua 6 medr ar draws, ag ochrau syth concrid a llawr briciau. Dim ond y gwadn briciau o'r ffigwr canolog sy'n goroesi.

Mae'r ffynnon ym mhen dwyreiniol y fista yno o hyd. Mae'n fwy bas ac ac mae ganddo bwll crwn wedi'i leinio â choncrid ag ochrau ar oleddf â cherrig o'i amgylch. Mae gan y ffynnon ei hunan dri basn bas y naill ar ben y llall, sy'n mynd yn llai o faint wrth fynd yn uwch; islaw'r isaf mae tri dolffin bach o amgylch y gwadn carreg, ac mae plinth bric teiran yn cynnal y cyfan.

Mae dwy ogof gron wedi'u torri i mewn i'r graig ar y llethr serth sy'n ffinio ochr ogleddol y dyffryn, ond bellach maent wedi cau. Mae gan yr un agosaf i'r tŷ flaengwrt crwn gwastad mawr a dorrwyd i mewn i ochr y dyffryn, wedi'i amgylchynu gan wal gerrig gynhaliol sy'n cyrraedd tipyn o uchder yn y cefn. Drwyddo roedd drws yn mynd i ochr y clogwyn, ond bellach llenwyd hwn yn barhaol â slabiau llechi mawr.

Ym mhen dwyreiniol y fista, yn ymyl y drydedd ffynnon, mae ogof gron arall, a gaeir i ffwrdd gan giât y gellir mynd ati ar hyd llwybr gardd gerrig sy'n arwain o'r llwybr sy'n mynd ar hyd y fista i gyd. Tu hwnt i'r giât mae tramwyfa a dorrwyd o'r graig yn arwain at siambr â phwll, wedi'i goleuo'n iasol â golau glas drwy ffenestr gwydr lliw yn y nenfwd. Roedd ffigyrau plastr y tu mewn iddi, gan gynnwys nymff a dywalltai ddŵr i'r pwll. Addasiad dyfeisgar o rewdy yw hwn, a wnaed gan 3ydd Arglwydd Niwbwrch.

Mae'r groto ar ochr arall y fista, i'r de o'r afon, yn wahanol o ran cymeriad ac o bosibl roedd yn rhedynfa hefyd, yn ystod adeg F. G. Wynn o leiaf, o gofio ei ddiddordeb arbennig mewn rhedyn. Gelwid yn 'Mill Folly', ac fe'i adeiladwyd i edrych fel melin adfeiledig. Mae'n gymhleth iawn, â siambr danddaearol y gellir ei chyrraedd ar hyd tramwyfa gul, pont gerrig fwaog y mae'r prif lwybr ar hyd ochr ddeheuol yr afon yn mynd drosti, a dwy ystafell fechan a dorrwyd i mewn i wyneb y graig. Yn wreiddiol roedd pwll bychan o flaen y 'folly'. Mae llecyn agored anwastad hefyd ar lefel is, â siambr fechan arall yn ymagor oddi yno, a gellir ei chyrraedd i lawr ychydig o risiau yn y pen dwyreiniol, dan borth bwaog Gothig bychan mewn wal gerrig. Mae porth bwaog tebyg ychydig yn uwch i fyny yn arwain at weddill y nodweddion.

Mae rhai coed collddail aeddfed, ffawydd yn arbennig, yn goroesi ar ochr ogledd-ddwyreiniol y dyffryn, ag isdyfiant o rododendronau. Mae llawer o'r llecyn coediog ym mhen dwyreiniol y tir yn blanhigfa conifferau masnachol bellach, ond mae clystyrau mawr o fambŵau a rhai conifferau egsotig, gan gynnwys *Sequoiadendron giganteum*, ger yr afon. Yn agosach at y lawnt mae rhai rhywogaethau mwy egsotig yn goroesi, gan gynnwys pinwydd Chile, derw anwyw a chypreswydd.

Mae'r teras i'r gogledd o'r tŷ yn ymestyn o fan ychydig i'r dwyrain o'r gerddi llysiau at fan sydd bron hanner ffordd ar hyd ochr ogleddol y fista. Fe'i gwelir ar fap y 1750au, pan roedd y tŷ yn llai ac yn is, a bellach mae'n agos iawn at gefn y tŷ. Yn y 1750au roedd rhan orllewinol y teras yn edrych dros y terasau eraill islaw, ond yn ddiweddarach ysgubwyd y rhain i ffwrdd i gynnig llethr wastad i lawr at y fista. Mae rhes hir o risiau yn arwain i lawr yng nghornel ogledd-ddwyreiniol y tŷ sydd, mewn gwirionedd, yn ystafell wydr ar y llawr cyntaf. Yn ymyl pen dwyreiniol y teras mae rhes o risiau yn arwain i lawr at fan gwastad bychan lle'r oedd cerflun yn sefyll ar un adeg, ac mae dau lwybr ar oleddf i gyfeiriadau gwahanol yn arwain i lawr oddi yma i'r fista. Mae'r llwybr dwyreiniol yn segur bellach ac mae wedi tyfu'n wyllt. Yn ymyl y pen gorllewinol mae'n cysylltu â'r system lwybrau yn y blanhigfa uwchlaw, i'r gogledd. Symudwyd yr yrnau a safai ar hyd ymyl y teras ar ben y llethr i'r dwyrain o'r tŷ, ac mae rhai ohonynt bellach yn estyniad deheuol i'r ardd lysiau ddwyreiniol. Mae dau wadn carreg wythochrog a rhai sgwariau ar y teras, ond heb fod yn eu lle, a oedd yn perthyn i'r yrnau o bosibl.

Roedd y teras yn raeanog, ac mae peth o'r wyneb hwn yno o hyd. Mae'r ffrwd sy'n llifo tu ôl iddo, a welir ar fap y 1750au ond nid ar y rhai diweddarach, yno o hyd, er ei bod wedi sychu. Caeodd fista fer i mewn i'r blanhigfa i'r gogledd ond mae'r deial haul mawr yn ei ganol yn goroesi. Mae llechfaen ar gornel ogledd-orllewinol y tŷ gwydr yn rhoi cyfarwyddiadau ynglŷn â sut i'w ddefnyddio. Yng nghefn y teras mae rhai rhywogaethau addurnol, gan gynnwys derw anwyw, celyn, yw Gwyddelig a rhai coed a llwyni collddail, yn goroesi ar ymyl y blanhigfa gonifferau.

O flaen y brif fynedfa i'r bloc stablau mae gardd fechan sy'n lawnt yn bennaf, â phwll ffurfiol gwag, â gwadn ffynnon, ar hyd yr ochr ddwyreiniol. Roedd pwll llai, tebyg i'r de o'r lôn. Amgaeir yr ardal gan brif ffasâd y stablau i'r gorllewin, ac mae'r wal uchel yn cysylltu'r bloc stablau â'r tŷ i'r gogledd, glan yr afon i'r de, a llethr i fyny at y lawnt o flaen y tŷ i'r dwyrain. Daw'r dramwyfa i lawr dros ben deheuol y llethr hon, a thu draw plannwyd y llethr â choed a llwyni i ffurfio rhaniad.

I'r de o'r afon, o amgylch y Children's Mill, mae gardd arall â phlannu a llwybrau anffurfiol. Mae'n bosibl bod hon wedi'i chynllunio pan yr adeiladwyd y 'mill' i guddio'r lle chwarae o'r lôn ac i roi naws 'gyfrinachol' iddo.

Addurnwyd holl ddyffryn Llifon, bron hyd at y man lle mae'r afon yn mynd i fewn i'r parc ger yr East Lodge, dros 1 cilomedr o'r Children's Mill, â nodweddion dŵr, yn ogystal â'r amrywiol grotos ac ogofeydd. Ymddengys mai'r Ail Arglwydd Niwbwrch a greodd y rhaeadrau yn y dyffrynnoedd ochr a'r ynys yn yr afon, tra y manteisiodd y 3ydd barwn ar yr ogofeydd a'r grotos, a'r pyllau a'r rhaeadrau yn y brif afon. Gwnaed ychwanegiadau eraill, sy'n fwy diweddar, hefyd.

Er mai nodwedd ymarferol oedd yn wreiddiol dechreuwyd defnyddio pwll y felin, i'r de-orllewin o'r tŷ, fel pwll cychod yn gysylltiedig â'r Children's Mill, sydd mewn gwirionedd yn dŷ cychod, a adeiladwyd yn erbyn cored y pwll. Fe'i hadeiladwyd yng nghanol y bedwaredd ganrif ar bymtheg i blant 3ydd Arglwydd Niwbwrch. Mae ar raddfa fechan, o friciau lliw, â thŵr bychan, a gellir ei gyrraedd ar hyd llwybr, sydd bellach yn segur, ar ochr ogleddol yr afon ar hyd pompren dros y gored.

Rhwng y man hwn a 'Mill Folly', sianelwyd yr afon ac mae'n llyfn ac yn llifo'n araf. Gyferbyn â'r groto mae rhaeadr risiog a adeiladwyd o gerrig. Y tu ôl iddi roedd pwll, ond bellach mae hwn yn llawn llaid a thyfodd yn wyllt i'r fath raddau ei fod yn ymddangos ychydig yn lletach na lled gyffredin y nant.

Uwchlaw'r pwll blaenorol mae rhaeadr isel arall, ac yn union uwch ei phen raeadr uwch. Ymhellach ymlaen, i'r gogledd-ddwyrain, mae nant wneud sy'n dod i mewn o'r de-ddwyrain, ac i lawr y nant hon mae dŵr yn llifo o gronfa ddŵr fawr yn ymyl y parc. Yn y nant mae cyfres o raeadrau sy'n waliau cerrig â grisiau islaw, ac mae'r prif lwybr ar lefel uwch ar yr ochr hon o'r afon yn croesi ar draws pont gerrig. Ar y gwaelod llifa'r dŵr dros nodwedd o garreg nadd â thri bwa â phennau crwn, ac mae'n bosibl cerdded oddi tanynt, tu ôl i'r rhaeadr. Mae'r dŵr yn syrthio i danc hirsgwar ag ymylon carreg â gorlifiad canolog i'r afon; mae peth dŵr, fodd bynnag, yn bwydo ffrwd sy'n llifo ar hyd y llethr tua'r de-orllewin i ddarparu dŵr sy'n llifo'n araf i'r groto i'r de o'r afon.

Ychydig droedfeddi heibio i hwn mae'r cyntaf o nifer o gyrsiau dŵr bach iawn sy'n llifo lawr yr ochr hon o'r dyffryn, y cyfan bron ag ymylon cerrig neu wedi'u sianelu â rhaeadrau gwneud. Mae'n bosibl bod rhai ohonynt yn naturiol yn wreiddiol, ond mae'n debyg bod eraill wedi eu defnyddio fel gorlifiadau ar gyfer y cronfeydd a'r ffrydiau, yn ogystal â bod yn nodweddion addurnol eu hunain. Nid yw pob un yn cario dŵr ar hyn o bryd.

Mae'r rhaeadr nesaf i fyny y brif afon ychydig uwchlaw pont, sy'n cynnig golygfa dda ohoni, er bod y glannau wedi tyfu'n wyllt. Mae'r rhaeadr yn gwyro ac islaw mae dyfroedd gwyllt gwneud. Yn union uwchlaw'r rhaeadr mae cors sydd wedi tyfu'n wyllt â nifer o sianeli dŵr, a hwn oedd y pwll mwyaf yn yr afon. Roedd ganddo ynys wneud fechan tua'r pen gogledd-ddwyreiniol, nad oes modd ei gweld bellach.

Ymuna'r dyffryn gyda'r meudwydy wedyn o'r dwyrain; mae hwn yn ddyffryn isnant go iawn â nant naturiol, y bu cryn welliannau iddi. Mae yno nifer o bontydd cerrig bychain, un yn gul ond â bwa uchel, a gwellhawyd y rhaeadrau naturiol. Mae llwybr yn mynd i fyny'r ochr ddeheuol, ac ar yr ochr ogleddol mae'r meudwydy yn edrych dros y dyffryn. O gofnodion gwyddys bod yr adeilad hwn wedi'i adeiladu gan Ail Arglwydd Niwbwrch, a cheir braslun ohono ar bapur â dyfrnod 1825. Mae'n wythochrog, Gothig o ran arddull, â ffenestri o amrywiol siapiau, rhai o wydr lliw, ac yn ddiweddar fe'i hail-doiwyd â llechi. Cynhelir y to yn y corneli ar hanner bonion coed di-siâp, sy'n rhoi golwg wladaidd iddo. Yn wreiddiol cyflogwyd meudwy i eistedd ynddo, ond fe'i diswyddwyd am yfed; yn ddiweddarach fe'i defnyddiwyd fel capel ar gyfer mynwent gyfagos i anifeiliaid anwes. Ymddengys bod hon wedi'i haddurno â nodweddion dŵr a gyflenwir o bwll ar ymyl y parc i'r gogledd-ddwyrain. Mae un o'r nodweddion hyn yn gamlas bach, bas â phen crwn. O amgylch y llecyn mae cylch o goed, y mwyafrif ohonynt bellach yn farw oherwydd y cysgod dwfn, o gwmpas ywen fawr ganolog; ymddengys bod y cylch o goed yn gorwedd o fewn olion cylch o gerrig, ond ychydig gerrig yn unig sydd ar ôl, os bu'n gyfan erioed.

Symudwyd y cerrig beddi o fynwent yr anifeiliaid anwes ac fe'u cedwir yn y storfa ffrwythau ger yr ardd lysiau ddwyreiniol. Mae'r hynaf a nodwyd â'r dyddiad 1775 arni ac yn dwyn y geiriau 'Alas poor Canarlly', ac fe'i gwnaed o garreg; mae'r gweddill i gyd yn llechi ac eithrio rhai o bren ac un enghraifft o farmor (â'r blaenlythrennau F G W yn ogystal ag enw'r ci). Mae'r dyddiadau rhwng 1824 a 1913.

Mae'r brif afon uwchlaw'r man lle ymuna'r dyffryn ochr yn llydan ac yn fas, er nad oes yno bwll bellach mewn gwirionedd fel y gwelir ar fap 1918. Mae yno un neu ddwy gored isel, ac yna ynys wneud, sydd â waliau cynhaliol isel o'i chwmpas. Bellach ymgorfforwyd yr ynys mewn theatr awyr agored fodern a adeiladwyd o gerrig; mae'r llwyfan ar yr ynys a'r seddau ar y llethr ar ochr ddwyreiniol y dyffryn (gan orchuddio'r llwybr, ond mae'n bosibl cerdded rhwng y ddwy lefel o seddau). Nodwedd wreiddiol ddiweddar ar yr ynys yw'r patrwm a gynlluniwyd mewn cerrig mân lliw yn ymyl y canol; mae hwn yn cymryd ffurf croes â sgwariau coch, du a gwyn ag eryr yn y canol, ac yn sicr fe'i hychwanegwyd gan F. G. Wynn. Mae wedi tyfu braidd yn wyllt â phorfa ond mae modd ei gweld.

I fyny'r afon mae grisiau bychain yn yr afon yn dal i greu sŵn, ac ychydig ymhellach ymlaen mae dyffryn bach arall i'r dwyrain, â gwely nant a arferai gael ei gyflenwi â dŵr gan bwll ar ymyl y parc. Mae dwy bont gerrig fechan ar draws gwely'r nant, a oedd â sawl cwymp mewn rhaeadr neu risiau, ond nid oes dŵr yn llifo drosto bellach. Bellach mae cerflunwaith modern yn y pwll yn y pen uchaf ac o'i gwmpas. Ar ochr ogleddol y dyffryn mae cofeb y mwynwyr, saif slabyn o lechen dyddiedig 1993 ag arysgrifen arno.

Ar yr ochr ddeheuol, wrth ymyl llwybr bychan sy'n torri ar draws, mae ogof fach gron â maen melin yn y llawr â phatrwm o gerrig mân du, coch a gwyn o'i gwmpas. Mae'r cerrig mân yn ei gysylltu â chynllun yr eryr ar yr ynys ac â F. G. Wynn, ond roedd yr ogof yn bodoli ym 1828, ac mae'n rhaid ei bod wedi'i chynllunio'n wreiddiol gan Ail Arglwydd Niwbwrch. Mae rhan o sedd bren gron y tu mewn iddi o hyd. Wrth edrych allan o'r ogof buasai golygfa ddymunol dros y dyffryn, ond bellach plannwyd conifferau masnachol dros y cyfan. Uwchlaw hyn ar y brif afon mae cwymp mewn dwy ran ym mhen isaf pwll bychan, ac mae wal yn ochr cwrs yr afon, sy'n mynd heibio i ddaear mwy caregog bellach, yn dangos nad yw'n naturiol o hyd. Mae rhaeadr derfynol uwchlaw'r bont lle mae'r lôn ddwyreiniol gynt yn croesi'r afon am y tro olaf.

I'r de o'r afon, o flaen y tŷ, yn yr ardal lle'r oedd, yn y 1750au, yr ardd lysiau, y berllan a phlanhigfa â rhodfeydd yn ymledu oddi yno, mae ardal o blanhigfeydd llai ffurfiol bellach ag olion system lwybrau. Mae bryn isel i'r gorllewin sy'n cuddio rhan o'r olygfa, ac am nad oedd hi'n bosibl cael golygfa lydan, yr ymateb ym 1918 oedd cael fistâu drwy'r ardaloedd a blannwyd â choed. Yr adeg honno ymddangosai bod y fwyaf llydan o'r rhain, wedi'i hochri tua'r de, ar agor cyn belled yn unig â'r lôn sy'n dod i fyny o'r de drwy'r planhigfeydd hyn; o'r blaen mae'n rhaid ei bod yn wynebu'r parc a'r olygfa tu hwnt. Roedd fista gulach i'r de-orllewin yn wynebu'r parc o hyd, ac roedd un i'r de-ddwyrain yn cynnig golygfa o'r gaer. Bellach caewyd pob un gan goed ac isdyfiant.

Roedd y system lwybrau fwyaf niferus yn rhan ddwyreiniol yr ardal, sy'n weddol wastad ond sy'n codi i'r dwyrain; un llwybr yn unig oedd yn croesi'r bryn i'r gorllewin. Roedd gan yr ardal i'r dwyrain chwech neu saith o lwybrau'n cysylltu â'i gilydd (gan gynnwys darn hirgrwn hir ffurfiol yn y gornel dde-ddwyreiniol), ac roedd dau ohonynt yn y pen draw yn ymuno â'r llwybrau yn nyffryn Llifon i'r gogledd-ddwyrain.

Ymddengys hefyd fod gwahaniaeth pendant rhwng y plannu yn yr ardaloedd dwyreiniol a'r gorllewinol. Ymddengys mai llecynnau agored gweddol fach wedi'u rhannu gan lwybrau oedd yr ardal ddwyreiniol, wedi'u plannu o gwmpas yr ymylon yn unig, â choniferau yn bennaf. Coetir cymysg oedd yn y triongl deheuol canolog, ac roedd gan y bryn i'r gorllewin ragor o goetir agored ag isdyfiant prysglog. Cedwir y gwahaniaeth hwn i raddau, a phlannwyd llawer mwy o goniferau yn yr hanner dwyreiniol, er bod planhigfeydd masnachol yn gorchuddio llawer o'r ardal hon bellach. Mae mwyafrif y llwybrau i'r dwyrain yno o hyd, fel y llwybr gwreiddiol i'r gorllewin, ond gwnaed llwybr newydd i'r gorllewin hefyd.

I'r gogledd o'r tŷ a'r teras mae planhigfa, ar lethr sy'n wynebu'r de gan arwain i fyny at y fferm, a elwid yn Gae Meirch yn y 1750au ac yn ddiweddarach yn Goed y Terrace. Yn y 1750au roedd system gymhleth o lwybrau syth byr yn yr ardal hon, gan greu cynllun a rannwyd yn drionglau; erbyn diwedd y ganrif ganlynol addaswyd hyn a'r canlyniad oedd llwybrau crymion mwy parhaol, ac roedd fista fer â deial haul tua'r gogledd o gefn y tŷ. Fodd bynnag, roedd

I cilomedr o lwybrau yn aros mewn llecyn gweddol fach, gan awgrymu bod y blanhigfa hon yn bwysig ar gyfer hamddena. Bellach tyfodd llawer o'r llwybrau yn wyllt, ond mae rhai yno o hyd fel yr oeddynt ym 1918, ac yn dal i gadw wyneb caregog neu raeanog hyd yn oed. Mae rhai darnau newydd hefyd. Gellir gweld nifer o welyau nentydd bychain cyson â rhaeadrau gwneud, ac olion plannu addurnol. Yn ymyl y canol mae pwll hirgrwn, a adeiladwyd o friciau ag ochrau syth a chanllaw cerrig, lle mae dŵr yn llifo'n swnllyd o ben pibell haearn unionsyth.

Gerddi llysiau

Mae tair gardd lysiau â waliau o'u cwmpas, dwy ohonynt yn sgwâr i'r gorllewin bron, ac un gulach, hirach i'r dwyrain. Defnyddir y ddwy gyntaf fel padogau bellach, a dim ond y waliau sydd yno bellach, ond defnyddir yr olaf fel gardd farchnad ac mae rhan ohoni wrthi'n cael ei hadfer.

Adeiladwyd y ddwy gyntaf gan Ail Arglwydd Niwbwrch; gorffennwyd yr un fwyaf dwyreiniol cyn 1824 a'r un ganolog cyn 1828. Ychwanegwyd yr un fwyaf gorllewinol gan 3ydd Arglwydd Niwbwrch erbyn tua 1840. Mae gan blac uwchben y fynedfa i'r ardd ddwyreiniol (copi o'r gwreiddiol) y geiriau 'This walled garden was made by Sir John Wynn Bart in the year 1761'. Mae hyn yn gamarweiniol am ddau reswm gan mai yn yr ardd o'r ddeunawfed ganrif â wal o'i chwmpas i'r de o'r tŷ yr oedd y plac gwreiddiol, mae'n rhaid, ac mae'r dyddiad yn anghywir, gan mai Syr Thomas Wynn, mab Syr John ac yn ddiweddarach Arglwydd Niwbwrch, oedd yn farwnig ym 1761. Yn ôl pob tebyg dylai'r dyddiad nodi 1751, y flwyddyn yr adeiladwyd y tŷ.

Perllan oedd yr ardd fwyaf gorllewinol, wedi'i rhannu'n gwarteri â mynedfeydd i'r gorllewin (bellach ag un fwy gerllaw), i'r gogledd-ddwyrain a'r dwyrain (ag ochrau'n gwyro, o'r ardd ganolog). Mae'r wal gerrig forter tua 2 fedr o uchder â chopa tebyg i wal y parc. Nid oes unrhyw arwydd o'r cynllun gwreiddiol ar y ddaear.

Mae tŷ'r garddwr yn weddol fawr, wedi'i adeiladu o gerrig â bloc trillawr canolog ac adenydd deulawr i'r gogledd a'r de. Mae estyniadau croes i'r dwyrain (briciau) a'r gorllewin (cerrig) hefyd. Mae ochr yr ardd (y dwyrain), y blaen yn amlwg, wedi'i rendro a'i nodi â llinellau i ymddangos fel gwaith carreg nadd, ac mae cerrig diddos uwchben y ffenestri. O ran arddull ymddengys bod y tŷ yn perthyn i ddechrau'r bedwaredd ganrif ar bymtheg, ac am ei fod wedi'i adeiladu i mewn i wal yr ardd yn y gornel ogledd-orllewinol mae'n perthyn ym ôl pob tebyg i'r un cyfnod â'r ardd orllewinol, a adeiladwyd rhwng 1832 a 1840.

Mae gan y wal gerrig sy'n rhannu'r gorllewin oddi wrth yr ardd ganolog gopa llechi gwastad. Briciau sydd i waliau eraill yr ardd ganolog, sydd ar oleddf o'r gorllewin i'r dwyrain. Yn ôl pob tebyg defnyddid yr ardd ganolog ar gyfer llysiau, ac fe'i cynlluniwyd yn chwarteri hefyd, â mynedfeydd yn y pedair ochr, a deial haul yn y canol (sydd yn yr ardd ddwyreiniol bellach). Roedd llwybr arall hefyd a redai o'r gogledd i'r de gan groesi'r chwarter gogledd-orllewinol ar un adeg. Bellach nid oes unrhyw ôl o'r cynllun, ac estynnwyd y fynedfa i'r gogledd.

Roedd y gwydr i gyd yn yr ardd fwyaf dwyreiniol, ac fe'i defnyddiwyd ar gyfer ffrwythau meddal, blodau ar gyfer y tŷ, eirin gwlanog a nectarinau, gwinwydd, melonau, madarch a'r cnydau egsotig i gyd. Roedd y mynedfeydd yn y corneli gogledd-ddwyreiniol a gogledd-orllewinol ac ymhob pen y llwybr croes yn ogystal ag o'r estyniad i'r de; mae drws segur yn y gornel dde-ddwyreiniol hefyd. Mae gweddillion y boelerdy, gan gynnwys y simnai, yn erbyn ochr allanol y wal ogleddol. Ynghlwm wrth yr ochr allanol yn y gornel ogledd-ddwyreiniol mae darn byr o wal gerrig â chopa llechi â thri phorth bwaog o friciau, un canolog llydan a dau lai ar bob ochr iddo; roedd modd cyrraedd y llwybrau yn y blanhigfa i'r dwyrain drwy'r wal hon, ond bellach mae'r llwybr yn ei ddilyn. Mae plac yn nodi bod y darn hwn o wal yn coffáu jiwbilî diemwnt y Frenhines Fictoria ym 1897.

Rhannwyd prif ran yr ardd ddwyreiniol hon yn bedair; roedd y ddwy ran ddeheuol tua theirgwaith yn hirach na'r ddwy ogleddol. Roedd tŷ gwydr bychan ar hyd ochr allanol pob un o'r rhannau gogleddol llai; pwll melonau oedd yr un gorllewinol, ond roedd y llall, er ei fod yr un maint, heb suddo. Adferwyd gwaith pren a gwydr y pwll melonau, ond mae'r gwaith haearn, pibelli, llawr llechi a'r hambyrddau lleithder gwreiddiol ar gyfer pennau uchaf y pibelli poeth yno o hyd, er bod concrid yn lle'r grisiau llechi. Adeiladwyd y tŷ gwydr hwn gan Foster & Pearson Ltd o Beeston, swydd Nottingham.

Roedd gweddill y gwydr yn yr estyniadau i'r ardd i'r gogledd a'r de; i'r gogledd roedd tŷ eirin gwlanog yn erbyn y wal ogleddol, tŷ eirin yn erbyn y wal orllewinol a nifer o dai gwydr a safai ar wahân. Y cynharaf o'r rhain oedd ystafell wydr a redai o'r gogledd i'r de, ac a adeiladwyd ym 1856 (cyflenwai'r boelerdy y tu allan i'r wal ogleddol y gwres ar ei chyfer); ddwy flynedd yn ddiweddarach ychwanegwyd dau dŷ gwinwydd a redai o'r dwyrain i'r gorllewin, ac ym 1890 unwyd y tri i wneud tŷ gwydr ar ffurf T. Mae'n bosibl bod tŷ gwydr arall a redai o'r gogledd i'r de ar yr ochr ddwyreiniol wedi'i ychwanegu tua'r adeg hon, ac adeiladwyd y tŷ eirin gwlanog ym 1889. O flaen hwn roedd rhai fframiau, ac i'r dwyrain o'r tŷ gwydr ffurf T, roedd tŷ madarch. Ymhlith cynlluniau sy'n goroesi ar gyfer tai gwydr mae nifer gan Ewing, pen-garddwr ym Modorgan, a ddyfeisiodd waliau gwydr a'u patentu.

Yn yr estyniad deheuol roedd tri thŷ gwydr, dau yn pwyso yn erbyn ochr allanol wal ddeheuol yr ardd; tai prifiant a fforsio oedd y rhain a oedd hefyd yn cynhyrchu carnasiynau a phlanhigion potiau i'r tŷ. Yn ôl pob tebyg fe'u hadeiladwyd tua 1824. Yn yr un ardal roedd fframiau helaeth, ac i'r de rhes o gytiau potiau, swyddfeydd a storfeydd, â boelerdy; yn wreiddiol stablau i'r ceffylau a ddefnyddid yn y parc a'r ardd oedd sgwâr o adeiladau yn cefnu ar y rhain i'r de a bellach dyma'r siop beiriannau. Mae'r fynedfa i'r ardal hon drwy'r wal friciau i'r gorllewin, a hefyd o'r llecyn bychan i'r de-ddwyrain sydd â thŷ palmwydd a addaswyd o adeilad hŷn ym 1897; tyfid palmwydd a choed sitrws mewn tybiau llechi mawr, a gellid eu rhoi tu allan yn ystod yr haf. Roedd yno falconi lle gellid edrych ar y palmwydd a phlanhigion eraill oddi uchod, ac roedd modd cyrraedd hwn drwy'r ardd gerrig i'r dwyrain o'r tŷ palmwydd, ac roedd ffynnon yng nghanol y tŷ. Roedd y boelerdy dan y ddaear, dan un o gorneli'r tŷ palmwydd. Ym mhen deheuol y tŷ palmwydd mae estyniad bychan, a ddefnyddid gan F. G. Wynn fel tŷ eryrod, ond a oedd yn rhedynfa yn wreiddiol. Ar ochr ogleddol yr ardal hon mae'r cwt. Mae cynllun y gwelyau yn yr ardal hon yn ddiweddar.

Gellir cyrraedd prif fynedfa'r ardal a'r tŷ palmwydd drwy borth bwaog briciau bas llydan yn y wal gerrig, sydd â giatiau haearn yn eu lle o hyd; saif wrn caeëdig mawr ag addurnbleth ar gopa'r wal dros y porth bwaog. Mae wal allanol hefyd, sef estyniad o wal llwybr llai yn arwain at gegin y tŷ; mae'n rhaid mai dyma sut y byddai cynnyrch yn cael ei gludo i'r tŷ. Unwaith yr eir drwy hon, mae gan y brif fynedfa yrnau haearn dros y bwa, ac mae pinafalau uwchben y fynedfa i'r brif ardd.

Nodwedd anarferol yw'r twnnel sy'n cysylltu'r gerddi â waliau o'u cwmpas, a gynlluniwyd er mwyn i'r teulu a'u gwesteion eu harchwilio wrth eu pwysau. Ar hyn o bryd mae wedi'i gau ac ni

ellir mynd trwyddo, fodd bynnag, am ei fod yn dymchwel.

Yn anffodus ychydig o'r gwydr sydd yno o hyd. Addaswyd cynllun y gerddi i weddu i'w defnydd presennol, a chodwyd adeiladau dros dro yn yr ardd ddwyreiniol; mae cerfluniau o fannau eraill yn yr ardd yma ac acw. Mae'r tai gwydr a'r fframiau yn yr estyniad deheuol o hyd, ac adferwyd y tŷ eirin gwlanog ym 1991. Mae ei waith haearn gwreiddiol yno o hyd. Gellir sylwi ar sylfeini rhai o'r adeiladau eraill, ac mae rhan o'r tŷ madarch yn dal i sefyll (sy'n cynnwys briciau tân wedi'u stampio W Hancock & Co). Mae un goeden ffrwythau yn aros ar wal orllewinol yr ardd ddwyreiniol, ond mae llawer o'r gwifrau yn eu lle o hyd.

Mae'r cwt, cytiau potiau ac adeiladau eraill yn dal yno ar y cyfan, ac mae rheseli'r hen storfa ffrwythau (sy'n wreiddiol) wedi'u llytho â gwrthrychau y daethpwyd o hyd iddynt yn y gerddi â waliau o'u cwmpas a mannau eraill. Bellach mae gan y tŷ palmwydd do modern sy'n cau'r golau allan a rhoddwyd briciau dros y ffenestr fawr yn y pen; fe'i defnyddir fel storfa. Mae rhai o'r tybiau llechi mawr a ddefnyddid ar gyfer y coed yn goroesi, ac mae'r estyll llechi gwreiddiol ar y tu mewn o hyd, ond diflannodd y ffynnon ac mae slabiau llechi ar y llawr yn gorchuddio'r pwll. Mae gan dŷ'r eryrod ei gysgodfa friciau, ei danc dŵr a'i gafn bwyd carreg o hyd. Mae lamp hirgoes â phelen wydr yn un o bedair wreiddiol yn yr ardal hon.

Ar un adeg roedd modd cyrraedd yr ardd gerrig i'r gogledd o'r tŷ palmwydd o'r blanhigfa i tu ôl, ond bellach ni ellir mynd yno ac mae wedi tyfu'n wyllt, er bod peth o'r plannu yn ymddangos yn weddol ddiweddar. Mae perth *Lonicera nitida* ar hyd y gwaelod, sy'n ei rannu oddi wrth y darn amgaeëdig o gwmpas y tŷ palmwydd.

Mae'r feithrinfa yn llecyn hirsgwar mawr o tua 8 erw, wedi'i hochri tua'r gogledd-ddwyrain/de-orllewin ac wedi'i hamgáu o fewn wal sych tua 2 fedr o uchder. Fe'i hadeiladwyd ym 1824-28 gan Ail Arglwydd Niwbwrch, tua'r un adeg â'r ddwy ardd lysiau gyntaf. Mae gan y wal gopa sy'n weddol debyg i wal y parc, wedi'i wneud o gerrig trionglog.

Mae'r brif fynedfa, â giatiau haearn gyr dwbl ar byst cerrig sgwâr, ar yr ochr ogledd-ddwyreiniol, a gellir gweld drws pren yn y wal ogledd-orllewinol hir hefyd. Y tu allan iddi mae tomen a orchuddiwyd â choed gweddol ifainc, ond nid oes dim i nodi'r hyn a allai fod ar fapiau hen neu fodern. Ymddengys y bu mynedfeydd eraill yno hefyd, yn arbennig yn y corneli gogleddol a dwyreiniol, ond mae tyfiant yn eu cuddio. Ym 1918 llwybr allanol a llwybr canolog hydredol, â dau lwybr croes yn rhannu'r ardal yn dair yn fras oedd y cynllun mewnol. Roedd llwybr crwn yn gorwedd dros y llwybr croes gogledd-ddwyreiniol nad oedd yn croesi canol y cylch ond a oedd yn cael ei dorri ganddo; roedd y llwybr hydredol yn croesi'r cylch, ond gan nad oedd y cylch yn hollol ganolog rhedai tuag at ei ochr dde-ddwyreiniol. Yng nghanol y cylch roedd pwll hirgrwn ac ar yr ymyl ogledd-ddwyreiniol roedd yr hyn a ymddengys yn hafdy chweonglog ag ystafell wydr fechan ynghlwm wrtho. Ymddengys mai nodwedd wreiddiol oedd y pwll ond ychwanegwyd yr hafdy gan 3ydd Arglwydd Niwbwrch cyn tua 1840.

Rhannwyd tair rhan y blanhigfa ymhellach gan ffensys a pherthi, gan olygu un llain ar bymtheg ar wahân. Roedd drysle yn yr un yn y gornel ddeheuol ym 1918. Yn ddiamau fe'i hychwanegwyd ar ôl i'r feithrinfa beidio â bod yn hollol ymarferol, ond mae dyddiad cynnar yr hafdy yn awgrymu bod y feithrinfa yn rhan o'r tir addurnol yng nghyfnod 3ydd Arglwydd Niwbwrch yn ogystal ag yn ystod deiliadaeth yr Anrh. F.G. Wynn. Mewn ffotograffau o'r cyfnod diweddaraf hwn gwelir bod tocwaith yn y feithrinfa ar y pryd (gan gynnwys ffurfiau anghyffredin megis telyn a thebot) a llawer o blannu addurnol.

Mae'r pwll, y llwybr canolog a'r llwybrau croes yno o hyd (mae'r llwybrau heb wyneb yn bennaf, er bod yr un canolog yn garegog yn ymyl y giât), ac addaswyd yr hafdy yn dŷ preifat, Pwll Crwn. Nid yw'r drysle na'r israniadau wedi goroesi, ond mae llawer o'r plannu yno o hyd. Yn yr ardal o gwmpas y nodwedd gron mae nifer o rywogaethau o rododendronau, a choed egsotig, ond mewn mannau eraill stoc y blanhigfa sydd wedi tyfu'n rhy fawr yw'r rhesi o goed a blannwyd yn agos iawn i'w gilydd yn amlwg. Bellach mae rhai ardaloedd wedi tyfu'n hollol wyllt ac ni ellir mynd iddynt, ond mewn mannau eraill cliriwyd y llawryfoedd, sy'n tyfu'n helaeth.

Ceir plannu hefyd y tu allan i'r blanhigfa i'r gogledd-ddwyrain, rhwng y wal a'r lôn dde-ddwyreiniol, sy'n mynd heibio yn agos iddi. Yn eu plith mae rhesi o yw sydd naill ai'n stoc o'r blanhigfa sydd wedi tyfu'n rhy fawr, neu'n goed ifanc a blannwyd gyda'r bwriad o'u plethu fel yn achos y 'deildy' ym Mhlas Newydd. Mae bambŵau a derwen anwyw aeddfed yno hefyd.

Ffynonellau

Sylfaenol

Gwybodaeth oddi wrth Dr Sheila Roberts, Plas Newydd.

Gwybodaeth oddi wrth arddwr y blanhigfa.

Gwybodaeth oddi wrth amrywiol aelodau o staff y coleg, yn arbennig Mr Wil Balham.

Map ystad, tua 1751: Archifdy'r Sir, Caernarfon XM/MAPS/463.

Map ystad, diddyddiad ond cyn 1836 ac o'r 18fed ganrif yn ôl pob tebyg: Archifdy'r Sir, Caernarfon XD2A/859.

Map llawysgrif Arolwg Ordnans 2 fodfedd ar gyfer yr argraffiad cyntaf 1 fodfedd, 1818: Archifau Coleg Prifysgol Gogledd Cymru, Bangor.

'Webbs Plan of Glynllivon Demesne with sundry improvements', 1824: Archifdy'r Sir, Caernarfon, XD2A/857.

1828-40, map ystad anhysbys: Archifdy'r Sir, Caernarfon, XD2A/858.

Cynlluniau tŷ'r garddwr, 1911: Archifdy'r Sir, Caernarfon, XD2A/1596.

Nifer o ffotograffau, llythyrau, darluniau a chynlluniau: Archifdy'r Sir, Caernarfon (gan gynnwys XD2A ac archifau gardd, XD92).

Eilradd

J. Evans, *Beauties of England and Wales*, 1812.

Comisiwn Brenhinol Henebion Cymru, *Inventory*, Sir Gaernarfon Cyfr. II, 1960.

S. P. Beamon, a S. Roaf, *The Ice-Houses of Britain*, 1990.

B. Harden, 'The Park and Gardens at Glynllifon', *Bulletin Ymddiriedolaeth Gerddi Hanesyddol Cymru*, Haf/Hydref 1995.

Taflen gardd â wal o'i chwmpas a gynhyrchwyd gan y coleg.

GLYN CYWARCH

CADW

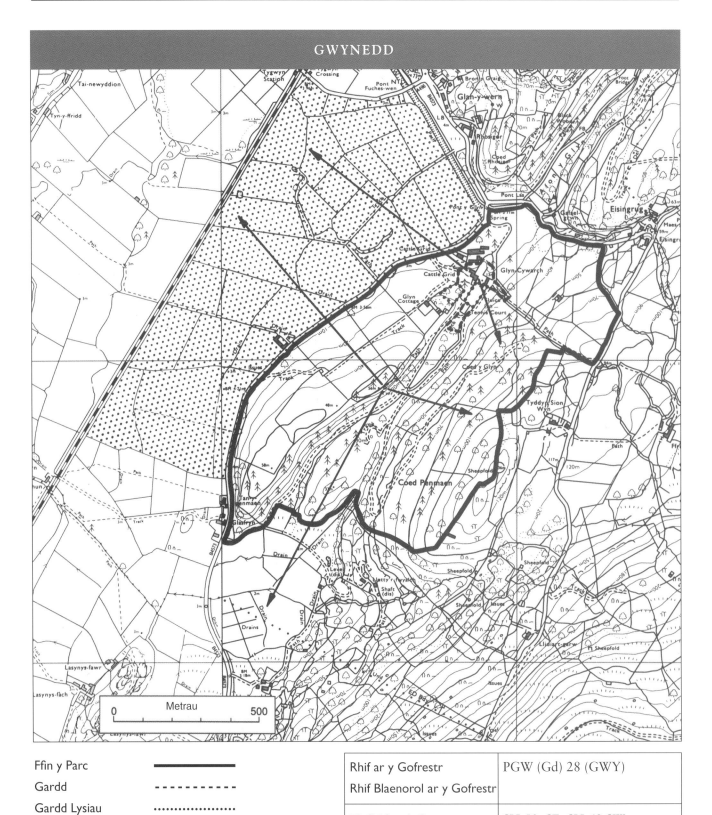

Ffin y Parc	────────
Gardd	- - - - - - -
Gardd Lysiau	••••••••••
Lleoliad Hanfodol	⫶⫶⫶⫶⫶⫶
Golygfa Arwyddocaol	───────▶

Rhif ar y Gofrestr	PGW (Gd) 28 (GWY)
Rhif Blaenorol ar y Gofrestr	
Rhif Taflen A.O.	SH 53, SE, SH 63 SW
Cymuned	TALSARNAU

CRYNODEB

Rhif cyf	*PGW (Gd) 28 (GWY)*
Map AO	*124*
Cyf grid	*SH 608 343*
Sir flaenorol	*Gwynedd*
Awdurdod unedol	*Gwynedd*
Cyngor cymuned	*Talsarnau*
Disgrifiadau	*Adeiladau rhestredig: tŷ Gradd II*, porthdy Gradd II; Parc Cenedlaethol Eryri*
Gwerthusiad safle	*Gradd II**
Prif resymau dros y graddio	*Plasty hardd o'r ail ganrif ar bymtheg â phorthdy cyfoes a gardd derasog. Mae'n bosibl bod gardd gyfagos â wal o'i chwmpas yn rhannol gyfoes hefyd. Mae safle'r tŷ a'r parcdir o'i amgylch yn manteisio'n llawn ar yr olygfa naturiol, a gyfoethogir gan blannu addurnol ac y gellir ei mwynhau o dŵr gwylio o'r bedwaredd ganrif ar bymtheg.*
Math o safle	*Gardd fechan lled-ffurfiol, gardd lysiau â wal o'i chwmpas, parc a choetir eang.*
Prif gyfnodau o adeiladu	*Yr ail a'r bedwaredd ganrif ar bymtheg; plannu o'r ugeinfed ganrif.*

Disgrifiad o'r safle

Saif Glyn Cywarch ar ymyl y bryniau i'r gorllewin o wastatir Morfa Harlech, ychydig filltiroedd i'r gogledd-ddwyrain o Harlech. Fe'i lleolir tua phen gogledd-ddwyreiniol y dyffryn sef canolbwynt ei barc. Mae'r tŷ ar safle gweddol wastad sy'n ei alluogi i edrych i lawr y dyffryn a chynnig golygfa i'r gorllewin hefyd. Mae tir uwch i'r de-orllewin yn cynnig peth cysgod i'r tŷ. Mae'n bosibl mai hyn a phresenoldeb cyflenwad da o ddŵr fu'r prif resymau dros ddewis y safle, ond yn ddiamau rhoddwyd ystyriaeth i natur esthetig y lle hefyd.

Adeiladwyd y tŷ presennol ym 1616 ac mae ganddo waliau cerrig anferthol a tho llechi. Mae iddo dri llawr, a daw golau i mewn i'r llawr uchaf drwy ffenestri dormer myliynog â pheli ar y pennau uchaf; mae gweddill y ffenestri gwreiddiol yn fyliynog ac yn groeslathog, â thywodfeini o'u hamgylch.

Mae'r prif ffasâd ar y de-ddwyrain, gan wynebu'r porthdy, ac mae adain ogledd-orllewinol ar ongl sgwâr, sy'n ddiweddarach, fe ymddengys, ac mae estyniad deulawr i'r gogledd-ddwyrain sydd â dormer tebyg i rai'r prif dŷ. Fodd bynnag, yn ôl pob tebyg mae hwn yn gopi, ac mae'n debyg bod yr estyniad yn dyddio o'r 1870au, pan gopïwyd y dormeri yn adeiladau'r stablau hefyd. Nid yw llun o'r wyneb de-ddwyreiniol gan Moses Griffith, dyddiedig 1805, yn dangos yr estyniad hwn, ond talcen adeilad uwch y tu ôl iddo, sydd wedi'i ddymchwel mae'n rhaid. Yn ddiddorol ddigon, ar yr adeg hon roedd waliau ynghlwm wrth y tŷ ar bob ochr hefyd, gan barhau llinell y prif wyneb, a drws yn mynd drwy bob un yn ymyl cornel y tŷ.

Gwnaed gwaith adfer ym 1870-76 yn weddol fanwl ac ar wahân i hyn llwyddodd yr adeilad gwreiddiol i osgoi unrhyw addasiadau i raddau helaeth, gan gadw'r rhan fwyaf o'i nodweddion gwreiddiol felly. Gellir ei gymharu â thŷ sy'n perthyn i bron yn union yr un dyddiad ym Mhlas Berw ar Ynys Môn, ac mae'r tebygrwydd neilltuol rhyngddynt yn awgrymu mai'r un person oedd yn gysylltiedig â'r cynllun, er bod digon o bellter rhwng y ddau dŷ yn ddaearyddol.

Yn wreiddiol roedd modd mynd at y tŷ o'r de-ddwyrain,

drwy'r porthdy, ond yn ddiweddarach gwnaed lôn newydd ar y gorllewin a chafwyd y fynedfa yn yr wyneb gogledd-orllewinol. Yn ôl pob tebyg gwnaed hyn er mwyn osgoi gorfod cerdded o'r porthdy at y tŷ, gan nad oedd y fynedfa wreiddiol wedi'i chynllunio at ddefnydd cerbydau.

Mae'r porthdy, sydd â chyntedd drwyddo ychydig o'r canol a thri llawr uwchlaw, yn perthyn i'r un cyfnod â'r tŷ, ac mae'n ei wynebu ar draws iard gardd i'r de-ddwyrain o'r tŷ. Mae ganddo do llechi â thalcenni ar y pedair ochr a dwy simnai, ac mae'r ffenestri yn fyliynog â thywodfaen. Mae ystafell ar y llawr isaf hefyd, yn ymyl y cyntedd. Ar bob ochr iddo mae adain ddeulawr, sy'n rhoi stablau ar y naill ochr a cherbyty ar y llall; nid yw'r rhain yn ymddangos yn wreiddiol, gan fod iddynt waith maen mwy rheolaidd, ond mae iddynt yr un dormeri â'r tŷ – yn amlwg yn gopïau am eu bod yn cynnwys cerrig-dyddiad o 1871 a 1877. Oherwydd y dyddiadau hyn disgrifiwyd yr adenydd hyn fel rhai a ychwanegwyd yn ystod gwaith adfer y 1870au, ond mewn gwirionedd fe'u gwelir mewn llun gan Moses Griffith dyddiedig 1805, er bod llinell y to yn is. Mae'n fwy tebygol felly iddynt gael eu hychwanegu yn y ddeunawfed ganrif a'u newid yn y 1870au.

O flaen y porthdy (i'r de-ddwyrain) mae blaengwrt hirsgwar, sydd bellach heb wyneb arno ond â rhai mannau sy'n cynnwys hen wyneb o gerrig sets. Mae wal gerrig gan y blaengwrt i'r gogledd-ddwyrain a'r de-orllewin, ac mae'r lôn yn rhedeg ar hyd yr ochr dde-ddwyreiniol, ag ymyl o gerrig ar yr ochr bellaf, sy'n dod yn wal gynhaliol isel mewn mannau. Mae lôn y gogledd a'r de yn cyfarfod yma ond maent yn barhaol.

Mae esgynfaen ar bob ochr i'r cyntedd drwy'r porthdy, a drws pren ar y pen allanol, sy'n cydweddu â drysau'r cerbyty ac yn dyddio o'r 1870au o bosibl.

Tŷ deulawr syml, gweddol fawr yw Glyn Cottage, wedi'i adeiladu o rwbel cymysg, â tho llechi sy'n ymddangos yn eithaf hen – efallai o'r ddeunawfed neu o ddechrau'r bedwaredd ganrif ar bymtheg. Ymddengys ei fod i'w weld ar y map llawysgrif 2 fodfedd ar gyfer argraffiad cyntaf y map Arolwg Ordnans 1 fodfedd, a arolygwyd tua 1819. Saif yn y parc i'r de-orllewin o'r tŷ ac yn ôl pob tebyg dyma dŷ'r ciper. Gweddillion tŷ ffesantod yw rhai adeiladau segur ychydig i'r de-ddwyrain ohono. Mae gan y tŷ ei ardd ei hun o'i amgylch, sydd â wal sych isel â chopa llechi ar hyd ei blaen. Mae hen berth bocs y tu ôl hefyd.

Mae fferm y plas yn perthyn i'r bedwaredd ganrif ar bymtheg, ac mae'n bosibl iddi gael ei hadeiladu ar yr un adeg â'r lôn newydd. Mae wedi'i lleoli yn gyfleus o agos i'r tŷ, ond o'r golwg bron, wrth droed llethr gweddol serth yn union i'r gogledd.

Yn wreiddiol roedd yr ystad yn eiddo i gangen o deulu'r Wynniaid. Adeiladwyd y tŷ gan William Wynn ym 1616 (mae llythrennau blaen ei enw ef a'i wraig Katharine, ynghyd â'r dyddiad, uwchben y drws), ond yn ôl pob tebyg nid hwn oedd y tŷ cyntaf ar y safle gan fod dogfennau yn crybwyll bod Robert Wynn, a fu farw ym 1592, yn dod 'o Glyn'. Priododd Margaret, wyres William, a oedd yn etifeddes iddo yn y pen draw, â Syr Robert Owen o Glenenney a Brogyntyn, a'i fam ef oedd Catherine Anwyl o'r Parc. Ar adeg *Tour in Wales* Thomas Pennant (1784), roedd ŵyr o'r briodas hon, Robert Godolphin Owen, yn byw yng Nglyn ac estynnwyd croeso i Bennant, sy'n ei alw'n 'kinsman'. Wrth ddisgrifio Glyn dywed Pennant ei fod mewn 'Romantic bottom' â llawer o goed yno, disgrifiad sy'n gweddu'n berffaith heddiw. Fodd bynnag, yn ystod y rhan fwyaf o'r ddeunawfed ganrif, roedd y teulu'n byw ym Mrogyntyn, a defnyddid Glyn gan ei asiant lleol. Ers dechrau'r bedwaredd ganrif ar bymtheg, dechreuwyd ei ddefnyddio ar gyfer ymweliadau haf.

Ymddengys bod y Robert y bu Pennant yn aros gydag ef a'i ddau frawd i gyd wedi marw'n ddi-blant, a'u chwaer, Margaret arall, etifeddodd y ddwy ystad. Priododd hi ag Owen Ormsby o Ddulyn yr oedd ei fam yn aelod o deulu Wynniaid Gwydir. Unwaith eto disgynnodd yr eiddo i ferch, Mary Jane Ormsby, a briododd â William Gore. Adwaenwyd eu plant fel Ormsby-Gore, a daeth eu mab hynaf yn Farwn Harlech ym 1876, sy'n awgrymu bod y teulu erbyn hynny yn byw yng Nglyn am beth o'r amser o leiaf, yn enwedig o gofio bod gwaith adfer wedi digwydd yno yn ystod y 1870au. Fodd bynnag, ymddengys i'r gwaith gael ei wneud â llaw ysgafn ac yn ofalus i'w gadw'n gydnaws â'r adeiladau gwreiddiol. Ychydig a wnaed yn ystod y ddeunawfed ganrif, pan nad oedd y teulu'n defnyddio'r tŷ, ac o ganlyniad mae tŷ'r ail ganrif ar bymtheg wedi goroesi heb ei newid yn sylweddol. Etifeddes y Barwn Harlech cyntaf oedd ei ferch Fanny, ac er nad oedd hi'n gallu etifeddu'r teitl (a aeth i'w hewyrth), etifeddodd Glyn, a arhosodd ar wahân i'r teitl am beth amser. Bellach ailunwyd y tŷ a'r teitl dan yr Arglwydd Harlech presennol.

Gorwedd y parc mewn dyffryn cul serth a'i gyffiniau, wedi'i gyfeirio o'r de-orllewin i'r gogledd-ddwyrain, ac mae dros hanner ohono yn goediog. Mae tair lôn, o'r gogledd, o'r de-orllewin ac o'r gorllewin; mae'r ddwy lôn gyntaf yn ddi-dor fel mater o ffaith, gan redeg heibio'r iard o flaen y porthdy. Mae'r lôn orllewinol ddi-wyneb yn amlwg yn ddiweddarach o lawer, ond roedd wedi'i gwneud erbyn 1900, ac mae'n debygol o fod yn cydoesi â'r gwaith adfer a'r gwelliannau yn y 1870au. Mae'n fforchio oddi ar lwybr llai sy'n arwain at Glyn Cottage ac i'r parc, ac mae'r llwybr llai hwn a'i fynedfa o'r ffordd bron yn sicr yn bodoli cyn hynny.

Mae'r lôn ogleddol, sydd bellach yn segur ac wedi tyfu'n wyllt yn rhannol, yn gadael y ffordd ychydig i'r de o'r bont dros Afon Glyn. Mae giatiau'r fynedfa wedi'u gosod mewn bae hanner cylch oddi ar y ffordd. Mae yno giât ganolog sengl a baentiwyd yn goch, â giât i gerddwyr ar bob ochr; mae pyst y giatiau, o slabiau unigol, wedi'u gorffen mewn modd addurnol ac mae ganddynt bennau blaen tebyg i ffenestri capel. Mae'r giatiau wedi'u gosod mewn wal forter sy'n gwyro, wedi'i gwneud o gerrig nadd garw â chopa slabiau gwastad. Mae'r lôn yn anelu tua'r dwyrain ac yna'n gwyro o amgylch tua'r de-orllewin, gan fynd heibio i goetir, sy'n cynnwys clwstwr braf o gypreswydd, i'r gogledd o fferm y plas. Mae'r ochr arall yn agored i'r parc, â ffens haearn. Plannwyd ychydig o goed enghreifftiol nesaf at y lôn ac mae rhododendronau, llawryfoedd a bocs wedi'u plannu ar bob ochr. Wrth fynd heibio i fynedfa gefn y fferm, mae'r lôn yn esgyn yn raddol, gan fynd tua'r de, at yr iard i'r de-ddwyrain o'r porthdy. Nesaf at y lôn mae derwen hynafol anferth. Yma ceir llain lydan o borfa i'r gorllewin â nant fechan yn llifo ar hyd-ddi, sy'n dod allan ar ymyl yr ardd rosod ar ôl llifo oddi tani a than y blaengwrt. Mae ganddi nifer o raeadrau gwneud bach, sy'n creu sŵn dymunol. Llifa'r nant i ffwrdd i'r gorllewin, tuag at adeiladau'r fferm.

O ben pellaf y blaengwrt ger y porthdy mae'r lôn dde-orllewinol â'i hwyneb caregog yn arwain allan, gan ddilyn yr ardd â wal o'i chwmpas (ar lefel uwch o lawer ac yn gwyro o amgylch pen deheuol y cwrt tenis ar sarn, gan fod y ddaear yn llaith iawn yng ngwaelod y dyffryn). Ar ochr arall y dyffryn mae llwybr llai yn fforchio yn ôl tuag at ardal y tai gwydr. Mae'r lôn yn rhedeg tua'r de-orllewin ar hyd ochr ogledd-orllewinol gwaelod y dyffryn am dros 1 cilomedr, ac mewn mannau mae planhigfeydd o rododendronau a chonifferau ar bob ochr iddi, hyd nes iddi gyrraedd y ffordd yn y pen draw, lle mae'r dyffryn yn lledaenu. Mae'r darn olaf hefyd yn fan cychwyn llwybr llai i fyny at rai adeiladau segur a mynedfeydd mwyngloddio. Mae'r lôn yn torri i

mewn i'r llethr pan fo angen, â wal gynhaliol tua 1 medr o uchder ar yr ochr isaf, a phlannwyd rhes o goed ffawydd aeddfed yno am gryn bellter. Mae'r porthdy wrth y fynedfa ar ffurf L ac yn ddeulawr, wedi'i adeiladu o gerrig nadd garw llwyd tywyll ac yn ddyddiedig 1878. Toriadau sgwâr yw pyst y giatiau ac maent yn ddiaddurn, y naill a'r llall wedi'u torri allan o slabyn unigol o garreg. Mae cynllun y giât, o bren a haearn ac wedi'i phaentio'n goch tywyll, yr un fath â'r giât wrth fynedfa'r lôn ogleddol. Mae giât i gerddwyr ar ochr y porthdy.

Ar fap Arolwg Ordnans 25 modfedd 1900 gwelir system helaeth o lwybrau llai yn y goedwig fawr i'r de-orllewin o'r tŷ; roedd rhai ohonynt yn ddiamau yn llwybrau gwasanaeth, er bod eraill yn llwybrau marchogaeth o bosibl. Ychydig o'r rhain sydd yno bellach, a defnydd rhannol yn unig a wneir o'r cynllun cynharach gan y llwybrau llai sydd yn bodoli yn y goedwig. Mae nifer o'r llwybrau a arferai groesi'r parc yn segur bellach hefyd, ond mae un sy'n arwain tua'r de-ddwyrain o flaengwrt y porthdy yno o hyd, fel y mae'r llwybr i fyny at y tŵr gwylio, sy'n arwain oddi ar y lôn dde-orllewinol. Mae'r llwybr hwn yn weddol gul ond fe'i hadeiladwyd yn dda, gan igam-ogamu ar y llethr serth i gadw rhediad rhesymol, gan dorri i'r llechwedd i gynnig wyneb gwastad. Mae grisiau yn y mannau mwyaf serth, ac mae'r rhan uchaf fwyaf serth hon yn aros yn glir iawn, er ei bod yn anos yn is i lawr ddilyn y llwybr ac yn anodd taro arno wrth ddod i fyny o'r lôn. Ceir llwybr garw hefyd o'r giât at y tŵr gwylio i giât i mewn i'r parc ar ochr bellaf (orllewinol) planhigfa weddol ddiweddar ar ben y bryn ychydig uwchlaw'r tŵr.

Rhennir y parcdir yn ddwy ran ar wahân: rhwng pen y gefnen ar ochr ogledd-orllewinol y dyffryn a'r ffordd, ac i'r dwyrain o'r tŷ. Caiff y ddwy ran eu rheoli mewn modd hollol wahanol. Rhennir y rhan gyntaf, y fwyaf o lawer, yn ddarnau hirsgwar bras o dir amgaeëdig ac mae'r tir yn cael ei droi'n rheolaidd ar gyfer ei ail-hau; nid oes coed o'i gwmpas, ac ni nodir dim ar fap 1900. Fodd bynnag, mae coed ar ffiniau'r caeau ac ar ymyl y ffordd. Mae'r rhan ddwyreiniol lai ar lethr fwy serth, ac eithrio'r rhan fwyaf gogleddol, ger Afon Glyn, sy'n gorslyd braidd; fe'i defnyddir fel tir pori ac yn anaml y mae'n cael ei thrin. Mae coed enghreifftiol o wahanol fathau, yn gonifferau a chollddail, yma ac acw.

Mae rhan goediog y parc yn y dyffryn i'r de-orllewin o'r ardd; mae'r llethrau serth yn mynd i fyny bob ochr a llawer o'r llechwedd tua'r de-ddwyrain. Mae'r darn agosaf at y tŷ yn llawn o blannu addurnol ac yn gefnlen i'r ardd, tra bod llawer o'r gweddill yn blanhigfeydd coniffer masnachol bellach.

Ar ben y gefnen i'r de-orllewin o'r tŷ, ar ymyl y coetir, mae tŵr gwylio sy'n ddyddiedig 1881. Mae wedi'i adeiladu o gerrig, yn grwn, tua 4 medr ar draws ar y tu mewn ac yn 6 medr o uchder. Ceir llwyfan gwylio yn y pen uchaf â chanllaw murfylchog isel y gellir ei gyrraedd i fyny grisiau cerrig a grisiau pren yn y cefn; mae'r llawr isaf yn flaen agored ac yn wynebu'r de-ddwyrain. Mae wedi'i wyngalchu ar y tu mewn, gan gynnwys y llawr, ac mae ganddo bileri haearn wedi'u paentio'n wyrdd yn cynnal y to ar yr ochr agored. Mae ychydig o risiau i lawr o'r tu mewn at lwybr o amgylch, â wal ganllaw isel o gerrig morter sy'n gwyro. Mae giât bren fach yn y wal o gyfeiriad y parc, ond y prif lwybr at y tŵr yw llwybr troed sy'n arwain i fyny o'r lôn dde-orllewinol.

Mae'r olygfa o'r tŵr yn wych a gellir gweld i bob cyfeiriad. I'r de gellir gweld castell Harlech dros y coetir; i'r dwyrain ac i'r gogledd mae'r coed bobtu i ochr y dyffryn a'r llechweddau; i'r gorllewin a'r gogledd-orllewin mae planhigfa o goed wedi cuddio'r olygfa orau o bosibl, dros y parc tua'r môr ac aber Dwyryd, â bryniau Llŷn tu hwnt. Mae'r blanhigfa gyfan yn dyddio o gyfnod wedi 1900, ac ymddengys bod bwlch wedi'i adael yn wreiddiol i osgoi cuddio'r olygfa o'r tŵr, ond ers hynny plannwyd rhes o gonifferau ar ei draws, a cheir rhai coed collddail hunanheuedig.

Rhan hynaf yr ardd yn ddiamau yw'r teras ar hyd wyneb de-ddwyreiniol y tŷ, a'r mannau cysylltiol i'r de-ddwyrain ohono. Yn ôl pob tebyg maent yn cydoesi â'r tŷ. Lefelwyd y lawnt sgwâr bron rhwng y porthdy a'r tŷ, a dorrwyd yn ei hanner gan y prif lwybr at y tŷ, ac mae ei pherthynas â'r ddau adeilad yn golygu ei fod yn perthyn i'r un cyfnod mae'n rhaid. Ymddengys bod yr ardd rosod i'r gogledd-ddwyrain, ar lefel is, ynghlwm iawn wrth yr ardal hon a'r teras, ac felly yn ôl pob tebyg mae hi'n wreiddiol hefyd, er bod y cynllun presennol yn ddiweddarach o lawer.

Mae'n bosibl bod yr ardd lysiau i'r de-orllewin hefyd yn gynnar, er o bosibl nid yn ei faint presennol. Mae ei wal ogledd-ddwyreiniol yn cynnal y man gwastad rhwng y tŷ a'r porthdy, ac er iddi gael ei hailadeiladu mae'n rhaid bod yno wal gynhaliol o'r cychwyn, a fyddai wedi ysgogi datblygiad gardd â wal o'i chwmpas ar yr ochr isaf, a wynebai'r de-orllewin.

Y mannau hyn yw prif ran yr ardd, ond ceir nodwedd arbennig o ddeniadol yn y modd y triniwyd y nant fechan sy'n dod i mewn i'r ardd o'r parc i'r de-ddwyrain, ac sy'n llifo i lawr ei ddyffryn bach ei hun gyferbyn â blaengwrt y porthdy; codwyd argae yn ofalus ar draws y nant i greu cyfres o raeadrau bychain, a cheir pont addurnol a gardd gerrig (sy'n ddiweddarach o bosibl), ynghyd â choed a llwyni wedi'u plannu yno. Ymddengys yn debygol bod hyn wedi'i wneud ar ddiwedd y bedwaredd ganrif ar bymtheg, ond gall fod yn gynharach os nad yw'r ardd gerrig yn perthyn i'r un cyfnod.

Mae gan ardd gerrig fechan yng nghefn y prif deras, sy'n ymdoddi i lwyni yn y gogledd, naws y bedwaredd ganrif ar bymtheg iddi, ac ymddengys bod y llwyni i'r de-orllewin o'r lawnt ar ochr ogledd-orllewinol y tŷ wedi'u cynllunio ar ôl llunio map 1900, ond mae'n edrych fel pe bai'n perthyn i oes Fictoria, ac felly'n dyddio fwy na thebyg o flynyddoedd cynnar yr ugeinfed ganrif. Gwnaed ychwanegiadau yn ddiweddarach yn yr ugeinfed ganrif i'r de-orllewin, yn yr unig ddarn o dir oedd yn aros bron, lle mae cwrt tenis a glyn rhododendronau sydd bellach wedi tyfu'n wyllt. Fodd bynnag mae plannu newydd yn parhau, ac nid yw'r ardd wedi aros yn ei hunfan.

Mae'r rhodfa deras raeanog lydan yn ymestyn beth pellter i'r gogledd-ddwyrain o'r tŷ, gan ddod i ben lle mae'r tir yn dechrau syrthio. Mae grisiau yn mynd i lawr oddi yno i'r ardd rosod ac at rodfa lydan arall sy'n arwain at y porthdy, yn ochri â drws ffrynt y tŷ a'r cyntedd drwy'r porthdy.

Ar ochr ogledd-orllewinol y rhodfa deras mae'r ardd o flaen y tŷ, â border cul ag ymylon llechi ar hyd-ddi, ac i'r gogledd o'r tŷ mae llethr porfa i lawr at lawnt fechan o flaen yr estyniad, sydd bellach yn ôl. Y tu draw iddi mae llwybr croes ar y naill ochr sy'n arwain tua'r gogledd-orllewin o amgylch cefn y tŷ, ac at lwybr ar hyd blaen yr estyniad at ddrws yn y gornel. I'r cyfeiriad arall mae'n arwain lawr grisiau i'r ardd rosod. Y tu draw i hwn mae'r ardd gerrig fach sydd wedi tyfu'n wyllt braidd. Diffinnir ochr dde-ddwyreiniol y teras gan lethr porfa yr holl ffordd ar hyd-ddi, sy'n rhedeg lawr at ben wal gynhaliol uwchlaw'r ardd rosod ac, i'r de, at lawnt rhwng y tŷ a'r porthdy.

Mae wal yr ardd lysiau yn rhedeg ar hyd ochr dde-orllewinol y lawnt rhwng y tŷ a'r porthdy, a cheir borderi ar hyd y wal hon ac ar hyd cefn y cerbyty a'r stablau bob ochr i'r porthdy. Ar yr ochr ogledd-ddwyreiniol mae wal gynhaliol (heb ganllaw), gan fod yr ardd rosod ar lefel is. Mae border islaw, wrth ochr yr ardd rosod, ond nid wrth y pen uchaf.

Mae'r ardd rosod yn is-sgwâr ac â lawnt iddi, a cheir gwelyau rhosod wedi'u cynllunio mewn patrwm sgwâr o bedwar gwely ffurfiedig o amgylch cylch yn y canol. Mae llwybr o'r giât fach i'r ardd oddi ar y lôn ogleddol yn arwain ar hyd ymyl dde-orllewinol yr ardd at y grisiau i fyny i'r teras. Roedd llwybr hefyd o amgylch ochr ddwyreiniol yr ardd rosod, gan gyfarfod â llwybr a ddeuai i lawr o'r ardd gerrig, ond bellach mae'n segur. Ymddengys yr ardd rosod yn suddedig, a cheir yr effaith hon drwy lefelu i lawr at lefel y lôn i'r dwyrain.

Mae'r nant o'r dyffryn bach â'r rhaeadrau yn llifo dan yr iard a'r rhan fwyaf o'r ardd rosod ac mae'n ymddangos eto yng nghornel ogledd-ddwyreiniol yr ardd rosod. Ym map 1900 mae i'w gweld yn ailymddangos mewn sianel o led gyffredin, ond ers hynny gwnaed ymgais i greu pwll drwy ledu'r sianel, ac addurnwyd yr ymylon â cherrig a cwarts. Mae llifddor lle mae cafn yn arwain i ffwrdd tuag at y fferm, ychydig tu mewn i'r llwyni.

Tu hwnt i'r ardd lysiau â wal o'i chwmpas, i'r de-orllewin, mae cwrt tenis, sydd, fel yr ardd lysiau, yn cymryd mantais o lawr gwastad y dyffryn. Mae iddo wyneb caled ac nid yw'n cael ei ddefnyddio. Roedd yr ardal i'r de-orllewin ohono, ar ochr arall y lôn, sydd bellach wedi tyfu braidd yn wyllt, yn llwyni ar un adeg a nifer o sbesimenau ac amrywiaethau o rododendronau a llwyni eraill wedi'u plannu yno. Gorwedd ar waelod y dyffryn lle mae nant fechan yn gwneud y ddaear yn gorsiog, ac er mwyn ei wneud yn fwy addas ar gyfer plannu ac yn fwy deniadol, crëwyd nifer o sianeli dŵr bychain gan blannu rhyngddynt. Gellir gweld olion rhai o'r rhain o hyd, er nad ydynt bellach yn gweithio'n llawn; mae llawer o'r plannu yno o hyd. Ni welir y nodwedd hon ar fap 1900 ac, fel rhai o'r ardaloedd eraill a blannwyd, mae'n weddol ddiweddar yn ôl pob tebyg.

O flaen yr hyn sydd bellach yn wyneb mynedfa'r tŷ, i'r gorllewin, nad yw'n ochri â'r tŷ, mae lawnt yn ymyl y lôn raeanog a'r man troi cerbydau. Mae wedi'i hamgáu ar bob ochr – gan y tŷ a'r wal sy'n ei chysylltu â'r tai gwydr ar y dwyrain; llwyni i'r de; perth o gelyn sy'n ei gwahanu oddi wrth y parc i'r gorllewin; a thu hwnt i'r lôn i'r gogledd, rhes o gypreswydd ifainc, sy'n cymryd lle stribed o lwyni a nodir ar fap 1900. Plannwyd un neu ddwy goeden addurnol gweddol ifanc yn y lawnt.

Mae ymylon cerrig i'r llwyni i'r de, ac mae llwybr ag ymylon yn arwain atynt. Ym 1900 ymddangosai'r llwyni hyn yn estyniad o'r blanhigfa i'r de yn unig, ac yn ôl pob tebyg mae'r llwyni blodeuol yn dyddio o gyfnod ar ôl yr amser hwn, ond roedd adeilad bach yno bryd hynny, hafdy efallai, ac roedd y llwybr yn arwain ato. Ymddengys nad oes dim ar ôl ohono bellach, ond mae'r llwybr yn tyfu'n wyllt yn gyflym ac ni ellir mynd ar hyd-ddi, ac mae'n bosibl bod sylfeini'r adeilad yn goroesi yn nyfnderoedd yr isdyfiant.

Yng nghefn y tŷ (yr ochr ogledd-ddwyreiniol), mae'r tir yn disgyn yn sydyn braidd, ac mae man bach lletchwith yma sydd â'r rhan fwyaf ohono ar lethr serth iawn. Mae'n bosibl bod estyniadau neu dai allan wedi'u dymchwel ar y pen uchaf. Ar hyn o bryd gellir mynd ato drwy borth bwaog a drws modern o'r man troi o flaen ochr ogledd-orllewinol y tŷ, a thrwy lwybr sy'n rhedeg tua'r gogledd-orllewin o'r rhodfa deras ar yr ochr arall.

Ym mhen uchaf y llethr, ar hyd cefn y tŷ, mae rhodfa gynhaliol arw ond gwastad, ac mae ymylon cerrig gan y llwybr sy'n dod o amgylch o'r teras. Mae llwybr ar oleddf ag ymylon bocs yn arwain oddi arno, tua'r gogledd i lawr at y fferm, ac mae rhes o risiau o'r drws cefn yn disgyn i ymuno â'r llwybr hwn. I'r gogledd-orllewin o'r tŷ mae wal sy'n gwyro ryw ychydig yn cynnal y llecyn o flaen ochr ogledd-orllewinol y tŷ; mae'n dyddio yn ôl pob tebyg o'r un cyfnod â'r lôn orllewinol. Roedd y llethr i lawr at y fferm yn goediog ym 1900 ond ers hynny fe'i cliriwyd a bellach mae tyfiant prysglog wedi tyfu'n wyllt drosto. Nid oes dim nodweddion i'w gweld, ac eithrio'r llwybr.

I'r de-orllewin o'r tŷ mae lawnt fechan hirsgwar; mae'n lefel ac yn cael ei chynnal â wal friciau a cherrig, ac mae'r llwybr sy'n arwain o amgylch o ochr ogledd-orllewinol y tŷ yn ei ddilyn. Dyma safle ystafell wydr fawr a welir ar fap 1900. Bellach mae border yn erbyn y wal gefn, sy'n cynnwys llwyni a phlanhigion dringol.

Gorwedd yr ardd lysiau hirsgwar i'r de-orllewin o'r tŷ ac mae'n llenwi tua thri chwarter erw o dir ar waelod gwastad y dyffryn. Mae wal gerrig yr holl ffordd o'i chwmpas, ac mae'r waliau ar y gogledd-ddwyrain a'r de-ddwyrain a'n waliau cynhaliol am y rhan fwyaf o'u huchder; mae'r llecyn gwastad rhwng y tŷ a'r porthdy i'r gogledd-ddwyrain a phen mewnol y lôn dde-orllewinol i'r de-ddwyrain. Mae'r safle'n gysgodol iawn.

Newidiwyd yr ardd lysiau ar wahanol adegau ond mae rhan ohoni o leiaf yn debygol o fod yn gynnar. Ar y map llawysgrif 2 fodfedd ar gyfer argraffiad cyntaf yr Arolwg ordnans 1 fodfedd, dyddiedig tua 1819, ymddengys yr ardd yn llai, gan ymestyn yn llai o lawer tua'r de-orllewin; ond mae ailadeiladu amlwg i'w weld yn y waliau ym mhen gogledd-ddwyreiniol yr ardd.

Mae'r brif fynedfa drwy giât haearn gyr ym mhen de-orllewinol y teras, ar byst cerrig tenau, y naill a'r llall wedi'i wneud o floc unigol o garreg, â phêl garreg yn rhan ohono ar y pen uchaf. Mae'r giât yn weddol fodern ond mae'r pyst yn hŷn o lawer yn ôl pob tebyg. Y tu mewn i'r giât hon mae rhes o risiau i lawr at lefel tu mewn yr ardd. Ceir mynedfeydd eraill yn y gornel ddwyreiniol, o flaengwrt y porthdy; yn yr ochr ogledd-orllewinol, o ardal y tai gwydr; ac ar ben y llwybr canolog, yn y wal dde-orllewinol, o ardal y cwrt tenis.

Addaswyd y waliau ar wahanol adegau mae'n amlwg, a gellir gweld nifer o wahanol ddulliau o adeiladu. Mae'r hyn sy'n wal wreiddiol fwy na thebyg yn y pen gogledd-ddwyreiniol yn cynnwys slabiau morter llwyd gweddol denau â chopa cerrig gwastad. Mae uniad amlwg ar bob ochr i giât y brif fynedfa, ac i'r dwyrain ohoni mae'r wal yn uwch ac wedi'i hadeiladu o garreg fwy cochlyd â ffurfiau mwy crwn, ac mae iddi gopa llechi a wnaed â pheiriant. Tua'r gornel ddwyreiniol mae'n wahanol eto, wedi'i hadeiladu o flociau cerrig nadd mawr cyson â chopa cerrig gwastad bargodol; mae'r rhain yn debyg i adeiladwaith adain y stabl ac yn perthyn i'r un cyfnod o bosibl.

Mae'r wal dde-ddwyreiniol tua 2.2 -2.5 medr o uchder ac yn wal sych, wedi'i hadeiladu o gerrig siâp cymysg. Mae'n drwchus iawn ar y gwaelod, yn ddiamau o ganlyniad i'r ffaith ei bod yn wal gynhaliol i'r lôn uwchlaw. Mae'r wal dde-orllewinol yn sych hefyd, hyd at 2 fedr o uchder, â cherrig gwastad wedi'u gosod ar y pen uchaf fel copa garw. Mae'r wal ogledd-orllewinol tua'r un uchder â'r wal dde-ddwyreiniol, ond mae'r arddull yn wahanol, yn forter ac wedi'i hadeiladu o slabiau teneuach, â chopa gwastad. Fodd bynnag, fe'i hailadeiladwyd tua'r pen gogledd-ddwyreiniol, lle mae'n uwch, tua 3 medr. Yma mae coed ffrwythau ifanc yn ei herbyn.

Rhannwyd yr ardd yn bedair rhan. Mae llwybr canolog yn rhedeg o'r gogledd-ddwyrain i'r de-orllewin, a llwybrau cyfochrog ar bob ochr i'r ardd. Ceir llwybrau hefyd ar hyd y pennau gogledd-ddwyreiniol a de-orllewinol, a llwybr croes yn arwain at ddrws yn y wal ogledd-orllewinol, oll yn wreiddiol yn ôl pob tebyg. Mae'r llwybrau hyn i gyd yn raeanog, er eu bod wedi tyfu rhywfaint yn wyllt, ac eithrio'r llwybr i lawr ochr ogledd-orllewinol yr ardd, a balmantwyd â cherrig. Mae llwybrau croes eraill ag wyneb glaswelltog ac yn fodern o bosibl.

Mae'r llwybrau o amgylch y tu allan i'r ardd yn ddigon pell o'r waliau, ac eithrio ar y de-orllewin, sy'n caniatáu lle ar gyfer borderi llydain. Ym mhen gogledd-ddwyreiniol yr ardd mae llecyn a balmantwyd â cherrig â borderi o'i amgylch sydd wedi'i blannu fel gardd perlysiau. I'r de-ddwyrain ohono mae adeiladau gardd, rhwng y llwybr a'r wal o hyd; yn y pen draw mae'r llwybr yn arwain at y drws yn y gornel ddwyreiniol.

Mae border tua 4 medr o led ar hyd holl ymyl ogledd-orllewinol yr ardd, wedi'i blannu â llwyni blodeuol a phlanhigion blodeuol, ac mae un delltwaith ar y wal o hyd. Mae gan y border culach ar hyd y pen de-orllewinol blanhigion addurnol hefyd, blodau seithliw yn bennaf. Mae bwlch yn y border ar ben y llwybr allanol ar yr ochr dde-ddwyreiniol, ac mae'n bosibl bod drws wedi'i lenwi yma. Ar ochr dde-ddwyreiniol yr ardd, rhwng y llwybr a'r wal, mae adeiladau yn ymyl y gornel ddwyreiniol. Mewn mannau mae ymylon o gerrig, llechi neu gwarts i'r gwelyau a'r borderi.

Mae'r ddau stribyn lletach rhwng y llwybr canolog sy'n mynd o'r gogledd-ddwyrain i'r de-orllewin a'r llwybrau allanol ar bob ochr yn cael eu trin yn wahanol. Ar y gogledd-orllewin mae'r stribyn yn lawnt ac eithrio darn yn y pen de-orllewinol, sy'n wely llysiau; ar y de-ddwyrain mae'r stribyn cyfan yn cael ei balu ar gyfer tyfu llysiau. Yn ymyl y llwybr allanol, yng nghefn y gwelyau llysiau, mae rhes o goed afalau ar ddelltwaith, rhai ohonynt yn hynafol.

Mae gan y llwybr canolog sy'n rhedeg o'r gogledd-ddwyrain i'r de-orllewin ddarn llydan o borfa ar bob ochr, a thu hwnt i'r rhain, ar bob ochr, mae rhes o goed leim wedi'u plethu. Mae'r rhain yn weddol ifanc ond y rhodfa hon yw nodwedd bennaf yr ardd. Tua'r pen de-orllewinol mae rhes sengl o goed leim tebyg yn croesi'r ardd, gan ddod â'r rhodfa i ben. Mae pergola bach modern ar ben y rhodfa. Mae pergola bach sgwâr modern arall lle mae'r llwybr croes yn croesi'r llwybr allanol ar ei hyd ar y gogledd-orllewin.

Mae nifer o adeiladau yn yr ardd, mewn grŵp o gwmpas y gornel ddwyreiniol. Yn erbyn y wal ogledd-ddwyreiniol mae adeilad cerrig mewn dwy ran â tho llechi; mae gan y rhan ogledd-orllewinol ystafell fawr ar y llawr isaf â chroglofft uwchben, â grisiau pren yn arwain ato, a dim ffenestri ac eithrio un fach yn y groglofft – llenwyd hen ffenestri yn y wal gefn. Mae lle'r drws yn wynebu'r de-orllewin ond mae'r drws ar goll; mae ychydig o risiau llechi i fyny at garreg y drws a llawr wedi'i balmantu â llechi tu mewn. Mae'n debygol iddo gael ei ddefnyddio erioed, fel heddiw, fel stordy. Mae gan hanner arall yr adeilad lawr uchaf a ffenestri ar bob lefel, a gellir mynd ato o'r stabl yn y cefn; yn ôl pob tebyg dyma'r cwt.

Yn erbyn y wal dde-ddwyreiniol mae adeilad bach cerrig unllawr â tho llechi, a ddefnyddiwyd fel stordy eto. Mae gan ardal a rannwyd â phalis i'r de-orllewin o'r drws canolog silffoedd ar gyfer storio ffrwythau. I'r de-orllewin o'r adeilad hwn mae storfa groes â'r blaen yn agored, a thu hwnt, wedi'u cuddio'n ochelgar y tu ôl i berth, dau glosed pridd.

Mae'r berllan i'r de-orllewin o'r tŷ, uwchlaw'r dyffryn ar yr ochr ogledd-orllewinol, a gellir mynd ati o'r lawnt ar ochr orllewinol y tŷ. Mae wal gerrig ar dair ochr, ac mae'r wal, sy'n weddol isel, yn codi uwch ben drws pren y fynedfa. Oddi mewn mae llwybr ag ymylon cerrig yn arwain ar draws y berllan yn weddol groeslinol, gan anelu am y tŷ ffesantod, ond yn fuan mae'n mynd ar goll gan fod yr ardal wedi tyfu'n hollol wyllt tu hwn i'r rhan gyntaf, sy'n laswelltog ac yn cael ei ddefnyddio fel lawnt i sychu dillad.

Tua'r pen pellaf mae coed gweddol aeddfed o wahanol fathau, gan gynnwys pinwydd, pefrwydd, ynn, celyn, llarwydd, sycamorwydd a chypreswydd. Mae rhai coed afalau oedrannus braidd yn y llecyn agored, sy'n dod i ben gyda phlanhigfa o gypreswydd i'r de-orllewin. Diflannodd llwybr a arferai redeg allan tua'r parc. Amhosibl yw dyddio'r berllan, ond fe'i gwelir ar fap 1900.

Mae ardal y tai gwydr yn stribyn tenau mewn ffurf ryfedd rhwng wal yr ardd a'r llethr serth i'r gogledd orllewin. Fe'i gwelir, â rhai o'i dai gwydr, ar fap Arolwg Ordnans 25 modfedd 1900. Mae'r wyneb yn garegog ac yn raeanog, ac mae modd mynd i mewn iddo drwy giât fechan o safle'r hen ystafell wydr, neu drwy ddrws o'r ardd lysiau. Yn y pen gogledd-ddwyreiniol mae sied a adeiladwyd o gerrig â tho llechi, â blaen agored iddi, ac yn union i'r de-orllewin ohoni, mae tŷ gwydr croes oer a adeiladwyd yn erbyn wal a wyngalchwyd sy'n sefyll ar ei phen ei hun. Mae sylfaen y tŷ gwydr wedi'i adeiladu o gerrig ac mae ganddo lawr wedi'i deilio, estyll a border segur.

Gwelir y ddau adeilad cyntaf ar fap 1900. Mae gan y nesaf, cwt potiau a adeiladwyd o gerrig â drws canolog, dŷ gwydr arall yn y pen de-orllewinol, ac mae boelerdy yn y cefn ac mae ei forderi uchel o friciau a'i bibellau gwresogi yn dal yno. Mae gwinwydden yno. Nid oedd yr adeiladau hyn i'w gweld ar fap 1900, ond ymddengys eu bod yn debyg o ran oedran i'r lleill ac yn ôl pob tebyg fe'u hychwanegwyd yn union ar ddechrau'r ugeinfed ganrif.

Yn nesaf, ymhellach i'r de-orllewin, mae rhes o fframiau oer, rhai ohonynt o leiaf yn eu lle ym 1900. Adeiladwyd y rhain o friciau a choncrid ac mae rhai o'r ffenestri yno o hyd. Mae wyneb yr ardal tu hwnt i'r man hwn yn laswelltog, ac mae'r fynedfa i'r ardd lysiau ar y de-ddwyrain. Yn ei ymyl mae tanc dŵr llechi, ac yn ymyl hwn mae olion perth bocs croes a oedd yn ôl pob tebyg yn nodi pen de-orllewinol yr ardal ar un adeg.

Mae'r adeilad olaf yn dŷ gwydr modern iawn sy'n sefyll ar ei ben ei hun â ffrâm o bren cedrwydd, ac ychydig y tu hwnt iddo mae giât yn arwain at y llwybr llai sy'n rhedeg ar hyd ymyl ogledd-orllewinol y cwrt tenis. Os oedd y llwybr llai hwn yn arwain i fyny at y tŷ ar un adeg, mae ardal y tai gwydr wedi'i hadeiladu drosto.

Ffynonellau

Sylfaenol

Gwybodaeth oddi wrth y Fonesig Harlech.

Gwybodaeth oddi wrth Mr Owen, garddwr.

Map llawysgrif 2 fodfedd ar gyfer argraffiad cyntaf Arolwg Ordnans 1 fodfedd (1819), archifau Coleg Prifysgol Gogledd Cymru, Bangor.

Griffith, Moses, braslun o'r tŷ (1805), Archifdy'r Sir, Dolgellau.

Eilradd

Comisiwn Brenhinol Henebion, *Inventory of the County of Merionethshire* (1917).

Arglwydd Harlech, 'Glyn Cywarch', *Journal of the Merionethshire Historical and Record Society* Cyfr. 1 (1949).

T. Pennant, *Tour in Wales* Cyfr. II (1784).

CADW

NANNAU

ICOMOS UK

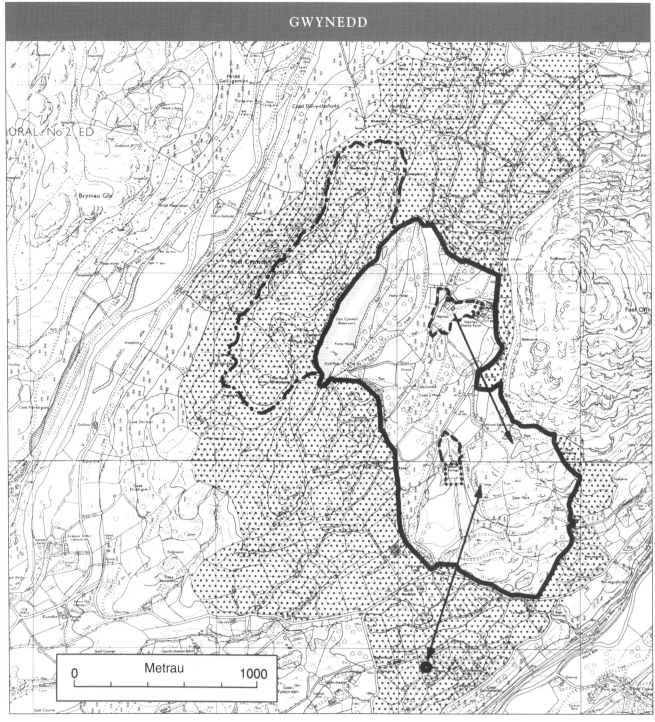

GWYNEDD

0	Metrau	1000

Ffin y Parc	——————
Gerddi Hamdden	-----------
Gardd Lysiau	··················
Lleoliad Hanfodol	(shaded)
Golygfa Arwyddocaol	————————▶
Llwybr y Precipice Walk	— · — · — · —

Rhif ar y Gofrestr	PGW (Gd) 34 (GWY)
Rhif Blaenorol ar y Gofrestr	
Rhif Taflen A.O.	SH 71, NW, NE SH 72 SW, SE
Cymuned	BRITHDIR A LLANFACHRETH

CRYNODEB

Rhif cyf	*PGW (Gd) 34 (GWY)*
Map AO	*124*
Cyf grid	*SH 743 208*
Sir flaenorol	*Gwynedd*
Awdurdod unedol	*Gwynedd*
Cyngor cymuned	*Brithdir a Llanfachreth*
Disgrifiadau	*Adeiladau rhestredig: Tŷ Gradd II*, porthordy a waliau blaengwrt Coed-y-Moch Gradd II, giât a rheiliau gyferbyn â phorthordy Coed-y-Moch Gradd II, porthordy a mynedfa Hywel Sele Gradd II, porth bwaog parc ceirw Gradd II. Parc Cenedlaethol Eryri.*
Gwerthusiad safle	*Gradd II**
Prif resymau dros y graddio	*Olion parc tirlunio helaeth o ddiwedd y ddeunawfed ganrif, â pharc ceirw cynharach â wal o'i gwmpas a rhodfa dwristiaid, a oedd ar un adeg yn un o'r mannau tirlunio mwyaf ac uchaf a gynlluniwyd yng Nghymru; darnau'n goroesi o goetir hynafol; cyfres o nodweddion a adeiladwyd sy'n ddiddorol ac amrywiol.*
Math o safle	*Parc mawr â pharc ceirw a rhodfa dwristiaid, olion system lwybrau/llwybrau marchogaeth helaeth; dwy ardd lysiau â waliau o'u cwmpas a llecyn bach addurnol â wal o'i gwmpas; lawntiau â phyllau.*
Prif gyfnodau o adeiladu	*Diwedd y ddeunawfed ganrif; hanner cyntaf y bedwaredd ganrif ar bymtheg.*

Disgrifiad o'r safle

Mae gwreiddiau hynafol i safle Nannau, a leolir ychydig gilomedrau i'r gogledd-ddwyrain o Ddolgellau, yn uchel i fyny ar lethr orllewinol Moel Offrwm. Ceir cofnod o dŷ'n cael ei adeiladu yma yn yr unfed ganrif ar ddeg. Ar ddechrau'r bymthegfed ganrif dyma oedd cartref cefnder Owain Glyndŵr, Hywel Sele, yn ôl y sôn. Roedd chwedl dra rhamantus llofruddiaeth Hywel Sele yn apelio at dwristiaid y ddeunawfed ganrif a'r bedwaredd ganrif ar bymtheg a bu nifer ohonynt yn ailadrodd yr hanes.

Saif y tŷ presennol dros 230 medr uwchlaw'r môr, a chafodd ei ddisgrifio gan Thomas Pennant ym 1784 fel 'perhaps the highest situation of any gentleman's house in Great Britain'. Mae'n dŷ cerrig trillawr sy'n perthyn i ddiwedd y ddeunawfed ganrif, ac yn sgwâr o ran cynllun. Adeiladwyd y tŷ o flociau nadd o gerrig llwyd tywyll lleol, â tho llechi ar oleddf isel. Mae darn canolog y prif wyneb blaen mewn cilfach, ac mae tywodfaen o amgylch y ffenestri yn y darn cilfachog; hefyd mae portico clasurol â cholofnau, eto'n dywodfaen. Dymchwelwyd yr holl estyniadau a thai allan ynghlwm wrth gefn y tŷ, ond mae'r seleri yno o hyd.

Mae'n ansicr a safai'r tŷ gwreiddiol mewn gwirionedd yn y parc ceirw neu ar y safle presennol, ond yn ôl pob tebyg dinistriwyd y tŷ gan Glyndŵr yn ystod ei wrthryfel. Adeiladwyd tŷ newydd ar ddechrau'r ail ganrif ar bymtheg ac fe'i hailadeiladwyd ar yr un safle yn y 1690au; mae rhai olion o'r adeilad hwn yn y tŷ presennol o hyd. Roedd yr ailadeiladu nesaf tua chanrif yn ddiweddarach, ac arhosodd y tŷ hwn yn gyfan, er bod adenydd y pafiliwn, a gynlluniwyd gan Joseph Broomfield a'u hychwanegu ym 1805, wedi'u dymchwel yn weddol ddiweddar.

Daeth Nannau yn bwysig am y tro cyntaf (ar ôl diwedd anffodus Hywel Sele) fel plasty teulu'r Nanney, a oedd yn amlwg ac yn llwyddiannus ym myd gwleidyddiaeth; adeiladwyd y tŷ dechrau'r ail ganrif ar bymtheg gan Hugh Nanney Hen a'r tŷ yn ei le yn y

1690au gan ei ddisgynnydd y Cyrnol Hugh Nanney. Ar ôl hyn mae'n bosibl y bu anawsterau ariannol, gan i'r tŷ gael ei forgeisio ym 1736; yn ddiweddarach yn y ganrif aeth yr ystad i ddwylo perthynas, sef Robert Hywel Vaughan. Gwnaed ef yn farwn ym 1791, gan adeiladu'r tŷ presennol ym 1794-96, ac ychwanegodd ei fab, Syr Richard Williams Vaughan, adenydd y pafiliwn ym 1805 ac roedd yn gyfrifol am y rhan fwyaf o adeiladau'r ystad. Arhosodd Nannau yn nwylo'r Vaughaniaid (gan gynnwys cangen o'r teulu o'r enw Pritchard a newidiodd eu henw yn Vaughan) nes i'r tŷ gael ei werthu yn y 1960au. Fe'i gwerthwyd ddwywaith eto ers hynny.

Mae'r cerbyty a'r rhes stablau, ychydig bellter o gefn y tŷ ac wedi'i adeiladu o gerrig tebyg, ond yn gerrig nadd garw, yn perthyn i'r bedwaredd ganrif ar bymtheg yn ôl pob tebyg. Mae'n adeilad deulawr hir â dau ddrws dwbl mawr yn y pen de-orllewinol, a'r stablau gynt i'r dwyrain. Fe'i haddaswyd yn dŷ a modurdai. Mae iard â wal o'i chwmpas sydd bellach ag wyneb tarmac arni, ar lefel is na'r ddaear yng nghefn y tŷ, â wal gynhaliol. Mae'n ddiddorol nodi bod pwll ar gyfer golchi cerbydau yn yr iard stablau ar un adeg, er nad yw wedi'i gadw.

Mae dau fwthyn, y naill yn sefyll a'r llall yn adfail, i'r gogledd o'r tŷ, ac ymddengys eu bod yn hŷn na'r cerbyty a'r stabl. Fe'u hadeiladwyd o rwbel cymysg ac mae ganddynt erddi bychain amgaeëdig, â waliau wedi'u hailadeiladu.

Cafodd dau adeilad cerrig bychan yng nghefn y tŷ eu hailadeiladu a'u haildoi'n ddiweddar. Saif y rhain ar ran o safle lle y bu rhes flaenorol o swyddfeydd domestig, ond mae'n debyg eu bod yn perthyn i'r bedwaredd ganrif ar bymtheg yn wreiddiol ac nid ydynt yn perthyn i'r rhes hon. Mygdy yw un, ag agoriadau wrth waelod un wal i adael i fwg ddod i mewn. Mewn mannau eraill yng nghefn y tŷ ceir sylfeini concrid ar gyfer cabanau gwyliau na chafodd eu hadeiladu byth.

Nid oes tai allan eraill sy'n sefyll, ond mae olion nifer o adeiladau weithiau'n amlwg yn y llecyn a gliriwyd yng nghefn y tŷ. Y tu ôl i'r tri phorth bwaog sy'n weddill yn yr adain ogledd-ddwyreiniol mae safle cwrt sboncen, ac mae modd gweld mannau blociau pren o'i lawr (yn ogystal â theils o'r adain wreiddiol). Mae wal newydd yn croesi'r man hwn, a cheir darnau o wyneb concrid hefyd.

Yn ôl pob tebyg mae'r parc ceirw'n perthyn i gyfnod canoloesol yn wreiddiol. Mae'n rhan annatod o hanes llofruddiaeth Hywel Sele, sy'n perthyn i ddechrau'r bymthegfed ganrif. Mae'n debyg bod cnewyllyn y parc presennol wedi'i gynllunio yn yr ail ganrif ar bymtheg, ond mae'n debyg mai ar ddiwedd y ddeunawfed ganrif ac ar ddechrau'r bedwaredd ganrif ar bymtheg y cafodd ei ehangu i fod yn dirlun gwych wedi'i gynllunio'n rhamantaidd ac mae olion sylweddol ohono'n goroesi heddiw.

Mae parc Nannau yn enwog am ei faint a'i uchder. Dywedodd Thomas Roscoe ym 1838 mai 'the chief attraction of the spot lies in the beauty and romantic traditions of the park'. Fe'i lleolir ar gefnen rhwng afonydd Mawddach ac Wnion, tua 3 chilomedr i'r gogledd-ogledd-ddwyrain o Ddolgellau. Mae'r tir yn greigiog ac yn anwastad, ac nid yw'n ddewis amlwg ar gyfer ei addasu'n barcdir, ond mae safle dramatig y tŷ, â chefnlen arw o fynyddoedd a choedwigoedd i'w gweld o'r de (hynny yw, o'r brif lôn), yn drawiadol. Nid yw'r tŷ wedi'i osod yn ei barc yn gymaint ag yn y tirlun, gan fod y parc wedi'i osod o gwmpas y ddau. Fodd bynnag, mae'n wynebu'r de-ddwyrain dros ardal fechan o barc y plas at y parc ceirw â wal o'i gwmpas. Roedd creu ardal eang o dirlun o'r tir rhamantaidd ond diolwg hwn yn gamp sylweddol.

Effeithiodd treigl amser ar gyfanrwydd y safle, a bellach nid oes modd ei gynnwys yn realistig o fewn yr ardal ddynodedig. Fodd bynnag, mae llawer o'r ardal sy'n gorwedd y tu allan i'r ffin yn edrych fel parcdir o hyd, ac wrth edrych yn ôl o Lanfachreth yn arbennig mae'n bosibl gweld pa mor bell i fyny'r bryniau yr estynnai'r parcdir, a pha mor gynhwysfawr oedd gweledigaeth y tirluniwr.

Mae'r rhan o'r parc sydd yn yr ardal ddynodedig yn goetir yn rhannol ac yn barcdir yn rhannol. Defnyddir y parcdir fel tir pori yn bennaf a rheolir y coetir yn fasnachol, er bod cyfradd goroesi hen goed ac ardaloedd bychain o goetir hynafol yn y parcdir yn dda. Mae'r llyn i'r gorllewin o'r tŷ (Llyn Cynwch) yno hefyd, yn ogystal â'r llwybr troed cyfarwydd Precipice Walk.

Ar ddiwedd y ddeunawfed ganrif a dechrau'r bedwaredd ganrif ar bymtheg, gwnaed newidiadau anferthol gan Robert Hywel Vaughan a Syr Richard Williams Vaughan yn arbennig, gan wario symiau enfawr o arian ar yr ystad; gelwir y cyfnod hwn yn 'the golden age of Nannau'. Yn amlwg roedd y parc ceirw ac elfennau eraill o'r tirlun yno eisoes, ond gellir priodoli ehangu'r parc, cynllunio'r tir, adeiladu'r porthordai, giatiau, pyrth bwaog ac atyniadau llygad, a phlannu nifer anferthol o goed, i Syr Richard Williams Vaughan. Ymgymerwyd â pheth o'r gwaith i ysgafnhau problemau diweithdra yn dilyn rhyfeloedd Napoleon, ac mae'n bosibl bod hyn yn rhannol egluro pam yr adeiladwyd milltiroedd o lwybrau a lonydd a chodi adeiladau ac adeiladwaith hynod, ond roedd Williams Vaughan yn amlwg yn ddyn â gweledigaeth, â syniadau mawreddog a mympwyol, a'r gallu i'w gwireddu.

Ar un adeg roedd nifer fawr iawn o lonydd a llwybrau'n gwasanaethu'r ystad, rhai ohonynt yn segur bellach a rhai yno o hyd fel llwybrau llai y goedwig neu'r fferm. Mae fferm y plas yn agos i'r ffordd rhwng Dolgellau a Llanfachreth, ac mae'r lôn sy'n arwain ati'n cael ei defnyddio fel y brif lôn at y tŷ bellach; mae'r lôn yn fforchio ychydig y tu draw i'r ardd lysiau gynt, sy'n cyffinio â'r fferm. Â'r llwybr llai yn ei flaen y tu hwnt i'r man hwn, gan basio ychydig tu ôl i'r tai allan, ar draws pen gogleddol y pwll mwyaf gogleddol o'r tri phwll yn yr ardd, ac i mewn i'r coetir i'r gorllewin. Mae iddo wyneb tarmac wrth ben y ffordd, ond yn hwyrach mae'n mynd yn arwach ac yn fwy graeanog ymhellach, gan ddirywio i fod yn ddiwyneb fwy neu lai heibio'r cerbyty a'r stablau.

Gyferbyn â throad y lôn mae llwybr llai segur yn croesi'r parc; yn ôl pob tebyg arferai hwn fod yn barhad o'r lôn, a groesai lôn y fferm yn hytrach na defnyddio'r rhan ddwyreiniol fel y gwna heddiw. Daw allan ar ffordd Dolgellau-Llanfachreth, ychydig yn agosach at Lanfachreth, ond eto mae llwybr llai yn mynd yn ei flaen ar ochr arall y ffordd, gan ymrannu'n ddiweddarach, ac mae'n rhaid bod hwn wedi bod yn rhan o'r system helaeth o lwybrau marchogaeth a lonydd.

Roedd y brif lôn wreiddiol, tua 1.5 cilomedr o hyd, yn dod o gyfeiriad y de, drwy'r goedwig a elwid yn Goed-y-moch o'r porthordy o'r un enw. Mae'r lôn bellach yn segur a'r porthordy yn dŷ preifat. Mae'n adeilad cerrig deulawr a chanddo arddull ffug-Duduraidd anarferol o drwm braidd, yn anghymesur, â'r rhan fwyaf o'r adeilad i'r gogledd-ddwyrain o'r porth bwaog i gerbydau yn mynd drwyddo. O flaen y porthordy mae waliau crwm o gerrig tebyg sy'n arwain o'r giât, â balwstradau, sy'n dal i ddefnyddio'r un cerrig wedi'u naddu'n arw ar y pen uchaf. Gyferbyn, ar ochr bellaf y ffordd, mae giât haearn gyr addurnol â physt haearn a darn byr o reiliau bob ochr, sy'n arwain i mewn i gae. Gwelir porthordy ar y safle hwn ar fap ystad o 1818, ond nid ar fap cynharach o 1794.

Ailagorwyd lôn ddeheuol fyrrach yn ddiweddar, gan ddefnyddio rhan uchaf lôn hir arall a arferai ddod o gyfeiriad y de-ddwyrain drwy'r parc ceirw; roedd y cyfan tua 2 gilomedr o hyd. Mae'r gweddill yn segur, ac eithrio'r darn o'r ffordd at Deer Park

Lodge, er bod y rhan fwyaf ohono'n agored o hyd (mae porfa yn tyfu ar yr wyneb yn y parc ceirw). Wedi'i leoli lle mae'r lôn yn croesi wal y parc (ychydig bellter o'r ffordd), gelwir y porthordy hwn, sef Lower Lodge gynt, yn Deer Park Lodge bellach. Mae'n adeilad bychan deulawr ag un ystafell ar bob llawr, wedi'i adeiladu mewn cerrig tebyg i'r porthordai eraill a chanddo arddull debyg yn fras. Mae'r llawr uchaf ar y talcen sy'n wynebu'r lôn yn hongian wrth lechi, ac mae cyntedd ar ochr y parc. Mae gan y fynedfa gerllaw bileri carreg mawr, a giatiau haearn nad ydynt ar bileri cerrig ond yn hytrach ar byst haearn cul sy'n cyffinio'n union â nhw. Mae wal yn cysylltu piler giât y gogledd â'r porthordy, ac ymddengys bod wal parc y ceirw yn dod i ben wrth frigiad creigiog i'r dwyrain o'r porthordy; dymchwelwyd y wal i'r de o'r giatiau, ar ochr bellaf y llwybr llai, a oedd yn debyg i'r wal gysylltiol.

Mae'r darn o'r lôn a ddefnyddir bellach fel lôn at y tŷ yn gadael ffordd Dolgellau-Llanfachreth gyferbyn â'r llwybr llai at Borthordy Hywel Sele (sy'n rhan o hen lôn y parc ceirw hefyd, ac wedi'i lefelu i mewn i'r llethr â bron medr o wal sych gynhaliol ar yr ochr uchaf), gan gwrdd â'r lôn o'r fferm o flaen y tŷ. Rhoddwyd wyneb newydd o darmac arno yn ddiweddar, ac mae iddo ffens parc wen ar hyd yr ymyl ogledd-ddwyreiniol, gan ffinio'r llecyn bychan o barc i'r de-ddwyrain o'r tŷ.

Mae'r rhan fwyaf o weddill y system helaeth o lwybrau a llwybrau llai heb wyneb fwy neu lai, ac mae rhai ohonynt wedi tyfu'n wyllt iawn. Mae'n werth sylwi'n arbennig ar y lôn gysylltiol, sydd bellach yn anghyflawn ac yn segur, rhwng ffordd Dolgellau-Llanfachreth a lôn y parc ceirw, sy'n mynd drwy'r ardd â wal o'i chwmpas i'r gogledd o Hen Ardd ac yn mynd i mewn i'r parc ceirw drwy fynedfa fawreddog.

Precipice Walk

Bellach mae maes parcio bychan lle'r oedd coetir ar un adeg yng nghornel y ddwy ffordd, ac mae modd cyrraedd Precipice Walk oddi yma ar hyd llwybr llai sy'n arwain oddi ar y ffordd i Ganllwyd. Hefyd mae modd mynd yn uniongyrchol o'r tŷ ar hyd pen arall y llwybr llai hwn, sy'n arwain oddi ar lwybr llai fferm y plas, i'r gogledd. Mae'r llwybr yn dilyn llwybr llai arall ar ongl sgwâr o'r man lle mae llwybrau cyhoeddus a phreifat yn cyfarfod, at dŷ o'r enw Gwern-offeiriaid, ac yna'n anelu i fyny llwybr troed. Mae'n rhodfa gron, ac ychydig bellter o Wern-offeiriaid cyrhaeddir man lle gellir mynd tua'r de-orllewin ar hyd Llyn Cynwch, neu tua'r gogledd-ddwyrain ar draws y llechwedd agored. O gymryd yr ail gyfeiriad, mae golygfeydd llydain yn ymagor bron ar unwaith, ac ar hyd y rhan fwyaf o'r rhodfa, hyd yr eir o gwmpas gwar y bryn yn ôl tuag at Lyn Cynwch, mae golygfeydd gwych dros ddyffryn Mawddach at y mynyddoedd a'r môr tu draw. Mae hysbysfyrddau yn egluro'r tirlun, ond nid oes wyneb i'r rhan fwyaf o'r llwybr ac nid yw wedi'i lefelu; mae darnau ohono ag wyneb arno neu'n sarnog, fodd bynnag, ac mae'n amlwg nad yw'r gwaith cerrig hwn yn ddiweddar.

Bellach mae'r rhodfa'n boblogaidd iawn gan y cyhoedd ac ar agor iddynt yn ystod y rhan fwyaf o'r flwyddyn. Fodd bynnag, nid yw'n llwybr cyhoeddus, ac mae ar gau am un diwrnod y flwyddyn.

Roedd y parc gwreiddiol yn helaeth iawn ac nid oedd iddo ffiniau penodol, gan ymdoddi i'r tir ystad a gynlluniwyd ac yna i'r dirwedd naturiol. Yn yr ardal gyfan a gynlluniwyd roedd y parc ceirw, lleiniau o goetir a rhostir agored yn ogystal â pharcdir o ran darnau mawr o dir pori amgaeëdig â choed enghreifftiol wedi'u plannu yma ac acw. Gan fod y parc bellach yn dameidiog a heb fod mewn cyflwr da, mae'r rhannau mwyaf o'r math diwethaf hwn o barcdir y tu allan i ffin y safle. Nid yw'r ardaloedd sy'n aros o fewn yr ardal ddynodedig yn fawr, ac maent yn wasgaredig ac yn amrywiol iawn.

Mae'r ardal fechan o barcdir i'r gogledd o'r tŷ a'r fferm mewn dau ddarn. Mae'r ardal i'r dwyrain yn codi o'r ffordd i'r dwyrain at frigiad creigiog i'r gorllewin, ac fe'i defnyddir fel tir pori gweddol arw ar gyfer defaid. Mae coed ifanc yn cymryd lle coetir hŷn a cheir llawer o fonion. I'r gorllewin o'r brigiad mae'r tir yn isel ac wedi'i ddraenio'n wael (dyma ran uchaf y dyffryn bychan lle mae pobl yn byw wrth y tri phwll yn ymyl y tŷ). Gwelir coed o gwmpas ochrau'r ardal yn unig ar y map Arolwg Ordnans 25 modfedd cynnar, ac ychydig o'r rhain sydd yno o hyd, ar yr ochr orllewinol yn bennaf.

Mae rhai o goed yr ardal fechan o barcdir i'r gorllewin o'r ysgubor groesffurf a elwir yn Gefn-llanfair, i'r de-dde-orllewin o'r tŷ, yno o hyd. Mae gan ddarn o dir mawr unigol amgaeëdig arall ar hyd ymyl y ffordd i'r de o Hen Ardd goed o amgylch yr ymylon yn bennaf ac yn cynnig tir pori o ansawdd gwell.

Gorwedd y prif barc ceirw ychydig i'r de o'r tŷ, i'r de-ddwyrain o Hen Ardd a Phorthordy Hywel Sele. Mae'n ddarn eang o dir pori gweddol arw, â rhedyn a thyfiant trwchus arall, ar fryn creigiog. Mae wal y parc ceirw yn dal i sefyll a'i gyflwr yn weddol dda ar y cyfan. Mae'r lôn flaenorol ar draws y parc ceirw yn segur ond mae iddi wyneb caled dan borfa, ac mae cerbydau cyffredin yn gallu defnyddio rhan ohoni o leiaf. Mae Pennant yn cyfeirio at gig carw Nannau fel 'very small, but very excellent'. Mae dau bwll pysgod yn y parc ceirw; fe'u gwelir ar hen fapiau ac maent yn cynnwys dŵr o hyd, er eu bod yn tyfu'n wyllt. Maent ychydig i'r de-orllewin o Borthordy Hywel Sele, Upper Lodge gynt. Mae hwn yn adeilad cerrig patrymog bach sydd fwy neu lai yn grwn sy'n meddu ar arddull Gothig o'r bedwaredd ganrif ar bymtheg, â chanllaw wedi'i 'ddifetha' yn ffug yn y pen uchaf. Mae ganddo ddau dyred, y naill yn fwy na'r llall, a mynedfa fawreddog gerllaw, â phorth bwaog Tuduraidd a rhagor o dyredau bychain, a giât haearn drom ar byst haearn. Mae wedi'i osod yn wal y parc ceirw, ac mae'r porthordy'n gwarchod yr allanfa o'r prif barc ceirw ar ochr y tŷ. Mae'r fynedfa yn edrych yn debyg i byrth bwaog coroni Siôr IV a adeiladwyd mewn mannau eraill yn yr ystad ond mae'n perthyn i gyfnod ychydig yn gynt na'r rhain gan fod y porthordy hwn, mae'n ymddangos, megis Porthordy Coed-y-moch, wedi'i adeiladu rhwng 1794 a 1818.

Mae twr cerrig bychan sgwâr, a elwir yn 'watch tower', yn y parc ceirw ar y llechwedd ychydig i'r dwyrain o Hen Ardd, i'r de o Borthordy Hywel Sele, ac un tebyg arall yn agosach i'r porthordy, a chyflwr hwnnw'n waeth. Yn ôl y sôn defnyddiwyd hwn fel man gwylio i dderbyn rhybudd o flaen llaw o ddyfodiad ymwelwyr, ac anfonwyd arwydd i'r tŷ wrth iddynt gael eu gweld. Ymddengys yn fwy tebygol mai ffug gastell neu atyniad llygad ydoedd yn bennaf, ac mae'n bosibl y gellid ei weld yn yr un olygfa â'r 'summer house' y tu allan i'r parc i'r de.

Gelwir ardal lai ar ochr arall y ffordd i Lanfachreth, yn union i'r de-ddwyrain o'r tŷ, yn 'Deer Park' hefyd ar fap Arolwg Ordnans 25 modfedd 1889. Yr adeg honno roedd llawer o goed yma ac acw ac ymddengys yn annhebygol ei bod yn rhan o'r parc ceirw yn wreiddiol; bellach mae ei olwg yn hollol wahanol i'r prif barc ceirw, ac mae'n debyg iawn i rai ardaloedd eraill o barcdir.

Rhwng y ddwy ardal hon mae ardal arall, wedi'i gosod yn y canol rhwng prif wal y parc ceirw i'r de-ddwyrain a'r ffordd i Lanfachreth i'r gogledd-orllewin. Er bod y ffordd yn ei gwahanu oddi wrthi ymddengys bod ganddi fwy yn gyffredin â'r ardal yn union i'r de-ddwyrain o'r tŷ na'r prif barc ceirw, gan fod y tir pori yno o ansawdd gwell â chlystyrau o goed a choed unigol. Gan fod

y gair 'Gwinllan' ynghlwm wrthi, mae hyn yn awgrymu defnydd mwy tebygol mewn cyfnod cynnar.

Roedd lleiniau mawr o goetir yn nodweddiadol o barc Nannau ar un adeg, llawer ohono yn goetir lled-naturiol hynafol prin wedi ei addasu, ac eithrio ychwanegu, ac yn ddiweddarach, dorri i lawr conifferau a dyfai'n weddol wasgaredig. Llwyddodd rhai ardaloedd i osgoi hyn hyd yn oed. Harddwyd ardaloedd eraill, ger y tŷ yn bennaf, drwy ychwanegu gwahanol rywogaethau o goed. Mae coetir gweddol eang yno heddiw, ond canlyniad pwysau masnachol yw bod rhai planhigfeydd wedi'u torri a phefrwydd sitca a chonifferau eraill sy'n tyfu'n gyflym wedi'u gosod yn eu lle, tra bod ardaloedd eraill heb eu hailblannu o gwbl. Fodd bynnag, mae rhai ardaloedd bychain o goetir lled-naturiol hynafol wedi goroesi.

Ar y gefnen i'r gorllewin o'r tŷ mae stribed o goetir cymysg ar y gwaelod o hyd, ond uwchlaw mae planhigfeydd o befrwydd sitca. Mae coetir collddail ar ochr orllewinol y gefnen o hyd, yn anweladwy o'r tŷ. Yn lle'r blanhigfa gymysg yn yr ardal laith i'r de o'r pwll isaf (dyma ben gogleddol Coed-y-moch) mae clwstwr tew o befrwydd sitca, a rhai rhododendronau'n goroesi oddi tanynt.

Mae Coed-y-moch ei hunan yn seiliedig ar goetir derw naturiol yn ôl pob tebyg, gan fynd yn ôl i'r adeg pan fyddai moch yn cael eu troi allan i chwilota am fwyd yn y coetir. Yn y bedwaredd ganrif ar bymtheg coetir cymysg ydoedd yn bennaf, â rhai coed collddail ar ôl, ac roedd gan yr ardaloedd yn ymyl y tŷ ac ar hyd y lôn rywogaethau ychwanegol o goed, ac isdyfiant. Bellach mae yno glystyrau o goniffrau masnachol ymhlith coetir cymysg hŷn, a thorrwyd y coed mewn ardal ar hyd ymyl y ffordd yn ddiweddar a'u clirio.

Mae darn bach o dir hirsgwar amgaeëdig â wal o'i gwmpas ar ochr bellaf pwll mwyaf gogleddol yr ardd, gyferbyn â'r bloc stablau, sydd tua thri chwarter erw o ran maint. Er yr awgrymwyd mai perllan ydoedd hwn o bosibl, nid yw wedi'i nodi'n berllan ar y mapiau, ac roedd lle ar gyfer perllan yn Hen Ardd, os nad yn yr ardd lysiau ddiweddarach. Awgrym arall yw ei fod wedi ei ddefnyddio fel padog, gan fod ei leoliad mor agos i'r stablau.

Ychydig i'r dwyrain o'r ardd addurnol amgaeëdig i'r gogledd o Hen Ardd mae mynedfa a arferai fynd ar draws y lôn sydd bellach yn segur drwy'r ardd. Fe'i hadeiladwyd ym 1828 (mae plac â dyddiad arno, â'r llythrennau blaen R W V AM am Robert Williams Vaughan a'i wraig) ac mae ganddo borth bwaog Tuduraidd llydan, ond diflannodd y giatiau a gosodwyd giât cae fodern yno. Mewn gwirionedd gosodwyd y fynedfa yn wal yr ardd sy'n troi'n sydyn, ac mae pileri cerrig ategol wrth yr onglau. Roedd copâu ffurf bynsen arnynt ar un adeg; mae un ohonynt bellach ar goll ac un arall ar y ddaear gerllaw. Mewn hen ffotograff gwelir pelen garreg ar ben y porth bwaog; mae'n bosibl bod pelen garreg gron yn yr ardd wedi dod o'r man hwn.

Mae dau neu dri phorth bwaog sy'n coffáu coroni Siôr IV ym 1820 dros ffyrdd a llwybrau llai o gwmpas Nannau, ac un yn unig sydd o fewn yr ardal ddynodedig. Saif hwn yn ymyl yr ysgubor ym Maes-y-bryner, ac mae iddo borth bwaog Tuduraidd llydan sy'n debyg i rai mynedfeydd y parc ceirw. Lleolir un arall, y tu allan i'r ardal, gan gynnig golygfa o Gader Idris.

Mae cynllun y tir yn syml iawn ar y cyfan, wedi'i gynllunio i weddu i'r parcdir o amgylch a'r dirwedd naturiol. Nid oes gardd ffurfiol yn ymyl y tŷ ac ychydig iawn o adeiladwaith, ac eithrio'r ardd lysiau, ond mae'r ffaith bod hon yn agored ar ochr y tŷ yn awgrymu bod swyddogaeth addurnol ganddi yn rhannol; mae'r gweddill yn lawnt yn bennaf, â chlystyrau o goed a llwyni. Ym 1838 canodd Roscoe glodydd yr ardd lysiau ond ni soniodd am y tir hamdden.

Tu ôl i'r tŷ mae cyfres o dri phwll (a welir ar fap ystad 1794), sy'n rhai gwneud mae'n amlwg, neu wedi'u hymestyn yn artiffisial, mewn dyffryn bach a arferai fod braidd yn gorsiog â nant yn llifo drwyddo, a oedd eisoes yn dal peth dŵr yn ôl pob tebyg. Mewn rhai ffyrdd mae lleoliad y pyllau yn rhyfedd; mae un ohonynt yn union tu ôl i'r cerbyty a'r stablau. Mae'n bosibl eu bod yn byllau pysgod hefyd; ond mae'n amlwg bod y pwll isaf wedi ei drin fel nodwedd gardd yn bennaf, gan gyfrannu at atyniad yr ardal i'r de o'r tŷ.

Mae lawnt yn gwyro'n raddol i lawr o flaen y tŷ at ffens y parc, sydd mewn ychydig o bant ond heb fod yn hollol suddedig. Mewn hen fapiau gwelir rhes o goed a llwyni ar hyd y ffens, ond bellach diflannodd y rhain, ac eithrio rhai olion yn y pen deheuol, ac ychydig o blannu sydd yn y lawnt ac eithrio'r ardal ddwyreiniol rhwng y tŷ a'r ardd lysiau. Diflannodd deial haul a nodir ar y map bellach hefyd, ond ceir ffotograffau ohono yn ei le.

I'r gogledd-ddwyrain o'r tŷ, gan redeg o ben y bwthyn adfeiliedig, mae tri theras bach â waliau sych o'u cwmpas, sydd fwy neu lai ar ongl sgwâr i'r tŷ. Maent ar ben y llethr uwchlaw'r lôn, lle mae'n troi tua'r gogledd-orllewin (o ganlyniad i lefelu safle'r tŷ yn ôl pob tebyg), ac felly yn esgyn i fyny o'r un lefel â'r tŷ. Mae'n anodd pennu oedran y rhain, ond yn ôl pob tebyg maent yn perthyn i ddechrau'r ugeinfed ganrif, gan nad ydynt i'w gweld ar fap 1889. Yn ôl pob tebyg maent yn perthyn i gyfnod ar ôl dymchwel adain ogledd-ddwyreiniol y tŷ. Mae olion o blannu blodau ar y terasau.

Ar y lawnt i'r de-ddwyrain o'r lôn o'r gogledd-ddwyrain mae coed enghreifftiol, yn unigol ac mewn clystyrau. Yn eu plith mae ffawydd coprog, yw Gwyddelig a derw anwyw; mae grŵp mawr rhwng y tŷ a'r ardd lysiau gynt yn cynnwys coed bytholwyrdd yn gyfan gwbl, gan gynnwys yw, celyn a chypreswydd. Yn ymyl corneli dwyreiniol a deheuol y tŷ mae yw Gwyddelig unigol; mewn ffotograff o'r bedwaredd ganrif ar bymtheg roedd y rhain wedi cyrraedd taldra cyfuwch â'r ail lawr a bellach maent ar lefel y to.

Mae gan y llethr uwchlaw'r lôn a'r borfa islaw ystod o goed enghreifftiol, gan gynnwys cypreswydd, yw, celyn a chastanwydd y meirch; ar hyd ffens y llwybr llai ar y pen uchaf mae pinwydd. Cliriwyd isdyfiant trwchus o *Rhododendron ponticum*, gan adael ychydig o rododendronau o amrywiaethau eraill. Ymddengys bod coed derw ifainc tua'r pen gorllewinol wedi'u plannu'n weddol ddiweddar. Yn yr un ardal mae rhai asaleâu hŷn o lawer, a aeth yn hirgoes iawn a thorrwyd hwy yn ôl.

Y nodwedd fwyaf anarferol o'r tir yw rhan fechan o'r ardd ar wahân, sy'n gorwedd ychydig bellter i ffwrdd gyfagos â'r hen ardd lysiau. Mae hon yn ardal bumonglog â wal o'i chwmpas â lôn yn pasio drwyddi nad yw'n ymddangos ei bod yn arwain i unlle yn arbennig, â rhai terasau bychain islaw a llwyni uchlaw. A barnu wrth garreg-ddyddiad 1835 Syr Robert Williams Vaughan uwchben y drws gogleddol, ymddengys iddi gael ei chreu ar ôl i'r ardd lysiau orffen gael ei defnyddio ac nad oes cysylltiad rhyngddynt (er bod rhan ohoni wedi'i defnyddio fel perllan yn ddiweddarach). Mae'r porth bwaog i mewn i'r parc ceirw ar yr ochr ddwyreiniol yn ddyddiedig 1828. Mae defnydd gwreiddiol yr ardal yn ansicr.

Mae dwy ardd lysiau gynt, y ddwy bellach yn hollol segur, ac mae'r berthynas rhyngddynt yn anodd i'w sefydlu. Mae un yn anghyfleus o bell o'r tŷ (bron 1 cilomedr ar hyd y llwybr byrraf) a gelwir y bwthyn yn ei hymyl yn Hen Ardd, felly mae'n debygol fod yr ardd arall, sy'n agos iawn i'r tŷ, yn hŷn, ac yn y pen draw ymddengys ei bod wedi disodli'r ardd hŷn. Fodd bynnag, mae ychydig o hen goed ffrwythau yn yr hen ardd o hyd, ac ar fap Arolwg Ordnans 1889, er nad oes cynllun gardd lysiau

nodweddiadol i'w weld ar gyfer yr hen ardd, perllan oedd rhan o'r darn o dir amgaeëdig a oedd ynghlwm wrthi i'r gogledd. Ar y map hwn gwelir yr ardd ddiweddarach fel petai'n cael ei defnyddio'n llawn, â llwybrau, tai gwydr ac yn y blaen, ond nid oes unrhyw symbolau coed ffrwythau, felly mae'n bosibl bod yr hen ardd yn parhau i gael ei defnyddio'n rhannol ar gyfer cynhyrchu ffrwythau.

Mae'r dyddio yn weddol syml. Mae Thomas Roscoe, a ysgrifennai ym 1838, yn disgrifio gardd â thai gwydr, poethdai a phlanhigion egsotig 'formed and laid out at extraordinary expense'; mae hefyd yn rhoi sylwadau ar rai 'neat tablets', un er cof am was a fu farw ar ôl bwyta 440 o gerrig eirin. Mae'r disgrifiad hwn yn tueddu i awgrymu bod yr ardd dan sylw wedi'i gwneud yn weddol ddiweddar, ac nid ymddengys bod unrhyw wydr wedi bod yn yr hen ardd erioed (ni welir dim ar fap 1889, ac nid oes unrhyw olion tebygol), felly mae'n debygol mai disgrifio'r ardd 'newydd' oedd Roscoe, ac felly mae'n rhaid ei bod yn dyddio o gyfnod ychydig cyn 1838. Nid yw i'w gweld ar fap ystad 1818. Ymddengys bod hyn yn dyddio'r hen ardd i'r ddeunawfed ganrif yn bendant, ond mae'n debyg nad oedd yn bodoli ym 1784 pan ymwelodd Thomas Pennant â Nannau, gan iddo ddisgrifio bod Derwen Ceubren yr Ellyll 'on the road side', tra bod ei safle bellach yn amgaeëdig gan wal yr hen ardd; nid yw'r safle i'w weld ar fap ystad 1794 ychwaith. Mae'n rhesymol tybio felly fod yr ardd yn cydoesi â'r tŷ presennol, tua 1796; felly byddai wedi bod yn weddol fyr-hoedlog. Mae plac ar y wal ger giât ddwyreiniol yr ardd â wal o'i chwmpas yn ddyddiedig 1794, sy'n tueddu i gadarnhau'r dyddiad hwn.

Mae'r ardd lysiau 'newydd' gynt yn gorwedd i'r dwyrain o'r tŷ, nesaf at fferm y plas, ac mae'n hirsgwar, gyda'r echel hir yn rhedeg o'r gogledd-ogledd-ddwyrain i'r de-dde-orllewin. Mae cwrt tenis caled ym mhrif ran yr ardd bellach; fe'i hadeiladwyd yn weddol ddiweddar, pan roedd y tŷ yn westy. Mae'r cwrt ei hunan mewn cyflwr da o hyd, ond mae wedi difetha unrhyw olion o gynllun mewnol rhan isaf (ddeheuol) yr ardd. Ar hyd y pen gogleddol mae wal uchel (tua 3.5 medr) wedi'i hadeiladu o friciau lliw golau, ac ar y tu mewn arferai rhes o dai gwydr sefyll. Mae gwifrau ar y wal o hyd a rhai planhigion dringol. Yng nghanol y wal mae drws a lenwyd, a byddai hwn wedi arwain at res y cwt potiau/boelerdy ar ochr allanol y wal.

Ar ochr allanol safle'r tai gwydr mae teras gwastad, â phorfa'n tyfu drosto, â gwrym llwybr i'w weld yn rhedeg ar ei draws o'r dwyrain i'r gorllewin. Mae llethr borfa yn cynnal y teras, a cheir grisiau i fyny i'r pen dwyreiniol, o'r llwybr ar hyd ymyl yr ardd. Mae'r rhain wedi'u gwneud o gerrig nadd â waliau isel ar bob ochr â chopa llechi ar osgo, ond maent yn hanner gladdedig mewn detritws. Mae ychydig o bant yn dangos lle'r oedd grisiau (a nodir ar fap 25 modfedd 1889) yn arwain i lawr i'r lefel islaw, yng nghanol y teras.

Islaw, i'r de, mae teras isel arall, a oedd ychydig yn lletach yn wreiddiol, â wal sych yn ei gynnal, ac ar ei hyd mae grisiau cerrig garw ar bob ochr. Yn ôl pob tebyg mae'r rhain yn perthyn i gyfnod ar ôl y cwrt tenis, sy'n tresmasu ar y teras hwn, gan fod rhes ganolog i'w gweld ar yr hen fap. Addaswyd y wal hefyd; yn wreiddiol ymestynnai hanner ffordd ar draws yn unig, a'r teras yn dod i ben â llethr borfa i'r gorllewin o'r grisiau. Bellach fe'i symudwyd yn ôl a'i hailadeiladu y tu ôl i'r cwrt tenis ar hyd rhan ganolog y teras, a'i hymestyn i'r pen gorllewinol.

Rhennir y brif ran o'r ardd yn ddwy adran wedi'u gwahanu gan wahanfur neu berth a redai o'r gogledd i'r de, gan gyfarfod â phen gorllewinol y wal gynhaliol a ddeuai hanner ffordd ar draws y teras isaf. Mae'r nodwedd wahanu hon i'w gweld ar fap 1889.

Roedd gan yr ardal i'r gorllewin lwybr ar hyd yr ymyl ddwyreiniol, ger y wal neu'r berth, ond nid oedd wedi'i rhannu, a gan ei bod yn agored i'r lawnt, mae'n bosibl ei bod yn addurnol yn bennaf; rhennid yr hanner dwyreiniol yn ddwy ardal gan lwybr croes, ac roedd ganddo lwybrau yr holl ffordd o amgylch y tu allan hefyd, fel gardd lysiau draddodiadol. Roedd llwybr ar hyd pen uchaf y llethr a grëwyd gan y lefelu, ar ochr orllewinol yr ardd, sydd bellach yn segur ond yn weladwy o hyd. I'r de o hanner gorllewinol yr ardd roedd nifer o lwybrau, sydd wedi diflannu fwy neu lai, ond yn gyfochrog â'r wal neu'r berth tua'r dwyrain mae'r llwybr yn dal i redeg ar hyd ymyl ddeheuol yr ardd, ac yna droi i ddilyn ôl yr hen lwybr i fyny'r ochr ddwyreiniol. Diflannodd y llwybr canolog dan y cwrt tenis yn ogystal â'r wal/berth.

Mae peth o'r cerrig cynhaliol yn dal i'w gweld ar y llwybrau i'r de a'r dwyrain, ac roedd iddynt berthi yw, sydd wedi tyfu'n anferthol o wyllt bellach, ar ochr yr ardd. Mae tri gris llechi nadd i lawr i'r llwybr drwy linell y wal/berth, ac yn parhau'r llinell hon mae rhes o yw yn mynd tua'r de at ffens y parc.

Ar hyd ymyl ddeheuol rhan ddwyreiniol yr ardd, tu hwnt i'r llwybr, mae wal uchel arall, a arferai fod yn wal gefn y tŷ eirin gwlanog, a oedd ar ochr yr ardd (ogleddol) iddi. Mae safle hwn bellach yn wag, ac mae yw yn eu cysgodi'n gyfan gwbl, ond mae'r gwifrau ar y wal yno o hyd. Adeiladwyd ysgubor yn erbyn ochr allanol y wal, mewn llecyn bychan rhwng y tŷ eirin gwlanog a ffens y parc, a welir ar fap 1889 fel llecyn agored ac yn cael ei groesi gan lwybr.

Ar ochr bellaf y llwybr ar ochr ddwyreiniol yr ardd mae perth bocs sydd wedi tyfu'n rhy fawr a wal ffrwythau a border, â gwifrau o hyd, sy'n cuddio adeiladau'r fferm. Mae'r waliau i gyd o'r un briciau golau. Ar ymyl y teras isaf mae'r perthi bocs ac yw ar yr ochr ddwyreiniol yn croesi, gan adael lle i'r llwybr fynd drwyddo, â thro. Roedd bwlch yn y wal yma a roddai fynediad i erddi pellach i'r gogledd-dwyrain, sydd bellach wedi diflannu dan estyniad i'r buarth a rhagor o adeiladau; mae hyn yn esbonio'r tro yn ôl pob tebyg. Mae grisiau i fyny at lefel y teras uchaf; yma mae'r berth yw yn newid i'r tu mewn eto, a daw'r berth bocs i ben. Ceir mynediad i'r buarth a drws drwodd i'r cytiau potiau ychydig i'r dwyrain o safle'r tŷ gwydr. Mae'r hen fynedfa i'r tŷ gwydr wedi'i llenwi. Mae'n bosibl mai meithrinfa blanhigion oedd yr ardal i'r dwyrain o'r tŷ gwydr sydd bellach â rhan ohoni'n fuarth a rhan ohoni'n segur; mae'r drws drwodd iddi yn y gornel ogledd-ddwyreiniol yno o hyd.

Ar hyd ochr allanol wal ogleddol yr ardd mae rhes o adeiladau a arferai fod yn gytiau potiau, boelerdy a stordai; fe'u defnyddir fel cytiau cŵn bellach. Fe'u hadeiladwyd o gerrig â chonglfeini o'r un briciau golau â waliau'r ardd, a tho llechi.

Mae'r enw ar y bwthyn ('Hen Ardd') ar ymyl yr ardd lysiau gynt yn amlwg yn deillio o'r ardd ei hunan. Mae'r bwthyn yn cydoesi â waliau'r ardd yn ôl pob tebyg a dyma fyddai tŷ'r garddwr; ar ôl symud yr ardd aeth yn fwthyn y cipar, ac mae'n rhaid bod y cytiau cŵn i'r gogledd a'r adeiladau i'r de (tylciau a chegin moch efallai, tŷ ffesantod o bosibl er bod pibell ffwrn), o fewn waliau'r ardd, yn dyddio o'r cyfnod hwn. Mae plac â'r dyddiad 1835 ar y cytiau cŵn ac nid yw'r tai allan hyn i'w gweld ar fap ystad 1818. Bellach maent yn adfeilion ond mae rhywun yn dal i breswylio yn y bwthyn. Hefyd mae adfeilion adeiladau bychain ar bob ochr i'r wal yn ymyl y fynedfa ddeheuol, un â phibell ffwrn; daethpwyd o hyd i nifer o gregyn mâl yn yr un allanol, felly mae'n bosibl y gwnaed morter ar gyfer y waliau yn y fan a'r lle, er ei bod yn bosibl i gregyn mâl gael eu defnyddio hefyd ar gyfer wyneb y llwybrau.

Mae'r waliau o gerrig morter, i fyny at 3.5 medr o uchder, â mynedfeydd llydan i'r dwyrain a'r gorllewin ac un gulach i'r de; mae drws hefyd wrth ben dwyreiniol y bwthyn. Gwelir yr ardd ar fap 1818 wedi'i rhannu'n naw adran gan lwybrau, ond nid oes manylion o'r cynllun hwn yn goroesi, ac un llwybr yn unig (o'r bwthyn i'r tylciau/tŷ ffesantod gan droi'n sydyn tua'r fynedfa orllewinol, ac yn ymgorffori rhannau o ddau lwybr cynharach) a welir ar fap 1889.

Mae nant yn llifo dan ddaear ar draws hyd yr ardd gyfan, fel y gwnâi ym 1818. Ceir mynediad iddi ychydig y tu mewn i'r ardd i'r gogledd, yn ymyl y drws, lle mae gardd ddŵr yn cael ei gwneud ar hyn o bryd, ac yn ymyl y fynedfa ddeheuol, lle mae'r dŵr bron dwy fedr dan lefel y ddaear, a grisiau'n arwain yno.

Mae piler sydd bellach yn erbyn wal orllewinol yr ardd (wedi'i symud o fan ychydig ymhellach i mewn beth amser yn ôl) yn nodi'r man lle safai Derwen Ceubren yr Ellyll ar un adeg. Ar fap 1889 nodir deial haul, sydd bellach wedi diflannu, yn ymyl y man hwn. Mae bachau metel a fyddai wedi cynnal plac ar y wal yn eu lle o hyd.

Mae pum coeden gellyg wedi goroesi wrth y wal ddwyreiniol; mae dwy goeden gellygwin mewn cyflwr da ac yn dal i ffrwytho'n dda. Un o nodweddion y waliau yw'r tyllau ynddynt lle gellid hyfforddi'r canghennau i dyfu ar yr ochr arall (mae cangen fyw yn un twll o hyd a changen farw mewn twll arall); byddai'r ffrwyth ar yr ochr allanol yn aeddfedu ar adeg ychydig yn wahanol i'r ffrwyth ar yr ochr fewnol, gan helpu i ymestyn y tymor felly. Pan gloddiwyd pwll yn y gornel dde-ddwyreiniol ym 1996 daethpwyd o hyd i nifer o botiau blodau wedi'u torri.

Ffynonellau

Sylfaenol

Gwybodaeth oddi wrth Mr P. Welford, Mr R. Williams-Ellis, Mr P. Raftree, Dr a Mrs M. Garnett a Mr Smith.
Mapiau ystad 1794 a 1818: Swyddfa Gofnodion Ranbarthol Meirionnydd, Dolgellau.

Eilradd

T. Pennant, *A Tour in Wales* (ailargraffiad 1991 o argraffiad 1784).
T. Roscoe, *Wanderings and Excursions in North Wales* (argraffiad 1973).
Comisiwn Brenhinol Henebion, *Inventory*, Sir Feirionnydd (1921).

PARC

CADW

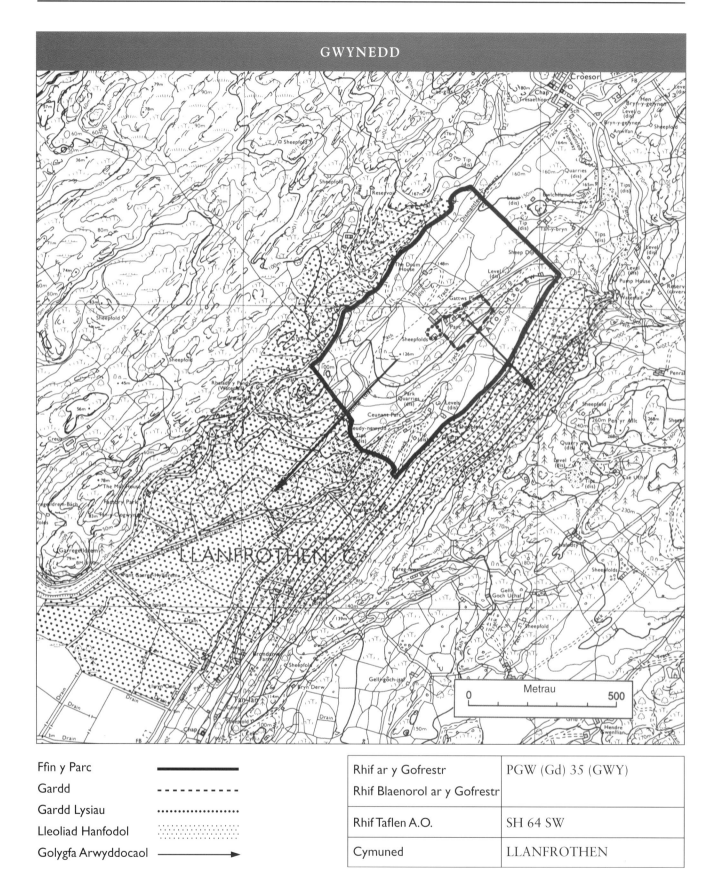

Ffin y Parc	————————
Gardd	‐ ‐ ‐ ‐ ‐ ‐ ‐ ‐
Gardd Lysiau	• • • • • • • • • • •
Lleoliad Hanfodol	
Golygfa Arwyddocaol	⟶

Rhif ar y Gofrestr	PGW (Gd) 35 (GWY)
Rhif Blaenorol ar y Gofrestr	
Rhif Taflen A.O.	SH 64 SW
Cymuned	LLANFROTHEN

CRYNODEB

Rhif cyf	PGW (Gd) 35 (GWY)
Map AO	124
Cyf grid	SH 627 439
Sir flaenorol	Gwynedd
Awdurdod unedol	Gwynedd
Cyngor cymuned	Llanfrothen
Disgrifiadau	Parc Cenedlaethol Eryri; Adeiladau Rhestredig: Parc, Middle Parc, Gattws Parc, rhes amaethyddol siâp L Gradd II*; nodweddion eraill Gradd II. Ymddiriedolaeth Archeolegol Gwynedd – Prif Gyfeirnodau 4737 a 4742.
Gwerthusiad safle	Gradd II*
Prif resymau dros y graddio	Goroesiad prin terasau gardd eithriadol wedi'u hadeiladu o gerrig, yn perthyn i'r ail ganrif ar bymtheg yn ôl pob tebyg, ac yn gysylltiedig â grŵp o adeiladau a nodweddion hanesyddol diddorol a osodwyd o fewn parch bach â wal o'i gwmpas sy'n perthyn i'r un cyfnod ac sy'n cynnwys porthdy a gwylfan. Gwnaeth Clough Williams-Ellis welliannau yn y 1950au a 60au.
Math o safle	Parch bach â nodweddion diwydiannol diweddarach, gerddi terasog cynnar a esgeuluswyd, adeiladau o ddiddordeb.
Prif gyfnodau o adeiladu	O bosibl yr unfed ganrif ar bymtheg ac yn ôl pob tebyg yr ail ganrif ar bymtheg; ychwanegiadau diweddarach yr ugeinfed ganrif.

Disgrifiad o'r safle

Mae safle Parc yn anarferol ac yn hynod ddiddorol, yntau'n guddiedig yng ngodre'r bryniau i'r gogledd-ddwyrain o wastatir Traeth Mawr. Mae'r safle cyfan yn fach, ond â llawer o swyn yn perthyn iddo, â'i leoliad diarffordd ond golygfeydd eang, amrywiaeth fawr o dir a thyfiant, a'r gwrthgyferbyniad â'r llethrau serth a garw o amgylch.

Mae nifer o dai, wedi'u lleoli ychydig uwchlaw rhan fwyaf serth dyffryn un o'r nentydd, nant Maesgwm, a gerllaw mae olion tri adeilad bach hirsgwar, o'r canol oesoedd yn ôl pob tebyg, sy'n cynrychioli'r unig anheddiad blaenorol y gwyddys amdano yn y parc.

Mae'n bosibl bod amrywiaeth o ffactorau ymarferol yn gyfrifol am ddewis safle'r tai ôl-ganoloesol, megis yr angen am gysgod a'r awydd i adael cyn gymaint â phosibl o'r tir gwastad yn glir at ddibenion amaethyddol. O ganlyniad nid yw'r tai wedi'u gosod yn y man gorau i fwynhau'r brif olygfa; mae'r diweddaraf yn wynebu tua'r gogledd-ddwyrain, i ffwrdd o'r olygfa, a chynlluniwyd yr ardd ar lethr serth iawn.

Mae'r tai, sydd yn hynod ddiddorol, yn enghraifft o'r 'system unedau' sy'n nodweddiadol o'r rhan hon o Gymru, sef adeiladu tŷ cyfan ar wahân ond yn union gyfagos â'r tŷ gwreiddiol yn hytrach nag ehangu neu ymestyn y tŷ pan fyddai angen rhagor o le. Nid addaswyd Parc yn un tŷ erioed, ac mae'r pedwar tŷ sydd ar y safle, y naill ar ôl y llall, yn dal i fod yn wahanol i'w gilydd.

Yn ôl pob tebyg adeiladwyd y tŷ cynharaf tua chanol yr unfed ganrif ar bymtheg, ond bellach y sylfeini'n unig sydd ar ôl. Adeiladwyd y tai diweddarach i'r de-orllewin, ac mae'r ddau nesaf yn perthyn i'r un cyfnod yn fras yn ôl pob tebyg ac yn dyddio o ddiwedd yr unfed ganrif ar bymtheg neu ddechrau'r ail ganrif ar bymtheg; mae un o'r rhain wedi mynd â'i ben iddo'n llwyr bron

bellach, ag adeilad croes modern yn meddiannu rhan o'r safle, ond adnewyddwyd y llall ac mae rhywun yn byw ynddo ar hyn o bryd. Symudwyd grisiau'r adfail i wynebu'r ffordd arall gan Clough Williams-Ellis fel eu bod erbyn hyn yn arwain i mewn i'r ystafell uchaf sy'n dal yno, yn hytrach nag i mewn i'r rhan o'r tŷ sydd wedi diflannu. Mae'r pedwerydd tŷ, sef yr olaf, yn wynebu'r ddau ar draws iard, ac mae ganddo garreg-ddyddiad o 1671, er nad ydyw o bosibl yn perthyn i adeiladu gwreiddiol y tŷ, a allai fod hanner canrif yn gynharach. Mae rhywun yn byw yn y tŷ hwn o hyd hefyd.

Adeiladwyd pob un o'r tai sy'n goroesi mewn arddull debyg, o gerrig llechi â thoeau llechi. Nid yw'r garreg yn nadd ac eithrio'r corneli ac o gwmpas y ffenestri a'r drysau, ac mae rhai cerrig mawr anferthol yn yr haenau isaf. Mae gan y tai gyrn simneiau cerrig uchel, ac mae un ohonynt yn silindrig. Maent yn ddeulawr, ac mae gan y diweddaraf ddormer atig (ychwanegiad o'r bedwaredd ganrif ar bymtheg o bosibl); roedd ganddo ddau ddrws blaen hefyd, un yn arwain i mewn i bob un ystafell wreiddiol ar y llawr isaf. Llenwyd un o'r drysau hyn bellach.

Mae grisiau'r tŷ diweddaraf mewn estyniad yn y cefn, ond gan fod drysau wedi'u llenwi ar lefel y llawr cyntaf a'r ail lawr yn un pen o'r tŷ, mae'n debygol fod grisiau ar y tu allan yn wreiddiol. Roedd pyst cerrig gan ffenestri pob tŷ, ond bellach cafwyd gwared ar lawer o'r rhain. Cafwyd gwared ar y rendro sment o du allan y pedwerydd tŷ tua deng mlynedd yn ôl, ac ailbwyntiwyd y tŷ â morter calch wedi'i lunio'n ofalus i edrych mor debyg â phosibl i'r morter a ddefnyddiwyd pan gafodd ei adeiladu gyntaf.

Adeiladwyd y tai gan deulu'r Anwyliaid, a oedd yn perthyn i Wynniaid Gwydir ac yn perthyn yn agosach i deulu'r Clenennau. Mabwysiadwyd yr enw am y tro cyntaf gan Lewis Anwyl, a fu farw ym 1605, ond mae'n debygol mai ei dad, Robert ap Morris, a adeiladodd y tŷ cyntaf. Lewis neu ei fab, William Lewis, efallai, oedd yn gyfrifol am y ddau nesaf, ac yn ôl pob tebyg ailadeiladodd y cyntaf hefyd.

Roedd William Lewis Anwyl yn ŵr amlwg, cyfoethog, diwylliedig a dysgedig ag ymdeimlad cryf o berthyn i deulu, ac roedd ganddo gysylltiadau yn Llundain a mannau eraill a fyddai'n ei gyflenwi â llyfrau a gwybodaeth. Mae'n bosibl iddo geisio creu gardd yn seiliedig ar syniadau Eidalaidd ar ei safle gwlyb serth anaddawol braidd. Er gwaethaf y dyddiad 1671 ar y tŷ diweddaraf, mae'n bosibl bod William Lewis, a fu farw ym 1642, wedi adeiladu hwn hefyd, gan fod ei ewyllys yn cyfeirio at dŷ a adeiladwyd yn ddiweddar ac mae cywydd ar achlysur ei farwolaeth yn sôn am dŷ newydd anferth yn ogystal â gerddi, perllannau, parciau a thyrau teg.

Bu farw ei fab hynaf cyn i William Lewis farw a daeth Parc i feddiant ei ail fab, Robert, a fu farw ym 1653 gan adael mab a oedd yn blentyn, sef Lewis. Mam Lewis oedd Katharine, merch John Owen o Glenennau, ac mae'n rhaid mai hi fu'n gyfrifol am adeiladu'r Beudy Newydd ym 1666, sydd â'i llythrennau blaen arno. Nid oes unrhyw dystiolaeth, fodd bynnag, iddi na'i gŵr ymgymryd ag unrhyw waith adeiladu ar safle'r tŷ. Mae carreg-ddyddiad o 1671 ar y tŷ mwyaf diweddar yn dwyn llythrennau blaen ei mab a'i wraig, o'r enw Katharine hefyd. Ond mae'r dyddiad hwn yn fwy tebygol o fod yn berthnasol i rai addasiadau, gan gynnwys y grisiau cefn o bosibl a wnaed bryd hynny (ychydig flynyddoedd ar ôl eu priodas) yn hytrach nag i adeiladu'r tŷ.

Gwerthwyd yr ystad ar wahanol adegau yn y ddeunawfed, y bedwaredd ganrif ar bymtheg a'r ugeinfed ganrif nes iddi gael ei phrynu yn y diwedd gan Clough Williams-Ellis, o Blas Brondanw gerllaw. Fodd bynnag, ni fu'n llewyrchus iawn erioed, sy'n esbonio pam bod yr ystad wedi newid dwylo mor aml a pham y gwnaed ychydig o addasiadau neu welliannau ar ôl cyfnod yr Anwyliaid.

Mae'r porthdy cerrig, a adeiladwyd tua 1600 o bosibl, ychydig bellter o'r tŷ yn ymyl llwybr llai, sef y brif lôn wreiddiol mae'n amlwg; mae'r lôn bresennol yn mynd heibio iddi. Nid yw'r adeilad ar bob ochr i'r llwybr llai, ond i un ochr, ac mae'n fach iawn, gan gynnwys un ystafell yn wreiddiol, â ffenestr ddormer yn edrych dros y lôn, a seler. Addaswyd yr adeilad yn anheddle, a daeth y seler yn ystafell fyw a'r ystafell wreiddiol yn ystafell wely; roedd estyniad bach wrthi'n cael ei adeiladu ar adeg yr ymweliad. Mae wal, a adeiladwyd yn ddiweddar, yn amgáu iard balmentog o flaen y drws, ac yn cymryd lle wal gynhaliol isel ar hyd ymyl y lôn.

Mae hen ysgubor gerrig fawr, sydd yn amlwg â dau gyfnod o adeiladu iddi, yn ffurfio ochr dde-orllewinol y sgwâr o adeiladau fferm ger y tŷ. Mae'r darn hynaf ohono yn dyddio o gyfnod William Lewis Anwyl yn ôl pob tebyg (hanner cyntaf yr ail ganrif ar bymtheg), a'r darn mwyaf diweddar o gyfnod cyn 1700. Mae gan y darn hynaf borth bwaog ar bob pen i dramwyfa, â cherrig diddos a ffenestr fyliynog uwchlaw yn y pen blaen, ac mae pâr tebyg o ddrysau llydain yn y blaen a'r cefn, ond â chapanau gwastad, yn y darn mwy diweddar. Agennau ywr ffenestri eraill, ac eithrio un fechan a osodwyd yn wal gefn yr hanner diweddaraf.

Mae'r dyddiad 1666 ar yr ysgubor, sef Beudy Newydd, â'r llythrennau blaen KA am Katharine Anwyl (merch-yng-nghyfraith William Lewis Anwyl); fe'i hadeiladwyd o gerrig a bellach fe'i haddaswyd yn dŷ. Saif i'r de-orllewin o safle'r prif dŷ, ym mhen pellaf y parc.

Ymhlith yr adeiladau eraill o amgylch y buarth ger y tŷ, ac eithrio'r hen ysgubor, mae ysgubor arall hir, o'r ddeunawfed ganrif yn ôl pob tebyg, ar ongl sgwâr i'r cyntaf ar hyd yr ymyl ogledd-orllewinol, a cheir ychydig o adeiladau a siediau llai. Mae'r cynllun ychydig yn wahanol i'r hyn a welir ar fap Arolwg Ordnans 6 modfedd 1920, a chodwyd y mwyafrif o weddill yr adeiladau sy'n dal i sefyll ar ôl y dyddiad hwn yn ôl pob tebyg. Yn *Inventory* Comisiwn Brenhinol Henebion (1916) gwelir rhan o'r buarth, ac nid oes unrhyw adeiladau (ac eithrio adeilad croes gan yr ysgubor) rhwng pen de-ddwyreiniol yr hen ysgubor a chornel y tŷ diweddaraf, ond roedd un adeilad bach â wal yn ei gysylltu â'r tŷ erbyn 1920. Fodd bynnag, ni welir adeilad bach â'i ben wedi mynd iddo ym mhen gogledd-ddwyreiniol yr ysgubor ddiweddarach ar fap 1920 na'r mapiau diweddarach, ac mae'n bosibl ei fod yn adfail eisoes erbyn hynny.

Mae'r tai a'r fferm yn gorwedd yng nghanol y parc, yn fras ar safle hirsgwar fwy neu lai rhwng dwy nant gyfochrog, sef Afon Maesgwm ac Afon Croesor, â'r echel hir yn rhedeg o'r de-orllewin i'r gogledd-ddwyrain. Roedd y parc gwreiddiol yn llai nag ydyw heddiw, mae'n debyg, gan fod safle'r tŷ yn ymyl y ffin ogledd-ddwyreiniol a'r porthdy ar y ffin. Awgrymir hyn gan bresenoldeb wal anferthol sy'n wahanol o ran cymeriad i waliau eraill y parc ac sy'n rhedeg tua'r gogledd-orllewin o'r porthdy a hefyd gan lwybr yr hen lôn, sy'n croesi'r afon ac yn gwyro'n ôl tua'r dwyrain i gyfarfod â'r ffordd, gan felly dorri i ffwrdd gornel oddi ar y ffordd a'r lôn newydd.

Os felly, ychydig o dystiolaeth sydd i awgrymu pa bryd yr ehangwyd y parc i gynnwys y cae mawr yn y gornel ogleddol a'r coetir i'r gogledd a'r gogledd-ddwyrain o'r hen lôn, ond mae'n bosibl iddo ddigwydd yn ystod y ddeunawfed ganrif. Mae olion wal gerrig anferthol arall yn rhedeg ar hyd ymyl afon Maesgwm, sy'n ategu'r tebygrwydd mai dyma ffin wreiddiol y parc, ac mae'n debyg mai ychwanegiad diweddarach hefyd yw'r llain o barcdir rhwng yr afon a'r ffordd gyhoeddus i'r de-ddwyrain. Daeth y ffordd hon yn llai pwysig ar ôl i ffordd yr arfordir (nad yw, wrth gwrs, ar yr

arfordir bellach ers i'r aber gael ei ddraenio) gael ei hadeiladu yn y ddeunawfed ganrif, ac mae'n bosibl y dilynodd y newidiadau i'r lôn a'r fynedfa ym Mharc y datblygiad hwn.

Mae'r ddwy nant sy'n diffinio'r parc mewn dyffrynnoedd gweddol serth, ac mae'r tir rhyngddynt yn codi'n llwyfandir hirgul, neu'n gefnen a lefelwyd lle saif yr adeiladau. Mae'r llwyfandir hwn yn ymdonni â brigiadau creigiog, a thorrwyd un ohonynt i ffwrdd i adeiladu'r tŷ cyntaf. Chwarelwyd un arall hefyd, sy'n uwch i fyny i'r gogledd; mae'r wynebau llyfn a ddeilliodd o hyn wedi'u gorchuddio â graffiti o'r ail ganrif ar bymtheg ymlaen.

Daw'r brif lôn bresennol i mewn i'r parc o'r gogledd-ddwyrain, oddi ar dro sydyn yn y ffordd. Mae'r lôn yn mynd heibio'r porthdy a'r tai ac yn arwain yn syth i mewn i'r buarth. Ar bob ochr i'r lôn mae ffawydd a choed leim a blannwyd yn yr ugeinfed ganrif gan Clough Williams-Ellis. I fyny at y man lle mae'n croesi'r hen wal sy'n rhedeg i'r gogledd-orllewin o'r porthdy, mae ganddi wal sych gynhaliol ar yr ochr uchaf, ogledd-orllewinol ac fe'i cynhelir mewn mannau ar yr ochr isaf.

Gadawai'r hen lôn y ffordd yn is i lawr, cyn y troadau sydyn, ac er mai ychydig o'i thaith ar draws y cae a welir o'r man hwn, mae sarn yn ymyl yr afon am ychydig bellter (a groesir gan wal gae ddiweddarach). Mae'n croesi afon Maesgwm ar bont gerrig fechan ac o'r man hwn mae'n llwybr llai ag wyneb caled, â wal sych ar yr ochr ddeheuol ar y cychwyn, gan redeg i'r de-orllewin heibio'r porthdy a rhwng y terasau uchaf ac isaf. Tu hwnt i hyn nid yw ei lwybr yn hysbys iawn, ond mae'n rhaid ei bod naill ai wedi dringo i ben y brigiad tu ôl i safle'r tŷ cyntaf (yn ymyl y llwybr presennol), neu fynd yn union heibio i gefn neu flaen y tŷ. Yna ymddengys iddi ddilyn llwybr sy'n agosach at y tai diweddarach na'r lôn bresennol, a mynd heibio'r tŷ diweddaraf, gan fynd i gyfeiriad yr ysgubor, yn ymyl y wal ogledd-orllewinol.

Ceir gwylfan yn y parc, i'r de-orllewin. Mae'r llwyfandir yn dechrau disgyn yn weddol serth tua 200 medr i'r de-orllewin o safle'r tŷ, ac ar ymyl eithaf y tir uchel – pen uchaf y gefnen – mae tomen gron sy'n meddu ar olygfa wych. Ar ei hochr dde-orllewinol adeiladwyd sedd garreg a phridd, gan dorri'n ôl i waelod y domen. Mae'r sedd yn edrych fel un o rai Clough Williams-Ellis, ond gan fod yma hefyd fwrdd carreg mawr toredig â graffiti arno dyddiedig 1851 mae'n bosibl bod ei gwreiddiau'n hŷn.

Yn ôl pob tebyg bu'n rhaid ffermio'r parc ei hunan yn weddol ddwys erioed, gan fod yr ystad yn fach ac yn amhroffidiol. Nid oes dim rheswm i dybio i'w gyflwr fod yn wahanol iawn i'w gyflwr presennol, â'r rhan fwyaf o'r tir yn dir pori, coetir ar y rhannau mwy serth a choed yma ac acw ar y tir pori. Ar hyd y dyffryn i'r de-orllewin o'r tai, tua ffin ddeheuol y parc ac yn arbennig yn ardal Chwarel y Parc, plannwyd coed o oedran cymysg, yn enwedig ffawydd a llarwydd. Plannwyd derw yn ardal y chwarel gan Clough Williams-Ellis ac mae rhai ffawydd mawr iawn yn amlwg yn perthyn i gyfnod cynharach o lawer na'r chwarel.

Gorchuddiwyd y tirlun cynharach â haen ddiwydiannol, ac mae hyn wedi newid cymeriad y parc rhywfaint. Bellach, er enghraifft, mae'r inclein/lein fach sy'n gwasanaethu chwarel Croesor i'r gogledd-ddwyrain, yn rhannu'n rhan o'r parc sy'n cael ei ffermio oddi wrth y rhan arwach o fewn y ffin ogledd-orllewinol; yn wreiddiol, yn ôl pob tebyg, ni fyddai dim gwahaniaeth rhwng yr ardaloedd hyn, neu ceid newid graddol tua'r gogledd-orllewin wrth i'r llethr i lawr at y nant fynd yn fwy serth.

Ym mhegwn deheuol a de-orllewinol eithaf y parc mae chwarel fechan sy'n eiddo'r ystad, sydd bellach yn segur ond ag adeiladau gwag, tipiau a leiniau bychain yn nyffryn afon Maesgwm a'r cyffiniau. Mae olion y gweithgarwch hwn bellach yn rhan o flaendir y brif olygfa.

Ar ochr ogledd-orllewinol y parc, ar hyd ymyl dyffryn Croesor, gan redeg ar hyd y parc cyfan, mae llwybr lein fach ac inclein segur a arferai wasanaethu chwarel Croesor, ymhellach i fyny'r dyffryn i'r gogledd-ddwyrain. Nodwedd amlwg yw'r tŷ drymiau ar ben yr inclein a addaswyd yn hafdy gan Clough Williams-Ellis ar ôl iddo ef ddod yn berchen ar yr eiddo. Plannodd res o dderw ar hyd yr inclein hefyd.

Mae mynedfa i bwll ac olion mân arbrofion cloddio eraill i'r gogledd-ddwyrain o'r tŷ, yn yr ardal goediog i'r gogledd o'r hen lôn. Mae'r ardal o amgylch yn llawn arwyddion o weithgarwch cloddio, ac mae manylion gwerthiant 1932 yn crybwyll dyddodion copr yn y parc hefyd, er yr ymddengys bod y rhain heb eu datblygu.

Nodwedd ddiddorol yr ymddengys nad yw'n gysylltiedig â'r cyfnod diwydiannol hwn, ond sy'n dyddio o gyfnod cynharach, yw llwybr llai sy'n rhedeg yn agos i nant Maesgwm ar hyd ymyl dde-ddwyreiniol y parc. Mae iddo wyneb caled ac fe'i gwnaed yn dda, ac mae'n dringo'n llyfn, gan fynd heibio'n agos i'r gerddi amgaeëdig gan groesi'r hen lôn a chyfarfod â'r lôn newydd nid nepell o'r giât bresennol. Ni e111ir dilyn ei drywydd tu hwnt i'r parc i'r gogledd, ond i gyfeiriad y de-orllewin gellir ei ddilyn i lawr at hen linell yr arfordir. Mae tipiau ysbwriel a lein fach chwarel Parc yn mynd drosto yng nghornel ddeheuol y parc.

Gorwedd y gerddi ar lethr ogledd-orllewinol dyffryn Afon Maesgwm, islaw'r tai ac i'r gogledd-ddwyrain ohonynt. Does dim dwywaith, fe ymddengys, fod y prif erddi wedi'u cynllunio yn ystod yr ail ganrif ar bymtheg, ac mae'n debygol bod yr ardd lysiau fechan bresennol, sef yr ardd hynaf ar y safle sy'n goroesi, yn perthyn i ddiwedd yr unfed ganrif ar bymtheg, ac mae cysylltiad rhyngddi â'r tŷ cyntaf o tua 1550. Fodd bynnag, mae'n bosibl hefyd fod yr ardd hon yn gysylltiedig ag ailadeiladu'r tŷ hwn yn ddiweddarach.

Wrth fynd i gyfeiriad y tai ar hyd yr hen lôn, byddai'n rhaid mynd drwy'r prif gerddi ar ôl mynd heibio'r porthdy a chyn cyrraedd y tai. Mae'r hen lôn yn goroesi fel llwybr llai ag wyneb caled, ond newidiwyd ei lwybr yn amlwg unwaith iddi fynd o fewn y porthdy, ac mae'r hen lwybr yn aneglur.

Mae'r prif derasau yn disgyn i lawr y llechwedd i'r de-ddwyrain o'r lôn, ac mae rhai terasau llai uwchlaw'r lôn i'r gogledd-orllewin â llethrau glaswelltog yn eu ffinio. Mae hyd yn oed yn bosibl bod rhai terasau gardd ar yr ochr hon tu hwnt i'r porthdy, i'r gogledd-ddwyrain, er bod y rhain yn perthyn i gyfnod diweddarach, mae'n rhaid, os oedd y parc yn llai yn yr ail ganrif ar bymtheg na'r hyn ydyw heddiw, fel yr awgrymwyd. Yn wreiddiol, byddai rhywun wedi mynd i mewn i'r parc a'r ardd ar yr un pryd wrth y porthdy.

Mae'r tri theras gerddi anferthol â waliau o'u cwmpas yn gryn gampwaith adeiladu peirianyddol. Maent yn uchel ac yn weddol gul, ac yn cael eu cynnal gan waliau sych anferthol. Fe'u disgrifiwyd yn 'The County Families of Merionethshire', ac ym manylion gwerthiant 1932 dywedir eu bod yn '…four terraces, 150 feet long by 50 feet wide, supported by walls 12 feet high'. (Yn ôl pob tebyg y pedwerydd teras oedd yr ardd fach amgaeëdig, er bod ei fesuriadau'n eithaf gwahanol.) Mae'r waliau sy'n amgáu pob pen y terasau hyn ac sy'n sefyll ar wahân, yn adfeilion i raddau helaeth, ond yn perthyn i'r un cyfnod yn ôl pob tebyg. Adeiladwyd sied groes fechan yn erbyn wal y teras uchaf yn ymyl y porthdy o gerrig wedi'u rybela o'r wal ym mhen gogledd-ddwyreiniol y terasau. Tuag at ben deheuol y wal ganol mae adeiladwaith sgwâr bychan sydd wedi mynd â'i ben iddo, ac mae'n bosibl mai gwaelod tŵr ydyw.

O'r dystiolaeth hanesyddol sydd ar gael mae'n fwyaf tebygol mai William Lewis Anwyl oedd y person deinamig a oedd yn gyfrifol am y terasau; ac mae'n bosibl iawn fod ganddo wybodaeth am erddi Eidalaidd terasog cyfoes. Mae lleoliad rhyfedd y terasau, ar y llethr serth i'r gogledd-ddwyrain o'r tai heb gysylltiad â nhw, yn awgrymu iddynt gael eu gwneud i gyd-fynd â thŷ urddasol, na chafodd ei adeiladu byth, wrth eu pennau.

Mae'n amhosibl asesu pa nodweddion fu'n bresennol ar un adeg wrth weld y gerddi fel ag y maent heddiw, er bod sylfeini tŵr yn cynnig arwydd awgrymog, ond ymddengys yn debygol mai gweddol arwynebol fu'r garddio ar y safle yn ddiweddarach, ac mae'n bosibl bod llawer o wybodaeth yn aros i'w darganfod drwy gynnal archwiliad manwl yn ogystal â chloddio efallai.

Ceir arwyddion o ddau deras mwy garw o leiaf ar draws y llethrau islaw'r tai diweddarach, ac mae wal yn amgáu'r holl ardal. Felly hefyd llain hir a chul sydd bellach yn gorsiog iawn ac yn rhedeg islaw'r ardal hon a'r prif derasau, gan lenwi'r darn o dir rhwng yr ardaloedd hyn a'r llwybr llai a saernïwyd ac sy'n rhedeg ar hyd ymyl yr afon. Mae'n bosibl bod y waliau hyn yn awgrymu bod yr ardaloedd amgaeëdig yn rhan o'r gerddi ar un adeg hefyd, ond ni ellir ond dyfalu bellach beth oedd eu statws a'u cynllun.

Ymhlith y gerddi eraill mae'r ddau lecyn â waliau o'u cwmpas y soniwyd amdanynt; mae'n bosibl mai coetir fu'r llecyn uchaf o leiaf, gan gynnig cysgod i'r tai. I'r de-orllewin o'r tŷ diweddaraf mae llecyn arall ar oleddf, a fu o bosibl yn ardd wreiddiol; mae presenoldeb un neu ddau o lwyni bocs sy'n dal yno yn arwydd fod hyn wedi digwydd yn ddiweddarach o leiaf. Y tu hwnt iddo mae gardd fawr sgwâr â wal o'i chwmpas, sy'n perthyn i gyfnod diweddarach na'r terasau yn ôl pob tebyg, ac sy'n ymddangos ei bod ar un adeg yn ardd flodau a/neu lysiau, ond bellach mae wedi dychwelyd ar ddefnydd amaethyddol. Dyma'r unig ran o'r gerddi a gynlluniwyd ar dir gwastad a defnyddiol o ran ei amaethu uwchlaw min dyffryn yr afon.

Mae'r bardd Huw Machno, wrth ddathlu bywyd y diweddar William Lewis Anwyl yn y 1640au, yn cyfeirio at erddi, perllannau, waliau, parciau a 'fair towers'. Gellir gweld y gerddi, waliau a'r parc yn glir o hyd, ac mae'n bosibl mai dau fonyn adeiladau bychain yw'r 'fair towers', y naill ar y terasau a'r llall wrth gornel yr ardd fechan gynharaf. Os felly, mae'r rhain yn sicr yn nodweddion anarferol a hynod. Yn anffodus ni ellir ond dyfalu bellach ynghylch lleoliad y perllannau.

O amgylch y tai mae ierdydd ag ychydig o goed bellach, ond yn wreiddiol roedd swyddogaeth iddynt ac nid oeddynt wedi'u bwriadu i fod yn rhan o'r gerddi. Beth bynnag, maent yn cyfrannu llawer at safle'r tai, yn enwedig y brif iard o flaen y tŷ diweddaraf lle mae pwll bychan a gyflenwir gan ffynnon ar yr ochr ogledd-orllewinol. Mae iddo fasn sgwâr isel â grisiau llechi a seddi o'i gwmpas. Yn ddiweddarach gelwid y ffynnon yn 'the laundry', ac mae'n bosibl bod y trefniant presennol o seddi slabiau wedi'i gynllunio â hyn mewn golwg. Mae'r iard yn gwyro'n raddol o'r gogledd-orllewin i'r de-ddwyrain, ac mae'r basn yn derasog rhywfaint ar y de-ddwyrain, ac mae'r dŵr yn llifo i ffwrdd mewn pibelli dan yr iard o'r ochr hon gan ailymddangos mewn ail fasn islaw wal dde-ddwyreiniol yr iard. Adeiladwyd y basn isaf hwn yn y 1930au.

Nid yw un o'r gerddi'n cael eu defnyddio fel y cyfryw ar hyn o bryd, ac eithrio'r ardd fechan gynharaf yn ôl pob tebyg â wal o'i chwmpas, a ddefnyddir gan denant y porthdy i dyfu llysiau. Mae'r gweddill wedi tyfu'n wyllt i raddau mwy na'i gilydd, ac eithrio'r ardd fawr â wal o'i chwmpas a ddefnyddir at ddibenion amaethyddol.

Mae gan yr ardd lysiau berthynas amlwg â'r tŷ cyntaf gyferbyn, ac roedd iard fechan rhyngddynt. Felly mae'n debygol iawn bod yr ardd hon yn dyddio o'r ail ganrif ar bymtheg o leiaf, ac am fod y tŷ wedi'i adeiladu tua chanol yr unfed ganrif ar bymtheg yn ôl pob tebyg mae'n bosibl ei bod yn gynharach fyth. Mae chwedlau lleol yn awgrymu ei bod yn safle eglwys o'r chweched ganrif, ond nid oes tystiolaeth o hyn, ac os yw'n perthyn i gyfnod cyn y tŷ cyntaf ôl-ganoloesol, mae'n fwy tebygol o fod yn gysylltiedig ag un o'r tri thŷ canoloesol tebygol y mae eu hadfeilion gerllaw.

Mae'r ardd yn fach, tua 25 medr wrth 12 medr, ac mae wedi'i therasu ym mhen rhan serth dyffryn Maesgwm, â wal yr holl ffordd o'i chwmpas. Mae'r wal ogledd-orllewinol, sef yr un agosaf at ben y llethr, yn wal gynhaliol i fyny at 2 fedr o uchder (yn y pen gogledd-ddwyreiniol), â wal ar wahân ar y pen sydd ychydig yn uwch na 1 medr ar gyfartaledd. Adeiladwyd y wal uchaf hon o gymysgedd o lechi gweddol wastad a rhagor o gerrig crwn, ac mae'r haen uchaf yn gabolwaith addurnol o gerrig tebyg. Mae'n debyg iawn iddi gael ei hadeiladu neu ei hailadeiladu ar yr un pryd â wal yr iard, yn y bedwaredd ganrif ar bymtheg o bosibl, ac mae'n bosibl bod y wal gynhaliol isod wedi'i hailadeiladu'n gyfan neu'n rhannol ar yr adeg hon hefyd, gan fod y gwaith yn debyg. Ailadeiladwyd trydydd darn gogleddol y wal ar wahân eto yn fwy diweddar yn ôl pob tebyg – mae yno uniad amlwg, a llechi yw'r deunydd i'r gogledd ohono i gyd bron.

Tua phen de-orllewinol y wal ar wahân mae mynedfa, trwy ddrws yn y wal â chapan llechi drosto, a sawl haen o wal, gan gynnwys yr haen uchaf addurnol, uwchlaw hwnnw wedyn. Gan nad yw'r wal yn llawer uwch na 1 medr o uchder, cloddiwyd y fynedfa i'r ddaear ac mae'n serth iawn, â rhai grisiau garw ar y gwaelod. Gellir sylwi yn y man hwn nad yw'r wal ar wahân yn uniongyrchol uwchben y wal derasu, sy'n is yn y pen hwn, ond ymhellach yn ôl rhywfaint.

Mae'n amlwg nad yw'r fynedfa hon yn wreiddiol, er bod y difrod a achoswyd o'i defnyddio o bosibl wedi dinistrio neu guddio olion y fynedfa wreiddiol, gan nad oes llwybr amlwg arall. Fodd bynnag yn ymyl pen arall y wal ar wahân ceir bwlch cul lle mae giât fechan haearn bellach; yn ôl pob tebyg byddai hon wedi bod yn agosach at ddrws tŷ'r unfed ganrif ar bymtheg, a gall nodi'r man lle gwnaed ffordd i lawr i'r ardd yn wreiddiol, gan ddefnyddio grisiau pren neu ysgol o bosibl. Gan fod y prif ddrws yn amlwg wedi'i wneud pan gafodd y tŷ ei adeiladu neu ei ailadeiladu yn weddol ddiweddar, a chan fod y bwlch hwn yn y darn mwyaf diweddar o hyd o'r wal, nid ymddengys bod llawer o werth i'w wneud heblaw am resymau cynnal nodwedd gynharach.

Yn ôl pob tebyg mae'r waliau eraill a adeiladwyd yn fwy anferthol ag ychydig o lechi yn wreiddiol i gyd fwy neu lai, er bod darn canolog y wal dde-ddwyreiniol wedi'i ostwng rywbryd, er mwyn caniatáu i'r olygfa gael ei gwerthfawrogi yn ôl pob tebyg. Yn y darn o'r wal hon sydd â'i uchder gwreiddiol o hyd, ceir agoriad bach ar gyfer ffenestr ym mhob pen, ac ymddengys yn debygol fod y rhain yn digwydd ar ei hyd i gyd, gan gynnig cipolwg o'r olygfa.

Mae gan bob un o'r waliau gilfach ar y pen, bonion gwenyn o bosibl; mae gan yr un i'r de-orllewin dap dŵr a chafn carreg bach, ac ar ochr bellach y wal dde-orllewinol mae sail adeiladwaith a oedd yn dŵr o ryw fath efallai (un o'r 'fair towers' y soniodd William Lewis Anwyl amdanynt yn ei gywydd, efallai). Fe'i defnyddiwyd gan Clough Williams-Ellis fel sylfaen ar gyfer y modurdy a adeiladodd yn yr iard, a symudwyd olion y llawr uchaf a llenwyd y grisiau. Bellach nid oes golwg o dŵr tebyg yn y pen gogleddol; ond posibilrwydd arall i'r ddwy gilfach yn y waliau yw iddynt gael eu defnyddio'n wreiddiol fel ffenestri i oleuo lefelau isaf

y tyrau. Yn y gornel ddeheuol mae adeilad cerrig neu sied groes fechan, â drws yn arwain drwodd o'r ardd.

Yr ardd hon yw'r unig ran o'r tir sydd bellach yn cael ei thrin, ac fe'i defnyddir fel gardd lysiau gan denant y porthdy. Mae merwydden (nad yw'n hen iawn) yn y gornel ddwyreiniol ond ni cheir plannu parhaol arall. Mae'r disgrifiad ohoni fel 'gardd lysiau' yn un modern felly.

I'r de o adeiladau'r fferm ac yn cyffwrdd â hwy yn y gornel mae darn o dir amgaeëdig â wal o'i gwmpas tua 40 medr sgwâr sy'n borfa ac mae corlannau defaid yn y gornel ddeheuol. Mae'r rhain eu hunain yn ddiddorol, wedi'u hadeiladu o ffensys llechi â llawr llechi yn rhannol, ond maent bron yn sicr yn ychwanegiad diweddarach i'r darn amgaeëdig, a oedd yn ardd yn wreiddiol yn ôl pob tebyg. Mae'n anodd dyddio'r ardd hon; mae'r wal yn debyg o ran arddull i nifer o rai eraill ar y safle ac fe'i hailadeiladwyd i ryw raddau beth bynnag yn ôl pob tebyg. Mae'n debygol ei bod yn perthyn i'r un cyfnod â'r terasau neu i gyfnod diweddarach, ac efallai ei bod yn cymryd lle'r ardd fechan â wal o'i chwmpas os oedd hon yn ardd ymarferol gan ddod wedyn yn rhan o'r cynllun addurnol. Yr unig olion o'r cynllun mewnol yw ychydig o wrymiau bychain a allai fod yn welyau blaenorol; os felly, roeddynt yn weddol fach, hirsgwar, gan redeg o'r gogledd-orllewin i'r de-ddwyrain. Mae'r wal o amgylch yn sych, yn uchel (tua 1.5 medr) ac wedi'i hadeiladu'n dda, gan ddefnyddio rhai cerrig ffurfiedig. Mae'r fynedfa i'r gogledd-ddwyrain, ar draws darn arall o dir amgaeëdig o'r tŷ diweddaraf, a heb ffordd uniongyrchol ati o adeiladau'r fferm neu o'r parc.

Ffynonellau

Sylfaenol

Gwybodaeth oddi wrth Mr R Haslam.

Cofnod Safleoedd a Henebion Ymddiriedolaeth Archeolegol Gwynedd (PRNau 4737 a 4742).

Catalog Gwerthiant (1932), Archifdy'r Sir, Dolgellau Z/F/60.

Eilradd

W. J. Hemp, a C. Gresham, Park, 'Llanfrothen, and the Unit System', yn *Archaeologia Cambrensis* (1942), tud. 98-112.

Comisiwn Brenhinol Henebion, *Inventory of the County of Merioneth* (1917), tud. 121.

CADW

PENIARTH

ICOMOS UK

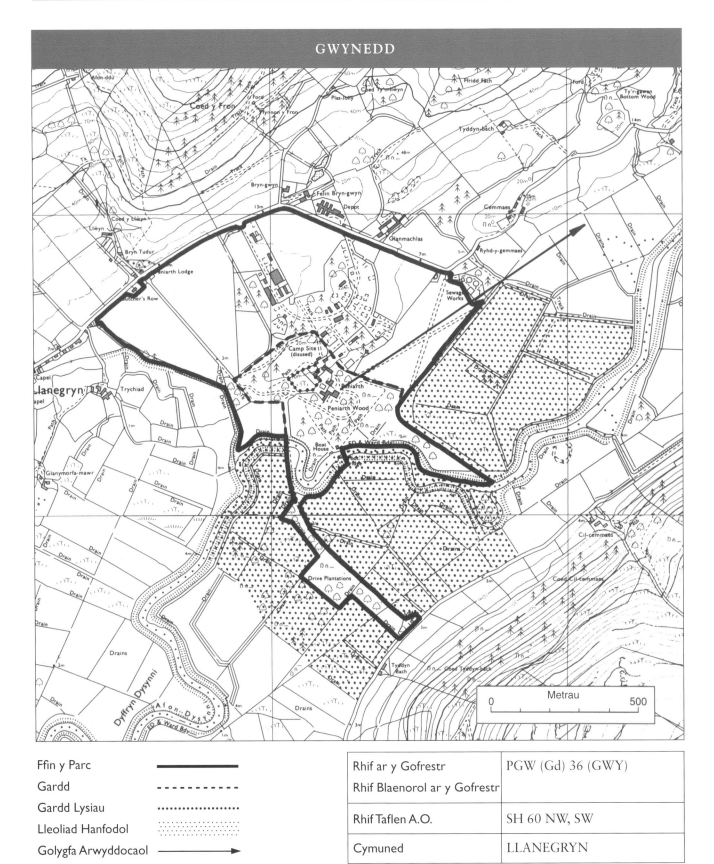

GWYNEDD

Ffin y Parc	———————
Gardd	– – – – – –
Gardd Lysiau	••••••••••
Lleoliad Hanfodol	⬚⬚⬚
Golygfa Arwyddocaol	——————→

Rhif ar y Gofrestr	PGW (Gd) 36 (GWY)
Rhif Blaenorol ar y Gofrestr	
Rhif Taflen A.O.	SH 60 NW, SW
Cymuned	LLANEGRYN

CRYNODEB

Rhif cyf	PGW (Gd) 36 (GWY)
Map AO	124
Cyf grid	SH 612 054
Sir flaenorol	Gwynedd
Awdurdod unedol	Gwynedd
Cyngor cymuned	Bryncrug
Disgrifiadau	Parc Cenedlaethol Eryri; Adeiladau rhestredig: tŷ Gradd II*, swyddfa'r ystad, tai allan i'r gogledd-orllewin o swyddfa'r ystad a phileri giatiau yn ymyl y tŷ, oll yn Radd II.
Gwerthusiad safle	Gradd II*
Prif resymau dros y graddio	Parc tirlunio, â thir hamdden braf o amgylch y tŷ i lawr at yr afon, lle mae fista ardderchog ar draws y parc i Gader Idris. Coetir yw'r tir yn bennaf, â nifer o goed aeddfed, wedi'i addurno â rhodfeydd, hafdy a thŷ cychod. Nodwedd anarferol yw gwylfan terasog gwneud a all fod yn perthyn i'r ail ganrif ar bymtheg.
Math o safle	Parc o'r ddeunawfed ganrif o bosibl neu'n gynharach â thir hamdden coediog ar lan yr afon, gardd lysiau â wal o'i chwmpas â thai gwydr, gardd gerrig a gwylfan, golygfeydd tu hwnt i'r ardd.
Prif gyfnodau o adeiladu	Ansicr yw dyddiad y cynllun gwreiddiol ond diwedd yr ail ganrif ar bymtheg o bosibl; y ddeunawfed ganrif ac yn ddiweddarach.

Disgrifiad o'r safle

Mae Peniarth yn dŷ pwysig iawn yn hanesyddol, wedi'i leoli ar ochr ogleddol dyffryn Dysynni, i'r gogledd-ddwyrain o Dywyn. Saif y tŷ a'r gerddi tuag at ymyl ddeheuol y parc, ac felly mae'r rhan fwyaf y tu ôl iddynt a'r afon (Afon Dysynni) yn ffinio'r gerddi i'r de. Mae dau brif wyneb i'r tŷ, y naill yn wynebu'r de-ddwyrain, ar draws y gerddi tua'r afon (er nad oes golygfa ohono i'w weld bellach), a'r llall yn edrych tua'r gogledd-ddwyrain ar draws lawnt fechan a ffosglawdd tuag at olygfa ddramatig o'r mynyddoedd. Crëwyd yr wyneb cyntaf pan ychwanegwyd estyniad mawr at gefn y tŷ gwreiddiol gan Richard Owen tua throad yr ail ganrif ar bymtheg a'r ddeunawfed ganrif. Yr ail wyneb oedd y prif wyneb gwreiddiol, ond ychwanegwyd ffasâd briciau newydd iddo yn ddiweddarach yn y ddeunawfed ganrif, gan fab Richard, sef Lewis.

Roedd modd cyrraedd y tŷ yn wreiddiol o'r de, yn groes yr afon, ond ar ôl i'r bont gael ei dinistrio tua diwedd yr Ail Ryfel Byd daeth y lôn wasanaeth i'r gogledd-orllewin yn brif lôn. Ar ochr orllewinol y tŷ y mae'r fynedfa a ddefnyddir mwyaf heddiw, a wasanaethir gan gangen oddi ar y lôn, ond mae'r lôn ei hun yn mynd yn ei blaen yr holl ffordd o gwmpas de'r tŷ er mwyn cyrraedd y brif fynedfa o'r gogledd-ddwyrain.

Yn ôl pob tebyg mae'r rhan hynaf o'r tŷ yn perthyn i'r ail ganrif ar bymtheg, ac er ei fod cyn lleted ar draws prif wyneb y tŷ ag ydyw heddiw, maint un ystafell yn unig oedd ei led. Ar ddiwedd y ganrif ychwanegwyd bloc trillawr mawr â chroglofft i'r de-orllewin, gan wneud y tŷ'n sgwâr fwy neu lai, ac aildoiwyd y cyfan. O'r pum ffenestr Ffrengig ar lawr isaf yr wyneb de-ddwyreiniol, mae tair ohonynt yn y bloc diweddarach hwn a dwy ohonynt, sydd ychydig yn llai, yn y rhan hŷn o'r tŷ; mae'r pum ffenestr godi ar bob llawr uwch ben yn adlewyrchu'r un rhaniad, a gellir gweld uniad unionsyth yn glir. Mae'r ddau ddormer yn y groglofft yn perthyn i gyfnod diweddarach, gan gydoesi â'r to newydd.

Mae'r tŷ wedi'i adeiladu o flociau anferth, heb eu rendro. Daeth y cerrig ar gyfer y tŷ gwreiddiol o'r chwarel fechan ger y lôn ogledd-orllewinol, ac adeiladwyd y rhan ddiweddarach o gerrig tebyg, ond mewn blociau mwy – mae'r gwahaniaeth yn amlwg iawn. Mae gan ran hŷn y tŷ gonglfeini tywodfaen hefyd, a ychwanegwyd gyda'r ffasâd briciau yn ôl pob tebyg, nad ydynt yn bresennol ar yr estyniad. Mae llechi ar y to. Adeiladwyd y ffasâd 'newydd' ar yr wyneb gogledd-ddwyreiniol o friciau a oedd hefyd yn cael eu gwneud ar yr ystad. Ychwanegwyd portico ato ym 1858, o friciau gwahanol, ac mae'r dyddiad hwn ar rai cafnau dal dŵr glaw.

Mae gan y ffasâd briciau bediment clasurol ag arfbais (o 5ed Is-iarll Bulkeley, a briododd â merch hynaf ac etifeddes Lewis Owen, sef Jane) a dormer ar bob ochr. Mae saith o ffenestri codi, â chapan tywodfaen iddynt, ar bob llawr uchaf, ac ar y llawr isaf mae portico 1858 yn ymestyn ar draws holl hyd y tŷ. Ychwanegwyd hwn i leihau drafftiau, a daeth y teils a ddefnyddiwyd ar gyfer y llawr o Wynnstay, lle cawsant eu defnyddio'n helaeth hefyd i ailadeiladu'r tŷ ar ôl iddo losgi i'r llawr. Mae drysau dwbl canolog gan y portico ag arfbais (llwynogod croes y Williams-Wynniaid) uwchben, ac arcedau gweigion â cholofnau byr tywodfaen ar bob ochr. Mae ffenestr yn yr arcêd bob ochr i'r drws, a thu draw iddynt wrn â phlanhigion ynddo yn y ddau fwa arall bob ochr. Mae to gwastad gan y portico, â phelen garreg ar bob cornel uchaf o'r ffasâd. Yn wreiddiol roedd rhes o'r rhain yr holl ffordd ar hyd y portico, ond dinistriwyd y cyfan heblaw un yn ystod y rhyfel, ac mae'r ail belen sydd yno heddiw yn un newydd. Mae coblau â phatrwm cerrig mân gwyn o flaen y drysau.

Gwelir yr holl dai allan ar yr ail argraffiad o'r map Arolwg Ordnans 25 modfedd (1901) yn union fel ag y maent heddiw bron. Ceir pedwar prif grŵp – rhes ynghlwm wrth gefn y tŷ, sy'n ymgorffori rhai estyniadau i'r tŷ, swyddfeydd domestig a'r hyn sy'n ymddangos fel adeilad amaethyddol hŷn; bloc briciau coch â swyddfa'r ystad sy'n cydoesi â ffasâd gogledd-ddwyreiniol y tŷ yn ôl pob tebyg; grŵp pellach o adeiladau amaethyddol/stablau o gwmpas yr iard stablau; ac ychydig o adeiladau amaethyddol mwy gwasgaredig i'r gogledd.

Mae nifer o adeiladau ynghlwm wrth ei gilydd a'r tŷ, sy'n perthyn i gyfnodau ac arddulliau hollol wahanol. Yn ymestyn allan o wyneb gogledd-orllewinol y tŷ mae tri ychwanegiad yn dilyn ei gilydd, y cyfan yn rhan o'r ceginau yn ôl pob tebyg; mae talcen gan bob un sy'n wynebu'r gogledd-orllewin (mae'r rhain yn mynd yn is yn raddol) a simnai fawr. Mae'r adeilad cyntaf, agosaf at y tŷ, wedi'i adeiladu o gerrig â simnai friciau, yr ail adeilad yn friciau â simnai gerrig a'r trydydd o gerrig â simnai gerrig. Mae to llechi gan bob un. Mae'r darn canolog yn bargodi tua'r de-orllewin, gan wneud y rhes gyfan yn ffurf T.

Mae'r estyniad olaf a'r darn bargodol de-orllewinol yn ffurfio ochrau gogledd-ddwyreiniol a de-ddwyreiniol iard balmentog amgaeëdig fechan i'r de-orllewin o res yr estyniad. Ffurfiwyd ochr dde-orllewinol yr iard hon gan ben adeilad isel hir sy'n ymddangos yn hŷn nag unrhyw un arall yn y grŵp hwn; fe'i hadeiladwyd o gerrig â tho llechi ysigog a chodwyd y ddaear ar hyd yr ochr dde-ddwyreiniol, gan gyrraedd o fewn 1 medr i'r bondo. Ceir tri drws ar hyd yr ochr hon. Ymddengys mai'r unig ffenestri yw ychydig baenau o wydr yn y to yn y pen gogledd-ddwyreiniol; mae simnai friciau yn y pen de-ddwyreiniol.

Ffurfiwyd ochr ogledd-orllewinol yr iard gan ben adeilad hir arall, sy'n rhedeg tua'r gogledd-orllewin, â ffasâd yn y pen hwn sy'n hollol wahanol o ran cymeriad i weddill yr adeiladau. Mae ei arddull yn glasurol, yn friciau â chonglfeini tywodfaen a phediment ag arfbais llwynogod croes y Williams-Wynniaid, gan ymgorffori sawl clwstwr o rawnwin cerrig. Mae'n bosibl bod y grawnwin yn ganlyniad cyswllt o syniadau, gan mai dyma'r bragdy. Mae gweddill yr adeilad wedi'i wneud o gerrig, â tho llechi, ac eithrio blociau briciau (â ffenestr ynddynt) porth bwaog ar gyfer cerbydau yn y pen gogledd-orllewinol. Ar hyd yr ochr ogledd-ddwyreiniol, lle mae sawl drws, mae llwybr cerrig sets dan do llechi wedi'i gynnal gan golofnau haearn tenau, gan ffurfio ffordd dan do. Ym mhen yr iard daw'r llwybr i ben gyda rhai slabiau llechi mawr, a grisiau llechi i lawr i'r iard, lle mae ffordd debyg dan do sy'n cysylltu'r adeiladau o gwmpas yr iard; bellach mae gan hon do gwydr ond roedd llechi arno'n wreiddiol hefyd yn ôl pob tebyg, ac nid yw i'w gweld fel gwydr ar fap 1901. Llenwir y bylchau rhwng yr adeiladau â waliau cerrig, gan amgáu'r iard yn llwyr felly.

Mae rhes arall o siediau blaen agored, segur a lled-adfeiliedig yn bennaf yn rhedeg yn gyfochrog bron â'r rhes o siediau ag wyneb briciau, dan hanner gorchudd coed ac isdyfiant i'r gorllewin.

Mae carreg-ddyddiad o 1727 ar ran ogledd-ddwyreiniol bloc swyddfeydd yr ystad, a chredir iddi gael ei chodi fel ffug-gastell ychydig ar ôl i'r ffasâd 'newydd' gael ei ychwanegu i'r tŷ, gan ddefnyddio'r un briciau. Mae'r cyfan yn floc ar ffurf L â'i brif wyneb ar ongl sgwâr i ffasâd y tŷ, â phorfa yn ei wahanu oddi wrth yr iard raeanog o flaen y tŷ.

Swyddfa'r ystad yw'r rhan ogledd-ddwyreiniol bellach, yn ddeulawr ac yn gymesurol, â drws canolog (wedi'i lenwi'n rhannol a'i droi'n ffenestr) â ffenestri ar bob ochr, a thair o ffenestri codi uwchben. Gosodwyd casmentau yn lle fframiau'r llawr isaf. Mae gan yr adeilad gonglfeini tywodfaen a thywodfaen o amgylch y ffenestri, a phediment ag wyneb cloc ynddo â'r geiriau TYLWYTH EIGNION; cedwir y clychau yn y ciwpola ar y to, ynghyd â cheiliog y gwynt (dyddiedig 1812). Mae'r cloc yn dal i daro ar yr awr a chwarter wedi'r awr. Ychwanegwyd y ciwpola i nodi dyrchafiad William Wynne yn Uwch Siryf Meirionnydd ym 1812. O dan y ffenestr ganolog yn y llawr uchaf mae llechen farmor ag arysgrifen Ladin arni fel a ganlyn:

Non bene vivit Homo
Nisi potat ad ostia tando
LUDOVICUS OWEN Arm.
Extruxit hoc
MDCCXXVII

I'r de-orllewin mae adain ddeulawr, sy'n friciau â chonglfeini tywodfaen hefyd, â phedair o ffenestri codi ar bob lefel â silffoedd llechi. Mae llin-gwrs tywodfaen â phedair o ffenestri ffug bach uwchlaw. Nid oes drws yn yr wyneb hwn, ond yn y cefn mae llinell unionsyth y ffurf 'L', fel petai, yn mynd yn ôl tua'r gogledd-orllewin, yn friciau o hyd, ac mae pedwar drws yno a thri gwyntyllwr yn yr wyneb de-orllewinol, ac mae olion bod rhai eraill wedi'u llenwi. Mae drws i'r groglofft ag ysgol haearn yn y pen gogledd-orllewinol. Mae nifer o ffenestri a gwyntyllwyr ar yr ochr ogledd-ddwyreiniol hefyd, a thystiolaeth bod ffenestri a drysau eraill wedi'u llenwi.

Mae adeilad croes yng nghefn y prif res islaw ffenestri'r llawr cyntaf, â bondoeau isel iawn a ffenestri yn y to llechi â wal sy'n rhannol friciau ac yn rhannol gerrig islaw – olion adeilad cynharach efallai yr ychwanegwyd yr wyneb briciau ato, neu, yn fwy tebygol, estyniadau diweddarach heb eu hadeiladu cystal. Mae wyneb cloc yn y cefn hefyd, a simnai friciau fawr sy'n edrych yn fodern. Mae simnai dywodfaen hefyd, sy'n cydoesi â phrif ran yr adeilad yn ôl pob tebyg. Mae lawnt ar draws cornel ddeheuol yr iard stablau yng nghefn yr adeilad hwn.

Yn ôl y sôn mae'r brif res o adeiladau yn yr iard stablau, ar hyd ymylon gogledd-ddwyreiniol a gogledd-orllewinol iard stablau raeanog fawr i'r gogledd o swyddfa'r ystad, yn perthyn i'r ddeunawfed ganrif, ond mae'n bosibl ei bod yn gynharach os yw'r tŷ yn perthyn i ddiwedd yr ail ganrif ar bymtheg.

Mae'r adeiladau o gerrig, â thoeon llechi, ac adnewyddwyd to'r bwthyn yn y pen de-ddwyreiniol yn ddiweddar. Unllawr yw'r adeiladau ac eithrio'r bwthyn, a bloc sgwâr â tho pyramidaidd (a phelen garreg ar y pen blaen) yn y gornel ogleddol, yng nghanol y rhes, sydd â chroglofft yn ôl pob tebyg. Mae gan y rhes ogledd-ddwyreiniol gyfan, gan gynnwys y bwthyn, ddrysau llydan a ffenestri codi; y rhes ogledd-orllewinol yw'r cerbyty, â dau ddrws sy'n ddigon llydain i gerbydau. Mae stribyn coblog llydan yn mynd ar hyd blaen y rhes gyfan, ag amrywiol batrymau mewn cerrig mân gwyn, ac mae un drws wedi'i lenwi o leiaf. Gellir mynd trwy ddrws stabl ym mhen gogledd-orllewinol y rhes o'r tu allan i'r iard yn unig, gan fod wal yn mynd yn ei blaen ar ddiwedd yr adeilad i amgáu gweddill ochr ogledd-orllewinol yr iard (â mynedfa drwyddi, heb giatiau na physt giatiau).

Yng nghefn y rhes ogledd-orllewinol mae adeilad cerrig croes, sy'n ddiweddarach mae'n debyg (ond yn perthyn i gyfnod cyn 1901). Mae adeilad briciau croes adfeiliedig hefyd yn erbyn yr adeilad sgwâr yn y gornel ymddengys. Mae cefn y bwthyn wedi'i rendro; bod hyn yn weddol ddiweddar.

Addaswyd adeilad cerrig arall ar hyd ochr dde-orllewinol yr iard yn fodurdy tri bae blaen agored, a chynhelir y to ar ddau biler haearn mawr, ag ardal o goncrid o'i flaen. Mae'r groglofft wreiddiol yno o hyd, a gellir mynd ati i fyny grisiau cerrig yn y pen de-ddwyreiniol. Y tu allan i'r iard, gan bwyso yn erbyn wal yr iard sy'n arwain oddi wrth y modurdy ar ongl sgwâr, i'r gogledd-ddwyrain, mae rhes o siediau briciau a cherrig blaen agored a ddefnyddir i storio pren a chyflenwadau eraill. Gyferbyn â'r rhain ar draws iard fechan i'r gogledd mae adeilad arall, â drysau stabl; addaswyd pen dwyreiniol hwn yn adardy (sydd bellach yn segur).

Nid yw'r adeiladau amaethyddol yn grŵp cydlynol, ond maent yn wasgaredig, i'r gogledd o'r iard stablau, eu hoedran yn amrywiol yn ôl pob tebyg ac yn sicr wedi'u hadeiladu o amrywiol ddeunyddiau; maent oll i'w gweld ar ail argraffiad y map Arolwg Ordnans 25 modfedd, ond nid yn eu ffurf bresennol o bosibl.

Mae storfa agored yn pwyso yn erbyn ochr allanol wal yr ardd lysiau, yn ymyl y gornel ogleddol, ac mae iddo do a gynhelir gan bolion. Yn ymyl hon mae ysgubor gerrig â tho llechi, â rhes o siediau anifeiliaid o friciau a haearn gwrymiog i'r dwyrain. Mae'n bosibl bod y rhain ar safle tylciau, neu dyna'r oeddynt yn wreiddiol, gan fod rhes o adeiladau amgaeëdig agored o'u blaen i'w gweld ar y map Arolwg Ordnans cynnar. Gyferbyn â'r rhain, i'r dwyrain o'r llwybr llai sy'n arwain o'r iard stablau, mae ysgubor sy'n rhannol gerrig a rhannol goed â tho gwrymiog. Mae ffrwd â wal gerrig yn llifo y tu cefn iddi ac yn diflannu dan ddaear (ceir sŵn dŵr yn llifo yn ymyl yr adardy), ond er bod melin ddŵr a chynhyrchydd dŵr ymddengys nad oes gan unrhyw un o'r adeiladau sy'n goroesi bwll olwyn neu unrhyw olion pendant o fod yn felin ddŵr.

Roedd y parc yn amlwg ar un adeg wedi'i leoli mewn llecyn trionglog bras i'r gogledd o'r tŷ yn bennaf, a'r afon yn torri ar draws y pig, i'r de. Mae'n debygol bod peth o'r ardal i'r de o'r afon yn barcdir hefyd; bu planhigfeydd yn yr ardal hon ac maent yno o hyd. Bellach, fodd bynnag, dim ond pedwar neu bump o ddarnau o dir amgaeëdig sy'n aros i'r gogledd o'r afon; cafodd gweddill yr ardal ei feddiannu a'i ddatblygu yn ystod yr Ail Ryfel Byd. Mae olion yr adeiladau briciau yn bennaf o'r gwersyll rhyfel, â llwybrau llai cysylltiedig a llecynnau o lawr concrid caled yn eu lle o hyd, wedi'u plannu â lleiniau cadarn o goed i'w cuddio. I'r de o'r afon, ac eithrio'r planhigfeydd, mae'r darnau o dir amgaeëdig i gyd yn dir amaethyddol.

Dim ond un yn unig o'r ardaloedd i'r gogledd o'r afon nad effeithiai'r gwersyll arni sy'n werthi ei nodi. Roedd yn amlwg fod gan yr ardal hon, i'r gogledd-ddwyrain o'r tŷ, gymeriad gwahanol i'r gweddill ym 1901. Yn ôl map Arolwg Ordnans y dyddiad hwnnw roedd coed yma ac acw yn y pen agosaf at y tŷ, tra bod gan y parc i'r gogledd o'r afon blanhigfeydd bychain bob hyn a hyn yn unig, heb ddim coed fel arall. Mae'n bosibl i'r coed gwasgaredig hyn gael eu plannu pan ychwanegwyd y ffasâd newydd at y tŷ.

Lefelwyd rhan o'r ardal â choed gwasgaredig ac adeiladwyd cwrt tenis arni, a welir o hyd ar y map 1:10,000 cyfredol ar ymyl llecyn mawr o goncrid amser rhyfel, a ddefnyddid fel maes ymarfer, ond bellach diflannodd hwn ac eithrio'r grisiau concrid i lawr i'r de. Mae gweddill y cae yn dal i gadw ei olwg fel parc yn fwy na'r ardaloedd eraill, ac mae ffosglawdd yn ei rannu oddi wrth y lawnt o flaen y tŷ; fodd bynnag, bellach diflannodd y mwyafrif helaeth o'r coed enghreifftiol. Nid yw'r ddau lwybr llai croesliniol sy'n croesi'r cae hwn, sydd i'w gweld ar y map 1:10,000 cyfredol, yn ymddangos ar ail argraffiad y map 25 modfedd, ac ni ellir eu gweld bellach, er bod man croesi llydan y ffosglawdd yno o hyd. Addaswyd rhai o adeiladau'r gwersyll at ddibenion amaethyddol, a chliriwyd rhai ohonynt yn gyfan gwbl ac aeth y tir yn dir amaethyddol eto.

Nid oes cofnod o hanes cynnar y parc na'r ardd. Erbyn 1418 roedd tŷ ar y safle a oedd yn ddigon urddasol i'w alw'n 'Blas', ac mae'n debygol fod gardd os nad parc gan deulu'r Lloydiaid, y perchnogion ar y pryd. Yng nghanol yr unfed ganrif ar bymtheg aeth yn eiddo i'r Oweniaid drwy briodas, ac os yw'r wylfan tu draw i'r ardd lysiau yn dyddio o'r ail ganrif ar bymtheg mae'n debygol y byddai'r ardd ar y pryd wedi bod ar safle'r ardd lysiau heddiw. Mae'n bosibl mai Richard Owen, a gwblhaodd ei estyniad helaeth i'r tŷ tua 1700, a gynlluniodd y parc; os nad ef wnaeth hyn, ei fab Lewis, a wnaeth welliannau i'r tŷ hefyd, yw'r un mwyaf tebygol; beth bynnag, mae dyddiad yn y ddeunawfed ganrif yn debygol. Mae'n rhaid bod fista sy'n arwain at yr afon i'r de-ddwyrain yn perthyn i gyfnod diweddarach nag estyniad Richard Owen gan ei fod yn canolbwyntio ar y rhan hon o'r tŷ.

Priododd Lewis Owen ag un o ferched y Williams-Wynniaid o Wynnstay, a daeth Peniarth yn eiddo i'w merch hynaf, Jane, gan i'w fab ifanc farw yn yr un flwyddyn ag ef. Priododd Jane â 5ed Is-iarll Bulkeley, a'i arfbais ef sydd ar y pediment ar wyneb blaen y tŷ. Ond ei merch hynaf o'i hail briodas, â'i chefnder Edward Williams o Fodelwyddan, a etifeddodd Beniarth, a thrwyddi hi yr aeth trwy briodas yn eiddo'r Wynniaid o Wern, ger Porthmadog. Yn ystod y cyfnod hwn ymddengys bod arian y teulu wedi'i wario'n bennaf ar gynnwys y tŷ yn hytrach nag ar ei adeiladwaith neu o'i gwmpas, er mae'n rhaid bod plannu wedi parhau. Ar ôl marwolaeth William Wynne ym 1834 bu'n rhaid gwerthu Peniarth bron i dalu ei ddyledion, ond daeth etifeddiaeth i wraig ei etifedd mewn pryd ac achubwyd y tŷ a'i atgyweirio, ac adeiladwyd y portico gan ychwanegu yn y modd hwn at yr ystad. Mae'n bosibl bod yr etifeddiaeth hon wedi talu am adeiladu'r gerddi llysiau hefyd. Ymddengys mai canol y bedwaredd ganrif ar bymtheg oedd anterth y parc a'r gerddi, ond er bod y parc a'r ardd lysiau bellach wedi dirywio, mae'r tir hamdden coediog â'i goed bendigedig ar ei orau o bosibl.

Nid oes modd mynd at y tŷ ar hyd y brif lôn o'r de bellach gan fod y Morlu wedi chwythu'r bont dros yr afon i fyny ar ddiwedd yr Ail Ryfel Byd, ond ymddengys ei bod yn cael ei defnyddio fel

llwybr fferm o hyd ac mae rhan ohoni o leiaf yn raeanog. Mae'n arwain o'r porthordy, i'r gogledd o Fryncrug, i'r gogledd-orllewin, yn syth yn gyntaf ac yna gan wyro'n araf tua'r gogledd. Mae'r porthordy i'w weld ar argraffiad 1af y map Arolwg Ordnans 25 modfedd; fe'i hadeiladwyd o gerrig â'r conglfeini ac o gwmpas y ffenestri a'r drws yn friciau melyn, ac mae'n unllawr â chroglofft a simnai ganolog. Mae pyst y giatiau yn flociau concrid ond mae eu peli carreg yno o hyd. Mae planhigfeydd cymysg ar hyd holl ymyl orllewinol y lôn; mae'r ffaith nad oes dim i'r gorllewin yn awgrymu mai i ddarparu cysgod oedd eu rôl yn rhannol.

Mae'r lôn wasanaeth flaenorol o'r gogledd-orllewin, sydd bellach yn brif lôn, yn rhedeg mewn llinell syth o'r giât at y fynedfa i'r tir hamdden. Mae'r porthordy deulawr mawr ar ochr bellaf y ffordd ac yn amlwg yn fodern, wedi'i adeiladu ar ôl i hon ddod yn brif lôn a dymchwelyd gefail y pentref, a arferai fod yma'n wreiddiol, ym 1955. Fodd bynnag, nodir porthordy gerllaw ar y map Arolwg Ordnans cynnar. Mae pyst y giatiau wrth y fynedfa hon yn perthyn i'r bedwaredd ganrif ar bymtheg ac mae ganddynt bileri tywodfaen nadd sgwâr â chopâu hynod addurnol â pheli bach ar eu pennau uchaf. Ar y ddaear o'u blaenau mae dwy garreg a wnaed yn rhannol sgwâr. Ar bob ochr i'r lôn mae ymylon o laswellt a pherthi. Yn ôl y map Arolwg Ordnans cynnar nid oes ffens ar yr ochr dde-orllewinol, ac mae'n debygol bod y perthi hyn yn perthyn i gyfnod ar ôl ei dyrchafu'n brif lôn ym 1945.

Mae'r ffosglawdd yn rhedeg ar draws ochr ogledd-ddwyreiniol y lawnt a'r coetir i'r gogledd-ddwyrain o'r tŷ, ac mae nant yn llifo ar hyd y ffos. Mae iddo wal gerrig sydd ar ei hisaf – ychydig dros 1 medr o uchder – ar ymyl y lawnt, gan fynd yn uwch i'r gogledd-orllewin a'r de-ddwyrain. Mae lefel y cae yn is na'r lawnt a'r coed, ac mae'r ffos yno i gynnal y nant yn unig.

I'r gogledd-orllewin mae wal y ffosglawdd yn cwrdd yn y pen draw â wal y ffrwd sy'n llifo i'r gogledd o'r ysgubor gerrig a phren. Mae'r nant yn y ffosglawdd yn cael ei bwydo o'r ffrwd hon. I'r de-ddwyrain, mae'r ffosglawdd yn mynd yn ei blaen ar hyd ymyl y coetir, gan ddod yn ôl tua'r de gan gyffwrdd yn y pen draw â ffin cae.

Mae'r afon, sy'n ffurfio ffin ddeheuol y tir hamdden ym mhen gogleddol y parcdir i'r de, yn cyfrannu llawer at brydferthwch y safle ond nid yw wedi'i haddasu ac eithrio drwy adeiladu glannau cynhaliol i atal gorlifo. Gellir dod o hyd i'r rhain ar bob ochr i'r afon yn lleol, ond ni cheir glan gorlifo ar yr ochr ogleddol lle mae'r afon yn ffurfio ffin ddeheuol yr ardd.

Mae Peniarth ar safle isel, ac er ei fod yn hardd â'r afon yn llifo drwy'r tir a'r olygfa fynyddig ddramatig i'w gweld i'r gogledd a'r gorllewin, mae'n amlwg yn agored i wyntoedd o'r de-orllewin yn chwythu i fyny dyffryn yr afon o'r môr, 5 neu 6 cilomedr yn unig i ffwrdd. Mae'n bosibl bod y coetir helaeth o gwmpas y tŷ wedi digwydd o ganlyniad i fwriad gwreiddiol i greu lleiniau cysgodol; nid yw'r difrod gan y gwynt yn ddigon i atal y coed rhag tyfu'n enghreifftiau braf, fodd bynnag, ac efallai fod cydnabod y ffaith hon wedi symbylu datblygiad gardd goetir. Beth bynnag, mae'r tir hamdden bellach yn hollol goediog bron, ac wedi bod felly am ddwy ganrif o leiaf, yn rhannol os nad yn gyfan gwbl.

Mae'n amlwg y bwriadwyd y coedwigoedd i'w mwynhau o'r tu mewn yn ogystal ag o'r tu allan. Ceir ystod eang o rywogaethau o goed, ac mae llwyni bytholwyrdd yn isdyfiant yn yr holl ardal bron. Mae prif rodfa yn rhedeg ar hyd ymyl ogledd-ddwyreiniol y coetir gan droi tua'r de-orllewin drwy ganol y coetir i lawr at yr afon, gan ddod yn ôl i'r gogledd-orllewin i ymuno â'r lôn i'r gorllewin o'r tŷ. Mae'r lôn ei hun yn ffurfio dolen ar hyd ymyl y coed (llwybr sy'n perthyn i gyfnod ar ôl 1727 yn ôl pob tebyg), ac mae nifer o fân lwybrau'n cysylltu'r brif rodfa a'r lôn, ac mewn ardaloedd eraill.

Mae'r afon yn amlwg yn bwysig i'r safle. Roedd y lôn wreiddiol at y tŷ o Fryncrug i'r de, gan groesi'r afon i'r de-orllewin o'r tŷ ac yna ymdroelli drwy'r coed i'r gogledd-ddwyrain. Byddai dilyn y llwybr hwn a mynd i mewn i'r tŷ â golygfa fynyddig arw yn gefnlen wedi gwneud y gorau o brydferthwch naturiol a harddwch ffug y lle. Bu ymyl yr afon hefyd yn amlwg yn ganolbwynt gweithgarwch, â thŷ cychod, hafdy a lawnt ar ymyl y dŵr. Mae'r brif rodfa yn cyffwrdd â glan yr afon yn y man lle gwelir y rhain.

Nid yw'r tŷ yn cael ei gau i mewn gan ei goedwigoedd, gan fod lawntiau i'r de a'r dwyrain a'r ardd lysiau, llecyn sychu dillad ac iard stablau i'r gogledd-orllewin a'r gogledd. Mae'r ardaloedd hyn o amgylch y tŷ yn derbyn digon o gysgod gan y coed heb i'r cysgod fod yn ormodol. Ceir gwylfan tu hwnt i'r ardd lysiau sy'n rhoi golygfa yn ôl tua'r tŷ a'r goedwig tu hwnt. Mae'n grwn ac yn risiog, ac wedi'i wneud o esgair fach naturiol, ac felly'n ymdoddi i'r llethr yn y cefn. Mae'n bosibl bod y gwylfan yn perthyn i gyfnod cyn yr ardd lysiau, ac os felly mae ei safle'n awgrymu nad oedd y llecyn lle gorwedd yr ardd bellach yn goediog pan adeiladwyd y gwylfan; felly mae'n bosibl mai yma yr oedd yr ardd ffurfiol sydd bellach mor amlwg yn brin.

Ymddengys mai yn yr ugeinfed ganrif y gwnaed yr ardd gerrig, a fwriadwyd i fod yn Siapaneaidd ei naws efallai; mae hon gerllaw'r lôn, tu hwnt i'r man lle'r arferai'r brif lôn ddod i mewn o'r de, ar safle'r chwarel fach lle cafwyd y cerrig i adeiladu'r tŷ. Mae maint y cysgod a deflir gan goed cyfagos yn awgrymu tipyn o dyfiant ers i'r ardd gerrig gael ei chreu, gan awgrymu iddi gael ei hadeiladu ar ddechrau'r ganrif, ond ar y llaw arall mae'n fwy tebygol bod y dymuniad i wella safle'r chwarel wedi dod i'r amlwg ar ôl i'r lôn wasanaeth gael ei defnyddio fel y brif lôn at y tŷ; hynny yw, ar ôl 1945.

Daw'r brif lôn, sef y lôn wasanaeth yn wreiddiol, i mewn i'r tir hamdden i'r gorllewin o'r tŷ, ac ar ei hymylon am beth pellter mae rhesi anwastad o greigiau ar bob ochr. Mae'n croesi ffin cae, gan barhau ar hyd llinell un o'r perthi syth ymhellach i'r gogledd ac mae ganddi ffensio haearn lle'i symudwyd, a ymddengys i berthyn i gyfnod cyn y lôn a'r coedwigoedd y mae'n mynd drwyddynt; ar hyd ei hymyl mae llwybr llai sy'n arwain allan at ddarn corsiog bach o dir amgaeëdig yn ymyl pen blaen yr hen lôn ddeheuol. Mae wyneb tarmac i'r brif lôn, ac mae'n mynd yn ei blaen i'r gorllewin, yna i'r de-orllewin, ac yn ôl eto tua'r gogledd-orllewin mewn dolen lydan, gan amgáu'r lawnt i'r de-ddwyrain o'r tŷ ac yn dod tuag at y brif fynedfa i'r gogledd-ddwyrain. Daw i ben mewn man troi graeanog mawr, ond o'r gogledd o'r man hwn mae lôn fer arall, a ymddengys iddi gael ei hailgyfeirio er 1901, sy'n arwain at yr iard stablau. Mae wal grom fer yn arwain oddi wrthi at gornel y bwthyn ym mhen y rhes stablau.

Ychydig i'r de-orllewin o'r ardd lysiau mae cyffordd lle'r arferai'r brif lôn gynt o'r de ddod i mewn. Roedd y lôn hon yn cyfarfod â'r brif lôn bresennol wrth gyffordd T â thriongl o laswellt yn y canol, gan ei gwneud hi'n hawdd droi i'r ddau gyfeiriad. Mae'r triongl hwn a fforch y lôn ar bob ochr iddo wedi'u cadw, ond mae llwybr y lôn i'r de wedi tyfu'n wyllt, er bod modd gweld bod iddo wyneb caregog a bod sarn yno.

Yn union i'r dwyrain o'r man hwn mae'r lôn yn fforchio, ac mae'r fforch ogleddol, â phorfa bob ochr iddi, yn rhedeg rhwng wal yr ardd lysiau a wal gerrig debyg ar yr ochr arall i'r iard stablau drwy'r man sychu dillad. Mae'r fforch ddeheuol yn mynd drwy bâr o giatiau ac yn dolennu o gwmpas y tŷ fel y disgrifiwyd.

Mae'r hyn a oedd yn wreiddiol yn rhodfa o'r lôn at y tŷ cychod a'r hafdy wedi'i ledaenu bellach a tharmac wedi'i osod ar yr wyneb

i ganiatáu i gerbydau fynd drwyddi. Bellach ymddengys bod rhai llwybrau eraill, sydd heb ddarmac ond ag wyneb caled a gynlluniwyd fel rhodfeydd yn ôl pob tebyg, wedi'u haddasu ar gyfer cerbydau. Mae llwybrau llai i'r gogledd a'r gorllewin (sydd ag wyneb caled ac yn laswelltog) yn cynnig mynediad i'r parc a'r adeiladau fferm ac yn ôl pob tebyg roeddynt bob amser yn amaethyddol fwy neu lai o ran cymeriad. Bellach diflannodd adeilad a safai gerllaw un o'r rhain, ar ffin ogledd-orllewinol y tir hamdden, a welir ar fap 1901.

Mae'r prif rodfeydd hamdden yn y coedwigoedd i'r de-ddwyrain o'r tŷ ac ar y cefnen i tu cefn, i'r gogledd-orllewin. Yn yr ardal gyntaf, roedd rhodfa lydan yn creu fista syth o'r tŷ i'r afon ar un adeg, ond bellach mae llawer iawn o dyfiant yn ennill tir. Mae llwybr marchogaeth syth, hir yn ei chroesi, a elwir 'the Black Ride', sy'n rhedeg o'r hafdy yn y de-orllewin at y ffosglawdd yn y gogledd-ddwyrain; yn y ddau fan hyn mae'r rhodfa yn troi tua'r gogledd-orllewin, yn ôl tuag at y tŷ i'r dwyrain a'r gorllewin. I'r dwyrain o'r tŷ mae'r rhodfa yn rhedeg yn agos i ymyl y goedwig, uwchlaw'r ffosglawdd, a gellir gwerthfawrogi'r olygfa o'r mynyddoedd oddi yno. Ar fap 1901 fe'i gwelir yn torri yn ôl i'r lôn drwy ymyl ogledd-orllewinol y goedwig, ond ymddengys bod y llwybr hwn ar goll a bellach rhaid cerdded ar hyd ymyl y lawnt.

Mae'n weddol bosibl bod y rhodfa'n parhau ymhellach tua'r gogledd-orllewin yn wreiddiol, gan uno â'r lôn i mewn i'r iard stablau ac yn cyfateb i'r llwybr i'r gorllewin o'r tŷ, ond fe'i haddaswyd pan wnaed y lawnt o flaen y ffasâd gogledd-ddwyreiniol, os gwnaed hyn pan adeiladwyd y ffasâd, ac nid cyn hynny. Os felly, byddai'r rhodfa, a'r goedwig yn ôl pob tebyg, yn perthyn i gyfnod cyn addasu'r tŷ. Mae presenoldeb y fista hir sy'n arwain o'r de-ddwyrain o'r tŷ yn tueddu i awgrymu hefyd mai'r de-ddwyrain oedd prif wyneb blaen y tŷ, ond nid yw hyn yn bendant oherwydd mae'n bosibl i'r fista gael ei gwneud unrhyw bryd i harddu'r ardd o flaen y tŷ. Yn ôl pob golwg nid oes wyneb ar y rhodfeydd hyn, ac yn ôl pob tebyg roedd y fista lydan yn laswelltog yn wreiddiol.

Mae rhodfeydd eraill, sy'n fyrrach ac yn llai syth yn gyffredinol, yn cysylltu'r rhain â'r lôn a glan yr afon; mae rhai ohonynt, fel y crybwyllwyd, ag wyneb caled ac yn cael eu defnyddio gan gerbydau. Ar fap 1901 gwelir hefyd llwybr yn arwain o'r lôn ar draws y lawnt at lecyn bychan, graeanog yn ôl pob tebyg, ar hyd ffasâd de-ddwyreiniol y tŷ.

Yn yr ardal i'r gogledd-orllewin o'r tŷ, mae'r system llwybrau a welir ar fap 1901 – darn hirgrwn pigfain ag un llwybr yn croesi'r canol ac eraill yn ymuno â'r lôn yn ymyl cornel dde-orllewinol yr ardd lysiau gan arwain heibio i estyniad yr ardd lysiau ac i mewn i'r ardal i'r gogledd o'r iard stablau – wedi newid i fod yn un llwybr, gan gychwyn i'r de-orllewin o big y darn hirgrwn (ar ddiwedd yr ardd gerrig), gan ddilyn ochr dde-ddwyreiniol y darn hirgrwn ar hyd ochr allanol wal yr ardd lysiau ac yn dod i mewn i'r ardal i'r gogledd o'r iard stablau, fel uchod. Dyma'r llwybr sy'n dilyn gwaelod y gwylfan, a thu draw i'r man hwn mae'n anodd i'w ddilyn. Mae wyneb tarmac gan y llwybrau yng nghefn y tŷ yn bennaf, a graean gan y llwybrau o flaen y tŷ, o'i amgylch ac ar hyd ochr gardd yr iard.

Ceir dwy brif lawnt, y naill a'r llall yn cynnig llecyn agored o flaen prif wynebau blaen y tŷ. I'r de-ddwyrain o'r tŷ mae llecyn crwn fwy neu lai, wedi'i amgáu gan y drofa yn y lôn; lawnt sydd yn y canol, ac arni ceir nifer o goed sbesimen gan gynnwys dwy goeden diwlip (*Liriodendron tulipifera*), hen dderwen, cedrwydden las (*Cedrus atlantica* amr. *glauca*) a phinwydden Douglas fawr. Gosodwyd y coed tiwlip yn y fath fodd fel eu bod yn fframio'r olygfa i lawr y fista lydan o'r tŷ rhyngddynt a'r dderwen. Yng nghornel y coetir i'r de-ddwyrain o'r lawnt ogledd-ddwyreiniol, yn ymyl y lôn, mae derwen anwyw fawr, *Quercus ilex*, a gerllaw ar ochr arall y lôn mae ywen â thŷ pen coeden. I'r de a'r dwyrain mae ardaloedd â choed a llwyni, ond estynnwyd y lawnt bellach i'r gorllewin i ardal a arferai fod yn llawn llwyni. Ar hyn o bryd mae rhodfa o amgylch ochrau de-ddwyreiniol a de-orllewinol y tŷ, â llecyn coblog bach â chynllun cerrig mân gwyn y tu allan i bob ffenestr Ffrengig, a borderi cul ar hyd gwaelod waliau'r tŷ â phlanhigion llysieuol, llwyni a phlanhigion dringol. Diflannodd y llwybr ar draws y lawnt, ac mae adeiladwaith croes blaen-agored, dwfn yn erbyn y wal dde-orllewinol. Ar y wal gefn hon mae gwregys achub yn hongian â'r geiriau 'RMTGW Gibraltar' arno, rhywbeth i gofio am brofiadau Peniarth adeg y rhyfel: Gibraltar oedd yr enw ar safle Royal Marine Training Group Wales ym Mheniarth.

Mae man troi graeanog yn gwahanu'r lawnt ogledd-ddwyreiniol oddi wrth y tŷ, ac, er bod coed ar yr ymylon gogledd-orllewinol a de-ddwyreiniol sy'n fframio'r olygfa, nid oes dim plannu yno. Felly mae golygfa hollol agored ar draws y lawnt hon a'r ffosglawdd at y mynyddoedd yn y pellter. Mae porfa o flaen swyddfa'r ystad ar ochr ogledd-orllewinol y man troi yn cymryd lle llwyni a welir yn y safle hwn ar fap 1901.

Mae gardd fechan ar ddwy lefel mewn iard i'r gogledd-ddwyrain o'r tŷ. Mae waliau'r tŷ a'r estyniadau yn ffurfio'r ochrau de-ddwyreiniol a de-orllewinol. Mae wal yn ffurfio'r ochr ogledd-orllewinol, ac mae'r ochr ogledd-ddwyreiniol yn agored. Y lefel is sydd agosaf at y tŷ. Adeiladwyd yr ardd hon ar ben concrid o adeg y rhyfel a oedd yn rhy drwchus i'w dorri, ond gwelir yr ardal ar fap 1901, a nodir deial haul yno, mewn safle sy'n agos at y deial haul heddiw ond nid ar yr un safle. Mae plannu'r ardal yn fodern o ran cymeriad, a chafodd y gwelyau a'r mannau graeanog, a addurnwyd â thri math o wrn, eu cynllunio a'u plannu, er 1955. Mae'r ymylon a'r grisiau yn goncrid. Mae'r lefel uchaf yn hirsgwar, yn raeanog, â'r deial haul ac wrn yn y canol a borderi yr holl ffordd o gwmpas. Nid oes ffordd amlwg o fynd ati. Mae'r lefel isaf yn sgwâr bron, â gwely canolog crwn a gwely chwarter cylch ym mhob cornel, ag ymylon o gerrig naturiol. Mae gardd fechan, â phlannu modern eto, wedi'i hamgáu o fewn ffens bren wen ar ochr ogledd-ddwyreiniol swyddfa'r ystad, sydd bellach yn dŷ.

Mae'r tir hamdden yn goediog i gyd ac eithrio'r lawntiau a grybwyllwyd, yr iardiau o amgylch y tŷ a llecyn bychan ar lan yr afon. Mae torri, clirio a theneuo'r coed (symud conifferau'n bennaf) yn mynd rhagddo ar hyn o bryd i'r gogledd o'r ardd lysiau. Mae llawer o'r coed yn enghreifftiau aeddfed hen iawn, er bod coed iau hefyd, gan gynnwys rhai sy'n hunanheuedig yn ôl pob tebyg. Yn y goedwig mae ystod eang o amrywiaethau o goed, yn bennaf ag isdyfiant bytholwyrdd gan gynnwys rhododendronau, yw, bambŵau a llawryfau. Rhai o'r coed gorau yw'r ffawydd a'r coed leim, sy'n fawr iawn ac yn aeddfed; hefyd ceir bedw, pinwydd ac amrywiaeth o gonifferau eraill, yn ogystal â nifer o goed a glaswydd hunanheuedig, yn enwedig sycamorwydd. Mae'r gwahanol rywogaethau o goed yn tueddu i fod mewn clystyrau mewn gwahanol ardaloedd. Rhai o'r coed mwyaf aeddfed yw ffawydd a choed leim sydd fwy neu lai yn union i'r dwyrain o'r tŷ, a rhagor o ffawydd â chonifferau enghreifftiol i'r de a'r gorllewin. Yn y coetir yn ymyl y lôn i'r gorllewin o'r giatiau agosaf at y tŷ mae ffawydd yn bennaf, a'u hoedran yn amrywio. Mae gan y lôn tu fewn i'r giatiau hyn, i'r gorllewin o'r tŷ, ran o rodfa o ffawydd aeddfed, â derw. Ychwanegwyd ffawydd iau o lawer ati ond mae'r rhodfa'n anghyflawn o hyd. Ymhellach o amgylch y tro yn y lôn, i'r de-ddwyrain o'r tŷ, mae sawl masarnen fawr; gyda'r rhain mae

pinwydden Douglas a ffawydden gan greu clwstwr da.

Yn y coetir ar y gefnen i'r gogledd o'r tŷ mae coed iau yn bennaf ag isdyfiant mwy naturiol (mewn mannau eraill mae isdyfiant o blanhigion bytholwyrdd), ond mae i'w weld fel coetir cymysg ar fap 1901, fel y gweddill o'r planhigfeydd, felly mae'n bosibl iddo gael ei glirio a'i ailblannu unwaith eisoes. Mae nifer o dyllau chwarel bychain wedi'u cloddio i mewn i'r gefnen.

Yn union i'r de o'r tŷ bron, tu hwnt i'r coedwigoedd, mae llecyn bychan o borfa ar lan yr afon, â thŷ cychod bychan a hafdy. Mae'r afon yn ddwfn, yn llifo'n araf ac mae'n llydan ac mae cerrig a llechi ar ymyl y glannau. Mae grisiau i lawr i'r dŵr o'r llecyn bychan o borfa hefyd.

Nid yw'r tŷ cychod, cysgodfan syml, wedi ei nodi ar fap 1901 (er bod y grisiau yno), a gwelir tŷ cychod ar ochr arall yr afon (ni ellir ei weld bellach). Fodd bynnag, gwelir yr hafdy ar y map hwn. Saif ychydig i'r dwyrain o'r tŷ cychod, ychydig bellter o ymyl y dŵr, â feranda ar dair ochr a phileri o bren garw yn ei chynnal ac oddi tano mae llawr slabiau llechi. Mae lle tân gan yr ystafell agosaf i'r afon. Ceir croglofft uwchlaw ac ystafell arall yn y cefn. Addaswyd yr adeilad yn helaeth yn y bedwaredd ganrif ar bymtheg o adeiladwaith mwy ymarferol, o bosibl y tŷ cychod gwreiddiol, a oedd â bwa llydan.

Ni welir unrhyw bontydd ar fap 1901 ac eithrio'r un y mae'r lôn yn mynd drosti. Fodd bynnag mae'r mapiau cyfredol yn nodi pomprennau'n croesi i'r ynys sy'n gorwedd i'r de o'r hafdy, ac oddi yno i'r lan bellaf; efallai fod y rhain wedi cymryd lle pont y lôn ar ôl 1945, ar gyfer cerddwyr. Nid oes dim olion o'r pomprennau bellach.

I'r gogledd o'r lôn, ychydig i'r gorllewin o'r man lle'r oedd y brif lôn wreiddiol o'r de yn uno â'r lôn wasanaeth, mae chwarel segur a drowyd yn ardd gerrig. Mae lawnt fechan â gwely o lwyni yn y gwaelod, a pheth terasu llechi a llwybr ymhellach yn ôl, â pheth plannu o fath Siapaneaidd ar y terasau ac ochrau creigiog y chwarel. Mae'n bosibl mai llwybr arall oedd nodwedd unionlin sy'n rhedeg ar hyd y cefn uwchlaw'r llwybr, neu efallai ei bod yn cario dŵr ar un adeg.

Nid oes unrhyw arwydd o'r ardd gerrig hon na'r llwybrau ar fap 1901, ac felly mae'n debyg ei bod yn perthyn i gyfnod diweddarach, ond bellach mae mewn man cysgodol braidd, sy'n awgrymu bod y coed cyfagos wedi tyfu'n sylweddol ers iddi gael ei chynllunio.

Mae grisiau sy'n arwain i fyny at ben gorllewinol yr ardd gerrig yn arwain at lwybr ar hyd ymyl y gefnen fechan lle cloddiwyd y chwarel, ac yna ar hyd ochr allanol wal yr ardd lysiau. Mae'r gefnen yn codi'n uwch yma, i'r gogledd o'r llwybr, a throwyd esgair fechan yn wylfan, â nifer o derasau crymion sy'n diflannu i'r llethr i'r gogledd-orllewin a'r gogledd-ddwyrain. O ben y gwylfan ceir golygfa dros yr ardd lysiau tuag at y tŷ, er bod sycamorwydden fawr yn cuddio rhan sylweddol ohoni bellach.

Nid oes dim arwydd o'r nodwedd hon ar fap 1901, felly mae'n bosibl ei bod yn perthyn i'r ugeinfed ganrif, a'i bod yn cydoesi â'r ardd gerrig o bosibl. Fodd bynnag, mae'n bosibl hefyd ei bod yn hŷn o lawer, ac yn cydoesi â thŷ'r ail ganrif ar bymtheg ac yn perthyn i gyfnod cyn adeiladu'r ardd lysiau, a byddai hyn yn esbonio ei safle'n well. Os felly mae'n bosibl iddi fynd yn segur yn ystod y bedwaredd ganrif ar bymtheg a choed wedi'u plannu yno. Un anhawster gyda'r dehongliad hwn yw bod y gwylfan wedi bod yn llawn tyfiant tan yn ddiweddar a dim ond yn awr y mae'n cael ei glirio, ond ceir clwstwr o lwyni aeddfed, o *Skimmia japonica* ar ei ben uchaf, ond nid ydynt yn hynafol. Os cynigir dyddiad cynnar, byddai'n angenrheidiol derbyn bod y gwylfan wedi'i ailddarganfod unwaith eisoes y ganrif hon, efallai pan gliriwyd y coetir yn yr ardal hon y tro diwethaf, ac wedi'i adael i dyfu'n wyllt eto.

Mae'r ardd lysiau i'r gogledd-orllewin o'r tŷ, ychydig yr ochr arall i ddarn bach glaswelltog a oedd yn lle sychu dillad o bosibl, ac ynghlwm wrth yr iard stablau i'r dwyrain. Credir iddi gael ei chreu rhwng 1820 a 1850. Mae'n weddol fawr, a'i siâp yn afreolaidd, ag estyniad i'r gogledd-ddwyrain sy'n cynnwys tai gwydr a fframiau. Mae'n gwyro'n raddol i fyny tua'r gorllewin, a bellach mae'n segur a ffens yn ei rhannu'n ddau; defnyddir y rhan dde-orllewinol fel padog ar brydiau. Fodd bynnag roedd yn dal yn cynhyrchu'n llawn tan yr Ail Ryfel Byd.

Ar fap 1901 gwelir cynllun â llwybrau syth o gwmpas yr ymylon ac yn rhannu'r ardd yn chwe darn anghyfartal o wahanol siapiau. Mae rhes o dai gwydr ar hyd hanner y wal ogledd-ddwyreiniol bron, a thai gwydr ar wahân a fframiau oer yn yr estyniad tua'r gogledd-ddwyrain.

Mae'r waliau cerrig yn dal yn gyfan bron, â mynedfa wreiddiol yn y gornel ddwyreiniol, er bod mynedfa newydd i'r padog wedi'i gwneud yn y wal ddeheuol. Mae'n bosibl bod y wal ddeheuol hon ei hunan wedi'i hailadeiladu (o bosibl mewn cysylltiad ag addasiadau i'r lôn wasanaeth y mae'n rhedeg ar ei hymyl), gan ei bod yn ymddangos yn fwy rheolaidd na'r wal dde-orllewinol sy'n debyg fel arall, ac mae iddi gopa concrid. Mae'r ddwy wal hon tua 2 fedr o uchder, ond mae'r waliau gogledd-orllewinol a gogledd-ddwyreiniol yn uwch, i fyny at 4 medr y tu ôl i'r tŷ gwydr, ac wedi'u leinio â briciau, â chopâu llechi.

Mae gan y fynedfa hen ddrws pren â phorth bwaog haearn drosti; mae'n ymagor bron yn syth ar ben y tŷ gwydr. Mae llwybr ag wyneb caled ond â phorfa'n tyfu drosto yn ystumio o gwmpas cornel y tŷ gwydr hwn ac yn rhedeg o'i flaen, fel ar fap 1901, ond dyma'r unig lwybr y gellir ei weld o hyd. Mae porth bwaog gan fynedfa arall tu hwnt i ben y tŷ gwydr ond nid oes ganddi na drws na ffrâm ac mae'n arwain at y llecyn â rhagor o dai gwydr. Mae'r wal ogledd-ddwyreiniol yn uwch na'r wal dde-ddwyreiniol, sydd tua 1 medr yn is lle maent yn cyfarfod; mae'r wal dde-ddwyreiniol yn disgyn, mewn tro, tua medr arall i gyfeiriad y fynedfa.

Mae'r prif dŷ gwydr wedi'i adeiladu o goed ar sylfaen friciau ac mae'n dal i fod yn hollol wydrog bron. Mae gan y rhan dde-ddwyreiniol forderi uchel, ac mae'r pibelli gwresogi, offer gwyntyllu, ffyn a gwifrau gwinwydd a rhai hen daclau yn dal yn eu lle. Mae'r rhan ogledd-ddwyreiniol rywfaint yn uwch yn unig, ac mae rhai gwinwydd yno o hyd sydd wedi tyfu'n rhy fawr. Mae'r wal gefn wedi'i rendro a'i gwyngalchu, ond mae'r rhan fwyaf o'r rendro yn y rhan ogledd-ddwyreiniol wedi dod oddi ar y wal. Yr unig adeilad arall yn y brif ardd yw cysgodfan croes pren bychan yn y padog. Mae tanc dŵr llechi dan dap yn y wal ogledd-ddwyreiniol yn cael ei ddefnyddio o hyd.

Ceir peth olion perthi ger y llwybr ychydig y tu mewn i'r fynedfa; bocs i'r gogledd-ddwyrain ac yw i'r de-orllewin. Mae coeden ffigys a choeden gellyg, y ddwy'n dwyn llawer o ffrwyth, a rhai coed ffrwythau eraill ar hyd rhan ogleddol y wal ogledd-ddwyreiniol o hyd, ond ac eithrio'r rhain yr unig blannu yw ychydig o goed ifanc, yn enwedig ewcalyptws, yn ymyl y ffens sy'n cau'r padog allan.

Mae gan yr estyniad gogledd-ddwyreiniol waliau briciau mwy diweddar mae'n debyg, â drws pren mawr drwy'r wal ogledd-orllewinol, a dau dŷ gwydr, y ddau yn hanner adfail ond â gwydr ynddynt yn rhannol, dwy ffrâm oer, sied a boelerdy bach tanddaearol. Y ffin dde-ddwyreiniol yw cefn yr adeilad â drysau stablau sy'n wynebu'r siediau pren yn erbyn ochr allanol wal ogledd-orllewinol yr iard stablau.

Mae gan un tŷ gwydr forderi uchel â phibelli gwresogi; roedd y llall yn dŷ gwydr oer yn ôl pob golwg ond mae ganddo waith haearn addurnol yn y rhan uchaf. Mae borderi uchel i dair ochr yr ardal, â pheth plannu addurnol yno o hyd, ac ardal i'r gogledd-ddwyrain yn cynnwys coeden ffigys arall, câns mafon a rhagor o goed ffrwythau – ond y cyfan wedi tyfu'n rhy fawr. Ceir rhai perthi bocs hefyd sydd wedi tyfu'n rhy fawr.

Ffynonellau

Sylfaenol

Gwybodaeth oddi wrth Mr W. Williams-Wynne.

Eilradd

T. Nicholas, *Annals and Antiquities of the Counties and County Families of Wales* (1872).

J. F. Williams-Wynne, *History in Stick and Stone* (ffotogopi heb ei ddyddio o erthygl mewn cylchgrawn o'r 1960au).

243

PENMAENUCHAF

CADW

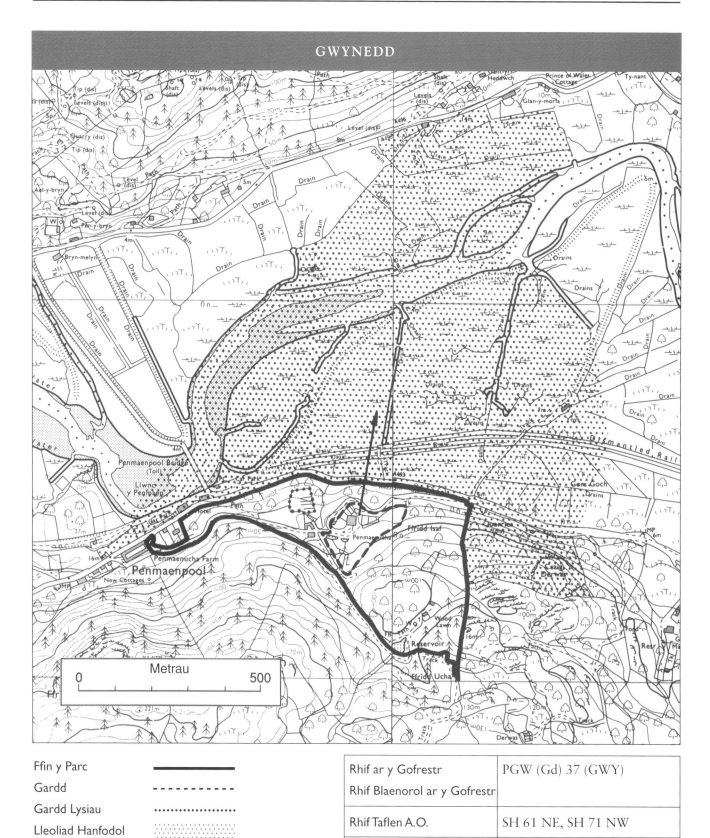

Rhif ar y Gofrestr	PGW (Gd) 37 (GWY)
Rhif Blaenorol ar y Gofrestr	
Rhif Taflen A.O.	SH 61 NE, SH 71 NW
Cymuned	DOLGELLAU

Ffin y Parc

Gardd

Gardd Lysiau

Lleoliad Hanfodol

Golygfa Arwyddocaol

CRYNODEB

Rhif cyf	PGW (Gd) 37 (GWY)
Map AO	124
Cyf grid	SH 699 184
Sir flaenorol	Gwynedd
Awdurdod unedol	Gwynedd
Cyngor cymuned	Arthog
Disgrifiadau	Parc Cenedlaethol Eryri
Gwerthusiad safle	Gradd II
Prif resymau dros y graddio	Gardd derasog o'r bedwaredd ganrif ar bymtheg mewn cyflwr da, â gardd ddŵr ddiweddarach a pheth plannu da.
Math o safle	Terasau ffurfiol, lawntiau, rhodfeydd coetir, gardd ddŵr, gerddi bychain amgaeëdig, gardd lysiau.
Prif gyfnodau o adeiladu	Diwedd y bedwaredd ganrif ar bymtheg a dechrau'r ugeinfed ganrif.

Disgrifiad o'r safle

Lleolir Penmaenuchaf ar ochr ddeheuol dyffryn Mawddach i'r gorllewin o Ddolgellau, gan gynnig golygfa dda dros yr aber. Tŷ mawr Fictorianaidd yr olwg, o gerrig llwyd ydyw, yn dalcennog â dau lawr a dormerau atig. Llechi yw'r to ac ymddengys bod holl fframiau'r ffenestri yn rhai modern, gan gynnwys y ddwy ffenestr oriel ym mhen deheuol y prif floc. Ynghanol ochr ddeheuol y tŷ mae ystafell wydr newydd wedi'i phaentio'n wyn mewn arddull Fictorianaidd.

O argraffiad cyntaf ac ail argraffiad y map Arolwg Ordnans 25 modfedd gwelir bod y tŷ wedi'i ehangu rhywfaint rhwng 1888 a throad y ganrif, ac o bosibl dyma pryd y cafodd ei olwg bresennol (bu tŷ ar y safle ers dechrau'r ddeunawfed ganrif o leiaf). Yn sicr nid ychwanegwyd ffenestri'r oriel cyn hyn gan eu bod yn estyniad i'r tŷ. Cynlluniwyd y gerddi ffurfiol yn ystod yr un cyfnod.

Uwchben drws y tŷ mae arfbais J. Leigh Taylor, sef perchennog yr ystad erbyn 1902. Ond o 1865 hyd nes iddo ddod i'w feddiant ef, yn ôl pob tebyg, Charles Reynolds Williams oedd y perchennog, ac ymestynnodd ef y tŷ gan greu'r gerddi yn Nolmelynllyn, ychydig filltiroedd i'r gogledd o'r Ganllwyd. Roedd Charles Williams yn amlwg wrth ei fodd yn ychwanegu at dai yn ogystal â chynllunio gerddi, fel y gwelir o ffotograffau a gofnododd ei weithgarwch yn Nolmelynllyn, ac mae tebygrwydd trawiadol rhwng y tai a'r gerddi. Ymddengys bod Penmaenuchaf wedi cael enw newydd hefyd, sef The Cliffe, tua'r adeg y daeth yn eiddo iddo, ond Penmaenuchaf oedd yr enw eto erbyn cyfnod Leigh Taylor. Mae hyn oll yn tueddu i awgrymu mai Williams, yn hytrach na Leigh Taylor, oedd yn gyfrifol am ehangu a diweddaru'r tŷ, yn ogystal â chynllunio'r gerddi.

Er bod cyfeiriad ato mewn dogfennau o ddechrau'r ddeunawfed ganrif, ymddengys na fu Penmaenuchaf erioed yn dŷ o bwys mawr; fe'i rhoddwyd ar osod am lawer o'i hanes gan ei bod yn well gan ei berchnogion fwy yn rhywle arall. Roedd y perchnogion gwreiddiol, cangen o deulu'r Vaughaniaid, yn byw ym Mhenmaen (ar ôl adeiladu Penmaenuchaf fe'i gelwid yn Benmaenisaf weithiau), sef tŷ hŷn ar safle is i'r gorllewin. Ymddengys bod Penmaenuchaf wedi aros gyda'r Vaughaniaid a'u perthnasau, ar osod fel arfer, hyd ei werthu ym 1860 yn dilyn marwolaeth Hugh Jones. Y prynwr oedd gŵr o'r enw y Parch. John Harvey Ashworth, a drigai yn Kensington, ac a etifeddodd denant meddiannol. Ymddengys iddo ddefnyddio'r ystad i godi morgeisi yn unig, dau ohonynt gan

Charles Reynolds Williams, a brynodd yr ystad oddi wrtho yn y pen draw ym 1865. Defnyddir yr enw 'The Cliffe' ar y dogfennau gwerthiant.

Yn ôl arweinlyfr gwesty, adeiladwyd y tŷ presennol ym 1860 ar gyfer un o'r meistri cotwm, ond nid ymddengys bod hyn yn cyfateb i wybodaeth a geir mewn papurau yn yr archifau. Efallai ei bod yn fwy tebygol i'r tŷ gael ei adeiladu neu ei addasu gan Charles Williams (y 'meistr cotwm' o bosibl) ar ôl iddo ddod i'w feddiant ym 1865.

Yn yr ugeinfed ganrif trosglwyddwyd Penmaenuchaf o J. Leigh Taylor i'r Scottiaid, sef ei ferch a'i fab-yng-nghyfraith, ac i'w merch a'u mab-yng-nghyfraith y Wynne-Jonesiaid. Roedd Capten, yn ddiweddarach Uwchgapten Charles Llewelyn Wynne-Jones yn byw ym Mhenmaenuchaf rhwng 1920 a 1973 o leiaf, ac yna gwerthwyd y tŷ i ŵr o'r enw Mr Miller cyn iddo ddod yn eiddo i'r perchnogion presennol.

Yn y bloc stablau, sydd ychydig i'r gorllewin o'r tŷ, mae stablau cerrig deulawr (â ffenestr gron ganolog ar y llawr uchaf a chlochdwr) a bwthyn, â cherbyty unllawr, o amgylch tair ochr sgwâr; mae'r caban yn adeilad ar ffurf rhyfedd a wthiwyd i mewn i ongl y gornel ogledd-ddwyreiniol, ar ben y stablau. Mae toeau llechi i'r cyfan ac fe'u haddaswyd yn anhedd-dai bellach. Mae'r iard yn gymysgedd o goncrid a graean, ag ychydig o hen gerrig sets i'w gweld (a rhagor dan yr wyneb modern yn ôl pob tebyg).

Mae'r lôn gefn i fyny o Lyn Penmaen yn mynd heibio i ochr ddeheuol yr iard, ac ar hyd-ddi mae rhes o siediau a modurdai cerrig, sy'n cwblhau'r sgwâr. Mae iard arall i'r de lle ceir rhai siediau haearn gwrymiog sy'n hanner adfeilion, ac mewn un ohonynt mae olwyn ddŵr a arferai gyflenwi trydan i'r bloc stablau. Yn ôl map 1901 mae'r siediau hyn yn cymryd lle adeiladau a oedd yn fwy sylweddol, mae'n debyg, yn yr ardal hon.

Ymddengys bod yr adeiladau cerrig yn y cyfadeilad hwn yn perthyn i'r un cyfnod â'i gilydd a'r tŷ, ac maent yn perthyn i'r bedwaredd ganrif ar bymtheg yn ôl pob tebyg. Ar yr hen fapiau 25 modfedd, er y gwelir yr un adeiladau yno yn fras ag sydd yno heddiw, ymddengys y cynllun ychydig yn wahanol, ac mae'n bosibl bod peth ailadeiladu wedi digwydd yn ddiweddarach. Byddai lleoliad yr adeiladau yr un mor addas cyn ac ar ôl newid y brif lôn (gweler isod).

Mae wal yr ardd lysiau yn mynd yn ei blaen gyferbyn ag ochr ddwyreiniol y caban a'r cerbyty (â llwybr llai rhyngddynt), ac yna mae wal yn parhau ar ymyl y llwybr llai segur tua'r de-ddwyrain; mae'r waliau hyn yn cau'r stablau oddi wrth y tro yn y lôn a'r ardd, â mynedfa lydan yn arwain yno. Bellach mae gan y fynedfa giatiau pren cadarn ar bileri cerrig a ailadeiladwyd.

Ceir darn bach o dir amgaeëdig y tu ôl i ran o'r stablau a all fod yn gytiau cŵn, yn rhedfa ieir neu'n adardy. Ymddengys bod yr adeiladwaith yn weddol ddiweddar, er bod rhai o'r defnyddiau'n hen.

Coetiroedd addurnol, cymysg yw'r parc bron yn gyfan gwbl bellach, sy'n creu lleoliad ar gyfer yr ardd. Ar ddiwedd y bedwaredd ganrif ar bymtheg roedd rhai rhodfeydd a llwybrau marchogaeth ynddynt, ond roedd lawnt fawr i'r de-ddwyrain o'r tŷ yn cynnig llecyn agored, ac ymddengys y bu elfen hamddenol y parc yn ystyriaeth eilradd. Ymddengys yn debygol y byddai parc agored yno yn y ddeunawfed ganrif, ac er bod y coetir yn edrych fel coetir naturiol â chonifferau wedi'u hychwanegu ato, ni chofnodwyd coed aeddfed go iawn yno ac mae'n bosibl i'r cyfan gael ei blannu yn y bedwaredd ganrif ar bymtheg; roedd yn bodoli erbyn adeg map Arolwg Ordnans 1888. Roedd rhai llwybrau i'w gweld ar fap 1888 a gwnaed rhai o'r llwybrau sy'n weladwy bellach yn yr ugeinfed ganrif yn ôl pob tebyg.

I'r gorllewin o'r bloc stablau a'r ardd lysiau, sy'n ymddangos iddi fod yn rhan o'r un darn o dir amgaeëdig cyn ei gwneud yn ardd, mae un cae bach ar oleddf ag ôl parcdir arno er nad oes coed yno. Yn sicr nid yw'r tir yn cael ei drin ac nid yw wedi'i bori hyd yn oed ers peth amser. Ar yr hen fapiau fe'i gwelir heb goed bron, er bod stribed o lwyni ar ymyl y lôn (mae'r rhododendronau yno o hyd). Nid yw'r cae i'w weld o'r tŷ ac mae'n bosibl iddo gael ei gadw am resymau ymarferol fel man ar gyfer rhoi'r ceffylau allan i bori, pan blannwyd gweddill yr ardal â choed.

Daw'r brif lôn o gyfeiriad y dwyrain. Mae pileri giatiau'r fynedfa wedi'u hadeiladu o gerrig a naddwyd mewn cabolwaith 'gwladaidd', yn enfawr ac mewn darnau sgwâr, â chopâu cerrig trymion. Mae wal ag arddull debyg yn cynnal y llethr ar hyd ymyl ddeheuol y drofa wrth y fynedfa, gan fynd yn llai mewn uchder tua'r gorllewin a diflannu yn y pen draw. Ar ochr y ffordd mae gan y wal gopa o slabiau llechi gwastad mawr; mae'r wal hon yn parhau ar hyd y lôn yr holl ffordd i fyny. Mae'r lôn yn esgyn yn raddol i fyny'r llethr serth ac yna'n troi allan mewn dolen fawr o amgylch y tŷ, gan ddod o gyfeiriad y de-orllewin yn y pen draw. Mae iddi wyneb tarmac a wal gerrig isel â chopa slabiau llechi ar yr ochr waered, sef pen wal gynhaliol. Ar yr ochr arall mae wedi'i thorri i mewn i'r llethr, ac eithrio yn union islaw'r tŷ, lle mae wal â pherth uwchlaw. Gwelir gwteri wedi'u teilio ar bob ochr mewn mannau, lle nad yw'r tarmac yn ei orchuddio. Nid y lôn hon oedd y lôn wreiddiol, er ei bod i'w gweld ar argraffiad cyntaf y map Arolwg Ordnans 25 modfedd, a arolygwyd ym 1888.

Mae'r lôn gefn yn rhannu mynedfa â'r fferm enghreifftiol sy'n eiddo i'r ystad ym Mhwll Penmaen i'r gorllewin, a daw'n syth i fyny at y bloc stablau. Mae ychydig yn fyrrach na'r brif lôn. Mae wyneb tarmac gan hon hefyd, ond ffens yn hytrach na wal sydd ar yr ochr waered.

Deuai'r brif lôn wreiddiol yn syth i flaen (talcen dwyreiniol) y tŷ o'r dwyrain, ac yna âi heibio tua'r de ar ei ffordd o amgylch at y stablau. Byddai wedi rhedeg yn syth drwy ganol yr ardd derasog ffurfiol, a gellid meddwl yn hawdd iddi gael ei symud i wneud lle ar gyfer yr ardd hon. Os felly mae'n rhaid bod hyn wedi digwydd ychydig cyn i'r Arolwg Ordnans arolygu'r ardal ym 1888, ac mae'n rhaid bod yr ardd wedi'i chynllunio'n fuan wedyn, oherwydd mae trefniant newydd y lôn i'w weld ar fap 1889 ond nid y terasau. Er bod mapiau 1889 a 1901 yn hepgor pen uchaf yr hen lôn, sy'n arwain oddi ar y terasau, a bod map 1901 yn ei dangos yn dirwyn i ben nid nepell i'r dwyrain o ben y lawnt, sef tipyn o ffordd o'r fynedfa, mewn gwirionedd mae modd ei dilyn heddiw o'r terasau at y brif fynedfa, lle mae'n cael ei thorri gan y lôn newydd. Mae ganddi wyneb glaswelltog lle mae'n agored, deilbridd yn y coedwigoedd, dros raean yn ôl pob tebyg, a waliau isel a waliau cynhaliol ar bob ochr lle bo angen. Ar y pen uchaf mae perth ar yr ochr waered a wal tua 1 medr o uchder sy'n cynnal y lawnt ar yr ochr uchaf, a gellir mynd at y lawnt ar y pen uchaf, uwchlaw pen y wal gynhaliol, lle mae'n mynd yn gulach. Mae grisiau ar yr ochr ddeheuol yn arwain at lwybrau i mewn i'r coedwigoedd, a dim ond un sydd ag ymylon.

Mae llwybr llai, sy'n llwybr cyhoeddus hefyd, yn fforchio oddi ar y lôn gefn ychydig i'r gorllewin o'r bloc stablau, ac yn mynd heibio i'r de o'r tŷ ac yna i fyny i'r coedwigoedd, gan arwain at eiddo arall. Mae'n bosibl bod rhai grisiau sy'n arwain i fyny o ychydig y tu draw i gornel dde-orllewinol yr iard stablau yn rhoi mynediad i lwybr sy'n arwain at y llwybr llai, sydd bellach wedi tyfu'n wyllt. Mae llwybr llai o'r iard i'r de o'r iard stablau hefyd yn mynd i fyny i'w gyfarfod – mae hwn yn fwy diweddar, gan nad yw

i'w weld ar yr hen fapiau. Mae llwybr llai arall, sydd bellach yn segur, yn arwain oddi wrth y stablau i'r de-ddwyrain, gan fynd heibio i'r tanciau a'r gronfa a gyflenwai'r tŷ â dŵr gan gyrraedd Wood Lawn yn y pen draw, bwthyn y cipar gynt â chytiau cŵn a thŷ ffesantod. Mae llwybr llai arall, sy'n fwy diweddar ac yn segur hefyd yn fforchio oddi ar hwn gan redeg i lawr ar hyd y cwrt tenis a'r lawnt at yr hen lôn. Mae gan y llwybrau llai hyn amrywiol arwynebau glaswellt, llaid neu gerrig.

Ceir nifer o lwybrau troed yn y coedwigoedd a gwelir rhai ohonynt ar yr hen fapiau, er yr ymddengys bod gan y mwyafrif bwrpas ymarferol. Mae un ag ymylon cerrig yn uno'r hen lôn a'r lôn newydd, â grisiau; mae un arall yn mynd i ffwrdd tua'r de o'r hen lôn tua Wood Lawn. Mae'r llwybr troed o'r lôn gefn at yr orsaf yn segur bellach.

Mae rhagor o lwybrau, at ddibenion hamdden gellir tybio, nad ydynt i'w gweld ar y mapiau hyn, ac felly yn ôl pob tebyg maent yn perthyn i ddechrau'r ugeinfed ganrif; gellir olrhain rhai ohonynt o hyd, tra bod eraill ar goll yn yr isdyfiant. Mae rhodfa borfa lydan iawn yn rhedeg i'r dwyrain o ben y lawnt at glogwyn creigiog, lle daw'n llwybr troed; mae'r rhodfa hon wedi'i lefelu a'i chynnal â wal sych (i uchder o 1.5 medr i'r gogledd), ac mae'n amlwg iddi gael ei chreu yn y safle hwn i gynnig golygfa wych o'r tŷ ar draws y lawnt wrth gerdded yn ôl tuag ato – ni cheir hyn o'r un o'r lonydd eraill. Ymddengys bod ardal mewn hanner cylch ar ben y clogwyn, i fyny ychydig o risiau, ac mae'n bosibl iddi gael ei defnyddio fel gwylfan ar gyfer edrych allan dros aber Mawddach i'r gogledd, er bod coed a llwyni'n cuddio'r olygfa bellach.

Yn ôl pob tebyg arweiniai tair set o risiau ar ochr ddeheuol y rhodfa hon at lwybrau drwy'r coedwigoedd; un ohonynt oedd parhad o'r llwybr o'r hen lôn i Wood Lawn, a dorrir gan y rhodfa lydan; ond nid oes unrhyw olion o ymylon cerrig a bellach mae'r llwybrau yn segur ac maent wedi tyfu'n wyllt.

Mae'r rhododendronau gorau yn y parc rhwng y lonydd hen a newydd, lle ceir sbesimenau mawr iawn o wahanol rywogaethau. Yn y coetir yn ymyl y tair lôn ceir isdyfiant o rododendronau a llawryfau, ac maent yn ymestyn peth o'r ffordd i mewn i'r coedwigoedd o gwmpas y brif lôn bresennol a'r brif lôn flaenorol, ond nid ymddengys eu bod yn bresennol drwy'r goedwig; ar hyd y lôn gefn dim ond stribed ar bob ochr a geir. Mae pinwydden Chile (*Araucaria araucana*) yn ymyl y lôn hon, a secwoia anferth (*Sequoiadendron giganteum*) ychydig y tu draw i giatiau'r iard stablau, yn ymyl trofa'r brif lôn. Mae mewn clwstwr bychan gyda rhai conifferau mawr eraill. Ceir hefyd rai conifferau enghreifftiol yn ymyl y brif lôn ychydig yn is i lawr.

Gwelir ôl llaw Charles Reynolds Williams yn amlwg yng nghynllun yr ardd ffurfiol derasog, sy'n debyg iawn i'w gartref, Dolmelynllyn, ychydig filltioredd i'r gogledd, ac yn ôl pob tebyg plannodd nifer o goed yr ardd hefyd. Fodd bynnag, mae'n ansicr ai ef oedd yn gyfrifol am ailgyfeirio'r brif lôn, ac i ba raddau y newidiodd y parc. Mae'n bosibl iddo blannu llawer o'r coetir mewn gwirionedd, ond gan mai cymeriad coediog y parc yw un o'r prif wahaniaethau rhyngddo â Dolmelynllyn, nid oes rheswm cryf dros awgrymu hyn.

Bu newidiadau parhaol ar ôl i'r ystad ddod i feddiant Leigh Taylor, ond nid yw'n glir ai ef neu'r sawl a'i olynnodd a'u gwnaeth. Symudwyd yr ardd lysiau rywbryd, crëwyd y pyllau a gwnaed cwrt tenis, yn ogystal â rhodfeydd hamdden yn y coetir. Mae'n bosibl mai'r pyllau anffurfiol a'r cwrt tenis yw'r diweddaraf o'r newidiadau hyn, ond mae'r un mor debygol i'r newidiadau oll gael eu gwneud gan un perchennog blaengar tua'r un adeg.

Ar y mapiau Arolwg Ordnans cynharaf gwelir y safle'n hollol

goediog bron, â thir agored i'r gogledd a'r gorllewin o'r stablau yn unig (lle mae'r ardd lysiau bellach), i'r de-ddwyrain (y lawnt fawr) ac yn union i'r gorllewin o'r tŷ, safle'r ardd lysiau wreiddiol. Cyn perchnogaeth Charles Williams, o 1865, ymddengys na fu fawr o ymgais i greu gardd, er bod planu cyntaf coed egsotig yn gynharach o bosibl.

Mae'r modd y triniwyd yr ardal goediog â nentydd bychain a phontydd slabiau llechi, i'r de o'r pyllau, a hyd yn oed y trefniadau cyflenwi dŵr (a osodwyd yn ystod yr un cyfnod) yn debyg iawn i Ddolmelynllyn unwaith eto. Ar sail y cyd-ddigwyddiad bod y safle'n debyg, er bod yn rhaid ei gylchdroi drwy nawdeg gradd (mae Dolmelynllyn ar lethr sy'n wynebu'r dwyrain, a Phenmaenuchaf ar lethr sy'n wynebu'r gogledd), mae'n amlwg i'r ddwy ardd gael eu trin yn debyg. Yr unig beth sydd ar goll ym Mhenmaenuchaf yw'r cofnod o ffotograffau'n dangos cynnydd. Ceir y rhain yn Nolmelynllyn.

Bellach yn yr ardd mae nifer o ardaloedd bychain diddorol sy'n wahanol o ran cymeriad, a grëwyd yn weddol ddiweddar o'r hen ardd lysiau; teras gwylio byr i'r gogledd a ymddengys yn un o'r elfennau hynaf; a'r ddau brif deras i'r dwyrain, sy'n cwblhau'r ardal ffurfiol gymhleth o gwmpas y tŷ. Yn ychwanegol mae'r llethr serth rhwng y tŷ a'r lôn, a oedd yn goediog ar un adeg ond sydd bellach wedi'i chlirio ac yn cael ei hailblannu; y lawnt fawr a'r cwrt tenis i'r de-ddwyrain; yr ardal goediog â nentydd i'r de, a'r pyllau, sydd rhwng yr ardal goediog a'r tŷ. Mae lawnt fechan a llecynnau â phlannu diweddar ynghlwm wrth y tŷ ar yr ochr ddeheuol, ynghyd â'r maes parcio, yn cymryd lle llwyni Fictorianaidd yn yr ardal hon.

Daw'r brif lôn i mewn i'r ardd i'r gorllewin o'r tŷ, a bron yn union mae'n lledu i greu blaengwrt ar gyfer parcio, sydd â'i wyneb yn rhannol darmac a rhannol raeanog. Mae'n mynd yn ei blaen, yn raeanog, yn ôl i'r dwyrain y tu hwnt i hyn ac yn ymdoddi i deras y tŷ.

Mae'r llwybrau yn yr ardd yn amrywio o'r anffurfiol iawn, fel y rhai yn y coedwigoedd i'r de o'r pyllau (sydd ag ymylon cerrig, serch hynny) i'r ffurfiol, megis y llwybr slabiau llechi ar draws y teras gardd uchaf. Mae rhai'n laswelltog, megis y llwybr troellog i lawr y llethr islaw'r tŷ at y lôn, ac mae eraill yn raeanog, megis y rhodfa ar ymyl ddeheuol terasau'r ardd, neu'r llwybr sy'n arwain o'r teras gwylio i'r ardal i'r gorllewin o'r tŷ (sydd ag ymylon cerrig hefyd). Mae rhai yn segur ac wedi mynd ar goll bron, megis yr un sy'n rhedeg ar hyd ymyl ogleddol y pyllau a'r hen rodfa ar hyd y teras gwylio.

Mae teras graeanog o amgylch y tŷ i'r gogledd a'r dwyrain, ac mae'r hyn sy'n ymddangos yn deras gwylio, sydd bellach yn lawnt, yn arwain oddi arno i'r gogledd-orllewin, ac mae'r prif erddi terasog i'r dwyrain. Mae'r rhain yn perthyn i gyfnod ar ôl y newid i'r brif lôn, ac o bosibl dyma'r rheswm dros y newid. Gwelir y teras o amgylch y tŷ a'r teras gwylio ar fap Arolwg Ordnans 25 modfedd 1888, ac felly maent yn nodweddion gweddol gynnar. Ychwanegwyd y prif derasau o gwmpas troad y bedwaredd ganrif ar bymtheg a'r ugeinfed ganrif.

Mae prif derasau'r ardd ar ddwy lefel islaw teras y tŷ, â rhodfa uwchlaw ar hyd ymyl y lawnt, ar ochr ddeheuol y terasau. Mae waliau cynhaliol i'r de a'r gorllewin a balwstradau ar hyd yr ymylon eraill; mae'r balwstradau yr un fath â rhai'r terasau hŷn, ac maent naill ai'n gopïau ohonynt neu'n perthyn i'r un cyfnod, ac mae'r balwstradau presennol yn cymryd lle ymylon eraill ar y terasau hŷn.

Mae'r prif deras uchaf yn hirsgwar yn fras, â llwybr canolog, borderi o gwmpas yr ymylon, a lawntiau. Nid oes balwstradau na chanllaw rhyngddo a'r teras isaf, ac mae pen y wal gynhaliol yn gywastad â'r teras uchaf. Mae'r teras isaf yn hirsgwar fwy neu lai hefyd (mae'r ddau yn mynd yn gulach ar yr ochr ddeheuol), ond mae'r echel hir ar ongl sgwâr ag echel y teras uchaf. Mae'n raeanog (gan gymryd lle palmantau llechi), â ffynnon a phwll crwn canolog wedi'u hamgylchynu gan drefniant o welyau, a border ar hyd yr ochr orllewinol.

Yn ôl pob tebyg bwriad y rhodfa ar hyd ymyl y lawnt uwchlaw'r terasau oedd cynnig golygfa ohonynt (fe'i gwelir ar yr un map y maent yn ymddangos gyntaf arno, ac mae'n perthyn i'r un cyfnod), ond mae ar lethr anghyfforddus braidd. Llwybr graeanog gweddol gul ydyw bellach ag ymylon bocs a border ar bob ochr; mae perth yn gwahanu'r border deheuol oddi wrth y lawnt. Mae'n bosibl ei fod wedi ymestyn ymhellach i'r dwyrain ar un adeg, gan fod y borfa braidd yn anwastad, ond os felly rhoddwyd y gorau iddo bellach.

I'r de o'r tŷ, ar ochr bellaf y lôn a'r blaengwrt, mae dau bwll ar ffurf afreolaidd, neu efallai'n fwy cywir un pwll â sarn yn ei rannu. Mae'n amlwg bod y rhain yn ddiweddarach na'r rhan fwyaf o weddill yr ardd, o ran arddull a hefyd am eu bod yn absennol o'r mapiau cynnar, ac yn ôl pob tebyg maent yn perthyn i gyfnod o welliannau ar ddechrau'r ugeinfed ganrif. Yn y coetir yn union i'r de o'r pyllau mae nentydd naturiol bychain sy'n gwneud nodwedd ddeniadol ac fe'u cyfoethogwyd drwy greu ffosydd a phyllau a rhaeadrau bychain iawn, â'u llwybrau cul ag ymylon cerrig iddynt; roedd yr ardal hon yn ôl pob tebyg yn rhan o gynllun gwreiddiol y bedwaredd ganrif ar bymtheg. Mae'r tanciau a arferai gyflenwi'r tŷ â dŵr ar ben y llethr hon, a bellach maent yn gorlifo i'r nentydd, sydd yn y pen draw yn ymuno â'r pwll dwyreiniol ac yn llifo i mewn iddo, dros raeadr wneud risiog. Mae gan y ffos i'r de, a gyflenwai'r tanciau a'r olwyn ddŵr, drefniant llifddorau a fyddai'n caniatáu i'r dŵr gael ei ddargyfeirio i'r system addurnol yn ôl yr angen.

Mae gan y pyllau ymylon cerrig ar yr ochr ogleddol ac ar bob pen a chanlyniad hyn yw ymyl syth ac ongl sgwâr i'r corneli gogledd-ddwyreiniol a gogledd-orllewinol, sy'n creu effaith led-ffurfiol. Mae llwybr, sydd ag wyneb glaswelltog bellach ond y gellir ei weld o hyd yn y lawnt o amgylch yn rhedeg ar hyd yr ochr ogleddol. Ar yr ochr ddeheuol, fodd bynnag, ymddengys bod y pyllau wedi'u torri allan o'r graig, ac mae'r ymyl yn afreolaidd, â chors y tu hwnt, sy'n rhoi effaith anffurfiol wrthgyferbyniol. Mae'r ffos orlifo yn y gornel ogledd-orllewinol, ond mae lefel y dŵr yn isel ar hyn o bryd ac nid yw'r dŵr yn llifo allan fel y bwriadwyd. Ychydig o ddŵr clir sydd yn y pyllau ac mae llawer o dyfiant ynddynt, ond mae hyn yn sicr o leiaf yn rhannol fwriadol.

Mae gan y sarn sy'n rhannu'r ddau bwll bont yn ei chanol, sy'n caniatáu i'r dŵr lifo o'r naill bwll i'r llall, ac mae modd ei chyrraedd i fyny grisiau a llwybr o'r lôn a'r blaengwrt. Mae'n arwain at y llwybrau bychain drwy'r coedwigoedd uwchlaw.

Gorwedd y lawnt fawr i'r de-ddwyrain o'r tŷ, ac mae ei ffurf yn gul, hir ac afreolaidd â'r echel hir yn rhedeg o'r gogledd-ddwyrain i'r de-orllewin. Mae ar oleddf, yn enwedig yn y pen de-orllewinol, ac roedd y cwrt tenis yn rhan ohoni'n wreiddiol. Mae'r stribed cul i'r gorllewin o'r cwrt tenis dan gysgod gweddol drwm bellach, ond mae gweddill y lawnt yn agored, â rhai coed enghreifftiol yn ogystal â gweddillion hen glwstwr yn ymyl y cwrt tenis, ac ychydig o goed ifainc a hunanheuedig yn ôl pob tebyg ger y terasau.

O ben uchaf y lawnt ceir golygfeydd da dros ddyffryn Mawddach a gyfoethogwyd gan y coed enghreifftiol a blannwyd islaw'r terasau, sy'n ychwanegu peth diddordeb i'r blaendir.

Mae'r wal sy'n rhedeg ar hyd ochr dde-ddwyreiniol y cwrt tenis yn parhau ar hyd ymyl dde-ddwyreiniol y lawnt, a gwnaed bwlch llydan drwyddi yn y man lle mae'r brif rodfa lydan i'r dwyrain yn arwain i ffwrdd.

Ni welir y cwrt tenis ar y mapiau cynnar ac yn ddiamau mae'n ychwanegiad o'r ugeinfed ganrif. Gorwedd i'r de-ddwyrain o'r tŷ, ac mae'n rhaid ei bod wedi ei wneud o ran o'r lawnt. Fe'i lefelwyd drwy gloddio ar bob ochr ac eithrio'r gogledd-ddwyrain lle mae perth, ac felly mae'n suddedig braidd, â pheth gwaith cynnal. Mae'r lefelu i'r de-ddwyrain yn ysgafn, ac mae wal y llwybr llai segur sy'n mynd heibio'r ochr hon yn ymyl fwy amlwg i'r man. Cadwyd rhan o glwstwr o goed sy'n dyddio o gyfnod cyn y cwrt, gan y gellir ei gweld ar fap 1889, ar yr ochr ogledd-orllewinol, a than y coed hyn mae llawr caled a oedd yn ôl pob tebyg yn sylfaen hafdy neu bafiliwn bychan, â grisiau i lawr at y cwrt.

Roedd lleoliad yr ardd lysiau yn arfer bod ar y codiad bychan neu'r bryncyn isel i'r gorllewin o'r tŷ (fe'i gwelir yma ar y ddau fap Arolwg Ordnans cynnar), ond ar ôl hyn fe'i symudwyd i'w safle presennol ger y bloc stablau. Er bod olion tai gwydr yn eu safle gwreiddiol o hyd gwnaed gweddill yr ardal yn llecynnau ar wahân â chymeriad gwahanol, ac fe'u rhennid gan berthi.

Ymddengys na fu'r ardal yn union i'r de-orllewin o'r teras gwylio yn rhan o'r ardd lysiau erioed; mae symbolau coed ar yr hen fapiau, ac mae dwy goeden fawr, sef cedrwydden a phinwydden, sydd bellach yn tyfu mewn lawnt yma wedi goroesi yn ddiamau. Mae perth yn gwahanu'r lawnt hon oddi wrth lwybr a grisiau, â borderi ar bob ochr, ar yr ochr ogledd-orllewinol, sy'n arwain i fyny o'r teras gwylio at y man lle'r oedd yr ardd lysiau ar un adeg.

Lawnt fechan hirsgwar amgaeëdig yw'r llecyn cyntaf y deuir ar ei draws ar hyd y llwybr hwn. I'r de-ddwyrain, mae'r ardd berlysiau ar oleddf, y gellir ei chyrraedd ar hyd llwybr porfa, ac oddi yma mae pompren haearn yn croesi'r dramwyfa ar yr ochr at lawr cyntaf y tŷ. Mae gan yr ardd berlysiau deras isel, ar ymyl y llwybr, â grisiau i fyny at y gwelyau gyferbyn â mynediad i'r lawnt â'r coed mawr.

Mae dau ddeg dau o welyau bychain, sy'n hirsgwar yn bennaf, a border ar hyd pen y wal deras. Mae dau wely ar ffurf 'L' ar bob ochr i ddeial haul yn y canol. Plannwyd pob gwely â pherlysieuyn gwahanol, a cheir peth plannu addurnol hefyd. Mae lawnt yn amgylchynu'r gwelyau.

O'r man hwn gellir cyrraedd lawnt arall ar oleddf i'r de, â gwely rhosod crwn yn y canol a dwy goeden fach ddiferol. Mae llwyni a phlannu addurnol arall yn llenwi border llydan yr holl ffordd o gwmpas. I'r de a'r dwyrain mae wal gynhaliol yn cynnal y borderi, a cheir grisiau i lawr i'r blaengwrt. Yn y gornel ogledd-orllewinol mae ffordd drwodd i'r ardal sy'n cynnwys olion y tai gwydr.

Mae un tŷ gwydr yn cadw llawer o'i wydr, mewn fframwaith pren ar sylfaen o friciau, ac fe'i ddefnyddir o hyd. Mae'r ffyn gwinwydd a'r system wyntyllu yno o hyd, ac mae'r wal gefn yn wyngalchog (mae'r tŷ gwydr yn adeilad croes o ran arddull, er ei fod ar wahân). Mae'r tŷ wedi'i rannu'n ddau, er mai dim ond 8 medr o hyd ydyw i gyd, ac mae ganddo lwybr ag ymylon briciau tua'r cefn. Ar y tu allan i'r dwyrain mae border, ac mae ffenestri rhai o'r fframiau yn pwyso yn erbyn wal y tŷ gwydr yma.

I'r de o'r man hwn, mae sylfaen friciau tŷ gwydr a ddymchwelyd ac a oedd ychydig yn fwy o faint. Nid yw hwn i'w weld ar ail argraffiad y map Arolwg Ordnans 25 modfedd, er ei bod hi'n ymddangos bod peth gwydr rhwng ei safle a'r tŷ gwydr gogleddol, sef y fframiau a ddiflannodd o bosibl. Mae'n bosibl y bu rhagor o sylfeini i'r gorllewin ar gyfer tai gwydr hefyd; eto nid yw'r rhain i'w gweld ar y map. Mae'r sied fawr yng nghornel dde-

orllewinol yr ardal hon, fodd bynnag, i'w gweld fel gwydr, ac mae'n amlwg iddi gael ei haddasu ers hynny. Mae sied wrymiog drws nesaf iddi yn fwy diweddar, mae'n amlwg. Mae llwybr gweddol serth yn arwain i lawr o du blaen y sied at y lôn/blaengwrt.

Newidiwyd llawer ar y lawntiau a'r borderi i'r de o'r tŷ drwy ychwanegu ystafell wydr at y tŷ a chreu'r blaengwrt neu'r man parcio. Ymddengys mai llwyni oedd yma'n wreiddiol, ond bellach mae yma ddwy lawnt fechan ar lefelau gwahanol, borderi ag ymylon briciau a blannwyd yn ddiweddar, gan gynnwys un ar oleddf sy'n uno'r ddwy lefel ac un yr holl ffordd ar hyd ochr ddeheuol y lôn, a phalmant o flaen yr ystafell wydr.

Lleolir y darn o dir amgaeëdig sy'n cynnwys yr ardd lysiau a'r berllan i'r gogledd-ddwyrain o'r bloc stablau, i'r gogledd-orllewin o'r tŷ, ar y llethr sy'n wynebu'r gogledd o ochr ddeheuol dyffryn Mawddach. Yn ôl pob tebyg dewisiwyd y safle hwn, sy'n gwyro'n weddol serth a lle bu'n rhaid terasu'n helaeth i drin y tir, yn ddiweddar yn hanes datblygiad yr ardd ar ddechrau'r ugeinfed ganrif, pan nad oedd safle mwy cyfleus ar gael. Ond ymddengys na fu unrhyw dai gwydr yno erioed, gan iddynt aros ar yr hen safle ger y tŷ.

Ar ail argraffiad map Arolwg Ordnans 25 modfedd 1901 gwelir ffin yn croesi'r ardal a ddaeth yn ardd lysiau'n ddiweddarach, a darn amgaeëdig o dir hir, cul yn rhedeg wrth ei hymyl (nid yw'r naill na'r llall i'w gweld ar yr argraffiad cyntaf), ond nid oes unrhyw arwydd o'r hyn a oedd yma mewn gwirionedd. Mae'r berllan a'r ardd lysiau ddiweddarach yn sgwâr yn y bôn, â thro yn y ffin ddeheuol (wrth y giât) a'r gornel ogledd-orllewinol wedi'i thorri i ffwrdd; mae'r terasau gardd ar yr ochr ddwyreiniol, ac ar yr ochr orllewinol plannwyd coed ffrwythau i'r de, a cheid ardal addurnol i'r gogledd ohonynt, mae'n debyg.

Nid oes waliau uchel gan yr ardd/berllan, ac nid oedd ffrwythau ar y waliau. Plannwyd y coed afalau sy'n goroesi mewn rhesi ar wahân, ac mae ychydig yn rhagor o goed ffrwythau yn erbyn pennau'r terasau. Mae'r waliau amgylchynol yn debyg i waliau cae sych cyffredin, ac eithrio'r wal ogleddol, sy'n wal gynhaliol. Plannwyd rhes o gonifferau uchel ar hyd-ddi. Ymddengys mai'r fynedfa ar yr ochr ddeheuol, drwy giât debyg i giât cae, yw'r unig un ac eithrio mynedfa fechan a gaewyd i'r gorllewin, a allai fod wedi arwain at lwybr drwy'r coed.

Yn yr ardal ddwyreiniol mae pedwar teras, â hanner teras ychwanegol ar y pen uchaf, a gynhelir â waliau sych. Mae gan yr hanner teras fonyn wal is â ffens ar ei ben. Mae gan y teras mwyaf llydan, yn y canol, beth bocs arno ac mae'n bosibl bod llwybr yno neu ei fod yn rhannol addurnol.

Mae'r terasau'n gwyro i lawr tua'r dwyrain yn ogystal â thua'r gogledd, yn enwedig y teras mwyaf llydan, sy'n gogwyddo'n weddol sydyn fel bod rhan o'i wal gynhaliol, sy'n parhau ar yr un uchder, yn sefyll ar wahân. Saif adfail bychan ym mhen dwyreiniol y terasau uchaf. O ganlyniad i'r tro yn y wal, mae'r teras uchaf yn ymestyn ymhellach i'r de na'r berllan, ac mae wal ar hyd y pen gorllewinol.

Nid oes olion y bu i unrhyw blannu ar y terasau oroesi, ac eithrio'r bocs a grybwyllwyd, ac maent wedi tyfu'n wyllt iawn. Islaw'r wal deras isaf, i'r gogledd, mae rhes o lwyni bocs, a gellir teimlo llwybr ag wyneb caled dan draed. Ymddengys bod gweddillion adeilad bychan yn y gornel dan y wal deras, ond mae bocs yn tyfu o fewn y waliau.

Nid oes wal na ffens rhwng yr ardd lysiau derasog a'r berllan a'r llecynnau addurnol, ac eithrio pennau'r waliau teras â choed ffrwythau wedi'u plannu yn eu herbyn. Byddai'r rhes hon o goed wedi creu rhaniad anffurfiol ac addurnol rhwng y ddwy ardal. Goroesodd y coed afalau'n dda, ac nid oes llawer ar goll.

Mae'r ardal i'r gogledd o'r coed afalau wedi tyfu'n wyllt bellach ond mae clwstwr mawr o fambŵ yn y canol, a pheth bocs, yn enwedig yn ymyl y wal orllewinol ac yn arwain o'r fynedfa yn y wal hon tuag at y clwstwr o fambŵ; yn ôl pob tebyg olion perthi ar ymyl llwybr ydyw. Ceir dwy goeden afalau hefyd yn yr ardal hon a hyfforddwyd ar un adeg ar ddelltwaith, ac mae'n bosibl bod rhagor ar un adeg.

Ar wahân i'r ochr ddeheuol, lle ceir llethr glaswelltog yn gwyro tuag at y bloc stablau, a'r gornel dde-orllewinol, sydd ynghlwm wrth y cae i'r gogledd o'r lôn gefn, mae coetir yn amgylchynu'r ardd. Ymddengys hwn yn naturiol i raddau helaeth bellach, er ei fod i'w weld fel coetir cymysg ar y mapiau cynnar; yn ôl pob tebyg ychwanegwyd conifferau at y coetir naturiol, a bellach maent wedi marw neu wedi'u torri. Mae isdyfiant bytholwyrdd wedi'i blannu i'r gorllewin, ond nid i'r de.

I'r dwyrain o'r llethr laswelltog, i'r de o'r ardd, ymddengys bod llecyn bychan arall a dyfodd yn wyllt o fewn ffens haearn yn cynnwys rhagor o goed ffrwythau ac olion rhai adeiladau bychain. Mae'n agos iawn i'r caban ac mae'n bosibl mai dyma ardal y cytiau potiau/ yr ardal weithio, er ei bod ar lethr serth. Ymhellach i'r de-ddwyrain mae'r ardd lysiau fechan a ddefnyddir bellach gan ddeiliaid y caban, ac ymddengys bod hon ar deras ar oleddf hefyd. Ar y llethr laswelltog mae ychydig o lwyni bocs a gardd gerrig fechan, ac mae hon yn weddol ddiweddar yn ôl pob tebyg. Mae'r llwybr glaswelltog yn mynd i fyny rhwng hon a'r llecyn a dyfodd yn wyllt a grybwyllwyd uchod, â pheth gwaith cynnal ar yr ochr ddwyreiniol. Mae'n arwain at y llwybr neu'r llwybr llai lletach sy'n dod o amgylch ochr ddwyreiniol y cerbyty a heibio i'r caban, ychydig y tu mewn i'r estyniad i wal yr ardd sy'n gwahanu'r ardal hon oddi wrth y brif lôn a'r blaengwrt.

Ffynonellau

Sylfaenol

Gwybodaeth oddi wrth Ms Lorraine Fielding a Mr M Caton.
Catalog o bapurau yn yr archifau rhanbarthol, Dolgellau (gan gynnwys cynllun dyddiedig 1860 (Z/DBQ 54).

Eilradd

Welsh Rarebits (arweinlyfr y gwesty).

CASTELL PENRHYN

CADW

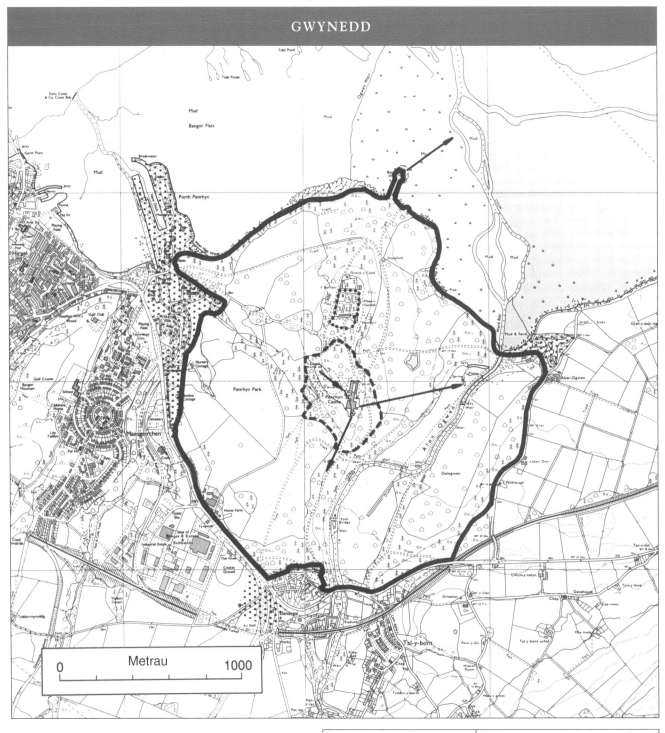

GWYNEDD

Ffin y Parc	———————
Gardd	- - - - - - - -
Gardd Lysiau	················
Lleoliad Hanfodol	⸬⸬⸬⸬⸬
Golygfa Arwyddocaol	⟶

Rhif ar y Gofrestr	PGW (Gd) 40 (GWY)
Rhif Blaenorol ar y Gofrestr	
Rhif Taflen A.O.	SH 57 SE, SH 67 SW
Community	LLANDEGAI

CRYNODEB

Rhif cyf	PGW (Gd) 40 (GWY)
Map AO	115
Cyf grid	SH 602 719
Sir flaenorol	Gwynedd
Awdurdod unedol	Gwynedd
Cyngor cymuned	Llandegai
Disgrifiadau	Adeiladau rhestredig: Tŷ Gradd I, capel Gradd II, Grand Lodge, Port Lodge a Thal-y-Cafn Lodge Gradd II, waliau'r ardd flodau Gradd II, Capel Ogwen Gradd II, Port House a'r bwthyn (Port Penrhyn) Gradd II.
Gwerthusiad safle	Gradd II*
Prif resymau dros y graddio	Mae'r parc yn cadw llawer o gymeriad y bedwaredd ganrif ar bymtheg ac mae'r gerddi, sydd â chasgliad hynod o blanhigion coediog, mewn cyflwr da. Mae'r lleoliad, a pherthynas y tŷ â'r parc a'r dirwedd, yn eithriadol. Mae saernïaeth a chynllun y gerddi llysiau, er eu bod yn segur, yn ddiddorol a'u cyflwr yn weddol o hyd.
Math o safle	Parc tirlun, coetir, gardd derasog, gerddi llysiau â waliau o'u cwmpas, lawntiau.
Prif gyfnodau o adeiladu	Y bedwaredd ganrif ar bymtheg

Disgrifiad o'r safle

Gorchest anferthol neo-Normanaidd â gorthwr, ierdydd, rhagfur a thyrau, wedi'i adeiladu o gerrig Môn (o Benmon yn ôl pob golwg, er bod Mona wedi ei awgrymu hefyd) yw'r tŷ presennol, a adeiladwyd ym 1822-38 ar gyfer George Hay Dawkins Pennant ac a gynlluniwyd gan Thomas Hopper. Dyma gamp fwyaf Hopper yn yr arddull neo-Normanaidd, ac un o'r enghreifftiau mwyaf cyflawn a pharhaol o'r arddull hon ym Mhrydain. Mae'r tu mewn yn cadw'r cywirdeb Normanaidd, ond yn dangos dylanwadau eraill, yn enwedig dylanwad y Dwyrain, ac mae'r tu allan yn benthyg manylion castell ac arddull o gyfnodau diweddarach. Mae manylion yr addurniad Normanaidd ar fwâu ac ar y tu mewn, fodd bynnag, yn hynod. Mae'r tŷ yn aros heb newid fawr ddim a bu yn nwylo'r Ymddiriedolaeth Genedlaethol er 1951, ac yn agored i'r cyhoedd er 1952.

Mae'r tŷ presennol yn cymryd lle 'castell' Gothig o ddiwedd y ddeunawfed ganrif (rhoddwyd grant i'w wneud yn gastellog yn ystod Rhyfeloedd y Rhosynnau) o friciau melyn, ar yr un safle, a gynlluniwyd gan Samuel Wyatt, a oedd yn ôl pob tebyg yn cadw cynllun a rhan o gapel y tŷ canoloesol blaenorol. Disgrifiwyd hwn gan Edmund Hyde Hall fel 'a gateway, a chapel, a tower and a vast hall', ac fe'i portreadwyd mewn llun, gan Moses Griffith yn ôl pob tebyg, a gyhoeddwyd gan y Comisiwn Brenhinol yn *Inventory* Sir Gaernarfon, ond a ddyddiwyd yn anghywir i 1790 – adeiladwyd tŷ'r Wyattiaid erbyn 1780. Mae tŷ'r Wyattiaid, a ddisgrifiwyd gan Thomas Pennant, Hyde Hall ('a handsome light-coloured edifice of brick, built castelwise and ornamented with battlements and a double tower') ac ymwelwyr eraill, wedi'i lyncu bron ond mae'r neuadd fawr yn goroesi yn y parlwr presennol. Fe'i hymestynnwyd tua 1800, a gellir esbonio ei fyrhoedledd yn ôl pob tebyg oherwydd yr elw sylweddol o chwareli llechi Penrhyn yn ystod diwedd y ddeunawfed a dechrau'r bedwaredd ganrif ar bymtheg, a'i gwnaeth hi'n bosibl codi'r tŷ newydd mawreddog. Adeiladwyd y tŷ ar safle er mwyn ei weld o'r chwareli, ac yn wir o'r rhan fwyaf

o'r ystad a'i chyffiniau, gan bwysleisio tra-arglwyddiaeth y teulu'n lleol.

Mae'r rhan fwyaf o'r tai allan ynghlwm wrth y tŷ ac yn rhan o un honglaid o adeiladau di-dor. Mae'n werth sôn am rai ohonynt yma.

Roedd y Tŵr Rhew, ar gornel ogleddol iard i'r dwyrain o'r stablau, yn rhan o'r cyfadeilad, ac yn rhan o gynlluniau gwreiddiol Hopper. Mae'r enw'r deillio o'r tŷ rhew yn yr islawr, a oedd yn cael ei ddefnyddio o hyd tan ddechrau'r ugeinfed ganrif.

Disgrifiwyd y tŷ rhew fel 'the most elaborate of all Welsh ice-houses'; mae'n siambr bigfain wedi'i leinio â briciau, gan gyrraedd 5 medr dan lefel y ddaear a 2.5 medr yn uwch na lefel y ddaear. Mae'n 3 medr ar draws ar lefel y ddaear ac yn 1 medr ar y gwaelod, a gellir ei gyrraedd ar hyd tramwyfa 2.5 medr o hyd ar lefel y ddaear, â dau ddrws i gludo'r rhew i mewn. Bellach diflannodd llawr yn y siambr ar lefel llawr y llwybr, ac yn lle'r corcyn pren yn y llawr uwchlaw mae rhwyll er mwyn gweld y siambr o'r lefel hon. Roedd nenbont dros y twll a lenwid gan y corcyn yn flaenorol, ar gyfer codi'r rhew, ac mae olwyn y pwli yno o hyd. Mae ochrau briciau rhan danddaearol y siambr yn llawn bachau lle'r arferai bwndeli o wair hongian i'w hinswleiddio. Yn ôl erthygl yn y *Gardener's Chronicle* (Ionawr 1914), defnyddiwyd y rhewdy hefyd i storio ffrwythau, gan gadw'r 'Cox Orange Pippin' er enghraifft mewn cyflwr da tan fis Mai.

Mae rhewdy arall na ellir mynd ato yn y parc ar SH 597 723, a oedd yn ôl pob tebyg yn perthyn i'r fila ar y tir, sef Lime Grove.

Mae'r stablau, ym mhen gogleddol y castell, yn rhan annatod o adeilad Hopper. Mae ynddynt res ddwbl o gorau, ag ystafelloedd harneisiau, stordai a llety'r marchweision, ar hyd ochr orllewinol iard goblog fawr, â llwybr marchogaeth gorchuddiedig ar yr ochr ddwyreiniol (mae gwydr o'i gwmpas bellach ac fe'i defnyddir fel amgueddfa reilffordd). Mae'r brif fynedfa i'r iard i'r gogledd, â chloc uwchben y bwa, a siedau'r cerbytai gyferbyn, ar ochr ddeheuol yr iard, hefyd yn rhan o'r amgueddfa reilffordd bellach. Gwnaed y cloc uwchben y fynedfa gan William Platt o Stockport ym 1795, ac yn wreiddiol un wyneb yn unig oedd iddo; ychwanegwyd yr ail wyneb a pheirianwaith y cloc, a wnaed o bosibl gan James Condliffe o Lerpwl, pan symudwyd y cloc i'w safle presennol (o stablau'r Wyattiaid o bosibl). Mae'r corau yn eu lle o hyd, â'u lloriau coblog gwreiddiol. Mae gan y tramwyfeydd loriau slabiau llechi, wedi'u rhesio i wella gafael y ceffylau. Mae cloriau'r draeniau o lechi rhydyllog a'r cefngorau o bren ac oll wedi'u cadw mewn cyflwr da.

Roedd y stablau a oedd yn eiddo i'r tŷ blaenorol ac a gynlluniwyd gan Samuel Wyatt, ar raddfa debyg a chyfeirir atynt gan nifer o ymwelwyr ar ddiwedd y ddeunawfed ganrif fel rhai o lechi. Yn ôl pob tebyg maent yn gorwedd dan y stablau presennol, ond mae cynlluniau gan Wyatt yn bodoli hefyd sy'n eu dangos mewn man arall yn enwedig i'r gorllewin o'r tŷ, sef eu safle gwreiddiol o bosibl.

Saif y golchdy blaenorol ger y gerddi llysiau, i'r gogledd o'r tŷ, ac ymddengys ei fod fwy neu lai ar safle bwthyn y garddwr a welir ar fap a ail-luniwyd tua 1820 efallai o fap ystad o 1804. Fodd bynnag, nid oes gan yr adeilad presennol unrhyw gysylltiad â'r bwthyn yn ôl pob tebyg. Roedd y golchdy yn ei le erbyn 1889 ond o ran arddull ymddengys ei fod yn perthyn i ddyddiad cynharach yn y bedwaredd ganrif ar bymtheg.

Fe'i hadeiladwyd o gerrig nadd â tho llechi, ac mae'n adeilad mawr, sydd bellach wedi'i addasu'n dri thŷ. Roedd y ffenestri gwreiddiol yn ffenestri codi, ac ymddengys bod rhai ffenestri adeiniog wedi'u gosod yno'n ddiweddarach; lleihawyd maint rhai o'r ffenestri mwyaf. Ceir lawnt sychu dillad fawr sydd mewn hanner cylch bras, – defnyddir rhan ohoni i'r diben hwnnw o hyd – ac mae rhai o'r pyst llechi a ddefnyddid ar gyfer y leiniau dillad yn cael eu defnyddio o hyd. Mae maint yr holl safle yn arwydd o faint o waith golchi a gynhyrchid gan yr ystad.

Yn ôl pob tebyg roedd parc yn gysylltiedig â thŷ'r ddeunawfed ganrif, ac o bosibl â'r tŷ blaenorol o'r oesoedd canol. Ar fap ystad o 1768 ceir enwau megis 'Parc y Moch', ond mae'r cynllun a welir yn dangos gerddi ffurfiol a pherllannau â darnau bychain afreolaidd o dir amgaeëdig a oedd yn goediog yn bennaf o'u cwmpas. Nid oes unrhyw fap â chynllun sy'n cynnwys parcdir a gynlluniwyd yn fwriadol tan 1804 (ac a ail-luniwyd tua 1820), ac mae'r parc mawr sy'n amgylchynu'r castell bellach yn amlwg yn perthyn yn wreiddiol i ddiwedd y ddeunawfed ganrif, tua'r adeg yr adeiladwyd tŷ'r Wyattiaid. Byddai felly wedi'i gynllunio gan Richard Pennant, Barwn cyntaf Penrhyn. Dim ond ychydig yn llai o faint yw'r ardal a welir ar fap 1804 na'r parc presennol, heb ymestyn i'r tu draw i Afon Ogwen i'r dwyrain, ac roedd mân wahaniaethau yn yr amlinelliad a rhagor yn y cynllun mewnol, â llwybrau llai ac adeiladau ar safleoedd gwahanol, rhagor o ffiniau caeau a llai o goetir. O'r modd y cafodd ei drin, fodd bynnag, gwelir bod y coetir a fodolai ar y pryd yn sylfaen ar gyfer planhigfeydd eang yn ddiweddarach. George Hay Dawkins Pennant, sef adeiladydd y tŷ presennol, oedd yn gyfrifol am ehangu ac addasu'r cynllun yn bennaf.

Saif y parc, sy'n grwn yn fras o ran ffurf, â'r tŷ bron yn union yn y canol, mewn llecyn rhwng ceg Afon Cegin ac Afon Ogwen yng ngorllewin eithaf arfordir gogleddol gogledd Cymru. Dewiswyd y safle'n dda, â'r tir yn codi tua chanol y parc ac yn lefelu'n wrym â chopa gwastad ag ychydig fryniau, gan gynnig safle mawreddog i'r tŷ â golygfeydd eithriadol, er ei fod yn agored iawn i'r gwynt.

Gorwedd echel hir y tŷ o'r gogledd i'r de, â'r brif fynedfa a'r teras 'rhagfur' i'r ochr ddwyreiniol, sydd â'r golygfeydd gorau, tuag at Benmaenmawr a'r Carneddi. O ben uchaf y gorthwr a'r tyrau mae modd gweld y parc i gyd bron, er bod coed yn cuddio'r ardal o gwmpas fferm yr ystad, i'r de-orllewin. Cafodd yr Ymddiriedolaeth Genedlaethol gryn anhawster sefydlu coed yn yr ardal hon oherwydd diffyg dyfnder y pridd ar ben y bryn, yn ogystal â'r gwynt. Ychydig o gysgod sydd yno felly i blanhigion eraill, a lawnt agored yw'r ardal o gwmpas y castell yn bennaf o hyd fel y cynlluniwyd yn wreiddiol, â gerddi heb fod ymhell a'r parc o amgylch y cyfan.

Plannwyd coed ar hyd ymyl y môr ac ar hyd ochrau'r lonydd hefyd at ddibenion cuddio a chysgodi. Mae fferm yr ystad i'r de-orllewin o'r tŷ – fe'i symudwyd yno o safle i'r gogledd, ac mae parcdir yn cael ei ffermio o'i hamgylch; gorwedd ardaloedd o barcdir mwy addurnol ar bob ochr i Afon Ogwen i'r gogledd-ddwyrain, dwyrain a'r de-ddwyrain. Mewn un engrafiad o'r bedwaredd ganrif ar bymtheg gwelir ceirw yn y parc, ond nid ymddengys bod ardal wedi'i phenodi'n barc ceirw. Yn y parc, i'r gogledd o'r tŷ, gorwedd olion gerddi llysiau helaeth, â choetir o'u cwmpas.

Mae wal o amgylch y parc cyfan, â cheir sawl mynedfa a thri phorthordy urddasol sy'n perthyn i'r un cyfnod â'r castell neo-Normanaidd ac yn debyg iddo o ran arddull. Y môr yw ffin ogleddol y parc, a wal gynhaliol yw'r wal ar yr ochr hon, â chob gwneud lle ceid cytiau ymdrochi a baddonau poeth ac oer ar un adeg. Roedd wedi creu argraff ddofn mae'n amlwg ar Thomas Roscoe, tra'n ysgrifennu ym 1838: '…the effect, as you approach, is at once picturesque and imposing.' Mae hefyd yn cyfeirio at y porthordai, y mynedfeydd a'r wal, sydd yn saith milltir yr holl ffordd o gwmpas, medd ef, yn ogystal â'r baddonau a'r capel 'elegant'; mae'r parc 'In point of situation unrivalled…'

Ar hyd ymyl orllewinol y parc ceir olion inclein a lein fach a gludai lechi o'r chwareli ger Bethesda (a dalodd am y tŷ) i Borth Penrhyn a adeiladwyd i'r diben hwnnw yng nghornel ogledd-orllewinol y parc.

Roedd tŷ o'r oesoedd canol ar y safle, a oedd yn eiddo i deulu Cymreig adnabyddus a oedd yn perthyn i'r Tuduriaid, a chymerasant yr enw Griffith. Gwerthodd y Griffithiaid yr ystad yn y pen draw i Archesgob John Williams o Gaerefrog, gŵr lleol amlwg, a adawodd yr ystad i'w nai, ac yn ddiweddarach aeth drwy'r llinach fenywaidd a dod yn eiddo i wraig Richard Pennant.

Roedd Pennant yn ŵr cyfoethog a chraff; rhan o'r ystad yn unig ddaeth i'w feddiant drwy ei wraig iddo, ond prynodd y gweddill, ac ef oedd yn gyfrifol hefyd am ddatblygu'r chwareli llechi ac adeiladu'r ffordd gyntaf i fyny Nant Ffrancon. Cafodd ei urddo'n Arglwydd Gwyddelig, y Barwn Penrhyn o Benrhyn, Co. Louth, ym 1783, ond daeth â'i deitl hynod Gymreig i'w ystad yng Nghymru. Siarsiodd Samuel Wyatt i adeiladu tŷ newydd iddo ac fe'i cwblhawyd cyn 1780 â chanddo wyneb o friciau melyn; adeiladwyd y stablau helaeth o lechi. Adeiladodd Wyatt fila (y Gelli Leim wreiddiol) a rhai bythynnod ar yr ystad hefyd, ond nid ymddengys bod yr un ohonynt wedi goroesi.

Yn ystod yr un cyfnod ag adeiladu'r tŷ, mae'n rhaid bod yr Arglwydd Penrhyn wrthi'n gwella ei dir, ac o bosibl yn cynllunio ei barc. Ym 1797 ceir cyfeiriad gan Colt Hoare at 'many young plantations' a rhodfeydd ar lan yr afon, ac ar fap a gopïwyd o fap ystad 1804 gwelir parcdir, coetir, gardd a chob lle gosodwyd y baddonau yn ddiweddarach. Nid oes sicrwydd, fodd bynnag, fod y nodweddion i gyd yn bresennol ym 1804. Cyfeiriodd sawl sylwebydd, gan gynnwys Bingley a Loudon, at y nifer o ffyrdd amrywiol, rhai ohonynt yn newydd sbon, yr aethpwyd ati i ddefnyddio'r llechi ar yr ystad, ond yn anffodus dim ond ychydig o'r nodweddion llechi sydd wedi goroesi.

Ym 1808 etifeddwyd yr ystad gan George Hay Dawkins Pennant, cefnder yr Arglwydd Penrhyn di-blant. Roedd naill ai'n malio dim am y tŷ briciau melyn gweddol newydd neu'n dymuno adeiladu rhywbeth a deimlai oedd yn fwy cydnaws â'i gyfoeth a'i statws, felly cafodd wared ar y rhan fwyaf ohono gan gyflogi Thomas Hopper i adeiladu'r castell neo-Normanaidd sy'n goroesi hyd heddiw heb newid fawr ddim. Cymerodd bron ddau ddegawd i gwblhau'r tŷ hwn, a gychwynnwyd ym 1822, ac yn y cyfamser bu Dawkins Pennant wrthi'n brysur yn gwella'r parc ac yn adeiladu mewn mannau eraill ar yr ystad. Mae ei lythrennau blaen a'r dyddiad 1820 ar Bont Penrhyn, sy'n mynd dros Afon Cegin ger y porthladd; dymchwelwyd y ddau borthordy oedd yn bodoli yno ac adeiladwyd eraill, ar safleoedd gwahanol, mewn arddull a oedd yn cyd-fynd â'r castell; symudwyd fferm yr ystad i safle ymhellach o'r tŷ; ymestynnwyd y parc y tu hwnt i Afon Ogwen i'r dwyrain; ac ad-drefnwyd y lonydd. Cynlluniwyd prif lôn hollol newydd, a ddeuai o gyfeiriad y de ac yn ymgorffori'r rhan fwyaf o'r hen lôn i'r eglwys, â phorthordy newydd wrth y fynedfa wedi'i gynllunio ar raddfa urddasol, er mwyn bod yn hollol gydnaws â'r tŷ newydd. Adeiladwyd wal y parc hefyd ar yr adeg hon, a gwnaed plannu newydd helaeth.

Nid oedd gan Dawkins Pennant yr un mab, ac aeth yr ystad i'w ferch hynaf a'i gŵr, Edward Gordon Douglas, a gymerodd yr enw Pennant fel Dawkins o'i flaen. Roedd Douglas Pennant yn AS dros Sir Gaernarfon ac yn Arglwydd Raglaw am flynyddoedd lawer, ac fe'i hurddwyd yn Farwn Penrhyn o Landegai yn y diwedd ym 1865. Gwnaeth fawr ddim newidiadau i'r tŷ, ond plannodd goed yn helaeth, gan gynnwys yn eu plith nifer o sbesimenau egsotig yn y parc, coedwigoedd a'r lawntiau. Ymwelodd y Frenhines Fictoria â

Phenrhyn ym 1859 gan blannu *Sequoiadendron giganteum* yn y lawnt i'r gorllewin o'r castell, lle mae'n tyfu o hyd, a llechen yn nodi'r man. O 1880 cyflogwyd Angus Webster, coedwigwr o fri o'r Alban, i arolygu'r plannu, a bu'n gyfrifol am dreialu nifer o rywogaethau o gonifferau a oedd yn newydd i Brydain ar y pryd er eu bod yn cael eu defnyddio'n helaeth bellach mewn coedwigaeth fasnachol. Douglas Pennant hefyd a gyflogodd Walter Speed am y tro cyntaf fel garddwr; bu Speed yn gweithio i ddau Arglwydd Penrhyn arall, gan wneud gerddi Penrhyn yn enwog, yn arbennig am ansawdd ac amrywiaeth y ffrwythau a'r llysiau a gynhyrchai.

Roedd ail Farwn Penrhyn, a etifeddodd ym 1886, yn ymddiddori'n bennaf yn y chwareli. Bu ei ddulliau o ymdrin â phroblemau yn sgil y lleihad yn y galw am lechi a'r anniddigrwydd cynyddol ymhlith y gweithwyr, a arweiniai at streiciau hir a chwerw, yn achos colled ariannol ac amhoblogrwydd personol iddo. Chwaraeon oedd ei hoff ddiddordeb yn hytrach na garddio ac nid ymddengys iddo gymryd ddiddordeb mawr iawn ei barc, er bod Speed a Webster yn parhau i weithio iddo, a gwnaed rhai gwelliannau i'r ardd. Yn yr un modd, ymddengys bod ei fab, Edward, wedi ymddiddori'n fwy mewn materion eraill. Mae disgrifiad o'r parc ym 1902 gan y sosialydd Charles S Harper, oedd heb air da i ddweud am Arglwydd Penrhyn na'i gastell, yn cynnig llun atgofus o dirlun prydferth serch hynny: '…a lovely scene of dense woodlands falling towards a blue expanse of sea, with an island and a lighthouse and white-winged yachts.'

Roedd pedwerydd Arglwydd Penrhyn, sef Hugh Napier (ail fab y trydydd Arglwydd – lladdwyd ei frawd hŷn yn y Rhyfel Byd Cyntaf), a ddaeth yn berchen ar yr ystad ym 1927, yn arddwr brwdfrydig, fel ei wraig Sybil. Creodd Arglwydd Penrhyn y Rhodfa Rododendronau, ac ailfodelodd Arglwyddes Penrhyn yr ardd flodau yn gyfan gwbl, ac roeddynt yn gyfrifol am blannu rhagor o goed egsotig a llwyni yn y parc a'r ardd.

Dioddefodd y parc a'r ardd yn ystod yr Ail Ryfel Byd ac nid adferwyd y gogoniant a fu. Pan fu farw pedwerydd Arglwydd Penrhyn ym 1949 trosglwyddwyd yr ystad i'w nith, sef y Fonesig Janet Pelham, a gymerodd enw Douglas Pennant. Yn fuan wedi hynny trosglwyddwyd y tŷ urddasol a rhan o'r tir cyfagos i'r Ymddiriedolaeth Genedlaethol drwy'r Trysorlys, er bod y teulu'n byw ar yr ystad o hyd ac yn berchen ar lawer o'r parc.

Mae'r brif fynedfa, i'r de o'r castell, yn drawiadol. Saif y Grand Lodge o boptu'r fynedfa, a'r lôn yn mynd drwy ddrysau pren dwbl porth bwaog hynod addurnol. Ar bob ochr i'r porth bwaog mae pedwar tyred murfylchog crwn. Am ychydig bellter ar bob ochr i'r porthordy, mae wal y parc o gerrig nadd, yn uwch â chopa cerrig nadd, cyn dychwelyd at yr arddull arwach â blociau o lechi ar eu hymyl a ddefnyddiwyd am y rhan fwyaf o'i hyd. Mae copâu cerrig nadd hefyd o gwmpas lawntiau ar bob ochr i'r lôn o flaen y porthordy, a oedd â rheiliau ar eu copâu yn flaenorol. Plannwyd dwy binwydden Douglas aeddfed fawr, sy'n dyddio o bosibl o gyfnod yn fuan ar ôl 1846, o fewn y lawntiau hyn. Mae'r lôn darmac yn ymdroelli tua'r gogledd drwy'r goedwig am tua 1 cilomedr, gan droi o gwmpas o gyfeiriad y dwyrain at y tŷ. Wrth iddo ddynesu at y castell mae'r lôn wedi'i thorri o'r graig wrth iddi ddringo i fyny'r rhiw lle'r adeiladwyd y castell. Yr un yw'r llwybr â'r un a welir ar argraffiad cyntaf y map Arolwg Ordnans 25 modfedd (1889), ond fe'i crëwyd pan adeiladwyd y tŷ presennol, gan wyro tua'r dwyrain o amgylch pentref Llandegai a'r eglwys. Ar ddechrau'r bedwaredd ganrif ar bymtheg roedd y brif lôn yn dod o'r de-orllewin, o fynedfa yn ymyl fferm yr ystad heddiw. Er mwyn cyrraedd yr eglwys bryd hynny eid ar hyd llwybr tebyg i ddarn gogleddol y lôn bresennol heddiw.

Dyma'r unig lôn a ddefnyddir bellach i gyrraedd y tŷ. Fodd bynnag, mae'r rhan fwyaf o lwybr y lôn flaenorol o'r de-orllewin wedi'i chadw, yn rhannol fel llwybr troed ar draws y parc, ac yn rhannol fel sarn goblog ar hyd ymyl yr ardd â wal o'i chwmpas; fodd bynnag symudwyd y darn olaf at y tŷ.

Ym 1804 ymddengys bod ffin y parc ymhellach i mewn nag ydyw heddiw, ac mae porthordy i'w weld yn agosach at y tŷ na'r safle y symudwyd fferm yr ystad iddo. Nid oedd y brifffordd bresennol yn bodoli ac ymddengys bod y ffordd y fforchai'r hen lôn oddi arni, ac a gedwir yn rhannol fel llwybr fferm o fewn y parc, yn arfer bod yn ffordd gyhoeddus i Borth Penrhyn. Cysylltwyd rhan ddeheuol y lôn hon, sydd i'w gweld fel llinell uchel yn y glaswellt, i gysylltu â'r darn sarnog yr hen lôn yn ymyl yr ardd â wal o'i chwmpas; mae llwybr llai yn gwyro oddi arni tua'r dwyrain i ailymuno â'r brif lôn i'r de o'r tŷ (mae hon yn raeanog o fewn tir yr Ymddiriedolaeth Genedlaethol). Mae'r rhan ogleddol wedi'i hailochri i ymuno â'r ffordd gyfoes drwy fynedfa fferm yr ystad. Mae bellach yn segur i'r gogledd o'r man lle croesai'r hen lôn gefn.

Daw lôn arall, sydd braidd yn anymarferol fel lôn i arwain at y tŷ ac a gynlluniwyd fel lôn hamdden yn bennaf yn ôl pob tebyg, i mewn i'r parc i'r de, i'r dwyrain o Afon Ogwen. Mae'r porthordy wedi'i adeiladu o gerrig, a'i arddull yn ymdoddi i'r tŷ ac yn weddol debyg i'r Port Lodge. Mae ychydig bellter o'r giatiau ac mae pileri ar wahân; mae copa crwn i'r porth bwaog er bod y gwaith maen uwchlaw yn codi'n bigfain; ac mae'r wal yn uwch, o gerrig nadd a chopa cerrig am ychydig bellter bob ochr i'r porth bwaog. Mae'r drysau dwbl yn debyg i rai'r Port Lodge. Y tu allan mae stribed o gerrig nadd ar lefel y ddaear oedd â rheiliau ar un adeg, ond mae bellach wedi diflannu.

Mae'r lôn yn rhedeg ar hyd ochr ddwyreiniol Afon Ogwen i gysylltu â llwybr llai hŷn sy'n rhedeg o'r dwyrain i'r gorllewin i'r gogledd o'r tŷ. Y llwybr llai hwn ag wyneb caled oedd y lôn gefn wreiddiol, a redai o Borth Penrhyn at borthordy cefn a fferm yr ystad yn ei hen safle i'r gogledd o'r tŷ, ac yna ymlaen at geg Afon Ogwen, lle deuai i ben, mae'n debyg. Newidiwyd ei lwybr rhywfaint, ond mae'n dal yn debyg i'r hyn a fu ar y cyfan, ac fe'i cysylltwyd â'r lôn ag wyneb tarmac gan bont dros yr afon a ailunionwyd yn y man hwn rhywbryd rhwng 1804 a 1840. Fe'u defnyddir o hyd fel llwybrau llai y fferm.

Ychwanegwyd lôn arall o Borth Penrhyn, ar yr un adeg yn ôl pob tebyg, gan wyro o amgylch y gerddi llysiau i ddynesu o gyfeiriad y gogledd, lle mae'n cysylltu â'r llwybr llai i'r cob lle mae adfeilion y cytiau ymdrochi. Mae hefyd yn goroesi fel llwybr llai y fferm/y goedwig. Mae Port Lodge, wrth y fynedfa, yn dŵr murfylchog sgwâr, â phorth bwaog pigfain uwch ben drysau pren dwbl a thŵr llai yr ochr arall. Mae coblau gwreiddiol y lôn yn goroesi dan y porth bwaog.

Ymddengys yr hen lôn gefn ar fap ystad 1804/1820au, fel y llwybr llai sy'n arwain i'r man ymdrochi; er nad oedd cytiau ymdrochi yno ar y pryd, roedd y cob eisoes wedi'i adeiladu. Mae hefyd amrywiol lwybrau llai cysylltiol o fewn y parc, y rhan fwyaf ag wyneb caled yn bennaf er bod porfa'n tyfu drostynt weithiau, ac maent yn cael eu defnyddio o hyd.

Lleolir y coetir yn bennaf o gwmpas ochrau'r parc yn bennaf ac ar hyd y brif lôn, ac mae'r clwstwr mwyaf i'r gogledd o'r gerddi â waliau o'u cwmpas. Maent wedi'u dosbarthu'n debyg i'r hyn a welir ar fap 1889, ond aeth y coetiroedd ychydig yn llai o ran maint, gan newid o ran cymeriad hefyd, â rhagor o bwyslais bellach ar gonifferau masnachol. Mae rhagor o goetir yno o hyd, fodd

253

bynnag, na'r hyn a welir ar fap ystad 1804/1820, er bod yr ardaloedd craidd yr un fath. Mae'n rhaid bod y stribed llydan o goetir cymysg ar hyd ochr ddwyreiniol y parc wedi'i ychwanegu ar ôl i'r parc gael ei ymestyn gan Dawkins Pennant.

Mae'r rhan fwyaf o'r coetir yn cael ei reoli'n fasnachol a defnyddir peth o'r gerddi â waliau o'u cwmpas at y diben hwn. Fodd bynnag, nid yw rhannau o'r coetir yn cael eu rheoli mewn modd mor fasnachol ac maent yn gyforiog o bren caled brodorol atgynhyrchiol ac isdyfiant trwchus.

Mae'r parcdir agored yn cael ei ffermio, ond tir pori yw'r rhan fwyaf ac yn ôl pob tebyg ni newidiodd y modd a gaiff ei reoli ryw lawer ers y bedwaredd ganrif ar bymtheg. Ym 1773 disgrifiodd Thomas Pennant Benrhyn fel 'once beautifully embosomed with venerable oaks', ac mae rhai o'r rhain yn dal yno. Gwelir rhai bonion mawr iawn yn y parcdir, ac mae rhai ohonynt hefyd yn ôl pob tebyg yn perthyn i goed a blannwyd yn fwy diweddar ond rhai mwy byrhoedlog. Ychydig o goed y parcdir sydd yno o hyd, ac nid oes dim coed ifanc. Yn gyffredinol plennir coed collddail, yn eu plith ynn a choed leim yn ogystal â derw, yn unigol, er bod rhai clystyrau, ac mae'r rhan fwyaf o'r conifferau sydd ar ôl (nad oes fawr ddim ohonynt bellach) mewn clystyrau.

Mae pwll bychan yn y parcdir i'r gogledd-ddwyrain o'r tŷ. Crëwyd hwn rhwng 1889 a 1914 i ddenu hwyaid gwyllt; fe'i cliriwyd yn weddol ddiweddar a phlannwyd rhai coed newydd yn y perthlys o'i amgylch. Mae wal o'i amgylch ar bob ochr ar wahân i'r gorllewin, â llethr laswelltog ar ochrau allanol waliau'r argae.

Tyfodd y cob â'r cytiau ymdrochi'n wyllt, ond mae'n amlwg bod llwybr ar hyd y canol â mathau gwahanol o rosod yn wreiddiol, â rhes allanol o rugwydd (a rhai derw) i gynnig cysgod ar bob ochr. Ymddengys bod y rhain wedi gwrthsefyll difrod y tywydd yn well na'r cytiau ymdrochi, ac mae'r grugwydd yn goed fwy neu lai, er nad yw'r rhosod i gyd wedi goroesi. Nid oedd plannu ar y cob pan dynnwyd llun o'r baddon-dy mawr clasurol (dechrau'r ddeunawfed ganrif?), ac yn ôl pob tebyg mae'r plannu presennol felly'n cydoesi â'r cytiau ymdrochi briciau diweddarach y mae darnau ohonynt yno o hyd.

Ymddengys bod Penrhyn, sef tŷ'r garddwr gynt, a saif i'r gogledd o'r tŷ yng nghornel dde-ddwyreiniol yr ardd lysiau, yn perthyn i ddechrau'r bedwaredd ganrif ar bymtheg, ac yn ôl pob tebyg fe'i hadeiladwyd gan Dawkins Pennant fel rhan o'i gynllun o welliannau, er nad ymddengys bod y gerddi llysiau wedi'u cynllunio ganddo yn eu safle presennol. Mae adeilad bychan ymhellach i'r gogledd (a nodir yn 'Gardener's Cottage' mewn ysgrifen ddiweddar) ar fap 1804/1820, a ymddengys lle mae'r tŷ golchi bellach. O ran arddull mae'r tŷ golchi'n weddol debyg i Benrhyn, felly mae'n bosibl eu bod yn cydoesi, ac o bosibl adeiladwyd Penrhyn i gymryd lle bwthyn y garddwr os cafodd ei lyncu gan y tŷ golchi. Penrhyn yw cartref teulu Douglas Pennant bellach, ac fe'i hymestynnwyd drwy ychwanegu adenydd ar bob ochr ym 1956.

Tŷ deulawr o gerrig nadd ydyw, â tho llechi a ffenestri codi. Adeiladwyd y ddwy adain ymwthiol mewn arddull debyg. Addaswyd rhan ddeheuol yr ardd lysiau yn ardd breifat i Benrhyn.

Ceir grŵp o dai yn ymyl yr ardd â wal o'i chwmpas. Ar yr ochr ddwyreiniol mae Maes y Gerddi, adeilad deulawr, â llawr uchaf o lechi, sy'n dyddio o 1889-1914, sef y caban gynt ac sydd bellach yn ddau dŷ. Mae Drws y Coed, sef tŷ'r garddwr presennol, yn perthyn i'r un cyfnod ac maent yn debyg o ran arddull. Mae'n bosibl mai Y Berllan yw'r tŷ hynaf yn y grŵp, os yw'n gyfateb i Dyddyn Canol, a welir ar fap 1804/1820. Ymddengys bod hwn ar y safle lle saif Y Berllan bellach, ond yn sicr cafodd ei ailgynllunio neu'i ailadeiladu cyn 1889. Mae'r tŷ presennol yn ddeulawr ac wedi'i adeiladu o

rwbel â tho llechi. Ceir peth coblau mewn cyflwr da o gwmpas Y Berllan, a gwnaed yr ardd o ran o'r lawnt sychu dillad.

Pan ehangwyd y parc tua'r dwyrain, i gynnwys stribed i'r dwyrain o Afon Ogwen, adeiladwyd tŷ i'r ciper, cytiau cŵn a rhai bythynnod o amgylch safle'r Capel Ogwen gwreiddiol, a fu ar un adeg yng nghanol tro hir, dolennog yn yr afon. Mae'n bosibl bod y tŷ'n cynnwys rhan o'r capel gwreiddiol, ac iddo gael ei godi erbyn 1889, er bod y capel i'w weld o hyd ar fap 1804/1820. Mae'r tŷ'n ddeulawr, â simneiau briciau a tho llechi, o lechi yn rhannol ac wedi'i rendro'n rhannol.

Ymddengys yr ardd braidd yn gynnil, gan gynnwys lawntiau anffurfiol yn bennaf, wedi'u plannu â llwyni a choed enghreifftiol, o gwmpas y castell, â choedwigoedd a llwyni ychydig ymhellach, i'r de o'r castell ac ar fryncyn i'r gogledd-orllewin. Yn draddodiadol bu'r lawnt i'r gorllewin o'r tŷ yn ardal ar gyfer tyfu conifferau sbesimen, ac mae rhai ohonynt yn goroesi (gan gynnwys un a blannwyd gan y Frenhines Fictoria ym 1859), ac ychwanegwyd conifferau egsotig ifainc eraill. Cuddiwyd yr ardd derasog ffurfiol â wal o'i chwmpas a'r gerddi llysiau yn dda, ac ar wahân i'r coed mae'r plannu gorau, ac eithrio'r rhai diweddar, ymhell o'r tŷ.

Ymddengys bod y gerddi llysiau â waliau o'u cwmpas a'r ardd flodau derasog yn perthyn i gyfnod diweddarach na'r tŷ, ac mae'n rhaid tybio bod chwaeth Dawkins Pennant, a oedd yn gyfrifol am y rhan fwyaf o'r cynllun yn ôl pob tebyg, yn tueddu i ganolbwyntio ar dirlun yn hytrach na blodau a llwyni. Mae'n debygol y bwriadwyd y tir agored o gwmpas y castell i fod yno i'w arddangos ar ei orau o bob cyfeiriad, gwneud y gorau o'r olygfa, a dwysáu dilysrwydd yr adeilad neo-Normanaidd. Yn wir, nodwyd hyn yn benodol gan un ymwelydd anfoddog (Arglwydd Hatherton o Teddesley) a gwynodd fod y coed yn cuddio'r golygfeydd o'r ffenestri, ond bod cyffiniau'r castell yn ddim ond '…a space of grass…But not a single flower is to be seen; because forsooth there were none around castles 500 years ago!' Yn ddiweddarach roedd mwy o blannu o gwmpas y castell, fel sy'n amlwg o ddisgrifiadau'r dydd, ond heddiw unwaith eto mae 'a space of grass'.

Ar fap ystad o 1768 gwelir gerddi ffurfiol yn amgylchynu'r hen dŷ, a gliriwyd mae'n rhaid i ryw raddau pan adeiladwyd tŷ'r Wyattiaid â'i stablau helaeth. Roedd hefyd ardd afreolaidd ei ffurf ar safle'r ardd flodau derasog bresennol fwy neu lai, ac ym 1804, neu pan gopïwyd y map o'r dyddiad hwnnw, daethai'r ardd hon yn ardd hirsgwar â wal o'i chwmpas, gardd lysiau yn ôl pob tebyg o ddiwedd y ddeunawfed ganrif a gymerodd le un a symudwyd pan adeiladwyd tŷ'r Wyattiaid.

Mae'n anodd gwahanu'r syniad o'r gerddi llysiau â waliau o'u cwmpas sy'n ddiweddarach ac yn fwy o lawer o faint oddi wrth Walter Speed, a'u gwnaeth yn enwog. Ond nid ymddengys bod cofnod o p'un ai'r garddwr neu'r ardd ddaeth gyntaf, er y gwyddys bod Walter Speed wedi cychwyn ar y gwaith i'r Arglwydd Penrhyn ym 1863, ac na chynlluniwyd y gerddi llysiau erbyn 1840. Mae'r demtasiwn yn fawr felly i weld Speed, a oedd yn mwynhau garddio blodau yn ogystal â llysiau, fel y person hollol hanfodol a greodd y gerddi llysiau newydd, gan drawsnewid safle dethol yr ardd segur lai ei maint yn ardd addurnol ffurfiol. Ehangwyd hon yn ddiweddarach drwy ychwanegu gardd gors islaw'r teras isaf, a'i haddasu gan Sybil, Arglwyddes Penrhyn, yn y 1920au a'r 30au. Ei gŵr, sef 4ydd Barwn Penrhyn, oedd yn gyfrifol am blannu'r Rhodfa Rododondrenau.

Ers i'r tŷ a'r ardd fod yn nwylo'r Ymddiriedolaeth Genedlaethol, bu llawer o blannu newydd, a chynlluniwyd rhai llwybrau newydd er hwylustod i'r ymwelwyr. Yn ôl pob tebyg mae llawer mwy o lwyni blodeuol a rhagor o amrywiaeth o goed ar y lawntiau ac yn y llecynnau agored nag y cafwyd ar ddechrau'r bedwaredd ganrif ar bymtheg, ond ni newidiwyd cymeriad yr ardd, ac mae disgrifiadau o'r ardd ar ddiwedd y bedwaredd ganrif ar bymtheg a dechrau'r ugeinfed ganrif yn cyfeirio at lu o lwyni blodeuol, bylbiau, blodau coetir a choed coniffer gwydn, sy'n awgrymu ei bod yn edrych yn debyg iawn erbyn y cyfnod hwnnw i'r hyn a wna heddiw. Fodd bynnag, roedd yn amlwg bod mwy o flodau a llwyni yn y cyfnod hwnnw yng nghynefin y tŷ nag o'r blaen nac ers hynny, ac mewn lluniau sy'n perthyn i'r cyfnod gwelir yr holl adeiladau dan orchudd eiddew a phlanhigion dringol, tra heddiw dim ond planhigyn dringol Virginia sydd yn gorchuddio rhan o'r tŷ yn unig.

Prif ogoniant yr ardd oedd ei lleoliad yn erbyn tirwedd gogledd Cymru ac felly o hyd, ac mae'r cynllun moel yn tanlinellu hyn. Serch hynny, mae digon o nodweddion diddorol yn yr ardd i'w gwneud yn fwy nag ymestyniad yn unig o'r wlad o'i chwmpas, ac mae'r newid o'r llecynnau agored llydain o amgylch y tŷ i glydwch yr ardd derasog yn bleserus dros ben.

Bellach mae rhwydwaith eang o lwybrau, yn raeanog gan mwyaf, drwy'r ardd. Mae rhai o'r llwybrau hyn yn hollol newydd, ond mae llawer yn dilyn llwybrau a welir ar fap 1889, neu fe'u cysylltir â'r rhwydwaith o lwybrau hŷn. I'r gwrthwyneb, aeth rhai o'r llwybrau gwreiddiol yn segur. Ar fap 1804, mae llwybrau i'r gorllewin o'r castell sy'n amgylchynu lawnt yr ymddengys bod wal neu ffens o'i chwmpas, gan arwain i'r capel. Mae cynllun y rhain yn aros yr un fath fwy neu lai heddiw, er diflannodd y wal neu'r ffens rhwng 1889 a 1914. Erbyn 1889, cynlluniwyd y llwybr a ddaethai'n ddiweddarach yn Rhodfa Rhododendronau, yn ogystal â llwybrau ar y llethr a arweiniai i fyny at y capel o'r de, llwybrau yn y coetir i'r gorllewin o'r ardd â wal o'i chwmpas a llwybr a arweiniai o'r ardd â wal o'i chwmpas at y lawnt i'r gorllewin o'r castell. Roedd hefyd lwybr yn rhedeg ar hyd ochr orllewinol y castell ac yn torri ar draws i'r de o'r gorthwr i ymuno â'r brif lôn.

Roedd y cynllun hwn yr un fath ym 1914, ond bellach llyncwyd y llwybr a âi ar draws de'r castell gan y lawnt (er bod grisiau pren mewn man serth dan y gorthwr), a gwnaed llwybr newydd sy'n arwain tua'r de-ddwyrain o'r ardd â wal o'i chwmpas at y brif lôn. Collwyd y llwybrau yn y coetir i'r gorllewin o'r ardd â wal o'i chwmpas; bellach mae'r coetir hwn yn cael ei reoli'n fasnachol.

Mae'r rhagfur yn deras ar ochr dde-ddwyreiniol y castell, o flaen y brif fynedfa. Islaw mae cwymp serth i'r lôn a'r parc. Mae'r teras yn rhannol borfa ac yn rhannol raeanog, â llwybr llechfeini llydan o gwmpas yr ochr allanol a grisiau llechi nadd. Mae canllaw cerrig, tua 1 medr o uchder, sydd â chopa cerrig crwm a rhyngdyllau; mae'r olygfa dros hwn, o'r parc, yr arfordir a'r bryniau yn ysblennydd, ac fe'i disgrifiwyd yn fyrlymus mewn erthygl yn y *Gardeners' Chronicle* ym mis Gorffennaf 1887.

Mae'r adfail dymunol o gapel i'r gorllewin o'r castell bellach yn nodwedd ardd, ond yn wreiddiol (o'r bedwaredd ganrif ar ddeg) dyma oedd capel y teulu. Erbyn dechrau'r bedwaredd ganrif ar bymtheg (ar ddiwedd y ddeunawfed ganrif yn ôl pob tebyg), cyn adeiladu'r tŷ presennol a'r capel ynghlwm wrtho, roedd eisoes wedi'i symud o'i safle gwreiddiol yn ymyl y tŷ i 'a grove a few yards distant', ond roedd yn amlwg yn cael ei ddefnyddio o hyd. Yn ddiamau dilynwyd adeiladu tŷ Hopper gan gyfnod o segurdod a difrodi rhannol a oedd yn fwriadol yn ôl pob tebyg.

Bellach lleolir y capel mewn man lle'r ymddengys fel adfail Rhamantaidd. Leiniwyd ei waliau cerrig â briciau, a cheir coflechau i bum ci ar y wal, y cyfan â dyddiadau yn y 1920au – 1940au. Ar hen fapiau gwelir adardy gerllaw, a ddisgrifiwyd fel 'being finished'

ym 1895, ond nid oes unrhyw arwydd ohono heddiw. I'r gogledd-orllewin o'r capel mae clwstwr o hen goed derw mawr a phlannwyd y llethr islaw â phinwydd Douglas, bedw a choed mefus (*Arbutus unedo*).

I'r de o'r tŷ mae llethr sy'n wynebu'r de a blannwyd yn anffurfiol â choed grug, dan goed bytholwyrdd yn bennaf. Nid oes ffiniau i ymylon yr ardal.

Ar wahân i'r ardd gors, mae waliau briciau yn ffin ar bob ochr i'r ardd flodau derasog, ac eithrio'r ochr dde-orllewinol, sydd ychydig bellter i'r gorllewin o'r tŷ, ar lethr weddol serth sy'n wynebu'r de-orllewin. Mae ar dair lefel. Mae'r lefel uchaf gul yn ffurfiol iawn, â thri phwll, gwelyau rheolaidd a logia canolog; mae'r lefel ganolog yn lawnt lydan ar oleddf, wedi'i phlannu â choed a llwyni, ac mae'r lefel isaf yn ardd gors anffurfiol. Mae'r ddwy lefel uchaf yn derasog, â waliau cerrig cynhaliol.

Mae'r waliau briciau yn dyddio o gyfnod cyn yr ardd yn ôl pob tebyg ac yn perthyn i ddiwedd y ddeunawfed ganrif, pan oedd y llecyn hwn yn ardd lysiau. Mae'n bosibl y gwnaed y terasau pan ddaeth yr ardd yn addurnol, ond am nad ychwanegwyd y waliau teras tan yn ddiweddarach, mae'n bosibl i'r terasau daear gael eu defnyddio yn yr ardd wreiddiol â waliau o'u cwmpas i'w lefelu i ryw raddau. Dymchwelwyd y wal dde-orllewinol yn amlwg (mae'r ddau ben yn aros), i agor yr ardd ar yr ochr hon; gwnaed hyn o bosibl yn y bedwaredd ganrif ar bymtheg, neu pan ychwanegwyd yr ardd gors.

Cynlluniwyd yr ardd fel gardd flodau yn ail hanner y bedwaredd ganrif ar bymtheg, ac fe'i hailgynlluniwyd gan Sybil, Arglwyddes Penrhyn yn y 1920au a'r 30au. Yn wreiddiol roedd gan y teras uchaf welyau ag ymylon bocs a rhesi o rosod ar hyd yr ymyl allanol; cadwodd Arglwyddes Penrhyn y cymeriad gwreiddiol, ond newidiodd gynllun y gwelyau a chyflwyno tri phwll. Priodolwyd yr ardd gors i Arglwyddes Penrhyn hefyd, ond ar fap 1914 gwelir yr ardal yn addurnol, â grisiau yn arwain i lawr ati o'r terasau. Fe'i disgrifir fel 'recently added' mewn erthygl cylchgrawn ym 1892, er mai llwyni oedd yn yr ardal ar yr adeg honno, wedi'i plannu â '….a choice collection of the newer kinds of Japan[ese] and other hardy shrubs'. Erbyn 1914 fe'i disgrifiwyd fel gardd gors, a gynigai '…a congenial home for *Gunnera manicata, Astilbe Davidiana*, and a great variety of Bamboos.' Mae ffotograff ohoni tua'r adeg hon yn ei dangos wedi'i phlannu'n llawer mwy trwchus nag ydyw heddiw. Yn ddiamau fe'i haddaswyd gan Arglwyddes Penrhyn fel rhan o'i chynllun o welliannau yn yr ardd derasog, ond gan nad etifeddodd ei gŵr yr ystad tan 1927 ac am na fyddai'n fwy na phlentyn pan wnaed yr ardd gors, nid yw'n bosibl mai hi oedd yn gyfrifol am y syniad gwreiddiol.

Yn wreiddiol roedd ystafell wydr ar safle'r logia ar y teras uchaf, ac roedd y pergola haearn sydd bellach yn rhedeg dros y rhodfa ar hyd pen uchaf y wal deras isaf dros y llwybr canolog a groesai'r teras isaf. Daethpwyd o hyd iddo wedi'i fwrw o'r neilltu mewn coetir ar ôl i'r ardd gael ei throsglwyddo i'r Ymddiriedolaeth Genedlaethol, ac fe'i hailgodwyd yn ei safle presennol; mae'r un planhigyn ag o'r blaen yn ei orchuddio, sef y *Fuchsia* 'Riccartonii'. Fodd bynnag mae'n rhaid bod rhan ohono'n newydd gan ei fod yn hwy nag y byddai yn ei safle gwreiddiol. Roedd rhes o gytiau potiau hefyd yn erbyn y wal y tu allan i'r ardd derasog yn ymyl y gornel orllewinol, ac mae rhai o'r sylfeini yno o hyd; roedd y rhain yn perthyn i ardd y ddeunawfed ganrif gan fod rhan o'r rhes o leiaf i'w gweld ar fap 1804/1820au. Mae adeilad arall diweddarach yn erbyn ochr allanol y wal ogledd-ddwyreiniol, sydd bellach yn cael ei ddefnyddio fel stordy offer.

Mae'r brif fynedfa drwy giât haearn yn ymyl y gornel ddwyreiniol, â pherthi tywyll ar bob ochr; mae'r giât hon yn dyddio o gyfnod Sibyl, Arglwyddes Penrhyn, ond mae'r fynedfa ei hunan yn hŷn. Ceir mynedfeydd eraill yn y wal ogledd-ddwyreiniol i'r gogledd o'r logia (dau) ac yn y wal ogledd-orllewinol. Mae grisiau o'r teras uchaf i'r isaf ar bob pen ac yn y canol, â llwybrau'n arwain yn syth i lawr o bob rhes; mae llwybrau hefyd ar draws pen uchaf, gwaelod a chanol y teras isaf. Mae grisiau o'r man hwn yn arwain i lawr drwy ganol y wal gynhaliol isaf i'r ardd gors.

Mae corneli gogleddol a dwyreiniol yr ardd, lle mae'r wal gefn yn cyfarfod â'r ochrau, yn grwn, ac mae border llydan o fewn y wal gefn, â'r logia a bylchau ar gyfer seddau yma ac acw. Mae'r border wedi'i blannu â llwyni, ac mae planhigion dringol ar y wal. Mae gweddill y teras uchaf yn raeanog, ac eithrio border cul ar hyd y pen blaen, sydd heb ganllaw. Yn y graean mae tri phwll liliau, dau hirsgwar â chromfannau a'r pwll canolog yn debyg i feillionen o ran ffurf. Mae gwelyau ffurfiol o amgylch y ddau bwll allanol a phorfa o amgylch y pwll canolog; mae gan y tri phwll ffynhonnau. Mae'r teras yn dolennu tuag allan o amgylch y pwll canolog, ond mewn gwirionedd mae'r ddolen hon yn dyddio o gyfnod cyn y pwll gan ei fod i'w weld ar ffotograffau o 1903 a 1914, ac ar fap Arolwg Ordnans 1914 (â deial haul yn y canol), tra bod y pyllau a chynllun presennol y gwelyau wedi'u cyflwyno gan Arglwyddes Penrhyn yn y ganrif bresennol. Ar wahân i'r ardal o amgylch y ddolen, nid oedd wal gynhaliol gan y teras uchaf tan ar ôl 1914. Dim ond llethrau oedd, felly mae'n rhaid bod y wal hon wedi'i hadeiladu gan Arglwyddes Penrhyn hefyd.

Yn wahanol i'r teras uwchlaw, mae'r teras canolog yn gwyro ac yn laswelltog, â llwybrau graean. Mae borderi i lawr bob ochr a than wal gynhaliol y teras uchaf, ond ac eithrio'r rhain mae'r plannu i gyd yn goed unigol neu, yn achlysurol, yn glystyrau o goed a llwyni yn y lawntiau. Mae'r brif rodfa, â'r twnnel ffiwsia, ar hyd pen y wal gynhaliol isaf, â chanllaw isel; yn y pen gogledd-orllewinol mae gwylfan dros yr ardd gors.

Ar un adeg roedd gan yr ardd gors wastad islaw'r teras isaf nant yn llifo ar ei thraws o'r de-ddwyrain i'r gogledd-orllewin; er ei bod i'w gweld ar argraffiad cyntaf y map Arolwg Ordnans 25 modfedd, yn amlwg roedd angen peth gwaith i'w chadw ar agor ac yn llifo. Gosododd Arglwyddes Penrhyn gyflenwad dŵr pibellog yno yn y 1930au, ond nid yw'n cael ei gynnal bellach ac mae'r nant i'w gweld fel pant yn unig. Mae'r llecyn yn llaith o hyd, fodd bynnag, â llecyn corsiog yn y pen gogledd-orllewinol. Mae plannu'n anffurfiol, â choed a rhywogaethau sy'n hoffi lleithder yn tyfu mewn porfa a dorrwyd yn arw.

Gorwedd y gerddi llysiau â waliau o'u cwmpas, sy'n ymestyn dros fwy na chwe erw, i'r gogledd o'r tŷ, ym mhen arall yr un gwrym isel. Nid ydynt yn cael eu defnyddio ar gyfer cynhyrchu ffrwythau a llysiau bellach, ond mae'r rhan fwyaf o'r waliau yno o hyd a defnyddir y gerddi at ddibenion eraill bellach. Defnyddir iard bellach mewn cysylltiad â choedwigaeth ar yr ystad yn y man lle'r oedd y rhan fwyaf o'r tai gwydr; mae rhan o weddill y brif ardd yn blanhigfa gonifferau, a defnyddir ardaloedd eraill yn erddi gan drigolion nifer o dai cyfagos. Gardd Penrhyn, cartref teulu Douglas Pennant, yw'r estyniad deheuol bellach.

Ym 1889 roedd prif ran yr ardd wedi'i rhannu'n chwe darn anghyfartal; roedd un o'r rhain, yn y gornel ogledd-orllewinol, yn ardal o dai gwydr yn gyfan gwbl. Roedd tŷ gwydr hefyd ar hyd wal ogleddol y darn nesaf. Roedd coed ffrwythau ar y waliau i gyd, yn leinio'r llwybrau, a hefyd yn tyfu ar wahân. Ar hyd ymyl ddeheuol y ddau ddarn gogleddol i'r dwyrain o'r tai gwydr roedd wal ffrwythau anarferol, ac mae'r rhan orllewinol ohoni yno o hyd, â

gwifrau ar bob ochr. Fe'i gwnaed o slabiau tenau o lechi wedi'u gosod mewn pyst metel, ac mae'n rhaid ei bod yn braf o gynnes. Mae tua 2 fedr o uchder ac mae ceirios Morello yn goroesi ar yr ochr ogleddol. Defnyddiwyd yr ochr ddeheuol i dyfu gellyg, yn ôl erthygl yn *Gardeners' Chronicle* Ionawr 1914.

Yn ôl pob tebyg mae'r rhan ddeheuol yn perthyn i'r un cyfnod fwy neu lai â'r brif ardd, ond mae mannau cyfarfod y waliau yn awgrymu ei bod yn debygol bod y brif ardal wedi'i hychwanegu at y rhan ddeheuol, yn hytrach na fel arall. Mae'n bosibl felly bod Penrhyn a rhan ddeheuol yr ardd yn dyddio o gyfnod cyn y brif ardd, ac yn perthyn i'w gilydd bryd hynny fel y maent heddiw. Roedd yr ardal ddeheuol hefyd yn llawn coed ffrwythau, ac roedd yno res o dai gwydr ar hyd canol y wal ogleddol. Fe'i rhennid yn ddwy ardal gan lwybr canolog bras ac fel yn achos y brif ardal roedd ganddi lwybrau yr holl ffordd o gwmpas yr ochr allanol. Ar gefn y tai gwydr, o fewn y brif ardd, roedd rhes hir o gytiau potiau a stordai, â boelerdy. Ymddengys hefyd o'r map y bu rhes o adeiladau ar hyd ochr ddeheuol y tai gwydr, ond mae'n rhaid bod y rhain wedi bod yn adeiladau storio isel neu lleddanddaearol, neu byddent wedi rhwystro'r golau. Mae'r rhain a'r holl wydr wedi diflannu, ond mae'r rhes wrth gefn y tai gwydr deheuol yno o hyd, fel y rhes y tu allan i'r wal orllewinol.

Ym 1914 roedd y cynllun yr un fath, ond roedd mwy o wydr, â rhagor o dai gwydr a fframiau ychwanegol yn yr ardal ogledd-orllewinol, a thair ffrâm yn yr adran nesaf hyd yn oed a ffrâm fawr iawn, neu dŷ gwydr arall, y tu allan i'r ardd i'r gogledd.

Mae wal gerrig ddwyreiniol prif ran yr ardd tua 4.5 medr o uchder, â haenen garreg hir-a-byr. Mae'n bosibl bod y wal orllewinol, sy'n gerrig hefyd, ychydig yn uwch, ac mae iddi gopa llechi. Mae'r wal hon yn arbennig wedi tyfu'n wyllt iawn ag eiddew. Mae peth ffrwythau ar y waliau o hyd. Mae'r brif fynedfa i'r ardd drwy'r wal hon, ac yn ôl pob tebyg felly y bu erioed, er ei bod yn bosibl iddi gael ei newid. Fe'i defnyddir gan gerbydau ar hyn o bryd, ac mae ganddi bileri cerrig sgwâr mawr sy'n is na'r wal, er bod y giatiau wedi diflannu. Mae'r lôn ag wyneb tarmac i Faes-y-Gerddi yn croesi'r ardd o'r fynedfa hon i'r tŷ, ond yn dilyn llinell y llwybr gynt, gan gynnwys y tro o gwmpas y wal ffrwythau lechi.

Mae'r wal ogleddol, sy'n gerrig hefyd, tua 5 medr o uchder, ac mae rhai gwifrau a choed ffrwythau hyd yn oed yn y pen dwyreiniol o hyd. Mae mynedfa ar gyfer drws ar ben y llwybr sy'n rhannu'r adrannau gogleddol-ganolog a gogledd-ddwyreiniol; mae ffrâm drws pren yno o hyd er bod y drws wedi diflannu.

Mae'r siedau ar hyd wal ddeheuol y brif ardd (a oedd yn cynnwys y boelerdy ar gyfer y tai gwydr ar ochr arall y wal, yn y rhan ddeheuol) yn friciau â thoeau llechi; mae'r wal yma i fyny i 5 medr o uchder â chopa llechi gwastad. Mae ceiliog y gwynt haearn yn goroesi ar ben y wal. Ymddengys bod yr adeiladau ym mhen dwyreiniol y rhes, gan gynnwys y boelerdy, yn hŷn na'r gweddill, gan eu bod rhywfaint yn lletach ac o friciau gwahanol a wnaed â llaw. Mae'r adeiladau hyn oll mewn cyflwr gweddol dda ac mae gan rai estyll sy'n edrych yn gyfoes, sy'n awgrymu eu bod wedi'u defnyddio'n weddol ddiweddar. Mae planhigion dringol Virginia yn gorchuddio ochr ddeheuol y wal, ac mae'r rhain wedi llifo dros doeau'r siedau.

Mae wal yn mynd yr holl ffordd o gwmpas yr adran ogledd-orllewinol, lle'r oedd y rhan fwyaf o'r gwydr; roedd y waliau mewnol deheuol a dwyreiniol tua 2 fedr o uchder yn wreiddiol. Ers hynny fe'u codwyd â cherrig a choncrid, a rhoddwyd copâu arnynt, a lledwyd y fynedfa. Llenwyd mynedfeydd eraill, yn y waliau dwyreiniol a gogleddol yn ymyl y gornel ogledd-ddwyreiniol, yn ymyl y boelerdy (sy'n goroesi). Dymchwelwyd y tai gwydr ar ôl yr

Ail Ryfel Byd, ac ers hynny gwnaed nifer o addasiadau mewnol yn yr iard, gan gynnwys adeiladau newydd, ond gellir gweld safle un tŷ gwydr o leiaf yn glir o hyd. Mae peth ffrwyth ar ochr allanol wal ddeheuol yr iard o hyd, i'r dwyrain o'r fynedfa.

Cerrig yw wal yr estyniad deheuol, wedi'i leinio â briciau ar yr ochrau gogleddol a gorllewinol, tua 2 fedr o uchder ar y mwyaf, â chopa llechi. Mae mynedfa drwy wal ddeheuol y brif ardd i'r ardal hon i'r dwyrain o'r rhes o adeiladau briciau, â giât haearn gyr gyfoes; nid oes unrhyw arwydd bod y fynedfa hon wedi'i gosod yno ac os nad yw'r estyniad deheuol yn cydoesi â'r brif ardd, mae'n rhaid mai dyma'r fynedfa wreiddiol.

Mae ffordd sy'n cyfateb i hon drwy'r ochr orllewinol, ond fe'i gwnaed yn fwy o faint a gosodwyd giât cae haearn gyfoes yno. Ehangodd y fynedfa drwy'r wal ddeheuol hefyd, a bellach mae iddi giatiau a phileri addurnol â pheli cerrig ar eu copa, a dyma'r brif fynedfa i Benrhyn. Fodd bynnag, lleihawyd y fynedfa drwy'r wal orllewinol â brisblociau. Yn wreiddiol roedd yn ddigon llydan i gerbydau fynd drwyddi, mae'n debyg, ond dim ond cerddwyr sy'n gallu mynd drwyddi bellach. Mae drws pren iddi erbyn hyn.

Mae'r rhan fwyaf o'r rhes eang o adeiladau ar hyd ochr allanol wal orllewinol y brif ran o'r ardd yn goroesi, er bod nifer o newidiadau wedi'u gwneud. I'r gogledd o'r brif fynedfa, mae adeiladau cerrig, yna briciau, gan orffen gyda stabl ceffyl yr ardd; i'r de o'r fynedfa mae rhes debyg o adeiladau o friciau a cherrig, sy'n rhannol adfail, ac ar y pen gwt ci diweddar (ond segur) o goncrid-friciau â iard wedi'i hamgáu â slabiau ar eu hymyl. Mae swyddfa goedwigaeth â modurdai, ym mhen gogleddol y rhes hon, ac mae'n bosibl mai tylciau moch neu ragor o gytiau cŵn yw'r siedau adfeiliedig tua'r pen deheuol. Mae ierdydd bychain, rhai'n cael eu defnyddio o hyd ac eraill ddim, yn y mannau y dymchwelwyd adeiladau.

Mae porfa'n tyfu dros y llwybr ar hyd ymyl ddeheuol prif ran yr ardd, o flaen y rhes o adeiladau briciau, ond mae yno o hyd, ac mae'r rhan fwyaf o weddill y llwybrau gynt yr un fath. Mae gan y llwybrau sy'n rhedeg o'r gogledd i'r de ac sy'n rhannu'r ardd (dau yn yr hanner deheuol ac un yn yr hanner gogleddol) wifrau o hyd ar gyfer coed ffrwythau delltwaith ar hyd yr ymyl, ac mae ychydig o goed delltwaith yno o hyd. Llenwir y bylchau rhwng y llwybrau gan goed Nadolig a chonifferau ifainc eraill, a fwriadwyd yn y pen draw ar gyfer y coetir masnachol; yn yr adran ogledd-ddwyreiniol mae gan Faes-y-Gerddi ardd fechan. Defnyddir sail y tŷ gwydr gynt ar hyd wal ogleddol yr adran ogleddol ganolog ar gyfer tyfu llysiau hefyd, â'r grisiau llechi sy'n arwain i fyny ato yn eu lle o hyd. Roedd ymylon bocs i'r lleiniau, a cheir cyfeiriad at hyn mewn erthygl yn y *Gardeners' Chronicle* ym mis Gorffennaf 1887, ond nid oes dim o hyn yno bellach.

Mae cynllun mewnol yr estyniad deheuol yn cadw rhai o'i nodweddion gwreiddiol er gwaethaf iddo gael ei fabwysiadu fel gardd Penrhyn. Daw'r lôn bresennol ag wyneb tarmac i mewn drwy'r wal ddeheuol gan ddilyn llinell llwybr gynt, ac mae'n troi i ddilyn y prif lwybr sy'n rhedeg o'r dwyrain i'r gorllewin i fyny at y tŷ. Gwnaed y darn o lwybr sy'n mynd yn ei flaen tua'r gorllewin, sef y lôn wreiddiol at y tŷ yn ôl pob tebyg, yn gulach a phafin clytiog o lechi yw'r darn sy'n cael ei ddefnyddio o hyd; mae'r gweddill yn laswelltog ond gellir ei weld yn glir o hyd. Mae'n arwain at y fynedfa, sydd wedi'i llenwi'n rhannol, drwy'r wal orllewinol.

Lawnt yw hanner dwyreiniol yr ardd, yn ymyl y tŷ, â borderi yn erbyn y waliau a phlanhigion dringol arnynt. Mae dwy ardal ar gyfer tyfu llysiau yn rhan ogleddol yr hanner gorllewinol, sy'n defnyddio rhai o'r hen orfodwyr rhiwbob ac offer eraill, ac mae

coeden ffigys anferth ar y wal yn y gornel ogledd-orllewinol. I'r de o'r hen lôn mae planhigfa gonifferau arall, a rhyngddi a'r fynedfa newydd i'r lôn mae cwrt tenis caled, â hen goed afalau a cheirios o'i gwmpas a all ddyddio, fel y ffigys, o'r amser y defnyddiwyd yr ardd i bwrpas ymarferol.

I'r gogledd o'r brif ardd, y tu allan i'r wal, mae stribed o dir a dyfodd yn wyllt lle'r oedd tŷ gwydr arall yn arfer bod ac ymddengys iddo ar adegau gael ei drin fel estyniad i'r ardd. Bellach mae rhes o goed gweddol ifainc yno, ac fe'i rhennir ar draws gan res o goed yw a ffens lechi. Plannwyd gwifwrnwydd a rhododendronau o gwmpas yr ymylon gogleddol a gorllewinol, ac mae llawryf yn y gornel ger y stabl. Y tu hwnt i'r ffens lechi, i'r dwyrain, mae planhigfa gonifferau arall. I'r gogledd o'r stribed hwn mae lôn darmac, sy'n gwasanaethu'r cartrefi yn yr hen olchdy, sy'n ei wahanu oddi wrth y lawnt sychu dillad.

Ffynonellau

Sylfaenol

Gwybodaeth oddi wrth A. Laing, Ysw. (cyn-weinyddwr gyda'r Ymddiriedolaeth Genedlaethol).

Gwybodaeth oddi wrth D. Gwyn, Ysw.

Dyddiadur (1908) Hubert George Scrivener: Casgliad Castell Penrhyn.

Copi (1820?) o gynllun yr ystad ym 1804 gan Robert Williams, Tirfesurwr: Casgliad Castell Penrhyn.

Archifau Penrhyn, Archifdy Sir Gwynedd, Caernarfon (sy'n cynnwys papurau'r ystad a nifer o brintiau).

Copi o gynllun 1768 gan G. Leigh: Archifdy Sir Gwynedd, Caernarfon, XM/MAPS/3156/1 & 2.

Cynllun a disgrifiad o'r rhewdy: Casgliad Castell Penrhyn

Print diddyddiad o'r baddon-dy: Archifdy Sir Gwynedd, Caernarfon, XS/1499.

Sylwadau ar gloc gan Philip N Irvine: Casgliad Castell Penrhyn

Nodiadau ar hanes y teulu: Casgliad Castell Penrhyn.

Eilradd

Parch W. Bingley, *Excursions to North Wales – a Guide to Tourists* (ail arg., 1814).

C. S. Harper, *The Holyhead Road*, Cyfr II (1902).

E. Hyde Hall, *Description of Caernarvonshire*, tud. 110 (arg. 1952).

Ymddiriedolaeth Genedlaethol, Penrhyn Castle (1986); taflen gerddi.

T. Roscoe, *Wanderings and Excursions in North Wales* (arg. 1973).

Comisiwn Brenhinol Henebion Cymru, *Inventory*, tud. 123.

Country Life, 23 Mai 1903.

Country Life, 31 Hydref 1985.

The Journeys of Sir Richard Colt Hoare through Wales 1793–1810, gol. M W Thompson (1983).

Gardeners' Chronicle, 9 Tachwedd 1878, 9 Gorffennaf 1887, 17 Hydref 1891, 10 Rhagfyr 1892, 17 Ionawr 1914.

Journal of Horticulture and Cottage Gardener, 8 Awst 1895.

CADW

PLAS BODEGROES

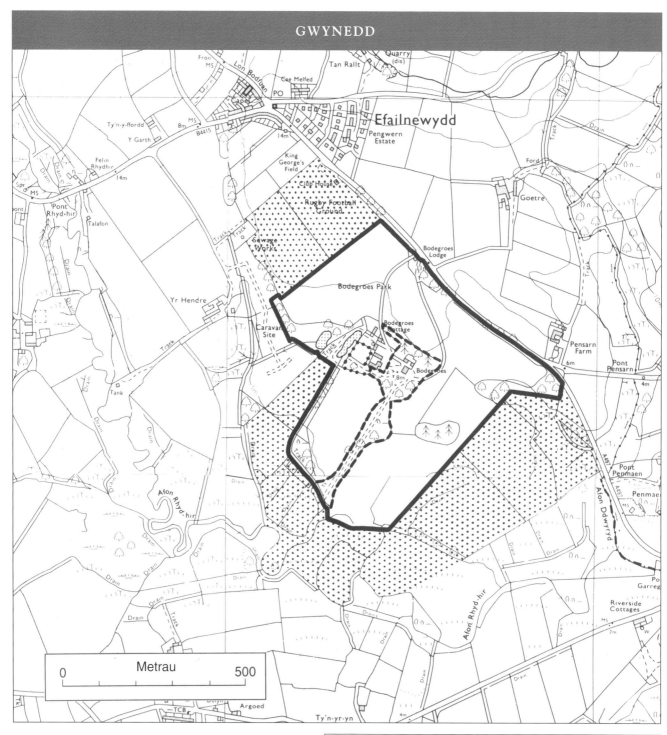

Ffin y Parc	────────
Gardd	- - - - - - - -
Gardd Lysiau	••••••••••
Lleoliad Hanfodol	⬚⬚⬚⬚⬚

Rhif ar y Gofrestr	PGW (Gd) 15 (GWY)
Rhif Blaenorol ar y Gofrestr	
Rhif Taflen A.O.	SH 33, NW, NE, SW, SE
Community	LLANNOR

CRYNODEB

Rhif cyf	PGW (Gd) 15 (GWY)
Map AO	123
Cyf grid	SH 355 353
Sir flaenorol	Gwynedd
Awdurdod unedol	Gwynedd
Cyngor cymuned	Llannor
Disgrifiadau	Adeilad rhestredig: Plas Bodegroes Gradd II*
Gwerthusiad safle	Gradd II
Prif resymau dros y graddio	Gardd ac olion parc sy'n cydoesi â'r tŷ o ddiwedd y ddeunawfed ganrif yn ôl pob tebyg; rhodfa ffawydd 400 medr.
Math o safle	Gardd anffurfiol â rhodfa ffawydd; ffosglawdd; gardd lysiau, llyn a choetir.
Prif gyfnodau o adeiladu	Diwedd y ddeunawfed ganrif yn ôl pob tebyg.

Disgrifiad o'r safle

Lleolir y tŷ ar dir gwastad ychydig i'r gogledd-orllewin o Bwllheli, nid nepell o'r arfordir ac mewn ardal â hinsawdd ffafriol. Mae'n wynebu tua'r de-orllewin, gan edrych i lawr rhodfa ffawydd hir sy'n ychwanegu at safle diolwg.

Adeiladwyd Bodegroes ym 1780, gan ymgorffori rhan o dŷ cynharach o bosibl, a dyma'r cyntaf o dri thŷ yn Llŷn y credir iddynt gael eu cynllunio gan Joseph Broomfield. Fel y ddau dŷ arall, sef Broom Hall a Nanhoron, mae ganddo feranda ar bileri haearn ar hyd wyneb yr ardd, gan ddod yn ôl i fyny'r ochrau, a lôn nad yw'n arwain yn uniongyrchol at wyneb blaen y tŷ ond sy'n dod o'r ochr yn lle hynny – yn yr achos hwn o'r gogledd-ddwyrain.

Mae'r tŷ wedi'i rendro a'i baentio'n wyn ac mae iddo ddau lawr ac atigau. Nid yw'r ffasâd cymesurol mor foel â ffasâd tai eraill Broomfield; mae gan bob ffenestr ar y llawr cyntaf bedimentau crymion, ac mae ffenestri'r llawr isaf i gyd yn faint llawn. Mae'r pileri haearn sy'n cynnal y feranda'n dra chain, a phob un yn cynnwys grŵp o bedwar piler tenau wedi'u gwasgu at ei gilydd.

Mae rhan flaen y tŷ, sy'n cynnwys y prif ystafelloedd, yn wahanol iawn o ran cynllun i'r bloc gwasanaeth yn y cefn, ond nid oes unrhyw reswm i dybio na chawsant eu hadeiladu yr un pryd.

Yn ysgrifennu tua 1810, disgrifiodd Hyde Hall y tŷ fel eiddo'n perthyn i ŵr o'r enw Mr Griffiths, William Griffith (1748-1816) yn ôl pob tebyg, ac iddo ef yr adeiladwyd y tŷ yn ddiamau. Ar yr adeg hon roedd coed 'amddiffynnol' o gwmpas y tŷ eisoes, ond cafwyd sôn gan Hyde Hall am blannu a ffensio newydd hefyd. Gwerthwyd yr ystad ym 1846, ac ar y pryd roedd yn eang iawn ac yn berchen ar ffermydd mewn sawl plwyf. Tua diwedd y bedwaredd ganrif ar bymtheg roedd yn eiddo i John Savin, a phriododd ei ferch â'r Cyrnol Owen Lloyd Jones Evans o Broom Hall. Adeiladwyd tŷ newydd a oedd yn debyg o ran arddull i Blas Bodegroes ar gyfer y perchnogion tua 1990, i'r gorllewin-dde-orllewin o'r prif dŷ, yn ymyl adeiladau'r fferm.

Yn yr iard yng nghefn y tŷ mae sied gerrig o faint sylweddol a'i hoedran yn anhysbys â tho llechi ar oleddf isel. Nid yw'n cyrraedd y wal ym mhen de-ddwyreiniol yr iard yn hollol, a thrwy'r wal ogledd-ddwyreiniol yn y gornel hon mae drws, a ffenestr liw fechan, nad yw'n rhan o unrhyw adeilad bellach. Gwelir adeilad tua'r un maint ar fap ystad o 1836, â'r bwlch yn y gornel, ond gwelir adeilad sy'n amlwg yn fwy ar fapiau Arolwg Ordnans 25 modfedd cynnar. Ymddengys bod y sied bresennol felly yn

adlewyrchu'r adeiladwaith gwreiddiol fwy neu lai.

Mae adeilad deulawr dirgel a welir ar fap 1836 â thyred clychau ar ei ben (diflannodd y gloch) yn edrych yn debyg i'r hyn a ddylai fod yn fwthyn neu'n ystafell gysgu, ond ymddengys nad oes ganddo simnai na lle tân. Mae'n bosibl mai storfa ffrwythau ydoedd, ond er ei fod yn agos i'r tŷ mae'n weddol bell o'r ardd lysiau. Fe'i hadeiladwyd o gerrig â tho llechi, a lleihawyd y ffenestr yn y blaen o ran maint; mae adeilad pren croes ar yr ochr ogledd-orllewinol.

Mae'r iard y tu ôl i'r tŷ, lle saif yr adeiladau, â wal o'i chwmpas, a rhan ohoni'r raeanog a rhan yn goblog. Rhwng y ddau adeilad presennol gellir gweld safle'r hyn a allasai fod yn ddanc dŵr mawr (gwelir rhyw fath o adeiladwaith ar y safle hwn ar fapiau Arolwg Ordnans 25 modfedd cynnar, ac adeilad ar fap 1836).

Mae'n bosibl mai Bodegroes Cottage oedd y ffermdy gwreiddiol, er ei fod yn fychan, ac mae'n fwy tebygol efallai mai bwthyn ystad ydoedd. Bellach mae'n eiddo ar wahân. Mae wedi'i adeiladu o gerrig, yn unllawr ond â ffenestr yn yr atig ar y talcen de-orllewinol; mae estyniadau i'r gogledd-ddwyrain a'r gogledd-orllewin, a oedd yn eu lle erbyn 1889. Ymddengys y bwthyn ar fap ystad 1836, o bosibl eisoes wedi'i ymestyn. Mae'r hyn a oedd yn iard yn ôl pob tebyg, i'r de-ddwyrain, yn rhannol goblog ac yn rhannol amgaeëdig gan wal, ac mae wedi'i droi'n ardd.

Mae sied geirt gerrig, a oedd yn ysgubor hefyd efallai, yn rhan o adeiladau'r fferm yn wreiddiol yn ôl pob tebyg ond mae bellach yn fodurdy/storfa a ddefnyddir gan Bodegroes Cottage, yn perthyn i ddechrau'r bedwaredd ganrif ar bymtheg neu'n gynharach, gan ei fod yn ymddangos ar fap 1836. Mae iddi dair mynedfa fwaog, yr un ganolog yn uwch, a'r un ddwyreiniol wedi'i llenwi'n rhannol.

Ar un adeg roedd y parc o amgylch y tŷ a'r ardd yn weddol eang a fe'i cynlluniwyd pan adeiladwyd y tŷ yn ôl pob tebyg. Mae cyfeiriad Hyde Hall at 'new planting and fencing' ym mlynyddoedd cynnar y bedwaredd ganrif ar bymtheg yn awgrymu bod gwaith yn dal i fynd yn ei flaen ar yr adeg honno, ond roedd y cynllun yn gyfan erbyn 1836. Cyfeiria Hyde Hall hefyd at goed a oedd yn amlwg yn aeddfed. Ar fapiau o 1836, 1889 a 1901 roedd y parc bron yn union yr un fath, ac yn llenwi'r rhan fwyaf o'r triongl mawr rhwng Efailnewydd i'r gogledd-orllewin, y gyffordd ger fferm Pensarn i'r de-ddwyrain a'r afon i'r de. Er bod llawer o'r planhigfeydd (oll yn eu lle erbyn 1836) a rhai o goed y parcdir yn goroesi, fel llawer o'r wal derfyn, mae gan yr ardal hon bellach gymeriad a golwg ffermdir yn hytrach na pharcdir.

Mewn gwirionedd un ardal yn unig sydd nad yw'n rhan o'r ardd a bod yn fanwl gywir ac sydd yn cadw peth o'i chymeriad gwreiddiol, er ei bod bellach yn eiddo i'r fferm a heb ei chynnal. Dyma'r ardal y tu hwnt i'r fferm a'r ardd lysiau, sy'n cynnwys coetir a llyn bychan.

Mae lôn y tŷ ag wyneb tarmac ac mae'n troi o gwmpas fel tro ar draws y parcdir. Yn wreiddiol âi i gyfeiriad prif wyneb de-orllewinol y tŷ gan ddilyn trofa o'r gogledd-ddwyrain, ond bellach fe'i newidiwyd ar gyfer derbyn nwyddau yn y cefn yn mynd at faes parcio ar ochr ddwyreiniol y tŷ. Mae wyneb lôn y fferm yn rhannol darmac ac yn rhannol raeanog/garegog arw, ac fe'i ffensiwyd er 1836 o leiaf.

Lleolir y porthordy rhwng lôn y fferm i'r gorllewin a lôn y tŷ i'r dwyrain. Fe'i gwelir ar fap 1836 a cheir cyfeiriad ato yng nghatalog gwerthiant 1846 ac yn ôl pob tebyg mae'n cydoesi â'r tŷ, ond fe'i moderneiddiwyd a'i addasu. Mae'r ffenestri yn newydd ond mae cerrig diddos uwch eu pennau; rendrwyd y waliau a'u paentio'n hufen, ac mae llechi ar y to.

Mae'r pyst giatiau wrth fynedfa'r lôn i'r tŷ yn adeiladweithiau cerrig sgwâr syml â chopâu slabiau cerrig gwastad, un ohonynt ag eiddew wedi tyfu'n hollol wyllt drosto. Mae'r giât yn un sengl, lydan â gwaith haearn gyr addurnol a baentiwyd yn wyn. Nid oes pyst na giatiau i lôn y fferm.

Mae llwybr llai o Bodegroes Cottage a lôn y fferm yn mynd heibio i ochr ogledd-orllewinol y llyn, ac yn mynd o amgylch i ymuno â llwybr llai fferm segur sydd yn y pen draw yn cyfarfod â phen pellaf y rhodfa ffawydd i'r de-orllewin o'r tŷ. Mae'r ffordd at gae'r parcdir i'r de-orllewin o'r tŷ a'r ardd lysiau oddi ar y llwybr llai hwn hefyd.

Mae'r llyn, i'r gogledd-orllewin o'r ardd lysiau, yn fychan ac mae rhan ohono'n llawn llaid, ag ynys wneud yn y pen gogledd-ddwyreiniol. Mae mewn ardal sydd bellach yn fwy coediog nag yr ymddengys ar fapiau Arolwg Ordnans cynnar, ond mae'n rhannol agored yn y pen de-orllewinol o hyd. Nid oedd yr ynys yn bresennol ym 1836 ond roedd wedi ymddangos erbyn 1889.

Ymhellach i'r gogledd-orllewin, tu hwnt i'r llwybr llai, mae ardal goediog arall, â wal o'i hamgylch. Gwelir ail lyn yma ar y map 6 modfedd cyfredol, ond nid yw'n ymddangos ar fap 1836 a dim ond pwll cul iawn ydoedd, mewn safle gwahanol, ar ddiwedd y bedwaredd ganrif ar bymtheg a dechrau'r ugeinfed ganrif. Bellach ymddengys ei fod wedi tyfu'n wyllt fwy neu lai.

Mae'r caeau o amgylch y tŷ yn weddillion o'r parc gwreiddiol, er eu bod wedi'u haredig dro ar ôl tro a'u bod wedi colli'r rhan fwyaf o'r coed. Fe'u defnyddir bellach fel tir pori a chynhyrchu silwair.

Ffosglawdd yw ffin ddeheuol yr ardd, o boptu'r rhodfa ffawydd. Ar un adeg parhâi i lawr bob ochr i'r rhodfa, ond bellach mae ffens yma ac mae'r ffosglawdd ond yn dilyn ochr dde-orllewinol y lawnt. I'r gorllewin, daw'n ffens ar ymyl y berllan, ac i'r dwyrain, yn ffens a ffosglawdd.

Er mai ychydig o goed sydd yn y parcdir o hyd, ceir sawl amrywiaeth a gwahanol oedrannau. Mae un neu ddwy yn oraeddfed ac yn blannu cynnar o bosibl; plannwyd eraill yn y ganrif hon yn sicr. Ar fap ystad 1836 gwelir llai o goed yma ac acw nag a nodir ar y mapiau Arolwg Ordnans diweddarach. Ymhlith y rhai sydd yno o hyd mae derw, ffawydd, ynn a marchgastanwydd, a cheir o leiaf un clwstwr o gonifferau. Mae'r coed a blannwyd ar hyd ffiniau'r parc, yn arbennig ar hyd ymyl y ffordd, wedi goroesi'n well na'r rhai a blannwyd yma ac acw. Ceir rhes o bedair coeden leim anferth ychydig y tu allan i wal ogledd-orllewinol yr ardd, gyferbyn â'r adeiladau fferm mwyaf deheuol. Gwelir pump ohonynt yn amlwg ar fap 1836, ac roedd y rhain i gyd yn dal yno ym 1889.

Ymddengys bod yr ardd wedi bod yn fychan erioed o'i chymharu â'r parc eang. Mae hefyd yn anffurfiol i raddau helaeth, ac ymddengys bod llwyni a lawnt fawr yno'n wreiddiol. Y brif nodwedd sy'n aros yw'r rhodfa drawiadol o ffawydd sy'n arwain i ffwrdd i gyfeiriad y de-orllewin, ac er ei bod yn ymddangos yn debygol bod yr ardd wedi'i chynllunio ar adeg adeiladu'r tŷ mae rheswm i dybio y gall y rhodfa berthyn i gyfnod cyn y tŷ mewn gwirionedd.

Saif y tŷ fwy neu lai yng nghanol ei erddi, sy'n cynnwys llecyn coediog â'i gefn at y tŷ i'r gogledd a'r dwyrain, lawntiau a llwyni yn y blaen, i'r de a'r de-orllewin, a'r rhodfa, sydd tua 400 medr o hyd, yn arwain i ffwrdd tua'r de-orllewin o ben pellaf y lawnt.

I'r gogledd-orllewin o'r tŷ trowyd llecyn bychan yn ardd lysiau, gan fod y brif ardd lysiau bellach yn eiddo ar wahân, a gwnaed rhai addasiadau i'r lonydd i'r dwyrain o'r man hwn yn ddiweddar. Cliriwyd bylchau rhwng y coed i'r gogledd a'r dwyrain o'r tŷ i greu mannau parcio cerbydau. Mae rhai coed braf iawn yn yr ardal hon o hyd, er bod rhai wedi'u torri.

Ymhlith rhai ychwanegiadau diweddar eraill mae gwely rhosod uchel a gardd bêrlysiau gron, y ddau yn y lawnt. Y diweddaraf oll yw tŷ newydd â phwll tebyg i ffos, yng nghornel orllewinol yr ardd.

Disgrifiwyd y gerddi a'r parc yn frwd iawn yng nghatalog gwerthiant 1846; yr hyn sy'n ddiddorol iawn, fodd bynnag, yw bod y rhodfa o goed ffawydd wedi ei disgrifio fel 'venerable' – gair rhyfedd i ddisgrifio coed pren caled sydd ond yn 60–70 mlwydd oed, fel y byddent pe baent wedi'u plannu pan adeiladwyd y tŷ. Mae'n bosibl felly fod y rhodfa yno'n barod, yn ochri â thŷ cynharach, a bod y tŷ newydd wedi ei adeiladu i ochri â hi. Ym mhen pellaf y rhodfa, ar bob ochr i'r giât at y llwybr llai tu draw, mae cilfachau bwaog wedi'u hadeiladu i mewn i'r wal, ar gyfer seddau yn ôl pob tebyg; gellid cael golygfa i fyny'r rhodfa yn ôl at y tŷ oddi yma.

Yn y 1940au roedd y tŷ'n eiddo i 'Gaiety Girl' gynt; gwnaeth rai newidiadau i'r ardd a hi sy'n gyfrifol yn ôl pob tebyg am yr ardd led-wyllt neu Siapaneaidd i'r gorllewin o'r tŷ. Mae'n dra thebygol bod y rhodfeydd graean a wnaed ar ôl 1917 yn perthyn i'w chyfnod hi hefyd.

Gwnaeth y perchnogion presennol nifer o fân newidiadau, ond ymddengys bod y cynllun sylfaenol yn aros yn debyg i'r hyn oedd ym 1836, pan wnaed map ystad clir iawn ar raddfa 25 modfedd. Yr un nodwedd ddiddorol a welir ar y map hwn yw'r domen gron yng nghornel ddwyreiniol yr ardd, a ymddangosai fel pe bai'n ganolbwynt ar gyfer cynllun y llwybrau yn y llwyni. Ni nodir unrhyw adeiladwaith ar y domen, ac efallai mai fel gwylfan y'i bwriadwyd; er mai dim ond dros gefn y tŷ, a fyddai wedi'i guddio gan lwyni beth bynnag, y byddai wedi edrych, byddai wedi cynnig golygfa 270 gradd dros y parc. Yr enw ar y darn amgaeëdig mawr o dir yr edrychid drosto yn y modd hwn oedd Cae'r Mount (ar y pryd roedd yn gyfan ond bellach mae wedi'i rannu). Ar fap yr Arolwg Ordnans mae'n ymddangos bod y domen wedi'i dinistrio erbyn 1901, yn gynt o bosibl, a heddiw dim ond darn bach ohono sydd ar ôl, heb fod yn fwy na 1.5 medr o uchder, ond yn dra amlwg serch hynny. Mae ffordd newydd o'r lôn yn torri ar draws y safle.

Daw'r brif lôn darmac i mewn i'r ardd o gyfeiriad y gogledd-ddwyrain, ac, wrth droi'n raeanog, mae'n troi tua'r gorllewin i fynd i gyfeiriad ochr dde-ddwyreiniol y tŷ. Yna mae'n dolennu yn ôl mewn cylch ac yn ailymuno â'r lôn darmac. Mae'r man parcio i'r gogledd yn cynnwys sawl bae graeanog a wnaed ymysg y coed i'r dwyrain o'r tŷ. Ceir fforch newydd arall o'r lôn ar gyfer derbyn nwyddau sy'n arwain i ffwrdd tua'r gogledd gan ddod i mewn i'r iard yng nghefn y tŷ o'r cyfeiriad hwn.

Mae llwybr troed graeanog yn arwain tan borth bwaog tresi aur o'r man parcio i fynd at y tŷ o gyfeiriad y dwyrain. Mae rhodfa raeanog yr holl ffordd o gwmpas y tŷ, o'r cylch troi i'r de-ddwyrain ar draws y blaen a'r cefn o gwmpas i'r gogledd-ddwyrain, drwy'r wal i mewn i'r iard. Rhan ohoni yw hen lwybr y lôn sy'n arwain at wyneb de-orllewinol y tŷ. Mae llwybrau eraill, a oedd yn raeanog ar un adeg ond â phorfa'n tyfu drostynt yn ysgafn bellach, yn croesi'r lawnt – un i gyfeiriad y tŷ newydd i'r gorllewin, a oedd yn wreiddiol yn lôn a arweiniai allan o'r ardd i'r de o'r fferm, gan droi'n sydyn wedyn yn ôl i'r gogledd-ddwyrain i ymuno â lôn y fferm. Mae'r ardd bêrlysiau a adeiladwyd yn ddiweddar bellach yn tarfu ar hon yn ymyl y tŷ. Roedd cangen oddi arni yn arwain ar draws safle'r tŷ newydd at y berllan – mae giât y berllan bellach tu draw i'r ffos – ac yn union drwy'r berllan i'r ochr bellaf, ond diflannodd dan y ffos a'r tyfiant toreithiog yn y berllan. Mae rhodfa arall yn rhedeg i'r de-orllewin o gornel ddeheuol y tŷ, gan wyro'n raddol ar draws y lawnt ac yna mynd yn ei blaen i lawr y rhodfa ffawydd. Er na fu hon yn lôn erioed, yn ôl pob tebyg roedd rhodfa raeanog lydan yma ar un adeg ar hyd y rhodfa ffawydd yn ei chyfanrwydd, a bellach mae yma lwybr cul heb wyneb arno.

Mae trydedd rodfa a raeanwyd gynt yn adleisio trofa'r rhodfa y cyfeiriwyd ati ddiwethaf, ar ochr arall y lawnt, gan redeg o gornel orllewinol y tŷ i gyfarfod â'r rhodfa arall wrth fynedfa'r rhodfa ffawydd. Nid yw hon fodd bynnag yn perthyn i'r un cyfnod â'r gweddill, a welir oll ar fapiau 1836, 1889, 1901 a 1917, gan nad yw'n ymddangos ar y mapiau hyn ond fe'i gwelir ar y map 6 modfedd cyfredol. Mae llwybr graean arall mwy diweddar, ond sydd â phorfa'n tyfu drosto o hyd, yn arwain i mewn i'r ardd led-wyllt i'r gorllewin o'r tŷ. Ni chynlluniwyd yr ardd hon fel y mae heddiw tan ar ôl 1917, ac mae'n bosibl bod y ddau lwybr diweddarach yn cydoesi â'r datblygiad hwn.

Ar fap ystad 1836 gwelir cynllun gweddol syml o lwybrau yn y llwyni i'r gogledd-ddwyrain o'r tŷ, gan ddod i lawr i ymuno â'r lôn wrth gornel ddeheuol y tŷ. Nid yw hwn i'w weld ar fapiau diweddarach ac eithrio un llwybr syth sy'n rhedeg i'r gogledd-orllewin o'r domen at lôn y fferm, a chan yr ymddengys bod gweddill y cynllun wedi'i lunio ar fap yr ystad mewn cyfrwng gwahanol, mae'n bosibl ei fod yn syniad na chafodd ei wireddu erioed.

Mae lawnt wastad i'r de-orllewin o'r tŷ, ac oddi yma y ceir y fista i lawr y rhodfa ffawydd. Mae nifer o goed, o amrywiol faint ac oedran, wedi'u plannu yn y lawnt, o amgylch yr ochrau yn bennaf er mwyn peidio ag amharu ar yr olygfa at y rhodfa. Mae gwely uchel diweddar ar ffurf calon â wal gerrig gynhaliol yng nghanol y lawnt rhwng y ddwy rodfa sy'n arwain at y rhodfa ffawydd.

Mae gardd fechan led-wyllt wedi'i gwthio i gornel y waliau sy'n ffinio'r ardd i'r gogledd-orllewin a'r lôn gefn i'r gogledd-ddwyrain. Wrth agosáu at y gornel daw'r ardd yn fwy gwyllt byth a daw'r llwybrau graean yn borfa ac yn flodau gwyllt gan ddisodli blodau'r ardd. Mae nifer o lwybrau cul, ac er mai llecyn bach iawn ydyw, mae'n bosibl teimlo'n berffaith ar wahân.

Yn ôl pob tebyg ardal goediog yw olion planhigfa gymysg wreiddiol a llwyni, er bod peth o'r plannu wedi'i adnewyddu. Bellach mae nifer o ardaloedd gwahanol o'i mewn, gan gynnwys darn nad yw'n cael ei reoli i raddau helaeth i'r gogledd-orllewin o'r tŷ, y man parcio cerbydau i'r gogledd a'r dwyrain, a llecyn yn y gornel ddwyreiniol lle ceir olion y domen a'r amrywiol ffyrch yn y lôn.

Bellach mae'r berllan, ar ochr dde-orllewinol yr ardd lysiau, wedi tyfu'n hollol wyllt ag isdyfiant trwchus iawn; yn ymwthio ohono gellir gweld coeden afalau a llawryf. Mae ei ffurf yn afreolaidd, ag un llwybr ar draws (yn flaenorol), a sawl math gwahanol o wal a ffens yn ei hamgáu. Ni ellir mynd yno drwy'r fynedfa o'r ardd, ond mae iddi giât brydferth; mae'r fynedfa o ochr y parc drwy fwlch yn y wal a wnaed yn ôl pob tebyg i adael tractor drwyddo, ac mae hyn wedi difetha'r fynedfa wreiddiol. Mae'n dra thebygol bod y berllan a'r ardd lysiau wedi'u haredig. Mae'r berllan yn perthyn i'r un cyfnod â'r tŷ yn ôl pob tebyg, er nad oes unrhyw arwydd o goed ffrwythau ar fap ystad 1836; roedd yn bodoli erbyn 1846 beth bynnag, pan soniwyd amdani mewn catalog gwerthiant.

Fel y berllan, mae'r ardd lysiau sgwâr, i'r gorllewin-ogledd-orllewin o'r prif dŷ, y tu hwnt i'r tŷ newydd ac yn gyfagos â'r fferm, wedi tyfu'n hollol wyllt, ac eithrio stribed ar hyd ochr fewnol y wal ogledd-ddwyreiniol. Yn ôl pob tebyg mae'n cydoesi â'r tŷ ac roedd yn bodoli erbyn 1836.

Mae'r wal o amgylch yr ardd yn gyfan fwy neu lai. I'r de-orllewin, mae'n isel ac wedi'i hadeiladu o gerrig, gan wahanu'r ardd

oddi wrth y berllan; mae bwlch yn y pen gorllewinol. I'r de-ddwyrain a'r gogledd-orllewin mae'r wal wedi'i hadeiladu o gerrig eto ond mae'n uwch. Mae darnau o'r wal ogledd-orllewinol yn dymchwel; ymddengys bod drws wedi'i lenwi yn ymyl y gornel orllewinol, a fyddai wedi rhoi mynediad i'r ardal rhwng y wal a'r llyn (a welir hefyd wedi'i phlannu â choed ffrwythau ar fap 1889, ond ddim erbyn 1901). Mae'n rhaid ei fod wedi'i lenwi am amser hir, a barnu wrth faint y sycamorwydden sydd yn ei erbyn ar yr ochr allanol. Ymddengys bod y wal dde-ddwyreiniol wedi'i hadeiladu'n well, ac mae ganddi 'haenen linyn' o lechi â haenen uchaf o gerrig ar eu hymyl uwchlaw hyn, er bod llawer o'r wal ar goll. Tua chornel ddeheuol pen talcen adeilad yn y buarth mae'r ochr arall yn rhan o'r wal, a thu hwnt mae uchder y wal yn disgyn i tua'r un uchder â'r wal dde-orllewinol, tua 1 medr. Mae giât haearn yn mynd drwyddi, heb fwa drosti, yn ymyl y gornel. Mae mynedfa arall drwy'r wal hon, â drws pren, yn ymyl y gornel ddwyreiniol, ac yn dal i gael ei defnyddio. Mae'r wal ogledd-ddwyreiniol yn friciau, tua'r un uchder â'r waliau cerrig uwch, ond yn codi tu ôl i'r tŷ gwydr, a adeiladwyd yn ei herbyn yn ymyl y gornel ddwyreiniol. Mae'r wal yn wyngalchog lle mae'n gefn i'r tŷ gwydr.

Gwelir yr ardd yn amlwg ar fap ystad 1836 â llwybrau allanol a chroes yn ei rhannu'n bedair adran gyfartal, â borderi llydain yr holl ffordd o gwmpas yr ochrau. Nid oes unrhyw arwydd o goed ffrwythau, ond ar fap Arolwg Ordnans 1889 gwelir y rhain mewn rhes ar bob ochr i bob llwybr; nid oes unrhyw olion o'r cynllun hwn yno o hyd.

Gwelir y tŷ gwydr hir, â bondo crwm, am y tro cyntaf ar fap Arolwg Ordnans 25 modfedd 1917, ond nid felly yn achos y boelerdy cerrig bach, y tu allan i'r wal dde-ddwyreiniol yn y gornel ddwyreiniol. Gwelir adeilad hir yn erbyn ochr allanol y wal ogledd-ddwyreiniol ar fap ystad 1836, ac roedd ei hanner yn dal yno ym 1889 a 1901, ond fe'i dymchwelwyd erbyn 1917. Mae llawer o'r gwydr yn y tŷ gwydr o hyd, ac mae pibelli gwresogi yno a pheiriannau'r system wyntyllu. Mae estyll a gwifrau ar y wal gefn, ac mae olion gwinwydd a ddiwreiddiwyd yn hongian o'r nenfwd. Ceir rhaniad mewnol, a defnyddir rhan o'r tŷ gwydr o hyd. Mae peth offer sydd yn ôl pob tebyg cyn hyned â'r adeilad yn gorwedd o gwmpas ar y tu mewn, ac mae teclyn codi rhiwbob ar y tu allan.

Cliriwyd stribed o dir i'r gogledd-orllewin o'r tŷ gwydr, yn erbyn wal ogledd-ddwyreiniol yr ardd, a bellach fe'i defnyddir i dyfu llysiau. Mae un winwydden unig yn aros yn erbyn y wal (heb unrhyw arwydd ei bod wedi'i hamgáu â gwydr erioed), a boncyff coeden ffrwythau farw. Yn ymyl y gornel ogleddol mae mynedfa ar gyfer drws drwy'r wal ogledd-ddwyreiniol, â drws pren yn ei le, ond mae'n segur.

Ffynonellau

Sylfaenol

Gwybodaeth oddi wrth C. Chown, Ysw.

Map ystad a luniwyd gan R. Lloyd Ellis (1836), Archifdy'r Sir, Caernarfon (XM/MAPS/6145/5).

Catalog gwerthiant 1846 a arddangosir ar y wal y tu mewn i'r tŷ (y gwreiddiol yn Archifdy'r Sir, Caernarfon).

Eilradd

E. Hyde Hall, *A Description of Caernarvonshire* (1809–1811), a olygwyd o'r llawysgrif wreiddiol gan E. Gwynne Jones, (1952).

Comisiwn Brenhinol Henebion Cymru, *Inventory*, Sir Gaernarfon Cyfr. III (1964).

C. A. Gresham, *Eifionydd* (1973).

CADW

PLAS BRONDANW

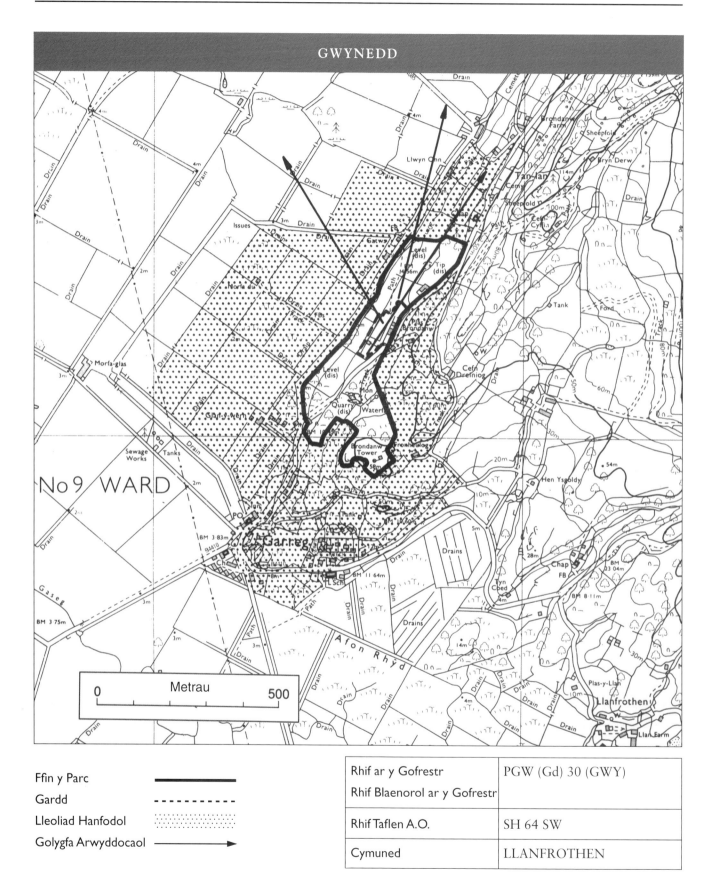

Ffin y Parc		Rhif ar y Gofrestr	PGW (Gd) 30 (GWY)
Gardd		Rhif Blaenorol ar y Gofrestr	
Lleoliad Hanfodol		Rhif Taflen A.O.	SH 64 SW
Golygfa Arwyddocaol		Cymuned	LLANFROTHEN

CRYNODEB

Rhif cyf	PGW (Gd) 30 (GWY)
Map AO	124
Cyf grid	SH 616 423
Sir flaenorol	Gwynedd
Awdurdod unedol	Gwynedd
Cyngor cymuned	Llanfrothen
Disgrifiadau	Adeiladau rhestredig: tŷ Gradd II*, porthdy Gradd II, bythynnod yng nghefn y tŷ Gradd II, pileri a gordafliad giatiau Gradd II; nodweddion a restrir yn y tir a'r ardd (Gradd II); Parc Cenedlaethol Eryri.
Gwerthusiad safle	Gradd I
Prif resymau dros y graddio	Gardd bensaernïol eithriadol mewn cyflwr da iawn, wedi'i gosod ynghanol golygfeydd trawiadol Eryri, ac wedi'i chynllunio yn y 1920au a'r 30au yn bennaf gan Clough Williams-Ellis yn ei gartref ei hun. Yn ôl pob tebyg dyma'r enghraifft orau a'r fwyaf cyflawn o'i waith fel tirluniwr gerddi. Mae'r ardd mewn adrannau cymhleth, â golygfeydd o gopâu'r cyffiniau dan reolaeth dynn rhwng perthi yw echelinol. Mae dylanwad neilltuol Clough Williams-Ellis yn ymestyn allan i'r coetir a'r pentref cyfagos a thu hwnt, gan adael ei gymeriad ar yr holl gyffiniau.
Math o safle	Gardd ffurfiol, parc, rhodfa goetir â gwylfan.
Prif gyfnodau o adeiladu	O ddechrau hyd ganol yr ugeinfed ganrif.

Disgrifiad o'r safle

Mae'r tŷ ar ffurf 'L' a saif yn ymyl y ffordd ar ben y safle, gan edrych lawr dros yr ardd a'r parc. Mae'n enghraifft lai o dŷ cynllun-uned, fel Parc cyfagos, wedi'i ymestyn drwy ychwanegu bloc cyfan ar wahân ar ongl sgwâr i ran wreiddiol y tŷ. Mae'r arbenigwyr yn rhanedig ynglŷn â pha ran o'r tŷ sydd gynharaf (yn ôl pob tebyg y bloc gogledd-orllewinol), ond mae'r ddau floc yn perthyn i'r ail ganrif ar bymtheg yn ôl pob tebyg, wedi'u hadeiladu o gerrig lleol, ac yn wreiddiol yn ddau lawr o ran uchder. Ar ddiwedd y ddeunawfed ganrif ychwanegwyd trydydd llawr ac atig at y bloc gogledd-orllewinol mwy o faint. Ffenestri codi sydd iddo, ac mae gan ddrysau allanol yn y ddwy ran o'r tŷ fwâu isel anarferol â llechi bwa hir. Mae llechi ar bob to.

Ym 1937 adeiladwyd twr bwtresu, cyfuwch â'r tŷ, at yr ochr ogledd-orllewinol, ar borth bwaog dros y teras sy'n rhedeg ar hyd yr ochr hon o'r tŷ. Fe'i cynlluniwyd gan Clough Williams-Ellis i ymdoddi i weddill y tŷ, ac fe'i bwriadwyd i gynnal y wal flaen, a oedd wedi dechrau taflu allan. Uwchlaw'r ffordd roedd bar haearn hefyd a oedd yn dal y rhan arall o'r tŷ at y graig gyferbyn, i'r de-ddwyrain, tan adeg y tân.

Ym 1951 llosgwyd y tŷ yn ulw, ond fe'i hailadeiladwyd cyn gynted â phosibl gan Williams-Ellis, a fanteisiodd ar y cyfle i wneud mân welliannau yma ac acw, ond cadwodd gymeriad gwreiddiol y tŷ. Felly mae'n dal i edrych yn debyg iawn i'r hyn yr oedd ar ôl i'r twr gael ei ychwanegu ym 1937.

Cartref teuluol ochr Williams o deulu Williams-Ellis yw Plas Brondanw, a daeth i feddiant yr Ellisiaid, â'r enw, drwy briodas ym 1807. Roedd y ddau unigolyn yn y briodas, Thomas Ellis o Lasfryn a Jane Bulgin (a newidiodd ei henw i Williams er mwyn etifeddu'r eiddo oddi wrth ei modryb), â gwahaniaeth oedran mawr rhyngddynt, yn gyfyrderon, felly ni wnaeth y briodas ond closio perthynas y teulu. Yna daeth y tŷ yn ail blasty i Williams-Ellisiaid Glasfryn, a bu John mab Thomas yn byw yno nes iddo etifeddu Glasfryn; wedi hynny nid oedd angen y tŷ ar y teulu ac fe'i rhoddwyd ar osod nes ei roi i Clough Williams-Ellis, ŵyr John, gan ei dad (John arall) ym 1908.

Erbyn y cyfnod hwn roedd y tŷ wedi dirywio a'i rannu; roedd saith teulu gwahanol yn byw yno. Roedd yn rhaid i Clough Williams-Ellis fodloni ar ran fechan o'r tŷ yn gyntaf, gan raddol ymestyn ei gyfran wrth i denantiaid adael neu iddo allu eu hailgartrefu. Cychwynnodd weithio ar y tŷ ar unwaith, ond fe'i cyfyngwyd gan bresenoldeb y tenantiaid, a throdd beth o'i egni at yr ardd o'r cychwyn cyntaf. Yn y pen draw daeth y tŷ cyfan i'w feddiant, a llwyddodd i gwblhau ei gynlluniau ar gyfer ei adnewyddu, gan gwblhau'r ardd yn sylweddol hefyd yn ddiweddarach. O 1925 ymlaen cyfeiriwyd y rhan fwyaf o'i egni at Bortmeirion, ond parhâi i fyw a gweithio ym Mhlas Brondanw, a golygai tân 1951 fod y tŷ wedi dod yn brosiect pwysig eto. Parhâi i wneud newidiadau ac ychwanegiadau llai i'r ardd hefyd, tan tua degawd cyn iddo farw ym 1978.

Mae bloc sgwâr o dai allan y tu ôl i'r tŷ, i'r gogledd-ddwyrain, ac mae iard fechan risiog a balmantwyd â llechi yn eu gwahanu, a cheir iard fechan arall y gellir mynd iddi o ffordd Croesor i'r de-ddwyrain. Mae wal ogledd-orllewinol y bloc hwn yn parhau ar hyd llinell y tŷ ar hyd y brif rodfa deras, ac mae'n perthyn i'r un cyfnod fwy neu lai â'r rhan hon o'r tŷ. Mae yno fythynnod a arferai fod yn llety ar gyfer y staff.

Modurdy oedd adeilad ffurf 'T' y garddwr ar un adeg, a stablau cyn hynny, ond bellach fe'i defnyddir fel storfa, a llety i'r garddwyr, er ei bod yn bosibl iddo gael ei ddefnyddio fel llety yn wreiddiol. Mae wedi'i adeiladu o gerrig â hen do llechi â chromen ar ei ben; mae coed a llwyni'n cuddio'r adeilad dirodres braidd cystal mai dim ond y gromen a'r dormer addurnol yn yr atig sydd i'w gweld o bob ongl bron. Addurnir y drws â chreaduriaid sy'n hanner draig a hanner eryr a grëwyd gan Clough Williams-Ellis.

Anodd yw dyddio parc Brondanw, sy'n sicr yn hŷn na'r ardd ac sy'n mynd yn ôl i'r ail ganrif ar bymtheg efallai, fel y tŷ. Mae'n fychan, yn hir ac yn gul, ac mae tir pori yno â choed enghreifftiol. Mae coetir i'r de hefyd nad yw'n rhan o'r parc, a bod yn fanwl gywir, ac a oedd yn ôl pob tebyg yn naturiol fwy neu lai tan yn weddol ddiweddar, ond a ymgorfforwyd i'r tirlun a gynlluniwyd gan Clough Williams-Ellis.

Mae'r parc, sydd ychydig i'r gogledd-ddwyrain o bentref Garreg, ger Porthmadog, yn fychan ac ar oleddf, a'i hyd yn fwy na'i led, ar lethr sy'n wynebu'r gogledd-orllewin ac yn y canol rhwng dwy ffordd. Un o'r rhain yw'r hen ffordd rhwng Garreg a Chroesor a'r llall yw'r ffordd ddiweddarach o lawer ond bellach yr A4085 bwysicach sy'n fforchio wrth y porthdy ac yn croesi'r tir a adferwyd i'r gogledd, gan anelu tua Beddgelert. Ni fyddai'r ffordd hon wedi bod yno pan gynlluniwyd y parc gyntaf, gan dybio i hyn gael ei wneud yn yr ail ganrif ar bymtheg neu ar ddechrau'r ddeunawfed ganrif, ond byddai'r ffin wedi bod ar hyd yr un llinell yn ôl pob tebyg, am ei bod wrth droed y llethr a byddai'r holl dir i'r gogledd-orllewin wedi bod yn aber a chorsydd.

Mae'r tŷ'n cyffinio â ffordd Croesor, ac felly saif uwchlaw'r parc, gan edrych i lawr drosto tua'r olygfa braf o'r mynyddoedd tu hwnt. Mae'r brif ran o'r tŷ'n wynebu tua'r gogledd-orllewin, yn rhannol yn ddiamau er mwyn gwneud y gorau o safle lletchwith, ond hefyd yn sicr i fanteisio ar yr olygfa.

Ymddengys mai ychydig o newidiadau a wnaed i'r parc ar wahân i ychydig o leihad o ran maint pan estynnwyd yr ardd. Fodd bynnag, cymerwyd coetir ar y bryn i'r de, a oedd ar y pryd yn ôl pob tebyg yn naturiol ar y cyfan, i gylch Plas Brondanw, os nad i'w gwrtil yn hollol; plannwyd nifer o goed, codwyd giatiau, cynlluniwyd pyllau a rhaeadrau mewn hen chwarel, ac adeiladwyd cofeb i'r tân yma. Rhoddwyd tŵr gwylio ar ben uchaf agored y bryn yn anrheg priodas i'r Williams-Ellisiaid (ym 1915) gan swyddogion y Gwarchodlu Cymreig (catrawd Clough).

Mae cyffiniau'r parc a'r ardal gyfan yn llawn o gyffyrddiadau gan Williams-Ellis (er enghraifft yr adeilad cromennog bychan ar ddiwedd wal sydd ynghlwm wrth deras o dai yng Ngarreg, cofeb ryfel Garreg a nifer o fynedfeydd i gaeau), sy'n mynd â'r tirlun a gynlluniwyd ym Mrondanw allan i'r ystad fwy.

Nid oes gan y tŷ lôn breifat ar hyn o bryd gan fod y brif fynedfa yn union oddi ar ffordd Croesor, a oedd yn breifat yn wreiddiol ond a osodir ar brydles bellach i'r awdurdod lleol sy'n ei chynnal a'i chadw. Mae porthdy'n gwylio drosti o hyd yn y man lle mae'n fforchio oddi ar ffordd Beddgelert. Mae porthordy hŷn ar ochr bellaf y ffordd ac un arall, a elwir yn Gatws o hyd, ar ffordd Beddgelert, ymhellach i'r gogledd.

Saif y porthordy gogleddol hwn gyferbyn â mynedfa i'r parc, â giatiau, a thrwyddynt mae llwybr llydan, wedi'i wneud yn dda, sydd bellach yn segur a phorfa'n tyfu drosto. Fe'i lefelwyd i mewn i'r llethr, gan arwain i fyny at ben gogledd-ddwyreiniol yr ardd. Yn wreiddiol roedd hwn yn arfer dod i ben y teras ar hyd blaen y tŷ, er ei fod wedi newid bellach ac er bod diwedd y llwybr ar goll. Mae'n debygol mai lôn ar gyfer cerbydau oedd ar un adeg, ac ymddengys mai dyma'r brif lôn ar un adeg, er bod ffordd Croesor yn hŷn na'r ffordd y mae'n arwain oddi wrthi. Mae'r drefniadaeth bresennol yn ôl pob tebyg yn ddychweliad i'r cynllun gwreiddiol, â'r lôn o'r gogledd yn cael ei defnyddio o bosibl yn y bedwaredd ganrif ar bymtheg. Erbyn i fap 1916 gael ei arolygu roedd eisoes yn llwybr troed.

Mae'r prif goetir, sy'n seiliedig yn ôl pob tebyg ar goetir derw ansymudol naturiol gwreiddiol, yn gorwedd i'r de o'r tŷ ar lethrau'r bryn lle saif y tŵr gwylio'n goron arno. Roedd ei faint ym 1916 yn debyg iawn i'r hyn ydyw heddiw, ond nid oedd y triongl i'r gorllewin o'r darn cyntaf o'r llwybr yn amgaeëdig ac ar y pryd roedd yn glwstwr o goed enghreifftiol, yn gollddail yn bennaf; plannwyd y llecyn bychan yn uwch i fyny i'r dwyrain yn ddiweddarach mae'n amlwg ac roedd yn dir agored o hyd ym 1916. Roedd gan y gweddill o goetir trwchus ar hyd ymyl y ffordd, o gwmpas a chwarel segur (a oedd eisoes yn 'hen' ym 1916), gonifferau ac isdyfiant wedi'u hychwanegu, tra'r oedd gan y coetir mwy agored tua phen uchaf y bryn goed collddail yn unig. Mae hyn yn aros yr un fath, er bod ychydig o'r conifferau yno o hyd.

Mae llwybr a wnaed yn dda yn arwain o fynedfa gyferbyn â'r ardd i mewn i'r coetir. Wrth y fynedfa mae pâr o bileri cerrig uchel oddeutu giatiau haearn isel. Ar ddiwedd y rhan gyntaf syth o'r llwybr, ar ben y chwarel, mae cofgolofn i goffáu ailadeiladu Plas Brondanw ar ôl tân ym 1951. Wrn fflamiol ar blinth addurnol ydyw, a gynhelir ar bwt o golofn fer, wedi'i rendro a'i adeiladu o gerrig, gan sefyll ar lwyfan coblog, crwn, wedi'i godi ychydig, ag ymylwaith llechi. O amgylch rhan ohono mae rheiliau haearn glas, ar yr ochr dros y cwymp, a cheir perthi o'i amgylch yn rhannol hefyd. Mewn llecyn coblog bychan ar ochr y lôn, ar ddiwedd y llwybr, mae slabyn o garreg ag arysgrifen arno. Yn wreiddiol roedd golygfeydd mwy agored o'r gofgolofn, gan gynnwys golygfa yn ôl at ddrws ffrynt y tŷ.

Ger cofgolofn y tân mae llwybr syth yn arwain i gyfeiriad y dwyrain, tuag at sedd a chysgodle ger ffin ddwyreiniol y coetir. Gyferbyn â'r rhain mae trydydd llwybr syth yn arwain i mewn i'r coed i'r gorllewin, gan groesi cyrsiau dŵr bychain ar bontydd slabiau llechi, ac yn y pen draw mae'n ymuno â hen lwybr llai sy'n

arwain o'r ffordd at giât cae. Gweddillion fista gynt yw'r ddau lwybr hyn. Mae'r prif lwybr yn mynd yn ei flaen yn syth, ond heb ei ddiffinio cystal a heb fod yn gyfunion, i fyny at bâr o giatiau haearn â phileri cerrig uchel ar bob ochr wedi'u gosod yn yr hyn a oedd yn wal gae yn wreiddiol, a thu hwnt iddi mae'n mynd yn ei flaen i fyny'r bryn at y tŵr gwylio. Tua hanner ffordd at y tŵr mae mainc lechi a cherrig a adeiladwyd gan Clough Williams-Ellis mewn hanner cylch wedi'i gosod i mewn i'r llethr. Oddi yno roedd golygfa wych tuag at Eryri.

Mae'r tŵr wedi'i adeiladu o gerrig ac mae'n gastellog, yn sgwâr yn y cefn (gogledd) ac wedi'i lyfnu yn y blaen (de); mae wal â phorth bwaog drwyddi yn ei gysylltu â gwaelod tŵr crwn llai i'r gorllewin, a adeiladwyd fel adfail yn y lle cyntaf. Mae ganddo fargodiad hirgrwn i'r gorllewin sy'n cynnwys mainc gerrig a llechi, ac mae porth bwaog arall i'r de-orllewin. Uwchben drws y tŵr mae plac ag arno'r geiriau canlynol:

'This Outlook Tower was subscribed for as a wedding present to Clough Williams-Ellis and his Bride Amabel Strachey in 1915 by his brother Officers of the Welsh Guards. In the second world war it was prepared as a local military strongpoint to repel the expected German invasion.'

Byddai'r olygfa o'r tŵr yn cynnig panorama i bob cyfeiriad oni bai am y coed yn ei chuddio'n rhannol i'r gorllewin.

Mae mynedfa i'r coetir o ffordd Croesor, ychydig uwchlaw'r chwarel, drwy borth bwaog yn y wal, ond ymddengys na fu erioed lwybr iawn o'r porth bwaog hwn, a oedd yn addurnol yn bennaf.

Addurnwyd hen chwarel mewn arddull ddymunol gan Williams-Ellis. O un man ar y ffordd gellir ei gweld yn dda, a nodir hyn gan ddarn o falwstrad a gopïwyd ar gyfer y teras hirgrwn yn yr ardd. Cyfeiriwyd at y chwarel gan Williams-Ellis bob amser fel y 'chasm'. Mae ganddi raeadr i lawr y clogwyn yn y cefn, pwll bach crwn ar y gwaelod â ffynnon, a phwll mwy ar siâp afreolaidd ychydig tu draw, â nant yn arwain allan tua'r ffordd. Mae'r ddau bwll ag ymylon o gerrig iddynt, fel yn achos y nant, ac mae cornant gerrig fer yn cysylltu'r ddau bwll. Mae pwll dal a nifer o sianeli ar y pen uchaf. Nid yw'r ffynnon, lle'r arferai'r dŵr fyrlymu, yn gweithio bellach.

Hefyd mae cysgodle theatrig â sedd yn yr ardal a blannwyd yn fwyaf diweddar. O'r man hwn roedd fista dros y chwarel i atyniad llygad, amlinell o wrn ar bedestal mewn cae i'r de, ond bellach mae coed yn ei lenwi, er bod yr atyniad llygad yno o hyd. Mae gan y waliau a'r mynedfeydd i gyd o amgylch gyffyrddiadau pensaernïol nodweddiadol sy'n ei gwneud hi'n amlwg ar unwaith ei bod yn rhan o'r tirlun a gynlluniwyd; yn arbennig mae'r paent gwyrddlas a ddefnyddiwyd ar y gwaith haearn drwy'r ardd i'w weld ymhob man.

Yn union i'r de-ddwyrain o'r tŷ mae dwy giât haearn addurnol sy'n arwain at y mannau i ochr dde-ddwyreiniol y ffordd. Mae llythrennau blaen Clough ac Amabel Williams-Ellis ar y giât isaf, ag yw Gwyddelig ar bob ochr, ac mae'n ymagor ar res hir o risiau sy'n arwain i fyny at fwthyn ar y llechwedd uwchlaw'r tŷ. Dyddiwyd y giât uchaf i 1908, gan ei gwneud yn nodwedd gynnar iawn, ac fe'i gosodwyd mewn porth bwaog cywrain a adeiladwyd o gerrig, ond tyfodd yr ardal y tu ôl iddo'n wyllt bellach ac nid oes llwybr amlwg yn arwain oddi wrtho.

Mae arddull dra phensaernïol i'r ardd, â pherthi uchel a choed cul yn gwneud llinellau unionsyth, a phwyslais ar risiau a phalmantu. Mae dylanwad gerddi dadeni'r Eidal yn amlwg. Effaith hyn yw eithrio'r olygfa arw wrthgyferbyniol o'r rhan fwyaf o'r ardd, gan adael i ambell gipolwg ohoni ymddangos dan reolaeth, er bod gwylfannau hefyd lle gellir gwerthfawrogi'r tirlun yn ei gyfanrwydd. Datblygwyd yr ardd rhwng 1908 a'r 1960au, yn y 1920au a'r 30au yn bennaf, ar safle diffaith lle'r oedd dim ar ôl o unrhyw dirlunio blaenorol ond ambell goeden fawr. Mae'n goroesi fel y gadawodd Clough Williams-Ellis hi fwy neu lai.

Mae ffurf yr ardd yn adleisio ffurf y parc, gan fod yn hir ac yn gul ac wedi'i chynllunio, yn union islaw'r tŷ, o'r de-orllewin i'r gogledd-ddwyrain ar hyd llethr y llechwedd. Fe'i rhennir yn ddwy brif ardal. I'r de-orllewin, lle mae'r llethr yn llai, mae ardal gywrain a rennir gan berthi bytholwyrdd uchel, tywyll yn adrannau bychain, y cyfan wedi'u cyd-gysylltu â llwybrau a grisiau, ac wedi'u nodweddu gan fistâu i fyny ac i lawr yr ardd a chan gipolygon dan reolaeth o'r olygfa tu hwnt. I'r gogledd-ddwyrain mae lawnt gweddol agored ar oleddf, lle mae'r olygfa'n creu cefnlen yn hytrach na chyferbyniad, ac nid oes perthi i dorri ar draws yr olygfa o'r tŷ. Fodd bynnag, mae nodweddion ac addurniadau yn yr ardal hon hefyd, ac mae'r cynllun i gyd yn eithriadol o gymhleth ar gyfer safle cyn lleied, ac mae iddi ôl nodweddiadol y dyn a'i creodd.

Pan ddaeth i Frondanw am y tro cyntaf cofnododd Clough Williams-Ellis nad oedd dim yn aros o unrhyw dirlunio blaenorol ond y coed aeddfed. Yn y parc yr oedd y mwyafrif o'r rhain, felly roedd e'n gallu cychwyn ar y gwaith yn yr ardd ar gynfas gwag. Y canlyniad yw cyfanrwydd unedig ac efallai mai dyma'r enghraifft orau a'r un fwyaf cyflawn o'i waith fel tirluniwr a garddwr. Er nad yw ar yr un raddfa â'i brosiect enfawr ym Mhortmeirion, gardd ar gyfer tŷ ydyw ac nid pentref mewn gardd, ac felly mae'n burach ac yn gynllun gardd y gellir ei werthfawrogi'n haws. Mae'n amlwg fod Williams-Ellis wedi'i ddylanwadu i ryw raddau gan erddi Eidalaidd ffurfiol, ond mae Plas Brondanw yn anad dim yn fynegiant o'i ymateb ei hun, fel pensaer, i'r safle ar gael iddo.

Ar wahân i'r orendy, adeilad gardd bach a godwyd tua 1913 neu 1914, amlygir y mynegiant pensaernïol yn yr ardd gan y perthi, y tocwaith a'r cerfluniau â'r adeiladwaith a'r cynllun cymhleth. Mae nifer o nodweddion diddorol a phrydferth wedi'u gwthio i lecyn mor fychan, megis rhes grom o risiau'n rhannu o amgylch pwll bach crwn; teras hirgrwn o amgylch coeden aeddfed ar y lawnt ar oleddf; nifer o giatiau haearn gyr cywrain; llecynnau o balmantu addurnol, a wnaed â cherrig, llechi a cherrig mân. Fodd bynnag, y *pièce de resistance* yn ddiamau yw'r pwll bychan ym mhen gogledd-ddwyreiniol yr ardd. Mae wedi'i leoli yn y gwylfan crwn ym mhen pellaf yr ardd, dan gilfach â tho wedi'i baentio'n wyn; yn y to hwn gellir ystyried adlewyrchiad o'r mân donnau yn y pwll yn gipolwg pryfoclyd o olau a symudiad ar hyd yr holl rodfa ar y teras o flaen y tŷ, drwy'r porth bwaog dan dŵr y bwtres, ac mae'n graddol amlygu ei hun am yr hyn ydyw wrth fynd tuag ato.

Mae erthyglau yn *Country Life* ym 1931 a 1957 yn cynnig cipolwg diddorol i wahanol gamau yn natblygiad yr ardd. Nid yw ffotograffau 1957 yn ddadlennol iawn, ond o'u gweld ymddangosai'r ardd yn debyg iawn i'r hyn ydyw heddiw erbyn y dyddiad hwn; ym 1931, fodd bynnag, roedd llawer i'w wneud o hyd. Nid adeiladwyd twr a bwtres tan 1937, ac nid oedd y gwylfan crwn ym mhen gogledd-ddwyreiniol yr ardd (a elwid gan Williams-Ellis yn 'the full-stop', ac a fwriadwyd fel y llecyn newydd olaf i'w gynnwys) yno ym 1931; na'r teras hirgrwn chwaith. Fodd bynnag, roedd y pwll hirsgwar, â ffynnon o ddyn tân bychan yn gafael mewn pibell o'r man lle mae'r dŵr yn ffrydio, yn ei le. Ar fap Arolwg Ordnans 25 modfedd 1916 gwelir yr ardd yn ei dyddiau cynnar iawn, ac roedd pwll a ffynnon yn yr un safle eisoes bryd hynny, gan eu gwneud yn un o'r prif nodweddion cyntaf.

Ar y map hefyd gwelir y rhodfa ar hyd y teras o flaen y tŷ, y grisiau i lawr at y rhodfa hon o'r lawnt amgaeëdig o flaen rhan

hynaf y tŷ, a llain o lwyni sy'n diffinio ymyl ogledd-orllewinol yr ardd; ond nid oes unrhyw arwydd o'r adrannu diweddarach, ac nid oedd yr un o'r gwylfannau wedi'u hadeiladu. Ni welir yr orendy chwaith, er iddo gael ei adeiladu cyn 1916; mae'n rhaid bod y map wedi ei arolygu ychydig flynyddoedd cyn dyddiad ei gyhoeddi.

Mae'r ardd heddiw'n cael ei chynnal a'i chadw'n ofalus fel y'i gadawyd gan Clough Williams-Ellis, ac mae'n agored i'r cyhoedd.

Mae rhan dde-orllewinol yr ardd yn eithriadol o amrywiol ac yn cynnwys nifer o elfennau saernïol. Mae'r ardal yn lled-hirsgwar, â thŷ allan yn y corneli deheuol a dwyreiniol, a'r orendy ger y gornel ogleddol. Mae'r prif lwybrau porfa'n rhannu'r ardal yn bedair rhan anghyfartal braidd, ac nid yw'r llwybr sy'n mynd o'r de-orllewin i'r gogledd-ddwyrain yn cyrraedd ffin yr ardal hon o'r ardd ond daw i ben wrth risiau i fyny at lawnt fechan sgwâr. Ar ymylon y prif lwybr croes a nifer o'r rhai eraill, mae perthi yw uchel â thocwaith ar eu pennau sy'n tanlinellu'r adrannu yn yr ardal.

Y rhaniad deheuol yw'r lleiaf ac yno'n bennaf mae'r tŷ allan, storfa flaen agored. Fe'i cuddir gan fambŵ a'r rhes o goed leim wedi'u plygu sy'n cefnu ar y border i'r de-ddwyrain o'r prif lwybr, gan ddod yn ôl i'r de-ddwyrain ar hyd y prif lwybr croes. Yn y border mae rhai llwyni mawr â phlanhigion blodeuol.

Yn y rhaniad gorllewinol mae darn hirsgwar â phwll sgwâr bas wedi'i amgylchynu â phorfa a borderi. Gellir ei gyrraedd ar hyd llwybr glaswelltog o'r brif rodfa i'r dwyrain, ac i fyny ychydig o risiau o'r llwybr cerrig i'r gorllewin. Yn y pwll mae delw efydd o ryfelwr clasurol ar blinth carreg uchel.

Yn y rhaniad gogleddol mae'r orendy, a than yn ddiweddar dŷ gwydr – fe'i gwelir ar gynllun a luniwyd gan Clough Williams-Ellis, ac mewn ffotograff o'r awyr a ddefnyddiwyd yn y daflen am y gerddi. Nid yw yno bellach fodd bynnag, a phlannwyd y safle â llwyni a phlanhigion blodeuol.

Gyferbyn â hyn, i'r de-orllewin o'r llwybr croes eilradd, mae lawnt fechan sgwâr a oedd wedi'i phlannu cyn y cyfnod hwn. I'r gogledd-orllewin o hyn mae borderi ar bob ochr i'r llwybr (y llwybr eilradd o'r de-orllewin i'r gogledd-ddwyrain), â golygfa tua'r de-orllewin yn ôl at gerflun ym mhen yr ardd. Mae llecyn bychan wedi'i balmentu â llechi yn arwain i fyny at yr orendy. Adeilad cerrig bychan yw hwn â tho llechi, â thri drws gwydr dwbl mawr ar y llawr isaf ar y blaen (gogledd-ddwyrain); uwchlaw'r rhain mae tair ffenestr hirgron, a dormer yn y to.

Yn y rhaniad dwyreiniol ceir rhai mannau gwasanaeth cuddiedig ger y tŷ allan, gan gynnwys iard fechan raeanog â biniau compost. Yn ymyl y rhain mae pwll hirsgwar diweddar, sy'n hir a chul, â llwybr yn holl ffordd o'i gwmpas; tyfodd y planhigyn sy'n cynnwys *Gunnera manicata*, yn foethus iawn ac mae'n cuddio'r pwll i raddau helaeth.

Ceir tair ardal sy'n gysylltiedig â'i gilydd ac maent yn rhedeg ar draws pen gogledd-ddwyreiniol y rhan hon o'r ardd, heb gael eu cynnwys yn unrhyw un o'r cwadrantau – y lawnt fechan sgwâr lle daw'r brif rodfa i ben, ac ar yr ochr bellaf iddi mae'r pwll hirsgwar â ffynnon y dyn tân; ardal fechan i'r gogledd-orllewin sydd wedi'i llenwi i raddau helaeth â rhes grom o risiau sy'n ymrannu o gwmpas pwll bychan crwn; ac, ymhellach i'r gogledd-orllewin, lawnt fechan ar ffurf 'L' o flaen yr orendy. O'r lawnt hon mae grisiau yn arwain i lawr at y brif lawnt i'r gogledd-ddwyrain, ac ar ochr arall yr orendy y gellir ei gyrraedd ar hyd llwybr cul mae'r llecyn bychan a balmantwyd â llechi y mae'r llwybr eilradd o'r de-orllewin i'r gogledd-ddwyrain yn arwain i ffwrdd oddi wrtho.

Mae'r ddwy lawnt yn wastad, ac mae'r grisiau rhyngddynt yn gofalu am y gwahaniaeth o ran uchder, sydd wedi cynyddu oherwydd y lefelu. Yn ymyl y grisiau mae dau lecyn bychan glaswelltog â gwelyau ar gyfer llwyni, a waliau cynhaliol yn y cefn. O gwmpas y lawnt isaf a'r orendy mae borderi â phlannu blodeuol yn bennaf, ond mae hefyd lwyni bychain, a cheir tybiau sy'n cynnwys llwyni rhosmari ar ben y grisiau. Ychydig o blannu sydd ar y lawnt uchaf ond o'i chwmpas mae perthi uchel, â'r pwll hirsgwar ar hyd yr ochr ogledd-ddwyreiniol. Mae giât haearn fechan heb ei phaentio drwy'r berth y tu ôl i ffynnon y dyn tân, ac er bod llwybr yn arwain o amgylch ati mae'n amlwg nad yw'n cael ei ddefnyddio'n aml. Ymddengys ei bod yno i osgoi toriad yn y fista o'r gwylfan de-orllewinol yn hytrach nag i'w defnyddio, a dyma paham nad yw wedi'i phaentio'n las, fel yn achos y rhan fwyaf o waith haearn yr ardd.

Ar y lawnt mae sedd haearn mewn hanner cylch, a border byr yn y gornel orllewinol. Mae ochr dde-ddwyreiniol yr ardal hon yn rhannol agored i'r iard fynedfa ac yn rhannol gaeëdig gan adeilad y garddwyr. Ar hyd yr ymyl dde-orllewinol mae wal, sy'n rhannol gynhaliol, a'r grisiau i lawr at y prif lwybr yn torri ar ei thraws; byddai'r wal hon wedi ffurfio wal gefn y tŷ gwydr gynt tua'r gogledd-orllewin. Ym mhob pen o'r wal ar bob ochr i'r grisiau mae pileri cerrig uchel ag yrnau ar eu copâu, ac mae un arall ymhellach ar hyd y wal lle mae newid yn y lefel.

Mae wal gynhaliol hefyd ar hyd ymyl ogledd-ddwyreiniol y tair ardal hon sydd i bob pwrpas yn nodi rhaniad yr ardd. Drwy'r wal hon y mae'r grisiau i'r gogledd-ddwyrain o'r orendy'n disgyn i'r lawnt.

Mae'r lawnt ogledd-ddwyreiniol ar oleddf gweddol serth ac anwastad i'r gogledd-orllewin, ac mae'r tŷ'n edrych drosti. Mae toriad amlwg yn y llethr tuag at y pen uchaf, ac uwchlaw hyn mae stribed llydan sy'n weddol wastad ac a lefelwyd yn ôl pob tebyg, gan gynrychioli hyd a lled gardd gynharach. Ym 1916, yn ôl y map 25 modfedd, roedd rhes afreolaidd o goed coniffer tua'r toriad yn y llethr, er bod ffin yr ardd ar y pryd fel ag y mae heddiw. Mae dwy res o risiau hanner crwn i lawr o deras y tŷ yn ymagor ar y rhan lefel hon o'r lawnt; mae gan y rhes dde-orllewinol nifer o botiau terracotta modern.

Ar hyd pen de-orllewinol y lawnt mae rhodfa borfa ar oleddf i lawr at giatiau ar y gwaelod, sy'n arwain allan at wylfan bychan. Fel nifer o giatiau eraill, bwriadwyd y rhain fel rhan o bensaernïaeth yr ardd yn hytrach na mynedfa neu allanfa o bwys; maent yn rhoi mynedfa yn unig i'r stribed cul ar hyd ymyl ogledd-orllewinol yr ardd sydd bellach yn ardd lysiau. Amlinellir y rhodfa ar bob ochr gan res o goed ffrwythau â digon o le rhyngddynt, ac mae'r rhai i'r gogledd-ddwyrain yn hŷn na'r lleill. Bellach mae coed yn y parc yn cuddio'r olygfa o'r gwylfan i raddau helaeth, ond yn uwch i fyny mae'r olygfa allan drwy'r giatiau yn dda.

I'r gogledd-orllewin mae perth yn ffinio'r lawnt, a drws nesaf mae rhodfa borfa anffurfiol (na lefelwyd i mewn i'r llethr) sy'n mynd o naill ben y lawnt i'r llall ar ei lled, â border rhosod hir ar ymyl yr ochr arall, ag un toriad yn unig ynddi ar gyfer llwybr. Mae rhes o goed ffrwythau'n rhedeg i lawr canol y border. Ymddengys bod y rhain yn cydoesi â'r rhes hŷn ar hyd ochr y rhodfa dde-orllewinol, ac yn ôl pob tebyg maent yn perthyn i gyfnod cyn y border, gan nad ymddengys eu bod i'w gweld ar gynllun Clough Williams-Ellis o'r ardd, er bod y coed yno. Wrth edrych ar hyd y rhodfa hon tua'r de-orllewin, mae'r orendy ar y pen; yn y cyfeiriad arall mae pâr o giatiau sy'n arwain allan i'r parc, â golygfa braf i'r mynyddoedd tu hwnt.

Mae'r llwybr porfa, sydd â bwlch yn y border rhosod ar ei gyfer, yn arwain o'r teras hirgrwn, sef prif nodwedd y lawnt, drwy'r wal a'r berth ar ymyl ogledd-orllewinol yr ardd, heb giatiau, at

lwyfan glaswelltog bychan a gynhelir â cherrig sy'n edrych allan dros y parc; mae sgrîn haearn gyr ag arddull dra theatrig yn ei wahanu oddi wrth y parc. Gwnaed hon yn gywrain iawn ac fe'i bwriadwyd mae'n amlwg i guddio cyn lleied o'r olygfa â phosibl, ond yr unig olygfa a geir bellach yw'r coed.

Mae gweddill y lawnt yn ddinodwedd fwy neu lai, er yn y gornel ogleddol ceir giatiau allan i'r parc (ar ddiwedd y rhodfa rhwng y berth a'r border rhosod), ac yn ymyl y rhain mae darn byr o reiliau haearn gyr ar y ffin ogledd-orllewinol, â phendddelw ar blinth uchel a dwy sedd. Mae marchgastanwydden fawr yn y parc yn cuddio'r olygfa oddi yma. Perth yw ffin ogledd-ddwyreiniol yr ardd. Ar ochr dde-orllewinol y lawnt, yn y pen uchaf, mae llecyn bychan â pherthi'n ei amgáu lle ceir un goeden a dim byd arall; mae'n bosibl ei fod yn cael ei ddefnyddio fel planhigfa gysgodol yn y gwanwyn a'r haf. Ychydig i'r gogledd-orllewin ohono mae gwely bach uchel â slabiau llechi mawr iawn ar yr ymylon, a oedd hefyd o bosibl ar un adeg â swyddogaeth arbennig, ond bellach mae'n llawn llygaid dydd mwyaf.

Nid yw teras y tŷ ond cyn lleted â'r borderi a'r llwybr ar hyd-ddo. Mae'r llwybr yn rhedeg ar draws holl hyd rhan ogledd-ddwyreiniol yr ardd, gan gychwyn yn yr iard fynedfa i'r de-orllewin o'r tŷ ac yn gorffen wrth y gwylfan i'r gogledd-ddwyrain. Mae'r teras yn cynnal y tŵr bwtresu a ychwanegwyd at y tŷ ym 1937, ac mae'r llwybr yn mynd yn ei flaen oddi tano, drwy byrth bwaog.

Palmantwyd y rhodfa ar hyd y teras â llechi, ac mae grisiau hanner cylch yn arwain i lawr oddi yno at y lawnt ac i fyny at yr iard rhwng y tŷ a'r tai allan. Mae rhagor o risiau crymion yn arwain i fyny wrth gornel y tŷ allan at ardd fechan tu ôl iddi.

I'r gogledd-orllewin o'r tŷ a'r tai allan, er bod y tir yn wastad bron a'r teras yn graddol ddiflannu, mae'r borderi'n parhau ar bob ochr i'r llwybr fel o'r blaen, ac mae wal gynhaliol yng nghefn y border de-ddwyreiniol, â chwymp bychan ar ochr ogledd-orllewinol y llwybr.

Adeiladwyd y teras hirgrwn ar ôl 1931, o amgylch coeden a fodolai yno eisoes. Mae hyn yn amlwg o ystyried y modd y cynlluniwyd y teras, a hefyd o ffotograff a dynnwyd ym 1931 lle mae'r goeden i'w gweld ond ddim y teras. Mewn gwirionedd fe welir y goeden ar fap 1916.

Saif y teras ar y toriad yn y llethr, gyferbyn â'r brif res dde-orllewinol o risiau i lawr islaw teras y tŷ. Fe'i hamgylchynir gan falwstradau cerrig ffug ag arddull 'canol' weddol syml a gopïwyd oddi wrth yr hyn sydd ar ochr y ffordd oddi ar y 'chasm' yn y coetir i'r de. Fe'i hychwanegwyd gan Susan, merch Clough Williams-Ellis, yn weddol ddiweddar. Palmantwyd y teras â llechi ac mae iddo wal gynhaliol ar yr ochr isaf. Mae mynedfeydd ar y pennau uchaf ac isaf (yn ochri gyda'r grisiau i lawr o deras y tŷ a'r llwybr i lawr at y giatiau sy'n arwain o'r ardd i'r gogledd-orllewin); mae yrnau bwced sgwâr ar bob ochr i'r llwybr uchaf ac yrnau fflamiol cain uchel ar bob ochr i'r llwybr isaf. Mae modd mynd at y llwybr islaw ar hyd ychydig risiau at lwyfan bychan â rheiliau diogelwch, ac mae grisiau yn arwain i lawr oddi yno ar bob ochr. Dan y llwyfan mae cilfach â llestr mawr o garreg ffug â dolenni i ddal ffrwythau. Gadawyd planhigion i hunanhau yn y bylchau rhwng y palmantu, sy'n lleddfu ryw ychydig ar ffurfioldeb y cynllun.

Ym mhob pen o'r ardd mae man gwylio neu wylfan crwn. Mae'r un yn y pen de-orllewinol yn fychan, wedi'i godi'n uwch na lefel y parc a'r ardd, ac mae rhes o risiau yn arwain i fyny ato o'r brif rodfa gan redeg i'r de-orllewin ym mhen uchaf yr ardd. Mae wal ganllaw isel, dwy fainc gerrig a sedd haearn addurnol; mae'r llawr yn raeanog, â throthwy crwm a balmantwyd â llechi. Gelwir hwn yn 'belvedere', ac o'r blaen fe'i gelwid yn 'Apollo belvedere' oherwydd presenoldeb penddelw o Apollo a gafodd ei dwyn ers hynny.

Ceir golygfa gyfyngedig dros barcdir i'r de-orllewin, a golygfa letach o fynyddoedd tu hwnt i'r gogledd a'r gogledd-orllewin, ac wrth edrych am yn ôl tua'r gogledd-ddwyrain mae fista hir ar hyd yr ardd i gyd, sy'n dod i ben gyda'r Cnicht, copa mynydd yn y pellter. Efallai mai dyma'r enghraifft orau yn yr ardd o ddefnyddio golygfa naturiol dan reolaeth lem i ddod â fistâu i ben mewn modd sy'n bodloni'r llygad gan gynnig cyferbyniad cryf y gwyllt a'r naturiol â'r pensaernïol a'r ffurfiol.

Y gwylfan gogledd-ddwyreiniol, sy'n fwy na'r un cyfatebol i'r de-orllewin, sydd â'r olygfa orau o'r mynyddoedd a chefn gwlad agored. Fe'i gelwid 'the full stop' gan Williams-Ellis gan mai dyma'r darn newydd olaf i'w ymgorffori yn yr ardd. Mae wal o'i gwmpas, sy'n rhannol gynhaliol. Mae lawnt ar y tu mewn, ac mae pileri cerrig ag yrnau'n gwylio'r fynedfa. Gyferbyn â'r fynedfa mae pwll bychan bas dan borth bwaog ac mae dŵr yn diferu iddo o fwgwd anifail ar y porth bwaog, gan greu patrwm o fân donnau sy'n adlewyrchu ar wal gefn wyngalchog y gilfach yng ngoleuni'r haul. Gellir gweld yr effaith hon o bellter o fwy na chan medr ym mhen pellaf teras y tŷ.

Mae grisiau'n mynd i fyny dros gilfach y pwll ar bob ochr, at lwyfan bach uwchlaw â golygfa dros y parc a'r mynyddoedd yn y pellter. Mae iddo ganllaw isel â chafn planhigion hir ar ei ben. Dygwyd cerflun bychan o farchog a rhai llestri plwm dal planhigion a arferai fod yma. O gwmpas ochr allanol y lawnt gron, o fewn y wal, mae border cul.

Wedi'i wthio i mewn i gornel ar ffurf ryfedd ychydig i'r de-orllewin o'r gwylfan gogledd-ddwyreiniol, i fyny rhai grisiau, mae llecyn bychan a gysegrwyd i Inigo Jones yn ôl pob golwg. Mae'n laswelltog, â pherthi o'i gwmpas, ac mae yno un neu ddwy goeden ifanc a bonion tair coeden fawr iawn, coed parcdir gynt yn ddiamau, gan fod y llecyn hwn yn rhan o'r parc ar un adeg. Saif penddelw o Inigo Jones â'i enw a'i ddyddiadau ar golofn ar y borfa. Gyferbyn â hon mae gwylfan bychan dros y parc, â rheiliau haearn gyr.

Mae llecyn bychan hirsgwar o flaen rhan hŷn y tŷ, sy'n wynebu'r de-orllewin, ac yno mae lawnt yn bennaf â'r llwybr at y brif fynedfa yn rhedeg ar ei hyd. Mae yno forderi uchel â llwyni a phlanhigion dringol yn erbyn wal uchel y ffordd i'r de-ddwyrain a border o fewn y canllaw isel i'r gogledd-orllewin; ger y tŷ mae palmant. Mae peth tocwaith ac ychydig o goed addurnol yno.

Mae gardd fechan i'r de-ddwyrain o'r prif lwybr ar hyd y teras, tu hwnt i'r tai allan i'r gogledd-ddwyrain o'r tŷ. Mae wal gynhaliol yn ei chynnal ar lefel uwch na'r llwybr. Lawnt sydd yno'n bennaf, ond ceir borderi a gwely ar ffurf hanner lleuad, â choed wedi'u tocio yn null coed strydoedd y cyfandir.

Diflannodd yr ardd lysiau i raddau helaeth, ac nid oedd wal iddi erioed. Mae'n debyg iddi gael ei chreu o ran o'r parc gan Clough Williams-Ellis at ddefnydd ei deulu, a byddai unrhyw fersiwn cynharach wedi bod oddi mewn i'r hyn sydd bellach yn ardd addurnol.

Mewn cynllun o'r ardd a luniwyd gan Clough Williams-Ellis gwelir llecyn sy'n sgwâr yn fras, wedi'i rannu'n gwadrantau gan lwybrau, ar y llethr i'r gogledd-orllewin o'r ardd. Gardd lysiau ydoedd mae'n amlwg, nad yw i'w gweld ar fap 25 modfedd 1916. Roedd yn cyrraedd y llain o goed yn y parc ar hyd ymyl ffordd Beddgelert, ac mae ffens y ffin yn dal yn ei lle. Fodd bynnag, ni ddefnyddir yr ardd bellach a chawell ffrwythau'n unig sydd ar ôl yn yr ardal; porfa yw'r gweddill bellach.

Mae coed ffrwythau yn yr ardd, ac mae gan y stribed ar hyd yr ochr ogledd-orllewinol, tu allan i'r wal (mae ganddi ffens byst a gwifrau ar ei ochr allanol), a welir ar fap 1916 fel llwyni, un neu ddwy goeden afalau hefyd. Diflannodd y llwyni i gyd ac mae tŷ gwydr bach yno, yn ogystal â rhai llecynnau a gafodd eu hargloddio, eu lefelu a'u gwastatáu a oedd yn welyau llysiau o bosibl neu, mewn un achos o leiaf, yn sylfeini ar gyfer adeiladau.

Ffynonellau

Sylfaenol

Gwybodaeth oddi wrth Mr R. Haslam.
Gwybodaeth oddi wrth Mr R. Williams-Ellis.
Gwybodaeth oddi wrth Mr P. Welford.

Eilradd

Plas Brondanw Gardens, taflen ymwelwyr.
Country Life, 31 Ionawr 1931, tud 130–36.
Country Life, 5 Medi 1957, tud 434–37.
Sunday Telegraph Magazine, 4 Mai 1997, tud 44–45.
Country Life, 21 Gorffennaf 1983, tud 130–32.
C. Williams-Ellis, *Architect Errant* (1976).

CADW

PLAS GWYNANT

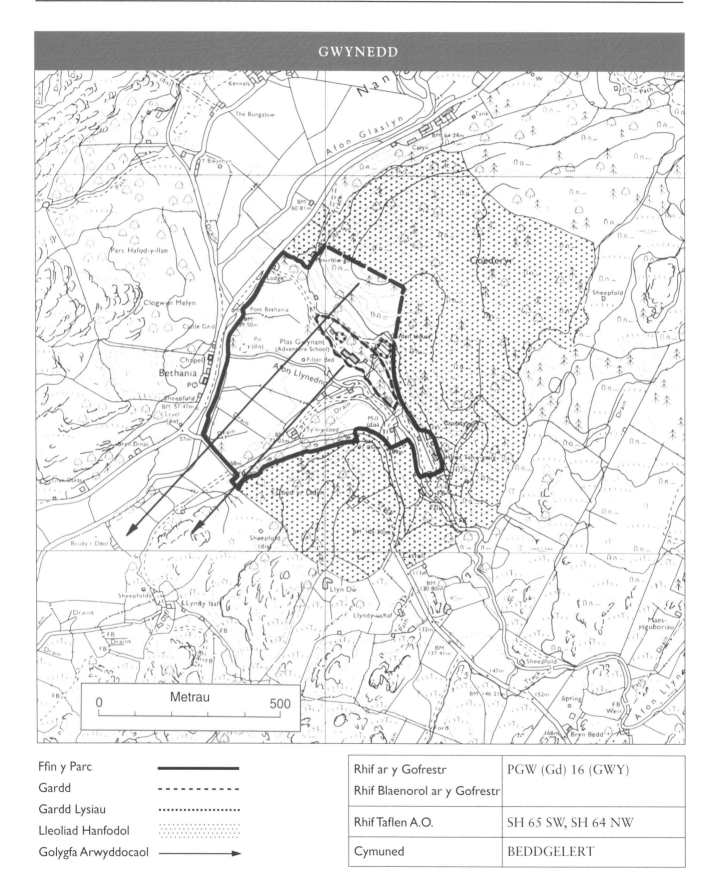

Ffin y Parc	————————
Gardd	– – – – – – – –
Gardd Lysiau	··················
Lleoliad Hanfodol	░░░░░░░
Golygfa Arwyddocaol	————————▶

Rhif ar y Gofrestr	PGW (Gd) 16 (GWY)
Rhif Blaenorol ar y Gofrestr	
Rhif Taflen A.O.	SH 65 SW, SH 64 NW
Cymuned	BEDDGELERT

CRYNODEB

Rhif cyf	PGW (Gd) 16 (GWY)
Map AO	115
Cyf grid	SH 631 505
Sir flaenorol	Gwynedd
Awdurdod unedol	Gwynedd
Cyngor cymuned	Beddgelert
Disgrifiadau	Parc Cenedlaethol Eryri
Gwerthusiad safle	Gradd II
Prif resymau dros y graddio	Enghraifft dda o ddefnyddio tirlun naturiol 'Rhamantaidd' wrth greu gardd fechan; safle a golygfeydd gwych; tirlun parc mewn cyflwr da.
Math o safle	Parcdir, coedwigoedd, rhodfeydd ar ymyl yr afon, terasau â lawnt, gardd gerrig, gardd â wal o'i chwmpas.
Prif gyfnodau o adeiladu	Dechrau'r bedwaredd ganrif ar bymtheg.

Disgrifiad o'r safle

Mae Plas Gwynant, a saif ar lethr sy'n wynebu'r de-orllewin yn nyffryn prydferth Nant Gwynant, ychydig i'r gogledd-ddwyrain o Feddgelert, yn dŷ deulawr o gerrig tywyll, sydd â thalcenni a dau wyneb blaen anghyfartal. Yn y pen de-ddwyreiniol mae estyniad cerrig deulawr (rhan o dŷ hŷn o bosibl), ac estyniad briciau unllawr modern iawn i'r gogledd-orllewin a ychwanegwyd fel rhan o'r ganolfan gweithgareddau awyr agored, sef swyddogaeth y tŷ bellach. Wrth lefelu'r safle ar gyfer hyn a'r lle i barcio cerbydau drws nesaf crëwyd llethr laswelltog sy'n arwain i lawr at lefel y parc; efallai dyma paham yr adeiladwyd y terasau o flaen y tŷ.

Daeth yr ystad i feddiant Daniel Vawdrey ym 1803; ar yr adeg hon fferm ydoedd wedi'i chanoli ar Hafod Tan-y-graig, i'r de-ddwyrain; adeiladodd Vawdrey y tŷ, ond gan yr ymddengys bod yr adeilad presennol yn perthyn i ganol y bedwaredd ganrif ar bymtheg neu'n ddiweddarach, mae'n bosibl mai'r tŷ o ddechrau'r bedwaredd ganrif ar bymtheg wedi'i ailadeiladu ydyw. Yn sicr ymddengys y tŷ a welir ar fap ystad sy'n dyddio o gyfnod cyn 1830 yn llai o lawer na'r adeilad presennol.

Mae'r stabl gynt, a leolir ychydig y tu mewn i'r ardd, i'r gogledd-orllewin o'r tŷ, yn hirsgwar ac yn unllawr â chroglofft o gerrig â tho llechi. Mae tri phorth bwaog ar y blaen; bellach mae un o'r rhain wedi'i lenwi ond mae ffenestr ynddo, un yn agored, a'r trydydd wedi'i lenwi'n rhannol, â drysau dwbl hanner uchder. Mae adeiladau cerrig croes bach, gwreiddiol yn ôl pob tebyg, ym mhob pen. Mae'n bosibl bod yr adeilad yn cydoesi ag ailadeiladu'r prif dŷ, gan nad yw i'w weld ar y map ystad dyddiedig cyn 1830, ond ceir braslun ohono fel ychwanegiad i gynllun arall tua'r un dyddiad. Bellach mae wedi'i addasu i'w ddefnyddio gan y ganolfan gweithgareddau awyr agored.

Ar y tu blaen mae llecyn gwastad o raean a amgaeir yn rhannol â wal gerrig forter fodern isel. Mae hefyd yn bosibl iddi gael ei hailadeiladu; mae llethr laswelltog islaw yn arwain i lawr at y lôn. Ymddengys bod y wal a ailadeiladwyd ar linell wal a welir ar fap 1914 a oedd yn amgáu llecyn bychan o flaen yr adeilad ac ar bob ochr iddo. Mae rhan ohoni (wal sych â bylchau) yn ymyl cornel orllewinol yr adeilad o hyd, ac i'r de-ddwyrain mae hefyd yn wal i'r ardd lysiau fechan amgaeëdig gynt â wal o'i chwmpas nesaf at y stablau. Yn y cefn, gan fod y stabl yn torri i mewn i waelod y llechwedd, mae'r wal hon yn wal gynhaliol.

I'r gogledd-orllewin o'r tŷ, saif ysgubor gerrig fechan, a oedd ar un adeg yn flaen agored â tho llechi ac a oedd yn ôl pob tebyg yn perthyn yn fras i'r un cyfnod â gweddill adeiladau fferm yr ystad (canol i ddiwedd y bedwaredd ganrif ar bymtheg). Gwelir adeilad a ymddengys yn llai yn yr un safle ar y map ystad dyddiedig cyn 1830. Mae'n debyg bod yr ysgubor yn cael ei defnyddio mewn cysylltiad â da byw y parc gan ei bod yn ymagor i'r parc; bellach llenwyd y darn blaen ac fe'i defnyddir fel llety ychwanegol ar gyfer y ganolfan gweithgareddau awyr agored. Mae ail adeilad ar ongl sgwâr yn y gornel ddwyreiniol, sy'n ymddangos fel pe bai'n perthyn i'r un cyfnod ond nid yw i'w weld ar fap Arolwg Ordnans 25 modfedd 1914. Mae llecyn bach gwastad o flaen yr ysgubor a gynhelir gan wal sych isel. Saif yr ysgubor ar yr un llinell â'r hen wal derfyn rhwng y parc a'r coetir.

Tu ôl i'r tŷ, ar ochr bellaf llecyn cul a lefelwyd, mae tair sied, un gerrig, un bren ar hen seiliau cerrig ac un bren (y fwyaf) ar seiliau briciau. Mae'n bosibl bod y gyntaf yn perthyn i'r bedwaredd ganrif ar bymtheg; yn amlwg nid felly'r lleill, ond gwelir tri adeilad mewn safleoedd tebyg ar fap 1914, ac mae rhagor o fonion wal gerrig gerllaw. Mae'r tanc dŵr mawr crwn i'r dwyrain i'w weld ar y map hwn hefyd.

Prynwyd y safle, fel fferm, gan Daniel Vawdrey ym 1803, a'r unig anheddle ar y pryd oedd y ffermdy, sef Hafod Tan-y-graig, a saif ychydig ymhellach i fyny dyffryn Llynedno, i'r de-ddwyrain. Adeiladodd Vawdrey y tŷ mwy yn fuan wedyn, a phriododd â merch teulu lleol o benseiri, y Wyattiaid, ac un ohonynt hwy a adeiladodd Fryn Gwynant cyfagos yn y 1830au. Roedd gan Vawdrey ddiddordeb mawr mewn coedwigaeth, ac o'r cychwyn dechreuodd blannu ardaloedd eang o goetir ar ei ystad, gan osod seiliau nifer o blanhigfeydd masnachol mawr sy'n dal i fodoli ger Plas Gwynant. Erbyn 1818 roedd y bryn i'r de-orllewin o'r tŷ yn goediog, roedd dyffryn yr afon i'r de-ddwyrain o'r tŷ wedi'i blannu, a sefydlwyd planhigfa ar ochr ddeheuol y bryn uwch i'r gogledd, sydd â rhodfa a gwylfan ddymunol; cyn 1830 roedd ochrau deheuol a gorllewinol y bryn wedi'u plannu'n gyfan gwbl, ac erbyn 1914 roedd yn gyforiog â choed, felly yn achos ardal fawr i'r dwyrain o'r tŷ.

Bu'r tŷ ym meddiant y Vawdreyiaid hyd y 1950au, ac mae darnau eraill o'r ystad yn dal yn nwylo aelodau o'r teulu. Nid oeddynt yn byw yn y tŷ drwy'r amser, fodd bynnag, ac yn enwedig yn fwy diweddar fe'i gosodwyd yn aml; ymhlith y tenantiaid bu'r awdur Kingsley Amis, Percy Spooner o Reilffordd Ffestiniog, a chymeriadau adnabyddus eraill.

Yn y 1950au rhannwyd yr ystad a'i gwerthu'n ddarnau ar wahân. Bellach mae'r mwyafrif o'r bythynnod ar yr ystad yn dai haf, gan gynnwys tŷ'r garddwr yn ymyl yr ardd lysiau, ond mae rhywun yn byw yn Hafod Tan-y-graig yn barhaol. Aeth y prif dŷ'n ganolfan gweithgareddau awyr agored ac mae'n dal gafael ar ran o'r ardd a'r parc.

Mae parc Plas Gwynant ar safle bendigedig yn Nant Gwynant, dyffryn sy'n enwog am ei brydferthwch ac yn werthfawr iawn gan rai â diddordeb yn yr hyn sy'n Rhamantaidd, ond nid oedd ffordd yno tan yn weddol ddiweddar ac felly dim ond y twristiaid mwyaf dewr a fentrai yno cyn y bedwaredd ganrif ar bymtheg. Mae'n gorwedd rhwng y ddau lyn yn y dyffryn, Llyn Gwynant a Llyn Dinas, yn y man lle mae Afon Llynedno, sy'n isafon sylweddol, yn uno ag Afon Glaslyn. Roedd presenoldeb yr afon hon, â'i rhaeadrau, yn amlwg yn bwysig wrth ddewis y safle, ond prin bod yr olygfa tua'r de-orllewin i lawr y dyffryn a'r bryniau cysgodol i'r de a'r gogledd yn llai pwysig.

Lleolir y tŷ ychydig bellter i fyny'r llethr uwchlaw Afon Llynedno, gan wynebu tua'r de-orllewin ar draws y parc ac i lawr

Nant Gwynant tua Beddgelert a Moel Hebog – golygfa ramantaidd ddigamsyniol. Mae'r rhodfeydd yn y coed i'r gogledd o'r tŷ yn arwain i fyny at greigle lle mae golygfa well fyth i'w chael.

Mae tair prif ardal i'r parc. Mae'r gyntaf yn ardal drionglog weddol isel, braidd yn wlyb, i'r gorllewin a'r gogledd-orllewin o'r tŷ, ar hyd ymyl ogledd-ddwyreiniol y brif lôn. Yr afon yw'r ffin ddeheuol, ac mae ychydig o ddraeniau yn croesi'r parcdir ac yn arllwys iddi. Ceir tipyn o *Juncus* yn tyfu yn yr ardal hon a borir gan ddefaid, ond er gwaethaf tueddiad yr ardal i gael ei gorlifo â dŵr bu'r rhan hon o'r parc yn ganolbwynt ar gyfer plannu conifferau egsotig, ac mae nifer o sbesimenau da yno o hyd, yn unigol ac yn glystyrau. Er bod y tŷ yn edrych allan ar draws rhan gul o'r ardal hon yn unig, yn ymyl pigyn y triongl (lle ceir ychydig o goed; mae'n bosibl i'r rhan hon gael ei chynnal fel lawnt ar un adeg), dyma'r rhan o'r parc, fodd bynnag, sydd â'r cysylltiad mwyaf â'r tŷ, a thrwyddi mae'r lôn yn rhedeg.

Mae'r ail ardal yn wastad a braidd yn wlyb hefyd, â nifer o ddraeniau, ac mae Afon Llynedno yn ei gwahanu o'r ardal gyntaf. Gorwedd i'r de-orllewin o'r tŷ ac mae'n fwy amaethyddol o ran cymeriad na'r ardal gyntaf, er mai fel tir pori y mae'n cael ei ddefnyddio o hyd. Mae'r olygfa o'r tŷ i'r mynyddoedd yn y pellter yn mynd ar draws y rhan hon o'r parc, ac o ganlyniad fe'i plannwyd â choed yma ac acw, a'r rheiny yn bennaf o amgylch yr ochrau. Mae adeiladau'r fferm mewn clwstwr ar ffin dde-ddwyreiniol yr ardal hon, â sied wair gerrig fawr yn agor i'r afon, tua hanner y ffordd at y tŷ ond wedi'i chuddio oddi wrthi gan goed a rhododendronau sy'n tyfu ar hyd ymyl yr afon. Mae'r tŷ agosaf at adeiladau'r fferm, sef Tŷ'n-y-coed, ychydig i'r de-orllewin, ac er mai bwthyn gwyliau ydyw bellach, fe'i hadeiladwyd fel ffermdy yn ôl pob tebyg i gymryd lle'r bwthyn bach ymysg adeiladau'r fferm.

Mae'r drydedd ardal o barcdir mewn dau ddarn o dir amgaeëdig, ar bob ochr i'r isffordd i'r de o'r tŷ. Mae ar oleddf gweddol serth, gan ei bod ar lethr ddeheuol prif ddyffryn Afon Glaslyn. Mae'r ardal hon eto yn dir pori, â choed collddail yma ac acw. Mae wedi'i gwahanu oddi wrth yr ail ardal, i'r gogledd, gan adeiladau fferm a llwybr llai sy'n rhedeg i'r de uwchlaw; uwchlaw hyn mae ffrwd, sydd bellach yn sych, a arferai gludo dŵr o bwll addurnol yn yr ardd ger Afon Llynedno i lawr heibio adeiladau'r fferm ac oddi yno ar hyd ffos ar draws yr ail barc.

Ceir cae bychan ar hyd ymyl y ffordd, i'r gogledd o'r tŷ, sydd bellach yn eiddo i Ben-rhiw-goch, bwthyn gwyliau, y gellir ei ystyried yn rhan o'r parc, er nad yw'n ymddangos iddo gael ei blannu â choed enghreifftiol erioed.

Mae'r ddwy ardal fawr o goetir, i'r gogledd a'r de-orllewin o'r tŷ, yn coroni brigiadau creigiog ar ochr y dyffryn. Plannwyd y ddwy, yn wreiddiol gan Daniel Vawdrey, yn goetir cymysg gan ffurfio rhan o'r tirlun a gynlluniwyd, ac roedd nifer o lwybrau yn yr ardal ogleddol a oedd yn creu rhodfa ddymunol boblogaidd gan arwain at wylfan ar y brig. Bellach mae conifferau masnachol wedi meddiannu'r blanhigfa hon i raddau helaeth.

Mae ardaloedd llai o goetir yn amgylchynu'r felin sydd wedi mynd â'i phen iddi i'r de-dde-ddwyrain o'r tŷ, a Hafod Tan-y-graig ychydig ymhellach i'r dwyrain; lôn yn unig sy'n gwahanu Hafod Tan-y-graig oddi wrth y brif ardal o goetir i'r gogledd-ddwyrain ac mae yno rai rhywogaethau egsotig.

Mae gan y brif lôn o'r giât a'r porthordy yng nghornel ogleddol y parc wyneb tarmac ac nid oes iddi ffens, gan esgyn yn raddol i gyfeiriad y tŷ. Mae'r porthordy'n unllawr, o gerrig â tho llechi, ag atig, a chafodd ei ymestyn i'r gogledd-orllewin a'r de-ddwyrain. Bellach mae'r lôn yn arwain oddi ar gilfach barcio a grëwyd drwy sythu'r brif ffordd drwy Nant Gwynant, ond fel arall ymddengys ei

bod yn dilyn yr un llwybr â heddiw fwy neu lai o 1818 o leiaf.

Mae'r lôn i Hafod Tan-y-graig yn fforchio oddi ar y brif lôn, i'r de-ddwyrain, ychydig heibio'r ysgubor fach a addaswyd, gan redeg ar hyd ochr allanol yr ardd (mae'r ardd lysiau ar yr ochr bellaf, fodd bynnag). Mae'r ardd yn ychwanegiad diweddarach, gan roi mynediad ar wahân i Hafod Tan-y-graig, ac fe'i hadeiladwyd rhywbryd rhwng tua 1830 a 1914. Mae gan un cynllun cynnar lôn debyg a farciwyd â phensel, ond mae hon yn mynd heibio'n agosach at gefn Plas Gwynant na'r llwybr presennol.

Mae llwybr llai arall yn fforchio oddi ar y brif lôn, y tro hwn yn arwain i'r de, ychydig cyn y fynedfa i'r ardd. Mae'n croesi rhan o'r parc ac yna'r afon, gan dorri ar draws cornel yr ail ardal o barcdir i adeiladau'r fferm. Ar ochr bellaf yr afon mae iddi wyneb glaswelltog.

Ceir hen lwybrau llai eraill, sy'n segur yn bennaf, yn rhan ddeheuol y parc, a darn byr o ffordd gyhoeddus, ac mae rhan ohoni yn creu'r ffin dde-orllewinol hefyd. Aeth llwybrau llai a wasanaethai adeiladau'r felin tu hwnt i ffin ddeheuol yr ardd (ar draws Afon Llynedno o Hafod Tan-y-graig) ar goll ac eithrio'r prif lwybr, sy'n arwain i lawr drwy giât o isffordd i'r de, ac er ei bod yn dwnnel drwy rododendronau fwy neu lai, mae'n cadw ei wyneb caregog a thameidiau o fur a rhagfur yn yr ochrau lle bo angen.

Ni ellir mynd ar hyd y llwybr llai hwn i'r gogledd, tuag at adeiladau'r fferm, yn y cychwyn, drwy'r coetir a'r isdyfiant wrth ymyl yr ardd; ond yn ddiweddarach mae'n troi tua'r gorllewin ac yn dod allan i'r parcdir uwchlaw'r sied wair ger yr afon. Mae wedi'i lefelu i mewn i'r llethr, â wal sych gynhaliol ar yr ochr uchaf. Yn ymyl adeiladau'r fferm mae'n ymuno â llwybr llai tebyg sy'n arwain i'r sied wair (o'r lle mae llwybr troed yn ôl i'r ardd), ac yn mynd yn ei flaen y tu ôl i'r adeiladau ac i fyny tuag at Tŷ'n-y-coed, â fforch trwy adeiladau'r fferm sy'n cyfarfod â'r llwybr llai sy'n dod ar draws y parc o'r gogledd. Mae gan y llwybrau llai hyn oll wyneb gweddol galed ond glaswelltog. Yn ôl pob tebyg mae'r mwyafrif ohonynt yn perthyn i'r bedwaredd ganrif ar bymtheg, gan mai ychydig ohonynt a welir ar y map o gyfnod cyn 1830, ond marciwyd rhai ohonynt â phensel fel ychwanegiadau ar fersiwn arall o'r map hwn.

Gellir mynd o hyd ar hyd y rhodfa ddymunol ar hyd y llwybr gwreiddiol a wnaed yn arbennig er mwyn cyrraedd at y gwylfan yn y coed i'r gogledd o'r tŷ, er bod rhai o'r llwybrau eraill wedi tyfu'n wyllt. Mae'r llwybr yn serth, yn anffurfiol ac yn ddiwyneb, ond mae ganddo fannau eistedd a gwylfannau ar y ffordd i fyny.

Gweddol fach yw'r ardd ei hun, o'i chymharu â'r parc sy'n weddol fawr, ac mae wedi'i chanolbwyntio ar Afon Llynedno a'i rhaeadrau. Mae terasau isel, lled-ffurfiol o flaen y tŷ, sy'n cynnig golygfeydd i'r pellter, dros y dyffryn a Moel Hebog, ac yn agos, o'r rhaeadr is. I'r de-ddwyrain mae gardd gerrig â phwll a groto bron, ond ac eithrio coetir â wal o'i gwmpas y tu ôl i'r tŷ a'r stablau, rhodfa ar lan yr afon yw'r gweddill bron i gyd. Mae hon yn rhedeg ar hyd bob ochr i'r afon, ac mae wrthi'n cael ei hadfer a'i hailblannu i'r de-orllewin; mae'r rhan fwyaf o'r ochr ogledd-ddwyreiniol wedi tyfu'n wyllt iawn â choed a rhododendronau, ac mae'n bosibl bod yr ochr hon yn fwy coediog o ran cymeriad na'r ochr arall.

Mae gan yr ardal ar lan yr afon frigiadau naturiol o greigiau, a thrwyddynt mae llwybrau'n ymdroelli, ac mae nifer o gyrsiau dŵr bach sy'n ddeniadol o ran golwg, er nad yw sŵn y dŵr i'w glywed braidd gan mwyaf oherwydd rhuth y brif afon. Ym 1914 roedd tair pont; un ym mhen gogleddol y rhodfa ar lan yr afon, ar y llwybr rhwng y tŷ a'r sied wair; un rhwng y ddwy raeadr, yr ymddengys ei bod wedi creu man croesi arall ar gyfer rhodfa gron wedi'i byrhau i fyny un ochr ac i lawr y llall; a phont uchel, fwaog ym mhen deheuol yr ardd a gludai lwybr llai drosodd rhwng Hafod Tan-y-graig a'r felin. Y gyntaf o'r rhain yn unig a welir ar y map o gyfnod cyn 1830, a'r olaf yn unig sydd yno o hyd, ond fe'i difrodwyd dros y blynyddoedd gan goed yn cwympo, a bellach llwybr troed yn unig sy'n mynd drosti. Diflannodd y ddwy bompren, ac yn eu lle mae pont simsan braidd, ar safle pont uchaf y pontydd gwreiddiol neu yn ei hymyl yn ôl pob tebyg.

Mae'r afon yn cludo cryn dipyn o ddŵr, ac mae'r rhaeadrau, er nad ydynt yn wefreiddiol, a hwythau'n debycach i ddyfroedd gwylltion serth yn hytrach na rhaeadrau clir, yn sicr yn nodwedd ddeniadol ac yn cyfrannu llawer at awyrgylch yr ardd. Gellir gweld yr un isaf o derasau'r tŷ a'r cyffiniau, ond ni ellir gweld yr un uchaf ond o fannau arbennig ar hyd y rhodfa ar lan yr afon; yn ddiamau cynlluniwyd y llwybrau gyda'r bwriad hwn. Yn ôl bob tebyg byddai golygfa o'r afon ar hyd yr holl rodfa bron ar bob ochr yn wreiddiol, ond gan fod glannau'r afon wedi tyfu'n wyllt â rhododendronau a choed nid yw hyn yn wir bellach. Ymddengys gwely'r afon o fewn yr ardal hon yn hollol naturiol, ac eithrio darnau bach o wal yn y glannau a oedd yno yn ôl pob tebyg i fod yn help i atal erydu. Arferai'r llwybr i'r de-orllewin ddod i fyny i gyfarfod â'r llwybr llai dros y bont fwaog ym mhen yr ardd, ac wrth i'r tir godi'n weddol serth i'r man hwn byddai golygfeydd da oddi yma yn ôl pob tebyg yn ôl i lawr y dyffryn ac efallai at y tŷ, ond ni ellir mynd ar hyd y rhan hon o'r llwybr bellach.

Yn yr ardal i'r de-orllewin o'r afon mae pwll bach addurnol, sydd bellach yn dal ychydig iawn o ddŵr ond wrthi'n cael ei adennill; o'i amgylch mae nifer o gyrsiau dŵr bychain â phontydd slabiau llechi ac mae amrywiaethau o rododendronau a llwyni eraill yn cael eu hailblannu yno, gan gymryd lle naill ai planhigion dethol eraill a dagwyd gan lif *R. ponticum*, neu'r tresmaswr andwyol hwn ei hun o gyfnod plannu gwreiddiol – efallai mai hyn sydd fwyaf tebygol.

Ceir llecyn coediog amgaeëdig yng nghefn y tŷ a'r stablau, ac nid ymddengys bod y darn canolog wedi'i blannu â rhododendronau fel isdyfiant erioed, er eu bod yn bresennol ym mhob pen. Mae'r coetir hwn yn cael ei gynnwys yn yr ardd, ond mae'n cadw ei gymeriad naturiol.

Plannwyd llecynnau bychain eraill yn agos at y tŷ â llwyni addurnol. O fap 1914 ymddengys mai lawnt oedd y llecyn lle ceir yr estyniad i'r tŷ a'r lle parcio bellach, ac roedd coed a llwyni o'i amgylch, a man i gerbydau droi wrth ben y tŷ.

Gorwedd y brif ardd lysiau i'r dwyrain-ogledd-ddwyrain o'r tŷ, ar ochr bellaf y lôn i Hafod Tan-y-graig. Byddai modd ei chyrraedd o'r tŷ drwy ddilyn y llwybr ar draws a groesai'r coetir amgaeëdig gan ddroi tua'r de-ddwyrain ar hyd lôn Hafod Tan-y-graig; o'r man hwn mae llwybr serth â rhai grisiau garw ar y gwaelod yn mynd i fyny at dŷ'r garddwr, sydd yr ochr allanol yr ardd yn erbyn y wal ogledd-orllewinol yn y gornel ogleddol.

Mae tŷ'r garddwr, a ddefnyddir bellach fel bwthyn gwyliau, yn ddeulawr, wedi'i adeiladu o gerrig â tho llechi, â chyntedd ar bileri pren. Mae gan y cyntedd hwn ymylon bondo addurnol a adnewyddwyd yn ddiweddar (fel yn achos y to), ac mae grisiau llechi'n arwain at y drws. Adeiladwyd sied gerrig groes fechan yn erbyn wyneb y graig ychydig bellter i ffwrdd i gyfeiriad y gogledd-orllewin (nid yw i'w weld ar fap 1914).

Mae gan yr ardd wal sych uchel â haenen uchaf ar ei hymyl, ac nid oes iddi leinin briciau. Mae tua 2 fedr o uchder, yn uwch mewn mannau, ac fe'i hatgyweiriwyd i'w chadw mewn cyflwr gweddol. Ymddengys bod y wal ogledd-orllewinol o leiaf wedi'i chodi, oni bai mai addurnol yn unig yw'r haenen o gerrig ar eu hymyl tua

hanner y ffordd i fyny. Ceir mynedfeydd drwy ganol y wal ogledd-orllewinol ac ychydig yn uwch i fyny yn y wal dde-ddwyreiniol, ac mae gan y ddwy ddrysau pren modern; llenwyd drws blaenorol drwy'r wal ogledd-ddwyreiniol yn rhannol, yn ymyl y fynedfa i'r boelerdy ac yn ôl pob tebyg yn arwain at y tŷ gwydr a arferai sefyll yma, gan adael agoriad ffenestr.

Cwtogwyd cornel ddwyreiniol yr ardd, gan awgrymu efallai bod y llwybr troed sy'n mynd heibio i'r man hwn yn bodoli eisoes ac yn cael ei ddefnyddio'n aml; mae nant yma hefyd, â wal i'w chadw oddi ar y llwybr, er nad yw'r nant i'w gweld ar fapiau. Mae llwybr arall sy'n arwain yn ôl at Ben-rhiw-goch ac at y rhwydwaith o lwybrau ar y creigle coediog, a gaiff ei ddefnyddio o hyd i ryw raddau, yn arwain oddi yno drwy'r coed ychydig ymhellach i'r gogledd. Nid ymddengys bod y llwybr troed cyntaf sy'n arwain i fyny i'r coed uwchlaw yn cael ei ddefnyddio bellach, ond aiff heibio'r ardd, wrth fynd i lawr, gan droi'n llwybr llai llydan ag wyneb caled, wedi'i gynnal ar y ddwy ochr ac yn amlwg wedi'i fwriadu ar gyfer ei ddefnyddio gan gerbydau. Mae'r coed o amgylch yr holl lwybrau hyn, sef ymylon y brif ardal o goed i'r gogledd-ddwyrain, wedi'u plannu'n drwchus â rhododendronau fel isdyfiant, ac mae conifferau ychwanegol yno, rhai ohonynt yn weddol ifainc. Ymddengys bellach mai planhigfa o gonifferau masnachol yw'r coetir i'r de-ddwyrain yn gyfan gwbl.

Bellach mae'r ardd yn eiddo i dŷ'r garddwr, ac mae'n segur fwy neu lai. Ynddi, ceir pedwar teras ar oleddf, â waliau sych yn eu cynnal; nid ydynt i gyd o'r un uchder ac mae'r uchaf dros 1 medr. Mae rhai siediau bychain yn yr ardd, un bren ac un arall fwy sylweddol, ac mae hon yn erbyn y wal ogledd-orllewinol. Plannwyd ychydig o goed gweddol ifainc, conifferau yn bennaf, ar y terasau uchaf, ac mae rhai coed ffrwythau ger y waliau o hyd. Diflannodd y tŷ gwydr, a safai yn y gornel ogleddol ger bwthyn y garddwr, ond nodir ei safle gan y copâu llechi ar y wal yn lle'r cerrig ar eu hymyl a ddefnyddir mewn mannau eraill. Mae'r boelerdy, tu allan i wal yr ardd tu ôl safle'r tŷ gwydr, dan ddaear; diflannodd adeilad bach arall a nodir gerllaw ar fap 1914.

Ni welir yr ardd ar y map o gyfnod cyn 1830, ac er bod ffurf hirsgwar a nodwyd 'orch' wedi'i marcio â phensel ar fersiwn arall o'r cynllun hwn, mae mewn man gwahanol (ger yr ardd gerrig) ac ymddengys na chafodd ei hadeiladu erioed. Mae'n bosibl bod yr ardd bresennol yn cydoesi ag ailadeiladu'r tŷ.

Gorwedd gardd lysiau fechan gynt yn union i'r de-ddwyrain o'r stablau, ychydig i'r gogledd-orllewin o'r tŷ. Mae'r lôn gefn gynt yn rhedeg ar hyd yr ymyl dde-orllewinol, ac yma bonyn y wal yn unig sy'n aros, a hwnnw wedi tyfu'n wyllt iawn. Mae'r wal ar yr ochr dde-ddwyreiniol wedi syrthio i raddau helaeth iawn ond ar y ddwy ochr arall mae'n sefyll, sef wal sych rhwng 1.5 a 2.5 medr o uchder, yn amodol ar y tir (anwastad), ond mae ei chyflwr yn wael. Yr unig fynedfa y gellir ei gweld o hyd yw drws wedi'i lenwi yn ymyl y gornel orllewinol. Ymddengys mai yn weddol ddiweddar y cafodd ei lenwi, gan ei fod ond yn cyrraedd uchder is y wal a ddymchwelodd yn rhannol, ac mae'r garreg mor debyg i garreg y wal ar bob ochr ei bod yn ymddangos yn debygol fod y wal wedi'i hatgyweirio, a bod y cerrig ychwanegol wedi'u defnyddio i lenwi'r drws, y cyfan ar yr un pryd.

Ni ellir gweld nemor ddim manylion o'r tu mewn, ond ar fap 1914 gwelir tŷ gwydr yn y gornel ogleddol, a gellir gweld safle hwn o hyd, er nad oes unrhyw olion gweladwy o'r adeilad ond bod y wal yn forter. Y gornel hon yw'r un a dyfodd leiaf gwyllt, ac mae'n bosibl o'r braidd i weld llinell o gerrig a dorrwyd yn ôl pob golwg yn rhedeg yn gyfochrog fwy neu lai â'r wal ogledd-ddwyreiniol a gall fod yn ymylwaith llwybr neu'n olion ffrâm oer a welir hefyd yn yr ardal hon ar fap 1914.

Ymddengys yn debygol mai'r ardd fechan hon oedd yr ardd lysiau gyntaf yr ychwanegwyd ati yn ddiweddarach ac a ddisodlwyd yn y pen draw o bosibl gan yr ardd lysiau fawr i'r de-ddwyrain. Nid yw i'w gweld ar y map o gyfnod cyn 1830 ond fe'i marciwyd â phensel o gwmpas ei safle presennol ar fersiwn arall o'r cynllun hwn. Yn ôl pob tebyg fodd bynnag parhâi i gael ei defnyddio rhywsut neu'i gilydd tan yn weddol ddiweddar. Er gwaethaf ei bod wedi tyfu'n wyllt nid oes unrhyw goed hunanheuedig o unrhyw faint yn yr ardd.

Ffynonellau

Sylfaenol

Gwybodaeth oddi wrth Mrs Margaret Griffith, gan gynnwys ffotogopïau o ddogfennau yn ei meddiant.

Gwybodaeth oddi wrth Pennaeth y ganolfan gweithgareddau awyr agored (Mr D. Firth).

Map llawysgrif 2 fodfedd ar gyfer argraffiad cyntaf y map Arolwg Ordnans 1 fodfedd (1818).

CADW

PLAS TAN-Y-BWLCH

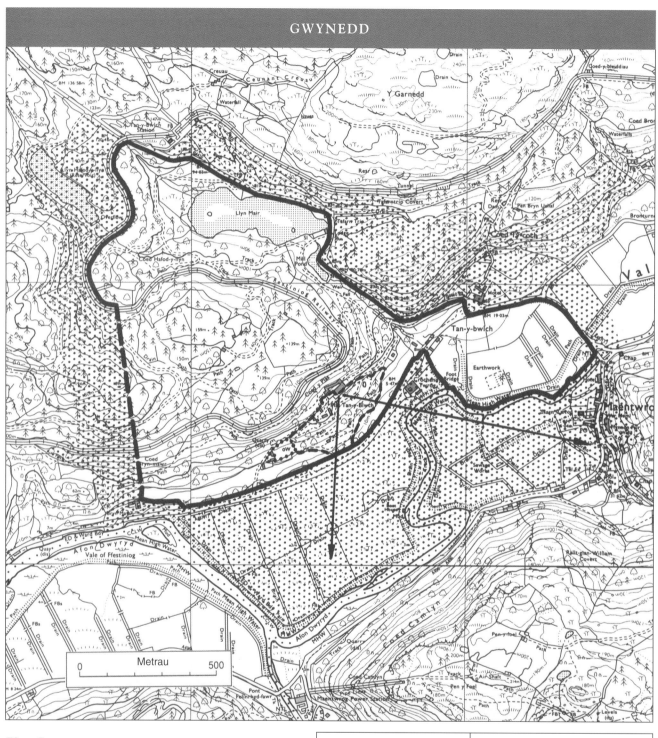

Ffin y Parc	———————
Gardd	- - - - - - - - -
Gardd Lysiau	··················
Lleoliad Hanfodol	∷∷∷∷∷∷
Golygfa Arwyddocaol	————▶

Rhif ar y Gofrestr	PGW (Gd) 31 (GWY)
Rhif Blaenorol ar y Gofrestr	
Rhif Taflen A.O.	SH 63 NW, SH 63 NE
Cymuned	MAENTWROG

CRYNODEB

Rhif cyf	PGW (Gd) 19 (GWY)
Map AO	124
Cyf grid	SH 655 406
Sir flaenorol	Gwynedd
Awdurdod unedol	Gwynedd
Cyngor cymuned	Ffestiniog
Disgrifiadau	Adeiladau rhestredig: Tŷ Gradd II, melin, tŷ ac odyn Gradd II; Parc Cenedlaethol Eryri.
Gwerthusiad safle	Gradd II*
Prif resymau dros y graddio	Ystad gain wedi'i thirlunio o ganol cyfnod Fictoria sy'n goroesi yn ei chyfanrwydd fwy neu lai – gan gynnwys tŷ, gardd, parc coediog, dyffryn a phentref ystad, oll wedi'u lleoli yng nghanol golygfeydd godidog ardal Ffestiniog yng Ngogledd Cymru. O'r tŷ a theras yr ardd ceir golygfeydd eithriadol o brydferth ar draws y dirwedd, ac ochr yn ochr yn hyn mae'r tŷ a'r ardd yn wrthrych amlwg a dymunol iawn.
Math o safle	Gerddi anffurfiol yn bennaf, teras â golygfeydd, coetiroedd, olion gerddi â waliau o'u cwmpas.
Prif gyfnodau o adeiladu	Y bedwaredd ganrif ar bymtheg.

Disgrifiad o'r safle

Lleolir Plas Tan-y-Bwlch ar ochr ogleddol rhan orllewinol Dyffryn Ffestiniog (a adnabyddir yn lleol fel Dyffryn Maentwrog), rhan o'r ffordd i fyny ochr serth iawn y dyffryn gan edrych tua'r de-ddwyrain dros y Dyffryn, Afon Dwyryd a phentref Maentwrog, â mynyddoedd Meirionnydd y tu hwnt. Adeiladwyd y tŷ ar deras gweddol gul, a'i echel hir yn rhedeg gyda'r llechwedd, o'r de-orllewin i'r gogledd-ddwyrain, ac mae iard gul y tu ôl â thai allan yn erbyn y llechwedd yn y cefn. Ceir ierdydd ychwanegol y tu allan, i'r gogledd-ddwyrain a'r de-orllewin, a defnyddir y ddwy ar gyfer parcio ceir; mae gan yr un gyntaf wyneb tarmac bellach ac amrywiaeth o wynebau gan gynnwys tarmac, gweddillion llechi a phalmant gan yr ail. Ar y palmant llechi yn ymyl pen gorllewinol y tŷ, dan lwybr dan do o'r bedwaredd ganrif ar bymtheg mae cerfwaith o flaidd dŵr a bwysai 38 pwys ac a ddaliwyd yn Llyn Mair.

Er ei fod yn gyfyng, mae'r safle'n cynnig golygfa odidog o'r tŷ, ac wyneb yr ardd i'r de-ddwyrain, sy'n edrych allan dros y Dyffryn, yw prif ffasâd y tŷ felly, â darn yn ymwthio allan rhywfaint yn y pen de-orllewinol. Mae gan hwn ffenestr fae deirllawr â physt cerrig. Ceir ffenestr fae debyg, ychydig yn gulach, yng nghanol prif ran y tŷ.

Yn ôl pob tebyg adeiladwyd y tŷ a oedd ar y safle o'r blaen gan Robert Griffith tua 1748, ac o bosibl dyma'r tŷ cyntaf ar y safle os lleolwyd y tŷ gwreiddiol mewn man arall. Cedwir rhannau o dŷ'r ddeunawfed ganrif yn yr adeiladwaith presennol, er iddo gael ei ailadeiladu'n helaeth gan William Edward Oakeley ar ddiwedd y bedwaredd ganrif ar bymtheg. Mae wyneb yr ardd, â'i ddwy ffenestr fae, a gweddill i tu allan i raddau helaeth, yn perthyn i'r cyfnod hwn. Mae'n bosibl mai'r ffenestri bae oedd yr ychwanegiad olaf, gan fod llun a dynnwyd gan ferch Oakeley, Mrs Inge, yn ôl pob sôn, dyddiedig tua 1890, yn dangos blaen yr ardd yn foel, er y gwnaed gwelliannau eraill eisoes.

Adeiladwyd y Plas o gerrig llwyd tywyll lleol, wedi'u naddu, mewn slabiau gweddol wastad, â cherrig tywod o amgylch y

ffenestri a chonglfeini gwenithfaen, a tho llechi. Mae iddo dri llawr, ac mae'r cyfadeilad cyfan sy'n cynnwys tŷ, pyrth bwaog a thai allan, ac eithrio'r stablau, yn furfylchog. O'r gogledd-ddwyrain mae modd mynd i mewn i'r iard gefn dan borth bwaog, â phorthcwlis a drysau, ac o'r de-orllewin drwy fynedfa, â phileri uchel, tenau â pheli cerrig ar eu pennau sy'n debyg i rai eraill gerllaw y tŷ. Mae'r iard yn hollol amgaeëdig felly. Mae'r tŷ'n cuddio'r rhan fwyaf o'r tai allan, ac mae'r bloc stablau hardd yn cuddio'r rhai sy'n ymestyn i'r de-orllewin yn yr un modd. Felly er gwaethaf y safle lletchwith ymddengys y cwbl yn daclus a threfnus. Roedd hyn yn arbennig o bwysig o ystyried y gellir gweld a tŷ, yn ei safle uchel, am filltiroedd i bob cyfeiriad.

Diddorol yw nodi mai Plas Tan-y-Bwlch oedd un o'r tai cyntaf yng Nghymru i ddefnyddio trydan ar gyfer golau.

Lleolir y stablau ychydig yn ôl oddi wrth y tŷ, yn union i'r de-orllewin ohono, ac maent yn wynebu tua'r de-ddwyrain, fel y tŷ. Mae iard fechan o'u blaen, ar ffurf teras dros y llethr, â stribed coblog o flaen y stabl. Saif esgynfaen gerllaw.

Roedd y stablau yn unllawr â chroglofft, ac roedd gan y groglofft ffenestr ddormer fawr â thalcen pigfain yn y canol, ac un llai ar bob ochr. Mae dau bâr o ddrysau dwbl a thri drws sengl yn yr wyneb de-ddwyreiniol, ond gan fod yr adeilad wedi'i addasu'n ystafell ddarlithio a swyddfeydd deulawr (heb godi'r to), collwyd y cynllun mewnol ac eithrio rhai corau sy'n goroesi yn y pen gogledd-ddwyreiniol. Yn ôl manylion gwerthiant 1910, gallai'r stablau gynnwys 13 o geffylau a dau gerbyd, ac roedd yno ystafell harneisiau yn ogystal â chrogloffydd.

Nid yr adeilad gwreiddiol a berthynai i dŷ 1748 yw'r stabl bresennol; roedd hwnnw i'r dwyrain, fel y gwelir o nifer o ddarluniau cyfoes. Roedd yn y safle hwn hyd 1810 o leiaf, ond fe'i symudwyd cyn ailadeiladu'r tŷ, gan y gwelir y stablau newydd ond nid yr hen dŷ mewn ffotograff o'r bedwaredd ganrif ar bymtheg. Mae'r gwaith maen yn debyg i brif wyneb de-ddwyreiniol y tŷ ac yn wahanol braidd i weddill y tai allan, sy'n awgrymu y gallai'r stablau newydd a'r tŷ a ailadeiladwyd gydoesi bron, ond yn ôl map degwm 1844 gwelir adeiladau ar safle'r hen floc stablau a'r bloc stablau newydd, felly mae'n bosibl bod hyn yn dyddio'r newid yn weddol agos.

Roedd y prif floc trillawr o dai allan y tu ôl i'r tŷ, a adeiladwyd mewn arddull gwaith maen ychydig yn wahanol i brif ffasâd y tŷ a'r stablau, yn geginau a llety ar wahân i'r gweision. Roedd yn ei le erbyn 1844 ac yn ddiweddarach, yn ystod y gwaith adeiladu ar ddiwedd y bedwaredd ganrif ar bymtheg, fe'i cysylltwyd â'r tŷ gan dramwyfa dros y porth bwaog i'r gogledd-ddwyrain.

Ym 1910 roedd ystafell filiards yng nghanol y tai allan yn y cefn, ac fe'i disgrifiwyd fel 'matchboarded, with top light, and Two W.C.'s in rear.' Roedd yno o hyd ym 1962, ond nid ymddengys bod yno adeilad tafod a rhigol bellach.

Yn un o'r tai allan yng nghefn y tŷ roedd pwll nofio dŵr halen, a gyflenwid gan ddŵr o'r môr a gariwyd yno ar y trên ac a anfonid i lawr llifddor o'r orsaf breifat uwchlaw'r tŷ i danciau storio uwchlaw'r pwll. Erbyn 1910 roedd ganddo ystafell wisgo â baddon (dŵr poeth ac oer) ac yn ôl pob tebyg llenwid y pwll gan ddŵr y nant yn hytrach na dŵr y môr gan fod sôn am 'constant soft water supply'. Mae'r pwll yno o hyd.

Ymhlith clwstwr o adeiladau ar bob ochr i'r A487 rhwng Porthmadog a Dolgellau, lle mae'r nant a ddaw i lawr o Lyn Mair yn ei chroesi, roedd melin flawd, breuandy, melin lifio ac efail. Mae'r adeiladau cerrig a llechi hyn ar eu traed o hyd, gan gulhau'r ffordd a dioddef difrod yn awr ac yn y man o ganlyniad. Bellach mae rhai adeiladau fferm y plas, ychydig i'r de-orllewin, yn grochendy ac ystafelloedd te.

Yn rhyfedd ddigon roedd y golchdy'n bell o'r tŷ, ar ymyl y ffordd ymhell dros 1 cilomedr i'r de-orllewin, ger Afon Dwyryd a oedd yn ôl pob tebyg yn cyflenwi'r dŵr angenrheidiol. Mae bwthyn cerrig yr olchwraig yno o hyd, yn union wrth ymyl y briffordd ac islaw ohoni.

Ychydig iawn o barcdir addurnol sydd o fewn yr ardal benodedig bellach, ac er bod darnau o barcdir amgaeëdig islaw'r ardd, mewn stribed ar hyd ochr ogledd-orllewinol yr A487, roedd y rhan fwyaf o'r parcdir a ffermiwyd ar ochr bellaf y ffordd erioed, i'r dwyrain. Mae coetir mawr i'r gogledd, ar y llethr serth uwchlaw'r tŷ, a oedd yn ôl pob tebyg yn goetir derw ansymudol naturiol yn wreiddiol; ar ddiwedd y bedwaredd ganrif ar bymtheg a dechrau'r ugeinfed ganrif, gelwid y tir agored garw yn y coetir, ar ben y bryn, yn 'barc ceirw', ond ers hynny fe'i plannwyd â choedwigoedd masnachol.

Yn fras, mae tair rhan i'r parc o amgylch y tŷ, a bellach aeth y ddwy ran gyntaf yn un: y coetir ar y llethr serth uwchlaw a thu ôl y tŷ, a elwir yn Goed y Plas, y parc ceirw uwchlaw ac i'r gorllewin o hyn, a'r darnau o dir amgaeëdig i'r de a'r dwyrain o'r gerddi sy'n ymledu i lawr y llethr islaw'r tŷ. Mae'n safle anodd i adeiladu tŷ arno, hen sôn am greu parc a gardd, ac mae'n amlwg mai'r olygfa oedd y prif reswm dros ei ddewis, mae'n rhaid, gan fod y tŷ o gyfnod cyn 1748 wedi'i leoli mewn man arall. Mae catalog gwerthiant 1910 yn crybwyll 'romantic and magnificent scenery', ac yn ddiweddarach yn neilltuo paragraff cyfan i ddisgrifio'r olygfa'n fanwl; mae'n amlwg fod hyn oll yn cael ei ystyried yn atyniad i brynwyr o hyd.

Er bod cyfeiriadau at yr ystad, dan yr enw cynharach Bwlch Coed Dyffryn, ac at y teulu a oedd yn berchen arni yn mynd yn ôl i'r bymthegfed ganrif a chyn hynny, mae'n annhebygol bod tŷ ar y safle presennol mewn cyfnod cynnar, pan fyddai ystyriaethau eraill yn bwysicach na phrydferthwch yr olygfa. Nid yw'n sicr pa bryd yr adeiladwyd y tŷ cyntaf ar y llechwedd, ond yn ddiamau roedd tŷ yno erbyn diwedd y ddeunawfed ganrif, pan gafodd ei baentio a'i ddarlunio gan Thomas Pennant, Francis Towne, S H Grimm, J Ingleby ac eraill.

Mae cywydd o 1722 yn ei ddisgrifio fel hen dŷ ond tŷ prydferth, â ffenestri gwych a waliau wedi'u gorchuddio ag arfbeisiau; mae'n amlwg bod gardd yno eisoes gan fod y bardd yn sôn am lwyni melys a dail gwyrdd, yn ogystal â choed a chaeau. Mae posibilrwydd bod yno winllan hefyd gan fod y bardd yn ei alw'n dŷ llawn gwinoedd, ac mae cae ym Maentwrog a elwir 'Gwinllan' o hyd. Fodd bynnag, mae'n bosibl bod y tŷ hwn wedi bod ar safle gwahanol, o bosibl lle saif yr Oakeley Arms heddiw, ychydig bellter i'r dwyrain. Mae'r ffaith bod parcdir arall i'r gogledd a'r dwyrain o Oakeley Arms, a'r brif ardal gyferbyn â'r gwesty, i'r de o'r ffordd, yn ategu'r awgrym hwn o bosibl.

Ceir cyfeiriadau at naill ai ailadeiladu neu adeiladu o'r newydd yng nghanol y ddeunawfed ganrif (ym 1748 gadawyd £100 i Robert Griffith tuag at gost tŷ yr oedd wrthi'n ei adeiladu ar y pryd), ac at waith atgyweirio tua diwedd y ganrif, felly mae'n fwyaf tebygol efallai mai tŷ 1748 oedd y cyntaf ar y safle presennol.

Mae'n rhaid bod 'hen' dŷ 1722 wedi'i adeiladu yn ôl pob tebyg yn hanner cyntaf yr ail ganrif ar bymtheg fan bellaf, ac felly byddai wedi'i adeiladu gan un o deulu'r Evansiaid, disgynyddion Iorwerth ap Adda a oedd yn gysylltiedig â'r tywysogion Cymreig, ac ef yw un o'r bobl cyntaf y cyfeirir ato mewn cysylltiad ag ystad Tan-y-Bwlch (dan ei enw blaenorol), yn y bymthegfed ganrif. Daeth llinach y teulu Evans i ben yn y pen draw gyda mab a oedd yn ynfytyn, ac

aeth yr ystad drwy briodas i deulu'r Griffithsiaid o Fachysaint. Erbyn y cyfnod hwn roedd priodas gynharach eisoes wedi ychwanegu at yr ystad, gan gynnwys ymhlith eiddo eraill dir yn Rhiwbryfdir a ddaeth yn ddiweddarach yn rhan fwyaf gwerthfawr yr ystad – sef safle chwareli llechi Oakeley.

Fel y crybwyllwyd uchod roedd Robert Griffith wrthi'n adeiladu ym 1748, ond bu farw yn 33 oed yn unig ym 1750; ni wyddys a orffennwyd y tŷ ai peidio, ond ceir y cyfeiriad cyntaf at 'Blas Tan-y-Bwlch' ym 1756. Yn sicr bu gweddw Robert, sef Ann, yn byw yno, yn nes ymlaen gyda'i merch-yng-nghyfraith Mary, a oedd hefyd yn weddw, a merch Mary, sef Margaret, yr etifeddes yn y pen draw.

Ysgrifennodd Thomas Pennant, a fu yno ar ymweliad ym 1773, am groeso llawn miri a estynnwyd i eithafion 'a Bacchanalian rout', ac ymddengys bod y Griffithsiaid yn enwog am eu hoffter o'r bywyd da a'u lletygarwch hael. Gan fod Pennant wedi ymweld yn ystod y cyfnod pan oedd y ddwy weddw wrth y llyw'n gyfan gwbl, ymddengys nad oedd yr hoffter o'r bywyd da yn gyfyngedig i ddynion y teulu'n unig. Bu farw Mary'n ifanc, ond bu Ann fyw tan 85 oed a goruchwyliodd dros briodas ei hwyres Margaret ym 1789 â'r Sais William Oakeley, a ddaeth yn berchennog ar yr ystad wedyn.

Roedd William Oakeley o Sir Amwythig yn enedigol; gweinidog oedd ei dad ond nid oedd y teulu'n dlawd ar unrhyw gyfrif, ac roedd ganddynt dir yn Swydd Warwig yn ogystal â Sir Amwythig. Gallai William frolio Rhaglaw Madras ac eglwyswyr o fri ymhlith ei gyndeidiau. Yn ôl y sôn roedd yn gallu siarad Cymraeg, ond mae'n fwy tebygol iddo ddysgu'r iaith ar ôl iddo briodi Cymraes ac ymgymryd ag ystad Gymreig; beth bynnag cyrhaeddodd yno ar adeg pan oedd y boneddigion yn awyddus i fod mor Seisnig â phosibl, ac ymddengys i'w gymdogion ei dderbyn yn barod iawn. Erbyn 1793 roedd yn Ddirprwy Raglaw y Sir. Ar unwaith dechreuodd wario llawer o arian ar wella'r tŷ a'r ystad (ar y pryd roedd tua 12,000 erw i'r ystad). Mae'n bosibl bod y ddau wedi'u hesgeuluso pan oedd y ddwy weddw wrth y llyw. Yn ddiweddarach aeth ati i ddraenio'r Dyffryn a chodi argloddiau ar hyd yr afon i reoli gorlifiant. Ailadeiladodd yr eglwys ym Maentwrog a bu'n gyfrifol am welliannau lleol eraill. Derbyniodd William fedal aur gan y Society of Arts ym 1797 am ei waith ar yr afon, a thadogwyd yr enw 'Oakeley Fawr' arno, arwydd ei bod hi'n amlwg bod llawer o groeso i'r gwelliannau a'i fod yn ŵr poblogaidd.

Yn y cyfnod y daeth i'r tŷ, roedd y stablau i'r dwyrain, ac yn ôl pob sôn symudodd y rhain i'r gorllewin o'r tŷ, a naill ai adeiladodd neu ehangu'r teras hir tua'r dwyrain, sydd bellach yn rhedeg ar hyd wyneb yr ardd o'r tŷ gan ymestyn yn ddigon pell i'r dwyrain ohono. Fodd bynnag, mae bron yn sicr i'r stablau gael eu symud ar ôl iddo farw, ac nid oedd yn bosibl ehangu'r teras cyn gwneud hyn; ar y llaw arall ymddengys bod y teras eisoes yn ei le erbyn 1777, cyn i Oakeley gyrraedd. Mae'r darluniau niferus o Blas Tan-y-Bwlch o amrywiol ddyddiadau ar ddiwedd y ddeunawfed a dechrau'r bedwaredd ganrif ar bymtheg yn gwahaniaethu o safbwynt dangos y teras hwn ai peidio; ymddengys ei fod yn dibynnu ar chwaeth yr arlunydd ac ar ongl yr olygfa yn hytrach nag a oedd yno ai peidio mewn gwirionedd. Mewn golygfa a ddarluniwyd gan Francis Towne ym 1777 ymddengys ei fod yno'n weddol glir, er yr ymddengys yr un mor amlwg o absennol mewn golygfeydd diweddarach.

Olynwyd William Oakeley gan ei fab William Griffith Oakeley, a oedd yn 21 oed yn unig ar y pryd. Parhâi William Griffith â gwaith ei dad sef gwella'r ystad, yn enwedig ei waith â'r adeiladau, yn y pentref yn ogystal â'r demên. Gwariodd gymaint o arian nes iddo yn y pen draw orfod codi cyfalaf drwy werthu rhai o rannau pellaf yr ystad. Roedd hyn yn angenrheidiol er gwaethaf yr incwm o'r chwareli llechi yn Rhiwbryfdir, a ddechreuodd ddod i mewn ar ffurf breindaliadau yn y 1820au. Mae cof am William Griffith am iddo erlyn Arglwydd Rothschild yn llwyddiannus oherwydd ei fod wedi tresbasu ar ei dir wrth chwilio am lechi yn yr ardal gyda chaniatâd y Goron.

Ym 1823 gadawodd William Griffith Dan-y-Bwlch ac aeth i fyw i Berkshire, er iddo ddychwelyd yn awr ac yn y man i arolygu ei fuddiannau. Daeth ei nai, a elwid yn William hefyd, i fyw ym Maentwrog i weithredu yn asiant iddo. Bwriad William Griffith, a fu farw ym 1835, yn wreiddiol oedd gadael ystad Tan-y-Bwlch i'r William hwn, gan nad oedd ganddo blant ei hun, ond bu farw William y nai cyn ei ewythr, a gwnaeth ewyllys newydd gan adael yr ystad i'w wraig Louisa Jane am ei hoes ac yna i fab William, sef William Edward, fel tenant-am-oes, ac i'w etifeddion.

Plentyn oedd William Edward pan fu farw ewythr ei dad, a dychwelodd Louisa Jane i Dan-y-Bwlch a rhedeg yr ystad ei hun, ac roedd yn medru gwneud hyn ar y cychwyn. Fodd bynnag, yn ddiweddarach aeth yn ecsentrig braidd ac yn y pen draw yn feudwy fwy neu lai, gan wneud bywyd yn anodd i William Edward, a allai wneud fawr ddim heb ei chydweithrediad. Yn y diwedd, ym 1868, gadawodd Dan-y-Bwlch yn sydyn yn hollol ddirybudd. Ceisiodd William Edward, yn aflwyddiannus, i'w dyfarnu'n wallgof, ond ym 1869 llwyddodd yn y pen draw i'w pherswadio i drosglwyddo rheolaeth yr ystad iddo, er i'r ystad barhau yn eiddo iddi hyd ei marwolaeth naw mlynedd yn ddiweddarach. Yn amlwg roedd Louisa Jane yn gwerthfawrogi'r olygfa, gan iddi fynnu, wrth roi caniatâd ar gyfer adeiladu capeli Anghydffurfiol ym Maentwrog, na ddylid eu gweld o'r Plas, ac felly y maent.

Gwariodd William Edward, fel ei hen ewythr, yn drwm ar wella'r ystad, gan gychwyn ar ôl 1869, pan ddaeth dan ei reolaeth, ond cynyddodd hyn ar ôl 1878 pan ddaeth yr ystad yn eiddo iddo. Ymhlith y gwelliannau a wnaed oedd ailadeiladu'r tŷ, ac yn ddiweddarach eto ailadeiladu'r eglwys ym Maentwrog. Mae'n ansicr pa mor gyflawn oedd ailadeiladu'r tŷ, ond yn sicr William Edward ychwanegodd ffenestri bae ar yr wyneb blaen a'r estyniad i'r de-orllewin. Newidiodd y brif fynedfa ac adeiladu'r bont dros y porth bwaog ar ochr ddwyreiniol y tŷ i gysylltu bloc y gweision a'r ceginau yng nghefn yr iard â phrif ran y tŷ. Dyddiwyd hyn i 1886, ac yn ôl pob tebyg dyma un o'r gwelliannau olaf, er bod y ffenestri bae wedi'u hychwanegu at y tŷ yn ddiweddarach o bosibl. Os symudwyd y stablau gan William Griffith (neu Louisa Jane), mae'n bosibl iddo roi wyneb arall arnynt, gan fod y gwaith maen yn rhyfeddol o debyg i'r hyn sydd ar wyneb de-ddwyreiniol newydd y tŷ.

Gwnaed y llyn gwneud, sef Llyn Mair, uwchlaw'r Plas, gan William Edward, a oedd yn meddu ar lygad da am dirlunio, mae'n amlwg, gan adeiladu arglawdd ar draws pen y dyffryn cul sy'n rhannu'r bryniau i'r gogledd-ddwyrain o'r Plas. Llenwodd y llyn yn naturiol a llwyddwyd i greu nodwedd lwyddiannus iawn yn y modd hwn heb fawr o drafferth. Yn ôl pob tebyg William Edward greodd y parc ceirw hefyd gan gyflwyno'r carw coch a'r hydd brith, a threfnodd fod y coed yn cael eu plannu ar y llethrau gyferbyn â'r Plas fel bod llythrennau blaen ei enw ef a'i wraig i'w gweld o'r tŷ mewn arlliw gwahanol o wyrdd.

Bu'r gwariant hwn, ar y cyd â phroblemau'r chwareli, yn achos trafferthion ariannol, a morgeisiwyd ystad Tan-y-Bwlch yn gyntaf, ac yna fe'i rhoddwyd ar y farchnad ym 1910, gan gynnwys y Plas; roedd y teulu wedi rhoi'r gorau i fyw yno eisoes. Methwyd â chyrraedd y pris y gofynnwyd amdano, ond gwerthwyd rhai o'r ffermydd, ac er iddi gael ei rhoi ar y farchnad eto ym 1912,

llwyddodd William Edward i dalu ei ddyledion mwyaf yn ddiweddarach gan adael yr ystad i'w blant. Derbyniodd ei fab, Edward de Clifford, y Plas a'r rhan o'r ystad i'r gogledd o'r afon, tra etifeddodd ei ferch, Mary Inge, a oedd eisoes yn weddw, y rhan i'r de o'r afon, gan gynnwys pentref Maentwrog. Yn ddiweddarach adunodd hi'r ystad drwy etifeddu'r gweddill oddi wrth ei merched, a fu farw o'i blaen; roedd y ferch hynaf wedi prynu'r Plas a'r ystad ogleddol oddi wrth ei hewythr a'u gadael i'w chwaer.

Bu fyw Mrs Inge nes ei bod yn 96 oed, gan adael yr ystad yn y pen draw i berthynas o bell, a orfodwyd i'w gwerthu ym 1962 i dalu tollau marwolaeth. Rhannwyd yr ystad a phrynwyd y Plas a thua 100 erw gan ŵr busnes a fwriadai ei droi'n glwb gwlad a fflatiau gwyliau, â 40 caban gwyliau ar y tir. Yn ffodus naw yn unig o'r rhain a adeiladwyd cyn i'r ystad gael ei gwerthu eto, am resymau ariannol, ym 1968, a daeth i ddwylo Parc Cenedlaethol Eryri.

Nid yw safle Plas Tan-y-Bwlch yn addas i gynllunio parc wedi'i dirlunio'n glasurol ac felly yn ôl pob tebyg gerddi a choetir fu ar y tir erioed, â'r parcdir ar y tir gwastad i'r de-ddwyrain yn bennaf. Rhennir stribed o dir ar ymyl y ffordd, sy'n rhedeg o du hwnt y lôn dde-orllewinol at y porthordy gogledd-ddwyreiniol ar hyd gwaelod y gerddi, yn nifer o ddarnau o dir amgaeëdig a oedd yn cael eu pori, ond ymddengys na chawsant eu plannu â choed parcdir ac eithrio ychydig yn y darn o dir amgaeëdig mwyaf dwyreiniol. Bellach rheolir rhai o'r darnau o dir amgaeëdig hyn ar y cyd â'r ardd, a phlannwyd rhai coed ifanc. Yr unig ardal ar yr ochr hon o'r ffordd sy'n ymddangos fel parcdir o hyd yw'r darn trionglog o dir amgaeëdig yn y gogledd-ddwyrain eithaf, sy'n arwain at y prif borthordy.

Yn ôl pob tebyg coetir derw naturiol oedd y coetir uwchlaw'r tŷ yn wreiddiol, ac ni chafodd ei glirio erioed gan fod y llethr yn rhy serth i'w ffermio. Fe'i rheolid gan deulu'r Oakeley ar gyfer pren, gan ddefnyddio'r derw brodorol a'r llarwydd a'r pinwydd a blannwyd i gyflenwi'r chwareli. Cyfoethogwyd rhannau, yn arbennig Coed y Plas, drwy blannu coed egsotig ac amrywogaethau eraill o goed. Ychwanegwyd coed hefyd o gwmpas ymylon Llyn Mair ac mewn mannau strategol ar hyd y nenlinell. Gwnaed ardal ar y tir mwy gwastad o fewn dolen Rheilffordd Ffestiniog yn barc ceirw, ar ddiwedd y bedwaredd ganrif ar bymtheg yn ôl pob tebyg; mae'n bosibl bod hwn wedi bod yn dir agored gweddol arw erioed, neu fod y coetir wedi'i glirio ar yr adeg hon. Bellach fe'i plannwyd â chonifferau, ac mae coed collddail o hyd yn yr ardaloedd na chliriwyd erioed. Mae gan ddyffryn y nant nifer o raeadrau ffug, a gynlluniwyd i'w gwerthfawrogi o'r lôn.

Erbyn diwedd y ddeunawfed ganrif, er bod y coedwigoedd yn cael eu hedmygu cryn dipyn, ymddengys mai ychydig a wnaed i hwyluso'r parc ar gyfer hamdden. Ym 1784 sylwodd yr Anrh. John Byng nad oedd unrhyw 'walks, or rides, cut in the wood', ac ar ymweliad diweddarach, ym 1793, cofnododd nad oedd Oakeley wedi ychwanegu 'neither walks, nor improvements', a bod y nentydd yn naturiol o hyd. Mae darlun o'r prif raeadr yn y nant ar hyd ymyl ddwyreiniol y parc, gan S H Grimm ym 1777, wedi'i orliwio braidd ond mae'n dangos nad oedd unrhyw welliannau gwneud gwirioneddol yn y cyfnod hwn. Erbyn 1796, fodd bynnag, ac efallai fod y beirniadaethau hyn wedi'i frifo, cychwynasai Oakeley wneud rhodfeydd a llwybrau marchogaeth, ac mae'n bosibl bod rhan o'r system sy'n bodoli heddiw yn dyddio o'r cyfnod hwn, er iddi gael ei hehangu cryn dipyn ganrif yn ddiweddarach. Gwnaed gwelliannau i'r nant pan adeiladwyd y lôn newydd o'r gogledd-ddwyrain ar ddechrau'r bedwaredd ganrif ar bymtheg yn ôl pob tebyg. Erbyn 1838 gallai Thomas Roscoe ysgrifennu fel hyn – 'Few things can surpass the pleasure of a ramble through the woods which clothe the heights above the Hall, or the splendour of the prospect from the terrace over the vale'.

Mae'n debygol fod y cyfnod hwn o weithgarwch wedi gwneud Plas Tan-y-Bwlch yn un o'r tai y seiliwyd Headlong Hall arno, sef y tŷ yn nofel ddychan eponymaidd Thomas Love Peacock. Mae'r llyfr yn gwneud hwyl am ben hoffter y cyfnod o 'welliannau' wrth ddeisyfu'r Rhamantaidd a'r Darluniadwy, ac mae sawl disgrifiad yn dwyn i gof rai o nodweddion Tan-y-Bwlch. Roedd Peacock hefyd yn poeni ynghylch newid y dirwedd ar raddfa eang, fel yr amlygwyd gan William Madocks a ddraeniodd yr aber ac adeiladu'r Cob ym Mhorthmadog, a byddai argloddiau Oakeley Fawr eto wedi tynnu ei sylw at Blas Tan-y-Bwlch. Mae'n rhaid ei fod yn gwybod am y tŷ beth bynnag gan iddo briodi un o gyfnitherod y Griffithsiaid.

Bellach rheolir yr ardal uwchlaw'r tŷ, gan gynnwys Coed y Plas ac i fyny at Lyn Mair, at ddibenion coedwigaeth fasnachol a hamdden y cyhoedd yn bennaf; crëwyd rhwydwaith helaeth iawn o lwybrau, yn seiliedig ar yr hen system. Nid yw'r rhan fwyaf o'r llwybrau yn llwybrau cyhoeddus, ond maent ar agor drwy'r flwyddyn bron at ddefnydd anghyfyngedig y cyhoedd. Mae llawer o'r llwybrau hyn yn dilyn hen lwybrau a llwybrai llai a welir ar fapiau cynnar, ond mae eraill yn hollol newydd. Mae'r lôn sy'n segur bellach i lawr y dyffryn islaw Llyn Mair, heibio i bwll y felin, yn rhan o'r rhwydwaith.

Ar wahanol adegau bu pedair lôn wahanol o leiaf, ac mae'r brif lôn ar hyn o bryd yn dod o'r gogledd-ddwyrain, â'r porthordy a'r giatiau gyferbyn â'r Oakeley Arms. Mae hefyd lôn dde-orllewinol ddiweddarach, o gyfeiriad Porthmadog, yn mynd heibio'r gerddi llysiau, a lôn ogleddol o'r ffordd dros y bwlch, a ymunai â'r lôn ogledd-ddwyreiniol yn ymyl y tŷ. Ni ddefnyddir yr olaf bellach ond fel llwybr troed, eithr mae gan y ddwy arall a grybwyllwyd wyneb tarmac a chânt eu defnyddio'n gyson. Roedd llwybr llai a arferai droi ar draws rhan ddwyreiniol y cae neu ddarn o dir amgaeëdig mwyaf yn y canol islaw'r tŷ, o fferm y Plas, yn lôn ar un adeg hefyd, gan berthyn i ddyddiad cyn y lôn ogledd-ddwyreiniol fwy urddasol, hirach. Mewn braslun gan Pennant, a wnaed ym 1793, gwelir y lôn yn dod o gyfeiriad y dwyrain, ond yn anffodus nid yw'n cynnwys ei man cychwyn.

Yn ôl pob tebyg y lôn ogledd-ddwyreiniol oedd y brif lôn ers ei hadeiladu, er na newidiwyd prif fynedfa'r tŷ i'r ochr ogledd-ddwyreiniol tan ddiwedd y bedwaredd ganrif ar bymtheg. Mae'r lôn orllewinol yn dyddio o gyfnod wedi'r ddwy o'r dwyrain, a byddai'r ffordd at y fynedfa i'r gorllewin wedi bod drwy'r iard gefn ar ôl adeiladu'r teras, er ei bod yn bosibl bod y lôn wedi croesi o flaen y tŷ cyn hyn. Dyddiad y lôn ogledd-ddwyreiniol yw dechrau'r bedwaredd ganrif ar bymtheg yn ôl pob tebyg; yn ôl braslun Grimm o'r rhaeadr gwelir nad oedd yn bodoli ym 1777, ac ym mraslun Pennant ym 1793 y lôn o'r fferm sydd i'w gweld yn ôl pob tebyg. Yn yr arolwg braslun llawysgrif 2 fodfedd ar gyfer argraffiad cyntaf map 1 fodfedd yr Arolwg Ordnans, a wnaed ym 1818-1819, gwelir y lôn ogledd-ddwyreiniol newydd a lôn y fferm, sydd bellach yn ymuno â'r lôn newydd tua hanner ffordd ar hyd-ddi, ond nid yw lôn y fferm i'w gweld yn fersiwn terfynol y map hwn, a gyhoeddwyd ym 1840-41.

Yn ddiamau y lôn ogledd-ddwyreiniol yw'r ffordd sy'n cynnig yr olygfa orau. Wrth y fynedfa mae pileri giatiau pren syml a giât bren, ac ar bob ochr iddi mae porthordy cerrig unllawr sy'n dyddio o ddiwedd y 1860au neu ddechrau'r 1870au. Torrwyd y lôn

allan o wyneb y graig, a'r canlyniad yw clogwyni bychain dramatig ar yr ochr uchaf, ac mae'n edrych allan dros wal isel â chopa slabiau llechi tua'r gerddi a'r olygfa tu hwnt ar yr ochr arall. Ar yr ochr agored ceir rhai coed enghreifftiol ardderchog, a choetir â rhododendronau ar y creigiau bargodol. Tua hanner y ffordd i fyny mae'r lôn yn croesi dyffryn y nant fechan ar bont gerrig uchel, a cheir golygfeydd pert i fyny ac i lawr y dyffryn, â rhaeadrau wedi'u gwella mewn modd artiffisial. Y wal ganllaw isel yw pen wal gynhaliol sy'n cynnal y lôn ar hyd y rhan fwyaf o'i thaith, ac mae dros 5 medr o uchder yn y mannau lle mae'r llethr fwyaf serth.

Mae'r lôn dde-orllewinol yn llai dramatig, gan fynd heibio'r gerddi llysiau, ac er ei bod yn serth nid oes creigiau ar yr ochr uchaf. Mae'r coed yn rhan goediog yr ardd yn cuddio'r olygfa. Ceir coetir lled-naturiol ar yr ochr arall. Fel y lôn ogledd-ddwyreiniol, fe'i cynhelir am ran o'i thaith gan wal gerrig gynhaliol uchel ar yr ochr waered, ac mae'r ychydig haenau uchaf o gerrig yn ffurfio canllaw. Nid yw i'w gweld ar fap llawysgrif 1818-19 ond ymddengys ar y fersiwn a gyhoeddwyd ym 1840-41.

Daw'r lôn ogleddol i lawr o borthordy, sydd bellach yn dŷ preifat, ychydig islaw Llyn Mair, ac mae hon hefyd yn ychwanegiad diweddar. Ym manylion gwerthiant 1910, fodd bynnag, disgrifiwyd y porthordy fel y 'second lodge', â'r porthordy a'r lôn dde-orllewinol felly wedi'u diraddio i'r trydydd safle fel ôl-ystyriaeth. Mae'n dilyn dyffryn coediog y nant fechan, heibio i bwll y felin a cheir golygfeydd da o raeadrau'r nant. Mae'n ailymuno â'r lôn ogledd-ddwyreiniol ychydig yn agosach i'r bont na'r tŷ.

Ceir rhwydwaith eang o lwybrau a llwybrau llai yn y coed, dros ardal y parc ceirw gynt ac o amgylch Llyn Mair. Maent yn cysylltu â llwybrau eraill sy'n mynd ymhellach draw, a gwneir digon o ddefnydd ohonynt ac fe'u cedwir mewn cyflwr gweddol dda. Mae llawer o'r llwybrau yn dilyn olion llwybrau a welir ar ail argraffiad map Arolwg Ordnans 25 modfedd 1901, er bod rhai yn newydd.

Bellach mae dibenion yr hen lwybrau yn aneglur. Yn ddiamau roedd rhai ohonynt yn llwybrau llai ymarferol yn arwain o fwthyn y cipar yn y parc ceirw ac at ddibenion coedwigaeth (fel y maent o hyd), ond mae'n bosibl mai rhodfeydd hamdden a llwybrau marchogaeth oedd eraill yn bennaf. Sylwodd ymwelydd ym 1784 (Byng) nad oedd rhodfeydd na llwybrau marchogaeth yn y coed yn y cyfnod hwnnw, ond cyfeiriodd ymwelydd arall ym 1800 (Skinner) at rodfeydd coetir. Felly ymddengys bod rhwydwaith hamdden wedi'i gychwyn ar ddiwedd y ddeunawfed ganrif, gan y William Oakeley cyntaf. Yn ddiamau gwnaed estyniadau helaeth i hyn gan William Edward Oakeley tua diwedd y ganrif ganlynol, ac mae'r mwyafrif o'r gwylfannau a gynlluniwyd yn dyddio o'r cyfnod hwn yn ôl pob tebyg, er bod rhai yn goroesi o'r ddeunawfed ganrif o bosibl.

Bellach plannwyd conifferau masnachol yn bennaf yn y parc ceirw, a oedd yn cynnwys 218 erw ym 1910; cadwyd y coed collddail mewn ardaloedd a oedd yn goediog hyd yn oed pan oedd y rhan fwyaf o'r tir yn agored. Bellach tŷ preifat yw bwthyn y cipar, sydd yng nghanol yr ardal. Ceir y cyfeiriadau cynharaf at y parc ceirw ar ddiwedd y bedwaredd ganrif ar bymtheg, ac mae'n bosibl iddo gael ei gynllunio gan William Edward Oakeley, a greodd Lyn Mair; roedd yno geirw cochion a hyddod brith a hefyd 'some Japanese deer' ac roedd yr ardal yn cynnwys tua 218 erw ym 1910. Roedd iddo waliau, â giatiau yn rhoi mynediad i'r llwybrau troed, ond er bod rhai o'r giatiau yno o hyd dymchwelodd y rhan fwyaf o'r wal yn fonyn. Roedd ceirw yno o hyd yn y 1930au ond mae'n rhaid eu bod wedi mynd ar wasgar pan werthwyd y tŷ, os nad cyn hynny.

Coetir derw ansymudol naturiol hynafol yw sail rhan goediog y parc, ac ychwanegwyd coed addurnol atynt yn ymyl y Plas ac yn y dyffryn i'r dwyrain, yn ymyl Llyn Mair, a lle gellid eu gweld yn dda ar hyd y nenlinell. Fel arall rheolwyd y coetir derw, â'r coed meddal a ychwanegwyd, ar gyfer pren, ac nid oes ymylon wedi'u diffinio'n glir i'r parc i'r gogledd-orllewin, lle'r ymestynna'r coed am beth pellter. Ychwanegwyd nifer fwy o gonifferau pwrpasol gan goedwigaeth fasnachol gyfoes i sawl ardal yn y coetir.

Mae ffosglawdd yn gwahanu'r ardd o'r darn blaenorol o barc amgaeëdig ar yr ochr dde-ddwyreiniol. Mae hyn i'w weld yn uniongyrchol o'r tŷ a'r teras, ac mae'n rhedeg ar draws gwaelod y lawnt rhwng yr ardaloedd coediog ar bob ochr. Mae ei bresenoldeb yn awgrymu, fel y mapiau, bod gwaelod y lawnt yn llawer mwy agored ar un adeg nag ydyw heddiw – wrth edrych o'r tŷ mae rhododendronau anferth y 'twnnel rhododendronau' (nas plannwyd, mae'n debyg, tan ôl troad y ganrif bresennol) yn cuddio'r ffosglawdd yn gyfan gwbl.

Crëwyd Llyn Mair gan William Edward Oakeley yn y 1880au, fel nodwedd tirlunio yn bennaf, fe ymddengys, er o bosibl gyda'r bwriad o'i lenwi â physgod hefyd. Yn sicr fe'i crybwyllir ym manylion gwerthiant 1910 fel ffynhonnell brithyll – delid 515 o frithyll a brithyll yr afon yno y flwyddyn gynt. Llyn gwneud yw Llyn Hafod-y-Llyn, i'r gogledd-orllewin o'r parc ceirw, hefyd. Fe'i crëwyd yn bennaf ar gyfer pysgota yn ôl pob tebyg.

Gwnaed Llyn Mair, sy'n un erw ar bymtheg o ran maint, drwy godi argae ar draws pen uchaf y dyffryn bach sy'n rhedeg i lawr ochr ddwyreiniol y parc; cyflawnwyd y gwaith dan gyfarwyddyd Mr Roberts, y pen-garddwr. Roedd tŷ cychod ar ochr ddeheuol y llyn; roedd yno o hyd ym 1962, ond mae wedi diflannu bellach. Ar fap Arolwg Ordnans 1889 gwelir gwylfan yn ei ymyl ag adeilad bychan chweonglog, ond roedd yr adeilad eisoes wedi diflannu erbyn 1901.

Defnyddiwyd pwll y felin yn amlwg at ddiben ymarferol gan ei fod yn rheoli y dŵr i'r melinau blawd a llifio islaw (roedd dyfrbont yn gwasanaethu'r felin lifio); ac yn sicr mae'n dyddio o gyfnod cyn Llyn Mair. Fodd bynnag, roedd ei leoliad yn y dyffryn bychan ar ymyl ddwyreiniol y parc, sef un o'r ardaloedd lle'r ychwanegwyd coed addurnol a lle y deuai'r lôn o'r porthordy uchaf at y tŷ, yn ei wneud yn ddewis amlwg fel nodwedd addurnol. Crëwyd rhaeadr addurnol uwchben yr argae tua'r un adeg â Llyn Mair.

Ar ôl gadael pwll y felin, â'r nant yn ei blaen i lawr y dyffryn mewn cyfres o raeadrau bychain, a gellir eu gwerthfawrogi o'r lonydd gogleddol a gogledd-ddwyreiniol. Cafodd y rhaeadrau eu gwella'n artiffisial a'u rheoli. Mae'n bosibl y gwnaed hyn hefyd yng nghyfnod William Edward; ond mae'n fwy tebygol bod gwelliannau i'r nant wedi'u gwneud eisoes, o gwmpas yr adeg yr adeiladwyd y lôn ogledd-ddwyreiniol a'r bont. Mae'n bosibl bod trefniadau ymarferol wedi'u haddasu hefyd am resymau esthetig – mewn llun o 1777 gwelir cychwyn dyfrbont ar ochr ddwyreiniol y nant, ond roedd y ddyfrbont a wasanaethai'r felin lifio yn ddiweddarach ar yr ochr arall.

Mae Rheilffordd Ffestiniog, a adeiladwyd i gludo llechi o'r chwareli ym Mlaenau Ffestiniog i'r porthladd ym Mhorthmadog, yn mynd drwy'r parc mewn dolen lydan. Mae'n croesi'r llethr serth yn union uwchlaw'r Plas yn weddol agos i'r tŷ, ac roedd gorsaf breifat yn gwasanaethu'r tŷ, â mynediad i gerddwyr yn unig. Caewyd yr orsaf hon a'i symud i safle newydd i'r gogledd-ddwyrain o'r tŷ yn weddol ddiweddar. Pasiwyd Deddf Seneddol a ganiatâi adeiladu'r rheilffordd ym 1832 ac fe'i hagorwyd ym 1835, yn rhannol mewn ymateb i streiciau cychwyr ar Afon Dwyryd. William Griffith Oakeley oedd un o brif ysgogwyr ei chynllunio a'i datblygu.

Mae cryn dipyn o'r rheilffordd ar wal gerrig gynhaliol gerrig ar yr ochr isaf, a phan gafodd ei hadeiladu mynnodd y teulu Oakeley fod rhaid wrth wal gerrig uchel ar hyd y cledrau ger y tŷ er mwyn cadw eu preifatrwydd a lleihau'r sŵn.

Mewn llun a dynnwyd gan Pennant o'r hyn a ymddengys yn olygfa o'r Plas o'r gogledd-ddwyrain, ond nad yw'n cael ei gynnwys yn ei lun o'r de-ddwyrain a grybwyllwyd uchod, mae twr bychan ar ben y bryn i'r gogledd-ddwyrain o'r tŷ y gellir ei weld uwchben y coed. Mewn llun gan P. E. Becker o'r enw 'A Little Ruin in the Wood of Tan y Bwlch' (1812) gwelir twr, a adeiladwyd fel adfail yn ôl pob tebyg, mewn arddull glasurol yn fras. Ymddengys mai ychydig o gyfeiriadau ychwanegol a geir ato ac nid yw i'w weld ar yr hen fapiau Arolwg Ordnans 25 modfedd, felly yn ôl pob tebyg roedd eisoes wedi diflannu erbyn diwedd y bedwaredd ganrif ar bymtheg.

Mae'r ardd, sydd tua 80 erw, mewn triongl bas ar y llethr islaw'r tŷ, â'r ochr hir yn erbyn y lonydd gogledd-ddwyreiniol a de-orllewinol a thu blaen y tŷ. Mae pwynt byrraf y triongl yn cyfarfod â'r ffordd yn union i'r de o'r Plas, ond ar bob ochr mae darnau o dir amgaeëdig, sef parcdir gynt, rhwng y ffordd a'r ardd.

Mae'r llethr ar y cyfan braidd yn serth, â brigiadau o greigiau mewn sawl man, a gwelir sawl ymateb i'r broblem dopograffig hon yng nghynllun yr ardd. Mae gardd y tŷ sy'n wynebu'r blaen yn ymagor ar deras hir. Dyma nodwedd unigol bwysicaf yr ardd, gan redeg ar hyd wyneb de-ddwyreiniol y tŷ ac yn ymestyn ymhell y tu hwnt i'r gogledd-ddwyrain. Mae'n llydan ac yn raeanog, â wal ganllaw sydd ychydig yn llai nag un medr o uchder. Yn y pen de-orllewinol mae grisiau i lawr at estyniad is, ac oddi yno at rodfa raean sy'n rhedeg islaw'r teras. Ym mhen gogledd-ddwyreiniol y tŷ mae giatiau drwy wal fechan â ffens haearn addurnol isel i'r iard i'r gogledd-ddwyrain o'r tŷ, yn ymyl y brif fynedfa. Y tu hwnt i fynedfa'r iard mae waliau cynhaliol â chanllawiau ar bob ochr i'r teras, sy'n sefyll ar wahân, ond mae'r pen hwn o'r teras yn anniogel ac ni ellir mynd ato ar hyn o bryd.

Mae'r olygfa o'r teras dros Ddyffryn Ffestiniog, pentref Maentwrog a'r mynyddoedd tu hwnt yn eithriadol; yn amlwg dyma'r rheswm dros ddewis y safle ac i raddau helaeth dros adeiladu'r teras. Yn ôl pob sôn, adeiladodd y William Oakeley cyntaf y teras, ond ymddengys ei fod i'w weld yn amlwg mewn golygfa gan Francis Towne dyddiedig 1777. Os yw'r dyddiad hwn yn gywir, mae'n rhaid bod y teras yn perthyn i gyfnod cyn cyfnod teulu Oakeley. Yn ddryslyd, ceir golygfeydd diweddarach nad ydynt yn ei ddangos, ond mae posibilrwydd bod rhai ohonynt heb eu dyddio'n gywir, ac mae llawer yn dibynnu ar ongl yr olygfa a'r modd y triniwyd a lleoliad gan yr arlunydd.

Yn sicr, priodolir ymestyn y teras tua'r dwyrain yn y 1880au i William Edward, yn dilyn symud y stablau, a oedd yn arfer bod i'r dwyrain o'r tŷ, i'r gorllewin; a gwnaed hyn cyn ailadeiladu'r tŷ, fel y gwelir o ffotograff diddyddiad. Yn y ffotograff hwn gwelir planhigion sydd yn amlwg wedi ymsefydlu yn erbyn rhan orllewinol wal y teras, ond hefyd yr hyn a ymddengys yn ddrysau dwbl mawr dan y rhan ddwyreiniol, sef y rhan sy'n simsan ar hyn o bryd.

Mae'r teras sydd ynghlwm wrth ben de-orllewinol y prif deras yn lletach yn ogystal ag yn is, gan fod estyniad unllawr y tŷ yn y pen hwn ymhellach yn ôl. Mae hwn hefyd yn raeanog a chanddo wal ganllaw isel, a border ag ymylon cerrig ar hyd y cefn. Ceir grisiau i lawr i'r de-orllewin yn y pen de-orllewinol ac i'r de-ddwyrain yn y pen gogledd-ddwyreiniol, at y rhodfa raeanog dan y prif deras.

Islaw'r terasau mae lawnt ar oleddf serth, â llwybrau'n ei chroesi ac wedi'i phlannu â choed enghreifftiol a chlystyrau o lwyni. Ar un ochr mae gardd gerrig a gardd ddŵr fechan ar frigiad naturiol, ac ar yr ochr arall mae pwll (y naill a'r llall yn nodweddion o'r ugeinfed ganrif), a thu hwnt i'r rhain gorwedd ardaloedd coediog, sydd wedi datblygu'n ardd goetir fawr i'r de-orllewin. Bellach mae dros hanner yr ardd gyfan yn goediog, ychydig yn fwy na'r hyn a nodir ar yr ail argraffiad o'r map 25 modfedd, ac mae rhwydwaith o lwybrau yn mynd drwy'r coed hefyd.

Gorwedd y gerddi llysiau yng nghornel dde-orllewinol y safle, ac mae'r darn agored ym mhwynt byrraf y triongl yn cael ei ddatblygu'n rhannol fel perllan newydd; mae'n bosibl bod yr ardal hon, sy'n llai serth na'r coetir uwchlaw, wedi bod at ddiben ymarferol erioed.

Un o'r nodweddion mwyaf trawiadol yn yr ardd yw'r rhwydwaith o lwybrau a gynlluniwyd i groesi'r safle o'r naill ochr i'r llall ac yn anaml iawn y ceir darnau serth lletchwith. Mae un rhes hir o risiau yn ymdopi â'r allt i fyny ochr brigiad o greigiau, at fan sy'n cynnig golygfa dros y gerddi llysiau. Mae gan y parc coediog drefniant llwybrau tebyg, ac er bod y ddwy ardal bellach yn agored i'r cyhoedd a'r llwybrau wedi'u gwella ac wedi'u hychwanegu atynt mewn mannau, gwelir y darn mwyaf o'r ddau rwydwaith ar hen fapiau ac mae'n amlwg yn wreiddiol. Yn ddiamau bwriadwyd y parc a'r ardd i'w defnyddio ar gyfer hamdden ac i'w gweld yn agos; efallai oherwydd mai o'r tŷ yr olygfa o bell sy'n hawlio sylw, ac mae'r hyn sydd i'w weld o'r parc a'r ardd yn cael ei gyfyngu oherwydd ffurf y tir a hefyd yn cael ei daflu i'r cysgod gan odidowgrwydd y dirwedd naturiol.

Yn yr ardd mae nifer o goed enghreifftiol cain, a blannwyd yn y coetiroedd ac ar y lawnt agored hefyd. Rhododendronau yw'r llwyni hŷn yn bennaf, ac mae rhai ohonynt yn sbesimenau anferth bellach, a dewiswyd y rhywogaethau yn ofalus er mwyn cynnal dilyniant blodeuol drwy'r tymor. Wrth ysgrifennu ym 1838, sylwodd Thomas Roscoe ar '…magnificent specimens of rhododendron…', a oedd ar y pryd eisoes bron yn 30 mlwydd oed a 40 llathen o amgylch, ond nid yw'n dweud ble roeddynt yn tyfu.

Yn yr ardd goetir, ar y prif lwybr isaf, mae gwylfan bychan â llawr llechi a rheiliau haearn ar draws ag ymylon cerrig nadd. Mae ongl y rheiliau yn awgrymu iddynt gael eu defnyddio'n wreiddiol gyda rhes o risiau. Bellach mae coed yn cuddio'r olygfa i raddau, ond ceir agoriad o hyd, ac arferai fod yn lletach yn ddiamau. Nid yw'r nodwedd hon i'w gweld ar fap 1901, ond nid yw'n gyfoes, ac mae'n dyddio o ddechrau'r ugeinfed ganrif o bosibl.

Saif caban bach y garddwr ychydig islaw cornel ddwyreiniol y teras, sydd bellach bron wedi'i guddio gan ddyfiant ac wedi'i adeiladu o gerrig mewn arddull Gothig. Fe'i hadeiladwyd yn y 1880au yn ôl pob tebyg, pan ymestynnwyd y teras.

Saif adfail cerrig bychan, a fodolai ym 1901, yn ymyl y giatiau ym mhen gogledd-ddwyreiniol yr ardd, yn ymyl llwybr. Mae llwyni a phlanhigion dringol yn tyfu'n wyllt drosto ac ni wyddys beth oedd ei ddiben bellach, er mai adeilad y garddwyr neu gaban o ryw fath ydoedd yn wreiddiol yn ôl pob tebyg.

Ychydig o wybodaeth sydd i'w chanfod ymysg papurau'r teulu am yr ardd ar ddechrau'r bedwaredd ganrif ar bymtheg, ar wahân i un llythyr oddi wrth Louisa Jane Oakeley, gwraig William Griffith, at y pen garddwr ar y pryd, sef William Williams; ond mae'n amlwg bod peth plannu wedi digwydd yn ystod cyfnod y ddau Oakeley cyntaf a bod y gerddi wedi dechrau cael eu datblygu. Sonia Roscoe am y '…..luxuriant growth of plants and trees…' a disgrifia'r

gerddi a'r planhigfeydd fel 'tastefully laid out'. Yn ddiweddarach yn y ganrif, fodd bynnag, ceir cofnodion manwl o gyfrifon y garddwr, archebion y blanhigfa, cofnodion y cynnyrch, llythyrau ynghylch y modd y caiff y gerddi eu rheoli ac yn y blaen. Mae'n bosibl bod hyn yn ganlyniad i'r modd mympwyol y cedwid cofnodion, ond o ystyried y cysondeb yng nghynllun y parc a'r ardd a'r plannu, a'r hyn a wyddys am weithgarwch William Edward Oakeley, ymddengys bod rhagor o ddiddordeb yn yr ardd yn y cyfnod hwn. Mae'n demtasiwn felly gweld cynllun y parc a'r ardd sy'n goroesi fel ei waith ef yn bennaf, sef gwaith yr ymgymerwyd ag ef rhwng 1869, pan ddaeth yr ystad i'w feddiant, a dechrau'r ugeinfed ganrif, pan beidiodd â threulio'r haf yn Nhan-y-Bwlch.

Creodd William Edward y llyn gwneud yn y parc, sef Llyn Mair; ac yn ôl pob tebyg ef greodd y parc ceirw a dywedir iddo ymestyn y teras; gwariodd gymaint o arian iddo fynd i anawsterau ariannol dybryd ar adegau er gwaethaf ei incwm o'r chwareli llechi. Mae'n debygol mai ei hen ewythr, yr etifeddodd ganddo, oedd yn gyfrifol am beth o'r gwelliannau i'r parc a'r ardd (y lôn dde-orllewinol er enghraifft), ond mae'n annhebygol a fyddai ei hen fodryb, a oedd yn weddw ac a barhaodd wrth y llyw rhwng 1835 a 1869, wedi mynd i gost fawr yn yr achos hwn gan mai diddordeb oes yn unig oedd ganddi yn yr ystad, a hithau'n ddi-blant. Mae'n bosibl mai'r William Oakeley cyntaf a gynlluniodd ran orllewinol goediog yr ardd, ac mae rhai coed yn yr ardal honno sy'n ymddangos yn rhy hen i'w plannu gan William Edward, ond nid oes cofnodion cyfredol o hyn.

Mae'r dystiolaeth yn tueddu i awgrymu, felly, bod tirlun yr ardd heddiw, sydd mewn cyflwr da, yn ogystal â llawer o'r parc, yn waith un dyn yn bennaf, ac yr ymgymerwyd ag ef yn ystod tri degawd olaf y bedwaredd ganrif ar bymtheg. Fodd bynnag ni ddylid anghofio cyfraniad John Roberts, y pen-garddwr; mae'n bosibl bod Roberts wedi chwarae rhan arwyddocaol yn y datblygiadau, gan fod cofnodion yr ardd yn dangos fod ganddo ddiddordeb arbennig mewn coed egsotig, ac ymddengys ei fod yn arddwr talentog a llawn dychymyg.

Rheolir yr ardd gan Ymddiriedolaeth bellach, ac mae cynnal a chadw a phlannu newydd yn parhau'n rheolaidd. Mae rhai datblygiadau newydd yr ystyrir eu bod yn gydnaws, a rhai y gellid bod wedi'u gwneud pe bai'r ardd wedi parhau'n eiddo preifat, ar y gweill ar gyfer y dyfodol.

Yn anffodus, cliriwyd y brif ardd lysiau bellach a'i gwneud yn faes parcio. Nid oes dim manylion am y cynllun mewnol ar ôl, er bod y waliau'n goroesi, ac eithrio i'r gogledd-ddwyrain. Plannwyd clystyrau o goed ifanc er mwyn cysgod ac mae gweddillion llechi ar wyneb yr ardal. Addaswyd y tai gwydr a'r siediau yn yr estyniad yn annedd (a elwir yn gymwys iawn 'The Potting Shed').

Mae tua un erw a hanner i'r brif ardal ac roedd dau dŷ gwydr mawr yn erbyn y waliau cefn ar un adeg (ar gyfer eirin gwlanog a gwinwydd yn ôl pob tebyg) a dwy ffrâm yn yr hanner de-ddwyreiniol. Roedd ffynnon yn y canol. Mae brigiad creigiog naturiol yn ffin i'r ochr dde-ddwyreiniol bellach, ac mae dwy res o risiau (y naill o gerrig a'r llall o drawstiau rheilffordd – nid yw'r grisiau cerrig yn wreiddiol ond yn sicr maent yn hŷn na'r lleill) yn arwain i ymuno â'r rhwydwaith llwybrau yn yr ardd goetir. Mae'n amlwg o'r hen fap a ffotograffau, fodd bynnag, fod wal i'r ochr hon hefyd yn wreiddiol.

Torrwyd yr ochr ogledd-orllewinol yn ôl i mewn i'r llethr (nid yw'r ardd yn hollol wastad o hyd, fodd bynnag), ac mae'r wal gefn yn wal gynhaliol, o gerrig morter a thua 3 medr o uchder â chopa cerrig garw. Fe'i hailadeiladwyd, ac nid yw'r cynllun yn y man hwn yn debyg i'r hyn sydd ar fap 25 modfedd 1901. Mae llethr borfa yn codi o ben y wal at wal gynhaliol y lôn (sydd â chopa llechi, megis waliau eraill yr ardd), ond ar y map ymddengys bod adeiladau y tu ôl i'r tŷ gwydr tua'r gornel ogleddol; ac eithrio'r gornel hon, nid oes man agored o fewn wal y lôn a allai gyfateb i'r llethr. Mewnlenwad cynhaliol yn unig yw'r wal bresennol ar ochr dde-ddwyreiniol wal y lôn, a oedd hefyd yn wal yr ardd ar un adeg.

Mae'r fynedfa yn y gornel orllewinol, fel y bu erioed, ond fe'i gwnaed yn fwy o faint. Nid oes wal fewnol yma; wal y lôn oedd wal yr ardd ac mae dros 4 medr o uchder. Mae'r wal dde-orllewinol tua 3 medr o uchder, ar oleddf, â chopa llechi, a thorrwyd y gornel ddeheuol. Mae gan yr ochr dde-ddwyreiniol wal is, sydd ag olion y copa llechi, ac mae'n amlwg mai dyma fu ei huchder erioed – mae'r uchder yn codi ar draws y gornel a dorrwyd at 3 medr y wal dde-orllewinol. Gorwedd pentir o rwbel o ganlyniad i glirio'r maes parcio yn y gornel ddeheuol o hyd. Mae darn o ffens haearn addurnol yn pwyso yn erbyn y wal ogledd-orllewinol a oedd ar un adeg yn ôl pob tebyg yn cael ei defnyddio yn yr ardd.

Yr estyniad de-orllewinol yw gardd 'The Potting Shed' bellach; nid oes gwydr yno bellach, ond ceir rhes o siediau ar hyd y wal ddeheuol yr ymddengys eu bod yn cyfateb i rai adeiladau ar yr hen fap.

Mae bwthyn y garddwr wedi'i adeiladu o gerrig â tho llechi ar oleddf serth; mae hefyd ffenestr fae â physt cerrig a chyntedd Gothig. Mae ganddo estyniad unllawr ar yr ochr ogleddol a oedd yn bresennol eisoes ar droad y ganrif bresennol, ac mae ganddo simnai debyg i rai'r prif adeilad; mae'n dyddio yn ôl pob tebyg o waith ailadeiladu'r 1880au. Er gwaethaf manylion gwerthiant 1910, sy'n cyfeirio at dŷ'r garddwr a phorthordy ar wahân, ymddengys yn debygol bod y bwthyn hwn yn borthordy i'r lôn gefn hefyd.

Gwelir y gerddi llysiau, wedi'u cynllunio'n llwyr â llawer o fannau gwydr, ar ail argraffiad y map 25 modfedd (1901), ac fe'u disgrifir yn erthygl cylchgrawn 1888. Mae'n anodd dweud pa bryd cyn y dyddiad hwn y cawsant eu creu, ond gwelir yr ardal yn amgaeëdig ac yn ddi-goed ar fap llawysgrif 1818-1819, ac roedd y gerddi yn amlwg wedi hen sefydlu erbyn 1888, â mil o eirin gwlanog yn gynnyrch pum coeden. Y garddwr yng nghyfnod William Griffith oedd William Williams, yn ôl cofnod mewn llythyr gan Louisa Jane Oakeley, ac yng nghyfnod William Edward y garddwr oedd John Roberts. Roedd John Roberts yn ben-garddwr am flynyddoedd lawer, ond mae'n rhaid bod un garddwr arall o leiaf rhwng y ddau. Roedd gan Roberts wyth garddwr yn gweithio iddo ym 1883 a 13 ym 1886, ac roedd treuliau'r ardd yn sylweddol; pan aed i drafferthion ariannol cwtogwyd ar y treuliau yn llym, a bu'n rhaid i Roberts ymdopi â chyllideb dynnach o lawer. Ym 1901, pan osodwyd y Plas, Roberts oedd y pen-garddwr o hyd, ac roedd wedi cweryla â'r tenant.

Mae ardal annelwig ym mhwynt deheuol byrrach yr ardd, lle mae perllan newydd wrthi'n cael ei chreu ar hyn o bryd. Ceir bonyn hen goeden eirin yma, a chredir bod perllan wedi bod yma yn y gorffennol, ond nid yw i'w gweld fel perllan ar ail argraffiad y map 25 modfedd ac nid oes cyfeiriad ati yn erthygl cylchgrawn 1888 nac ym manylion gwerthiant 1910.

Yn yr ardal ceir dwy lain hirsgwar fwy neu lai ar dir sy'n gwyro tua'r de-ddwyrain, ond yn llai serth na llawer o weddill yr ardd; mae llwybrau llai ar y pen uchaf a'r pen isaf ac un sy'n rhannu'r ddwy lain, y cyfan yn rhedeg o'r gogledd-ddwyrain i'r de-orllewin, ac mae'r cyfan i'w weld ar yr hen fap. Roedd adeilad bach yn ymyl y llwybr llai uchaf tan yn ddiweddar hefyd. Gwelir yr ardal hon yn weddol glir mewn darlun yn erthygl 1888, ond o bellter y'i gwelir; ymddengys bod y cynllun ychydig yn wahanol, ac mae pen

blaen yr adeilad yn agored. Mewn golygfeydd eraill gwelir stribedi sy'n rhedeg o'r gogledd i'r de, i fyny ac i lawr y llethr yn hytrach nag ar draws. Fodd bynnag, roedd yn glir o goed a llwyni, fel heddiw. Os cafodd ei ddefnyddio fel perllan ymddengys mai felly a fu yn yr ugeinfed ganrif, ac ni wyddys beth oedd ei swyddogaeth cyn hynny. Mae planhigfa yn awgrym posibl, ond nid yw'n cael ei henwi felly ar y map; gallai'n hawdd fod yn ardd lysiau ychwanegol.

I'r de-orllewin o'r berllan newydd plannwyd ran o'r ardal â choed ifanc, ac mae cynlluniau ar y gweill ar gyfer tŷ gwydr newydd a fydd yn cael ei gysgodi gan y rhain. Codwyd sied yno eisoes.

Mae adeilad bach cerrig yn ymagor ar y llwybr llai canolog ac nid oes iddo ddiben amlwg, ond mae'n bosibl mai cuddfan hela ydoedd. Mae'n hanner cylch o ran ffurf, ac mae dwy wal ag onglau mewnol yn cau'r ochr syth â mynedfa rhyngddynt. Mae ffynnon mewn un gornel. Mae'r waliau wedi'u hadeiladu o gerrig sych, tua 1 medr o uchder â chopa gwastad, ac mae tu mewn y waliau'n wag i raddau. Mae'r adeiladwaith cyfan yn mesur oddeutu 10 medr ar draws. Yn ôl pob tebyg roedd y ffynnon yn cyflenwi dŵr i'r ardd/blanhigfa, ac mae cynnwys y ffynnon o fewn y nodwedd yn rhyfedd os mai cuddfan hela ydyw; mae ei safle canolog yn tueddu i awgrymu hefyd fod yr adeiladwaith yn perthyn i'r ardd. Mae'n bosibl mai ei ddiben oedd cynnig amddiffyn rhag y gwynt i blanhigion mewn potiau, neu'n syml at ddibenion storio.

Ffynonellau

Sylfaenol

Gwybodaeth oddi wrth D Jeffreys, Ysw.

Drafft dideitl o hanes yr ystad a'r cyffiniau, gan Arthur Ll. Lambert.

Casgliad Tan-y-bwlch yn archifdy'r sir, Dolgellau.

Nifer o ffotograffau, lluniau a chardiau post yn archifdy'r sir, Dolgellau, yn arbennig ZS/27/6, 8, 14, 18 & 25.

Manylion gwerthiant 1810 a 1962, archifdy'r sir, Dolgellau.

Map llawysgrif 2 fodfedd Arolwg Ordnans, 1818–19.

Eilradd

Gwyndaf Hughes, *House on a Hill* (1989).

Taflenni a gyhoeddwyd gan Ymddiriedolaeth Gerddi Tan-y-Bwlch a Pharc Cenedlaethol Eryri, gan gynnwys taflen gyffredinol ar y gerddi, *Garden Walks and Dyffryn Maentwrog, Llyn Mair.*

Erthyglau yn y Caernarfon & Denbigh Herald, 31 Ionawr 1997 a 24 Gorffennaf 1997.

Nicholas Pearson Associates, 'Plas Tan-y-Bwlch: Historic Landscape Survey and Landscape Proposals', 1997.

Journal of Horticulture and Cottage Gardener, 15 Mawrth 1888.

CADW

PLAS-YN-RHIW

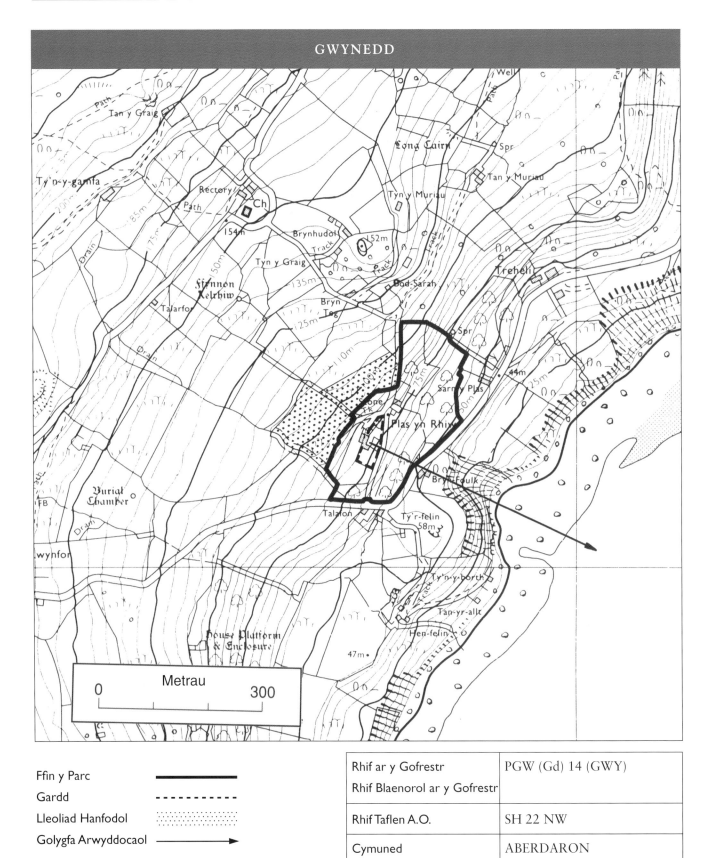

GWYNEDD

Ffin y Parc	———
Gardd	- - - - - - -
Lleoliad Hanfodol	·············
Golygfa Arwyddocaol	———▶

Rhif ar y Gofrestr	PGW (Gd) 14 (GWY)
Rhif Blaenorol ar y Gofrestr	
Rhif Taflen A.O.	SH 22 NW
Cymuned	ABERDARON

CRYNODEB

Rhif cyf	PGW (Gd) 14 (GWY)
Map AO	123
Cyf grid	SH 237 282
Sir flaenorol	Gwynedd
Awdurdod unedol	Gwynedd
Cyngor cymuned	Aberdaron
Disgrifiadau	Adeiladau rhestredig: tŷ Gradd II*, terasau, bwthyn, rhes stablau, sied geirt/logiau gweithdy, a Hen Gapel oll yn Radd II. Ardal o Brydferthwch Naturiol Eithriadol. Ardal Amgylchedd Arbennig.
Gwerthusiad safle	Gradd II
Prif resymau dros y graddio	Gardd fechan amgaeëdig planhigwr a blannwyd y ganrif hon, ond a gynlluniwyd yn gynharach, â golygfa ysblennydd dros Borth Neigwl, wedi'i lleoli mewn parc coediog.
Math o safle	Gardd addurnol fechan amgaeëdig, wedi'i lleoli'n rhannol mewn parc coediog, â golygfeydd o'r arfordir.
Prif gyfnodau o adeiladu	Y bedwaredd ganrif ar bymtheg; yr ugeinfed ganrif.

Disgrifiad o'r safle

Lleolir Plas-yn-Rhiw ar lethr serth Mynydd Rhiw sy'n wynebu'r de-ddwyrain gan edrych allan ar draws Porth Neigwl, yn gorwedd ynghudd yn y bryn y tu ôl iddo, a'r ardd ar oleddf tua'r de a'r de-ddwyrain. Mae'r rhan fwyaf o'r tai allan yn wynebu tua'r gogledd.

Yn wreiddiol yn blasty bychan o ddechrau'r ail ganrif ar bymtheg, â chnewyllyn canoloesol o bosibl, ymestynnwyd Plas-yn-Rhiw tua'r gogledd-ddwyrain yn y ddeunawfed ganrif yn ôl pob tebyg. Ychwanegwyd adain arall i'r gogledd-orllewin, gan godi'r to ac ychwanegu feranda ar hyd yr wyneb blaen ar ddiwedd y ddeunawfed neu ddechrau'r bedwaredd ganrif ar bymtheg. Mae gan y tŷ trillawr, â tho llechi ar oleddf isel, a ddeilliodd o hyn, olwg Sioraidd gymesurol, a thynnwyd y gwaith stwco oddi yno i ddatgelu'r garreg lwyd.

Yn agos iawn i'r tŷ, i'r de-orllewin, mae bwthyn (o'r ddeunawfed ganrif yn ôl pob tebyg) sydd o'r un maint â'r tŷ gwreiddiol bron, a fwriadwyd o bosibl i ymestyn y llety, er iddo gael ei ddefnyddio fel swyddfeydd i'r gweision ers hynny.

Mae adfeilion melin ddŵr i'r gogledd o'r tŷ yn perthyn i'r ail ganrif ar bymtheg hefyd, a rhoddwyd caniatâd brenhinol (ym 1634) i'r ystâd i falu ei ŷd ei hun – braint brin. Mae'n bosibl bod hyn wedi deillio o hawl a neilltuwyd i ddau deulu lleol yn yr oesoedd canol i ddefnyddio'r felin yn Rhiw, ac os oedd y felin yn yr un man mae'n bosibl y bu tŷ o'r bedwaredd ganrif ar ddeg ar safle'r Plas presennol.

Ar yr adeg hon roedd yr eiddo'n berchen i deulu o'r enw Lewis, disgynyddion o linach o dywysogion â'u gwreiddiau ym Mhowys. Mae'n bosibl mai John Lewis, a oedd yn byw ym Mhlas-yn-Rhiw ym 1634, a adeiladodd ddarn cynharaf y tŷ presennol neu ymestyn efallai adeilad hŷn. Mae ei lythrennau blaen a'r dyddiad 1634 ar gapan un o'r ffenestri. Ymddengys bod hen hen ŵyr John, sef Maurice neu Morris, wedi gadael yr eiddo i'w ferch, Jane, o'i wraig gyntaf yn hytrach nag i'w fab o'i ail briodas, gan ei fod yn nwylo William Williams ym 1811, pan ddaeth Edmund Hyde Hall ar ymweliad; priododd Jane â gŵr o'r enw William Williams ac roedd ei mab o'r un enw.

Un ferch yn unig, sef Jane Ann, oedd gan yr ail William Williams hefyd, a gadawodd Blas-yn-Rhiw iddi, a phriododd hithau â'r Capten Lewis Moore Bennet ym 1816. Mae'n fwyaf tebygol mai yn ystod y cyfnod yn dilyn y briodas hon y cafwyd y cyfnod olaf o estyniadau a gwelliannau sef pan godwyd y to. Yn ddiweddarach aeth yr eiddo i ŵyr y Bennetiaid, gŵr arall o'r enw Williams, a fu farw'n ddietifedd, ac fe'i gwerthwyd ym 1874. Y prynwr oedd gŵr o'r enw Mr Roberts, a drosglwyddodd yr eiddo i'w fab; ni fu'r mab yn byw ym Mhlas-yn-Rhiw a gosodwyd y tŷ. Credir bod un tenant, sef y Fonesig Strickland, wedi cyfrannu at gynllunio'r gerddi. Daliodd teulu'r Robertsiaid eu gafael ar y tŷ a bu gwraig o'r enw Miss Roberts yn byw yno am beth amser, ond nid oedd y naill aelod o'i theulu ar ôl y llall a oedd yn berchen ar y tŷ yn barod i'w gynnal ac yn y diwedd symudodd oddi yno; ac yn dilyn hynny aeth yn adfail nes iddo gael ei werthu yn y pen draw i'r tair Miss Keating ym 1939.

Adferwyd y tŷ gan dair chwaer Keating, sef Laura, Honora ac Eleanor, gan ymgynghori â Clough Williams-Ellis, a chanolbwyntio, fel y nododd, ar rannau hynaf y tŷ, yn hytrach na phwysleisio agweddau'r Rhaglywiaeth, fel y byddai ef wedi'i wneud. Adferwyd yr ardd ganddynt a'i phlannu ag ystod eang o blanhigion diddorol, a chawsant afael hefyd ar gymaint o dir â phosibl i ychwanegu at yr ystâd. Eu bwriad pendant oedd ei gyflwyno i'r Ymddiriedolaeth Genedlaethol a gwnaethant hyn. Mae gofalwr preswyl yn gofalu am y tŷ a'r ardd bellach, ac maent ar agor i ymwelwyr yn y gwanwyn a'r haf.

Ar fapiau Arolwg Ordnans 25 modfedd 1889, 1901 a 1919 mae'r holl dai allan i'w gweld a'r cynllun yn union yr un fath â'r un presennol heb unrhyw wahaniaethau amlwg ac eithrio to ar y felin ddŵr sy'n adfail bellach. Wedi'i hadeiladu'n wreiddiol efallai yn y ddeunawfed ganrif, mae'r llaethdy cerrig bychan yn adfail a heb do bellach ond mae ei lawr slabiau rhannol goblog, rhannol lechi a'i arwyneb gwaith llechi yno o hyd. Dyma'r un mwyaf de-orllewinol o'r rhes o dai allan i'r gogledd-ddwyrain o'r tŷ, ac mae'n ymagor oddi ar yr iard goblog sy'n cysylltu'r rhes â'r tŷ.

Er ei bod yno'n amlwg i wasanaethu'r stablau, mae'r ystafell harneisiau fechan yn debycach i'r llaethdy o ran adeiladwaith, ac yn perthyn i'r un cyfnod yn ôl pob tebyg, ac i gyfnod ychydig yn ddiweddarach na gweddill y rhes o bosibl. Mae'r to yno o hyd. Mae'r drws yn arwain oddi ar y llwybr coblog ar hyd ymyl y llaethdy, gan arwain o'r iard stablau gynt at yr iard yn ymyl y tŷ.

Mae hwn yn adeilad cerrig o'r ail ganrif ar bymtheg yn ôl pob tebyg, â stablau o faint cymedrol ac er nad oes to iddo saif y waliau i'w huchder llawn. Ar un adeg mac'n amlwg bod llawr uchaf, llofft wair yn ôl pob tebyg. Ymddengys bod drws wedi'i lenwi yn y cefn, ond gan fod yr adeilad wedi'i dorri'n ôl i mewn i'r llethr y tu ôl iddo mae'n anodd gweld i ble y gallai fod wedi arwain. Mae coblau bychain wedi'u gosod ar eu hymyl ar y llawr ac maent mewn cyflwr da er bod darnau o gerrig mewn rhai mannau. Mae cerrig a osodwyd yn wastad ar hyd draeniau'r wyneb, sy'n gwyro at ddarn canol is y llawr, sydd yn ei dro'n gwyro at y drws, lle ceir llechen rydyllog â dŵr yn draenio i ffwrdd drwyddi dan y ddaear.

Rhwng y stablau a thylciau'r moch mae sied gerbydau fechan sy'n cydoesi â'r stablau. Mae'r to, drws a'r llawr uchaf yno o hyd. Mae'n fach, ar gyfer cerbydau unigol, ac fel yn achos y stablau, mae'n ymagor ar yr iard stablau gynt.

Iard fechan ag wyneb cerrig yw tylciau'r moch gynt â wal gerrig o'u hamgylch, â giât yn y pen gogledd-ddwyreiniol a drws pren yn y wal dde-ddwyreiniol, a dwy gorlan neu raniad ar ôl yn erbyn y wal ogleddol grwm. Yn y gornel ogledd-orllewinol mae sied ddiweddarach â tho, a defnyddir yr ardal gyfan fel storfa bellach.

Gelwir y mwyaf deheuol o ail res o dai allan, o'r ddeunawfed ganrif yn ôl pob tebyg, i'r gogledd o'r rhes gyntaf, a thu allan i'r ardd, yn ymyl y ffordd, yn storfa logiau, ond yn wreiddiol mae'n debyg mai sied geirt ydoedd gan fod iddo ddau ddrws dwbl mawr. Roedd wrthi'n cael ei haildoi ar adeg yr ymweliad. Mae'r ail res hon o dai allan wedi'i gwneud o gerrig hefyd, ond fe'i hadeiladwyd yn fwy sylweddol na'r gyntaf, ac ymddengys yn fwy diweddar.

Iard fechan yw cytiau'r cŵn ag adeilad yn y pen gogleddol, sydd bellach heb do. Mae waliau cerrig uchel yn amgáu'r iard, â drws pren at y ffordd.

Cyn belled ag y gwyddys ni chysegrwyd Hen Gapel erioed, a dechreuwyd ei alw wrth yr enw hwnnw am iddo gael ei ddefnyddio yn achlysurol ar gyfer cyfarfodydd gan bregethwr y Methodistiaid. Fe'i defnyddiwyd hefyd am gyfnod byr ar ddechrau'r bedwaredd ganrif ar bymtheg fel Ysgol Sul Anghydffurfiol. Yn sicr mae'n adeilad diddorol ar ei rinweddau ei hunan, a gwnaed addasiadau iddo. Bellach nid oes to iddo; mae'r pen gogleddol yn agored (nid wal wedi cwympo sydd yma), sy'n awgrymu iddo gael ei ddefnyddio'n wreiddiol fel adeilad amaethyddol neu sied geirt/gerbydau. Fodd bynnag, mae pedwar agoriad mawr ar gyfer ffenestri, a drws ag ychydig risiau i lawr ar ochr y ffordd (dwyrain). Mae tyllau pren yn y gwaith maen yn arwydd o lawr uchaf neu oriel flaenorol yn y pen deheuol ond mae hyn yn anghydnaws â'r ffenestri presennol. Ar un adeg roedd y ffenestr fwyaf, i'r de-ddwyrain, yn cyrraedd lefel y llawr bron, ond mae wedi'i llenwi'n rhannol; byddai'r llawr uchaf neu'r oriel yn torri'n union ar ei draws. Mae'r Hen Gapel yn gwrthgyferbynnu â'r adeiladau eraill yn y rhes am nad oes unrhyw bren na drysau yno o hyd.

Mae ysgubor bellach yn gartref i'r siop a'r toiledau a saif yng nghanol y maes parcio, sef y buarth gynt yn ôl pob tebyg. Nid yw'n fawr iawn ac yn ddiweddar fe'i hadferwyd/hailadeiladwyd yn ogystal â'i haddasu – roedd i'w gweld ar fap Arolwg Ordnans 25 modfedd 1889, ond nid oedd cofnod ohoni ar y map 6 modfedd ychydig flynyddoedd yn ddiweddarach, ac mae'n bosibl ei bod yn hollol adfeiliedig ar yr adeg honno. Roedd ail ysgubor gerrig fawr, â tho llechi, yn feudy neu shipon 6 chôr yn wreiddiol â chorlan lloi yn y cefn, ac yn perthyn i'r ddeunawfed ganrif yn ôl pob tebyg. Fe'i hadeiladwyd i mewn i lethr ddwy ffordd eithaf, ac mae'r iard â wal o'i chwmpas (â phorfa'n tyfu drosti) o'i blaen (de) yn derasog. Mae'r teras yn ymestyn o gwmpas tua'r dwyrain hefyd, ond mae'n gulach o lawer yma. Mae'r bondo ar yr un lefel â'r maes parcio i'r gogledd, a rhwng cefn y gweithdy a'r maes parcio mae'r gorlan lloi, iard amgaeëdig fechan â waliau uchel, y gellir edrych i lawr iddi o'r maes parcio. Defnyddir yr adeilad fel gweithdy bellach. Ar ochr bellaf yr iard flaen mae dwy sied adfeiliedig arall â'u hierdydd bychain eu hun, tylciau moch yn ôl pob tebyg, sy'n dyddio o ddechrau'r bedwaredd ganrif ar bymtheg.

Yn agos iawn at y tŷ ar yr ochr ddeheuol mae bwthyn a fwriadwyd yn wreiddiol i ymestyn y llety o bosibl; mae'n perthyn i'r ddeunawfed ganrif yn ôl pob tebyg, ac mae'n debyg i'r tŷ o ran arddull. Mae wedi ei ddefnyddio fel golchdy, bragdy a phopty, ac ar y pen dwyreiniol mae cwt potiau a 'hafdy', sy'n agored tua'r dwyrain, a oedd yn ystafell oer neu'n storfa ar un adeg. Mae tŷ allan croes bach arall yn erbyn y cefn (gorllewin).

Saif toiled cerrig â tho llechi, ag arddull debyg ac yn perthyn i'r un cyfnod â gweddill y tai allan o fewn yr ardd amgaeëdig, yn ddigon pell o'r tŷ. Dewiswyd y safle mae'n amlwg yn rhannol i fanteisio ar ffrwd y felin sy'n rhedeg dan yr ardd fel system ddraenio naturiol.

Mae'r parc yn fychan ac yn anffurfiol yn ei hanfod, ac yn cynnwys coetir a thir pori, heb unrhyw nodweddion dyddiadwy.

Mae modd mynd i mewn iddo drwy giât bren yn y pen deheuol, ac mae'r lôn, sy'n ffordd gyhoeddus hefyd, yn rhannu'r rhan ddeheuol yn ddwy fwy neu lai, â'r ardd gyfan i'r gorllewin o'r ffordd. Saif yr ardd yn gyfan gwbl o fewn y parc, ond ar ôl mynd heibio'r tŷ, yr ardd a'r tai allan, daw tir pori garw i lawr yn union at y ffordd i'r gorllewin, ac mae'r parcdir cyfan i'r dwyrain.

Ceir tair ardal o fewn y parc, a'r ardal fwyaf gogleddol, goediog yw'r mwyaf o ran maint. Mae'n ymestyn o ochr ddwyreiniol y ffordd i lawr y llethr at ffordd yr arfordir, ac nid yw'r ymyl isaf ond ychydig yn uwch na lefel y môr ac mae'n agos iawn i'r lan. Mae'r goedwig yn cynnwys coed collddail ac fe'i cedwir i ymddangos yn naturiol, ond mae'n cynnwys nifer sylweddol o goed wedi'u plannu. Ceir hefyd isdyfiant o lawryf â rhododendronau yma ac acw dros y rhan fwyaf o'r ardal (heb gyrraedd yr ymyl isaf, ddwyreiniol yn hollol) a llawer iawn o redyn nad ydynt o bosibl yn hollol naturiol yn wreiddiol. Mae o leiaf ddau adfail bach yn y coed hyn, ac fe welir un ohonynt (sy'n adfail eisoes) ar fap Arolwg Ordnans 25 modfedd 1889. Mae'n bosibl mai adeiladau fferm neu fythynnod ydynt sy'n perthyn i gyfnod cyn plannu'r coed, ac maent yn gysylltiedig o bosibl â'r waliau cerrig adfeiliedig a welir yma ac acw. Gellir defnyddio'r system o lwybrau troed sydd mewn cyflwr da i gyrraedd y coetir o'r maes parcio.

Roedd cornel ogledd-orllewinol yr ardal hon, ar hyd ymyl y ffordd, yn dir agored mae'n amlwg tan yn weddol ddiweddar, gan fod y coed yma'n ifanc (amrywogaethau collddail brodorol), ac nid oes coetir i'w weld yma ar fapiau cynnar.

I'r de o'r coetir hwn mae cae pori sydd ar oleddf serth, a heibio'r cae hwn gellir gweld y môr o'r ardd. Plannwyd coed ar hyd ymyl y lôn ac ar ymyl isaf (dde-ddwyreiniol) y cae.

Mae trydedd ardal y parc i'r gorllewin o'r tŷ a'r ardd, mewn trofa o'r gogledd i'r de. Yn fwyaf agos at yr ardd, i'r gorllewin a'r de, mae cae arall, sy'n gwyro'n raddol ond nid yw'n cael ei bori bellach (fe'i torrir yn rheolaidd). Y tu hwnt i hwn mae rhagor o ardaloedd coediog ar oleddf i'r gogledd, gorllewin a'r de; gelwir yr ardal i'r gorllewin yn Snowdrop Wood. Gwelir yr holl ardaloedd hyn fel planhigfeydd conifferau a cholldail cymysg ar fap 1889, ond mae'r coed bellach yn gollddail yn bennaf. Mae ardaloedd bychain eraill ar yr ymylon allanol yn cael eu plannu ar hyn o bryd â choed ifanc gan yr Ymddiriedolaeth Genedlaethol, gan gynnwys rhai coed pinwydd.

O fewn y drydedd ardal hon, yn agos i gefn y tŷ, mae adfeilion y felin ddŵr, sydd bellach wedi tyfu'n wyllt iawn a phlanhigion yn tyfu drosti. Mae ffrwd y felin mewn ffos ddofn i'r gogledd-ddwyrain, ac mae'r hyn a ymddengys yn iard wastad fechan i'r de-orllewin.

Mae rhai lawntiau bychain yn ymyl y ffordd/lôn ger mynedfeydd yr ardd a'r maes parcio, ac ar un o'r rhain, dan binwydden fawr, a chyda golygfa dros Borth Neigwl y tu ôl iddo, mae llechen goffa wedi'i gosod wrth y wal. Mae'n amlwg iddo gael ei osod yno gan y chwiorydd Keating neu ar gais ganddynt ac mae'r geiriau canlynol arno:

PLAS YN RHIW Given to the National Trust in memory
of Constance Annie Keating 1860–1945 and of
John William Keating 1854–1893 by their three daughters.
There is no death
While memory lives

Gwelir yr ardd yn weddol fanwl, â chynllun sy'n rhyfeddol o debyg i'r hyn ydyw heddiw, ar fap Arolwg Ordnans 25 modfedd 1889. Mae ei raddfa fechan a'i pherthynas â'r tŷ yn awgrymu bod ei gwreiddiau'n gynharach o lawer. Mae'r plannu'n dyddio o draean canol yr ugeinfed ganrif yn bennaf. Mae'r ardd yn fechan, yn amgaeëdig a chanddi adrannau. Mae'n ardd glyd gan blanhigwr mewn lleoliad naturiol.

Mae pedair prif ran i'r ardd: yr hen iard stablau, sy'n wastad ac yn lawnt yn rhannol ac yn forderi llwyni yn rhannol bellach; llwybr y brif fynedfa a'r borderi llydain ar bob ochr iddo; Gardd y Fonesig Strickland, ardal ffurfiol amgaeëdig fechan, a'r lawnt uwchlaw; a'r ardal fwyaf, y brif ardd i'r de.

Mae pob ardal yn eithaf gwahanol o ran cymeriad, ond mae'r arddull yn debyg. Llwyni blodeuol addurnol yw'r plannu'n bennaf mewn gwelyau a borderi llydain, yn gymysg â nifer o amrywogaethau o blanhigion parhaol caled, â choed addurnol yma ac acw i gynnig uchder. Yng Ngardd y Fonesig Strickland a'r brif ardd ddeheuol mae perthi bocs i bennu terfynau pob gwely a llwybr, sy'n rhoi cynllun mwy caeth ond sy'n methu â ffrwyno'r planhigion sy'n tyfu'n afreolus a gwneud yr ardd yn ffurfiol; yn y ddwy ardal fwyaf gogleddol ni cheir perthi ac ni cheir unrhyw ymgais i fod yn ffurfiol.

Mae'r llwybrau yn yr ardaloedd â pherthi bocs yn syth yn gyffredinol a'r gwelyau'n hirsgwar, ond mewn mannau eraill mae'r llwybrau'n gwyro ac mae'r gwelyau'n llenwi'r bylchau eraill yn anad dim. Mae gan y ddau fath o gynllun yr un effaith, sef cynnig golygfa sy'n newid drwy'r amser wrth gerdded o gwmpas ac mae grwpiau newydd o blanhigion i'w gwerthfawrogi ymhob twll a chornel.

Mae'r ardd yn anarferol hefyd am ei bod yn cyfuno'r awyrgylch clyd mewnblyg â golygfa ysblennydd. Mae'r olygfa, dros ehangder anferth Porth Neigwl i'r gogledd-ddwyrain, i'w gwerthfawrogi orau o'r lawnt wastad mewn hanner cylch o flaen y tŷ, sef y llecyn clir agored mwyaf yn yr ardd er ei fod yn fach o ran maint. Mae'r plannu yma hefyd yn llai diddorol, fel pe bai disgwyl i rywun ganolbwyntio ar yr olygfa.

Prynwyd yr eiddo gan dair chwaer Keating ym 1939 ac yn ddiweddarach fe'i rhoddwyd ganddynt i'r Ymddiriedolaeth Genedlaethol. Yn union cyn hyn dioddefodd yr ardd gyfnod o esgeulustod, ond credir y bu tenant a fu'n byw yno ar droad y bedwaredd ganrif ar bymtheg a'r ugeinfed ganrif, sef y Fonesig Strickland, yn gyfrifol am gynllun y rhan fechan sy'n dwyn ei henw, yn ôl pob tebyg tua diwedd y bedwaredd ganrif ar bymtheg. Arferai'r Fonesig Strickland dreulio pob gaeaf yn yr Eidal, ac mae'n bosibl ei bod yn dymuno ail-greu rhai agweddau ar y cynlluniau ffurfiol a welodd yno yng ngardd ei chartref; mae'n bosibl iddi mewn gwirionedd gynllunio'r ardd gyfan, ond mae'n rhaid bod y gwaith wedi'i wneud erbyn diwedd y 1880au, gan y gwelir cynllun tebyg iawn i un heddiw ar fap Arolwg Ordnans 25 modfedd 1889 (er nad oedd yr iard stablau yn rhan o'r ardd bryd hynny).

Ceir awgrym bach bod i'r ardd hanes hirach mewn gwirionedd, er nad oedd wrth gwrs o angenrheidrwydd wedi'i chynllunio fel y mae heddiw. A barnu o'u ffurf, maint, ffiniau a'u perthynas â'r tŷ, mae'n bosibl bod y ddau ddarn bach hirsgwar o dir amgaeëdig, sef Gardd y Fonesig Strickland bellach a phrif ran yr ardd yn badogau bychain yn wreiddiol sy'n gysylltiedig â'r tŷ canoloesol neu dŷ'r ail ganrif ar bymtheg. Ac os oedd eu terfynau eisoes wedi'u pennu yn y modd hwn, byddent wedi cynnig safle amlwg os daethpwyd i benderfyniad ar ddiwedd yr ail ganrif ar bymtheg neu'r ddeunawfed ganrif i wneud gardd yno. Byddai unrhyw ardd o'r fath yn ddiamau wedi bod yn ymarferol yn bennaf, ond fel yn achos gerddi eraill gellid disgwyl newid graddol i arddull fwy addurnol. Mae Mrs Dick, gofalwraig Plas-yn-Rhiw ar adeg yr ymweliad, yn credu mai Gardd y Fonesig Strickland

oedd yr ardd lysiau wreiddiol a bod y Fonesig wedi'i haddasu i fod yn addurnol.

Mae'r ardd lysiau yn cynnwys un o'r adrannau o fewn yr ardd, wedi'i hamgáu gan berthi bocs. Mae'n fychan ac yn hirsgwar, ac yn cynnwys dwy lain tua 5 wrth 6 neu 7 medr. Mae llwybrau'n mynd yr holl ffordd o gwmpas ochrau'r darn hirsgwar o dir amgaeëdig ac yn rhannu'r ddwy lain, ac yn y llain ogleddol mae dwy ffrâm friciau fechan (fodern). Dyma'r unig ran o'r ardd nad yw'n agored i'r cyhoedd ar hyn o bryd, ac fe'i defnyddir gan y Gofalwr i dyfu llysiau. Gan fod dwy neu dair coeden ffrwythau aeddfed o fewn y darn amgaeëdig, mae'n debygol iddo fod yn ardd lysiau ers peth amser.

Ffynonellau

Sylfaenol

Gwybodaeth oddi wrth Mrs M. Dick, gofalwraig flaenorol, a M. Wynne, Ysw, y gofalwr presennol.

Cynllun o'r ardd a rhestr blanhigion gan J.R. Hubbard (1994).

Eilradd

E. Hyde Hall, *A Description of Caernarvonshire* (1809–1811), gol. o'r llawysgrif wreiddiol gan E. Gwynne Jones, (1952).

M. H. Keating, *Plas-yn-Rhiw* (1957).

Comisiwn Brenhinol ar Henebion Cymru, *Inventory*, Sir Gaernarfon Cyfr. III (1964).

M. Dick, 'A Tale of Three Sisters' yn Verey, R (gol.), *Secret Gardens* (1994).

Llawlyfr Aelodau'r Ymddiriedolaeth Genedlaethol (1995).

PORTMEIRION

CADW

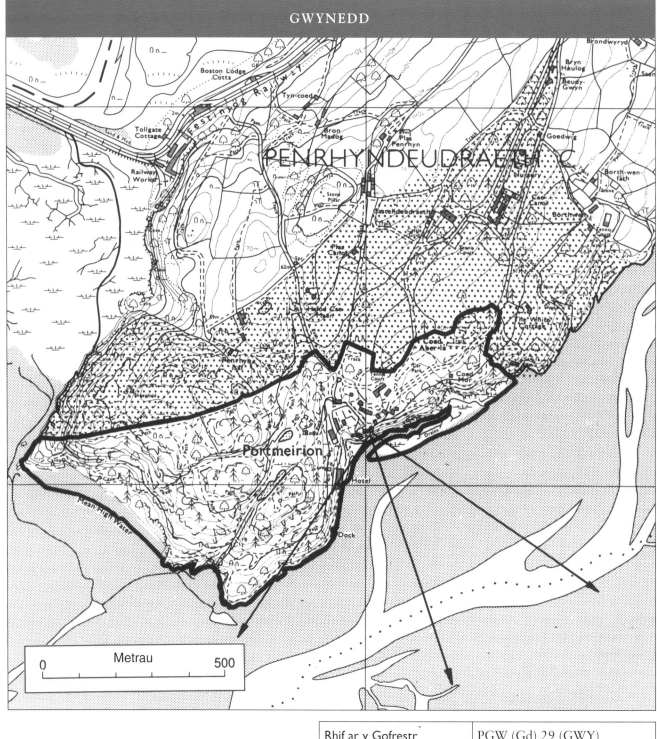

Tir Hamdden	———————
Lleoliad Hanfodol	::::::::::::::::
Golygfa Arwyddocaol	——————▶

Rhif ar y Gofrestr	PGW (Gd) 29 (GWY)
Rhif Blaenorol ar y Gofrestr	
Rhif Taflen A.O.	SH 53 NE
Cymuned	PENRHYNDEUDRAETH

CRYNODEB

Rhif cyf	PGW (Gd) 29 (GWY)
Map AO	124
Cyf grid	SH 589 372
Sir flaenorol	Gwynedd
Awdurdod unedol	Gwynedd
Cyngor cymuned	Penrhyndeudraeth
Disgrifiadau	Adeiladau rhestredig: Neuadd y Dref, Gradd II*, 47 adeilad arall, oll yn Radd II; Ardal Gadwraeth.
Gwerthusiad safle	Gradd II*
Prif resymau dros y graddio	Gardd wedi'i chynnal yn dda a gynlluniwyd ym mhentref Portmeirion a'r cyffiniau gan Clough Williams-Ellis, pensaer y pentref, lle mae'r amgylchiadau yn caniatáu tyfu llawer o blanhigion tyner a lledgaled sy'n gwella cymeriad egsotig y safle. Ynghlwm wrthi mae'r ardd hŷn Gwyllt sy'n cynnwys casgliad eithriadol o rododendronau o ddechrau'r ugeinfed ganrif.
Math o safle	Gerddi pentref cyhoeddus a phreifat, gardd goetir â rhodfeydd, y cyfan o ddiddordeb arbennig i blanhigwyr.
Prif gyfnodau o adeiladu	Tua 1850; 1925 ymlaen.

Disgrifiad o'r safle

Saif Portmeirion yng ngheg dyffryn bach ar ochr ogleddol aber Traeth Bach, yn ymyl Porthmadog; mae gerddi Gwyllt i'r gorllewin ohono yn rhan ddeheuol y penrhyn rhyngddo a Thraeth Mawr. Mae'r safle bron yn guddiedig o'r ochr sy'n wynebu'r tir, i'r gogledd a'r gogledd-ddwyrain, ac mae ffurf y tir yn ei gysgodi o'r cyfeiriad hwn, fel y mae Gwyllt yn cysgodi'r pentref o'r gorllewin a'r de-orllewin. Yr unig gyfeiriad sy'n agored i'r gwynt yw'r de-ddwyrain a cheir golygfeydd ysblennydd i'r cyfeiriad hwn, dros dywod yr aber tua Harlech â'i gastell a saif ar glogwyn.

Bu Clough Williams-Ellis yn chwilio am leoliad addas er mwyn arbrofi gyda'i syniadau am bensaernïaeth a thirlunio, ac er bod ganddo ynys yn ei feddwl gwyddai, ar ôl ei weld, mai Portmeirion oedd y lle. Gan ganolbwyntio'n gyntaf ar adeiladu'r pentref a phlannu gerddi'r pentref, yn ddiweddarach plannodd yng Ngwyllt hefyd gan ychwanegu rhai adeiladau, ond ers creu Portmeirion ni roddwyd cymaint o bwys i'r ardal hon. Bellach mae ymdrechion ar y gweill i adfer gardd Gwyllt ac i annog y cyhoedd i'w defnyddio'n fwyfwy fel bod modd gwerthfawrogi ei gwir werth.

Mae Portmeirion yn annodweddiadol gan nad yw'n barc a gardd o amgylch tŷ ond yn bentref a grëwyd yn fwriadol mewn gardd. Mae gan y pentref, a adeiladwyd mewn dyffryn bach sy'n ymagor ar y traeth, westy a bythynnod, â siopau ac adeiladau cyhoeddus, wedi'u trefnu o gwmpas sgwâr agored canolog a gynlluniwyd fel gardd gyhoeddus. Mae'n perthyn i un cyfnod (canol yr ugeinfed ganrif), ond o ran arddull mae'n amrywiol, gan ymgorffori elfennau pensaernïol o ystod eang o gyfnodau a nifer o wledydd. Mae'r ardd yn llenwi'r rhan fwyaf o'r tir gwastad sydd ar gael ac o ganlyniad i natur lethrog serth gweddill y safle gwelir y rhan fwyaf o'r adeiladau ar y llechwedd ar eu gorau. Am y rheswm hwnnw ceir yr olygfa orau o'r pentref o'r môr, ac o'r môr y gwelwyd y safle yn gyntaf gan ei grëwr, Clough Williams-Ellis; yn wir, o'r ochr sy'n wynebu'r tir mae'n hynod guddiedig. Ceir yr olygfa orau yn y pentref o'r gwesty, golygfa a gynlluniwyd yn fwriadol gan mai'r gwesty oedd y canolbwynt gwreiddiol i ymwelwyr.

Casgliad o ffantasïau pensaernïol a grëwyd gan Williams-Ellis yw'r adeiladau. Disgrifir Portmeirion yn aml fel 'Eidalaidd', ond nid yw hwn yn ddisgrifiad cywir na digonol. Mewn gwirionedd mae'r arddull yn gymysgedd o nifer o elfennau gwahanol a oedd yn digwydd apelio at Williams-Ellis, a mewnforiwyd rhai o'r adeiladau, neu rannau ohonynt, o fannau eraill a'u hailadeiladu yma. Cynhaliwyd 'Home for Fallen Buildings', lle cedwid darnau pensaernïol a rhannau o adeiladau nes y gellid eu hymgorffori mewn adeiladwaith newydd. Cafodd y tŷ gwreiddiol o ganol y bedwaredd ganrif ar bymtheg, sef Aber-Ia, a'i dai allan eu cadw a'u haddasu.

Yr adeiladau sy'n bennaf cyfrifol am gymeriad swrrealaidd y pentref ac o'r rhain y daw llawer o'i hud yn wreiddiol. Ond mae'r planhigion toreithiog a dyfir, y llwyni blodeuol yn arbennig, yn cwblhau'r awyrgylch ecsotig. Rhan hanfodol o'r cynllun yw'r ardd gyhoeddus led ffurfiol yng nghanol y pentref, ac er i Williams-Ellis honni nad oedd cynllun pendant i'r pentref, mae'n amlwg bod dynodi'r llecyn hwn yn fan agored yn ganolog i'r cynllun cyfan, ac mae'n rhaid ei fod wedi penderfynu ar hyn ers y cychwyn cyntaf. Yn wreiddiol roedd cwrt tenis yma, ond fe'i symudwyd yn ddiweddarach, ac yn dilyn hynny galwyd y llecyn lle safai, sef hanner dwyreiniol yr ardd, yn Piazza.

Pan brynodd Clough Williams-Ellis y safle ym 1925, daeth y plasty Aber-Ia i'w feddiant hefyd; safai yn ymyl y traeth, i'r de-orllewin o'r pentref presennol, a'i dir hamdden ar benrhyn Gwyllt i'r gorllewin. Roedd yno hefyd floc stablau a bwthyn garddwr, y ddau wedi'u lleoli ychydig o'r tŷ, y naill yn ymyl y pen gogleddol a'r llall i'r gorllewin o ganol y pentref presennol. Ceisiwyd gwerthu'r brydles ym 1861, ac ar y pryd roedd yno erddi blodau a llysiau (yn ôl pob tebyg yn y darn gwastad lle mae'r Piazza bellach) yn ogystal â thir hamdden â 'picturesque rocks and waterfalls'. Safai'r tŷ ar 'a beautiful terrace overlooking the sea', ac roedd y golygfeydd yn atyniad mawr i brynwyr. Ni soniwyd dim ar y pryd am y casgliad diddorol o rododendronau yng ngardd Gwyllt, ond roedd eisoes rai sbesimenau o amrywogaethau da; datblygwyd y casgliad yn sylweddol, fodd bynnag, o ddechrau'r ugeinfed ganrif nes gwerthu'r safle ym 1925. Roedd gan y perchnogion olaf cyn Williams-Ellis, sef yr Haighiaid, gryn ddiddordeb mewn rhododendronau ecsotig a thyner, a derbyniodd hybrid a fagwyd yma gan Caton Haigh Wobr Teilyngdod gan y Gymdeithas Arddwriaethol Frenhinol.

Ar ôl i'r safle ddod i feddiant Clough Williams-Ellis bu dau brif gyfnod o adeiladu; o 1925 tan yr Ail Ryfel Byd, ac ar ôl y rhyfel hwnnw rhwng 1954 a tua 1970. Yn y cyfnod cyntaf addaswyd yr hen dŷ yn westy ac addasu 'Cloughaidd' i fwthyn y garddwr gynt, sef y Mermaid bellach; addaswyd y stablau gynt hefyd. Y bythynnod newydd cyntaf oedd yr Angel a'r Neptune, ar ochr orllewinol y dyffryn, gyferbyn â'r Mermaid. Cwblhawyd y rhan fwyaf o'r adeiladau yn y Citadel hefyd, sef rhan uchaf y pentref ar ymyl ogledd-ddwyreiniol y dyffryn, gan gynnwys y Campanile. Yn ystod y cyfnod diweddarach ychwanegwyd rhagor o adeiladau at y Citadel ac o amgylch yr ardd gyhoeddus ganolog, lle gelwir rhan ohoni yn Piazza bellach (cwrt tenis oedd hwn yn wreiddiol, ond fe'i symudwyd gan Williams-Ellis am fod y gwifrau'n oramlwg yn ei farn ef). Yn eu plith roedd y Pantheon, â'i gromen yn cyd-fynd â'r Campanile, yr Unicorn a Bridge House, ar borth bwaog uwchben un o'r strydoedd. Efallai fod mwy o bwyslais ar yr arddull glasurol i'r adeiladau mwy diweddar, er bod y cymysgedd detholiadol wedi ei gadw'n ofalus.

O'r cychwyn cyntaf bu'n rhaid i'r pentref gyfrannu at ei gynnal yn ogystal â'r gwaith ehangu a'r cam cyntaf oedd addasu'r hen blasty'n westy. Adeiladwyd bythynnod i gynnig rhagor o lety yn fuan wedi hynny, ac er i'r gwesteion gael eu tynnu o gylch cyfeillion Williams-Ellis ei hun yn y lle cyntaf, gan gynnwys nifer o ffigurau llenyddol ac artistig (er enghraifft, ysgrifennodd Noel Coward *Blithe Spirit* ym Mhortmeirion), tyfodd yn fuan, ac yn y pen draw daeth ymwelwyr undydd yn elfen arwyddocaol. Erbyn heddiw mae'n un o'r prif atyniadau i ymwelwyr yng ngogledd Cymru.

Mae gormod o adeiladau i'w disgrifio oll yn fanwl, ac mae'r wybodaeth ar gael mewn mannau eraill. Fodd bynnag, disgrifir y rhai y gellir eu hystyried fel adeiladau gardd go iawn yn yr adran berthnasol.

Gerddi'r pentref

Er eu bod yn cynnwys rhai coed hŷn, mae gerddi'r pentref fel ag y maent heddiw yn dyddio o 1925 ymlaen. Ceir gardd gyhoeddus ganolog rannol ffurfiol a gerddi unigol bychain sy'n perthyn i'r bythynnod, y rhan fwyaf ohonynt yn breifat. Cysylltir y cyfan ohonynt drwy'r plannu ar hyd bob llwybr ac mewn pob darn ychwanegol o dir. Llwyni blodeuol ac addurnol yw sylfaen y plannu hwn yn bennaf, ac maent yn manteisio ar yr amgylchedd a gaiff gryn gysgod a'r hinsawdd fwyn; crëir effaith ecsotig o adeiladau swrrealaidd rhyfeddol sy'n codi o'r doreth o flodau a dail.

Yng nghanol y pentref mae darn agored sgwâr yn fras sy'n cynnwys y Piazza, sef llecyn ag wyneb tarmac, â phwll cromfannol, a gardd i'r gorllewin ohono, â phwll arall a nant yn llifo drwyddi. Mae'r rhain yn llenwi'r rhan fwyaf o'r tir gwastad, ac mae'n rhaid eu bod ar safle'r ardd lysiau wreiddiol ac unrhyw erddi ffurfiol a gysylltir ag Aber-Ia. Mae'r prif lwybrau drwy'r pentref yn rhedeg ar hyd ochrau'r darn agored.

Er bod yr ardal hon yn llawer mwy gwastad na'r rhan fwyaf o weddill y safle, bu'n rhaid ei therasu er mwyn cael ardaloedd hollol wastad. Mae'r terasau yn weddol isel ar y cyfan, ond ar yr ochr ddeheuol, lle mae'r tir yn disgyn, maent hyd at 1.3 medr o uchder. Mae'r llethrau o gwmpas yn amrywio o rai gweddol raddol i glogwyni, ac mae grisiau a llwybrau yn croesymgroesi ac yn arwain at yr amrywiol adeiladau.

Mae cynllun y Piazza a'r ardd yn gymhleth iawn, â nifer o addurniadau pensaernïol, adeiladau, sawl pwll a phlanhigion amrywiol, gan gynnwys palmwydd, yw Gwyddelig, llwyni blodeuol a phlanhigion lledgaled. Mae'r effaith ar y cyfan braidd yn ffurfiol, ond mae manylder yr elfennau a'r plannu amrywiol yn tueddu i fod yn weddol anffurfiol o ran cymeriad. Ceir fista ar hyd y canol, rhwng dwy ran yr ardd, rhwng porth bwaog a wyngalchwyd yn binc i'r gogledd a cherflun i'r de, a phwysleisir golygfeydd eraill ar draws y pentref gan ryw nodwedd bensaernïol neu'i gilydd. Yr unig adeilad domestig yn y darn agored yw'r Mermaid, sef tŷ'r garddwr gynt.

Mae gan y Piazza bwll ffurfiol bas mawr â ffynnon yn y pen deheuol, a chwe gwely ffurfiol o'i gwmpas. Crëwyd y pwll ar ben hen wyneb caled y cwrt tenis, gan ddefnyddio waliau concrid isel o'i gwmpas. Paentiwyd y tu mewn yn las. Ceir nifer o seddau yn y Piazza ac o'i amgylch, ac mae un o gwmpas coeden. O gwmpas ymylon y darn wyneb caled mae borderi, sy'n ymdoddi i'r dwyrain i droed y llethr sy'n arwain i fyny at y Citadel a rhan uwch y pentref. I'r de-ddwyrain o'r pwll, ychydig tu draw i ymyl y Piazza, mae logia colofnog mawr, ac mewn man tebyg y tu allan i'r Piazza i'r gogledd, mae adeilad bach a elwir yn Gloriette yn cyfateb i borth Gothig o Neuadd Nerquis, Sir y Fflint, i'r de.

Ar wahân i'r ardal darmac ceir llecynnau wyneb caled llai, â choncrid, coblau neu balmant addurnol o wahanol fathau, a gwelir y ddau olaf yn enwedig o amgylch nodweddion addurnol neu o flaen adeiladau. Mae wyneb tarmac ar y rhan fwyaf o'r llwybrau.

Mae gan yr ardd i'r gorllewin bwll mawr hefyd, ond mae'n ddyfnach o lawer ac yn eithaf gwahanol o ran cymeriad i'r pwll cromfannol yn y Piazza. Mae'n hirgul o ran ffurf ac mae canllaw cerrig o'i amgylch, â phont fechan ar bob pen dros y nant sy'n ei fwydo, ac yna'n llifo allan ac i lawr at y môr. Mae'r pwll hwn yn goroesi o erddi Aber-Ia, ac fe'i hadeiladwyd yn y 1850au yn wreiddiol. Ceir plannu ynddo ac o'i gwmpas, ac mae borderi ar hyd ymylon y lawntiau o'i amgylch, ond nid oes gwelyau ynys. Yng nghornel ogledd-orllewinol yr ardd mae gan wylfan bychan wedi'i balmantu â choncrid ganllaw ac mae hwn yn edrych allan dros yr ardd a'r Piazza.

Yn ymyl canol ochr ddeheuol y darn agored mae pwll crwn bychan â ffynnon, a elwir yn Wishing Well. I'r de o'r pwll mawr mae darn agored ag wyneb tarmac â cherflun efydd a elwir yn Hercules, sef Atlas yn wreiddiol yn ôl pob tebyg, sy'n cludo'r byd ar ei ysgwyddau.

Ar hyd ymyl orllewinol yr ardd gyhoeddus mae'r ffordd yn rhedeg at y gwesty, sef y lôn wreiddiol at y tŷ, â choed aeddfed ar bob ochr iddi, gan gynnwys sycamorwydd, ffawydd a choeden diwlip (*Liriodendron tulipifera*). Daw'r lôn i mewn i'r pentref o'r gogledd. Wrth y fynedfa hon mae lle parcio bach neu fan troi â llwyni ffawydd crymion yn gefndir, â cherfluniau yn addurniadau ac wrn canolog ar blinth carreg. Mae yno hefyd ffynnon a sedd garreg fechan.

Mae gan nifer o'r tai a'r bythynnod erddi preifat bychain, â lawntiau yn gyffredinol. Mae'r rhain yn tueddu i fod allan o'r golwg tu ôl i'r adeiladau, ond mae gan y rhai sydd i'w gweld lwyni addurnol sy'n eu cysylltu â'r mannau cyhoeddus, gan gadw cymeriad cydnaws.

Mae gan ardd y Fagnelfa, yn y Citadel, ynnau mawr sy'n anelu i gyfeiriad y môr, a seddau, ond fawr ddim plannu. Mewn lawnt fechan gerllaw ag ymylon bocs diweddar saif coeden unig, a cheir llawryfen wedi'i thocio ar lawnt fechan arall. O'r goeden gellir gweld yn dda dros ganol y pentref.

Ceir rhagor o fannau a blannwyd, y rhan fwyaf ohonynt yn weddol fach ac yn afreolaidd o ran ffurf, o amgylch y prif erddi cyhoeddus yng nghanol y pentref, ar rannau o ochr y dyffryn lle nad oes adeiladau, ac ar ochrau'r rhan fwyaf o'r llwybrau. At ei gilydd, plannwyd y rhain yn anffurfiol, â llwyni addurnol yn bennaf, ond eto mae'r plannu yn eu cysylltu'n gryf â'r gerddi eraill yn y pentref.

Mae'r ffordd at y gwesty yn arwain tua'r de o'r ardd ganolog, a bron yn gyfochrog â hon mae rhes hir o risiau ar yr un echel â'r pwll hirgrwn a cherflun Atlas yn arwain at wylfan â balwstradau lle mae seddau cerrig. Ac yntau wedi'i leoli uwchlaw pwll bach arall yn y nant, mae'r teras hwn yn cynnig golygfa dros yr aber i gyfeiriad Harlech a'r mynyddoedd tu hwnt. Llifa'r nant i lawr wrth ymyl y grisiau, a phlannwyd y dyffryn yn doreithiog ag ystod eang o lwyni addurnol.

Islaw'r gwylfan mae'r ardal wastad ar lan y môr, lle mae'r gwesty i'r de-orllewin a'i brif lawnt, â phwll nofio hirgrwn, i'r dwyrain. Yn union o flaen y gwesty mae cei, â rhagor o bafiliynau, a chwch concrid yn y pen deheuol. Mae polyn fflag yn y pen gogleddol yn cyfateb i fastiau'r llong. Mae wal gynhaliol grom uchel yn cefnu ar y cei, ac ar ben y wal mae teras bach â lawnt arno y tu allan i'r gwesty. Adeiladwyd y pafiliynau y tu allan i'r wal hon ac mae'r uchaf o'r ddwy ychydig yn uwch na hi. Mae dau wely blodau mewn hanner cylch ac un trionglog ar y cei, a nifer o seddau; mae twnnel â tho slabiau yn rhoi mynediad o'r cei at y llwybr i Gwyllt, i'r de-orllewin. Yng nghanol y cei, sy'n gwyro tuag allan, ceir grisiau lawr at y twr â phâr o ynnau mawr ar bob ochr.

I'r dwyrain o'r pentref mae coetir o'r enw Coed Aber-Ia, sy'n ffin ac yn gysgod i'r pentref ar yr ochr hon, ac mae'n rhedeg i lawr at y môr gan ddisgyn yn serth iawn yn ymyl y traeth. Mae'r coed yn seiliedig ar goetir derw digoes naturiol, ond mae ychwanegiadau o'r bedwaredd ganrif ar bymtheg; ymhlith y coed yn y rhan uchaf mae pinwydd, llarwydd a sycamorwydd. Yn y rhan isaf ceir coed celyn, *Rhododendron ponticum* a llawryf, ac eithrio ar lan y môr lle ceir isdyfiant naturiol. Ceir llwybr o'r pentref i gyfeiriad y dwyrain i'r coed hyn, ond nid yw'n cael ei ddefnyddio. Mae'r coetir yn ymestyn tua'r de-orllewin ar y llethr serth islaw'r pentref ac mae llwybr yn arwain at wylfan ar ben y llethr. Yma ceir adeilad bach, ac mae modd mynd ato drwy borth bwaog yn y wal gerrig sy'n ffinio â'r pentref ar yr ochr hon. Mae'r adeilad yn ymdebygu i groto dipyn gan fod cregyn a gwydr poteli wedi'u gosod yn y waliau a'r nenfwd. Mae llawr coblog, a thyllau ffenestri ar yr ochr ddeheuol, yn wynebu'r olygfa. Ar y wal gefn mae ffynnon ffug o ddolffiniau â chynffonnau plethedig uwchben basnau cregyn triphlyg, a cheir mainc garreg ag wyneb llechi. Mae'r to yn cynnal polyn â phelen ar ei ben uchaf.

Daw'r llwybr i lawr drwy'r coed at yr isaf o dri phafiliwn cysylltiedig a adeiladwyd ar gornel sy'n ymwthio o'r clogwyn. Mae gwaith stwco ar y pafiliynau, â thoeau panteils, ac mae iddynt nifer o agoriadau ffenestri a drysau; mae'r pafiliwn isaf yn flaen agored, â cholofnau crwn cadarn yn cynnal y to. Mae'r pafiliynau hyn yn rhan bwysig o'r olygfa o'r gwesty a gellir gweld i'r môr oddi yno a hefyd weld tua'r gwesty dros y gerddi a'r pwll nofio. Ar ochr orllewinol y wal a'r pafiliynau mae'r clogwyn yn fwy serth ac yn fwy creigiog, heb lwybrau, ac mae coetir tebyg arno sydd yn llai trwchus ond yn fwy prysglog o ganlyniad i'r tir mwy creigiog.

Gardd Gwyllt

Gardd Gwyllt oedd y tir hamdden anffurfiol a oedd ynghlwm wrth y tŷ Fictoraidd yn Aber-Ia, ac yn ôl pob tebyg fe'i cynlluniwyd pan adeiladwyd y tŷ gyntaf yng nghanol y bedwaredd ganrif ar bymtheg. Byddai coetir derw ar draws y penrhyn, a chadwyd peth ohono mae'n amlwg, gan fod nifer o goed derw yn goroesi hyd heddiw; ond ychwanegwyd llawer o blanhigion eraill. Coed a ychwanegwyd yn gyntaf, yn enwedig pinwydd a chonifferau eraill- ac mae rhai ohonynt yn goroesi – a rhododendronau megis y *R. nobleanum* a'r 'Cornish Red'. Yn anffodus ni chadwyd cofnod da o'r casgliad o rhododendronau, ac nid yw'n glir i ba raddau y bwriadwyd y rhododendronau cynnar i fod yn sylfaen casgliad. Planhigion a blannwyd ar ochr y llwybrau yw'r rhai hynaf yn bennaf, ond maent fwyaf niferus mewn mannau arbennig (plannwyd y *R. ponticum* mewn mannau eraill fel planhigyn bytholwyrdd cyffredin), ac ymddengys bod diddordeb arbennig gan y perchennog gwreiddiol, gŵr o'r enw Mr Westmacott.

Ar ddechrau'r ugeinfed ganrif y bu'r ail gyfnod o blannu. Dyma'r cyfnod pan oedd y casgliad yn ei anterth, pan fu Caton Haigh yn casglu amrywogaethau lled-galed ac ecsotig yn fwriadol, rhai ohonynt wedi'u cyflwyno'n ddiweddar o Tseina. Plannodd Westmacott a Haigh ill dau amrywiaeth o goed hefyd, ac mae rhai o'r ddau gyfnod yno o hyd; mae ystod oedran y coed yn awgrymu bod Clough Williams-Ellis wedi plannu rhai hefyd, ond yn ddiamau canolbwyntiodd ar y pentref ei hun yn bennaf.

Mae cynllun y llwybrau yn eang ac yn wreiddiol yn bennaf. Yn ystod cyfnod datblygu Portmeirion, ymddengys mai ychydig o newidiadau a wnaed i Wyllt. Ychwanegodd Williams-Ellis ddau oleudy ar lan y môr a (yn ôl pob tebyg) pagoda yn ymyl y canol, yn ogystal â chysgodle ac atyniad i'r llygad ychydig i'r gogledd o'r pentref, ond fel arall ymddengys iddo fod yn fodlon ar newid

ychydig, gan gadw'r hen system lwybrau; nid ymddengys chwaith iddo ymgymryd â llawer o blannu gwahanol yn yr ardal hon, er mae'n rhaid bod rhai o'r coed iau wedi'u plannu ganddo. Ychwanegwyd un neu ddau o lwybrau neu eu newid yn ddiweddar er hwylustod i ymwelwyr, a chollwyd rhai. Bellach mae'r ardd wrthi'n brysur yn cael ei hadfer a'i datblygu. Mae'r pwyslais ar blannu diddorol, yn enwedig gwrthrychau ecsotig a thyner, gan fanteisio ar yr hinsawdd dyner a'r cysgod a gynigir gan yr hen goed a llwyni mawr, a dod o hyd i arddull wreiddiol yr ardd; ond gwnaed addasiadau eraill, megis creu'r pyllau, i ysbarduno rhagor o frwdfrydedd ymhlith yr ymwelwyr hefyd.

Ardal drionglog yn fras yn ne'r penrhyn yw'r ardd, ac mae'r ddaearyddiaeth yn serth ac yn greigiog iawn, â nifer o glogwyni; ymddengys y pridd yn fas ac yn dywodlyd. Mae'r tyfiant toreithiog yn cuddio natur anfaddeugar y tir, ond mae'n sicr na fu'n hawdd sefydlu'r planhigion cyntaf mewn man mor greigiog ac agored, hyd yn oed â pheth cysgod gan goetir naturiol a fodolai yno o'r blaen. Yn ddiamau dyma'r rheswm dros leoli'r casgliad rhododendronau yng nghornel ogledd-ddwyreiniol Gwyllt.

Wal derfyn yw ochr ogleddol hir yr ardd sy'n ei gwahanu o'r rhostir a'r tir ffermio y tu hwnt; mae wal debyg yn rhedeg o'r gogledd-ogledd-ddwyrain i'r de-dde-orllewin yn yr ardd. Mae'n bosibl mai waliau caeau yw'r rhain y gellir eu dyddio i gyfnod cyn creu'r ardd yn wreiddiol, ond ymddengys eu bod wedi'u hadeiladu'n anarferol o dda i fod yn waliau o'r fath. Yn wreiddiol roedd y plannu'n ymestyn tu hwnt i'r wal ogleddol, ac ym 1954 roedd dolen llwybr yn yr ardal hon, ond nid yw'n rhan o'r ardd bellach. Mae'r wal sy'n rhannu'r ardd yn dilyn rhan isaf y nant fechan, fwy neu lai, sydd wedi erydu dyffryn creigiog gweddol ddramatig, a chodwyd argae ar draws y rhan uchaf bellach i greu'r pyllau. Dymchwelwyd rhan ogleddol y wal.

Ar ochr dde-orllewinol y triongl mae traeth tywodlyd hir yn bennaf ac ar yr ochr dde-ddwyreiniol mae morlan greigiog. Mae un o'r goleudai, sy'n adeilad trillawr, sgwâr, ychydig i'r de o'r gwesty ar hyd y forlan hon, a'r llall, sy'n ymdebygu fwy i oleudy traddodiadol, ar y pwynt mwyaf deheuol. Yn ymyl ochr orllewinol y pentref, ar domen y credir ei bod yn fwnt o'r oesoedd canol, mae gasebo crwn ag arddull teml glasurol a gynlluniwyd ym 1983 gan Susan Williams-Ellis er cof am ei thad. Fe'i hadeiladwyd o gerrig ffug, â tho gwydr ffeibr cromennog. Mae ei ochrau'n agored, a chynhelir y to â cholofnau tenau a gysylltir â balwstradau ar y gwaelod. Mae meinciau crymion o gwmpas yr ochrau a bwrdd crwn bach o'r un cerrig ffug. Ymddengys bod y llawr yn gerrig go iawn. Mae yma hefyd adfeilion nifer o adeiladau cerrig bychain, ac mae'n bosibl mai adeiladau gardd Fictoraidd yw rhai ohonynt.

Yn ymyl canol yr ardd mae mynwent anifeiliaid anwes, sy'n perthyn i Aber-Ia, ond fe'i defnyddir o hyd, ac i'r dwyrain ohoni mae tri phwll, â phagoda, pont a hafdy. Gerllaw ychwanegwyd safle picnic a maes chwarae i blant. Mae'r rhan fwyaf o'r rhododendronau diddorol i'r gogledd o'r pyllau. Coetir pinwydd a derw, ac yn eu plith ychydig glystyrau o goed eraill megis ewcalyptws a phinwydd Chile, yw'r rhan fwyaf o weddill yr ardal; mae'r tyfiant ar hyd y forlan yn naturiol yn bennaf, gan gynnwys coetir prysglog â banadl, drain duon a phlanhigion brodorol eraill.

Deuir at ardd Gwyllt yn bennaf ar hyd y llwybr rhwng y gwesty a'r goleudy cyntaf, sy'n llydan, yn wastad ac yn raeanog, ac o ymyl ogleddol y pentref, lle mae'r llwybrau unwaith eto'n raeanog ag ymylon cerrig. Mae'r man lle mae'r llwybr cyntaf yn parhau ar hyd yr arfordir, heibio'r goleudy cyntaf, wedi'i balmantu â cherrig, gan arwain i lawr at y traeth yn y pen draw. Y tu draw mae iddo wyneb tywodlyd, a cheir ffordd arall at y traeth, dros y creigiau, â chanllaw a wnaed o hen ffens parc, yn ymyl yr ail oleudy. Mae'r rhan fwyaf o'r llwybrau yng nghornel ogledd-ddwyreiniol yr ardd ac yn ymyl y pyllau yn raeanog, rhai ohonynt ag ymylon cerrig. Mae gweddill y llwybrau yn dueddol o fod yn garegog, yn dywodlyd neu'n ddiwyneb, ond mae'n bosibl bod hen wynebau graean, sy'n gorwedd dan dywod a deilbridd a gronnodd gyda threigl amser, ar rai ohonynt ac mae gan rai olion ymylon cerrig, gan gynnwys cwarts mewn mannau. Mae rhododendronau hynafol ac anferthol yn ffinio rhai llwybrau. Lefelwyd y rhan fwyaf o'r prif lwybrau i'r llethr ac fe'u cynhelir yn ôl yr angen, ac yma ac acw mae iddynt waliau neu fe'u torrir i mewn i'r graig ar yr ochr sy'n dringo i fyny, ac mae nifer ohonynt yn llydan iawn. Mae'r rhain yn amlwg yn llwybrau gwreiddiol o oes Fictoria, ac mae'r rhan fwyaf o'r is-lwybrau, rhai ohonynt yn mynd yn igam ogam i fyny ac i lawr clogwyni serth, yn perthyn i'r un cyfnod yn ôl pob tebyg. Mae gan un llwybr rodfa ar hyd rhan o'r traeth ar yr ochr dde-orllewinol, ac ymddengys mai hen lwybr yw hwn hefyd; ym 1954 fe'i gelwid yn 'The Lane'. Wrth gymharu mapiau gwelir bod cynllun y llwybrau yn aros yr un fath yn sylfaenol, er bod rhai is-lwybrau wedi mynd ar goll, a rhai llwybrau wedi newid yn ystod yr hanner can mlynedd diwethaf; mae rhai llwybrau, gan gynnwys rhai o gwmpas y pyllau mae'n amlwg, yn newydd. Nid yw rhai o'r llwybrau llai i'w gweld ar unrhyw fap ond mae gan rai o'r rhain hyd yn oed risiau neu fe'u torrwyd i mewn i'r graig, ac nid ymddengys eu bod yn ddiweddar.

Yma ac acw ar hyd y llwybrau ceir gwylfannau, heb seddau nac adeiladau ond sy'n meddu ar olygfa arbennig o dda, yn aml drwy fylchau yn y planhigion. Weithiau gellir mynd at y rhain drwy wyro ychydig o'r llwybr. Yn ôl pob tebyg mae'r gwylfannau hyn hefyd yn rhan o'r cynllun gwreiddiol yn bennaf.

Mae tri phwll, a grëwyd yn y 1960au yn rhan uchaf dyffryn y nant fechan. Er bod clogwyni ar bob ochr o hyd, mae'r dyffryn yn lletach yma ac mae'n amlwg ei fod eisoes yn gorsog ar y gwaelod. Cafodd y pyllau eu hehangu a'u dyfnhau yn y 1980au.

Cysylltir y ddau bwll isaf ag ymylon corsog a blannwyd â sbesimenau ymylol a glan dŵr. Maent yn gul, yn droellog ac yn fas. Mae pont yn cludo llwybr dros y sianel sy'n eu cysylltu, a gerllaw mae pagoda, a adeiladwyd o ddefnyddiau cyfoes yn y 1980au; ym mhen uchaf y pwll uchaf mae hafdy a adeiladwyd o ddefnyddiau tebyg tua'r un pryd. O lwybrau ar lefel uchel ar hyd y clogwyni ar bob ochr gellir gweld yr ardal yn dda. Mae'n cynnwys llawer o blannu newydd yn ogystal â choed a llwyni sydd wedi sefydlu.

Mae'r trydydd pwll ymhellach i'r gogledd ac yn debyg o ran cymeriad ond mae'r coetir o amgylch yn cynnig rhagor o gysgod iddo; unwaith eto ceir plannu ymylol toreithiog. Lleolir y gasebo uwchlaw a gellir gweld y pwll o'r man hwn.

Ffynonellau

Sylfaenol
Gwybodaeth oddi wrth Mr R. Sharpe, y pen-garddwr.
Gwybodaeth oddi wrth Mr R. Williams-Ellis.
Rhestrau o blanhigion: casgliad garddwyr Portmeirion.
A brief guide to the Portmeirion pleasure grounds: Woodland garden circuit, drafft o arweinlyfr i ymwelwyr: casgliad garddwyr Portmeirion.

Eilradd
Mapiau ac arweinlyfrau i ymwelwyr a gynhyrchwyd gan Sefydliad Portmeirion.
R. Best, a A. Blount, *Portmeirion Peninsula: A New and Reliable Map of*
the Woodland Walks and Wild Garden, 1954.
F. Street, ' The Tanglewood Kingdom', *Gardener's Chronicle*.
Gardening Illustrated, 8 Medi 1962.
J. Cornforth, 'Portmeirion Revisited' I a II, *Country Life* 16 Medi 1976 a 23 Medi 1976.
R. Haslam, 'Wales's Universal Architect', *Country Life*, 21 Gorffennaf 1983.
A. Hellyer, *Gardens of Genius*, (1980), tud 36-38.

RHIWLAS

CADW

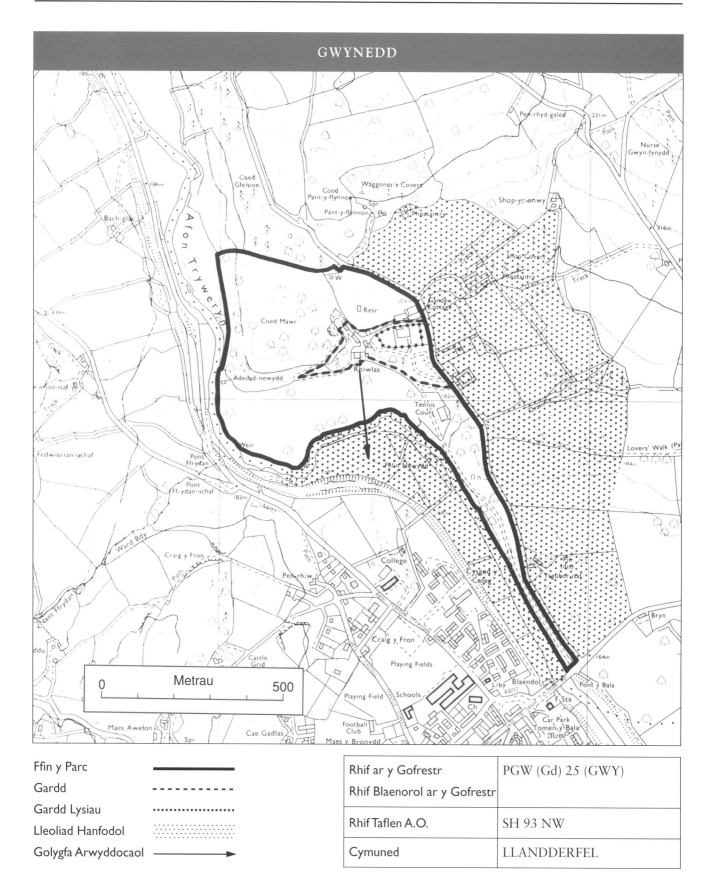

Ffin y Parc	———————
Gardd	– – – – – –
Gardd Lysiau	••••••••••••••
Lleoliad Hanfodol	⁝⁝⁝⁝⁝⁝
Golygfa Arwyddocaol	——————▶

Rhif ar y Gofrestr	PGW (Gd) 25 (GWY)
Rhif Blaenorol ar y Gofrestr	
Rhif Taflen A.O.	SH 93 NW
Cymuned	LLANDDERFEL

CRYNODEB

Rhif cyf	PGW (Gd) 25 (GWY)
Map AO	125
Cyf grid	SH 924 371
Sir flaenorol	Gwynedd
Awdurdod unedol	Gwynedd
Cyngor cymuned	Llandderfel
Disgrifiadau	Dim
Gwerthusiad safle	Gradd II
Prif resymau dros y graddio	Parc tirlun mewn lleoliad da ac mewn cyflwr da a gynlluniwyd yn wreiddiol gan William Emes, â rhai coed aeddfed cain, sy'n cynnig lleoliad ar gyfer gerddi addurnol amrywiol.
Math o safle	Parc, gerddi addurnol, rhodfa goetir, gerddi llysiau â wal o'u cwmpas.
Prif gyfnodau o adeiladu	Diwedd y ddeunawfed a'r bedwaredd ganrif ar bymtheg.

Disgrifiad o'r safle

Bu Rhiwlas yn eiddo i un teulu, sef y teulu Price, ers canrifoedd lawer, ac mae yn eu dwylo o hyd. Fodd bynnag, ailadeiladwyd y tŷ'n helaeth ddwy waith yn y ddwy ganrif ddiwethaf, y tro cyntaf ar raddfa aruchel, â phrif fynedfa a stablau i gydfynd â'r tŷ, a'r eildro yn fwy cymhedrol a'r canlyniad oedd tŷ ymarferol i fyw ynddo a'i gynnal.

Lleolir y tŷ yng nghornel dde-orllewinol cwadrant gogledd-ddwyreiniol lled wastad y demên, ychydig o'r canol o'r cyfan. Mae'r rhan fwyaf o weddill y cwadrant hwn yn erddi. Mae'r tŷ'n fodern ac yn cymryd lle honglaid o blasty anferth o'r bedwaredd ganrif ar bymtheg a ddymchwelwyd ar ddechrau'r 1950au. Roedd hwn yn drillawr ac yn gastellog â thyredau, wedi'i adeiladu ym 1809 ar yr un safle â thai blaenorol. Cynlluniwyd y tŷ presennol gan Clough Williams-Ellis a'i adeiladu ym 1954.

Er ei fod yn llai o lawer na'r tŷ oedd yno o'r blaen, a'i fod yn perthyn i gyfnod mor ddiweddar, mae'r tŷ'n gweddu'n berffaith i'w gyffiniau, ac mae'n amlwg iddo gael ei gynllunio i ymdoddi i'r tai allan hŷn. Mae'n sgwâr fwy neu lai, yn ddeulawr, o gerrig llwyd â tho ar oleddf isel. Mae gan y ffenestri arddull Sioraidd baenau bychain mewn fframiau gwyn; mae'r rhan fwyaf yn ffenestri codi, ond mae canran uchel yn ffenestri Ffrengig.

Gwelir yr holl dai allan sy'n bodoli, yn ogystal â rhai sydd wedi diflannu, ar fap Arolwg Ordnans 25 modfedd 1901. Mae'n bosibl bod y rhai sy'n agos at y tŷ yn hŷn o lawer ac yn perthyn i gyfnod cyn yr adeilad fferm mawr a'r rhesi o stablau mewn mannau eraill.

Ar ddwy ochr i'r iard i'r gogledd o'r tŷ mae rhesi o dai allan o gerrig â thoeau llechi, â ffenestri codi a baentiwyd yn wyn. Mae'r rhes ogleddol yn dŷ bellach, ond mae'n bosibl mai dau fwthyn oedd yma; mae gan y rhes ddwyreiniol fwthyn ar un pen a'r hyn sy'n swyddfa bellach yn y pen arall, â drysau dwbl llydan modurdy rhwng y ddau – cerbyty/stablau o bosibl cyn adeiladu'r prif floc stablau. I'r gogledd o'r iard, ar hyd ymyl llwybr llai sy'n arwain i ffwrdd tua'r gogledd-orllewin, mae rhes arall o dai allan, oll wedi'u hadeiladu o gerrig. Ysgubor/sied geirt hir yw'r gyntaf â thair mynedfa lydan, un ohonynt yn fwaog a'r lleill â chapanau gwastad. Mae llawr uchaf y gellir ei gyrraedd drwy ddrws ar un pen, ond nid oes grisiau yma felly defnyddiwyd ysgol yn ôl pob tebyg. Ymddengys bod y to llechi wedi'i adnewyddu'n weddol ddiweddar. Yn nesaf yn y rhes hon mae iard fechan ar gyfer cytiau cŵn, â wal gerrig â rheiliau haearn ar ei phen yn ei hamgáu. Mae ynghlwm

wrth ben y sied geirt, ac i'r gogledd-ddwyrain ohoni mae cwt ci â tho gwrymiog. Mae bwlch rhwng y cytiau cŵn ac ysgubor, yr adeilad olaf yn y rhes. Mae'n flaen agored, â hen do llechi, sydd bellach yn segur fwy neu lai ond mewn cyflwr gweddol o hyd.

Ar ochr arall y llwybr llai mae sied gerrig fechan adfeiliedig ag eiddew'n tyfu'n wyllt drosti, ac yn ei hymyl mae bonyn wal crwn rhyfedd. Nid yw hwn i'w weld ar fap 1901. Mae ysgubor gerrig flaen agored arall ar ymyl y lôn wasanaeth sy'n arwain i'r dwyrain o'r iard gefn, gyferbyn â'r gerddi â waliau o'u cwmpas. Ymddengys iddi gael ei hailadeiladu rywbryd gan fod gwaith maen gwahanol ym mhen y talcen, a briciau yw'r pileri sy'n cynnal y blaen agored. Mae ganddi do llechi.

Mae adeilad cerrig bychan adfeiliedig ar ymyl orllewinol y lawnt sychu dillad sy'n edrych fel pe bai'n adardy o bosibl ar un adeg, er nad yw'n cael ei alw'n adardy ar fap 1901. Gwelir dau adeilad arall, nad ydynt yn weladwy bellach, i'r gorllewin ohono ar y map hwn. Mae grisiau cerrig a dorrwyd yn arw yn arwain i fyny ato a wal sych o gerrig mawrion ar hyd eu hymyl.

Mae'r bloc stablau cerrig yn fawreddog iawn ac yn perthyn i'r un cyfnod â'r tŷ blaenorol yn ôl pob tebyg. Ceir mynedfa dyrog a chastellog â bythynnod ar bob ochr; mae gan y rhain erddi bychain o'u blaen â rheiliau haearn a osodwyd mewn wal isel yn eu hamgáu. Ar y tu mewn mae iard raeanog fawr â stablau, ystafelloedd harneisiau a siedau ceirt, oll â thoi llechi o'u hamgylch. Gyferbyn â'r fynedfa mae dau bâr o ddrysau dwbl a chloc i adran gastellog gyfatebol; ymddengys iddi gael ei hadeiladu yn y modd hwn at ddibenion golwg yn unig wrth edrych drwy'r fynedfa. Mae'r drysau pren mawr yn eu lle o hyd wrth y fynedfa.

Mae'r parc yn Rhiwlas yn perthyn i gyfnod cyn y tŷ presennol a'r tŷ diwethaf bron yn sicr. Ond mae'n anodd dweud i ba raddau mae'r cynllun presennol yn ganlyniad newidiadau a wnaed pan adeiladwyd y tŷ diwethaf. Roedd y tŷ'n hynod foethus ac mae'n anhebygol i'r parc a'r ardd gael eu hesgeuluso; yn wir, roedd mynedfa'r brif lôn yn amlwg yn cydoesi â'r tŷ. Fodd bynnag, roedd y parc eisoes wedi'i wella ychydig amser cyn hynny yn ôl pob tebyg, gan fod ymwelydd ar ddiwedd y ddeunawfed ganrif wedi sylwi ei fod wrthi'n cael ei gynllunio yr adeg honno 'under the auspices of Mr Emes', ac felly mae'n bosibl iddo osgoi llawer o newidiadau.

Gorwedd y parc yn bennaf i'r de, gorllewin a'r gogledd-orllewin o'r tŷ. Mae'r brif lôn yn arwain i ffwrdd o'r gornel dde-ddwyreiniol, ac mae'r stribed o goetir ar hyd y lôn hon, er ei bod yn gul, yn llenwi ardal sylweddol hefyd, oherwydd hyd y lôn (1 cilomedr bron).

Mae dwy brif ardal i'r parc, i'r de/de-orllewin ac i'r gogledd-orllewin o'r tŷ. Mae Afon Tryweryn yn pennu ffiniau gorllewinol a deheuol y parc, ac mae'n llifo ar hyd holl ymyl orllewinol y brif lôn. Mae'r rhan o'r parc i'r de o'r tŷ yn graddol ddisgyn tua'r afon, ac mae'r tŷ, sy'n wynebu'r de, yn edrych allan dros y tir pori sydd ar oleddf â choed yma ac acw, at yr afon. Mae'r coed yn gollddail yn bennaf ac yn eu plith mae derw, ffawydd, sycamorwydd a choed leim.

Mae'r parcdir i'r gogledd-orllewin yn hollol wahanol o ran cymeriad, ac ni ellir ei weld o'r tŷ, gan ei fod yn uwch i fyny. Mae'n serth, â brigiadau creigiog, a bu'n goediog ar un adeg; gan fod cynifer o goed yno mae ganddo gryn dipyn o gymeriad coetir agored o hyd er bod yno dir pori o ansawdd gwael. Derw yw'r coed yn bennaf, â rhai sycamorwydd a chonifferau yn ymyl y man uchaf. Gwelir yr ardal hon fel coetir ar fap Arolwg Ordnans 25 modfedd 1901 ac fe'i gelwir yn Goed Mawr o hyd. Mae ychydig o chwareli bychain yma hefyd, a ddefnyddiwyd yn ddiamau i gyflenwi cerrig at ddefnydd yr ystad. Ymddengys nad oedd coed erioed yn yr ardal fechan o barc sydd ar ôl, i'r gogledd o'r gerddi, a chae â chronfa fechan sydd yno.

Ym 1901 roedd gan y bryn coediog, Coed Mawr, lwybrau yn arwain at bompren dros yr afon i'r gorllewin, allan o'r parc i'r gogledd, ac mewn dolen ar hyd rhan o'r ochr orllewinol, sef rhodfa hamdden yn ôl pob tebyg. Roedd llwybr llai hefyd yn arwain o gwmpas yr ochrau gogleddol, dwyreiniol a de-ddwyreiniol, gan ymuno â'r llwybr llai sy'n arwain i'r gorllewin o'r tŷ er mwyn cyrraedd y llwybrau uchod i'r de, a'r llwybr llai sy'n arwain ar hyd ymyl yr ysguboriau ac i mewn i'r iard i'r dwyrain. Bellach mae'r llwybrau a'r llwybrau llai hyn i gyd yn segur, ond gellir olrhain rhai ohonynt o hyd, yn arbennig yr un o amgylch y dwyrain a'r de-ddwyrain o'r bryn a'r un sy'n arwain i'r gorllewin o'r tŷ ac a ffensiwyd oddi wrth y parc i'r de.

Ceir hefyd nodweddion a welir ar fap 1901 yn yr ardal yn union i'r de o'r tŷ. Gosodid ffensys o amgylch y rhain a thorrid y borfa. Yn eu plith mae llecyn gwastad, lawnt groce o bosibl, â phlanhigfa fechan yn ei gornel dde-orllewinol, i gynnig peth cysgod efallai, a llethr neu deras hir yn rhedeg o'r dwyrain i'r gorllewin uwchlaw a all fod yn linell ffens gynharach. Gellir gweld ychydig o olion y nodweddion hyn o hyd. Adeiladwyd cwrt tenis newydd yn ymyl man cychwyn y brif lôn, ar ei hochr bellaf.

Mae'r brif lôn hir yn nodwedd o'r parc, ac ar bob ochr iddi mae coed gwych, collddail yn bennaf, yn arbennig ffawydd a derw ac yn eu plith rhai ffawydd â dail rhedynog a blannwyd yn y 1860au. Yn y pen deheuol mae rhai castanwydd a marchgastanwydd. Llifa'r afon ar hyd y lôn o'r man lle mae'n gadael cornel dde-ddwyreiniol y parc, ac mae modd ei gweld a'i chlywed am y rhan fwyaf o'r ffordd, er ei bod beth ffordd islaw lefel y lôn. Mae'r fynedfa Gothig, gastellog, fawreddog yn y pen yn dirnod wrth adael Y Bala i'r gogledd-ddwyrain, a cheir porthordy Gothig hefyd. Wrth ddod i fyny'r lôn, o'r man lle mae modd cyrraedd diwedd y coetir, ceir golygfeydd ar draws y parc tua'r tŷ. Gall cerbydau deithio ar hyd y lôn hon o hyd ond nid yw'n cael ei defnyddio bellach, oherwydd i'r lôn wasanaeth ddwyreiniol ddod yn brif lôn at y tŷ.

Mae tarmac ar wyneb y lôn ddwyreiniol a cheir mynedfa iddi o'r ffordd gyhoeddus ar hyd ymyl ddwyreiniol y parc, gyferbyn â'r stablau, sydd ar yr ochr arall i'r ffordd. Mae lôn wasanaeth raeanog hefyd yn rhedeg o gefn yr iard y tu ôl i'r tŷ i'r dwyrain, ar hyd wal ogleddol yr ardd lysiau, gan gwrdd â'r ffordd gyhoeddus i'r dwyrain tua 200 medr i'r gogledd o fynedfa'r lôn ddwyreiniol.

Cofnodwyd rhewdy wrth ymyl yr afon, â mynedfa i'r de-orllewin drwy dramwyfa fach dan domen yn y llethr, ond ymddengys nad yw hon yn bodoli bellach. Diddorol hefyd oedd y pyllau casglu rhew a wnaed yn yr afon ond nid oes olion ohonynt bellach.

Adeiladwyd ffosglawdd rhwng yr ardd a'r parc yn y 1970au; wal forter ydyw o gerrig ffurfiedig, ychydig dros 1 medr o uchder. Gweddillion wal gynharach yw'r pytiau o bileri cerrig sgwâr ar bob pen, ac mae'r trydydd piler tebyg ar ochr arall y fynedfa i'r llwybr llai sy'n arwain i ffwrdd tua'r gorllewin yma yn amlwg yn perthyn i'r un cyfnod. Wrth i'r tir wyro i ffwrdd ar ochr parc y ffosglawdd nid oes ffos.

Yn sylfaenol mae dwy ran i'r ardd, yr ardd gerrig serth, y lawnt a'r llwyni i'r gorllewin a'r rhodfa goetir a'r gerddi lled-ffurfiol i'r dwyrain. Mae'r ail ran hon yn perthyn i'r bedwaredd ganrif ar bymtheg o ran arddull, a gwyddys bod rhai o'r coed sy'n helpu i bennu ei therfynau wedi'u plannu yn y 1860au; mae plannu mwy diweddar a gardd gerrig o ddiwedd y bedwaredd ganrif ar

bymtheg neu ddechrau'r ugeinfed ganrif yn ôl pob tebyg yn y rhan orllewinol, ond mae iddi rai elfennau cynharach, yn arbennig wal y tybir ei bod yn dyddio o'r unfed ganrif ar bymtheg.

Mae dwy brif ardal yr ardd yn gwrthgyferbynnu â'i gilydd yn weddol bendant yn ddaearyddol; mae'r rhan orllewinol ar lethr serth a'r rhan ddwyreiniol ar dir gweddol wastad. Fodd bynnag mae'r ddwy ran yn afreolaidd o ran ffurf (yn drionglog yn fras) a chawsant eu trin yn anffurfiol gan mwyaf.

Diflannodd yr ardd gerrig i'r de o'r rhan orllewinol fwy neu lai, ond roedd yn amlwg ar raddfa eang, â choed a llwyni wedi'u plannu yno. Ymddengys y bu'r llethr agored wrth ei hochr yn agored ers troad y bedwaredd ganrif ar bymtheg o leiaf, gan gynnig golygfa i fyny at ardal goediog y parc. Adeiladwyd dros yr ardal i'r gogledd ohoni yn rhannol o leiaf gan y tŷ blaenorol mwy ei faint ar y safle, ac ers hynny daeth newidiadau i'w rhan, â phlannu braidd yn fodern ar hyn o bryd, ond mae coetir hŷn i'r gogledd eto.

Mae'r gerddi llysiau yn llenwi hanner y darn mwy gwastad i'r dwyrain bron. Yn y rhan fwyaf o'r gweddill mae llwyni neu rodfa goetir sy'n nodweddiadol o'r bedwaredd ganrif ar bymtheg, sydd wedi tyfu braidd yn wyllt ac sydd wrthi'n cael ei chlirio a'i hagor eto. Mae'r llwyni a'r ardal i'r gogledd o'r lôn ddwyreiniol, ar safle coetir derw naturiol yn ôl pob tebyg, a gadawyd rhai hen goed derw yn eu lle. Yn eu plith plannwyd coed eraill ar wahanol adegau, gan gynnwys yw, celyn, math o eirinwydden â dail porffor, bedw, pinwydd ac acer. Ymhlith y llwyni hŷn mae rhododendronau a llawryfau yn bennaf, gan gynnwys rhai amrywogaethau da o rododendronau, ac yn y rhan orllewinol ymddengys bod celyn, bocs ac yw hefyd wedi eu defnyddio fel isdyfiant.

Mae'r lawntiau a'r plannu addurnol i'r gogledd, rhyngddo a wal ddeheuol yr ardd lysiau, yn perthyn i'r un cyfnod yn ôl pob tebyg, gan gymryd mantais ar lecyn heulog cynnes, ar gyfer tyfu rhosod a phlanhigion eraill sydd angen safle agored, a hefyd at ddibenion hamdden.

Mae gerddi bychain mwy ffurfiol yn ymyl y tŷ, ond mae'r rhan fwyaf ohonynt yn perthyn i gyfnod wedi dymchwel y plasty mawr ac fe'u datblygwyd ar rannau o'i safle. Ymddengys mai'r nodwedd ardd hynaf yw wal â grisiau drwyddi wrth droed y llethr i'r gorllewin o'r tŷ, ac mae hon, ynghyd â'r llecyn gwastad wrth ei throed, o flaen y tŷ, wedi goroesi ailadeiladu'r plasty sawl gwaith. Yng nghyfnod y tŷ diwethaf, o leiaf, roedd y llecyn gwastad yn raeanog, ond yn ddiweddar aeth yn lawnt, ac mae'r ardal i'r dwyrain a'r de-ddwyrain o'r tŷ (yn rhannol dan y tŷ blaenorol) bellach yn cynnig llecyn graeanog i droi cerbydau.

I'r de o'r ardd orllewinol â wal o'i chwmpas roedd tair llwyfen fawr iawn, ac mae un ohonynt yn dal i sefyll er ei bod wedi marw. Mae bonyn un o'r ddwy a dorrwyd tua 2 fedr ar draws. Mae coeden leim fawr yn goroesi gerllaw.

Yn y stribed glaswelltog i'r gogledd o'r lôn ddwyreiniol mae rhai derw sy'n dyddio o'r coetir naturiol gwreiddiol yn ôl pob tebyg. Ychwanegwyd coed eraill at y rhain, ac yn eu plith mae bedw, ffawydd, pinwydd a chonifferau eraill ond yn fwyaf arbennig glwstwr ardderchog o secwoias anferthol neu Wellingtonias (*Sequoiadendron giganteum*), sy'n ymestyn ar draws y lôn ddwyreiniol i'r ochr ddeheuol, gan fynd yn eu blaenau tua'r de hyd nes cyrraedd pen blaen y blanhigfa ar hyd yr hen brif lôn i'r de-ddwyrain. Ni phlannwyd y coed hyn fel rhodfa ffurfiol, ond mewn niferoedd anarferol, ac mae rhai sbesimenau gwych yn eu plith. Fe'u plannwyd yn y 1860au gan hen daid y perchennog presennol, ynghyd â'r pinwydd mawr yn y llwyni a nifer o'r conifferau hŷn.

Ceir dwy ardd lysiau; yr un ddwyreiniol yw'r fwyaf ac mae'n hirsgwar, a'i echel hir o'r dwyrain i'r gorllewin. Roedd llwybrau'n ei rhannu'n bedair rhan, ac roedd y ddwy ardal ogleddol yn llai gan fod nifer o dai gwydr mawr ar hyd y wal ogleddol ac o'i blaen. Mae'r ardd orllewinol lai ar ffurf afreolaidd ac un tŷ gwydr yn unig oedd yno. Mae gan y ddwy ardd waliau briciau a cherrig yr holl ffordd o'u cwmpas, ac mae'n debygol eu bod yn cydoesi â'r tŷ o ddechrau'r bedwaredd ganrif ar bymtheg, er ei bod yn bosibl eu bod yn gynharach am fod y briciau wedi'u gwneud â llaw.

Mae cynllun y brif ardd yn weddol glir o hyd, er nad yw rhan ddwyreiniol y llwybr sy'n arwain o'r dwyrain i'r gorllewin yn cael ei defnyddio. Mae rhan ddeheuol y llwybr sy'n arwain o'r gogledd i'r de, sy'n raean caled, bellach yn rhedeg i lawr drwy ganol border dwbl ag ymylon cerrig sy'n llawn llwyni rhosod, â pherthi ffawydd a blannwyd ym 1987 y tu cefn iddynt. Mae hen byrth bwaog haearn ym mhob pen, â rhosod dringol a wistaria.

Mae rhan ddwyreiniol yr ardd bellach yn borfa arw i gyd, ac yn cael ei defnyddio fel rhedfa ieir, ag ychydig o hen goed ffrwythau. Yn y rhan ogleddol gwelir sylfeini hen dai gwydr, a'r gwinwydd-dy yn erbyn y wal a'r pwll melonau suddedig ychydig i'r de. Mae'r cwadrant de-orllewinol yn borfa arw hefyd â rhai coed ffrwythau, ac mae pwll hwyaid bach yno.

Yn y man lle mae'r llwybrau sy'n rhedeg o'r dwyrain i'r gorllewin ac o'r gogledd i'r de yn croesi mae gwely crwn uchel â wal gynhaliol wedi'i gorchuddio ag eiddew a phlannu addurnol. I'r gogledd o'r man hwn, mae tri llwybr cyfochrog yn arwain tua'r gogledd, gan greu dau forder llydan rhyngddynt, sydd bellach yn gyforiog o ddahliâu. Gwelir y trefniant hwn ar fap 1901.

Mae gan y llwybrau allanol ymylon o friciau a osodwyd ar draws ar eu hochrau, ac mae gan weddill y llwybr sy'n arwain o'r dwyrain i'r gorllewin, fel yn achos rhan ddeheuol y llwybr sy'n arwain o'r gogledd i'r de, ymylon o gerrig. Nid oes ymylon gan weddill y llwybr sy'n arwain o'r gogledd i'r de, ond mae stribedi porfa'n ei rannu oddi wrth y border.

Mae pyrth bwaog haearn tebyg i'r rheiny wrth bennau rhan ddeheuol y llwybr sy'n arwain o'r gogledd i'r de hefyd yn croesi mynedfa y llwybr sy'n arwain i'r gorllewin, a lle bu'r fynedfa i'r llwybr dwyreiniol, mae'n rhaid. Yn ôl pob tebyg symudwyd yr un ym mhen deheuol y llwybr sy'n arwain o'r gogledd i'r de o'r fynedfa i hanner gogleddol yr un llwybr.

Mae'r llwybr sy'n rhedeg o'r dwyrain i'r gorllewin ar hyd de'r ardd ar goll bellach, ond rhedai'n agos i'r wal fel y gwelir o'r mynedfeydd iddo oddi ar y llwybr canolog. Mae'r llwybr gogleddol yn aros i'r gorllewin, ac mae wedi'i leoli'n ddigon pell i'r de o'r wal gan fod y tai gwydr i gyd i'r gogledd ohoni. Nid oes dim o'r hen dai gwydr yn goroesi ac eithrio'r gwadnau, sy'n cael eu defnyddio at ddibenion eraill heddiw, ond mae dau dŷ gwydr bach modern ar wahân a ffrâm â storfa botiau wrymiog fechan yn yr ardal bellach. Mae peth o'r palmant yn wreiddiol yn ôl pob tebyg. Un o'r tai gwydr colledig oedd y tŷ gellyg yn ôl pob tebyg, ac mae cynlluniau dyddiedig 1869 yn bodoli ar ei gyfer.

I'r dwyrain o'r tai gwydr mae gwely uchel a adeiladwyd yn arw sy'n cynnwys rhosod, a dau danc dŵr llechi a blannwyd â phlanhigion bellach. Mae un ohonynt yn eithriadol o hir a chul, ac efallai iddo gael ei adeiladu'n wreiddiol i'w osod mewn man cyfyng arbennig. Ym mhen gorllewinol y man lle ceid yr hen dai gwydr mae pâr o danciau llechi, sy'n dal yn gweithio, â'u hochrau yn gostwng yn gelfydd i'w gwneud yn hawdd i gyrraedd y dŵr pan fo'r lefel yn isel.

Gwnaed rhan waelod y tŷ eirin gwlanog, ar hyd ochr orllewinol y wal ogleddol, yn wely uchel, ac mae'r ardal o'i flaen yn wely llysiau, sy'n rhannol gyforiog o ddahliâu. Ar ochr ddeheuol y llwybr mae rhes o hen goed ffrwythau cadarn, ac mae rhai

ohonynt yn dangos olion o hyfforddi ar ddelltwaith. Nid ydynt yn cael eu hyfforddi bellach ond fe'u tocir yn ddigon pell yn rheolaidd. Rhyngddynt a'r llwybr canolog sy'n arwain o'r dwyrain i'r gorllewin mae cawell ffrwythau a gwelyau llysiau. Defnyddir y stribed i'r gorllewin o ran ogleddol y llwybr gorllewinol sy'n rhedeg o'r gogledd i'r de ar gyfer tomenni compost a sbwriel.

Nid oes dim hen goed ffrwythau yn erbyn y waliau ond bellach mae rhai gellyg gweddol ifainc ar y wal ogleddol y tu ôl i un o'r tai gwydr. Mae'r waliau i gyd yn friciau ar yr ochr fewnol, ac eithrio darn o gwmpas y drws yn y wal orllewinol ac un darn yng nghanol y wal ogleddol, a phen uchaf y wal ogleddol, a gafodd ei chodi â cherrig. Mae'r wal ogleddol yn gerrig ar yr ochr allanol, y wal ddeheuol yn friciau, ac ni ellir gweld y ddwy arall. Mae'r waliau rhwng 2 fedr a 3 medr o uchder ac yn dangos llawer o ôl dymchwel ac atgyweirio (mae eu cyflwr presennol yn achosi peth pryder). Ymddengys bod mynedfa lydan, sydd bellach wedi'i llenwi â haearn gwrymiog ac yn segur, gerllaw y gornel ogledd-orllewinol, wedi'i gosod yno'n ddiweddarach gan fod briciau mwy cyfoes ar ei hochrau. Mae'r drysau yn y waliau deheuol a gorllewinol ac yn y wal ogleddol ger y gornel ogledd-ddwyreiniol yn wreiddiol yn ddiamau; mae gan y ddwy olaf ddrysau pren. Mae'r drws canolog yn y wal ogleddol yn arwain drwyddo at res o adeiladau y tu allan i'r wal, a rhan ohonynt yn unig sydd yno o hyd; roedd y boelerdy yn y rhan a ddiflannodd yn ôl pob tebyg.

Bellach mae'r ardd orllewinol yn segur ac nid oes modd mynd ati, ond ymddengys bod rhai coed ffrwythau yno, gan gynnwys rhai ar y waliau. Mae'r rhain yn is na'r rhai yn yr ardd ddwyreiniol (tua 2 fedr), ac maent wedi'u hadeiladu o gerrig; nid yw'r wal ddeheuol yn hollol gywastad â wal ddeheuol yr ardd ddwyreiniol, a cheir plyg bach lle maent yn uno, sy'n awgrymu bod yr ardd orllewinol wedi'i hychwanegu'n ddiweddarach. Mae'r waliau'n sych â haenen uchaf hir-a-byr. Ceir mynedfeydd i'r ardal hon o'r ardd ddwyreiniol ac o'r tu allan, drwy'r wal orllewinol a thrwy'r wal ogleddol yn y gornel ogledd-ddwyreiniol, ac mae drysau pren gan y ddwy olaf ond mae'r cyfan yn segur.

Ar fap 1901 gwelir tŷ gwydr arall mewn llecyn bychan i'r gogledd o'r cwrt tenis sydd bellach yn segur. Nid oes dim ohono i'w weld ond mae'n bosibl mai ei foelerdy oedd gweddillion adeilad croes bach ger llaw mynedfa'r lôn wasanaeth.

Ar yr hen fap gwelir rhagor o adeiladau, tai gwydr a thanciau i'r gogledd o'r lôn wasanaeth, gyferbyn â wal yr ardd. Mae'r rhaid bod y rhain yn gysylltiedig â'r ardd, ac mae olion adfeiliedig adeilad ag iard fechan ynghlwm wrtho o hyd. Efallai mai'r caban oedd hwn o bosibl. Mae dau fwthyn gerllaw hefyd.

Ffynonellau

Sylfaenol

Gwybodaeth oddi wrth Mr R. Price.

Papurau Rhiwlas yn archifau'r rhanbarth, Dolgellau (Z/DDD), yn arbennig cynlluniau ar gyfer tŷ gellyg dyddiedig 1869 (6/4), llyfr cyfrifon gardd 1882-1888 (1/30), a ffotograffau 8/125 (1901), 8/58 (Parti saethu, 1904) a 8/126 (Gardd pinwydd Chile, diddyddiad).

Eilradd

S. P. Beamon, a S. Roaf, *The Ice-Houses of Britain* (1990).

E. Whittle, *The Historic Gardens of Wales* (1992).

CADW

TAN-YR-ALLT

ICOMOS UK

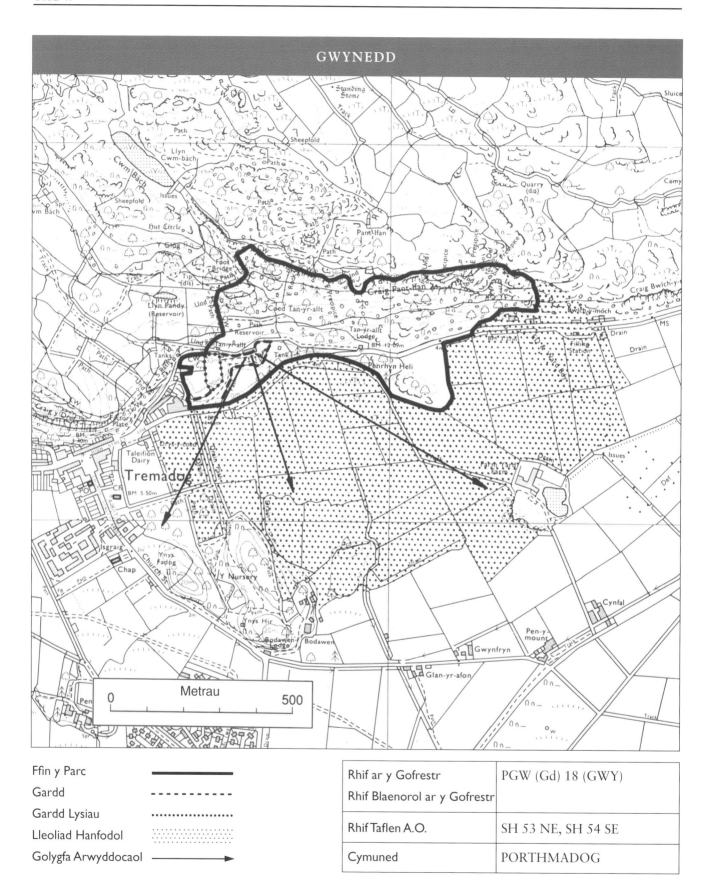

Ffin y Parc	———————
Gardd	- - - - - - - - -
Gardd Lysiau	• • • • • • • • •
Lleoliad Hanfodol	⬚⬚⬚⬚
Golygfa Arwyddocaol	——————➤

Rhif ar y Gofrestr	PGW (Gd) 18 (GWY)
Rhif Blaenorol ar y Gofrestr	
Rhif Taflen A.O.	SH 53 NE, SH 54 SE
Cymuned	PORTHMADOG

CRYNODEB

Rhif cyf	PGW (Gd) 18 (GWY)
Map AO	124
Cyf grid	SH 566 405
Sir flaenorol	Gwynedd
Awdurdod unedol	Gwynedd
Cyngor cymuned	Porthmadog
Disgrifiadau	Adeiladau rhestredig: tŷ Gradd II*, porthordy Gradd II; SoDdGA
Gwerthusiad safle	Gradd II
Prif resymau dros y graddio	Tŷ a thir a gynlluniwyd gan William Madocks yn gartref iddo'i hun, wedi'u cynllunio mewn arddull 'Ramantus'; golygfa eithriadol; coed sy'n perthyn i'r un cyfnod â chynllunio'r safle tua 1800; gardd lysiau mewn cyflwr da.
Math o safle	Parc coediog, gardd addurnol â choed da, gardd lysiau, golygfa.
Prif gyfnodau o adeiladu	Tua 1800.

Disgrifiad o'r safle

Mae Tan-yr-Allt, sef tŷ cyntaf cyfnod y Rhaglywiaeth yng ngogledd Cymru, yn adeilad cerrig deulawr, hir, isel â tho llechi ar oleddf isel, wedi'i baentio'n wyn, â feranda ar hyd yr wyneb deheuol i gyd sy'n troi yn ôl ar hyd yr ochr ddwyreiniol. Mae iddo ddau floc, y naill ymhellach yn ôl na'r llall. Ac yntau'n sefyll ar lechwedd serth sy'n edrych tua'r de dros Borthmadog a Thraeth Mawr, mae'n edrych dros Harlech a thu hwnt. Mae ffurf gul hir y tŷ yn amlwg yn angenrheidiol er mwyn gweddu i'r safle, ond er hynny torrwyd rhan o'r llain allan o'r clogwyn, gan adael wyneb serth y graig cyfuwch â'r tŷ yn union y tu ôl iddo. Gwelir y tŷ, â'r coed o'i gwmpas, o sawl cyfeiriad o filltiroedd i ffwrdd.

Tan-yr-Allt oedd cartref William Madocks, y dyngarwr a'r diwygiwr rhamantus ac ymarferol a oedd yn gyfrifol am adeiladu'r Cob ym Mhorthmadog ac am ddraenio'r aber, ac am adeiladu Tremadog. Adeiladodd y tŷ oddeutu 1800, gan ymgorffori bwthyn wynebai'r llechwedd a oedd eisoes yno. Cynlluniodd y gerddi hefyd a gwella'r coedwigoedd naturiol o gwmpas. Yn ddiweddarach bu'r tŷ'n eiddo i deulu'r Greavesiaid, barwniaid llechi Blaenau Ffestiniog a pherchnogion y Wern cyfagos, ac roeddynt yn dal i fyw yno ym 1921, ac ym 1985 fe'i prynwyd gan Ysgol Steiner.

Roedd Madocks yn flaenllaw mewn cylch o athronwyr a meddylwyr, ac yn eu plith sawl ffigwr llenyddol. Roedd y bardd Shelley yn gyfaill agos a bu'n byw yn Nhan-yr-Allt rhwng 1812 a 1816, am bris y cytunwyd arno o £100 y flwyddyn ond ni thalodd hyn erioed. Yn ystod ei gyfnod yn y tŷ ysgrifennodd Queen Mab. Bu hefyd yn ymhel â chodi arian gyda Madocks ar gyfer y Cob a'r gwaith draenio ym Mhorthmadog, a cheir cofeb iddo yn yr ardd. Ymwelodd Sheridan â Than-yr-Allt hefyd, yn ogystal â Thomas Love Peacock a ddefnyddiodd y tŷ, y tir a'r preswylwyr yn ei nofel ddychan Headlong Hall.

Mae'r stablau, sef adeilad cerrig unllawr â chroglofft, ar ochr ddeheuol y lôn orllewinol. Mae'r wal gefn yn rhan o wal ogleddol yr ardd lysiau. Mae ystafell harneisiau fechan yn y pen dwyreiniol. Llenwyd y fynedfa wreiddiol ar gyfer drws mawr canolog dan gapan carreg anferthol â drws a ffenestr ac ychydig o baneli pren.

Saif sied fechan ar ochr arall y ffordd o'r stablau, ac mae'n bosibl bod un arall wedi bod i'r gorllewin o hon gan fod darn bychan wedi'i dorri yn ôl i'r llethr. Diflannodd cytiau'r cŵn a gosodwyd adeilad pren cyfoes yn eu lle, ond mae'r llwyfan lle safent yno o hyd. Fe'i lleolir ar ymyl ddeheuol y lôn orllewinol, ychydig i'r dwyrain o'r stablau, ac mae wal anferth 2 fedr o uchder bron yn ei gynnal ar yr ochr isaf. Mae mynwent y cŵn ychydig islaw. Saif tŷ allan cerrig sydd braidd yn rhyfedd o ran ffurf, ac sy'n doiledau bellach, ychydig i'r gorllewin o'r tŷ a bwthyn y garddwr. Mae'n fach iawn a stordy ydoedd yn ôl pob tebyg. Mae bwthyn cerrig bychan y garddwr yn agos iawn i'r tŷ, oddi ar y gornel dde-orllewinol. Mae'n unllawr, â drws yng nghanol yr ochr ddeheuol a ffenestr fechan yn y talcen dwyreiniol.

Parcdir bychan yn unig sydd i'r de o'r tŷ, wrth droed y llethr, ond mae coetir mawr lled-naturiol ar y llethr greigiog serth i'r gogledd o'r tŷ yn rhan o'r tirlun a gynlluniwyd. Mae'r parc yn cydoesi â'r tŷ, gan ddyddio o ddechrau'r bedwaredd ganrif ar bymtheg.

Mae'n rhaid bod y coedwigoedd uwchlaw'r tŷ yno eisoes pan ddaeth y safle i feddiant Madocks, a derw anwyw sydd yno yn bennaf. Ychwanegodd Madocks rywogaethau eraill o goed, gan gymryd gofal mawr eu bod yn ffynnu – roedd yn arbennig o hoff o goed ffawydd, a gwnaeth bocedi o glai calchog iddynt ymhlith y creigiau. Mae nifer o goed ffawydd ardderchog a blannodd yn goroesi, a dyma un o nodweddion gorau y parc a'r ardd.

Mae'r coedwigoedd yn cadw eu cymeriad lled-naturiol, ac mae'r coed yno yn aildyfu'n naturiol. Caiff y coetir ei reoli'n ysgafn, gan ganolbwyntio ar gael gwared ar bren marw a sicrhau diogelwch.

Mae cae i'r de o'r tŷ, rhyngddo a'r ffordd, a oedd yn barcdir gynt. Mae'n gwyro tua'r de, ac mae coed anaeddfed yma ac acw; plannwyd rhan ohono â choed ffrwythau ifainc bellach.

Mae angen lonydd hir ar y safle uchel, sy'n dringo o'r dwyrain a'r gorllewin. Mae nifer o goed da gan y lôn ddwyreiniol o hyd, ac wrth y fynedfa mae porthordy, a gynlluniwyd gan Madocks hefyd. Ychydig i'r dwyrain o'r tŷ mae'n croesi nant, a newidiwyd ei chwrs naturiol serth drwy ychwanegu pyllau a rhaeadrau, gan greu golygfeydd a synau i'w gwerthfawrogi o'r lôn.

Cynlluniwyd y gerddi oddeutu'r adeg yr adeiladwyd y tŷ, gan Madocks. Ychydig o adeiladwaith ffurfiol a geir; yr elfennau pwysig yw'r olygfa, y coed, a'r ardd lysiau. Parhaodd y perchnogion wedi hynny i ofalu am yr ardd a'r coedwigoedd, a cheir coed o bob oedran sy'n ffynnu. Nid ymddengys bod y cynllun anffurfiol gwreiddiol wedi newid ryw lawer.

O flaen y tŷ, a saif ar ysgafell gul yn y llechwedd â'r ardd islaw a'r parc coediog uwchlaw, mae lawnt fawr ar oleddf lle ceir golygfeydd eang dros Borthmadog a'r cyffiniau ac i lawr tua Harlech. Roedd yr olygfa hon yn amlwg yn un o'r prif resymau dros ddewis y safle hwn, sy'n anghyfleus mewn sawl ffordd. Wrth droed y lawnt mae pwll ffurfiol bychan a oedd â ffynnon geriwb ar un adeg, ac mae coed o amgylch y llethr borfa. Mae lawnt wastad i'r dwyrain yn elwa ar yr olygfa hefyd, ac oddi yma gellir clywed murmur nant sy'n llifo drwy'r goedwig gerllaw. Mae amrywogaethau o rododendronau a blannwyd o gwmpas yr ardal hon yn blodeuo y naill ar ôl y llall, a'r canlyniad yw môr o liw o ddechrau'r gwanwyn hyd ganol haf.

Mae planhigfeydd o goed yn yr ardd yn ymestyn tua'r dwyrain a'r de-orllewin o'r tŷ, a cheir yno gymysgedd da o sbesimenau, yn goed ac isdyfiant. Roedd gan William Madocks ddiddordeb mawr mewn coed, ac roedd yn hoff iawn o ffawydd; mae nifer o sbesimenau a blannwyd ganddo wedi tyfu'n fawr iawn bellach, a dyma un o brif nodweddion yr eiddo.

Roedd yr ardd lysiau yn elfen bwysig o'r ardd, gan lenwi llawer o'r tir a oedd ar gael. Yn amlwg roedd iddi swyddogaeth addurnol yn rhannol, â choed a llwyni addurnol yn cael eu plannu, ac mae'n bosibl bod yno forderi blodau hefyd, fel heddiw. Dioddefodd gyfnod o esgeulustod, ond bellach mae'n cael ei hadfer a'i defnyddio gan staff a disgyblion yr ysgol.

Mae'r ardd lysiau yn fawr, yn is-hirsgwar ac mae wal o'i chwmpas. Fe'i cynlluniwyd gan Madocks ar yr un adeg â gweddill yr ardd, rywbryd ar ôl 1800. Mae'r ardd ag arwynebedd o fwy na thraean erw, gan wyro'n weddol serth i lawr o'r gogledd i'r de. Mae'r pen deheuol yn grwn o ran ffurf ac yn afreolaidd, ac o bosibl mae'n ganlyniad i ymestyn yr ardd ar un adeg gan fod y wal orllewinol yn newid o friciau i gerrig; cerrig yw'r wal ddwyreiniol drwyddi draw fodd bynnag.

Wal gefn y stablau yw mwy na hanner hyd y wal ogleddol, i'r dwyrain. Tu hwnt i hyn mae darn o wal gerrig oddeutu 3 medr o uchder sy'n cysylltu'r adeilad â thanc mawr yng nghornel ogledd-orllewinol yr ardd; â'r wal yn ei blaen y tu ôl iddo ond mewn arddull wahanol, nad yw mor daclus ond ceir olion atgyweirio. Ar un adeg roedd adeilad bach ar ochr allanol y wal yma, sydd wedi'i ddymchwel bellach, ond mae'r fynedfa ar gyfer drws sy'n arwain ato drwy'r wal yno o hyd, â drws pren cyfoes.

Mae'r tanc yn fawr iawn, â waliau cerrig wedi'u leinio â briciau, ac mae wedi'i rendro. Mae'r waliau oddeutu 0.8 medr o drwch, ac ymddengys eu bod yn rhai gwag. Fe'i gelwir yn 'bwll nofio' ac yn sicr mae'n ddigon mawr ar gyfer nofio, â'r tu mewn yn 'risiog' gan roi lefel lai dwfn at hanner ffordd, a grisiau pren i lawr at y lefel hon. Mae'r darn dyfnaf oddeutu 1.5 medr o ddyfnder o bosibl. Fodd bynnag, mae ei safle yn yr ardd lysiau'n awgrymu mai ei swyddogaeth wreiddiol oedd fel ffynhonnell ddŵr i'r ardd neu fod y swyddogaeth hon yn un eilradd. Mae grisiau llechi yn arwain i fyny ato ar yr ochr ddwyreiniol. Nid yw wal orllewinol yr ardd yn rhan o adeiladwaith y tanc a byddai wedi bod yn uwch, ond fe'i difrodwyd yn y gornel hon. Gellir gweld ychydig o waith pibelli ar y tu allan wrth waelod wal ddeheuol y tanc.

Mae'r wal orllewinol o friciau a wnaed â llaw ar sylfeini cerrig, â chopa llechi garw, oddeutu 2.3 medr o uchder yn y gogledd, ond gan fynd yn is tua'r de; mae newid yn yr uchder ychydig i'r de o'r drws uchaf yn y wal orllewinol. Mae uchder y sylfaen gerrig yn mynd yn uwch tua'r de hefyd, a chyn iddi newid i fod yn wal gerrig yn gyfan gwbl mae'n cyrraedd tua hanner uchder y wal. Cuddir yr union uniad unionsyth rhwng y darn briciau a darn cerrig y wal gan eiddew ar y naill ochr a chwt ieir ar y llall, ond â'r wal gerrig yn ei blaen o gwmpas y troad yn y gwaelod ar yr un uchder. Ni welwyd uniad i'r dwyrain chwaith, ond ar yr ochr hon mae'r wal yn sych yr holl ffordd i'r gornel ogledd-ddwyreiniol, â chopa cerrig garw gweddol wastad. Mae rhannau ohoni wedi dymchwel yma ac acw.

Ceir mynedfeydd ar gyfer drysau wrth ymyl ogleddol yr ardd yn y waliau dwyreiniol a gorllewinol, gyferbyn â'i gilydd, â bwâu hirfain uwchben; mae'r rhain wedi'u gosod mewn darnau o wal gerrig forter sy'n fwy trwchus na cherrig sych a briciau gweddill y waliau. Mae gan y ddwy giatiau haearn gyr a baentiwyd yn wyrdd, â'u cynlluniau'n wahanol, â brigau wedi plethu drwyddynt i gadw ieir a chwningod allan. Ceir drws hefyd hanner ffordd i lawr ochr ddwyreiniol rhan uchaf, hirsgwar yr ardd, ond nid i'r gorllewin. Mae giât haearn gyr gan hon hefyd, ond mae'n segur ac mae wistaria wedi tyfu'n hollol wyllt. Mae gan fynedfa ar gyfer drws ben sgwâr â chapan carreg a drws pren tua gwaelod yr ardd i'r gorllewin, drwy'r rhan sy'n gerrig o'r wal.

Nid oes adeiladau o ddiddordeb hanesyddol yn yr ardd o hyd ac nid oes dim i'w weld ar fapiau 1901 a 1918 ac eithrio tŷ gwydr bach iawn, mewn lle gwahanol ar bob map. Yn ôl un traddodiad bu tai tegeirianau yn yr ardd ar un adeg, felly mae'n bosibl mai dyna oedd swyddogaeth y tai gwydr bychain. Fodd bynnag, ymddengys bod yr un sydd i'w weld ar y map diweddar ar safle un o'r ddwy ffrâm friciau sy'n goroesi (ond heb wydr bellach) i'r de o'r llwybr croes uchaf ar yr ochr orllewinol, a dyma ydyw o bosibl. Ceir rhagor o fframiau, a phalmant briciau bychan, i'r de o res o goed yw ar ochr ddwyreiniol yr ardd.

Mae llwybrau'n croesi rhwng y ddwy giât yn ymyl pen gogleddol yr ardd, a hefyd yn rhedeg i lawr bob ochr ac ar draws y gwaelod. Mae dau lwybr arall yn croesi'r canol, gan rannu rhan hirsgwar, uchaf yr ardd yn gwarteri. Nid oes llwybrau i'w gweld yn y rhan ddeheuol. Mae peth o wyneb graeanog y llwybrau hyn yn goroesi, er bod porfa'n tyfu dros y rhan fwyaf ohonynt, ac mae llechi a phren ar ymylon y cwarteri a'r borderi, sy'n ddiweddar yn ôl pob tebyg.

Ceir peth plannu gwreiddiol neu gynnar sy'n goroesi yn yr ardd, er gwaethaf cyfnod o esgeulustod cyn iddi ddod i feddiant yr ysgol. Mae nifer o'r rhain yn addurnol, gan ddangos bod gan yr ardd bryd hynny, fel heddiw, swyddogaeth addurnol yn rhannol. Mae'n bosibl bod y borderi llydain i lawr bob ochr wedi'u defnyddio ar gyfer blodau o'r cychwyn cyntaf, â choed ffrwythau ar y waliau tu cefn. Mae coed gellyg yn erbyn y wal ddwyreiniol, ac mae un o leiaf yn hen goeden.

Yn yr ardal uwchlaw'r llwybr uchaf sy'n arwain o'r dwyrain i'r gorllewin mae dwy ywen Wyddelig, ywen aur, coeden ffigys a choeden ginco, ond mae'r olaf yn weddol ifanc. Roedd gan y llwybr ymylon bocs, mae'n amlwg, gan fod rhai darnau yno heddiw; ar yr ochr ddwyreiniol mae rhes o goed yw i'r de a arferai gael eu torri'n docwaith. O leiaf roedd rhan uchaf y llwybr canolog a redai o'r gogledd i'r de ag ymylon bocs hefyd, mae'n amlwg, ac mae'n bosibl bod y pen yn bengoll, gan fod llwyn bocs mawr yn dwyn y sylw ar y pen uchaf ar hyn o bryd. Yn ymyl y llwybr croes canolog mae dwy ywen o boptu'r llwybr, ac yn ôl pob tebyg fe'u tociwyd yn fwa ar un adeg. Nid oes dim perthi bocs yn goroesi yn rhan ddeheuol yr ardd. Ar un adeg roedd deial haul yn nodwedd ganolog yn yr ardd, ac mae ffotograffau sy'n dangos y plinth yn ei le o hyd.

O boptu'r llwybr croes canolog mae coed afalau ar ddelltwaith – un yn unig, i'r de, ar yr ochr ddwyreiniol, ond tair i'r gorllewin. Tociwyd yr un i'r dwyrain yn ôl i'w siâp, ond nid y lleill.

Perllan sydd yn rhan ddeheuol yr ardd, ac ynddi mae un neu ddwy goeden ffrwythau hen iawn yn ogystal â rhai iau. Mae rhai coed addurnol yno hefyd, ac yn eu plith un pittosporum fawr.

Mae dau danc dŵr llechi, y naill yn dal diferion o ddŵr sy'n dod i mewn wrth y stablau yn y gornel ogledd-ddwyreiniol, a'r llall ar ben y fframiau. Yn ymyl y tanc cyntaf mae sedd a wnaed o slabyn o lechen, â phalmant o'i blaen, yn erbyn y wal ddwyreiniol. Hynodbeth yw'r portread o gi a wnaethpwyd o gerrig mân gwyn ar gefndir o gerrig mân du wedi'i osod yn y ddaear yn erbyn wal ddwyreiniol 'pwll nofio'; yn ôl pob sôn mae ail fersiwn yn bodoli â'r lliwiau o chwith, ond ni ddaeth neb o hyd iddo eto.

Yn wreiddiol llenwyd yr ardd â phridd a ddygwyd o'r Cob yn ystod y gwaith yno, i ychwanegu at bridd tenau'r llechwedd. Er iddi gael ei hesgeuluso cyn dod i feddiant yr ysgol, mae gwaith da'n mynd rhagddo er mwyn ei hadfer, ac mae'n hynod o ffrwythlon o hyd.

Ffynonellau

Sylfaenol

Gwybodaeth oddi wrth staff yr ysgol (Alison Duncan, Judy Harris).

Taflen am rodfeydd y coetir a gynhyrchwyd gan yr ysgol.

Gwybodaeth o restrau'r SoDdGA.

Ffotograff (1808), Archifdy'r Sir, Caernarfon (XS/1024/19).

Ffotograffau, casgliad yr ysgol.

Manylion gwerthiant 1921, Archifdy'r Sir, Caernarfon (Z/F/148).

Eilradd

E. Hyde Hall, *A Description of Caernarvonshire* (1809-1811), gol. o
lawysgrif wreiddiol gan E. Gwynne Jones, (1952).

Comisiwn Brenhinol Henebion Cymru, *Inventory*, Sir Gaernarfon
Cyfr. II (1960).

CADW

Y FAENOL

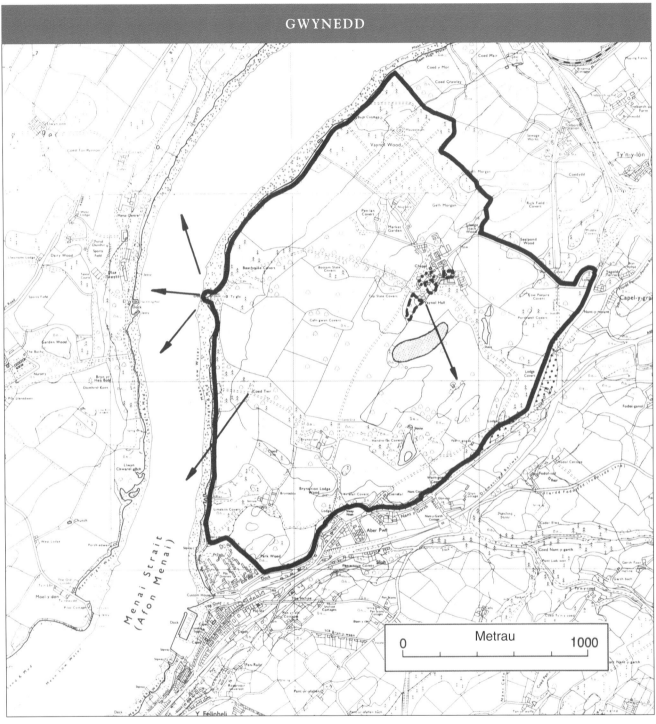

GWYNEDD

Ffin y Parc	————
Gardd	- - - - - - - -
Gardd Lysiau	···············
Lleoliad Hanfodol	∷∷∷∷∷∷
Golygfa Arwyddocaol	——→

Rhif ar y Gofrestr	PGW (Gd) 52 (GWY)
Rhif Blaenorol ar y Gofrestr	
Rhif Taflen A.O.	SH 56 NW, SH 57 SW
Cymuned	PENTIR

CRYNODEB

Rhif cyf	PGW (Gd) 52 (GWY)
Map AO	115
Cyf grid	SH 537 695
Sir flaenorol	Gwynedd
Awdurdod unedol	Gwynedd
Cyngor cymuned	Pentir
Disgrifiadau	Adeiladau rhestredig: 43 eitem ar wahân, gan gynnwys yr Hen Neuadd, hen gapel, y prif dŷ oll yn Radd I; stablau i'r de o'r Hen Neuadd, waliau a therasau gardd yr Hen Neuadd, prif ysgubor a Bryntirion oll yn Radd II*; gweddill y stablau a thai allan eraill, bythynnod yr ystad, Dairy Cottage, Tŷ'r Bwtler, mynedfeydd, terasau, waliau a nodweddion gardd eraill sy'n gysylltiedig â'r prif dŷ, doc a thŷ cychod, ffug dŵr, mausoleum a'r capel 'newydd', oll yn Radd II.
Gwerthusiad safle	Gradd I
Prif resymau dros y graddio	Mae gardd derasog o oes Elisabeth mewn cyflwr da â wal o'i chwmpas yn goroesi yng nghanol parc tirlunio gwych ar lan y môr â wal o'i gwmpas, â llyn a adferwyd yn ddiweddar, a gynlluniwyd yn y 1820au. Mae'r lleoliad yn eithriadol gan fod y Fenai ar y naill ochr ac Eryri ar y llall. Mae hefyd erddi ffurfiol diweddarach a gerddi llysiau, fferm enghreifftiol fawr, amrywiol adeiladau parc gan gynnwys mausoleum, tŵr gwylio a thŷ cychod, a llawer o blannu da yn goroesi ar hyd y brif lôn.
Math o safle	Parc tirlunio; gerddi ffurfiol; gerddi llysiau.
Prif gyfnodau o adeiladu	Diwedd yr unfed ganrif ar bymtheg a dechrau'r ail ganrif ar bymtheg; 1820au; tua 1900.

Disgrifiad o'r safle

Saif yr Hen Neuadd yng nghanol y faenol hynafol, wedi'i hamgylchynu gan y parc mawr diweddarach â'i wal urddasol, rhwng Bangor a'r Felinheli.

Datblygodd y porthladd i wasanaethu'r chwareli a oedd yn eiddo i'r ystad. Fe'i lleolir ychydig bellter i'r gogledd-ddwyrain o'r tŷ a'i disodlodd fel y prif breswylfa, ac mae ei ffasâd gorllewinol yn rhan o'r rhes ddwyreiniol o adeiladau o amgylch y prif iard stablau. Mae'r prif wyneb yn wynebu i ffwrdd oddi wrth y tŷ diweddarach ac mae ar wahân iddo, gan edrych allan dros ei ardd fechan ei hun a'r capel. Ymddengys yn weddol hunangynhaliol yng nghanol y cyfadeilad mawr diweddarach.

Mae'n adeilad cerrig â tho llechi a ffenestri â physt cerrig. Ceir islawr, sef tri llawr i gyd. Mae gan y prif wyneb gogleddol adain dalcennog oddeutu bloc canolog â chyntedd deulawr; mae grisiau brain gan yr adain i'r gorllewin ac mae'n perthyn i gyfnod diweddarach. Ychydig o newidiadau a wnaed i'r tŷ ac mae ei ddrws gwreiddiol â ffrâm wedi'i cherfio â rhosod yn y corneli, yno o hyd. Mae wrthi ar hyn o bryd yn cael ei adfer, ac mae'n broses sy'n taflu goleuni newydd ynghylch ei oed a threfn adeiladu amrywiol rannau'r adeilad. Adeiladwyd y tŷ gan deulu'r Williamsiaid, perchnogion y Faenol tan ddiwedd yr ail ganrif ar bymtheg, ac ymddengys bod y rhan fwyaf o'r adeiladwaith yn perthyn i'r unfed ganrif ar bymtheg, â dau gyfnod diweddarach yn yr ail ganrif ar bymtheg. Ers hynny ychydig iawn o newidiadau ac ychwanegiadau a wnaed.

Adeiladwyd y tŷ diweddarach llawer mwy ei faint, a saif ychydig i'r de-orllewin o'r Hen Neuadd, yn y ddeunawfed ganrif yn wreiddiol, tua diwedd y ganrif yn ôl pob tebyg, gan fod Hyde Hall,

tra'n ysgrifennu tua 1810, yn disgrifio'r tŷ fel 'not long built'. Nid yw i'w weld ar fap ystad o'r 1770au, lle gwelir yr Hen Neuadd yn unig. Fodd bynnag, fe'i hail-luniwyd yn helaeth yn weddol gynnar yn y bedwaredd ganrif ar bymtheg, a pharhawyd i'w addasu byth oddi ar hynny. Cafodd ei ail-lunio am y tro cyntaf gan Thomas Assheton Smith tua 1825, ychydig cyn iddo farw, ac mae'n bosibl bod y tŷ wedi'i adeiladu'n wreiddiol gan yr aelod o deulu'r Smithiaid yr etifeddodd oddi wrtho (rhoddwyd yr ystad i'r gwleidydd John Smith gan y Goron yn dilyn methiant llinach y Williamsiaid).

Mae'r adeilad presennol, sydd â tho llechi fel gwaith stwco, wedi'i leoli'n wahanol iawn i'r Hen Neuadd, sef tua'r de-ddwyrain, i wynebu'r olygfa o Eryri ar draws y parc. Mae iddo dri llawr â deg ffenestr godi ar bob lefel ar y prif wyneb de-ddwyreiniol; mae'r wyneb de-orllewinol, ar adain ar ongl sgwâr, sy'n edrych dros yr Ardd Rosod, yn debyg, ac mae saith ffenestr iddo. Yn wreiddiol roedd adain yn cyfateb i'r adain dde-orllewinol i'r gogledd-ddwyrain, ond dymchwelwyd hon a chrëwyd prif fynedfa newydd ar yr ochr hon (ar ôl 1900); newidiwyd llawer i gefn y tŷ ac mae bellach yn un tryblith anniben o estyniadau a thai allan.

Saif capel hirsgwar bychan a gysegrwyd i Santes Fair ychydig i'r gogledd o'r Hen Neuadd, yn ei ardd, a gellir mynd ato ar hyd grisiau o un o'r terasau. Mae gan y cyntedd, a all fod yn ychwanegiad i'r capel, garreg-ddyddiad o 1596, â blaenlythrennau William Williams a'i wraig gyntaf Ellen. Wrth ochrau'r cyntedd mae agoriadau â balwstradau; mae rhai o'r balwstradau yn wreiddiol ac mae'n rhaid eu bod gyda'r hynaf yng Nghymru. Mae'r capel o gerrig ac mae ganddo ffenestr ddwyreiniol wreiddiol â phedair ffenestr fach gron, a rhoddwyd to newydd yn lle'r to llechi. Ceir claddgell bach (lle cleddid aelodau'r teulu ar un adeg, ond bellach fe'u symudwyd i gyd i'r mausoleum yn y parc) ac ar y tu mewn rhoddwyd marmor Eidalaidd ar ei wyneb yn ystod ail ddegawd yr ugeinfed ganrif. Roedd dau angel marmor ar yr allor a morwyn a'i phlentyn uwchben y drws yn rhan o'r adnewyddu hwn hefyd. Ceir coflechau i aelodau'r teulu yn yr ugeinfed ganrif ar y wal orllewinol. Mae peth gwydr gwreiddiol ffenestri'r unfed ganrif ar bymtheg yno o hyd, a ailosodwyd yn y ffenestri ochr, yno o hyd.

Adeiladwyd capel newydd mwy o faint yn y bedwaredd ganrif ar bymtheg, cyn 1855 am ei fod yn ymddangos ar fap ystad o'r dyddiad hwnnw, ac yn ôl pob tebyg ar ôl 1840 gan nad ymddengys ei fod i'w weld ar argraffiad cyntaf yr Arolwg Ordnans un fodfedd. Adeilad cerrig gweddol syml ydyw â tho llechi, sy'n ymgorffori elfennau o amrywiol arddulliau gwahanol. Mae iddo glochdyred bach. Fe'i lleolir i'r gogledd o'r tŷ, y tu ôl i'r ardd lysiau.

Adeiladwyd ysgubor gain fawr iawn i'r gogledd o'r Hen Neuadd ym 1605 gan William Williams (a oedd erbyn hynny yn briod â'i ail wraig, Dorothy, ac mae blaen lythyren ei henw hithau yn ymddangos gyda'i un ef ar y garreg-ddyddiad), ac fe'i hymestynnwyd yn y 1660au gan Syr Griffith Williams. Ychwanegwyd cromen a chloc, â cheiliog y gwynt, i'r to yn ddiweddarach o lawer. Roedd iddi lawr uchaf a phâr o fynedfeydd gwrthwynebol mawr; agennau yw'r ffenestri. Fe'i haddaswyd a'i defnyddio fel cerbyty o bosibl, ond mae'r brif adeiladwaith yn gyfan a dyma'r adeilad mwyaf trawiadol ymhlith yr adeiladau fferm sydd mewn clwstwr o'i chwmpas.

Dyddiwyd y llaethdy i 1911 ac fe'i hadeiladwyd o gerrig nadd garw mewn arddull Gothig addurnedig â thalcenni pigfain â phennau uchaf, ffenestri myliynog â cherrig diddos, a feranda sy'n rhedeg o amgylch tair ochr. Yn ôl pob tebyg mae'n cymryd lle llaethdy wythonglog byrhoedlog a adeiladwyd, ar ôl 1871, ar ochr ddwyreiniol yr Hen Neuadd, ond a ddymchwelwyd ym 1902 neu 1903. Bellach mae'n drigfan.

Mae sawl rhes o stablau, ac addaswyd adeiladau fferm eraill hefyd at y diben hwn, yn ôl pob tebyg yn ystod degawd cyntaf ac ail ddegawd yr ugeinfed ganrif. Roedd Syr Charles Duff Assheton Smith, a etifeddodd yr ystad ym 1904, yn fridiwr brwd o geffylau rasio, ac roedd ganddo geffylau a enillodd y Ras Fawr Genedlaethol ym 1912, 1913 a 1914. Mae'r brif res o stablau ynghlwm wrth yr Hen Neuadd ar ochr ddwyreiniol y brif iard stablau ac mae'r tu mewn, a daclwyd gan Young a'i Gwmni ym 1913 mewn cyflwr da; mae'n bosibl bod yr adeilad gwreiddiol yn hŷn na hyn fodd bynnag.

Lleolir tŷ'r bwtler, sy'n dŷ bach, syml o ddiwedd y bedwaredd ganrif ar bymtheg, mewn gardd amgaeëdig rhwng yr ardd lysiau a'r llaethdy, ond fe'i gelwid wrth ei enw presennol erioed ac nid ymddengys iddo fod yn fwthyn garddwr ar unrhyw adeg. Mae gan ei brif ffasâd dair ffenestr hanner dormer ar y llawr uchaf, drws canolog a ffenestr fae, ac mae wedi'i rendro.

Rhes hir o friciau yw'r ystafell ddawnsio a ychwanegwyd i wal allanol ogleddol yr ardd lysiau rhwng 1869 a 1871. Nid oes iddi unrhyw rinweddau pensaernïol ac yn amlwg adeilad ychwanegol ydoedd, a gynigiai fan addas dan do ar gyfer torf fawr.

Ceir nifer o adeiladau fferm eraill, yn bennaf o ddiwedd y bedwaredd ganrif ar bymtheg, i'r gogledd-ddwyrain o'r tŷ. Defnyddiwyd rhai o'r rhain fel stablau; roedd eraill yn ysguboriau, stordai ac yn y blaen. Ceir clwstwr o stablau ag ierdydd â waliau briciau, ychydig i'r dwyrain o'r Hen Neuadd (a welir ar fapiau o ddiwedd y bedwaredd ganrif ar bymtheg, felly ni chawsant eu hadeiladu gan Syr Charles ar gyfer ei geffylau rasio ond ar gyfer ei gesig magu), a rhagor o adeiladau fferm o amgylch iard i'r gogledd, yn ymyl y rhewdy.

Mae sawl bwthyn ystad cerrig yn y parc, y rhan fwyaf ohonynt ag arddull debyg o ddechrau'r bedwaredd ganrif ar bymtheg â thoeon llechi ar oleddf isel. Cofnodir bod un ohonynt, sef Tŷ Glo, wedi'i adnewyddu ym 1845, ond nid yw i'w weld ar fap ystad o'r 1770au. Fe'i lleolir yn ymyl y tŷ cychod; mae bwthyn tebyg yn ymyl y tŷ, gyferbyn â'r capel newydd, a elwir Y Bwthyn, ac un arall yn ymyl y blanhigfa i'r gogledd. Ymhlith y bythynnod diweddar mae Werngogas a bwthyn y garddwr, sef Pen-lan.

Gelwir adeilad sy'n agos i gefn y prif dŷ, ychydig i'r gogledd, yn Gerbyty er nad yw mewn gwirionedd erioed wedi gwasanaethu fel cerbyty. Arferai gael ei alw'n Barics a'i ddefnyddio i letya staff, ond fe'i haddaswyd yn dŷ a thai allan. Mae'n drillawr, wedi'i adeiladu o gerrig ag addurniadau o friciau a ffenestri codi, ac yn ôl pob tebyg mae'n perthyn i ganol y bedwaredd ganrif ar bymtheg. Ynghlwm wrth y cefn mae tŵr briciau â tho llechi pyramidaidd a arferai fod yn dŵr dŵr.

Hen safle yw'r Faenol, a oedd yn eiddo i Esgobion Bangor yn wreiddiol, ac mae'n rhaid bod y tir da, gwastad neu ar oleddf graddol ychydig filltiroedd i'r de o Fangor wedi bod yn ddeniadol iawn erioed. Adeiladwyd tŷ sylweddol o'r unfed ganrif ar bymtheg tua phen gogleddol y demên gan deulu'r Williamsiaid, a oedd yn berchen ar yr ystad tan ddiwedd yr ail ganrif ar bymtheg, ond nid oedd modd ehangu'r adeilad hwn ddigon i blesio dyheadau perchnogion diweddarach, ac o ganlyniad adeiladwyd tŷ newydd urddasol a wynebai'r de-ddwyrain i fanteisio ar y golygfeydd tuag at Eryri a gynigiai'r safle, ychydig i'r de-orllewin o'r hen dŷ. Sgîl-effaith ffodus y penderfyniad hwn oedd bod tŷ'r unfed ganrif ar bymtheg, a ddefnyddiwyd fel tŷ'r asiant yn ddiweddarach, yn aros heb newid fawr ddim.

Ar ôl i'r aelod olaf o deulu'r Williamsiaid farw'n ddietifedd ym 1696, aeth yr ystad yn eiddo i'r Goron unwaith eto, ond yn ddiweddarach fe'i rhoddwyd i John Smith, Aelod Seneddol a Changhellor y Trysorlys yn y ddeunawfed ganrif. Ceir yr hanes hir a chymhleth sy'n esbonio sut y digwyddodd hyn gan Hyde Hall. Yn ddiweddarach yn y ddeunawfed ganrif fe'i hetifeddwyd gan Thomas Assheton o Dde Tedworth, a ychwanegodd Smith at ei enw wedi hynny. Fe'i holynwyd gan ei fab o'r un enw, ond wedi hynny aeth yr ystad i nai o'r enw George William Duff, a ychwanegodd Assheton Smith at ei enw yn ei dro. Arhosodd Faenol wedyn ym meddiant y Duffiaid tan ar ôl marwolaeth Syr Michael Duff ym 1980, er y gwerthwyd llawer o'r ystad yn y 1960au; gwerthwyd y tŷ a'r parc ym 1984.

Ynghlwm wrth ystâd y Faenol roedd chwareli Dinorwig, ffynhonnell cyfoeth a thrybini lawer yn y bedwaredd ganrif ar bymtheg. Cymerodd y Thomas Assheton Smith cyntaf yr awenau drosodd a rheoli'r chwareli ei hunan ac ystyrid ef a'i fab yn gyflogwyr teg; tra bod y galw am lechi'n uchel, cyfeiriwyd yr incwm at ddatblygu porthladd y Felinheli yn ogystal â gwella'r ystad. Yn ddiweddarach cwympodd y galw a ffurfiwyd undebau; bu anghydfod rhwng Duff a'i weithwyr a bu streiciau hir. Ar un adeg diswyddwyd 2,000 o chwarelwyr am ymuno ag undeb. Ni fu'r berthynas rhwng yr ystad a'r chwarelwyr byth yr un fath wedi hynny, ond parhâi'r ystad i gyflogi nifer sylweddol o bobl leol yn y Faenol. Hyd yn oed yn y 1930au roedd dau arddwr ar bymtheg, a chyn hynny arferai un dyn gribinio'r graean yn ddyddiol, yn ogystal â staff y tŷ, y coetsmon a'r marchweision, y gweision fferm, y coedwigwyr, y cipar a nifer o weithwyr ystad eraill.

Roedd Thomas Assheton Smith (y cyntaf) yn fonheddwr a oedd yn hoff iawn o hela llwynogod, ac ef a fu'n gyfrifol am gynllunio'r parc presennol, a'r hoff ddifyrrwch hwn yn ei feddwl. Yn amlwg roedd angen llawer o dir, ac mae'r parc newydd, sy'n dyddio o'r 1820au, yn fwy o lawer na'r hyn a welir ar fap ystad o'r 1770au, ac nid oes iddo berthi na ffiniau trafferthus y gwelir llawer ohonynt ar y map dan sylw. Ymestynnwyd y parc tua'r de o amgylch Bryntirion, tŷ sylweddol â'i ddemên ei hunan, ac eiddo arall, ac yn ôl pob tebyg cafwyd unrhyw dir nad oedd eisoes yn eiddo i'r ystad ar y pryd.

Cyfyngid y coetir i berthlysoedd a chuddfannau bychain yn bennaf a dim ond un bloc mawr o goetir yn unig (sydd yno o hyd) a geid yn y gornel ogleddol. Ar fap John Evans dyddiedig 1795 sy'n dangos Gogledd Cymru gwelir ychydig yn fwy o goetir nag oedd yn bresennol yn ddiweddarach, ac mae'n debyg bod y tir dan orchudd ar y cyfan wedi'i leihau rywfaint. Defnyddiwyd y parc yn amlach yn ddiweddarach ar gyfer saethu yn hytrach na hela, ac roedd yr un mor addas ar gyfer hynny. Gwelir yr un patrwm o goetir heddiw o hyd, er ei fod wedi ymestyn, ac mewn rhai achosion mae clystyrau cyfagos wedi mynd yn un.

Codwyd wal gerrig uchel o gwmpas y parc yn y 1860au ar gost enbyd, ac ar yr un adeg ailgyfeiriwyd y ffordd i redeg ar hyd ymyl y parc, y tu allan i'r wal newydd. Adeiladwyd y porthordai ar yr adeg hon a chrëwyd y brif fynedfa urddasol ar yr ochr dde-ddwyreiniol, â darn llydan ar bob ochr i'r ffordd i ganiatáu i gerbydau droi'n hawdd. Yn y 1880au crëwyd llyn yn y parcdir o flaen y tŷ; roedd cronfa ddŵr 4 cilomedr i ffwrdd bron tua'r de-ddwyrain yn cyflenwi'r dŵr i'r llyn, ac er i'r llyn sychu'n ddiweddarach fe'i cliriwyd a'i ail-lenwi ychydig dros ganrif wedyn. Rywbryd cyn 1840 adeiladwyd ffug-ddŵr yn un o uchel fannau'r parc lle gellid gweld dros y Fenai.

Arferai bad groesi'r Fenai o'r Faenol i dir Plas Newydd ar yr ochr arall, a byddai'r ddau deulu'n anfon negeseuon ac yn ymweld â'i gilydd dros y dŵr. Mae doc a thŷ cychod, a adeiladwyd rhwng tua 1840 a 1855, gyferbyn â doc Plas Newydd bron. Ym 1949 priododd Syr Michael Duff â'r Fonesig Caroline Paget, merch

Arglwydd Môn, gan gryfhau'r berthynas rhwng y ddau deulu. Bellach mae'r darn o'r parc y gellir ei weld o Blas Newydd yn eiddo i'r Ymddiriedolaeth Genedlaethol, fel y Plas, gan sicrhau y cedwir yr olygfa dros y dŵr o'r ddwy ochr.

Ym 1872 cyflwynodd George William Duff yrr o wartheg parc gwyn i'r Faenol; bu'r gyrr hwn yn gyfyngedig am gyfnod digon hir i ddatblygu ei hynodrwydd ei hun a chael ei gydnabod yn frîd ar wahân, gan gymryd enw'r ystad. Mae'r brîd yn goroesi, er ei fod bellach wedi gostwng i nifer fechan o dan ofal Ymddiriedolaeth Goroesiad Bridiau Prin. Mae'r gwartheg wedi gadael y Faenol, ond er y bu ymgais i'w dychwelyd yno yn ddiweddar yn aflwyddiannus, mae gobaith o hyd y bydd yn bosibl iddynt ddychwelyd i'w cartref un diwrnod.

Cadwai Dyff geirw yn y parc hefyd a chymysgedd o anifeiliaid egsotig mewn gwahanol gaeau amgaeëdig; adeiladodd pydew eirth a thŷ mwncïod yn ymyl yr ardd lysiau, ac mae'r pydew yno o hyd. Bu'n westeiwr hael hefyd a chychwynnodd draddodiad o groesawu'r Teulu Brenhinol i'r Faenol, a bu cryn fynd ar hyn gan ei orwyr Syr Michael Duff yn arbennig, a oedd yn ffrind ysgol i Ddug Caint. Pan arwisgwyd Tywysog Cymru yng Nghaernarfon ym 1969 arhosodd nifer o aelodau'r Teulu Brenhinol yn y Faenol; plannodd y Fam Frenhines goeden dderw yno ym 1958.

Yn ôl pob tebyg mae'r parc heddiw'n edrych yn debyg iawn i'r hyn a wnâi yn y bedwaredd ganrif ar bymtheg, ag ardaloedd coediog ar wasgar mewn parcdir toreithiog â choed derw yma ac acw sy'n gwyro'n raddol at y Fenai i'r gorllewin ac yn ymledu islaw golygfa mynyddoedd Eryri i'r dwyrain. Mae'r rhan ddeheuol yn parhau'n fwy tameidiog braidd gan fod nifer o dai yno, sydd bellach o dan berchnogaeth wahanol unwaith eto. Gwerthwyd ardal i'r gogledd-ddwyrain i Awdurdod Datblygu Cymru a'i throi'n barc busnes, ond cadwyd nifer o'r prysglwyni. Rheolir peth o'r coetir ar gyfer pren a phlannwyd ardaloedd o bren meddal, ond yn bennaf yn yr ardaloedd coediog gwreiddiol neu o'u hamgylch.

Pan adeiladwyd y wal o amgylch y parc roedd pum mynedfa i barc y Faenol; a chymryd bod y rhain yn cynnwys y doc, maent oll yno o hyd. Bellach, fodd bynnag, dwy yn unig sydd â lonydd a ddefnyddir o hyd i arwain at y tŷ. Y fynedfa fwyaf deheuol yw'r fynedfa i Fryntirion bellach ac mae hefyd yn ymagor ar lwybr i'r tŷ cychod a'r bwthyn, Tŷ Glo, ar hyd cornel ddeheuol eithaf y parc. Adeilad cerrig unllawr bychan a oedd yn perthyn yn ôl pob tebyg i'r un cyfnod â'r lleill oedd y porthordy, a enwyd ar ôl Bryntirion. Cafodd hwn ei addasu a'i ehangu cryn dipyn. Diflannodd y giatiau ond mae'r pileri cerrig hirsgwar uchel iawn ar ben pont dros yr afon yn creu argraff o hyd. Ceir pileri tebyg ar bob ochr i'r fynedfa lle mae'r hen ffordd yn dod i mewn i'r parc, ond ni fu porthordy yno erioed. Bellach mae'r lôn wedi'i chau ym Mryntirion. Eithr mae'n mynd yn ei blaen tua'r gogledd drwy'r parc, ag wyneb tarmac o hyd, ac yn cyfarfod â'r rhwydwaith o lwybrau llai o gwmpas y tŷ a'r fferm.

Nid nepell i'r gogledd o fynedfa Bryntirion mae un arall, lle mae llwybr yr hen ffordd bellach yn lôn wyneb tarmac sy'n arwain at Yr Efail a Wern_gogas, sef bythynnod yn y parc. Er bod giatiau hefyd ym mhen arall yr hen ffordd, daw'n llwybr garw tu hwnt i Werngogas.

Mae'r brif fynedfa ymhellach i'r gogledd, ac mae gan y lôn unwaith eto wyneb tarmac. Gwelir porthordy ar fap ystad 1855, ond pan godwyd wal o gwmpas y parc yn y 1860au cymerwyd ei le gan yr adeilad mwy urddasol sydd yno heddiw. Mae'n unllawr â chrogloffft, wedi'i adeiladu o gerrig nadd garw â tho llechi, ac mae ganddo dŵr deulawr ynghlwm wrth y cefn. Mae talcen â phen uchaf uchel yn wynebu'r lôn a simnai gerrig uchel. Mae'r giatiau

haearn dwbl yn urddasol iawn, â giât i gerddwyr ar bob ochr a charreg wastad wedi'i gosod yno; mae pileri'r giatiau yn uchel, wedi'u hadeiladu o gerrig ac mae copâu cerrig addurnol ganddynt. Mae hefyd giatiau ar ben y darn o hen ffordd sydd bellach yn rhan o'r parc, ychydig i'r de-orllewin o'r porthordy. Cerfiwyd arfbais y teulu gan R Evans tua 1870 ar lechen fawr i'w gosod uwchben y prif giatiau. Cafodd ei symud ond daethpwyd o hyd iddi'n ddiweddar mewn tomen gompost yn ymyl yr Hen Neuadd, mewn cyflwr da o hyd.

Mae'r rhan gyntaf o'r lôn yn rhedeg drwy gloddiad, a phlannwyd yr ochrau â nifer o wahanol amrywogaethau o goed. Plannwyd y rhain ar yr un adeg ag y gwnaed y fynedfa ac yr ailgyfeiriwyd y lôn yn y 1860au; dyma'r unig lôn a welir ar fap ystad y 1770au, ond newidiwyd rhan gyntaf y lôn pan adeiladwyd wal y parc, a gwnaed llecyn llydan i ganiatáu i gerbydau droi ar bob ochr i'r ffordd. Mae'r ardal o flaen y giatiau yn aros yr un peth o hyd, ond nid yw'r hanner cylch ar ochr bellaf y ffordd yno bellach. Hyd at y Rhyfel Byd Cyntaf deuai'r lôn hon at flaen y tŷ, lle'r oedd man troi, ond yn ddiweddarach gwnaed prif fynedfa newydd ar ochr ogledd-ddwyreiniol y tŷ ac mae'r lôn bellach yn mynd i'r cyfeiriad hwn, drwy fan parcio tarmac. Aeth y man troi gynt yn rhan o'r lawnt.

Tua chornel ogledd-ddwyreiniol y parc mae'r lôn gefn, sy'n arwain at adeiladau'r fferm, yn ymagor oddi ar y ffordd sy'n arwain at Bont Britannia. Mae yno borthordy, ond bellach mae'n cael ei osgoi, ac mae'r fynedfa i'r lôn i'r gogledd ohono; mae'r darn newydd o lôn yn dolennu i ymuno â'r hen lôn ychydig tu hwnt i'r porthordy. Adeilad cerrig unllawr a estynnwyd yw'r porthordy, â tho llechi a feranda ar dair ochr. Diflannodd y giatiau ac mae'r pileri yn uchel ac wedi'u hadeiladu o gerrig, fel y pileri wrth y mynedfeydd eilradd eraill. Mae gan y fynedfa ddiweddarach i'r gogledd giatiau syml o hyd â phileri cerrig sgwâr byrrach o lawer. Mae'r copaon yn gopi o'r rheiny wrth y brif fynedfa, ac mae'r wal yn is ar bob ochr, â rheiliau yn flaenorol o bosibl. Mae'r newid i'r cynllun yn weddol ddiweddar yn ôl pob tebyg (yn sicr ar ôl 1914), ond fe'i gwelir ar yr argraffiad cyfredol o'r map 1:10,000. Mae wyneb tarmac i'r lôn, a daw i mewn ar ochr ddwyreiniol rhwydwaith adeiladau'r fferm. Mae ffordd gyswllt newydd yn ei chysylltu â'r system ffyrdd yn y parc busnes.

Bellach mae'r lôn o'r doc yn cysylltu â'r llwybr llai sy'n dod i fyny at y tŷ cychod o'r de; codwyd ffens o gwmpas pen yr hen lwybr fel rhan o ardd y tŷ cychod, sydd bellach yn drigfan. O Dŷ Glo mae'n dilyn yr hen lwybr mewn trofa yn ôl i gyfeiriad y tŷ, gan gadw ei hwyneb tarmac, ond mae'r darn olaf, sydd agosaf at y tŷ, yn segur ac yn ddi-wyneb bellach.

Mae llwybrau eraill yn arwain o'r fferm, at y blanhigfa a bythynnod yr ardd, maes parcio newydd yr Ymddiriedolaeth Genedlaethol ac i lawr drwy'r coetir at y mausoleum. Mae wyneb caregog i'r rhain ac maent yn weddol arw. O gwmpas y tai a'r adeiladau, sydd mewn clwstwr yma ac acw, mae system o lonydd a llwybrau llai tarmac yn bennaf sydd, er gwaethaf rhai newidiadau, i'w gweld ar fapiau sy'n mynd yn ôl i 1855.

Mae'r coetir mwyaf yng nghornel ogleddol y parc, ac fe'i gwelir ar fap ystad y 1770au, er ei fod wedi mynd yn llai a'i wneud yn fwy eto ers hynny. Bellach mae'n amgáu'r mausoleum, ond ym 1855 roedd y mausoleum ar ei ymyl. Nodir yr adeilad hwn ar fap ystad 1855, ond ymddengys mai'n ddiweddarach yr ychwanegwyd y darn hirgul wythonglog o dir amgaeëdig o'i amgylch, gan fod darlun o'r pileri giatiau yn ddyddiedig 1879. Mae gan y darn o dir amgaeëdig wal fechan â rheiliau, ac mae'r giatiau a'r pileri cerrig yn weddol syml.

Mae'r adeilad ei hunan ar ffurf capel bychan ond uchel ag arddull Gothig fwy neu lai, wedi'i adeiladu o gerrig nadd garw â drws o dywodfaen coch a ffenestri o dywodfaen goleuach. Mae gan y to lechi cen pysgod. Mae claddgell a chlochdyred cloch wythonglog addurnol colofnog ynghlwm wrth y gornel ogleddol. Symudwyd y mwyafrif o'r coflechau i aelodau o'r teulu ar y waliau ar y tu mewn, a fandaleiddiwyd llawer ar y tu mewn i'r adeilad, sydd ar agor drwy'r amser. Mae gwydr lliw yn y ffenestri a llawr teils yn y capel.

Ar hyn o bryd rheolir y coed o gwmpas y mausoleum yn fasnachol ar gyfer pren. Mae planhigfa goed debyg bellach yng nghornel y parc yn ymyl y brif fynedfa, ardal a oedd yn guddfan yn wreiddiol, ac mae'r mwyafrif o weddill y coetir mewn prysglwyni a chuddfannau o gwmpas y parc. Yn ymyl Bryntirion mae stribed parhaol gweddol fawr o goetir ar draws y parc sydd wedi datblygu o dri chuddfan gwahanol, ond erbyn y 1890au roedd eisoes yn debyg iawn i'r hyn ydyw heddiw. Mae cuddfannau eraill gweddol eu maint o gwmpas Tŷ Glo a'r tŷ cychod ac o amgylch safle'r hen chwareli (y defnyddiwyd eu cerrig ar gyfer wal y parc) ac odyn galch yn ymyl cornel ddeheuol y parc.

Mae gan y llyn ddwy ynys wneud a thŷ cychod. Ychwanegwyd ynys arall rhwng 1889 a 1900. Mae'r llyn yn hir a chul, heb fod yn arbennig o fawr, ond mewn safle da iawn gan ei fod ar dir blaen yr olygfa tuag at Eryri. Yn ôl pob tebyg roedd y llyn yn denu adar dŵr i'w hela, ac mae llawer iawn ohonynt yn ymweld â'r llyn heddiw.

Ceir pâr o byllau addurnol wedi'u cysylltu â'i gilydd ar ochr ogledd-ddwyreiniol y brif lôn, â phwll llai yr ochr arall, a cheir pwll hefyd, â choetir yr holl ffordd o'i amgylch, yng nghuddfan Hendre-las yn ne-ddwyrain y parc. Ceid pwll ar un adeg yn Sealpond Wood, sydd bellach yn ardal y parc busnes, (a oedd, yn ôl pob tebyg, oherwydd yr enw, yn gysylltiedig â sioe anifeiliaid George William Duff), ond mae wedi diflannu a gwnaed pyllau addurnol newydd yn y parc busnes. Roedd pwll pysgod hefyd ar ochr bellaf y ffordd yn ymyl y brif fynedfa, ond fe'i difethwyd gan newidiadau i'r ffordd.

Mae gan y pyllau i'r gogledd-ddwyrain o'r lôn argae gweddol fawr â llethr borfa drosto yn y pen isaf, ac mae sianel yn eu cysylltu â phont bren garw fechan yn ei chroesi. Maent yn weddol fas a defnyddiwyd cerrig i'w hatgyfnerthu wrth yr ymylon, ond mae'r ymylon hyn yn erydu mewn mannau oherwydd y dŵr a'r adar dŵr. Ni welir y pyllau ar fap ystad o 1871 ond maent ar fap Arolwg Ordnans 25 modfedd 1889.

Mae'r pwll yn ymyl pen uchaf y lôn ar yr ochr arall yn fwy diweddar, mae'n amlwg, ac o bosibl fe'i crëwyd pan ailadeiladwyd y llyn. Mae'n fas ac mae planhigion dŵr wedi tyfu'n wyllt dros lawer ohono, ond mae ganddo ddyfrgi bach concrid ar graig yn y canol a sedd wedi'i gosod i edrych lawr drosto. Mae'r cyflenwad dŵr yn rhedeg dan ddaear ato o ddarn byr o nant a fwydir, mae'n amlwg, gan yr all-lif o'r llyn; mae rhaeadrau gwneud gan y nant hon ac ymddengys ei bod yn bodoli'n bennaf er mwyn creu sŵn pleserus i'r glust. Nid yw'n cael ei nodi ar fapiau hyd at 1914 ac mae'n bosibl bod hwn hefyd yn ddiweddar.

Adeiladwyd y pwll yng nghuddfan Hendre-las rhwng 1889 a 1900, yn ôl pob tebyg i ddenu adar dŵr i'w saethu. Yn ddiweddarach roedd ganddo bont Tsieineaidd a rhaeadr wneud (nad yw'n rhaeadr bellach) ac yn amlwg fe'i hystyrid yn rhan o'r tir addurnol, a gellid mynd yno ar hyd sawl llwybr troed drwy'r coed. Mae'n bodoli o hyd, er ei fod wedi tyfu braidd yn wyllt.

Adeiladwyd y ffug-dŵr, yr atyniad llygad neu dŵr gwylio ar fan uchel yng nghanol ochr orllewinol y parc cyn 1840. Ar yr adeg honno safai ar ymyl cuddfan bychan, ond fel yn achos y mausoleum

ymestynnodd y coetir yr holl ffordd o'i gwmpas. Mae'r tŵr wedi'i adeiladu o gerrig, mae'n grwn, yn furfylchog ac mae ganddo ffenestri pedeirdalen ac agennog. Mae briciau o amgylch y rhai pedeirdalen. Mae'n agored i'r awyr ac nid oes arwydd bod grisiau na llawr wedi bod iddo erioed, er bod drws i fynd i mewn iddo. Fe'i lleolir mewn man lle ceir golygfeydd da (bellach i'r de yn unig oherwydd bod coed wedi tyfu), ond yn ôl pob tebyg fe'i bwriadwyd i fod yn fwy o atyniad llygad o fannau eraill yn y parc yn hytrach na bod yn wylfan.

Bron yn union i'r gorllewin o'r tŷ, ar ymyl y Fenai, mae doc bychan â thŷ cychod sgwâr, a adeiladwyd rhwng 1840 a 1855. Mae'r tŷ cychod yn fawr ac fe'i haddaswyd yn drigfan; mae'n unllawr ar ochr y tir â drysau ar ochr y môr ar draws y cilfachau dan y llawr lle cedwid y cychod, ac mae ganddo do llechi a feranda ar hyd yr ochr dde-orllewinol. Mae'r doc wedi'i adeiladu o gerrig â grisiau i lawr at y dŵr, ac i'r de mae rheiliau mewn tro hir sy'n cymryd lle wal y parc ac yn cynnig cyfle i fwynhau'r olygfa dros y dŵr, gan ychwanegu'n fawr at natur ddeniadol yr ardal. Gerllaw saif Tŷ Glo, ac mae ei enw yn awgrymu ochr ymarferol efallai i'r doc yn ogystal â'r ochr hamdden.

Ar un adeg safai dau faddondy, sydd bellach yn adfeilion ill dau, yn agos i lan y Fenai. Saif yr un mwyaf gogleddol yn y coed sydd hefyd yn cuddio'r mausoleum; dyma'r hynaf ac yn ôl pob tebyg ni chafodd ei ddefnyddio pan adeiladwyd wal y parc ac nid oes modd mynd drwy'r wal at lan y môr, er bod darn byr o reiliau, sy'n caniatáu golygfa. Saif adfeilion yr adeilad yn y coed o hyd, ag olion ffens lechi fechan anarferol ar hyd rhan o'r llwybr segur sy'n arwain ato.

Safai'r baddondy arall yn ymyl y doc ac yn ôl pob tebyg fe'i hadeiladwyd yn ddiweddarach, ar ôl i'r wal gael ei hadeiladu, i gymryd lle'r un hynaf gan ganoli'r holl weithgareddau ar lan y dŵr mewn un man. Mae'n ymddangos ar argraffiad cyntaf map Arolwg Ordnans 25 modfedd 1889.

Yn ddiamau mae gardd yr Hen Neuadd yn perthyn i'r un cyfnod â'r Hen Neuadd ei hunan, felly mae'n perthyn i'r ail ganrif ar bymtheg o leiaf, neu i'r unfed ganrif ar bymtheg os cafodd ei chynllunio pan adeiladwyd y tŷ am y tro cyntaf. Mae'r ardd ffurfiol fechan derasog hon ar safle ar oleddf. Mae'r gerddi sy'n gysylltiedig â'r prif dŷ yn perthyn i gyfnod diweddarach o lawer ac yn fwy urddasol o ran arddull, er eu bod yn ffurfiol o hyd yn y bôn. Ar ddiwedd y bedwaredd ganrif ar bymtheg dim ond lawntiau oedd i'r de-orllewin ac i'r gogledd-ddwyrain o'r tŷ, lle mae'r gerddi heddiw, ac mae'r cynllun ffurfiol yn ymddangos am y tro cyntaf ar gynlluniau o ddechrau'r ugeinfed ganrif. Mae'n bosibl bod cyfeiriadau at y newidiadau i'r ardd ym 1913 yn dyddio creu'r gerddi ffurfiol yn fanwl iawn.

Rhennir y gerddi yn fras yn dair ardal: gardd yr Hen Neuadd, yr Ardd Ddŵr, rhwng yr hen dŷ a'r tŷ newydd, a'r Ardd Rosod, wrth ochr y prif dŷ. Ar wahân i'r tair gardd amgaeëdig hyn, dim ond ardaloedd bychain a gedwir fel gerddi bellach, er mai gerddi yn ddiamau oedd rhai o'r darnau o dir amgaeëdig, a esgeulusir yn gyfan gwbl bellach, o amgylch y tai allan ar un adeg. Nid yw un o'r rhain yn dangos unrhyw nodweddion neu gynlluniau diddorol ar hen fapiau.

Gardd yr Hen Neuadd yw'r fwyaf diddorol, oherwydd ei hoedran a'i chyflwr anarferol o dda. Mae'r wal amgáu wreiddiol yn goroesi i'r dwyrain, ac o bosibl yn rhannol hefyd i'r gorllewin, er bod y rhan hon wedi'i newid; mae waliau a grisiau'r teras yn wreiddiol hefyd. Newidiwyd y mynedfeydd i gyd, mae'n debyg. Mae'r drws yn y wal ogleddol, er ei fod wedi'i ailosod, yn ddyddiedig 1634 ac yn ôl pob tebyg roedd mewn mynedfa drwy'r wal ogleddol wreiddiol.

Mae gardd yr Hen Neuadd yn cychwyn gyda rhodfa syth lydan ar hyd wyneb blaen y tŷ, ag ymylon porfa llydain; fe'i graeanwyd yn ddiweddar, a cheir llwybr a balmantwyd â cherrig yn arwain oddi arno at ddrws y tŷ. I'r gogledd mae dau deras cyfochrog cul, ac uwchlaw y rheiny ceir trydydd teras lletach diweddarach sy'n gwyro tuag allan i'r gogledd mewn hanner cylch, gan adael lle ar gyfer pwll crwn. Mae wyneb porfa gan bob teras. Mae waliau cerrig yn amgáu'r cyfan, gan gynnwys hen gapel Santes Fair. Mae mynedfeydd yn y wal orllewinol yn y pennau gogleddol a deheuol, yn y wal ddwyreiniol yn y pen deheuol, ac yn y wal ogleddol. Y teras uchaf yw'r lletaf o bell ffordd, a'r isaf yw'r culaf. Mae gan y teras canol sedd dan berth â'i chefn at y capel yn y pen gorllewinol; adeiladwyd y capel ar lefel y teras hwn, ond gellir mynd ato i fyny grisiau o'r un islaw. Mae llethr i lawr o'r lefel uchaf ym mhen arall y teras canol. Mae'r gwahaniaeth mewn uchder rhwng y terasau ychydig yn llai nag 1 medr, ac fe'i rheolir gan wal gynhaliol rhwng y terasau canol ac uchaf a llethr borfa serth rhwng y terasau isaf a chanol. Yn y canol y mae'r prif risiau sy'n mynd i lawr; mae'r rhesi uchaf a gwaelod mewn hanner cylch, ond mae hefyd risiau cul i lawr o'r ddau deras isaf yn y pen dwyreiniol. Mae gan y teras isaf wal gynhaliol arall, â chanllaw.

Mae'n debygol i'r teras uchaf gael ei adeiladu ym 1913, pan ddymchwelwyd wal ogleddol wreiddiol yr ardd, mae'n rhaid. Fodd bynnag mae'r ddau deras arall a'r brif rodfa yn cydoesi â'r tŷ yn ddiamheuaeth, ac mae'n rhaid bod y cynllun gwreiddiol wedi bod yn debyg i'r hyn ydyw heddiw.

Mae'r ardd yn amgáu y capel o'r unfed ganrif ar bymtheg, sef capel Santes Fair, ac mae perthynas yr adeilad hwn â'r terasau yn awgrymu ei fod yn hŷn na'r ardd. Mewn hen ffotograffau gwelir tocwaith o flaen y tŷ, ond yn wreiddiol mae'n bosibl bod ymylon porfa llydan y rhodfa wedi'u defnyddio fel gwelyau. Ymddengys na newidiwyd y teras cyntaf a'r ail o ran adeiladwaith, ond ychwanegwyd y trydydd teras, a'r uchaf, â'i bwll crwn, er 1900, ac ar yr adeg honno roedd wal ogleddol yr ardd ar linell y wal deras bresennol. Mae'n debygol felly bod y newid hwn yn cydoesi â gwelliannau eraill a wnaed yn yr ardd tua 1913.

Mae'r darn gorau sy'n goroesi o wal amgáu wreiddiol gardd yr Hen Neuadd ar yr ochr ddwyreiniol. Yn anochel fe'i newidiwyd cryn dipyn ond mae rhan o'r wal ar yr ochr hon, yn ôl pob tebyg, yn mesur ei huchder gwreiddiol (dros 3 medr) ac o bosibl ni chafodd ei hailadeiladu. Mae o gerrig cymysg, wedi'u hailbwyntio cryn dipyn, ond mae darnau o forter calch yno o hyd ac o bosibl maent yn wreiddiol.

Mae'n rhaid bod y darn nesaf i'r de yn weddol ddiweddar gan ei fod yn amgáu'r teras uchaf sy'n dyddio o ddechrau'r ugeinfed ganrif. Mae pen deheuol y wal yn is o lawer ac yn ôl pob tebyg fe'i dymchwelwyd yn rhannol a'i hatgyfnerthu, a'i hailadeiladu'n gyfan gwbl o bosibl. Mae gan fwlch llydan yn y rhan hon o'r wal, ar ben y brif rodfa, bâr o giatiau lôn haearn gyr modern, ar bytiau o bileri cerrig sgwâr.

Mae'r wal ogleddol yn weddol fodern, tua 1913, er yr ailddefnyddiwyd y cerrig gwreiddiol yn ôl pob golwg. Ynddi gosodwyd drws â cherrig nadd o'i amgylch, o wahanol fathau o gerrig ar y tu fewn a'r tu allan, ac mae'n bosibl i'r cerrig sydd o'i amgylch ddod o fannau gwahanol. Mae'n debygol y bu un neu'r ddwy ohonynt yn fynedfa wreiddiol drwy'r wal ogleddol, ar linell ymyl y teras uchaf gynt. Mae arfbais teulu'r Williamsiaid uwchben yr ochr fewnol, â'r dyddiad 1634 a blaenlythrennau Thomas Williams a'i wraig Katharine. O gwmpas y porth bwaog mewnol

cerfiwyd 'YE MYSTIC GARDEN FOLD ME CLOSE I LOVE THEE WELL', a than y porth bwaog ceir 'BELOVED VAYNOL', ond mae'n annhebygol bod y geiriau hyn yn cydoesi â'r drws oherwydd sillafiad modern 'Vaynol', yn ogystal ag arddull y llythrennu, ac yn ôl pob tebyg mae'n perthyn i'r bedwaredd ganrif ar bymtheg ar yr hwyraf, os nad yw'n perthyn i 1913. Yn y fynedfa ar gyfer y drws mae giât haearn gyr, sy'n hŷn nag unrhyw un arall yn yr ardd heddiw, ond mae'n debyg i un â cherrig modern o'i gwmpas sy'n arwain o'r llwybr llai i'r dwyrain mewn i'r ardd neu'r iard y tu ôl i'r llaethdy, i'r gogledd o ardd yr Hen Neuadd; mae'n bosibl i bu'n fynedfa i ardd yr Hen Neuadd hefyd.

Mae pen gogleddol y wal orllewinol yn dyddio o 1913, cyn belled â'r capel, ond dim ond ychydig ohono sydd ar gael gan fod mynedfa lydan â giatiau haearn dwbl yno, o'r un dyddiad yn ôl pob tebyg. Ar ochr arall y capel mae'n bosibl bod ychydig o'r wal wreiddiol, ond mae'r wal sydd ynghlwm wrth y neuadd, sydd â phorth bwaog drwyddi gyferbyn â'r giatiau i'r dwyrain o'r ardd (mae'r rhodfa raean yn cysylltu'r ddwy fynedfa), yn perthyn i'r bedwaredd ganrif ar bymtheg yn ôl pob tebyg; nid yw i'w gweld mewn cynlluniau o ddechrau'r ganrif honno, ond ymddangosodd erbyn 1889. Giatiau lôn haearn cyfoes yw giatiau'r porth bwaog hwn, fel y rhai gyferbyn.

Ym mhen gorllewinol y teras canol mae mainc gerrig addurnol, ac yn ôl pob sôn addurn gardd o gyfnod cynnar ydyw, o bosibl o'r ail ganrif ar bymtheg. Mae ganddi goesau a breichiau sgrol-waith ac mae anifeiliaid a phobl yn addurno'r cefn. Ar yr un teras mae dau wrn agored mawr o gyfnod diweddarach, ac mae un ohonynt oddi ar ei blinth ar hyn o bryd. Nid oes ffynnon gan y pwll ar y teras uchaf ac mae planhigion o gwmpas yr ochrau yn cuddio unrhyw ymylwaith.

Bu hanes brith i un darn bychan hirsgwar o ardd â wal o'i chwmpas yn ymyl yr Hen Neuadd, sy'n cyffinio â hi i'r dwyrain a sydd bellach wedi'i esgeuluso ac yn tyfu'n wyllt. Yn wreiddiol mae'n bosibl ei fod yn rhan o'r ardd a oedd yn cydoesi â'r Hen Neuadd, ac ym 1855 roedd yn sgwâr yn fras, yn amgaeëdig, ac wedi'i rannu'n bedair llain gan lwybrau o amgylch yr ochrau a llwybrau croes. Erbyn 1889 symudwyd y waliau a rhannwyd yr ardal yn ddau, ac ymgorfforwyd y rhan allanol yn rhan o iard newydd i'r dwyrain. Adeiladwyd llaethdy wythonglog yn yr hanner arall, yn ymyl y tŷ, ond fe'i dymchwelwyd yn ddiweddarach a thrawsnewidiwyd y seiliau'n bwll â ffynnon. Mae'r pwll yno o hyd ond mae'n sych, ac mae cynllun gweddill yr ardd yn anodd i'w ganfod bellach.

Mae'r Ardd Ddŵr yn hirsgwar o ran ffurf ac yn llenwi'r man, sy'n gwyro'n raddol i lawr i'r de-ddwyrain, rhwng yr iard weddol newydd ar ochr ogledd-ddwyreiniol y prif dŷ a'r Hen Neuadd a'r iard stablau. Yn amlwg mae'n rhan o'r prif gyfnod o newidiadau tua 1913, ac nid yw i'w gweld ar fapiau cyn 1918. Ar yr ochr dde-ddwyreiniol grom y ffin yw wal falwstradau; mae'r ardd yn gwyro'n raddol yn unig, ond mae'r llethr islaw'r wal yn fwy serth, a cheir golygfa dda dros y parc o ran dde-ddwyreiniol yr ardd. Mae'r ochr gyfatebol yn cefnu ar wal yr ardd lysiau, a guddir gan res o gypreswydd uchel. Mae perth yw ar yr ochr dde-orllewinol, ond mae gan yr ochr ogledd-ddwyreiniol, a welir ar fap 1918 wal neu berth hefyd sy'n ei ffinio ac mae'n agored hyd at y man lle mae wal yr ardd lysiau yn parhau.

Lleolir y pwll hirgrwn sy'n rhoi ei enw i'r ardd tua'r pen gogledd-orllewinol, ac fe'i hymgorfforir yn y wal deras sy'n croesi'r ardd, ac fel y mae'r hyn sydd o amgylch y pwll yn gywastad â lefel uchaf y teras, a cheir grisiau i fyny at y pwll o'r brif ardd islaw. Mae balwstradau tebyg i'r hyn a geir o gwmpas ymyl dde-ddwyreiniol yr ardd yn rhedeg ar hyd wal y teras a chefn y pwll. Unwaith eto, fel y balwstradau o amgylch, mae yrnau ar ben y wal yma ac acw.

Ceir mynedfeydd ar hyd rhes urddasol o risiau yng nghanol yr ochr dde-ddwyreiniol, drwy giatiau haearn dwbl (o'r un patrwm) o ochr y tŷ ac ochr yr Hen Neuadd tua'r pen de-ddwyreiniol, ac o'r ardd lysiau i'r gogledd-orllewin. Mae llwybrau â llawr llechi yn arwain o bob un o'r rhain. Mae tri llwybr cyfochrog syth yn rhedeg o'r gogledd-orllewin i'r de-ddwyrain, un o'r fynedfa dde-ddwyreiniol i'r pwll, a'r lleill i fyny'r ochrau o'r giatiau; mae'r llwybrau ochr yn uno â'r llwybr ar hyd y teras, gan wyro o gwmpas cefn y pwll. Mae'r llwybr at y fynedfa ogledd-orllewinol yn arwain oddi ar hwn. Mae llwybr croes yn rhedeg yn syth ar draws yr ardd rhwng y ddwy set o giatiau ochr, gan gyfateb i'r teras ym mhen arall yr ardd. Ceir grisiau mewn sawl man. Nid yw'r llwybr o'r lôn drwy'r brif fynedfa at y llwybr croes i'w weld ar fap 1918, ond mae'n debyg i bob un arall. Gan fynd yn ei flaen at y pwll, mae ganddo berthi isel ar bob ochr, ac maent yn parhau o gwmpas ymyl dde-ddwyreiniol y pwll, i fyny at wal y teras.

Mae'r Ardd Rosod i'r de-orllewin o'r prif dŷ yn perthyn i gyfnod ar ôl 1900, ond mae'n gorwedd uwchben gardd a oedd yn lawnt gynt sy'n rhedeg i mewn i goed hŷn o lawer. Fel yr Ardd Ddŵr, mae'n ffurfiol o ran cymeriad, â chanddi derasau, balwstradau ac addurniadau gardd, sy'n cynnwys cerflun clasurol a phen ffynnon. Cyn i'r cynllun hwn gael ei osod ymddengys bod yr ardal wedi bod yn anffurfiol, â llwybrau crymion a choed yma ac acw.

Ar wahân i'r lawntiau a'r coetir, yr unig awgrym o nodweddion gardd yn ymyl y prif dŷ cyn newidiadau 1913 yw rhai adeiladau bychain a welir ar hen fapiau, ac mae'r cyfan wedi diflannu bellach. O'r cyfnod cyn 1855 tan rywbryd rhwng 1900 a 1918, 1913 yn ôl pob tebyg, roedd adeilad chweonglog bychan mewn llecyn coediog bychan o borfa, â lonydd o'i gwmpas, yn union y tu ôl y prif dŷ. Mae rhai grisiau, sydd yn yr ardal hon o hyd ac nad ydynt yn arwain i unman bellach, yn perthyn i'r adeilad hwn yn ôl pob tebyg. Yn y coetir tu hwnt i'r hyn sydd bellach yn Ardd Rosod, i'r de-orllewin o'r tŷ, roedd adeilad crwn bychan, hafdy neu gasebo yn ôl pob tebyg, o gyfnod cyn 1889 (ond ar ôl 1871) tan 1913 unwaith eto, yn ôl pob tebyg. Ar un map o 1869 gwelir adeilad arall sy'n wythonglog â darn o dir amgaeëdig o'r un ffurf o'i gwmpas, mae'n debyg, i'r gogledd o'r adeilad chweonglog wrth gefn y tŷ; mae'n rhaid mai adeilad byrhoedlog ydoedd, neu ei fod heb ei adeiladu o gwbl mewn gwirionedd, gan nad yw i'w weld ar fapiau 1855 na 1871.

Yn ôl pob tebyg mae'r tair prif ardd addurnol yn edrych yn debyg heddiw i'r hyn yr oeddynt ar ddechrau'r ganrif, er mai ychydig o blanhigion sy'n goroesi ar derasau isaf gardd yr Hen Neuadd, a diflannodd y tocwaith yn ymyl y neuadd. Gan fod llawer o'r planhigion wedi goroesi'n weddol dda mewn mannau eraill, mae'n bosibl bod y terasau, sydd braidd yn gul, yn cael eu cadw fel rhodfeydd porfa ag ychydig o blannu arnynt.

Tyfodd yr ardd lysiau â wal o'i chwmpas, sy'n gorwedd i'r gogledd o'r tŷ, tu draw i'r Ardd Ddŵr, yn hollol wyllt ac mae cynnal archwiliadau manwl yn amhosibl, ond gellir gweld olion rhai tai gwydr a pheth o'r plannu. Mae ei ffurf yn rhyfedd, fel ffurf 'L' afreolaidd â'i hwyneb i waered, ac fe'i rhennid gan lwybrau yn bedair llain anghyfartal o ran maint. Cyn adeiladu'r ystafell ddawnsio, roedd safle'r adeilad hwn hefyd yn llain yn yr ardd lysiau, er ei fod y tu allan i wal y brif ardal, ac yng ngardd tŷ'r Bwtler y

ceid y rhan fwyaf o'r gwydr.

Gwelir yr ardd lysiau, â'r un ffurf ryfedd iddi o hyd, ar bob map ystad yn y bedwaredd ganrif ar bymtheg, felly mae'n rhaid iddi gael ei hadeiladu'n wreiddiol cyn 1855, ac mae'n perthyn o bosibl i'r un cyfnod ag yr ailadeiladwyd y tŷ ar ddechrau'r bedwaredd ganrif ar bymtheg. Defnyddiwyd lleiniau eraill ar y cyrion fel gerddi llysiau hefyd, neu ar gyfer gwydr.

Yn ddiweddarach yn ei hanes gosodwyd cwrt tenis a chartref i'r sioe anifeiliaid a gadwai George William Duff, yn eu plith pydew eirth, tŷ mwncïod a thŷ buail, yn yr ardd. Mae'r pydew eirth yno o hyd.

Ym 1889 roedd tai gwydr drws nesaf i'r ystafell ddawnsio ym mhen de-orllewinol yr ardd, un wrth y wal ogledd-ddwyreiniol a sawl un arall yng ngardd Tŷ'r Bwtler. Perllan oedd rhan dde-orllewinol yr ardd ac roedd coed ffrwythau mewn dwy ardal arall. Erbyn 1900 tyfodd maint y tŷ gwydr wrth y wal ogledd-ddwyreiniol ac roedd nifer ychwanegol o dai gwydr a fframiau eraill yn y rhan o'r ardd agosaf ato, ond nid oedd coed y berllan i'w gweld ar y map bellach. Erbyn 1916 roedd dau dŷ gwydr arall yno, gan roi ehangder gwydr helaeth ar y cyfan.

Nid oes dim tyfiant yng ngardd Tŷ'r Bwtler sef darn o dir amgaeëdig i'r gogledd-ddwyrain o'r brif ardd lysiau, a cheir mynediad iddi drwy giât haearn addurnol ag addurn uwch ei phen a oedd yn cynnwys cyflenwad golau trydan. Diflannodd pob tŷ gwydr ac eithrio'r tŷ gwinwydd hir yn erbyn y wal ogledd-orllewinol, sydd wedi tyfu'n wyllt ac yn adfail bellach. Mae'r waliau'n gerrig, â chopâu cerrig gwastad, ac maent yn gwyro'n is tua'r giatiau. Yr uchder arferol yw tua 2.5 medr. Mae giât debyg yn arwain i mewn i'r brif ardd, ond ychydig sydd i'w weld yma ar wahân i olion tai gwydr a fframiau sydd wedi mynd â'u pennau iddynt.

Yn ddiweddarach arweiniai'r fynedfa o ben gogledd-orllewinol yr Ardd Ddŵr at y cwrt tenis – mae ganddi giât haearn â chloch uwchben – sydd bellach wedi tyfu'n wyllt. Nid yw'n bosibl treiddio ymhell i mewn yma ond gellir gweld perth bocs, sydd wedi tyfu'n rhy fawr ac a fu'n ymylwaith llwybr gynt yn ddiamau, ac un neu ddwy goeden ffrwythau. Ceir rhai hen danciau dŵr llechi yn yr ardd hefyd.

Mae'r wal o amgylch yn gerrig, heb ei leinio â briciau mae'n debyg, ac mae'n un darn cyfan o hyd fwy neu lai er bod tyfiant yn bygwth cryn dipyn. Mae ganddi gopa gwastad, ac ar wahân i'r mynedfeydd y cyfeiriwyd atynt mae tair arall yn y wal gefn (ogledd-orllewinol). Mae'r wal ogledd-ddwyreiniol, a gynhaliai dŷ gwydr mawr, yn wyngalchog o hyd, er bod y tŷ gwydr wedi diflannu.

Ffynonellau

Sylfaenol

Gwybodaeth oddi wrth Mr S. Wood.

Llungopi o fap ystad y 1770au (y gwreiddiol yn Archifdy'r Sir, Caernarfon).

Cynllun o Ddemên y Faenol (1855), Archifdy'r Sir, Caernarfon (papurau'r Faenol 6896).

Mapiau ystad 1869 a 1871 a chynlluniau a ffotograffau eraill yn y casgliad a gedwir yn y tŷ.

Darlun o bileri giatiau ar gyfer capel angladdol (1879), Archifdy'r Sir, Caernarfon (papurau'r Faenol 6921).

J. Entwisle, arolwg o'r parc a'r ardd (â ffotograffau) (1993).

Eilradd

E. Hyde Hall, *A Description of Caernarvonshire* (1809–11), a olygwyd
o'r llawysgrif wreiddiol gan Jones, E. Gwynne (1952).

Comisiwn Brenhinol Henebion Cymru, *Inventory* Sir Gaernarfon
Cyfr. II (1960).

R. C. Jones, Felinheli. *A personal history of the Port of Dinorwic*
(1992).

Y WERN

CADW

ICOMOS UK

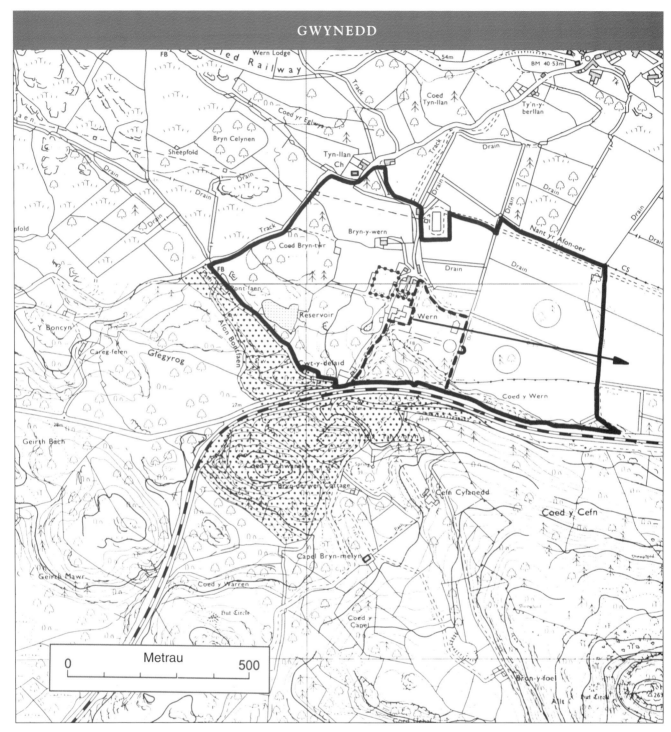

GWYNEDD

Ffin y Parc	———————
Gardd	– – – – – – –
Gardd Lysiau	••••••••••••••
Lleoliad Hanfodol	⬚
Golygfa Arwyddocaol	——————→

Rhif ar y Gofrestr	PGW (Gd) 19 (GWY)
Rhif Blaenorol ar y Gofrestr	
Rhif Taflen A.O.	SH 53 NW, SH 54 SW
Cymuned	DOLBENMAEN/ PORTHMADOG

CRYNODEB

Rhif cyf	PGW (Gd) 19 (GWY)
Map AO	124
Cyf grid	SH 543 399
Sir flaenorol	Gwynedd
Awdurdod unedol	Gwynedd
Cyngor cymuned	Dolbenmaen
Disgrifiadau	Adeiladau rhestredig: tŷ, bloc stablau, pafiliwn gardd, porthordy; oll yn Radd 11.
Gwerthusiad safle	Gradd II*
Prif resymau dros y graddio	Un o'r ychydig erddi sy'n bodoli yng Nghymru a dderbyniodd fewnbwn gan Thomas Mawson. Mae ganddi derasau braf, pwll ffurfiol, gardd ddŵr anffurfiol a gardd gron â phafiliwn deniadol mewn cyflwr da. Gweddillion tŵr/hafdy cynharach a pharc bychan. Mae'r ardd wedi'i chofnodi'n arbennig o dda.
Math o safle	Terasau, gardd sy'n lawnt ag elfennau ffurfiol, gardd ddŵr anffurfiol, coetir, parcdir, gardd lysiau a pherllan.
Prif gyfnodau o adeiladu	Diwedd y bedwaredd ganrif ar bymtheg a dechrau'r ugeinfed ganrif.

Disgrifiad o'r safle

Gorwedd y Wern mewn lleoliad cefn gwlad i'r gogledd-orllewin o Borthmadog, ychydig oddi ar y ffordd i Gricieth a Phwllheli. Mae gardd a pharc o'i amgylch, ond mae'r brif reilffordd i Bwllheli yn weddol agos, ychydig i'r gogledd o'r ffordd. Mae'r tŷ'n wynebu tua'r de a'r dwyrain; mae'r brif fynedfa i'r de ond mae'r lawntiau, yr ardd ffurfiol a'r olygfa i'r dwyrain. I'r gorllewin a'r gogledd orllewin mae'r ierdydd gwasanaeth, a gorwedd gardd lysiau â gweddillion llawer o wydr i'r gogledd o'r rhain, gan eu gwahanu o'r fferm. Mae'r brif ardd lysiau i'r gogledd-orllewin.

Tŷ'r Wynniaid oedd y Wern yn wreiddiol, ond cefnodd y teulu arno a ffafrio tai eraill o'u heiddo yn ail hanner y ddeunawfed ganrif. Ar ddiwedd y ganrif cafodd ei forgeisio, ac ar ôl marwolaeth y morgeisiwr, fe'i gwerthwyd ym 1800 i'r Cyrnol Lloyd Wardle. Ymddengys iddo gychwyn ar waith ailadeiladu'r tŷ ond daeth trafferthion gwleidyddol ac ariannol i'w ran a gadawodd y gwaith yn y pen draw. Tua 1810 mae Hyde Hall yn cofnodi bod y tŷ yn 'a ruin before it was a residence', ond mae'n cyfeirio at yr hafdy (tŵr) ar y bryn a thu cefn.

Ym 1811 gwerthwyd y Wern i Joseph Huddart a orffennodd yr hyn a gychwynnwyd gan Wardle, mae'n rhaid, neu o leiaf gwnaeth ddigon i wneud y tŷ'n drigfan, gan iddo ei osod yn gyntaf i Nathaniel Mathew ac yna i'w fab, yr Uwchgapten Edward Mathew. Yn ystod y denantiaeth hir hon cyfarfu John Whitehead Greaves â'i ddarpar wraig, Ellen Stedman, tra'n aros yn y Wern, ac yn y pen draw rhentodd eu mab Richard Methuen Greaves gan brynu'r tŷ yn ddiweddarach (1886). Gwnaeth yr ystad yn gadarn unwaith eto, a gorchmynnodd John Douglas i ailadeiladu'r tŷ ym 1892.

Priododd R.M. Greaves â Constance Dugdale, ond gan nad oedd ganddynt blant gadawyd y Wern i Martyn Williams-Ellis, mab chwaer Greaves, sef Mabel, a briododd â John Williams-Ellis o Lasfryn. Bellach gwerthwyd y tŷ ac mae'n gartref i'r henoed, ond mae gweddill yr ystad yn eiddo i deulu'r Williams-Ellis o hyd.

Nid yw ffotograff o'r wyneb dwyreiniol a dynnwyd cyn gwaith ailadeiladu 1892 yn edrych yn wahanol iawn i'r un olygfa heddiw, er bod y simneiau ar goll; ond mae cymharu map y degwm 1839 â'r mapiau 25 modfedd diweddarach yn dangos bod y tŷ yn fwy na

dwywaith ei faint. Mae'n debygol, fodd bynnag, fod y tŷ presennol yn cynnwys llawer iawn o adeiladwaith y tŷ blaenorol. Mae o gerrig nadd garw, di-haen, lleol â ffenestri tywodfaen myliynog a chroeslathog tywodfaen, a chyntedd tywodfaen addurnol tu hwnt, â'r dyddiad 1892 a'r llythrennau blaen R M G (am Richard Methuen Greaves). Ar y cyntedd ac o'i gwmpas mae pennau uchaf â'r ddwy arddull a ddefnyddir ar y terasau – pelenni cerrig a phyramidiau hirfain – ond mae'n anodd dweud pa un sy'n gopi o'r llall, neu a ydynt i gyd yn perthyn i'r un cyfnod. Mae'r tŷ'n ddeulawr yn bennaf, â chroglofft, ond mae'r cyntedd mewn adain unllawr sy'n perthyn i gyfnod ar ôl 1892. I'r dwyrain ohono mae darn deulawr â thalcen Iseldiraidd, a thu hwnt iddo mae ffenestr fae mewn hanner cylch. Mae llechi ar y to a'r simneiau o gerrig nadd.

Mae casgliad o dai allan yma ac acw yng nghefn y tŷ, o amgylch dwy iard ac mae rhai ohonynt ynghlwm wrth y tŷ a rhai ynghlwm wrth ei gilydd yn unig. Trefnir y prif elfennau o amgylch iard amgaeëdig sy'n cyffinio â'r tŷ i'r gorllewin. Mae'r rhain mewn cyflwr gweddol dda, tra bod rhai o'r adeiladau yn yr iard agored i'r gogledd yn hanner adfeilion, ac mae'r iard ei hunan wedi tyfu'n wyllt.

I'r gorllewin o'r llwybr llai sy'n rhedeg rhwng y lonydd gogleddol a deheuol ar hyd ochr orllewinol y tai allan mae rhagor o adeiladau a waliau sydd wedi mynd â'u pennau iddynt, o bosibl gweddillion tai allan a ddisodlwyd gan yr adeiladau presennol (ond nad ydynt i'w gweld ar fap y degwm).

Mae'r cerbyty a'r stablau ar ochr orllewinol yr iard stablau, ac yn ymuno yn y pen gogleddol â'r tŷ tyrbin sydd, ynghyd â'r ystafell ynau/swyddfa ystad, yn ffurfio ochr ogleddol yr iard. Ar y gornel mae tŵr cloc. Nid oes un o'r adeiladau hyn i'w gweld ar fap degwm 1839 ac yn ôl pob tebyg maent yn perthyn i'r un cyfnod â thŷ 1892. Yn yr ongl a ffurfir gan y ddwy res mae ardal fawr dan do, â drysau'r cerbyty y tu ôl iddi; mae'r stablau i'r de, â chroglofft uwchlaw. Mae'r adeiladau o gerrig, â tho llechi.

Mae sied geirt hir o gyfnod cynharach yn cefnu ar ochr orllewinol y cerbyty ac yn ymwthio tua'r gogledd. Mae hon hefyd o gerrig â tho llechi, ac mae ganddi borth bwaog briciau melyn uwchben y fynedfa yn y pen deheuol. Mae i'w gweld ar fap 1839, ac mae'n bosibl mai dyma oedd y stablau a'r cerbyty cyn ychwanegu'r adeilad diweddarach. Mynedfa ddiweddarach yw'r porth bwaog briciau yn ôl pob tebyg, a gwnaed ar ôl i'r drysau gwreiddiol gael eu llenwi gan y stabl, gan mai'r un yw'r fric a ddefnyddiwyd yn y tŷ tyrbin a swyddfa'r ystad yn ddiweddarach.

Wyneb tarmac sydd i'r iard stablau ond mae llecynnau o gerrig sets wrth y fynedfa o hyd, o flaen y stablau a'r cerbyty, ac o flaen y caban.

Mae tŷ'r bwtler gynt a'r caban yn ddau fwthyn sy'n gynharach na gweddill yr adeiladau yn yr iard stablau; dyma res ddeheuol y stablau, ac fe'u gwelir ar fap y degwm 1839. Maent yn cyffinio â'r tŷ i'r dwyrain. Maent yn bâr o dai dan yr un to, y ddau o gerrig rwbel â thoeau llechi; mae'r caban yn fwy o faint ac mae iddo fwa â phen crwn uwchben y drws, sydd gywastad â ffasâd y bwthyn. Mae gan dŷ'r bwtler gapan drws llechi ac mae'r drws mewn cilfach. Mae'r ffenestri yn rhai codi. Mae gan y bythynnod erddi bychain yn y cefn, y tu allan i'r iard i'r de, ac ar ochr ogleddol y lôn wrth iddi ddod tuag at wyneb blaen y tŷ.

Mae'r tŷ tyrbin a swyddfa'r ystad yn cyffinio â'r cerbyty a dyma'r rhes ogleddol o amgylch yr iard stablau. Maent wedi'u hadeiladu o gerrig, yn unllawr â ffenestri codi, a simneiau briciau a godwyd o'r un briciau melyn a ddefnyddiwyd ar gyfer porth bwaog y sied geirt. Arferai swyddfa'r ystad fod yn ystafell ynau ar un adeg.

Mae wistaria anferthol yn gorchuddio swyddfa'r ystad bron yn gyfan gwbl, a cheir llwyni a phlanhigion dringol ar hyd tu blaen y tŷ tyrbin hefyd, gan gynnwys jasmin. Mae perth bocs wedi'i thocio yn rhedeg o flaen y ddau adeilad. Yng nghornel ogledd-orllewinol adain ogleddol y tŷ, a adeiladwyd ym 1892, mae pantri hela, ac mae teils ar y tu mewn a tho pyramidaidd.

Mae'r parc, sy'n amgylchynu'r tŷ ac yn gorwedd ar dir gwastad iawn i'r dwyrain, ond ar dir mwy anwastad sy'n esgyn tua'r gorllewin, yn cael ei ffermio, er bod ardaloedd yn dal heb eu haredig ac yn cael eu pori ryw ychydig. Mae un ardal yn arbennig, i'r de-orllewin, yn dra choediog o hyd. Yn yr ardal hon hefyd ceir llyn cronfa bychan, ac i'r gogledd ohono mae bryn coediog ag olion y tŵr gwylio y cyfeiriodd Hyde Hall ato.

Yn y parc i'r dwyrain, mae dau brysglwyn crwn y gellir eu gweld dros ffosglawdd. Cawsant eu plannu i wella'r olygfa o'r parc drwy dorri'r rhes o fryniau sy'n ffurfio'r olygfa yn y pellter. Mae'r bryniau hyn yn cynnig gwedd ddymunol ond mae ganddynt nenlinell hir, wastad bron, ac mae'r prysglwyni yn y blaendir yn ychwanegu at ddiddordeb hyn heb guddio'r olygfa'n ormodol.

Sefydlwyd yr ystad yn yr unfed ganrif ar bymtheg gan Morris Johns, a oedd yn berchen ar ardd a pherllan a grybwyllid mewn dogfennau ar brydiau fel tirnodau, ac felly yn ôl pob tebyg roeddynt yn dra chyfarwydd ar y pryd. Yn yr ail ganrif ar bymtheg trosglwyddwyd yr ystad trwy briodas i'r Wynniaid o'r Glyn, yn ymyl Harlech, a fu'n byw yno yn ystod hanner cyntaf y ganrif nesaf, ond symudasant wedyn i Beniarth, a ddaeth i'w meddiant eto trwy briodas. Trosglwyddwyd ystad y Wern i Syr George Warren, cyfaill i'r teulu y benthycodd William Wynn lawer o arian ganddo, er mwyn galluogi Warren i fanteisio ar y rhenti ac incwm arall. Yn y pen draw fe'i gwerthwyd i Wardle (ym 1800) pan fu farw Warren. Mae'n debygol felly y gwneid unrhyw welliannau i'r tir yn hanner cyntaf y ddeunawfed ganrif, neu ar ôl cyfnod Wardle yn y bedwaredd ganrif ar bymtheg. Roedd ffiniau'r parc yr un fath ym 1839 ag ar ôl adeiladu tŷ 1892, ond dim ond y darn gorllewinol o dir amgaeëdig a'r bryn coediog â'r tŵr sy'n debygol o fod yn rhan o barc o'r ddeunawfed ganrif neu'n gynharach na hynny. Mae llawer o'r plannu yn perthyn i'r bedwaredd ganrif ar bymtheg neu'n ddiweddarach, ond mae'n debygol i'r coed o amgylch y tŵr gael eu plannu yn y ddeunawfed ganrif.

Ceir dwy lôn sy'n cael eu defnyddio o hyd, ond y lôn ddeheuol oedd y brif lôn erioed, mae'n amlwg, ac felly y mae o hyd. Giatiau pren trwm yw'r giatiau wrth y fynedfa â phileri sgwâr haearn gyr addurnol a adeiladwyd o gerrig nadd garw a phelenni cerrig ar eu copaon. Boulton a Paul o Norwich oedd yn gyfrifol am gynllun y rhain, ac mae'r darluniau yn ddyddiedig 1890 ac wedi'u harwyddo â'r blaenlythrennau TmP. Fodd bynnag adeiladwyd pyst y giatiau yn wahanol i'r llun ohonynt yn y darluniau. Mae giât i gerddwyr ar ochr y porthordy. Rheolwyd y giatiau'n awtomatig o'r tu mewn i'r porthordy; Greaves ei hun ddyfeisiodd y peirianwaith. Mae wyneb tarmac i'r lôn. Mae'n gadael ffordd Porthmadog-Pwllheli ac yn mynd yn union dan y rheilffordd; yma mae'r wal yn adeiladwaith sy'n perthyn i'r rheilffordd yn ôl pob tebyg, sef blociau o gerrig nadd garw mawr. Y tu hwnt i arglawdd y rheilffordd ceir waliau morter isel o gerrig tebyg ond llai, â chopaon slabiau llechi, hyd at giatiau'r fynedfa wrth y porthordy. Ychydig bellter i fyny'r lôn o'r fynedfa saif y porthordy. Mae'n perthyn i'r un cyfnod â'r tŷ presennol ac yn waith yr un pensaer (John Douglas), ac ymddengys iddo gael ei adeiladu o'r un cerrig nadd garw ond o amrywiol faint. Mae'n adeilad addurnol, ag arddull caban gwyliau bron. Mae bloc canolog ganddo, sy'n ymwthio yn y blaen, yn unllawr â chroglofft, ac adain isel ar bob ochr dan do ar oleddf llydan.

Mae gan y lôn ogleddol darmac yn ymyl y fynedfa. Mae'n arwain o Dyn-llan, sydd ychydig bellter i lawr llwybr o Benmorfa, ar ffordd Porthmadog-Caernarfon. Mae'r tarmac yn dirywio'n fuan, ac mae gweddill y lôn, sy'n mynd i gyfeiriad y tŷ drwy fferm yr ystad, gan ddod ar hyd ymyl orllewinol y bloc stablau i gyfarfod â'r lôn ddeheuol, yn ddiwyneb fwy neu lai. Mae'n mynd drwy dir ffermio ac mae iddi wal am y rhan fwyaf o'r ffordd.

Mae'r ddwy lôn, sy'n dilyn yr un llwybr ag ym 1839 fwy neu lai, yn llwybr cyhoeddus bellach, ond diflannodd llwybr ar draws y darn o barc amgaeëdig mwyaf gogleddol. Yr unig lwybr arall yw'r lôn at y tŵr ar y bryn, sy'n llwybr llai diwyneb ar ymyl yr ardd lysiau yn rhannol, yn llwybr caregog a dyfodd yn wyllt â rhodfa yn rhannol, sy'n croesi'r parc rhwng ffensys haearn, ac yn llwybr troed segur yn rhannol a dyfodd yn wyllt drwy'r coed. Nid oedd hwn yn bodoli ym 1839 ac yn ôl pob tebyg mae'n perthyn i'r un cyfnod â'r gwelliannau eraill a wnaed i'r ardd ar ddiwedd y bedwaredd ganrif ar bymtheg a dechrau'r ugeinfed ganrif.

I'r gogledd-orllewin o'r tŷ mae bryn coediog, sydd bellach yn llawn conifferau yn bennaf ac yn cael ei ddefnyddio fel ardal ffesantod, ac ar ei ben mae tŵr sy'n adfail. Ceir hefyd olion rhai adeiladau eraill, rhai domestig o bosibl, nad ydynt i'w gweld ar fap 1839, ond erbyn 1915 trosglwyddwyd yr enw Bryn-twr iddynt hwy. Mae gan y llwybr sy'n mynd i gyfeiriad y coed o gornel yr ardd lysiau rodfa o goed collen Ffrengig.

Ymddengys y bu'r tŵr yn hafdy neu'n fan picnic ac mae'n dyddio o gyfnod cyn y tŷ presennol; ymddengys mai dyma'r unig ymgeisydd posibl ar gyfer yr hafdy 'on rising ground behind the house' y mae Edmund Hyde Hall yn cyfeirio ato ar ddechrau'r bedwaredd ganrif ar bymtheg, ac fe'i gwelir ar fap degwm 1839. Mae'n rhaid bod golygfa arbennig o dda i'w chael o'r tŵr, oherwydd uchder ychwanegol y bryn a'r adeilad ei hun, ond bellach mae'r coed yn rhy drwchus i'w gwerthfawrogi.

Tir amaethyddol yw'r parcdir gan mwyaf bellach; mae'r tir i'r dwyrain yn isel ac yn llaith ac wedi'i rannu'n ddarnau hirsgwar gan ffosydd draenio; mae'r darn o dir amgaeëdig mwyaf deheuol fodd bynnag braidd yn arw ac ymddengys na chafodd ei aredig. Yn ôl pob tebyg ni fu gan yr ardal hon unrhyw goed enghreifftiol erioed (nid oes dim i'w gweld ar fap 1915), ond mae yno ddau brysglwyn perffaith grwn, mewn safle sy'n cyfoethogi'r olygfa tua'r dwyrain trwy dorri ar y rhes hyfryd, ond undonog braidd, o fryniau ar y gorwel.

Mae'r darnau o dir amgaeëdig i'r gogledd-orllewin o'r tŷ yn fwy sych ac yn gwyro'n raddol, ond fel arall maent yn debyg. Ond i'r gorllewin a'r de-orllewin, i'r gogledd a'r gorllewin o'r porthordy, mae'r tir yn fwy tonnog â brigiadau creigiog sy'n barcdir traddodiadol â choed yma ac acw, a chyfran deg o'r rheiny a welir ar fap 1915 yno o hyd. Mae'r borfa yn y darn amgaeëdig hwn, fodd bynnag, braidd yn arw bellach; mae'n amlwg na chafodd ei aredig na'i ailháu, tra bod hyn wedi digwydd yn y rhan fwyaf o'r gweddill. Y tu draw i hyn, i'r gogledd-orllewin, mae ardal debyg arall, ond nid oes coed yno.

Ffosglawdd yw ffin ddwyreiniol yr ardd, ac mae'n caniatáu golygfa ddi-dor dros y parcdir tua'r bryniau yn y pellter. Mae'n ffurfio rhan o ffin hir hollol syth yn y parc, a oedd yn meddu ar stribed o goed ar hyd-ddi (ac eithrio lle mae'r ffosglawdd heddiw) ym 1839. Roedd y rhain eisoes wedi diflannu erbyn 1915. Mae'r ffos ddraenio yn rhedeg ar hyd ei hymyl a hyn yn ôl pob tebyg sy'n gyfrifol am natur syth y ffin. Mae absenoldeb unrhyw goed ar hyd ffin yr ardd ym 1839 yn awgrymu bod yr olygfa yn bwysig ar y pryd, ac mae'n bosibl bod y ffosglawdd eisoes yn ei le, er bod y prysglwyni crwn tu hwnt heb eu plannu erbyn hynny.

Ar ymyl orllewinol y darn amgaeëdig yn y parcdir â choed, i'r de o Goed Bryn-twr, mae llyn bychan sy'n gweithio fel cronfa. Mae'n nodwedd yn y parc hefyd, ac yn elfen bwysig o ran flaen yr olygfa o'r bryn â'r tŵr pan geir cipolwg ohoni drwy'r coed. Mae'n perthyn i gyfnod diweddarach na'r tŵr, fodd bynnag, gan nad yw i'w weld ar fap y degwm, ac yn ôl pob tebyg mae'n perthyn i'r cyfnod o welliannau ar ddiwedd y bedwaredd ganrif ar bymtheg.

Gwelir dau bwll bychan ar fap 1915, yng nghornel ogledd-ddwyreiniol y darn amgaeëdig o barcdir â choed, ychydig i'r gorllewin a'r de-orllewin o'r iard stablau. Dim ond y pwll lleiaf mwyaf gogleddol sydd i'w weld ar fap y degwm. Perllan oedd y darn afreolaidd ei ffurf rhwng y pwll mwyaf a'r lôn, ac roedd cwrs dŵr yn llifo tua'r gogledd o'r pyllau heibio i'r gerddi llysiau a'r fferm. Roedd llifddor wrth yr all-lif o'r pwll isaf yn rheoli'r cyflenwad dŵr. Roedd y gorlifiad o'r gronfa yn llenwi'r pyllau. Bellach mae'r ardal i gyd wedi tyfu'n hollol wyllt, ac mae'n amhosibl gweld a yw'r pyllau'n bodoli o hyd, er mae'n amlwg bod pant llaith yno. Nid oes dŵr yn y cwrs dŵr sy'n llifo tua'r gogledd, fodd bynnag.

Gorwedd y gerddi i'r de a'r dwyrain o'r tŷ, ac maent mewn dwy brif ardal. I'r de mae cryn dipyn o anialdir, â nifer o goed enghreifftiol aeddfed a phlanhigion diddorol eraill, yn arbennig rhododendronau; ac i'r dwyrain, mae lawntiau a gerddi ffurfiol a rennir gan nant oddi wrth yr anialdir.

Prif nodwedd yr ardal hon, ar wahân i'r terasau yn ymyl y tŷ, yw rhodfa hir sy'n dod i ben wrth ardd gron â phafiliwn gardd gerrig pert, a gynlluniwyd gan Thomas Mawson. Cynlluniodd Mawson rannau ffurfiol yr ardd tua 1901-03. Sylwodd ar y cynllun a'r plannu a osodwyd yno eisoes gan Greaves, ac roedd y teras gwreiddiol tua deng mlynedd yn hŷn yn ôl pob tebyg. Mae rhai o'r coed yn amlwg yn perthyn i gyfnod cyn Greaves yn gyfan gwbl. Ychwanegodd Mawson ail deras i'r un cynharaf a gynlluniwyd gan Douglas. Mae'r planiau a'r cynlluniau ar gyfer y rhain i gyd ar gael a chadw, fel y cynllun o'r pwll lilïau yng nghornel ogledd-ddwyreiniol yr ardd, a gynlluniwyd tua'r un adeg ond nid gan Mawson yn ôl pob tebyg.

Ceir hefyd rai coed enghreifftiol cain yn yr ardd, sy'n amlwg yn perthyn i gyfnod cyn gwelliannau dechrau'r ugeinfed ganrif, ac roedd yno ardd gerrig, sydd bellach wedi'i llyncu gan lwyni cyfagos. Mae cyfres dda o ffotograffau o'r gerddi o ddiwedd y bedwaredd ganrif ar bymtheg ymlaen yn goroesi hefyd, gan wneud hon yn ardd y cofnodwyd cryn dipyn amdani. Mae wedi tyfu braidd yn wyllt bellach, ond mae'r rhan fwyaf o'r nodweddion pwysig wedi goroesi.

Mae'r lôn ddeheuol yn ei chyfanrwydd o fewn yr ardd, er bod y lôn ogleddol y tu allan iddi'n gyfan gwbl. Mae wyneb tarmac ar y lôn ddeheuol ac ar ôl y porthordy nid oes ffens iddi; ceir llethrau porfa ar bob ochr, sy'n gwyro tuag i fyny i'r gorllewin tuag at y parc, ac i lawr i'r dwyrain at y nant fechan sy'n llifo ar ymyl yr anialdir. Fe'u plannwyd â choed enghreifftiol, ond nid fel coedlan. Wrth i'r lôn ddynesu at y tŷ, ceir giât haearn gyr lydan, a baentiwyd yn wyn fel y rhai wrth fynedfa'r lôn ogleddol, ac mae'n weddol debyg i'r rhain yn gyffredinol.

Roedd llwybrau niferus yn yr ardd ar un adeg, ond yn anffodus ychydig ohonynt sydd yno bellach. Ar fap 1915 gellir gweld y cynllun cyflawn ar y pryd, sy'n cynnwys llwybr hir rhwng y man gyferbyn â'r porthordy a phen pellaf yr anialdir yng nghornel dde-ddwyreiniol y parc; dau neu dri o lwybrau byrrach yn yr anialdir a gysylltai â'i gilydd; cynllun ffurfiol o lwybrau yn rhan ddeheuol yr ardd, yn seiliedig ar y rhodfa hir o'r terasau i'r ardd gron, gan gynnwys llwybrau croes a llwybrau o gwmpas y lawnt yn y pen

gorllewinol (i'r de o'r tŷ); llwybr ar hyd pen uchaf y ffosglawdd; llwybrau yn ardal y pwll lilïau; llwybr ar hyd talcen dwyreiniol y tŷ (lôn gerbydau gynt, a oedd yn dyddio o gyfnod cyn ailadeiladu 1892 – roedd y brif fynedfa ar ochr ddwyreiniol y tŷ bryd hynny); a llwybr crwm ar draws pen dwyreiniol y brif lawnt, gan gysylltu'r pergola rhosod, y pwll lilïau a'r stribed llwyni gogleddol â'r llwybrau yn ymyl y tŷ. Nid oes un o'r rhain i'w gweld ar fap manwl y degwm ym 1839 ac eithrio'r lôn gerbydau ddwyreiniol a sgwâr o lwybrau ar y lawnt fechan bron yn union i'r de o'r tŷ.

Gellir olrhain llawer o'r llwybrau o hyd, er mai fel twmpathau yn y borfa yn unig y mae nifer ohonynt i'w gweld, a'r unig rai sy'n dal i gael eu defnyddio cryn dipyn yw'r rhodfa hir a'r llwybr ar hyd wyneb dwyreiniol y tŷ. Mae gan ddarn o'r llwybr hwn ymylon llechi o hyd lle mae'n mynd i ganol y llwyni gogleddol, ac mae'n ddigon llydan i gerbydau. Tyfodd y llwybr a arferai redeg trwy'r llwyni hyn yn hollol wyllt, ac nid oes modd mynd ar hyd y rhan fwyaf o'r llwybrau yn yr anialdir, er bod modd gweld y fynedfa i'r llwybr hir o hyd, â'r bont gerrig fechan dros y nant.

Mae'r teras uchaf yn rhedeg ar hyd ochr ddeheuol y tŷ ac yn ôl tua'r gogledd ar hyd yr ochr ddwyreiniol, hyd at y man lle mae lefel naturiol y ddaear yr un fath â'r teras, lle mae ymylon cerrig yn mynd yn ôl i'r gorllewin i nodi diwedd y teras. Mae'n llydan ac wedi'i raeanu'n arw, ac yn cael ei defnyddio'n rhannol fel maes parcio bellach, â lawnt fechan gerllaw'r tŷ ar yr ochr ddeheuol, a stribed porfa â phelenni bocs y tu mewn i'r balwstradau ar yr ochr ddwyreiniol. Cedwir copïau o'r cynlluniau gwreiddiol yn Archifdy'r Sir; dyddiad y fersiwn gyntaf yw 1894 (rhif 191), er mai cynllun 195 (diddyddiad), o bosibl o'r flwyddyn ganlynol, a fabwysiadwyd. Yr unig wahaniaeth yw bod arcedau y balwstradau ychydig yn fwy addurnol. Gwnaed y cynlluniau gan gwmni Douglas a Fordham ('Douglas' yn ôl pob tebyg oedd John Douglas, pensaer y tŷ) ac mae'n amlwg o'r cynlluniau bod y teras yn weddol isel yn wreiddiol, â llethr naturiol i lawr at y nant islaw.

Un o gynlluniau Thomas Mawson yw'r teras isaf, sy'n raeanog hefyd. Mae un cynllun yn ddyddiedig 1902 ac yn perthyn i'r un cyfnod felly â'r ardd gron a'r pafiliwn, a gysylltir â'r teras drwy risiau i lawr at y rhodfa hir. Bu'n rhaid torri'r ddaear i ffwrdd yn fwy o lawer ar gyfer y teras hwn, a'r canlyniad oedd lawnt wastad ar y gwaelod rhwng y teras a'r nant, ac mae'n anodd gweld sut y gellid bod wedi cyflawni hyn heb ddymchwel y waliau a'u hailadeiladu a gosod balwstradau ar y teras uchaf. Ymddengys i'r balwstradau a'r pennau uchaf sy'n nodweddiadol o'r ddau gynllun gael eu symud o gwmpas rywfaint, felly mae'n debygol i hyn gael ei wneud mewn gwirionedd.

Ystyriwyd tri chynllun ar gyfer y teras diweddarach hwn, gan gynnwys cynlluniau a chyfuniadau gwahanol o lethrau porfa a waliau, ac amrywiol arddulliau o falwstradau a phennau uchaf. Mae'r pennau uchaf pyramidaidd uchel a ddewiswyd yn y pen draw yn cyferbynnu'n gryf â phelenni cerrig mawr y teras cynharaf, ond nid yw'r cyfuniad yn aflwyddiannus ar unrhyw gyfrif.

Mae'r ddaear yn esgyn tua phen gorllewinol y teras deheuol, a thua phen gogleddol y teras dwyreiniol, ac felly yn y gornel dde-ddwyreiniol y mae'r gwahaniaeth mwyaf o ran uchder, tua 4.5 medr. Yma mae'r teras isaf yn lletach nag ymhellach i'r gorllewin, lle ceir lled y llwybr yn unig, â thair rhes o risiau yn dod ag ef i lawr o'r gorllewin i lefel y rhan letach; nid oes teras is i'r dwyrain. O'r gornel daw'r grisiau i lawr at lefel y rhodfa hir, sy'n parhau llinell y teras isaf tua'r dwyrain at yr ardd gron.

Ceir sawl fersiwn o gynlluniau Mawson ar gyfer yr ardd gron a'r rhodfa hir; nid oes dyddiad i bob un, ond mae un yn ddyddiedig 1901, fel cynlluniau'r pafiliwn. Ymhlith y cynlluniau mae rhai sy'n ymgorffori pwll, boed yn ffurfiol neu'n anffurfiol, mewn amrywiol fannau, yn ogystal â phergolâu rhosod, rhodfeydd a chynlluniau gwahanol ar gyfer y lawnt sgwâr fechan. Mae fersiwn 1901 yn agos i'r cynllun terfynol a ddewiswyd. Ceir hefyd gynllun gan Clough Williams-Ellis ym 1920 ar gyfer pâr o giatiau i'r rhodfa hir, ond ni chawsant eu codi erioed. Mae cyfres dda o ffotograffau yn bodoli, sy'n dangos yr ardd cyn gweithredu cynllun Mawson, yn ystod cynllunio'r ardd gron, ac ar ôl ei gorffen. Ychydig ohonynt sydd wedi'u dyddio (ac mae un yn amlwg yn anghywir) ond gan fod y colofnau dŵr ar y pafiliwn wedi'u dyddio 1903, a bod ffotograff yn dangos yr ardd gron yn cael ei chynllunio pan oedd y pafiliwn eisoes yn ei le, mae'r dyddio'n weddol sicr. Mae un ffotograff yn dangos y perthi yw ar bob ochr i'r rhodfa hir yn cael eu plannu, ac mewn ffotograff arall, dyddiedig 1915, ymddengys eu bod wedi hen sefydlu.

Mae cynllun Mawson yn cynnwys y rhodfa hir, gan barhau llinell y teras isaf, â'r ardd gron yn y pen, a llwybr croes bron dwy ran o dair o'r ffordd i lawr, â phergola rhosod. Mae'r rhodfa hir tua 6 medr o led â pherthi yw ar bob ochr ac, a barnu wrth y ffotograffau, roedd iddi forder yn wreiddiol yn erbyn ochr allan y berth ar yr ochr ddeheuol. Ar yr ochr ogleddol mae coed enghreifftiol mewn clystyrau ar hyd ochr allanol y berth.

Mae gan yr ardd gron dri llwybr consentrig yn ogystal â llwybrau croes ac mae'r pafiliwn gyferbyn â diwedd y rhodfa hir. Adeiladwyd y pafiliwn bach pert hwn yn ôl cynllun gan Mawson ym 1903. Mae iddo flaen agored â thri phorth bwaog o waith carreg nadd, â cholofnau crwn, a tho llechi ar oleddf â chornis islaw. Mae'n wahanol i'r cynllun gwreiddiol gan fod ganddo bediment clasurol. Defnyddir y porth bwaog yn y canol fel mynedfa, ac mae gan y ddau arall falwstradau ar draws. Fe'u gwnaed o gerrig gwneud ac yn meddu ar gynllun o flodau a sgroliau.

Rhwng y llwybrau mae gwelyau blodau, ac mae perth o gwmpas yr ardd. Ceir hefyd docwaith yn yr ardd mewn mannau arwyddocaol. I'r gogledd mae'r llwybrau croes yn arwain i lawr grisiau at y pwll lilïau, ac i'r de i lawr ychydig risiau allan o'r ardd, ac yna i lawr rhagor o risiau at lwybr gynt ar ongl sgwâr sy'n arwain at y ffosglawdd. Mae'r grisiau ar yr ochr ddeheuol mewn ardal lle ceir llwyni sydd wedi tyfu'n hollol wyllt.

Mae'r llwybr croes ar y rhodfa hir yn arwain tua'r gogledd at ddeildy yw, a thua'r de at ychydig risiau i lawr llethr borfa (o ganlyniad yn ddiamau i lefelu angenrheidiol ar gyfer y rhodfa hir a'r ardd gron) at y lawnt ddeheuol. Ceir pergola rhosod ar bob ochr i'r llwybr. Mae ganddo byst llechi tenau, uchel, yn ffurfiedig (maent yn sgwâr) ond heb eu naddu, â dolenni cadwyn yn eu cysylltu ar y pen uchaf. Mae bandiau haearn o amgylch pennau uchaf y pyst yn cadw'r dolenni cadwyn yn eu lle. Ceir un post ar bymtheg i gyd, pedwar ar bob ochr i bob hanner o'r llwybr croes, ac mae'r dolenni cadwyn i gyd yno heblaw am un. Ystyriwyd ymgorffori'r pwll lilïau ffurfiol yn y rhodfa hir, ac ar gynllun 1901 gwelir pwll anffurfiol nid nepell o'r man lle mae'r pwll lilïau heddiw, ond adeiladwyd y pwll ffurfiol i'r gogledd o'r ardd gron yn y pen draw.

Codwyd wyneb y llwybrau yn yr ardd gron (a ddisgrifiwyd fel teils), a chafodd yr yrnau a'r eitemau cludadwy eraill eu dwyn, neu cawsant eu cymryd oddi yno pan werthwyd y tŷ. Mae wrn canolog mawr â bwa haearn uwch ei ben i'w weld mewn ffotograffau diweddar a diflannodd yn ystod yr ychydig flynyddoedd diwethaf. Fodd bynnag, mewn ffotograffau a dynnwyd yn y 1950au mae'r ardd eisoes yn edrych fel petai'n cael ei hesgeuluso braidd bryd hynny.

Gorwedd y pwll lilïau mewn darn o dir hirsgwar yn fras i'r gogledd o'r ardd gron. Mae'r pwll yn hirsgwar â phennau cromfannol, ac ar un adeg roedd rhodfa yr holl ffordd o'i gwmpas, â pherthi'n ei amgáu, sy'n cyfateb i'r gromfan i'r gogledd (mae'r fynedfa o'r ardd gron i'r de). Mae'r perthi yno o hyd ond tyfodd y rhodfa yn wyllt gan borfa a chwyn. Mae'r pwll, sydd ag ochrau syth, yn weddol ddwfn ac yn dal dŵr o hyd, ond nid yw'n llawn.

Yn union i'r gorllewin o'r pwll – ar un adeg gellid ei chyrraedd ar hyd llwybr oddi yno, mae gardd gerrig ar frigiad naturiol, ym mhen eithaf de-ddwyreiniol y stribed lwyni sy'n rhedeg ar hyd ochr ogleddol yr ardd. Mae hwn wedi tyfu mor hollol wyllt bellach na ellir gweld dim.

Defnyddiwyd nant fechan sy'n llifo i'r tir o'r de, wrth ymyl y lôn, fel nodwedd gardd. Ychydig i'r de o'r tŷ mae'n troi drwy naw deg gradd ac yn llifo tua'r gorllewin; yn ôl pob tebyg o'r man hwn ymlaen mae ganddi gwrs gwneud ond mae'n rhaid ei bod ar ei chwrs naturiol yn fras, ar hyd ymyl tir sy'n codi tua'r de. Mae'n bosibl iddi gael ei haddasu gan Mawson, ond er ei fod yn cyfeirio ati yn ei nodiadau am yr ardd hon nid yw'n dweud ei fod wedi gweithio arni.

Yn ogystal â'i gwella a'i phlannu fel nodwedd gardd yn ei rhinwedd ei hun, defnyddiwyd y nant fel llinell derfyn; i'r dwyrain ohoni lle mae'n llifo tua'r de ac i'r de ohoni lle mae'n llifo tua'r dwyrain, plannwyd y tir sydd ar oleddf fel anialdir eang. Ar yr ochr arall mae llethr borfa ar ymyl y lôn, a lawntiau ym mhrif ran yr ardd.

Ymhlith y driniaeth a gafodd y nant mae rhaeadrau gwneud bychain, ffosydd i'r dwyrain o'r tro, ac argáu a chreu pyllau wrth y tro ei hunan. Mae'r ardal hon braidd yn gymhleth ac yn anodd i'w dehongli, gan fod y waliau mewn cyflwr gwael a'r holl ardal mewn cysgod ac wedi tyfu'n wyllt; ond ymddengys yn debygol bod yno ardd ddŵr fechan anffurfiol, yn ogystal â nodweddion a gynlluniwyd i gyfoethogi murmur y nant. Mewn un ffotograff gwelir rhaeadr wneud, sy'n fwy o faint na'r lleill mewn mannau eraill ar hyd y nant, ac ymddengys ei bod yn yr ardal hon; mae un darn o wal sy'n goroesi yn rhan o'r adeiladwaith hwn yn ôl pob tebyg. Roedd pontydd slabiau bychain a llwybrau yn caniatáu mynediad i'r ardal, ac o un bont weddol uchel ceir cipolwg o bafiliwn yr ardd ar ddiwedd y rhodfa hir. Ymddengys mai un o'r nodweddion oedd tanc a gynlluniwyd i ddal dŵr, â sianel gyfochrog gerllaw; ond mae planhigion yn y tanc bellach, a llifa'r dŵr drwyddo (heb ei lenwi) tra bod y sianel yn sych.

Nid yw'r ardal hon yng nghynlluniau Mawson, ac ni chafodd ei datblygu ym 1839. Mae'n debygol felly iddi gael ei chynllunio gan Greaves, fel rhan o'r un cyfnod o ailgynllunio'r gerddi yn ôl pob tebyg.

Yn anffodus dryswch yw'r rhan fwyaf o'r anialdir eang i'r de o'r nant bellach, gan ei gwneud yn anodd adnabod nodweddion ei gynllun, a oedd yn amlwg yn cynnwys mwy na llwybrau yn unig. Gyferbyn â rhan uchaf y rhodfa hir mae pont dros y nant sy'n arwain at rodfa o goed sy'n rhedeg i fyny'r llethr yn yr anialdir gwyllt, a gwelir nodwedd hirsgwar hir arall, tir agored yn ôl pob tebyg, i'r gorllewin ohono ar fap 1915.

Mae'r anialdir yn ymestyn at ffordd Porthmadog-Pwllheli, ac yn ôl pob tebyg fe'i cynlluniwyd i guddio arglawdd y rheilffordd. Nid oedd yn bresennol ym 1839, ar adeg nad oedd y rheilffordd wedi'i hadeiladu. Mae'n culhau ac yn ymestyn tu draw i'r ardd i'r dwyrain, gan greu stribed o goed a llwyni ar ymyl ddeheuol y parc. Mae twnnel dan y rheilffordd yn caniatáu mynediad i lain o dir ar hyd ymyl y ffordd a dorrwyd i ffwrdd gan y rheilffordd, a gellir mynd iddo ar hyd rhodfa o yw Gwyddelig, a oedd yn ôl pob tebyg yn brif lwybr ar un adeg.

Roedd lawntiau yn amgylchynu gwahanol nodweddion yr ardd, ac mae map 1839 yn awgrymu bod yr ardd gyfan yn lawnt ar yr adeg honno. Islaw'r terasau i'r de o'r tŷ, rhyngddynt a'r nant, mae lawnt sgwâr fechan a welir ar fap 1839, ar adeg pan hon oedd yr unig ardal a gynlluniwyd yn ffurfiol ar wahân i'r ardd lysiau. Erbyn 1915 fe'i hailffurfiwyd yn sgwâr perffaith a lleihawyd ei maint, yn dilyn adeiladu'r terasau, ond roedd y sgwâr o lwybrau o'i hamgylch yn yr un lle fwy neu lai â'r sgwâr mewnol gwreiddiol o lwybrau. Erbyn hynny, fodd bynnag, roedd llwybrau yn arwain oddi arnynt tua'r gorllewin at yr ardd ddŵr a thua'r de ar draws y nant i'r anialdir. O'r braidd y gellir gweld y sgwâr o lwybrau o amgylch yn y borfa. Mewn hen ffotograffau gwelir colomendy pren ar y lawnt hon, ond ni cheir unrhyw ffotograffau sy'n nodi a osodwyd y cynllun cymhleth a welir ar rai o gynlluniau Mawson yn ei le erioed. Torrir y lawnt yn achlysurol bellach.

Mewn gwirionedd dim ond pen gorllewinol lawnt fwy yw hon sy'n llenwi'r darn o dir rhwng y rhodfa hir a'r nant, gan redeg i lawr at y ffosglawdd i'r dwyrain. Torrir hon yn achlysurol hefyd, ac mae'n tueddu i ddraenio'n wael – mae brwyn yn bla yno.

Mae'r brif lawnt ar ochr ddwyreiniol y tŷ, gan wyro'n raddol i lawr oddi wrtho. I'r gogledd-ddwyrain mae llwyni'n ffurfio'r ymyl; i'r de plannwyd coed ar hyd y rhodfa hir, ac i'r dwyrain mae'r ardd gron a'r pwll lilïau. Ar yr ochr orllewinol mae rhodfa o flaen y tŷ.

Mae stribed hir o goed a llwyni – roedd llwybr yn mynd ar ei hyd ar un adeg – yn rhedeg ar hyd ymyl ogledd-ddwyreiniol yr ardd. Mae wedi tyfu mor wyllt bellach na ellir mynd at y llwybr ond o'r gogledd eithaf. Roedd y llwyni hyn yn cefnu ar yr ardd gerrig, ond bellach maent wedi'u llyncu'n gyfan gwbl. Nid oedd y llwyni yn bresennol ym 1839 ond roedd yn yr un ardal yn fras ym 1915 ag ydyw heddiw.

Ym 1839 roedd gardd lysiau sgwâr fawr yn union i'r gogledd o'r tŷ. Nid oedd yno wydr ond roedd llwybrau allanol a llwybrau croes yn ei rhannu'n chwarteri. Pan ailadeiladwyd y tŷ a'i ymestyn ym 1892 cymerwyd y chwarter de-ddwyreiniol yn ei gyfanrwydd gan yr adain newydd, a darn o'r chwarter de-orllewinol gan dai allan newydd. Ymddengys bod gweddill yr ardal wedyn wedi'i neilltuo i dai gwydr a phoethdai, a gwnaed gardd lysiau newydd i'r gogledd-orllewin.

Mae'r rhan sy'n weddill o'r hen ardd bellach wedi tyfu'n eithriadol o wyllt ond mae'n cynnwys olion sawl tŷ gwydr o hyd. O'r brif lawnt mae modd mynd yno drwy fynedfa â giât haearn; yn y bwa uwchben y giât mae patrwm haearn sydd yn ymdebygu i flaenau gwaywffyn bwaog. Ceir giât debyg i'r iard stablau o'r iard gefn. Mae'n bosibl mai mynedfeydd gwreiddiol i'r hen ardd oedd y rhain, gan eu bod yn agos i ganol yr ochrau dwyreiniol a deheuol gwreiddiol yn eu tro.

Mae gan yr ardal dai gwydr ffens bost a weiren fodern ar hyd yr ochr ddeheuol, oddeutu llinell yr hen lwybr croes canolog. I'r de, ar yr ochr orllewinol, gwnaed olion cwarter de-orllewinol yr ardd yn iard â thai allan, ac yn eu plith mae ychydig ddarnau o berthi bocs yn goroesi. Ar yr ochr ddwyreiniol mae wal gerrig forter â chopa llechi gwastad, sydd tua 2 fedr o uchder, yn codi uwchben bwa'r drws. Ar un adeg roedd y wal orllewinol (drws nesaf i'r llwybr llai drwodd o lôn y gogledd i lôn y de) yn cynnal tŷ gwydr croes, sydd bellach wedi diflannu, er bod camelïâu yn erbyn y wal o hyd, sy'n cael eu diogelu gan ran o'r to.

Ym 1915, yn ogystal â'r tŷ gwydr y cyfeiriwyd ato uchod, roedd yn yr ardal hon res hir o dai gwydr yn erbyn y wal ogleddol (sef wal ddeheuol buarth y fferm hefyd), tri thŷ gwydr a ffrâm sydd ar wahân, ac adeilad ffurf 'L' yn y gornel ogledd-ddwyreiniol, sef y cwt potiau, boelerdy a thŷ madarch a storfa afalau. Diflannodd y

cyfan bellach ac eithrio'r prif res ar y wal ogleddol, ac mae un tŷ gwydr mwy diweddar sydd ar wahân. Mae'r rhain bellach yn segur ac wedi mynd â'u pennau iddynt, er bod y tŷ gwydr modern a rhan ddwyreiniol y prif dŷ gwydr yn cadw'r rhan fwyaf o'u gwydr, ac mae un winwydden o leiaf yn y prif dŷ gwydr hwn. Mae llwybr llechi yn ymyl y wal gefn a mainc lechi yng nghefn y pen dwyreiniol, tanc dŵr a ffyn gwinwydd.

Mae'r prif dŷ gwydr yn hynod ddiddorol gan fod iddo gynllun Douglas a Fordham ynghyd â'r cynlluniau gardd eraill. Er gwaethaf ei gyflwr adfeiliedig mae'n hawdd ei adnabod o'r cynllun; mae mewn dwy ran â'r darn gorllewinol, hirach yn uwch na'r gweddill, â bondo crwm iddo. Mae'r cynllun yn nodi ' Boards Patent Wire Tension'. Roedd y tŷ yn ei gyfanrwydd yn 126 troedfedd (38.2m) o hyd, ac roedd yn cynnwys tŷ eirin gwlanog, gwinwydd-dy diweddar, tŷ mysgad a thŷ planhigion. Gwelir y tŷ gwydr ar hyd wal orllewinol yr ardd ar y cynllun (yn anffodus yn ddiddyddiad ond yn ôl pob tebyg yn perthyn i'r 1890au) fel un sy'n bodoli eisoes.

Ymddengys bod ardal y boelerdy a'r cwt potiau bellach yn llawn coed yw (perth wedi tyfu'n rhy fawr yn ôl pob tebyg), ac i'r de o'r rhain mae rhai coed ffrwythau gweddol fodern. Ymhellach i'r gorllewin mae ychydig o berthi bocs, gan amgáu llecyn bychan â cholofn lechi yn y canol â bachau ar y pen uchaf. Roedd hwn yn llecyn addurnol â chylch llechi o amgylch y golofn, a meini melin wedi'u gosod ar yr ochrau gogleddol a deheuol. Roedd dolenni cadwyn ynghlwm wrth y bachau ar y golofn, ar gyfer rhosynnau dringol yn ôl pob tebyg. Dim ond y golofn a'r berth sydd i'w gweld o hyd.

Ni ellir gweld manylion pellach o gynllun yr ardal hon gan ei bod wedi tyfu'n hollol wyllt, ac nid oes dim i'w weld ar fap 1915. Roedd y lle heb wydr, fodd bynnag, yn fach, ac mae'n debygol mai iard yn hytrach na gardd oedd yma, ar wahân i'r ardal o amgylch y golofn lechi. Tyfwyd coed Nadolig yn y mannau agored yn weddol ddiweddar, ac mae rhai yno o hyd, ond mae tyfiant gwyllt yn llethu'r rhain hefyd. Symudwyd tanciau dŵr llechi oddi yma ac o'r ardd lysiau newydd yn ddiweddar.

Gorwedd yr ardd lysiau newydd, sy'n hirsgwar ac ychydig yn fwy o faint – tua erw – na'r ardd a oedd yno o'r blaen, gyferbyn â'r tai gwydr a'r fferm, ar ochr orllewinol y prif lwybr llai sy'n rhedeg o'r gogledd i'r de ac yn cysylltu'r lonydd. Yn ôl pob tebyg mae'n perthyn i'r un cyfnod â thŷ 1892 a gellir ei chyrraedd o'r llwybr llai hwn ar hyd rhes o risiau cerrig a phompren fechan dros y cwrs dŵr (sych) o'r pwll; mae llwybr llai arall, â giât bren a haearn drom, yn gwyro i fyny oddi ar y prif lwybr llai i'r de o'r ardd ac mae'n rhedeg yn ymyl ei ochr ddeheuol cyn mynd yn rhodfa i fyny at y tŵr.

Mae waliau cerrig i'r ardd, â mynedfeydd ar gyfer drysau ar bob pen i'r wal ddeheuol; mae'r drysau ar goll (mae un ar y llawr gerllaw) ond mae o leiaf ddarnau o'r fframiau yn eu lle. Mae'r wal tua 3 medr o uchder i'r de a'r gorllewin; i'r dwyrain mae'n debycach i 1 medr o uchder ac mae'n 1.5 medr o led â chopa llechi gwastad. Roedd gan y wal ogleddol agoriad llydan tua'r pen gorllewinol; yn ôl pob golwg newidiwyd waliau'r ardd yn weddol ddiweddar. Mae'r cwrs dŵr yn llifo ar ochr yr ardd o'r wal isel lydan, ond o bosibl fe'i bwriadwyd i fod yn hawdd ei gyrraedd o'r fferm. Mae adeilad bychan tu allan i'r wal i'r gorllewin (a ddefnyddir ar gyfer defaid bellach) ac mae'n bosibl mai storfa ffrwythau ydoedd.

Tyfodd tu mewn yr ardd yn hollol wyllt ac ni ellir mynd i mewn iddi; nid oes dim manylion o'r cynllun i'w gweld ar fap 1915 ac nid oes dim yn weladwy. Mae coed ffrwythau yn tyfu'n uwch na'r waliau, a cheir afalau yn erbyn ochr allanol y wal ddeheuol, ond nid perllan yn unig oedd yr ardd, a cheir perllannau eraill. Ffrwythau wal yn unig oedd y ffrwythau a defnyddiwyd gweddill yr ardd ar gyfer ffrwythau meddal a llysiau.

Yn ystod arolwg a wnaed cyn i'r ardd dyfu mor wyllt daethpwyd o hyd i labeli plwm a oedd ynghlwm wrth y wal orllewinol o hyd; roedd y rhain ar gyfer coed gellyg a blannwyd mewn clystyrau o dair coeden o un rhywogaeth, neu dair neu bedair o wahanol rywogaethau. Plannwyd y coed â llai nag un medr rhyngddynt, felly yn ôl pob tebyg fe'u tyfid fel coed ungoes. Roedd dwy goeden geirios ar y wal ddeheuol a rhes o goed afalau ar eu pennau eu hunain ar hyd y wal ddwyreiniol isel.

Ac eithrio'r berllan y cyfeiriwyd ati eisoes, gerllaw'r pwll, mae gan ardal i'r de o'r ardd, ar ochr bellaf y llwybr llai, goed ffrwythau gan gynnwys merwydden, ac roedd yno gawell ffrwythau meddal hefyd. I'r dwyrain o hyn mae llecyn bychan wedi'i amgáu o fewn perth yw sy'n cynnwys cychod gwenyn; roedd hwn yn lawnt sychu dillad ar un adeg. Mae'r perthi yw yn parhau ar bob ochr i'r llwybr llai, gan fynd tua'r de.

Ffynonellau

Sylfaenol

Gwybodaeth oddi wrth Mrs Thomas (cyn fetron).

Gwybodaeth oddi wrth Bronwen Williams-Ellis.

Cynlluniau a ffotograffau Archifdy Sir Gwynedd (XS3683 a XD92 20–40).

Map degwm Penmorfa (1839).

Arolwg gan Frances Williams a Philip Brown (1980au).

Eilradd

E. Hyde Hall, *A Description of Caernarvonshire* (1809–1811), a olygwyd o'r llawysgrif wreiddiol gan E. Gwynne Jones, (1952).

C. A. Gresham, *Eifionydd* (1973).